Multimedia-Technologie

Springer-Verlag Berlin Heidelberg GmbH

Ralf Steinmetz

Multimedia-Technologie

Grundlagen, Komponenten und Systeme

Dritte, überarbeitete Auflage

 Springer

Prof. Dr.-Ing. Ralf Steinmetz
Technische Universität Darmstadt • FB 18
Lehrstuhl „Industrielle Prozeß- und Systemkommunikation" • KOM
Merckstraße 25 • 64283 Darmstadt
E-mail: ralf.steinmetz@KOM.tu-darmstadt.de
http://www.kom.e-technik.tu-darmstadt.de/
bzw.

GMD IPSI • GMD Forschungszentrum Informationstechnik GmbH
Institut für Integrierte Publikations- und Informationssysteme
Dolivostraße 15 • 64293 Darmstadt
E-mail: ralf.steinmetz@darmstadt.gmd.de
http://www.darmstadt.gmd.de/IPSI/

Mit 371 Abbildungen und 58 Tabellen

ISBN 978-3-642-63539-7   ISBN 978-3-642-58323-0 (eBook)
DOI 10.1007/978-3-642-58323-0

Die Deutsche Bibliothek – CIP-Einheitsaufnahme
Steinmetz, Ralf:
Multimedia-Technologie: Grundlagen, Komponenten und Systeme/Ralf Steinmetz. –
3., überarb. Aufl. – Berlin; Heidelberg; New York; Barcelona; Hongkong; London; Mailand;
Paris; Singapur; Tokio: Springer, 2000
ISBN 978-3-642-63539-7

Dieses Werk ist urheberrechtlich geschützt. Die dadurch begründeten Rechte, insbesondere die
der Übersetzung, des Nachdrucks, des Vortrags, der Entnahme von Abbildungen und Tabellen,
der Funksendung, der Mikroverfilmung oder der Vervielfältigung auf anderen Wegen und der
Speicherung in Datenverarbeitungsanlagen, bleiben, auch bei nur auszugsweiser Verwertung,
vorbehalten. Eine Vervielfältigung dieses Werkes oder von Teilen dieses Werkes ist auch im Einzelfall nur in den Grenzen der gesetzlichen Bestimmungen des Urheberrechtsgesetzes der
Bundesrepublik Deutschland vom 9. September 1965 in der jeweils geltenden Fassung zulässig.
Sie ist grundsätzlich vergütungspflichtig. Zuwiderhandlungen unterliegen den Strafbestimmungen des Urheberrechtsgesetzes.

© Springer-Verlag Berlin Heidelberg 1993, 1999, 2000
Ursprünglich erschienen bei Springer-Verlag Berlin Heidelberg New York 2000
Softcover reprint of the hardcover 3rd edition 2000

Die Wiedergabe von Gebrauchsnamen, Handelsnamen, Warenbezeichnungen usw. in diesem
Werk berechtigt auch ohne besondere Kennzeichnung nicht zu der Annahme, daß solche Namen im Sinne der Warenzeichen- und Markenschutzgesetzgebung als frei zu betrachten wären
und daher von jedermann benutzt werden dürften.

Umschlaggestaltung: Künkel + Lopka, Heidelberg
Satz: Reproduktionsfertige Vorlagen vom Autor
Gedruckt auf säurefreiem Papier   SPIN: 10764402   33/3142 ud   5 4 3 2 1 0

Vorwort

Charles Babbage, Konrad Zuse und John von Neumann bauten und nutzten die ersten Computer als schnelle Rechenmaschinen. Seit dieser Zeit ist der Computer nicht nur leistungsfähiger geworden; auch sein Bild als digitaler *Number Cruncher* hat sich nachhaltig verändert. Nach dem Einsatz von elektronischen Rechenblättern, dem Erstellen und Versenden von Texten und Grafiken, dem Übergang vom „Rechnen" zum „Informieren" vollziehen wir mit der Verwendung des *Multimedia-Computers* einen neuen, bedeutenden Schritt in dieser Entwicklung. Die Kombination kleiner, kompakter Computer, weitgehend transparenter Rechnervernetzung auch über große Distanzen hinweg und der Einsatz multimedialer Kommunikation wird für unsere Art des Informationsaustausches neue Wege und damit wesentliche Änderungen bringen.

Erst der Einsatz multimedialer Rechnertechniken gestattet, bei Kommunikation und Wissenstransfer deutlich über die bisher üblichen Verfahren der Fernsehtechnik, der Akustik (z.B. Telefon) oder der Text- und Grafikpräsentation (z. B. Briefe, Bücher oder elektronische Nachrichten) hinauszugehen. So wird u. a. die Kombination dieser Techniken ermöglicht.

Um diese Techniken richtig einsetzen zu können, ist jedoch ein Grundverständnis notwendig, das sowohl die einzelnen dabei beteiligten Technologien als auch das Zusammenspiel dieser Komponenten zum multimedialen Ganzen betrifft. Die aktuellen Grenzen der Technik und die technischen Voraussetzungen beim Einsatz von Multimedia sollten geläufig sein. Das Buch versucht deshalb, eine, nach heutigen Gesichtspunkten möglichst vollständige, Betrachtung der Technik von Multimedia-Systemen darzustellen.

Multimedia wird hier immer unter dem Gesichtspunkt *Audio und Video im vernetzten Rechner* gesehen. Damit wendet sich dieses (auf Papier vorliegende) Buch nicht nur an Experten, sondern ebenso an *Einsteiger* und *Interessierte*, die oft (mit Recht) eine konventionelle Darstellung auf Papier bevorzugen.

Wann kommt das multimediale Multimedia-Buch?

Es ist weiterhin wünschenswert, dieses Buch nicht nur auf Papier, sondern auch in multimedialer Form vorliegen zu haben. Dies erfordert allerdings einen signifikanten Aufwand (wenn man eine entsprechende Qualität eines Lern- und Lehrbuchs anstrebt). Im BMBF-Projekt *Multibook* arbeiten der Springer-Verlag, die Technische Universität Darmstadt, die Fernuniversität Hagen (Prof. Bernd Krämer) und die Fa. Intelligent Views GmbH zusammen mit weiteren führenden Wissenschaftlern aus den USA (Prof. Klara Nahrstedt), Kanada (Prof. Nicolas Georganas) und dem GMD-Institut IPSI in Darmstadt seit 1997 an der konkreten Umsetzung eines solchen multimedialen Multimedia-Buchs. Für weitere Details siehe:

```
http://www.multibook.de/
```

Für wen ist dieses Buch?

Das Buch wendet sich sowohl an Software- als auch Hardware-Entwickler im Umfeld von Multimedia-Systemen, an Studenten im Hauptstudium der Informatik und Elektrotechnik und an all jene, die sich über die Basistechnologien von Multimedia informieren wollen. Das Buch ist bewußt technisch gehalten und versucht, eine solide Basis für das Verständnis der Konzepte und Technologien zu vermitteln, die für den Entwurf von Multimedia-Systemen eine Rolle spielen.

Wie entstand dieses Buch?

Seit 1996 bin ich als Professor an der Technischen Universität Darmstadt in Forschung und Lehre tätig. Der Schwerpunkt liegt dabei auf Multimedia-Kommunikation. Hierzu wird neben Seminaren, Projektseminaren und Praktika auch eine 2-semestrige Vorlesung zu Multimedia-Technologie angeboten, die sich auf die Inhalte dieses Buchs stützt. Für weitere Details bezüglich der Lehre und aktueller Forschungsprojekte siehe:

```
http://www.kom.e-technik.tu-darmstadt.de/
```

Seit 1997 leite ich zusammen mit meinem Kollegen, Herrn Prof. Neuhold, das Institut für Integrierte Publikations- und Informationssysteme IPSI der GMD – Forschungszentrum Informationstechnik GmbH in Darmstadt. Hier arbeiten wir an einer Vielzahl höchst interessanter Projekte im Kontext von Multimedia, die u. a. als Beispiele in das Buch einfließen. Für weitere Details siehe:

```
http://www.ipsi.gmd.de/
```

Vorher habe ich an den Universitäten Mannheim, Ulm und an der Johann-Wolfgang-Goethe-Universität, Frankfurt am Main, Vorlesungen auf dem Gebiet *Multimedia* gehalten und auf diesem Gebiet in diversen Projekten bei der Firma IBM in Heidelberg (in unterschiedlichen Funktionen) gearbeitet und Erfahrungen gewonnen.

Diese Aufgaben erfordern und zwingen mich somit zu einer klaren Strukturierung des Gebiets mit fortlaufender Verbesserung, Ergänzung und Verfeinerung.

Darmstadt, im Mai 2000   Ralf Steinmetz

Inhaltsverzeichnis

Einleitung   **1**

1.1   Branchenübergreifende Aspekte von Multimedia 1
1.2   Inhalt 3
1.3   Strukturierung 3
1.4   Literatur zum Thema „Multimedia" 6

Medien und Datenströme   **7**

2.1   Begriff „Medium" 7
2.2   Wesentliche Eigenschaften eines Multimedia-Systems 12
2.3   Begriff „Multimedia" 13
2.4   Charakterisierung von Datenströmen 14
2.5   Charakterisierung von Datenströmen kontinuierlicher Medien .. 16
2.6   Informationseinheiten 20

Audiotechnik   **23**

3.1   Grundlagen 24
3.2   Musik - MIDI 33
3.3   Sprachsignale 35

Bilder und Grafiken 47

4.1	Aufnahme von Bildern und Grafiken	47
4.2	Rechnergestützte Verarbeitung von Bildern und Grafiken	60
4.3	Rücktransformation von Bildern in den dreidimensionalen Raum	79
4.4	Ausgabemöglichkeiten von Bildern und Grafiken	82
4.5	Abschließende Bemerkungen	84

Videotechnik 87

5.1	Grundlagen	87
5.2	Fernsehsysteme	95
5.3	Digitalisierung von Videosignalen	98
5.4	Digitales Fernsehen	101

Computerbasierte Animation 103

6.1	Grundlagen	103
6.2	Spezifikation von Animationen	105
6.3	Methoden der Animationssteuerung	107
6.4	Darstellung von Animationen	108
6.5	Übertragung von Animationen	109
6.6	Virtual Reality Modeling Language (VRML)	110

Datenkompression 113

7.1	Speicherplatz	113
7.2	Anforderungen an die Kodierung	114
7.3	Quellen-, Entropie- und hybride Kodierung	118
7.4	Beschreibung grundlegender Verfahren	121
7.5	JPEG	130
7.6	H.261 (p×64) und H.263	145
7.7	MPEG	150
7.8	Fraktale Kompression	178
7.9	Abschließende Bemerkungen	179

Rechnerarchitektur 183

- 8.1 Digitale und analoge Komponenten 184
- 8.2 Digitale integrierte Komponenten 187

Optische Speichermedien 193

- 9.1 Historie der optischen Speicher 194
- 9.2 Basistechnologie 195
- 9.3 Bildplatten und andere WORMs 197
- 9.4 Compact Disc Digital Audio 199
- 9.5 Compact Disc Read Only Memory 204
- 9.6 CD-ROM Extended Architecture 210
- 9.7 Weitere CD-ROM-basierte Entwicklungen 213
- 9.8 Compact Disc Recordable 219
- 9.9 Compact Disc Magneto Optical 221
- 9.10 Compact Disc Read/Write 222
- 9.11 Digital Versatile Disc 223
- 9.12 Abschließende Bemerkungen 228

Dienstgüte 231

- 10.1 Anforderungen und Randbedingungen 231
- 10.2 Dienstgüte 237
- 10.3 Betriebsmittel 245
- 10.4 Aufbauphase zur Betriebsmittelreservierung 254
- 10.5 Bearbeitungsphase 274
- 10.6 Dienstgütearchitekturen 288
- 10.7 Abschließende Bemerkungen 289

Betriebssysteme 291

- 11.1 Prozeßverwaltung 293
- 11.2 Systemarchitektur 318
- 11.3 Interprozeß-Kommunikation und Interprozeß-Synchronisation 329
- 11.4 Speicherverwaltung 329
- 11.5 Geräteverwaltung und Gerätebereitstellung 334
- 11.6 Abschließende Bemerkungen 336

Medien-Server — 339

- 12.1 Architekturen 340
- 12.2 Speichergeräte 343
- 12.3 Platten-Controller 348
- 12.4 Sekundärspeichermanagement 355
- 12.5 Dateisystem 375
- 12.6 Hauptspeicherverwaltung 386

Datenbanksysteme — 389

- 13.1 Verwaltungssysteme für Multimedia-Datenbanken 389
- 13.2 Multimediaspezifische Eigenschaften eines MMDBMS 391
- 13.3 Datenmodellierung in MMDBMS 393
- 13.4 Implementierung von MMDBMS 400
- 13.5 Abschließende Bemerkungen 403

Netze — 405

- 14.1 Dienste, Protokolle, Schichten 405
- 14.2 Netze 410
- 14.3 Metropolitan Area Networks (MANs) 441
- 14.4 Wide Area Networks (WANs) 449
- 14.5 Abschließende Bemerkungen 465

Kommunikation — 467

- 15.1 Protokolle und Dienste der Vermittlungsschicht 467
- 15.2 Protokolle und Dienste der Transportschicht 481
- 15.3 Mechanismen zur Erfüllung von Dienstgüteanforderungen 485
- 15.4 Mechanismen für den Transport von Multimedia-Daten 495

Programmierung — 505

- 16.1 Abstraktionsebenen 506
- 16.2 Anforderungen an Programmiersprachen 514
- 16.3 Objektorientierte Anwendungsentwicklung 516

| 16.4 | Objektorientierte Frameworks und Klassenbibliotheken | 522 |
| 16.5 | Verteilung von Objekten | 525 |

Gruppenkommunikation 537

17.1	Collaborative Computing	537
17.2	Architektur	541
17.3	Gemeinsame Nutzung von Anwendungen	543
17.4	Session Management	550
17.5	Internet-Protokolle und ihre Nutzung im MBone	554

Synchronisation 567

18.1	Begriff „Synchronisation"	567
18.2	Besonderheiten der Synchronisation in Multimedia-Systemen	575
18.3	Anforderungen an die Präsentation	592
18.4	Bezugselemente der Synchronisation	592
18.5	Synchronisationsarten	592
18.6	Betroffene Systemkomponenten	599
18.7	Ein Referenzmodell für Multimedia-Synchronisation	601
18.8	Synchronisationsspezifikation	614
18.9	Spezifikationsmethoden für die Multimedia-Synchronisation	619
18.10	Fallstudien	634
18.11	Abschließende Bemerkungen	652

Sicherheit 655

19.1	Begriff „Sicherheit"	655
19.2	Allgemeine Sicherheitsanforderungen und Eigenschaften	656
19.3	Lösungsansatz: Kryptographische Verschlüsselung	662
19.4	Lösungsansatz: Digitale Signaturen	673
19.5	Lösungsansatz: Steganographische Methoden	677
19.6	Beispielanwendungen	687
19.7	Abschließende Bemerkungen	693

Dokumente, Hypertext und Hypermedia   695

20.1   Dokumente 695
20.2   Hypertext und Hypermedia 698
20.3   Dokumentenarchitektur SGML 719
20.4   Hypertext und das World Wide Web 723
20.5   Hypertext Markup Language (HTML) 727
20.6   Dynamische Dokumente 734

Inhaltsanalyse   743

21.1   Einfache vs. komplexe Merkmale 744
21.2   Analyse von Einzelbildern 745
21.3   Analyse von Bildsequenzen 749
21.4   Audioanalyse 766
21.5   Anwendungen 768
21.6   Abschließende Bemerkungen 774

Design   775

22.1   Designspezifische Eigenschaften von Bildern 775
22.2   Visualisierungen 776
22.3   Zeichen: Logos, Icons und Piktogramme 782
22.4   Illustrationen 783
22.5   Techniken zur Bilderzeugung 784
22.6   Typographie 785
22.7   Ästhetik 788

Benutzungsoberflächen   791

23.1   Beispiel: Ferngesteuerte Videokamera 793
23.2   Benutzbarkeit 795
23.3   Direkte Manipulation 797
23.4   Richtlinien für benutzerfreundliche Benutzungsoberflächen ... 801
23.5   Komponenten grafischer Benutzungsoberflächen 802
23.6   Das Medium „Audio" an der Benutzerschnittstelle 809
23.7   Innovative Interaktionsformen 810

Multimediales Lernen 815

- 24.1 Lern-Software 815
- 24.2 Rolle des Computers 816
- 24.3 Arten von Lern-Software 817
- 24.4 Lerntheorien 818
- 24.5 Trends und aktuelle Entwicklungen 822
- 24.6 Lernen mit Hypermedia 822
- 24.7 Adaptive Lernsysteme 824
- 24.8 Übersicht von AHS-Systemen 828
- 24.9 Telelearning 832
- 24.10 Computerunterstütztes kooperatives Lernen 832
- 24.11 Beispiel: Die virtuelle Lernwelt VITAL 833
- 24.12 Abschließende Bemerkungen 835

Multimedia-Anwendungen 837

- 25.1 Medienaufbereitung 838
- 25.2 Medienbearbeitung 840
- 25.3 Medienintegration 842
- 25.4 Medienübertragung 844
- 25.5 Mediennutzung 847
- 25.6 Fallstudie: i-LAND 852
- 25.7 Abschließende Bemerkungen 856

Wem gebührt Dank? 859

Literaturverzeichnis 863

Stichwortverzeichnis 917

Abkürzungen 963

Einleitung

Eines der ersten und bekanntesten Institute, das sich mit den unterschiedlichsten Aspekten von *Multimedia* beschäftigte, war das MIT Media Lab in Boston. Dort wird heute an den unterschiedlichsten zukunftsweisenden Anwendungen geforscht; hierzu zählten bspw. schon in den 80er Jahren eine persönliche Zeitung und Experimente in der Holographie [Bra87]. Inzwischen beschäftigen sich fast alle Universitäten, Großforschungseinrichtungen und Industrieunternehmen unterschiedlichster Branchen mit diesem Aufgabenfeld.

Multimedia bedeutet aus Benutzersicht, daß Informationen auch als Audiosignale oder Bewegtbilder dargestellt werden können. Hiermit lassen sich bspw. Bewegungsabläufe im Sport [Per97] oder ein ornithologisches Lexikon wesentlich besser als mit Text und ausschließlich mit Einzelbildern illustrieren, da sie werden auf eine natürliche Art und Weise dargestellt werden können.

Darstellung von Information als Audiosignal oder Bewegtbild

Die Integration dieser Medien in einen Computer ermöglicht, daß man die bestehende Rechnerverarbeitung bspw. für eine interaktive Präsentation der Informationen verwenden kann. Außerdem können diese Daten dann auch über Rechnernetze, bzw. über Telekommunikationsnetze übertragen werden. Hiermit ergeben sich Anwendungen im Bereich der Informationsverteilung und des kooperativen Arbeitens. *Multimedia* ermöglicht ein Spektrum neuer Anwendungen, von denen sich viele heute noch in der Entstehungsphase befinden. Man bedenke, daß das World Wide Web (WWW) erst anfangs der 90er Jahre in seiner heutigen Form entstanden ist. Auf der anderen Seite muß aber auch die Problematik einer globalen Kommunikation mit den jeweiligen sozialen Implikationen beachtet werden; auf diese wird im vorliegenden eher technisch orientierten Buch jedoch nicht weiter eingegangen.

1.1 Branchenübergreifende Aspekte von Multimedia

Aus Sicht der Anwendungen und der Technologie besteht ein starkes Interesse an bestehenden Multimediasystemen und an deren stetiger Fortentwicklung. Dabei sollte der sich im Hintergrund vollziehende Wandlungsprozeß verschiedener Industriezweige nicht unterschätzt werden:

- Die *Telekommunikationsbranche* beschäftigte sich ursprünglich primär mit dem Telefon. Telefonnetze wandeln sich aber in zunehmendem Maße zu di-

Telekommunikationsbranche

gitalen Netzen, die den Computernetzen sehr ähnlich sind. Vermittlungssysteme waren früher mit mechanischen Hebdrehwählern ausgestattet. Heute sind dies Computer. Das Telefon stellt heute immer mehr einen Computer dar oder kann sogar nur als Software in der Form der „IP-Telefonie" existieren.

Unterhaltungselektronik

- Die *Unterhaltungselektronik* trug mit ihrer *braunen Ware* erheblich zur Preisreduktion der Videotechnik, die auf Computern eingesetzt wird, bei. Ebenso resultiert bspw. die optische Speichertechnologie aus dem Erfolg der CD-Spieler. Damit stellen heute oft dieselben Hersteller CD-Laufwerke für Computer und Hifi-Anlagen, bzw. Fernsehgeräte und Computerbildschirme, her.

Studiotechnik

- Die Studiotechnik für *Fernseh- und Rundfunkanstalten* ist Vorreiter der professionellen Audio- und Videotechnik. Professionelle Systeme zum digitalen Schneiden von Fernsehfilmen sind bereits heute erhältlich. Einige dieser Systeme sind Standardrechner, die mit speziellen Zusatzplatinen erweitert wurden. Diese Branche der Informationsanbieter überträgt heute ihre Informationen auch auf Kabeln und kann somit in der Zukunft auch als Informationsanbieter über Rechnernetze arbeiten.

Verlage

- Die meisten *Verlage* bieten heute Publikationen in elektronischer Form an. Außerdem bestehen oft enge Beziehungen zwischen Verlagen und *Filmgesellschaften*. Diese Branchen treten in zunehmendem Maße als Anbieter multimedialer Informationen auf.

Diese kurze Übersicht verdeutlicht das *Zusammenwachsen* der verschieden Branchen, bzw. ihre engen Beziehungen aufgrund der aufkommenden multimedialen Datenverarbeitung.

Hoher Datendurchsatz

Um Multimedia-Anwendungen zu ermöglichen, müssen viele Komponenten der Hardware und Software im Computer geeignet verändert, erweitert, bzw. ersetzt werden. Es werden hier wegen der stark steigenden Prozessorleistungen, der ausreichenden Speicherkapazitäten und der immer leistungsfähigeren Kommunikationssysteme immer mehr Funktionen in Software ausgeführt. Dabei sind aus technischer Sicht die zeitlichen Restriktionen bei der Datenverarbeitung in allen Komponenten die größte Herausforderung. Im Gegensatz dazu versucht die traditionelle Datenverarbeitung, die Verarbeitung möglichst schnell zu bewältigen. Echtzeitsysteme sollen meistens innerhalb fest vorgegebener Zeitschranken als fehlertolerante Systeme arbeiten.

Echtzeit

Die Fehlertoleranz ist bei *Multimedia* i. a. nicht der wichtigste Aspekt, da hier sowohl traditionelle Medien als auch Audio und Video bearbeitet werden müssen. Dabei gilt es für beide Klassen, die jeweiligen Ziele *möglichst schnell*, bzw. *innerhalb einer festen Zeitschranke* (Frist) zu erreichen. Diese Systeme sind jedoch nicht unabhängig voneinander und stellen somit nicht nur die Integration bestehender Konzepte dar. In einem integrierten System müssen die verschiedenen Komponenten jeweils beide Arten der Daten betrachten. Zwischen den Daten dieser Medien können auch weitere Beziehungen in Form der *Synchronisation* bestehen.

Synchronisation

Allerdings wird der Begriff *Multimedia* – wie oben beschrieben – oft unterschiedlich verstanden (siehe z. B. auch [Sch97b]). Hier bestand zu Anfang der 90er Jahre ein Klärungsbedarf, der hier weiter vertieft werden soll. Die Zusammenhänge dieser Technologie, bezogen auf die verschiedenen Komponenten, wurden bisher meist nur unvollständig und aus einzelnen Blickwinkeln heraus betrachtet. In diesem Buch wird eine möglichst integrierte und vollständige Betrachtung angestrebt.

1.2 Inhalt

Das vorliegende Buch hat u. a. den Charakter eines nach Teilgebieten strukturierten *Nachschlagewerks*. Dadurch wird eine schnelle Einarbeitung in die gewünschte Thematik ohne eine vorangehende intensive Literaturstudie ermöglicht. Außerdem werden die engen Zusammenhänge der verschiedenen *Teilgebiete und Komponenten* eines Multimediasystems durch die globale Strukturierung dieser Arbeit verdeutlicht. Die erarbeiteten und zusammengestellten Ergebnisse dieses Buchs dienen als Grundlage für die Entwicklung einzelner Komponenten eines Multimediasystems, bei der alle wesentlichen Randbedingungen, die zu beachten sind, berücksichtigt werden.

Nachschlagewerk

1.3 Strukturierung

Das vorliegende Buch legt sein Hauptgewicht auf eine möglichst vollständige und ausgewogene Sicht der Multimedia-Technologie. Nach einer schrittweisen Verfeinerung Strukturierung des Themas entstand Abb. 1-1 auf Seite 4. Sie zeigt schematisch die wesentlichen Gebiete von Multimediasystemen, die sich in entsprechenden Komponenten eines kommunikationsfähigen Multimediasystems widerspiegeln sollten.

Der Darstellung liegt die Idee zugrunde, möglichst auch die größten Abhängigkeiten zwischen den Komponenten durch eine räumliche Nähe auszudrükken. Man unterscheidet dabei zwischen

- *Grundlagen*: Neben der Rechnerarchitektur für Multimediasysteme steht hier eine medienbezogene Betrachtung im Vordergrund.
- *System*: Systemaspekte der Verarbeitung, Speicherung und Kommunikation sowie deren Schnittstellen werden hier zusammengefaßt.
- *Dienste*: Einzelne Funktionen, die meist auf Basis der Systemkomponenten realisiert werden sind hier dargestellt.
- *Nutzung*: Die Art und Gestaltung der Anwendungen sowie die Schnittstelle zwischen *Anwender* und *Rechnersystem* werden hier betrachtet

Komponenten eines Multimediasystems

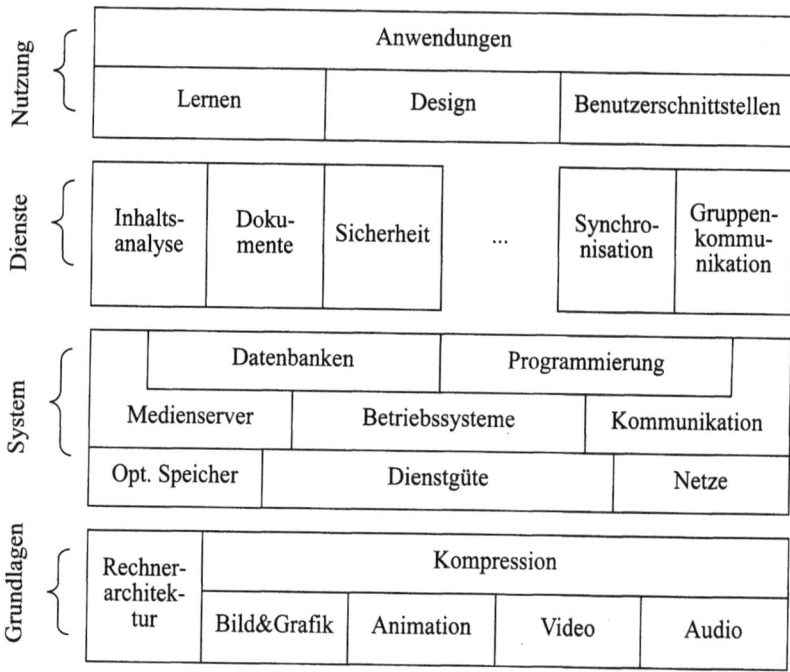

Abb. 1-1
Multimedia, eine globale Sicht: Wesentliche Gebiete, die in diesem Buch betrachtet werden.

Bei der Betrachtung können die folgenden Bereiche unterschieden werden:

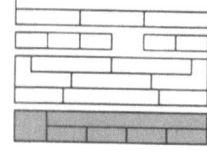

Grundlagen

Die Grundlage für die Verarbeitung digitaler Audio- und Videodaten bilden das Abtasttheorem und die Pulse Code Modulation (PCM) mit ihrem jeweiligen mathematischen Hintergrund und den möglichen praktischen Realisierungen. Hieraus haben sich verschiedene Techniken entwickelt, die auf das jeweilige Medium spezialisiert sind. Die Audiotechnik beinhaltet die Musik- und die Sprachverarbeitung. Das Verständnis der Videotechnik beruht im wesentlichen auf den Entwicklungen der digitalen Fernsehtechnik. Weiterhin werden Einzelbilder und Grafiken sowie Animationen betrachtet. Die entstehenden Datenraten dieser Medien erfordern bei den heutigen Qualitätsansprüchen und der verfügbaren Technologie entsprechende Kompressionsverfahren. Die Realisierung dieser Verfahren kann sowohl in Hardware als auch in Software erfolgen.

Lokale und verteilte Multimediasysteme bestanden bis vor kurzem noch aus einer Menge externer Geräte, die vom Computer gesteuert wurden. Heute strebt man meistens volldigital arbeitende Systeme mit neuartigen *Rechnerarchitekturen* an.

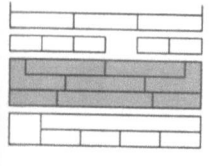

System

Ein zentraler Aspekt von Multimedia ist die *Dienstgüte*: Sie stellt ein definiertes, kontrollierbares Verhalten eines System bezüglich quantitativ meßbarer

Parameter dar. Aufgrund dieser Möglichkeiten lassen sich drei grundlegende Funktionsgruppen (Verarbeitung, Speicherung und Kommunikation) unterscheiden:

- Die Verarbeitung mit Hilfe des *Betriebssystems* dient als Schnittstelle zwischen der Computer-Hardware und allen anderen Software-Komponenten. Das Betriebssystem stellt dem Anwender eine Umgebung zur Ausführung von Programmen zur Verfügung, die möglichst einfach zu bedienen sein sollte. Dabei gilt es, die Hardware möglichst effektiv zu nutzen. In dieser Schnittstellenfunktion werden verschiedene Dienste erbracht, die sich auf die wesentlichen Betriebsmittel eines Rechners beziehen: Prozessor, Hauptspeicher, Sekundärspeicher, Ein- und Ausgabegeräte.

  Über geeignete *Abstraktionen in Programmierumgebungen* werden weitere Komponenten zur Verfügung gestellt. Dabei kann eine solche Abstraktion heute bspw. Bestandteil des Multimedia-Betriebssystems, einer Programmiersprache oder einer objektorientierten Klassenhierarchie sein.

- Zur Speicherung der Daten trug zur heutigen Entwicklung insbesondere die kostengünstige Verfügbarkeit von *optischen Speichermedien* bei. Fast alle Entwicklungen basieren auf der aus der Heimelektronik bekannten CD-DA (Compact Disc - Digital Audio).

  Die *Medien-Server* ermöglichen neben der nicht-lokalen Speicherung sehr großer Datenmengen eine zeitlich korrekte Wiedergabe. Das *Datenbankverwaltungssystem* ermöglicht einen strukturierten Zugriff auf diese Daten und das Management großer Datenbestände.

- Auf der anderen Seite führen die *Netze* mit ihren höheren Bandbreiten und Möglichkeiten einer Übertragung aller Arten von Medien zu kommunikationsfähigen Multimediasystemen. Das *Kommunikationssystem* ist für die Übertragung der Daten gemäß ihrer zeitlichen Restriktionen und der erwarteten Zuverlässigkeit zuständig.

Dienste

Dienste stellen dem Anwender, bzw. der Anwendung in sich zusammenhängende Funktionen zur Nutzung bereit.

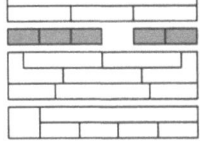

Eine Kommunikation zwischen zwei oder mehr Parteien erfordert entsprechende Kommunikationsdienste, wie bspw. die elektronische Post, Konferenzanwendungen auf Basis des MBone oder das gemeinsames Arbeiten an einem Dokument. Diese Dienste wird hier als *Gruppenkommunikation* zusammengefaßt.

Die *Synchronisation* kennzeichnet eine zeitliche Beziehung multimedialer Daten; hierbei spielen die korrekt synchronisierte Wiedergabe und die dafür notwendigen Mechanismen eine zentrale Rolle.

Unter *Sicherheit* versteht man Maßnahmen, die beabsichtigte Angriffe auf Rechner, gespeicherte und übertragene Daten sowie Kommunikationsbeziehungen verhindern.

Ein *Dokument* besteht aus einer Menge strukturierter Informationen, die als unterschiedliche Medien vorliegen und zum Präsentationszeitpunkt generiert oder eingespielt werden. Viele Funktionen bedienen sich dieser Dokumente und präsentieren sie dem Anwender über eine Benutzerschnittstelle. Auch andere Daten können in Anwendungen bearbeitet und anschließend dargestellt werden.

Die *Inhaltsanalyse* betrachtet die Semantik der Dateninhalte, um hiermit entweder einen effektiveren Zugriff oder neuartige Anwendungen zu ermöglichen.

Nutzung

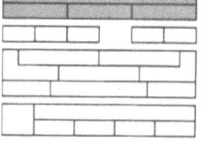

Die *Anwendungen* stellen zusammen mit der *Benutzerschnittstelle* die Aspekte dar, die von Multimedia wahrnehmbar sind. Dabei wird hier auf Fragestellungen des *Designs* eingegangen, weil diese für die unterschiedlichsten Anwendungsbereiche von wachsender Bedeutung sind. In zunehmendem Maße entstehen heute Lehr- und Lernanwendungen, die neue Medien in ihrer integrierten Form ausnutzen. Im Bereich des *Lernens* sei erwähnt, daß auf Basis dieses Buches im Projekt Multibook Lehr- und Lerneinheiten entstanden, die multimediale Technologien zum Inhalt haben. Für unterschiedlichste Arbeiten im Bereich "Lernen" sei auf folgende Adressen verwiesen:

```
http://www.multibook.de/
http://ipsi.gmd.de/CSCL/
http://www.httc.de/
```

In der schematischen Darstellung des Buches ist das folgende Kapitel 2 wegen seiner fehlenden Beziehung zu realen Komponenten nicht skizziert.

1.4 Literatur zum Thema „Multimedia"

Einzelne Teilgebiete, die in dieser Arbeit betrachtet werden, werden auch in anderen Abhandlungen ausführlich behandelt, ein Beispiel hierfür sind die vor vielen Jahren in [Mey91] behandelten Multimedia-Datenbanken. Ebenso werden bspw. die Grundlagen der Audiotechnik, der Videotechnik, der Bildverarbeitung oder verschiedener Netze in einschlägigen Werken behandelt. In diesem Buch werden jedoch alle Bestandteile speziell im Kontext von Audio und Video in integrierten Multimedia-Systemen betrachtet.

Tagungen   Neben einer Vielzahl von nationalen und internationalen Workshops in diesem Bereich sei insbesondere auf die *ACM-Multimedia-Tagung* (die erste Tagung fand im August 1993 in Anaheim, Kalifornien, USA statt) und die *IEEE-Multimedia-Konferenz* (erste Tagung im Mai 1994) hingewiesen.

Fachzeitschriften   Neben vielen produktbezogenen Zeitschriften erscheint seit Ende 1993 die anspruchsvolle ACM-Springer-Zeitschrift „*Multimedia Systems*" und seit 1994 das sehr interessante „*IEEE Multimedia Magazin*".

Medien und Datenströme

Das folgende Kapitel führt die Terminologie ein, die für das gesamte Buch von Bedeutung ist. Dabei werden bewußt eine Menge von Anglismen in ihrer ursprünglichen Form verwendet (und nicht deren Übersetzung), da sich entweder kein deutscher Begriff etabliert hat oder keine eindeutige Übersetzung existiert. Begonnen wird mit einer Klärung des Begriffs *Multimedia* als Grundlage der Beschreibung von Medien und wichtiger Eigenschaften von Multimediasystemen. Anschließend erfolgt eine Charakterisierung der Datenströme in solchen Systemen und eine Einführung des Begriffs der *logischen Dateneinheit*.

Terminologie

Ein Zugang zum Terminus *Multimedia* kann über eine Klärung seiner beiden Wortbestandteile gefunden werden.

> *Multi-* [lat.: viel], als Präfix
> *Medium* [lat.: das in der Mitte Befindliche], allgemein Mittel, vermittelndes Element, insbesondere (in der Mehrzahl) Mittel zur Weitergabe oder Verbreitung von Informationen durch Sprache, Gestik, Mimik, Schrift und Bild (...) (aus: Meyers Enzyklopädisches Lexikon, Band 15, Mannheim, 1975)

Diese Beschreibung stammt allerdings von den gebräuchlichen Formen zwischenmenschlicher Kommunikation. Sie ist sehr unpräzise und muß an den Zusammenhang der Informationsarten angepaßt werden, die im Computer verarbeitet werden können. Deshalb wird im nächsten Abschnitt zuerst ein gemeinsames Verständnis des Begriffs *Medium* aufgebaut.

2.1 Begriff „Medium"

Als Medium bezeichnet man i. a. ein Mittel zur Verbreitung und Darstellung von Informationen. Beispiele von Medien sind Text, Grafik, Bild, Sprache, Geräusche und Musik. Genauso kann man nach diesem Verständnis auch Wasser und die Atmosphäre als Medium auffassen.

Mittel zur Informationsverbreitung und -darstellung

Eine klare Differenzierung dieses Begriffs nach verschiedenen Kriterien wird in [MHE93] vorgenommen. Demnach kann man zwischen Perzeptions-, Repräsentations-, Präsentations-, Speicher-, Übertragungs- und Informationsaustauschmedium unterscheiden.

Das Perzeptionsmedium

Menschliche Sinnesorgane

Das Perzeptionsmedium läßt sich von den menschlichen Sinnen ableiten. Die zentrale Fragestellung lautet: *Wie nimmt der Mensch die Information auf?*

Demnach wird hier primär zwischen *Hören* und *Sehen* unterschieden. Auditive Medien sind *Musik, Geräusch* und bspw. *Sprache*. Zu den visuellen Medien zählen: *Text, Einzelbild* und *Bewegtbild*.

Diese Unterscheidung der Medien läßt sich noch weiter verfeinern. Man erkennt dann bspw., daß ein visuelles Medium *Bewegtbild, Animation* und *Text* unterscheidet. *Bewegtbilder* bestehen selbst aus *Videoszenen*, die sich aus *Einzelbildern* zusammensetzen.

Das Repräsentationsmedium

Informationskodierung im Rechner

Das Repräsentationsmedium wird durch die unterschiedliche rechnerinterne Darstellung der Information gekennzeichnet. Dabei ist die verwendete Kodierung von wesentlicher Bedeutung. Die zentrale Fragestellung lautet: *Wie wird die Information im Rechner kodiert?* Dabei kann bspw.:

- der einzelne Buchstabe eines *Textes* in ASCII kodiert werden,
- eine *Grafik* nach dem CEPT- oder CAPTAIN-Standard für Videotext kodiert werden. Hierfür kann aber auch ein Grafikstandard wie GKS als Grundlage dienen,
- ein Datenstrom des Mediums *Audio* in einer einfachen PCM-Kodierung mit linearer Quantisierung von 16 bit pro Abtastwert vorliegen,
- ein *Einzelbild* als Faksimile der Gruppe 3 oder in einem JPEG-Format kodiert werden,
- eine kombinierte *Audio-Videosequenz* in den verschiedenen Fernsehnormen (bspw. PAL, SECAM oder NTSC) und nach dem CCIR-601-Standard oder in einem MPEG-Format im Rechner abgelegt werden.

Das Präsentationsmedium

Schnittstelle Information – Rechner

Das Präsentationsmedium bezieht sich auf die Hilfsmittel und Geräte für die Ein- und Ausgabe von Informationen. Die zentrale Fragestellung lautet: *Über welches, bzw. mit Hilfe welches Mediums wird eine Information von einem Rechner ausgegeben oder in einen Rechner eingelesen?*

Hier ist primär eine Unterscheidung nach *Ausgabe* und *Eingabe* zu treffen. Die Medien *Papier, Bildschirm* und *Lautsprecher* sind Ausgabemedien. *Tastatur, Kamera* und *Mikrofon* sind Eingabemedien.

Das Speichermedium

Informationsspeicherung

Das Speichermedium unterscheidet die verschiedenen Datenträger. Die Speicherung von Daten ist dabei nicht auf die in einem Rechner verfügbaren Komponenten beschränkt. So gilt auch *Papier* hier bspw. als Speichermedium. Die zentrale Fragestellung lautet: *Wo, bzw. worauf wird die Information gespei-*

chert? *Mikrofilm*, *Papier*, *Diskette*, *Festplatte* und *CD-ROM* sind Beispiele für Speichermedien.

Das Übertragungsmedium

Das Übertragungsmedium charakterisiert die verschiedenen Informationsträger, die eine kontinuierliche Übertragung von Daten ermöglichen. Speichermedien fallen demnach nicht unter diese Art von Medien. Die zentrale Fragestellung lautet: *Worüber wird Information übertragen?*

Informations-übertragung

Neben der kabelgebundenen Übertragung müssen die im Funkverkehr verwendeten Medien betrachtet werden. Als Beispiele seien hier das *Koaxialkabel*, die *Glasfaser* sowie das *Vakuum* genannt.

Das Informationsaustauschmedium

Das Informationsaustauschmedium beinhaltet alle Datenträger, die zur Übertragung von Informationen zu verwenden sind. Dies sind alle Speicher- und Übertragungsmedien. Die zentrale Fragestellung lautet: *Welcher Informationsträger wird für den Austausch von Informationen zwischen verschiedenen Orten verwendet?*

Informations-austausch

Ein Informationsaustausch kann dabei durch eine Zwischenspeicherung erfolgen. Dieses Medium mit den gespeicherten Informationen wird anschließend von einem Ort zum anderen transportiert. Dafür kann dann bspw. *Mikrofilm*, *Papier* oder *Diskette* verwendet werden. Der Informationsaustausch kann auch direkt erfolgen, wenn Medien wie *Koaxialkabel*, *Glasfaser* oder *Luft* verwendet werden.

Darstellungsräume und Darstellungswerte

Die oben genannten Begriffsbildungen können als Grundlage für eine Charakterisierung des Begriffs *Medium* im Kontext der Informationsverarbeitung verwendet werden. Dabei kommt die Beschreibung des Perzeptionsmediums unserem Medienbegriff am nächsten: Die Medien wenden sich vornehmlich an die menschlichen Sinne. Jedes Medium definiert Darstellungswerte in Darstellungsräumen [HD90, SH91], die sich an die fünf Sinne richten.

Beispiele für visuelle *Darstellungsräume* sind Papier oder der Bildschirm. Bei einer rechnergesteuerten Diashow mit simultaner Projektion eines Bildschirminhalts gilt die gesamte Leinwand als visueller Darstellungsraum. Stereo- und Quadrophonie bestimmen akustische Darstellungsräume. Die Darstellungsräume sind als ein Teil der oben beschriebenen Präsentationsmedien zur Ausgabe von Informationen zu sehen.

Darstellungsräume

Darstellungswerte bestimmen die Informationsrepräsentation verschiedener Medien: Während das Medium *Text* einen Satz visuell als eine Folge von Buchstaben darstellt, wird er vom Medium *Sprache* akustisch in Form von Druckwellen wiedergegeben. Bei einigen Medien stehen Darstellungswerte für sich selbst. Sie können vom Menschen richtig interpretiert werden. Beispiele

Darstellungswerte

hierfür sind *Temperatur*, *Geschmack* und *Geruch*. Andere Medien erfordern eine vordefinierte Symbolmenge, die von denjenigen erlernt werden muß, die diese Information verstehen wollen. *Text*, *Sprache* und *Teile der Gestik* gehören in diese Klasse.

Darstellungswerte können als ein Kontinuum oder als eine Folge einzelner Werte vorliegen. Druckwellenschwankungen treten nicht als einzelne Werte auf, sie bestimmen akustische Signale. Die elektromagnetischen Wellen in dem für das Auge wahrnehmbaren Bereich sind bezüglich der Zeit nicht *gerastert* und bilden damit ein Kontinuum. Die Buchstaben eines Textes und die in elektrischer Form vorliegenden Abtastwerte eines Audiosignals sind Folgen einzelner Werte.

Darstellungsdimensionen

Jeder Darstellungsraum verfügt über eine oder mehrere Darstellungsdimensionen. Ein Bildschirm besitzt zwei räumliche Dimensionen, Holographie und Stereophonie erfordern eine dritte (räumliche) Dimension. Die Zeit kann innerhalb jedes Darstellungsraums als zusätzliche Dimension auftreten, sie ist für Multimediasysteme von zentraler Bedeutung. Medien werden bezüglich der zeitlichen Dimension ihres Darstellungsraums in zwei Arten aufgeteilt:

Diskrete Medien

1. Einige Medien wie Text und Grafik sind zeitunabhängig. Informationen in diesen Medien bestehen ausschließlich aus einer Folge einzelner Elemente oder aus einem Kontinuum ohne Zeitkomponente. Man nennt diese Kategorie *zeitunabhängige* (oder *diskrete*) *Medien*. Der Begriff „diskret" wird hierbei manchmal nicht eindeutig gebraucht, weil ein Medium auch wertdiskret und zeitkontinuierlich sein kann. Der Text eines Buches ist bspw. ein diskretes Medium. Jede Art der Verarbeitung diskreter Medien sollte möglichst schnell erfolgen. Sie ist jedoch zeitunkritisch, weil die Gültigkeit (und damit auch die Richtigkeit) der Daten nicht von einer Zeitbedingung abhängt (jedenfalls nicht im Rahmen von Sekunden oder kürzer). Man kann hier auch von längeren und kürzeren Zeitbedingungen sprechen.

Zeitabhängige Medien

2. Die Werte anderer Medien wie Ton und Bewegtbild verändern sich über die Zeit hinweg. Die Information steckt somit nicht nur in einem einzelnen Wert, sondern auch im Zeitpunkt ihres Auftretens. Die Semantik kann auch im Gradienten der relativen Änderung der einzelnen Werte oder des Kontinuums bestehen. Solche Medien nennt man allgemein *zeitabhängige Medien*. Auch die Darstellungswerte, die bspw. von Druck- oder Temperatursensoren mit Schwellwertdetektoren bei Überschreitung von zulässigen Grenzwerten erzeugt werden, weisen eine Zeitabhängigkeit auf. Damit gehören sie zu den zeitabhängigen Medien.

Die Verarbeitung dieser Medien ist zeitkritisch, weil die Gültigkeit (und damit auch die Richtigkeit) der Daten von einer Zeitbedingung abhängt. Ein zu spät übertragener Audioabtastwert kann als ungültig (und damit auch als falsch) eingestuft werden, wenn bspw. die Audiodaten, die auf diesen Wert folgen, über den Lautsprecher schon ausgegeben wurden.

Die einzelnen Darstellungswerte treten bei Audio und Video als eine kontinuierliche Sequenz auf. Unter *Video* werden hier reine Bewegtbilder verstanden. Eine Kombination von *Audio* und Bewegtbildern, wie im Fernsehen oder Film, ist somit nicht mit dem Begriff *Video* gleichzusetzen. Deshalb werden diese auch als *kontinuierliche Medien* bezeichnet. Bei dieser Unterscheidung werden zeitabhängige Darstellungswerte, die aperiodisch auftreten, oft nicht zu den kontinuierlichen Medien gezählt. Das oben angeführte Beispiel der Schwellwertindikatoren würde demnach weder zu einen kontinuierlichem noch zu einem diskreten Medium gehören. Bei einem Multimediasystem muß man jedoch auch solche nicht-kontinuierlichen Sequenzen von Darstellungswerten betrachten. Derartige Sequenzen von Darstellungswerten treten bspw. beim Übertragen von Informationen, die durch einen Zeiger (der „Maus") erfaßt werden, in kooperativen Anwendungen mit einem gemeinsamen Fenster auf. Deshalb wird hier das kontinuierliche Medium als Synonym zum zeitabhängigen Medium verwendet.

Kontinuierliche Medien

Als kontinuierliche Medien ergeben sich in diesem Sinne *Video* (Bewegtbilder) natürlichen oder künstlichen Ursprungs, *Audio*, das meist als Folge digitalisierter Schallwellenabtastungen abgespeichert ist, und *Signale* verschiedener Sensoren, wie Luftdruck-, Temperatur-, Feuchtigkeits-, Druck- oder Radioaktivitätssensoren.

Die Begriffe eines zeitlich diskreten und kontinuierlichen Mediums haben keinen Bezug zur internen Datenrepräsentation, wie sie bspw. beim Begriff des *Repräsentationsmediums* eingeführt wurde. Sie beziehen sich dabei auf den Eindruck, der beim Betrachter oder Zuhörer entsteht. Das Beispiel eines Films zeigt, daß Daten kontinuierlicher Medien oft aus Folgen diskreter Werte bestehen, die im Darstellungsraum als Funktion der Zeit aufeinanderfolgen. In diesem Beispiel führt eine Folge von mindestens 16 Einzelbildern pro Sekunde zum Eindruck der Kontinuität, was sich auf die Trägheit des menschlichen Auges zurückführen läßt.

Als ein Multimediasystem könnte man, auf der Basis der Wortbestandteile, jedes System bezeichnen, das mehr als ein Medium unterstützt. Diese Charakterisierung ist unzureichend, weil man so nur eine rein quantitative Bewertung vornimmt. Demnach könnte jedes System, das die beiden Medien Text und Grafik verarbeitet, als Multimediasystem eingestuft werden. Solche Systeme gibt es jedoch schon länger - der neue Begriff wäre also nicht gerechtfertigt. Der Begriff *Multimedia* muß folglich eher qualitativ als quantitativ gefaßt werden.

Der Begriff „Multimedia" ist eher qualitativ als quantitativ zu verstehen.

Demnach entscheidet - wie in [SRR90, SH91] definiert - weniger die Zahl als vielmehr die Art der unterstützten Medien darüber, ob ein Multimediasystem seinem Namen gerecht wird. Es sei darauf hingewiesen, daß diese Definition umstritten ist. Selbst in Standardisierungsgremien wird oft eine schwächere Auslegung benutzt.

2.2 Wesentliche Eigenschaften eines Multimedia-Systems

Ein Multimedia-System zeichnet sich neben seiner noch zu qualifizierenden Charakteristik bezüglich der Medien durch weitere wesentliche Eigenschaften aus: Ausgehend von einer Erläuterung der qualitativen Kombination von Medien werden in diesem Abschnitt die Unabhängigkeit der Medien, die Rechnersteuerung und die Integration als wesentliche Eigenschaften herausgearbeitet.

Kombination von Medien

Diskrete und kontinuierliche Medien

Nicht jede beliebige Kombination von Medien rechtfertigt die Verwendung des Begriffs *Multimedia*. Ein einfaches Textverarbeitungsprogramm mit eingebundenen Bildern wird oft schon als Multimedia-Anwendung bezeichnet, weil zwei Medien von einem Programm bearbeitet werden. Von Multimedia in unserem Sinn sollte man jedoch erst reden, wenn sowohl diskrete als auch kontinuierliche Medien betrachtet werden. Eine Multimedia-Anwendung muß demnach mindestens ein diskretes und ein kontinuierliches Medium *verarbeiten* können. Ein Textverarbeitungsprogramm mit eingebundenen Bildern ist in diesem Sinn keine Multimedia-Anwendung.

Unabhängigkeit

Unabhängigkeit der verschiedenen Medien

Die Forderung nach Unabhängigkeit der verschiedenen Medien ist ein wesentlicher Aspekt von Multimediasystemen. Ein computergesteuerter Videorecorder zeichnet zwar Audio- und Bewegtbildinformationen auf, zwischen ihnen besteht jedoch ein fester zeitlicher Bezug. Die beiden Medien sind durch die gemeinsame Speicherung auf dem Magnetband starr miteinander gekoppelt. Die Kombination eines auf einem DAT-Recorder (Digital Audio Tape) aufgenommenen Signals und eines in einem Rechner vorhandenen Texts zum Zweck der Präsentation genügt dagegen der Forderung nach Unabhängigkeit. Ein anderes Beispiel für Unabhängigkeit sind Text- und Bild-Bausteine, die in einer beliebigen räumlich Anordnung zueinander stehen können.

Rechnergestützte Integration

Die Unabhängigkeit der Medien schafft die Möglichkeit, Medien in beliebiger Form für eine Präsentation zu kombinieren. Der Rechner ist hierfür das ideale Werkzeug. Das System soll in der Lage sein, Medien rechnergesteuert zu verarbeiten. Dabei kann dieses System vom Systemprogrammierer und/oder Anwender (in gewissen Grenzen) frei programmiert werden. Die bloße Aufnahme oder Wiedergabe verschiedener Medien durch ein System wie den Videorecorder genügt bspw. der Forderung nach einer rechnergesteuerten Lösung nicht.

Die rechnergesteuerten Daten unabhängiger Medien kann man in ein Gesamtsystem integrieren, damit sie gemeinsam eine bestimmte Funktion erfüllen. Dazu werden zeitliche, räumliche und inhaltliche Synchronisationsbeziehungen zwischen ihnen erzeugt. Ein Textverarbeitungsprogramm, das bspw.

Text, Tabellenkalkulation und die Darstellung von Grafiken unterstützt, genügt noch nicht der Anforderung nach Integration, wenn kein programmunterstützter Bezug zwischen den Daten hergestellt werden kann. Ein hoher Integrationsgrad ist hier erst erreicht, wenn die Änderung eines Zelleninhalts der Tabellenkalkulationsdaten die Zeichnung und entsprechende Werte im Text beeinflußt.

Ein solch flexibler Umgang mit Medien ist nicht selbstverständlich – auch nicht bei vielen der heute als Multimediasystem angepriesenen Produkte. Deshalb muß dieser Aspekt besonders betont werden, indem man von *integrierten* Multimediasystemen redet. Vereinfacht dargestellt kann in solchen Systemen all das mit Bewegtbild und Ton gemacht werden, was heute bereits mit Text und Grafik möglich ist [AGH90]: Während in konventionellen Systemen eine textuelle Nachricht an andere Benutzer geschickt werden kann, erlaubt ein Multimediasystem mit einem hohen Integrationsgrad diese Funktion auch für Sprachnachrichten oder gar für eine Kombination aus Sprache und Text.

Flexibler Umgang mit Medien

Kommunikationsfähige Systeme

Im weiteren werden in diesem Buch kommunikationsfähige Multimediasysteme betrachtet. Ein Grund dafür ist, daß Rechner zunehmend an Kommunikationsnetze angeschlossen sind; die Betrachtung von Multimedia-Funktionen allein lokal auf einem Rechner wäre folglich eine Einschränkung, wenn nicht gar ein Rückschritt. Ein anderer Grund liegt darin, daß verteilte Umgebungen besonders interessante Multimedia-Anwendungen ermöglichen. Hier kann Multimedia-Information nicht nur erzeugt, verarbeitet, dargestellt und gespeichert, sondern auch über Rechnergrenzen hinweg ausgetauscht werden.

2.3 Begriff „Multimedia"

Betrachtet man die erste Erläuterung von Multimedia am Anfang dieses Kapitels, so wird jetzt deutlich, daß diese unzureichend ist. Unter Beachtung der Ausführungen bezüglich des Mediums in Abschnitt 2.1 auf Seite 7 und der Charakterisierung von Multimedia in Abschnitt 2.2 auf Seite 12 wird aus dieser ersten lexikalischen Begriffsklärung folgende Definition:

> Ein Multimediasystem ist durch die rechnergesteuerte, integrierte Erzeugung, Manipulation, Darstellung, Speicherung und Kommunikation von unabhängigen Informationen gekennzeichnet, die in mindestens einem kontinuierlichen (zeitabhängigen) und einem diskreten (zeitunabhängigen) Medium kodiert sind.

System

Multimedia wird heute sehr oft als Attribut vieler Systeme, Komponenten, Produkte und Ideen verwendet, ohne den hier vorgestellten Charakteristika zu genügen. So gesehen ist die hier vorgestellte Definition in mancher Beziehung restriktiv (und soll es auch sein).

Es können demnach zwei Begriffsbildungen zu *Multimedia* unterschieden werden:

„Multimedia" im engeren Sinne (Multimedia)

Diese Begriffsbildung wurde bereits in diesem Kapitel erläutert und soll im weiteren verwendet werden. In diesem Buch sind deshalb in einem Multimediasystem immer kontinuierliche Medien enthalten. Gleichzeitig zur Verarbeitung diskreter Medien werden somit wesentliche zeitliche Randbedingungen (durch die kontinuierlichen Medien) eingeführt, die bisher bei Arbeitsplatzrechnern kaum betrachtet wurden.

„Multimedia" im weiteren Sinne

Der Begriff *Multimedia* wird oft auch bei einer Verarbeitung von Einzelbildern und Text verwendet, obwohl kein kontinuierliches Medium beteiligt ist. Viele in diesem Umfeld bearbeiteten Aufgaben werden auch bei Multimediasystemen nach der restriktiveren Definition benötigt. Sowie mehrere Medien gemeinsam bearbeitet werden, kann man nach dieser Begriffsbildung von *Multimedia* sprechen.

Das vorliegende Buch beinhaltet die Betrachtung kommunizierender Multimediasysteme. Einige Eigenschaften, die zu einer Klärung des Begriffs *Multimedia* führen, wurden erläutert. Dabei haben die Medien eine zentrale Bedeutung.

Information wird nach festen Regeln auf Daten abgebildet. Ein Medium ist derart durch die Abbildungsgesetze beschrieben. Kontinuierliche Medien bedingen eine sich zeitlich ändernde Datenmenge, einen Datenstrom. Im folgenden werden deshalb *Datenströme* genauer betrachtet.

2.4 Charakterisierung von Datenströmen

In verteilten kommunizierenden Multimediasystemen werden sowohl Daten diskreter als auch kontinuierlicher Medien übertragen. Es findet ein Informationsaustausch statt. Dabei wird in jedem digitalen System die Information in einzelne Einheiten (i. a. sind dies *Pakete*) unterteilt und anschließend *verschickt*. Diese Pakete werden dabei von einer Systemkomponente (der Quelle) gesendet und von einer anderen (der Senke) empfangen. Quelle und Senke können sich in einem oder auf verschiedenen Rechnern befinden. Ein *Datenstrom* besteht aus einer Sequenz (zeitliche Folge) einzelner Pakete (hier wird der Begriff „Datenstrom" synonym für den Begriff „Datenfluß" verwendet). Ein Datenstrom hat damit eine zeitliche Komponente und auch eine Lebensdauer.

Die Pakete können Information in Form eines kontinuierlichen, wie auch eines diskreten Mediums enthalten. Ein Beispiel für ein kontinuierliches Medium ist die Übertragung von Sprache in einem Telefonsystem. Bei der Übertragung einer Textdatei entsteht ein Datenstrom, der die Kommunikation eines diskreten Mediums darstellt.

Die Übertragung von Information in unterschiedliche Medien führt zu Datenströmen mit sehr unterschiedlichen Merkmalen. Aus dem Bereich der Rechnerkommunikation und der Vermittlungstechnik stammen die Attribute *asynchron, synchron* und *isochron* zur groben Charakterisierung einer Datenübertragung. Sie werden bspw. auch bei FDDI bezüglich der Ende-zu-Ende-Verzögerung einzelner Pakete zur Beschreibung der verschiedenen Datenübertragungsmöglichkeiten verwendet (zu FDDI siehe Kapitel 14 zu Netzen).

Asynchroner Übertragungsmodus

Der asynchrone Übertragungsmodus gibt keine zeitlichen Restriktionen für die Kommunikation an. Pakete sollen den Empfänger so schnell wie möglich erreichen.

Keine zeitliche Restriktion

Ein Beispiel sind die Protokolle des weltweit verfügbaren Internets zur Übertragung elektronischer Post. Im Bereich lokaler Netze ist Ethernet ein weiteres Beispiel. Alle Informationen diskreter Medien können als asynchroner Datenstrom übertragen werden. Durch einen zeitlichen Bezug zu kontinuierlichen Medien (Synchronisation) können Daten diskreter Medien auch einer zeitlichen Restriktion unterliegen. In diesem Fall muß eine asynchrone Übertragung nicht unbedingt die geeignete Form sein.

Synchroner Übertragungsmodus

Der synchrone Übertragungsmodus definiert eine maximale Ende-zu-Ende-Verzögerung für jedes Paket eines Datenstroms. Diese obere Schranke der Verzögerung wird nie überschritten. Dafür kann ein Paket aber zu jedem beliebigen früheren Zeitpunkt den Empfänger erreichen. Es wird eine wesentliche Anforderung von Multimedia-Anwendungen befriedigt: Eine maximale Ende-zu-Ende-Verzögerung kann garantiert werden.

Maximale Ende-zu-Ende-Verzögerung

So kann über ein lokales Netzwerk, das den synchronen Übertragungsmodus unterstützt, eine Audioverbindung realisiert werden. Der unkomprimierte Transfer von Videodaten in einem Abfragedienst ist durch eine hohe Datenrate und eine relativ hohe maximale Ende-zu-Ende-Verzögerung charakterisiert. Hier kann eine Datenrate von 140 Mbit/s und eine maximale Verzögerung von 1 s angenommen werden. Im Extremfall würden dann zeitweilig (für mehr als eine Sekunde) Pakete beim Empfänger 1 s *zu früh*. eintreffen. Diese müßten zwischengespeichert werden. Der Empfänger würde dafür bspw. eine Speicherkapazität von 17,5 Mbyte benötigen.

Isochroner Übertragungsmodus

Der isochrone Übertragungsmodus definiert neben einer maximalen Ende-zu-Ende-Verzögerung für jedes Paket eines Datenstroms auch eine minimale Ende-zu-Ende-Verzögerung. Das heißt, daß der Jitter einzelner Pakete begrenzt ist (vgl. Kapitel 14 zu Netzen).

Maximale und minimale Ende-zu-Ende-Verzögerung

Damit wird bspw. der benötigte Speicherplatz beim Empfänger im obigen Beispiel, der unkomprimierten Übertragung von Videodaten in einem Abfragedienst, stark reduziert. Diese Anforderung bezüglich einer Zwischenspeicherung muß auch bei allen Rechnern auf dem jeweiligen Datenpfad beachtet werden.

Diese drei Attribute kennzeichnen vereinfacht die verschiedenen Datenströme. Im folgenden Abschnitt werden weitere wesentliche Eigenschaften, wie Aussagen zur relativen Paketlänge, bei der Charakterisierung von Datenströmen beachtet.

2.5 Charakterisierung von Datenströmen kontinuierlicher Medien

Der folgende Abschnitt ist eine Zusammenstellung der Charakteristika von Datenströmen, die in Multimediasystemen im Zusammenhang mit Audio- und Videoübertragungen auftreten. Dabei werden auch die Effekte einer vorab durchgeführten Kompression berücksichtigt. Außerdem ist diese Klassifikation sowohl in einer verteilten als auch in einer lokalen Umgebung zu verwenden.

Zeitintervalle zwischen der vollständig abgeschlossenen Übertragung aufeinanderfolgender Informationseinheiten

Die erste Eigenschaft von Datenströmen bezieht sich auf die Zeitintervalle zwischen der vollständig abgeschlossenen Übertragung aufeinanderfolgender Informationseinheiten bzw. Pakete. Man unterscheidet, basierend auf dem Moment, an dem die gültigen Pakete verfügbar werden, die folgenden Varianten:

Streng periodisch
- Wenn das Zeitintervall zwischen den angrenzenden Paketen konstant ist, so lautet die Bezeichnung dieses Datenstroms *streng periodisch (strongly periodic)*. Damit ist auch der Jitter minimal; im Idealfall hat er den Wert Null. Abb. 2-1 zeigt einen solchen Datenstrom.

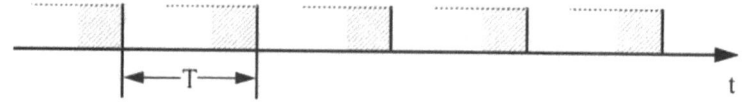

Abb. 2-1 Streng periodischer Datenstrom. Zeitintervalle derselben Dauer zwischen aufeinanderfolgenden Paketen.

Ein Beispiel hierfür ist die PCM-kodierte Sprache (PCM = Puls-Code-Modulation) bei Telefonvermittlungssystemen.

Schwach periodisch
- Die Dauer der Zeitintervalle zwischen angrenzenden Paketen läßt sich oft als eine Funktion mit endlicher Periodendauer beschreiben. Dabei ist aber dieses Zeitintervall zwischen den angrenzenden Paketen nicht konstant (ansonsten wäre es ein streng periodischer Datenstrom). In diesem in Abb. 2-2 auf Seite 17 dargestellten Fall spricht man von einem *schwach periodischen Datenstrom (weakly periodic)*.

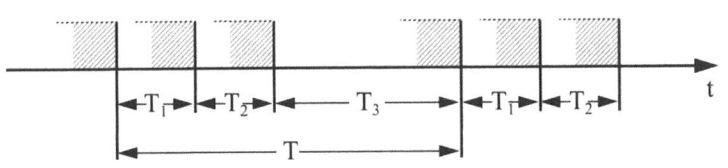

Abb. 2-2
Schwach periodischer Datenstrom. Zeitintervalle zwischen aufeinanderfolgenden Paketen sind periodischer Natur.

- Alle anderen Möglichkeiten der Übertragung werden bezüglich der Folge von Zeitintervalldauern als *aperiodische Datenströme* bezeichnet. Abb. 2-3 zeigt einen solchen Datenstrom.

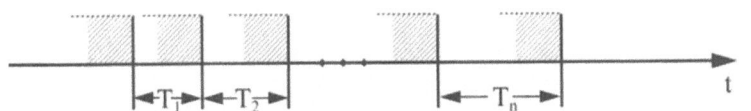

Abb. 2-3
Aperiodischer Datenstrom. Die Folge der Zeitintervalle ist weder konstant noch schwach periodisch.

Ein Beispiel für einen aperiodischen Datenstrom findet man in einer kooperativen Anwendung mit einem gemeinsamen Fenster. Hier müssen oftmals der Status *(linker Knopf gedrückt)* und die aktuellen Koordinaten der Maus eines Anwenders an andere Teilnehmer einer Multimedia-Konferenz übertragen werden. Wenn diese Information periodisch übertragen wird, dann würde eine hohe Datenrate mit extrem hoher Redundanz entstehen. Das angestrebte System sollte nur dann eine Informationsübertragung vornehmen, wenn diese auch notwendig ist. Das heißt, daß nach dem Initialisieren nur dann Daten kommuniziert werden müssen, wenn sich eine Änderung der Position oder des Status ergeben hat.

Variation der Datenmenge aufeinanderfolgender Informationseinheiten

Ein zweites Qualifikationsmerkmal von Datenströmen betrifft die Variation der Datenmenge aufeinanderfolgender Informationseinheiten bzw. Pakete.

- Bleibt die Menge der Daten während der gesamten Lebenszeit eines Datenstroms konstant, so nennt man den Datenstrom *streng gleichmäßig (strongly regular)*. In Abb. 2-4 ist ein solcher Datenstrom aufgezeigt.

Streng gleichmäßig

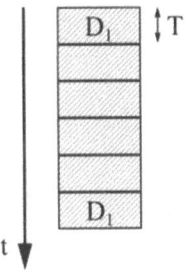

Abb. 2-4
Streng gleichmäßiger Datenstrom. Konstante Datenmenge aller Pakete.

Dieses Merkmal ist typisch für eine unkomprimierte digitale Datenübertragung von Audio und Video. Ein Beispiel ist der von einer Kamera gelieferte

Datenstrom mit Vollbildkodierung. Auch eine Audiosequenz, die von einer Audio-CD stammt, ist ein mögliches Beispiel.

Schwach gleichmäßig
- Variiert die Menge der Daten periodisch (mit der Zeit), so ist dies ein *schwach gleichmäßiger* Datenstrom *(weakly regular)*. Ein derartiges Beispiel ist in Abb. 2-5 aufgeführt.

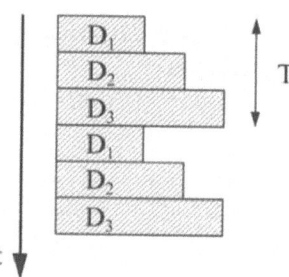

Abb. 2-5
Schwach gleichmäßiger Datenstrom. Datenmenge der Pakete variiert periodisch.

Einige Videokompressionsverfahren verwenden folgende Idee: Einzelne Vollbilder werden einzeln, als Ganzes, kodiert und komprimiert. Die so entstandene Informationseinheit wird innerhalb des Datenstroms ein relativ großes Datenpaket darstellen. Hierbei sei die Paketlänge, die aufgrund der Übertragung beschränkt ist, in den verschiedenen Kommunikationsschichten außer acht gelassen. Diese Pakete werden dann periodisch übertragen, z. B. alle 2 Sekunden. Bei allen Bildern, die zwischen zwei derart kodierten und komprimierten Einzelbildern des Videostroms liegen, werden jeweils die Unterschiede zwischen aufeinanderfolgenden Bildern als Information übertragen.

Als ein Beispiel sei MPEG erwähnt (siehe Kapitel 7.7 zu MPEG). Hier sind I-Bilder komprimierte Einzelbilder, wohingegen die Kompression von P- und B-Bildern Bilddifferenzen berücksichtigt und damit zu einem wesentlich geringeren Datenvolumen führt. Es ist keine konstante Bitrate für einzelne I-, P-, und B-komprimierte Pakete festgelegt. Im Mittel ist jedoch ein typisches I:B:P-Verhältnis der entstehenden Datenmengen für einzelne Bilder 10:1:2. Damit kann ein solcher Datenstrom im Langzeitdurchschnitt als *schwach gleichmäßig* charakterisiert werden.

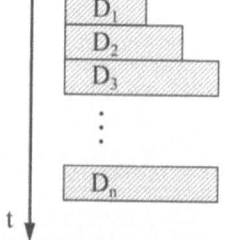

Abb. 2-6
Ungleichmäßiger Datenstrom. Datenmenge der Pakete weder konstant noch variiert sie periodisch.

Ungleichmäßig
- Datenströme sind *ungleichmäßig*, wenn die Datenmenge weder konstant ist, noch sich nach einer periodischen Funktion ändert (siehe Abb. 2-6). Eine

Übertragung und Verarbeitung ist hier komplizierter als in den vorherigen Varianten.

Bei Anwendung eines Kompressionsverfahrens, das einen Datenstrom variabler Bitrate erzeugt, bestimmt sich die Größe der einzelnen Informationseinheiten (abgeleitet jeweils von einem Einzelbild) aus dem Bildinhalt, der sich bezüglich des vorherigen Bildes verändert hat. Die Größe der entstehenden Informationseinheiten ist demnach meist von der Videosequenz abhängig, und der Datenstrom ist unregelmäßig.

Zusammenhang aufeinanderfolgender Pakete

Das dritte Qualifikationsmerkmal kennzeichnet die Kontinuität, bzw. den Zusammenhang von aufeinanderfolgenden Paketen. Werden derartige Pakete direkt hintereinander übertragen, oder besteht eine Lücke zwischen den Paketen? Dies kann auch als die Auslastung des entsprechenden Betriebsmittels beschrieben werden. Das Netz ist ein solches Betriebsmittel.

- Abb. 2-7 zeigt einen *zusammenhängenden* Informationstransfer. Alle Pakete werden ohne jegliche Lücke hintereinander übertragen. Die erforderlichen Zusatzinformationen zu den reinen Daten sind berücksichtigt. Als solche schichtenunabhängige Informationen gelten bspw. Fehlererkennungs-Codes. Damit wird das betrachtete Betriebsmittel zu 100% ausgelastet.

Zusammenhängender Informationstransfer

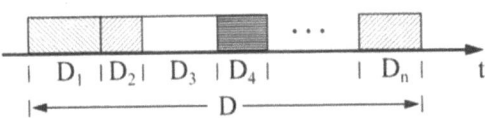

Abb. 2-7 Zusammenhängender Datenstrom. Pakete werden ohne dazwischenliegende Lücken übertragen.

Ein zusammenhängender Datenstrom erlaubt den maximalen Durchsatz und erreicht damit die optimale Auslastung des Betriebsmittels. Ein B-Kanal von ISDN mit der Übertragung von 64-kbit/s-Audiodaten ist hierfür ein Beispiel.

- Die Übertragung eines zusammenhängenden Datenstroms über einen Kanal mit höherer Kapazität führt zu Lücken zwischen den einzelnen Paketen. Jeden Datenstrom, der Lücken zwischen den Informationseinheiten beinhaltet, bezeichnet man als *unzusammenhängend*. Ein Beispiel ist in Abb. 2-8 angegeben. Dabei ist es nicht von Bedeutung, ob zwischen allen Paketen Lücken bestehen oder ob die Dauer der Lücken variiert.

Unzusammenhängender Datenstrom

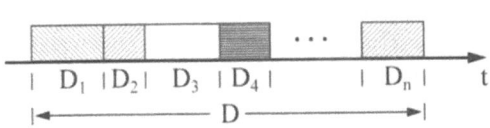

Abb. 2-8 Unzusammenhängender Datenstrom. Lücken bestehen zwischen den Paketen.

Die Kommunikation eines gemäß des DVI-PLV-Verfahren kodierten Datenstroms über ein FDDI-Netz mit durchschnittlich 1,2 Mbit/s führt zwangsläufig zu Lücken zwischen den einzelnen Paketen auf dem Netz. Damit liegt hier ein unzusammenhängender Datenstrom vor.

Beispiel Im folgenden Beispiel sollen die oben angegebenen Merkmale kurz verdeutlicht werden:

Ein Videosignal, das gemäß des PAL-Verfahrens aufgenommen wurde, wird von einer Kamera abgegriffen und im Rechner digitalisiert. Dabei wird keine Kompression vorgenommen. Der entstehende Datenstrom ist streng periodisch, streng gleichmäßig und zusammenhängend, wie in Abb. 2-4 auf Seite 17 abgebildet. Es bestehen keine Lücken zwischen den Paketen. Nun wird in Kombination mit der Digitalisierung das MPEG-Verfahren zur Kompression eingesetzt. Der entstehende Datenstrom ist nun (bezogen auf seine längere Dauer) schwach periodisch, schwach gleichmäßig und bei Betrachtung der Übertragung auf einem 16-Mbit/s-Token-Ring unzusammenhängend.

2.6 Informationseinheiten

Kontinuierliche (und zeitabhängige) Medien bestehen aus einer Sequenz (zeitlichen Folge) einzelner Informationseinheiten. Im folgenden wird in Anlehnung an Protokolldateneinheiten *(Protocol Data Unit, PDU)* eine solche Informationseinheit *logische Dateneinheit (Logical Data Unit, LDU)* genannt. Die Bedeutung, die Informations- und die Datenmenge einer LDU können sehr unterschiedlich sein:

Beispiele 1. Als erstes Beispiel dient die Sinfonie *Der Bär* von Joseph Haydn. Sie besteht aus den vier Sätzen *Vivace Assai, Allegretto, Menuet* und *Finale Vivace*. Jeder Satz ist ein selbständiger abgeschlossener Teil dieser Komposition. Er beinhaltet eine Folge von Noten für die verschiedenen Instrumente. Diese Noten sind in einem digitalen System eine Folge von Abtastwerten. Dabei soll in diesem Beispiel keine Kompression angewendet werden. Die PCM-Kodierung werde mit einer linearen Kennlinie vorgenommen. Bei CD-DA-Qualität sind dies 44.100 Abtastwerte pro Sekunde, die mit jeweils 16 bit pro Kanal kodiert werden. Auf einer CD werden diese Abtastwerte zu Einheiten von einer Dauer von 1/75 Sekunde zusammengefaßt. Man könnte nun das gesamte Werk, einzelne Sätze, einzelne Noten, zusammengefaßte Abtastwerte von einer Dauer von 1/75 Sekunde, oder gar einzelne Abtastwerte als LDU auffassen. Es hängt von der jeweiligen Anwendung ab, was als LDU betrachtet werden soll. Manche Operationen können auf die Wiedergabe des ganzen Werks – als eine LDU – angewendet werden. Andere Funktionen werden auf die kleinsten bedeutungstragenden Einheiten bezogen (in diesem Fall die Noten). Die digitale Signalverarbeitung bezieht sich auf die Abtastwerte als LDUs.

2. Ein Beispiel ist die in Abb. 2-9 dargestellte Videosequenz: Die unkomprimierte Videosequenz besteht aus einzelnen Einstellungen (Clips), die jeweils eine Szene darstellen. Eine solche Szene besteht aus einer Folge von Einzelbildern. Das Einzelbild kann in verschiedene Regionen von bspw. jeweils 16×16 Bildpunkten unterteilt werden. Ein Bildpunkt beinhaltet wiederum Luminanz- und Chrominanzwerte.

Das Einzelbild ist also nicht die einzige mögliche LDU einer Bewegtbildsequenz; eine Szene oder ein Bildpunkt sind auch LDUs. In einem nach MPEG kodierten Videodatenstrom können die in Einzelbildfolgen vorhandenen Redundanzen durch Verwendung eines Interframe-Kompressionsverfahrens zur Verringerung der Datenmenge ausgenutzt werden. Die kleinsten abgeschlossenen bedeutungstragenden Einheiten sind hier Sequenzen von Einzelbildern.

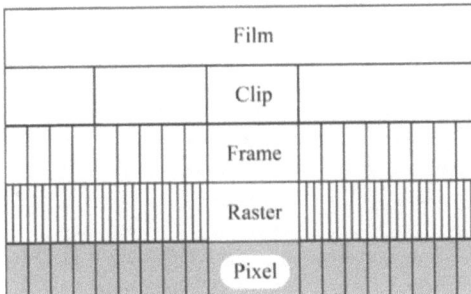

Abb. 2-9
Granularität einer Bewegtbildsequenz.
Logische Dateneinheiten (LDUs)

Dieses Phänomen der *Granularität* kennzeichnet die hierarchische Zerlegung eines Audio- oder Videodatenstromes in seine Bestandteile. Als allgemeine Bezeichnungen und umfassende Informationseinheiten wurden in diesen Beispielen die Sinfonie und der Film verwendet. Dabei können sowohl *geschlossene* als auch *offene LDUs* betrachtet werden. Geschlossene LDUs haben eine fest definierte Dauer. Meist sind es gespeicherte Sequenzen. Bei einem Datenstrom als offene LDU ist die Dauer vorab nicht bekannt. Ein solcher Datenstrom wird bspw. von einer Kamera oder einem Mikrofon in den Rechner eingespeist.

Im Anschluß an diese grundlegenden Überlegungen zu den Eigenschaften eines Multimediasystems werden im folgenden Kapitel Audiodaten genauer betrachtet. Dabei liegt der Schwerpunkt auf der Sprachverarbeitung.

Audiotechnik

Ein *Ton* ist ein physikalisches Phänomen, das durch die Vibration von Material, wie z. B. einer Geigensaite oder eines Holzblocks verursacht wird. Bei einer derartigen Vibration werden in der Luft, die das Material umgibt, Druckwellenschwankungen ausgelöst. Die Druckwellen breiten sich in der Luft wellenartig aus. Wenn eine derartige Welle das menschliche Ohr erreicht, wird ein Ton wahrgenommen.

Erzeugung von Ton

Die Audiotechnik beschäftigt sich mit der Verarbeitung akustischer Signale, die durch den Menschen wahrgenommen werden können. Wesentliche Aspekte sind hier die psychoakustischen Grundlagen, die Verarbeitung von Musik mit MIDI (Music Instrument Digital Interface) und die Sprachverarbeitung (Synthese und Analyse).

Audiotechnik

Die Speicherung von Audiodaten (und Daten anderer Medien) auf optischen Platten wird gesondert in Kapitel 9 dargestellt, da diese Technologie nicht auf Audiosignale beschränkt ist. Die Kompressionsverfahren für Audio- und Videosignale werden separat in Kapitel 7 bearbeitet, weil oft ähnliche Methoden zur Kodierung von Informationen, die als unterschiedliche Medien vorliegen, verwendet werden und damit der Zusammenhang besser verdeutlicht werden kann. In diesem Kapitel wird die *Verarbeitung* von Ton, Musik und Sprache vorgestellt. Dies schließt eine Erläuterung der Grundlagen und der Formate der Audiotechnik sowie die Computer-Repräsentation von Audio [Boo87, Tec89] ein. Die meisten Multimedia-Anwendungen verwenden das Medium *Audio* in Form von Musik und/oder Sprache. Die Sprachkommunikation ist insbesondere auch in verteilten Multimedia-Anwendungen von größter Bedeutung. Deshalb wird hier neben MIDI die Diskussion auf die für das Medium *Sprache* relevanten Beiträge fokussiert: *Sprachsynthese*, *Spracherkennung* und *Sprachübertragung* [Loy85, Fla72, FS92, Beg94, OS90', Fal85, Bri86, Ace93, Sch92]. Vorab seien noch einige Anmerkungen zusammengestellt, die für alle Audiosignale von Bedeutung sind.

Musik tritt hier oft im Zusammenhang mit „MIDI" auf.

3.1 Grundlagen

Ein *Ton* entsteht durch eine Vibration eines physikalischen Werkstoffs. Während der Vibration entstehen in der Luft, die den Stoff umgibt, Druckwellenschwankungen. Das Muster dieser Oszillation nennt man *Wellenform* (siehe Abb. 3-1) [Tec89].

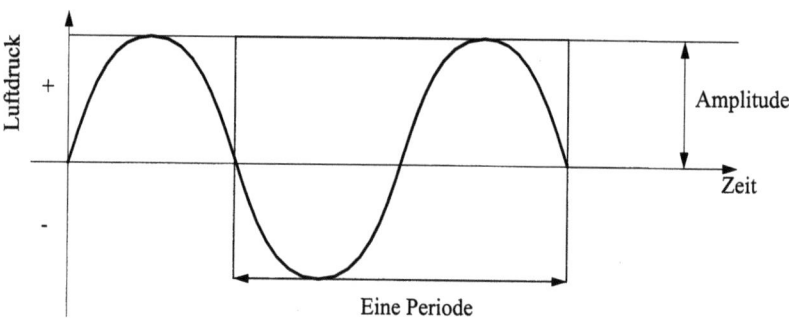

Abb. 3-1 Oszillation einer Druckwellenschwankung der Luft.

Wellenform

Die *Wellenform* wiederholt sich in ähnlicher Form in regelmäßigen Intervallen, die man auch als *Periode* bezeichnet. Da Tonwellen einen natürlichen Ursprung haben, sind sie niemals absolut gleichförmig oder periodisch. Ein Klang, der eine erkennbare Periodizität aufweist, wird allerdings eher als Musik aufgefaßt als ein Klang, der dieses Verhalten nicht zeigt. Beispiele periodischer Klänge sind Klänge, die von Musikinstrumenten erzeugt werden, Vokalklänge, Windgeräusche oder Vogelgezwitscher. Nichtperiodische Klänge sind z. B. rauschförmige Trommelinstrumente, Husten, Niesen oder Wasserrauschen.

Frequenz

Die *Frequenz* eines Klangs ist der reziproke Wert seiner Periode. Analog repräsentiert die Frequenz die Anzahl der Perioden pro Sekunde und wird in *Hertz* (Hz) oder *Zyklen pro Sekunde* (cps) gemessen. Eine praktische Abkürzung ist das Kilohertz (kHz), das 1.000 Oszillationen pro Sekunde angibt und daher gleich 1.000 Hz ist [Boo87].

Frequenzbereiche

Die Schallvorgänge in Flüssigkeiten, Gasen und Festkörpern lassen sich in verschiedene Frequenzbereiche unterteilen:

- Infraschall: 0 bis 20 Hz
- Hörschall: 20 Hz bis 20 kHz
- Ultraschall: 20 kHz bis 1 GHz
- Hyperschall: 1 GHz bis 10 THz

Audio = akustisch wahrnehmbare Signale

Für Multimediasysteme ist primär der Hörschall von Bedeutung. Das Medium *Audio* soll hier als Zusammenfassung aller akustischen Signale im Frequenzbereich des Hörschalls gesehen werden. Die Wellen in diesem Frequenzbereich werden auch als *akustische Signale* bezeichnet [Boo87]. Die *Sprache* ist das vom Menschen über die Sprachorgane erzeugte Signal. Dieses kann auch von Maschinen nachgebildet werden. *Musik*signale besitzen Frequenzen im Bereich zwischen ca. 20 Hz und 20 kHz. Man kann neben Sprache und Musik auch *Geräusche* als weitere Art von Audiosignalen nennen. Ein *Geräusch* ist ein nicht zweckbestimmtes Schallereignis. Diese kurze Abgrenzung ist jedoch nicht dogmatisch zu verstehen und soll nur ein Anhaltspunkt sein. Man könnte bspw. auch unverständliche Sprache als Geräusch definieren.

Amplitude

Ein Klang weist eine *Amplitude* auf, eine Eigenschaft, die man subjektiv als *Lautstärke* wahrnimmt. Die Amplitude eines Klangs ist ein Maß für die Abweichung der Druckwelle von ihrem Mittelwert (Ruhezustand).

Amplitude und Lautstärke

3.1.1 Klangwahrnehmung und Psychoakustik

Wenn ein akustisches Signal den Kopf eines Zuhörers erreicht, wird die Druckwelle am äußeren Ohr (*Pinna*) in Energie umgewandelt und durch das äußere und das Mittelohr gefiltert. Das innere Ohr (auch *Cochlea*) transformiert diese Energie in Nervenaktivität. Die *Psychoakustik* ist eine Disziplin, die die Beziehungen zwischen akustischen Wellen an den Ohrknöcheln und der räumlichen Wahrnehmung des Zuhörers erforscht.

Physikalisch akustische Perspektive

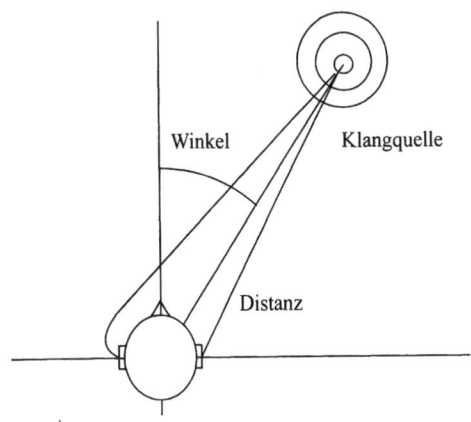

Abb. 3-2 Grundlagen der Klangwahrnehmung.

Die prinzipielle Situation eines Zuhörers ist in Abb. 3-2 wiedergegeben. Hierbei breitet sich der von einer Klangquelle ausgestrahlte Ton in konzentrischen Druckwellen aus. Die Position der Quelle kann durch den Abstand zum Zentrum des Kopfs des Zuhörers und durch zwei Winkel beschrieben werden: den in der horizontalen und den in der vertikalen Ebene. Es ist offensichtlich, daß

Klangwellen, die von einer auf der rechten Seite des Zuhörers angeordneten Quelle ausgehen, das rechte Ohr früher als das linke erreichen. Man bezeichnet den Zeitunterschied, mit dem die Klangwellen an den Ohren ankommen, als *Interaural Time Difference* (ITD). Wenn eine Klangquelle fast vollständig auf einer Seite angesiedelt ist, also in einem Winkel von 90 Grad zum Zuhörer, erreicht die ITD ein Maximum von ungefähr 0,7 bis 0,8 ms. Wenn die Klangquelle zusätzlich in der Nähe des Zuhörers ist, die Distanz zwischen Quelle und Zuhörer also klein ist, so ist der Intensitätsunterschied, die *Interaural Intensity Difference* (IID), signifikant unterschiedlich von Null. Diese zwei Charakterisierungen von Klangwellen, die am Ohr eintreffen, können im Zeitbereich gemessen und beschrieben werden und stellen die Basis der räumlichen Wahrnehmung dar [Ken95].

Eine weitere Eigenschaft der prinzipiellen Hörsituation ist im Frequenzbereich feststellbar. Die Klangwellen, die das Ohr des Zuhörers erreichen, werden durch die Interaktion der Originalwelle mit dem Körper der Zuhörers verändert. Im Bereich von 3 kHz ergibt sich z. B. eine starke Resonanz in der Größenwahrnehmung, die durch die Resonanz im Hörkanal verursacht wird. Diese Eigenschaften können als eine zum Kopf in Beziehung stehende Transferfunktion (*Head-Related-Transfer-Function* (HRTF) [Bla74, GM94]) gemessen und dokumentiert werden. Die Komplexität der Interaktion der Klangwellen mit dem Körper des Zuhörers erzeugt eine starke Abhängigkeit vom horizontalen und vertikalen Winkel, in dem die Klangquelle angeordnet ist bzw. von den physikalischen Eigenschaften des Kopfes eines individuellen Zuhörers.

Die physikalische Akustik von natürlichen Klängen spielt ebenfalls eine große Rolle im Verstehen der räumlichen Klangwahrnehmung, bzw. der Lokalisierung einer Klangquelle. Wie bei allen auf dem Wellenmodell basierenden Systemen gelten die Gesetze der Reflexion, der Brechung und der Streuung für die longitudinale Ausbreitung von Klangwellen in der Luft (die Geschwindigkeit dieser Wellen beträgt 344 m/s). In geschlossenen Räumen reflektiert bspw. jede Oberfläche Klangwellen. Normalerweise werden alle Wellen, die das menschliche Ohr erreichen, viele Male auf dem direkten Weg von der Klangquelle zum Ohr reflektiert. Der Klang, der auf direktem Weg das Ohr erreicht, beinhaltet Informationen über den horizontalen und vertikalen Winkel der Klangquelle. Die später eintreffenden Wellen, die sich von den direkten ableiten, stellen zusätzliche Informationen über Eigenschaften des Raums zur Verfügung. Das Verhältnis zwischen direkten und abgeleiteten Wellen kann hierbei als ein Indikator für die Entfernung zwischen Quelle und Zuhörer verwendet werden. Grundlegende Lokalisierungsregeln können so auf Klangquellen, die sich bewegen, oder Zuhörer erweitert werden. Dies wird durch die Erfassung der Klanggeschwindigkeit, die man auch als *Doppler-Effekt* bezeichnet, erreicht. Das Klangspektrum einer Klangquelle, die sich auf den Zuhörer zubewegt, verschiebt sich hierbei nach oben; das Spektrum der Quelle, die sich vom Zuhörer wegbewegt, wird nach unten verschoben. Dieser Effekt ist leicht feststellbar, wenn z. B. ein Krankenwagen mit Blaulicht an einem Zuhörer vorbeifährt.

3.1 Grundlagen

Psychoakustische Perspektive

Eine der grundlegenden Eigenschaften der menschlichen räumlichen Hörwahrnehmung ist das *Gesetz der ersten Wellenfront* [Bla71], das angibt, daß das Urteil eines Zuhörers bezüglich der Richtung eines akustischen Ereignisses maßgeblich von dem Klang beeinflußt wird, der den kürzesten und direktesten Weg nimmt. In einer Testumgebung sitzt ein Zuhörer vor zwei Lautsprechern, die baugleich sind. Obwohl beide dieselbe Klangamplitude abgeben, lokalisiert der Zuhörer einen Klang eher auf der rechten Seite, wenn der linke Lautsprecher etwa 15 ms verspätet sendet. Wenn die Verzögerung 50 ms übersteigt, nimmt der Zuhörer zwei unterschiedliche Klangereignisse vom linken und vom rechten Lautsprecher wahr. Es ist allerdings möglich, den Effekt der Verzögerung zu kompensieren, wenn die Amplitude des verzögerten Kanals erhöht wird (*Haas-Effekt*).

Haas-Effekt

Wie in allen menschlichen Wahrnehmungskanälen erfolgt die von der Cochlea des Ohrs durchgeführte Transformation eines Reizes logarithmisch. Normalerweise mißt man die Größe des *Klangdrucks (Sound Pressure Level*, SPL) in Dezibel. Der Schwellwert der Hörbarkeit bei 20 microPascal ist derjenige Grenzwert, über dem ein Klang gerade noch wahrgenommen wird. Dieser Wert fungiert als Basis des in Dezibel gemessenen Klangdrucks. Der dynamische Bereich der Klangwahrnehmung der Ohren liegt im Bereich bis 130 dB.

Klangbeispiel	Klangdruckgröße
Papiergeraschel	20 dB
Gesprochene Sprache	60 dB
Dichter Verkehr	80 dB
Rock Band	120 dB
Schmerzgrenze	130 dB

Tab. 3-1 Klangdruck verschiedener Klangbeispiele.

Weiterhin ist die Sensitivität der Wahrnehmung, die sog. *Lautstärke*, über die Frequenzen und Intensitäten hinweg nicht linear. Die *Fletcher-Munson-Grafik* (von 1933) zeigt die Klangintensität, die zum Erzeugen der Wahrnehmung einer konstanten Lautstärke benötigt wird. Die menschliche Klangwahrnehmung ist in den mittleren Frequenzbereichen zwischen 700 Hz und ca. 6.600 Hz am sensibelsten. Die Kurven gleicher Lautstärke von Fletcher und Munson zeigen (siehe Abb. 3-3 auf Seite 28), daß das menschliche Gehör für niedrige und sehr hohe Frequenzen wesentlich unempfindlicher reagiert als für den mittleren Frequenzbereich.

Lautstärke

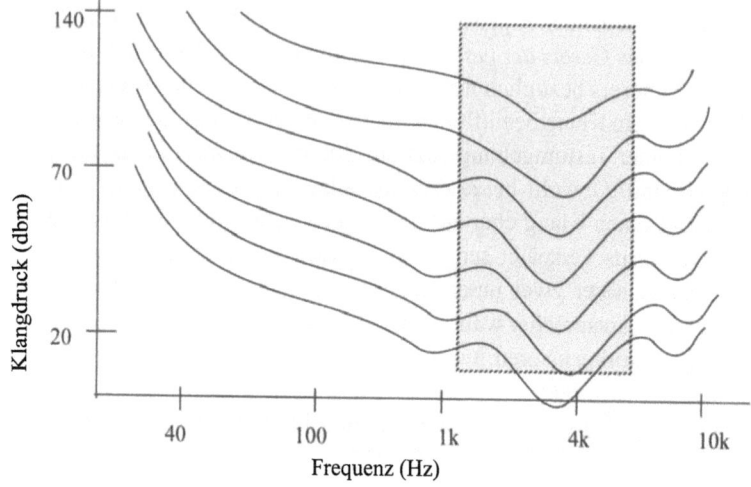

Abb. 3-3
Kurven gleicher Lautstärke (Fletcher und Munson).

Subjektive Tonhöhe Die menschliche Wahrnehmung arbeitet mit einer *subjektiven Tonhöhe*, die nicht proportional zur Frequenz verläuft. Bei tiefen Tönen entsprechen zwei Töne, die sich um den Faktor zwei in der Frequenzskala unterscheiden, auch genau einer Oktave. Bei höheren Frequenzen wird ein solches Frequenzgemisch als kleineres Intervall empfunden.

Maskierung In speziellen Situationen können einige Teile eines akustischen Ereignisses gemessen, aber nicht gehört werden. Ein Teil eines Klanggemischs *maskiert* hierbei einen anderen. Dieser Maskierungseffekt kann sowohl im Zeit- als auch im Frequenzbereich beobachtet werden. Das Verständnis dieses Effekts spielt in der Kodierung und Kompression von Klangsignalen eine große Rolle (siehe Kapitel 7 zu Kompression). Wenn z. B. eine laute und eine leisere Sinuswelle sehr unterschiedliche Frequenzen aufweisen, wird ein Zuhörer zwei unterschiedliche Wellen wahrnehmen. Wenn sich allerdings die Frequenz der leiseren Welle in der Nähe der Frequenz der lauteren Welle befindet, dann wird die leisere nicht mehr hörbar sein bzw. unter den Frequenz-Maskierungsschwellwert fallen. Der Zuhörer ist dann nicht mehr in der Lage, die leisere Welle wahrzunehmen. Auf der anderen Seite wird im Zeitbereich ein lauter Pistolenschuß leisere Klänge einige Sekunden nach dem Auftreten maskieren.

3.1.2 Computerrepräsentation von Audio

Die stetige und kontinuierliche Kurve einer Klangwelle kann in einem Rechner nicht direkt repräsentiert werden. Daher mißt ein Computer die Amplitude einer Welle in regelmäßigen Zeitintervallen und generiert daraus eine Folge von *Abtastung* Abtastwerten, die man auch als *Samples* bezeichnet. Abb. 3-4 auf Seite 29 zeigt die Periode einer derart digital abgetasteten Welle.

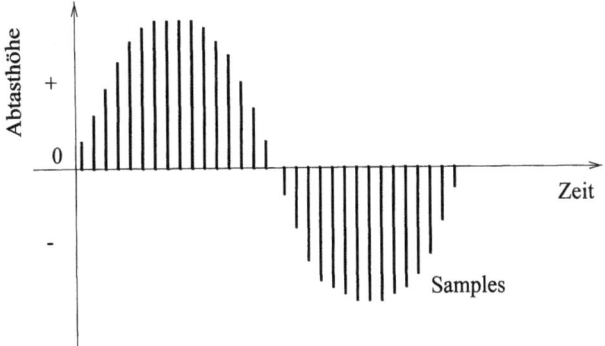

Abb. 3-4
Abtastung einer Welle.

Der Mechanismus, der ein Audiosignal in eine Folge digitaler Samples umwandelt, wird als *Analog-nach-Digital-Konverter (ADC)* bezeichnet. Die umgekehrte Umwandlung wird durch einen *Digital-nach-Analog-Konverter (DAC)* vollzogen.

ADC-Konverter
DAC-Konverter

Abtastrate (Sampling-Rate)

Die Rate, mit der eine kontinuierliche Wellenform abgetastet wird (siehe Abb. 3-4), nennt man auch Abtast- oder Sampling-Rate. Ebenso wie die Frequenz wird die Abtastrate in Hz gemessen. CDs werden mit 44.100 Hz abgetastet, was bei erster Betrachtung oberhalb des Frequenzbereichs zu liegen scheint, den ein Mensch wahrnehmen kann. Die Bandbreite (in diesem Fall 20.000 Hz - 20 Hz = 19.980 Hz), die ein digital abgetastetes Audiosignal repräsentieren kann, ist allerdings ungefähr halb so groß wie die Abtastrate der CD. Dies ergibt sich aus dem *Nyquist-Abtasttheorem*. Eine Abtastrate von 44.100 Hz kann daher nur Frequenzen von 0 Hz bis zu 22.050 Hz erfassen. Dies ist eine Grenze, die dem menschlichen Hörvermögen sehr nahe kommt.

Nyquist Abtatstheorem

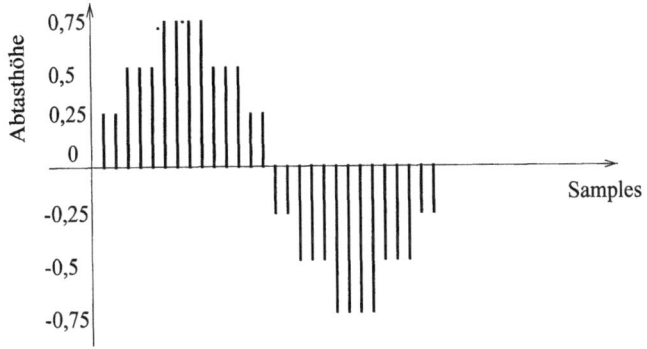

Abb. 3-5
3-bit-Quantisierung.

Quantisierung

Nachdem eine Welle zu diskreten Zeitpunkten abgetastet worden ist, verfügt man über ein Menge diskreter Abtastwerte. Die Auflösung oder auch Quantisierung eines Wertes hängt davon ab, wie viele Bits zur Messung der Höhe der Welle verwendet werden sollen. Eine 8-bit-Quantisierung ergibt 256 mögliche Werte, wohingegen eine 16-bit-Quantisierung in CD-Qualität über 65.536 mögliche Werte ergibt. Abb. 3-5 auf Seite 29 zeigt eine 3-bit-Quanitisierung.

Die mittels der 3-bit-Quantisierung transformierten Werte können nur 8 verschiedene Ausprägungen annehmen: 0,75, 0,5, 0,25, 0, -0,25, -0,5, -0,75 und -1. Dadurch wird die Form der Welle „eckig". Je niedriger also die Quantisierung (gemessen in Bits) ist, um so schlechter wird die resultierende Klangqualität.

3.1.3 Dreidimensionale Klangprojektion

Die Erfindung von Lautsprechern in den 20er Jahren des 20. Jahrhunderts hatte für die Audioverarbeitung dieselben Auswirkungen wie die Erfindung der Glühbirne für das tägliche Leben. Es wurde plötzlich möglich, Klänge in jeglicher Art von Raum wiederzugeben. Das erstmalige Abspielen von Klängen vor einem Auditorium kann mit den ersten verfügbaren Bildern oder Filmen verglichen werden. Nach einer gewissen Experimentierzeit mit verschieden umfangreichen Mengen an Lautsprechern, stellte man fest, daß die Benutzung eines Zweikanaltons (Stereo) für viele Zuhörer den angenehmsten Höreffekt erzeugte. Unter den Entwicklungen von Heimanwendungen der Klangdarbietung wie z. B. Radio oder Musikaufnahmen wurden allerdings auch solche Systeme für Filme und Komponisten moderner Musik bevorzugt, die eine größere Anzahl von Lautsprechern verwendeten [Cho71], da dadurch eine bessere Kontrolle räumlicher Klangeffekte möglich wurde. Die heutige Entwicklung derartiger Komponenten im Hinblick auf Multimedia und virtuelle Realität zeigt eine erhebliche Konzentration auf räumliche Klangeffekte und auf dreidimensionale Klangprojektionen [Beg94].

Räumlicher Klang

Die typische Situation der dreidimensionalen räumlichen Wahrnehmung wird in Abb. 3-6 auf Seite 31 gezeigt. Hierbei befinden sich ein Zuhörer und eine Klangquelle in einem geschlossenen Raum. Als Erweiterung von Abb. 3-2 auf Seite 25 schlucken und reflektieren die Wände und andere Objekte in einem Raum die Ausbreitungswege des Klangs.

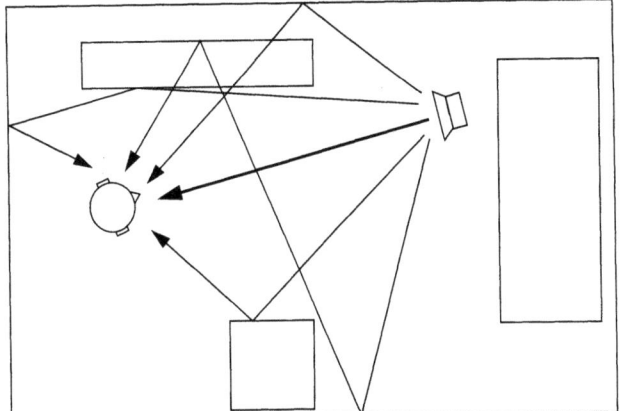

*Abb. 3-6
Klangausbreitung in geschlossenen Räumen.*

Der kürzeste Weg zwischen der Klangquelle und dem Zuhörer wird auch als *direkter Klangpfad* bezeichnet (dicke Linie in Abb. 3-6). Hier findet man die ersten Klangwellen, die den Kopf des Zuhörers erreichen. Alle anderen Klangpfade werden reflektiert und weisen so eine zeitliche Verzögerung auf, bevor sie am Ohr des Zuhörers ankommen. Diese Verzögerungen hängen mit der geometrischen Länge der Klangpfade im Raum zusammen. Eine Verzögerung ist oftmals vorhanden, da der reflektierte Klangpfad länger ist als der direkte [Ken95].

Klangpfade

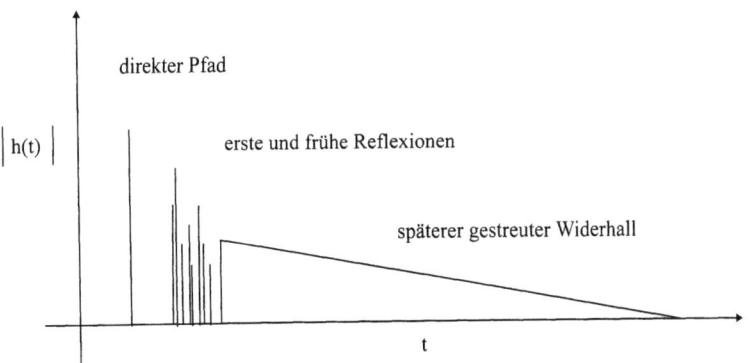

*Abb. 3-7
Impulsantwort eines Raums.*

Abb. 3-7 zeigt die Energie einer Klangwelle, die am Ohr eines Zuhörers ankommt, aufgetragen über die Zeit. Der *Klangstimulus* der Quelle ist impulsartig (z. B. wie ein Pistolenschuß), so daß die Energie des direkten Klangpfads als großer Ausschlag im Diagramm zu sehen ist. Diesen bezeichnet man auch als *Impulsantwort*. Alle späteren Teile der Impulsantwort beziehen sich auf reflektierte Klangpfade. Speziell die frühen Reflexionen gehören zu der Gruppe von Pfaden, die nur einmal reflektiert werden. Diese Gruppe von Klangpfaden kann in fast allen natürlichen Situationen, in denen ein Echo vorkommt, identifiziert werden. Die späteren und gestreuten Echos stellen ein Bündel von

Impulsantwort

Head-Related-Transfer-Function (HRTF)

Binaurale Stereophonie

Klangpfaden dar, die mehrfach reflektiert wurden. In der Impulsantwort können diese Pfade nicht isoliert werden, da der Impuls im Zeit- und im Frequenzbereich diffus und abgelenkt ist. Alle Klangpfade, die zum menschlichen Ohr führen, werden zusätzlich durch die individuelle HRTF (Head-Related-Transfer-Function) des Zuhörers beeinflußt, die eine Funktion der Richtung (horizontaler und vertikaler Winkel) des Wegs zum Zuhörer ist (siehe auch Abb. 3-2 auf Seite 25). Eine Klangprojektion, die z. B. mit Kopfhörern die HRTF für jeden Klangpfad berücksichtigt, wird auch als *binaurale Stereophonie* bezeichnet [KDS95].

Reflexionssysteme

Imitation und Simulation

Die Verwendung räumlicher Klangsysteme findet man in den verschiedensten Anwendungsbereichen. Jeder dieser Bereiche stellt dabei andere Anforderungen an derartige Systeme. Im allgemeinen existiert ein eher am Konsumenten orientierter (*Imitation*) und ein eher wissenschaftlich orientierter Ansatz (*Simulation*). Eine Beschreibung und Beispiele dieser Kategorien findet sich in Tab. 3-2.

Tab. 3-2 Anwendungen von Reflexionssystemen.

Ansatz	Attribute	Anwendungen
Wissenschaftlicher Ansatz	Simulation, präzise, komplex, offline	Forschung, Gebäudeplanung, Computermusik
Konsumentenorientierter Ansatz	Imitation, ungenau, beeindruckend, Echtzeit	Kino, Musik, Heimkino, Computerspiele

Die Simulationsmöglichkeiten des wissenschaftlichen Ansatzes erlauben es z. B. Architekten, die Akustik eines Raumes vorherzusagen, wenn sie Gebäude auf der Basis von CAD-Modellen [Vor89, KDS95] planen. Die Berechnungen, die zur Generierung einer Impulsantwort einer Hörsituation auf Basis der Datenbank eines CAD-Modells notwendig sind, sind langwierig; die Resultate sind meistens nur für Experten hörbar. Hauptziel der Konsumentensysteme ist das Erzeugen einer räumlichen Illusion bzw. das Überzeugen des Zuhörers/Benutzers einer virtuellen Umgebung. In Kinos wird z. B. eine Mehrkanal-Surround-Sound-Technik verwendet, um spezielle Klangeffekte zu realisieren. In moderner Popmusik verwendet man Echoprozessoren, die auf Signal-Feedback-Algorithmen basieren [Moo87], um den Klang einer Aufnahme zu perfektionieren. Moderne Multimedia-Umgebungen nutzen beide Ansätze [JLW95]. Speziell interaktive Umgebungen für Bilder und Computerspiele mit Ton oder moderne Kunstprojekte sind nur dann realisierbar und überzeugend, wenn neueste Techniken zur Erzeugung eines räumlichen Klangs verwendet werden.

3.2 Musik - MIDI

Neben der Sprache spielt die Musik als Audiosignal die wichtigste Rolle im Zusammenhang mit Computern. Insbesondere ist hier die Entwicklung von MIDI (Music Instrument Digital Interface) zu beachten, die seit 1983 von der Musikindustrie verwendet wird. Diese Schnittstellendefinition erlaubt eine Übertragung kodierter Musiksignale zwischen elektronischen Musikinstrumenten (und zwischen Rechnern).

Music Instrument Digital Interface

In MIDI wird anstatt der eigentlichen Abtastwerte eine instrumentenbezogene Darstellung verwendet. Die Kodierung beinhaltet u. a. die Bezeichnung des Instruments, den Beginn und das Ende einer Note, die Grundfrequenz und die Lautstärke. MIDI erlaubt eine Kodierung über 10 Oktaven; dies entspricht 128 Noten. Wenn ein Musiker bspw. eine Klaviertaste betätigt, dann wird der Beginn der Note zusammen mit der Anschlagsstärke übertragen. Sowie er diese Taste losläßt, wird wieder ein entsprechendes Signal übertragen. Dies erfordert für die Wiedergabe von 10 min Musik ca. 200 Kbyte an MIDI-Daten, eine Größenordnung, die wesentlich unter der Datenmenge einer Abtastung mit 44 kHz liegt. MIDI gilt als die kompakteste Darstellung von Musikdaten, die eine naturgetreue Wiedergabe ermöglicht.

3.2.1 MIDI-Grundlagen

MIDI ist ein Standard, auf den sich die Hersteller elektronischer Musikinstrumente geeinigt haben. MIDI stellt eine Menge von Spezifikationen dar, die im Instrumentenbau angewendet werden, damit Instrumente verschiedener Hersteller ohne Probleme Musikinformationen austauschen können [Loy85].

Eine MIDI-Schnittstelle besteht aus zwei verschiedenen Komponenten:
- Der *Hardware* zur Verbindung der Ausrüstung. Diese spezifiziert die physikalische Verbindung von Musikinstrumenten, garantiert, daß ein *MIDI-Port* in ein Instrument eingebaut ist, spezifiziert ein *MIDI-Kabel* (das zwei Instrumente verbindet) und verarbeitet elektrische Signale, die über das Kabel empfangen werden.
- Einem *Datenformat*, das die Information kodiert, die in der Hardware verarbeitet wird. Das MIDI-Datenformat beinhaltet nicht die Kodierung individueller Abtastwerte, wie z. B. Audio-Datenformate. Anstelle individueller Abtastwerte wird ein Datenformat verwendet, das für ein Instrument spezifisch ist. Diese Kodierung beinhaltet neben der Spezifikation des Instruments die Festlegung des Beginns und des Endes einer Note, die Basisfrequenz und die Lautstärke.

MIDI-Datenformat

Das MIDI-Datenformat ist digital. Die Daten werden in *MIDI-Nachrichten* gruppiert, mittels derer Musikereignisse zwischen Maschinen ausgetauscht werden. Musikereignisse sind normalerweise Aktionen, die ein Musiker ausführt, wenn er ein Instrument spielt. Eine solche Aktion kann z. B. das Betätigen von Tasten sein, das Bewegen von Schiebereglern, Schaltern oder Fußpedalen.

Wenn ein Musiker eine Taste betätigt, erzeugt das MIDI-Interface eine MIDI-Nachricht, in der der Beginn der jeweiligen Note und ihre Intensität angegeben sind. Diese Nachricht wird an angeschlossene Maschinen übertragen. In dem Moment, in dem die Taste losgelassen wird, wird ein ähnliches Signal (MIDI-Nachricht) erzeugt und übertragen.

3.2.2 MIDI-Geräte

Kanäle und Instrumente

Wenn ein Instrument beiden Komponenten des MIDI-Standards entspricht, wird es als *MIDI-Gerät* bezeichnet (z. B. ein Synthesizer), das mit anderen MIDI-Geräten über *Kanäle* kommunizieren kann. Der MIDI-Standard spezifiziert 16 Kanäle. Ein MIDI-Gerät wird dabei auf einen Kanal abgebildet. Musikdaten, die über einen Kanal übertragen werden, werden auf der Empfängerseite im Synthesizer reproduziert. Der MIDI-Standard identifiziert 128 Instrumente mittels Nummern, die auch Rauscheffekte (z. B. Telefon oder Flugzeug) einschließen. Die Null z. B. spezifiziert bspw. den *Flügel*, die 12 eine *Marimba*, die 40 eine *Geige* und die 73 eine *Flöte*.

Einige Instrumente erlauben es ausschließlich, eine einzige Note gleichzeitig abzuspielen (z. B. eine Flöte), während andere Instrumente das gleichzeitige Spielen von Noten erlauben (z. B. die Orgel). Die Anzahl maximal gleichzeitig abspielbarer Noten ist eine wichtige Eigenschaft von Synthesizern. Diese Zahl kann pro Kanal zwischen 3 und 16 Noten liegen.

Rechnersteuerung von Instrumenten

Über die MIDI-Schnittstelle kann ein Computer einzelne Instrumente zur Wiedergabe von Musik ansteuern. Auf der anderen Seite kann der Computer über dieselbe Schnittstelle kodierte Musikdaten empfangen, speichern und weiterverarbeiten. In der MIDI-Terminologie werden diese Daten mit einem Keyboard generiert und über Synthesizer wiedergegeben.

Sequenzer

Ein *Sequenzer* kann diese Daten zwischenspeichern und ggf. verändern. In einem Multimediasystem ist der Sequenzer eine Anwendung auf dem Computer. Der Kernteil jedes MIDI-Systems ist der MIDI-*Synthesizer*. Ein typischer Synthesizer ähnelt einer einfachen Klaviertastatur, hat aber zusätzlich ein Bedienelement (detaillierte Informationen hierüber finden sich in [Boo87]).

3.2.3 MIDI und SMPTE-Timing -Standards

MIDI-Clock

SMPTE

MIDI Time Code

Über die *MIDI-Clock* kann sich ein Empfänger auf den Takt des Senders synchronisieren. Hierfür werden 24 Kennungen pro Viertelnote übertragen. Alternativ hierzu kann auch der SMPTE-Zeitcode (*Society of Motion Picture and Television Engineers*) übertragen werden. SMPTE definiert ein Format gemäß *Stunden : Minuten : Sekunden : Frames* mit bspw. 30 Frames/s. Die Übertragung dieser Information mit einer derartigen Rate würde allerdings die Bandbreite bestehender MIDI-Anschlüsse übersteigen. Deshalb hat man sich hier auf einen *MIDI Time Code* geeinigt, der nicht zu jedem Frame die gesamte Zeitdarstellung überträgt.

3.3 Sprachsignale

Sprache kann von einem Menschen oder über eine Maschine *verarbeitet* werden.

Mensch

Der Mensch verwendet das menschliche Sprachorgan, ohne daß eine bewußte Steuerung zur Erzeugung von Lauten notwendig wäre (Auch andere Lebewesen, wie z. B. Fledermäuse, verwenden akustische Signale zur Informationsübermittlung. Dies wird hier jedoch nicht weiter behandelt.). Beim Sprachverstehen erfolgt eine effiziente Anpassung an den jeweiligen Sprecher und seine Sprechgewohnheiten. Trotz unterschiedlicher Dialekte und gefühlsbetonter Aussprache kann die Sprache verstanden werden. Das Gehirn ist in der Lage, eine sehr gute Trennung von Sprache und Störung zu erreichen. Hierzu werden die Signale beider Ohren ausgenutzt. Eine Signalfilterung, die sich nur auf ein Ohr stützt, ist für den Menschen wesentlich schwieriger. Im Gehirn erfolgt eine unbewußte Korrektur von Spracherkennungsfehlern durch Kenntnis des Inhalts, der grammatikalischen Regeln, der phonetischen und der lexikalischen Wortformen.

Sprachsignale besitzen zwei wesentliche charakteristische Eigenschaften, die man zur Sprachverarbeitung nutzen kann: *Eigenschaften von Sprachsignalen*

- *Stimmhafte Sprachsignale* weisen (im Gegensatz zu stimmlosen Lauten) während gewisser Zeitintervalle eine beinahe periodische Struktur auf. So kann man diese Signale für ungefähr 30 ms als *quasi-stationär* ansehen.
- Das Spektrum einiger Laute weist charakteristisch ausgeprägte Maxima auf, wovon meistens bis zu fünf Frequenzen betroffen sind. Diese Frequenzmaxima, die beim Sprechen entstehen, werden *Formanten* genannt. *Formanten*

Eine Beschreibung und Modellierung der Spracherzeugung des Menschen ist bspw. in [All85, BN93] zu finden.

Synthetische Spracherzeugung

Mit Rechnern kann eine synthetische Spracherzeugung realisiert werden, wobei die erzeugte Sprache manchmal relativ unnatürlich klingt. Ein Beispiel einer derart erzeugten künstlichen Stimme ist am Flughafen von Atlanta (Georgia, USA) im Transferzug, der die Terminals verbindet, zu finden. *Synthetische Spracherzeugung*

Die Spracherkennung erfolgt in der Regel über verschiedene Vergleiche. Damit ist heute eine sprechergebundene Erkennung von ca. 25.000 Wörtern möglich. Störend wirken sich Dialekte, eine stark emotionale Aussprache und Umweltgeräusche auf die Qualität der Spracherkennung aus. Bezüglich der Spracherkennung und -erzeugung besteht bisher und in absehbarer Zeit immer noch eine erhebliche Diskrepanz zwischen der Leistungsfähigkeit des menschlichen Gehirns und einem Höchstleistungsrechner [Ace93, Mam93].

In den folgenden zwei Abschnitten werden Fragen computergenerierter Sprache im Detail diskutiert.

3.3.1 Sprachausgabe

Maschinelle Erzeugung von Sprache

Die *Sprachausgabe* beschäftigt sich mit der maschinellen Erzeugung von Sprache. Dieses Forschungsgebiet wird schon länger erforscht [End84, Fel85]: Helmholtz bildete schon Mitte des 19. Jahrhunderts mit Hilfe von mehreren gekoppelten mechanischen Resonatoren einen Vokaltrakt nach, mit dem Sprachlaute erzeugt werden konnten. Dudley stellte 1940 den ersten „Sprachsynthesizer" vor, der mechanische durch elektrische Schwingkreise nachbildete [Fal85].

Eine wesentliche Anforderung an die Sprachausgabe ist die Erzeugung dieser Signale in *Echtzeit*. Damit kann ein Sprachausgabesystem ohne längere zeitliche Vorverarbeitung bspw. einen Text automatisch in Sprache umsetzen. Einige Anwendungen benötigen nur einen begrenzten Wortschatz (bspw. die Zeitansage). Die meisten Anwendungen nutzen jedoch einen sehr großen bzw. einen unbegrenzten Wortschatz.

Sprache muß verständlich sein und natürlich klingen.

Die ausgegebene Sprache muß *verständlich* sein und sollte *natürlich* klingen. Die Verständlichkeit ist eine Grundvoraussetzung, während die Natürlichkeit die Akzeptanz durch die Anwender erhöht. Eine Sprachausgabe ist oft verständlich, ohne dabei natürlich zu klingen, wobei jedoch natürlicher Klang nicht zwangsläufig zu Verständlichkeit führt.

Grundlegende Begriffe

Für die weiteren Ausführungen sind einige Begriffe von zentraler Bedeutung:
- Als *Sprachgrundfrequenz* wird der niedrigste periodische Signalanteil im Sprachsignal bezeichnet. Er tritt bei stimmhaften Lauten auf.
- Das *Phonem* ist die kleinste bedeutungsunterscheidende aber nicht bedeutungstragende sprachliche Einheit. Man unterscheidet in der deutschen Sprache ungefähr 40 Phoneme.
- *Allophone* kennzeichnen Varianten eines Phonems als Funktion seiner lautlichen Umgebung.
- Das *Morphem* kennzeichnet die kleinste bedeutungstragende sprachliche Einheit. So ist *Haus* ein Morphem, *Behausung* jedoch nicht.

Stimmhafte Laute
- Ein *stimmhafter Laut* wird durch die Stimmlippenschwingungen erzeugt. M, W und L sind Beispiele hierfür. Die Ausprägung stimmhafter Laute hängt stark vom jeweiligen Sprecher ab.

Stimmlose Laute
- Bei der Erzeugung eines *stimmlosen Lauts* sind die Stimmlippen geöffnet. F und S sind stimmlose Laute. Stimmlose Laute sind relativ unabhängig vom jeweiligen Sprecher.

Exakt unterscheidet man zwischen:

- *Vokalen* (Beispiel *a* von *hatte*) – ein Sprachklang, der durch den Atemzug durch die Larynx und die Mundhöhle erzeugt wird und der normalerweise den wichtigsten Bestandteil einer Silbe formt,
- Stimmhaften Konsonanten (Beispiel *m* von *Mutter*),
- Frikativen stimmhaften Konsonanten (Beispiel *w* von *Wurm*),
- Frikativen stimmlosen Konsonanten, (Beispiel *s* von *Kasse*)
- Explosiven Konsonanten (Beispiel *d* von *dort*) und
- Affrikaten Konsonanten (Beispiel *pf* von *Pfund*).

Reproduzierende Sprachwiedergabe

Die reproduzierende Sprachwiedergabe stellt das einfachste Verfahren einer Sprachausgabe dar. Die Sprache wird vorher von einem Menschen gesprochen und aufgezeichnet. Zum Zeitpunkt der Ausgabe wird diese abgespeicherte Sequenz wiedergegeben.

Hier ist immer der Sprecher erkennbar. Es steht ein begrenzter Wortschatz oder eine begrenzte Menge von Sätzen mit sehr guter Ausgabequalität zur Verfügung. Die Sprache kann PCM-kodiert abgelegt werden (siehe u. a. Abschnitt 3.3.3). Es können weitere Datenreduktionsverfahren ohne Ausnutzung sprachtypischer Eigenschaften verwendet werden (siehe Abschnitt 3.3.2 und Kapitel 7 zu Kompression).

Lautverkettung im Zeitbereich

Sprachausgabe kann auch über eine Lautverkettung im Zeitbereich erfolgen [Ril89]: Hier werden einzelne sprachliche Einheiten wie Bausteine zusammengesetzt, wobei eine solche Komposition auf verschiedenen Ebenen stattfinden kann.

Im einfachsten Fall werden einzelne Phoneme als sprachliche Einheiten verstanden. In Abb. 3-8 sind schematisch einzelne Phoneme des Wortes *Strolch* dargestellt. Es ist möglich, mit den wenigen Phonemen einen unbegrenzten Wortschatz zu erzeugen. Extrem problematisch erweisen sich die Übergänge zwischen den einzelnen Phonemen. Deshalb werden oft in einem zweiten Ansatz die Phoneme in ihrer Umgebung, die sog. Allophone, betrachtet. Auch bei den ca. 230 Allophonen wird das Problem der Übergänge nur unbefriedigend gelöst.

Phoneme und Allophone

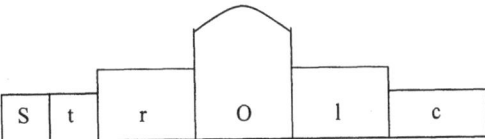

*Abb. 3-8
Das Phonem zur Lautverkettung im Ze. bereich [End84].*

Je zwei Phoneme können zu einem *Diphon* zusammengefaßt werden. Abb. 3-9 zeigt das Wort *Strolch*, bestehend aus einer geordneten Menge von Diphonen. Insgesamt lassen sich ungefähr 1.400 Diphone definieren

*Abb. 3-9
Das Diphon zur Laut-
verkettung im Zeitbe-
reich [End84].*

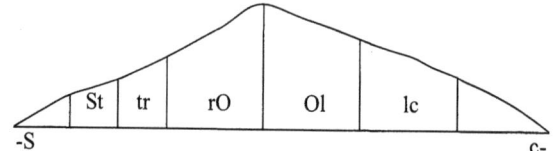

Um die Problematik der Übergänge zwischen den sprachlichen Einheiten weiter zu entschärfen, können Halbsilben gebildet werden. Die Sprache wird, wie in Abb. 3-9 gezeigt, in diesem Ansatz durch eine Menge solcher Halbsilben zusammengesetzt. Auch die ca. 20.000 deutschen Silben können zur Lautverkettung im Zeitbereich verwendet werden.

*Abb. 3-10
Das Wort zur Lautver-
kettung im Zeitbereich
[End84].*

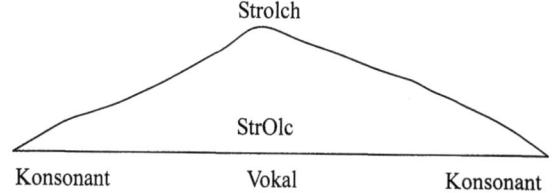

Die beste Aussprache eines Wortes wird über die Speicherung des gesamten Wortes erreicht. Man kommt somit in den Bereich der Sprachsynthese über die Wiedergabe einer als Ganzes vorab gespeicherten Sprachsequenz (siehe Abb. 3-10).

Eine wesentliche Problematik bilden in allen Fällen die Übergänge zwischen einzelnen Lauteinheiten. Dieser Effekt wird als *Koartikulation* bezeichnet. Die Koartikulation ist die gegenseitige Lautbeeinflussung über mehrere Laute hinweg. Dieser Effekt hat seine Ursache in der Beeinflussung durch die jeweilige Lautumgebung, verursacht durch die Trägheit der Sprachorgane.

Zusätzlich muß bei der Sprachausgabe die *Prosodie* beachtet werden. Hiermit bezeichnet man den Betonungs- und Melodieverlauf eines Satzes. Die Aussprache eines Fragesatzes unterscheidet sich bspw. stark von einer einfachen Feststellung. Die Prosodie hängt somit von der Semantik der Sprache ab und muß demnach bei einer Lautverkettung im Zeitbereich zusätzlich berücksichtigt werden [Wai88].

Lautverkettung im Frequenzbereich

Formantsynthese

Die Sprachausgabe kann auch über eine Lautverkettung im Frequenzbereich – z. B. die *Formantsynthese* – erfolgen [Ril89]. Formanten sind Energiekonzentrationen im Spektrum des Sprachsignals. In der Formantsynthese wird der Sprachtrakt durch Filter nachgebildet. Charakteristische Werte sind hier die Filtermittenfrequenzen und die -bandbreiten. Als Anregung wird für alle stimmhaften Laute ein Pulssignal mit einer Frequenz entsprechend der Sprachgrundfrequenz gewählt. Stimmlose Laute dagegen werden über einen Rauschgenerator zur Anregung erzeugt.

Einzelne Sprachelemente, wie die Phoneme, werden über die charakteristischen Werte der Formanten definiert. Hier bestehen ähnliche Probleme wie bei der Lautverkettung im Zeitbereich. Die durch eine Koartikulation definierten Übergänge stellen einen sehr kritischen Aspekt dar. Auch die Prosodie muß hier zusätzlich bestimmt werden. Lautspezifisch arbeitende Verfahren kombinieren eine Synthese im Zeit- und Frequenzbereich [Fri92b]. Die Ergebnisse äußern sich vor allem in einer verbesserten Qualität der Frikativ- und Explosivlaute.

Der menschliche Sprachtrakt kann über einen mehrpoligen Lattice-Filter nachgebildet werden. Damit werden die ersten vier oder fünf Formanten korrekt modelliert. Die Stimmbänder werden über einen Rauschgenerator und einen Tongenerator simuliert. Dieses *Linear-Predictive-Coding-Verfahren* nach [Schr85a] ist der Formantsynthese sehr ähnlich.

Linear Predictive Coding

Eine weitere Möglichkeit besteht in der Realisierung von *Röhrenmodellen*. Hier wird das Stimmbildungssystem über ein vereinfachtes mechanisches Röhrenmodell approximiert und als Wellendigitalfilter (elektrisches Analogon) nachgebildet.

Röhrenmodell

Sprachsynthese

Mit Hilfe der Sprachsynthese kann eine Transformation eines vorliegenden Textes in ein akustisches Signal erfolgen [WSF92]. Abb. 3-11 zeigt die einzelnen Komponenten eines solchen Systems:

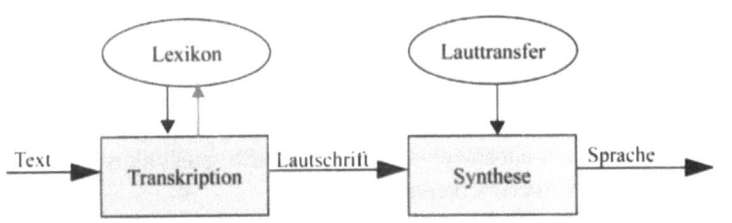

Abb. 3-11 Komponenten eines Sprachsynthese-Systems mit einer Lautverkettung im Zeitbereich.

Im ersten Schritt erfolgt eine Transkription, die Übersetzung eines Textes in die entsprechende Lautschrift. Die meisten Verfahren arbeiten hier mit einem Lexikon, das aus einer großen Menge von Wörtern oder auch nur aus Silben oder Lautgruppen besteht. Die Erstellung einer solchen Bibliothek erfordert einen sehr hohen Aufwand, wobei die Qualität über die interaktive Kontrolle des Benutzers kontinuierlich verbessert werden kann: Der Anwender erkennt einen Mangel einer solchen Transkriptionsformel. Er verbessert die Aussprache manuell, wodurch seine Erkenntnisse Bestandteil des Lexikons werden. Hier kann man sich sowohl eine individuelle Implementierung als auch ein gemeinsam genutztes Lexikon vorstellen.

Im zweiten Schritt wird die Lautschrift in ein akustisches Sprachsignal umgewandelt. Hier kann dann bspw. eine Verkettung im Zeit- oder Frequenzbereich erfolgen. Während der erste Schritt fast immer ausschließlich eine Software-Lösung darstellt, werden im zweiten Schritt neben Signalprozessoren auch dedizierte Prozessoren verwendet.

Neben der Problematik der Koartikulation und der Prosodie ist hier die *mehrdeutige Aussprache* zu beachten. Eine Aussprache kann oft nur mit zusätzlichem Wissen des Inhalts korrekt erfolgen; sie ist semantikabhängig. Ein Beispiel ist das Wort *Wachstube*. Dies kann entweder eine *Stube mit Wachpersonal* oder eine *Tube mit Wachs* sein. Die Aussprache ist vollkommen verschieden. Diese Problematik kann nur durch zusätzliche Informationen des Kontextes gelöst werden.

3.3.2 Spracheingabe

Die Spracheingabe beschäftigt sich mit verschiedenen Fragestellungen, wie Abb. 3-12 zeigt [Bri86]:

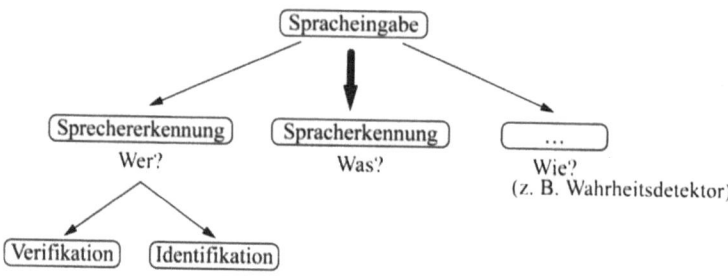

Abb. 3-12 Arbeitsgebiete der Spracheingabe.

- Die menschliche Sprache hat bestimmte sprechertypische Merkmale. Eine Spracheingabe kann somit zur Erkennung eines Sprechers dienen [O'86]. Der Rechner soll hier anhand eines *Sprachabdrucks*, eines akustischen Fingerabdrucks, den Sprecher erkennen.

  In diesem Bereich kann eine Identifikation erfolgen. Dazu wird ein Sprachsignal vorgegeben, mit dessen Hilfe das System den dazugehörigen Sprecher ermitteln muß. Dieses Verfahren kann bspw. in der Kriminalistik verwendet werden.

  Eine andere Aufgabe wird bei der Verifikation gestellt. Hierbei werden sowohl die Sprachprobe als auch der entsprechende Sprecher vorgegeben. Das System soll nun feststellen, ob das vorliegende Sprachmuster tatsächlich von dieser Person stammt. Hiermit kann bspw. ein Zugriffsschutz realisiert werden.

- Die zentrale Frage der Spracheingabe ist jedoch die Erkennung der Sprachinhalte selbst. Basierend auf einer Sprachsequenz soll meistens der entsprechende Text generiert werden. Dies kann für eine sprachgesteuerte Schreib-

maschine, ein Übersetzungssystem oder als Teil eines Behindertenarbeitsplatzes verwendet werden.
- Ein weiteres Gebiet der Spracheingabe versucht das *Wie* eines Sprachmusters zu untersuchen. Hier könnte man sich einen Wahrheitsdetektor als Anwendung vorstellen.

Für Multimediasysteme ist die Spracherkennung von großem Interesse. Zusammen mit der Sprachsynthese lassen sich hiermit Medientransformationen realisieren.

Das primäre Qualitätsmerkmal jeder Spracherkennung ist durch die Wahrscheinlichkeit ≤ 1 einer korrekten Einzelworterkennung bestimmt. Ein Wort wird immer nur mit einer bestimmten Wahrscheinlichkeit erkannt. Hier spielen Umweltgeräusche, die Raumakustik und der Sprecher, der sich in einem physischen und psychischen Zustand befindet, eine Rolle.

Einzelworterkennung

Als Beispiel sei eine extrem schlechte *Einzelworterkennungsrate* von p = 0,95 gegeben, gleichbedeutend mit 5 % fehlerhaft erkannter Wörter. Bei einem Satz mit nur drei Wörtern sinkt die Wahrscheinlichkeit aller korrekt erkannten Tripel schon auf p = 0,95 × 0,95 × 0,95 = 0,86.

Dieses kleine Beispiel soll verdeutlichen, daß ein Spracherkennungssystem eine sehr hohe Einzelworterkennungsrate haben sollte. Abb. 3-13 zeigt schematisch die konzeptionellen Komponenten eines solchen Systems.

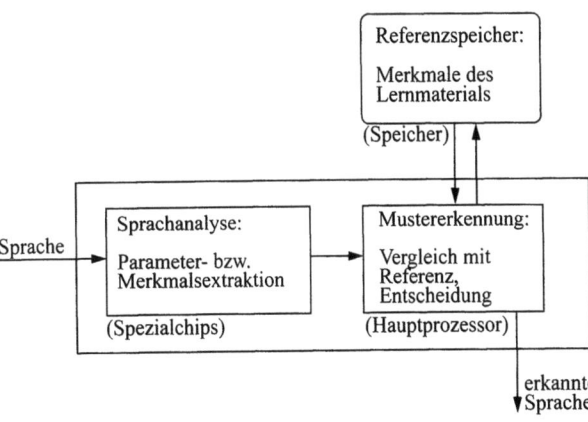

*Abb. 3-13
Prinzip der
Spracherkennung:
Verteilung der
Aufgaben auf Systemkomponenten nach dem
Grundprinzip
„Datenreduktion durch
Merkmalsextraktion".*

Das Prinzip der Spracherkennung beruht auf dem Vergleich spezieller charakteristischer Merkmale einzelner Sprachelemente mit einem Satz vorab extrahierter charakteristischer Merkmale. Somit werden diese Merkmale immer zuerst für die konkret vorliegende Sprachsequenz quantifiziert. Anschließend erfolgt ein Vergleich mit vorhandenen Referenzen, um eine Zuordnung zu einem der vorhandenen Sprachelemente bestimmen zu können. Die identifizierte Sprache kann dann als parametrisierte Sequenz der Sprachelemente gespeichert, übertragen oder weiterverarbeitet werden.

Konkrete Realisierungen verwenden für die Merkmalsextraktion meistens dedizierte Bausteine oder Signalprozessoren. Der Vergleich und die Entscheidung werden in der Regel vom Hauptprozessor des Systems ausgeführt. Der Sekundärspeicher des Rechners beinhaltet meistens das Lexikon mit den Referenzmerkmalen.

Die konkreten Verfahren unterscheiden sich in der Definition der charakteristischen Merkmale. Das in Abb. 3-13 auf Seite 41 dargestellte Prinzip kann auch mehrmals, bezogen auf verschiedene Merkmale, angewendet werden.

Die Anwendung des in Abb. 3-13 dargestellten Prinzips der Spracherkennung kann konkret in die in Abb. 3-14 aufgezeigten Schritte unterteilt werden.

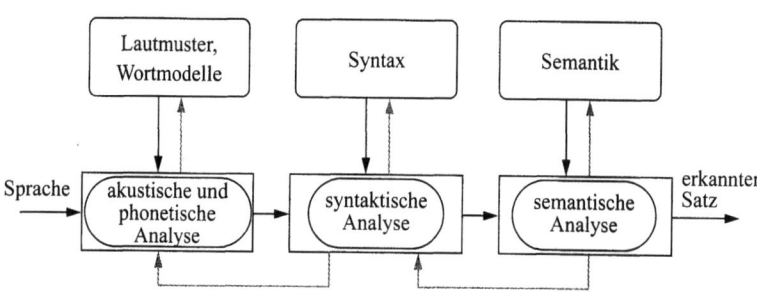

Abb. 3-14 Komponenten der Spracherkennung. Verfahren im Zeit- und Frequenzbereich.

Akustische und phonetische Analyse

1. Bezogen auf die charakteristischen Merkmale des jeweiligen Verfahrens wird in einem ersten Schritt das Prinzip nach Abb. 3-13 auf Seite 41 auf die Lautmuster und/oder Wortmodelle angewendet. Hier findet eine akustische und phonetische Analyse statt.

Syntaktische Analyse

2. In einem zweiten Schritt werden die bisher bestimmten Spracheinheiten einer syntaktischen Analyse unterzogen. Hierbei können Fehler der vorherigen Stufe erkannt werden. Oft kann innerhalb der ersten Stufe keine eindeutige Entscheidung getroffen werden. In diesem Fall bietet die syntaktische Analyse eine zusätzliche Entscheidungshilfe.

Semantische Analyse

3. Der dritte Schritt betrifft die Semantik der bisher erkannten Sprache. Auch hier können Fehler vorheriger Entscheidungen erkannt werden und in einem weiteren Zusammenspiel mit den anderen Analyseverfahren behoben werden. Dieser Schritt ist selbst mit der heutigen Technik im Bereich der künstlichen Intelligenz und der neuronalen Netze nicht einfach zu realisieren.

Die Verfahren arbeiten meistens mit einer Betrachtung der Merkmale im Zeitbereich und/oder Frequenzbereich. Es liegen dieselben Kriterien und Spracheinheiten (bspw. Formanten oder Phoneme) wie bei der Sprachausgabe (siehe Abschnitt 3.3.1) vor.

Schwierigkeiten

Ein spezifisches *Problem* stellt die Raumakustik mit evtl. vorhandenen Umweltgeräuschen dar. Hier können sich die frequenzabhängigen Reflexionen einer Schallwelle an Wänden und Gegenständen mit der primären Schallwelle überlagern.

Weiterhin müssen die Wortgrenzen bestimmt werden. Dabei ist zu beachten, daß oft benachbarte Worte fließend ineinander übergehen.

Zum Vergleich einer Spracheinheit mit vorliegenden Mustern ist eine Zeitnormierung notwendig. Das gleiche Wort kann schnell oder gedehnt gesprochen werden. Man kann jedoch nicht einfach die Zeitachse stauchen bzw. dehnen, da die Dehnungsfaktoren nicht proportional zur Gesamtdauer sind. Es gibt lange und kurze stimmlose Laute (z. B. *s*, *sch*). Einzelne Laute werden unterschiedlich stark gedehnt und besitzen zum Teil eine Minimaldauer, die für ihre Erkennung nötig ist.

Sprechergebundene und sprecherunabhängige Spracheingabesysteme

Ein sprecherunabhängiges System kann bei gleicher Zuverlässigkeit wesentlich weniger Worte erkennen als ein sprechergebundenes System. Dafür muß jedes sprechergebundene System vorab „trainiert" werden. Hierzu werden meistens vorgegebene Sprachsequenzen nachgesprochen. Man geht heute in vielen Spracherkennungssystemen von einer Trainingsphase aus, die weniger als eine halbe Stunde dauert. Sprecherabhängige Systeme können mehr als 25.000 Worte erkennen. Die Erkennungsrate sprecherunabhängiger Systeme liegt in der Größenordnung bis ca. 1.000 Worte. Diese Werte sind allerdings nur als grobe Richtlinie zu verstehen. Bei einem konkreten Vergleich müssen die Randbedingungen sehr genau bekannt sein (Wurde die Messung im schalltoten Raum vorgenommen? Hat sich der Sprecher an das System anzupassen, um bspw. die Zeitnormierung zu vereinfachen?).

3.3.3 Sprachübertragung

Das Gebiet der Sprachübertragung beschäftigt sich mit einer möglichst effizienten Kodierung des Sprachsignals, um eine Datenübertragung mit geringer Rate zu ermöglichen. Dabei soll keine merkliche Qualitätseinbuße stattfinden. Weitere Details zur Kodierung und Kompression von Audio sind in Kapitel 7 zu finden. Hier seien einige Prinzipien aufgeführt, die in engem Zusammenhang mit der Sprachein- und -ausgabe stehen.

Effiziente Sprachkodierung

Signalformkodierung

Die Signalformkodierung betrachtet keine sprachspezifischen Eigenschaften und Parameter. Dabei wird eine möglichst effiziente Kodierung von Audiosignalen angestrebt. Eine PCM-Kodierung von Stereo-Audiosignalen besitzt bei höchsten Qualitätsansprüchen die in der CD-Technologie verwendete Datenrate:

$$\text{Datenrate} = 2 \times \frac{44100}{s} \times \frac{16 \text{ bit}}{8 \text{ bit/(byte)}} = 176400 \text{ byte/s}$$

Telefonqualität benötigt gegenüber diesen 176.400 byte/s nur 64 Kbit/s. Mit der *Differential Pulse Code Modulation (DPCM)* erreicht man bei mindestens gleicher Qualität 56 Kbit/s. Die *Adaptive Pulse Code Modulation (ADPCM)* ermöglicht eine weitere Reduktion auf 32 Kbit/s.

DPCM
ADPCM

Quellenkodierung

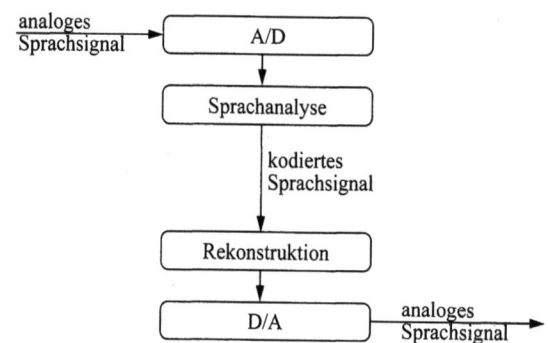

Abb. 3-15
Quellenkodierung,
parametrische
Systeme.
Komponenten eines
Sprachübertragungs-
systems.

Parametrische Systeme

Subband-Kodierung

Parametrische Systeme arbeiten mit einer Quellenkodierung. Hier werden sprachspezifische Merkmale zur Datenreduktion ausgenutzt. Der im folgenden beschriebene *Kanalvocoder* ist ein Beispiel eines solchen Verfahrens, dessen Prinzip in Abb. 3-15 dargestellt ist.

Der Kanalvocoder ist eine Erweiterung der *Subband-Kodierung*. Hier wird bei der Sprachanalyse das Signal in eine Menge von Frequenzbändern unterteilt, weil man davon ausgeht, daß immer nur bestimmte Frequenzmaxima für die Sprache relevant sind. Abb. 3-16 auf Seite 45 zeigt ein Beispiel einer solchen Bandbreitenaufteilung. Zusätzlich werden hier die Unterschiede zwischen stimmhaften und stimmlosen Lauten ausgenutzt. Stimmlose Laute werden mit einem Rauschgenerator zur Anregung erzeugt. Zur Erzeugung stimmhafter Laute wird zur Anregung eine Sequenz von Pulsen gewählt. Dabei entspricht die Rate dieser Pulse genau der vorher gemessenen Sprachgrundfrequenz. Mit einem Kanalvocoder kann eine Datenrate von ca. 3 Kbit/s erreicht werden. Die Qualität ist jedoch nicht immer voll zufriedenstellend.

Heute arbeitet man an einer weiteren Reduktion, um ca. 6 Kbit/s zu erreichen. Dabei soll die Qualität aber immer einem unkomprimierten 64-Kbit/s-Signal entsprechen.

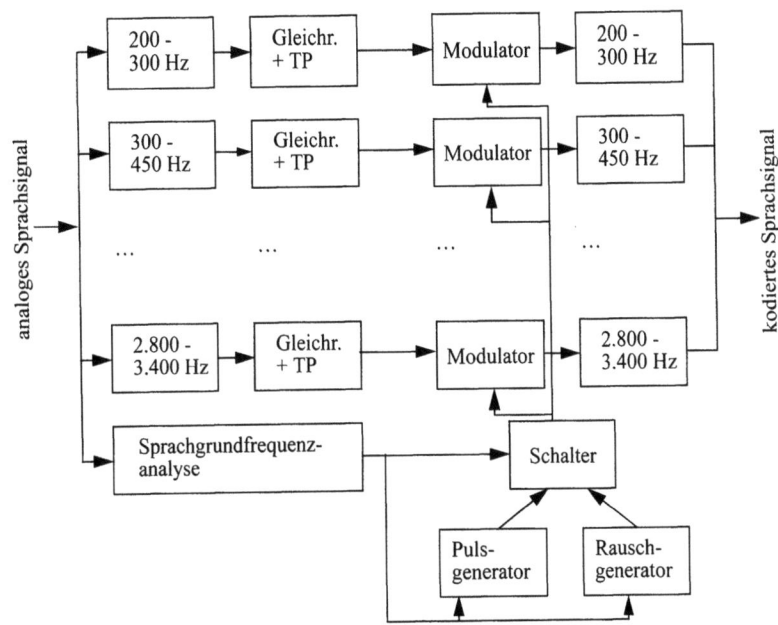

Abb. 3-16
Die Sprachanalyse-Komponenten eines Kanalvocoders.

Erkennungs-Synthese-Verfahren

Es wird weiterhin versucht, die Übertragungsrate von Sprachsignalen mit Hilfe reiner Erkennungs-Synthese-Verfahren merklich zu reduzieren (siehe Abb. 3-17).

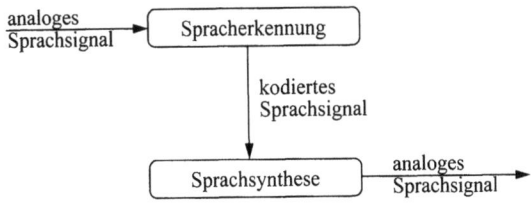

Abb. 3-17
Erkennungs-Synthese System.
Komponenten eines Sprachübertragungssystems.

In diesem Verfahren erfolgt auf der einen Seite eine Sprachanalyse und bei der Rekonstruktion eine Sprachsynthese. Es werden nur noch die charakteristischen Merkmale der Sprachelemente übertragen. Dies könnten bspw. die Formanten mit den Daten bezüglich der Mittenfrequenzen und Bandbreiten für die entsprechenden digitalen Filter sein. Mit dieser Methode kann eine Reduktion bis auf ca. 50 bit/s erfolgen. Die Qualität der reproduzierten Sprache und ihre Erkennungsrate ist heutzutage allerdings noch nicht akzeptabel.

Erreichbare Qualität

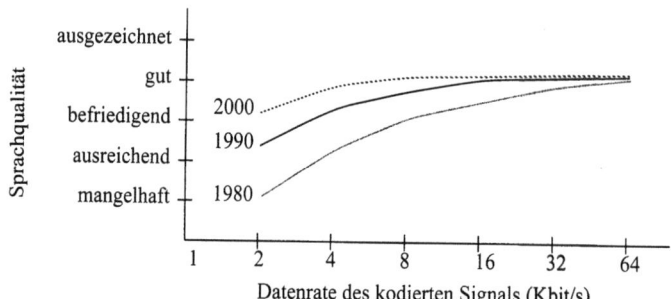

Abb. 3-18
Erreichbare Qualität
komprimierter Sprache
in Abhängigkeit von der
Datenrate des
komprimierten Signals
[Fla92].

Der wesentliche Aspekt bei der Sprach- und Audioübertragung, bezogen auf Multimediasysteme, ist die minimal erreichbare Datenrate für eine vorgegebene Qualität. Hierzu ist die von Flanagan publizierte Funktion sehr aussagekräftig (siehe Abb. 3-18). Man geht davon aus, daß für die Telefonqualität eine Datenrate von unter 8 Kbit/s erreichbar ist.

In Abb. 3-18 auf Seite 46 wird die Audioqualität auf die Anzahl der Bits pro Abtastwert bezogen. Hier kann bspw. eine ausgezeichnete CD-Qualität bei einer Reduktion von 16 bit pro Abtastwert auf 2 bit pro Abtastwert erreicht werden. Dies bedeutet, daß nur 1/8 der eigentlichen Datenrate notwendig ist.

Bilder und Grafiken

Ein digitales *Bild* besteht aus N Zeilen mit jeweils M Bildpunkten, den sog. *Pixeln* (engl. *Picture Element*). Ein Bild kann aus der realen Welt stammen oder virtuell sein. In einer abstrakten Notation kann ein Bild als eine kontinuierliche Funktion betrachtet werden, die üblicherweise einen rechteckigen Ausschnitt einer Ebene der Realwelt definiert. *Begriff Bild*

Grafiken können durch *grafische Primitive* und deren *Attribute* spezifiziert werden. Zur Kategorie der grafischen *Primitive* gehören Linien, Rechtecke, Kreise und Ellipsen, Texte, die die zweidimensionalen Objekte einer Grafik spezifizieren oder bspw. Polyeder, die dreidimensionale Objekte angeben. *Attribute* wie der Stil der Linien, deren Breite und Farbe bestimmen so das Aussehen einer Grafik. *Begriff Grafik*

In diesem Kapitel werden die digitalen Bildern und Grafiken zugrunde liegenden Prinzipien vorgestellt. Zuerst werden die Möglichkeiten der Repräsentation von Bildern und Grafiken im Rechner (u. a. Formate) mit den hierfür wichtigen Parametern erklärt, anschließend die Bild- und Grafikverarbeitung in Rechnern. Dies schließt im Falle der Bilder eine Betrachtung der automatischen Analyse der Inhalte mit ein (siehe Kapitel 21 zur Inhaltsverarbeitung). Der anschließende Teil des Kapitels erläutert Verfahren einer Rücktransformation zweidimensionaler Bilder in den dreidimensionalen Raum. Diese spielen z. B. im Bereich der Computertomographie eine große Rolle. Den Abschluß des Kapitels bildet die Darstellung der Besonderheiten, die bei der Ausgabe von Bildern und Grafiken auf einem Ausgabegerät (Drucker, Bildschirm) auftreten. Eine detaillierte Beschreibung aus Sicht der grafischen Datenverarbeitung ist u. a. in [EF94, FDFH92] zu finden.

4.1 Aufnahme von Bildern und Grafiken

4.1.1 Aufnahmeprozeß von Bildern

Der Aufnahmeprozeß digitaler Bilder kann zunächst hinsichtlich des Ursprungs der Bilder in die Abbildung der Realwelt im Falle der Digitalisierung von Bildern bzw. in die rechnergestützte Erzeugung von künstlichen Bildern *Bilder der realen Welt* *Künstliche Bilder* unterschieden werden. Unter den künstlich erzeugten Bilder sollen hier allerdings keine Grafiken, sondern bspw. sog. *Bildschirm-Screenshots* betrachtet werden.

Aufnahme von Bildern der Realwelt

Abbildung als Projektion

Ein zweidimensionales Bild ist als Abbildung der Realwelt die Projektion einer Momentaufnahme aus der dreidimensionalen räumlichen Welt in die Bildebene der Kamera. In Abb. 4-1 wird das Lochkameramodell eines Bildaufnahmesystems mit der Brennweite F gezeigt, wobei die räumlichen kartesischen Weltkoordinaten [W_1, W_2, W_3] die Entfernung eines Raumpunktes von der Kameralinse (dem Ursprung des Koordinatensystems) angeben. Die Abbildung dieser Punkte auf die Koordinaten der Bildebene w = [r, s] erfolgt mit der Zentralprojektionsgleichung:

$$r = F \times \frac{W_1}{W_3}; \quad s = F \times \frac{W_2}{W_3}$$

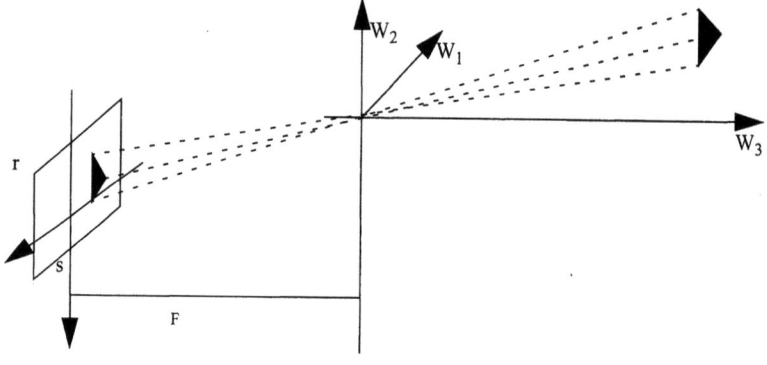

Abb. 4-1 Projektion der Realwelt in die Bildebene.

Bildaufnahme

Ein Bildaufnahmegerät (im Falle von Einzelbildern CCD-Scanner oder Kameras; für Bewegtbilder sog. *Frame Grabber*) wandelt das Helligkeitssignal auf der Bildebene in ein elektrisches Signal um. Da herkömmliche Fernsehnormen mit einer Zeilenstruktur arbeiten (dazu siehe auch Kapitel 5 zu Video), liegt das Ausgangssignal des Aufnahmegeräts nach dem ersten Schritt der Bilderfassung häufig in Zeilenrichtung kontinuierlich, in Spaltenrichtung aber diskret analog vor. Die Abtastung und Digitalisierung dieser Signale ist Ausgangspunkt der digitalen Bildverarbeitung, wenn Bilder der realen Welt verarbeitet werden. Im Anschluß daran erfolgt meist eine Quantisierung, wodurch eine Aggregation von Farbbereichen erzielt wird, deren Zweck die Reduktion der Anzahl der verwendeten Farben in Abhängigkeit von der Hardware, die das Bild ausgeben soll, ist. Videotechniken arbeiten z. B. üblicherweise mit einer 8 Bit PCM-Quantisierung, wodurch 2^8 bzw. 256 verschiedene Farbkomponenten oder Graustufen dargestellt werden können. Hieraus resultieren $2^8 \times 2^8 \times 2^8$ oder ca. 16 Millionen verschiedene darstellbare Farben.

Ein digitales Bild wird nun durch eine Matrix numerischer Werte repräsentiert. Jeder Matrixeintrag entspricht hierbei einem Helligkeitswert. Wenn I eine zweidimensionale Matrix bezeichnet, so ist *I(r, c)* der Helligkeitswert an der Position, die der Reihe r und der Spalte c der Matrix entspricht.

Die Punkte, an denen ein Bild abgetastet wird, werden auch als *Bildelemente* bezeichnet. Dies kürzt man normalerweise mit dem Begriff *Pixel* für *Picture Element* ab. Die Pixelwerte von Grauwertbildern nennt man auch *Graustufenebenen*, da hier die „Farbe" des Bildes kodiert wird. Die Helligkeit jedes Pixels wird durch eine Ganzzahl repräsentiert. Wenn nur zwei Helligkeitswerte möglich sind, z. B. Schwarz und Weiß, so werden diese mit den Zahlen 0 und 1 bezeichnet; derartige Bilder nennt man auch *Binärbilder*. Verwendet man 8-bit-Ganzzahlen zur Speicherung der Pixelwerte, so reichen die Grauwerte von 0 (Schwarz) bis FF (Weiß). Ein Beispiel derartiger Abstufungen wird in Abb. 4-2 gezeigt.

Bildelemente, Pixel

Binärbilder

2 Graustufen   4 Graustufen   256 Graustufen

*Abb. 4-2
Beispiel von Bildern mit verschiedener Anzahl von Graustufen.*

Üblicherweise verwendet man zur Darstellung ein quadratisches Gitter, in dem die Pixel in gleichem Abstand verteilt angeordnet sind. Die Distanz zwischen den Gitterpunkten ist offensichtlich ein Gütemaß für die Qualität, in der ein Originalbild repräsentiert wird. Dies bestimmt gleichzeitig, in welchem Grad Details aufgelöst werden können. Die Auflösung hängt allerdings auch vom darstellenden System ab.

Abtastung von Bildern

Digitale Bilder sind oft sehr groß. Möchte man ein gewöhnliches Fernsehbild (525 Zeilen) mit einem VGA-Video-Controller (Video Graphics Array) derart abtasten und quantisieren, daß es ohne wahrnehmbare Verschlechterung wieder angezeigt werden kann, so muß zumindest eine Matrix von *640x480* Pixeln verwendet werden, in der jedes Pixel durch eine 8-bit-Ganzzahl repräsentiert wird (zu VGA siehe Kapitel 5 zu Video). Diese Pixeldarstellung erlaubt 256 diskrete Graustufen. Diese Bildspezifikation ergibt eine Matrix, die 307.200 8-bit-Zahlen beinhaltet, insgesamt also 2.457.600 bit. In vielen Fällen ist sogar eine noch feinere Abtastung nötig. Hieraus ergibt sich die Frage, wie die aufgenommenen Bilder zu speichern sind. Dies wird im nächsten Abschnitt erläutert.

Abtastgenauigkeit

4.1.2 Bildformate

In der Literatur werden verschiedene Bildformate beschrieben. Hierbei wird das Bildformat betrachtet, das während der Digitalisierung erzeugt wird (*Aufnahmebildformat*) sowie das Format, in dem Bilder abgespeichert (und oft auch übertragen) werden (*Bildspeicherformat*).

Aufnahmebildformat

Aufnahmebildformat
Bildspeicherformat

Auflösung und Farbkodierung

Das Bildformat wird durch zwei Parameter spezifiziert: die *räumliche Auflösung*, die in *Pixel x Pixel* angegeben wird und die *Farbkodierung*, die in Bits pro Pixel gemessen wird. Die Werte beider Parameter hängen von der verwendeten Hardware und Software zur Ein- bzw. Ausgabe der Bilder ab.

Bildspeicherformat

Matrixrepräsentation von Bildern

Zur Speicherung eines Bildes wird eine Repräsentation einer zweidimensionalen Matrix verwendet, in der jeder Wert den Daten entspricht, die mit einem Pixel eines Bildes assoziiert sind. In einer *Bitmap* sind diese Werte bspw. Binärzahlen. In einem Farbbild können die Werte u. a. folgende sein:

- Drei Zahlen, die meistens die Intensität der Rot-, Grün- und Blaukomponenten der Farbe des Pixels angeben,
- Drei Zahlen, die Verweise in eine Tabelle darstellen, die die rot-, grün bzw. blau-Intensität enthält,
- Eine einzige Zahl, die als Verweis in eine Tabelle von Farbtripeln fungiert,
- Ein Index zu einer anderen Menge von Datenstrukturen, die die Farben repräsentiert.

Unkomprimierte und komprimierte Bilder

Wenn genügend Speicherplatz zur Verfügung steht, kann ein Bild in der Form von *RGB-Tripeln* unkomprimiert gespeichert werden. Anderenfalls sollte eine Kompression der Farbkanäle in einer geeigneten Art und Weise erfolgen (zu Kompression siehe auch Kapitel 7). Speichert man ein Bild, so muß die Information über jedes Pixel gespeichert werden, also der Wert jedes Farbkanals an diesem Pixel. Weitere Informationen können mit dem Bild als Ganzes assoziiert sein, wie z. B. die Breite und die Höhe, die Tiefe oder der Name desjenigen, der das Bild erzeugt hat. Aus der Notwendigkeit der Speicherung derartiger Eigenschaften ergaben sich einige flexible Formate, wie z. B. *RIFF* (*Resource Interchange File Format*) und *BRIM* (abgeleitet von RIFF) [Mei83], die in Datenbanksystemen Verwendung finden. RIFF beinhaltet Formate für Bitmaps, Vektorzeichnungen, Animation, Audio und Video. In BRIM besteht ein Bild immer aus der Breite, der Höhe, der Eigentumsinformation desjenigen, der das Bild erzeugt hat und einem *History*-Feld, das den Generierungsprozeß bzw. Änderungen wiedergibt.

RIFF und BRIM

Einige der heute am häufigsten verwendeten Formate zur Bildspeicherung sind *GIF* (*Graphics Interchange Format*), *XBM* (*X11 Bitmap*), *PostScript*, *JPEG* (siehe Kapitel 7.5), *TIFF* (*Tagged Image File Format*), *PBM* (*Portable Bit-Map*) und *BMP* (*Bitmap*).

Formate zur Bildspeicherung

Postscript

Die Erfolgsgeschichte des bereits 1984 von Adobe entwickelten Postscript begann mit der Ausbreitung der Laserdrucker in den frühen 90er Jahren. Dies war vor allem dadurch bedingt, daß zu dieser Zeit Postscript das umfassendste Druckformat darstellte, das am Markt verfügbar war.

Postscript bietet die mögliche Integration von hochqualitativer Schrift, Grafik und Bildern (zuerst ausschließlich Graustufen-, später auch Farbbilder). Neben Möglichkeiten zur Beschreibung einer Seite stellt Postscript eine vollständige Programmiersprache dar, die u. a. Variablen, Kontrollstrukturen, Prozeduren und Dateien umfaßt.

Eigenschaften von Postscript

Man unterscheidet mittlerweile die Terme *Level-1-Postscript* und *Level-2-Postscript*. Diese sind durch die folgenden Eigenschaften charakterisiert:

Level-1 und Level-2

- *Level-1-Postscript*
  Level-1-Postscript bezeichnet das in den 80er Jahren entwickelte Postscript. Die Stärken dieses Formats liegen speziell in der Behandlung von Text. Hierzu wurde das Konzept des skalierbaren Fonts eingeführt. Ein Schriftsatz war zu diesem Punkt bspw. entweder als 10pt oder als 12pt verfügbar, aber nicht in jeglicher Zwischenstufe (was von den Typografen durchaus beabsichtigt wurde). Durch die Rasterung von Fonts konnten diese erstmals in hoher Qualität skaliert werden.

  Level-1-Postscript

  Das Format, in dem Postscript-Fonts beschrieben werden, ist das sog. *Adobe Type 1 Format* [Inc90]. Es wurde erst 1990 veröffentlicht, nachdem Microsoft und Apple ihr *TrueType-Format* offenlegten. Type-1 ist heutzutage das Format, für das die meisten hochqualitativen Fonts existieren.

  Postscript Level-1 weist allerdings den entscheidenden Nachteil auf, daß zur Verarbeitung von Bildern und Grafiken keine Muster zur Ausfüllung von Bildregionen zur Verfügung standen. Diese werden bspw. benötigt, um die Ecken und Kanten von Buchstaben akkurat auszufüllen. Allgemein weist Postscript Level-1 den Nachteil auf, nur eine rudimentäre Farbunterstützung anzubieten.

  Nachteile von Postscript Level-1

- *Level-2-Postscript*
  Postscript Level-2 stellt gegenüber Postscript Level-1 einen signifikanten Fortschritt dar, indem eine Musterausfüllung und Bereiche angeboten werden, die der Benutzer im Regelfall nicht bemerkt. Dies sind z. B. die bessere und kontrollierbare Behandlung von Freispeicherbereichen im Interpreter, eine Erweiterung der Anzahl verfügbarer Grafikprimitive, bessere und effizientere Verarbeitung von Text und ein komplettes Farbkonzept mit einer geräteabhängigen wie auch einer geräteunabhängigen Farbgebung.

  Postscript Level-2

Ein weiterer großer Vorteil ist die Integration verschiedener Kompressionsmethoden in Postscript Level-2. Das technische Hilfsmittel zu deren Umsetzung ist das in Postscript verwendete Filterkonzept, welches später von dem von Adobe entwickelten PDF (Portable Document Format) übernommen wurde.

Portable Document Format

Im Zusammenhang mit Postscript existiert ein weiteres Format, *Encapsulated Postscript* (EPS). Im wesentlichen stellt EPS ein eingeschränktes Postscript dar. Dies liegt unter anderem an folgenden Restriktionen:

Encapsulated Postscript

- EPS-Dateien beinhalten nur *ein* Bild.
- EPS-Dateien beginnen stets mit Kommentarzeilen, die z. B. den Autor und die verwendeten Ressourcen (bspw. Fonts) angeben.

Diese Information kann auch von Anwendungsprogrammen gelesen werden, die kein Postscript verstehen. Weiterhin beinhaltet eine EPS-Datei ein geräteabhängiges oder auch ein geräteunabhängiges Rasterbild des Inhalts der Datei mit niedriger Auflösung, das ein Anwendungsprogramm als Vorschau anzeigen kann. EPS beabsichtigt hiermit die Integration verschiedener Postscript-Objekte, die von unterschiedlichen Anwendungen kommen.

Eine detaillierte Vorstellung des Dateiformats von Postscript erfordert im bezug auf die Multimedia-Technologie keine spezifischen Anforderungen, die über die der Drucktechnik hinausgehen. Deshalb sei hier z. B. auf [Sch97a] verwiesen.

Graphics Interchange Format (GIF)

Das *Graphics Interchange Format* (GIF) wurde 1987 vom Online-Dienst CompuServe entwickelt, um den Austausch von Bildern plattformunabhängig zu ermöglichen. GIF zeichnet sich durch seine verlustfreie, aber dennoch effiziente Kompression und durch die mögliche Schachtelung von mehreren Bildern innerhalb einer Datei aus. Die Spezifikation liegt mittlerweile (leider) in zwei unkompatiblen Versionen (GIF87a und GIF89a) vor.

Aufbau von GIF

Grundsätzlich kann ein GIF-Bild aus den folgenden Abschnitten bestehen, wobei die letzten vier beliebig und wiederholt angeordnet werden können:
- *Header*:
  Enthält die GIF-Erkennungssequenz und die Versionsnummer des verwendeten Algorithmus. Das Ende des Headers kennzeichnet den Anfang des Datenbereichs.
- *Application*:
  Ermöglicht die Kodierung von Versions- und Namensinformation des Programmes, das das GIF-Bild erzeugt oder bearbeitet hat.
- *Trailer*:
  Markiert das Ende des GIF-Datenstroms.
- *Control*:
  Steuert die Darstellung jeweils eines folgenden *image*-Blocks. Eine Angabe

von zeitlichen Verzögerungen sowie der Farbe, die den Hintergrund durchsichtig erscheinen läßt, ist möglich.
- *Image*:
  Besteht jeweils aus einem *image*-Header, einer optionalen Farbtabelle und den Pixeldaten.
- *Comment*:
  Textuelle Kommentare zu einem *image*-Block.
- *Plain Text*:
  Ermöglicht die ASCII-basierte Kodierung von Texten innerhalb eines Bildes (Schriftsatz, Farbe, Größe, Position, Streckung und Ausrichtung bzw. Text).

Ein GIF-Bild wird immer als Bitstrom kodiert. Ein einzelnes Bild besteht aus dem *Logical Screen Descriptor* zur Kodierung von Größe, Position und Art der Farbtabelle des Bildes, optionalen globalen oder lokalen Farbtabellen und den Farben der Pixel, die als Verweise in eine derartige Tabelle kodiert werden. Globale Farbtabellen werden hierbei für alle folgenden Bilder verwendet. Die Pixelfarben werden durch den *LZW-Algorithmus* (*Lempel-Ziv-Welch*) mit variabler Längenkodierung komprimiert [LZ77, Wel84]. Der LZW-Algorithmus ermöglicht es, wiederholt auftretende Bitmuster variabler Länge im Datenbereich zu lokalisieren. Während der LZW-Analyse wird eine Tabelle aufgebaut, mittels derer die auftretenden Bitmuster durch kurze Bitfolgen ersetzt werden. Die häufigsten Bitmuster werden dabei durch die kürzesten Bitfolgen repräsentiert.

Bitstromkodierung von GIF-Bildern

LZW-Algorithmus

Insbesondere durch den *Plain text*- und den *Control*-Block sowie durch die Schachtelung mehrerer Bilder eignet sich das GIF-Format besonders dazu, Bildabläufe und kurze Animationen zu kodieren. GIF ist nur für Bildformate mit einer 8-bit-Farbtabelle definiert und daher nicht in der Lage, spezielle Anforderungen an die Bildqualität zu erfüllen.

Einsatzbereiche von GIF

TIFF

Das *Tagged Image File Format* (TIFF) wurde 1987 von der Aldus Corporation und Microsoft entwickelt [Cor92], um die Portabilität und Hardware-Unabhängigkeit eines Bildes bei der Kodierung zu berücksichtigen.

Zweck von TIFF

TIFF hat eine weite Verbreitung als de-Facto-Standard für den Austausch von Bildern in den verschiedensten Anwendungsbereichen gefunden. Das TIFF zugrunde liegende Verfahren beschleunigt und vereinfacht die Verwendung und Ansteuerung von bspw. Scannern (Bildeinzugs- oder Bilddigitalisierungsgeräten) oder Faxgeräten, da geräte- und anwendungsabhängige Umkodierungen entfallen.

TIFF-Dokumente unterscheiden zwei Bestandteile: den *Baseline*-Teil und die *Extensions*. Im Baseline-Teil werden diejenigen Eigenschaften beschrieben, die Anzeigeprogramme unterstützen sollten. In den Extensions hingegen werden solche Eigenschaften angegeben, die spezielle Anwendungen zur Ver-

Farbmodelle fügung stellen sollten. Hier wird z. B. die Verwendung des CMYK-Farbmodells (d. h. Farbdarstellung als Druckfarben) angegeben.

Farbmodelle Eine wichtige Grundlage der Austauschbarkeit von Bildern ist die Unterstützung verschiedenster Farbmodelle. TIFF bietet hierzu Binärstufen, Graustufen, Paletten- (oder indizierte) Farben, RGB in Baseline-TIFF, CMYK und verschiedene auf CIE (wahrnehmungsbasierte Farben) basierende Farbbilder in den TIFF-Extensions an. Die Angabe des Farbmodells in den Extensions impliziert allerdings nicht, daß spezifische Anwendungen diese auch anzeigen können. Dies ist abhängig von der jeweiligen Implementierung.

Aufbau von TIFF Ein TIFF-Bild besteht aus den folgenden Abschnitten, die durch Markierungen (*Tags*) voneinander getrennt werden:

- *Header, Directory*:
  Angaben zur Reihenfolge der Bytes, Versionsnummer, Verweise auf Verzeichnisse, die jeweils Unterabschnitte bzw. einzelne Bilder enthalten.
- *Structure*:
  Angaben über die eingesetzte Kodierungstechnik und die Anzahl der folgenden *Tag-Fields*.
- *Fields*:
  Definieren die Kodierungsblöcke des Bildes, z. B. Zeilen, Objekte, Zellen oder Blöcke und deren Eigenschaften (Kompressionsverfahren, Ausrichtung und Auflösung). Weiterhin können Elemente angegeben werden, die das verwendete Seitenformat beschreiben.
- *Data Fields*:
  Einzelne grafische Elemente des Bildes in einer vorab nicht spezifizierten Reihenfolge.

Kompression in TIFF TIFF unterstützt eine breite Palette von Kompressionsverfahren, darunter die Lauflängenkodierung (die in diesem Kontext auch als PackBits-Kompression bezeichnet wird), die LZW-Kompression, die FAX-Gruppen 3 und 4 ([ITUC85a, ITUC85b]) und JPEG (siehe Kapitel 7.5). Weiterhin können verschiedene Kodierungsmethoden, wie die Huffman-Kodierung, zur Reduktion der Bildgröße eingesetzt werden.

Besonderheiten von TIFF Der wesentliche Unterschied zu den anderen Bildformaten besteht in der Generik von TIFF. Generell kann man mit Hilfe des TIFF-Formats grafische Inhalte auf verschiedene Arten kodieren; z. B. wird oft eine Vorschau in einem zeilenorientierten und unkomprimierten Format kodiert, das zusätzlich zum eigentlichen, wesentlich komplexeren Bild angeboten wird, um ein schnelles Suchen innerhalb von Bildarchiven zu ermöglichen.

X11-Bitmap (XBM) und X11-Pixmap (XPM)

Einsatzbereich von XBM und XPM *X11-Bitmap (XBM)* und *X11-Pixmap (XPM)* sind häufig verwendete Grafikformate der UNIX-Welt, mit denen Programmsymbole (*Icons*) oder Hintergrundbilder gespeichert werden. Sie ermöglichen die Definition von monochromen (XBM) oder farbigen (XPM) Bildern innerhalb von Programmcode. Sowohl

XBM als auch XPM nehmen keine Kompression bei der Speicherung der Bilder vor.

Im monochromen XBM-Format werden die Pixel in einer Liste von Bytewerten (*Byte-Array*) der Programmiersprache C kodiert, wobei jeweils 8 Pixel zu einem Bytewert zusammengefaßt werden. Die Dimension des Bildes erfolgt durch zwei zusätzliche Definitionen. Dies wird beispielhaft in Abb. 4-3 gezeigt.

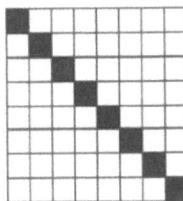

```
#define xbm_bild_width 8
#define xbm_bild_height 8
static unsigned char xbm_bild_bits [] = {
    0x01,
    0x02,
    0x04,
    0x08,
    0x10,
    0x20,
    0x40,
    0x80
};
```

Abb. 4-3
Beispiel eines XBM-Bildes.

Im XPM-Format werden die Bilddaten zusammen mit einem Header in einer Liste von Zeichenketten (String-Array) kodiert. In der ersten Zeile wird die Dimension des Bildes und der sog. *Hot-Spot* definiert. Dieser wird bei der Verwendung des Bildes als Cursor-Symbol benutzt, um den exakten Pixel zu identifizieren, der eine Mausselektion auslöst. Die folgenden Zeilen beschreiben die verwendeten Farben, wobei jeweils eine textuelle bzw. durch einen RGB-Farbwert angegebene Farbe durch ein Zeichen aus dem ASCII-Zeichenvorrat ersetzt wird. Die Angabe einer Farbe, die den Hintergrund transparent erscheinen läßt, wird durch die Symbolfolge s None ermöglicht. Die nachfolgenden Zeilen listen die Bildzeilen mit ihren jeweils ersetzten Farbwerten auf. Dies ist auch in Abb. 4-4 gezeigt. Man beachte dabei, daß nicht belegte Pixel durch Leerzeichen repräsentiert sind.

XPM-Kodierung

Hot-Spot

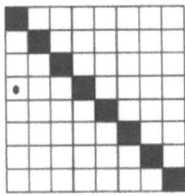

```
static char *demo_xpm[] = {
    "8 8 1 4",
    " s None c None",
    "X c black",
    "X    "," X   ",
    " X   ","  X  ",
    "  X  ","   X ",
    "   X ","    X",
};
```

Abb. 4-4
Beispiel eines XPM-Bildes.

Weder XBM- noch XPM-kodierte Bilder werden komprimiert gespeichert. Die Repräsentation durch 8-bit-ASCII-Werte erzeugt daher immer den gleichen

Kodierung in XBM und XPM

Datenumfang. Auch mit XPM bzw. XBM können nur bis zu 256 verschiedene Farb- oder Grauwertstufen kodiert werden.

Portable Bitmap plus (PBMplus)

PBMplus ist ein Software-Paket, das die Konvertierung von Bildern verschiedener Bildformate sowie deren Script-basierte Modifikation ermöglicht.

PBMplus

PBMplus beinhaltet die vier verschiedenen Bildformate *Portable Bitmap* (PBM) für Binärbilder, *Portable Graymap* (PGM) für Grauwertbilder, *Portable Pixmap* (PPM) für Echtfarbbilder und *Portable Anymap* (PNM) zur formatunabhängigen Bildmanipulation. Diese können jeweils textuell als auch binär kodiert werden. Da im Software-Paket sowohl Konvertierungsprogramme für die internen Grafikformate als auch für jedes sonstige Format vorliegen, ist in PBMplus eine freie und flexible Konvertierbarkeit möglich.

Aufbau von PBMplus-Dateien

PBMplus-Dateien haben folgenden Aufbau:
- Eine *Magic Number* zur Identifikation des Dateityps (PBM, PGM, PPM oder PNM). Die Identifikation für PBM ist bspw. „P1".
- Leerzeichen (Leerzeichen, Tabulator, Carriage Return, Line Feed).
- Breite des Bildes als dezimales ASCII-Zeichen.
- Leerzeichen.
- Analog die Höhe des Bildes plus Leerzeichen.
- Für PPM, PNM und PBM: maximaler Wert der Farbkomponenten als ASCII-Zahl plus Leerzeichen.
- Farbinformationen
  - PBM:
    Breite x Höhe bit, jedes entweder 0 (Schwarz) oder 1 (Weiß), die von links oben nach rechts unten das Bild durchlaufen. Hierbei werden Leerzeichen ignoriert, ebenso alle Zeichen nach einem # (Kommentar). Jede Zeile darf nur 70 Zeichen lang sein.
  - PGM:
    Ebenso wie PPM, allerdings keine Zahlentripel, sondern einzelne Grauwerte als ASCII-Zahlen.
  - PPM:
    Ebenso wie PBM, aber Farbrepräsentation durch Zahlentripel *(Rot, Grün, Blau)*, die zwischen 0 und dem maximal angegebenen Farbwert liegen.
  - PNM:
    Kein vorgegebenes Dateiformat.

Zur Manipulation der internen Bildformate werden Filterprogramme für die folgenden Funktionen angeboten:

Filterung in PBMplus
- Farbreduktion, Quantisierung und Analyse der Farbwerte
- Veränderung von Kontrast, Helligkeit und Farbsättigung

- Ausschneiden, Mischen von mehreren Bildern, Spiegelung eines Bildes und Veränderung der Größe
- Generieren von Texturen und fraktalen Hintergründen
- Relief-, Schlier-, Ecken- und Mosaik-Filter

Bitmap (BMP)

BMP ist ein auf Windows-Systemen häufig verwendetes Bildformat. Das Format ist unabhängig vom verwendeten Ausgabegerät definiert und wird mittlerweile auch von Programmen anderer Betriebsysteme unterstützt. BMP liegt das RGB-Farbmodell zugrunde. Durch einen geeigneten Aufbau von Farbtabellen ist jedoch auch die Kodierung von monochromen und Graustufenbildern möglich. *Einsatzzweck von BMP*

Das BMP-Format definiert einen *Header*- und einen *Datenbereich*. Ersterer wird als BITMAPINFO bezeichnet und enthält Angaben wie Größe, Farbtiefe, Farbtabelle und Kompressionsart. Der Datenbereich enthält nachfolgend die Pixelwerte jedes Punktes einer Linie. Linien werden bündig auf einen durch 32 teilbaren Wert verlängert und mit Null-Werten aufgefüllt. *Aufbau von BMP*

Als Werte für die Farbtiefe sind 1, 4, 8 und 24 zugelassen. Zur Kompression wird der Lauflängenkodierungs-Algorithmus für Bilder mit einer Farbtiefe von 4 oder 8 bit/Pixel verwendet, wobei jeweils 2 byte als Informationseinheit aufgefaßt werden. Enthält der erste Bytewert eine Null und ist der zweite Wert größer als drei, so enthält der zweite die Anzahl der folgenden Bytes, die die Farbe des nächsten Pixels als Verweis in die Farbtabelle enthalten (keine Kompression). Ansonsten spezifiziert der erste Bytewert die Anzahl der nächsten Pixel, die mit der Farbe des zweite Bytewertes als Verweis in die Farbtabelle gesetzt werden sollen. Ist das Bild mit 4 bit/Pixel kodiert, so werden nur 4 bit für diese Information verwendet. So können jeweils zwei Werte in einem Bytewert kodiert werden.

BMP definiert im Header weiterhin die Möglichkeit, eine Farbtabelle anzugeben, deren Farben zur Anzeige des Bildes benutzt werden müssen. *Farbtabellen in BMP*

4.1.3 Erzeugung von Grafik

Eingabegeräte

Die heute vorzufindende Technologie der Eingabegeräte für Grafik besteht u. a. aus der (evtl. schnurlosen) Maus, dem Datentablett und der transparenten, hochsensitiven Fläche des Bildschirms. Man findet sogar Eingabegeräte, die zusätzlich zur *(x, y)*-Position auf dem Bildschirm dreidimensionale oder höherdimensionale Eingabewerte (Freiheitsgrade) erlauben, wie den *Trackball*, den *Spaceball* oder den *Datenhandschuh*. *Eingabegeräte*

Trackballs können derart hergestellt werden, daß sie nicht nur eine Rotation in Richtung der zwei horizontalen Achsen, sondern auch in Richtung der vertikalen Achse erfassen. Es existiert allerdings keine direkte Beziehung zwischen *Trackball* den Handbewegungen auf dem Gerät und der korrespondierenden Bewegung im dreidimensionalen Raum.

Spaceball — Ein *Spaceball* ist eine feste Kugel, die auf einem elastischen Untergrund gelagert ist. Der Benutzer drückt oder zieht die Kugel in jegliche Richtung, wodurch eine 3-D-Übersetzung und eine 3-D-Orientierung erreicht wird. In diesem Fall entsprechen die Bewegungsrichtungen den Versuchen des Benutzers, die feste Kugel zu bewegen, obwohl sich die Hand tatsächlich nicht bewegt.

Datenhandschuh — Der *Datenhandschuh* erfaßt die Position und Orientierung der Hand sowie die Bewegungen der Finger. Der Handschuh ist mit kleinen, leichten Sensoren bedeckt. Jeder Sensor besteht aus einem kurzen Glasfaserkabel mit einer LED (Light-Emitting Diode) an einem Ende und einem Phototransistor am anderen. Zusätzlich erfaßt ein *Polhelmus-3SPACE*-Sensor zur Feststellung von Positionen und Orientierungen im Raum die auftretende Handbewegung. Trägt man den Datenhandschuh, so kann man Objekte anfassen, bewegen, rotieren und loslassen, wodurch eine natürliche Interaktion im dreidimensionalen Raum erreicht werden kann [ZLB$^+$87].

Software zur Grafikgenerierung

Konzeptionelle Umgebung von Grafiksystemen — Grafiken werden mit Hilfe interaktiver Grafiksysteme generiert. Die konzeptionelle Umgebung fast aller interaktiver Grafiksysteme besteht in einer aggregierten Sicht aus drei Software-Komponenten und einer Hardware-Komponente. Hierzu gehören ein *Anwendungsmodell*, ein *Anwendungsprogramm*, ein *Grafiksystem* und eine *Hardware-Komponente*: der Grafik-Hardware.

Anwendungsmodell — Das *Anwendungsmodell* repräsentiert die Daten oder Objekte, die auf dem Bildschirm anzuzeigen sind; es ist meist in einer Anwendungsdatenbank gespeichert. Das Modell erfaßt typischerweise Beschreibungen von Primitiven, die die Form der Komponenten eines Objekts beschreiben sowie Objektattributen und Relationen, die erklären, wie die Komponenten zueinander in Beziehung stehen. Das Modell ist anwendungsspezifisch und unabhängig von jeglichem System, das zur Bildschirmanzeige verwendet wird. Aus diesem Grund muß das Anwendungsprogramm eine Beschreibung von Teilen des Modells in Prozeduraufrufe oder Kommandos umformen, die das Grafiksystem zur Erzeugung von Bildern verwendet. Dieser Umwandlungsprozeß besteht aus zwei Phasen. Zuerst durchsucht das Anwendungsprogramm Anwendungsdatenbank, die das Modell speichert, um die zu betrachteten Teile zu finden. Hierzu sind bestimmte Selektions- bzw. Suchverfahren anzuwenden. In einem zweiten Schritt wird die extrahierte Geometrie in ein Format überführt, das an das Grafiksystem übergeben werden kann.

Anwendungsprogramm — Das *Anwendungsprogramm* verarbeitet die Benutzereingaben, die z. B. mittels der bereits vorgestellten Hardware aufgenommen werden. Es produziert Ansichten, indem an die dritte Komponente, das Grafiksystem, eine Reihe von grafischen Ausgabekommandos gesendet werden, die sowohl eine detaillierte geometrische Beschreibung darüber enthalten, *was* angeschaut werden soll sowie die Attribute, *wie* die Objekte erscheinen sollen.

Das *Grafiksystem* ist verantwortlich für die Produktion des Bildes aus detaillierten Beschreibungen sowie für die Übergabe der Benutzereingaben an das Anwendungsprogramm (zu Zwecken der Verarbeitung). Ähnlich wie ein Betriebssystem stellt das Grafiksystem derart eine Zwischenkomponente zwischen dem Anwendungsprogramm und der Anzeige-Hardware dar. Es beeinflußt eine *Ausgabetransformation* von Objekten des Anwendungsmodells in die Ansicht des Modells. In symmetrischer Art und Weise beeinflußt es auch eine Eingabetransformation von den Benutzerhandlungen zu Anwendungsprogrammeingaben, die zur Durchführung von Veränderungen im Modell und/oder im Bild führen. Das Grafiksystem besteht typischerweise aus einer Menge von Ausgabesubroutinen, die den verschiedenen Primitiven, Attributen und anderen Elementen entsprechen. Das Anwendungsprogramm übergibt diesen Routinen geometrische Primitive und Attribute. Die Subroutinen steuern dann die spezifischen Ausgabegeräte an und veranlassen diese, ein Bild darzustellen.

Grafiksystem

Aufbau des Grafiksystems

Grafische Systeme sind Bestandteile verteilter Multimediasysteme: Das Anwendungsmodell und das Anwendungsprogramm können Anwendungen repräsentieren, ebenso wie die *Benutzerschnittstellen*. Das grafische System nutzt (und definiert) Programmierabstraktionen, die vom Betriebssystem unterstützt werden, um eine Verbindung zur Grafik-Hardware herzustellen.

4.1.4 Speicherung von Grafik

Grafische Primitive und ihre Attribute repräsentieren eine höhere Ebene der Bildrepräsentation, da sie im allgemeinen nicht durch eine Pixelmatrix angegeben werden. Diese höhere Ebene muß zu einem bestimmten Zeitpunkt der Bildverarbeitung in eine niedrigere Ebene abgebildet werden, bspw., wenn das Bild dargestellt werden soll. Der Vorteil der Primitive der höheren Ebene liegt insbesondere in der Reduktion der pro Grafik zu speichernden Datenmenge und in deren einfacherer Manipulation. Ein Nachteil ist allerdings der zusätzliche Umwandlungsschritt von den grafischen Primitiven und ihren Attributen in eine Pixelrepräsentation. Einige grafische Pakete wie z. B. *SRGP* (*Simple Raster Graphics Package*) sehen eine derartige Umwandlung bereits vor, generieren also aus grafischen Primitiven und deren Attributen entweder eine *Bitmap* oder eine *Pixelmap*. Eine *Bitmap* ist eine Pixelliste, die eins zu eins auf Pixel auf dem Bildschirm abgebildet werden kann; die Pixelinformation wird hierbei in 1 bit gespeichert, so daß ein *Binärbild* entsteht, das ausschließlich aus den Farben Schwarz und Weiß besteht. Der Begriff der *Pixmap* bezeichnet allgemeiner ein Bild, in dem mehrere Bits pro Pixel verwendet werden. Viele Farbsysteme verwenden 8 bit pro Pixel (bspw. GIF), womit 256 Farben simultan dargestellt werden können. Einige weitere (u. a. auch JPEG) erlauben 24 bit pro Pixel, womit ca. 16 Millionen Farben dargestellt werden können. Nach der Generierung einer Bitmap/Pixmap ist eine Rekonversion in grafische Primitive und Attribute in SRGP nicht möglich. In diesem Fall liegt das Grafikformat der Umwandlung in einem digitalen Speicherformat vor.

Grafische Primitive und Attribute

Simple Raster Graphics Package

Bitmaps und Pixmaps

PHIGS und GKS

Pakete wie *PHIGS* (*Programmer's Hierarchical Interactive Graphics System*) und *GKS* (*Graphical Kernel System*) [FDFH92] verwenden durch Primitive und Attribute spezifizierte Grafiken in der Form von Pixmaps. Nach der Bildpräsentation setzen sie die Arbeit mit Grafiken auf der Basis der Repräsentation als Objektprimitive bzw. -attribute fort. In diesem Fall präsentiert sich das Grafikformat nach der Erstellungsphase als eine *Struktur*, die eine logische Gruppierung von Primitiven, Attributen und anderen Informationen darstellt.

Grafikspeicherformate

Vektorformat

Ein Dateiformat für Vektorgrafiken ermöglicht ausschließlich das Laden und Speichern von Grafiken in einer vektorisierten Darstellung. Dies kann u. U. das Ergebnis einer Anwendung sein, die mit Hilfe eines Vektorgrafiksystems erstellt wurde. Wichtige Vertreter derartiger Dateiformate sind:

Dateiformate
- *IGES*: Der Initial Graphics Exchange Standard wurde von einem Industriekommittee entwickelt, um einen Standard für den Transfer von 2-D- und 3-D-CAD-Daten bereitzustellen.
- *DXF*: Ein 2-D- und 3-D-Format der Firma AutoDesk. Dieses Format wurde anfangs für das CAD-Programm AutoCAD entwickelt, hat sich aber anschließend zu einem de-Facto-Standard entwickelt.
- *HPGL*: Die Hewlett-Packard-Graphics-Language wurde zur Ansteuerung von Plottern entworfen und unterstützt daher ausschließlich eine 2-D-Repräsentation.

Kombination von Vektor- und Rastergrafik

Die Kombination von Vektor- und Rastergrafik ist in der Regel nur innerhalb moderner Vektorgrafiksysteme möglich (siehe oben). Bezüglich der Repräsentation der Daten in Dateien sind daher beide Anwendungsfelder meist strikt getrennt. Nur wenige sog. Meta-Dateiformate wie CGM (Computer Graphics Metafile), PICT (Apple Macintosh Picture Format) und WMF (Windows Metafile) erlauben eine beliebige Mischung von Vektor- und Rastergrafik.

4.2 Rechnergestützte Verarbeitung von Bildern und Grafiken

Analyse und Synthese von Bildern

Die Verarbeitung von Grafik, die sog. *Computergrafik*, beschäftigt sich mit der bildlichen *Synthese* realer oder imaginärer Bilder aus rechnerbasierten Modellen. Im Gegensatz hierzu behandelt die *Bildverarbeitung* den umgekehrten Prozeß: die *Analyse* von Szenen oder die Rekonstruktion von Modellen aus Bildern, die 2-D- oder 3-D-Objekte darstellen. In den folgenden Abschnitten werden die Grundlagen der Bildanalyse (-erkennung) und die der Bildsynthese (-generierung) beschrieben (siehe u. a. [FDFH92,KR82, Nev82, HS92, GW93]).

4.2.1 Bildanalyse

Die Bildanalyse beschäftigt sich mit Techniken zur Extraktion von Beschreibungen aus Bildern, die für Methoden einer Szenenanalyse auf höherer Ebene notwendig sind. Das Wissen um die Position und den Wert eines speziellen Pixels trägt nur unwesentlich zur Information bei, die zur Erkennung eines Objekts, der Beschreibung der Objektform, dessen Position oder Ausrichtung, der Messung jeglicher Distanz zu diesem Objekt oder ob dieses defekt ist, vonnöten ist. Techniken zur Bildanalyse beinhalten daher die Berechnung wahrgenommener Farbe und Helligkeit, die teilweise oder vollständige Wiederherstellung dreidimensionaler Daten in einer Szene und die Charakterisierung der Eigenschaften von gleichförmigen Regionen eines Bildes.

Die Bildanalyse spielt in vielen Bereichen eine große Rolle: in der Auswertung von Luftüberwachungsfotografien, langsam abgetasteten Fernsehbildern des Mondes oder anderer Planeten, die von Weltraumsonden empfangen werden, Fernsehbildern, die vom visuellen Sensor eines Industrieroboters erzeugt werden, Röntgenbildern oder CAT-Bildern (Computerized Axial Tomography). Teilbereiche der Bildverarbeitung beinhalten die *Bildverbesserung*, die *Musterentdeckung* und *-erkennung*, die *Szenenanalyse* und die sog. *Computer Vision*.

Einsatzbereiche der Bildanalyse

Die *Bildverbesserung* beschäftigt sich mit der Verbesserung der Bildqualität, indem Rauschen (externe oder fehlende Pixel) eliminiert oder der Kontrast verstärkt wird.

Bildverbesserung

Die *Musterentdeckung* und *-erkennung* beschäftigen sich mit der Entdeckung und Klassifizierung von Standardmustern, sowie mit der Identifikation von Abweichungen von diesen Mustern. Ein besonders wichtiges Beispiel ist die Technologie der *Optical Character Recognition* (OCR), die das effiziente Einlesen von Drucksatzseiten, mit der Schreibmaschine geschriebener Seiten oder sogar handgeschriebener Buchstaben erlaubt. Der Genauigkeitsgrad der *Handschriftenerkennung* hängt vom Eingabegerät ab. Eine Möglichkeit besteht darin, daß der Benutzer Zeichen mit einem kontinuierlich positionierenden Gerät, gewöhnlicherweise einem Tablettstift (eine stiftbasierte Umgebung), eingibt und der Computer diese erkennt (Online-Erkennung). Dies läßt sich erheblich leichter bewerkstelligen, als eingescannte Zeichen zu erkennen, da das Tablett die Sequenz, Richtung und manchmal die Geschwindigkeit und den Tastendruck erfaßt und ein Mustererkennungsalgorithmus diese Faktoren für jedes Zeichen auf gespeicherte Vorgabemuster (sog. Templates) abbilden kann. Der Erkennungsprozeß kann derart Muster auswerten, ohne zu beachten, wie die Muster erzeugt wurden (*statische Mustererkennung*) oder er kann besonders auf Tastendruck, Kanten der Zeichen oder die Malgeschwindigkeit (*dynamische Mustererkennung*) reagieren. Ein Erkennungsprozeß kann bspw. darauf trainiert werden, verschiedene Stile von Blockschrift zu erkennen. Die Parameter jedes Zeichens werden dazu aus Vorgaben errechnet, die vom Benutzer gemalt wurden. Eine Architektur für eine objektorientierte Zeichenerkennung (Architecture for Object-Oriented Character Recognition Engine,

Musterentdeckung und Mustererkennung

Optical Character Recognition

Statische vs. dynamische Mustererkennung

AQUIRE), die eine Online-Erkennung mit kombinierten statischen und dynamischen Fähigkeiten unterstützt, wird in [KW93] beschrieben.

Szenenanalyse
Computer Vision

Die *Szenenanalyse* und die *Computer Vision* beschäftigen sich mit der Erkennung und mit der Rekonstruktion von 3-D-Modellen einer Szene, die aus verschiedenen 2-D-Bildern besteht. Ein Beispiel hierfür ist ein Industrieroboter, der die relativen Größen, Formen, Positionen und Farben eines Objekts mißt.

Zunächst sollen nun Merkmale identifiziert werden, die in der Erkennung von Bildern eine bestimmende Rolle spielen. Anschließend wird die so gewonnene Information derart aggregiert, daß eine Erkennung der Inhalte von Bildern möglich wird.

Bildmerkmale

Farbe, Textur und Kanten

Im folgenden werden exemplarisch drei in der Praxis häufig verwendete Merkmale zur Klassifikation von Bildern vorgestellt: *Farbe*, *Textur* und *Kanten*. Hat man ein Bild anhand dieser Merkmale beschrieben, kann man in einer Bilddatenbank bspw. Anfragen der Art „Finde ein Bild, das eine ähnliche Textur aufweist wie ein vorgegebenes Beispielbild" stellen.

Abb. 4-5
Grauwerthistogramm
eines Bildes.

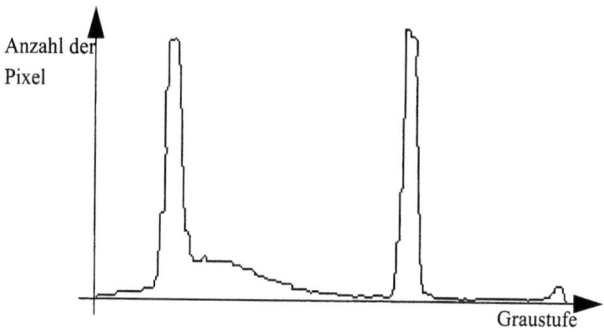

Farbe

Einsatz von Histogrammen

Eines der naheliegendsten und wichtigsten Merkmale zur Beschreibung von Farbbildern ist die *Farbe*. Im folgenden wird davon ausgegangen, daß das zu analysierende Bild im gebräuchlichen *RGB-Format* mit drei Farbkanälen à 8 bit vorliegt. Die grundsätzliche Vorgehensweise ist es, mit Hilfe eines Farbhistogramms zu erfassen, wieviele Pixel im Bild eine gewisse Farbe annehmen. Um dabei nicht mit einer unüberschaubaren Zahl von Farben arbeiten zu müssen, diskretisiert man die im Bild vorkommenden Farben vorab dadurch, daß man nur die n höchstwertigen Bits jedes Kanals verwendet; bei $n = 2$ hat das Histogramm damit Einträge für 64 Farben. Abb. 4-5 zeigt (aufgrund drucktechnischer Einschränkungen) exemplarisch ein *Grauwerthistogramm* für ein Bild mit einer Palette von 256 möglichen Grauwerten.

Für die menschliche Wahrnehmung der Farbigkeit eines Bildes ist neben der Häufigkeit des Auftretens einer Farbe auch relevant, ob eine Farbe tendenziell großflächig (in einer „kohärenten" Umgebung) oder in vielen kleinen „Sprenkeln" auftritt. Zählt man in einem Bild lediglich, wieviele Pixel eine gewisse Farbe annehmen, so geht diese Information verloren. Deshalb wird in [PZM96] die Verwendung des sog. *Farbkohärenzvektors* (*Color Coherence Vector*, CCV) vorgeschlagen. Zu dessen Berechnung prüft man für jedes Pixel, ob es sich in einer hinreichend großen gleichfarbigen Umgebung (d. h. in einer durch einen Pfad gleichfarbiger Pixel zusammenhängenden Region) befindet. Wenn ja, bezeichnet man es als *kohärent*, sonst als *inkohärent*. Man führt zwei getrennte Histogramme für die Zählung kohärenter und inkohärenter Pixel jeder Farbe.

Farbkohärenz

Unterscheidet man nach der Diskretisierung J Farben, so bezeichnen α_j bzw. β_j ($j = 1, ..., J$) die Anzahl der kohärenten bzw. der inkohärenten Pixel der Farbe j. Der Farbkohärenzvektor ist dann gegeben durch $((\alpha_1, \beta_1), ..., (\alpha_J, \beta_J))$; ihn speichert man zur Beschreibung der Farbigkeit eines Bildes. Beim Vergleich zweier Bilder B und B' mit CCVs $((\alpha_1, \beta_1), ..., (\alpha_J, \beta_J))$ bzw. $((\alpha_1', \beta_1'), ..., (\alpha_J', \beta_J'))$ verwendet man als Distanzmaß den Ausdruck:

$$\text{dist}(B, B') = \sum_{j=1}^{J} \left(\left| \frac{\alpha_j - \alpha_j'}{\alpha_j + \alpha_j' + 1} \right| + \left| \frac{\beta_j - \beta_j'}{\beta_j + \beta_j' + 1} \right| \right).$$

Distanzmaß

Ein Vorteil der Farbe als Merkmal zum Vergleich zweier Bilder ist die *Robustheit* gegenüber leichten Veränderungen der Skalierung oder der Perspektive sowie die schnelle Berechenbarkeit. Im RGB-Farbraum kann man allerdings aus der euklidischen Distanz zweier Farbvektoren im allgemeinen nicht direkt auf die Unterschiedlichkeit in der menschlichen Farbwahrnehmung schließen. Diesen Nachteil umgeht man, indem man das gegebene RGB-Bild vor der Histogrammberechnung in einen Farbraum transformiert, der der menschlichen Wahrnehmung besser entspricht. Ein solcher Farbraum ist bspw. der sog. $L*a*b*$-*Raum* (siehe [Sch97a]).

Textur

Unter einer Textur versteht man eine kleinräumige Oberflächenstruktur, gleich ob natürlich oder künstlich, regelmäßig oder unregelmäßig. Beispiele für Texturen sind Baumrinde, Strickmuster, Holzmaserung und die Oberfläche eines Schwamms, wie in Abb. 4-6 auf Seite 64 gezeigt wird. Bei der Untersuchung von Texturen unterscheidet man zwei grundlegende Ansätze: Bei der strukturellen Analyse sucht man nach kleinen Grundbausteinen sowie einer Anordnungsregel, nach der diese Bausteine zur Bildung der Textur gruppiert werden. Die statistische Texturanalyse beschreibt die Textur als Ganzes anhand bestimmter Attribute wie lokale Grauwertvarianz, Regelmäßigkeit, Grobkörnigkeit, Orientierung und Kontrast, die im Ortsraum oder im Ortsfrequenzraum

Strukturelle und statistische Analyse

gemessen werden, ohne die einzelnen Komponenten der Textur zu entschlüsseln. In der Praxis spielen strukturelle Verfahren eine untergeordnete Rolle.

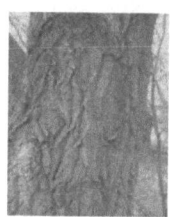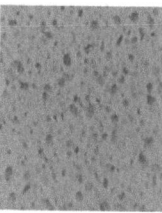

Abb. 4-6 Texturen.

Texturanalyse

Zur Texturanalyse werden Farbbilder zunächst in eine Graustufendarstellung konvertiert. Bei der Untersuchung natürlicher Bilder (z. B. Landschaftsfotos) stellt sich die Frage, welche Strukturen man überhaupt als Textur bezeichnen möchte (dies hängt u. a. von der Skalierung ab) und wo im Bild sich ggf. texturierte Regionen befinden. Hierbei verwendet man als Kriterium für das Auftreten einer Textur in einer Bildregion häufig eine *signifikante und regelmäßige Variation der Grauwerte in einer kleinen Umgebung* [KJB96]. Hat man sich für ein Texturmaß entschieden, so bestimmt man anschließend im Rahmen der Bildsegmentierung solche Regionen, die hinsichtlich des gewählten Maßes homogen sind. Schließlich wird für jede Texturregion das Texturmaß berechnet.

Zur Illustration wird im folgenden ein einfaches statistisches Verfahren für die Texturanalyse im Ortsraum angegeben: die Berechnung und Interpretation von *Grauwert-Übergangsmatrizen* (Graylevel Co-Occurence Matrices) [Zam89]. Diese geben an, wie oft in einem Bild zwei Grauwerte *a* und *b* in einer bestimmten Anordnung zueinander benachbart auftreten. Für die Anordnung $\boxed{a}\boxed{b}$ (d. h. Pixel mit Grauwert *b* unmittelbar rechts von Pixel mit Grauwert *a*) ist in Abb. 4-7 rechts die Grauwertübergangsmatrix für das links dargestellte Muster angegeben:

Grauwert- Übergangsmatrizen

Abb. 4-7 Grauwert- Übergangsmatrix.

0	0	0	2	2
0	0	0	2	2
0	0	0	3	3
1	1	1	3	3
1	1	1	3	3

a\b	0	1	2	3
0	6	0	0	0
1	0	4	0	0
2	2	0	2	0
3	1	2	0	3

Weitere Grauwertübergangsmatrizen können für beliebige andere Nachbarschaftsanordnungen zweier Grauwerte gebildet werden.

Werden N Grauwerte unterschieden und die Einträge einer $N \times N$-Grauwert-Übergangsmatrix mit $g(a, b)$ bezeichnet, so kann

$$K = \sum_{a=0}^{N-1} \sum_{b=0}^{N-1} (a-b)^2 g(a,b)$$

als Maß für den *Kontrast* einer Textur verwendet werden. Intuitiv spricht man von einem hohen Kontrast, wenn stark unterschiedliche Grauwerte dicht aneinandergrenzen. Bei stark unterschiedlichen Grauwerten ist $(a-b)^2$ groß, und wenn diese häufig aneinandergrenzen, nimmt g(a, b) einen großen Wert an [Zam89]. Es ist sinnvoll, sich nicht auf eine einzige Nachbarschaftsanordnung zu beschränken.

Kontrast einer Textur

Die *Homogenität* einer Textur mißt der Ausdruck

$$H = \sum_{a=0}^{N-1} \sum_{b=0}^{N-1} g(a, b)^2,$$

Homogenität einer Textur

denn in einer homogenen, im Extremfall perfekt regelmäßigen Textur treten nur wenige verschiedene Grauwertnachbarschaftsanordnungen auf (nämlich im wesentlichen nur diejenigen, die in dem kleinen Grundbaustein auftreten), diese aber mit großer Häufigkeit.

Leistungsfähigere Verfahren der Texturanalyse stützen sich u. a auf *Multiscale Simultaneous Autoregression*, *Markov Random Fields* und *Tree-Structured Wavelet Transforms*, deren Diskussion aber den Rahmen dieses Buches sprengen würde (hierzu siehe [PM95, Pic96]).

Verfahren zur Texturanalyse

Kanten

Am Beispiel der Erkennung von Kanten kann man leicht ein grundlegendes Verfahren der Bildanalyse betrachten: Die *Faltung* eines Bildes mit einer *Maske* [Hab95]. Dabei berechnet man aus einem gegebenen Eingabebild E schrittweise ein („leer"-initialisiertes) Ausgabebild A. Man läßt eine Faltungsmaske M (auch als *Filterkern* bezeichnet) zeilenweise Pixel für Pixel über E laufen und verknüpft an jeder Position, die M über E einnimmt, die Einträge der Maske mit dem Grauwert der darunterliegenden Bildpunkte. Das Ergebnis der Verknüpfung (wie im folgenden die Summe über alle Produkte aus Maskeneintrag und Grauwert des darunterliegenden Bildpunktes) wird in das Ausgabebild A geschrieben.

Faltung eines Bildes mit einer Maske

Mit den Bezeichnungen
- $e(x, y)$: Grauwert des Punktes an der Stelle (x, y) im Eingabebild E
- $a(x, y)$: Eintrag im Ausgabebild A an der Stelle (x, y)
- m: Größe der Maske M: $m \times m$, m ungerade
- $m(u, v)$: Eintrag in der Maske M an der Stelle (u, v); $u, v = 0, ..., m-1$

errechnet man mit $k = (m-1)/2$:

$$a(x, y) = \sum_{u, v = 0}^{m-1} e(x + k - u, y + k - v) m(u, v)$$

Randbereiche der Breite k in A bleiben hier initial. Abb. 4-8 auf Seite 66 zeigt das Vorgehen.

Abb. 4-8 Anwendung eines Filters.

6	1	3	8	7	8	...	...
6	2	5	7	7	8	...	...
6	1	4	8	9	9	...	...
...	...	...	...	...	...	...	...
...	...	...	...	...	...		

E

1	0	-1
2	0	-2
1	0	-1

M

7	-24	-13	-3	...	...	...
...	...	...	...	...	...	...
...	...	...	...	...	...	...
...	...	...	...	...	...	...

A

Kantenextraktion

Ein solches Verfahren wird bei der Kantenextraktion angewendet. In einem Vorverarbeitungsschritt wird das in Grauwertdarstellung vorliegende Bild geglättet, indem man den Grauwert jedes Pixels durch einen geeignet gewichteten Mittelwert der Grauwerte seiner umgebenden Pixel ersetzt. Dabei nimmt man einen gewissen Schärfeverlust in Kauf, gewinnt aber ein weniger verrauschtes Bild.

Zum Auffinden von Punkten, die auf vertikalen Kanten liegen (d. h. solchen Punkten, an denen ein starker *horizontaler* Grauwertübergang erfolgt), läßt man dann eine Maske M_{horiz} wie in Abb. 4-9 über das geglättete Bild laufen.

Sobel-Operatoren

Die hier verwendeten *Sobel-Operatoren* sind besonders gut dazu geeignet, Grauwertübergänge zu finden. Im Ausgabebild A_{horiz} bedeutet ein betragsmäßig großer Eintrag, daß an der zugehörigen Stelle in E ein ausgeprägter Grauwertwechsel in „links-rechts-Richtung" vorliegt; das Vorzeichen gibt die Richtung des Übergangs an. Analog geht man für horizontale Kanten vor; die Faltung von E mit M_{vert} ergibt A_{vert}.

Abb. 4-9 Sobel-Operatoren.

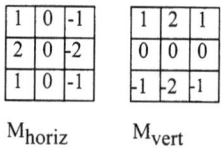

M_{horiz} M_{vert}

Gradient

Konzeptionell hat man damit partielle Ableitungen von E in Spalten- und in Zeilenrichtung durchgeführt. Um den *Gradientenbetrag* zu ermitteln, der die Gesamtstärke einer „schiefen" Kante an der Stelle (x, y) angibt, bestimmt man

$$a_{grad}(x, y) = \sqrt{a_{horiz}(x, y)^2 + a_{vert}(x, y)^2}$$

Binärisierung

und binärisiert schließlich mit einem Schwellwert ε, um nur solche Punkte in das endgültige Ausgabebild der Kantenextraktion aufzunehmen, an denen ein hinreichend starker Grauwertgradient ermittelt wurde. Bei der Binärisierung wird in Abhängigkeit eines Schwellwerts in einem Ausgabebild für alle Punkte, die den Schwellwert übersteigen, eine 1 eingetragen und für alle verbleibenden eine 0.

Mögliche anschließende Schritte sind die Berechnung der Gradientenorientierung und die Bestimmung von Mengen von Punkten, die auf der gleichen Kante liegen.

Bildsegmentierung

Unter *Segmentierung* versteht man eine Operation, die den Objektpixeln je nach Objektzugehörigkeit pro Objekt eine eindeutige Nummer (Identifikator) zuweist. Den Pixeln des Hintergrundes wird eine Null zugewiesen. Es ist daher die Hauptaufgabe der Segmentierung, zusammenhängende Pixelbereiche, sog. *Objekte*, zu extrahieren. Die Erkennung dieser Objekte zählt hingegen nicht zu den Aufgaben der Segmentierung.

Aufgabe der Segmentierung

Im folgenden wird dabei stets die Verwendung von Grauwertbildern vorausgesetzt. Die Verfahren können aber leicht auf Farbbilder angewendet werden, wenn die *R*-, *G*- und *B*-Komponenten getrennt betrachtet werden.

Segmentierungsverfahren lassen sich in folgende Klassen einteilen [Bow92, Jäh97, Jai89, RB93, KR82]:

Klassen von Segmentierungsverfahren

- Punktorientierte Verfahren
- Kantenorientierte Verfahren
- Regionenorientierte Verfahren

Es sind eine Vielzahl weiterer Verfahren bekannt, bspw. solche, die mit neuronalen Netzwerken arbeiten. Diese sind in der Literatur im Detail beschrieben (siehe [GW93, Fis97b]).

Punktorientierte Segmentierungsverfahren

Das Segmentierungskriterium bei der *punktorientierten Segmentierung* ist der Grauwert eines isoliert betrachteten Pixels. Bei diesem Verfahren erfaßt man die Grauwertverteilung eines Bildes in einem Histogramm und versucht, in diesem eine oder mehrere Schwellen zu finden [Jäh97, LCP90]. Ist das zu findende Objekt einfarbig und vom Hintergrund verschieden, so ergibt sich ein bimodales Histogramm mit räumlich getrennten Maxima. Idealerweise gibt es einen Bereich des Histogramms, der keine Punkte enthält. Durch Setzen einer Schwelle an dieser Stelle kann das Histogramm in mehrere Bereiche unterteilt werden.

Histogramm als Segmentierungsmittel

Es wäre auch denkbar, auf der Basis von Farbwerten zu segmentieren. Im dann betrachteten dreidimensionalen Raum muß das Verfahren aber so modifiziert werden, daß Punktwolken voneinander abgegrenzt werden können. Das Finden eines Schwellwerts im eindimensionalen Raum der Grauwerte ist erheblich einfacher.

Farbsegmentierung

Der Einsatz dieses Verfahrens weist in der Praxis einige Nachteile auf:

Nachteile punktorientierter Verfahren

- Eine bimodale Verteilung tritt in der Natur selten auf. Allein durch Digitalisierungsfehler wird die bimodale Verteilung so gut wie nie erreicht [Jäh97].
- Überlappen sich die Histogramme von Objekt und Hintergrund, so werden die Punkte der Histogrammüberlappung häufig falsch zugeordnet.
- Derartige Verfahren arbeiten fast immer nur korrekt, wenn vorab eine manuelle Bearbeitung der Bilder erfolgt. Dabei werden die Bereiche markiert, die dann unter Verwendung lokaler Histogramme segmentiert werden können.

Kantenorientierte Segmentierungsverfahren

Arbeitsweise kantenorientierter Verfahren

Kantenorientierte Segmentierungsverfahren arbeiten in zwei Schritten:

1. Die Kanten eines Bildes werden extrahiert, z. B. unter Verwendung des Canny-Operators [Can86].

2. Die Kanten werden derart verbunden, daß sie um die zu extrahierenden Objekte geschlossene Konturen bilden.

In der Literatur werden verschiedene Verfahren angegeben, wie die Kantensegmente zu geschlossenen Konturen verbunden werden können [GW93, KR82]:

- Einfache Algorithmen verbinden Kantensegmente, die nicht weiter als eine Distanz ε [in Pixeln] voneinander entfernt sind.
- Komplexere Algorithmen verbinden Kantensegmente, indem zusätzlich die Richtung der Kante in die Berechnung einbezogen wird. Die Kante wird also möglichst ihrem Verlauf entsprechend fortgesetzt

Hough-Transformation

- Andere Algorithmen verwenden die *Hough-Transformation*, um Kanten zu verbinden. Zweck der Hough-Transformation ist es, eine Regressionsgerade durch m vorgegebene Punkte zu legen. Im Bildbereich kann so der Anteil der Geraden, die in einem Bild enthalten sind, bestimmt werden. Die *Hough-Transformation* ist wie folgt definiert:

Definition der Hough-Transformation

  – Betrachtet man den Achsenabschnitt a und die Steigung m einer Geraden, so kann man die Darstellung der Geraden entweder im kartesischen Koordinatensystem oder in einem Koordinatensystem (a, m) vornehmen.

  – Denkt man sich einen M-dimensionalen Vektorraum, der von M Modellparametern aufgespannt wird, so stellt jede lineare Gleichung eine $(M-1)$-dimensionale Hyperebene dar. Bei zwei Parametern stellt jede Gleichung eine Gerade dar. Eine Anzahl von M solcher Hyperebenen schneiden sich genau in einem Punkt.

  – Bei einem überbestimmten System gibt es allerdings mehr als nur einen Schnittpunkt. Der Schwerpunkt der Schnittwolke ist hierbei die optimale Lösung; die Streuung in die verschiedenen Koordinatenrichtungen gibt die Standardabweichung der Modellparameter wieder.

  – Rastert (diskretisiert) man den kontinuierlich vorliegenden Modellparameterraum, so schneiden sich in jedem Rasterpunkt Hyperebenen. Die

Häufigkeitsverteilung, die ein Maximum am Lösungspunkt hat, bezeichnet man als *Hough-Transformation*.

In Abb. 4-10 wird eine Gerade und die dazugehörige Hough-Transformation gezeigt. Wendet man die Hough-Transformation an, so wird man die im Bild enthaltenen Geraden finden. Diese können Aufschluß darüber geben, wie die extrahierten Kanten zu verbinden sind. Hierzu übernimmt man die an einem Kantenende ansetzenden Geraden der Hough-Transformation bis zum nächsten Kantensegment in das resultierende Bild und erhält so die gesuchten Konturen.

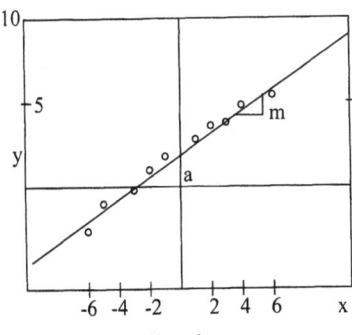
Geradendarstellung im Originalbild

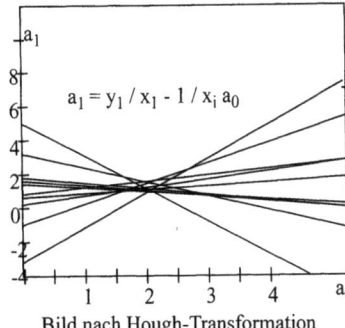
Bild nach Hough-Transformation

Abb. 4-10 Hough-Transformation.

Nachdem man die Konturen gefunden hat, ist es mit einem einfachen Region-Growing-Verfahren möglich, die Objekte zu numerieren. Das Region-Growing-Verfahren wird im folgenden Abschnitt erklärt.

Regionenorientierte Segmentierungsverfahren

Geometrische Nähe spielt eine wichtige Rolle bei der Objektsegmentierung [CLP94]. Pixel, die benachbart sind, weisen meist ähnliche Eigenschaften auf. Dieser Aspekt wird bei den punkt- und kantenorientierten Verfahren nicht berücksichtigt. Dort können, losgelöst vom eigentlichen Objekt, kleine Bereiche entstehen, die nicht zum Objekt gehören. Dabei wird der Aspekt der *zusammenhängenden Fläche* nicht beachtet.

Verfahren des *Region Growing* oder *Bereichswachstums* ziehen diesen Aspekt in Betracht, indem sie mit einem „Saatpixel" starten. Sukzessive werden die Nachbarn dieses Pixels hinzugezogen, wenn sie zu diesem in einer Ähnlichkeitsbeziehung stehen. Der Algorithmus prüft jeweils auf jeder Stufe k und für jede Region $R_i^k (1 \leq i \leq N)$ der N Regionen des Bildes, ob in der Nachbarschaft der Randpixel noch unqualifizierte Pixel existieren. Wird ein unqualifiziertes Randpixel x gefunden, so wird, geprüft, ob es homogen zur zu bildenden Region ist.

Region Growing

Dazu dient die Homogenitätsbedingung $P(R_i^k \cup \{x\}) = \text{TRUE}$. Zur Prüfung der Homogenität P kann bspw. die Standardabweichung der Grauwerte einer Region benutzt werden.

Homogenitätsbedingung

*Abb. 4-11
Rekursiv arbeitender
Region-Growing-
Algorithmus.*

```
FUNCTION regionGrowing(x,y)
  if (ELEMENT(x,y))
    markiere Pixel als zugehörig zu Objekt
  sonst
    if (ELEMENT(x-1,y-1)) regionGrowing(x-1,y-1)
    if (ELEMENT(x-1,y))   regionGrowing(x-1,y)
    if (ELEMENT(x-1,y+1)) regionGrowing(x-1,y+1)
    if (ELEMENT(x,y-1))   regionGrowing(x,y-1)
    if (ELEMENT(x,y+1))   regionGrowing(x,y+1)
    if (ELEMENT(x+1,y-1)) regionGrowing(x+1,y-1)
    if (ELEMENT(x+1,y))   regionGrowing(x+1,y)
    if (ELEMENT(x+1,y+1)) regionGrowing(x+1,y+1)
```

Idealerweise sollte pro Region ein Saatpixel festgelegt werden. Um das Setzen der Saatpixel zu automatisieren, kann man u. a. die Pixel benutzen, die Maxima der Histogramme der Grauwertverteilung der Bilder repräsentieren [KR82].

Eine effiziente Implementierung des dazu notwendigen Algorithmus arbeitet rekursiv. Dazu sei die Funktion ELEMENT definiert, die angibt, ob die Homogenitätsbedingung erfüllt ist und ob ein Pixel markiert wurde oder nicht. Die Arbeitsweise eines solchen Algorithmus ist in Abb. 4-11 angegeben.

Stack-Bereich bei Region Growing

Nachteil des Algorithmus ist, daß er einen großen Stack-Bereich benötigt. Besteht das Bild aus einem einzigen Objekt, so wird eine Stack-Größe entsprechend der Bildgröße benötigt. Bei einem Bild, das *100x100* Pixel groß ist, würde also ein Stack mit einer Mindesttiefe von 10.000 Elementen gebraucht. Die Stack-Tiefe moderner Workstations ist allerdings weitaus geringer. Aus diesem Grund muß man auf die weniger elegante iterative Variante [FDFH92] zurückgreifen.

Split-and-Merge

Das Region-Growing stellt einen Bottum-up-Ansatz dar, da kleinste Bildregionen zu größeren Objekten anwachsen. Nachteil dieses Verfahrens ist die Rechenintensität. Dieses Problem wird durch den *Split-and-Merge*-Algorithmus als Top-down-Algorithmus effizienter gelöst [BD97, CMVM86, CP79], allerdings auf Kosten einer unschärferen Kontur. Im *Split*-Schritt wird eine quadratische Region auf Homogenität untersucht.

Als Homogenitätskriterium wird meist der Grauwertmittelwert einer Region benutzt:

*Homogenitäts-
bedingung bei
Split-and-Merge*

$$m_k = \frac{1}{n^2} \sum_{i=1}^{N} \sum_{j=1}^{N} P(i,j)$$

mit der Standardabweichung

$$\sigma_k = \sqrt{\frac{1}{n^2} \sum_{i=1}^{N} \sum_{j=1}^{N} (P(i,j) - m_k)^2}.$$

Eine Region k ist homogen bezüglich einer Schwelle T, wenn gilt: $\sigma_k < T$.

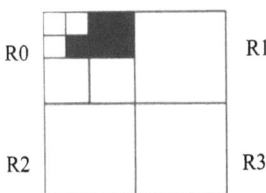

Abb. 4-12
Split-and-Merge-Algorithmus.

Die Wahl des Schwellwerts T bestimmt die Granularität des Segmentierungsresultats. Ist eine Region inhomogen, so wird sie in vier Teilregionen gleicher Größe unterteilt, und das Verfahren wird wiederholt. Da so allerdings auch Regionen erzeugt werden können, die aneinander angrenzen und homogen sind, müssen diese im folgenden *Merge*-Schritt wieder zusammengefaßt werden.

Zwei Regionen können zusammengefaßt werden, falls gilt:
$|m_1 - m_2| < k \times \sigma_i, i = 1, 2$.

Merge-Schritt

k dient hierbei ebenfalls als Faktor, der die Granularität des segmentierten Bildes angibt. Abb. 4-12 veranschaulicht den Algorithmus.

Hat die kantenorientierte Segmentierung den Nachteil, daß der Zusammenhang der Regionen bei der Segmentierung nicht beachtet wird, daß also nur lokale Information ausgenutzt wird, so wird im hier beschriebenen Region-Growing-Algorithmus zwar der Zusammenhang der Pixel effizient ausgenutzt, also globale Information verwertet, die lokale Kanteninformation wird hier allerdings nicht ausreichend betrachtet.

Nachteil von Region Growing

Diese Unvereinbarkeit beider Ansätze wird in einigen Artikeln der Literatur zu lösen versucht [Fis97a, Hen95]. Im folgenden soll ein Algorithmus vorgestellt werden, der Aspekte globaler und lokaler Ansätze vereint.

Segmentierung durch Water-Inflow

In den beiden vorangegangenen Abschnitten wurden lokale und globale Segmentierungsstrategien betrachtet. Eine effizientere Segmentierung kann durch eine Kombination lokaler und globaler Ansätze erreicht werden [HB90, Hen95, PL90, Fis97a]. In diesem Abschnitt soll daher beispielhaft einer dieser Ansätze vorgestellt werden, der Aspekte beider Strategien beinhaltet, der *Water-Inflow-Algorithmus* [Fis97a].

Kombination lokaler und globaler Ansätze

Die grundsätzliche Idee des Water-Inflow-Verfahrens ist es, ein Grauwertbild schrittweise mit Wasser zu füllen. Die Grauwerte der Pixel werden dabei als Höhe betrachtet. Je höher das Wasser in den Iterationen des Algorithmus steigt, desto mehr Pixel werden unter Wasser verschwinden. In jedem der Schritte existieren daher Regionen von Land und Wasser. Die Landregionen entsprechen hierbei den Objekten. In einem zweiten Schritt werden die resul-

Water-Inflow

tierenden segmentierten Teilbilder zu einem Bild vereint. Dieses Verfahren ist als Erweiterung des von Vincent und Soille vorgestellten Watershed-Verfahrens [VS91] zu sehen (Watershed bedeutet Wasserscheide). Abb. 4-13 zeigt das Segmentierungsresultat für die Wasserhöhe 30.

Abb. 4-13 Segmentierungsresultat einer Wasserhöhe.

Originalbild   Segmentiertes Bild

Tiefeninformation in Water-Inflow

Ein Vorteil des vorgestellten Ansatzes ist, daß Tiefeninformation, die bei der Abbildung von dreidimensionalen Bildern der realen Welt in zweidimensionale Bilder verlorengeht, teilweise wiederhergestellt werden kann. Betrachtet man einen Arm, der angewinkelt an einem Körper anliegt, so finden die meisten Segmentierungsstrategien drei Objekte: den oberen Teil des Körpers, den Arm und den unteren Teil des Körpers (dies impliziert, daß der Arm eine andere Graustufe als der Rest des Körpers hat.). Der Water-Inflow-Algorithmus kann erkennen, daß der Arm räumlich betrachtet vor dem Körper liegt. Dazu muß ein Hierarchiegraph erzeugt werden.

Hierarchiegraphen in Water-Inflow

Betrachtet man den Ablauf des Algorithmus, so findet dieser am Anfang große Objekte, die im Ablauf des Algorithmus in immer kleinere aufgespalten werden (das erste zu betrachtende Objekt ist das komplette Bild). Diese Entwicklung kann in einem hierarchischen Graphen festgehalten werden. Die Wurzel dieses Graphen ist das gesamte Bild. In jedem Schritt, in dem Objekte in neue aufgespalten werden, werden dementsprechend neue Knoten des Graphen erzeugt, die dem jeweiligen Objektknoten als Söhne zugeordnet werden. In diesen Knoten wird die Wasserhöhe, auf der das Objekt gefunden wurde sowie ein Saatpixel für das Region Growing gespeichert. Dies ermöglicht es, die unterschiedlichen Teilobjekte jederzeit wiederzufinden. Durch die unterschiedliche Graustufe der Teilobjekte ist die Erkennung der einzelnen Teilobjekte im Laufe des Algorithmus bei gestiegenem Wasserniveau ebenfalls gewährleistet.

Die Erfassung der Aufspaltung in kleinere Objekte stellt somit ein wichtiges Hilfsmittel dar, um eine effizient arbeitende Segmentierung zu entwickeln. Dieser Aspekt ist zugleich der Hauptunterschied zu anderen Verfahren, die nach Grauwertstufen segmentieren [Jäh97].

Erkennung des Bildinhalts

In den vorhergehenden Abschnitten wurden Eigenschaften beschrieben, mittels derer der Inhalt eines Bildes klassifiziert werden kann. Hierbei wurde allerdings die *Erkennung der Inhalte* ausdrücklich ausgenommen. Im folgenden wird der gesamte Prozeß beschrieben, der zur Objekterkennung nötig ist.

Zusammensetzen der Informationen zur Bilderkennung

Die vollständige Erkennung eines Objekts in einem Bild impliziert das Wissen, daß es eine Übereinstimmung zwischen der sensorischen Projektion (bspw. durch die Kamera) und dem beobachteten Bild gibt. Das Aussehen eines Objekts in einem Bild hängt von der *räumlichen Konfiguration* der Pixelwerte ab. Eine Übereinstimmung zwischen der beobachteten räumlichen Konfiguration und der erwarteten Projektion setzt folgende Sachverhalte voraus:

Räumliche Konfiguration und Projektion

- die explizite oder implizite Ableitung der Position und Ausrichtung eines Objekts aus der räumlichen Konfiguration ist möglich.
- es kann verifiziert werden, daß die Ableitung korrekt ist.

Um die Position, Ausrichtung und Kategorie oder Klasse eines Objekts (bspw. einer Tasse) aus der räumlichen Konfiguration der Graustufen abzuleiten, muß es möglich sein, festzustellen, welche Pixel Teil eines Objekts sind (dazu siehe die bereits erläuterte Segmentierung). Weiterhin müssen von den Pixeln, die Teil eines Objekts sind, verschiedene beobachtete Objekteigenschaften unterscheidbar sein, wie spezielle Markierungen, Linien, Kurven, Oberflächen oder Objektgrenzen (z. B. Kanten einer Tasse). Diese Eigenschaften sind wiederum in einer räumlichen Beziehung im zwischen Bild und Objekt organisiert.

Die analytische Ableitung der Form, Position und Ausrichtung eines Objekts hängt von der Abbildung der verschiedenen Objektcharakteristiken (im zweidimensionalen Raum ein Punkt, ein Liniensegment oder eine Region) auf entsprechende Objekteigenschaften (im Dreidimensionalen ein Punkt, ein Liniensegment, ein Kreissegment oder eine kurvige oder ebene Oberfläche) ab.

Die Art des Objekts, des Hintergrunds, des das Bild erfassenden Sensors und des Standortes des Sensors bestimmt, ob ein Erkennungsproblem schwierig oder einfach ist. Als ein Beispiel diene ein digitales Bild mit einem Objekt in Form eines weißen ebenen Quadrats auf einem gleichmäßigen schwarzen Hintergrund (siehe Tab. 4-1 auf Seite 74).

Ein einfaches Kantenextraktionsverfahren oder ein Segmentierungsverfahren könnte bspw. hierbei die Eckpunkte finden (siehe Tab. 4-2 auf Seite 74). Die Übereinstimmung zwischen den Merkmalen der Ecken im Bild und denen der Objektecken ist in diesem Fall direkt.

Tab. 4-1
Numerisches digitales Intensitätsbild mit einem weißen Quadrat (Grauton FF) auf einem schwarzen Hintergrund (Grauton 0) eines symbolischen Bildes.

0	0	0	0	0	0	0	0	0	0	0	0	0
0	0	0	0	0	0	0	0	0	0	0	0	0
0	0	0	0	FF	FF	FF	FF	FF	0	0	0	0
0	0	0	0	FF	FF	FF	FF	FF	0	0	0	0
0	0	0	0	FF	FF	FF	FF	FF	0	0	0	0
0	0	0	0	FF	FF	FF	FF	FF	0	0	0	0
0	0	0	0	FF	FF	FF	FF	FF	0	0	0	0
0	0	0	0	0	0	0	0	0	0	0	0	0
0	0	0	0	0	0	0	0	0	0	0	0	0

Tab. 4-2
Numerisches digitales Intensitätsbild der Ekken des in Tab. 4-1 angegebenen Bildes (C=Ecke; N=keine Ecke).

N	N	N	N	N	N	N	N	N	N	N	N	N
N	N	N	N	N	N	N	N	N	N	N	N	N
N	N	N	N	C	N	N	N	C	N	N	N	N
N	N	N	N	N	N	N	N	N	N	N	N	N
N	N	N	N	N	N	N	N	N	N	N	N	N
N	N	N	N	N	N	N	N	N	N	N	N	N
N	N	N	N	N	N	N	N	N	N	N	N	N
N	N	N	N	C	N	N	N	C	N	N	N	N
N	N	N	N	N	N	N	N	N	N	N	N	N
N	N	N	N	N	N	N	N	N	N	N	N	N

Probleme der Transformation von Einheiten

Auf der anderen Seite kann der Transformationsprozeß aber auch schwierig sein. Es kann eine Reihe komplexer Objekte vorhanden sein, die erkannt werden sollen. Einige Objekte können bspw. Teile anderer Objekte beinhalten, es können Schatten auftreten oder das vom Objekt reflektierte Licht kann variieren bzw. der Hintergrund kann unruhig sein.

Welche Art der Transformation verwendet werden kann, hängt von der spezifischen Natur der Wahrnehmungsaufgabe, der Bildkomplexität und der Art vorab verfügbarer Information ab.

Schritte der Bilderkennung

Die rechnergestützte Erkennung und Inspektion von Objekten stellt generell eine komplexe Aufgabe dar. Zur Durchführung sind eine Reihe verschiedener Schritte erforderlich, die die Objektdaten sukzessive in Erkennungsinformationen transformieren. Eine Erkennungsmethodik muß insbesondere auf die folgenden sechs Schritte achten: *Bildformatierung, Konditionierung, Markierung, Gruppierung, Extraktion* und *Abbildung* (siehe Abb. 4-14 auf Seite 75).

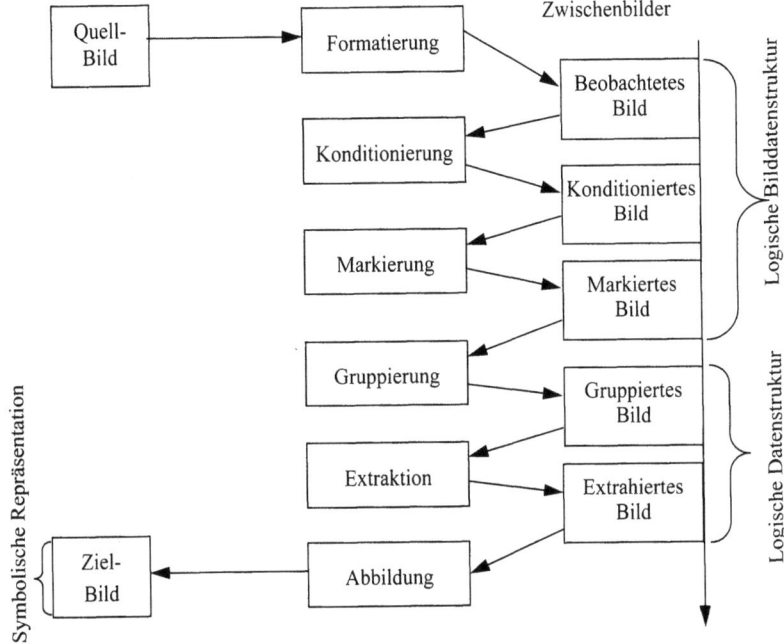

Abb. 4-14
Schritte der Bilderkennung.

Schritte der Bilderkennung

An dieser Stelle soll ein kurzer Überblick über die zur Erkennung eines Bildes notwendigen Schritte gegeben werden. Eine detailliertere Analyse findet sich u. a. in [Nev82, HS92] und [GW93]. Hierbei werden einige der oben erläuterten Analyseverfahren exemplarisch verwendet.

Die *Formatierung* betrifft die Aufnahme eines Bildes mit einer Kamera und dessen Transformation in eine digitale Form (als Pixel, wie in den Abschnitten 4.1.1 und 4.1.2 beschrieben).

Formatierung

Die Konditionierung, Markierung, Gruppierung, Extraktion und die Abbildung bilden eine kanonische Unterteilung des Problems der Bilderkennung, wobei jeder Schritt die Daten vorbereitet und transformiert, die für den nächsten Schritt erforderlich sind. In Abhängigkeit von der Anwendung kann es notwendig sein, diese Sequenz auf mehr als eine Ebene der Erkennungs- und Beschreibungsprozesse anzuwenden. Die fünf Schritte sind im Detail:

Problemunterteilung

1. *Konditionierung*

   Die Konditionierung basiert auf einem Modell, das annimmt, daß sich ein beobachtbares Bild aus Informationsmustern zusammensetzt, die von irrelevanten Variationen gestört werden. Diese sind typischerweise additiver oder multiplikativer Teil eines derartigen Musters. Die Konditionierung schätzt das Informationsmuster auf der Basis des beobachteten Bildes, wodurch das Rauschen (das man auch als zufällige Änderung ohne jedes erkennbare Muster auffassen kann, die jede Messung verfälscht) unterdrückt werden kann.

Konditionierung

Rauschen

Die Konditionierung kann weiterhin eine Normalisierung des Hintergrunds vornehmen, indem irrelevante systematische oder gemusterte Variationen nicht weiter betrachtet werden. Typischerweise ist die Konditionierung kontextunabhängig.

Markierung

2. *Markierung*

Die Markierung basiert auf einem Modell, das annimmt, daß Informationsmuster eine Struktur in Form von räumlichen Arrangements von Objekten haben, von denen jedes eine Menge miteinander verbundener Pixel ist. Die Markierung bestimmt, zu welchen räumlichen Objekten jedes Pixel gehört.

Kantenerkennung

Ein Beispiel für eine Markierungsoperation ist die bereits beschriebene *Kantenerkennung* (siehe Abschnitt 4.2.1). Kantenerkennungstechniken finden lokale Diskontinuitäten einiger Bildattribute, wie der Intensität oder der Farbe (bspw. die Erkennung der Kanten einer Tasse). Diese Diskontinuitäten sind daher von besonderem Interesse, da sie mit großer Wahrscheinlichkeit an der Begrenzung eines Objekts auftreten. Die Kantenerkennung findet eine große Menge an Kanten, von denen nicht alle signifikant sind. Aus diesem Grund muß eine weitere Markierungsoperation nach der Kantenerkennung einsetzen, die *Schwellwertbildung* (*Thresholding*). Diese spezifiziert, welche Kanten akzeptiert werden sollten und welche nicht; diese Operation filtert also nur die signifikanten Kanten eines Bildes heraus und markiert sie. Die anderen Kanten werden hierbei entfernt. Weitere Markierungsoperationen beinhalten bspw. das Finden von Eckpunkten.

Schwellwertbildung

Gruppierung

3. *Gruppierung*

Die Markierungsoperation *markiert* die verschiedenen Arten räumlicher Objekte, zu denen die Pixel gehören. Die folgende Gruppierungsoperation identifiziert diese, indem die Pixel, die Teil desselben Objekts sind, gruppiert oder maximale Mengen miteinander verbundener Pixel identifiziert werden. Führt man sich vor Augen, daß die intensitätsbasierte Kantenerkennung als stufenförmige Änderung angesehen werden kann, so beinhaltet die Gruppierungsoperation auch den Schritt der Verbindung dieser Kanten.

Linienverbindung

Eine Gruppierungsoperation, in der Kanten zu Linienzügen gruppiert werden, wird auch als *Linienverbindung* (*Line-Fitting*) bezeichnet. Hierzu kann u. a. die oben dargestellte Hough-Transformation eingesetzt werden.

Datenstruktur der Gruppierung

Die Gruppierungsoperation beinhaltet eine Änderung der logischen Datenstruktur. Die Ursprungsbilder, die konditionierten und die markierten Bilder liegen alle als Datenstruktur digitaler Bilder vor. In Abhängigkeit von der Implementierung kann die Gruppierungsoperation entweder eine Bilddatenstruktur erzeugen, in der jedem Pixel ein Index zugewiesen wird, der mit diesem räumlichen Vorkommen assoziiert ist oder eine Datenstruktur, die eine Mengensammlung darstellt. Jede Menge entspricht einem räumlichen Vorkommen und beinhaltet die Positionspaare *(Zeile, Spalte)*, die Teil des Vorkommens sind. In beiden Fällen ändert sich aber die logische Datenstruktur. Die relevanten Einheiten vor der Gruppierung sind *Pixel*; nach der Gruppierung sind dies *Mengen von Pixeln*.

4. *Extraktion*

Die Gruppierungsoperation legt eine neue Menge von Einheiten fest, die aber derart unvollständig sind, daß sie lediglich über eine Identität, nicht aber über eine semantische Bedeutung verfügen. Die Extraktionsoperation berechnet für jede Pixelgruppe eine Liste von Eigenschaften. Diese können bspw. der Mittelpunkt (Schwerpunkt), die Fläche, die Ausrichtung, die räumlichen Momente, Grautonmomente, räumliche Grautonmomente und auch umschreibende oder einbeschriebene Kreise sein. Andere Eigenschaften sind davon abhängig, ob die Gruppe als Region oder als Kreisausschnitt aufgefaßt wird. Wenn eine Gruppe in Form einer Region vorliegt, könnte die Anzahl der Löcher in der Gruppe zusammenhängender Pixel eine aussagekräftige Eigenschaft sein. Liegt hingegen ein Kreisausschnitt vor, so könnte die mittlere Krümmung ein sinnvoller Indikator sein.

Extraktion

Die Extraktion kann weiterhin topologische oder räumliche Beziehungen zwischen zwei oder mehreren Gruppierungen messen. Eine Extraktionsoperation könnte bspw. verdeutlichen, daß sich zwei Gruppen berühren, in enger räumlicher Nachbarschaft sind oder daß sich eine Gruppierung oberhalb von einer anderen befindet.

Semantik der Extraktion

5. *Abbildung (Matching)*

Abbildung (Matching)

Nach der Fertigstellung der Extraktionsoperation sind die in einem Bild vorkommenden Objekte identifiziert und ausgemessen, haben aber noch keine inhaltliche Bedeutung. Diese ergibt sich, wenn eine wahrnehmungsspezifische Organisation derart erfolgt ist, daß eine eindeutige Menge räumlicher Objekte im segmentierten Bild eindeutig eine Bildinstanz eines vorher bekannten Objekts ergibt, wie bspw. ein Stuhl oder der Buchstabe *A*. Wenn ein Objekt oder eine Menge von Objektteilen einmal erkannt sind, können Messungen (wie die der Fläche oder die der Distanz zwischen zwei Objektteilen oder die der Winkel zwischen zwei Linien) vorgenommen werden. Diese können an eine vorgegebene Toleranz angepaßt werden, was bspw. in einem Inspektionsszenario der Fall sein kann. Die Abbildungsoperation bestimmt derart die Interpretation der Menge von Bildobjekten, die in einer Beziehung stehen und denen ein gegebenes Objekt der dreidimensionalen Welt oder eine zweidimensionale Form zugewiesen wird.

Es sind eine Reihe von Abbildungsoperationen bekannt. Das klassische Beispiel hierfür ist das sog. *Template Matching*, das ein zu untersuchendes Muster mit gespeicherten Modellen (Templates) bekannter Muster vergleicht und die beste Abbildung auswählt.

Template Matching

4.2.2 Bildsynthese mittels Grafik

Die *Bildsynthese* stellt einen integralen Teil aller rechnergestützten Benutzerschnittstellen dar, auf die zur Visualisierung von 2-D-, 3-D- oder höherdimensionalen Objekten nicht verzichtet werden kann. Unterschiedlichste Bereiche wie die Erziehung, die Wissenschaft, die Medizin, das Ingenieurwesen, die

Zweck der Bildsynthese

Werbung und die Unterhaltungsbranche sind auf Grafik angewiesen. Hierzu dienen auch die folgenden repräsentativen Beispiele:

- *Benutzerschnittstellen*
  Anwendungen verfügen über Benutzerschnittstellen, die auf Windows-Systemen basieren, um mehrere Aktivitäten simultan auszuführen und über sog. *Point-and-Click*-Möglichkeiten, die die Selektion von Menüpunkten, Icons und Objekten auf dem Bildschirm ermöglichen.

- *Büroautomatisierung und elektronische Publikationen*
  Die Verwendung von Grafik zur Erzeugung und Verteilung von Information hat seit der Entstehung des Desktop-Publishing auf Personal Computern stark zugenommen. Sowohl die Büroautomatisierung als auch das elektronische Publizieren können traditionelle gedruckte wie auch elektronische Dokumente produzieren, die Text, Tabellen, Graphen und andere Arten gezeichneter oder eingescannter Grafik enthalten. Hypermedia-Systeme, die die Betrachtung von vernetzten Multimedia-Dokumenten erlauben, erfahren gerade in letzter Zeit eine starke Verbreitung.

- *Simulation und Animation zur wissenschaftlichen Visualisierung und zur Unterhaltung*
  Mit dem Rechner produzierte animierte Filme und die Anzeige des zeitlich variierenden Verhaltens realer und simulierter Objekte werden mehr und mehr zur wissenschaftlichen Visualisierung eingesetzt. Sie können bspw. zum Studium mathematischer Modelle von Phänomenen wie dem Flüssigkeitsströmungsverhalten, der Relativitätstheorie und nuklearen und chemischen Reaktionen verwendet werden. Zeichentrickdarsteller werden in zunehmendem Maß von Rechnern als dreidimensionale Beschreibungen modelliert. Hierbei kann deren Bewegung viel leichter von Rechnern kontrolliert werden, als wenn die Figuren manuell gezeichnet werden müßten. Man findet immer häufiger Fernsehwerbung, in der fliegende Logos oder andere visuelle Tricks vorkommen, ebenso wie der Umfang verwendeter Spezialeffekte in Filmen immer mehr zunimmt.

Interaktive Computergrafik

Die *interaktive Computergrafik* ist das wichtigste Hilfsmittel im Produktionsprozeß von Bildern seit der Erfindung der Fotografie und des Fernsehens; hierdurch ergibt sich der Vorteil, daß nicht nur Bilder von konkreten Objekten der realen Welt erzeugt werden können, sondern auch solche abstrakter, synthetischer Objekte, wie bspw. Bilder mathematischer vierdimensionaler Oberflächen.

Dynamik der Grafik

Dynamische vs. statische Grafik

Der Einsatz von Grafik ist nicht auf statische Bilder beschränkt. Bilder können hierbei auch dynamisch variiert werden; bspw. kann ein Benutzer eine Animation durch eine Geschwindigkeitsanpassung oder die Veränderung des sichtbaren Anteils einer Szene bzw. der gezeigten Details kontrollieren. Die Dynamik stellt derart einen integralen Teil der Grafik dar (*dynamische Grafik*). Der größte Teil der Technologie der interaktiven Grafik beinhaltet Hard- und Software zur benutzerkontrollierten Bewegungsdynamik und zur Dynamikanpassung:

- *Bewegungsdynamik*

  Mittels der Bewegungsdynamik können Objekte bewegt bzw. hinsichtlich eines statischen Betrachters aktiviert werden. Die Objekte können auch statischer Natur sein, wobei sich dann deren Umgebung bewegt. Ein typisches Beispiel ist ein Flugsimulator, der Komponenten enthält, die ein Cockpit und eine Anzeigetafel unterstützen. Der Computer kontrolliert hierbei die Bewegung der Plattform, die Ausrichtung des Flugzeugs und die simulierte Umwelt der stationären wie auch der sich bewegenden Objekte, durch die der Pilot navigiert.

- *Anpassungsdynamik*

  Unter der *Anpassungsdynamik* versteht man die derzeitige Änderung der Form, der Farbe oder anderer Eigenschaften der betrachteten Objekte. Ein System kann bspw. die strukturelle Deformation eines Flugzeugs in der Luft als Antwort auf die Manipulation des Bedieners der vielzähligen Kontrollmechanismen darstellen. Je weicher und gleichförmiger die Änderung ist, desto realistischer und sinnvoller ist das Ergebnis. Dynamische interaktive Grafiken bieten eine große Anzahl von vom Benutzer kontrollierbaren Modi an, mit denen Information kodiert und vermittelt werden kann, z. B. die 2-D- oder 3-D-Form von Objekten in einem Bild, deren Graustufen oder Farben und die zeitliche Veränderung der Objekteigenschaften.

4.3 Rücktransformation von Bildern in den dreidimensionalen Raum

Wie eingangs beschrieben, entsteht das von der Kamera aufgenommene zweidimensionale Bildsignal durch Projektion der räumlichen (dreidimensionalen) realen Welt in die zweidimensionale Bildebene. In diesem Abschnitt sollen Verfahren vorgestellt werden, die eine Rekonstruktion der ursprünglichen dreidimensionalen Welt auf Basis der Projektionsdaten erlauben. Hierzu sind in der Regel mehrere simultan aufgenommene Projektionsbilder notwendig. Im folgenden werden die *Radon-Transformation* und die *Stereoskopie* vorgestellt, die in diesem Bereich eine große Bedeutung erlangt haben.

Radon-Transformation

In der Computertomographie verwendet man durchlässige Projektionen. Es ist dabei gleichgültig, ob ein Bild durch Röntgenstrahlen, Ultraschall, magnetische Resonanz oder Kernspineffekte gewonnen wird. Die Intensität des aufgenommenen Bildes hängt vor allem von der „Durchlässigkeit" des Volumens ab, das mit Strahlen beschossen wird. Ein sinnvolles Analysewerkzeug hierzu ist die *Radon-Transformation* [Jäh97], die im folgenden erläutert wird.

Die Gleichung einer Geraden durch A und B, die im Abstand d_1 und im Winkel θ zum Ursprung verläuft, lautet $d_1 = r\cos\theta + s\sin\theta$.

Es läßt sich nun das Integral der „Helligkeiten" entlang dieses Strahls bilden Hierbei wird die Ausblendeigenschaft der Delta-Funktion ausgenutzt, die bis auf die jeweilige Stelle *(r, s)* überall Null ist:

$$R_x(\theta, d_1) = \int_{-\infty}^{\infty}\int_{-\infty}^{\infty} x(r,s) \cdot \delta(r\cos\theta + s\sin\theta - d_1)\,dr\,ds;\, (0 \leq \theta \leq \pi)$$

*Abb. 4-15
Radon-Transformation.*

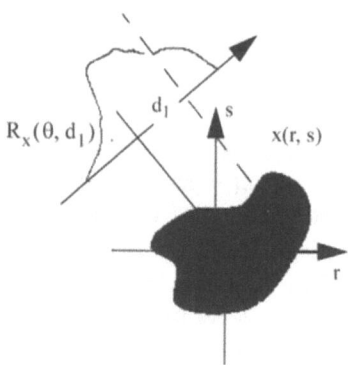

*Parallelstrahl- und
Fächerstrahl-
Projektion*

Wird diese Transformation nicht in einem fixierten Abstand d_1, sondern variabel durchgeführt, so ergibt dies die kontinuierliche zweidimensionale Radon-Transformierte *x(θ, d)* von *x(r, s)*. Es werden zwei Varianten der Radon-Transformation verwendet, zum einen die *Parallelstrahl-Projektion*, zum anderen die *Fächerstrahl-Projektion x(β, t)*, die von einer punktförmigen Strahlenquelle ausgeht, wobei der Winkel β für jeden einzelnen Strahl zu definieren ist.

*Projektionsscheiben-
Theorem*

Darüber hinaus läßt sich zeigen, daß die 1-D-Fourier-Transformierte der Radon-Transformierten bei allen möglichen Winkeln θ eine direkte Beziehung zur 2-D-Fourier-Transformierten des Originalbildes aufweisen (*Projektionsscheiben-Theorem*"):

$$F(u,v) = F\{x(r,s)\}; \quad F(\theta, w) = F\{R_x(\theta, t)\}$$
$$F(u,v) = F(\theta, w) \text{ für } u = w\cos\theta, v = w\sin\theta$$

Damit ist es möglich, das Bildsignal aus der Projektion wieder eindeutig zu rekonstruieren:

Rekonstruktion

$$x(r,s) = \int_0^{2\pi}\int_0^{\infty} F(\theta, w) e^{j2\pi w(r\cos\theta + s\sin\theta)} w\,dw\,d\theta$$
$$= \int_0^{\pi}\int_{-\infty}^{\infty} F(\theta, w)|w| e^{j2\pi w d}\,dw\,d\theta$$

Eine perfekte Rekonstruktion ist aber nur für den kontinuierlichen Fall gegeben. Im diskreten Fall gehen die Integrale in Summen über; normalerweise steht auch nur eine beschränkte Anzahl an Projektionswinkeln zur Verfügung, zudem sind grundsätzlich Zwischenpixel-Interpolationen notwendig.

Insgesamt wird die Rekonstruktion um so besser (aber auch um so aufwendiger), je mehr Information vorhanden ist, je feiner also die Abtastung in d und θ ist (und je mehr Strahlen aus unterschiedlichen Richtungen zur Verfügung stehen).

Stereoskopie

In vom menschlichen Betrachter wahrgenommenen natürlichen Szenen sind die Objekte üblicherweise nicht transparent; man sieht normalerweise nur deren Oberfläche. Die Anwendung der Radon-Transformation ist hier überflüssig, weil immer nur die Helligkeit eines einzelnen Punktes in die Projektion eingeht. Das Prinzip des stereoskopischen Sehens, welches die Ermittlung der räumlichen Entfernung erst ermöglicht, beruht aber ebenfalls auf der Aufnahme zweier „Sehstrahlen". Man geht hierzu von der *Zentralprojektionsgleichung* mit zwei Kameras aus (siehe Abschnitt 4.1.1). Die erste Kamera sei bei $W_1=0$, $W_2=0$, $W_3=0$ positioniert, eine zweite bei $W_1=A$, $W_2=B$, $W_3=0$. Ein Punkt P der Weltkoordinate $[W_1, W_2, W_3]$ sei in der Bildebene der ersten Kamera an der Position $[r_1, s_1]$, für die zweite Kamera an der Position $[r_2, s_2]$. Mittels der Zentralprojektionsgleichung folgt hieraus:

$$W_1 = r_1 \cdot \frac{W_3}{F_1} = A + r_2 \cdot \frac{W_3}{F_2}; W_2 = s_1 \cdot \frac{W_3}{F_1} = B + s_2 + \frac{W_3}{F_2}$$

Unter der Annahme, daß beide Kameras dieselbe Brennweite F besitzen, erhält man die Entfernung des Punktes P in W_3:

$$W_3 = F \cdot \frac{A}{(r_1 - r_2)} = F \cdot \frac{B}{(s_1 - s_2)}$$

Die relative Verschiebung zwischen den Beobachtungspunkten in den Bildebenen der Kameras wird als *stereoskopische Parallaxe* bezeichnet:

$$r_1 - r_2 = F \cdot \frac{A}{W_3}; s_1 - s_2 = F \cdot \frac{B}{W_3}$$

Stereoskopische Parallaxe

Die *stereoskopische Parallaxe* ist umgekehrt proportional zur Entfernung des beobachteten Punktes von den Kameras. Weiterhin ergibt sich durch Einsetzen:

$$W_1 = r_1 \cdot \frac{A}{r_1 - r_2}; W_2 = s_1 \cdot \frac{B}{s_1 - s_2}.$$

Probleme der Stereoskopie

Prinzipiell ist es derart kein Problem, ein genaues Abbild des dreidimensionalen Raumes herzustellen. Einschränkungen bestehen aber bspw. bei der Schätzung der Höhe (W_2), wenn B sehr klein ist (gleiche Höhe der beiden Augen oder Kameras). Schließlich besteht das Problem, daß immer eine exakte punktweise Korrespondenz zwischen den mit den Kameras aufgenommenen Bildpunkten hergestellt werden muß. Dies ist aber an den Objektgrenzen, wo der Hintergrund möglicherweise für eine Kamera verdeckt, für die andere aber sichtbar ist, nicht möglich (siehe Abb. 4-16). Weiterhin können das Rauschen der Kamera und Reflexionen zu Unterschieden der lokalen Helligkeit führen.

Abb. 4-16 Stereovision.

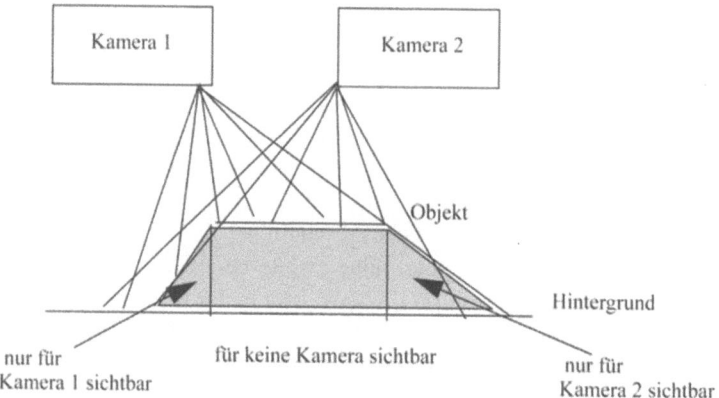

4.4 Ausgabemöglichkeiten von Bildern und Grafiken

Ausgabegeräte

Die heute verfügbare visuelle Ausgabetechnologie verwendet *Rasterbildschirme*, die anzuzeigende Primitive in speziellen Puffern, den *Refresh Buffers*, im Sinne von Pixelkomponenten speichern. Die Architektur eines Rasterbildschirms wird in Abb. 4-17 auf Seite 83 gezeigt.

Display Controller

In einigen Rasterbildschirmen existiert ein Display Controller in Hardware, der Sequenzen von Ausgabekommandos empfängt und interpretiert. In einfacheren und häufiger zu findenden Systemen, wie den in Personal Computern verwendeten (siehe Abb. 4-17), ist der Display Controller in Software realisiert und liegt als Komponente einer Grafikbibliothek vor. Der Refresh Buffer ist hierbei lediglich ein Teil des CPU-Speichers, der vom Bilddarstellungssubsystem gelesen werden kann (oftmals auch als *Video Controller* bezeichnet), das das jeweilige Bild auf dem Monitor ausgibt.

Raster

Das vollständige Bild eines Rasterbildschirms wird durch das *Raster* geformt, das aus einer Menge horizontaler *Rasterzeilen* besteht, von denen jede aus individuellen Pixeln zusammengesetzt ist. Das Raster wird derart als eine Matrix von Pixeln gespeichert, die den gesamten Bildschirmbereich repräsentieren. Es ist Aufgabe des Video Controllers, das gesamte Bild Zeile für Zeile abzutasten.

4.4 Ausgabemöglichkeiten

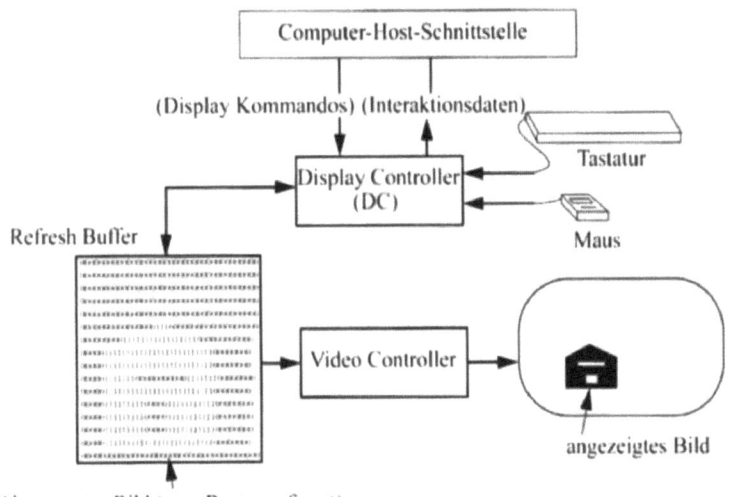

Abb. 4-17
Architektur eines
Raster-Bildschirms.

Die Rastergrafik kann Bereiche darstellen, die mit Farben oder Mustern gefüllt sind, bspw. realistische Bilder dreidimensionaler Objekte. Weiterhin ist der Bildwiederholprozeß von der Bildkomplexität (bspw. Zahl der Polygone) vollständig unabhängig, da die Hardware schnell genug arbeitet, um jedes Pixel des Puffers in jedem Bildwiederholzyklus (Refresh-Zyklus) auslesen zu können.

Vorteile der Raster-Technologie

Dithering

Die schnelle Fortentwicklung der Rastergrafik hat dazu geführt, daß Farb- und Graustufenbilder einen integralen Teil der heute vorzufindenden Computergrafik darstellen. Die Farbe hängt allerdings nicht nur von einem Objekt selber ab, sondern auch von den Lichtquellen, die es beleuchten, von der Farbe der Umgebung und von der menschlichen Wahrnehmung. Auf einem Schwarz-Weiß-Fernsehgerät oder Computermonitor ist *achromatisches Licht* wahrnehmbar. Dieses ist durch das Attribut *Lichtqualität* bestimmt. Die Lichtqualität wiederum wird von Helligkeits- und Luminanzparametern festgelegt. Verwendet man allerdings Monitore oder Papierausdrucke, die nur mit zwei Farben arbeiten, so ist man im Regelfall mit den wenigen zur Verfügung stehenden Farben unzufrieden, vor allem, wenn man diese mit Geräten vergleicht, die eine größere Zahl an Farben anbieten.

Achromatisches Licht

Eine Lösung dieses Problems liegt in den Fähigkeiten des menschlichen Auges begründet, eine *räumliche Integration* vorzunehmen. Nimmt man einen sehr kleinen Bereich aus einer ausreichend großen Distanz wahr, so bilden die Augen einen Mittelwert feingranularer Details des kleinen Bereichs und erfassen nur dessen insgesamte Intensität. Dieses Phänomen wird in der als *Halbtonverfahren* bezeichneten Technik oder dem *Dithering mittels gruppierten Punkten* (*Halbtonapproximation*) ausgenutzt. Hierbei wird jede kleinste Auflösungseinheit mit einem schwarzen Kreis umrandet, dessen Fläche proportional

Räumliche Integration

Halbtonverfahren

zur Schwärze *1-I* (I steht hierbei für *Intensität*) der Fläche der ursprünglichen Fotografie ist. Ausgabegeräte von Bildern und Grafiken können die Kreise variabler Fläche der Halbtonreproduktion approximieren. So kann bspw. eine *2x2* Pixel große Fläche eines mit nur zwei Farben arbeitenden Monitors dazu verwendet werden, um fünf verschiedene Graustufenebenen auf Kosten der Halbierung der räumlichen Auflösung entlang der Achsen zu erzeugen. Die in Abb. 4-18 gezeigten Muster können mit *2x2* Flächen gefüllt werden, wobei die Zahl der „angeschalteten" Pixel proportional zur gewünschten Intensität ist.

Dither-Matrix Die Muster können von einer *Dither-Matrix* repräsentiert werden.

Abb. 4-18 Fünf Intensitätsebenen, approximiert mit 2x2 Dither-Mustern.

Diese Technik wird auf Geräten eingesetzt, die nicht in der Lage sind, individuelle Punkte darzustellen (bspw. Laserdrucker). Dies ist gleichbedeutend damit, daß diese Geräte eine schlechte Qualität erzeugen, wenn „eingeschaltete" isolierte Pixel (schwarze Punkte in Abb. 4-18) reproduziert werden sollen. Alle Pixel, die für eine bestimmte Intensität „eingeschaltet" sind, müssen zu anderen eingeschalteten Pixeln benachbart sein.

Dithering auf CRT-Displays Ein CRT-Display ist in der Lage, individuelle Punkte darzustellen; die Gruppierungsanforderung kann hier abgeschwächt und ein *Dither-Verfahren mit einer Ordnung fein verteilter Punkte* verwendet werden. Weiterhin können monochrome Dither-Techniken dazu eingesetzt werden, um die Zahl verfügbarer Farben auf Kosten der Auflösung zu erhöhen. Betrachtet man einen herkömmlichen Farbbildschirm, der 3 bit pro Pixel verwendet – jeweils eines für rot, grün und blau – so kann man *2x2* Musterflächen verwenden, um 125 Farben zu

Beispiel erhalten. Dies funktioniert wie folgt: Jedes Muster kann für jede Farbe fünf Intensitäten darstellen, indem die in Abb. 4-18 angegebenen Halbtonmuster verwendet werden. Dies resultiert in $5 \times 5 \times 5 = 125$ Farbkombinationen.

4.5 Abschließende Bemerkungen

In diesem Kapitel wurden einige Charakteristiken von Bildern und Grafiken beschrieben. Die Qualität dieser Medien hängt von der Qualität der verwendeten Hardware, wie Digitalisierungsausstattung, Monitor und anderen Eingabe- und Ausgabegeräten ab. Die Entwicklung der Ein- und Ausgabegeräte vollzieht sich in rasanter Geschwindigkeit. Einige Beispiele sollten einen Vorgeschmack hierauf ermöglichen:

- *Neue multimediale Geräte*
  Neue *Scanner* für fotografische Objekte ermöglichen bereits digitale Bilder hoher Qualität und werden Teil von Multimediasystemen. Eine Einführung neuer multimedialer Geräte (bspw. Scanner) impliziert neue Multimedia-Formate, da das neue Medium (bspw. Fotografien) mit anderen Bildern und

Medien kombiniert werden kann. Ein Beispiel für ein derartiges neues Multimedia-Format ist das *Photo Image Pac Dateiformat*, das von Kodak eingeführt wurde. Dieses ist ein Disk-Format, das Bilder hoher Auflösung mit Text, Grafik und Ton kombiniert. Es ermöglicht dem Anwender, interaktive Photo-CD-basierte Präsentationen zu entwickeln [Ann94b] (siehe auchKapitel 9 zu optischen Speichermedien).

Photo-CD

- *Verbesserungen existierender multimedialer Geräte*
Neue *3-D-Digitalisierkarten* kommen derzeit auf den Markt, die es dem Anwender ermöglichen, 3-D-Objekte von jeglicher Form und Größe in den Rechner zu kopieren [Ann94a].

3-D-Digitalisierkarten

Videotechnik

Kapitel 5

Neben der Audiotechnik bildet die Fernseh- bzw. Videotechnik die Basis für eine Verarbeitung kontinuierlicher Daten in Multimediasystemen. Im vorliegenden Kapitel werden einige aus diesem Bereich stammenden Entwicklungen betrachtet, die für das grundlegende Verständnis des Mediums *Video* von Bedeutung sind. Für weitere Details sei auf Standardwerke im Bereich der Fernsehtechnik verwiesen (siehe [Joh92]).

Videodaten können auf zwei verschiedene Arten generiert werden: durch eine *Aufnahme der realen Welt* und durch eine *Synthese aufgrund einer Beschreibung*. In diesem Kapitel werden Konzepte und Entwicklungen vorgestellt, wodurch ein Verständnis für die Technik des Mediums *Video* geschaffen werden soll. Deshalb werden zuerst heutige und zukünftige Videostandards (analog und digital) im Hinblick auf Eigenschaften der menschlichen Wahrnehmung vorgestellt.

5.1 Grundlagen

Das menschliche Auge ist der *Humanrezeptor* zur Aufnahme von Einzel- und Bewegtbildern. Dessen immanenten Eigenschaften bestimmen im Zusammenhang mit der neuronalen *Verarbeitung* einige Randbedingungen für die Konzeption von Videosystemen.

5.1.1 Repräsentation des Videosignals

In konventionellen Schwarzweißfernsehgeräten wird ein Videosignal meist mittels einer Kathodenstrahlröhre (Cathode Ray Tube – CRT) dargestellt.   *CRT*

Um ein späteres Verständnis der Datenraten von Filmen zu ermöglichen, soll an dieser Stelle eine detaillierte Beschreibung der Fernsehsignale gegeben werden, auf eine derartige Darstellung der Kamera- oder Monitortechnologie aber verzichtet werden. Hierzu soll zuerst das von einer Kamera kommende Videosignal und die daraus resultierenden Bilder analysiert werden [BF91].

Die Repräsentation eines Videosignals beinhaltet die drei Aspekte *visuelle Repräsentation, Übertragung* und *Digitalisierung*.

Visuelle Repräsentation

Ein zentrales Ziel ist es, dem Betrachter ein möglichst realistisches Abbild einer Szene zu bieten. Zur Umsetzung dieses Ziels sollte das Fernsehbild den räumlichen und zeitlichen Inhalt einer Szene vermitteln. Wichtige Maße hierfür sind:

- *Vertikale Details und Betrachtungsabstand*

Bildbreite
Bildhöhe

Die Geometrie der von einem Fernsehbild eingenommenen Fläche basiert auf dem Verhältnis der Bildbreite W zur Bildhöhe H. Dies wird auch als *Breite-zu-Höhe*-Verhältnis bezeichnet. Das konventionelle *Breite-zu-Höhe*-Verhältnis (in der Fernsehtechnik) beträgt $4/3 = 1.33$. Abb. 5-1 zeigt ein Beispiel für ein solches Verhältnis.

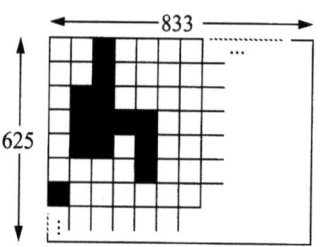

Abb. 5-1
Zerlegung eines Bewegtbildes. Breite zu Höhe im Verhältnis 4:3.

Betrachtungsabstand
Gesichtsfeldwinkel

Der *Betrachtungsabstand D* bestimmt den Gesichtsfeldwinkel h gegenüber der Bildhöhe. Dieser Winkel wird üblicherweise durch das Verhältnis von Betrachtungsabstand zu Bildhöhe (D/H) gemessen.

Das kleinste Detail, das in einem Bild reproduzierbar ist, ist ein *Pixel* (Picture Element). Idealerweise würde jedes Detail eines Bildes durch einen Pixel reproduziert werden. In der Praxis fallen allerdings einige der Details unvermeidbar zwischen Abtastzeilen weg, so daß für derartige Bildelemente zwei Zeilen erforderlich sind. Derart verliert man an vertikaler Auflösung. Messungen dieses Effekts zeigen, daß eigentlich lediglich ca. 70% der vertikalen Details in den Abtastzeilen präsent sind. Dieses Verhältnis ist auch als *Kellfaktor* bekannt; dieser stellt sich unabhängig von der Art des Abtastens ein, unabhängig davon, ob die Zeilen einander sequentiell folgen (progressives Abtasten) oder alternieren (interlaced Abtasten).

- *Horizontale Details und Bildbreite*

Horizontale Details und Bildbreite

Die Bildbreite, die für konventionelle Fernsehdienste verwendet wird, beträgt das *4/3*-fache der Bildhöhe. Verwendet man das *Breite-zu-Höhe*-Verhältnis, so kann man das horizontale Gesichtsfeld aus dem horizontalen Gesichtsfeldwinkel bestimmen.

- *Gesamter Detailinhalt eines Bildes*

Gesamter Detailinhalt eines Bildes

Die vertikale Auflösung ist gleich der Zahl von Pixeln der Bildhöhe, während die Zahl der Bildelemente der Bildbreite äquivalent zum Produkt aus vertikaler Auflösung und *Breite-zu-Höhe*-Verhältnis ist. Das Produkt der vertikalen und horizontalen Bildelemente ergibt somit die Summe der in einem Bild enthaltenen Pixel. Bei Fernsehbildern sind jedoch nicht alle Zeilen (und Spalten) für den Betrachter sichtbar. Die nicht sichtbaren Bereiche werden inzwischen oft zur Übertragung zusätzlicher Informationen genutzt.

- *Tiefenwahrnehmung*
In der natürlichen Wahrnehmung erfolgt die Erfassung der dritten räumlichen Dimension, der Tiefe, hauptsächlich dadurch, daß sich die von beiden menschlichen Augen wahrgenommenen Bilder durch den Betrachtungswinkel des jeweiligen Auges unterscheiden. In einem flachen Bild des Fernsehens wird ein beträchtlicher Anteil der Tiefenwahrnehmung von der perspektivischen Erscheinung des Materials eines Objekts abgeleitet. Weitere Einflußfaktoren auf die Tiefenwahrnehmung sind die fokale Länge der Linse und Änderung in der Fokustiefe einer Kamera.

- *Leuchtdichte*
Die visuelle Farbwahrnehmung erfolgt über drei Signale, die in jedem Teil einer Szene zu den relativen Intensitäten von rotem, grünem und blauem Licht (RGB) proportional sind. Diese werden separat zu den Eingängen des Monitors übertragen, so daß die Bildröhre diese Intensitäten zu jedem Zeitpunkt (im Unterschied zur Kamera) reproduziert. Während der Übertragung und Speicherung der Signale wird oft eine andere Aufteilung der Signale als die RGB-Aufteilung verwendet: Ein Leuchtdichtesignal (Luminanz) und zwei Farbdifferenzsignale (Chrominanz). Diese werden im folgenden genauer erläutert.

- *Zeitliche Aspekte der Beleuchtung*
Eine weitere Eigenschaft der menschlichen Wahrnehmung ist die *Grenze der Bewegtbildauflösung*. Im Gegensatz zu den kontinuierlichen Druckwellen eines akustischen Signals kann eine diskrete Folge von Einzelbildern als kontinuierliche Sequenz wahrgenommen werden. Man verwendet diese Eigenschaft im Fernsehen, in Filmstudios und für Videodaten in Rechnersystemen. Der Eindruck von Bewegung entsteht durch eine schnelle Abfolge sich kaum unterscheidender Einzelbilder (sog. Frames). Zwischen Frames herrscht für einen kurzen Moment Dunkelheit. Um eine visuelle Realität zu repräsentieren, müssen zwei Bedingungen erfüllt sein: Zuerst muß die Wiederholrate der Bilder hoch genug sein, um eine Kontinuität der Bewegungen von Bild zu Bild (weicher Übergang) zu garantieren. Weiterhin muß die Rate hoch genug sein, damit die Kontinuität der Wahrnehmung nicht durch das Intervall zwischen den Bildern gestört wird.

- *Bewegungskontinuität*
Es ist bekannt, daß man eine kontinuierliche Bewegung erst dann als eine solche erkennt, wenn die Frame-Rate höher ist als 15 Bilder pro Sekunde. Eine weich erscheinende Bewegung erreicht man in Video erst ab 30 Bildern pro Sekunde, wenn die Szene von einer Kamera gefilmt und nicht synthetisch erzeugt wurde. Filme, die lediglich mit 24 Bildern pro Sekunde aufgenommen wurden, erscheinen oft merkwürdig, speziell, wenn sich große Objekte schnell und in der Nähe des Betrachters bewegen. Dies tritt oft in Szenen auf, in denen Kameraschwenks vorliegen. Die *Showscan*-Technologie [Dep89] beinhaltet das Herstellen und Vorführen von Filmen mit einer Bildrate von 60 Bildern pro Sekunde, wobei 70-Millimeter-Filme eingesetzt

werden. Dieses Schema produziert ein größeres Bild, das deshalb einen größeren Anteil des Gesichtsfeldes einnimmt und somit eine weichere Bewegung erzeugt.

Es existieren verschiedene Standards für Bewegtbildsignale, die die Bildrate derart festlegen, daß eine geeignete Kontinuität der Bewegung sichergestellt wird. Der in den USA verwendete Standard für derartige Signale, NTSC (National Television Systems Committee), spezifiziert die Bildrate ursprünglich mit 30 Frames/s. Dies wird später zu 29,97 Hz geändert, um die Trennung der visuellen Träger und der Audioträger auf exakt 4,5 MHz einzustellen. Die Abtastungsausrüstung in NTSC stellt Bilder mit dem 24-Hz-Standard dar, übersetzt diese aber in eine Abtastrate von 29,97 Hz. Ein europäischer Standard für Bewegtbilder, PAL (Phase Alternating Line), übernahm die Wiederholungsrate von 25 Hz, beinhaltet aber eine Bildrate von 25 Frames/s.

- *Flimmern*

Flimmereffekt

Bei einer zu geringen Bildwechselfrequenz entsteht eine periodische Schwankung der Helligkeitsempfindung, der *Flimmereffekt*. Der Grenzwert liegt hier bei über 50 Hz. Man müßte demnach für einen kontinuierlichen flimmerfreien Bewegungsablauf eine relativ hohe Bildwechselfrequenz verwenden. Sowohl beim Film als auch beim Fernsehen wird durch die Anwendung einiger technischer Maßnahmen dennoch mit einer niedrigeren Bildwechselfrequenz gearbeitet.

Bei Filmen mit bspw. 16 Bildern pro Sekunde würde der Flimmereffekt ohne weitere technische Maßnahmen sehr störend erscheinen. Um diesen zu reduzieren, unterbricht man den Lichtstrom während der Projektion eines Bildes zusätzlich zweimal und erreicht damit eine Bildauffrischung mit einer Frequenz von 3×16 Hz = 48 Hz.

Beim Fernsehen kann man diesem Effekt durch einen – bis vor einiger Zeit teuren – Bildwiederholspeicher begegnen. In diesen Speicher werden Bilddaten mit einer Bildwechselfrequenz geschrieben, die über der Grenze der Bewegtbildauflösung liegen (z. B. 25 Hz). Am Monitor werden die Bilddaten jedoch mit einer Frequenz ausgelesen, die den Flimmereffekt beseitigt (z. B. 70 Hz). Dies entspricht bspw. der 70-Hz-Bildwechselfrequenz höherwertiger Rechnerbildschirme.

Beim Fernsehen hat man ein Vollbild in zwei zeilenweise ineinander verschachtelte Halbbilder geteilt. Es wird jeweils ein Halbbild nach dem anderen im Zeilensprungverfahren übertragen. Beim Vollbild erfolgt die Übertragung mit 30 Hz (genauer: 29,97 Hz) bzw. 25 Hz in Europa, womit sich für die Halbbilder 2×30 Hz = 60 Hz bzw. 2×25 Hz = 50 Hz ergeben. In Abb. 5-2 auf Seite 91 ist dies exemplarisch dargestellt. Die Augenempfindung fällt bei einer Bildwechselfrequenz von 25 Hz wesentlich stärker ab (durchgezogene Linie) als bei 50 Hz.

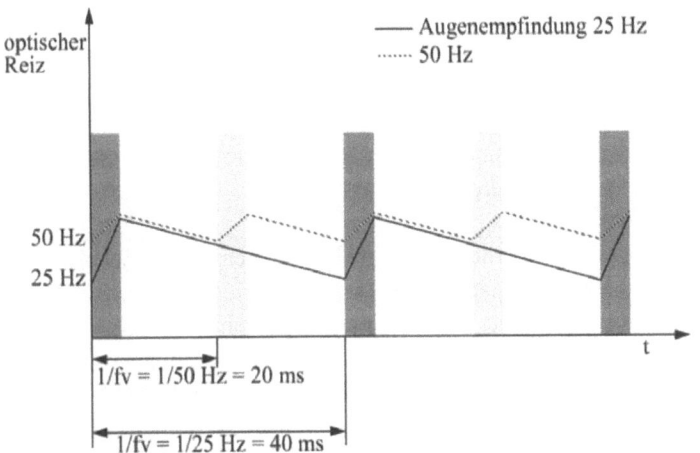

Abb. 5-2
Flimmereffekt:
Reizwirkung am Auge
bei einer Bildwiederholfrequenz von 25 Hz
und 50 Hz.

5.1.2 Signalformate

Videosignale werden oft über einen einzigen Fernsehkanal an den Empfänger übertragen. Um eine Farbe zu kodieren, betrachtet man die Zerlegung eines Videosignals in drei Teilsignale. Aus Übertragungsgründen besteht ein Videosignal aus einem Leuchtdichtesignal (Luminanz) und zwei Farbinformationssignalen (Chrominanz). In NTSC- und PAL-Systemen erreicht man die Komponentenübertragung von Luminanz und Chrominanz in einem einzigen Kanal, indem der Chrominanzträger als ungerades Vielfaches der Hälfte der Zeilenabtastfrequenz spezifiziert wird. Hierdurch werden die Komponentenfrequenzen der Chrominanz mit denen der Luminanz verschränkt. Ziel ist die Trennung der beiden Komponentenmengen im Empfänger und das Vermeiden von Interferenzen zwischen diesen, bevor die primären Farbsignale zur Anzeige wiederhergestellt sind. In der Praxis erfolgt aber eine Verschlechterung der Bildqualität, die auch als *Farbübersprechen* und *Luminanzübersprechen* bezeichnet wird. Diese Effekte führten dazu, daß die Hersteller von NTSC-Empfängern die Bandbreite der Luminanz auf weniger als 3 MHz unter die Trägerfrequenz von 3,58 MHz absenkten, was von der theoretisch maximal erreichbaren Grenze des Broadcastsignals von 4,2 MHz weit entfernt ist. Die zur Trennung der Chrominanz und Luminanz verwendete Filtermethode ist ein einfacher Zahnfilter, der auf die Frequenz des Trägers angewendet wird. Heute wird dazu der *Comb Filter* benutzt. Die übertragende Seite wendet diesen Filter auch im Kodierungsprozeß an.

Leuchdichte und Farbinformation

Im folgenden werden einige Ansätze der Farbkodierung beschrieben.

Komponentenkodierung

- *RGB-Signal*

RGB-Signal — Ein *RGB-Signal* besteht aus den getrennten Signalen für Rot, Grün und Blau. Jede Farbe kann als eine Kombination dieser drei Primärfarben über die additive Farbmischung kodiert werden. Die Werte R (für Rot), G (für Grün) und B (für Blau) sind normiert, so daß (vereinfacht dargestellt) sich $R + G + B = 1$ als Weiß ergibt.

YUV-Signal
- *YUV-Signale*

Trennung von Helligkeits- und Farbinformation — Da die menschliche Wahrnehmung auf Helligkeit empfindlicher als auf Farbinformation reagiert, unterscheidet ein geeigneteres Verfahren die Leuchtdichte (Luminanz) von der Farbinformation (Chrominanz). Anstatt Farben zu separieren, kann man die Helligkeitsinformation (Luminanz Y) von der Farbinformation (zwei Chrominanzkanäle U und V) trennen. Die Luminanz muß aus Kompatibilitätsgründen für den Schwarzweißempfang immer übertragen werden. Für den Farbempfang hängt die Benutzung der Chrominanzkomponenten von den Farbfähigkeiten des TV-Geräts ab.

Es entsteht das Y*UV-Signal* mit:

$Y = 0.30\,R + 0.59\,G + 0.11\,B$
$U = (B - Y) \times 0{,}493$
$V = (R - Y) \times 0{,}877$

Fehler in der Auflösung der Luminanz (Y) sind gravierender als solche in den Werten der Chrominanz (U,V). Aus diesem Grund können die Luminanzwerte mit einer größeren Bandbreite kodiert werden als die Chrominanzwerte.

Aufgrund der unterschiedlichen Komponentenbandbreiten wird die Kodierung oft durch das Verhältnis zwischen der Luminanz- und den beiden Chrominanzkomponenten beschrieben. Die YUV-Kodierung kann z. B. als (4:2:2) Signal angegeben werden. Weiterhin wird die YUV-Kodierung manchmal als das Y, B-Y, R-Y-Signal bezeichnet. Dies resultiert aus den Abhängigkeiten zwischen U, B-Y, V und R-Y in den obigen Gleichungen.

YIQ-Signal
- *YIQ-Signal*

Eine ähnliche Kodierung besteht bei dem Y*IQ-Signal* für NTSC:

$Y = 0.30\,R + 0.59\,G + 0.11\,B$
$I = 0{,}60\,R - 0{,}28\,G - 0{,}32\,B$
$Q = 0{,}21\,R - 0{,}52\,G + 0{,}31\,B$

Ein typischer NTSC-Kodierer ist in Abb. 5-3 auf Seite 93 dargestellt. Hier werden die *I*- und *Q*-Signale produziert, die Quadraturamplitudenmodulation mit unterdrücktem Farbträger angewendet und die modulierten Signale zur Luminanz *Y* addiert. Weiterhin werden die Signale verblendet und synchronisiert.

5.1 Grundlagen

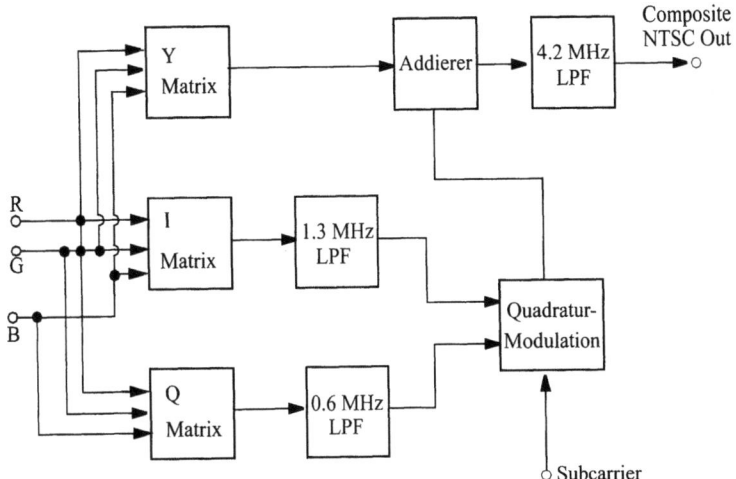

Abb. 5-3
YIQ-Kodier-
operationen eines
NTSC-Systems.

Gemeinsames Signal

Alternativ zur Komponentenkodierung können alle Informationen in einem Signal vereint werden. Folglich müssen die individuellen Komponenten (RGB, YUV oder YIQ) zu einem einzigen Signal kombiniert werden. Die Basisinformationseinheit besteht aus der Luminanzinformation und den Chrominanzdifferenzsignalen. Während der Abbildung in ein Signal können die Chrominanzsignale mit den Luminanzsignalen interferieren. Aus diesem Grund muß die Fernsehtechnik geeignete Modulationsmethoden anwenden, deren Ziel die Eliminierung genau dieser Interferenz ist.

Die zur Übertragung der Luminanz- und der Chrominanzsignale notwendige Basisbandbreite beträgt im NTSC-Standard 4,2 MHz.

*Kombination der
Komponentensignale
zu einem gemeinsamen
Signal*

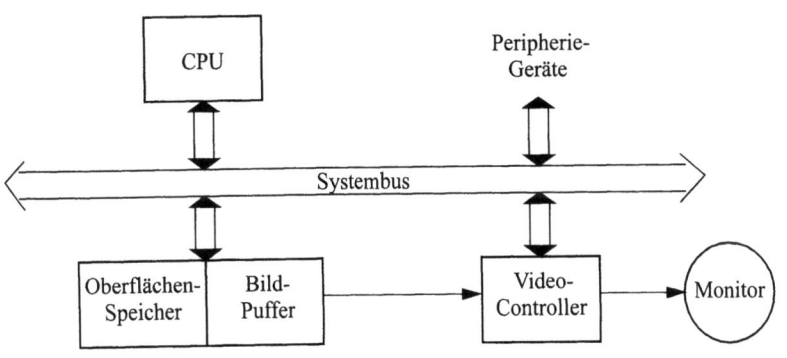

Abb. 5-4
Architektur eines
Rasterbildschirms.

Videoformat

Das vom Rechner verarbeitete Videoformat hängt von den Eingabe- und Ausgabegeräten des Mediums ab. Die heutige Videodigitalisier-Hardware unterscheidet sich bezüglich der Auflösung digitaler Bilder (*Frames*), der Quantisierung und der Bildrate (Frames/s). Die Ausgabe digitalisierter Bewegtbildfilme hängt von der Anzeige-Hardware ab. Am häufigsten werden hier Rasterbildschirme verwendet. Die übliche Architektur eines derartigen Geräts ist in Abb. 5-4 auf Seite 93 angegeben.

Der *Video Controller* zeigt das Bild an, das im Bildpuffer gespeichert ist, wobei auf den Speicher mittels eines separaten Ports so oft zugegriffen wird, wie dies die Bildabtastrate erfordert. Wichtigste Aufgabe ist hierbei die konstante Auffrischung des Displays. Aufgrund des störenden Flimmereffekts bewegt sich der Video Controller mit jeweils einer Abtastzeile 60 Mal pro Sekunde zyklisch durch den Bildpuffer. Zur Anzeige verschiedener Farben auf dem Bildschirm arbeitet das System mit einer Farbabbildungstabelle einer sog. *Color Look Up Table (CLUT oder LUT)*. Zu einem bestimmten Zeitpunkt wird eine begrenzte Anzahl von Farben (n) für das gesamte Bild zur Verfügung gestellt. Die Menge der n am häufigsten verwendeten Farben wird aus einem Farbraum ausgewählt, der aus m Farben besteht, wobei im allgemeinen n « m gilt.

Color Look Up Table (CLUT oder LUT)

Einige bekannte Videoformate sollen hier als Beispiele vorgestellt werden. Jedes dieser Systeme unterstützt verschiedene Auflösungen und Farbdarstellungen.

- CGA — Der *Color Graphics Adapter* (CGA) besitzt u. a. eine Auflösung von 320×200 Pixel bei gleichzeitiger Darstellung von 4 Farben. Damit ergibt sich pro Bild eine notwendige Speicherkapazität von

$$320 \times 200 \text{ Pixel} \times \frac{2 \text{ bit/Pixel}}{8 \text{ bit/byte}} = 16.000 \text{ byte}$$

- EGA — Der *Enhanced Graphic Adapter* (EGA) unterstützt bei einer Auflösung von 640×350 Pixel gleichzeitig 16 darstellbare Farben. Damit ergibt sich pro Bild eine notwendige Speicherkapazität von

$$640 \times 350 \text{ Pixel} \times \frac{4 \text{ bit/Pixel}}{8 \text{ bit/byte}} = 112.000 \text{ byte}$$

- VGA — Der *Video Graphics Array* (VGA) arbeitet meistens mit einer Auflösung von 640×480 Pixel. Hier können 256 Farben gleichzeitig dargestellt werden. Der Monitor wird über einen analogen RGB-Ausgang angesteuert. Damit ergibt sich pro Bild eine notwendige Speicherkapazität von

$$640 \times 480 \text{ Pixel} \times \frac{8 \text{bit/Pixel}}{8 \text{ bit/byte}} = 307.200 \text{ byte}$$

- SVGA — Der *Super Video Graphics Array (SVGA)* kann bei einer Auflösung von 1.024×768 Pixel gleichzeitig 256 Farben anzeigen. Damit ergibt sich pro Bild eine notwendige Speicherkapazität von

$$1024 \times 768 \text{ Pixel} \times \frac{8 \text{ bit/Pixel}}{8 \text{ bit/byte}} = 786.432 \text{ byte}$$

Weitere Modi betragen 1.280×1.024 Pixel und 1.600×1.280 Pixel.

SVGA-Videoadapter sind mit Videobeschleunigerkarten (*Video Accelerator Chips*) verfügbar, die sich insbesondere dafür eignen, die Geschwindigkeitseinbußen aufgrund einer höheren Auflösung und/oder einer größeren Zahl von Farben zu vermeiden [Lut94]. Eine der Aufgaben der Videobeschleunigerkarten ist das Abspielen von Video, das normalerweise in einem maximal 160×120 Pixel großen Fenster erscheinen würde. Videobeschleunigerkarten können daher die Abspielgeschwindigkeit und die Qualität der aufgenommenen Videosequenz signifikant verbessern [Ann94c].

Videobeschleunigung

5.2 Fernsehsysteme

Das Fernsehen ist einer der wichtigsten Anwendungsbereiche, die die Entwicklung von Video vorangetrieben haben. Seit 1953 erfuhr das Fernsehen viele tiefgreifende Änderungen. Im nächsten Abschnitt wird ein Überblick dieser Änderungen gegeben. Sie reichen von im Schwarzweiß- und Farbfernsehen verwendeten konventionellen Systemen über erweiterte, eine Zwischenlösung darstellende Fernsehsysteme zu digitalen interaktiven Fernsehsystemen und Digital Video Broadcasting (DVB).

5.2.1 Konventionelle Systeme

Schwarzweiß- und heutiges Farbfernsehen basiert auf den in Abschnitt 5.1.1 beschriebenen Eigenschaften von Videosignalen. Von Anfang an etablierten sich bereits verschiedene standardisierte Videoformate in verschiedenen Teilen der Welt. Konventionelle Fernsehsysteme verwenden die folgenden Standards:

- *NTSC* steht für *National Television Systems Committee* und ist der älteste und damit auch der am weitesten verbreitete Fernsehstandard. Dieser aus den USA stammende Standard verwendet Farbträger von ca. 4,429 MHz oder ca. 3,57 MHz. NTSC verwendet eine Quadraturamplitudenmodulation mit unterdrücktem Farbträger und arbeitet mit einer Bildwechselfrequenz von ca. 30 Hz; ein Bild besteht aus 525 Zeilen.

  Im NTSC-Fernsehen können für die Luminanz 4,2 MHz und für die Chrominanz 1,5 MHz für jeden der beiden Kanäle benutzt werden. Fernseher und Videorecorder verwenden allerdings nur 0,5 MHz für die Chrominanzkanäle.

  National Television Systems Committee (NTSC)

- *SECAM* steht für *Sequential Couleur avec Memoire* und wird vorwiegend in Frankreich und Osteuropa verwendet. Es basiert im Gegensatz zu NTSC und PAL auf einer Frequenzmodulation. SECAM benutzt, ebenso wie PAL, eine Bildwechselfrequenz von 25 Hz, jedes Bild besteht aus 625 Zeilen.

  Sequential Couleur avec Memoire (SECAM)

Phase Alternating Line (PAL)

- PAL steht für *Phase Alternating Line* wurde 1963 von W. Bruch (Telefunken) vorgeschlagen. Es ist in Teilen Westeuropas im Einsatz. Abb. 5-5 zeigt den Vorgang der Bildaufbereitung in schematischer Darstellung:

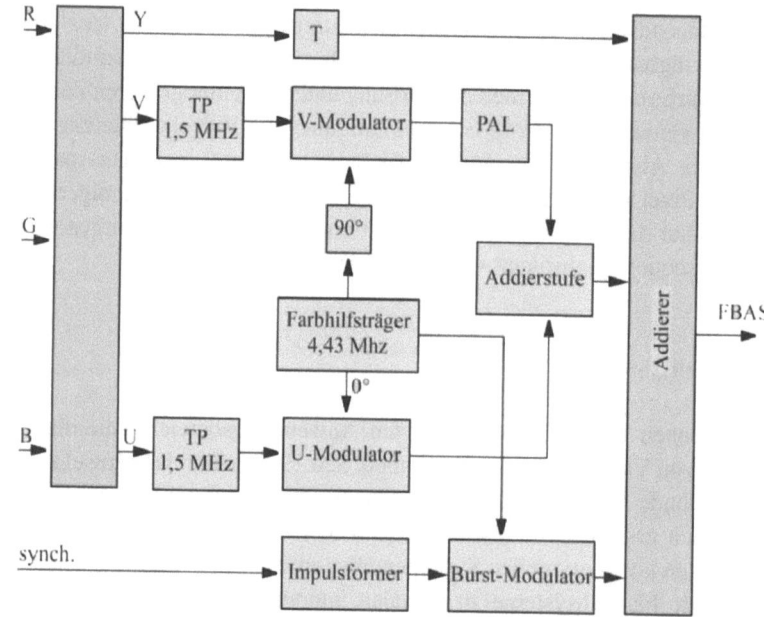

Abb. 5-5 Farbsignalaufbereitung nach dem PAL-Verfahren: Von RGB zu FBAS in der PAL-Norm.

Quadraturamplitudenmodulation

Der Farbträger befindet sich im Spektrum des FBAS-Signals, ca. 4,43 MHz neben dem Bildträger. Das Grundprinzip ist eine Quadraturamplitudenmodulation. Dabei wird der Farbträger direkt mit dem Farbdifferenzsignal U multipliziert. Der um 90° verschobene Farbträger wird dann mit dem Farbdifferenzsignal V multipliziert. Beide Ergebnisse werden addiert. Dies wäre eine reguläre Quadraturamplitudenmodulation. Zusätzlich zu der eigentlichen Quadraturamplitudenmodulation wird in jeder zweiten Zeile die Phase des modulierten V-Signals gedreht, womit Phasenfehler reduziert werden.

5.2.2 High-Definition Television (HDTV)

Entwicklung von HDTV

Forschungsarbeiten im Bereich von *High-Definition Television* (HDTV) begannen bereits 1968 in Japan. Man betrachtet diese Phase als dritte technologische Änderung im Fernsehbereich nach der Entwicklung des Schwarzweiß- und der Einführung des Farbfernsehens. HDTV strebt eine Bildqualität an, die gleich oder besser der von 35-mm-Film ist.

Die Förderer von HDTV verfolgten das Ziel, den Betrachter zu einem größeren Anteil in das Geschehen auf dem Bildschirm einzubinden [Hat82]. Fernsehsysteme, Filmtechniken und Betrachtungsbedingungen wurden derart ausgewählt, daß dem Betrachter der Eindruck vermittelt wird, an einer Szene beteiligt zu sein.

5.2 Fernsehsysteme

Die Parameter, die zum Erreichen dieses Ziels definiert werden mußten, waren [Org96a]:

- *Auflösung*
  Ein HDTV-Bild weist im Gegensatz zu konventionellen Systemen ungefähr das Zweifache an horizontalen und vertikalen Reihen bzw. Zeilen auf. Die verbesserte vertikale Auflösung erreicht man, indem mehr als 1.000 Abtastzeilen verwendet werden. Verbesserte Luminanzdetails im Bild können durch eine größere Videobandbreite erreicht werden, die ungefähr das Fünffache der in konventionellen Systemen verwendeten Bandbreite beträgt. Es werden zwei Auflösungsschemata für praktische Anwendungen empfohlen: das sog. „High 1440 Level" mit 1.440×1.152 Pixel und das „High Level", das 1.920×1.152 Pixel enthält.

- *Bildrate*
  Die Zahl der Bilder pro Sekunde wurde in den ITU-Arbeitsgruppen erbittert diskutiert. Aufgrund praktischer Gründe, hauptsächlich wegen der Kompatibilität mit existierenden TV-Systemen und dem Film, konnte keine Einigung auf einen einzigen weltweit gültigen HDTV-Standard erzielt werden; es wurden die Optionen von 50 oder 60 Bildern pro Sekunde festgelegt. Neu entwickelte und sehr effizient arbeitende Standardkonvertertechniken, die u. a. auf einer Bewegungsschätzung und -kompensation beruhen, schwächen allerdings die Bedeutung dieses Problems ab.

- *Breite-zu-Höhe-Verhältnis*
  Das *Breite-zu-Höhe*-Verhältnis ist als Verhältnis von Bildbreite zu Bildhöhe definiert. Anfangs wurde ein Verhältnis von A $16/9 = 1,777$ zugrunde gelegt; im heutigen Fernsehen beträgt dieses Verhältnis 4:3.

- *Zeilenwechsel- und/oder progressive Abtastformate*
  Konventionelle TV-Systeme basieren auf einem Zeilenwechsel – jeder Frame setzt sich aus zwei aufeinanderfolgenden Feldern zusammen, von denen jedes aus der Hälfte der Zeilen eines Bildes besteht, die aber in einem verschränkten (interlaced) Modus abgetastet und dargestellt werden. Im Fall eines progressiven Abtastens, das z. B. in Computerbildschirmen verwendet wird, gibt es nur ein derartiges Feld pro Bild, wobei die Zahl der Abtastzeilen verdoppelt wird.

- *Betrachtungsbedingungen*
  Das Gesichtsfeld und damit die Bildschirmgröße spielen eine wichtige Rolle für visuelle Effekte und damit auch für ein Gefühl von „Realität". Frühe Arbeiten fanden heraus, daß die Bildschirmfläche größer als 8.000 cm² sein muß. Die Zeilenzahl pro Bild ist ca. doppelt so groß wie in konventionellem Fernsehen; der normale Betrachtungsabstand kann im Vergleich zu konventionellen Systemen halbiert werden und beträgt nun das Dreifache der Bildhöhe (3H).

1991 berichteten Forscher des NTT Labs von weiteren Fortschritten in der HDTV-Technologie [OO91]. In ihrem Konzept integrierten sie verschiedenste Bildmedien und die damit verbundenen Qualitätsstufen (Kommunikation, Broadcast und Anzeige) in einem System. Um diese Integration zu erreichen, muß die räumliche Auflösung mindestens 2k auf 2k Pixel betragen bzw. die zeitliche Auflösung nicht weniger als 60 Bilder pro Sekunde und die Signalauflösung mindestens 256 Stufen (entsprechend 8 bit). Eine Auflösung von 2k auf 2k entspricht einem hochauflösenden Foto oder einem farbigen Manuskript in A4.

Tab. 5-1 Kennzahlen der TV-Systeme.
p: progressiv
i: interlaced.

System	Kanalbreite insgesamt (MHz)	Video Basisbänder (MHz)			Abtastrate (Hz)	
		Y	R-Y	B-Y	Aufnahme: Kamera	Wiedergabe: Monitor
HDTV (USA)	9,0	10,0	5,0	5,0	59,94-p	59,94-i
NTSC	6,0	4,2	1,0	0,6	59,94-i	59,94-i
PAL	8,0	5,5	1,8	1,8	50-i	50-i
SECAM	8,0	6,0	2,0	2,0	50-i	50-i

5.3 Digitalisierung von Videosignalen

Bevor ein Bewegtbild von einem Rechner verarbeitet oder über ein Netz übertragen werden kann, muß es von einer analogen in eine digitale Repräsentation überführt werden.

Abtastung und Nyquist-Theorem

Dieser auch *Digitalisierung* genannte Prozeß besteht aus den drei Schritten *Abtastung, Quantisierung* und *Kodierung*. Zur Festlegung der Abtastfrequenz muß das Nyquist-Theorem beachtet werden, nach dem das abzutastende Signal keine Frequenzkomponenten enthalten darf, die größer als die Hälfte der Abtastfrequenz sind. Um ein Überlappen des Basisbands mit sich wiederholenden Spektren zu verhindern, und um die sich nicht ideal verhaltenden realen Bauelemente zu berücksichtigen, wird die Abtastrate normalerweise etwas höher als die durch das Nyquist-Theorem angegebene Grenze gewählt.

Quantisierung

Da der Grauwert eines abgetasteten Bildpunkts in einem kontinuierlichen Bereich jeden Wert annehmen kann, muß dieser für eine digitale Verarbeitung quantisiert werden. Hierdurch wird der Bereich der Grauwerte in mehrere Intervalle unterteilt. Es ist erforderlich, daß der Grauwert eines Bildpunkts lediglich einen dieser Werte annimmt. Um zu erreichen, daß die Qualität eines aus quantisierten Abtastpunkten rekonstruierten Bildes akzeptabel ist, kann eine Verwendung von 256 oder mehr dieser Quantisierungsstufen durchaus sinnvoll sein.

Bereits 1982 wurde ein internationaler Standard für digitales Fernsehen von der CCIR (Consultative Committee International Radio, jetzt ITU) verabschiedet. Dieser Standard (ITU 601) beschreibt spezifische Auflösungen der Abtastung und der Kodierung. Es existieren zwei mögliche Arten der digitalen Kodierung: *Gemeinsame Kodierung* und *Komponentenkodierung*.

Gemeinsame Kodierung

Die einfachste Möglichkeit der Digitalisierung eines Videosignals ist das Abtasten des gesamten analogen Videosignals (FBAS – Farbbild-, Austast- und Synchronsignal). Hierbei werden alle Signalkomponenten gemeinsam in eine digitale Repräsentation überführt. Die „Verbundkodierung" des gesamten Videosignals ist prinzipiell einfacher als die Digitalisierung separater Signalkomponenten (Luminanz und zwei Chrominanzsignale). Aus diesem Ansatz ergeben sich aber auch eine Reihe von Problemen:

- Es existiert häufig ein störendes Übersprechen zwischen der Luminanz- und der Chrominanzinformation.   *Übersprechen*
- Die gemeinsame Kodierung eines Fernsehsignals hängt vom verwendeten Fernsehstandard ab. Aus diesem Grund würde sich neben der unterschiedlichen Anzahl von Bildzeilen und den Bewegungsfrequenzen ein weiterer Unterschied zwischen den verschiedenen Standards ergeben. Selbst bei Verwendung einer Multiplextechnik zur weiteren Signalübertragung würde sich der Standardunterschied störend bemerkbar machen, da verschiedene Übertragungstechniken für digitale Fernsehsysteme verschiedener Standards angewandt werden müßten.   *Fernsehstandard*
- Weil die Leuchtdichteinformation wichtiger ist als die Farbinformation, sollte diese auch mehr Bandbreite belegen. Die Abtastfrequenz der gemeinsamen Kodierung kann allerdings nicht an Bandbreitenanforderungen verschiedener Komponenten angepaßt werden. Indem man die Komponentenkodierung verwendet, verfügt man über ein Mittel, die Abtastfrequenz nicht an die Farbträgerfrequenz zu koppeln.   *Bandbreite*

Nach der detaillierten Beschreibung der Nachteile der gemeinsamen Kodierung werden nun die Eigenschaften der *Komponentenkodierung* betrachtet.

Komponentenkodierung

Das Prinzip der Komponentenkodierung besteht in einer getrennten Digitalisierung der Komponenten, d. h. der Luminanz- und Farbdifferenzsignale. Diese können anschließend im Multiplexverfahren gemeinsam übertragen werden. Das Luminanzsignal (Y), das wichtiger als das Chrominanzsignal ist, wird mit 13,5 MHz abgetastet. Diese Chrominanzsignale (R-Y, B-Y) werden mit 6,75 MHz abgetastet. Die digitalisierten Luminanz- und Chrominanzsignale werden mit 8 bit gleichförmig quantisiert. Wegen der unterschiedlichen Bandbreiten der Komponenten im Verhältnis 4:2:2 erhält man 864 Abtastwerte pro Zeile für die Luminanz (720 Abtastwerte sind sichtbar) und 432 für jede Chrominanzkomponente (360 sichtbare Abtastwerte). In PAL besteht ein Bild z. B. aus 575 Zeilen bei 25 Vollbildern pro Sekunde. Problematisch ist die hohe Datenrate und die Tatsache, daß diese Signale nicht in die PCM-Hierarchie   *Getrennte Digitalisierung der Leuchtdichte- und Farbdifferenzsignale*

(139,264 Mbit/s, 34,368 Mbit/s) passen. Deshalb wurden verschiedene *Substandards* mit einer niedrigeren Datenrate definiert. Diese sollen einfach aus den Bandbreiten der Komponenten (13,5 MHz, 6,75 MHz, 6,75 MHz) abzuleiten sein.

Die standardisierten Abtastfrequenzen von 13,5 MHz für R-, G-, B- oder Y-Basisbandsignale [CCI82] und die 8-bit-Quantisierung resultiert in einer Datenrate von 108 Mbit/s für jedes einzelne Signal. Für die Chrominanzkomponenten *Cr* und *Cb* reduziert sich die Abtastfrequenz auf je 6,75 MHz entsprechend 54 Mbit/s. Die Abtastfrequenz von 13,5 MHz ist definiert als ein ganzzahliges Vielfaches der 625- als auch der 525-zeiligen TV-Standards.

Tab. 5-2 Komponentenkodierungen im Vergleich.

Signale	Abtast-frequenz [MHz]	Abtastungen/Zeile	Zeilen	Datenraten [Mbit/s]	Rate insges. [Mbit/s]	Format
R	13,5	864	625	108		4:4:4
G	13,5	864	625	108		ITU 601
B	13,5	864	625	108	324	
Y	13,5	864	625	108		4:2:2
Cr	6,75	432	625	54		ITU 601
Cb	6,75	432	625	54	216	
Y	13,5	720	576	83		4:2:2
Cr	6,75	360	576	41,5		
Cb	6,75	360	576	41,5	166	
Y	13,5	720	576	83		4:2:0
Cr/	6,75	360	576	41,5		
Cb					124,5	
Y	6,75	360	288	20,7		4:2:0
Cr/	3,375	180	288	10,4		SIF
Cb					31,1	

Bandbreiten

Für die Übertragung von R, G, B (Format 4:4:4) ergibt sich so insgesamt eine Datenrate von 324 Mbit/s und 216 Mbit/s für *Y, Cr, Cb* (Format 4:2:2). Diese Beziehungen sind auch in Tab. 5-2 auf Seite 100 angegeben. Im Standard 601 existiert eine Option, mit der eine 10-bit-Signalauflösung für Broadcast-Ausrüstung und Studioleitungen erzielt werden kann; die Datenraten werden dementsprechend erhöht. Für das 16:9-Verhältnis wurde eine Abtastfrequenz von 18 MHz anstelle von 13,5 MHz vorgeschlagen, um für dieses neue Bildformat eine genügend große Bandbreite zur Verfügung zu stellen [CCI82]. Hierdurch erhöhen sich die Datenraten um einen Faktor von 4/3.

Nimmt man an, daß eine Anwendung einfache Datenreduktionsschemata verwendet, z. B. durch ein Auslassen der Austastlücken, so kann die Datenrate von insgesamt 216 Mbit/s auf 166 Mbit/s reduziert werden und weiterhin durch eine zeilensequenzielle *Cr/Cb*-Übertragung (Format 4:2:0) auf 124,5 Mbit/s. Eine Verringerung der Abtastung (Subsampling) in horizontaler und vertikaler Richtung um den Faktor zwei führt zu einer Datenrate von 31,1 Mbit/s (sog. Source Input Format, SIF). SIF ist ein speziell definiertes Bildformat mit progressiver Zeilenabtastung (kein Interlace), das unabhängig von der Darstellung arbeitet. Jede der in Tab.5-2 auf Seite 100 angegebenen Zahlen basiert auf einer Bildwiederholrate von 25 Hz und einer 8-bit-Quantisierung.

SIF

5.4 Digitales Fernsehen

Als die Diskussion des Themas *digitales Fernsehen* in den relevanten Arbeitsgruppen der ITU aufgenommen wurde, stand die digitale Repräsentation von Fernsehsignalen, also die gemeinsame Kodierung oder die Komponentenkodierung, stark im Vordergrund. Nach erheblichen Fortschritten in der Technologie der Kompression (siehe Kapitel 7) und der Übereinkunft, zumindest im Fernsehstudio ausschließlich die Komponentenkodierung zu verwenden, konzentrierte man sich auf die Verbreitung digitaler Signale und nahm somit eine eher systemorientierte Sicht ein.

In Europa begann die Entwicklung des digitalen Fernsehens (Digital TeleVision Broadcasting, DTVB oder – ungenauer – Digital Video Broadcasting DVB) in den frühen 90er Jahren. In dieser Zeit waren die Universitäten, Forschungseinrichtungen und Unternehmen noch intensiv damit beschäftigt, ein europäisches HDTV-System voranzutreiben. Durch interessierte Partner wurde allerdings eine europäische Kooperation – das Europäische DVB-Projekt – gegründet, das nach der Arbeitsaufnahme schnell vorankam und so in den Vorarbeiten der Standardisierung aller Systemkomponenten des digitalen Fernsehens stark an Einfluß gewann. Hiervon ausgenommen sind allerdings Studio- und Anzeigetechnologien [FKT96].

Digital Video Broadcasting (DVB)

Eine der ersten wichtigen Entscheidungen war die Auswahl von MPEG-2 für die Quellenkodierung von Audio- und Videodaten und der MPEG-2-Systemtechnologie für das Erzeugen von elementaren Programmströmen und Transportströmen (siehe Kapitel 7.7 zu Kompression). Da man allerdings praktischen Anforderungen folgen und ökonomische Implementierungen ermöglichen wollte, konnte der Original-MPEG-2-Standard [Org96a] aufgrund seiner Breite nicht verwendet werden, weshalb die Syntax und mögliche Parameter eingeschränkt werden mußten. Diese DVB-Empfehlungen sind im „Guidelines Document" [Ins94] enthalten.

MPEG-2-Kodierung

Typische Dokumente, die die DVB-Systemkomponenten beschreiben, sind [Ins95] und [Eur94]. In [Ins95], auch unter dem Namen DVB-TXT bekannt, wird spezifiziert, wie „analoger" Teletext in einer DVB-Umgebung zu behandeln ist; in [Eur96] wird ein Mechanismus beschrieben, der die Übertragung aller Arten von Untertiteln und grafischer Elemente als Teil der DVB-Signale erlaubt; im Service-Information-Document (SI) [Eur94] sind Programmbeschreibungen und Navigationswerkzeuge enthalten.

Für die Verteilung digitaler Fernsehsignale sind Satellitenverbindungen, CATV-Netze und (S)MATV ((Small) Master Antenna TV)-Systeme am besten

Verteilung

geeignet. Terrestrische Verteildienste (Broadcast), also die Datenverteilung an Haushalte über Telefonverbindungen und mittels „Multichannel Microwave Distribution-Systemen" (MMDS) ist eine weitere technische Möglichkeit. Geeignete Übertragungstechniken mußten für alle diese Optionen entwickelt und vom DVB-Projekt standardisiert werden. Für den terrestrischen Broadcast (DVB-T) gilt [Eur96].

Multichannel Microwave Distribution Systems (MMDS)

Für die digitale Verbreitung über Satelliten (DVB-S) und mittels CATV-Systemen (DVB-C) wurden die DVB-Systemvorschläge vom European Telecommunications Standards Institute (ETSI) als offizielle Standards übernommen: dies sind ETS 300 421 und ETS 300 429. Für (S)MATV-Dokumente gelten die Standards ETS 300 472, ETS 300 468 und ETS 300 473.

Wenn Mikrowellen für die Übertragung von DVB-Signalen verwendet werden, gelten in Abhängigkeit des verwendeten Frequenzbereichs zwei Spezifikationen. Die ETSI-Standards beschreiben weiterhin MMDS zur Benutzung von Frequenzen ab 10 GHz (DVB-MS). Dieses Übertragungssystem basiert auf der Benutzung der DVB-S-Technologie. ETS 749 ist für Frequenzen unterhalb von 10 GHz anwendbar. Diese Spezifikation basiert auf der DVB-C-Technologie und wird daher auch als DVB-MC bezeichnet.

Mikrowellen

Es wurden weiterhin Empfehlungen für den bedingten Zugriff, für den Aufbau des Rückkanals in interaktiven Videoanwendungen und für die private Nutzung bestimmter Netze veröffentlicht.

Zusammenfassend bieten die DVB-Lösungen für digitales Fernsehen eine Reihe von Vorteilen an, von denen die wichtigsten im folgenden aufgeführt sind:

Vorteile von DVB

- Die Erhöhung der Anzahl von Fernsehprogrammen, die über einen Fernsehkanal übertragen werden können,
- Die Option, die Bild- und Audioqualitäten an die jeweilige Anwendung anzupassen,
- Die Verfügbarkeit besonders sicherer Verschlüsselungsmethoden für Pay-TV-Dienste,
- Die Verfügbarkeit von Werkzeugen zum Entwickeln und Implementieren neuer Dienste. Dies sind z. B. Daten-Broadcast, Multimedia-Broadcast und Video-on-Demand und
- Die Option auf neue Internet-Dienste bzw. auf die „Konvergenz" von PC und TV.

Computerbasierte Animation

Kapitel 6

Die *Animation* eines Sachverhaltes bedeutet wörtlich, diesen „zum Leben zu erwecken". Eine Animation betrifft hierbei alle Änderungen, die einen visuellen Effekt bedingen. Visuelle Effekte können dabei verschiedener Natur sein: über die Zeit variierende Positionen (*Bewegungsdynamik*), die Form von Objekten, die Farbe, die Transparenz, die Struktur und Musterung eines Objektes (*Änderungsdynamik*) sowie Änderungen in der Beleuchtung, der Kameraposition, der Orientierung und des Fokus.

Begriff „Animation"

In diesem Kapitel werden vor allem computerbasierte Animationen beschrieben, da diese spezielle Art der Animation ein „Medium" integrierter Multimediasysteme darstellt. Eine computerbasierte Animation wird heute mit Hilfe eines Computers erstellt, verändert und generiert. Dabei werden grafische Werkzeuge verwendet, um visuelle Effekte zu erzeugen. Es existiert selbstverständlich weiterhin die traditionelle Disziplin der Animationstechnik, die nicht auf einer Rechnerunterstützung basiert. Interessanterweise scheinen viele Schritte der konventionellen Animation hervorragend zu einer Unterstützung durch Rechner geeignet zu sein.

6.1 Grundlagen

Eingabeprozeß

Bevor der Rechner eingesetzt werden kann, müssen im allgemeinen Zeichnungen in digitalisierter Form vorliegen: die sog. *Schlüsselbilder*, in denen die zu animierenden Objekte extreme bzw. charakteristische Positionen einnehmen. Diese digitalisierten Bilder können im Rechner selber mit entsprechenden Programmen erstellt werden oder durch eine Digitalisierung von Fotos (Bilder realer Objekte) bzw. von Zeichnungen erzeugt werden. Hierbei kann es notwendig werden, daß die Bilder sehr akkurat nachbearbeitet werden müssen (z. B. Filterung), um sie von Störungen, die sich durch den Eingabeprozeß ergeben, zu bereinigen. Im folgenden werden derartige Bilder als *Frames* bezeichnet.

Schlüsselbilder

Zusammenstellung der Animation

Der Kompositionsschritt, in dem Vorder- und Hintergrund zur Erzeugung individueller Bilder der fertigen Animation kombiniert werden, kann mit Techniken der Bildkomposition erfolgen [FDFH92]. Indem verschiedene (digitalisierte) Einzelbilder (Frames) einer Animation mit niedriger Auflösung in einem Verbund plaziert werden, kann ein Trailer-Film (sog. *Pencil Test*) generiert werden. Dabei werden Verschiebungs- und Zoom-Möglichkeiten verwendet. Der betrachtete Teil des Einzelbildspeichers enthält hierbei einen verschiebbaren Ausschnitt eines solchen Bildes, der anschließend soweit vergrößert werden kann, daß er das ganze Bild ausfüllt. Dieser Prozeß kann mit den verschiedenen Elementen der Einzelbilder der Animation, die in einem einzelnen Bild enthalten sind, wiederholt werden. Wenn dieser Vorgang schnell genug erfolgt, ergibt sich der Effekt der Kontinuität. Da jedes Einzelbild einer Animation auf einen sehr kleinen Teil des eigentlichen gesamten Bildes reduziert ist (1/25 oder 1/36) und anschließend bis zur vollen Bildgröße vergrößert wird, kann die Auflösung des Bildschirms effizient verkleinert werden.

Verschiebungs- und Zoom-Möglichkeiten

Erzeugung der Zwischenbilder

Die Animation der Bewegung von einer Position zu einer anderen erfordert die Komposition von Einzelbildern mit Zwischenpositionen (Zwischen-Frames) zwischen den Schlüsselbildern. Man bezeichnet dies als *Zwischenprozeß*. Dieser erfolgt in einer computerbasierten Animation durch Interpolationsverfahren. Das System erhält hierbei nur die Anfangs- und Endpositionen. Das einfachste Verfahren ist in einer solchen Situation die lineare Interpolation, die manchmal auch als *Lerping* (Lineare Interpolation) bezeichnet wird. Diese unterliegt aber einer Vielzahl von Einschränkungen. Wenn man z. B. das Lerping verwendet, um die Zwischenpositionen eines Balls zu berechnen, der in die Luft geworfen wird, und man hierbei lediglich wie in Abb. 6-1 (a) gezeigt drei Schlüsselbilder verwendet, so ist die resultierende Bewegung des Balls, die in Abb. 6-1 (b) gezeigt ist, völlig unrealistisch.

Interpolation der Objektbewegung

Lerping

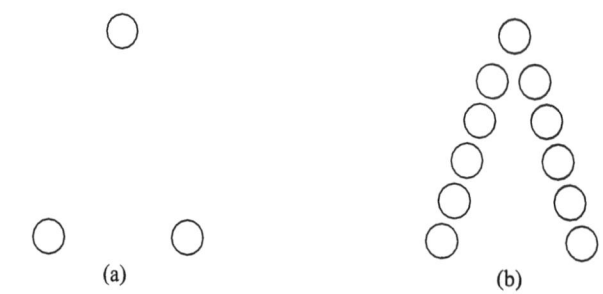

Abb. 6-1
Lineare Interpolation der Bewegung eines Balls.
a: Schlüsselbilder
b: Zusätzliche Zwischenbilder.

Splines

Aufgrund der Nachteile des Lerpings verwendet man auch oft *Splines*, um die Interpolation zwischen den Schlüsselbildern zu glätten. Splines können hierbei

verwendet werden, um verschiedene Parameter in einer weichen Form als
Funktion der Zeit zu variieren. Durch Splines erreicht man also, daß sich individuelle Punkte (oder individuelle Objekte) in einer natürlichen Art und Weise
in Raum und Zeit bewegen, allerdings nicht, daß das gesamte Zwischenproblem gelöst wird.

Der Zwischenprozeß beinhaltet weiterhin, daß die Form der Objekte in den Zwischenbildern interpoliert werden muß. Hierzu wurden einige Ansätze entwickelt, hierunter der von Burtnyk und Wein [BW76]. Die Autoren entwickeln ein *Skelett* einer Bewegung, indem ein Polygon gewählt wird, das die prinzipielle Form einer zweidimensionalen Figur (oder einen Teil der Figur) sowie die Nachbarschaft dieser Form beschreibt. Die Figur wird in einem Koordinatensystem repräsentiert, das auf diesem Skelett basiert. Der Zwischenprozeß bewirkt dann, daß die Eigenschaften des Skeletts zwischen den Schlüsselbildern interpoliert werden. Eine ähnliche Technik kann auch auf den dreidimensionalen Bereich übertragen werden. Generell ist aber der Interpolationsprozeß zwischen Schlüsselbildern eine komplexe Problemstellung.

Interpolation der Objektform

Farbwechsel

Zur Verarbeitung von Farbwechseln verwendet die computerbasierte Animation die Color Look-Up Table (CLUT) bzw. die Look-Up Table (LUT) eines Bildspeichers und das Verfahren der Speicherung von zwei Teilen eines Einzelbildes in unterschiedlichen Bildspeicherbereichen (sog. *Double Buffering*). Hierbei wird der Bildspeicher in zwei Teilbilder unterteilt, von denen jedes die Hälfte der Bits pro Pixel wie der gesamte Bildspeicher verwendet. Die Animation der LUT wird hierbei generiert, indem die LUT manipuliert wird. Die einfachste Methode besteht darin, die Farben der LUT zyklisch zu verändern. Hierdurch wechseln die Farben der verschiedenen Teile eines Bildes. Die Verwendung der LUT-Animation ist relativ schnell. Nimmt man an, daß 8 Farbbits pro Pixel in einem Frame-Puffer der Größe 640 x 512 Pixel verwendet werden, so enthält ein einzelnes Bild 320 Kb an Daten. Der Transfer eines neuen Bildes in den Bildpuffer, der jede 1/30 Sekunde erfolgt, erfordert dann eine Bandbreite von über 9 Mb/s. Auf der anderen Seite können neue Werte für die LUT sehr schnell gesendet werden, da LUTs typischerweise in der Größenordnung von einigen wenigen hundert bis 1000 byte liegen.

Manipulation der LUT

6.2 Spezifikation von Animationen

Es existieren verschiedene Sprachen zur Beschreibung von Animationen; neue Spezifikationsformalismen werden heute erforscht und fortentwickelt.

Hierbei existieren folgende drei Kategorien:

- *Notation in Form linearer Listen*
  In der Notation der linearen Liste wird jedes Ereignis der Animation durch eine Anfangs- und eine Endnummer eines Einzelbildes (Frame) und eine

Notation in Form linearer Listen

Aktion (sog. *Event*), die ausgelöst werden soll, beschrieben. Aktionen akzeptieren typischerweise Eingabeparameter in der Art einer Anweisung wie z. B.

```
42, 53, B, ROTATE "PALME",1,30.
```

Diese Anweisung bedeutet, daß zwischen den Einzelbildern 42 und 53 das mit PALME bezeichnete Objekt in einem Winkel von 30 Grad um die Achse 1 rotiert werden soll. Die Rotation jedes einzelnen Frames ergibt sich aus einer Beschreibung; somit können gleichmäßige oder beschleunigte Abläufe erfolgen [FDFH92].

Es wurden viele weitere Notationen in Form linearer Listen entwickelt, andere stellen Obermengen der linearen Listen dar. Ein Beispiel hierfür ist *Scefo (SCEne FOrmat)* [Str88], das auch die Angabe von Gruppen und Objekthierarchien sowie Änderungsabstraktionen (sog. *Actions*) einschließt, indem Konstrukte von Programmierhochsprachen verwendet werden.

Notation als höhere Programmiersprache

- *Notation als höhere Programmiersprache*

  Eine weitere Möglichkeit der Beschreibung von Animationen ist die Einbettung der Animationssteuerung in eine allgemeine Programmiersprache. Die Werte der Variablen der Sprache können dann als Parameter für Routinen, die eine Animation ausführen, verwendet werden.

  ASAS ist ein Beispiel für eine derartige Sprache [Rei82], die auf einer LISP-Erweiterung beruht. Die Primitive der Sprache beinhalten Vektoren, Farben, Polygone, Oberflächen, Gruppen, verschiedene Sichten, Unterwelten und Beleuchtungsaspekte. *ASAS* beinhaltet weiterhin eine große Menge an geometrischen Transformationen, die auf Objekten operieren. Das folgende ASAS-Programmfragment beschreibt eine animierte Sequenz, in der ein als my-cube bezeichnetes Objekt gedreht wird, während die Kamera schwenkt. Dieses Fragment wird in jedem Frame ausgewertet, um die gesamte Sequenz zu erzeugen.

  ```
  (grasp my-cube); Der Würfel wird zum aktuellen Objekt
  (cw 0.05); kleine Drehung im Uhrzeigersinn
  (grasp camera); Kamera wird aktuelles Objekt
  (right panning-speed); Bewege sie nach rechts
  ```

Grafische Animationssprachen

- *Grafische Sprachen*

  Ein Problem traditioneller Programmiersprachen ist deren schlechte Eignung zur Visualisierung von Aktionen durch die Auswertung eines Skripts. Grafische Animationssprachen beschreiben Animationen in einer eher visuellen Art und Weise. Derartige Sprachen werden dazu eingesetzt, um die in einer Animation simultan stattfindenden Änderungen zu benennen, zu editieren und den entstehenden Effekt zu visualisieren. Die Beschreibung der auszuführenden Aktion erfolgt hierbei mittels visueller Paradigmen. Beispiele derartiger Systeme und Sprachen sind *GENESYS* [Bae69], *DIAL* [FSB82] und *S-Dynamics System* [Inc85].

6.3 Methoden der Animationssteuerung

Die Animationssteuerung ist unabhängig von der zur Beschreibung eingesetzten Sprache. Mechanismen der Animationssteuerung können verschiedene Techniken nutzen:

Offene explizite Steuerung

Die explizite Steuerung ist der einfachste Typ der Animationssteuerung. Hierbei stellt der Animierende eine Beschreibung sämtlicher Vorgänge zur Verfügung, die in einer Animation vorkommen können. Dies kann durch eine Angabe einfacher Änderungen wie Skalierungen, Translationen und Rotationen, oder über Informationen zu Schlüsselbildern und Methoden, die zwischen diesen interpolieren, erfolgen. Die Interpolation kann entweder explizit oder (in einem interaktiven System) durch direkte Manipulation mit der Maus, dem Joystick, einem Datenhandschuh oder anderen Eingabegeräten angegeben werden. Ein Beispiel für diesen Typ der Steuerung ist das BBOP-System [Ste83].

Prozedurale Steuerung

Die prozedurale Steuerung basiert auf einem Informationsaustausch zwischen verschiedenen Objekten, wodurch jedes Objekt Kenntnis über statische bzw. dynamische Eigenschaften anderer Objekte erlangt. Hierdurch kann z. B. die Bewegung eines Objekts auf Konsistenz geprüft werden. Insbesondere kann in Systemen, die physikalische Vorgänge darstellen, die Position eines Objekts die Bewegung eines anderen beeinflussen (z. B. können sich Bälle nicht durch Wände bewegen). In darstellerbasierten Systemen (Actor-based) können die individuellen Darsteller ihre Positionen an andere weitergeben, um deren Verhalten zu beeinflussen.

Steuerung anhand variierender Randbedingungen

Obwohl sich einige Objekte der realen Welt auf geraden Linien bewegen, ist dies für viele andere nicht der Fall. Diese bewegen sich in einer Art und Weise, die durch andere Objekte, mit denen sie in Kontakt stehen, bestimmt ist. Es ist daher meist einfacher, eine Animationssequenz zu spezifizieren, wenn man anstelle der expliziten Steuerung (meist von der Umwelt bestimmte) Einschränkungen verwendet. Systeme, die diese Art der Steuerung verwenden, sind z. B. Sutherland's Sketchpad [Sut63a] oder Borning's ThingLab [Bor79].

Heutzutage wird an vielen Ansätzen zur Unterstützung einer Hierarchie von Bedingungen und zur Bestimmung der Bewegung gearbeitet. Dabei werden oft Bedingungen spezifiziert, die die Dynamik realer Körper und deren strukturelle Materialeigenschaften berücksichtigen.

Steuerung durch Analyse realer Bewegungsabläufe

Rotoscoping

Indem man die Objekte der realen Welt in ihrem Bewegungsablauf genau analysiert, können im Laufe einer Animation entsprechende Sequenzen von Objekten generiert werden. Traditionelle Animationen verwenden hierfür das *Rotoscoping*. Hierzu erzeugt man einen Film, in dem Personen/Tiere die Rollen der Darsteller in der Animation übernehmen. Anschließend bearbeiten Animationshersteller das Filmmaterial, indem sie den Hintergrund verstärken und menschliche Darsteller mit den von ihnen geschaffenen Animationsäquivalenten ersetzen.

Eine weitere derartige Technik besteht darin, eine Art von Indikator an Schlüsselstellen des Körpers einer Person zu heften. Indem die Position dieser Indikatoren überwacht wird, berechnet man die Koordinaten der jeweiligen Schlüsselpunkte in einem animierten Modell. Ein Beispiel für diese Art von Interaktionsmechanismus ist der Datenhandschuh, der die Position und Orientierung der Hand des Benutzers bzw. die Beugung und Spreizung der Finger mißt.

Kinematische und dynamische Steuerung

Kinematische Steuerung

Die *Kinematik* bezieht sich auf die Position und Geschwindigkeit von Massepunkten. Eine kinematische Beschreibung einer Szene könnte z. B. aussagen: „Der Würfel ist zur Zeit $t = 0$ im Ursprung des Koordinatensystems. Anschließend bewegt er sich mit einer konstanten Beschleunigung in die Richtung (1 Meter, 1 Meter, 5 Meter)."

Dynamische Steuerung

Im Gegensatz dazu beachtet die *Dynamik* die physikalischen Gesetze, die die Kinematik bestimmen (z. B. die Gesetze von Newton zur Bewegung großer Körper oder die Euler-Lagrange-Gleichungen für Flüssigkeiten). Ein Partikel bewegt sich derart mit einer Beschleunigung, die proportional zu den Kräften sind, die auf das Partikel wirken. Die Proportionalitätskonstante entspricht der Masse des Partikels. Eine derartige dynamische Beschreibung einer Szene könnte dann folgendermaßen aussehen: „Zum Zeitpunkt $t = 0$ befindet sich der Würfel in der Position (0 Meter, 100 Meter, 0 Meter). Der Würfel hat eine Masse von 100 Gramm. Auf den Würfel wirkt die Gravitationskraft." Die natürliche Reaktion einer dynamischen Simulation nach einem derartigen Modell ist, daß der Würfel fallen würde.

6.4 Darstellung von Animationen

Um Animationen anzuzeigen, müssen die animierten Objekte (die eigentlich aus grafischen Primitiven wie Linien oder Polygonen bestehen können) abgetastet und als Pixelbilder im Bildspeicher abgelegt werden. Um ein rotierendes Objekt zu zeigen, können aufeinanderfolgende Ansichten, die von leicht unterschiedlichen Orten stammen, eine nach der anderen angezeigt werden.

Die Abtastung muß mindestens 10 (besser 15 bis 20) mal pro Sekunde erfolgen, um einen zufriedenstellenden visuellen Kontinuitätseffekt zu erzeugen.

Ein neues Bild muß daher in höchstens 100 ms erzeugt werden. Dies impliziert, daß die Abtastung nur eine sehr geringe Zeitspanne in Anspruch nehmen darf. Wenn die Objektabtastung z. B. 75 ms dauert, verbleiben nur 25 ms, um das komplette Objekt auf dem Bildschirm zu löschen und es wieder neu zu zeichnen. Diese Zeit ist allerdings zu kurz, woraus ein Störungseffekt resultiert. Man verwendet die „Doppelpufferung", um dieses Problem zu vermeiden.

Doppelpufferung

An dieser Stelle soll exemplarisch die Anzeige einer Rotationsanimation erklärt werden [FDFH92]. Die zwei Hälften des Pixelbildes seien hierbei mit $Bild_0$ und $Bild_1$ bezeichnet.

```
Lade LUT zur Anzeige von Werten wie der Hintergrundfarbe
Taste Objekt ab und lege es in  Bild₀  ab
Lade LUT zur ausschließlichen Anzeige von  Bild₀
Wiederhole
   Taste Objekt ab und lege es in  Bild₁  ab
   Lade LUT zur ausschließlichen Anzeige von  Bild₁
   Rotiere Beschreibung der Datenstruktur des Objekts
   Taste Objekt ab und lege es in  Bild₀  ab
   Lade LUT zur ausschließlichen Anzeige von  Bild₀
   Rotiere Beschreibung der Datenstruktur des Objekts
Bis (Endebedingung).
```

Wenn die Rotation und Abtastung des Objekts länger als 100 ms dauert, wird die Animation relativ langsam, wodurch der Übergang von einem zum nächsten Bild sprunghaft erscheint. Das Laden der LUT benötigt typischerweise weniger als 1 ms [FDFH92].

6.5 Übertragung von Animationen

Animierte Objekte können mit grafischen Objekten oder abgetasteten Bildern symbolisch repräsentiert werden. Die Übertragung einer Animation kann daher mit den folgenden zwei Ansätzen erreicht werden:
- Die symbolische Repräsentation eines Objekts (z. B. Kreis: Ball) einer Animation wird zusammen mit den Ausführungskommandos des Objekts (z. B. *rolle den Ball*) übertragen. Auf der Empfängerseite wird die Animation (wie vorab beschrieben) rekonstruiert. In diesem Fall ist die Übertragungszeit gering, da die symbolische Repräsentation eines animierten Objekts in der Bytegröße erheblich kleiner ist als die Repräsentation als Pixelbilder. Die Darstellungszeit auf der Empfängerseite ist allerdings länger, weil dort die noch notwendige Generierung von Pixelbildern erfolgen muß.

Symbolische Repräsentation mit grafischen Objekten

In diesem Ansatz hängt die Übertragungsrate (bit/s oder byte/s) von animierten Objekten von (1) der Größe der Struktur der symbolischen Repräsentation, die das animierte Objekt kodiert, ab sowie (2) von der Größe der Struktur, in der das Operationskommando kodiert ist und (3) von der Zahl der pro Sekunde gesendeten animierten Objekte und Operationskommandos.

- Die Pixelbildrepräsentation animierter Objekte wird übertragen und auf der Empfängerseite angezeigt. In diesem Fall ist im Vergleich mit dem ersten Ansatz die Übertragungszeit wegen der Größe der Repräsentation länger. Die zur Anzeige erforderliche Zeit ist hingegen kürzer.

Die Übertragungsrate ist dabei mindestens proportional zur Einzelbildgröße und zur Bildwiederholungsfrequenz. Diese Werte sind signifikant höher als im Fall einer symbolischen Repräsentation.

6.6 Virtual Reality Modeling Language (VRML)

Die *Virtual Reality Modeling Language* (VRML) ist ein Format zur Beschreibung von dreidimensionalen interaktiven Welten und Objekten, die zusammen mit dem World Wide Web verwendet werden können. VRML kann zur Erzeugung dreidimensionaler Repräsentationen komplexer Szenen wie z. B. Illustrationen, Produktdefinitionen und Virtual-Reality-Präsentationen verwendet werden.

Die Idee eines plattformunabhängigen Standards für 3-D-Anwendungen im WWW entstand im Mai 1994 während der „Ersten internationalen Konferenz über das WWW". Unmittelbar danach richtete das amerikanische Internet-Magazin WIRED eine Mailing-Liste ein, um Vorschläge und Anregungen von Internet-Benutzern zu diesem Thema zu sammeln. Fünf Monate später (im Oktober 1994) wurde VRML 1.0 auf der „Zweiten internationalen Konferenz über das WWW" vorgestellt. Zwei Wochen nach der SIGGRAPH 95 (August 1995) wurde die VRML Architecture Group, kurz *VAG* gegründet. Im weiteren Verlauf kümmerte sich die VAG weniger um die technische Entwicklung der Sprache als vielmehr um den Standardisierungsprozeß. Im Januar 1996 rief die VAG dazu auf, Vorschläge für VRML 2.0 einzureichen. Apple, die Gesellschaft für Mathematik und Datenverarbeitung in Darmstadt (GMD), IBM Japan, Microsoft und Silicon Graphics Inc. (SGI) folgten diesem Aufruf und reichten Vorschläge ein, über die im März 1996 im Internet abgestimmt wurde. Als Resultat dieser Abstimmung wurde der von SGI eingebrachte Vorschlag der *„Moving Worlds"* mehrheitlich angenommen und als Arbeitsgrundlage von VRML 2.0 betrachtet. VRML 2.0 wurde am 6. August 1996 auf der SIGGRAPH 96 der Öffentlichkeit vorgestellt.

VRML ist als internationaler Standard ISO/IEC 14772 verabschiedet, der vom Joint Technical Committee ISO/IEC JTC 1, dem Information Technology Sub-Committee 24 (Computergrafik und Bildverarbeitung) in Zusammenarbeit mit der VRML Architecture Group (VAG) und der VRML-Mailingliste (www-vrml@wired.com) vorbereitet wurde. ISO/IEC 14772 ist ein einzelner Standard unter dem generellen Titel *Information Technology - Computer Graphics and Image Processing - Virtual Reality Modeling Language* [Org97].

VRML ist in der Lage, statische und animierte Objekte zu repräsentieren und Hyperlinks zu anderen Medien wie Ton, Filmen und Bildern zu repräsentieren. Interpreter (Browser) für VRML sind für viele verschiedene Plattformen weit verbreitet. Dies gilt ebenso für Autorenwerkzeuge zur Generierung von VRML-Dateien.

VRML ist ein Modell, das die Definition neuer Objekte sowie einen Registrierungsprozeß erlaubt, der es Anwendungsentwicklern ermöglicht, gemeinsame Erweiterungen des Basisstandards zu definieren. Weiterhin existieren Abbildungen zwischen VRML-Elementen und allgemein verwendeten Möglichkeiten von 3-D-Anwendungsprogrammierungsschnittstellen (API) (siehe [ANM96]).

Zur Navigation durch eine virtuelle Welt stehen drei Modi zur Verfügung:
- WALK: Bewegung über dem Boden in Augenhöhe (der Boden liegt in der x-z-Ebene).
- FLY: Bewegung in beliebiger Höhe.
- EXAMINE: Rotieren von Objekten zur genaueren Untersuchung beim Entwurf.

Als Beispiel einer VRML-Animation dient die folgende Farbanimation:

Farbinterpolierer

```
DEF meineFarbe Farbinterpolierer {
   key      [  0.0,    0.5,    1.0 ]
   keyValue [ 1 0 0,  0 1 0,  0 0 1 ]  # rot, grün, blau
}
DEF myClock TimeSensor {
   cycleInterval 10.0     # 10 Sekunden Animation
   loop          TRUE     # Animation in Endlosschleife
}
ROUTE myClock.fraction_changed TO myColor.set_fraction
```

Dieses Beispiel interpoliert in einem 10 Sekunden langen Zyklus von Rot über Grün nach Blau

Ein komplexeres Beispiel demonstriert die Fähigkeiten von VRML, interaktive Animationen von 3-D-Objekten bzw. deren Kameraparameter zu beschreiben:

Aufzug

```
Group {
    children [
        DEF ETransform Transform {
            children [
                DEF EViewpoint Viewpoint { }
                DEF EProximity ProximitySensor { size 2 2 2 }
                <Geometrie des Aufzugs, ein Einheitswürfel
                 um den Ursprung mit einer Tür>
            ]
        }
    ]
}
DEF AufzugPI PositionInterpolator {
    keys [ 0, 1 ]
    values [ 0 0 0, 0 4 0 ] # ein Stockwerk ist 4m hoch
}
DEF TS TimeSensor { cycleInterval 10 } # 10 Sekunden Reisezeit
DEF S Script {
    field SFNode viewpoint USE EViewpoint
    eventIn SFBool active
    eventIn SFBool done
    eventOut SFTime start
    behavior "Aufzug.java"
}
ROUTE EProximity.enterTime TO TS.startTime
ROUTE TS.isActive TO EViewpoint.bind
ROUTE TS.fraction_changed TO AufzugPI.set_fraction
ROUTE AufzugPI.value_changed TO ETransform.set_translation
```

Dieses Beispiel, eine Kameraanimation, realisiert einen Aufzug, der den Zugriff auf ein zweidimensionales Gebäude erleichtert, das viele Stockwerke enthält. Es wird angenommen, daß der Aufzug sich bereits im Erdgeschoß befindet und nicht erst dorthin bewegt werden muß. Zum Hochfahren muß der Anwender den Aufzug betreten. Ein sog. Proximity-Sensor feuert nach dem Betreten und startet den Aufzug automatisch. Die Bedienungsknöpfe sind außerhalb des Aufzugs angebracht.

Weitere Details zu VRML finden sich in [ANM96].

Datenkompression

Kapitel 7

Einzelbilder sind gegenüber dem Medium *Text* durch einen relativ hohen *Speicherplatzbedarf* gekennzeichnet. Audio und insbesondere Video haben diesbezüglich noch höhere Anforderungen. Auch die entstehenden Datenraten bei der Verarbeitung und Übertragung kontinuierlicher Medien sind nicht unerheblich. Das folgende Kapitel beschäftigt sich daher mit der effizienten Kompression von Audio und Video, deren Ziele zunächst in der Theorie und anschließend anhand von Kompressionsstandards verdeutlicht werden.

Problem
Speicherplatzbedarf

7.1 Speicherplatz

Unkomprimierte Grafiken, Audio- und Videodaten erfordern eine beträchtliche Speicherkapazität, die im Falle unkomprimierter Videodaten nicht einmal mit der heutigen CD- oder DVD-Technologie realisierbar ist. Dasselbe gilt für die multimediale Kommunikation: Ein Datentransfer unkomprimierter Videodaten über digitale Netze erfordert eine sehr hohe Bandbreite, die für eine einzige Punkt-zu-Punkt-Kommunikation zur Verfügung gestellt werden muß. Um kosteneffektive und realisierbare Lösungen anzubieten, müssen Multimediasysteme somit komprimierte Video- und Audioströme verarbeiten können.

Unterschiedliche Kompressionsverfahren nehmen meist dieselben Aufgaben wahr, teilweise aber auch komplementäre. Die meisten sind bereits als Produkte verfügbar. Einige weitere werden im Moment entwickelt oder sind erst teilweise fertiggestellt (siehe auch [SPI94]). Während die *fraktale Bildkompression* [BH93] erst in der Zukunft von Bedeutung sein wird, sind die wichtigsten heute eingesetzten Verfahren JPEG (für Einzelbilder [Org93, PM93, Wal91]), H.263 (px64, für Video [Le 91, ISO93a]), MPEG (für Video und Audio [Lio91, ITUC90]) sowie proprietäre Entwicklungen wie *QuickTime* von Apple und *Video for Windows* von Microsoft.

Kompressionsverfahren

In ihrer täglichen Arbeit benötigen Entwickler und Multimedia-Experten häufig ein detailliertes Verständnis der populärsten Techniken. Der größte Anteil der heute zu findenden Literatur ist allerdings entweder zu umfassend oder nur einer der oben erwähnten Kompressionstechniken gewidmet, die dann in einer sehr engen Sichtweise beschrieben wird. In diesem Kapitel werden die wichtigsten Techniken (JPEG, H.263, MPEG) verglichen (für weitergehende Analysen siehe [ES98]), um ihre Vor- und Nachteile, ihre Gemeinsamkeiten und Unterschiede sowie ihre Eignung für heutige Multimediasysteme aufzuzeigen. Hierzu wird zuerst die Motivation eines Einsatzes von Kompressionsverfahren erläutert. Anschließend werden die an diese Techniken zu stellenden Anforderungen identifiziert. In Abschnitt 7.3 werden die Quellen-, die Entropie- und die Hybridkodierung im Detail erläutert, während in Abschnitt 7.5 bis Abschnitt 7.7 Details zu JPEG, H.263, und MPEG angegeben sind. Abschließend werden die Grundlagen der fraktalen Kompression erklärt.

7.2 Anforderungen an die Kodierung

Bilder haben beträchtlich höhere Speicherungsanforderungen als Text. Für Audio und Video muß nicht nur eine große Menge an Speicherplatz zur Verfügung stehen; zur Übertragung kontinuierlicher Medien ist auch eine signifikante Datenrate vonnöten. Im folgenden wird mit spezifischen Kennzahlen der qualitative Übergang von einfachem Text zu Videodaten verdeutlicht und daraus der Nutzen einer Kompression abgeleitet. Um die unterschiedliche Datenspeicherung und Bandbreite verschiedener visueller Medien (Text, Grafik, Bild) vergleichen zu können, basieren die folgenden Spezifikationen auf einer kleineren Fenstergröße von *640 x 480* Bildpunkten eines Bildschirms. Dabei gilt immer

1 kbit = 1000 bit
1 Kbit = 1024 bit
1 Mbit = 1024 x 1024 bit

Text 1. Zur Darstellung des Mediums *Text* sollen für jedes Zeichen einer Größe von 8×8 Pixel 2 byte verwendet werden.

$$\text{Zeichen je Bildschirmseite} = \frac{640 \times 480}{8 \times 8} = 4800$$

Benötigter Speicherplatz je Bildschirmseite = 4800 x 2 byte = 9600 byte = 9,4 Kbyte

Vektorbilder 2. Zur Darstellung von *Vektorbildern* sei angenommen, daß ein typisches Bild aus 500 Geraden besteht [BHS91]. Jede Gerade sei durch die Koordinaten in *x*- und *y*-Richtung sowie einem 8 bit großen Attributfeld beschrieben. Die Koordinaten in x-Richtung benötigen 10 bit ($\log_2(640)$), in y-Richtung 9 bit ($\log_2(480)$).

Bits je Gerade = 9 bit + 10 bit + 9 bit + 10 bit + 8 bit = 46 bit

$$\text{Speicherplatz je Bildschirmseite} = 500 \times \frac{46}{8} = 2875 \text{ byte} = 2.8 \text{ Kbytes}$$

3. Einzelne Pixel eines *Pixelbildes* sollen mit 256 verschiedenen Farben kodiert werden, d. h. je Pixel benötigt man 1 byte.

Pixelbilder

Benötigter Speicherplatz je Bildschirmseite = 640 × 480 × 1 byte
= 307.200 byte = 300 Kbyte

Das nächste Beispiel spezifiziert kontinuierliche Medien und leitet die Speichermenge ab, die zur Speicherung einer abgespielten Sekunde erforderlich ist.

1. Unkomprimierte *Sprache* in Telefonqualität wird mit 8 kHz abgetastet und mit 8 bit quantisiert, dies ergibt einen Datenstrom von 64 Kbit/s.

Sprache

$$\text{Benötigter Speicherplatz /s} = \frac{64 \text{ Kbit/s}}{8 \text{ bit/byte}} \times \frac{1\text{s}}{1024 \text{ byte/Kbyte}} = 8 \text{ Kbyte}$$

2. Ein unkomprimiertes *Stereo-Audiosignal* in CD-Qualität sei mit 44,1 kHz abgetastet und mit 16 bit quantisiert

Stereo-Audiosignal

$$\text{Datenrate} = 2 \times \frac{44100}{\text{s}} \times \frac{16 \text{ bit}}{8 \text{ bit/byte}} = 176400 \text{ byte/s}$$

$$\text{Benötigter Speicherplatz} = 176400 \text{ byte/s} \times \frac{1\text{s}}{1024 \text{ Bytes/Kbyte}} = 172 \text{ Kbyte}$$

3. Eine *Videosequenz* bestehe aus 25 Vollbildern je Sekunde mit jeweils 625 Zeilen. Die Luminanz und Chrominanz jedes Pixels seien zusammen mit 3 byte kodiert.

Videosequenz

Video besitzt nach der europäischen PAL-Norm 625 Zeilen und eine Auflösung von über 833 Bildpunkten in horizontaler Richtung. Luminanz und Farbdifferenzsignale werden getrennt digitalisiert und im Multiplexverfahren (4:2:2) gemeinsam übertragen.

Nach CCIR 601 (Studiostandard für digitales Video) wird die Luminanz (Y) mit 13,5 MHz abgetastet. Die Chrominanz wird (als R-Y und B-Y) mit 6,75 MHz abgetastet.

CCIR 601

Es erfolgt eine 8-bit-gleichförmige Kodierung, d. h.
(13,5 MHz + 6,75 MHz + 6,75 MHz) × 8 bit = 216×10^6 bit/s.

Datenrate = 640 × 480 × 25 × 3 byte/s = 23040000 byte/s

$$\text{Benötigter Speicherplatz} = 2304 \times 10^4 \text{ byte/s} \times \frac{1\text{s}}{1024 \text{ byte/Kbyte}} = 22500 \text{ Kbyte}$$

Beim hochauflösenden Fernsehen hätte sich die Zahl der Zeilen verdoppelt und es wäre ein Verhältnis von 16/9 verwendet worden. Dies führt zu einer, im Vergleich mit der Datenrate heutigen Fernsehens um den Faktor 5.33 zunehmenden Datenrate.

Fernsehen

Diese kurze Ausführung zeigt exemplarisch die erhöhten Anforderungen an ein System in bezug auf den erforderlichen Speicherplatz und den Datendurchsatz, wenn Einzelbilder und insbesondere kontinuierliche Medien im Rechner verarbeitet werden sollen. Die Verarbeitung unkomprimierter Datenströme in einem integrierten Multimediasystem erfordert für Bewegtbilder Speicherplatz im Gigabyte-Bereich, für Zwischenpuffer im Megabyte-Bereich. Sie bedingt auch Datenübertragungsraten um 140 Mbit/s innerhalb des Systems und über die systemverbindenden Netze (je unidirektionaler Verbindung). Dies ist mit der heute verfügbaren und in den nächsten Jahren zu erwartenden Technologien nicht kostengünstig realisierbar.

Mit Hilfe von geeigneten Kompressionsverfahren lassen sich diese Werte jedoch erheblich reduzieren [NH88, RJ91], da Forschung, Entwicklung und Standardisierung in diesem Bereich in den letzten Jahren große Fortschritte gemacht haben [ACM89, GW93]. Diese Techniken sind daher wesentliche Bestandteile von Multimediasystemen.

Bezüglich der verschiedenen Medien werden in der Literatur und in Produkten immer wieder einige Verfahren genannt:

Wesentliche Verfahren

- JPEG (*Joint Photographic Experts Group*) ist für Einzelbilder gedacht.
- H.263 (H.261 p×64) betrachtet Videosequenzen mit einer geringen Auflösung. Komplementär hierzu können bekannte Verfahren aus dem ISDN- und dem mobilen Bereich zur Audio-Kodierung verwendet werden, die auch innerhalb von CCITT standardisiert wurden.
- MPEG (*Moving Picture Experts Group*) beinhaltet sowohl Bewegtbilder als auch Audio.

Durch den Einsatz in Multimediasystemen werden hohe Anforderungen an diese Verfahren gestellt: Die Qualität der komprimierten und anschließend wieder dekomprimierten Daten sollte möglichst gut sein. Dabei soll die Komplexität des verwendeten Verfahrens gering sein, um eine effektive Realisierung zu ermöglichen. Die Algorithmen sollen bei der Dekompression und ggf. auch bei der Kompression bestimmte Zeitschranken nicht überschreiten. Diese Anforderungen werden in den verschiedenen Entwicklungen unterschiedlich berücksichtigt (siehe u. a. Anforderungen aus [Org93]). Man kann hier zwischen den Anforderungen von Anwendungen im Dialog-Modus (Bildübertragung oder Videokonferenz) und Anwendungen im Abfrage-Modus (bspw. audiovisuelle Auskunftssysteme) unterscheiden. Manche Verfahren wie p×64 sind eher auf Dialog-Anwendung abgestimmt (mit symmetrischem Aufwand zur Kompression und Dekompression und stark beschränkter Verzögerung); andere Verfahren wie MPEG-1 versuchen, mit hohem Aufwand bei der Kompression den Einsatz in Abfrage-Systemen zu optimieren.

7.2 Kodierungsanforderungen

Folgende Anforderungen werden an die Kompressionsverfahren für Anwendungen im *Dialog-Modus* gestellt:

- Die *Ende-zu-Ende-Verzögerung* für ein im Dialogsystem eingesetztes Verfahren soll für die reine Kompression und Dekompression nicht länger als 150 ms dauern. Werte im Bereich 50 ms sollten angestrebt werden, um den Dialog in einer natürlichen Weise zu führen. Der Wert von 50 ms bezieht sich ausschließlich auf die Verzögerung, die sich durch die Kompression bzw. die Dekompression ergibt. Die gesamte Ende-zu-Ende-Verzögerung beinhaltet weiterhin jegliche Verzögerung durch das Netzwerk, die Verarbeitung der im Endsystem involvierten Kommunikationsprotokolle und den Datentransfer von und zu den entsprechenden Ein- und Ausgabegeräten.

Dialog-Modus

Ende-zu-Ende-Verzögerung

Folgende Anforderungen werden an die Kompressionsverfahren mit Anwendungen im *Abfrage-Modus* gestellt:

- Es soll sowohl ein schneller Vorlauf als auch ein schneller Rücklauf mit gleichzeitigem Anzeigen (bzw. Abspielen) der Daten möglich sein. Hiermit können einzelne Passagen gesucht und schneller gefunden werden.
- Ein wahlfreier Zugriff auf Einzelbilder und Audiopassagen im Datenstrom sollte innerhalb eines Intervalls von ca. einer halben Sekunde realisierbar sein. Dieser sollte schneller als bei einem CD-DA-Gerät erfolgen, um dem interaktiven Charakter des Abfrage-Modus gerecht zu werden.
- Die Dekompression von Einzelbildern, Video- oder Audiopassagen sollte ohne Interpretation aller vorheriger Daten möglich sein. Damit lassen sich solche Passagen nach einem wahlfreien Zugriff editieren.

Abfrage-Modus

An die Kompressionsverfahren mit Anwendungen im *Dialog-* und im *Abfrage-Modus* werden folgende Anforderungen gestellt:

- Es ist ein Format zu definieren, das unabhängig von der Bildschirmgröße und von der Bildwiederholfrequenz ist. Damit können dieselben Daten auf unterschiedlichen Systemen angezeigt werden.
- Für Audio und Video werden verschiedene Datenraten mit unterschiedlicher Qualität gewünscht. Damit kann die Datenrate ggf. den jeweiligen Gegebenheiten angepaßt werden.
- Audio und Video sollten exakt synchronisierbar sein. Eine Synchronisation sollte auch mit anderen Medien von einem Systemprogramm realisiert werden können.
- Eine Realisierung sollte heute in Software oder mit wenigen hochintegrierten Bausteinen durchgeführt werden. Dies ermöglicht eine kostengünstige Lösung.
- Das Verfahren sollte eine Kooperation verschiedener Systeme ermöglichen. Hierdurch können die auf einem lokalen Multimediasystem erstellten Daten auf anderen Systemen wiedergegeben werden. Dies ist bspw. im Fall von Schulungsunterlagen relevant, die in Form einer CD vorliegen. Nur so können viele Teilnehmer an ihrem jeweiligen System, das von unterschiedlichen Herstellern stammen kann, diese Daten lesen. Man kann ebenso davon

Dialog- und Abfragemodus

ausgehen, daß viele Anwendungen Multimedia-Daten über Netze austauschen. Hier muß auf den unterschiedlichen Systemen eine Kompatibilität der Kompressionsverfahren bestehen. Über De-jure- (bspw. ITU, ISO oder ECMA) und/oder De-facto-Standards läßt sich dieser Anspruch realisieren.

Diese Anforderungen müssen in unterschiedlichem Ausmaß für die verschiedenen Kompressionsschemata in Betracht gezogen werden.

Tab. 7-1 Einige Kodierungs- bzw. Kompressionsverfahren in der Übersicht.

Kodierungsart	Ausprägung	Verfahren
Entropiekodierung	Lauflängenkodierung	
	Huffman-Kodierung	
	Arithmetische Kodierung	
Quellenkodierung	Prädiktion	DPCM
		DM
	Transformation	FFT
		DCT
	nach Wichtigkeit, „Layered Coding"	Bitposition
		Unterabtastung
		Subband-Kodierung
	Vektor-Quantisierung	
Hybride Kodierung	JPEG	
	MPEG	
	H.263	
	Viele proprietäre Systeme	

7.3 Quellen-, Entropie- und hybride Kodierung

Verlustfreie Entropiekodierung

Verlustbehaftete Quellenkodierung

Kompressionsverfahren lassen sich, wie in Tab. 7-1 dargestellt, in verschiedene Kategorien einteilen. Es wird zwischen *Entropiekodierung*, *Quellenkodierung* und *hybrider Kodierung* unterschieden. Dabei arbeitet die Entropiekodierung verlustfrei und die Quellenkodierung oftmals verlustbehaftet. Die hybriden Ansätze werden in den meisten Multimediasystemen eingesetzt; sie sind aber meist nur Kombinationen der Quellen- und Entropiekodierung, keine verfahrenstechnisch neuen Algorithmen.

Entropiekodierung

Diese Verfahren werden auf die verschiedenen Medien, ungeachtet deren medienspezifischer Eigenschaften, angewendet, wobei die zu komprimierenden

Daten nur als eine Sequenz digitaler Datenwerte gesehen werden, deren Bedeutung hier nicht beachtet wird. Die Verlustfreiheit bezieht sich auf den Vergleich der zu kodierenden Daten mit den dekodierten. Diese Daten sind identisch; es geht keine Information verloren. So kann bspw. eine Lauflängenkodierung bei der Kompression von Daten beliebiger Natur in einem Dateisystem, bei Texten, Einzelbildern wie bei Faksimile oder als Teil einer Bewegtbild- oder Audiokodierung eingesetzt werden.

Quellenkodierung

Die Quellenkodierung verwendet die Semantik der zu kodierenden Informationen [SGC90]. Diese oftmals verlustbehafteten Verfahren sind bezüglich des erreichbaren Kompressionsgrads abhängig vom jeweiligen Medium. Bei einer verlustbehafteten Kodierung werden die zu kodierenden Daten mit den dekodierten Daten in Beziehung gesetzt; die meist sehr ähnlich, aber nicht gleich sind. Hier können die Spezifika der Medien gut ausgenutzt werden. Bei der Sprache kann so durch die Transformation des Zeitsignals in den Frequenzbereich und einer anschließenden Kodierung der Formanten (siehe Kapitel 3 zu Audio) eine erhebliche Reduktion der Datenmenge erfolgen. *Kodierung von Sprache*

Die Formanten werden über die Maxima im Spektrum der Sprache beschrieben. Meist reichen 5 Formanten zusammen mit der Sprachgrundfrequenz zu einer sehr guten Rekonstruktion des Originalsignals, wobei sich das *Formant-Tracking* bei diesem Verfahren der Sprachanalyse als problematisch erweist (siehe Kapitel 3 zu Audio). *Formant-Tracking*

Bei Einzelbildern können örtliche Redundanzen über eine Prädiktion des Inhalts zur Kompression eingesetzt werden. In einem anderen Verfahren kann hier eine Transformation von dem Ortsraum in den zweidimensionalen Frequenzraum mit Hilfe der Kosinus-Transformation erfolgen. Tiefe Frequenzen definieren die durchschnittliche Farbe; die Information höherer Frequenzen beinhaltet scharfe Kanten. Tiefe Frequenzen sind hier wesentlich wichtiger als die auftretenden höheren Frequenzen. Dies kann man sich bei einer Kompression zunutze machen.

Tab. 7-1 auf Seite 118 zeigt nur einen Ausschnitt aller Kodierungs- und Kompressionsverfahren. Der Schwerpunkt liegt hier in den für Multimediasystemen wichtigen Algorithmen und ihren Eigenschaften. Für ein besseres und klareres Verständnis der *hybriden Schemata* werden in allen Verfahren deren typische Verarbeitungsschritte (Entropie, Quelle und hybrid) betrachtet.

Wesentliche Schritte der Datenkompression

Abb. 7-1 zeigt exemplarisch das allgemeine Vorgehen bei einer Kompression von Einzelbildern sowie Video- und Audiodatenströmen. Als Beispiel gehen wir in den folgenden vier Schritten von einem Einzelbild aus:

*Abb. 7-1
Wesentliche Schritte
der Daten-
kompression.*

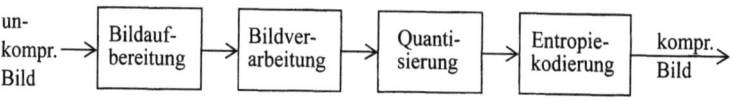

Datenaufbereitung

1. Die *Datenaufbereitung* (hier Bildaufbereitung) erzeugt eine geeignete digitale Darstellung der Information des zu verarbeitenden Mediums. Ein Bild wird dafür bspw. in Blöcke zu 8×8 Pixel mit einer festgelegten Anzahl von Bits pro Pixel zerlegt.

Datenverarbeitung

2. Die *Datenverarbeitung* (hier Bildverarbeitung) führt eigentlich den ersten Schritt der Kompression mit Hilfe der unterschiedlichsten Verfahren durch. So kann bspw. eine Transformation vom Zeitbereich in den Frequenzbereich mit Hilfe der diskreten Kosinus-Transformation (DCT) erfolgen. Bei einer Interframe-Kodierung können hier Bewegungsvektoren bestimmt werden, die für jeweils einen Block mit 8×8 Pixel gelten.

Quantisierung

3. Die *Quantisierung* erfolgt im Anschluß an die mathematisch exakt ausgeführte Bildverarbeitung. Ein in der vorherigen Stufe ermittelter Wert kann und soll nicht mit seiner vollen Genauigkeit weiterverarbeitet werden, er wird gemäß einer bestimmten Auflösung und einer Kennlinie quantisiert. Dies kann äquivalent zu μ-law und *A*-law, die für Audiodaten verwendet werden, angesehen werden [JN84]. So können in dem transformierten Raum die ermittelten Werte auch gemäß ihrer Wichtigkeit unterschiedlich behandelt werden (bspw. mit unterschiedlicher Anzahl von Bits quantisiert werden).

Entropiekodierung

4. Die *Entropiekodierung* geht von einem linearen Datenstrom einzelner Bits und Bytes aus. Hier erfolgt mit verschiedenen Verfahren eine abschließende verlustfreie Kompression. Beispielsweise können häufig auftretende längere Folgen von Nullen mit einer Angabe der Anzahl der folgenden Zeichen und anschließend dem Zeichen selbst komprimiert werden.

Die Bildverarbeitung und die Quantisierung können dabei mehrfach iterativ durchlaufen werden, wie im Fall der *Adaptive Differential Pulse Code Modulation* (ADPCM). Hier kann entweder eine „Rückkopplung" (wie bei einer Delta-Modulation) erfolgen oder es können mehrere Verfahren hintereinander auf die Daten (wie eine Interframe- und eine Intraframe-Kodierung bei MPEG) angewendet werden. Im Anschluß an diese vier Kompressionsschritte werden die digitalen Daten in einem zu definierenden Format als Datenstrom zusammengefaßt. Dabei werden bspw. Bildanfang und Art der Kompression als Teil des Datenstroms integriert; an dieser Stelle kann auch ein Fehlerkorrekturcode eingebracht werden.

Abb. 7-1 auf Seite 120 geht von einem zu komprimierenden Einzelbild aus. Es kann sich dabei auch um Bewegtbilder oder Audio handeln; das prinzipielle Vorgehen ist meist sehr ähnlich.

Der Dekompressionsvorgang erfolgt invers zur Kompression, wobei die Realisierung einzelner Kodierer und Dekodierer jedoch sehr unterschiedlich aussehen kann. Eine *symmetrische Kodierung* zeichnet sich durch einen vergleichbaren Aufwand bei der Kodierung und Dekodierung aus, was insbesondere bei Dialoganwendungen anzustreben ist. Ein *asymmetrisches Verfahren* ermöglicht eine Dekodierung mit wesentlich geringerem Aufwand als bei der Kodierung. Dies ist für Anwendungen gedacht, bei denen die Kompression einmal erfolgt und die Dekompression sehr häufig stattfindet, oder wenn die Dekompression sehr häufig und daher schnell erfolgen soll. Die Erstellung einer audiovisuellen Lerneinheit wird bspw. einmal vorgenommen. Viele Lernende werden im Anschluß diese Daten oft dekodieren. Die prinzipielle Anforderung liegt hier in der *Dekompression in Echtzeit*. Über diesen Mechanismus kann die Qualität der komprimierten Bilder gesteigert werden.

Dekompression

Symmetrische und asymmetrische Kodierung

Im folgenden werden zuerst einige grundlegende Verfahren betrachtet. Anschließend werden die im Multimedia-Bereich häufig diskutierten hybriden Methoden beschrieben.

7.4 Beschreibung grundlegender Verfahren

Die oftmals auf Audio- und Videodaten angewendeten Kompressionsverfahren in Multimediasystemen, die *hybriden Verfahren*, bestehen selbst wieder aus mehreren unterschiedlichen Verfahren. Beispielsweise verwendet jedes der in Tab. 7-1 auf Seite 118 aufgeführten Verfahren eine Entropiekodierung (in Form von Variationen der Lauflängenkodierung und/oder eines statistischen Kompressionsverfahrens).

Hybride Verfahren

Die einfachsten Verfahren basieren auf einer Interpolation, bei der man sich die Eigenschaften des menschlichen Auges oder Gehörs zunutze machen kann. Das Auge reagiert bspw. wesentlich empfindlicher auf Helligkeits- als auf Farbänderungen. Damit kann anstatt einer Aufteilung in die RGB (Rot, Grün, Blau)-Komponenten eine Darstellung über YUV erfolgen (siehe Kapitel 5 zu Video). Die Komponenten U und V können dann mit einer geringeren Auflösung an Zeilen und Spalten abgetastet werden; sie werden *unterabgetastet*.

Unterabtastung

Lauflängenkodierung

Viele Daten bestehen aus Folgen identischer Bytes. Ist deren Anzahl groß, so kann eine erhebliche Reduktion der Datenmenge erreicht werden, indem die entsprechende Anzahl sich wiederholender Bytes angegeben wird. Dies wird auch als *Lauflängenkodierung* bezeichnet. Hierzu ist eine spezielle Markierung M innerhalb der Daten notwendig, die selbst nicht als Datenbestandteil auftritt. Dieses *M-Byte* ist auch bei Verwendung aller möglichen 256 Bytes im zu komprimierenden Datenstrom realisierbar. Als Erläuterung für ein solches *Byte-Stuffing* sei als M-Byte das Ausrufezeichen definiert. Ein einzeln auftretendes Ausrufezeichen wird beim Dekomprimieren als M-Byte interpretiert. Zwei in

M-Byte

Folge auftretende Ausrufezeichen werden beim Dekomprimieren als ein in den Daten aufgetretenes Ausrufezeichen gewertet.

Hiermit kann der Beginn einer solchen *Lauflängenkodierung* markiert werden. Exakt läßt sich das Verfahren wie folgt beschreiben: Wenn ein Byte mindestens viermal in Folge auftritt, dann wird begonnen, das Vorkommen zu zählen. Die komprimierten Daten beinhalten dieses Byte, gefolgt vom M-Byte und der Anzahl des Auftretens des Zeichens. So lassen sich immer mindestens 4 und höchstens 258 gleiche Bytes zu 3 Bytes zusammenfassen. Unter Berücksichtigung des Auftretens der Kompression, die erst bei einer Mindestanzahl von 4 Bytes beginnt, sollte die Angabe der Anzahl mit dem Offset -4 erfolgen. Anstatt 1 Byte zur Längenangabe zu verwenden, können je nach Definition des Algorithmus auch mehrere benutzt werden. Diese Absprache muß dann sowohl bei der Kodierung, als auch bei der Dekodierung bekannt sein.

Beispiel für Lauflängenkodierung

Im folgenden Beispiel tritt das Zeichen „c" achtmal hintereinander auf und wird zu den drei Zeichen „c!8" komprimiert:

```
Unkomprimierte Daten: ABCCCCCCCCCCCCDEFGGG
Lauflängenkodiert:    ABC!8DEFGGG
```

Nullunterdrückung

Die Lauflängenkodierung ist eine Verallgemeinerung der *Nullunterdrückung*. Hier geht man von einem bestimmten, sich oft wiederholenden Zeichen aus. In Texten ist dies bspw. das Leerzeichen. Einzelne oder paarweise auftretende Leerzeichen bleiben unberücksichtigt. Ab drei dieser Bytes in Folge werden sie durch ein M-Byte und ein Byte ersetzt, das die Anzahl der ersetzten Bytes angibt. Folgen von 3 bis maximal 257 Bytes sind so auf 2 Bytes reduzierbar. Die Angabe der Anzahl kann auch hier wieder durch einen Offset erfolgen (-3). Weitere Variationen hierzu sind Tabulatoren als Ersatz für eine bestimmte Menge an Null-Bytes und die Definition unterschiedlicher M-Bytes zur Charakterisierung einer unterschiedlichen Anzahl von Null-Bytes. Beispielsweise kann ein M5-Byte für 16 Null-Bytes stehen, ein anderes M4-Byte für 8 Nullstellen; beide hintereinander signalisieren dann 24 Null-Bytes.

Vektorquantisierung

Zur Vektorquantisierung wird ein Datenstrom in Blöcke zu je *n* Bytes unterteilt (*n>1*). Eine bereitgestellte Tabelle beinhaltet eine Menge von Mustern. Für jeden Block wird in einer Tabelle nach einem dort aufgeführten Muster gesucht, das nach einem festzulegenden Kriterium diesem Block am ähnlichsten ist. Jedem Muster ist in der Tabelle ein Indexwert zugeordnet. Damit kann jedem Block ein Index zugewiesen werden. Eine solche Tabelle kann mehrere Dimensionen beinhalten, d. h. der Index ist hier ein Vektor. Der korrespondierende Dekoder verfügt über die gleiche Tabelle und generiert aus dem Vektor eine Approximation des ursprünglichen Datenstroms. Für weitere Details hierzu siehe bspw. [Gra84].

Pattern Substitution

Ein Verfahren, das sich gut zur Kompression von Texten eignet, ersetzt häufig vorkommende Muster durch einzelne Bytes. Diese *Pattern Substitution* ersetzt bspw. die Terminalsymbole höherer Programmiersprachen (*Begin*, *End*, *If*). Unter Verwendung eines M-Bytes kann eine größere Anzahl an Wörtern berücksichtigt werden: Über dieses M-Byte wird angezeigt, daß ein kodiertes Wort folgt. Das anschließende Byte ist als Index zur Repräsentation von einem aus 256 möglichen Wörtern zu verstehen. Dasselbe Verfahren kann auch auf Einzelbilder und Audio angewendet werden. Hierbei ist es jedoch erheblich schwieriger, geringe Mengen oft auftretender Muster anzugeben. Man arbeitet hier besser mit einer Approximation, die das ähnlichste (anstatt dasselbe) Muster ermittelt. Dies ist die schon vorher genannte *Vektorquantisierung*.

Diatomic Encoding

Eine Variante, die auf der Zusammenfassung von jeweils zwei Datenbytes beruht, ist das *Diatomic Encoding*. Hierfür werden die am häufigsten auftretenden Byte-Paare ermittelt. Untersuchungen der englischen Sprache haben gezeigt, daß die acht am häufigsten vorkommenden Paare

Zusammenfassung zweier Datenbytes

    'E ','T ','TH','A ','S ','RE','IN' und 'HE'

sind. Ersetzt man diese Bytepaare durch spezielle einzelne Bytes, die im Text sonst nie auftreten, so wird bereits eine Datenreduktion von über 10% erreicht.

Statistische Kodierung

Verschiedene Zeichen müssen nicht grundsätzlich mit einer festen Anzahl von Bits kodiert werden. Dieser Gedanke liegt auch dem Morsealphabet zugrunde: Sehr häufig auftretende Zeichen werden mit kurzen und seltener auftretenden Zeichen mit längeren Bitsequenzen kodiert. Die *statistische Kodierung* richtet sich nach der Häufigkeit des Auftretens einzelner Zeichen oder Folgen von Datenbytes. Dabei ist besonders auf eine eindeutige Dekompression zu achten. Es gibt verschiedene Verfahren, die nach derartigen statistischen Maßstäben arbeiten. Die bekanntesten sind die *Huffman-* und die *arithmetische Kodierung*.

Huffman-Kodierung

Für die Huffman-Kodierung [Huf52] seien die zu kodierenden Zeichen mit der Wahrscheinlichkeit ihres Auftretens gegeben. Der Huffman-Algorithmus ermittelt dann die Kodierung eines Zeichens mit der minimalen Anzahl benötigter Bits für die vorgegebene Auftrittswahrscheinlichkeit. Dabei besitzen die kodierten Zeichen eine unterschiedliche Länge (Anzahl von Bits). Die am häufigsten auftretenden Zeichen erhalten die kürzesten Codewörter. Zur Ermittlung eines Huffman-Codes kann man sukzessive einen binären Baum aufbauen. Die Blätter stellen die zu kodierenden Zeichen dar. Alle Knoten beinhalten die relative Wahrscheinlichkeit des Auftretens eines der in diesem Unterbaum befindlichen zu kodierenden Zeichen. Die Kanten werden jeweils mit den Bits 0 und 1 versehen.

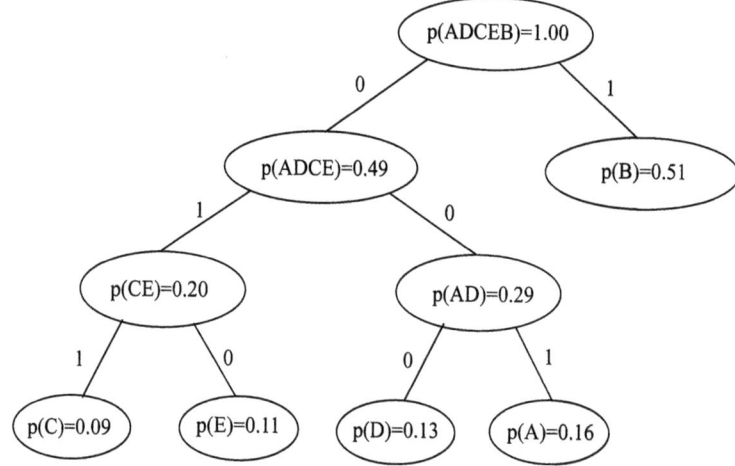

Abb. 7-2
Ein Beispiel eines als binärer Baum dargestellten Huffman-Code.

Mit folgendem kurzen Beispiel wird dieser Prozeß verdeutlicht:

Beispiel für Huffman-Kodierung

1. Es seien die zu kodierenden Buchstaben *A*, *B*, *C*, *D* und *E* mit ihren relativen Wahrscheinlichkeiten des Auftretens gegeben:

   p (A) = 0.16, p (B) = 0.51, p (C) = 0.09, p (D) = 0.13, p (E) = 0.11

2. Die Zeichen mit den geringsten Wahrscheinlichkeiten werden in einem ersten binären Baum zusammengefaßt: die Blätter sind hier *C* und *E*; die zusammengefaßte relative Wahrscheinlichkeit des gemeinsamen Vaterknotens *CE* beträgt *0.20*. Der Kante von *CE* nach *C* wird eine 1 zugewiesen; der Kante von *CE* nach *E* wird eine 0 zugewiesen. Die Zuordnung der 0 und der 1 ist hier willkürlich gewählt. Deshalb können unterschiedliche Huffman-Codes bei den selben zu kodierenden Daten entstehen.

3. Es verbleiben Knoten mit folgenden relativen Wahrscheinlichkeiten:

   p (A) = 0.16, p (B) = 0.51, p (CE) = 0.20, p (D) = 0.13

   Die zwei Knoten mit den geringsten Häufigkeiten sind *D* und *A*. Diese werden zu einem weiteren binären Baum zusammengestellt: Blätter sind die Knoten *A* und *D*; die zusammengefaßte Wahrscheinlichkeit des gemeinsamen Vaterknotens *AD* beträgt *0.29*. Der Kante von *AD* nach *A* wird eine 1 zugewiesen, der Kante von *AD* nach *D* eine 0.
   Existieren Knoten gleicher Wahrscheinlichkeit als Wurzeln verschiedener Bäume, so sollten zuerst die Bäume mit dem kürzesten maximalen Pfad

zwischen jeweiliger Wurzel und Knoten zusammengefaßt werden. Damit wird die Länge des Codeworts annähernd konstant gehalten.

4. Es verbleiben Knoten mit folgenden relativen Wahrscheinlichkeiten:

p (AD) = 0.29, p (B) = 0.51, p (CE) = 0.20

Die zwei Knoten mit den geringsten Wahrscheinlichkeiten sind *AD* und *CE*. Diese werden ebenfalls zu einem binären Baum zusammengefaßt: Die zusammengefaßte Wahrscheinlichkeit des gemeinsamen Vaterknotens *ADCE* beträgt *0.49*. Der Kante von *ADCE* nach *AD* wird eine 0 zugewiesen, der Kante von *ADCE* nach *CE* eine 1.

5. Es verbleiben zwei Knoten mit folgenden relativen Wahrscheinlichkeiten:

p (ADCE) = 0.49, p (B) = 0.51

Diese werden zu dem letzten binären Baum mit dem Vaterknoten *ADCEB* zusammengefaßt: Der Kante von *ADCEB* nach *B* wird eine 1 zugewiesen, der Kante von *ADCEB* nach *ADCE* eine 0.

6. Abb. 7-2 auf Seite 124 stellt den ermittelten Huffman-Code als binären Baum dar. Damit entstehen folgende Codewörter, die meist in einer Tabelle eingetragen werden:

w (A) = 001, w (B) = 1, w (C) = 011, w (D) = 000, w (E) = 010

Eine so aufgestellte Tabelle kann bspw. für jedes Einzelbild erfolgen oder für mehrere Einzelbilder gemeinsam. Bei Bewegtbildern kann eine Huffman-Tabelle für jede Sequenz oder für eine Menge von Sequenzen erfolgen. Dieselbe Tabelle muß bei der Kodierung und Dekodierung vorliegen. Wenn die Information eines Bildes in einen Bitstrom umgewandelt werden kann, kann eine derartige Tabelle verwendet werden, um die Daten verlustfrei zu komprimieren. Der einfachste Weg der Generierung eines derartigen Bitstroms ist die individuelle Kodierung aller Pixel und deren zeilenweises Einlesen. Man sollte aber bedenken, daß hierzu üblicherweise raffiniertere Verfahren eingesetzt werden, die im folgenden beschrieben werden.

Verwendung der Kodierungstabelle

Betrachtet man die Lauflängenkodierung und alle anderen bis hierher beschriebenen Methoden, die dieselben aufeinanderfolgenden Symbole (Bytes) relativ oft erzeugen, so ist die Transformation von Bildern und Videos in einen Bitstroms sicherlich ein wichtiges Ziel. Allerdings haben diese Verfahren auch Nachteile, da sie nicht effizient arbeiten. Diese werden im nächsten Schritt detailliert erläutert.

Arithmetische Kodierung

Die *arithmetische Kodierung* ist, wie auch die Huffman-Kodierung, aus Sicht der Informationstheorie optimal (siehe [Lan84, PMJA88]). Auch hier stellt die

Länge der kodierten Daten das Minimum dar. Im Gegensatz zur Huffman-Kodierung wird hier nicht jedes Zeichen einzeln betrachtet, sondern es wird immer unter Berücksichtigung aller vorangegangenen Zeichen kodiert. Damit muß ein auf diese Weise kodierter Datenstrom zwangsläufig immer von Anfang an gelesen werden. Ein wahlfreier Zugriff ist daher nicht möglich. Die arithmetische Kodierung hat in der Praxis denselben mittleren Kompressionsgrad wie die Huffman-Kodierung [Sto88].

Unterschiede in der Kompressionseffizienz treten auf, wenn Spezialfälle wie z. B. digitalisierte Grafiken, die hauptsächlich aus einer (Hintergrund-)Farbe bestehen, verarbeitet werden: hierbei ist die arithmetische Kodierung geeigneter als die Huffman-Kodierung. Dies ist immer dann der Fall, wenn Symbole mit einer gewissen Häufigkeit und damit einem geringen Informationsinhalt im Eingangsdatenstrom auftreten. Diese können mit weniger als 1 bit kodiert werden, wohingegen die Huffman-Kodierung einem Symbol mindestens 1 bit zuweist.

Transformationskodierung

Arten von Transformationskodierungen

Ein anderer Ansatz wird bei den *Transformationskodierungen* verfolgt. Hier werden Daten in einen anderen mathematischen Raum transformiert, der sich besser für eine Kompression eignet. Es muß dabei immer eine inverse Transformation möglich sein. Das einfachste Beispiel ist die *Fourier-Transformation* vom Zeit- in den Frequenzbereich. Weitere Transformationen sind die Walsh-, die Hadamard-, die Haar- und die Slant-Transformationen. Die transformierten Daten haben jedoch keine wesentlichen Vorteile in bezug auf eine weitere Kompression. Die effektivsten Transformationen zu einer Datenreduktion sind die *Diskrete Kosinus-Transformation* DCT (siehe Beschreibung in Kapitel 7.5.2) und die *Schnelle Fourier-Transformation* FFT.

Subband-Kodierung

Selektive Frequenztransformation

Während die Transformationskodierung alle Daten in einen anderen Raum transformiert, wird bei einer *selektiven Frequenztransformation* (Subband-Kodierung) nur der spektrale Anteil des Signals in vorgegebenen Bereichen, wie Frequenzbändern, betrachtet. Die Anzahl der Frequenzbänder ist hier ein entscheidendes Qualitätskriterium. Dieses Verfahren eignet sich gut zur Kompression von Sprache.

Prädiktion oder relative Kodierung

Anstatt einzelne Bytes oder Bytefolgen zu komprimieren, kann auch eine Differenzkodierung von Bytes und Bytefolgen vorgenommen werden. Dies kann man als *Prädiktion* oder *relative Kodierung* bezeichnen. Ist bspw. eine Folge von Zeichen deutlich von Null verschieden, jedoch nicht stark voneinander abweichend, so kann die Bildung der jeweiligen Differenz zum vorherigen Wert

Vorteile bei der Kodierung bringen. Im folgenden sei die Anwendung auf einige Medien kurz betrachtet:

- Bezogen auf ein Bild wirken sich Kanten als große, Flächen mit ähnlicher Luminanz und Chrominanz als kleine Werte aus. Eine homogene Fläche wäre durch eine Vielzahl von Nullen charakterisiert. Diese kann dann anschließend mit einer Lauflängenkodierung weiter komprimiert werden.
- Bezüglich einer Differenzbildung über die Zeit würden bei Bewegtbildern immer nur die Unterschiede zum vorherigen Bild kodiert. Eine Nachrichtensendung und die Videotelefonie haben hier einen großen Anteil von Nullbytes, weil sich der Hintergrund aufeinanderfolgender Bilder oft nicht verändert. Hier kann auch eine *Bewegungskompensation* erfolgen (siehe z. B. [PA91]). Dafür werden Bereiche von bspw. jeweils 16×16 Pixel von aufeinanderfolgenden Bildern miteinander verglichen. Im Fall eines von links nach rechts fahrenden PKWs würde im betrachteten Bildbereich ein weiter links liegender Bereich des vorherigen Bildes am ähnlichsten sein. Diese *Bewegung* wird dann als Vektor kodiert.
- In der Audiotechnik wird die *Differential Pulse Code Modulation* (DPCM) auf eine Folge PCM-kodierter Abtastwerte angewendet (siehe z. B. [JN84]). Dabei sollte eine lineare Quantisierungskennlinie vorliegen. Hier muß nicht jeder Abtastwerte mit seiner vollen Anzahl an Bits abgelegt werden. Es genügt, den ersten PCM-kodierten Abtastwert derart festzulegen. Jeder weitere wird als Differenz zum vorherigen Wert kodiert.

DPCM

Delta-Modulation

Die Delta-Modulation ist eine Abwandlung der DPCM. Hier beschränkt man sich bei der Kodierung der Differenzwerte auf genau 1 bit, das das Steigen bzw. Fallen des Signalverlaufs angibt. Steile Flanken werden so nur ungenau kodiert. Besondere Vorteile hat dieses Verfahren, wenn man bei der Kodierung von Daten nicht auf die 8-bit-Rasterung angewiesen ist. Wenn die Differenzen klein sind, so genügt dafür nämlich eine weitaus geringere Anzahl an Bits. Die Differenzbildung ist ein wesentliches Merkmal aller in Multimediasystemen eingesetzten Verfahren. Weitere „Delta"-Methoden, die auf Bilder angewendet werden können, werden in Kapitel 7.5.2 beschrieben.

Adaptive Kompressionsverfahren

Eine Vielzahl der bisher beschriebenen Kompressionsverfahren basiert auf der Ausnutzung vorab bekannter Eigenschaften der zu komprimierenden Daten (bspw. oft auftretende Folgen von Bytes oder die Wahrscheinlichkeit des Auftretens einzelner Bytes). Eine untypische Folge von Zeichen spiegelt sich in einer nicht anwendbaren Kompression wider. Es existieren jedoch auch *adaptive Kompressionsverfahren*, die eine Anpassung des Verfahrens an die jeweils zu komprimierenden Daten zulassen. Diese Adaption kann auf sehr verschiedene Weise erfolgen:

- In einem ersten Verfahren sei folgendes Beispiel mit einer vorab erstellten Kodierungstabelle gegeben (z. B. nach Huffman). Sie enthält zu jedem kodierbaren Zeichen das zugehörige Codewort und in einer weiteren Spalte einen Zähler. Für jeden Eintrag wird dieser Zähler zu Beginn mit Null initialisiert. Gegeben sei nun das erste zu kodierende Zeichen. Der Kodierer liefert dafür das Codewort gemäß der Tabelle. Zusätzlich erhöht er den zugehörigen Zähler des entsprechenden Eintrags um eins. Anschließend werden die Tabelleneinträge der zu kodierenden Zeichen zusammen mit ihren Zählern nach fallenden Zählerständen sortiert. Die Reihenfolge der Codewörter bleibt unverändert. Dadurch entstehen neue Zuordnungen, wobei die am häufigsten auftretenden Zeichen am Anfang der Tabelle stehen, da sie hohe Zählerstände besitzen. Die Zeichen mit den höchsten Zählerständen werden hier immer mit den kürzesten Codewörtern verschlüsselt.

ADPCM
DPCM
- Ein zweites Verfahren für die adaptive Kompression stellt eine Verallgemeinerung der DPCM dar, die *Adaptive DPCM* (*ADPCM*). Diese wird der Einfachheit halber auch oft unter dem Begriff der DPCM subsumiert.

    Die Differenzwerte seien nur mit wenigen Bits kodiert. Dann könnte man entweder nur sehr grobe Übergänge korrekt kodieren (diese Bits würden dann die Bits mit höherer Wertigkeit darstellen) oder nur sehr genau kodieren (die DPCM-kodierten Werte sind die niedrigwertigen Bits). Im ersten Fall wäre die Auflösung bei leisen Audiosignalen unzureichend, im zweiten Fall würde ein Verlust hoher Frequenzen auftreten.

    Die ADPCM ermöglicht eine Anpassung dieser Wertigkeit an den auftretenden Datenstrom. Der Kodierer dividiert die DPCM-Abtastwerte durch eine geeignete Konstante und der Dekoder multipliziert die komprimierten Werte wieder mit dieser Konstanten, d. h. die Schrittweite des Signals wird verändert. Den Wert der Konstanten paßt der Kodierer dem DPCM-kodierten Signal an.

    Für ein Signal mit oft auftretenden sehr großen DPCM-Werten, also mit vielen Anteilen an hohen Frequenzen, wird der Kodierer einen großen Wert für die Konstante ermitteln. Der Effekt ist eine sehr grobe Quantisierung des DPCM-Signals in Passagen mit steilen Flanken. Niederfrequente Anteile innerhalb einer solchen Passage werden kaum berücksichtigt.

Slope-Overload

    Für ein Signal mit ständig relativ niedrigen DPCM-Werten, also mit wenigen Anteilen an hohen Frequenzen, berechnet der Kodierer eine kleine Konstante. Damit ist eine gute Auflösung der dann dominanten niederfrequenten Signalanteile gewährleistet. Sollten in einer derartigen Passage aber plötzlich hochfrequente Signalanteile auftreten, dann entsteht eine Signalverzerrung, ein sog. *Slope Overload*. Die größtmögliche Änderung mit der vorhandenen Anzahl an Bits unter Berücksichtigung der derzeit gegebenen Schrittweite ist nicht groß genug, um mit einem ADPCM-Wert den DPCM-Wert darzustellen. Der Sprung im PCM-Signal wird verwaschen.

    Eine Änderung der adaptiv einzustellenden Konstanten kann beim Kodieren explizit zusätzlich in die komprimierten Daten eingefügt werden. Alternativ würde der Dekoder aus einem ADPCM-kodierten Datenstrom die Konstante selbst berechnen. Dieser Prädiktor ist so zu bemessen, daß für die auftretenden Daten der Fehler minimiert wird. Dabei sei angemerkt, daß hier der Begriff des *Fehlers* und die damit verbundene Bemessung des Prädiktors medienabhängig und bestenfalls trivial sind.

Ein Audiosignal mit sich häufig ändernden Anteilen extrem niedriger und hoher Frequenzen eignet sich nur bedingt für eine ADPCM-Kodierung. Für Anwendungen in der Telefonie hat die ITU eine mit 32 Kbit/s arbeitende Version des ADPCM-Verfahren standardisiert, die 4 bit pro Differenzwert und eine Abtastfrequenz von 8 kHz verwendet.

Weitere grundlegende Verfahren

Neben den bisher beschriebenen Kompressionstechniken sind einige weitere Techniken bekannt:

- In der Videotechnik erreicht man auch eine Reduktion der Datenmenge durch die Verwendung von *Farbtabellen* (siehe Kapitel 5 über Video). Dies wird bspw. in [LE91, LEM92] bei verteilten Multimediasystemen eingesetzt.
- Ein einfaches Verfahren in der Audiotechnik ist die *Stummschaltung*. Hier werden nur Daten kodiert, wenn der Lautstärkepegel einen bestimmten Schwellwert überschreitet.

Stummschaltung

Die ITU vereinigt einige der grundlegenden Schemata der Audiokodierung in der Standardserie G.700: G.721 definiert die PCM-Kodierung für eine Qualität von 3.4 kHz über Kanäle von 64 kbit/s; G.728 definiert die 3.4 kHz-Qualität über Kanäle mit 16 kbit/s. Details zu verschiedenen Techniken der Audiokodierung sind in [ACG93] zu finden.

In den nächsten Abschnitten werden die wichtigsten Arbeiten der Standardisierungsgremien auf dem Gebiet der Bild- und Videokodierung beschrieben. In der Umgebung der ISO/IECJTC1/SC2/WG8, wurden im Mai 1988 vier Untergruppen gegründet: *JPEG* (*Joint Photographic Experts Group*), die an der Kodierung von Einzelbildern arbeitet; *JBIG* (*Joint Bi-level experts Group*), die an der progressiven Verarbeitung von Bi-Level-Kodierungsalgorithmen arbeitet; *CGEG* (*Computer Graphics Experts Group*), die an Kodierungsprinzipien arbeitet und *MPEG* (*Moving Picture Experts Group*), die an der kodierten Repräsentation von Video arbeitet. Im nächsten Abschnitt werden die Ergebnisse der JPEG-Aktivitäten beschrieben.

7.5 JPEG

Joint Photographic Experts Group

Seit Juni 1982 wurde in der Working Group 8 (WG8) der ISO an Standards zur Kompression und Dekompression von Standbildern gearbeitet [HYS88]. Im Juni 1987 standen 10 unterschiedliche Verfahren zur Kodierung von Einzelbildern vieler Farben und Grautöne zur Auswahl. Diese wurden verglichen und drei davon vertiefend untersucht. Eine adaptive Transformationskodierung basierend auf der Diskreten Kosinus-Transformation (DCT) erzielte hier subjektiv die besten Resultate [LMY88, WVP88]. Das beste Verfahren wurde anschließend unter Beachtung der anderen beiden Methoden weiterentwickelt. Die unter dem Namen *JPEG* (Joint Photographic Experts Group) bekannte Kodierung ist eine gemeinsame Aktivität der ISO/IEC JTC1/SC2/WG10 und der Kommission Q.16 der CCITT SGVIII. Hierdurch begründet sich auch das „J" von „Joint" (ISO zusammen mit CCITT) in JPEG. JPEG ist seit 1992 ein ISO International Standard (IS) [Org93].

Motion JPEG

JPEG wird auf farbige und grauskalierte Standbilder angewendet [LOW91, MP91, Wal91]. Über eine schnelle Kodierung und Dekodierung von Einzelbildern können auch Bewegtbildsequenzen bearbeitet werden. Dies wird häufig auch als *Motion JPEG* bezeichnet. Teile von JPEG sind heute schon als reines Software-Paket oder mit spezieller Hardware-Unterstützung verfügbar. Dabei ist zu beachten, daß bisher oftmals nur die unbedingt notwendigen Algorithmen in den Produkten unterstützt werden. Zur Zeit ist daher nur ein Teil von JPEG kommerziell erhältlich, der im weiteren beschriebene *Basis-Modus* mit einer bestimmten Vorgabe der Bildaufbereitung (begrenzte Anzahl der Bildebenen und Farbkodierung).

Anforderungen

Zur Gewährleistung einer weiten Verbreitung von JPEG wurden folgende Anforderungen an dieses Verfahren gestellt und erfüllt [Wal91]:
- Die Unabhängigkeit der Bildgröße soll gewährleistet werden.
- Es muß für jedes Verhältnis *Höhe zu Breite* eines Bildes und *Höhe zu Breite* eines Pixels verwendbar sein.
- Der verwendete Farbraum und die Farbvielfalt müssen unabhängig voneinander sein.
- Der Bildinhalt muß eine beliebige Komplexität und beliebige statistische Eigenschaften des Bildes aufweisen können.
- Es muß dem Stand der Technik in bezug auf Kompressionsgrad und erreichbarer Bildqualität entsprechen (oder nahezu entsprechen).
- Die Komplexität der Verarbeitung muß eine Software-Lösung auf einer großen Menge verfügbarer Standardprozessoren ermöglichen und soll mit Spezial-Hardware drastisch reduziert werden können.
- Bilder sollen beim Dekodieren *sequentiell* (Zeile für Zeile) und *progressiv* (ein Bild wird als Ganzes immer weiter verfeinert) bearbeitet werden können. Auch eine verlustfreie und eine hierarchische Kodierung mit unterschiedlichen Auflösungen desselben Bildes sollen möglich sein.

Der Anwender kann aufgrund der Parametrisierbarkeit eine individuelle Abwägung zwischen der Qualität des reproduzierten Bildes, der Dauer der Kompression und der Größe des komprimierten Bildes vornehmen.

JPEG-Übersicht

Es ist nicht festgelegt, daß eine Anwendung sowohl einen Kodierer als auch einen Dekodierer besitzen muß. Oft ist nur eine dieser beiden Komponenten vorhanden. Die kodierten Daten werden in JPEG nach einem festgelegten Austauschformat zusammengesetzt, das neben den Bilddaten die gewählten Parameter und Tabellen des Kodierungsprozesses enthält und somit die Dekodierung ermöglicht. Bei Verfügbarkeit eines gemeinsamen Kontextes zwischen Kodierung und Dekodierung kann das Austauschformat in einem *abbreviated*-Format vorliegen (bspw. sind Kodierer und Dekodierer Teil derselben Anwendung). Hier sind keine oder nur wenige der erforderlichen Tabellen enthalten (Anhang A in [Org93] beschreibt dieses Format im Detail). Alle zum Dekodieren erforderlichen Informationen sind in diesem Austauschformat enthalten, soweit sie nicht über den gemeinsamen Kontext bekannt sind. Das Austauschformat beinhaltet im regulären Modus (also nicht im abbreviated-Format) alle Informationen, die zur Dekodierung ohne vorheriges Wissen des Kodierungsprozesses erforderlich sind.

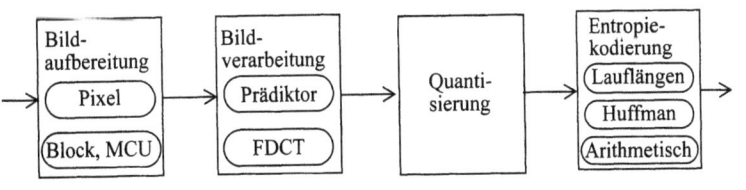

*Abb. 7-3
Schritte im JPEG-Kompressionsverfahren: Zusammenfassende Darstellung der verschiedenen Modi.*

Die prinzipiellen in Abb. 7-3 vorgestellten Schritte der Kompression weisen in JPEG die in Abb. 7-4 auf Seite 132 dargestellten Möglichkeiten auf. Hiernach lassen sich verschiedene Zusammenstellungen definieren, die jeweils als *Modus* bezeichnet werden.

JPEG-Modi

JPEG unterscheidet vier Modi, die selbst noch verschiedene Varianten enthalten:

- Der *verlustbehaftete, sequentielle DCT-basierte Modus* (*Baseline Process, Basis-Modus*) muß von jedem JPEG-Dekoder unterstützt werden.
- Der *erweiterte verlustbehaftete DCT-basierte Modus* stellt eine Menge weiterer Alternativen zum Basis-Modus zur Verfügung.
- Der *verlustfreie Modus* zeichnet sich durch einen wesentlich geringeren Kompressionsfaktor aus und ermöglicht eine fehlerfreie Rekonstruktion des Originalbildes.

- Der *hierarchische Modus* beinhaltet Bilder verschiedener Auflösungen und verwendet dazu Algorithmen, die in den anderen drei Modi definiert wurden.

Der *Baseline Process* verwendet die folgenden Techniken: *Block, Minimum Coded Unit (MCU), FDCT, Run-length* und *Huffman*, die zusammen mit den anderen Modi detailliert in diesem Unterkapitel erläutert werden. Im folgenden wird zuerst die Bildaufbereitung für alle Modi gemeinsam besprochen. Anschließend werden für jeden Modus die jeweils folgenden Schritte der Bildverarbeitung, der Quantisierung und der Entropiekodierung beschrieben.

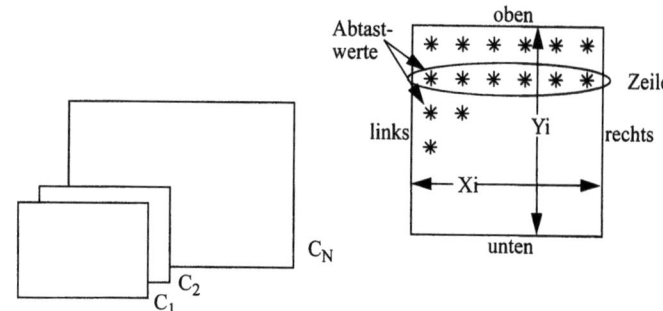

*Abb. 7-4
Digitales
unkomprimiertes
Einzelbild in [Org93].*

7.5.1 Bildaufbereitung

Zur Bildaufbereitung stellt JPEG ein Modell vor, das möglichst viele allgemein verwendete Arten von Standbildern beschreibt. Hierbei geht man bspw. nicht explizit von drei Bildebenen mit einer 9-bit-YUV-Kodierung und einer festen Anzahl von Zeilen und Spalten aus. Auch die Abbildung der kodierten Farbwerte auf die tatsächlich dargestellten Farben wird nicht mitkodiert. Damit wird man der für JPEG aufgestellten Forderung der Unabhängigkeit von Bildparametern wie der Bildgröße oder des Seitenverhältnisses des Bildes und der Pixel gerecht.

Ein Bild besteht aus mindestens einer und maximal $N = 255$ Komponenten bzw. *Ebenen*. Dies wird links in Abb. 7-4 dargestellt. Diese Ebenen können bspw. einzelnen Farben in RGB (Rot, Grün, Blau), YIQ- oder YUV-Signalen zugeordnet werden.

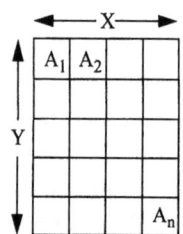 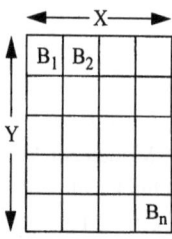 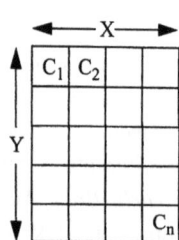

*Abb. 7-5
Beispiel zur JPEG-Bildaufbereitung mit drei Ebenen derselben Auflösung.*

Jede Komponente C_i setzt sich aus einer rechtwinkligen Anordnung von $X_i \times Y_i$ Pixeln (den Abtastwerten) zusammen. Abb. 7-5 zeigt die drei Ebenen eines Bildes mit jeweils derselben Auflösung pro Ebene.

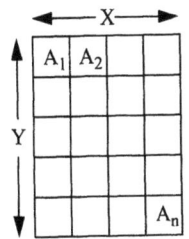
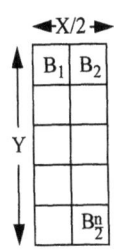
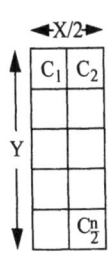

Abb. 7-6
Drei Ebenen mit unterschiedlicher Auflösung. Beispiel zur JPEG-Bildaufbereitung.

Die Auflösung der einzelnen Ebenen kann unterschiedlich sein. Abb. 7-6 zeigt ein Bild mit drei Ebenen und jeweils der halben Anzahl von Spalten in der zweiten und dritten Komponente. Ein grau skaliertes Bild wird demnach meist nur aus einer Komponente bestehen, ein RGB-Farbbild hingegen aus drei Komponenten mit jeweils derselben Auflösung (gleiche Anzahl von Zeilen $Y_1 = Y_2 = Y_3$ und derselben Anzahl von Spalten $X_1 = X_2 = X_3$). YUV-Farbbilder mit Unterabtastung der Chrominanzkomponenten verwenden, bezogen auf die Bildaufbereitung von JPEG, drei Ebenen mit $Y_1 = 4Y_2 = 4Y_3$ und $X_1 = 4X_2 = 4X_3$.

Jedes Pixel wird mit p bit dargestellt und kann folglich die Werte von 0 bis 2^p-1 annehmen. Sämtliche Pixel aller Komponenten eines Bildes müssen die gleiche Anzahl Bits aufweisen. Die verlustbehafteten Modi von JPEG gehen von einer Auflösung von entweder 8 oder 12 bit pro Pixel aus. Der verlustfreie Modus läßt eine Anzahl zwischen minimal 2 und maximal 12 bit pro Pixel zu. Eine JPEG-Anwendung, die Bilder mit davon abweichender Anzahl an Bits verwendet, muß nach einem ihr geeignet erscheinenden Verfahren eine Transformation des Bildes auf eine der hier festgelegten Anzahl von Bit pro Pixel vornehmen.

In die komprimierten Daten werden nicht die Werte X_i und Y_i aufgenommen, sondern die Werte X (Maximum aller X_i) und Y (Maximum aller Y_i), sowie die Faktoren H_i und V_i. Für jede Ebene stellen H_i und V_i die relative Auflösung in bezug auf die minimalen Auflösungen dar.

Man betrachte folgendes Beispiel aus [Org93]: Ein Bild habe die maximale Auflösung von 512 Pixel in horizontaler und in vertikaler Richtung. Es bestehe aus 3 Ebenen. Gegeben sei:

Beispiel

Ebene 0: $H_0 = 4, V_0 = 1$
Ebene 1: $H_1 = 2, V_1 = 2$
Ebene 2: $H_2 = 1, V_2 = 1$

Damit erhält man

$X = 512$, $Y = 512$, $H_{max} = 4$ und $V_{max} = 2$
Ebene 0: $X_0 = 512$, $Y_0 = 256$
Ebene 1: $X_1 = 256$, $Y_1 = 512$
Ebene 2: $X_2 = 128$, $Y_2 = 256$

H_i und V_i müssen ganzzahlig sein und dürfen nur die Werte 1 bis 4 annehmen. Diese zunächst umständlich erscheinende Festlegung wird bei der Verzahnung verschiedener Komponenten (*Interleaving*) benötigt.

Dateneinheiten

Zur Kompression erfolgt bei der Bildaufbereitung eine Zerlegung des Bildes in Dateneinheiten. Der verlustfreie Modus versteht unter einer Dateneinheit genau ein Pixel. Die verlustbehafteten Modi verwenden Blöcke zu je 8×8 Pixeln als Dateneinheiten. Dies beruht auf der hier verwendeten DCT, die immer zusammenhängende Blöcke transformiert.

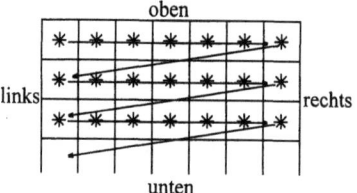

*Abb. 7-7
Nicht-verzahnte Reihenfolge der Bearbeitung von Dateneinheiten.
Vorgehensweise innerhalb einer Ebene nach [Org93].*

Bisher werden die Dateneinheiten meistens Ebene für Ebene aufbereitet und in dieser Reihenfolge der folgenden Bildverarbeitung angeboten. Pro Ebene werden die Dateneinheiten pro Zeile jeweils von links nach rechts bearbeitet, wie in Abb. 7-7 für eine Ebene aufgezeigt wird. Dies ist eine nicht-verzahnte Bildaufbereitung (*non-interleaved data ordering*).

Ein über mehrere Ebenen verzahntes Bearbeiten der Dateneinheiten erfolgt auf Grund der endlichen Verarbeitungsgeschwindigkeit des Dekodierers. Bei einem RGB-kodierten Bild mit extrem hoher Auflösung und nicht-verzahnter Bildaufbereitung könnte die Wiedergabe auf dem Bildschirm erst nur rot, anschließend rot-grün und dann erst in den korrekten Farben erfolgen.

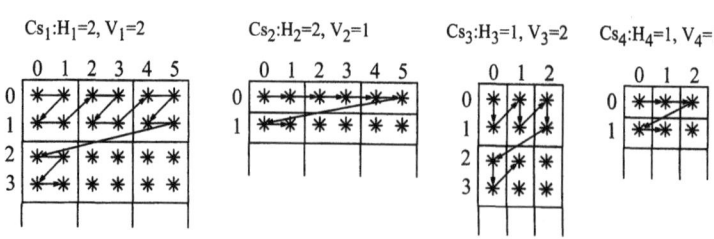

*Abb. 7-8
Verschachtelte Reihenfolge der Bearbeitung von Dateneinheiten.*

Abb. 7-8 zeigt ein Beispiel mit vier Ebenen aus [Org93]: Für die vier Ebenen gelten die über der jeweiligen Komponente im Bild angegebenen Werte für H

und *V*. Die erste Ebene hat demnach die höchste Auflösung in beide Richtungen, die vierte Ebene hat die geringste. Die Pfeile in jeder Ebene geben die Reihenfolge der Bildaufbereitung einzelner Dateneinheiten an.

Es werden die *Minimum Coded Units* (MCUs) in der folgenden Reihenfolge gebildet:

$$MCU_1 = d^1_{00} d^1_{01} d^1_{10} d^1_{11} d^2_{00} d^2_{01} d^3_{00} d^3_{10} d^4_{00}$$

$$MCU_2 = d^1_{02} d^1_{03} d^1_{12} d^1_{13} d^2_{02} d^2_{03} d^3_{01} d^3_{11} d^4_{01}$$

$$MCU_3 = d^1_{04} d^1_{05} d^1_{14} d^1_{15} d^2_{04} d^2_{05} d^3_{02} d^3_{12} d^4_{02}$$

$$MCU_4 = d^1_{20} d^1_{21} d^1_{30} d^1_{31} d^2_{10} d^2_{11} d^3_{20} d^3_{30} d^4_{10}$$

Die Dateneinheiten der ersten Ebene sind C_{s1}: $d^1_{00} \ldots d^1_{31}$

Die Dateneinheiten der zweiten Ebene sind C_{s2}: $d^2_{00} \ldots d^2_{11}$

Die Dateneinheiten der dritten Ebene sind C_{s3}: $d^3_{00} \ldots d^3_{30}$

Die Dateneinheiten der vierten Ebene sind C_{s4}: $d^4_{00} \ldots d^4_{10}$

Minimum Coded Units

Im verzahnten Modus werden mehrere Dateneinheiten verschiedener Ebenen zu Minimum Coded Units zusammengefaßt. Haben alle Komponenten die gleiche Auflösung ($X_i \times Y_i$), so enthält eine MCU von jeder Komponente genau eine Dateneinheit. Beim Dekodieren wird das Bild MCU-weise zur Anzeige gebracht. Hiermit erfolgt selbst bei nur teilweise dekodierten Bildern eine korrekte Farbdarstellung.

Regionen

Komplizierter wird der Aufbau der MCUs bei unterschiedlichen Auflösungen der verschiedenen Komponenten (siehe Abb. 7-8). Hier werden in jeder Ebene Regionen mit ggf. unterschiedlicher Anzahl von Dateneinheiten gebildet. Jede Komponente besteht dabei aus derselben Anzahl von Regionen. In Abb. 7-8 sind für jede Ebene jeweils 6 Regionen dargestellt. Die MCUs setzen sich aus genau einer Region jeder Komponente zusammen. Die Dateneinheiten innerhalb einer Region werden wieder in der Reihenfolge von links nach rechts und von oben nach unten angeordnet.

Gemäß JPEG können maximal vier Komponenten verzahnt kodiert werden. Dies ist keine Einschränkung, weil für Farbbilder im allgemeinen drei Komponenten für die Darstellung verwendet werden. Jede MCU darf maximal zehn Dateneinheiten beinhalten. Es können jedoch innerhalb eines Bildes einige Komponenten verzahnt und andere nicht-verzahnt kodiert werden.

7.5.2 Verlustbehafteter, sequentieller DCT-basierter Modus

Abb. 7-9 Schritte des verlustbehafteten sequentiellen DCT-basierten Kodierungsmodus. Ausgehend von einem unkomprimierten Bild im Anschluß an die Bildaufbereitung..

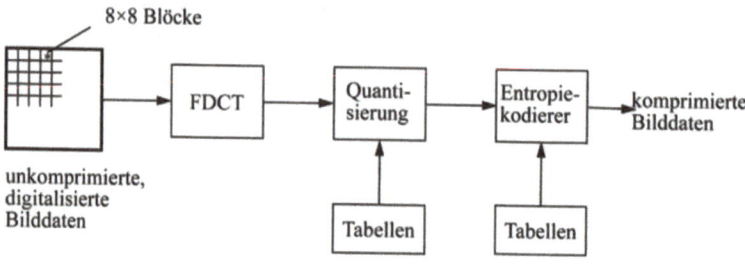

Das unkomprimierte Bild steht im Anschluß an die Bildaufbereitung als Dateneinheiten zu je 8×8 Pixel zur Verfügung, deren Reihenfolge durch die MCUs bestimmt ist. Dabei werden die einzelnen Abtastwerte in diesem grundlegenden Modus immer mit $p = 8\ bit$ kodiert. Jedes Pixel ist eine ganze Zahl im Bereich zwischen 0 und 255.

Abb. 7-10 DCT und IDCT am Beispiel.

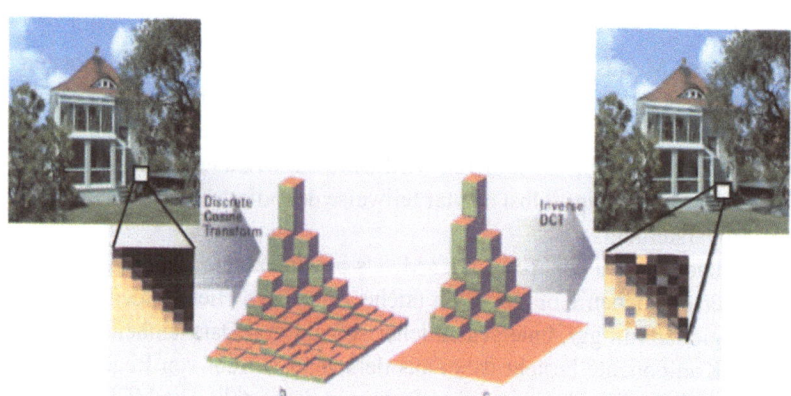

Abb. 7-10 zeigt den hier skizzierten Kompressions- und Dekompressionsvorgang.

Bildverarbeitung

Baseline Process

Als erster Schritt der Bildverarbeitung nach Abb. 7-9 erfolgt in diesem grundlegenden Modus (*Baseline Process* nach [Org93]) eine Transformationskodierung mit Hilfe der Diskreten Kosinus-Transformation DCT [ANR74, NP78]. Dafür wird der Wertebereich der Pixel in das um den Nullpunkt symmetrische Intervall *(-128, 127)* verschoben. Diese Dateneinheiten mit je 8×8 verschobenen Pixelwerten werden als S_{yx} bezeichnet, wobei x und y im Bereich zwischen null und sieben liegen.

Forward-DCT

Für jeden transformierten Pixelwert wird jetzt die folgende FDCT (Forward-DCT) angewendet:

$$s_{vu} = \frac{1}{4} c_u c_v \sum_{x=0}^{7} \sum_{y=0}^{7} s_{yx} \cos\frac{(2x+1)u\pi}{16} \cos\frac{(2y+1)v\pi}{16}$$

wobei gilt: $c_u, c_v = \frac{1}{\sqrt{2}}$ für u, v = 0; bzw. sonst $c_u, c_v = 1$

Insgesamt ist diese Transformation 64 mal pro Dateneinheit auszuführen. Somit ergeben sich 64 Koeffizienten S_{vu}. Wegen der Anlehnung der DCT an die diskrete Fourier-Transformation DFT, die den Zeitraum in den Frequenzraum abbildet, läßt sich jeder Koeffizient als Angabe einer zweidimensionalen Frequenz verstehen.

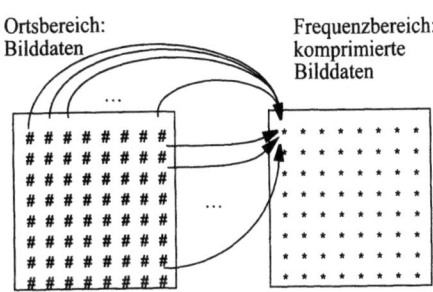

Abb. 7-11
Beziehung zwischen den 2-dimensionalen Orts- und Frequenzbereichen.

Der Koeffizient S_{00} entspricht dem Anteil der Frequenz *null* in beiden Achsen. Er wird auch als *DC-Koeffizient* (Gleichspannungsanteil) bezeichnet und bestimmt den Grundfarbton für die gesamte Dateneinheit, bestehend aus 64 Pixeln. Die übrigen Koeffizienten werden *AC-Koeffizienten* (in Anlehnung an den Wechselspannungsanteil) genannt. So steht bspw. S_{70} für die höchste Frequenz, die nur in waagrechter Richtung auftritt, d. h. für das in der 8×8-Dateneinheit dichtestmögliche Muster senkrechter Streifen. S_{07} steht für die höchste nur in senkrechter Richtung auftretende Frequenz, d. h. für das in der Dateneinheit dichtestmögliche Muster waagrechter Streifen. S_{77} kennzeichnet die höchste in beiden Richtungen gleichermaßen auftretende Frequenz. Damit wird der Absolutwert von S_{77} maximal, wenn die ursprüngliche 8×8-Dateneinheit aus möglichst vielen, d. h. 1×1-Karos besteht. Dementsprechend wird bspw. auch S_{33} maximal, wenn der Block aus 16 Karos mit je 4×4 Pixel besteht. Bei genauerer Betrachtung der Formel läßt sich erkennen, daß die Kosinusausdrücke darin nur von *x* und *u* bzw. von *y* und *v* abhängig sind, jedoch nicht von S_{yx}. Damit stellen diese Ausdrücke Konstanten dar, die nicht in jedem Durchlauf neu errechnet werden müssen. Es existiert eine Anzahl effektiver Verfahren und Realisierungen der DCT. Wesentliche Beiträge sind hier [DG90, Fei90, Hou88, Lee84, LF91, SH86, VN84, Vet85].

AC- und DC-Koeffizienten

Inverse DCT

$$s_{xy} = \frac{1}{4} \sum_{u=0}^{7} \sum_{v=0}^{7} c_u c_v s_{vu} \cos\frac{(2x+1)u\pi}{16} \cos\frac{(2y+1)v\pi}{16}$$

wobei gilt: $c_u, c_v = \frac{1}{\sqrt{2}}$ für u, v = 0; bzw. sonst $c_u, c_v = 1$

Der Dekodierungsprozeß der späteren Rekonstruktion des Bildes verwendet die IDCT (Inverse DCT). Hier sind die Koeffizienten S_{vu} einzusetzen:

Reproduzierbarkeit Wenn sowohl die FDCT als auch die IDCT mit exakter Genauigkeit errechenbar wären, dann könnte man auch die ursprünglichen 64 Pixel exakt reproduzieren. Damit wäre aus theoretischer Sicht die DCT verlustfrei. In der Praxis ist die Rechengenauigkeit jedoch beschränkt, und die DCT daher verlustbehaftet. Der JPEG-Standard schreibt keine definierte Genauigkeit vor. Daher ist es durchaus möglich, daß bspw. zwei verschiedene JPEG-Dekoder-Implementierungen unterschiedliche Bilder als Ausgabe liefern, die identisch komprimierte Daten als Eingabe hatten. JPEG schreibt jedoch die maximal tolerierbaren Abweichungen vor.

Frequenzen von Flächen und Kanten Der Bildinhalt vieler Bilder besteht nur zu einem geringen Anteil aus scharfen Kanten; meist handelt es sich um Flächen. Eine Fläche drückt sich nach einer DCT durch einen geringen Anteil hoher Frequenzen aus. Eine scharfe Kante wird durch einen hohen Frequenzanteil repräsentiert. Bei den meisten Bildern durchschnittlicher Komplexität besitzen deshalb viele AC-Koeffizienten den Wert Null oder fast Null. Damit ergibt sich durch eine anschließende Entropiekodierung die Möglichkeit einer erheblichen Datenreduktion.

Quantisierung

Verlustbehaftet Die sich an die Bildverarbeitung anschließende *Quantisierung* aller DCT-Koeffizienten arbeitet ebenfalls verlustbehaftet. Die JPEG-Anwendung stellt für den folgenden Schritt eine Liste mit 64 Einträgen bereit. Jeder Eintrag wird zur Quantisierung eines der 64 DCT-Koeffizienten verwendet. Damit kann jeder der 64 Koeffizienten separat eingestellt werden; die Anwendung kann damit die relative Bedeutung der verschiedenen Koeffizienten beeinflussen. Bestimmte Frequenzen lassen sich so höher bewerten als andere; dies sollte je nach Beschaffenheit des zu komprimierenden Bildmaterials erfolgen. An dieser Stelle wird der mögliche Kompressionsgrad auf Kosten der erreichbaren Bildqualität beeinflußt.

Die Tabelleneinträge sind mit 8 bit kodierte ganzzahlige Werte, die als Q_{vu} bezeichnet werden. Die Quantisierung erfolgt gemäß der Formel

$$:sq_{vu} = \text{round}\frac{S_{vu}}{Q_{vu}}$$

Die Quantisierung ist um so gröber, je größer die Tabelleneinträge sind. Die spätere Dequantisierung vor Anwendung der IDCT ergibt sich demnach zu:

$$R_{vu} = Sq_{vu} \times Q_{vu}$$

Für die Quantisierung und Dequantisierung sind die gleichen Tabellen zu verwenden.

(a)

(b)

Abb. 7-12 Quantisierungseffekt.

Abb. 7-12 (a) zeigt einen stark vergrößerten Ausschnitt aus Abb. 7-18 auf Seite 142. Hier sind die Blöcke und die Quantisierung schon sichtbar. In Abb. 7-12 (b) wurde eine gröbere Quantisierung vorgenommen, so daß nun die Kanten der 8x8 Blöcke noch besser erkennbar sind.

Entropiekodierung

Als erster Schritt der Entropiekodierung, bzw. zur Vorbereitung auf die nun folgende Kodierung, werden die quantisierten DC-Koeffizienten in einer anderen Art als die quantisierten AC-Koeffizienten behandelt. Die Reihenfolge der Bearbeitung aller Koeffizienten ist durch die *Zick-Zack-Sequenz* gemäß Abb. 7-14 gegeben.

- Die DC-Koeffizienten bestimmen den Grundfarbton der Dateneinheiten. Dieser ändert sich meist zwischen benachbarten Dateneinheiten nur wenig. Deshalb wird, wie in Abb. 7-13 gezeigt, ein zu kodierender DC-Koeffizient vom DC-Koeffizienten der vorher bearbeiteten Dateneinheit subtrahiert und nur die Differenz weiter verwendet. Damit entstehen auch hier sehr kleine Werte.

DC-Koeffizienten

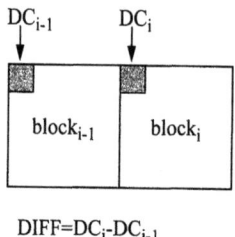

Abb. 7-13
Vorbereitung zur Entropiekodierung der DCT-DC-Koeffizienten. Differenzbildung benachbarter Werte.

DIFF=DC_i-DC_{i-1}

- Die Reihenfolge der Bearbeitung der DCT-*AC-Koeffizienten* gemäß der Zick-Zack-Sequenz zeigt, daß zunächst die Koeffizienten niedrigerer Frequenzen (mit typischerweise höheren Werten), gefolgt von denen höherer Frequenzen (die meistens gleich oder fast gleich Null sind), kodiert werden. Somit entstehen längere Folgen ähnlicher Datenbytes, wodurch eine effizientere Entropiekodierung möglich wird.

DCT-AC-Koeffizienten

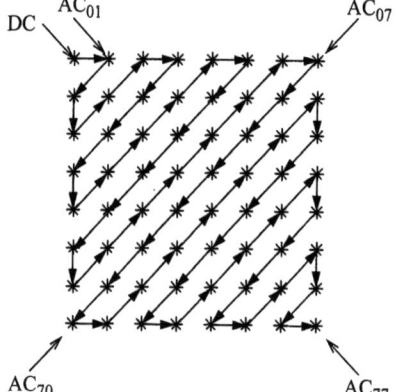

Abb. 7-14
Vorbereitung zur Entropiekodierung der DCT-AC-Koeffizienten. Reihenfolge nach steigender Frequenz.

JPEG bietet für die eigentliche Entropiekodierung die *Huffman-Kodierung* und die *arithmetische Kodierung* an. Für den in diesem Abschnitt betrachteten verlustbehafteten sequentiellen DCT-basierten Basismodus ist nur die Huffman-Kodierung definiert. In beiden Arten der Entropiekodierung findet vorher für die quantisierten AC-Koeffizienten eine Lauflängen-Kodierung von Nullwerten statt. Zusätzlich werden die von Null verschiedenen AC-Koeffizienten, ebenso wie die DC-Koeffizienten in eine spektrale Repräsentation umgewandelt, um die Daten weiter zu komprimieren. Die hierzu erforderliche Anzahl von Bits hängt vom Koeffizientenwert ab. Ein von Null verschiedener AC-Koeffizient wird mit 1 bis 10 bits repräsentiert. Zur Repräsentation der DC-Koeffizienten wird eine höhere Auflösung von 1 bis maximal 11 bit verwendet.

Damit wird eine Darstellung gemäß dem *ISO-Intermediate-Symbol-Sequence-Format* erzeugt, das im wesentlichen alternierend drei Angaben vorsieht:

ISO-Intermediate-Symbol-Sequence-Format

1. die Anzahl der folgenden Koeffizienten mit dem Wert Null,
2. die für die Darstellung des danach folgenden Koeffizienten benutzte Anzahl an Bits,
3. den Wert des Koeffizienten, dargestellt mit der angegebenen Anzahl an Bits.

Von Vorteil bei der anschließenden Huffman-Kodierung ist die kostenfreie Verwendbarkeit, weil sie nicht durch Patente geschützt ist. Nachteilig ist die Forderung, daß die Anwendung die Kodierungstabellen bereitzustellen hat, weil JPEG keine Tabellen vorschreibt. Es können in diesem Modus je zwei unterschiedliche Huffman-Tabellen für die AC-Koeffizienten und für die DC-Koeffizienten verwendet werden.

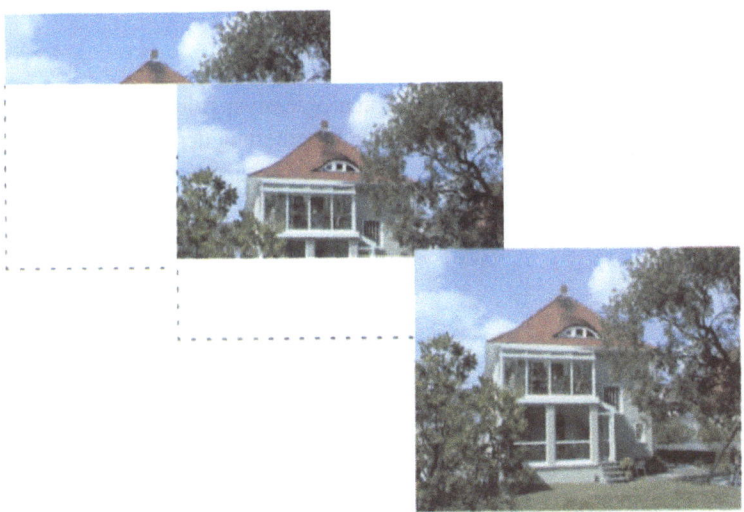

*Abb. 7-15
Sequentieller Bildaufbau am Beispiel. Unter anderem im verlustbehafteten DCT-basierten Modus.*

In dieser sequentiellen Kodierung wird in einem einzigen Durchlauf das gesamte Bild kodiert und dekodiert. Bei der Dekodierung mit sofortiger Darstellung auf dem Bildschirm ergibt sich der in Abb. 7-15 dargestellte Ablauf: Das Bild wird komplett von oben nach unten aufgebaut.

7.5.3 Erweiterter, verlustbehafteter DCT-basierter Modus

Die Bildaufbereitung unterscheidet sich in der Anzahl von Bits pro Pixel vom vorherigen Modus. Hier kann sowohl mit acht als auch mit 12 bit pro Abtastwert gearbeitet werden. Die Bildverarbeitung basiert auch auf der DCT und erfolgt analog zum grundlegenden DCT-Modus.

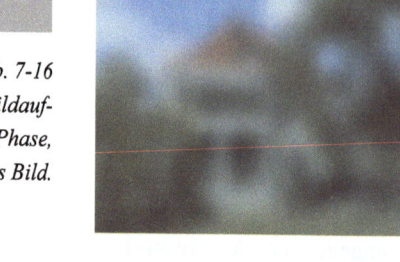

*Abb. 7-16
Progressiver Bildaufbau. Erste Phase, sehr unscharfes Bild.*

JPEG definiert über den erweiterten verlustbehafteten DCT-basierten Modus neben der sequentiellen Kodierung eine progressive Kodierung. Hier wird im ersten Durchlauf ein nur sehr grobes, unscharf erscheinendes Bild erfaßt und in weiteren Durchläufen wird dieses immer weiter verfeinert.

*Abb. 7-17
Progressiver Bildaufbau. Zweite Phase, unscharfes Bild.*

Ein Beispiel für ein sehr unscharfes Bild ist in Abb. 7-16 auf Seite 142 dargestellt. Abb. 7-17 zeigt dieses schon wesentlich schärfer und in Abb. 7-18 ist das Bild in der richtigen Auflösung zu sehen.

*Abb. 7-18
Progressiver Bildaufbau. Dritte Phase, scharfes Bild.*

Ein progressiver Bildaufbau wird durch eine Erweiterung der *Quantisierung* erreicht. Dies entspricht einem *Layered Coding*. Dazu wird am Ausgang des Quantisierers ein Puffer eingefügt, in dem sämtliche Koeffizienten der quantisierten DCT zwischengespeichert werden. Auf zwei verschiedene Arten wird eine Progressivität erreicht:

Spectral Selection
- Bei der *Spectral Selection* werden im ersten Durchlauf von jeder Dateneinheit nur die quantisierten DCT-Koeffizienten der niedrigen Frequenzen zur Entropiekodierung weitergeleitet. In den folgenden Durchläufen werden nach und nach die Koeffizienten höherer Frequenzen bearbeitet.

Successive Approximation
- Bei der *Successive Approximation* werden in jedem Durchlauf alle quantisierten Koeffizienten übertragen. Man unterscheidet hier jedoch nach der Wertigkeit der einzelnen Bits. Somit werden zuerst die hochwertigen Bits und anschließend diejenigen mit niedrigerer Wertigkeit kodiert.

Layered Coding
Dieser erweiterte Modus verfügt neben der Huffman-Kodierung über eine arithmetische *Entropiekodierung*. Die arithmetische Kodierung paßt sich automatisch den statistischen Eigenschaften des Bildes an und benötigt von daher keine Tabellen seitens der Anwendung. Nach einigen Veröffentlichungen liegt der Kompressionsfaktor um 5% bis 10% höher als bei der Huffman-Kodierung; andere Autoren gehen von einem vergleichbaren Kompressionsgrad aus. Diese Entropiekodierung ist etwas aufwendiger; zusätzlich ist ein bestehender Patentschutz zu beachten (Anhang L in [Org93]).

Es stehen hier auch je vier Kodierungstabellen zur Transformation der DC- und der AC-Koeffizienten zur Verfügung. Im einfacheren Modus kann zwischen jeweils zwei Huffman-Tabellen für DC- und AC-Koeffizienten innerhalb eines Bildes ausgewählt werden. Somit können in diesem Modus zwölf alternative Arten der Verarbeitung verwendet werden, die in Tab. 7-2 aufgeführt sind.

Bildaufbau	Bit/Abtastwert	Entropiekodierung
sequentiell	8	Huffman-Kodierung
sequentiell	8	Arithmetische Kodierung
sequentiell	12	Huffman-Kodierung
sequentiell	12	Arithmetische Kodierung
progressiv sukzessive	8	Huffman-Kodierung
progressiv spektral	8	Huffman-Kodierung
progressiv sukzessive	8	Arithmetische Kodierung
progressiv spektral	8	Arithmetische Kodierung
progressiv sukzessive	12	Huffman-Kodierung
progressiv spektral	12	Huffman-Kodierung
progressiv sukzessive	12	Arithmetische Kodierung
progressiv spektral	12	Arithmetische Kodierung

Tab. 7-2
Arten der Verarbeitung im erweiterten verlustfreien DCT-basierten Modus.

7.5.4 Verlustfreier Modus

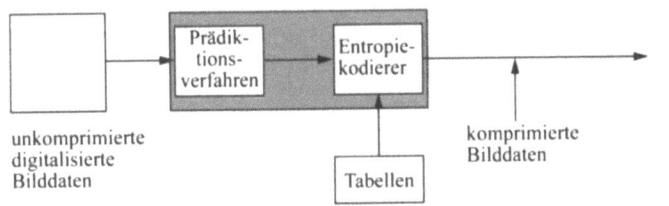

Abb. 7-19
Verlustfreier Modus, basierend auf einer Prädiktion.

Der in Abb. 7-19 dargestellte verlustfreie Modus geht bei der *Bildaufbereitung* von einzelnen Pixeln als Dateneinheit aus. Hier kann jedes Pixel zwischen 2 und 16 bit besitzen. Dies gilt dann für alle Pixel eines Bildes. Man könnte sich auch eine adaptive Pixelauflösung vorstellen.

Abb. 7-20
Prädiktionsgrundlage im verlustfreien Modus.

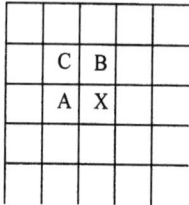

Hier wird bei der *Bildverarbeitung und Quantisierung* anstatt der Transformationskodierung ein prädiktives Verfahren eingesetzt. Für ein Pixel X nach Abb. 7-20 wird einer von 8 möglichen Prädiktoren ausgewählt. Das Auswahlkriterium stellt eine möglichst gute Vorhersage des Wertes von X anhand der bereits bekannten Werte der benachbarten Pixel A, B und C dar. Tab. 7-3 beinhaltet die möglichen Prädiktoren.

Tab. 7-3
Prädiktoren zur verlustfreien Kompression.

Selektionswert	Prädiktion
0	keine Prädiktion
1	A
2	B
3	C
4	A + B + C
5	A + (B - C)/2
6	B + (A - C)/2
7	(A + B)/2

Sowohl die Nummer des gewählten Prädiktors als auch die Differenz der Vorhersage zum tatsächlichen Wert werden anschließend der *Entropiekodierung* zugeführt. Hier kann entweder nach Huffman kodiert werden oder es erfolgt eine arithmetische Kodierung.

Zusammenfassend kann man feststellen, daß in diesem Modus zwei Arten der Verarbeitung mit jeweils zwischen 2 und 16 bit pro Pixel verwendet werden können. Außerdem kann jede dieser Varianten entweder die Huffman-Kodierung oder die arithmetische Kodierung anwenden.

7.5.5 Hierarchischer Modus

Kodierung mit unterschiedlicher Auflösung

Der hierarchische Modus kann je nach Bedarf einen der bisher in den verlustbehafteten DCT-Modi beschriebenen Algorithmen oder das verlustfreie Kompressionsverfahren verwenden. Die wesentliche Eigenschaft liegt hier in der Kodierung eines Bildes mit unterschiedlicher Auflösung, so daß das komprimierte Bild Bilder mehrerer Auflösungen beinhaltet. Dafür wird das aufbereitete digitale Bild um den Faktor 2^n verkleinert und komprimiert. Anschließend wird das Bild in jeder Richtung um den Faktor 2^{n-1} reduziert. Hiervon wird das bisher komprimierte Bild subtrahiert und das Ergebnis erneut komprimiert. Dieser Vorgang wird sukzessive weitergeführt, bis das Bild in seiner vollen Auflösung komprimiert ist.

Die hierarchische Kodierung ist zwar erheblich rechen- und speicherplatzintensiv; dafür steht das komprimierte Bild nach der Kompression in mehreren verschiedenen Auflösungen zur Verfügung. Somit entfällt die Notwendigkeit für eine Anwendung, die mit niedrigen Auflösungen arbeitet, erst das gesamte Bild dekodieren und anschließend selbst die Auflösung reduzieren zu müssen. Eine Skalierung ist so einfacher möglich. Aus eigenen praktischen Erfahrungen muß bestätigt werden, daß es oft effizienter ist, ein Bild in voller Auflösung anzuzeigen, als dieses vorab noch herabskalieren zu müssen. Im Fall von Bildern, die mit dem hierarchischen JPEG-Modus kodiert wurden, benötigt die Anzeige einer reduzierten Bildgröße weniger Rechenzeit als jegliche höhere Auflösung.

Rechen- und speicherplatzintensiv

7.6 H.261 (p×64) und H.263

Die treibende Kraft hinter dem H.261-Bewegtbildstandard war und ist ISDN. Der bzw. die beiden B-Kanäle eines Schmalband-ISDN-Anschlusses kann bzw. können neben Sprache u. a. auch Videodaten übertragen. Dies bedingt, daß die über den Kanal verbundenen Partner dieselbe Kodierung der Videodaten verwenden. In einem Schmalband-ISDN-Anschluß stehen an der Teilnehmerschnittstelle neben dem D-Kanal genau zwei B-Kanäle zur Verfügung. Die ISDN-Hierarchie, die eigentlich für Nebenstellenanlagen gedacht ist, ermöglicht auch einen Anschluß mit 30 B-Kanälen. Wenn hier im weiteren von *dem* B-Kanal gesprochen wird, dann sei damit auch eine Zusammenfassung mehrerer Kanäle betrachtet. Die primären Anwendungen hierfür waren anfangs das Bildtelefon und Videokonferenzsysteme. In diesen Dialoganwendungen müssen die Kodierung und Dekodierung in Echtzeit erfolgen. 1984 wurde von der Study Group XV der CCITT deshalb ein Expertengremium eingerichtet, das sich mit der Ausarbeitung eines standardisierten Verfahrens zur Kompression von Bewegtbildern befaßte [Lio91].

Nach über fünfjähriger Arbeit war die CCITT-Empfehlung H.261 *Video Co-Dec for Audiovisual Services at p × 64 Kbit/s* [ITUC90] fertiggestellt und wurde im Dezember 1990 verabschiedet. Mit *CoDec* (Coder/Decoder) wird in diesem Zusammenhang die Kodierung und Dekodierung bzw. die Kompression und Dekompression bezeichnet. Die Empfehlung wurde in Nordamerika in leicht modifizierter Form übernommen. Da eine komprimierte Datenrate mit p × 64 kbit/s betrachtet wird, bezeichnet man sie (bzw. das Verfahren) auch als *p × 64*.

Die ITU-Empfehlung H.261 der Study Group XV entstand unter Beachtung der Echtzeitverarbeitung bei der Kodierung und Dekodierung. Kompression und *Dekompression* dürfen zusammen nicht über 150 ms Signalverzögerung erzeugen. Bei einer zu großen Ende-zu-Ende-Verzögerung ist der Dialog einer Anwendung, die diesen Standard verwendet, subjektiv erheblich beeinträchtigt.

Aufgabe von H.263

H.263 ist ein vorläufiger ITU-T-Standard, der 1996 veröffentlicht wurde, um H.261 in vielen Anwendungen zu ersetzen. H.263 wurde für eine Übertragung mit niedriger Bitrate entwickelt, wobei in frühen Entwürfen Datenraten von unter 64 Kbit/s gefordert wurden, die später allerdings wieder revidiert wurden. Als Teil der ITU-T Standardsuite H.320 (Empfehlung für Echtzeitsprache, Daten und Video über V.34-Modems auf einem GSTN herkömmlichen Telefon-Netzwerk) wird H.263 für einen weiten Bereich von Bitraten (nicht nur Anwendungen mit niedriger Bitrate) verwendet.

H.263 ist im bezug auf die Kompressionseffizienz von Video eines der besten heute verfügbaren Verfahren. Der Kodierungsalgorithmus von H.263 ist dem von H.261 bis auf einige Verbesserungen und Änderungen, deren Ziele eine weitere Leistungssteigerung und eine Fehlerbehebung sind, sehr ähnlich.

Unterschiede zwischen H.261 und H.263

Folgende Unterschiede bestehen zwischen den H.261- und H.263 Kodierungsalgorithmen:

- Zur Bewegungskompensation wird bei H.263 die halbe Pixelgenauigkeit verwendet, wohingegen H.261 die volle Pixelpräzision (und einen *„Loop-Filter"*) benutzt.
- Einige Teile der hierarchischen Struktur des Datenstroms sind in H.263 optional, so daß der CoDec für eine niedrigere Bitrate oder eine bessere Fehlerbehebung konfiguriert werden kann.
- In H.263 sind vier optionale, aushandelbare Parameter zur Leistungssteigerung enthalten:
  - der *Unrestricted Motion Vector* Modus,
  - der *Syntax-based Arithmetic Coding* Modus,
  - der *Advanced Prediction* Modus und
  - die Vorwärts und Rückwärts-Frame-Prädiktion (ähnlich den P- und B-Frames in MPEG).
- Man erreicht oft dieselbe Qualität wie in H.261 mit weniger als der Hälfte der Zahl an Bits, wenn die verbesserten aushandelbaren Optionen in H.263 eingesetzt werden.
- H.263 unterstützt fünf Auflösungen. Zusätzlich zu QCIF und CIF, die auch schon in H.261 unterstützt wurden, existieren SQCIF, 4CIF und 16CIF. SQCIF hat etwa die halbe Auflösung wie QCIF. 4CIF und 16CIF entsprechen jeweils dem vier- bzw. 16-fachen der Auflösung von CIF. Die Unterstützung von 4CIF und 16CIF bedeutet, daß der CoDec sich durchaus mit anderen Kodierungsstandards für höhere Bitraten, wie MPEG, messen lassen kann.

7.6.1 Bildaufbereitung

H.261 definiert im Gegensatz zu JPEG das Format des zu kodierenden Bildes sehr genau. Die am Eingang anliegende Bildwechselfrequenz muß 30000/1001 = 29,97 Bilder/s betragen. Während des Kodierungsprozesses kann auch eine komprimierte Bildsequenz mit einer geringeren Bildwechselfrequenz von bspw. 10 oder 15 Bildern pro Sekunde generiert werden. Das Bild darf nicht im Zeilensprungverfahren am Eingang des Kodierers vorliegen. Das Bild ist als Luminanzsignal (Y) und Chrominanzdifferenzsignale C_b, C_r nach der in CCIR 601 definierten Unterabtastung kodiert (2:1:1), was später von MPEG übernommen wurde.

Es sind zwei Auflösungsformate mit jeweils einem 4:3-Seitenverhältnis spezifiziert worden: In dem sog. *Common Intermediate Format* (CIF) werden in der Luminanzkomponente 352 Zeilen mit je 288 Pixel definiert. Die Chrominanzebenen werden entsprechend der 2:1:1-Vorgabe mit 176 Zeilen und 144 Pixel je Zeile abgetastet.

Common Intermediate Format

Das *Quarter-CIF (QCIF)* hat genau die halbe Auflösung in allen Chrominanzkomponenten (d. h. 176×144 Pixel für die Luminanz und 88 × 72 Pixel für die anderen Ebenen). Alle H.261-Implementierungen müssen QCIF kodieren und dekodieren können, CIF ist hier optional.

Quarter Common Intermediate Format

Der notwendige Kompressionsgrad, um selbst ein Bild mit der geringen Auflösung von QCIF auf die Bandbreite eines ISDN-B-Kanals zu komprimieren, wird mit folgendem Beispiel deutlich: Der unkomprimierte QCIF-Datenstrom hat bei 29,97 Bilder/s eine Datenrate von ca. 9,115 Mbit/s. CIF hat bei derselben Bildwechselfrequenz eine unkomprimierte Datenrate von ca. 36,45 Mbit/s. Das zu verarbeitende Video sei mit 10 Bildern pro Sekunde zu komprimieren. Hier ist der hohe Kompressionsgrad von ca. 1:47,5 notwendig. Diese Anforderung ist heutzutage technisch sehr gut realisierbar.

Bei einem CIF-Format kann entsprechend eine Reduktion auf die Bandbreite von ca. 6 ISDN-Kanälen erfolgen. H.261 unterteilt sowohl die Y- als auch die C_b- und C_r-Komponenten in Blöcke zu je 8 x 8 Pixeln. Ein Makroblock entsteht als Zusammenfassung von vier Blöcken der Y-Matrix mit je einem Block aus der C_b- und der C_r- Ebene. Eine Gruppe von Blöcken (*Group of Blocks*) besteht aus je 3×11 Makroblöcken. Ein QCIF-Bild besteht also aus drei Gruppen von Blöcken, ein CIF-Bild aus zwölf Gruppen von Blöcken.

7.6.2 Kodierungsverfahren

Unter H.261 kann die Kodierung eines Bildes als *Intraframe* (hier werden zur Kodierung nur Daten aus dem jeweiligen betrachteten Bild verwendet. Die Kodierung als Intraframe unter H.261 entspricht der Kodierung als *Intrapicture* unter MPEG (siehe Kapitel 7.7.1) oder als *Interframe* (hier werden zur Kodierung Daten aus anderen Bildern verwendet. Die Kodierung als Interframe unter H.261 entspricht der Kodierung als P-Bild unter MPEG (siehe Kapitel 7.7.1) erfolgen. Der Standard schreibt nicht die Verwendung des einen oder des anderen Modus in Abhängigkeit bestimmter Parameter vor. Die Entscheidung muß beim Kodieren getroffen werden und hängt somit von der jeweiligen Implementierung ab.

Modi in H.263

In H.263 werden im Gegensatz zu H.261 vier verhandelbare Modi der Interframe-Kodierung vorgeschlagen. Diese können separat oder auch zusammen verwendet werden. Eine Ausnahme hierzu ist der *Advanced-Prediction-Modus*, der die Verwendung des *Unrestricted-Motion-Vector-Modus* voraussetzt.

Interframe-Kodierung in H.263

Die in H.263 neu hinzukommenden Modi der Interframe-Kodierung werden im folgenden kurz beschrieben:

1. *Modus der syntaxbasierten arithmetischen Kodierung*
   definiert die Verwendung der arithmetischen Kodierung anstelle der Kodierung mit variabler Länge. Hieraus resultieren identisch wiederherstellbare Bilder mit besserer Kompressionseffizienz.

2. *PB-Frames-Modus*
   kann die Bildrate ohne Veränderung der Bitrate steigern, indem zwei Bilder als Einheit kodiert werden. Diese Bilder müssen ein vorhergesagter (predicted) P-Frame und ein B-Frame (nach der Notation der P- und B-Frames in MPEG (siehe Abschnitt 7.7.1)), der bidirektional aus dem vorhergehenden und dem jetzigen P-Frame vorhergesagt wird, sein.

3. *Unrestricted-Motion-Vector-Modus*
   ermöglicht es Bewegungsvektoren, aus Bildern heraus zu zeigen. Dies ist speziell für kleine Bilder von Nutzen, in denen Bewegungen in Richtung der Ränder vorliegen.

4. *Advanced-Prediction-Modus*
   verwendet die Technik der *Overlapped Block Motion Compensation* (OBMC) für die Luminanzinformation der P-Frames. Hierdurch kann der Kodierer für jeden Makroblock mit einem 16×16-Vektor oder mit vier 8×8-Vektoren arbeiten. Die Verwendung kleinerer Vektoren bedingt zwar eine größere Anzahl von Bits, erlaubt aber eine bessere Vorhersage und insbesondere weniger Artefakte.

Intraframe

Bei der *Kodierung als Einzelbild* (*Intraframe*) wird jeder 8×8-Pixel-Block wie bei JPEG mit der DCT in 64 Koeffizienten transformiert. Der DC-Koeffizient wird auch hier unterschiedlich zu den AC-Koeffizienten quantisiert. Anschließend wird eine Entropiekodierung mit einem Code variabler Länge vorgenommen.

Interframe

Bei der *Kodierung als Interframe* wird für jeden Makroblock mit Hilfe einer Prädiktion ein möglichst ähnlicher Makroblock im vorangegangenen Bild gesucht. Die relative Position des vorherigen Makroblocks bezüglich des aktuell betrachteten Makroblocks definiert den Bewegungsvektor. Nach H.261 muß ein Kodierer nicht unbedingt einen Bewegungsvektor bestimmen können. Somit kann eine einfache H.261-Realisierung immer nur Differenzen zwischen sequentiell aufeinanderfolgenden Makroblöcken betrachten. Der Bewegungsvektor ist hier immer der Nullvektor. Anschließend werden der Bewegungsvektor und der DPCM-kodierte Makroblock weiterverarbeitet; dieser wird der DCT unterzogen, wenn er einen bestimmten Schwellwert überschreitet. Ist die Differenz geringer als der Schwellwert, so wird der betrachtete Makroblock nicht weiter kodiert. Hier wird dann ausschließlich der Bewegungsvektor betrachtet. Die Komponenten eines Bewegungsvektors werden mit Hilfe eines Codes variabler Länge entropiekodiert; hierbei entsteht kein Verlust.

Die transformierten Koeffizienten werden alle linear quantisiert und in Wörter variabler Länge entropiekodiert.

Zwischen der DCT und der Entropiekodierung kann optional ein optischer Tiefpaß geschaltet werden. Über diesen Filter wird ein eventuell vorhandenes hochfrequentes Bildrauschen entfernt. Eine H.261-Implementierung eines Kodierers muß nicht unbedingt diesen Filter beinhalten.

Der Quantisierer arbeitet linear. Seine Schrittweite wird in Abhängigkeit des Füllstandes eines Übertragungsspeichers geregelt, so daß eine konstante Datenrate am Ausgang des Kodierers gewährleistet ist. Über diese Rückkopplung wird somit auch die Bildqualität beeinflußt.

7.6.3 Datenstrom

Ein Datenstrom gemäß H.261/H.263 ist in mehrere Schichten aufgeteilt und beinhaltet auf der untersten Ebene die komprimierten Bilder. Einige interessante Eigenschaften von H.261 und H.263 seien hier genannt (weitere Details sind in [ITUC90] zu finden):
- Der Datenstrom beinhaltet Angaben zu einer Fehlerkorrektur, empfiehlt aber die Verwendung einer externen Fehlerkorrektur wie z. B. H.223.
- Für jedes Bild wird in H.261 eine 5-bit-lange Bildnummer angegeben, die als zeitliche Referenz genutzt werden kann. In H.263 wird eine 8-bit-lange Bildnummer verwendet.
- Bei der Dekodierung kann infolge eines Kommandos an den Dekoder das zuletzt angezeigte Bewegtbild als Standbild „eingefroren" werden. Hierdurch kann eine Anwendung ohne zusätzlichen Aufwand eine Videoszene anhalten/einfrieren bzw. starten/abspielen. *Videosteuerung*
- Über ein weiteres Kommando, das vom Kodierer gesendet wird, kann von der Einzelbild- in die Bewegtbilddarstellung umgeschaltet werden. Als Alternative kann hier auch anstatt des expliziten Kommandos ein *Time-Out* verwendet werden.

7.6.4 H.263+ und H.263L

H.263+ ist eine geplante Erweiterung des existierenden H.263-Standards. Die Verbesserungen werden wahrscheinlich eher gering sein, bspw. im Bereich weiterer Kodierungsoptionen. Beispiele von Methoden, die in H.263+ aufgenommen werden sollen, sind die 4×4 DCT, eine verbesserte Intrakodierung und ein Blockkantenfilter in der Vorhersageschleife.

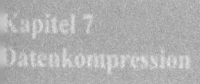

H.263L ist eine weitere Verbesserung von H.263 mit einem längeren Zeithorizont als H.263+. Hier werden größere Änderungen erwartet. H.263L könnte mit der Entwicklung von MPEG-4 konform gehen.

7.7 MPEG

MPEG wurde in der ISO/IEC JTC1/SC 29/WG 11 entwickelt bzw. definiert. Zusammen mit Bewegtbildern wird hier auch die Audiokodierung bearbeitet. Unter Berücksichtigung des heutigen Entwicklungsstandes digitaler Massenspeicher aus der CD-Technologie wird eine Datenrate des komprimierten Stroms von ca. 1,2 Mbit/s angestrebt. MPEG schreibt eine konstante Datenrate von maximal 1.856.000 bit/s vor, die nicht überschritten werden sollte [ISO93a]. Hier ist jeder Audiokanal in Schritten zu je 16 Kbit/s wahlweise zwischen 32 und 448 kbit/s enthalten. Diese Datenrate ermöglicht eine Video- und Audiokompression mit akzeptabler Qualität. Seit 1993 liegt MPEG als IS (*International Standard*) vor [ISO93a]. MPEG berücksichtigt explizit die Entwicklungen anderer *Normungsaktivitäten*:

- *JPEG*: Bewegtbilder können ebensogut als eine Folge von Standbildern verstanden werden. Außerdem eilt(e) die JPEG-Entwicklung der MPEG-Standardisierung immer etwas voraus. Damit verwenden die MPEG-Arbeiten die JPEG-Ergebnisse.
- *H.261*: Weil H.261 schon als Standard während der Erarbeitung von MPEG vorlag, strebt MPEG zumindest in einigen Bereichen eine gewisse Kompatibilität zu diesem Standard an. Hier sollten Implementierungen problemlos realisierbar sein, die sowohl H.261 unterstützen als auch MPEG-fähig sind. MPEG ist dabei das technisch fortschrittlichere Verfahren. Für H.263 wurden umgekehrt Techniken von MPEG verwendet.

MPEG ist vorzugsweise als asymmetrische Kompression konzipiert, es kann jedoch bei geeigneter Implementierung auch symmetrische Anforderungen erfüllen. Eine asymmetrische Kompression erfordert zum Kodieren einen wesentlich höheren Aufwand als zur Dekodierung. Anwendungen führen den Kompressionsvorgang einmal durch, die Dekompression wird jedoch sehr häufig erfolgen. Abfragedienste sind hierfür ein typischer Anwendungsbereich. Eine symmetrische Kompression ist durch einen ähnlichen Aufwand für die Kompression und Dekompression gekennzeichnet. Interaktive Dialoganwendungen benötigen diese Art des Kodierungsverfahrens, das auch eine begrenzte Verzögerung dieses Prozesses voraussetzt.

Der MPEG-Standard besteht neben der Spezifikation der Video- [Le 91, VG91] und Audiokodierung aus einer *Systemdefinition*. Hier wird die Zusammenführung einzelner Datenströme zu einem gemeinsamen Strom beschrieben.

7.7.1 Videokodierung

Die *Bildaufbereitung* von MPEG legt im Gegensatz zu JPEG, aber ähnlich zu H.263 den Aufbau eines Bildes sehr genau nach dem in Abb. 7-1 auf Seite 120 gezeigten Referenzschema fest.

Bildaufbereitung

Ein Bild muß aus drei Ebenen (Komponenten) bestehen: Neben der Luminanz Y sind dies die beiden Farbdifferenzkomponenten C_r und C_b (ähnlich dem YUV-Format). Die Luminanzkomponente hat in horizontaler und vertikaler Richtung die doppelte Auflösung wie die anderen beiden Ebenen (Color-Subsampling), dabei sollte die Luminanzkomponente die Anzahl von 768×576 Pixel nicht überschreiten. Es wird mit einer Tiefe von 8 bit pro Pixel in jeder Ebene gearbeitet. *3 Bildkomponenten*

Ein MPEG-Datenstrom beinhaltet auch Informationen, die in JPEG nicht Bestandteil der komprimierten Daten sind; bspw. das Verhältnis *Höhe zu Breite* der Pixel. MPEG erlaubt vierzehn unterschiedliche Seiten-Verhältnisse eines Pixels. Die wesentlichen sind:

- Ein quadratisches Pixel (1:1) ist für die meisten Computergrafiksysteme geeignet.
- Für ein 625-Zeilen-Bild ist ein Verhältnis von 16:9 definiert (europäisches HDTV).
- Für ein 525-Zeilen Bild ist auch ein Verhältnis von 16:9 definiert (U. S. HDTV).
- Mit 702×575 Pixel ist ein Seiten-Verhältnis von 4:3 definiert.
- Mit 711×487 Pixel ist auch ein Seiten-Verhältnis von 4:3 definiert.

Auch die Bildwechselfrequenz ist Bestandteil des Datenstroms. Es wurden bisher 8 Frequenzen definiert (23,976 Hz, 24 Hz, 25 Hz, 29,97 Hz, 30 Hz, 50 Hz, 59,94 Hz und 60 Hz), somit sind keine niedrigen Bildwechselfrequenzen erlaubt.

Eine Prädiktion von Einzelbildern wirkt sich meistens in einer erheblichen Reduktion der Datenmenge aus. Bildbereiche mit unregelmäßig starken Bewegungsabläufen werden hier jedoch nur zu einer der Intraframe-Kodierung ähnlich großen Datenmenge reduziert. Die Verwendung von zeitlichen Prädiktoren erfordert die Speicherung einer Vielzahl von vorher bestimmten Informationen und Bilddaten. Deshalb kann in Abhängigkeit des erforderlichen Speicherplatzes und des erreichbaren Kompressionsgrades abgewogen werden, in welchem Umfang die Prädiktion eingesetzt wird.

Die Prädiktion ist jedoch meistens nur für Bildbereiche (und nicht für das gesamte Bild) sinnvoll. Das Bild wird deshalb aus solchen Bildbereichen (*Makroblöcke*) zusammengesetzt. Ein MPEG-Makroblock wird zu je 16×16 Pixel in der Luminanz-Komponente, inklusive je 8×8 Pixel in den beiden Chrominanzebenen, aufgeteilt. Diese Größen eignen sich zur Kompression auf der Basis einer Bewegungsschätzung besonders gut. Sie sind ein Kompromiß zwi- *Makroblöcke* schen dem Rechenaufwand, der zur Schätzung betrieben werden muß, und der sich aus der Schätzung ergebenden Datenreduktionsrate. Innerhalb eines Makroblocks werden die 6 Blöcke zu je 8×8 Pixel sequentialisiert; zuerst werden die vier Luminanzblöcke, anschließend die zwei Chrominanzblöcke gebildet. Es existieren keine vom Anwender zu definierenden MCUs wie in JPEG, weil der Bildaufbau über die vorgeschriebene Bildwechselfrequenz innerhalb von maximal 41,7 ms erfolgt. Die drei Komponenten werden gemeinsam komprimiert und dekomprimiert. In MPEG kann aus Benutzersicht ein progressiver Bildaufbau keine wesentlichen Vorteile gegenüber einem sequentiellen Aufbau besitzen.

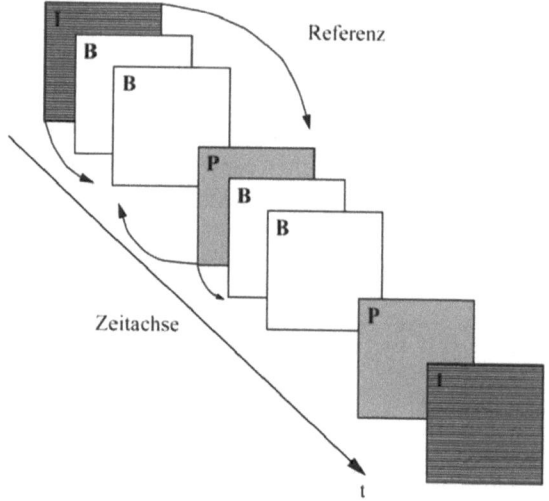

Abb. 7-21
Arten der Einzelbilder in MPEG.
I-, B- und P-Frame.

Bildverarbeitung

Zur Bildverarbeitung müssen in MPEG vier Arten der Kodierung eines Bildes unterschieden werden. Der Grund hierfür liegt in der widersprüchlichen Anforderung einer effizienten Kodierung bei gleichzeitigem wahlfreiem Zugriff. Um einen hohen Kompressionsgrad zu erreichen, müssen zeitliche Redundanzen aufeinanderfolgender Bilder ausgenutzt werden. Der schnelle wahlfreie Zugriff bedingt eine Einzelbildkodierung. Im einzelnen werden folgende Bilder unterschieden, wobei der Begriff „Bild" hier als Synonym zu „Einzelbild" bzw. „Frame" verwendet wird:

I-Bilder

- *I-Bilder (Intra Coded Pictures)* werden ohne zusätzliche Informationen bzgl. anderer Einzelbilder kodiert (Intraframe-Kodierung). Ein I-Bild wird wie ein Standbild behandelt; hier wurde in MPEG auf die Ergebnisse von JPEG zurückgegriffen. Die Kompression muß jedoch im Gegensatz zu JPEG auch in Echtzeit möglich sein. Die Kompressionsrate ist deshalb am geringsten. I-Bilder bilden die Anker für den wahlfreien Zugriff.

- *P-Bilder (Predictive Coded Pictures)* benötigen zur Kodierung und Dekodierung Informationen bzgl. vorangegangener I- oder P-Bilder. Zur Dekodierung ist hier die Dekompression des vorherigen I-Bildes und aller eventuell dazwischenliegenden P-Bilder nötig. Dafür ist die Kompressionsrate gegenüber I-Bildern erheblich höher. Ein P-Bild läßt den Zugriff auf das folgende P-Bild zu, wenn dazwischen kein I-Bild liegt.
- *B-Bilder (Bidirectionally Predictive Coded Pictures)* benötigen zur Kodierung und Dekodierung Informationen vorangegangener und später auftretender I- oder P- Bilder. Die höchste Kompressionsrate ist durch die Kodierung als B-Bild erreichbar. Es entsteht als Differenzbild zur Prädiktion aus einem vorherigen und einem nachfolgenden I- oder P-Bild, kann aber niemals als Referenz auf andere Bilder dienen.
- *D-Bilder (DC Coded Pictures)* sind Intraframe-kodiert und werden für einen schnellen Vorlauf verwendet. Hier werden bei der DCT nur die DC-Parameter kodiert, die AC-Parameter werden vernachlässigt.

Abb. 7-21 auf Seite 152 zeigt eine Folge von I-, P- und B-Bildern. Hier ist auch exemplarisch die Prädiktion für das erste P-Bild und die bidirektionale Prädiktion für ein B-Bild angegeben. Es sei angemerkt, daß sich die Reihenfolge der zu präsentierenden Bilder aufgrund der B-Bilder in einem MPEG-kodierten Videostrom von der eigentlichen Dekodierungsreihenfolge unterscheidet.

Die Gesetzmäßigkeit einer Folge von I-, P- und B-Bildern wird von der MPEG-Anwendung bestimmt. Eine extreme Auflösung in bezug auf die Forderung nach wahlfreiem Zugriff würde am besten durch eine Kodierung des gesamten Stroms als I-Bilder erreicht. Die höchste Kompressionsrate ist über eine Kodierung mit möglichst vielen B-Bildern zu erzielen. Für praktische Anwendungen hat sich die Folge von IBBPBBPBB IBBPBBPBB... als sinnvoll herausgestellt: Ein wahlfreier Zugriff hat dann eine Auflösung von neun Einzelbildern (d. h. ca. 330 ms) bei einer sehr guten Kompressionsrate. Alle 15 Bilder sollte ein I-Bild vorkommen.

Die folgende vertiefende Beschreibung der *Bildverarbeitung, Quantisierung* und *Entropiekodierung* unterscheidet die verschiedenen Bildarten.

I-Bilder

I-Bilder verwenden die innerhalb der Makroblöcke definierten 8×8 Blöcke und führen eine DCT wie in JPEG durch. Die DC-Koeffizienten werden anschließend nach der DPCM kodiert; Differenzen werden hier zwischen aufeinanderfolgenden Blöcken jeweils einer Komponente gebildet und in ein Codewort variabler Länge transformiert. AC-Koeffizienten werden Lauflängenkodiert und anschließend in ein Codewort variabler Länge transformiert. MPEG unterscheidet hier zwei Arten von Makroblöcken: solche, die ausschließlich die kodierten Daten enthalten und diejenigen, die zusätzlich einen Parameter zur Skalierung der ab dann zu verwendenden Quantisierungskennlinie beinhalten.

P-Bilder

Bei der Kodierung von P-Bildern wird die Tatsache ausgenutzt, daß sich in aufeinanderfolgenden Bildern Bildbereiche oft nicht verändern, sondern nur verschieben (bewegen). Hier muß der zu einem Block möglichst ähnliche Makroblock im vorangegangenen P- bzw. I-Bild ermittelt werden. Dafür wird eine einfache Differenzbildung aller Absolutwerte der Luminanzkomponente vorgenommen: Der minimale Betrag der Summe aller Differenzen zeichnet den ähnlichsten Makroblock aus. MPEG schreibt keinen Algorithmus zur Bewegungsschätzung vor, sondern spezifiziert die Kodierung des Ergebnisses. Zu kodieren ist dann nur noch der Bewegungsvektor (die örtliche Differenz der beiden Makroblöcke) und die geringe Differenz zwischen diesen Makroblöcken. Die Größe der Suchumgebung, d. h. die maximal mögliche Länge des Bewegungsvektors, ist nicht im Standard festgelegt. Je größer die Suchumgebung, desto effektiver wird die Bewegungsschätzung, desto langsamer wird jedoch auch diese Berechnung [ISO93a].

Suchumgebungen

P-Bilder können aus Makroblöcken wie in den I-Bildern und sechs unterschiedlichen prädiktiven Makroblöcken bestehen. An dieser Stelle muß der Kodierer im wesentlichen entscheiden, ob ein Makroblock prädiktiv oder wie bei einem I-Bild kodiert wird, und ob er einen zu kodierenden Bewegungsvektor besitzt oder nicht. Ein P-Bild kann demnach auch Makroblöcke besitzen, die mit demselben Verfahren der I-Bilder kodiert sind.

Zur Kodierung der für P-Bilder spezifischen Makroblöcke muß sowohl die Differenzbildung als auch der Bewegungsvektor betrachtet werden: Die Differenzwerte zwischen allen sechs 8×8-Pixel-Blöcken des möglichst ähnlichen Makroblockes und dem zu kodierenden Makroblock werden mit der zweidimensionalen DCT transformiert. Zur weiteren Datenreduktion werden Blöcke nicht weiterverarbeitet, die ausschließlich DCT-Koeffizienten mit dem Wert Null besitzen. Diese Eigenschaft wird über einen 6-bit-langen Wert gespeichert und dem kodierten Datenstrom später wieder hinzugefügt. Anschließend werden hier der DC und die AC-Koeffizienten nach demselben Verfahren weiterkodiert. Dies ist unterschiedlich zu JPEG und der Kodierung der Makroblöcke von I-Bildern. Es erfolgt eine Lauflängenkodierung und anschließend die Bestimmung eines Codewortes variabler Länge (nicht nach Huffman, aber sehr ähnlich dazu). Die Bewegungsvektoren benachbarter Makroblöcke unterscheiden sich meist nur geringfügig voneinander. Deshalb wird hier eine DPCM-Kodierung vorgenommen. Das Ergebnis wird nochmals über eine Tabelle und durch eine weitere Berechnung in ein Wort variabler Länge transformiert.

B-Bilder

Bei B-Bildern wird zusätzlich noch das nachfolgende P- oder I-Bild bei einer Prädiktion betrachtet. Folgendes Beispiel verdeutlicht die Vorteile einer bidirektionalen Prädiktion:

Beispiel — In einer Bildsequenz bewegt sich ein Ball von links nach rechts vor einem statischen Hintergrund. Im linken Bereich des Bildes erscheinen nach und nach Teile, die in den vorhergehenden Einzelbildern noch vom rotierenden Ball abgedeckt waren. Die Prädiktionen für diese Bildbereiche werden dann idealerweise nicht aus einem vorherstehenden, sondern aus einem noch folgenden Einzelbild abgeleitet. Ein Makroblock kann hier aus vorherigen und den noch folgenden Makroblöcken von P- oder I-Bildern bestimmt werden. Bewegungsvektoren können auch in orthogonalen Richtungen (also in x- und in y-Richtung) weisen. Eine Prädiktion kann weiterhin beide ähnlichen Makroblöcke *interpolieren*. Hierzu werden zwei Bewegungsvektoren kodiert, wobei eine Differenz zwischen dem zu kodierenden Makroblock und den interpolierten Makroblöcken gebildet wird. Die weitere Quantisierung und Entropiekodierung wird wie bei P-Bild-spezifischen Makroblöcken realisiert. B-Bilder erfordern keine Speicherung im Dekoder, um anschließend als Referenzbild zu dienen.

D-Bilder

D-Bilder beinhalten nur niedrige Frequenzanteile eines Bildes. Ein D-Bild besteht stets aus einer Art von Makroblock. Hier werden ausschließlich die DC-Koeffizienten der DCT kodiert. Sie dienen der Anzeige bei einem schnellen Vorlauf. Dies kann jedoch auch über eine geeignete Plazierung von I-Bildern realisiert werden. Dafür müssen diese I-Bilder periodisch im Datenstrom auftreten. Ein langsamer Rücklauf erfordert bei MPEG jedoch erheblichen Speicherplatz. Hierfür müssen alle Bilder, die zu einer Gruppe zusammengefaßt wurden, zuerst vorwärts dekodiert und gespeichert werden; sie werden als *Group of Pictures* bezeichnet. Anschließend kann eine Wiedergabe rückwärts erfolgen.

Quantisierung

In bezug auf die Quantisierung sei angemerkt, daß die AC-Koeffizienten bei B- und P- Bildern meist sehr groß sind, während diese bei I-Bildern sehr geringe Werte annehmen. Dementsprechend paßt sich auch der MPEG-Quantisierer an. Steigt die Datenrate zu sehr an, so wird gröber, im umgekehrten Fall feiner quantisiert.

7.7.2 Audiokodierung

Die Audiokodierung ist in MPEG kompatibel zu der Kodierung von Audiodaten für eine *Compact Disc Digital Audio* (CD-DA) und für ein *Digital Audio Tape* (DAT). Das wesentliche Kriterium ist hier die Abtastrate von wahlweise 44,1 kHz oder 48 kHz (zusätzlich 32 kHz) und mit 16 bit pro Abtastwert. Eine Kompression erfolgt hier für je ein Audiosignal zu 64, 96, 128 oder 192 kbit/s.

Layer — Es werden hier drei Qualitätsstufen *(Layer)* mit unterschiedlichem Kodierungs- und Dekodierungsaufwand definiert. Die Realisierung einer höheren

Stufe muß immer auch MPEG-Audio einer niedrigeren Stufe dekodieren können [Mus90].

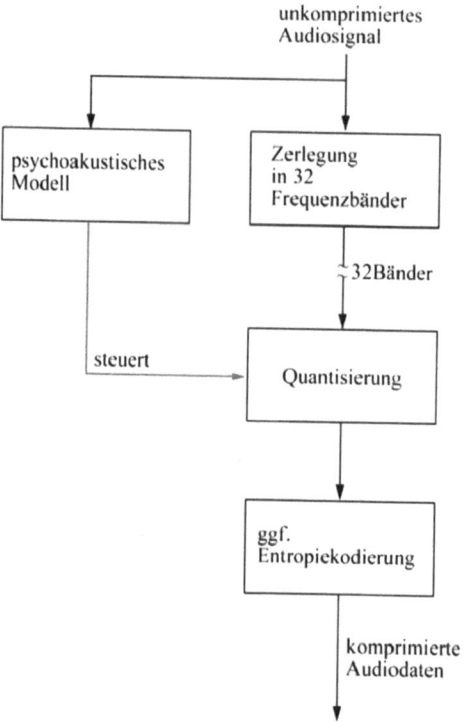

Abb. 7-22 MPEG-Audiokodierung.

Fast Fourier Transformation

Psychoakustisches Modell

Joint Stereo

Ähnlich wie im Verfahren der zweidimensionalen DCT für Video wird hier eine Frequenztransformation vorgenommen. Hierzu eignet sich die *Fast Fourier Transformation* (FFT). Damit wird (siehe Abb. 7-22) der jeweilige Anteil des Spektrums aus einem der 32 nicht-überlappenden Frequenzbänder bestimmt. Es erfolgt also eine Zerlegung des Tonsignals in 32 Frequenzbänder. Die Quantisierung der verschiedenen Spektralanteile kann unterschiedlich erfolgen. Hierfür wird parallel zur eigentlichen FFT über ein *psychoakustisches Modell* der Rauschpegel in jedem dieser Frequenzbänder bestimmt. Bei einem starken Rauschen kann auch eine gröbere Quantisierung erfolgen. Ein geringer Rauschpegel führt zu einer hohen Auflösung. Die so quantisierten Spektralanteile werden in der ersten und zweiten Stufe einfach PCM-kodiert und in der dritten Stufe anschließend nach Huffman kodiert.

Die Audiokodierung kann sich hier auf einen Kanal, zwei unabhängige Kanäle oder den Stereoton beziehen. Der Stereoton kann nach der MPEG-Spezifikation in zwei Arten vorliegen: Zum einen lassen sich beide Kanäle völlig unabhängig voneinander verarbeiten, zum anderen gibt es den Modus des *Joint Stereo*. In diesem Fall berücksichtigt MPEG die zwischen beiden Kanälen vorhandenen Redundanzen und erreicht somit einen höheren Kompressionsgrad.

Jede Ebene definiert 14 feste Bitraten für den kodierten Audiodatenstrom, die in MPEG durch einen Bitratenindex adressiert werden. Der Minimalwert ist hierbei stets 32 Kbit/s. Diese Ebenen unterstützen verschiedene maximale Bitraten: Ebene 1 erlaubt eine maximale Bitrate von 448 Kbit/s, Ebene 2 von 384 Kbit/s und Ebene 3 von 320 Kbit/s. Ein Dekoder muß für die Ebenen 1 und 2 keine variable Bitrate unterstützen. In Ebene 3 wird eine variable Bitrate derart spezifiziert, daß der Bitratenindex umgeschaltet werden kann. In Ebene 2 sind nicht alle vorstellbaren Kombinationen von Bitrate und Modus erlaubt:

Kombinationen von Bitrate und Modus

- 32 Kbit/s, 48 Kbit/s, 56 Kbit/s und 80 Kbit/s sind nur für einen einzigen Kanal erlaubt.
- 64 Kbit/s, 96 Kbit/s, 112 Kbit/s, 128 Kbit/s, 160 Kbit/s und 192 Kbit/s sind für alle Modi erlaubt.
- 224 Kbit/s, 256 Kbit/s, 320 Kbit/s, 384 Kbit/s sind für die Modi *Stereo*, *Joint Stereo* und *Dual Channel* erlaubt.

7.7.3 Datenstrom

MPEG spezifiziert genau wie JPEG eine feste Syntax für den komprimierten Audio- und Videodatenstrom.

Audiostrom

Ein Audiostrom gliedert sich in *Frames*, diese wiederum in *Audio Access Units* und diese weiterhin in *Slots*. Ein Slot besteht bei der niedrigsten Komplexität der Kodierung (Ebene 1) aus 4 byte, sonst jeweils aus einem byte. Ein Frame besteht immer aus einer festen Anzahl von Abtastwerten. Unter einer *Audio Access Unit* versteht man die kleinstmögliche Audiosequenz komprimierter Daten, die, unabhängig von allen übrigen Daten, vollständig dekodiert werden kann. Die in einem Frame enthaltenen Audio Access Units ergeben bei 48 kHz eine Spieldauer von 8 ms, bei 44,1 kHz 8,7 ms und bei 32 kHz 12 ms. Bei Stereoton sind in einem Frame die Daten beider Kanäle enthalten.

Frames
Audio Access Units
Slots

Videostrom

Der Videostrom teilt sich in 6 Schichten auf:

1. Die oberste Schicht stellt der *Sequence Layer* dar. Hier wird die Zwischenspeicherung der Daten gesteuert. Da es nicht sehr sinnvoll ist, einen Datenstrom zu generieren, der beim Dekodieren zu hohe Anforderungen an die benötigte Speicherkapazität stellt, enthält der *Sequence Layer* zu Beginn u. a. folgende zwei Einträge: Die für eine Sequenz konstante *Bitrate* und den zur Dekodierung minimal notwendigen *Speicherplatz*.
   Hinter dem Quantisierer befindet sich ein sog. *Video-Buffer-Verifier*, der die bei der Dekodierung entstehende Bitrate zur Überprüfung der Verzögerungszeit verwendet. Der *Video-Buffer-Verifier* wirkt damit auf den Quantisierer ein und bildet somit ein Art Regelkreis. Eine Folge solcher Sequenzen

Sequence Layer

Video-Buffer-Verifier

kann dann aber durchaus eine variierende Bitrate besitzen. Bei der Dekodierung mehrerer in Folge auftretender Sequenzen werden oftmals zwischen dem Ende einer Sequenz und dem Beginn einer nachfolgenden Folge für eine gewisse Zeit keine Daten ausgegeben, da die grundlegenden Parameter des Dekoders neu gesetzt werden müssen und eine Initialisierung ausgeführt werden muß.

Group of Pictures Layer

2. Der *Group of Pictures Layer* bildet die nächste Ebene. Sie beinhaltet mindestens ein I-Bild, das eines der ersten Bilder ist. Hierauf kann immer ein wahlfreier Zugriff erfolgen. In dieser Schicht kann man zwischen der Reihenfolge der Bilder im Datenstrom und der der Anzeige unterscheiden. Im Datenstrom muß immer zuerst ein I-Bild stehen. So kann der Dekoder zuerst das Referenzbild dekodieren und speichern. Bezüglich der Präsentation können sich jedoch auch B-Bilder noch vor dem I-Bild befinden. Zur Erklärung dient folgendes Beispiel:

Tab. 7-4 Reihenfolge der Übertragung und Darstellung von Bildern eines MPEG-Datenstroms.

Reihenfolge der Übertragung												
Bildart	I	P	B	B	P	B	B	P	B	B	I	B	B
Bildnummer	1	4	2	3	7	5	6	10	8	9	13	11	12

Reihenfolge der Darstellung												
Bildart	I	B	B	P	B	B	P	B	B	P	B	B	I
Bildnummer	1	2	3	4	5	6	7	8	9	10	11	12	13

Picture Layer

3. Der *Picture Layer* beinhalt je ein gesamtes Einzelbild. Hier ist auch der zeitliche Bezug der Bilder über die Bildnummer definiert. Diese Nummer ist im obigen Beispiel unter dem jeweiligen Bild angegeben. Es sind bspw. auch Datenfelder definiert, die in MPEG heute noch nicht benötigt werden und die ein Dekoder nicht verwenden darf. Sie sind für zukünftige Erweiterungen vorgesehen.

Slice Layer

4. Der *Slice Layer* bildet die nächste Ebene. Jedes *Slice* besteht aus einer Anzahl von Makroblöcken, die sich von Bild zu Bild ändern können. Hier ist z. B. die Skalierung der DCT-Quantisierung für alle Makroblöcke eines *Slices* enthalten.

Macroblock Layer

5. Die nächste Schicht bildet der *Macroblock Layer* mit den schon vorher diskutierten Eigenschaften eines jeden Makroblocks.

Block Layer

6. Die unterste Schicht ist der *Block Layer*, die, ebenso wie der Makroblock, schon vorher beschrieben wurde.

Systemdefinition

In MPEG wird zusätzlich mit Hilfe der Systemdefinition eine Zusammenfassung dieser beiden Datenströme zu einem einzigen Strom definiert. Bei dieser Zusammenfassung wird als wichtigste Aufgabe der Vorgang des eigentlichen Multiplexens festgelegt. Zum Multiplexen zählt auch die Datentransferkoordination der ankommenden Datenströmen mit den herausgehenden, die Justierung der Uhren und das Puffermanagement. Deshalb wird der nach ISO 11172 definierte Datenstrom in einzelne *Packs* unterteilt. Der Dekoder erhält über diesen gemultiplexten Datenstrom seine notwendigen Daten. Als Beispiel sei hier die maximal auftretende Datenrate genannt, die zu Beginn eines jeden ISO-11172-Datenstroms im ersten Pack enthalten ist.

Bei der Definition dieses Datenstromes werden implizite Annahmen getroffen: Greift man auf Daten zu, die auf einem Sekundärspeichermedium abgelegt sind, so kann eine Header-Information sehr gut vor einem ersten, ggf. wahlfreien Zugriff, gelesen werden. Auch in einem Dialogdienst über Kommunikationsnetze, wie bspw. dem Telefon oder Videofon, wird ein Teilnehmer immer zuerst die Header-Information erhalten. Kritisch anzusehen ist hierbei jedoch eine Verteilungsanwendung, in denen sich ein Teilnehmer zu einem beliebigen Zeitpunkt zuschalten kann. Die benötigte Header-Information steht dann nicht direkt zur Verfügung, weil ein ISO-11172-Datenstrom diese Information nur am Anfang überträgt. Über ein zu definierendes Protokoll könnte die Header-Information jedoch bei Bedarf zusätzlich übertragen werden.

Zugriff auf Header

MPEG stellt für einen nach ISO 11172 generierten Datenstrom auch die zur Synchronisation erforderlichen Zeitstempel zur Verfügung. Diese betreffen immer eine Beziehung zwischen gemultiplexten Strömen und nicht andere Datenströme, die gemäß ISO 11172 existieren.

Es ist zu erwähnen, daß MPEG keine Kompression in Echtzeit vorschreibt. Weiterhin definiert MPEG den Dekodierungsprozeß, nicht aber den Dekoder selber.

7.7.4 MPEG-2

Man geht heute davon aus, daß sich die Qualität einer nach MPEG komprimierten Videosequenz bei der vorgegebenen maximalen Datenrate von ca. 1,5 Mbit/s nicht mehr wesentlich verbessern läßt. Hierbei soll nur das Ergebnis (der Kompressionsfaktor und die Qualität) zählen, der dazu nötige Aufwand allerdings nicht. Im Bereich der Bewegtbildkodierung wird deshalb an Kompressionsverfahren für einen Bereich von bis zu 100 Mbit/s gearbeitet. Dies wird mit „MPEG-2" [ISO93b] bezeichnet. Während MPEG-1 die bisher etablierten Verfahren kennzeichnet, zielt MPEG-2 auch auf eine höhere Bildauflösung, ähnlich der digitalen Videostudionorm CCIR 601, ab.

Um eine Lösung zu gewährleisten, die einen breiten Anwendungsbereich abdecken kann, entwickelte die ISO/IEC Working Group ISO/IEC JTC1/SC29/WG11 in enger Zusammenarbeit mit der ITU-TS Study Group 15 *Experts Group for ATM Video Coding* MPEG-2. Neben diesen beiden Gremien

MPEG-2-Gremien

arbeiteten auch weitere Vertreter der ITU-TS, EBU, ITU-RS, SMPTE und der nordamerikanischen HDTV-Interessenten an MPEG-2 mit.

Die MPEG-Gruppe entwickelte den *MPEG-2-Videostandard*, der den kodierten Bitstrom für digitales Video hoher Qualität spezifiziert. Als kompatible Erweiterung setzt MPEG-2-Video auf dem fertiggestellten MPEG-1-Standard auf, indem verzahnte Videoformate (interlaced Video) und eine Reihe weiterer Eigenschaften, unter denen die Unterstützung von hochqualitativem digitalen Fernsehen zu nennen sind, integriert werden.

Tab. 7-5 MPEG-2-Profile und -Ebenen. Man beachte, daß leere Zellen nicht definierte Werte enthalten [Sch93].

	Namen der Profile	Simple Profile	Main Profile	SNR-skalierbares Profil	Räumlich skalierbares Profil	High Profile
Profile	Eigenschaften der Profile	keine B-Frames	B-Frames	B-Frames	B-Frames	B-Frames
		4:2:0	4:2:0	4:2:0	4:2:0	4:2:0 oder 4:2:2
		Nicht skalierbar	Nicht skalierbar	SNR-skalierbar	SNR- oder räumlich skalierbar	SNR- oder räumlich skalierbar
Level - Ebenen	High Level 1920 Pixel/Zeile 1152 Zeilen		≤ 80 MBit/s			≤ 100 MBit/s
	High-1440 Level 1440 Pixel/Zeile 1152 Zeilen		≤ 60 MBit/s		≤ 60 MBit/s	≤ 80 MBit/s
	Main Level 720 Pixel/Zeile 572 Zeilen	≤ 15 MBit/s	≤ 15 MBit/s	≤ 15 MBit/s		≤ 20 MBit/s
	Low Level 352 Pixel/Zeile 288 Zeilen		≤ 4 MBit/s	≤ 4 MBit/s		

MPEG-2 Main Profile

Als generischer internationaler Standard wurde MPEG-2-Video in Form von erweiterbaren Profilen definiert, von denen jedes die Möglichkeiten unterstützt, die eine Anwendungsklasse benötigt. Das *MPEG-2 Main Profile* wurde festgelegt, um die Übertragung digitalen Videos im Bereich von ca. 2 bis 80 Mbit/s über Kabel, Satellit und andere Broadcast-Kanäle zu unterstützen. Eine weitere wichtige Aufgabe ist hierbei die Unterstützung der digitalen Speicherung und anderer Kommunikationsanwendungen. Die Parameter des *Main Profile* und die des *High Profile* können auch für hochqualitatives Fernsehen verwendet werden.

High Profile

Profil-Erweiterungen

Die MPEG-Experten erweiterten die Eigenschaften des Main Profile zusätzlich um die Definition eines *hierarchischen* bzw. *skalierbaren Profils*. Dieses soll Anwendungen, wie etwa das kompatible terrestrische Fernsehen, Videosysteme auf der Basis von Paketnetzwerken, die Abwärtskompatibilität mit existierenden Standards (MPEG-1 und H.261) und andere Anwendungen, für die eine mehrschichtige Kodierung erforderlich ist, unterstützen. Ein derartiges System könnte dem Klienten bspw. die Option anbieten, entweder einen kleinen portablen Empfänger zur Dekodierung von Standard-Fernsehen einzusetzen oder einen größeren fest installierten Empfänger, der aus demselben Broadcast-Signal hochauflösendes Fernsehen dekodieren kann.

Alle Profile können in der in Tab. 7-5 auf Seite 160 angegebenen 5 x 4 Matrix angeordnet werden. Die horizontale Achse bezeichnet Profile mit einem zunehmenden Funktionalitätsumfang. Die vertikale Achse zeigt die Ebenen mit zunehmender Parameteranzahl an, bspw. kleinere und größere Frame-Größen. Das *Main Profile* im *Low Level* spezifiziert bspw. 352 Pixel/Zeile, 288 Zeilen/Frame mit 30 Frames/s, in denen B-Frames auftreten dürfen, und die die Datenrate 4 Mbit/s nicht überschreiten darf; das *Main Profile* im *High Level* spezifiziert 1920 Pixel/Zeile, 1152 Zeilen/Frame und 60 Frames/s mit einer Datenrate, die 80 Mbit/s nicht überschreiten darf.

MPEG-2 betrachtet, ähnlich dem hierarchischen Modus in JPEG, eine Skalierungsmöglichkeit der komprimierten Bewegtbilder [GV92]. Hierbei werden Bewegtbilder bei der Kodierung in verschiedenen Qualitäten komprimiert, so daß bei einer Dekompression derselben Daten verschiedene Alternativen zur Verfügung stehen [Lip91, GV92]. Diese Skalierung kann sich auf unterschiedliche Parameter auswirken:

Auswirkung der Skalierung

- Eine räumliche Skalierung ermöglicht die Dekompression von Bildsequenzen mit unterschiedlicher horizontaler und vertikaler Auflösung. Hier könnten in demselben Datenstrom Bilder mit ca. 352×288 Pixel (H.261 CIF Format), 360×240 Pixel, 704×576 Pixel (ein Format nach CCIR 601) und bspw. mit 1.250 Zeilen bei einem Seitenverhältnis von 16:9 enthalten sein. Dies sind jeweils die Pixel in der Luminanzebene. Die Chrominanzkomponenten werden jeweils um den Faktor zwei unterabgetastet. Dies kann über eine Pyramide in der Ebene der DCT-Koeffizienten ermöglicht werden [GV92]. Es kann so je eine 8×8- DCT, 7×7-DCT, 6×6-DCT, u. s. w. ausgeführt werden. Aus technischer Sicht sind jedoch nur Sprünge mit dem Faktor zwei sinnvoll.

Räumliche Skalierung

- Eine Skalierung der Rate ermöglicht bei der Wiedergabe die Darstellung einer unterschiedlichen Anzahl von Vollbildern pro Sekunde. Dies ist in MPEG-1 über die D-Bilder definiert. Es läßt sich auch mit den I-Bildern realisieren, wenn eine geeignete Verteilung dieser Bilder über den gesamten Datenstrom vorliegt. Diese Verteilung darf dann nicht nur für eine *Group of Pictures* gelten, sondern muß dann auch für eine gesamte Sequenz bestehen.

Skalierung der Rate

- Unter einer *Amplituden-Skalierung* kann eine unterschiedliche Bittiefe, bzw. Auflösung der Quantisierung der DCT-Koeffizienten, verstanden werden. Dies führt dann auch zu einem *Layered Coding* und der Möglichkeit eines progressiven Bildaufbaus, was jedoch für Bewegtbilder keine Bedeutung hat. Sollen bestimmte Bilder einer Bewegtbildsequenz auch als

Amplituden-Skalierung

Einzelbild aus dem Strom extrahiert werden können, dann kann diese Kodierung interessant werden.

MPEG-1 vs. MPEG-2 — Die Skalierung ist eine der wesentlichen Erweiterungen von MPEG-1 zu MPEG-2. In MPEG-2 wird bspw. auch der Verlust einzelner ATM-Zellen eines MPEG-2-kodierten Datenstromes betrachtet. Hier müssen die Auswirkungen minimiert werden. Es sollen definierte Sequenzen verschiedener Bildarten (I, P, B) bestimmt werden, die eine minimale Ende-zu-Ende-Verzögerung bei gegebener Datenrate ermöglichen.

Audio in MPEG-2 — Die MPEG-Gruppe entwickelte den *MPEG-2-Audiostandard* für die Kodierung von Mehrfachkanälen mit niedrigen Bitraten. Die Audiokodierung von MPEG-2 liefert bis zu fünf Kanäle mit voller Bandbreite (links, rechts, Mitte und zwei Umgebungskanäle (*Surround*)), zusätzlich einen weiteren Kanal zur Verbesserung niedriger Frequenzen und/oder bis zu sieben Kanäle für Kommentare/Multilingualität. Der MPEG-2-Audiostandard erweitert außerdem den MPEG-1-Audiostandard um die Kodierung von *Stereo und Mono* mittels halb so großer Abtastraten (16 kHz, 22.05 kHz und 24 kHz). Hierdurch wird die Qualität für Bitraten um oder unter 64 kbit/s pro Kanal signifikant verbessert.

MPEG-1 vs. MPEG-2 — Der *MPEG-2 Audio Multichannel Coding Standard* ist mit dem existierenden MPEG-1-Audiostandard abwärtskompatibel. Die MPEG-Gruppe führte formale subjektive Tests der vorgeschlagenen MPEG-2 *Multichannel Audio CoDecs* und von bis zu drei nicht abwärtskompatiblen CoDecs durch. Diese arbeiteten mit Raten von 256 bis 448 Kbit/s.

MPEG-2-System

Um im folgenden eine akkurate Beschreibung vornehmen zu können, werden die Notation und die Terminologie der ursprünglichen MPEG-2-Spezifikation verwendet. MPEG-2 bezieht sich auf Video bzw. auf damit verbundenes Audio. Hieraus ergibt sich eine vom MPEG-2-System zu verwendende Definition, die angibt, wie Audio, Video und andere Daten in einen einzelnen Strom oder in mehrfache Ströme kombiniert werden können, die zur Speicherung und Übertragung geeignet sind. MPEG-2 gibt syntaktische und semantische Regeln vor, die zur Synchronisation der Dekodierung und der Anzeige von Video- und Audioinformation notwendig und ausreichend sind. Gleichzeitig wird hierdurch gesichert, daß Puffer mit kodierten Daten keinen Überlauf im Dekoder erleiden oder über zu wenig Daten verfügen. Die so erzeugten Ströme beinhalten Zeitmarken, die das Dekodieren, die Präsentation und die Auslieferung der Daten betreffen.

Packetized Elementary Stream — Im ersten Schritt, dem *Basis-Multiplexing-Ansatz*, werden jedem Strom Informationen der Systemebene zugefügt. Anschließend wird jeder individuelle Strom in Pakete unterteilt, um den *Packetized Elementary Stream* (PES) zu erzeugen. Im nächsten Schritt werden die PESs in einen Programm- oder Transportstrom kombiniert. Beide Ströme wurden entwickelt, um eine große Zahl bekannter oder zu erwartender Anwendungen zu unterstützen. Hierbei wird ein signifikanter Flexibilitätsgrad beibehalten, während die Interoperabilität zwischen verschiedenen Geräteimplementierungen gewährleistet wird.

- Der *Programmstrom* ähnelt dem MPEG-1-Strom, sollte aber in Umgebungen mit einer niedrigen Fehlerrate eingesetzt werden. Die Pakete des Programmstroms können eine variable Länge aufweisen. Man kann die Zeitinformation dieses Stroms dazu verwenden, um eine konstante Ende-zu-Ende-Verzögerung zu implementieren (entlang des Pfads vom Input des Kodierers zur Ausgabe des Dekoders). *Programmstrom*
- Der T*ransportstrom* bündelt die PESs und eine oder mehrere unabhängige Zeitbasen in einem einzelnen Strom. Dieser Strom wurde zur Verwendung für verlustbehaftete oder verrauschte Medien entwickelt. Die jeweiligen Pakete haben eine Länge von 188 byte, in denen der Header, der 4 byte lang ist, enthalten ist. Der Transportstrom ist zur Übertragung digitalen Fernsehens und Videotelefons über Glasfaser, Satellit, Kabel, ISDN, ATM und anderen Netzwerken, sowie zur Speicherung auf digitalen Videobändern und anderen Geräten, gut geeignet. *Transportstrom*

Eine Umwandlung zwischen Programm- und Transportstrom ist möglich und vernünftig. Es ist zu beachten, daß die MPEG-2-Spezifikation der Pufferverwaltung die Ende-zu-Ende-Verzögerung von Audio- und Videodaten auf unter eine Sekunde begrenzt. Dieser Wert ist für Anwendungen im Dialogmodus zu hoch (d. h. für den Benutzer unakzeptabel). *Stromkonversion*

Ein typischer MPEG-2-Vidcostrom verwendet eine variable Bitrate. Bei einem Einsatz der durch den Standard spezifizierten Videopuffer kann eine konstante Bitrate umgesetzt werden, die aber zu einer zeitlich variierenden Qualität führt.

Der MPEG-2-Standard, der im Spätjahr 1993 den CD (*Committee Draft*)-Status erreichte, erforderte drei weitere Monate, um DIS (*Draft International Standard*) zu werden. Nach weiteren sechs Monaten wurde der DIS zum IS (*International Standard*). Ursprünglich bestanden Pläne, einen MPEG-3-Standard zu spezifizieren, der HDTV behandeln sollte. Während der Entwicklungsphase von MPEG-2 stellte sich aber heraus, daß eine Aufwärtsskalierung die Anforderungen von HDTV leicht erfüllen konnte. In der Folge wurde MPEG-3 verworfen. *Standardisierung von MPEG-2*

7.7.5 MPEG-4

Die Arbeit an einer weiteren MPEG-Initiative zur Kodierung von audiovisuellen Programmen mit extrem niedrigen Bitraten begann im September 1993 in der ISO/IEC JTC1. MPEG-4, dessen formelle ISO/IEC-Bezeichnung ISO/IEC 14496 ist (im November 1998 veröffentlicht) ist ab Januar 1999 als internationaler Standard verfügbar.

MPEG-4 beinhaltet neue algorithmische Techniken wie die modellbasierte Bildkodierung der menschlichen Interaktion mit multimedialen Umgebungen, sowie die Sprachkodierung mittels niedriger Bitraten, die in Umgebungen wie *Neuerungen in MPEG-4* dem *Europäischen Mobilen Telefonsystem* (GSM) eingesetzt wird. Die wichtigste Neuerung von MPEG-4 ist die *Flexibilität*. Ein Benutzer kann das Kompressionsverfahren auf verschiedene Art und Weise einsetzen, um Systeme zu entwickeln und diese für eine Vielzahl von Anwendungen zu konfigurieren. MPEG-4 ist daher kein fester Standard, der nur für einige wenige Anwendungen zu gebrauchen ist. Weiterhin integriert MPEG-4 eine Vielzahl von audiovisuellen Datentypen, bspw. natürliche und synthetische, die auf eine Repräsentation abzielen, in der die inhaltsbasierte Interaktivität über alle Medientypen unterstützt wird. MPEG-4 erlaubt somit den Entwurf eines am spezifischen Benutzer orientierten audiovisuellen Systems, das weiterhin mit anderen Systemen kompatibel ist.

Interaktion

Gegenwärtig vorhandene audiovisuelle Dienste erlauben meist nur eine Abspielfunktionalität. Im Gegensatz dazu liegt in MPEG-4 ein deutlicher Schwerpunkt auf Interaktionsmöglichkeiten. Deshalb sind unter den Hauptzielen der Standardisierung von MPEG-4 der wahlfreie Zugriff auf Video- und Audioszenen und die Möglichkeit der Inhaltsbearbeitung. MPEG-4 soll daher eine universelle effiziente Kodierung verschiedener audiovisueller Datenformen, die

Audiovisuelle Objekte

man auch als *audiovisuelle Objekte* bezeichnet, erlauben. Dies bedeutet im Grunde genommen, daß die Intention von MPEG-4 eine Repräsentation der realen Welt ist, die als Komposition audiovisueller Objekte verstanden wird. Hierbei wird ein Skript festgelegt, das die räumlichen und zeitlichen Beziehungen dieser Objekte beschreibt. Durch diese Form der Repräsentation soll der Benutzer mit den verschiedenen audiovisuellen Objekten einer Szene auf eine Art und Weise interagieren können, die den Handlungen des täglichen Lebens entspricht.

Interaktion mit Inhalten

Obwohl dieser inhaltsbasierte Ansatz der Szenenrepräsentation einem menschlichen Benutzer offensichtlich zu sein scheint, vollzieht sich tatsächlich eine Revolution im Sinne der Videorepräsentation, da hierdurch ein „Sprung" zu einer völlig neuen Funktionalität möglich wird, die dem Benutzer angeboten werden kann. Eine Szene, die als eine Zusammenstellung von (mehr oder weniger unabhängigen) audiovisuellen Objekten repräsentiert wird, bietet dem Benutzer die Möglichkeit, mit dem Szeneninhalt zu spielen, indem bspw. die Eigenschaften einiger Objekte verändert werden (z. B. Position, Bewegung, Textur oder Form), lediglich auf selektierte Teile einer Szene zugegriffen wird oder sogar, indem durch Ausschneiden und Einfügen (*Cut and Paste*) Objekte einer Szene in eine andere eingesetzt werden. Die *Interaktion mit Inhalten* ist somit ein zentrales Konzept in MPEG-4.

Datentypen

Eine weitere große Schwäche anderer audiovisueller Kodierungsstandards ist die Einschränkung der Zahl der verwendeten Audio- und Videodatentypen. MPEG-4 versucht, natürliche und synthetische audiovisuelle Objekte harmonisch zu integrieren, bspw. Mono-, Stereo- und Mehrkanalaudio. Weiterhin kann in MPEG-4 entweder 2-D- oder 3-D- bzw. Mono-, Stereovideo oder solches aus weiteren Kameraperspektiven (sog. *Multiview Video*) eingesetzt werden. Diese Integration sollte auch hinsichtlich audiovisueller Beziehungen erweitert werden, wodurch der gegenseitige Einfluß und die Abhängigkeit zwischen diesen Informationstypen mit in die Verarbeitung einbezogen werden könnte. Weiterhin werden neue und bereits verfügbare Analyse- und Kodierungswerkzeuge in MPEG-4 integriert. Insgesamt wird sich MPEG-4 auch in Zukunft weiterentwickeln, wenn neue oder bessere Werkzeuge, Datentypen oder Funktionalitäten verfügbar sind.

Der schnelle technologische Fortschritt der letzten Jahre zeigt deutlich, daß Standards, die die kontinuierliche Weiterentwicklung von Hardware und Methodik nicht berücksichtigen und die auf diese Art und Weise nur eine spezielle Lösung realisieren, nach kurzer Zeit nicht mehr dem Stand der Technik entsprechen. Ein wichtiges Ziel von MPEG-4 ist daher *Flexibilität* und *Erweiterbarkeit*. Das in MPEG-4 verwendete Konzept zur Umsetzung der Flexibilität bzw. der Erweiterbarkeit ist die syntaktische Beschreibungssprache „MPEG-4 Syntactic Description Language (MSDL)". Der MSDL-Ansatz ist im Bereich der Standards zur audiovisuellen Kodierung revolutionär, da die Erweiterbarkeit nicht nur durch die Integration neuer Algorithmen durch eine Auswahl und durch ein Einbinden vordefinierter Werkzeuge (Ebene 1) erfolgt, sondern auch dadurch, daß neue Werkzeuge, die vom Kodierer heruntergeladen wurden, „gelernt" werden können. Gleichzeitig unterliegt auch die MSDL der Weiterentwicklung, da der Standard jederzeit neue Werkzeuge, Techniken und Konzepte in MSDL aufnehmen kann, die bessere oder neue Funktionalitäten unterstützen.

Flexibilität und Erweiterbarkeit

MPEG-4 Syntactic Description Languange

Die Bereiche der Telekommunikation, der Rechner und des Fernsehens/ Films konvergieren und sind auch in der Lage, Elemente auszutauschen, die früher für einen der drei Bereiche typisch waren. Diese Konvergenz ist eher als evolutionär anzusehen, weil sie in weichen Übergängen erfolgt. Da hieraus aber auch qualitativ neue Multimedia-Dienste entstehen, ist ein neuartiger Einfluß auf die Anforderungen an Kodierungs- und Übertragungstechniken die logische Konsequenz. MPEG-4 scheint mit seinem offiziellen Fokus, den drei treibenden Kräften *Inhalt und Interaktion*, *Integration*, sowie *Flexibilität und Erweiterbarkeit* für derartige Anforderungen die geeignete Antwort zu sein.

Konvergenz

MPEG-4 Erweiterungen gegenüber MPEG-2

Die Vision des MPEG-4-Standard kann am besten mit den acht neuen oder verbesserten Funktionalitäten erklärt werden, die in der Paketbeschreibung des MPEG-4-Vorschlags enthalten sind. Diese sind Ergebnis einer Sitzung, in der festgelegt wurde, welche Eigenschaften in der näheren Zukunft von Bedeutung sein können, die aber von heutigen Kodierungsstandards nicht (oder nur teilweise) unterstützt werden.

Funktionalität

MPEG-4 muß auch noch einige andere wichtige sog. Standardfunktionalitäten unterstützen, die in den bisher verfügbaren Standards enthalten sind. Beispiele hierfür sind die Synchronisation von Audio und Video, Modi kurzer Verzögerungen und die Zusammenarbeit über Netzwerke. Anders als die neuen oder verbesserten Funktionalitäten können die Standardfunktionalitäten durch existierende oder sich entwickelnde Standards zur Verfügung gestellt werden.

Standardfunktionen

Skalierbarkeit

MPEG-4 ermöglicht eine Skalierbarkeit des Inhalts, der räumlichen und zeitlichen Auflösung, der Qualität und der Komplexität in feiner Granularität. Eine *inhaltsbasierte Skalierbarkeit* kann hierbei die Existenz eines Prioritätsmechanismus für Objekte einer Szene implizieren. Die Kombination verschiedener Skalierungsarten kann zu interessanten Szenenrepräsentationen führen, in denen die wichtigeren Objekte in einer höheren räumlich-zeitlichen Auflösung repräsentiert sind. Die inhaltsbasierte Skalierung ist der Kernteil der MPEG-4-Vision, da andere Funktionalitäten leicht umgesetzt werden können, wenn eine Liste der mehr oder weniger wichtigen Objekte einmal verfügbar ist. Diese und die hierzu in Beziehung stehenden Möglichkeiten können eventuell die Analyse einer Szene notwendig machen, um in Abhängigkeit von der Anwendung und von der vorherigen Verfügbarkeit der Zusammensetzungsinformation, die audiovisuellen Objekte zu extrahieren.

Inhaltsbasierte Manipulation

MPEG-4 beinhaltet eine Syntax und verschiedene Kodierungsverfahren zur Unterstützung der *inhaltsbasierten Manipulation* und zur *Bearbeitung des Bitstroms*, bei denen ein sog. *Transcoding* (Umwandlung von einer Kodierungsinstanz in eine andere) nicht erforderlich ist. Dies bedeutet, daß der Benutzer in der Lage sein sollte, auf ein spezifisches Objekt einer Szene bzw. des Bitstroms zuzugreifen. Hierdurch besteht die Möglichkeit, die Eigenschaften eines Objekts zu ändern.

Inhaltsbasierter Zugriff

MPEG-4 bietet *effiziente Werkzeuge zum inhaltsbasierten Zugriff auf multimediale Daten* und auf deren Organisation. Diese Zugriffsmöglichkeiten können in einer Indizierung, dem Anlegen von Hyperlinks, Abfragen, Anschauen der Daten, dem Herauf- oder Herunterladen und dem Löschen der Daten bestehen.

Inhaltskombination

MPEG-4 unterstützt effiziente Methoden zur Kombination synthetischer mit natürlichen Szenen (z. B. Text- und Grafiküberlagerungen), die Fähigkeit, natürliche und synthetische Audio- und Videodaten zu kodieren sowie vom Dekoder kontrollierbare Methoden zum Mischen synthetischer Daten mit gewöhnlichem Video oder Audio. Diese Eigenschaft von MPEG-4 erlaubt weitreichende Interaktionsmöglichkeiten. Die Funktionalität der *hybriden Kodierung von natürlichen und synthetischen Daten* bietet zum ersten Mal eine harmonische Integrationsmöglichkeit natürlicher und synthetischer audiovisueller Objekte an und stellt damit einen ersten Schritt in Richtung einer vollständigen Integration aller möglichen Arten von audiovisueller Information dar.

Ansichten in MPEG-4

MPEG-4 bietet die Möglichkeit, verschiedene Ansichten/Tonspuren einer Szene, bzw. eine ausreichende Synchronisation zwischen den resultierenden elementaren Strömen, effizient zu kodieren. Videoanwendungen mit Stereobildern oder mehrfachen Ansichten werden von MPEG-4 dahingehend unterstützt, daß die Redundanz in den mehrfachen Ansichten derselben Szene ausgenutzt werden kann. Dies gestattet weiterhin Lösungen, die mit normalem (Mono-)Video kompatibel sind. Diese *Kodierung mehrfacher gleichzeitiger Datenströme* sollte eine effiziente Repräsentation von natürlichen 3D-Objekten beinhalten, wenn für diese eine ausreichende Anzahl von Ansichten verfügbar ist. Daraus kann wiederum die Notwendigkeit eines komplexen Analyseprozesses entstehen. Es wird erwartet, daß diese Funktionalität insbesondere den Anwendungen zugute kommen wird, die bisher schon fast ausschließlich synthetische Objekte verwenden. Ein Beispiel hierfür ist der Bereich der *virtuellen Realität*.

Insbesondere aus dem starken Wachstum mobiler Netzwerke ergibt sich die Notwendigkeit einer *verbesserten Kodierungseffizienz*. MPEG-4 ist aus diesem Grund erforderlich, um im Vergleich mit existierenden oder im Entwicklungsprozeß befindlichen Standards (wie z. B. H.263) eine erheblich bessere audiovisuelle Qualität bei vergleichsweise niedrigen Bitraten zur Verfügung zu stellen. Man sollte aber beachten, daß die simultane Unterstützung anderer Funktionalitäten der Kompressionseffizienz nicht unbedingt dienlich ist. Hieraus ergibt sich aber von daher kein Problem, daß verschiedene Konfigurationen des Kodierers in verschiedenen Situationen angewendet werden können. Die Resultate der im November 1995 durchgeführten subjektiven Tests mit MPEG-4 zeigten allerdings, daß die verfügbaren Kodierungsstandards im Sinne der Kodierungseffizienz im Vergleich mit den meisten anderen vorgeschlagenen Kodierungstechniken sehr gut abschneiden.

Kodierungseffizienz

Universelle Zugriffsmöglichkeiten implizieren den Zugriff auf Anwendungen über verschiedenste (drahtlose oder kabelgestützte) Netzwerke und Speichermedien. MPEG-4 muß daher in *fehleranfälligen Umgebungen* robust arbeiten. Insbesondere für Anwendungen mit niedriger Bitrate muß in schweren Fehlerfällen eine ausreichende Fehlerrobustheit vorgesehen sein. Die hierbei verwendete Idee ist es, nicht die Fehlerkontrolltechniken auszutauschen, die im Netzwerk implementiert sind, sondern eine Elastizität gegenüber Restfehlern anzubieten. Hierzu kann bspw. eine selektive Vorwärtsfehlerkorrektur, eine Fehlereindämmung oder eine Fehlermaskierung erfolgen.

MPEG-4 in fehleranfälligen Umgebungen

MPEG-4 beinhaltet effiziente Methoden zum *verbesserten zeitlich wahlfreien Zugriff* von Teilen einer audiovisuellen Sequenz in einem begrenzten Zeitintervall mit einer feinen Auflösung. Hierin sind auch konventionelle Möglichkeiten des wahlfreien Zugriffs bei sehr niedrigen Bitraten enthalten.

Wahlfreier Zugriff

Audiovisuelle Objekte (AVOs) in MPEG-4

Audiovisuelle Szenen bestehen in MPEG-4 aus audiovisuellen Objekten (AVO), die in einer hierarchischen Art und Weise organisiert sind.

Auf der untersten Hierarchiestufe sind primitive AVOs zu finden, wie:
- Ein zweidimensionaler fester Hintergrund,
- Das Bild einer sprechenden Person (ohne Hintergrund) oder
- Die mit der Person assoziierte Sprache.

MPEG-4 standardisiert eine Reihe dieser primitiven AVOs, mit denen sowohl natürliche als auch synthetische Inhaltstypen repräsentiert werden können, die entweder 2- oder 3-dimensional sind.

MPEG-4 definiert die kodierte Repräsentation derartiger Objekte, bspw.:
- Text und Grafik,

- Köpfe sprechender Darsteller und der damit assoziierte Text, der vom Empfänger zur Synthetisierung der Sprache und zur Animation des Kopfs verwendet wird,
- Animierte menschliche Körper.

Abb. 7-23
Beispiel einer audiovisuellen Szene in MPEG-4.

Kodierung von AVOs

AVOs werden individuell kodiert, um eine maximale Effizienz zu erreichen. Sie können unabhängig von anderen AVOs oder von der Hintergrundinformation repräsentiert werden.

Intellectual Property Rights

Um Informationen zu Eigentümerrechten, sog. *Intellectual Property Rights* (IPR), die mit MPEG-4-AVOs assoziiert sind, speichern zu können, arbeitet MPEG bei der Definition der Syntax und bei der Entwicklung von Werkzeugen zur Unterstützung der IPR-Identifikation und des IPR-Schutzes mit Repräsentanten Organisationen zusammen, die die Rechte an elektronischen Medien verwalten. Der MPEG-4-Standard wird somit die Funktionalität eindeutiger Identifikationsmerkmale, die von den internationalen Benennungsinstanzen herausgegeben werden, beinhalten. Diese können zur Identifikation des derzeitigen Inhabers der Rechte an einem AVO verwendet werden. Der Schutz des Inhalts wird Teil der Folgeversion von MPEG-4 sein.

Kombination von AVOs zu Szenen

Koordinaten von AVOs

AVOs werden in einer hierarchischen Art und Weise zu audiovisuellen Szenen kombiniert. Hieraus ergibt sich eine baumartige Struktur von AVOs, die dynamisch sein und durch Benutzerinteraktion verändert werden kann. Da jedes AVO eine räumliche und zeitliche Ausdehnung hat und in Relation zu anderen AVOs lokalisiert werden kann, verfügt jedes AVO über Koordinaten, die sich aus denjenigen des Eltern-AVO's in der Baumstruktur der audiovisuellen Szene ergeben.

Kodierung visueller Objekte

Kodierungsarten

MPEG-4 verwendet verschiedene Möglichkeiten zur Kodierung visueller Objekte. Diese sind für natürliche Bilder und Videos als eine Menge von Werkzeugen und Algorithmen zur effizienten Kompression von Bildern, Videos, Texturen und 2-D- und 3-D-Netzen (Meshes) sowie für geometrische Ströme, die diese Netze in einer zeitlich variierenden Art animieren, definiert. Es stehen Werkzeuge zum wahlfreien Zugriff und zur Manipulation aller Typen von visuellen Objekten zur Verfügung. Weiterhin wird eine inhaltsbasierte Kodierung sowie eine inhaltsbasierte räumliche, zeitliche und qualitative Skalierung unterstützt. Für natürliche Inhalte können Mechanismen, die eine Fehlerrobustheit und -elastizität in fehleranfälligen Umgebungen realisieren, verwendet werden.

Zur Kodierung synthetischer Objekte definiert MPEG-4 Werkzeuge zur parametrischen Beschreibung sowie animierte Ströme menschlicher Gesichter und Körper zur statischen und dynamischen Netzkodierung mit Texturabbildung und Texturkodierung. Die effiziente Kodierung von Texturen basiert in MPEG-4 auf der Technik der *Wavelet-Kompression*. Eine Integration anderer Standards synthetischer audiovisueller Inhalte wie bspw. VRML ist als zukünftige Erweiterung von MPEG-4 geplant.

Synthetische Objekte

Zur effizienten Kodierung multimedialer Inhalte kann der größte Nutzen aus der Videokompression gewonnen werden. Ein besonders wichtiger Aspekt des MPEG-4-Standards ist daher die Videokodierung. Drei grundlegende Erweiterungen zur Videokodierung, die von MPEG-4 realisiert werden, werden im folgenden im Detail beschrieben:

Videokodierung

1. *Objektbasierte Szenenschichtung und separate Kodierung und Dekodierung von Schichten.*

Schichten in MPEG-4

Um inhaltsbasierte Funktionalitäten unterstützen zu können, muß ein Kodierer zunächst in der Lage sein, die zu verarbeitende Videoszene in verschiedene Schichten aufzuteilen, die die physikalischen Objekte repräsentieren. Als ein Beispiel könnte man eine Videoszene in die drei Schichten O_1, O_2 und O_3 unterteilen, wobei O_1 den Bildhintergrund bezeichnet, O_2 die Personen im Vordergrund und O_3 das Telefon (siehe Abb. 7-24 auf Seite 170). Jedes Objekt wird dann separat kodiert und über die jeweilige Bitstromschicht des Objekts übertragen.

Der Schichtenansatz weist den großen Vorteil auf, daß jede Bitstromschicht unabhängig verarbeitet und separat kodiert und dekodiert werden kann. Hierdurch erzielt man eine effiziente Kodierung und ermöglicht eine inhaltsbasierte Funktionalität.

Zur Übertragung in fehleranfälligen Umgebungen kann bspw. ein besserer Fehlerschutz zur Vordergrundschicht O_2, als zu den zwei verbleibenden Schichten hinzugefügt werden, wenn der Empfänger eher am Vordergrundobjekt interessiert ist. Zumindest die Vordergrundschicht kann dann mit einer ausreichenden Qualität bei einem signifikanten Rauschanteil im Übertragungskanal dekodiert werden. In anderen Anwendungen könnte der Benutzer daran interessiert sein, nur die Vordergrundschicht anzuzeigen, wenn das Video editiert, manipuliert und gemischt werden soll. Die Person im Vordergrund könnte dann in eine aus einem anderen Video stammende Szene mit einem anderen Hintergrund plaziert werden (eventuell sogar eine synthetische Szene, die mittels Computergrafik erzeugt worden ist). Auf die Bitstromschicht O_3 kann direkt zugegriffen werden; diese kann auch in den Bitstrom einer anderen Videoszene eingefügt werden, ohne daß eine der beiden Szenen weiter segmentiert und transkodiert werden muß.

*Abb. 7-24
Beispiel der
Unterteilung einer
Videosequenz.*

*Anpassung an
Objektform*

2. *Das formadaptive DCT-Kodierungsschema*
Nach der erfolgreichen Szenensegmentierung, die die verschiedenen Objektschichten erzeugt, wird jede Schicht separat kodiert. Hierzu wird ein DCT-Kodierungsschema verwendet, das sich an die Objektform anpaßt. Die prinzipielle Struktur dieses Schemas kann als eine Erweiterung konventioneller blockbasierter hybrider DCT-Algorithmen angesehen werden, die mit einer Bewegungskompensation arbeiten (z. B. H.261, H.263, MPEG-1 oder MPEG-2) und die die verschiedenen Objektschichten kodieren. Im Unterschied zu bisherigen Standards werden die in jeder Objektschicht zu kodierenden Bilder allgemein nicht länger als rechteckige Regionen betrachtet. Ihre Form und Position kann sich zwischen aufeinanderfolgenden Frames ändern.

Um die Leistung eines Algorithmus zur funktionalen Kodierung von Eingabebildsequenzen beliebiger Form bei einer Bitrate von ca. 1 Mbit/s zu modellieren und zu optimieren, wurde das Standard-MPEG-1-Kodierungsschema um einen Algorithmus zur Formkodierung und um ein Verfahren zur formadaptiven DCT erweitert. Die formadaptive DCT erlaubt die Transformationskodierung von Bildblöcken beliebiger Form.

Für jede Objektschicht wird zuerst die Information der Objektform übertragen. Anschließend folgen die Bewegungsvektoren der Blöcke und die mit der Bewegung und der durch die Luminanz bzw. Chrominanz beschriebenen Texturinformation des jeweiligen Objekts zusammenhängender DCT-Koeffizienten. Um eine separate Dekodierung einer Objektschicht zu ermöglichen, wird außerhalb der jeweiligen Schicht keine Information über Form, Bewegung oder Textur zur Kodierung verwendet. Wie in den bisherigen MPEG-Definitionen werden die zu kodierenden Eingabebilder beliebiger Form in Gitter von Makroblöcken und Blöcken aufgespalten. Für jeden Makroblock wird ein Blockbewegungsvektor übertragen. Für rechteckige Blöcke degeneriert der SA-DCT-Algorithmus zum Standard-Block-DCT-Algorithmus.

3. *Der objektbasierte Werkzeugkasten zur Bewegungsvorhersage*.
Der grundlegende SA-DCT-Algorithmus wurde entwickelt, um die objektbasierten Funktionalitäten in MPEG-4 zu realisieren. Der Algorithmus verwendet hierzu eine blockbasierte Bewegungskompensation zur Reduktion temporaler Redundanzen, vergleichbar mit der der bisherigen MPEG-Kodierungsalgorithmen. Ein wichtiger Vorteil des SA-DCT-objektbasierten Schichtenansatzes ist die signifikante Steigerung der Kompressionseffizi-

enz, die man durch die Verwendung geeigneter Werkzeuge zur Bewegungsvorhersage in jeder Objektschicht erzielt.

Ein Beispiel für eine Erweiterung des grundlegenden SA-DCT-Ansatzes zur Blockbewegungskompensation um objektbasierte Techniken der Bewegungsvorhersage ist durch die alternativen Vorhersagewerkzeuge *Pred 1 - Pred 3* gegeben. Nach der anfänglichen Szenensegmentierung und der geschichteten Beschreibung des Videoinhalts kann jede Objektschicht im Hinblick auf spezielle Objekteigenschaften während einer initialen Szenenanalyse (z. B. gleichbleibender Hintergrund mit oder ohne globale Kamerabewegung, gleichbleibende Vordergrundobjekte mit globaler Bewegung oder flexible Vordergrundobjekte mit zusammenhängender Bewegung) klassifiziert werden. Diese Klassifikation kann benutzt werden, um verschiedene Werkzeuge zur temporalen Vorhersage in Schichten mit unterschiedlichen Eigenschaften anzuwenden. Die Menge an Algorithmen zur Bewegungsvorhersage, die in das grundlegende SA-DCT-Kodierungsschema eingebettet sind, bezeichnet man auch als *objektbasierten Vorhersage-Werkzeugkasten*, also als eine Menge von Werkzeugen zur Bewegungsvorhersage, die optimiert wurden, um zu den Statistiken der Bewegung in den verschiedenen Objektschichten mit unterschiedlichen Eigenschaften des Objektmodells zu passen.

Objektbasierter Vorhersage-Werkzeugkasten

Für flexible Vordergrundobjekte mit zusammenhängender Bewegung (z. B. die Vordergrundpersonen O2) oder für gleichbleibende Objekte mit globaler Bewegung (z. B. ein Auto) kann bspw. eine Kodierung und Übertragung von festen Bewegungsvektorfeldern oder von globalen Bewegungsparametern geeigneter sein als Blockvektoren. Weiterhin kann ein Hintergrund mit globaler Kamerabewegung sehr effizient durch eine Schätzung und Übertragung globaler Kameraparameter, wie Zoom, Rotation und Translation kodiert werden, die auf ein stationäres Panoramabild eines gleichbleibenden Hintergrunds abgebildet werden. Dies beinhaltet auf Seiten des Kodierers und Dekoders die Implementierung eines Hintergrundspeichers, der eine komplette (oder so vollständig wie mögliche) Repräsentation des stationären Hintergrundpanoramas enthält. Auf der Basis dieser globalen Parameter und des im Hintergrundspeichers enthaltenen Panoramabildes wird eine Vorhersage des zu kodierenden Hintergrundschichtbildes sowohl durch den Kodierer als auch durch den Dekoder konstruiert, indem effiziente Texturalgorithmen verwendet werden. Fehlerbilder der Hintergrundvorhersage werden mittels des SA-DCT-Algorithmus, ähnlich zu den hybriden DPCM/DCT-Standard-Kodierungsverfahren, konstruiert.

Im Ansatz der erweiterten SA-DCT kann eine konventionelle blockbasierte Bewegungskompensation (Pred 1) für solche Objektschichten verwendet werden, die nicht den besonderen Modellannahmen der neuen Vorhersagewerkzeuge genügen. In jedem Fall werden Intra-kodierte Frames und Regionen, in denen das Modell versagt (für jedes der Vorhersagewerkzeuge), immer mittels des SA-DCT-Algorithmus effizient kodiert.

Einsatz von Standardverfahren

Der MPEG-4-Dekoder wurde in verschiedenen Komplexitätsstufen spezifiziert, um verschiedene Anwendungsbereiche zu unterstützen. Diese sind *Typ 0* (nicht programmierbar mit einer vorab spezifizierten Menge an Werkzeugen), *Typ 1* (flexibel mit einer Menge konfigurierbarer Werkzeuge) und *Typ 2* (programmierbar mit der Fähigkeit, neue Werkzeuge vom Kodierer herunterzuladen).

Komplexitätsstufen

Ströme im MPEG-4-Standard

Multiplexing, Demultiplexing und Synchronisation

Ebenso wie MPEG-1 und MPEG-2 beschreibt auch MPEG-4 *Ströme*. Da MPEG-4 Inhalte in mehrere Objekte unterteilt, betreffen die Stromeigenschaften das Multiplexing, das Demultiplexing und die Synchronisation mehrfacher Ströme.

Die AVO-Daten werden zu einem oder zu mehreren *elementaren Strömen* (im folgenden mit dem Fachbegriff *Elementary Streams* bezeichnet) gebündelt. Diese sind durch die Dienstgüte (Quality of Service, QoS) charakterisiert, die sie für die Übertragung anfordern (z. B. maximale Bitrate oder Bitfehlerrate) sowie durch andere Parameter, wie z. B. die Stromtypinformation, mit deren Hilfe die erforderlichen Dekoderressourcen und die Präzision der Zeitinformation beim Kodierer bestimmt werden. Die Art und Weise, wie eine derartige Information über Stromeigenschaften in einer synchronisierten Art unter Ausnutzung verschiedener vom Netzwerk zur Verfügung gestellter QoS von der Quelle zur Senke transportiert wird, wird im Sinne einer *Zugriffseinheitsschicht* (*Access Unit Layer*) und eines konzeptionellen zweischichtigen Multiplexers festgelegt.

Access Unit Layer

Die *Access Unit Layer* erlaubt die Identifikation von *Zugriffseinheiten* (*Access Units*), z. B. Video- oder Audio-Frames, Szenenbeschreibungskommandos in Elementary Streams, die Wiederherstellung der Zeitbasis des AV-Objekts oder der Szenenbeschreibung sowie die Synchronisation zwischen diesen. Der Header einer Zugriffseinheit kann in einer Vielzahl von Wegen konfiguriert werden, wodurch ein breites Spektrum von Systemen erlaubt wird.

FlexMux

Die *FlexMux-Schicht* (Flexibles Multiplexing) wird von MPEG vollständig spezifiziert. Sie enthält ein Multiplexing-Werkzeug, das eine Gruppierung von Elementary Streams (ESs) mit einem geringen Multiplexing-Verwaltungsaufwand erlaubt. Hierdurch können bspw. Elementary Streams mit ähnlichen Dienstgüteanforderungen gruppiert werden.

TransMux

Die *TransMux-Schicht* (Transport Multiplexing) modelliert die Schicht, die zu den geforderten Dienstgüte passende Transportdienste anbietet. MPEG-4 spezifiziert hierfür lediglich die Schnittstelle zu dieser Schicht. Dadurch kann jede geeignete Transportprotokollarchitektur, wie z. B. (RTP)/UDP/IP, (AAL5)/ATM oder der Transportstrom von MPEG-2, über eine geeignete Sicherungsschicht zu einer spezifischen TransMux-Instanz werden. Die jeweilige Auswahl wird dem Endbenutzer/Dienstanbieter überlassen, wodurch MPEG-4 in einer Vielzahl von Arbeitsumgebungen verwendet werden kann.

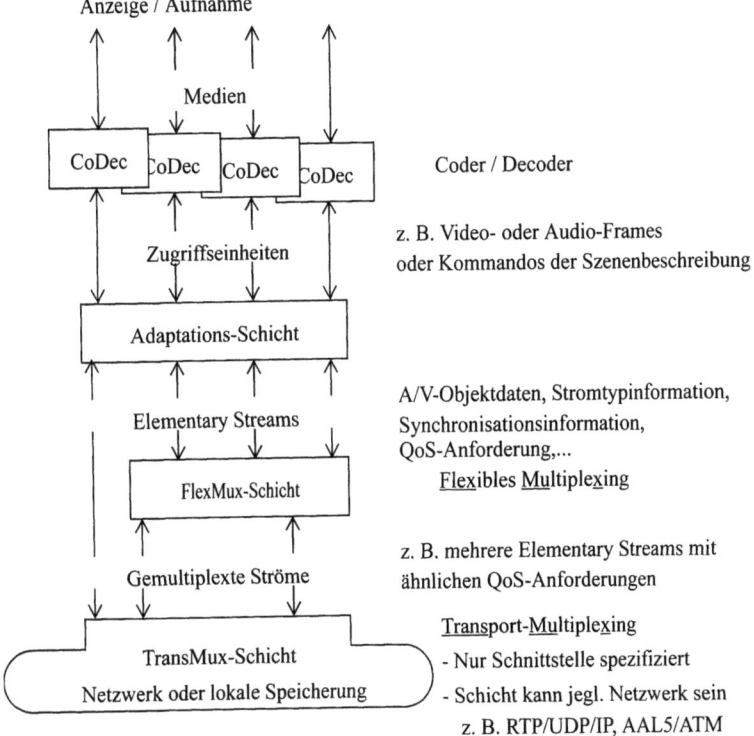

Abb. 7-25
MPEG-4 System-Schichtenmodell.

Die Benutzung des FlexMux-Multiplexingwerkzeugs ist optional. Wie in Abb. 7-25 gezeigt wird, kann diese Schicht von der darunter liegenden TransMux-Instanz übergangen werden, da diese eine äquivalente Funktionalität anbietet. Die *Access Unit Layer* ist allerdings immer präsent.

Hieraus ergeben sich folgende Möglichkeiten:

1. Identifikation von Zugriffseinheiten, von Transportzeitmarken, von Referenzinformationen des Zeitgebers und von Datenverlusten.

2. Optionale Verzahnung von Daten von verschiedenen Elementary Streams in FlexMux-Ströme.

3. Kontrollinformation.
   - zur Anzeige der erforderlichen Dienstgüte für jeden Elementary Stream und FlexMux-Strom,
   - zur Übersetzung derartiger Dienstgüteanforderungen in aktuell verfügbare Netzwerkressourcen,
   - zum Transport der Abbildung von mit AVOs assoziierten Elementary Streams zu den FlexMux- und TransMux-Kanälen.

Individuelle Elementary Streams müssen von eingehenden Daten einer Netzwerkverbindung oder von einem Speichergerät gelesen werden. Im Systemmodell von MPEG-4 wird jede Netzwerkverbindung oder Datei homogen als TransMux-Kanal betrachtet. Das Demultiplexing wird teilweise oder vollständig von Schichten vorgenommen, die nicht Teil von MPEG-4 sind. Dies ist von der Anwendung abhängig. Um MPEG-4 in Systemumgebungen zu integrieren, wird als Referenzpunkt das *Stream Multiplex Interface* verwendet. Die von der *Adaption Layer* (AL) in Pakete unterteilten Ströme werden an diese Schnittstelle übergeben. Die FlexMux-Schicht spezifiziert das optionale FlexMux-Werkzeug. Die TransMux-Schnittstelle spezifiziert hierbei, wie von der AL in Pakete unterteilte Ströme (kein FlexMux verwendet) oder FlexMux-Ströme von der TransMux-Schicht gelesen werden. Die TransMux-Schnittstelle realisiert daher den Übergang zu der nicht von MPEG definierten Transportfunktionalität. Hierzu wird an dieser Stelle der Datenteil der Schnittstelle betrachtet, während der Kontrollteil im Rahmen von DMIF behandelt wird.

In derselben Art und Weise, in der MPEG-1 und MPEG-2 das Verhalten eines ideal arbeitenden Dekodierungsgeräts zusammen mit der Syntax und Semantik des Bitstroms beschreiben, definiert MPEG-4 ein Modell eines *Systemdekoders*. Hierdurch wird eine präzise Definition einer Terminaloperation möglich, ohne unnötige Annahmen über Implementierungsdetails treffen zu müssen. Gerade dies ist essentiell, um Entwicklern die Freiheit zu geben, MPEG-4-Terminals und Dekodierungsgeräte in einer Vielzahl von Wegen zu implementieren. Diese Geräte reichen von Fernsehempfängern, die keine Möglichkeit haben, mit einem Sender zu kommunizieren, zu Rechnern, die vollständig in der Lage sind, bidirektional Daten auszutauschen. Einige Geräte werden MPEG-4-Ströme über isochrone Netzwerke empfangen, während andere nicht-isochrone Mittel (bspw. das Internet) einsetzen werden, um MPEG-4-Informationen auszutauschen. Das Modell des Systemdekoders stellt derart ein gemeinsames Modell dar, auf dem alle Implementierungen von MPEG-4-Terminals basieren können.

Der Schritt des MPEG-4-Demultiplexing ist im Sinne eines konzeptionellen zweischichtigen Multiplexers spezifiziert, der aus einer TransMux-Schicht und einer FlexMux-Schicht sowie aus der *Access Unit Layer* besteht, die Synchronisationsinformationen übermittelt.

Der allgemeine Begriff *TransMux-Schicht* wird dazu verwendet, um von der (existierenden oder zukünftig) zugrunde liegenden Multiplexing-Funktionalität zu abstrahieren, die zum Transport von MPEG-4-Strömen geeignet ist. Es ist zu beachten, daß diese Schicht nicht im Kontext von MPEG-4 definiert ist. Beispiele hierfür sind der MPEG-2-Transportstrom, H.223, ATM AAL 2 und IP/UDP. Die TransMux-Schicht wird mit Hilfe einer Schutz-Subschicht und einer Multiplexing-Subschicht modelliert, die verdeutlichen, daß diese Schicht für das Anbieten spezifischer QoS-Parameter verantwortlich ist. Die Funktionalität der Schutz-Subschicht beinhaltet einen Fehlerschutz und Werkzeuge zur Fehlerentdeckung, die für das gegebene Netzwerk oder das Speichermedium geeignet sind. In einigen TransMux-Instanzen ist es eventuell nicht möglich, diese Subschichten separat zu identifizieren.

In jedem konkreten Anwendungsszenario werden eine oder mehrere spezifische TransMux-Instanzen verwendet. Jeder TransMux-Demultiplexer realisiert den Zugriff auf die TransMux-Kanäle. Die Anforderungen an die Datenschnittstelle in bezug auf den Zugriff auf den TransMux-Kanal sind hierbei für alle TransMux-Instanzen dieselben. Sie beinhalten eine zuverlässige Fehlerentdeckung, eine Auslieferung fehlerhafter Daten mit einer geeigneten Fehleranzeige (falls möglich) und eine Einteilung der Nutzlast in Frames. Diese Einteilung besteht entweder aus Strömen, die von der AL in Pakete eingeteilt werden, oder aus FlexMux-Strömen. Die Anforderungen werden in einer informellen Art und Weise in der TransMux-Schnittstelle im Systemteil des MPEG-4-Standards zusammengefaßt.

Die *FlexMux-Schicht* wird auf der anderen Seite vollständig von MPEG beschrieben. Sie stellt ein flexibles Werkzeug mit geringem Verwaltungsaufwand und geringer Verzögerung zur optionalen Verzahnung der Daten dar, die insbesondere dann nützlich ist, wenn die Paketgröße oder der Verwaltungsaufwand der darunter liegenden TransMux-Instanz groß ist. Das FlexMux ist selber nicht robust gegenüber Fehlern. Es kann entweder auf TransMux-Kanälen mit hohen QoS verwendet werden oder zur Bündelung von Elementary Streams. Beide sind in bezug auf die Fehlertoleranz gleich. Das FlexMux erfordert eine zuverlässige Fehlerentdeckung und eine ausreichende Einteilung der FlexMux-Pakete in Frames (zum wahlfreien Zugriff und zur Fehlerbehebung), die von der darunter liegenden Schicht zur Verfügung gestellt werden muß. Diese Anforderungen werden in der Strom-Multiplex-Schnittstelle zusammengefaßt, die den Datenzugriff auf individuelle Transportkanäle definiert. Der FlexMux-Demultiplexer liest aus den FlexMux-Strömen von der AL in Pakete eingeteilte Ströme.

FlexMux-Schicht

Die *Access Unit Layer* verfügt über eine minimale Menge an Werkzeugen zur Konsistenzüberprüfung, zur Auffüllung von Headern (*Padding*), zur Übermittlung von Informationen der Zeitbasis und zur Beförderung von Zugriffseinheiten mit Zeitmarken eines Elementary Streams. Jedes Paket besteht aus einer Zugriffseinheit oder aus einem Fragment einer solchen. Diese mit Zeitmarken versehenen Einheiten stellen die einzige semantische Struktur von Elementary Streams dar, die in dieser Schicht sichtbar ist. Die AU Layer erfordert eine zuverlässige Fehlerentdeckung und eine Einteilung in Frames von individuellen Paketen der darunter liegenden Schicht, die z. B. vom FlexMux vorgenommen werden kann. Die Art und Weise, in der durch die Kompressionsschicht auf Daten zugegriffen werden kann, ist in der informellen *Elementary Stream*-Schnittstelle zusammengefaßt, die ebenfalls im Systemteil des MPEG-4-Standards zu finden ist. Die AU Layer liest Elementary Streams aus den Strömen, die von der AL in Pakete unterteilt werden.

Access Unit Layer

Abb. 7-26 Wichtigste Komponenten eines MPEG-4-Terminals.

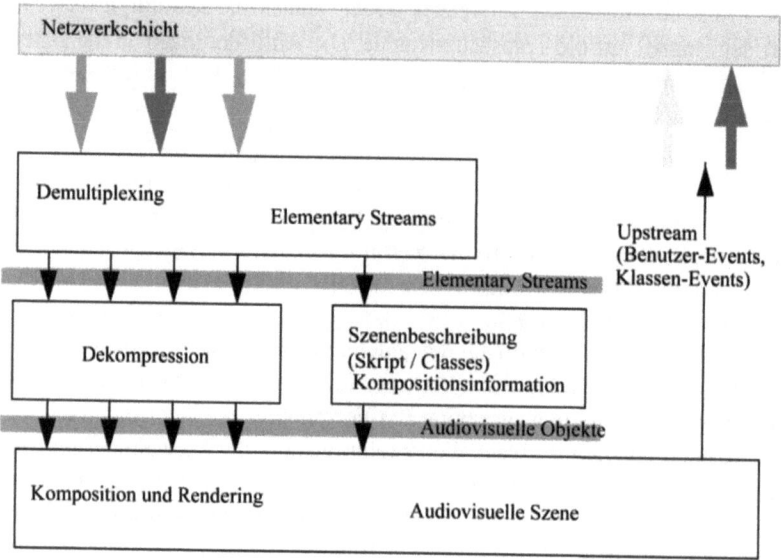

Interaktion

In Abhängigkeit vom Freiheitsgrad, den der Autor einer Szene zuläßt, kann der Benutzer mit den Inhalten einer Szene interagieren. Er könnte z. B. durch eine Szene navigieren, Objekte an verschiedene Positionen verschieben oder eine Folge von Ereignissen auslösen, indem er mit der Maus auf ein spezifisches Objekt klickt (bspw. das Starten oder Anhalten eines Videostroms oder die Auswahl einer gewünschten Sprache, wenn verschiedene Sprachkanäle möglich sind). Es wäre auch möglich, komplexere Verhaltensmuster einzuschließen, z. B., daß ein virtuelles Telefon klingelt, daß der Benutzer antwortet und daß eine Kommunikationsverbindung aufgebaut wird.

Ströme, die als TransMux-Ströme vom Netzwerk (oder einem Speichergerät) kommen, werden in FlexMux-Ströme gemultiplext und an geeignete Flex-Mux-Demultiplexer weitergereicht, die Elementary Streams lesen können (siehe Abb. 7-26).

Teile der Kontrollfunktionalität sind nur in Verbindung mit einer Transportkontrolleinheit, wie der DMIF-Umgebung, die MPEG-4 genau für diesen Zweck definiert, verfügbar. Das *Delivery Multimedia Integration Framework* (DMIF) adressiert Operationen multimedialer Anwendungen über interaktive Netzwerke, in Broadcast-Umgebungen oder von Festplatten. Die DMIF-Architektur ist derart aufgebaut, daß Anwendungen, die DMIF zur Kommunikation einsetzen, keinerlei Kenntnis über die zugrunde liegende Kommunikationsmethode haben müssen. Die Implementation von DMIF berücksichtigt Netzwerkdetails, wobei der Anwendung eine einfache Schnittstelle präsentiert wird. DMIF kann zwischen der MPEG-4-Anwendung und dem Transportnetzwerk angesiedelt werden (siehe Abb. 7-27 auf Seite 177).

Delivery Multimedia Integration Framework

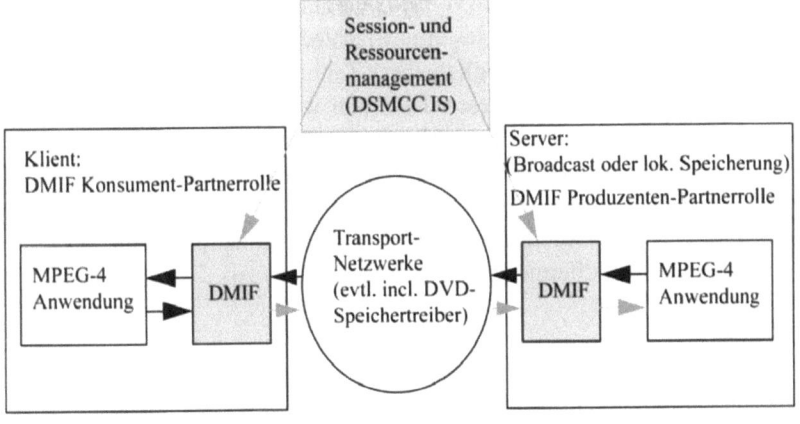

Abb. 7-27
DMIF-Architektur.

Zur Vorhersage des Verhaltens eines Dekoders bei der Dekompression der verschiedenen elementaren Datenströme, die eine MPEG-4-Session bilden, versetzt das Dekodermodell des Systems den Kodierer in die Lage, die minimalen Pufferressourcen zu spezifizieren und zu überwachen, die zur Dekodierung einer Session erforderlich sind. Die benötigten Ressourcen werden dem Dekoder mit Objektdeskriptoren während der Einrichtung einer MPEG-4-Session übermittelt, so daß dieser entscheiden kann, ob er in der Lage ist, diese Session durchzuführen.

Durch die Verwaltung der endlichen Menge an Pufferplatz erlaubt bspw. das Modell dem Sender, Nicht-Echtzeit-Daten zu früh zu übertragen, wenn beim Empfänger genügend Platz zu deren Speicherung vorhanden ist. Auf die vorgespeicherten Daten kann dann im geeigneten Augenblick zugegriffen werden, wodurch in diesem Moment Echtzeitinformationen einen größeren Anteil der Kanalkapazität verwenden können, falls dies erforderlich ist.

MPEG-4 und Echtzeit

Für den Echtzeitbetrieb wird ein Zeitmodell angenommen, in dem die Ende-zu-Ende-Verzögerung von der Signalausgabe eines Kodierers zur Signaleingabe am Dekoder konstant ist. Weiterhin müssen die übertragenen Datenströme implizite oder explizite Zeitinformationen tragen. Es existieren zwei derartige Informationsarten: Die erste wird zur Übermittlung der Geschwindigkeit des Zeitgebers, oder der Zeitbasis des Kodierers an den Dekoder verwendet. Die zweite, die aus Zeitmarken besteht, die an Teile der kodierten AV-Daten angehängt werden, beinhaltet die gewünschte Dekodierungszeit für Zugriffseinheiten oder die Kompositions- und Ablaufzeit für Kompositionseinheiten. Diese Information wird in den AL-PDU-Headern übermittelt, die in der Access Unit Layer generiert werden. Mittels dieser Zeitinformation kann das Intervall zwischen den Bildern und die Audioabtastrate an den Dekoder angepaßt werden, um mit den Werten des Kodierers zum Zweck eines synchronisierten Betriebs übereinzustimmen.

Echtzeitbetrieb

Verschiedene AV-Objekte können von Kodierern mit verschiedenen Zeitbasen zusammen mit der auftretenden leicht unterschiedlichen Geschwindigkeit kodiert werden. Es ist jederzeit möglich, diese Zeitbasen auf die des empfangenden Terminals abzubilden. In diesem Fall kann aber keine reale Implementierung eines empfangenden Terminals die von Zeit zu Zeit auftretende Wiederholung oder den Verlust von AV-Daten vermeiden, was durch das zeitliche *Aliasing* (relative Reduktion oder Verlängerung der Zeitscala) bedingt ist.

Obwohl Systemoperationen ohne jegliche Zeitinformation erlaubt sind, ist die Definition eines Puffermodells nicht möglich.

7.7.6 MPEG-7

Nachdem MPEG-3 nicht realisiert wurde, wurde beschlossen, auch MPEG-5 oder MPEG-6 nicht zuzulassen. Die Logik der Folge MPEG-1 (+1) – MPEG-2 (+2) – MPEG-4 (+3) – MPEG-7 (+4) ... wollte man hier beibehalten. MPEG-7 ist weniger als Kompressionsformat gedacht: Intention der MPEG-7-Arbeitsgruppe der ISO war die Etablierung eines *Metadaten-Standards*, der den jeweiligen in einem anderen Format (wie bspw. MPEG-4) kodierten Inhalt auf einer weiteren Spur ergänzt. Die Verwendung von Metadaten zielt auf eine neuartige Erweiterung der Kodierung multimedialer Daten ab: hauptsächlich auf die Verbesserung von Suchverfahren und Anzeigestrategien, aber auch auf Konsistenzüberprüfungen und bspw. eine Skalierung, die Konsistenz und Priorität mit einbezieht. Derart beabsichtigt MPEG-7 die Integration anderer Medieninhaltsformate (speziell MPEG-4) und deren Erweiterung.

Neben der Kodierung von Metadaten wird MPEG-7 ausschließlich Schnittstellen zur Zusammenarbeit mit Werkzeugen der automatischen Inhaltsanalyse und Suchmaschinen definieren, aber nicht diese Dienste selber.

7.8 Fraktale Kompression

Zweck der fraktalen Kompression

Ein gänzlich unterschiedliches Kodierungsverfahren ist die Technik der fraktalen Bild- und Videokompression. Hierbei wird keinerlei aktuelle Pixelinformation übertragen, sondern lediglich eine Transformationsfunktion, die ein zum Zielbild ähnliches Bild als Fixpunkt beinhaltet. Somit besteht der Dekodierungsprozeß aus einer iterativen Anwendung dieser Funktion auf ein beliebiges Ursprungsbild.

Attribute

Hieraus resultieren verschiedene spezifische Attribute dieser Kodierungstechnik: zunächst arbeitet der Dekodierungsprozeß progressiv und die Dekodierungseffizienz ist skalierbar, da die Qualität des dekodierten Bildes mit jedem Iterationsschritt zunimmt. Außerdem ist der Prozeß unabhängig von der Auflösung. Die Abbildungsfunktion kann wiederholt angewendet werden, um mehr und mehr Details zu erhalten. Das dritte Attribut ist eine Asymmetrie zwischen Kodierungs- und Dekodierungsprozeß.

Selbstähnlichkeit

Es stellt sich daher die Frage, wie ein Bild als eine Transformationsfunktion kodiert werden kann. Der Algorithmus nutzt hierbei ein fraktales Attribut von

Bildern aus: die Selbstähnlichkeit. Bilder bestehen aus Bereichen, die einander ähnlich sind. Eine Transformationsfunktion besteht dann aus einer Abbildung von Bildbereichen auf die jeweils ähnlichsten Bildteile. Diese Abbildung beinhaltet ein Stauchen, Strecken, Rotieren, Verschieben der Form und Kontrast- und Helligkeitsänderungen der Bildbereiche. Dies ist eine Art der Vektorquantisierung, wobei keine feste Menge von Quantisierungsvektoren verwendet wird. Um die Existenz eines Fixpunkts der Abbildung zu gewährleisten, also ein resultierendes Bild, muß als einzige Bedingung, die die Theorie von der Abbildung verlangt, eine *Kontraktionseigenschaft* gegeben sein. Der absolute Wert des Kontraktionsfaktors muß im Intervall [0,1) liegen.

Die Abbildung wird in heutigen Implementierungen [BH93] erreicht, indem das Originalbild in Blöcke (von 8x8 Pixeln) unterteilt wird und für jeden Block der ähnlichste Block von Bildbereichen gefunden wird (also überlappende 16x16 Pixelblöcke). Die Menge der mit jedem (8x8-) Originalblock zu vergleichenden Blöcke vergrößert sich durch die Möglichkeiten, die durch die geometrischen Transformationen gegeben sind. Der ähnlichste Block kann gefunden werden, indem ein Distanzmaß minimiert wird. Hierzu minimiert man gewöhnlicherweise die Summe der quadrierten Pixeldifferenzen. *Verfahren*

Für natürliche Bilder kann die fraktale Kompression hohe Kompressionsraten (bis zu 1000) mit einer sehr guten Bildqualität erreichen. Der größte Nachteil dieser Kodierungsmethode ist die Berechnungskomplexität und die wenig effektive Anwendbarkeit auf grafische Bilder. Um diese Komplexität in praktikablen Grenzen zu halten, wird nur eine Teilmenge aller Transformationen betrachtet, z. B. nur die Rotationswinkel 0°, 90°, 180° und 270°. Es muß aber immer noch jeder Originalblock mit einer sehr großen Anzahl von Blöcken verglichen werden, um die Abbildung auf den ähnlichsten Block zu finden. Neben der Berechnungskomplexität erzeugt diese Kodierungstechnik Verluste, da lediglich eine Ähnlichkeit der Blöcke, nicht aber deren Identität, verwendet wird. *Kompressionseffizienz*

7.9 Abschließende Bemerkungen

Die in Multimediasystemen wichtigen Kompressionsverfahren stellen alle eine Kombination vieler bekannter Algorithmen dar:

JPEG

JPEG ist *der* Standard für die Einzelbildkodierung, der in Zukunft die größte Bedeutung haben wird. Er läßt über seine sehr weitgefaßte Definition eine Vielzahl von Freiheitsgraden zu. Hier können bspw. bis zu 255 Bildkomponenten, d. h. Ebenen, existieren. Ein Bild kann aus bis zu 65535 Zeilen bestehen, von denen jede bis zu 65525 Pixel beinhalten kann. Als Leistungsfähigkeits-Koeffizient läßt sich hier ein Maßstab in *Bit pro Pixel* angeben. Er ist ein Mittelwert, der sich als Quotient aus der Anzahl der in kodierter Form enthaltenen *Einzelbild*

Bits und der Anzahl der im Bild enthaltenen Pixel ergibt. Hiermit lassen sich folgende Aussagen für DCT-kodierte Einzelbilder treffen [Wal91]:

Qualität
- 0,25 bis 0,50 bit/Pixel: Mäßige bis gute Qualität, für einige Anwendungen ausreichend.
- 0,50 bis 0,75 bit/Pixel: Gute bis sehr gute Qualität, für viele Anwendungen ausreichend.
- 0,75 bis 1,50 bit/Pixel: Ausgezeichnete Qualität, für die meisten Anwendungen ausreichend.
- 1,50 bis 2,00 bit/Pixel: Oft vom Original kaum mehr zu unterscheiden. Genügt fast allen Anwendungen, selbst bei höchsten Qualitätsansprüchen.

Im verlustfreien Modus wird trotz der erstaunlichen Einfachheit des Verfahrens im Mittel ein Kompressionsgrad von ca. 2:1 erreicht. JPEG ist als Produkt heute sowohl in Software als auch in Hardware verfügbar und wird oft in Multimedia-Anwendungen eingesetzt, die eine hohe Qualität erfordern. Das primäre Ziel ist hierbei die Kompression eines Einzelbildes. In der Form des *Motion JPEG* kann JPEG aber auch zur Videokompression in Anwendungen, wie z. B. der medizinischen Bildverarbeitung, eingesetzt werden.

H.261 und H.263

Bewegtbilder
H.261 und H.263 sind bereits etablierte Standards, die vor allem von den Betreibergesellschaften der Telefon- und Weitverkehrsnetze gefördert werden. Über eine sehr beschränkte Auflösung im QCIF-Format und mit reduzierter Bildwechselfrequenz bereitet die Realisierung von H.261- und H.263-Kodierern und Dekodierern heute keine größeren technische Probleme. Dies gilt besonders dann, wenn die Bewegungskompensation und der optische Tiefpaß nicht Bestandteil der Implementierung sind. Die Qualität ist dann jedoch nicht immer zufriedenstellend. Wenn man das Bild im CIF-Format bei 25 Bildern/s mit einer Bewegungskompensation komprimiert, ist die Qualität jedoch durchaus akzeptabel. H.263 wird meist in Netzwerkumgebungen für Anwendungen im Dialogmodus, wie z. B. der Videotelefonie und Konferenzsystemen, eingesetzt. Die resultierenden kontinuierlichen Bitraten sind hervorragend für heutige Weitverkehrsnetzwerke geeignet, die mit ISDN, gemieteten Leitungen oder sogar GSM-Verbindungen arbeiten.

MPEG

Audio und Bewegtbild
MPEG ist der vielversprechendste Standard für zukünftig zu verwendendes komprimiertes Video und Audio. Während die JPEG-Gruppe ein System beinhaltet, das auch immer für Video verwendet werden kann, ist diese zu sehr auf eine Animation von Einzelbildern fokussiert, anstatt die Eigenschaften von Bewegtbildern zu verwenden. Die Qualität von MPEG-Video bei etwa 1,2 Mbit/s (ohne Ton) ist nach [Le 91], vergleichbar mit VHS-Aufzeichnungen, auch für CD-ROM-Geräte geeignet. Der Kompressionsalgorithmus arbeitet für eine Auflösung von ca. 360×240 Pixeln sehr gut. Selbstverständlich sind auch

7.9 Abschließende Bemerkungen

höhere Auflösungen dekodierbar, bei bspw. 625 Zeilen geht dies jedoch auf Kosten der Qualität. Die Zukunft von MPEG zeigt in Richtung MPEG-2, das eine Datenstromkompatibilität mit MPEG-1 definiert, aber Datenraten bis zu 100 Mbit/s zuläßt. Dies verbessert die heute verfügbare Qualität von MPEG-kodierten Daten signifikant.

MPEG definiert weiterhin einen Audiostrom mit verschiedenen Abtastraten, die bis zur DAT-Qualität von 16 bit/Abtastwert reichen. Ein weiterer wichtiger Teil der Arbeit der MPEG-Gruppe ist die Definition einer Datenstromsyntax.

MPEG wurde weiterhin optimiert, indem ein Abfragemodell für Anwendungsbereiche, wie Tutorensysteme auf der Basis von CD-ROMs, und interaktives Fernsehen verwendet wurde. Diese in MPEG-2 eingebettete Optimierung wird eine Fernsehqualität auf Kosten einer höheren Datenrate erlauben. MPEG-4 wird hohe Kompressionsraten bei Video und damit assoziiertem Audio erreichen und ist weiterhin ein geeignetes Werkzeug, um ganze Klassen neuer Multimedia-Anwendungen zu schaffen. Allerdings wird der komplizierte und noch sehr junge MPEG-4-Standard in weitverbreiteten kommerziellen Anwendungen derzeit noch wenig eingesetzt.

JPEG, H.263, MPEG und andere Techniken sind nicht als Alternativen bezüglich der Datenkompression zu sehen. Ihre Ziele sind unterschiedlich und teilweise komplementär. Die meisten Algorithmen sind sich sehr ähnlich, wenn auch nicht gleich. Die technische Qualität sowie die Verfügbarkeit am Markt bestimmen, welche dieser Techniken in zukünftigen Multimediasystemen eingesetzt werden. Hieraus wird sich eine *Kooperation* und eine *Konvergenz* der Techniken ergeben. Ein zukünftiger Multimedia-Computer könnte bspw. Einzelbilder in JPEG generieren, H.263 oder MPEG-4 für eine Videokonferenz anwenden und zum Lesen abgespeicherter Multimedia-Informationen MPEG-2 benötigen. Dies ist allerdings eine rein hypothetische Feststellung, die keine Art der zukünftigen Entwicklung oder Strategie für diese Systeme präjudiziert.

Kooperation und Konvergenz

Rechnerarchitektur

Ein Multimediasystem besteht aus Hardware- und Software-Komponenten. Dabei gelten die sich durch die Hardware ergebenden Möglichkeiten als Ausgangspunkt für die heutige Forschung und Entwicklung auf dem Gebiet der *Multimediasysteme*. Als Untermenge der Rechnertechnologie hat bspw. die Compact Disc mit einer hohen Speicherkapazität, die zu einem relativ geringen Preis erhältlich ist, den Anfang einer solchen Entwicklung ermöglicht. Bei einer Betrachtung dieser multimediafähigen Rechnertechnologie müssen neben den lokalen Systemen immer vernetzte, kommunikationsfähige Lösungen betrachtet werden.

Die Funktionalität der Rechnertechnologie ist dabei der dazugehörigen Software oftmals einige Jahre voraus. So entstehen leistungsfähige Rechner mit mehreren Signal- und RISC-Prozessoren. Die Möglichkeiten, die sich durch eine Ausnutzung dieser Prozessoren in Arbeitsplatzrechnern ergeben, werden von den entsprechenden Betriebssystemen nur in wenigen Fällen unterstützt. Viele der heutigen Betriebssysteme können selbst die Fähigkeiten der eingebauten Prozessoren in traditionellen Arbeitsplatzrechnern nicht voll ausnutzen, da sie für ältere Generationen von Prozessoren konzipiert wurden.

Funktionalität

Eine ähnliche Situation ist bei Rechnernetzen zu beobachten: Während heute schon kommerziell verfügbare Rechnernetze mit über 100 Mbit/s bis zu einigen GBit/s Datendurchsatz auf dem Markt sind, ist die vollständige Integration im Rechner teilweise noch mangelhaft.

Die multimediafähige Rechnertechnologie ist eine notwendige – aber nicht hinreichende – Voraussetzung für Multimedia. Ohne die heute vorhandene Hardware können die für ein Multimediasystem erforderliche Datenspeicherkapazität und ein kontinuierlich hoher Datendurchsatz nicht realisiert werden. Deshalb werden in diesem Kapitel einige Hardware-Komponenten und deren Integration in ein kommunikationsfähiges Multimediasystem erläutert. Den Ausgangspunkt bilden hybride Systeme mit digitalen und analogen Komponenten, die sich selbst immer mehr zu integrierten Rechnerkomponenten entwickeln. Das Ziel dieser Entwicklung ist ein volldigitales kommunikationsfähiges System [HS91, SH91].

Kapitel 8
Rechnerarchitektur

8.1 Digitale und analoge Komponenten

Lokale Multimediasysteme (multimediafähige Arbeitsplatzrechner) beinhalten meistens eine Kommunikationskomponente und können somit miteinander kommunizieren. Die Übertragung von Audio und Video kann jedoch nicht ohne weiteres mit konventionellen Kommunikationsinfrastrukturen und -adaptern erfolgen. Dieses Kapitel bietet daher eine Übersicht zu möglichen verteilten Systemstrukturen von Multimediasystemen mit ihren Hardware-Komponenten.

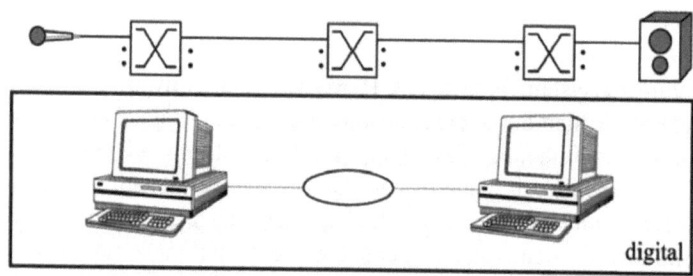

Abb. 8-1 Analoge und digitale Umgebungen ohne Interaktionen.

Kontinuierliche und diskrete Medien

Kontinuierliche und diskrete Medien wurden bisher meist in voneinander unabhängigen Umgebungen betrachtet. Aufgrund der verschiedenen Anforderungen und Randbedingungen dieser Medien entstanden zu deren Verarbeitung völlig separate Systeme: Beispielsweise stehen die analoge Fernmeldetechnik mit ursprünglich Drehwählern, Hebdrehwählern oder Edelmetall-Motor-Drehwählern als Koppelpunkte von Vermittlungssystemen, die eine Audio-Kommunikation ermöglichen, auf der einen Seite – auf der anderen Seite digitale Datenkommunikationssysteme mit geringen Datenraten. Selbst innerhalb professioneller Radio- und Fernsehanstalten werden Audio- und Videoströme heute oftmals noch als analoge Signale zwischen Quellen und Senken geschaltet, obwohl die meisten Komponenten intern digital arbeiten. Abb. 8-1 zeigt schematisch beide Umgebungen, wobei zwischen diesen keine Interaktion stattfindet.

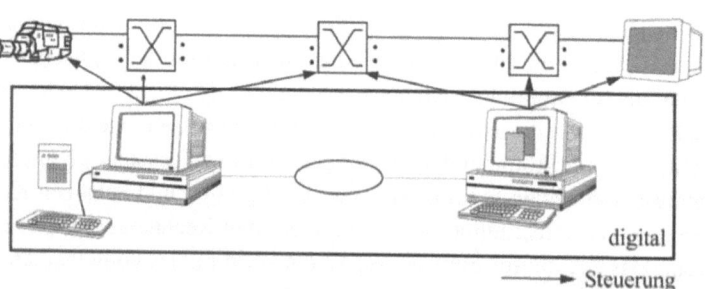

Abb. 8-2 Rechner steuern alle Audio-Video-Komponenten.

Unter Verwendung bestehender Technologien im Bereich der Audio- und Videotechnik können schon seit einiger Zeit Multimediasysteme aufgebaut werden, in denen die Steuerung einzelner Audio-Video-Komponenten aus den digitalen Bereichen heraus erfolgt.

Beispiele für Quellen sind CD-Spieler, Kameras und Mikrofone. Senken können z. B. Videorecorder oder beschreibbare optische Platten sein. Auch die Verbindung zwischen Quellen und Senken, eine Vermittlung für Audio-Video-Signale, kann digital angesteuert werden. Wie in Abb. 8-2 auf Seite 184 gezeigt, wird die Steuerung von externen Rechnern meist über RS-232-, RS-424- oder SCSI-Schnittstellen vorgenommen. Weil der Rechner nur in die Steuerung eingreift, nicht aber den eigentlichen Audio-Video-Datenstrom bearbeitet, bleiben die bestehende Qualität und die Formate erhalten.

Quellen und Senken

In den 80er Jahren wurde von der Fa. Bell Communications Research in Red Bank, NJ., USA das *Integrated Media Architecture Laboratory* (IMAL) eingerichtet. Es arbeitet auf der Basis des in Abb. 8-2 auf Seite 184 gezeigten hybriden Ansatzes [LD87]. In IMAL wird eine Vielzahl bestehender und zukünftiger Netze simuliert, um Multimedia-Kommunikation zu verstehen und entsprechende Dienste frühzeitig entwickeln zu können.

IMAL

Die Video-Dienste des MIT-Muse- und des Pygmalion-Projekts [CGR90, HSA89, MTA⁺89] basieren auf einem ähnlichen Ansatz: Jeder Rechner ist sowohl an ein Ethernet zur Datenkommunikation als auch an ein Kabelfernsehnetz angeschlossen. Die Audio-Video-Signale wurden über einen Adapter der Fa. Parallax [Par87] in den Rechner gespeist und dort zur Ausgabe bzw. Anzeige gebracht. In einem Fenster wird dann das Bewegtbild mit der Blaupausen-Technik eingeblendet.

MIT-Muse- und Pygmalion-Projekt

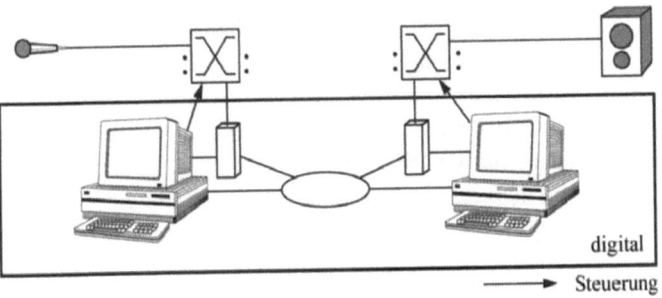

Abb. 8-3 Kontinuierliche Daten werden unter Kontrolle des Rechners in ein digitales Netz eingespeist.

Erste Versuche im Rahmen des DiME-Projekts [RSSS90] am Europäischen Zentrum für Netzwerkforschung der Fa. IBM gingen von einer ähnlichen Umgebung aus: Hier wurden PC-basierte Rechner mit dedizierten Audio- und Videokarten ausgestattet. Audio-Video-Geräte, die als Quelle, Senke oder zur Vermittlung dienen, können über das Datennetz von den verschiedensten Rechnern aus angesteuert werden. In diesem Projekt entstand ein Labor, das als Ausgangspunkt für Studien kommunizierender Multimediasysteme dient. Aus Sicht der Hardware-Struktur wurde in DiME die in Abb. 8-3 dargestellte Konfiguration realisiert. Ausgehend von der Überlegung, daß analoge Audio-Video-Schnittstellen auch in der näheren Zukunft bestehen werden, sollten Quel-

DiME-Projekt

len und Senken solcher Signale entweder externe Geräte oder Komponenten im Rechner darstellen. Jeder Rechner erfüllt für derartige Signale eine lokale Vermittlungsfunktion. Zur Kommunikation zwischen verschiedenen Rechnern werden Audio-Video-Signale vorher an jedem Rechner digitalisiert, kodiert und ggf. komprimiert.

Ähnliche Überlegungen stellte die Firma US West in Boulder (Colorado) an [CSA$^+$89]: Die Vorentwicklungsabteilung ist dort auf zwei Standorte verteilt. Zwischen diesen Orten wurde eine Datenverbindung von 45 Mbit/s etabliert. Beide Standorte haben jeweils eine Konfiguration, die der des IMAL-Labors ähnelt. Zwischen den Laboratorien können Daten der verschiedenen Medien übertragen werden.

Medienqualität

Ein wesentlicher Vorteil der bisher skizzierten hybriden Systeme ist die hohe Qualität von Audio und Bewegtbildern. Alle zur Eingabe, Ausgabe, Speicherung und Vermittlung notwendigen Audio-Video-Geräte sind am Markt erhältlich, arbeiten in Echtzeit und erfüllen dabei einen gehobenen Qualitätsstandard. Hybride Systeme werden u. a. zum Studium von Benutzerschnittstellen oder Anwendungsszenarien eingesetzt. Hier spielt die verwendete Technik eine untergeordnete Rolle. Den Anforderungen bezüglich einer vollständigen Integration wird so allerdings nicht entsprochen. Auch eine Speicherung und Weiterverarbeitung der Medien ist ohne Qualitätseinbußen schwer möglich.

Verarbeitung der Datenströme

In den bisher beschriebenen Verfahren steuert der Rechner immer die Geräte zur Verarbeitung von Audio-Video-Daten an, hat aber keinen direkten Einfluß auf den Datenstrom. Die Daten werden also nicht in den Rechner geleitet, sondern an ihm vorbei. Damit wird sehr geschickt die gesamte Problematik der Verarbeitung von Audio-Video-Daten im Rechner unter Echtzeitbedingungen umgangen. Eine direkte Verarbeitung kontinuierlicher Daten durch den Rechner, die bspw. zur Spracherkennung notwendig wäre, ist nur möglich, wenn ein Datenstrom in den Rechner eingespeist wird. Ein wesentlicher Aspekt bei der Verarbeitung multimedialer Daten ist die Herstellung von Beziehungen zwischen verschiedenen Medien. Bei hybriden Systemstrukturen können zwar kontinuierliche und diskrete Medien innerhalb der jeweiligen Kategorie problemlos synchronisiert werden, die Synchronisation zwischen Medien verschiedener Kategorien stellt allerdings ein Problem dar.

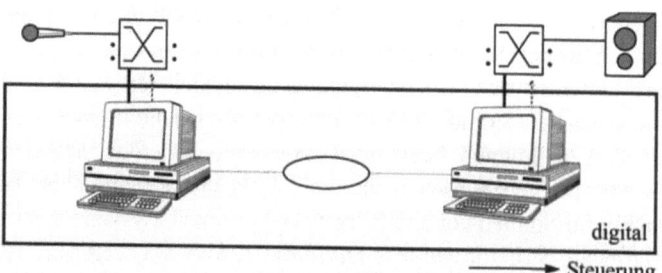

Abb. 8-4 Kontinuierliche Daten lokaler, externer Audio-Video-Geräte werden durch den Rechner geleitet.

Als Systemstruktur zur direkten Verarbeitung kontinuierlicher Daten im Rechner bietet sich der Anschluß externer Audio-Video-Geräte an, deren Daten zur Verarbeitung oder Kommunikation mit anderen Systemen durch den Rechner geleitet werden (siehe Abb. 8-4 auf Seite 186). Falls keine Verarbeitung notwendig ist und eine lokale Anwendung verfügbar ist, können die Daten über die lokale Vermittlungsfunktion unter Umgehung des Rechners zwischen Quelle und Senke transferiert werden. Eine solche Komponente ist bspw. eine Parallax- oder M-Motion-Karte, die das an einem Anschluß anliegende Videosignal auf dem Monitor darstellt. Hier bietet sich allerdings auch die Möglichkeit, digitalisierte Einzelbilder im Rechner weiterzuverarbeiten. Solche Systeme sind aber nicht dafür konzipiert, in Echtzeit 25 oder 30 unkomprimierte Vollbilder pro Sekunde in einer hohen Auflösung über den Systembus eines Rechners zu transferieren. Ein *Systembus* verbindet hierbei wesentliche Rechnerkomponenten, wie bspw. Peripheriegeräte und den Hauptspeicher.

Systembus

Mit der in Abb. 8-4 auf Seite 186 skizzierten Systemstruktur bleibt die Komplexität der Ansteuerung externer Geräte erhalten. Außerdem werden kontinuierlich Daten sowohl extern als auch im Rechner bearbeitet. Dies führt neben einer zusätzlicher Komplexität zu Funktionseinschränkungen der System-Software: Kontinuierliche Daten, die zwischen extern angeschlossenen lokalen Audio-Video-Geräten transferiert werden, unterliegen einer anderen Verarbeitung als kontinuierliche Daten, die bspw. von der Festplatte eines Rechners zu einem Videofenster übertragen werden.

8.2 Digitale integrierte Komponenten

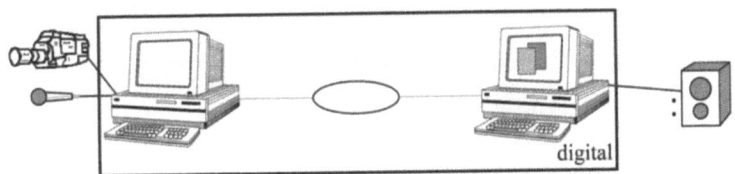

*Abb. 8-5
Integrierte
Hardware-
Systemstruktur.*

Ein direkter Einfluß des Rechners auf den kontinuierlichen Datenstrom selber bedingt, daß dieser im Rechner in digitaler Form vorliegt. Hierzu werden die notwendigen externen Ein- und Ausgabegeräte (Kamera, Mikrofon) direkt an den Rechner angeschlossen. Dabei ist es von untergeordneter Bedeutung, ob die Daten erst digitalisiert werden (Abb. 8-5) oder schon in digitaler Form auf digitalen Schnittstellen (Abb. 8-6 auf Seite 188) vorliegen. Hierfür müssen die bestehenden Arbeitsplatzrechner (*Workstation* inklusive *Personal Computer*) zu Multimedia-Arbeitsplatzrechnern modifiziert werden. Die folgenden Abschnitte beschreiben einige damit verknüpften Hardware-Voraussetzungen bezüglich der benötigten Rechnerkomponenten.

*Modifikation von
Arbeitsplatzrechnern zu
Multimedia-
Arbeitsplatzrechnern*

*Abb. 8-6
Integrierte Hardware-Systemstruktur mit digitalen Endgeräten und Anschlüssen.*

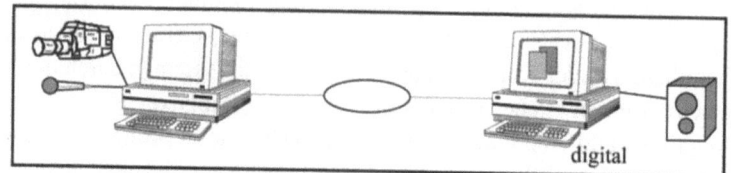

Gegenwärtig verfügbare Arbeitsplatzrechner

Heutige Arbeitsplatzrechner sind für die Manipulation von Informationen diskreter Medien ausgelegt. Die Daten sollen hierbei möglichst schnell zwischen den Komponenten über einen gemeinsamen Bus ausgetauscht werden. Die Integration rechenintensiver und dedizierter Verarbeitung wird über spezielle Komponenten gelöst. Beispiele hierfür sind die Steuerrechner für die Festplatte und die Ankopplung an ein Rechnernetz.

*Abb. 8-7
Traditionelle
Architektur.*

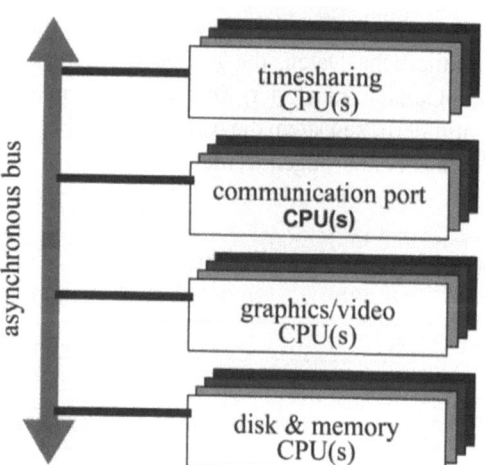

Multimedia-Arbeitsplatzrechner

Komponenten

Ein in Abb. 8-6 dargestellter Multimedia-Arbeitsplatzrechner ist für die simultane Manipulation von Daten diskreter und kontinuierlicher Medien ausgelegt. Zu den wesentlichen Komponenten einer solchen *Multimedia-Workstation* zählen:

- Standard-Prozessor(en) zur Verarbeitung von Daten diskreter Medien,
- Hauptspeicher und Sekundärspeicher mit entsprechenden Steuerrechnern,
- universelle Prozessor(en) zur Verarbeitung von Daten in Echtzeit (Signalprozessoren),
- Spezialprozessoren, die für eine Bearbeitung von Grafik-, Audio- und Videodaten ausgelegt sind (kann bspw. ein Dekompressionsverfahren in Mikrocode für DVI-Prozessoren beinhalten) [Rip89, Tin89, Lut91],

- Grafik- bzw. Videoadapter und
- Kommunikationsadapter.

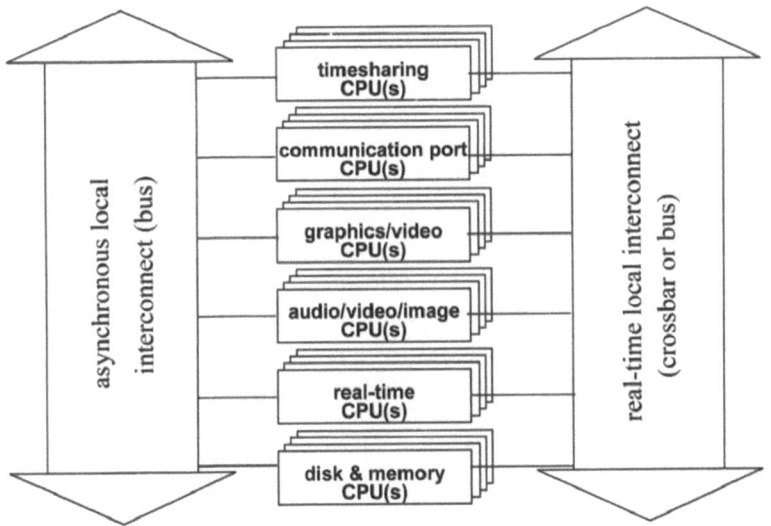

*Abb. 8-8
Architektur für
Multimedia-Rechner.*

Bus

Allgemein bezeichnet ein Bus ein Bauteil eines Rechners, das Daten zwischen verschiedenen Komponenten transferiert. Neben dem traditionellen asynchronen *Bus* werden die Datenströme kontinuierlicher Medien über einen zweiten Bus übertragen, der Zeitgarantien einhalten kann. In einer technischen Realisierung kann ebenfalls ein Bus, der Daten von zweierlei Arten gemäß ihren Anforderungen überträgt, vorhanden sein (dies gilt auch für mehrere Bus-Systeme). Im Forschungsbereich wird bspw. an einem rechnerinternen ATM-Netz (ATM = Asynchronous Transfer Mode) als Busersatz gearbeitet. Man unterscheidet weiterhin zwischen dem Systembus und dem Peripheriebus. Systembus-Systeme unterstützen in ihrer bisherigen Version nur bedingt einen kontinuierlichen garantierten Datentransfer. Weiterentwicklungen der Peripheriebusse bewegen sich in Richtung Datentransfer für kontinuierliche Medien.

ATM-Netz als Busersatz

Peripherie-Komponenten für Multimedia-Arbeitsplatzrechner

Als wesentliche *Peripherie-Komponenten* sind die zur Ein- und Ausgabe multimedialer Daten notwendigen Geräte zu erwähnen. Die meisten dieser Geräte stammen aus dem Bereich der Unterhaltungselektronik und bedürfen keiner Neuentwicklung, wodurch diese Komponenten zu einem günstigen Preis erhältlich sind. Mikrofone, Kopfhörer, sowie passive und aktive Lautsprecher stammen aus dem Hifi-Bereich. Meistens sind aktive Lautsprecher oder Kopfhörer angeschlossen, weil der Rechner im allgemeinen keinen Verstärker mit entsprechender Leistung enthält. Die Kamera zur Videoeingabe kann aus dem

*Mikrofon
Kopfhörer
Lautsprecher*

Kamera
Monitor

inzwischen weit verbreiteten nicht-professionellen Bereich stammen. Damit sind auch die physikalischen Schnittstellen der Videokomponente im Rechner festgelegt; sie müssen sich nach den am weitesten verbreiteten Normen der Videotechnik richten. Ein Monitor dient der Videoausgabe. Neben Kathodenstrahlröhren setzen sich in zunehmenden Maße auch Flachbildschirme mit Farb-LCD-Technik durch. Wesentliche Attribute sind hier *Farbe, Auflösung, Tiefe* und *Größe*.

Prozessor
Hauptspeicher

Audio- und insbesondere Videodaten werden zwischen verschiedenen Komponenten transferiert und dabei auch oft *manipuliert*. Nicht jeder Datentransfer ist im Busmaster-Verfahren möglich. Dies gilt besonders dann, wenn die Daten noch von einem zentralen Prozessor *verarbeitet* werden sollen. Eine derartige Verarbeitung kann auch in dem ggf. notwendigen Segmentieren der LDUs oder dem Hinzufügen von *Header* und *Trailer* bestehen. Daten werden dann meistens mit einer Speicherverwaltung, die abhängig von der jeweiligen System-Software für kontinuierliche Medien konzipiert wurde, real oder virtuell kopiert. Hierzu wird ausreichend *Hauptspeicher* (Primärspeicher) benötigt. Neben ROMs, PROMs, EPROMs und teilweise auch statischen Speicherbausteinen werden hier vor allem kostengünstige dynamische Speichermodule benötigt. Der Preisverfall dieser Bausteine bei steigender Speicherkapazität begünstigt die Multimedia-Technik.

Sekundärspeicher für Multimedia-Arbeitsplatzrechner

Zugriffszeiten

Eine wesentliche Anforderung an Sekundärspeicher und den entsprechenden Steuerrechner ist wiederum der garantierte kontinuierliche Datentransfer. Um eine möglichst hohe Datendichte zu erreichen, wurde bspw. für die DVD *(Digital Versatile Disc)* und früher für die CD-DA (*Compact Disc Digital Audio*) eine gleichmäßige Bahngeschwindigkeit (CLV) definiert. Hiermit ist die Datendichte für die gesamte optische Platte konstant, jedoch erhöht sich die Zugriffszeit auf die Daten, weil unter anderem eine Anpassung der Umdrehungsgeschwindigkeit erfolgen muß. Unter diesem Gesichtspunkt eignen sich Systeme mit einer konstanten Winkelgeschwindigkeit (CAV) in stärkerem Maße für den kontinuierlichen Datentransfer als solche mit einer gleichmäßigen Bahngeschwindigkeit (CLV).

Ein System kann zu einem bestimmten Zeitpunkt aus verschiedenen Sekundärspeichern für Daten diskreter und kontinuierlicher Medien bestehen. Dies bedeutet nicht, daß ein Sekundärspeicher ausschließlich die Daten eines Typs (diskret oder kontinuierlich) beinhaltet; zu einem Zeitpunkt werden aber nur Daten des einen oder des anderen Typs *verarbeitet*. In der Zukunft werden zu einem Zeitpunkt auf einem Sekundärspeicher Medien beider Arten gelesen und/oder geschrieben werden können.

Prozessoren für Multimedia-Arbeitsplatzrechner

In einem Multimedia-Arbeitsplatzrechner wird die zu leistende Arbeit meistens auf mehrere Prozessoren aufgeteilt. Darunter ist jedoch in absehbarer Zeit noch kein Multiprozessorsystem zu verstehen; die Prozessoren werden für unterschiedliche Aufgaben konzipiert sein. Es wird zwischen der CPU und einem oder mehreren dedizierten Signalprozessoren (DSP) zu unterscheiden sein. DSPs sind für Echtzeitanwendungen ausgelegt; sie ermöglichen bspw. eine Kompression und Dekompression von Sprache in Echtzeit. Auch für Videodatenverarbeitung können spezielle Prozessoren eingesetzt werden.

In Abb. 8-9 ist beispielhaft der Aufbau eines schon seit längerem für möglich gehaltenen zukünftigen Prozessors gezeigt; in diesem Fall wird von einem Intel '786 nach [Pre90] gesprochen. Dieser Baustein besteht im wesentlichen aus vier konventionellen CPUs und einem dedizierten Videodatenprozessor. Der Intel'786 ist ein multimediafähiger Multiprozessor.

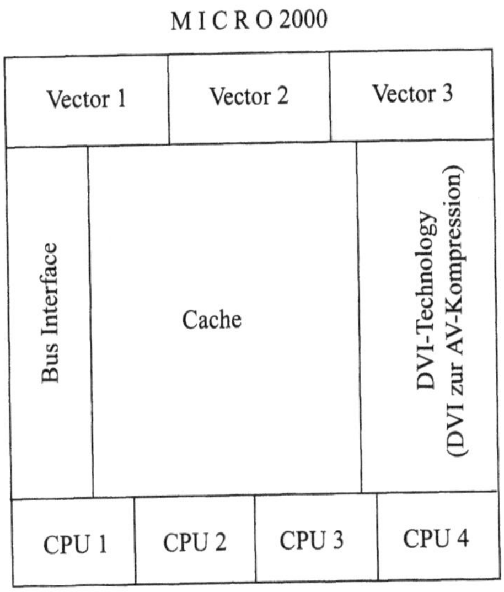

Abb. 8-9 Zukünftige CPU am Beispiel Intel '786 nach [Pre90].

Als zukünftige Entwicklung kann man sich ein Multimediasystem mit mehreren universellen Prozessoren vorstellen, die Eigenschaften der DSPs mit denen der CPUs vereinen. Je nach Anwendung können diese Bausteine dann zur exklusiven Verarbeitung diskreter oder kontinuierlicher Medien konfiguriert werden. Damit bietet sich die Möglichkeit, einen Multimedia-Arbeitsplatzrechner zu realisieren, bei dem die Prozessoren – je nach optimaler Anwendungsunterstützung – geeignet konfiguriert werden können.

Zukünftige Entwicklungen

Eine weitere potentiell mögliche Variante unterscheidet zwischen Prozessen zur Verarbeitung diskreter Daten und solchen für kontinuierliche Daten. Diese könnten dann auf jedem Prozessor laufen. Durch ein geeignetes Betriebssystem können sich auch beide Prozeßklassen zur gleichen Zeit einen Prozessor teilen. Die Weiterentwicklung von Betriebssystemen für Multimedia geht in diese Richtung. Dabei wird jedoch fast ausschließlich von konventionellen Hardware-Rechnerarchitekturen mit Zusätzen für Multimedia-Anwendungen ausgegangen.

Etherphone

Ein erster Einsatz dieser Komponenten in einer nicht vollständig integrierten Form fand im Etherphone-Projekt bei XEROX PARC [Swi87] statt. Hier wurde eine digitale Audiokommunikation über ein für Daten und Sprache gemeinsam genutztes Ethernet demonstriert. Abgesehen von der Kommunikation wird bspw. Sprache im Rechner nicht *integriert* behandelt, also nicht im Hauptspeicher verarbeitet und anschließend eventuell auf separate Platten gespeichert. Auch heutige Entwicklungen gehen von Spezialprozessoren zur digitalen Signalverarbeitung aus, deren Entwurfskriterien sich aus Echtzeit-Anwendungen ableiten [Lee90]. So haben sich neuartige CPU-Architekturen etabliert, die bspw. separate Bus-Systeme für die Daten und für die Steuerung nutzen.

Ähnliche Erfahrungen ergaben sich aus einem Projekt bei AT&T in Naporville, in dem eine ähnliche Systemstruktur verwendet wurde [LL89, LBH$^+$90]. Hier war direkt an den Rechner ein *Fast-Packet-Switching*-Netz gekoppelt. Erweiterungen des UNIX-Betriebssystems um sog. *Connectors* und *Active Devices* erlaubten so die Integration kontinuierlicher Medien.

Mit diesen integrierten Komponenten können Quellen und Senken kontinuierlicher Medien mit Hilfe von Adaptern direkt an den Systembus angeschlossen werden. Die für Videosignale entstehende Datenrate stellt jedoch bei der Übertragung und Speicherung zu hohe Anforderungen an die verfügbaren Kapazitäten. Mit Hilfe von Kompressionsverfahren läßt sich die Datenrate sowohl von Audiosignalen als auch von Videosignalen erheblich reduzieren.

Digitale Systeme erlauben zusätzlich zu ihren Integrationsmöglichkeiten eine höhere Flexibilität: Ein Audio-Mischpult ist heute meist ein eigenständiges Gerät. Mit Hilfe von Signalprozessoren sind diese Mischfunktionen eine Menge von Filterfunktionen, die als Programme vorliegen. Diese können einfacher an die erforderlichen Anwendungen angepaßt werden, wodurch der Signalprozessor noch für andere Zwecke eingesetzt werden kann. Ein frühes (und heute als historisch zu wertendes) Beispiel für eine flexible Anpassung von Software ist Digital Video Interactive (DVI): Der in diesem System eingesetzte *Display Prozessor* VDP (Pixel-Prozessor) arbeitet mit Mikrocode. Die in Mikrocode geschriebenen Programme beinhalten einen Teil des Kompressions- und Dekompressionsalgorithmus, der zur Initialisierungsphase geladen wird. Hiermit werden zukünftige Erweiterungen möglich, ohne daß die bestehende Hardware verändert werden muß.

Anforderungen an die Leistungsfähigkeit digitaler Systeme erlauben in einem digitalen Umfeld nicht immer die Verwendung von Software-Lösungen. Eine Hardware-Realisierung steigert oftmals die Leistungsfähigkeit auf Kosten der Flexibilität. Die Grenze zwischen dedizierter Hardware und allgemeinen Software-Komponenten ist stark technologie-, anwendungs- und kostenabhängig. Durch eine hochwertige Hardware-Systemstruktur läßt sich diese Grenze innerhalb eines Bereiches flexibel anpassen. Das Multimedia-Betriebssystem ist als Schnittstelle zwischen der Hardware eines Rechners und allen anderen Software-Komponenten an diese integrierte Rechnertechnologie angepaßt.

Optische Speichermedien

Herkömmliche magnetische Datenträger werden in Form von Fest- und Wechselplatten als traditionelle Sekundärspeichermedien in Rechnern eingesetzt, wodurch u. a. eine geringe mittlere Zugriffszeit und eine für allgemeine Rechnerdaten angepaßte Kapazität zu einem akzeptablen Preis angeboten werden kann. Audio- und Videodaten stellen sowohl in unkomprimierter als auch in komprimierter Form höhere Anforderungen an die verfügbare Speicherkapazität. Damit sind die Speicherkosten kontinuierlicher Medien auf diesen Datenträgern jedoch beträchtlich.

Magnetische Datenträger

Optische Speichermedien bieten eine höhere Speicherdichte zu geringeren Kosten. Die *Audio Compact Disc* bspw. wurde als Nachfolgerin der *Long Play Disc* (LP) kommerziell erfolgreich und ist heute im Bereich der Unterhaltungselektronik eine Massenware. Aufgrund der großen Speicherkapazität profitiert die Computerindustrie hiervon insbesondere dann, wenn Audio- und Videodaten im Rechner digital gespeichert werden sollen. Diese Technologie ist daher der wesentliche *Katalysator* für die gesamte Multimedia-Technik im Rechner. Als externe Geräte können für Multimediasysteme bspw. auch Videorecorder und DAT-Rekorder *(Digital Audio Tape)* eingesetzt werden. Da jedoch für heutige Qualitätsanforderungen an Multimedia-Anwendungen und Daten, die durch die Datenrate und den Speicherbedarf charakterisiert sind, auch die Speicherkapazität der oben genannten Massenspeicher nicht mehr ausreicht, wurden neue Medien entwickelt, die ein Vielfaches der Speicherdichte von CDs oder DAT-Tapes aufweisen. Diese Entwicklung basiert auf der Technik der CD-ROM und wurde von einem Zusamenschluß großer Multimedia-Hersteller unter dem Namen *Digital Video Disc* (DVD) standardisiert.

Audio Compact Disc

Digital Audio Tape

Digital Video Disc

Die eigentliche Integration von Medien in ein System, das, wie magnetische Massenspeicher, keinen wahlfreien Zugriff bietet, ist zwar bedingt möglich, fällt jedoch schwer [HS91, RSSS90, SHRS90]. Deshalb wird in diesem Kapitel insbesondere auf optische Speicher eingegangen. Andere Datenträger werden hier nicht weiter betrachtet, da sie meistens kaum spezielle Merkmale für integrierte Multimediasysteme aufweisen oder als Bestandteil eines Servers gesehen werden (siehe Kapitel 12 zu Medien-Servern).

Im folgenden erfolgt eine Erläuterung der Grundlagen optischer Speichermedien. Anschließend wird kurz auf analoge und einmal-beschreibbare Systeme (WORMs) eingegangen. Über die CD-DA werden die CD-ROM und die CD-ROM/XA erläutert. Verschiedene weitere Entwicklungen in bezug auf Multimedia stellen die im folgenden kurz beschriebenen CD-I und die Photo-CD dar. Neben den *Read-Only-Entwicklungen* der CD sind seit einiger Zeit die anschließend vorgestellten beschreibbaren CD-WO und CD-MO bekannt. Zunehmend werden auch DVDs eingesetzt. Zum Abschluß des Kapitels werden die erläuterten CD-Technologien miteinander verglichen und mögliche Weiterentwicklungen erwähnt.

9.1 Historie der optischen Speicher

Video Long Play — Schon 1973 wurde die Bildplatte in Form der *Video Long Play* (VLP) erstmals beschrieben. Die Bildplatte hatte als *Read-Only-Medium* bisher keinen kommerziellen Erfolg, obwohl eine große Menge unterschiedlicher einmal-beschreibbarer optischer Platten verschiedener Größen und Formate kommerziell vertrieben werden. Die meisten Entwicklungen basieren auf analoger Technik, die höchsten Qualitätsansprüchen bei entsprechenden Kosten genügt.

Compact Disc - Digital Audio — Erst ungefähr 10 Jahre später, Ende 1982, wurde die *Compact Disc Digital Audio* (CD-DA) eingeführt. Diese optische Platte ermöglicht die digitale Speicherung von Audiodaten in Stereo auf einem hohem Qualitätsniveau. Hierfür wurde die von N. V. Philips und der Sony Corporation erstellte Spezifikation

Red Book — im sog. *Red Book* [Phi82] zusammengefaßt. Alle weiteren CD-Formate basieren auf dieser Beschreibung. In den ersten fünf Jahren nach der Einführung wurden bereits ca. 30 Millionen CD-DA-Abspielgeräte und über 450 Millionen CD-DA-Platten verkauft [BW90b].

1983 wurde die Erweiterung der *Compact Disc* zur Speicherung von Rechnerdaten von N. V. Philips und Sony Corporation angekündigt und im November 1985 erstmals der Öffentlichkeit vorgestellt. Diese *Compact Disc Read*

CD-ROM Yellow Book — *Only Memory* (CD-ROM) ist im *Yellow Book* [Phi85] beschrieben, das später in den Standard ECMA-119 mündete [ECM88]. Hier wird das physikalische Format einer Compact Disc spezifiziert. Das logische Format nach der ISO-Norm 9660, dem ein Vorschlag von Industrieunternehmen *(High Sierra Proposal)* vorausging, ermöglicht den Zugriff über Dateinamen und einem Verzeichnis.

CD-Interactive — 1986 wurde ebenfalls von N. V. Philips und der Sony Corporation die *Compact Disc Interactive* (CD-I) angekündigt. Die Beschreibung von CD-I beinhaltet neben der CD-Technologie ein komplettes System, das im *Green Book* [Phi88] aufgeführt ist. 1987 wurde *Digital Video Interactive* (DVI) öffentlich präsentiert. In DVI stehen Algorithmen zur Kompression und Dekompression für die auf einer CD-ROM gespeicherten Audio- und Videodaten im Vordergrund.

CD-ROM/XA — 1988 wurde die *Compact Disc Read Only Memory Extended Architecture* (CD-ROM/XA) angekündigt. N. V. Philips, die Sony Corporation und Microsoft haben hier eine Spezifikation digitaler optischer Datenträger für mehrere

Medien erstellt, die 1989 auf der CD-ROM-Konferenz in Anaheim (Kalifornien, USA) publiziert wurde [Phi89].

Seit Anfang 1990 sind die Entwicklungen der einmal-beschreibbaren *Compact Disc Write Once* (CD-WO) und der mehrmals-beschreibbaren *Compact Disc Magneto Optical* (CD-MO) bekannt, die im *Orange Book* [Phi91] spezifiziert sind. Zusätzlich gibt es seit 1995 die mehrfach-beschreibbare und löschbare CD-RW (Compact Disc Read Write), die ebenfalls im Orange Book [Phi91] (Part 3) spezifiziert ist.

CD-Write Once
CD-Magneto Optical
Orange Book

Anfang 1996 zeichneten sich Bestrebungen ab, Compact Discs mit höheren Speicherdichten zu entwickeln. Diese zuerst von Einzelfirmen proprietär initiierte Entwicklung führte Ende 1996 zum Zusammenschluß dieser Firmen zum DVD-Konsortium. Die ersten DVD-Spezifikationen waren Mitte des Jahres 1997 verfügbar, die ersten Geräte Ende des Jahres 1997.

Digital Video Disc

9.2 Basistechnologie

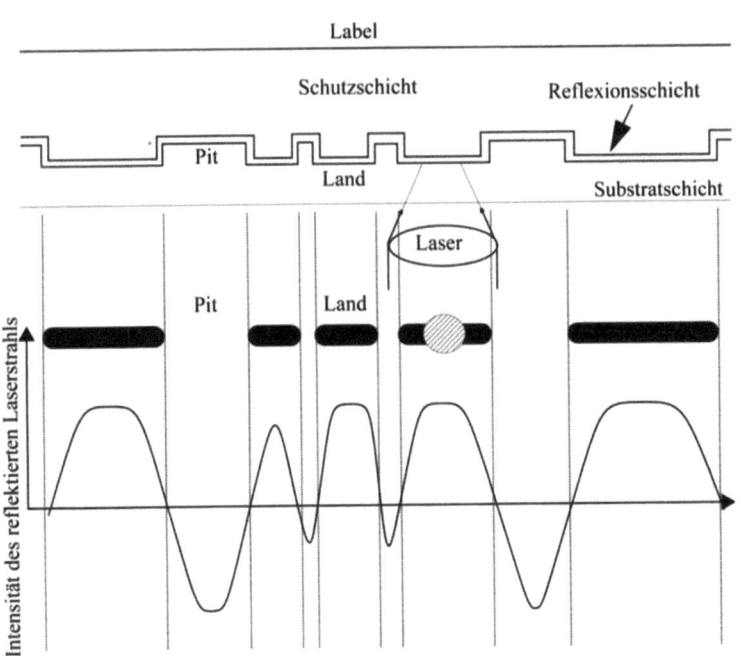

*Abb. 9-1
Schnitt durch eine optische Platte längs der Datenspur. Schematische Darstellung mit den Schichten (oben), den „Lands" und den „Pits" (in der Mitte) und dem Signal (unten).*

Das Prinzip optischer Speichermedien nutzt die Intensität des reflektierten Laserlichts als Darstellung der Information beim Lesen. Ein Laserstrahl kann bei einer Wellenlänge von ca. 780 nm auf ungefähr 1 µm fokussiert werden. In einer Substratschicht aus einer Polykarbonatverbindung befinden sich entsprechend der zu kodierenden Daten Vertiefungen, die *Pits* genannt werden. Die Bereiche zwischen den Pits werden als *Lands* bezeichnet. Abb. 9-1 zeigt oben

Prinzip optischer Speichermedien

Pit/Land

einen Schnitt durch eine optische Platte, die in Längsrichtung einer Spur führt. In der Mitte dieser Abbildung sind hierzu schematisch die Pits und Lands dargestellt.

Die Substratschicht ist gleichmäßig mit einer dünnen, reflektierenden Schicht überzogen. Der Laserstrahl wird auf die reflektierende Schicht in Höhe der Substratebene fokussiert. Damit hat der an den Lands reflektierte Strahl eine starke Intensität. Die Pits befinden sich im Abstand von 0,12 µm bezüglich der Substratoberfläche. Der auf die Pits auftreffende Laserstrahl wird leicht gestreut, d. h. er wird nur mit schwacher Intensität reflektiert. Der untere Signalverlauf von Abb. 9-1 auf Seite 195 zeigt schematisch die Intensität des reflektierten Strahls; hier ist eine waagerechte Linie als Schwellwert eingezeichnet. Der Laser in dieser Abbildung tastet zum dargestellten Zeitpunkt ein Land ab.

Aufbau einer CD

Damit besteht nach Abb. 9-1 eine Compact Disc (CD) aus

- dem *Label* (Schild, Aufdruck),
- der Schutzschicht,
- der reflektierenden Schicht und
- dem Substrat.

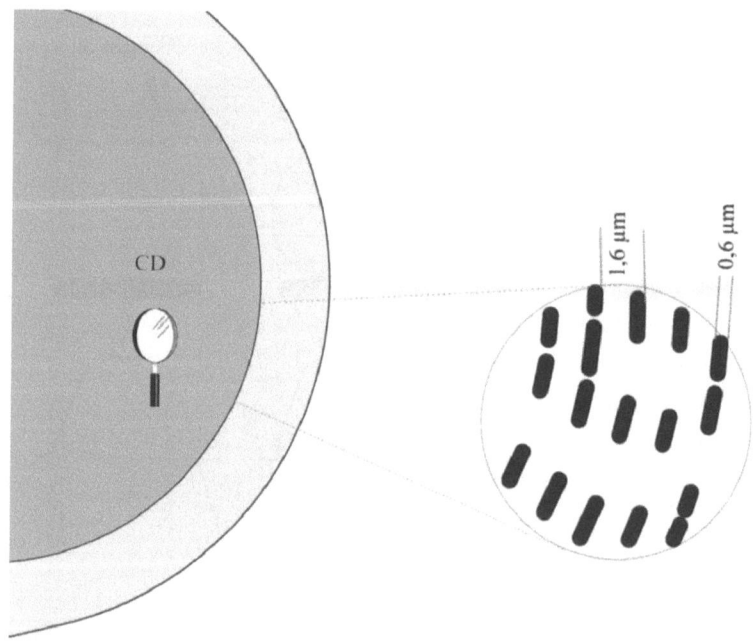

*Abb. 9-2
Daten auf einer CD als Beispiel für eine opt. Platte.
Spur mit „Lands" und „Pits".*

Eine optische Platte besteht aus einer sequentiellen Anordnung von Pits und Lands innerhalb einer Spur, die die Daten auf der Oberfläche repräsentieren. Abb. 9-2 zeigt einen stark vergrößerten Ausschnitt einer solchen Struktur.

Im Gegensatz zu Disketten und anderen konventionellen Sekundärspeichermedien wird bei einer optischen Platte die gesamte Information auf eine Spur aufgetragen. Damit können auch die gespeicherten Informationen einfacher mit einer kontinuierlichen Datenrate abgespielt werden. Dies hat besondere Vorteile für kontinuierliche Datenströme, wie Audio- und Videodaten.

Eine Spur besitzt die Form einer Spirale. Bei der CD beträgt der Abstand zwischen den Spuren 1,6 µm. Die Spurbreite der Pits beträgt 0,6 µm, deren Länge kann aber unterschiedlich sein. Mit diesen Abmessungen ergibt sich auch der wesentliche Vorteil gegenüber magnetischen Speichermedien. Es können 1,66 Datenbits/µm der Spur abgelegt werden. Man erreicht damit eine Datendichte von 1.000.000 bit/mm². Dies entspricht bei der vorgegebenen Geometrie 16.000 Tracks/Inch. Eine Diskette hat im Vergleich hierzu lediglich 96 Tracks/Inch.

Während eine Magnetisierung im Laufe der Zeit abnehmen kann und bspw. bei Bändern ein Übersprechen auftreten kann, sind solche Effekte bei optischen Speichermedien unbekannt. Diese Medien sind deshalb sehr gute Langzeitspeicher. Nur eine Zersetzung oder Veränderung des Materials kann hier irreparable Schäden verursachen. Nach den bisherigen Erkenntnissen werden solche Effekte aber in absehbarer Zukunft nicht eintreten.

Langzeitspeicher

Die Lichtquelle des Lasers kann ca. 1 mm von der Plattenoberfläche entfernt sein und muß somit nicht direkt auf der Platte, bzw. auf einem Luftpolster liegen, wie bei magnetischen Festplatten. Damit wird die Abnutzung der verwendeten Komponenten reduziert und damit die Lebensdauer erhöht.

9.3 Bildplatten und andere WORMs

Die Bildplatte dient in Form der *LaserVision* zur Wiedergabe von Bewegtbild- und Audiodaten. Dabei liegen die Daten auf der Platte in einer analog kodierten Form vor. Die wiedergegebenen Daten entsprechen höchsten Qualitätsansprüchen. Die LaserVision hat einen Durchmesser von ca. 30 cm und speichert ca. 2,6 Gbyte.

LaserVision

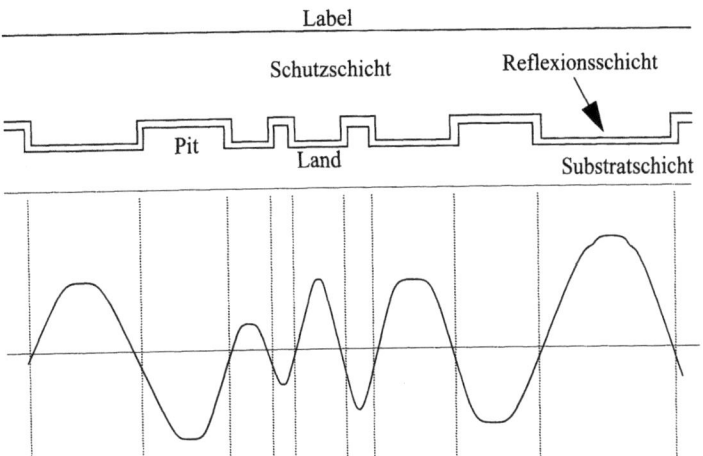

Abb. 9-3
Schnitt durch eine Bildplatte.
Zeitkontinuierliche wertdiskrete Kodierung.

Ursprünglich hieß die Bildplatte in Anlehnung an die bekannte *Long Play* (LP) für Audioinformationen *Video Long Play*. 1973 wurde sie erstmals im Philips Technical Review beschrieben [Phi73].

Ein Bewegtbild wird bei der Bildplatte frequenzmoduliert; Audio wird diesem modulierten Signal hinzugemischt. Abb. 9-3 auf Seite 197 zeigt das Prinzip der aufgezeichneten Daten: Die wesentliche Information des gemischten Audio-Videosignals besteht in der zeitlichen Abfolge der Nulldurchgänge. Damit entspricht jeder Nulldurchgang auf der Platte einem Wechsel zwischen Pit und Land. Ein solcher Wechsel kann zu jedem beliebigen Zeitpunkt stattfinden. Er wird in dieser *nicht-quantisierten* Form auf die Platte geschrieben; die Pit-Länge ist also nicht quantisiert. Damit ist dieses Verfahren zeitkontinuierlich, und kann als *analog* bezeichnet werden.

Write Once Read Many

Seitdem die Bildplatte als *Read Only Memory* konzipiert wurde, entstanden viele unterschiedliche einmal-beschreibbare optische Speichersysteme, die als *Write Once Read Many* (*WORM*) bekannt sind. Ein Beispiel ist die *Interactive Video Disc*. Sie arbeitet mit einer konstanten Umdrehungsgeschwindigkeit (*Constant Angular Velocity*, CAV). Pro Seite werden bis zu 36 min Audio- und Bewegtbilddaten mit 30 Bildern pro Sekunde abgespeichert und wiedergegeben. Pro Seite lassen sich weiterhin ca. 54.000 Einzelbilder in Studioqualität abspeichern.

Eine Vielzahl einmal-beschreibbarer Speichermedien besaß schon 1992 Kapazitäten zwischen 600 Mbyte bis zu ungefähr 8 Gbyte. Dabei sind diese Platten durch einen Durchmesser von 3,5 bis 14 Inch gekennzeichnet. Der wesentliche Vorteil einer WORM gegenüber wieder-beschreibbaren Massenspeichern ist die *Fälschungssicherheit*. Um die Kapazität weiter zu erhöhen, existieren sog. *Jukeboxen*, die mit mehreren Platten Kapazitäten über 20 Gbyte ermöglichen.

Besonderheiten bei WORMs

Neben der großen Anzahl inkompatibler Formate fehlt für die meisten Systeme auch eine Software-Unterstützung. Eine Rechnerintegration ist nur für wenige ausgewählte Systeme vorhanden.

Bei der Anwendung von WORMs treten folgende Besonderheiten auf:

Media Overflow
- Unter dem Begriff *Media Overflow* subsumiert man Fragestellungen, die bei einer fast vollgeschriebenen WORM auftreten. Zuerst muß erkannt werden, ob die zu speichernden Daten noch auf die betrachtete WORM passen. Weiterhin muß entschieden werden, ob die Daten auf verschiedene physikalische Platten abgelegt werden sollen bzw. können. Wenn eine Platte fast vollgeschrieben ist, muß bestimmt werden, zu welchem Zeitpunkt auf eine andere Platte gespeichert werden soll. Dies hat insbesondere für kontinuierliche Medien eine große Bedeutung, da der Datenstrom nur an bestimmten Stellen unterbrochen werden darf.

Packaging
- Der Begriff *Packaging* kennzeichnet die Problematik der festgelegten Blockstruktur von WORMs. Es können immer nur Datensätze einer vorgegeben Größe geschrieben werden. Damit müssen 2.047 byte ohne Informationsgehalt aufgezeichnet werden, selbst wenn nur 1 byte geschrieben werden soll (bei einer Blockgröße von bspw. 2.048 byte).

- Der Begriff *Revision* bezeichnet die Problematik der nachträglichen Markierung ungültiger Bereiche. So müssen bei einer Änderung eines Dokuments die Bereiche nachträglich gekennzeichnet werden, die nicht mehr gültig sind. Hierdurch können Programme transparent auf die jeweils aktuelle Version zugreifen. Nachträgliche Änderungen bedingen, daß sich ein Dokument auf verschiedene WORMs erstrecken kann. Hierbei sollte die Aufteilung auf mehrere Platten den Datenstrom eines kontinuierlichen Mediums bei der Wiedergabe nicht stören.

Revision

9.4 Compact Disc Digital Audio

Die *Compact Disc Digital Audio* (CD-DA) wurde gemeinsam von N. V. Philips und der Sony Corporation zur Speicherung von Audiodaten entwickelt. Die grundlegende Technologie der CD-DA wurde bei N. V. Philips erarbeitet [MGC82, DG82, HS82, HTV82].

CD-Digital Audio

9.4.1 Technische Grundlagen

Eine CD hat einen Durchmesser von 12 cm und wird mit einer konstanten Bahngeschwindigkeit (*Constant Linear Velocity*, CLV) abgespielt. Damit ist die Anzahl der Umdrehungen pro Zeiteinheit vom jeweiligen Radius der gerade abgetasteten Daten abhängig. Die spiralförmige CD-Spur besteht aus ca. 20.000 Windungen. Eine LP hat im Vergleich hierzu lediglich ca. 850 Windungen.

Constant Linear Velocity = CLV

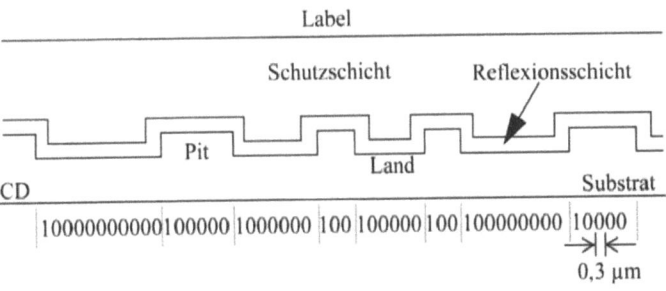

Abb. 9-4 Angabe von „Lands" und „Pits". Zeitdiskrete wertdiskrete Speicherung.

Die Informationsspeicherung geschieht nach dem in Abb. 9-1 auf Seite 195 bzw. dem in Abb. 9-4 dargestellten Prinzip. Dabei beträgt die Länge der Pits immer ein Vielfaches von 0,3 µm. Ein Übergang von *Pit zu Land* und *Land zu Pit* entspricht der Kodierung einer Eins im Datenstrom. Erfolgt *kein Übergang*, so wird dies mit einer Null kodiert. Der in Abb. 9-4 unten dargestellte Datenstrom zeigt die entsprechend kodierten Daten.

Audiodatenrate

Die Audiodatenrate läßt sich leicht aus der vorgegebenen Abtastfrequenz von 44.100 Hz und der 16-bit-linearen Quantisierung ableiten. Das Stereo-Audiosignal wird hier Pulsecode-moduliert. Es ergibt sich folgende Audiodatenrate:

$$\text{Audiodatenrate}_{CD-DA}$$
$$= 16 \frac{\text{bit}}{\text{Abtastwert}} \times 2 \text{ Kanäle} \times 44100 \frac{\text{Abtastwerte}}{\text{s} \times \text{Kanal}} = 1411200 \frac{\text{bit}}{\text{s}}$$
$$= 1411200 \frac{\text{bit/s}}{8 \text{ bit/byte}} = 176.4 \frac{\text{kbyte}}{\text{s}} \cong 172.3 \frac{\text{Kbyte}}{\text{s}}$$

Analoge Long-Play-Platten und Kassettenrekorder haben einen Geräuschspannungsabstand von ca. 50 dB bis zu 60 dB. Die *Qualität* der CD-DA ist wesentlich höher. Man kann hier bei der Abtastung mit der Faustformel von 6 dB/bit rechnen. Damit ergeben sich mit der 16-bit-linearen Abtastung:

$$S/N_{CD-DA} \cong 6 \frac{\text{dB}}{\text{bit}} \times 16 \text{ bit} = 96 \text{dB}$$

Exakt kann der Geräuschspannungsabstand mit 98 dB angegeben werden.

Kapazität

Eine CD-DA besitzt eine Spieldauer zur Wiedergabe von Audio von mindestens 74 Minuten. Hieraus kann die Kapazität einer CD-DA ermittelt werden. Die im folgenden angegebene Kapazität betrifft ausschließlich die Audionutzdaten, ohne bspw. Fehlerkorrekturdaten zu berücksichtigen:

$$\text{Kapazität}_{CD-DA} = 74 \text{ min} \times 1411200 \frac{\text{bit}}{\text{s}} = 6265728000 \text{ bit}$$
$$= 6265728000 \text{ bit} \times \frac{1}{8 \frac{\text{bit}}{\text{byte}}} \times \frac{1}{1024 \frac{\text{byte}}{\text{Kbyte}}} \times \frac{1}{1024 \frac{\text{Kbyte}}{\text{Mbyte}}} \cong 747 \text{ Mbyte}$$

9.4.2 Eight-to-Fourteen-Modulation

Jeder Wechsel von *Pit zu Land* und von *Land zu Pit* entspricht einer Eins als Kanalbit. Findet kein Wechsel statt, so entspricht das Kanalbit einer Null.

Pits und Lands dürfen jedoch auf einer CD-DA nicht zu dicht aufeinanderfolgen, da ansonsten die Auflösung des Lasers nicht ausreichen würde, um solche direkten *Pit-Land-Pit-Land-Pit...*-Folgen (11111...-*Folgen*) korrekt lesen zu können. Deshalb hat man sich darauf geeinigt, daß immer mindestens zwei Lands und zwei Pits in Folge auftreten müssen. Zwischen je zwei Einsen als Kanalbits befinden sich also mindestens zwei Nullen.

Andererseits dürfen Pits und Lands nicht zu lang sein; sie müssen einen maximalen Abstand einhalten, da ansonsten kein phasenrichtiges Synchronisationssignal *(Clock)* abgeleitet werden kann. Hierzu wurde die maximale Länge der Pits und Lands beschränkt. Es dürfen somit maximal zehn Nullen als Kanalbits hintereinanderfolgen.

Aus diesen Gründen entsprechen die auf eine CD-DA geschriebenen Bits in Form der Pits und Lands nicht direkt der eigentlichen Information; vorab erfolgt die *Eight-to-Fourteen-Modulation* [HS82]. Über diese Transformation werden die Gesetzmäßigkeiten des minimalen und maximalen Abstandes eingehalten.

Worte der Länge 8 bits werden hierbei als 14-bit-Werte kodiert. Unter Berücksichtigung des minimalen und maximalen Abstandes ergeben sich 267 gültige Werte, von denen 256 verwendet werden. Die Codetabelle enthält bspw. die in Tab. 9-1 aufgeführten zwei Einträge:

Audiobit	modulierte Bits
00000000	01001000100000
00000001	10000100000000

Tab. 9-1
Codetabelle
„Eight-to-Fourteen"

Bei einer direkten Aneinanderreihung der modulierten Bits (14-bit-Werte) könnte der minimale Abstand von 2 bit unterschritten oder der maximale Abstand von 10 bit jedoch immer noch überschritten werden. Man fügt deshalb zwischen zwei aufeinanderfolgende modulierte Symbole je 3 zusätzliche Bits ein, um die angestrebten Gesetzmäßigkeiten einhalten zu können. Diese Füllbits werden in Abhängigkeit der benachbarten modulierten Bits ausgewählt. Dies wird im folgenden Beispiel (Abb. 9-5) verdeutlicht. In der Tabelle steht *p* für *Pit* und *l* für *Land*.

Audiobits	00000000	00000001
modulierte Bits	01001000100000	10000100000000
Füllbits	010	100
Kanalbits	01001001000100000100100001000000000	
auf der CD-DA	l ppp l l l pppp l l l l l l ppp l l l l l pppppppppp	

Abb. 9-5
Integration der Füllbits.

9.4.3 Fehlerbehandlung

Das Ziel der Fehlerbehandlung auf einer CD-DA ist die Erkennung und Beseitigung von typischen Fehlermustern [HTV82]. Ein *Fehler* ist hier meistens eine Konsequenz von Kratzern und Verschmutzungen. Diese können als *Burst-Fehler* charakterisiert werden.

Burst-Fehler

In einer ersten Ebene wird eine zweistufige Fehlerkorrektur nach Reed-Solomon realisiert. Für je 24 Audiobytes werden 2 Gruppen mit je 4 Korrekturdatenbytes ermittelt. Die erste Gruppe korrigiert Einzelbytefehler, die zweite Gruppe Doppelbytefehler. Hierdurch kann auch erkannt werden, ob weitere Bytes in Folge fehlerhaft sind; diese können jedoch mit diesem Verfahren nicht korrigiert werden.

Auf der zweiten Ebene werden real hintereinanderliegende Datenbytes auf mehrere *Frames* (ein Frame besteht aus 588 Kanalbits, entsprechend 24 Audiobytes) verteilt. Die Audiodaten sind somit *verzahnt (interleaved)* auf der CD-DA gespeichert. Damit werden bei einem Burst-Fehler immer nur Teile der Daten verfälscht.

Durch Anwendung dieses Verfahrens ergibt sich eine Fehlerrate von 10^{-8}. Burst-Fehler, die sich auf maximal 7 Frames erstrecken, können exakt erkannt und korrigiert werden. Dies entspricht einer Spurlänge von über 7,7 mm. Dabei dürfen keine weiteren Fehler in dieser Umgebung auftreten. Man kann so bspw. ein Loch mit einem Durchmesser von 2 mm in eine CD-DA bohren und trotzdem die Audiodaten korrekt wiedergeben. Hier sollen aus Konsistenzgründen mit anderen Quellen die Originalbegriffe in Englisch verwendet werden. *Frame* soll also bspw. nicht als „Rahmen" bezeichnet und verwendet werden.

Experimentell wurde allerdings festgestellt, daß Abspielgeräte nicht jeden Fehler nach der vorgegebenen Spezifikation korrigieren. Das hier dargestellte Verfahren zur Fehlerbehandlung wird als *Cross Interleaved Reed Solomon Code* bezeichnet.

9.4.4 Frames, Tracks, Bereiche und Blöcke einer CD-DA

Frames

Frames setzen sich aus Audiodaten, der Fehlerkorrektur, zusätzlichen *Control- und Display-Bytes* und einem Synchronisationsmuster zusammen.

- Die *Audiodaten* werden in zwei Gruppen zu je 12 Audiobytes unterteilt. Diese beinhalten jeweils das High- und Low-Byte des linken und rechten Kanals.
- Außerdem werden die fehlererkennenden und -behebenden Bytes entsprechend der obigen Beschreibung in 2 Gruppen mit je 4 byte pro Frame hinzugefügt.

Subchannel

- Jeder Frame besitzt ein *Control-* und *Display-Byte* Es besteht aus 8 bit, die mit *P, Q, R, S, T, U* und *W (Subchannel)* bezeichnet werden. Diese Subchannel-Bits werden für jeden Subchannel über 98 Frames zusammengezogen und gemeinsam verwendet. Es ergeben sich also 8 Subchannels zu je 98 bit; davon sind jeweils 72 bit als eigentliche Information zu verwenden. Je 98 Frames bilden zusammen einen *Block*. Unglücklicherweise werden die Blöcke gelegentlich ebenfalls als *Frames* bezeichnet. So dient der *P-Subchannel* zur Unterscheidung zwischen einer CD-DA (mit Audiodaten) und einer CD mit anderen Rechnerdaten. Der *Q-Subchannel* wird bspw.

Q-Subchannel

  - im Vorspann *(Lead-in Area)* zur Speicherung des Inhaltsverzeichnisses benötigt,

- im Rest der CD-DA zur Angabe der relativen Zeit innerhalb eines Tracks und der absoluten Zeitangabe auf der CD-DA verwendet.
- Das *Synchronisationsmuster* bestimmt jeweils den Beginn eines Frames. Es besteht aus 12 Einsen gefolgt von 12 Nullen als Kanalbits und 3 Füllbits.

Synchronisationsmuster

Die folgende Übersicht zeigt die Komponenten eines Frames mit den entsprechenden Bytes:

	Audiobits	modulierte Bits	Füllbits	Kanalbits	
Synchronisation			3 +	24 =	27 bit
Control & Display		d. h.	(14+3)	=	17 bit
12 * Daten	12*8	d. h. 12*	(14+3)	=	204 bit
4 * Fehlerbehandlung		d. h. 4*	(14+3)	=	68 bit
12 * Daten	12*8	d. h. 12*	(14+3)	=	204 bit
4 * Fehlerbehandlung		d. h. 4*	(14+3)	=	68 bit
Frame insgesamt				=	588 bit

Tab. 9-2 Komponenten eines Frames.

Mit diesen Daten kann zwischen den folgenden Datenströmen mit den entsprechenden Datenraten unterschieden werden [MGC82]:

Datenströme und Datenraten

- Der *Audiobitstrom* (auch *Audiodatenstrom*) beträgt $1{,}4112 \times 10^6$ bit/s. Hierunter werden nur die mit 16 bit quantisierten Abtastwerte verstanden.
- Der *Datenbitstrom* beinhaltet den Audiobitstrom inklusive der *Control* und *Display* und der zur Fehlerbehandlung notwendigen Bytes. Hier kann ein Wert von ca. $1{,}94 \times 10^6$ bit/s angegeben werden.
- Der *Kanalbitstrom* beinhaltet den Datenbitstrom mit der *Eight-to-Fourteen-Modulation*, die Füllbits und die Synchronisationsbits. Er beträgt ungefähr $4{,}32 \times 10^6$ bit/s.

Eine CD-DA besteht insgesamt aus folgenden *drei Bereichen*:

Aufbau einer CD-DA

- Der *Lead-in-Bereich* beinhaltet das Inhaltsverzeichnis der CD-DA. Hier wird jeweils der Beginn einzelner Tracks registriert.
- Der *Programmbereich* enthält alle Tracks der CD-DA. Hier werden die eigentlichen Daten gespeichert.
- Am Ende jeder CD-DA ist ein *Lead-out-Bereich* vorhanden. Dieser dient nur als Hilfe für das Abspielgerät, falls versehentlich über den Programmbereich hinaus gelesen wird.

Der Programmbereich jeder CD-DA kann aus bis zu 99 *Tracks* unterschiedlicher Länge bestehen. Eine CD-DA besitzt mindestens einen Track, wobei jedem Track meistens ein Lied oder bspw. ein Satz einer Symphonie zugeordnet

Tracks

Index Points

ist. Auf den Beginn des jeweiligen Tracks kann jeweils wahlfrei zugegriffen werden.

Jeder Track kann nach der Spezifikation des *Red Book* mehrere *Index Points* besitzen, wodurch auf bestimmte Stellen eine direkte Positionierung erfolgen kann. Meistens werden jedoch nur zwei vordefinierte *Index Points* (IP), IP_0 und IP_1, verwendet. IP_0 markiert den Beginn eines jeden Tracks, IP_1 definiert den Beginn der Audiodaten innerhalb eines jeden Tracks. Der Bereich eines Tracks zwischen IP_0 und IP_1 wird als *Track Pregap* bezeichnet. CD-DA Platten besitzen einen *Track Pregap* von 2 bis 3 Sekunden vor jedem Stück.

Abb. 9-6 Eigentliche Daten eines CD-Audio-Blocks (Sektors). Layout nach „Red Book".

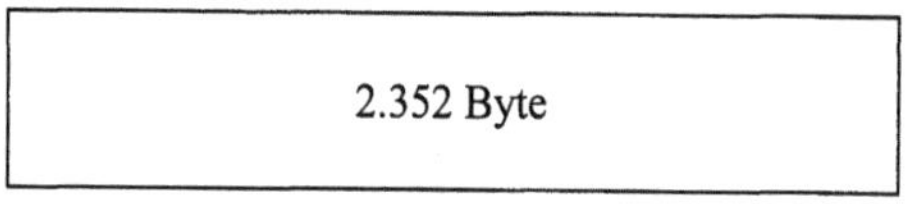

```
2.352 Byte
```

Blöcke

Zwischen den Frames und den Tracks wurde eine weitere Struktur eingeführt, die *Blöcke* (siehe Abb. 9-6). Ein Block hat für die CD-DA keine Bedeutung; er wird bei den weiteren CD-Technologien jedoch ähnlich zum Begriff des *Sektors* verwendet. Ein Block beinhaltet 98 Frames (siehe weitere Details in Abschnitt 9.5.1).

9.4.5 Vorteile der digitalen CD-DA-Technologie

Fehler auf einer CD-DA können durch Beschädigung oder Verschmutzung verursacht sein. Die CD-DA ist in bezug auf das unkomprimierte Medium Audio sehr unempfindlich gegenüber den üblicherweise auftretenden Lesefehlern. In bezug auf die digitale Technologie ist jede CD-DA gleich. Ein weiterer Vorteil ist, daß keine mechanische Abnutzung erfolgt.

Die CD-DA-Spezifikation in Form des *Red Books* dient als Grundlage aller optischen CD-Speichermedien. So werden bspw. immer eine *Eight-to-Fourteen-Modulation* und der *Cross Interleaved Reed Solomon Code* verwendet. Damit wurde hier eine fundamentale Spezifikation entwickelt, die für viele Systeme gilt und die eine Kompatibilität realisiert. Die erreichbare Fehlerrate ist jedoch für allgemeine Rechnerdaten zu hoch, so daß hier eine Erweiterung in Form der CD-ROM notwendig war.

9.5 Compact Disc Read Only Memory

CD-Read Only Memory

Die *Compact Disc Read Only Memory* (CD-ROM) wurde – zusätzlich zu unkomprimierten Audiodaten – als Speichermedium für allgemeine Rechnerdaten konzipiert [PS86, FE88, Hol88, LR86, OC89]. Außerdem soll die CD-ROM die Grundlage für eine Speicherung weiterer Medien bilden [KSN+87, Wil89]. Dies wurde von N. V. Philips und der Sony Corporation im *Yellow Book* [Phi85] und später als ECMA-Standard [ECM88] festgehalten.

Bei einer CD-ROM werden Tracks vom Typ *Audio* (entsprechend der CD-DA) und vom Typ *Daten* unterschieden. Innerhalb eines Tracks dürfen entweder ausschließlich Audioinformationen oder nur Daten vorhanden sein. Eine CD-ROM kann aber Tracks mit Audio und andere mit Daten enthalten. Eine solche CD wird als *Mixed Mode Disc* bezeichnet (siehe Abb. 9-13 auf Seite 217). In einer solchen gemischten Form sollten am Anfang der CD-ROM alle Daten-Tracks und anschließend die Audio-Tracks angeordnet sein.

Mixed Mode Disc

9.5.1 Blöcke

Die Verwendung einer CD-ROM mit ihren allgemeinen Rechnerdaten erfordert eine bessere Fehlerkorrektur und einen wahlfreien Zugriff auf eine Dateneinheit mit höherer Auflösung als die Tracks, als dies bei der CD-DA gegeben ist. Eine CD-DA besitzt eine Fehlerrate von 10^{-8} und ermöglicht den wahlfreien Zugriff auf einzelne Tracks und Index Points.

Diese für CD-ROMs verwendete Dateneinheit wird als *Block** bezeichnet und hat ähnliche Eigenschaften wie Sektoren anderer Medien und Dateisysteme. Ein Block einer CD-ROM besteht aus den 2.352 byte eines Blocks einer CD-DA. Damit kann der CD-DA-Standard als De-Facto-Standard als Grundlage für den De-facto-Standard von CD-ROMs dienen.

* *Hiermit ist der physikalische Block gemeint. In ISO 9660 wird auch der Begriff des logischen Blocks verwendet.*

Von den 2.352 byte eines Blocks stehen 2.048 byte bzw. 2.336 byte als Nutzdaten zur Verfügung. Die restlichen Bytes werden zur Identifikation für einen wahlfreien Zugriff sowie zu einer weiteren Ebene der Fehlerkorrektur eingesetzt, wodurch die Fehlerrate weiter erniedrigt werden kann.

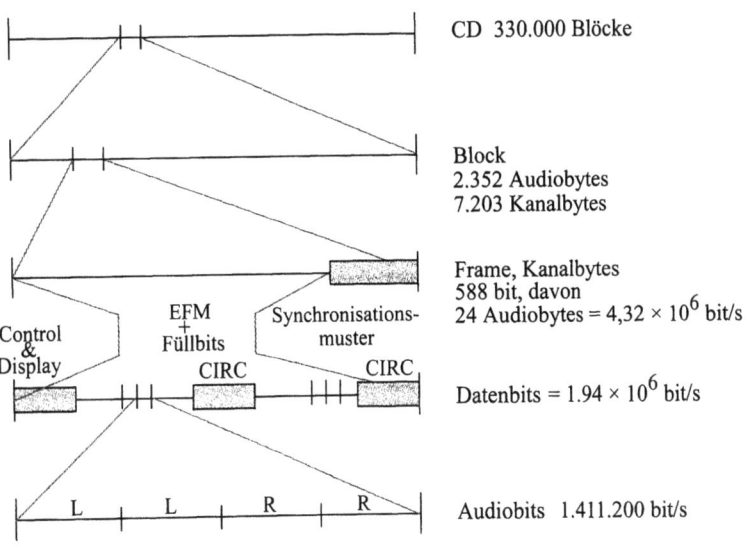

Abb. 9-7 CD-ROM-Datenhierarchie. Ausgedrückt auf der Grundlage von Audioblöcken, wie bei einer CD-DA.

Abb. 9-7 zeigt die Datenhierarchie auf einer CD-ROM bzw. CD-DA.

Pro Sekunde werden 75 Blöcke wiedergegeben, von denen jeder aus 98 Frames zu je 73,5 byte (588 bit) besteht.

$$\text{Block} = 1411200 \frac{\text{bit}}{\text{s}} \times \frac{1}{75}\text{s} \times \frac{1}{8\,\text{bit/byte}} = 2352\;\text{byte}$$

9.5.2 Modi

Die CD-ROM-Spezifikation wurde mit dem Ziel definiert, neben den unkomprimierten CD-DA-Daten und den Rechnerdaten auch als Grundlage für weitere Medien zu dienen. Man hat dies über zwei Modi geregelt. Ein zusätzlicher *Mode 0*, in dem alle 2.336 Byte an Benutzerdaten auf den Wert 0 gesetzt sind, dient als Abgrenzung zwischen Speicherbereichen.

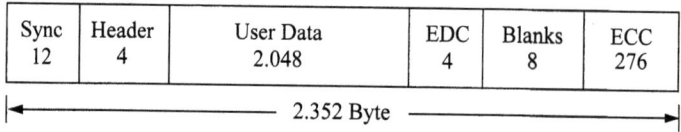

Abb. 9-8 Block- bzw. Sektor-Layout (1) gemäß „Yellow Book". Daten-Layout eines CD-ROM-Blocks im Mode 1.

CD-ROM-Mode 1

Der CD-ROM-Mode 1 dient der Speicherung der Rechnerdaten nach Abb. 9-8. Hier stehen pro Block der 2.352 byte insgesamt 2.048 byte zur Informationsspeicherung zur Verfügung.

Im einzelnen teilen sich diese 2.352 byte in folgende Gruppen auf:
- 12 byte zur Synchronisation als Anfangskennung des Blocks,
- 4 byte des *Headers*. Diese beinhalten eine eindeutige Kennung des Blocks. Davon werden im ersten Byte die Minuten, im zweiten die Sekunden und im dritten die Blocknummer angegeben. Zusätzlich wird im vierten Byte der Mode kodiert,
- 2.048 byte Anwendungsdaten,
- 4 byte zur Fehlererkennung,
- 8 byte ungenutzt und
- 276 byte zur Fehlerbehebung, womit eine Fehlerrate von 10^{-12} erreicht werden kann.

Bei einer Spieldauer von 74 Minuten ergeben sich hiermit 333.000 Blöcke, die auf einer CD-ROM gespeichert werden können.

Die *Kapazität* einer CD-ROM kann man hiermit mit allen Blöcken im Mode 1 folgendermaßen berechnen:

$$\text{Kapazität}_{CD-ROM_{Mode\,1}}$$
$$= 333000 \text{ Blöcke} \times 2048 \frac{\text{byte}}{\text{Block}} = 681984000 \text{ byte}$$
$$= 681984000 \text{ byte} \times \frac{1}{1024 \frac{\text{byte}}{\text{Kbyte}}} \times \frac{1}{1024 \frac{\text{Kbyte}}{\text{Mbyte}}} \cong 650 \text{ Mbyte}$$

Die *Datenrate* beträgt im Mode 1:

$$\text{Rate}_{CD-ROM_{Mode\,1}}$$
$$= 2048 \frac{\text{byte}}{\text{Block}} \times 75 \frac{\text{Block}}{\text{s}} = 153.6 \frac{\text{Kbyte}}{\text{s}} \cong 150 \frac{\text{Kbyte}}{\text{s}}$$

CD-ROM-Mode 2

Der CD-ROM-Mode 2 dient als Grundlage der weiteren Spezifikationen zur Speicherung anderer Medien. Ein derartiger Block ist in Abb. 9-9 dargestellt. Hier stehen pro Block von 2.352 byte insgesamt 2.336 byte zur Informationsspeicherung zur Verfügung.

Die Synchronisation und der Header werden wie im Mode 1 behandelt. Die zusätzliche Fehlerkorrektur entfällt.

Sync 12	Header 4	User Data 2.336

|←——————————— 2.352 Byte ———————————→|

Abb. 9-9 Block bzw. Sektor-Layout (2) gemäß „Yellow Book". Daten-Layout eines CD-ROM-Blocks im Mode 2.

Die *Kapazität* einer CD-ROM mit allen Blöcken im Mode 2 kann man wie folgt berechnen:

$$\text{Kapazität}_{CD-ROM_{Mode\,2}}$$
$$= 333000 \text{ Blöcke} \times 2336 \text{ byte/Block} = 777888000 \text{ byte}$$
$$= 741,8518 \text{ Mbyte}$$

Die *Datenrate* beträgt im Mode 2:

$$\text{Rate}_{CD-ROM_{Mode\,2}} = 2336 \frac{\text{byte}}{\text{Block}} \times 75 \text{ Block/s} = 175.2 \text{ Kbyte/s}$$

9.5.3 Logisches Dateiformat

Es wurde frühzeitig erkannt, daß die Spezifikation der Blöcke im Mode 1 mit ihrer Äquivalenz zu Sektoren für einen kompatiblen Datenträger nicht ausreicht, da hierzu das logische Dateiformat mit dem *Directory* fehlt.

Eine Gruppe von Industrievertretern traf sich deshalb im Del Webb's High Sierra Hotel & Casino in Nevada und erarbeitete einen Vorschlag, der als *High Sierra Proposal* bekannt wurde. Er diente zur Vorlage für den ISO 9660-Standard, der dieses Format exakt beschreibt (hierzu siehe bspw. dessen Anwendung in [KGTM90]).

Im ISO 9660-Standard wird ein *Directory-Baum* definiert, der Informationen über alle Dateien enthält. Zusätzlich gibt es eine Tabelle, in der sämtliche Directories in dichtgepackter Form aufgelistet sind. Diese sog. *Path Table* ermöglicht einen direkten Zugriff auf Dateien in einer beliebigen Ebene. Die Tabelle wird beim Montieren der CD in den Speicher des Rechners geladen. Weil eine CD-ROM nicht verändert werden kann *(read only)*, kann dieses Verfahren in effizienter Weise statisch ausgeführt werden. Die meisten Implementierungen verwenden jedoch den eigentlichen Directory-Baum.

ISO 9660 reserviert im ersten Track die ersten 16 Blöcke (Sektoren 0 bis 15) als *System Area*, die herstellerspezifisch verwendet werden kann. Ab Sektor 16 beginnen die *Volume Descriptor*s (bspw. *Primary Volume Descriptor* oder *Supplementary Volume Descriptor*). Der wichtigste Deskriptor ist der *Primary Volume Descriptor*. Er beinhaltet u. a. die Länge des durch ihn definierten Dateisystems sowie die Länge und die Adressen der Pfadtabelle. Durch den Supplementary Volume Descriptor kann ein weiteres Dateisystem beschrieben werden, das u. a. auch Flexibilität bezüglich der erlaubten Zeichensätze für Dateinamen bietet.

Jeder *Volume Descriptor* wird in einem Block à 2.048 byte gespeichert, wobei beliebig viele Volume Descriptors in einer CD-ROM enthalten sein können. Hier werden meistens auch einzelne Volume Descriptors als Kopien gespeichert, um eine erhöhte Sicherheit beim Zugriff auf eine fehlerbehaftete CD-ROM zu gewährleisten. Abgeschlossen wird der Volume-Descriptor-Bereich mit den *Volume Descriptor Terminators*, die als spezieller Block realisiert sind.

Logische Blockgröße   ISO 9660 führt die *logische Blockgröß*e als eine Zweierpotenz ein, die mit 512 byte beginnt. Sie darf die Größe des eigentlichen Blocks (Sektors) nicht überschreiten. De facto ist die maximale logische Blockgröße 2.048 byte. ISO 9660 legt dies jedoch nicht fest. Wenn die darunterliegende Technologie eine andere physikalische Blockgröße bietet, erlaubt ISO 9660 ebenfalls andere logische Blockgrößen. Damit ergeben sich zur Zeit Größen von 512 byte, 1.024 byte und 2.048 byte. Die jeweilige Größe ist für das gesamte Dateisystem einheitlich, das vom Volume Descriptor definiert wird. Dateien beginnen jeweils an einem logischen Blockanfang. Durch dieses Konzept können Dateien auch innerhalb eines Blocks (Sektors) beginnen und enden. Directories beginnen jedoch immer auf Sektorgrenzen.

Es gibt seit einiger Zeit Erweiterungen zu ISO 9660, die explizit lange Dateinamen, erweiterte Zugriffsrechte, Bootfähigkeit und Besonderheiten des jeweils systemspezifischen Dateisystems ermöglichen. Unter anderem wurden folgende Dateisystemerweiterungen eingeführt:

- *Rockridge Erweiterungen* für Spezifika der an UNIX-Filesysteme angepaßten Form des ISO 9660-Formats mit langen Dateinamen, Links und Zugiffsrechten,
- *Joliet Filesystem* der Firma Microsoft, das Erweiterungen zur Anpassung an die Dateisysteme von WindowsNT/Windows95 implementiert und
- *El Torito Erweiterung* des ISO 9660-Standards, womit PC-Systeme direkt von einer CD-ROM booten können.

9.5.4 Grenzen der CD-ROM-Technologie

Eine CD zeichnet sich durch eine hohe Speicherkapazität und eine konstante Datentransferrate aus. Eine wahlfreie Zugriffszeit von ca. einer Sekunde auf einzelne Tracks kann beim Abspielen von Audio ohne weiteres toleriert werden; dies hat gegenüber einer CD-Audio und Tonbändern immer noch wesentliche Vorteile. Auf der anderen Seite bedeuten diese Werte für die CD-ROM in ihrer Eigenschaft als Datenträger einen erheblichen Nachteil im Vergleich zu Magnetplatten (mit einer mittleren Zugriffszeit von unter 6 ms).

Folgende Effekte tragen bei CDs zur Dauer der Positionierung auf einen gewünschten Block bei:

- Die *Synchronisationszeit* stellt die interne Taktfrequenz phasengenau auf das Signal der CD ein. Hier treten Zeiten im Millisekundenbereich auf. *Synchronisationszeit*
- Bei der konstanten Bahngeschwindigkeit der CD beträgt die Umdrehungszahl beim Abspielen eines Geräts mit einfacher Geschwindigkeit (1x) auf der Innenseite ca. 530 Umdrehungen pro Sekunde, außen jedoch ca. 200 Umdrehungen pro Sekunde. Die *Rotationsverzögerung* kennzeichnet die Dauer, die zum Auffinden eines gewünschten Sektors innerhalb maximal einer Umdrehung und zum korrekten Einstellen der Umdrehungsgeschwindigkeit nötig ist. Damit ergibt sich eine vom jeweiligen Gerät abhängige Dauer von ungefähr 300 ms. Bei Geräten mit (real) vierzigfacher Datentransferrate (40 x) und ca. 9000 Umdrehungen pro Minute ergibt sich eine maximale Rotationsverzögerung von ca. 6.3 ms. *Rotationsverzögerung*
- Die *Seek-Zeit* bezieht sich auf die Einstellung des exakten Radius. Hierbei muß der Laser zuerst die spiralförmige Spur finden und sich darauf justieren. Die Dauer beträgt hier inzwischen oft ca. 100 ms. *Seek-Zeit*

Diese sich teilweise überlagernden Effekte bedingen eine hohe maximale Zeitspanne für eine Positionierung. Die realen Werte können jedoch in Abhängigkeit von der aktuellen und von der erwünschten Position sehr unterschiedlich sein. Mit Hilfe von Cache-Hierarchien läßt sich bei sehr guten Laufwerken die Zugriffszeit auf unter 100 ms verringern.

Ein bei der Ausgabe konstanter Audiodatenstrom bedingt sequentiell hintereinanderliegende Audioblöcke auf der CD. Ein Audio-Track und Daten eines

Tracks im CD-ROM-Mode 1 können bspw. nicht simultan wiedergegeben werden. Diese für Multimediasysteme oft sehr wichtige gleichzeitige Wiedergabe von bspw. CD-DA-Audiodaten und anderen Daten ist damit nicht möglich.

Heute findet man jedoch bereits CD-ROM-Laufwerke, die das Medium mit einer Geschwindigkeit abtasten, die im Vergleich zu der Abtastrate einer Standard-Audio-CD bis zu 40mal höher ist. Dadurch erhöht sich zwar die Datenrate, die beim Lesen großer Blöcke erreicht wird, die Zugriffszeiten bei der Positionierung, die hauptsächlich von der Seek-Zeit abhängig ist und nicht direkt mit der Umdrehungsgeschwindigkeit zusammenhängt, verbessern sich jedoch nicht wesentlich.

9.6 CD-ROM Extended Architecture

Von N. V. Philips, der Sony Corporation und Microsoft wurde der Standard der *Compact Disc Read Only Memory Extended Architecture* (CD-ROM/XA) etabliert, der auf der CD-ROM-Spezifikation basiert [Fri92a, GC89, Phi89]. Die wesentliche Motivation hierfür liegt in der bei CD-ROMs bisher nur mangelhaft betrachteten gleichzeitigen Wiedergabe mehrerer Medien. Deshalb entstanden auch schon vor dieser Spezifikation weitere Definitionen und Systeme, die eine solche Möglichkeit beinhalten. Als Beispiel seien hier die historisch interessanten CD-I (*Compact Disc Interactive*) und DVI (*Digital Video Interactive*) genannt. Die Erfahrungen von CD-I, die von N. V. Philips und der Sony Corporation gemacht wurden, wurden bei der Entwicklung der CD-ROM/XA berücksichtigt. Viele Eigenschaften von CD-ROM/XA und CD-I sind daher identisch.

Im *Red Book* wird ein Track für unkomprimierte Audiodaten nach Abb. 9-6 auf Seite 204 definiert. Das *Yellow Book* beschreibt durch den CD-ROM-Mode 1 Tracks für Rechnerdaten (Abb. 9-8 auf Seite 206) und durch den CD-ROM-Mode 2 Tracks für komprimierte Medien (siehe Abb. 9-9 auf Seite 207).

CD-ROM/XA verwendet den CD-ROM-Mode 2, um eigene Blöcke zu definieren und definiert zusätzlich zum CD-ROM-Mode 2 einen *Subheader*, der den jeweiligen Block (Sektor) beschreibt (siehe Abb. 9-10 und Abb. 9-11 auf Seite 211). Hiermit wird eine Verzahnung verschiedener Medien ermöglicht, da nur Blöcke im Mode 2 verwendet werden und diese unterschiedliche Medien enthalten können. Bei der Wiedergabe werden die einzelnen CD-ROM/XA-Datenströme separiert.

9.6.1 Form 1 und Form 2

CD-ROM/XA unterscheidet Blöcke mit den Formaten Form 1 und Form 2;, ähnlich zu den CD-ROM-Modi:

| Sync 12 | Header 4 | Sub-Header 8 | User Data 2.048 | EDC 4 | ECC 276 |

|←──────────────── 2.352 Byte ────────────────→|

*Abb. 9-10
Sektor-Layout (1) gemäß „Green Book" und für CD-ROM/XA. Daten-Layout eines CD-ROM-Blocks im Mode 2, Form 1.*

1. Das XA-Format *Form 1* im CD-ROM-Mode 2 stellt eine verbesserte Fehlererkennung und -korrektur zur Verfügung. Hierfür werden wie beim CD-ROM-Mode 1 insgesamt 4 byte zur Erkennung und 276 byte zur Korrektur von Fehlern benötigt. Im Gegensatz zum CD-ROM-Mode 1 werden hier die 8 unbenutzten Bytes des Mode 1 als Subheader verwendet. Abb. 9-10 auf Seite 211 zeigt einen Block bzw. Sektor, in dem 2.048 byte als Daten verwendet werden.

| Sync 12 | Header 4 | Sub-Header 8 | User Data 2.324 | EDC 4 |

|←──────────────── 2.352 Byte ────────────────→|

*Abb. 9-11
Sektor-Layout (2) gemäß „Green Book" und für CD-ROM/XA. Daten-Layout eines CD-ROM-Blocks in Mode 2, Form 2.*

2. Das XA-Format *Form 2* im CD-ROM-Mode 2 ermöglicht auf Kosten der Fehlerbehandlung einen um 13 % höheren Anteil an den eigentlichen Daten von demnach insgesamt 2.324 byte. In diesen Form 2-Blöcken können komprimierte Daten unterschiedlicher Medien, inklusive Audio- und Videodaten, gespeichert werden.

Bei einer CD-DA, CD-ROM oder *Mixed Mode Disc* besteht ein Track immer nur aus Daten eines Mediums bzw. exklusiv Audio- oder Rechnerdaten. Der Rechner kann somit bspw. unkomprimierte Audiodaten und Rechnerdaten nicht gleichzeitig auslesen. Der wesentliche Vorteil der CD-ROM/XA besteht darin, daß Blöcke mit unterschiedlichen Medien innerhalb eines Tracks liegen können, da sie alle als CD-ROM-Mode 2 kodiert sind. Hiermit erfolgt das verzahnte Abspeichern und Wiedergeben.

9.6.2 Komprimierte Daten unterschiedlicher Medien

Die CD-ROM/XA ermöglicht über die Verzahnung (*Interleaving*) die Speicherung verschiedener komprimierter Medien.
Audio kann in verschiedenen Qualitätsstufen mit einer ADPCM (*Adaptive Difference Pulse Code Modulation*) komprimiert werden, wodurch bei einer Gesamtdauer von 74 unkomprimierten CD-DA-Minuten über 19 Stunden in verminderter Audioqualität aufgenommen werden können. Alle derartigen Verfahren reduzieren die Audiosignale auf 4 bit pro Abtastwert. Diese Kompression ist notwendig, um gleichzeitig Daten anderer Medien wiedergeben zu können. Es werden folgende Varianten unterschieden:

ADPCM

- **Ebene B Stereo** — Die *Ebene (Level) B Stereo* erreicht gegenüber einem CD-DA-Audiosignal einen Kompressionsfaktor von 4:1. Die Abtastfrequenz in der Ebene B beträgt 37.800 Hz. Damit ergibt sich, bezogen auf Abspieldauer einer CD-DA von 74 Minuten, eine Kapazität von 4 Stunden und 48 Minuten. Die Datenrate beträgt ca. 43 Kbyte/s.

- **Ebene B Mono** — Die *Ebene (Level) B Mono* erreicht gegenüber dem CD-DA-Audiosignal einen Kompressionsfaktor von 8:1. In dieser Qualität können insgesamt 9 Stunden und 36 Minuten gespeichert werden. Die Datenrate beträgt ca. 22 Kbyte/s.

- **Ebene C Stereo** — Die *Ebene (Level) C Stereo* erreicht einen Kompressionsfaktor von 8:1 und erfordert somit dieselbe Speicherkapazität und Datenrate wie die Ebene B Mono. Die Abtastfrequenz der Ebene C beträgt 18.900 Hz.

- **Ebene C Mono** — Die *Ebene (Level) C Mono* arbeitet mit einem Kompressionsfaktor von 16:1. Damit ergeben sich maximal 19 Stunden und 12 Minuten bei einer Datenrate von ca. 11 Kbyte/s.

MPEG-Audio verwendet keine ADPCM-Kodierung (siehe Kapitel 7.7.1 zu Kompression) und ist damit bisher zur CD-ROM/XA-Spezifikation nicht kompatibel. Für weitere Medien geht CD-ROM/XA von bestehenden Standards aus. Diese medienspezifische Kodierung und Dekodierung ist nicht Teil der CD-Technologie; hier werden daher nur Verweise auf andere Standards angegeben.

Bei der Erstellung von Anwendungen gemäß des CD-ROM/XA-Format kann die Wahl des Mediums und der entsprechenden Qualität nur über die Beachtung der maximalen Datenrate vollzogen werden. Dasselbe gilt auch für andere CD-basierte Verfahren wie CD-I.

Interleaved Files — Das logische Format von CD-ROM/XA verwendet die ISO 9660-Spezifikation. ISO 9660 sieht *Interleaved Files* vor, also mehrere Dateien, die miteinander verzahnt sind. ISO 9660 betrifft allerdings keine abwechselnden Sektoren (*Channel Interleaving*) mit Audio-, Video- und anderen Daten innerhalb einer Datei. ISO 9660 schreibt nicht notwendigerweise den Dateiinhalt vor. Leider wird hier oft der Begriff *File Interleaving* sowohl für *interleaved Files* wie auch für das *Channel Interleaving* verwendet. Als Beispiel sei hier das schon 1992 in [Kle92] beschriebene Dateisystem für PC-Systeme unter UNIX genannt. Dieses Dateisystem ist Bestandteil des UNIX-Kernels und befindet sich unter dem UNIX *File System Switch*. Hierbei sind alle Zugriffe möglich (wie bspw. auf andere Dateisysteme), die Daten nicht verändern. Die beschriebene Realisierung verwendet die CD-ROM/XA-Hardware mit integrierten Bausteinen für die Audio-Dekompression. Das Medium Bewegtbild kann in diesem System mit einer geringen Auflösung und 15 Bildern pro Sekunde in Software dekodiert werden.

9.7 Weitere CD-ROM-basierte Entwicklungen

Ein Zusammenwirken der verschiedenen Technologien ist in Abb. 9-12 auf Seite 213 dargestellt. Hierbei muß betont werden, daß die CD-DA-, die CD-ROM-Spezifikation und CD-ROM/XA-Spezifikationen wie die Schichten von Kommunikationssystemen zu sehen sind.

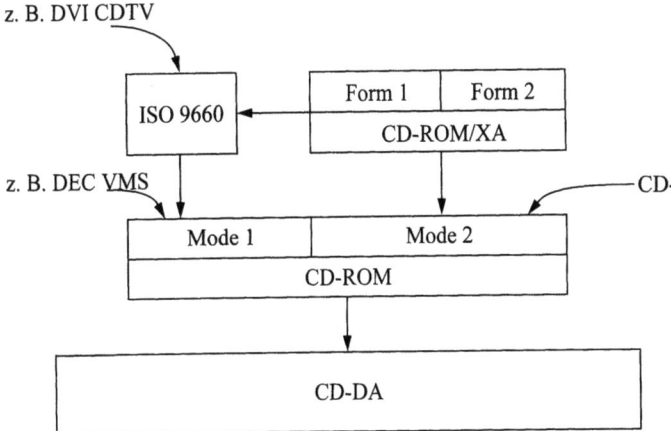

Abb. 9-12
CD-ROM-Technologien.
Spezifikation mehrerer Ebenen.

Grundsätzlich gilt die CD-DA-Spezifikation für alle Ebenen. Durch die zeitlich aufeinanderfolgende Entwicklung dieser Ebenen sind jedoch nicht alle grundsätzlichen Fakten im *Red Book* zusammengefaßt. Beispielsweise ist hier die *Mixed Mode Disc* nicht definiert.

Neben und basierend auf diesen grundlegenden Technologien entstanden und entstehen weitere CD-basierte Entwicklungen, die entweder mehrere Medien oder spezielle Medien und Anwendungsbereiche abdecken. Langfristig ist jedoch abzusehen, daß sich alle weiteren CD-Technologien auf CD-DA, CD-ROM und CD-ROM/XA stützen werden.

9.7.1 Compact Disc Interactive

Die *Compact Disc Interactive* (CD-I) wurde von N. V. Philips und von der Sony Corporation entwickelt [vZ89]. Dies erfolgte vor der CD-ROM/XA-Spezifikation: CD-I wurde 1986 angekündigt, 1988 wurde das *Green Book* [Phi88] mit der CD-I-Beschreibung basierend auf dem *Red Book* und dem *Yellow Book* definiert [Bas90, BW90a, B.V89, Sv91]. CD-I war ursprünglich nur für den Bereich der Unterhaltungselektronik als Zusatz zum Fernseher konzipiert, wozu 1991 entsprechende Geräte am Markt verfügbar waren. Dieses System fand jedoch keine weite Verbreitung und ist seit Ende 1997 wieder vollständig vom Markt verschwunden.

CD-Interactive

CD-I beschreibt ein gesamtes System. Es beinhaltet ein CD-ROM-basiertes Format (unterschiedlich zu CD-ROM/XA) mit einer Verzahnung verschiedener Medien und einer Definition der Kompression unterschiedlicher Medien. Weiterhin werden in CD-I eine System-Software auf der Basis des CD-RTOS-Betriebssystems und die Hardware zur Wiedergabe multimedialer Daten festgelegt.

Dekoder

Die CD-I-Hardware wird *Dekoder* genannt. Er besteht aus Komponenten mit einem Hauptprozessor der Motorola-68000-Familie und spezieller Video- und Audiobausteine. Hinzu kommt der CD-Spieler mit Controller und einem Joystick bzw. einer Maus-Schnittstelle. Weiterhin ist ein Anschluß an einen RGB-Monitor oder einen Fernseher vorgesehen. CD-I-Geräte, die die Größe eines Videorecorders besitzen, gelten als Ersatz und Erweiterung der CD-DA-Geräte im Heimbereich.

Die CD-I-System-Software besteht aus dem CD-RTOS-Betriebssystem, einem OS/9-Derivat mit Erweiterungen zur Echtzeitverarbeitung.

Audiokodierung

Die Audiokodierung in CD-I beinhaltet verschiedene Qualitätsstufen, die eine unterschiedliche Kapazität und Datenrate zur Folge haben. In Tab. 9-3 sind die verschiedenen Modi (CD-DA-Audio, A, B und C) aufgelistet. Man kann hier gut die enge Beziehung zwischen CD-I und CD-ROM/XA feststellen: CD-I war Grundlage der CD-ROM/XA-Definition. Die geringeren Datenraten können zu einer Kombination mit Stand- oder Bewegtbildern genutzt werden. Mehrere Kanäle einer geringeren Güte können auch zur Wiedergabe in verschiedenen Sprachen verwendet werden.

Tab. 9-3 CD-I-Audiokodierung.

	CD-DA als Vergleich	CD-I Level A	CD-I Level B	CD-I Level C
Abtastfrequenz in kHz	44,1	37,8	37,8	18,9
Bandbreite in kHz	20	17	17	8,5
Kodierung	16 bit PCM	8 bit ADPCM	4 bit ADPCM	4 bit ADPCM
max. Aufzeichnungsdauer in Std. (Stereo/Mono)	74 min/ -	2,4/4,8	4,8/9,6	9,6/19,2
max. Anzahl simultaner Kanäle (Stereo/Mono)	1/-	2/4	4/8	8/16
prozent. Anteil am Gesamtdatenstrom (Stereo/Mono)	100/-	50/25	25/12,5	12,5/6,25

Geräusch-spannungsabstand (S/N) in dB	98	96	60	60
Qualitätsambivalenz	Audio-CD	Langspielplatte	UKW-Rundfunk	Mittelwellenradio

Kodierung von Standbildern

Zur Kodierung von Standbildern können bei CD-I verschiedene Qualitätsstufen und Auflösungen verwendet werden. Die folgende kurze Übersicht zeigt, daß hier verschiedene Datenmengen und Datenraten möglich sind:

- Der YUV-Modus dient zur Reproduktion von natürlichen Bildern, die eine Vielzahl von Farben aufweisen. Hier werden die Luminanzkomponente Y und die Chrominanzkomponenten U und V mit 360×240 Pixel bei 18 bit pro Pixel kodiert. Hierdurch sind insgesamt 262.144 Farben pro Bild möglich. Damit ergibt sich folgende Datenmenge pro Bild: *YUV-Modus*

$$\frac{\text{Datenmenge}}{\text{Bild}} = 360 \times 240 \times 18 \times \frac{1 \text{ bit}}{8 \text{ bit/byte}} = 194400 \text{ byte}$$

- Über eine *Color Look-Up Table* (CLUT) kann man in CD-I mit 4 bit pro Pixel arbeiten. Alternativ stehen noch 3, 7 oder 8 bit pro Pixel zur Verfügung. Dieser Modus ist für einfache Grafiken mit einem schnellen Auslesen über eine vorab geladene Farbtabelle geeignet. Mit 4 bit pro Pixel lassen sich maximal 16 Farben gleichzeitig darstellen. Bei einer Auflösung von bspw. 720×240 Pixel pro Bild und 4 bit pro Pixel ergibt sich die Datenmenge pro Bild zu: *CLUT*

$$\frac{\text{Datenmenge}}{\text{Bild}} = 720 \times 240 \times 4 \times \frac{1 \text{ bit}}{8 \text{ bit/byte}} = 86400 \text{ byte}$$

- Der RGB-Modus ist für eine sehr gute Wiedergabe von Grafiken bestimmt. Hier werden Rot, Grün und Blau mit jeweils 5 bit kodiert. Mit einem zusätzlichen Extrabit pro Pixel erhält man 16 bit pro Pixel. Hiermit sind maximal 65.538 Farben pro Bild darstellbar. Bei einer Auflösung von 360×240 Pixel kann man folgende Datenrate pro Bild errechnen: *RGB-Modus*

$$\frac{\text{Datenmenge}}{\text{Bild}} = 360 \times 240 \times 16 \times \frac{1 \text{ bit}}{8 \text{ bit/byte}} = 172800 \text{ byte}$$

Kodierung von Animationen

Die Kodierung von Animationen erfolgt über eine Lauflängenkodierung mit ungefähr 10.000 bis 20.000 byte pro Bild. Bei der Bewegtbildkodierung wird CD-I in Zukunft die MPEG-Kodierung verwenden. Das Dateiformat ist an ISO 9660 angelehnt, dazu jedoch nicht voll kompatibel.

Die CD-I-Technologie war ursprünglich für den Heimbereich gedacht. CD-I ist im Kontext der CD von Interesse, weil hieraus die CD-ROM/XA entwickelt wurde.

9.7.2 Compact Disc Interactive Ready Format

Die verschiedenen CD-Formate beruhen zwar alle auf dem CD-DA-Standard, es ist jedoch nicht unbedingt möglich, eine CD-I Platte mit einem für CD-DA konzipierten Gerät wiederzugeben. Man kann weiterhin nicht davon ausgehen, daß alle CD-DA-Geräte bspw. durch CD-I-Geräte ersetzt werden. Daraus ergab sich die Anforderung, eine optische Platte zu spezifizieren, die sich auf herkömmlichen CD-DA-Geräten und auch auf CD-I-Geräten wiedergeben läßt. Diese wird als *Compact Disc Interactive Ready Format* bezeichnet [Fri92a].

In Compact Disc Interactive Ready Format wird der *Track-Pregap-Bereich* zwischen den *Index Points* IP_0 und IP_1 am Anfang eines Tracks von den bestehenden 2 bis 3 Sekunden auf mindestens 182 Sekunden vergrößert. In diesem Bereich wird dann die CD-I-spezifische Information abgelegt. Diese Information kann Details zu einzelnen Stücken, Bildern oder bspw. die Biographie der Komponisten und des Dirigenten beinhalten.

Abspielen   Eine *CD-I Ready Disc* kann auf drei unterschiedliche Arten abgespielt werden:
- Mit der üblichen CD-DA-Wiedergabe wird die CD-I-Information im *Track Pregap* ignoriert und lediglich die Audioinformation abgespielt.
- Der zweite Modus arbeitet nur mit den CD-I-Daten des *Track Pregap*. Hier können sich dann Daten aller Medien befinden, die ggf. interaktiv gelesen, dargestellt und interpretiert werden. Die CD-DA-Audiodaten desselben Tracks werden hier nicht wiedergegeben.
- Im dritten Modus werden während der Audiowiedergabe die CD-I-Daten aus dem *Track Pregap* gleichzeitig dargestellt. Dieses Verfahren ist ähnlich dem der *Mixed Mode Disc* (siehe in Abschnitt 9.5). In einem ersten Schritt werden hierbei die CD-I-Daten gelesen und abgespeichert. Anschließend erfolgt die Audiowiedergabe und die Ausgabe der entsprechend vorher gelesenen Daten. Hiermit wird eine gleichzeitige Präsentation der Daten erreicht.

9.7.3 Compact Disc Bridge Disc

Die *Compact Disc Bridge Disc* (CD Bridge Disc) verfolgt – wie auch die CD-I Ready Disc – das Ziel der kompatiblen Wiedergabe einer CD mit Geräten unterschiedlicher Formate. Während die CD-I Ready Disc das Format einer Platte zur Wiedergabe auf CD-DA- und CD-I-Geräten festlegt, wird über die CD Bridge Disc das Format einer gemeinsam über CD-ROM/XA- und CD-I-Geräte wiederzugebenden Platte festgelegt [Fri92a].

Abb. 9-13 auf Seite 217 zeigt die verschiedenen CD-Definitionen der bisher besprochenen Formate zur Wiedergabe auf Geräten mit unterschiedlichen Standards.

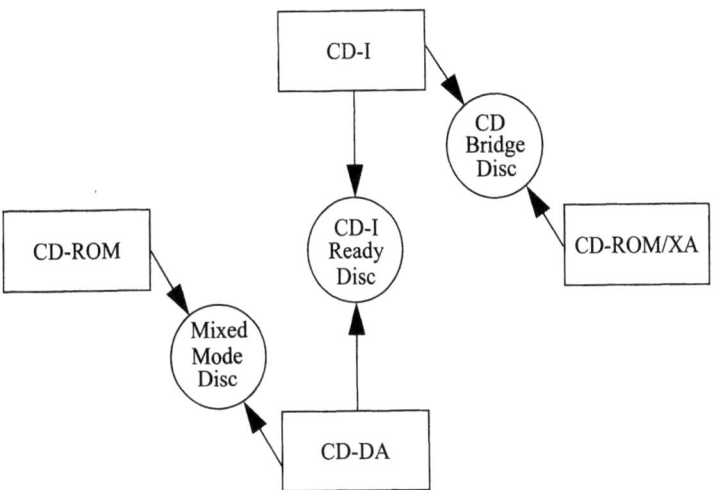

Abb. 9-13
Compact Discs zur Wiedergabe auf Geräten mit mehreren Formaten. Mixed Mode CD, CD-I Ready Disc und CD-Bridge-Disc.

Eine CD-Bridge Disc muß der CD-I- und der CD-ROM/XA-Spezifikation genügen, ohne jedoch alle der jeweiligen Möglichkeiten auszuschöpfen. Es wird eine gemeinsame Teilmenge definiert, die für beide Formate gilt: Alle Tracks mit Rechnerdaten (die keine unkomprimierten Audiodaten nach CD-DA sind) müssen im CD-ROM-Mode 2 geschrieben werden. Es dürfen keine CD-ROM-Mode 1-Blöcke auf der Platte existieren. Auf diese Tracks mit Rechnerdaten dürfen Audio-Tracks (CD-DA) folgen.

Ein weiteres Beispiel zur Kompatibilität beider Spezifikationen ist der Eintrag der Tracks in der *Table of Content* am Anfang der CD. Die Referenz auf CD-I-Tracks wird nie in diesem Bereich angegeben, es werden also alle Tracks mit Daten als CD-ROM/XA-Track markiert.

9.7.4 Photo Compact Disc

Die *Photo Compact Disc* von Eastman Kodak und N. V. Philips ist ein Beispiel für eine CD-Bridge Disc [Fri92a], auf der Fotografien mit einer hohen Qualität gespeichert werden können. Die Photo-CD basiert auf der CD-WO, so daß ein Teil der Photo-CD schon beschrieben ausgeliefert wird und ein zweiter Teil einmal-beschreibbar ist. Als CD-Bridge Disc wird die Photo-CD von CD-I- und CD-ROM-XA-Geräten gelesen. Außerdem wird sie über CD-WO- und speziellen Photo-CD-Geräten gelesen und beschrieben.

Photo-CD

Die Photo-CD wurde auf der Photokina 1990 als das *Kodak Photo CD System* angekündigt und soll von Agfa-Gevaert lizenziert werden.

Der Photo-CD liegt folgende Verarbeitung zugrunde [Kle92]: Fotografien werden konventionell mit Kameras und den entsprechenden Filmen erstellt. Nach der Entwicklung eines Films werden die Aufnahmen mit einer Luminanzauflösung von 8 bit und einer Chrominanzauflösung von zweimal 8 bit digitalisiert. Jedem Bildpunkt sind 24 Bit zugeordnet. Anschließend wird jede Aufnahme in bis zu sechs Auflösungen als *ImagePac* kodiert (siehe Tab. 9-4 auf Seite 218). Diese Kodierung in mehreren Auflösungen entspricht der Idee einer hierarchischen Kodierung von Bewegtbildern in JPEG (siehe Kapitel 7.5.5 zu Kompression). Pro ImagePac werden in Abhängigkeit von der Bildkomplexität meist zwischen ca. 3 und 6 Mbyte an Speicherplatz benötigt.

Tab. 9-4 Auflösung der Einzelbilder auf einer Photo-CD.

Bezeichnung des Bildes	komprimiert/ unkomprimiert	Zeilenanzahl	Spaltenanzahl
Base/16	unkomprimiert	128	192
Base/4	unkomprimiert	256	384
Base	unkomprimiert	512	768
4-Base	komprimiert	1.024	1.536
16-Base	komprimiert	2.048	3.072
64-Base	komprimiert	4.096	6.144

Die Integration von Fotos in die digitale Rechner- und Fernsehtechnik ermöglicht eine Vielzahl neuer Anwendungen im professionellen und Heimbereich, da hiermit bspw. Bilder über einen Rechner oder Fernseher wiedergegeben werden können. Mit Hilfe unterschiedlicher Auflösungen läßt sich leicht ein digitaler Zoom realisieren. In einer Übersicht kann man mehrere Bilder gleichzeitig anzeigen, wofür eine niedrigere Auflösung verwendet wird. Bilder können auch nachträglich über Programme verändert und in Dokumente eingefügt werden.

9.7.5 Digital Video Interactive und Commodore Dynamic Total Vision

Digital Video Interactive (DVI) beschreibt – ähnlich wie CD-I – verschiedene Systembestandteile. DVI besteht aus Kompressions- und Dekompressionsalgorithmen, hochintegrierten dedizierten Hardware-Komponenten zur Kompression und Dekompression von Bewegtbildern in Echtzeit, einer Benutzerschnittstelle (dem *Audiovisual Kernel*, AVK) und einem festgelegten Datenformat. Im Gegensatz zu CD-I liegt hier jedoch der Schwerpunkt nicht auf der CD-Technologie, sondern auf den Kompressionsalgorithmen [HKL$^+$91, Lut91, Rip89].

DVI verwendet den CD-ROM-Mode 1 mit dem in Abb. 9-8 auf Seite 206 dargestellten Format einzelner Blöcke. Außerdem wird für die CD-ROM das ISO 9660-Format als Basis für das verzahnt arbeitende AVSS-Dateiformat (Audio/Video Support System) verwendet. Commodore benutzte bspw. mit CDTV (*Commodore Dynamic Total Vision*) auch den CD-ROM-Mode 1 und ISO 9660. Hierbei ist anzumerken, daß ISO 9660 verschiedene *Interchange Levels* unterscheidet. DVI verwendet den Basismodus (*Interchange Level* 1) mit Dateinamen, u. a. aus maximal *8-Punkt-3*-Zeichen eines bestimmten vordefinierten Zeichenvorrats besteht. CDTV macht von dem *Interchange Level 2* unter anderem bei Dateinamen von bis zu 30 Zeichen Gebrauch. Heute haben beide Systeme keine kommerzielle Bedeutung mehr.

9.8 Compact Disc Recordable

Alle bisher betrachteten CD-Technologien (außer der in Abschnitt 9.7.4 besprochenen Photo-CD) können vom Anwender nicht selbst beschrieben werden. Damit ist auch ihr Anwendungsbereich begrenzt. In den Forschungs- und Entwicklungslabors entstanden und entstehen deshalb parallel zu den *Read-Only-Speichermedien* auch einmal- und wiederbeschreibbare Compact Discs.

CD-Recordable

Die *Compact Disc Recordable* (CD-R), die im zweiten Teil des *Orange Book* [Phi91] spezifiziert ist, ermöglicht es als WORM (*Write Once Read Many*) dem Anwender, eine CD einmalig zu beschreiben und diese anschließend mehrfach zu lesen [AFN90].

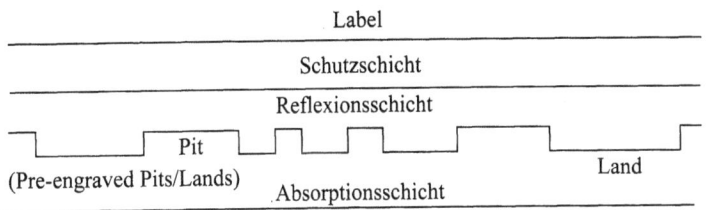

*Abb. 9-14
Schnitt durch eine
CD-R-Platte, senkrecht
zur Datenspur. Schematische Darstellung.*

Prinzip der CD-R

Abb. 9-14 zeigt einen Schnitt durch eine CD-R, der senkrecht zur Plattenoberfläche und Datenspur ausgeführt ist. Die CD-R liegt mit einer vorab eingravierten (*pre-engraved*) Spur vor. Bei allen CDs, die ausschließlich lesbar sind, grenzt das Substrat (Polykarbonat) direkt an die reflektierende Schicht an. In der CD-R befindet sich zwischen dem Substrat und der reflektierenden Schicht noch eine Absorptionsschicht. Diese Schicht kann durch Einwirkung starker Erhitzung ihre Reflexionseigenschaften für Laserstrahlen irreversibel verändern.

Im ursprünglichen Zustand erkennt ein Lesegerät eine Spur, die aus Lands besteht. Mit einem Laser der drei- bis vierfachen Intensität der reinen Abspielgeräte wird die Absorptionsschicht im Bereich der vorab eingravierten Spur auf über 250°C erhitzt. Hiermit verändert sich das Material, so daß die Reflexion des Laserlichts jetzt einem Pit entspricht. Dieses Verfahren bedingt die bemerkenswerteste Eigenschaft der CD-R: Die Daten auf einer CD-R lassen sich mit herkömmlichen Abspielgeräten wiedergeben, die ausschließlich für lesbare CDs konzipiert sind.

Brennen der CD-R

Sessions

Alle bisher besprochenen CD-Systeme gehen davon aus, daß sich vor dem eigentlichen Datenbereich der CD ein Vorspann (*Lead-in-Bereich*) und im Anschluß an den Datenbereich ein Nachspann (*Lead-out-Bereich*) befindet (siehe Abschnitt 9.4.4). Der Inhalt wird dabei in einer *Table of Content* im Vorspann vermerkt. Jedes Abspielgerät benötigt diese *Table of Content*, um die korrekte Positionierung zu gewährleisten. Beim Schreiben einer CD-R kann dieser Bereich jedoch erst auf die CD-R-Platte geschrieben werden, wenn der Schreibvorgang beendet ist. Damit müßten alle Daten einer CD-R in einem atomaren Vorgang auf die Platte übertragen werden. Zwischendurch könnte man diese Platte nicht mit anderen Geräten abspielen.

Zur Lösung dieses Problems wurde das in Abb. 9-15 dargestellte Prinzip *mehrerer Sessions* eingeführt. Jede *Session* hat ihren eigenen Vor- und Nachspann. In einem Schreibvorgang werden nun alle Daten für eine *Session* mit ihrer *Table of Content* geschrieben. Anschließend kann sie auf anderen Geräten wiedergegeben werden.

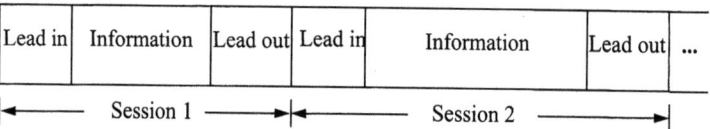

Abb. 9-15 Platten-Layout einer „Hybrid-Disc". Aufteilung in mehrere Sessions.

Durch das Prinzip der Sessions wird die Struktur einer CD auf bis zu maximal 99 *Sessions* erweitert. Allerdings können wegen des Platzbedarfs des *Lead-in-Bereichs* und des *Lead-out-Bereichs* nur maximal 46 Sessions mit dann leerem Inhalt abgelegt werden. Jede *Session* besteht wiederum aus einem Vorspann, dem Datenbereich und dem Nachspann. Alle bis 1992 auf dem Markt verfügbaren Geräte können nur eine *Session* lesen. Die entsprechenden CD-R-Platten werden als *Regular CD-R* bezeichnet. Eine CD-R mit mehr als einer *Session* wird *Hybrid CD-R* genannt.

Hybrid CD-R

CD-R-Schreibgeräte arbeiten mit der bis zu achtfachen Datenrate der Lesegeräte. Dies verkürzt den Schreibvorgang, stellt aber auch nicht zu vernachlässigende Anforderungen an den Rechner und die zusätzlich notwendige Software zum Erstellen der CD-R. Diese Datenrate darf während des Schreibvorgangs nicht *abreißen*. Einfachere Programme erstellen deshalb zuerst ein Abbild der CD-R auf einer Festplatte. Im zweiten Schritt werden die Daten auf die CD-R transferiert. Ein speicherplatzsparendes Verfahren erstellt die Daten in der korrekten Reihenfolge und transferiert sie (ohne Zwischenspeicherung der gesamten CD-R-Informationen) mit der notwendigen Rate auf die CD-R [Wep92].

Die CD-R könnte bei gleichen Kosten und Merkmalen bspw. ein Substitut für CD-DA-Platten sein. Der Erstellungsprozeß der CD-R ist und wird jedoch teurer als der herkömmlicher CDs sein. Damit ergeben sich andere Anwendungsgebiete: Immer wenn große Datenmengen aus technischen oder juristischen Gründen irreversibel gespeichert werden sollen, kann eine CD-R eingesetzt werden. Sie hat auch für den *CD-Publishing-Bereich* eine große Bedeutung, weil hier der kosten- und zeitaufwendige Vorgang des Erstellens eines *Masters* entfällt. Man kann hier geringe Auflagen mit hoher Aktualität erstellen.

9.9 Compact Disc Magneto Optical

Die *Compact Disc Magneto Optical* (CD-MO), die im ersten Teil des *Orange Book* [Phi91] spezifiziert wird, hat eine hohe Speicherkapazität und ermöglicht das mehrmalige Beschreiben der CD.

CD-Magneto Optical

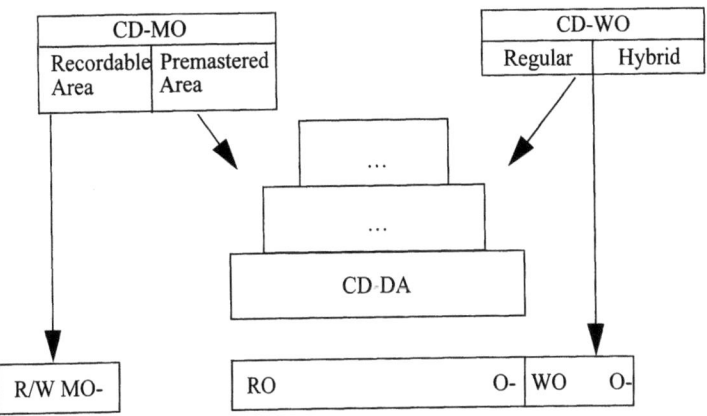

*Abb. 9-16
CD-WO und CD-MO in Beziehung zu den anderen CD-Technologien: Struktur in mehreren Ebenen.*

Prinzip des magneto-optischen Verfahrens

Das magneto-optische Verfahren beruht auf dem Prinzip, daß bei höherer Temperatur ein schwaches Magnetfeld zur Polarisierung der Dipole in entsprechenden Materialien notwendig ist. Der zu schreibende Block (Sektor) wird auf über 150°C erhitzt. Gleichzeitig wird ein Magnetfeld von ca. 10facher Stärke des Erdmagnetfeldes angelegt. Jetzt werden im Material die einzelnen Dipole nach diesem Magnetfeld polarisiert. Hierbei entspricht ein Pit einem unten liegenden magnetischen Nordpol. Ein Land wird entsprechend in umgekehrter Ausrichtung kodiert.

Zum Löschen wird im Bereich eines Blocks ein konstantes Magnetfeld angelegt und gleichzeitig der Sektor erhitzt. Wenn man die CD mit Laserlicht bestrahlt, dann ändert sich die Polarisierung des Lichts entsprechend der vorhandenen Magnetisierung. Auf diese Art wird die Information gelesen.

Bereiche der CD-MO

Read-only-Bereich

Eine CD-MO besteht aus einem optional vorhandenen *Read-only-Bereich* und dem eigentlichen mehrmals-beschreibbaren Bereich.

Premastered Area

Der nur lesbare Bereich (*Premastered Area* in Abb. 9-16 auf Seite 221) beinhaltet Daten, die in einem der hierfür spezifizierten Format auf die Platte geschrieben wurden. In Abb. 9-16 wird diese Beziehung mit Hilfe des Pfeils zwischen der *Premastered Area* einer CD-MO und den *Read-Only-Technologien* angedeutet. Damit kann der nur lesbare Bereich von den entsprechenden vorhandenen Abspielgeräten gelesen werden.

Recordable Area

Der mehrmals-beschreibbare Bereich einer CD-MO läßt sich wegen des grundsätzlich unterschiedlichen Verfahrens beim Schreiben und Lesen einer CD nicht mit CD-DA-, CD-ROM-, CD-ROM/XA- oder CD-WO-Geräten abspielen. Abb. 9-16 auf Seite 221 zeigt die Beziehung zwischen dieser *Recordable Area* und der magneto-optischen Basistechnologie. Damit ist diese Technologie bisher zu allen anderen CD-Systemen inkompatibel, es wurden jedoch die gleichen Systemparameter wie in den anderen Verfahren spezifiziert. So sind bspw. die Dimensionen und die Umdrehungsgeschwindigkeit dieselben.

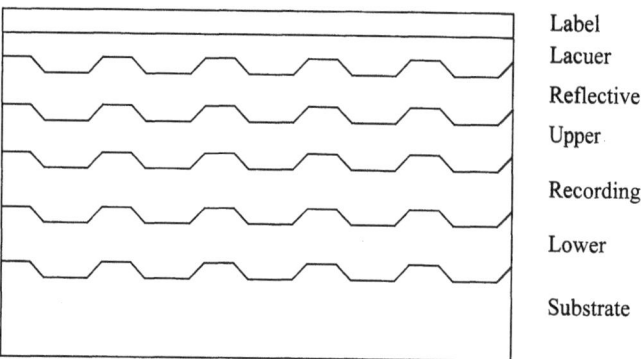

Abb. 9-17 Die Schichten einer CD-RW. Die Layer (Upper/Lower) stellen Schutz-Layer dar, die die Stabilität der CD-RW erhöhen.

9.10 Compact Disc Read/Write

Die Compact-Disc Read/Write (CD-RW) ist eine Weiterentwicklung der CD-WO, die aufgrund ihres physikalischen Aufbaus jedoch mehrfach-wiederbeschreibbar ist. Dies wird erreicht, indem die reversible Veränderbarkeit kristalliner Strukturen ausgenutzt wird. Der Schichtenaufbau einer CD-RW ist in Abb. 9-17 auf Seite 222 dargestellt.

Die Phasenumwandlung wird wie bei der CD-R durch Erhitzung der Kristallschicht durch den Laser erreicht, jedoch wird die Energie hierbei in Pulsform abgegeben (siehe Abb. 9-18).

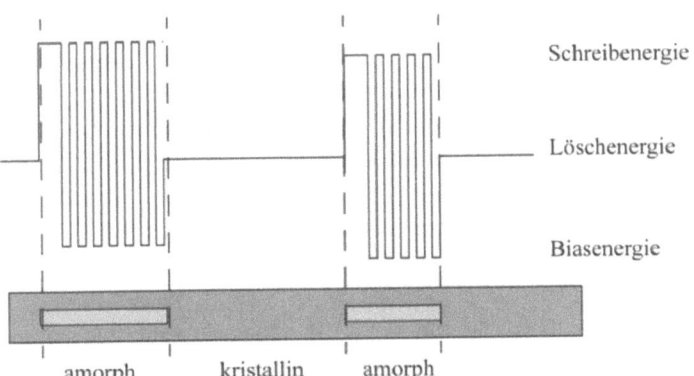

Abb. 9-18
Der Schreibstrom variiert in den „Pit"-Phasen zwischen Write und Bias-Energie, um Überhitzungen im Kristall zu verhindern.

Durch dieses Verfahren ist es jedoch nicht mehr möglich, mit jedem auf dem Markt befindlichen CD-Abspielgerät die CD-RW zu lesen, da die Reflexibilität geringer ist, als die der CD oder CD-R (siehe Tab. 9-5). Um diesen Effekt zu kompensieren, haben die neueren CD-Systeme eine automatische Signalverstärkungsanpassung. Die weitere Technologie und logische Struktur entspricht der der bisher beschriebenen CD-Systeme.

Typ	Reflexibilität
CD-DA	70%
CD-R / CD-WO	65%
CD-RW	15-20%

Tab. 9-5
Vergleich der Reflexibiliät verschiedener CD Varianten.

9.11 Digital Versatile Disc

Die *Digital Versatile Disc* (DVD) ist insbesondere im Hinblick auf einen größeren Speicherplatz die konsequente Weiterentwicklung der CD-ROM/CD-R/CD-RW-Technologie. Seit 1994 wurde von den großen Elektronikkonzernen an einer CD mit höherer Speicherkapazität gearbeitet. Im Frühjahr 1995 schlossen sich einige Firmen dann zum DVD-Konsortium zusammen und verabschiedeten im Rahmen eines DVD-Forums im April 1996 die ersten Standards.

9.11.1 DVD-Standards

Die Spezifikationen zum DVD Standard legte das DVD-Konsortium in den Schriften „Buch A-E" nieder. Man unterscheidet hierbei folgende Standards:
- *DVD Read Only Spezifikation* (DVD-ROM, Buch A): Speichermedium hoher Kapazität, Nachfolger der CD-ROM,

- *DVD Video Spezifikation* (DVD-Video, Buch B): Spezielle Applikation der DVD zur Verbreitung „linearer" Videodatenströme,
- *DVD Audio Spezifikation* (DVD-Audio, Buch C): Spezielle Anwendung der DVD zur Verbreitung reiner Audiodaten, ähnlich der CD-DA,
- *DVD Recordable Spezifikation* (DVD-R, Buch D): Variation der DVD, die es erlaubt, Daten einmalig zur späteren Verwendung aufzuzeichnen und
- *DVD Rewriteable Spezifikation* (DVD-RW, Buch E): DVD-Art, die ähnlich der CD-RW mehrfach beschreibbar und löschbar ist. Wird auch als DVD-RAM (Random Access Memory) bezeichnet.

Die Speicherkapazitäten, die mit der DVD erreichbar sind, gliedern sich je nach *Version* in die folgenden Möglichkeiten (siehe Tab. 9-6):

Tab. 9-6 DVD-Medien-Varianten und deren Speicherfähigkeiten.

SS: Single Side
DS: Double Side
SL: Single Layer
DL: Double Layer.

* hier verwendete Bezeichnungen.

Bezeichnung	Durch-messer (cm)	Seiten	Schichten pro Seite	Kapazität (GB)	Anmerkungen
DVD-5	12	SS	SL	4,38	>2 Std. Video
DVD-9	12	SS	DL	7,95	ca. 4 Std. Video
DVD-10	12	DS	SL	8,75	ca. 4,5 Std. Video
DVD-18	12	DS	DL	15,9	> 8 Std. Video
DVD-1*	8	SS	SL	1,36	ca. 1/2 Std. Video
DVD-2*	8	SS	DL	2,48	ca. 1,3 Std. Video
DVD-3*	8	DS2	SL	2,72	ca. 1,4 Std. Video
DVD-4*	8	DS	DL	4,95	ca. 2,5 Std. Video
DVD-R	12	SS	SL	3,68	
DVD-R	12	DS	SL	7,38	
DVD-R	8	SS	SL	1,15	
DVD-R	8	DS	SL	2,3	
DVD-RAM	12	SS	SL	2,4	
DVD-RAM	12	DS	SL	4,8	

Dabei werden die in Tab. 9-7 angegebenen Standards für die Aufzeichnung von Audio/Video und Daten verwendet.

Tab. 9-7 DVD-Standards.

Video	ITU-T H.262/ISO-IEC 13818-2 (MPEG-2 VIDEO) ISO(IEC 11172-2 (MPEG-1 VIDEO)
Audio	ISO/IEC 13818-3 (MPEG-2 AUDIO) ISO/IEC 11172-3 (MPEG-1 AUDIO) Dolby AC-3-Standard
System	ITU-T H.222 / ISO/IEC 13818-1 (MPEG-2-System) Programm/nur PES-Strom (kein Transportstrom)

Es ist zu beachten, daß die Kapazität einer Double-Layer-DVD nicht doppelt so groß wie die einer doppelseitgen DVD ist, weil das beim „Durchlesen" der äußeren Schicht entstehende Übersprechen (Crosstalk) vermindert werden muß.

Technische Grundlagen

Um eine hohe Kapazität speichern zu können, wurden im Gegensatz zur CD-ROM kleinere Pits entwickelt, die eine höhere Track-Dichte, einen vergrößerten Datenbereich, eine effizientere Bitkodierung, eine effizientere Fehlerkorrektur und einen geringeren Sektor-Overhead aufweisen (siehe Abb. 9-19).

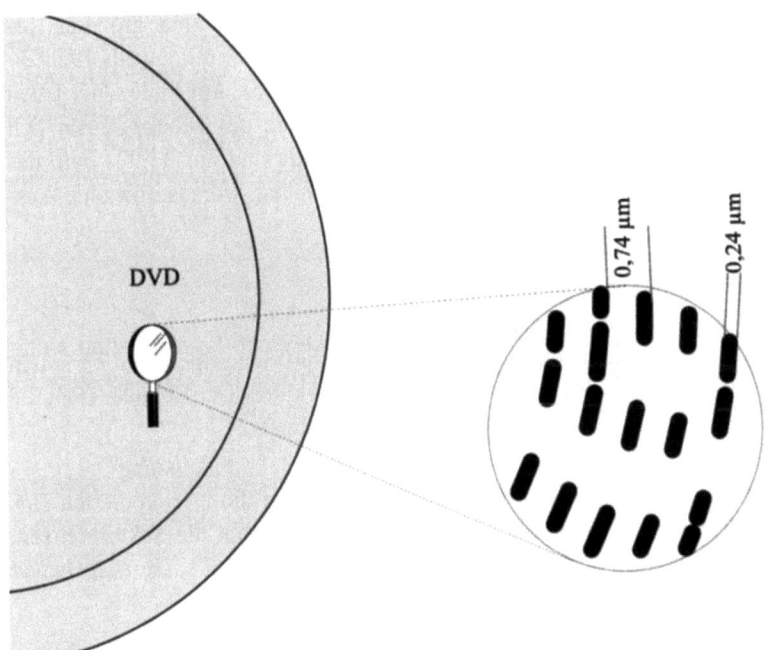

Abb. 9-19
Daten auf einer DVD.
Der Track-Abstand und die Pit-Breite sind kleiner als bei der CD.

Eine DVD besteht aus Sicht der Informationstechnik aus einer Vielzahl von *Blöcken* zu je 37.856 byte. Jeder dieser Blöcke beinhaltet 16 Sektoren inklusive zusätzlicher Fehlererkennungs- und -korrekturdaten. Einzelne Sektoren zu jeweils 2.064 byte werden (wie in Tab. 9-8 dargestellt) in 12 Zeilen aufgeteilt. Die ersten 12 byte in der ersten Spalte stellen den Sektor-Header dar. In diesem sind die Sektor-ID, die Sektor-ID-Fehlerkorrektur und noch einige reservierte Bytes enthalten; der Rest des Blockes enthält bis auf die letzten 4 byte, die den Fehlererkennungscode enthalten, die Daten.

*Tab. 9-8
Struktur eines Sektors
auf einer DVD.*

Zeile	Inhalt
0	12 byte Sektor-Header und 160 byte Nutzdaten
1	172 byte Nutzdaten
..	
10	172 byte Nutzdaten
11	168 byte Nutzdaten und 4 byte Fehlererkennung

Um parallele Datenströme besser übertragen zu können, werden bei der DVD jeweils 16 Sektoren miteinander verzahnt. Dies dient u. a. einer größeren Robustheit gegenüber Fehlern. Es entstehen folglich Blöcke mit jeweils 192 Zeilen (16 Sektoren x 12 Zeilen pro Sektor = 192 Zeilen). Am Ende einer jeden Zeile werden jeweils 10 byte angehängt, am Ende des Blockes zusätzlich 16 Zeilen für eine weitere Fehlerkorrektur. Damit sind nur 33.024 byte des 37.856 byte großen Blocks als Nutzdaten verwendbar, woraus man eine Ausnutzung von nur 87% errechnet.

9.11.2 DVD-Video: Dekoder

Am Beispiel des Dekoders im Rahmen der DVD-Video-Spezifikation sollen einige Prinzipien der DVD-Technik aufgezeigt werden. Der Dekoder sieht die folgenden 6 Ebenen zum Transfer von MPEG-Daten vor:

- *Ebene 1:* Synchronisation, 8/16-Demodulation, Sektorerkennung
  Insgesamt werden 8 Synchronisationselemente in die 8/16-kodierten Bitströme eingefügt. Diese Ebene bestimmt und erkennt die Sektorgrenzen. Die eingehende Kanalbitrate beträgt hierbei 26,16 Mbit/s, die ausgehende Nutzdatenrate dieser Stufe ist 13 Mbit/s.
- *Ebene 2:* Fehlerkennung (EDC) und -beseitigung (ECC)
  Unterscheiden sich die EDC-Prüfbits vom generierten „Fingerprint" der Daten, so werden die eingefügten Daten (IEC) zu Hilfe genommen, um den Fehler zu beheben. Nach dieser Ebene sinkt die Nutzdatenrate auf ca. 11,08 Mbit/s (ca. 2 Mbit an Fehlerkorrektur-, Paritäts- und IEC-Daten wurden hierbei entfernt).
- *Ebene 3:* Discrambling und Decryption
  Die Daten auf der DVD werden permutiert, wodurch ein unberechtigtes Lesen erschwert (wenn nicht unmöglich) wird. Eine zusätzliche Verschlüsselung wird als Kopierschutz genutzt.
- *Ebene 4:* EDC-Prüfung
  Hier erfolgt eine erneute Fehlererkennung.
- *Ebene 5:* Track-Zwischenspeicher
  Der Track-Zwischenspeicher ermöglicht es, einer Anwendung eine feste Datenrate (die von der DVD gelesen wird, 11,08 Mbit/s) als variable Datenrate zu liefern. Es werden bestimmte Pakete entfernt, die sich noch zur Kon-

trolle des Abspielgeräts im Datenstrom befinden. Hiermit ergibt sich ein Datenstrom von maximal 10,08 Mbit/s.
- *Ebene 6:* Transfer der Daten zum MPEG-Systemdekoder
Hier wird der Datenstrom in Teilströme aufgeteilt (Demultiplexing), die auf die jeweilige Anwendung verteilt werden.

9.11.3 Eight-to-Fourteen+ (EFM+)-Modulation

Die unterste Schicht des Kommunikationskanals ist die *Eight-to-Fourteen+ (EFM+)-Modulation* (US-Patent 5,206,646), deren Aufgabe hauptsächlich die Verminderung des Gleichspannungsanteils am Datenstrom ist. Ähnlich zur Eight-to-Fourteen-Modulation sollen hier bestimmte Bitfolgen (viele Nullen) eliminiert werden. Die Hauptvorteile der 8/16-Modulierung sind, daß keine Füllbits notwendig und einfachere Dekodiermechanismen möglich sind.

9.11.4 Logisches Dateiformat

Für die Datenaufzeichnung wird bei der DVD ein in Anlehnung an das ISO 9660 Format entwickeltes Dateiformat (ISO 13490) genutzt. Das ISO 13490-Dateiformat enthält Multisession-Fähigkeiten, die speziell an die Möglichkeiten der DVD angepaßt sind.

9.11.5 Vergleich DVD - CD

Tab. 9-9 auf Seite 227 vergleicht anhand einer Übersicht wesentliche Parameter der DVD mit denen der konventionellen CD-Technik

	CD	DVD
Mediendurchmesser	ca. 120 mm	120 mm
Medienstärke	ca. 1,2 mm	1,2 mm
Laser-Wellenlänge	780 nm (infrarot)	650 und 635 nm (rot)
Track-Abstand	1,6 µm	0,74 µm
Min. Pit/Land-Länge	0,83 µm	0,4 µm
Daten-Layer	1	1 oder 2
Seiten	1	1 oder 2
Kapazität	ca. 650 MB	ca. 4.38 GB (SLSS) ca. 7.95 GB (DLSS) ca. 8.75 GB (SLDS) ca. 15.9 GB (DLDS)
Videodatenrate	ca. 1,5 Mbit/s	1-10 Mbit/s (var.)

Tab. 9-9
Vergleich DVD zu konventioneller CD-Technologie.

	CD	DVD
Video-Kompressionsstandard	MPEG-1	MPEG-2
Videokapazität	ca. 1 Stunde	je nach Format zwischen 2 und 8 Stunden
Sound-Tracks	2-Kanal MPEG	2-Kanal PCM 5.1-Kanal AC-3 optional: bis zu 8 Datenströme
Untertitel	-	bis zu 32 Sprachen

9.12 Abschließende Bemerkungen

Im Bereich der optischen Speichermedien wird sich – soweit heute erkennbar – die Compact-Disc-Technologie bzw. ihre Weiterentwicklung in Form der DVD für alle Arten der Speicherung durchsetzen. Das Zusammenwirken der verschiedenen (meist De-facto-) Standards – wie in Abb. 9-20 auf Seite 228 angedeutet – ermöglicht ein breites Anwendungsfeld. Als Grundlage dient mit Ausnahme der CD-MO immer die CD-DA mit optischer Technologie.

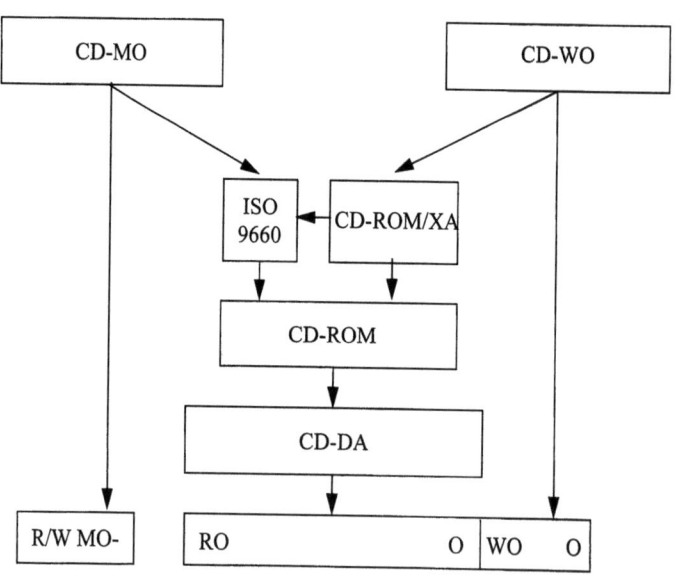

Abb. 9-20
Wesentliche
CD-Technologien und
ihre Beziehungen
zueinander.

Bei einer näheren Betrachtung und einem Vergleich der Formate wird auch die zeitlich nacheinander erfolgte Spezifikation der CD-Technologien erkennbar. So definiert CD-ROM im Mode 1 die verbesserte Fehlerbehandlung für Rechnerdaten. CD-ROM/XA-Form 1 basierend auf CD-ROM-Mode 2 realisiert denselben Dienst. Man könnte somit bspw. auf den CD-ROM-Mode 1 verzichten, wenn es nicht schon sehr viele Anwendungen hierfür gäbe. Die Kompressionsverfahren von CD-ROM/XA sollten JPEG, MPEG, H.261 und den CCITT-ADPCM-Standards verwenden und sich nicht auf eine Kodierungsart beschränken, für die man bspw. schon kostengünstig Bausteine auf die CD-ROM/XA-Controller-Boards integriert hat.

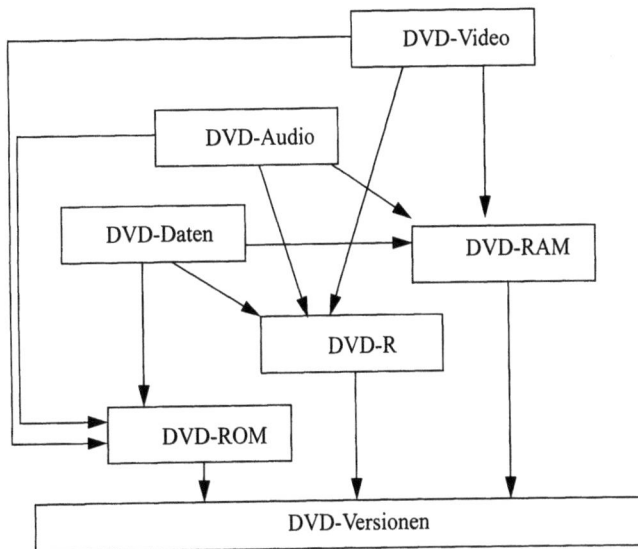

Abb. 9-21
Wesentliche DVD-Technologien und ihre Beziehungen zueinander.

Ein großer Nachteil dieser Technologie ist die relativ lange Dauer der mittleren Zugriffszeit von bestenfalls ca. 200 ms; dies wird sich wahrscheinlich auch in Zukunft nicht wesentlich verbessern. Man kann durch das simultane Lesen von mehreren parallel verlaufenden Teilen der Spuren die Datenrate weiter erhöhen. Allerdings wird durch Cache-Techniken inzwischen sogar die gesamte CD zwischengespeichert, so daß die Zugriffszeit nicht durch das CD-Gerät bestimmt wird. Die Inkompatibilität der CD mit der CD-MO ist unumgänglich, wird aber durch die Technologie der CD-R/W und der DVD-RAM in Zukunft immer unwichtiger werden.

Die erreichbare Speicherkapazität von CDs bzw. DVDs ist für viele heutige Systeme ausreichend. Die mit der DVD erreichte Speicherdichte von maximal 15.9 Gbyte reicht bereits heute für komplexe Multimedia-Anwendungen aus. Beim schnellen Fortschritt der Entwicklung der Speicherdichte ist es jedoch vorstellbar, daß die Entwicklung auch auf diesem Sektor noch nicht abgeschlossen ist. Sobald stabile Halbleiter-Laser mit höherer Frequenz verfügbar sind, könnte ein weiteren Sprung in der Speicherdichte optischer Medien erfolgen.

Die mit der DVD erreichbare Datenrate von ca. 10 Mbit/s reicht im allgemeinen für alle heute genutzten Video- und Audiokodierungen, wie MPEG-2 Video, aus, um sehr hohe Qualitäten bei der Audio- und Videowiedergabe zu erhalten. Dies trifft jedoch auf die Studio- oder Kino-Qualität nicht zu. In diesem Bereich sind also durchaus Weiterentwicklungen zu erwarten.

Dienstgüte

Dienstgüte (Quality of Service) und *Betriebsmittelverwaltung (Resource Management)* sind grundlegende Konzepte mit zentraler Bedeutung für Multimediasysteme. Daten kontinuierlicher Medien sollen hier in Echtzeit erfaßt, verarbeitet, übertragen und dargestellt werden. Das Gesamtsystem (und damit auch die involvierten Komponenten) entspricht diesen Anforderungen mit einer gewissen Güte, der *Dienstgüte*. Um eine geeignete Dienstgüte zu erbringen, werden die hierfür notwendigen *Betriebsmittel* (z. B. Speicherplatz, Bandbreite und Prozessorleistung) entsprechend gesteuert und damit sozusagen *verwaltet*. Hierfür existieren die beiden folgenden Ansätze, die auch häufig gleichzeitig zum Einsatz kommen:

Dienstgüte
Betriebsmittelverwaltung

- Die möglichst flexible, einfache Anpassung des Datenflusses an gegebene Randbedingung wird oft *Skalierung* genannt. Dabei interagieren die Betriebsmittel mit dem Datenstrom.

Skalierung

- Im zweiten Ansatz betrachtet man einzelne Komponenten als Ressourcen, die vor einer Ausführung reserviert werden müssen. Dieses Konzept, das man auch als *Ressourcenreservierung* bezeichnet, muß alle Ressourcen eines Datenpfads einschließen. Weiterhin kann sich dieses Konzept auch auf die Teile einer Anwendung beziehen, die kontinuierliche Mediendaten verarbeiten.

Ressourcenreservierung

In diesem Kapitel werden Dienstgüte und die dazugehörige Betriebsmittelverwaltung für Multimediasysteme betrachtet, die durch Betriebssysteme, Kommunikationssysteme, Kompressionsverfahren und viele weitere Komponenten umgesetzt werden. In den entsprechenden Kapiteln wird an geeigneter Stelle darauf hingewiesen, welche Konzepte in welcher Form anzuwenden sind.

10.1 Anforderungen und Randbedingungen

Um eine Akzeptanz von Multimediasystemen zu erzielen, müssen derartige Systeme unterschiedliche Anforderungen bezüglich verschiedener Randbedingungen der Verarbeitung und der Kommunikation erfüllen. Eine der wichtigsten Anforderungen ist die Bearbeitung in *Echtzeit*. In diesem Abschnitt werden neben der Definition des Begriffs *Echtzeit* die dazu notwendigen Anforderungen beschrieben. Weiterhin werden Erfordernisse und Randbedingungen beschrieben, die einen erfolgreichen Datenfluß innerhalb vernetzter Multimediasysteme bestimmen.

Da sich die Bedeutung des Begriffs *Echtzeit* unabhängig von der Erforschung kontinuierlicher Medien entwickelt hat, wird im nächsten Abschnitt zunächst eine generelle Begriffsdefinition vorgenommen. Anschließend wird die Relevanz von Echtzeit für multimediale Daten verdeutlicht.

10.1.1 Der Begriff Echtzeit

Definition Die DIN Norm 44300 definiert den Echtzeitbetrieb eines Rechensystems nach [Ger85] wie folgt:

> „Echtzeitbetrieb ist ein Betrieb eines Rechensystems, bei dem Programme zur Verarbeitung anfallender Daten ständig derart betriebsbereit sind, daß die Verarbeitungsergebnisse innerhalb einer vorgegebenen Zeitspanne verfügbar sind".

Ein Echtzeitsystem muß die extern an dieses System gestellten Forderungen bezüglich zeitlicher Randbedingungen erfüllen. Den intern auftretenden Abhängigkeiten mit den entsprechenden Zeitschranken (Fristen) wird dann implizit Rechnung getragen. Die externen Ereignisse treten dabei – je nach Anwendungsfall – deterministisch (zu vorbestimmten Zeitpunkten) oder stochastisch (mit einer zufälligen zeitlichen Verteilung) auf. Das Echtzeitsystem hat die Aufgabe, die spontan oder in periodischen Zeitintervallen auftretenden Ereignisse aus der Umgebung (in Form von Daten) aufzunehmen und/oder an die Umgebung abzugeben.

Korrektheit der erbrachten Rechenergebnisse Das wesentliche Merkmal eines Echtzeitsystems bezieht sich auf die Korrektheit der erbrachten Rechenergebnisse. Sie hängen nicht nur von einer fehlerfreien Berechnung ab, sondern auch vom Zeitpunkt, zu dem die Ergebnisse bereitstehen [SR89]. Fehlerhafte Ergebnisse von Echtzeitsystemen sind also nicht nur die Folge von Software- und Hardware-Fehlern, sondern treten auch dann auf, wenn das System die geforderten Ergebnisse nicht innerhalb einer vorab definierten Zeitspanne liefern kann. Das System arbeitet deterministisch bezüglich der Einhaltung vorab definierter Zeitspannen; es existieren garan-

Garantierte Antwortzeiten tierte Antwortzeiten. Die Geschwindigkeit und die Effizienz sind dabei nicht – wie oft fälschlicherweise angenommen – die Hauptmerkmale. So ist bspw. das Ergebnis eines zu schnell reagierenden Stellmotors für ein Ventil in einer petrochemischen Anlage genauso unakzeptabel wie ein zu langes Ausbleiben der Reaktion des Motors. Bezogen auf Multimedia-Daten ist bspw. eine zu schnelle und eine zu langsame Wiedergabe einer Bewegtbildsequenz nicht akzeptabel. Dabei müssen zeitliche und logische Abhängigkeiten zwischen mehreren Prozessen aufgrund von inneren und äußeren Beschränkungen, die zur selben Zeit bearbeitet werden müssen, beachtet werden. Dies bedeutet im Kontext von *Multimedia-Datenströmen*, daß bei der Verarbeitung synchronisierter Audio-

und Videodaten die Beziehungen zwischen diesen Medien beachtet werden müssen.

10.1.2 Fristen (Zeitschranken)

Eine Frist (oder Zeitschranke) ist der letzte Zeitpunkt, zu dem das Ergebnis einer Berechnung noch korrekt ist. Sie bestimmt die Grenze zwischen normalem (korrektem) Verhalten und anormalem (fehlerhaftem) Verhalten. Man unterscheidet zwischen harten und weichen Fristen:

Weiche Fristen müssen nicht immer exakt eingehalten werden. Ergebnisse, die erst nach einer weichen Frist bereitstehen, sind immer noch akzeptabel. Es handelt sich hierbei lediglich um Orientierungspunkte, die eine gewisse Standardabweichung zulassen. An- und Abfahrtszeiten von Zügen und Flugzeugen mit einer Frist von zusätzlich je 10 Minuten können z. B. als weiche Fristen angesehen werden.

Harte Fristen müssen eingehalten werden. Das Nichteinhalten harter Fristen verursacht hohe Kosten, eine Zerstörung vom Material und/oder schadet dem menschlichem Leben (z. B. Nuklearunfällen, die aus Kontrollanweisungen resultieren, die zur falschen Zeit ausgeführt werden) [Jef90].

Fristen

Weiche Fristen

Harte Fristen

10.1.3 Eigenschaften von Echtzeitsystemen

Die Forderung nach einem deterministischen vorhersagbaren Verhalten eines Echtzeitsystems resultiert in der Forderung nach Bearbeitungsgarantien für zeitkritische Prozesse. Es gibt keine Bearbeitungsgarantien für zufällig auftretende, zeitkritische Ereignisse mit unbekannten Ankunftszeiten. Bei allen gegebenen Garantien wird von einem vorhersagbaren Verhalten der Hard- und Software ausgegangen. Die Zuverlässigkeit hängt auch von den verwendeten Planungsalgorithmen ab. Ein Echtzeitsystem erfüllt folgende Forderungen [SR89]:

- *Vorhersagbar schnelle Bearbeitung zeitkritischer Ereignisse.*
  Dabei müssen alle Eventualitäten beachtet werden. Zum Beispiel muß die Bearbeitung einer Nachricht eines fehlerhaften Verhaltens bei einem Kernkraftwerk durch ein Kontrollsystem während eines genau definierten und zuvor bekannten Zeitintervalls erfolgen, um mögliche Katastrophen zu verhindern.
- *Ein hohes Maß an Einplanbarkeit (sog. Schedulability).*
  Diese Einplanbarkeit bestimmt die maximale Auslastung eines Betriebsmittels, wenn zeitliche Garantien eingehalten werden sollen.
- *Stabilität des Systems bei eventueller Überlast.*
  Es muß garantiert sein, daß bei einer auftretenden Überlastsituation bestimmte zeitkritische Prozesse, die von vitalem Interesse für das System sind, immer noch ihre Frist einhalten.

Anforderungen

Einplanbarkeit

Die Hauptanwendungsbereiche von Echtzeitsystemen sind das Management von Herstellungsprozessen und die Kontrolle militärischer Systeme. Derartige

Anwendungsbereiche

Prozeßkontrollsysteme werden zur Echtzeitüberwachung und zur Echtzeitkontrolle eingesetzt. Echtzeitsysteme werden weiterhin als Kommando- und Kontrollsysteme in Antiblockiersystemen (ABS) in Autos oder zur Kontrolle von Atomkraftwerken eingesetzt [KL91]. Neue Anwendungsbereiche von Echtzeitsystemen beinhalten rechnergestützte Konferenz- und Multimediaanwendungen im allgemeinen. Dieser Bereich entspricht insbesondere dem Thema dieses Buches.

Eigenschaften von Echtzeitsystemen

Weiterhin sollten Echtzeitsysteme zur Garantie der Zeitschranken die folgenden Eigenschaften aufweisen:

- *Multitasking-Fähigkeit*
  Eine Echtzeitanwendung besteht aus verschiedenen einzelnen Aufgaben (sog. Tasks). Eine geeignete Aufteilung dieser Aufgaben fördert die Auslastung der CPU und gewährleistet, daß die Bearbeitung eines Ereignisses nicht durch das Warten auf ein anderes Ereignis blockiert wird.
- *Kurze Unterbrechungsverzögerung*
  Die Unterbrechungsverzögerung ist das Zeitintervall zwischen der Erzeugung eines elektrischen Signals (das den Wunsch eines Geräts anzeigt, den Prozessor zu unterbrechen) und der Ausführung der ersten Anweisung mit Hilfe des „Software-Interrupthandler".
- *Schnelle Kontextwechsel*
  Die Zeit, zwischen der das Betriebssystem erkennt, daß ein (meist erwartetes) Ereignis eingetreten ist, und dem Beginn der Ausführung des entsprechenden wartenden Prozesses, bezeichnet man als Zeit für die *Kontextwechsel*.
- *Kontrolle der Speicherverwaltung*
  Ein Betriebssystem mit virtuellem Speicher, das eine Echtzeitprogrammierung unterstützen will, muß eine Möglichkeit anbieten, daß ein Prozeß seine Anweisungsfolgen (Programmcode) und seine Daten im realen Speicher für jeglichen fremden Zugriff sperren kann, um vorhersagbare Antworten auf eine Unterbrechung (Interrupt) zu garantieren.
- *Geeignetes Scheduling*
  Das Betriebssystem muß eine Möglichkeit zur Verfügung stellen, um Prozesse mit zeitlichen Randbedingungen richtig einzuplanen. Dies garantiert, daß die Prozesse auch so ablaufen, wie der Entwickler einer Echtzeitanwendung dies erwartet.
- *Zeitgeberdienste einer feinen Granularität*
  Man benötigt Zeitgeber mit einer Granularitätsauflösung im Bereich von wenigen Milli- und besser sogar Mikrosekunden.
- *Geeignete Interprozeßkommunikations- und Synchronisationsmechanismen*
  Wichtig ist dabei eine echtzeitfähige Unterstützung von Nachrichtenwarteschlangen, Shared Memory und Semaphoren.

Einsatzgebiete

Das typische Einsatzgebiet von Echtzeitsystemen ist die industrielle Prozeßsteuerung. Hierbei muß das Prozeßgeschehen beobachtet, gesteuert und geregelt werden. Die exakte Einhaltung von Fristen ist eine Grundvoraussetzung für dessen korrektes Arbeiten [Bau84]. Andere Einsatzgebiete von Echtzeitsystemen sind bspw. das Antiblockiersystem (ABS) in Kraftfahrzeugen, Autopilotsysteme in Flugzeugen und militärische Anwendungen. Die *Verarbeitung von Multimedia-Daten* ist ein neues Einsatzgebiet von Echtzeitsystemen.

10.1.4 Echtzeitanforderungen an Multimediasysteme

Ein Audio- oder Videodatenstrom besteht aus einzelnen, periodisch auftretenden Daten wie bspw. Abtastwerten oder Einzelbildern. Die Präsentation jeder dieser einzelnen logischen Dateneinheiten (auch *Logical Data Unit*, LDU) muß innerhalb bestimmter Fristen erfolgen. Weiterhin müssen Schwankungen im Gleichlauf der Präsentation vermieden werden. Ein Musikstück kann nicht einmal langsamer und dann wieder schneller wiedergegeben werden.

Periodizität

Um diesen Anforderungen Rechnung zu tragen, können Algorithmen zur Echtzeitplanung verwendet werden [Her91]. Diese Verfahren sind auf alle Betriebsmittel anzuwenden, die eine Verarbeitung kontinuierlicher Daten auf dem Pfad zwischen Quellen und Senken vornehmen, sie müssen daher *Ende-zu-Ende* erfolgen. Der Prozessor ist nur eines dieser Betriebsmittel; alle Komponenten eines Rechners inklusive des Haupt- und Sekundärspeichers, der Ein- und Ausgabegeräte und der Rechnernetze müssen betrachtet werden.

Ende-zu-Ende-Garantien

In klassischen Echtzeitsystemen, die bspw. in der Prozeßautomation eingesetzt werden, haben *Zuverlässigkeit* und *Sicherheit* einen hohen Stellenwert. Die sich hieraus ableitenden Anforderungen stehen oft im Widerspruch zur eigentlichen Echtzeitplanung. In Multimediasystemen herrschen andere, oft besser zu bewältigende, Anforderungen:

- Ein Multimediasystem besitzt nicht dieselben Fehlertoleranzanforderungen wie ein traditionelles Echtzeitsystem. Eine fehlerhafte Informationseinheit eines kontinuierlichen Mediums wird nicht direkt einen Schaden an einer Produktionsanlage verursachen oder gar menschliches Leben gefährden. Hierbei sei allerdings angemerkt, daß dieses eine allgemeine Aussage ist, die nicht immer zutrifft: Die Unterstützung von Ärzten, die über Netze arbeiten, durch Video und Audio hat bspw. zwingend einzuhaltende Verzögerungs- und Korrektheitsanforderungen.

Fehlertoleranzanforderungen

- *Zeitlich sensitive Anforderungen* haben eine große Bedeutung, da die Audio-/Videokommunikation durch Zeitschranken begrenzt, bzw. sogar durch ein Zeitintervall definiert sein muß. Diese Bedingung impliziert weiterhin, daß auch *Ende-zu-Ende-Schwankungen* (*End-to-End Jitter*), Synchronisationsverschiebungen zwischen Strömen, die voneinander abhängig sind, oder die Ende-zu-Ende-Verzögerung von Konversationsanwendungen begrenzt sein müssen. In vielen Multimedia-Anwendungen ist es tolerierbar, wenn Fristen selten nicht eingehalten werden können. Trotzdem sollte jede Fristverletzung vermieden werden. Manchmal bleibt ein solcher Fehler auch unbemerkt. Fehlerhafte Pixel oder komplett fehlende Einzelbilder fallen dem Betrachter innerhalb unkomprimierter Bewegtbildsequenzen kaum auf, da das menschliche Auge hierfür ein zu geringes räumliches und zeitliches

Fristverletzungen

Auflösungsvermögen besitzt. Fehler bei der Wiedergabe von Audio sind dagegen kritischer. Das menschliche Gehör ist weniger tolerant als das Auge.

Periodische Anforderungen
- Die sich aus der Handhabung von kontinuierlichen Medien ergebende Arbeitslast tritt stets periodisch auf. Die Planung periodischer Anforderungen ist wesentlich einfacher als die Planung sporadischer Erfordernisse.
- Die *Anforderung eines hohen Datendurchsatzes* resultiert aus der Bilddarstellung von Video, das ein stromähnlichen Verhalten aufweist. Diese Eigenschaft kann eine zeitlich lang andauernde Anforderung bedingen, wie z. B. im Fall von Video-on-Demand- oder Videokonferenzanwendungen. Selbst in komprimierter Form verlangen audiovisuelle Ströme von einer Workstation oder von einem Netzwerk einen hohen Durchsatz.

Skalierung
- Während in klassischen Echtzeitsystemen die Arbeitslast als gegeben hingenommen werden muß, ist es in Multimediasystemen möglich, die Arbeitslast der momentan verfügbaren Verarbeitungskapazität anzupassen. Viele Kompressionsverfahren lassen eine unterschiedlich hohe Kompressionsrate zu. Sie erlauben Qualitätseinbußen anstelle des Verlusts der gesamten Information. Die Qualität kann weiterhin dynamisch an die verfügbare Bandbreite angepaßt werden, bspw., indem die Kodierungsparameter geändert werden. Man bezeichnet dies auch als *skalierbares Video*.

Fairneß
- Die *Anforderung einer kostenbasierten Fairneß* ergibt sich durch die Nachfrage nach Qualität und Ressourcen, die zur Umsetzung der zeitlichen Garantien und der Durchsatzdienstgarantien belegt werden müssen. Anwendungen können fordern, daß die Qualität der audiovisuellen Ströme bis zur Anwendung reicht, wenn die dadurch verursachten Ressourcenkosten der geforderten Qualität bezahlt werden. Dies impliziert, daß das Fairneßprinzip hier nicht anwendbar ist, da in diesem Fall die zeitlichen Anforderungen audiovisueller Ströme verletzt werden könnten. Es sollte allerdings eine gewisse Fairneß bezüglich der Aufteilung der Ressourcen zwischen den zeitkritischen und den zeitunkritischen Anwendungen gelten, so daß die Kommunikation diskreter Daten nicht zu lange verzögert wird.

Beispiel
Zeitanforderungen an traditionelle Echtzeitsysteme werden weitgehend über externe Ereignisse und den Anwendungskontext bestimmt. Dies gilt oft auch für Multimediasysteme. Als Beispiel sei hier eine – zugegebenermaßen futuristisch anmutende – verteilte Orchesterprobe angeführt. Hier versammeln sich die Musiker eines Orchesters zu einer gemeinsamen (zu einem Zeitpunkt) Probe, wobei sie sich nicht in einem gemeinsamen Raum treffen. Jeder Musiker spielt sein Instrument in seiner eigenen Umgebung, wobei alle über ein Kommunikationssystem miteinander verbunden sind. Verzögerungen bei der Weitergabe der Toninformationen dürfen hier nur im Bereich weniger Millisekunden liegen, da die Musiker sonst keinen Takt halten können. Die meisten Multimedia-Anwendungen haben wesentlich günstigere Randbedingungen. Man betrachte einen Abfragedienst zum Abspielen eines Films, der an einem entfernten Ort gespeichert ist. Die Verzögerung zwischen dem Aussenden eines Videofilms und der Anzeige ist nur von sekundärer Bedeutung. Unterschie-

de merkt der Benutzer nur anhand der Zeit, die bis zur Anzeige des ersten Bildes vergeht.

Während es in klassischen Echtzeitsystemen darum geht, Pläne zu finden, die den extern aufgestellten Zeitbedingungen genügen, geht es in Multimediasystemen oft darum, Zeitschranken zu finden, die eine Einplanung vieler Anwendungen ermöglichen.

10.1.5 Randbedingungen der Verarbeitung und der Kommunikation

Aufgrund des zugrundeliegenden Schichtenmodells der Kommunikationsarchitektur unterliegen die Verarbeitung sowie die Kommunikationsdienste und Kommunikationsprotokolle einigen Randbedingungen, die erfüllt sein müssen, wenn die Anforderungen des Benutzers/der Anwendung auf die System- und Kommunikationsplattform abgebildet werden sollen. Diese Randbedingungen erstrecken sich von (1) Einschränkungen in der Datenbewegung, (2) Segmentierung und Reassemblierung bis zu (3) fehlerbehebenden Mechanismen durch Neuübertragung.

Randbedingungen

Die *Randbedingung der Datenbewegung* muß beachtet werden, da Protokolle in der Regel erhebliche Kopieroperationen durch die in Schichten vorliegende Kommunikationsarchitektur verursachen. Diese Operationen sind allerdings teuer und somit zu einem Flaschenhals der Leistung geworden. Es müssen daher neue Mechanismen des Puffermanagements gefunden werden, die Kopieroperationen weitestgehend vermeiden.

Datenbewegung

Aufgrund der Schichtenarchitektur kann die Größe der Protokolldateneinheiten (auch *Protocol Data Unit*, PDU) in verschiedenen Schichten des Kommunikationssystems unterschiedlich sein. Aus diesem Grund wird eine Segmentierung und Reassemblierung notwendig, die schnell und effizient arbeiten muß.

Segmentation Reassembly

Einige Teile von Protokollen verwenden Techniken fehlerbehebender Mechanismen, indem Neuübertragungen ausgelöst werden. Dieses Prinzip stellt auf Kosten einer größeren Ende-zu-Ende-Verzögerung besondere Anforderungen an den Pufferplatz, der für Warteschlangen notwendig ist. Diese Randbedingung muß beachtet werden, wenn die Granularität von Ende-zu-Ende-Garantien angefordert wird.

Fehlerbehebung

10.2 Dienstgüte

Die Anforderungen von Benutzern/Anwendungen an ein Multimediasystem müssen auf Dienste abgebildet werden, die anschließend die Erfüllung der Anforderungen realisieren. Aufgrund der Heterogenität der Anforderungen, die von unterschiedlichen verteilten Multimedia-Anwendungen gestellt werden, müssen die Dienste eines Multimediasystems parametrisiert werden können. Die Parametrisierung erlaubt eine Flexibilität und Einstellbarkeit der Dienste hinsichtlich unterschiedlicher Qualitätskriterien und -stufen. Hierdurch können Klassen von System- und Kommunikationsdiensten entwickelt werden.

Eine neuartige Anwendung erfordert dann nicht jeweils eine erneute Implementierung entsprechender Dienste.

Standardisierte Parametrisierung von Diensten

Die Parametrisierung von Diensten wurde in den Standards der *International Standardization Organization* (ISO) durch den Begriff der *Quality of Service* (QoS) bzw. *Dienstgüte* verankert. Der ISO-Standard definiert Dienstgüte als ein Konzept für die Spezifikation, wie „gut" die angebotenen Netzwerkdienste sind. Hier wird somit folgendes Verständnis des Begriffs „Dienstgüte" zugrunde gelegt:

> Dienstgüte kennzeichnet das definierte, kontrollierbare Verhalten eines Systems bezüglich quantitativ meßbarer Parameter.

10.2.1 Schichtung von Dienstgüte

Traditionelle Dienstgüte wurde (nach den ISO-Standards) von der Vermittlungsschicht des Kommunikationssystems bereitgestellt. Eine Erweiterung der Dienstgüte wurde dadurch realisiert, daß sie auch in die Dienste der Transportschicht integriert wurden. Für vernetzte Multimediasysteme muß das Dienstgütekonzept erweitert werden, da neben den Diensten der Vermittlungs- und denen der Transportschicht viele Dienste anderer Schichten zur Ende-zu-Ende-Dienstqualität beitragen. Aus diesem Grund benötigt man ein QoS-Schichtenmodell, das analog zum Schichtenmodell der Kommunikationsarchitektur eines vernetzten Multimediasystems aufgebaut ist. Im folgenden wird davon ausgegangen, daß das vernetzte Multimediasystem- und das QoS-Modell mit einem Schichtenmodell, wie bspw. dem in Abb. 10-1, übereinstimmt.

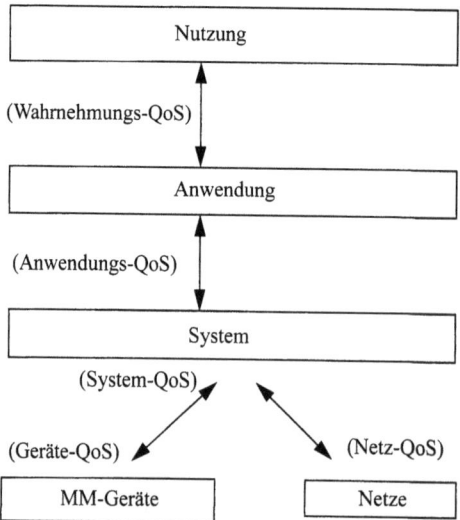

Abb. 10-1 Beispiel eines Dienstgüte-Schichtenmodells für vernetzte Multimediasysteme.

Im QoS-Modell unterscheidet man den Benutzer, die Anwendung, das System (inklusive der Kommunikations- und Betriebssystemdienste) und einzelne Geräte-Komponenten. Es ist zu beachten, daß individuelle Schichten aus Teilschichten bestehen können, mit denen Dienstgüte assoziiert sein kann (falls dies erforderlich ist). Im Falle eines menschlichen Benutzers ist auch eine Spezifikation von Wahrnehmungs-Dienstgüte wichtig, wie sie bspw. in Kapitel 18 über Synchronisation vorgestellt wird.

Komponenten des QoS-Modells

10.2.2 Dienstobjekte

Dienste werden meist mittels verschiedener Objekte identifiziert, bspw. anhand von Medienquellen, Verbindungen und Virtual Circuits (VC). Die Parametrisierung der Dienstgüte reflektiert daher einige Eigenschaften der Dienstobjekte. In der Telnet-Protokollsuite wurden Dienste für paketvermittelte Netze realisiert [FV90]. In dem in Lancaster entwickelten *Multimedia Enhanced Transport System* (METS) wird eine Parameterspezifikation von Dienstgüte für den Verbindungsaufbau, die Verbindung und VC-Objekte verwendet [CCH93]. Im *Resource Reservation Protocol* (RSVP) ist eine Flußspezifikation angegeben, deren Ziel die Parametrisierung der Mechanismen des Paket-Scheduling in den Routern oder Endsystemen ist [ZDE$^+$93]. In den höheren Schichten eines Kommunikationssystems können die Dienstobjekte z. B. als *Medien* [NS95] oder als *Ströme* [SE93] spezifiziert werden. In Betriebssystemen, die in der Umsetzung der Ende-zu-Ende-Qualitätsgarantien einen integralen Teil darstellen, müssen QoS-Objekte, wie z. B. Tasks [LRM96, CN97b] oder Speicherbereiche [KN97a], charakterisiert sein, um die Prozessorkapazität und den fest belegten Speicherbereich (sog. *pinned Memory*) zu steuern.

10.2.3 Dienstgütespezifikation

Die Menge der für einen bestimmten Dienst ausgewählten Parameter bestimmt, *was* als Dienstgüte gemessen werden soll. Die meisten der heute verwendeten Dienstgüteparameter unterscheiden sich von denen von der ISO beschriebenen Parametern. Dies liegt an der Heterogenität und Vielfalt der Anwendungen, Medien, Kommunikationssysteme und Endsysteme.

Die traditionellen QoS-Parameter der ISO-Netzwerkschicht beinhalten den *Durchsatz*, die *Verzögerung*, die *Fehlerrate*, die *Geheimhaltung* und die *Kosten*. Die QoS-Parameter der Transportschicht beinhalten die *beim Aufbau der Verbindung anfallende Verzögerung*, *die Fehler des Verbindungsaufbaus*, den *Durchsatz*, die *Transitverzögerung*, die *Restfehlerrate*, die *Transfer-Fehlerwahrscheinlichkeit*, die *beim Abbau der Verbindung anfallende Verzögerung*, die *Fehlerwahrscheinlichkeit des Verbindungsabbaus*, den *Schutz*, die *Priorität* und die *Stabilität (Resilience)*. Diese Parameter wurden nach dem Schichtenmodell erweitert und führten zu vielen in der Literatur beschriebenen Parametrisierungen von Dienstgüte. Eine mögliche Menge von Dienstgüteparametern eines vernetzten Multimediasystems wird im folgenden angegeben.

QoS-Parameter der Netzwerkschicht
QoS-Parameter der Transportschicht

Anwendungs-QoS-Parameter

Die *Anwendungs-QoS-Parameter* beschreiben anwendungsnahe Anforderungen, die z. B. die Medienqualität, Medieneigenschaften und deren Übertragungscharakteristiken festlegen. Beispiele sind die „Fernsehqualität", die Mediensynchronisation und Medienkonvertierungen [NS95, KN97b].

Abb. 10-2 Zusammenspiel von QoS-Parametern.

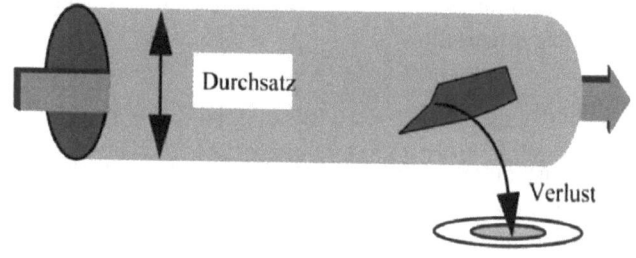

System-QoS-Parameter

Die *System-QoS-Parameter* beschreiben insbesondere Anforderungen an Kommunikations- und Betriebssystemdienste, die aus der Anwendungs-Dienstgüte resultieren. Diese können sowohl nach quantitativen als auch nach qualitativen Kriterien spezifiziert werden. *Quantitative Kriterien* sind solche, die in konkreten Maßen ausgewertet werden können, wie z. B. die Bits pro Sekunde, die Zahl der auftretenden Fehler, die Bearbeitungszeit und die Bearbeitungsdauer einer Dateneinheit. Die QoS-Parameter beinhalten den Durchsatz, die Verzögerung, die Antwortzeit, die Fehlererkennungs- und Fehlerkorruktureigenschaften und die Speicher-/Pufferspezifikation [NS96, KN97b]. *Qualitative Kriterien* spezifizieren die zur Erfüllung der Dienstgüte notwendigen erwarteten Funktionen, wie z. B. die Interstromsynchronisation, die Zustellung der Daten in der richtigen Reihenfolge, Fehlerbehebungsmechanismen oder Scheduling-Mechanismen. Die erwarteten Dienste können mit spezifischen Parametern assoziiert sein. Die Interstromsynchronisation kann z. B. mittels einer akzeptablen Synchronisationsverschiebung in einem speziellen Datenstrom definiert werden [SE93]. Qualitative Kriterien können von der Koordinationskontrolle dazu verwendet werden, geeignete Dienste für spezielle Anwendungen aufzurufen.

Kommunikations-QoS-Parameter

Die *Kommunikations-QoS-Parameter* beschreiben Anforderungen an Netzdienste auf einer niedrigen Ebene. Sie können in bezug auf die *Last*, die ein Datenstrom erzeugt, beschrieben werden: Die mittlere/minimale Zwischenankunftszeit auf der Netzwerkverbindung, der Stoßverkehr, die Paket-/Zellgröße und die Bearbeitungszeit im Knoten für ein Paket/eine Zelle einer Verbindung [FV90]. Eine weitere Spezifikation ist nach Leistungsfähigkeit möglich: Die „Leistung" kann für ein Paket einer Verbindung und dessen Verlustrate durch einen Verzögerungsgrenzwert von der Quelle zur Senke ausgedrückt werden [FV90]. Im allgemeinen werden für derartige Leistungsgrenzwerte QoS-Parameter, wie die Verspätung, die Bandbreite oder die Verzögerungsschwankung, gewählt. Die Verzögerungsschwankung (Jitter) gibt die maximale Differenz zwischen den Ende-zu-Ende-Verzögerungen zweier Pakete an [ZK91]. Es können aber auch andere Parameter zur Steuerung der Dienstgüte angewendet werden (z. B. die Priorität). Dabei ist anzumerken, daß Netzdienste von einem *Verkehrsmodell* (Ankunft von Verbindungsanforderungen) abhängen, und daß ihr Verhalten von einer *Verkehrsbeschreibung* (*Traffic Envelope*) bzw. deren Parametern, wie z. B. mittlere Datenrate und Spitzendatenrate oder Länge des Bursts/Stoßverkehrs u. a., bestimmt werden. Die berechneten Verkehrsparameter hängen derart von den Kommunikations-QoS-Parametern und von einem spezifizierten Verkehrskontrakt ab.

Geräte-QoS-Parameter spezifizieren typischerweise zeitliche Anforderungen und Durchsatzbedingungen für einzelne Verarbeitungseinheiten multimedialer Daten. Beispiele hierfür sind rechnerexterne Audio-/Videogeräte, wie Lautsprecher oder Videoaufnahmegeräte.

Geräte-QoS-Parameter

An dieser Stelle sollen die Anwendungs- und System-QoS-Parameter von Videoströmen, die mit MPEG komprimiert wurden, als ein konkretes Beispiel für ein QoS-Schichtenmodell angegeben werden (siehe Tab. 10-1) [KN97b]. Hierbei ist zu beachten, daß die Angabe der Anwendungs-Dienstgüte (und somit die involvierte Spezifikation der Quellenkodierung, die Erfassung der Eingaben und Ausgaben von und zu den System- und Kommunikationsschichten) eine komplexe Aufgabe darstellt. In Tab. 10-1 wird lediglich eine symbolische Beschreibung der QoS-Parameter angegeben, da diese später zur Illustration der Dienstgüteübersetzung und anderen Beziehungen im gesamten Dienstgütemanagement verwendet werden.

Beispiel

Dienstgüte-schicht	Anforderungsklasse	Dienstgüteparameter	Abkürzung
Anwendungs-QoS	Verarbeitungs-anforderungen	Größe des Abtastwerts	M_A
		Größe eines I-,P-,B-Bildes (Frames)	M_A^I, M_A^P, M_A^B
		Abtastrate	R_A
		Anzahl von Frames pro GOP (Group of Pictures)	G
		Kompressionsmuster	G_I, G_P, G_B
		Urspr. Größe eines GOP	M_G
		Verarbeitungsgröße eines GOP	M'_G
	Kommunikations-anforderungen	Ende-zu-Ende-Verzögerung	E_A
		Synchronisations-abweichungen	$Sync_A$

Tab. 10-1 Anwendungs- und System-QoS-Parameter von MPEG-Videoströmen.

Dienstgüte-schicht	Anforderungsklasse	Dienstgüteparameter	Abkürzung
System-QoS	Prozessor-Anforderungen	Verarbeitungszeit	C
		Zykluszeit	T
		Prozessor-Auslastung	U
	Speicheranforderungen	Speicherplatz	Mem_{req}
	Kommunikations-anforderungen	Paketgröße	M_N
		Paketrate	R_N
		Bandbreite	B_N
		Ende-zu-Ende-Verzögerung	E_N

Es ist weiterhin anzumerken, daß die Klassifikation der oben beschriebenen Dienstgütespezifikation aufgrund des hier verwendeten Schichtenmodells eines Multimediasystems exemplarisch erfolgt. Es muß allerdings bei der Spezifikation der Dienstgüteparameter auch ein weiterer Aspekt in Betracht gezogen werden: Individuelle Qualitätsparameter müssen in Eingabe- und Ausgabe-QoS-Parameter eingeteilt werden. Wenn bspw. ein Anzeige-Task von einem Digitalisierer nur 10 Bilder/s als Eingabe-Abtastrate erhält, so ist es eigentlich unmöglich, 30 unterschiedliche Bilder/s als Ausgaberate zu erzeugen. Die Beziehung zwischen Eingabe- und Ausgabe-QoS kann mittels einer *Dienstkurve* [Cru97] oder mittels eines „*Ertragsprofils*" (engl. Reward Profile) definiert werden [LNH+97]. Eine derartige Beziehung erlaubt dann Entscheidungen, wie eine von der Eingabequalität ausgehende Ausgabequalität erreicht werden kann.

Dienstkurve

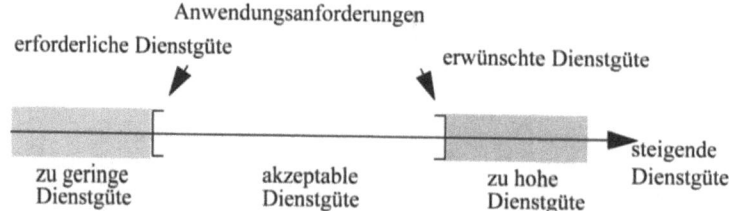

Abb. 10-3 Ausnutzung von Ressourcen für garantierte und Best-Effort-Ansätze.

10.2.4 Parameterwerte der Dienstgüte und Dienstgüteklassen

Diensttypen

Die Spezifikation von QoS-Parameterwerten bestimmt den Dienstgütetyp (kurz: Diensttyp). Man unterscheidet drei unterschiedliche Diensttypen: *garantierte*, *vorhersagbare* und *Best-Effort-Dienste*.

Die Dienstgüteeinteilung in Klassen resultiert aus zwei wichtigen Faktoren: der Zuverlässigkeit angebotener Dienstgüte und der Ausnutzung von Ressourcen. Abbildung 10-3 auf Seite 242 zeigt schematisch zwei Fälle für eine Best-Effort- und für eine garantierte Dienstklasse.

Garantierte Dienste stellen QoS-Garantien zur Verfügung, die durch die Dienstgüteparameterwerte (Grenzwerte) entweder in einer deterministischen oder in einer statistischen Repräsentation spezifiziert sind. Die deterministischen QoS-Parameter können durch eine reelle Zahl zu einem bestimmten Zeitpunkt ausgedrückt werden. Dies bedeutet:

Garantierte Dienste

$$QoS: T \to R,$$

wobei T ein Zeitbereich ist, der die Lebenszeit eines Dienstes repräsentiert, während der die Dienstgüte gelten soll, und R der Wertebereich der reellen Zahlen ist, die den Wert des QoS-Parameters repräsentieren. Die gesamten deterministischen Grenzwerte der Dienstgüte können entweder durch einen einzelnen Wert spezifiziert werden (z. B. Mittelwert, Vertragswert, Schwellwert, Zielwert) oder durch ein Paar von Werten [QoS_{min}, QoS_{max}] (z. B. Minimum und Mittelwert, niedrigste Qualität und Zielqualität), die ein Werteintervall repräsentieren können, dessen Untergrenze der minimale und dessen Obergrenze der maximale Wert ist ($QoS_{min} \leq QoS(t)) \leq QoS_{max}$). Das ATM-Fore-Netz erlaubt bspw. die Spezifikation eines Paares von Werten für Bandbreitenanforderungen (B) mit $B_{min} \leq B \leq B_{max}$. Diese Wertespezifikation unterteilt den Dienstgütebereich in *Regionen akzeptabler Qualität* [QoS_{min}, QoS_{max}] und *Regionen unakzeptabler Qualität* ($QoS(t) < QoS_{min}$, (siehe auch Abb. 10-4). Der gesamte Dienstgütewert kann auch durch ein Wertetripel angegeben werden, z. B. (bester Wert QoS_{max}, Mittelwert QoS_{ave} und schlechtester Wert QoS_{min}).

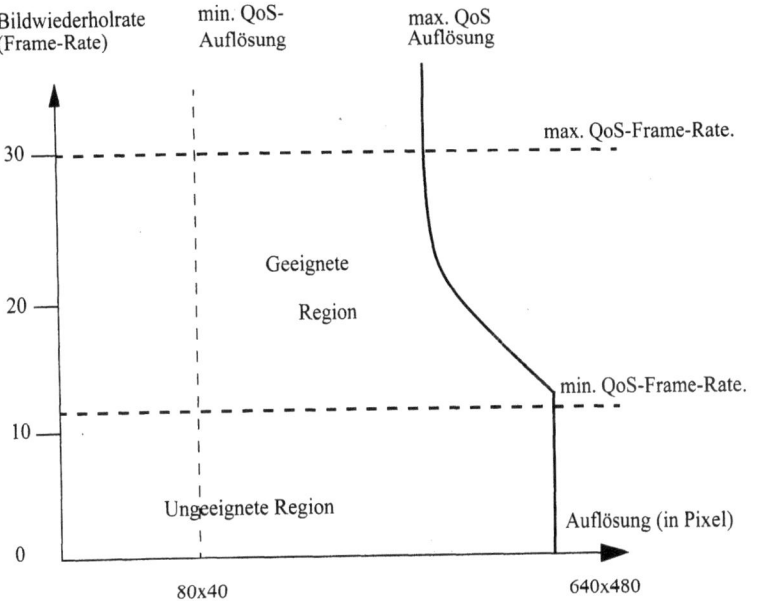

Abb. 10-4 Zweidimensionale Dienstgüteintervalle.

Vorhersagbare Dienste

Garantierte Dienste können auch auf statistischen Grenzwerten von Dienstgüteparametern beruhen [FV90]. Beispiele eines statistischen Grenzwertes sind die *Fehlerrate* und die *Bandbreite*. Der Parameterwert der Bandbreitenanforderung könnte z. B. als $P(B < B_N^{max}) = p$ angegeben werden.

Ein *vorhersagbarer Dienst* (historischer Dienst) basiert auf dem Netzwerkverhalten der Vergangenheit. Die Grenzwerte der Dienstgüteparameter sind daher Schätzungen des vergangenen Verhaltens, die der Dienst zu erfüllen trachtet [CSZ92]. Wenn bspw. die Bandbreite B_N^p (vorhergesagte Bandbreite) als Bandbreitenmittelwert berechnet wurde, die der Dienst in der Vergangenheit zur Verfügung stellte, also

$$B_N^p = \frac{1}{n}\sum_i B_N^i,$$

wobei $i = 1,...,n$ gilt und B_N^i frühere (historische) Werte sind, könnte der vorhersagbare Dienst versprechen, die Bandbreite B_N mit

$$B_N \leq B_N^p$$

zur Verfügung zu stellen. In diesem Beispiel stammen die historischen Werte, die hinsichtlich B_N^p in Betracht gezogen werden, aus früheren Berechnungen. Man könnte die QoS-Werte auch basierend auf der jüngeren Vergangenheit vorhersagen. Wenn z. B. L die Länge eines gleitenden historischen Bandbreitenfensters ist, dann gilt

$$B_N^p = \frac{1}{L}\sum_{i=1}^{L} B_N^i.$$

Best-Effort-Dienste

Best-Effort-Dienste sind solche, die entweder keine Garantien ermöglichen oder auf partiellen Garantien basieren. Hierfür wird also entweder keine Spezifikation von Dienstgüteparametern erforderlich oder ein Grenzwert in deterministischer oder statistischer Form wird vorgegeben. Die meisten der heutigen Netzwerkprotokolle verfügen über Best-Effort-Dienste.

Im folgenden sollen *garantierte Dienste* betrachtet werden, da diese eine geeignete Betriebsmittelverwaltung benötigen. Es ist zu beachten, daß verschiedene Systeme unterschiedliche Dienstklassifikationen vorsehen können (Details hierzu finden sich in Kapitel 14 zu Netzen).

Integrated Services

- Ein Beispiel ist die Klassifikation der *Integrated Services* im derzeit aktuellen Vorschlag einer modifizierten Internet-Architektur. Die Integrated Services des Internets berücksichtigen als Teil des Dienstmodells zusätzlich zu Best-Effort- und Echtzeitdiensten (garantierten Diensten) auch den Dienst der kontrollierten Leitungsaufteilung (*Link Sharing*).

- Ein weiteres Beispiel ist die Klassifikation von Diensten von *Asynchronous Transfer Mode* (ATM) [Ken97]. Die Kommunikationsarchitektur von ATM beinhaltet die Dienstklassen *Constant Bit Rate* (CBR), *Variable Bit Rate* (VBR), *Available Bit Rate* (ABR) und *Unspecified Bit Rate* (UBR). Die VBR-Klasse unterteilt man weiterhin in eine Klasse zur Unterstützung von Echtzeit-VBR-Verkehr und eine solche mit nicht-Echtzeit-VBR-Verkehr.

Asynchronous Transfer Mode

10.3 Betriebsmittel

Ein *Betriebsmittel* (*Ressource*) ist eine Systemkomponente, die von Prozessen zu deren Bearbeitung bzw. zum Datentransfer benötigt wird. Jedes Betriebsmittel hat eine Anzahl charakteristischer Eigenschaften, die nach folgendem Schema betrachtet werden:

- Man unterscheidet in einem ersten Punkt zwischen aktiven und passiven Betriebsmitteln. Ein *aktives Betriebsmittel* ist der Prozessor oder ein Netzadapter zur Protokollverarbeitung. Ein *passives Betriebsmittel* ist der Hauptspeicher, der Frequenzbereich oder ein Dateisystem. Aktive Betriebsmittel erbringen eine Leistung; passive Betriebsmittel stellen einen zu verwendenden *Raum* zur Verfügung.

Aktive oder passive Betriebsmittel

- Ein Betriebsmittel kann zu einem Zeitpunkt entweder von einem Prozeß *exklusiv* oder von mehreren Prozessen *gemeinsam* genutzt werden. Aktive Betriebsmittel können meistens immer nur exklusiv von einem Prozeß genutzt werden. Die passiven Betriebsmittel werden meistens gemeinsam genutzt.

Exklusive oder gemeinsame Nutzung

- Ein Betriebsmittel, das nur einmal im System vorhanden ist, wird *Einfachbetriebsmittel* genannt. Mehrfach im System vorhandene Betriebsmittel sind *Mehrfachbetriebsmittel*. Eine mehrfache Ressource besteht in einem Computersystem aus mehrfachen Kopien von sich selber. In einem größeren Transputersystem liegt bezüglich der Prozessoren bspw. ein Mehrfachbetriebsmittel vor. Ein Beispiel für Einfachbetriebsmittel ist die Videodigitalisier-Hardware-Karte in einem PC.

Einfachbetriebsmittel oder Mehrfachbetriebsmittel

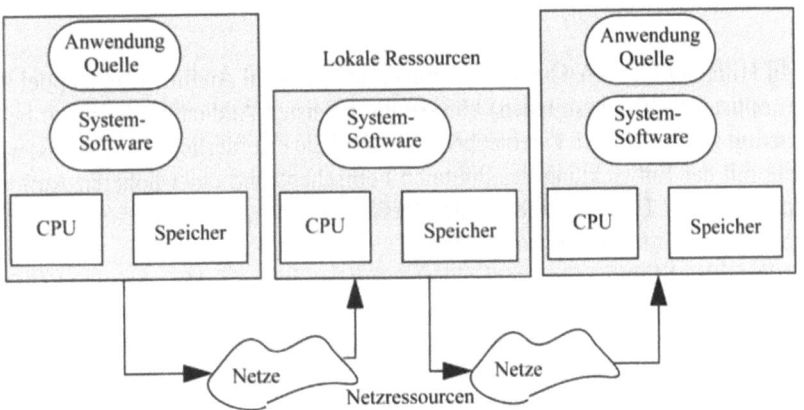

Abb. 10-5 Interaktion von Betriebsmitteln.

Kapazität

Jedes Betriebsmittel benötigt zur Erfüllung seiner Aufgaben eine gewisse *Kapazität*. Diese Kapazität kann eine Prozessorleistung, ein Frequenzbereich oder bspw. ein Speicherbereich sein. Für das Problem der Einplanung von Echtzeitprozessen ist nur die zeitliche Aufteilung der Betriebsmittelkapazität von Interesse.

Prozeßverwaltung

Abb. 10-5 auf Seite 245 zeigt bspw. die wichtigsten Betriebsmittel von zwei Systemen, die über einen Router kommunizieren. Die Prozeßverwaltung fällt in die Kategorie eines aktiven, exklusiven Einfachbetriebsmittels. Ein Dateisystem auf einer optischen Platte mit dem CD-ROM/XA-Format ist ein passives, gemeinsam genutztes Einfachbetriebsmittel.

10.3.1 Betriebsmittelverwaltung

Multimediasysteme mit integrierter Audio- und Videodatenverarbeitung erreichen oft ihre Kapazitätsgrenze (selbst beim Einsatz von Datenkompression und unter Ausnutzung neuester Technologien). Heutige Multimedia-Rechner benötigen somit eine geeignete Betriebsmittelverwaltung; dabei ist der Einsatz einer Ressourcenreservierung von Vorteil. Die Entwicklungsstufen bezüglich der vorhandenen Kapazität und bestehender Anforderungen werden in Abb. 10-6 gezeigt [ATW$^+$90].

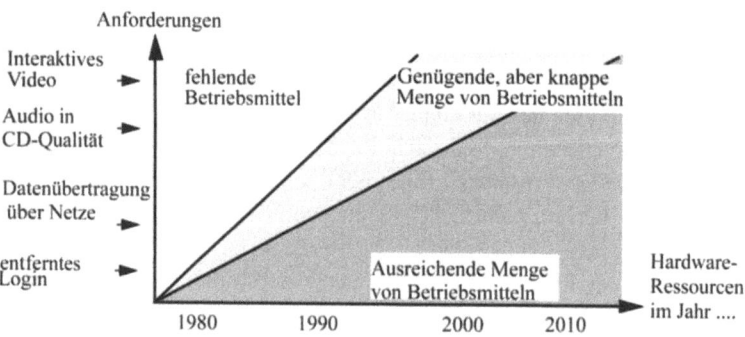

Abb. 10-6 Das „Fenster der knappen Betriebsmittel", angepaßt an den heutigen Stand.

Mit Hilfe der CD-DA-Qualität (Compact Disc Digital Audio, siehe Kapitel 9 zu optischen Speichermedien) können die höchsten Audioanforderungen befriedigt werden. In der Videotechnologie wird die erforderliche Datentransferrate mit der Entwicklung des digitalen Fernsehens und einer höheren Auflösung steigen. Eine Redundanz der Ressourcenkapazität kann daher in der näheren Zukunft nicht erwartet werden.

In einem Multimediasystem müssen Zeitgarantien zur Verarbeitung kontinuierlicher Medien von allen Hardware- und Software-Systemkomponenten entlang des Datenpfades eingehalten werden. Die jeweiligen Anforderungen hängen dabei vom Medientyp und von der Natur der unterstützten Anwendungen ab [SM92a]. Ein Videobild sollte bspw. nicht zu spät dargestellt werden, weil das Kommunikationssystem mit der Übertragung einer Transaktion eines

Datenbanksystems beschäftigt war. In jedem realistischen Szenario findet man verschiedene Multimedia-Anwendungen, die konkurrierend auf gemeinsam genutzte Ressourcen zugreifen. Folglich erfordern sogar Netze mit einer hohen Bandbreite bzw. mit großen Verarbeitungskapazitäten die Nutzung von Echtzeitmechanismen, um eine garantierte Datenübertragung zur Verfügung zu stellen.

In einem integrierten verteilten Multimediasystem stehen daher verschiedene Anwendungen in einem Wettstreit um Ressourcen. Diese Knappheit an Betriebsmitteln erfordert eine Belegung, die sich streng an ein vorgegebenes Planungskonzept hält. Dabei wird eine Ressource zuerst belegt und dann verwaltet. Das Systemmanagement muß daher adäquate Scheduling-Mechanismen verwenden, um die Anforderungen der Anwendungen zu erfüllen.

Das Ressourcenmanagement in verteilten Multimediasystemen betrifft unterschiedliche Rechner und die involvierten Rechnernetze. Es sind alle Ressourcen betroffen, die am Datentransferprozeß zwischen Quelle und Senke beteiligt sind: Zum Beispiel muß ein CD-ROM/XA-Gerät exklusiv belegt werden, jede CPU auf dem Datenpfad muß mindestens 20% ihrer Kapazität zur Verfügung stellen, das Netz muß einen bestimmten Anteil seiner Bandbreite belegen und der Grafikprozessor muß 50% seiner Leistung bereitstellen. In der Verbindungsaufbau-Phase gewährleistet das Ressourcenmanagement, daß die neue „Verbindung" keine bestehenden Garantien verletzt, die anderen existierenden Verbindungen bereits zur Verfügung gestellt wurden. Im Fall von Betriebssystemen betrifft dieses Modell die CPU (inklusive der Prozeßverwaltung), die Speicherverwaltung, das Dateisystem und die Geräteverwaltung. Aus diesem Grund wird die Betriebsmittelverwaltung im Hinblick auf alle Ressourcen in den folgenden Abschnitten in einer möglichst allgemeinen Art und Weise behandelt. Die Reservierungsverfahren von Ressourcen sind hierbei für alle Ressourcen gleich, wohingegen deren Verwaltung jeweils unterschiedlich ist.

Ressourcenmanagement

10.3.2 Anforderungen an das Ressourcenmanagement

Aus Sicht der Anwendung und des Multimedia-Datenstroms können Anforderungen an die Komponenten eines Multimediasystems gestellt werden. Die Betriebsmittelverwaltung bildet diese Erfordernisse u. a. auf die jeweilige Kapazität ab. Für lokale und verteilte Multimedia-Anwendungen können Anforderungen nach den folgenden Merkmalen spezifiziert werden, die für eine Übertragung und Verarbeitung relevant sind:

- Der *Durchsatz* wird primär über die Datenrate des Datenstroms kontinuierlicher Daten definiert. Außerdem ist hier die Größe der Dateneinheiten wesentlich.
- Man unterscheidet zwischen einer *globalen* und einer *lokalen Verzögerung*:
  - Die *Verzögerung am Betriebsmittel* gibt die Zeitspanne vom *Bereitwerden* eines Prozesses bis zum Ende der Bearbeitung an. Sie darf dabei nie größer als die Periode sein, weil dann schon neue Daten zur Bearbeitung anstehen.

Durchsatz

Verzögerung

- Die *Ende-zu-Ende-Verzögerung* bezeichnet die Dauer einer Datenübertragung zwischen Quelle(n) und Senke(n). Bei einem Bildtelefon ist die Quelle die Kamera und die Senke das Fenster am Bildschirm des Partners.

Jitter
- Der *Jitter* bezeichnet die maximale Varianz beim Eintreffen der Daten am Bestimmungsort. Nachrichten dürfen nicht nur zu bestimmten Fristen eintreffen, es müssen auch Schwankungen im Gleichlauf vermieden werden.

Zuverlässigkeit
- Die *Zuverlässigkeit* legt die Art der verwendeten Fehlerbehandlung fest. Hier können Fehler ignoriert, erkannt und/oder korrigiert werden. Man muß allerdings festhalten, daß eine Fehlerkorrektur durch eine erneute Übertragung (*Retransmission*) in den seltensten Fällen das geeignete Mittel für zeitkritische Daten ist, da die erneut übertragenen Daten im Normalfall zu spät eintreffen. Mechanismen einer Vorwärtsfehlerkontrolle (*Forward Error Correction*) sind hierzu besser geeignet. Dies betrifft auch Fehler aufgrund von unerwünschten Verzögerungen eines Prozesses, der vorgegebene Zeitschranken überschreitet.

10.3.3 Modell des kontinuierlichen Datenstroms

Für eine exakte Definition der Dienstgüteparameter und damit auch der Eigenschaften des auftretenden Datenstroms wird in diesem Abschnitt ein häufig angenommenes Modell präzisiert. Es basiert auf *linear beschränkten Ankunftsprozessen* (*Linear Bounded Arrival Processes* = LBAP). Das in [And90] beschriebene Modell stellt ein verteiltes System als eine Menge von Betriebsmitteln dar. Solche Betriebsmittel sind entweder einzeln planbare Geräteeinheiten (wie der Prozessor) oder kombinierte Einheiten (wie die Kommunikationsnetze).

LBAP

LDU-Nachricht
Der Datenstrom besteht aus logischen Dateneinheiten (LDUs), die in diesem Kontext als *Nachrichten* bezeichnet werden sollen. Der Datenstrom selber ist in erster Näherung als streng periodisch, ungleichmäßig mit bekannter maximaler Nachrichtengröße und unzusammenhängend zu bezeichnen.

Burst
Bei einer genaueren Betrachtung kann eine Varianz der Nachrichtenrate festgestellt werden; die maximale Rate sei jedoch bekannt. Diese Änderung der Rate führt zu Häufungen der Nachrichten (*Burst*), deren maximale Ausdehnung über die Anzahl der Nachrichten festgelegt wird.

Ahead of Schedule
Im LBAP-Modell besteht ein Burst aus Nachrichten, die vor der eigentlich erwarteten Ankunft eingetroffen sind; sie sind *Ahead of Schedule*. Somit besteht ein LBAP aus einer Nachricht und wird durch die drei folgenden Parameter bestimmt:

- M = Maximale Nachrichtengröße [byte/Nachricht]
- R = Maximale Nachrichtenrate [Nachrichten/s]
- B = Maximaler Burst [Nachrichten]

10.3 Betriebsmittel

Beispiel

An dem konkreten Beispiel eines unkomprimierten Mono-Audiosignals in CD-Qualität seien diese drei Parameter verdeutlicht: Das Tonsignal wird vom CD-Spieler eines Rechners über ein lokales Netzwerk transferiert. In den Endsystemen können jeweils bis zu 12.000 byte zu einem Paket zusammengefaßt und gemeinsam übertragen werden. Die Abtastrate beträgt 44,1 kHz; es erfolgt eine lineare Quantisierung mit 16 bit pro Abtastwert.

Daraus folgt im vorliegenden Beispiel folgende Datenrate: *Datenrate*

$$R_{byte} = 44100 \text{ Hz} \times \frac{16 \text{ bit}}{8 \text{ bit/byte}} = 88200 \text{ byte/s}$$

Einzelne Bytes werden zu Nachrichten – diese sind die Blöcke bei der Compact Disc – zusammengefaßt, so daß je 75 Nachrichten pro Sekunde übertragen werden.

Daraus folgt eine Nachrichtengröße von: *Nachrichtengröße*

$$M = \frac{88200 \text{ byte/s}}{75 \text{ Nachrichten/s}} = 1176 \text{ byte/Nachricht}$$

Ein Paket der Größe 12.000 byte umfaßt dann höchstens: *Paket*

$$\frac{12000 \text{ byte}}{1176 \text{ byte/Nachricht}} \geq 10 \text{ Nachrichten}$$

Daraus folgt:
- $M = 1176$ byte/Nachricht
- $R = 75$ Nachrichten/s
- $B = 10$ Nachrichten

Burst

Bei der folgenden Berechnung geht man davon aus, daß ein Burst die maximale Datenrate wegen einer benachbarten geringeren Datenrate nie übersteigt. Somit werden auch hier nie mehrere Bursts direkt aufeinanderfolgen. Während eines Zeitintervalls der Länge t darf die *Menge der an einem Betriebsmittel eintreffenden Nachrichten* folgenden Wert nicht überschreiten:

$$\overline{M} = B + R \times t$$

Beispiel: In einem Zeitintervall von $t = 1$ s ergibt sich:

$$\overline{M} = 10 \text{ Nr} + 75 \text{ Nr/s} \times 1 \text{ s} = 85 \text{ Nr}$$

(Nr. = Nachricht)

Die Einführung von Bursts in das Modell erlaubt ein kurzeitiges Überschreiten der durch die Rate vorgegebenen Anzahl von Nachrichten, die an einem Betriebsmittel eintreffen können. Mit diesem Modell ist es möglich, Programme und Betriebseinheiten zu beschreiben, die Nachrichten in Bursts erzeugen. Bursts werden bspw. erzeugt, wenn Daten von einer Platte in größeren Blöcken gelesen werden.

Maximale durchschnittliche Datenrate

Die maximale durchschnittliche Datenrate beträgt:

$$\bar{R} = M \times R$$

Beispiel:

$$\bar{R} = 1176 \text{ byte/Nr} \times 75 \text{ Nr/s} = 88200 \text{ byte/s}$$

Maximal benötigter Speicherplatz

Durch die Betriebsmittelverwaltung wird die Bearbeitung der Nachrichten gemäß ihrer Rate garantiert. Nachrichten, die zu früh an einem Betriebsmittel eintreffen, müssen zwischengespeichert werden. Unter der Voraussetzung, daß die Warte- und Bearbeitungszeit einer Nachricht zusammen kleiner als die Periode des Datenstroms sind, kann der maximal benötigte Speicherplatz wie folgt ermittelt werden:

$$S = M \times (B + 1 \text{ Nr})$$

Beispiel:

$$S = 1176 \text{ byte/Nr} \times 11 \text{ Nr} = 12936 \text{ byte}$$

Logischer Rückstau

Die folgende Formel gibt den logischen Rückstau $b(m)$ von Nachrichten an einem Betriebsmittel an. Damit wird die Anzahl der Nachrichten bezeichnet, die bei der Ankunft der Nachricht m schon vor der Ankunftszeit am Betriebsmittel eingetroffen sind, die sich aus der Rate ergibt. Mit a_i wird im folgenden die aktuelle Ankunftszeit der Nachricht m_i ($0 \le i \le n$) bezeichnet.

$$b(m_0) = 0 \text{ Nr}$$

$$b(m_i) = \max[0 \text{ Nr}, b(m_{i-1}) - (a_i - a_{i-1})R + 1 \text{ Nr}]$$

Beispiel:

$$a_{i-1} = 1.00 \text{ s} \ ; \ a_i = 1.01\bar{3} \text{ s} \ ; \ b(m_{i-1}) = 4 \text{ Nr}$$

$$b(m_i) = \max[0 \text{ Nr}, 4 \text{ Nr} - (1.01\bar{3} - 1.00) \text{s} \times 75 \text{ Nr/s} + 1 \text{ Nr}] = 4 \text{ Nr}$$

(Nr. = Nachricht)

Logische Ankunftszeit

Die logische Ankunftszeit *l(m)* ist der Zeitpunkt, zu dem eine Nachricht m_i frühestens an einem Betriebsmittel eintreffen kann, wenn alle Nachrichten ihre Rate einhalten. Die logische Ankunftszeit einer Nachricht kann dann wie folgt definiert werden:

$$l(m_i) = a(m_i) + \frac{b(m_i)}{R}$$

Beispiel:

$$l(m_i) = 1.01\bar{3}\,s + \frac{4\,Nr}{75\,Nr/s} = 1.0\bar{6}\,s$$

Alternativ hierzu kann die logische Ankunftszeit wie folgt berechnet werden:

$$l(m_0) = a_0$$
$$l(m_i) = \max\left(a_i, l(m_{i-1}) + \frac{1}{R}\right)$$

Beispiel mit $l(m_{i-1}) = 1.05\bar{3}\,s$:

$$l(m_i) = \max\left(1.01\bar{3}\,s,\, 1.05\bar{3}\,s + \frac{1\,Nr}{75\,Nr/s}\right) = 1.0\bar{6}\,s$$

Garantierte logische Verzögerung

Die garantierte logische Verzögerung einer Nachricht m_i beschreibt die maximale Zeitspanne zwischen der logischen Ankunftszeit dieser Nachricht und dem Zeitpunkt, zu dem die Bearbeitung der Nachricht spätestens beendet sein muß. Die logische Verzögerung ergibt sich aus der Verarbeitungszeit der Nachricht und der gleichzeitigen Inanspruchnahme des Betriebsmittels durch andere Prozesse. Falls eine Nachricht vor ihrer logischen Ankunftszeit an einem Betriebsmittel eintrifft, so ergibt sich die maximale aktuelle Verzögerung aus der Summe der logischen Verzögerung zuzüglich der Zeit, um die die Nachricht zu früh am Betriebsmittel eingetroffen ist. Die maximale aktuelle Verzögerung ist somit größer als die logische Verzögerung. Die aktuelle Verzögerung ist kleiner als die logische Verzögerung, wenn die Verarbeitung der Nachricht vor dem, Zeitpunkt beendet ist, der sich aus der logischen Ankunftszeit und der logischen Verzögerung ergibt. Bei einer Verbindung berechnet man die Ende-zu-Ende-Verzögerung aus der Summe der logischen Verzögerungen aller beteiligten Betriebsmittel.

Hieraus läßt sich die *Frist für den spätesten Zeitpunkt der beendeten Verarbeitung einer Nachricht* m_i an einem Betriebsmittel ableiten. Die Frist $d(m_i)$ ist die Summe der logischen Ankunftszeit und der logischen Verzögerung.

Frist für den spätesten Zeitpunkt der beendeten Verarbeitung einer Nachricht

Workahead-Nachricht

Eine Nachricht, die vor ihrer logischen Ankunftszeit an einem Betriebsmittel eintrifft, kann sofort bearbeitet werden, falls kein anderer Prozeß das Betriebsmittel benötigt. Eine solche Nachricht wird als *Workahead-Nachricht* bezeichnet, ein derartiger Prozeß als *Workahead-Prozeß*. Eine *maximale Workahead-Zeit* A kann angegeben werden, woraus die *maximale Workahead-Grenze* W abgeleitet wird:

Maximale Workahead-Grenze

$$W = A \times R$$

Beispiel:
$A = 0.04$ s
$W = 0.04$ s $\times 75$ Nr/s $= 3$ Nr
(Nr. = Nachricht)

Kritische Nachricht

Wenn Nachrichten vor ihrer logischen Ankunftszeit verarbeitet werden, dann ist der logische Rückstau von Nachrichten größer als der tatsächliche Rückstau. Eine Nachricht wird als *kritische Nachricht* bezeichnet, wenn ihre logische Ankunftszeit verstrichen ist.

Das LBAP-Modell wird zur Beschreibung der Ankunftsprozesse an den Betriebsmitteln benutzt. Durch die Betriebsmittelverwaltung muß sichergestellt werden, daß Prozesse an der Ausgangsschnittstelle alle durch das LBAP-Modell geforderten Voraussetzungen – dies sind maximale Nachrichtengröße, maximale Rate und maximaler Burst – erfüllen.

10.3.4 Beziehungen zwischen Dienstgüte und Ressourcen

Die geforderte Dienstgüte am Ausgang eines Betriebsmittels hängt von der (aktuellen) Dienstgüte am Eingang der Ressource und von der für diesen Dienst belegten Kapazität ab. Außerdem besteht eine Abhängigkeit über die gemeinsam genutzten Ressourcen.

Entsprechend den geforderten QoS-Ausgabeparametern kann man bestimmen, wie viele Ressourcen zur Erfüllung der Ziele nötig sind. Die geforderten Ende-zu-Ende-Dienstgüteparameter bestimmen bspw. das Verhalten der involvierten Dienste bezüglich des Paket-Schedulings (Bandbreitenbelegung), der Speicherung in Warteschlangen (Pufferbelegung) und des Prozeß-Schedulings (Belegung von CPU-Arbeitszeit) auf dem Pfad zwischen der Quelle und der Senke.

Die oben beschriebene Beziehung zwischen Dienstgüte und Ressourcen läßt sich in Form verschiedener Abbildungen, Dienstkurven und Profilen zwischen QoS-Parametern und den entsprechenden Ressourcen eines Ressourcenmanagementsystems erfassen. Die Beziehung zwischen Dienstgüte und Ressourcen besteht aus zwei Phasen:

1. Phase: Aufbauphase:

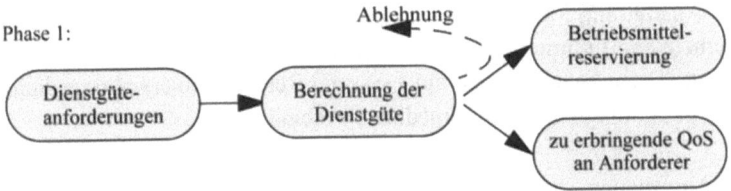

Abb. 10-7
Aufbauphase.

Ressourcen müssen (Ende-zu-Ende) während des Verbindungsaufbaus einer Multimedia-Datenübertragung reserviert und belegt werden, so daß der Datenverkehr der QoS-Spezifikation entspricht. Dies erfordert eine Verteilung und Verhandlung der Dienstgütespezifikation mit Systemkomponenten, die am Datentransfer von der Quelle (den Quellen) zur Senke (den Senken) beteiligt sind.

2. Phase: Datenbearbeitungsphase:

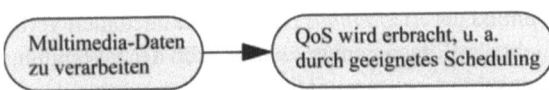

Abb. 10-8
Datenbearbeitungsphase.

Ressourcen müssen nach der QoS-Spezifikation zur Verfügung gestellt werden. Dies bedeutet, daß während des Datentransfers die Ressourcenbelegung aufrechterhalten werden muß, indem u. a. eine Verkehrsglättung (*Traffic Shaping*) und geeignete Scheduling-Mechanismen verwendet werden. Auch eine Anpassung an Ressourcenänderungen während eines laufenden Datentransfers ist oft notwendig.

Das im folgenden beschriebene Protokoll zeigt die Beziehungen zwischen der Dienstgüte und den Ressourcen. Während der Aufbauphase verlangt ein Anwendungsklient die Belegung einer Ressource, indem er seine Anforderungen mittels einer Anwendungs-QoS-Spezifikation festlegt. Diese Spezifikation wird von einem QoS-Broker in die System-Dienstgüte und die erforderlichen Ressourcen übersetzt. Die Ressourcen entsprechen hierbei einer Reservierungsanforderung. Der Ressourcenmanager überprüft dann die eigene Ressourcenauslastung und entscheidet, ob die Reservierungsanforderung gewährt werden kann oder nicht. Alle existierenden Anforderungen werden gespeichert. Auf diese Art wird deren Anteil in bezug auf die jeweilige Ressourcenkapazität garantiert. Weiterhin verhandeln und koordinieren die QoS-Broker die Reservierungsanforderung mit anderen Ressourcenmanagern, falls dies erforderlich ist. Wenn die Ressourcenreservierung/-belegung durchgeführt ist, tritt die Datenbearbeitungsphase ein, in der eine weitere Menge von QoS- und Ressourcenverwaltungsdiensten benötigt wird, um die Dienstgüte-basierte Reservierung durchzuführen.

10.4 Aufbauphase zur Betriebsmittelreservierung

Vor der Ausführung jeglicher Übertragung mit garantierter Dienstgüte in einem vernetzten Multimediasystem werden meist einige Vorbereitungsschritte ausgeführt: Diese beziehen sich auf QoS-und Ressourcenverwaltungsdienste während des Aufbaus einer multimedialen Verbindung.

Schritte beim Aufbau einer Verbindung

1. Die Anwendung (oder der Nutzer) definiert die erforderlichen Anwendungs-Dienstgüte;

2. QoS-Parameter müssen verteilt und ausgehandelt werden;

3. QoS-Parameter zwischen verschiedenen Schichten müssen übersetzt werden, wenn ihre Semantik und/oder Darstellung unterschiedlich sind;

4. QoS-Parameter müssen auf Betriebsmittel „abgebildet" werden;

5. Angeforderte Ressourcen müssen auf dem Pfad von Quelle(n) zu Senke(n) zugelassen/reserviert/belegt und koordiniert werden.

Diese Schritte werden während der *Aufbauphase* einer „multimedialen Verbindung" ausgeführt. Aus Sicht der Ressourcenverwaltung führt der Verbindungsabbau dieser Initialisierungsphase zu einem Belegen der entsprechenden Betriebsmittel.

10.4.1 Dienstgüteverhandlung

Nimmt man an, daß der Benutzer dem System die Dienstgüteanforderungen der auszuführenden multimedialen Anwendung mitgeteilt hat, so müssen diese an die entsprechenden Komponenten des Ressourcenmanagements (alle beteiligten Systemkomponenten) verteilt werden. Die Verteilung der QoS-Parameteranforderungen erfordert eine Verhandlung der zu erbringenden QoS und die Übersetzung von QoS-Parametern (wenn unterschiedliche QoS-Parameter bei verschiedenen Systemkomponenten auftreten). Um eine solche Verhandlung zu charakterisieren, werden im folgenden die Parteien spezifiziert, die an der Verhandlung teilnehmen sowie auch die Protokolle kurz dargestellt, die die verhandelnden Parteien verwenden.

Verhandlungsparteien

An jeder Dienstgüteverhandlung nehmen zwei Parteien teil. An dieser Stelle soll die sog. *Peer-to-Peer-Verhandlung* betrachtet werden, die unter anderem als Verhandlung von Anwendung-zu-Anwendung auftritt. In diesem Kontext wird auch die Schicht-zu-Schicht-Kommunikation erläutert, die z. B. eine Verhandlung von Anwendung-zu-System oder von Mensch-zu-Anwendungs sein kann. Dieses Verhalten wird in Abb. 10-9 auf Seite 255 gezeigt.

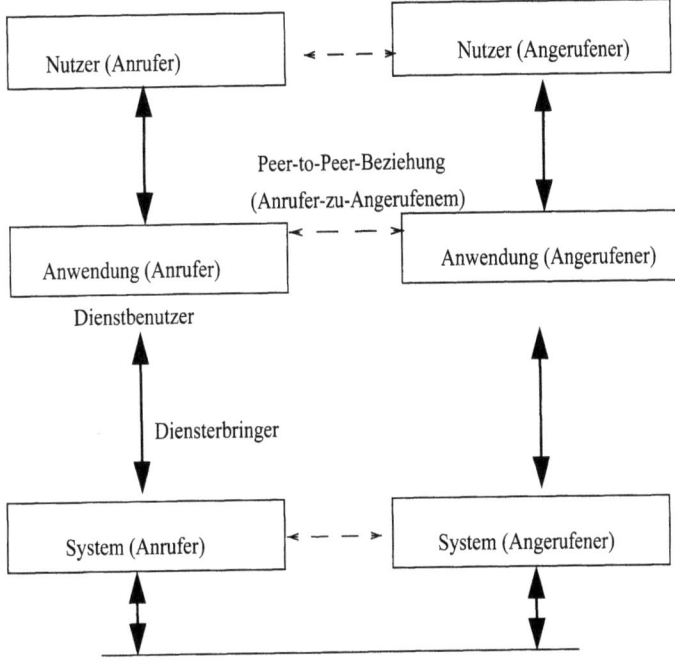

Abb. 10-9
In eine Verhandlung von Dienstgüteparametern involvierte Parteien und deren Beziehungen untereinander.

Der Zweck der Verhandlung besteht darin, sich auf gemeinsame (entsprechende) Werte von QoS-Parametern zwischen den Dienstnutzern (Peers) und den Dienstanbietern (darunterliegende Schichten) zu einigen. An dieser Stelle wird die Verhandlung der QoS-Parameter derart dargestellt, daß deren Werte mit einzelnen oder paarweise deterministischen Grenzwerten (Minimum QoS_{min} und Mittelwert QoS_{ave}) spezifiziert werden.

Es ist zu beachten, daß die Verhandlungsprotokolle in einigen Systemen einen „Probedienst" anwenden, wenn der Benutzer die QoS-Parameter nicht unmittelbar angeben kann [NHK96a]. Hierbei wird zuerst ermittelt, welche Arten von Grenzwerten das System überhaupt anbieten kann. Anschließend werden diese Qualitätswerte zum Beginn der tatsächlichen Verhandlung verwendet. Probedienste erlauben das Versenden einer Probenachricht, die keinerlei Dienstgütespezifikation enthält, über das zu messende System. Wenn die Probe durchgeführt wird, treten Ressourcenanforderungen auf, die dann in Dienstgüteanforderungen übersetzt werden können. Die Probe gibt dem Sender somit Vorschläge (Schätzungen) von Dienstgüteanforderungen zurück, die im Verhandlungs- bzw. Reservierungsprozeß Verwendung finden können.

Probedienst

Es gibt mehrere Möglichkeiten der Verhandlung zwischen den Peers (Anrufer, Angerufener) und dem Dienstanbieter:

1. *Bilaterale Peer-to-Peer-Verhandlung.*
   Dieser Verhandlungstyp erfolgt zwischen zwei Peers, wobei der Diensterbringer keine Möglichkeit hat, die vom Dienstbenutzer vorgeschlagenen

Dienstgütewerte zu modifizieren. Lediglich der Dienstbenutzer auf Empfängerseite kann die erforderlichen Dienstgütewerte (QoS_{ave}^{req}) modifizieren und niedrigere Grenzwerte vorschlagen ($QoS_{ave}^{confirm} < QoS_{ave}^{req}$), die im akzeptablen Bereich der Anwendung liegen sollten (siehe Abb. 10-10).

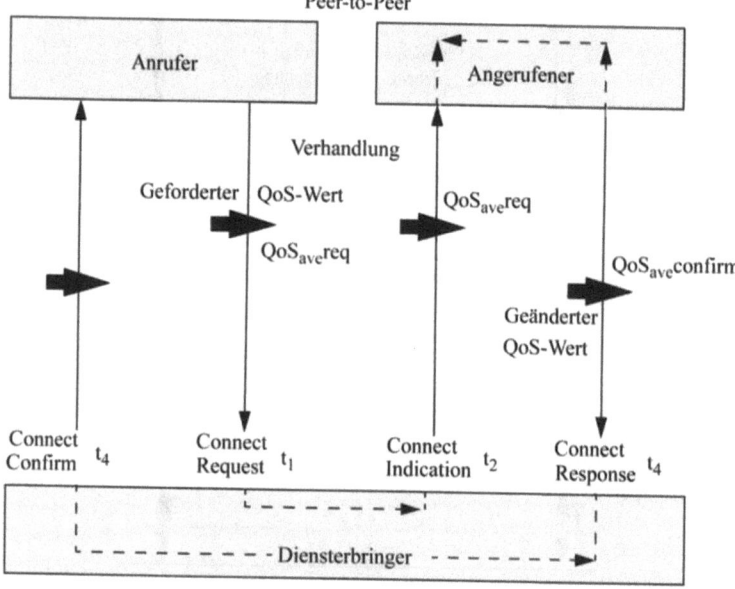

*Abb. 10-10
Bilaterale Peer-to-Peer-Verhandlung*

2. *Bilaterale Schicht-zu-Schicht-Verhandlung.*
Dieser Verhandlungstyp erfolgt ausschließlich zwischen dem Dienstbenutzer und dem Dienstanbieter und betrifft im allgemeinen nur die zwei folgenden Kommunikationsarten: (1) Kommunikation zwischen lokalen Dienstbenutzern und Dienstanbietern (z. B. Verhandlung zwischen Anwendung und Betriebssystemdiensten) und (2) Kommunikation zwischen einem Sender des Multimediasystems und dem Netzwerk (z. B. Verhandlung zwischen dem Host-Sender und dem Netzwerk-Provider, wenn der Sender multimediale Ströme mittels Broadcast versenden will).

3. *Unilaterale Verhandlung.*
In dieser Verhandlungsart ist es weder dem Dienstanbieter noch den angerufenen Dienstnutzern erlaubt, die vom kontaktierenden Dienstnutzer vorgeschlagenen Dienstgüteparameter zu modifizieren. Diese Verhandlungsart kann auf das „Nimm es oder laß es"-Prinzip reduziert werden [DBB+93]. Weiterhin ist hierbei der Fall erlaubt, daß der Angerufene die vorgeschlagenen QoS-Parameter akzeptieren kann, obwohl er nicht die Kapazität zu deren Erfüllung hat. In diesem Fall paßt der Angerufene später den Datenstrom durch eine Qualitätsminderung an die verfügbaren Betriebsmittel an. Ein solcher Fall kann in Fernsehübertragungen auftreten: Das Farbfernsehsignal wird an alle Nutzer übertragen. Benutzer mit einem Schwarz-Weiß-Fernseher können das Programm auch sehen; beim Empfänger erfolgt hier-

bei die Anpassung des Datenstroms an die schlechtere Qualität in seinem Endgerät.

4. *Hybride Verhandlung.*
Im Fall einer Broadcast-/Multicast-Kommunikation können partizipierende Empfänger verschiedene Fähigkeiten haben (und damit auch eine unterschiedliche Dienstgüte erbringen). Die Dienstgüteparameter werden zwischen dem Sender und dem Netz verhandelt, indem die bilaterale Schicht-zu-Schicht-Verhandlung zwischen Netz und Host wie bei der unilateralen Verhandlung verwendet wird.

5. *Trilaterale Verhandlung zum Informationsaustausch.*
In dieser Verhandlungsart verlangt der kontaktierende Benutzer den Mittelwert eines QoS-Parameters (QoS_{ave}^{req}). Dieser Wert kann vom Dienstanbieter (QoS_{ave}^{sp})/und vom Angerufenen (QoS_{ave}^{ca}) entlang des Pfades (Nachricht) modifiziert werden, bevor dem Anrufer der endgültige Wert übergeben wird: bspw. $QoS_{ave}^{confirm} < QoS_{ave}^{ca} < QoS_{ave}^{sp} < QoS_{ave}^{req}$. Bei Abschluß der Verhandlung haben alle Teilnehmer denselben Dienstgüteparameterwert.

6. *Trilaterale Verhandlung eines begrenzten Zielwerts.*
Dieser Typ ähnelt der trilateralen Verhandlung zum Informationsaustausch; allerdings werden die Werte eines QoS-Parameters mittels zweier Grenzwerte repräsentiert: der angestrebten mittleren QoS (Mittelwert QoS_{ave}^{req}) und der niedrigsten akzeptablen Qualität (Minimum QoS_{min}). Ziel ist hierbei die Verhandlung des Zielwerts $QoS_{target} = QoS_{ave}^{confirm} >= QoS_{min}$. Der Dienstanbieter (Sp) darf den Wert der niedrigsten Qualität nicht verändern. Wenn er diesen nicht erfüllen kann, wird die Verbindungsanforderung zurückgewiesen. Im Gegensatz gilt für den Zielwert ($QoS_s = QoS_{target}$): $QoS_{min} <= QoS_{ave}^{sp} <= QoS_{ave}^{req}$. Der Angerufene trifft anschließend bezüglich des selektierten Zielwerts $QoS_{min} <= QoS_{ave}^{target} <= QoS_{ave}^{sp}$ die endgültige Entscheidung. Dieser Wert wird anschließend an den Sender zurückgegeben ($QoS_{target} = QoS_{ave}^{confirm}$) [DBB+93].

7. *Trilaterale Verhandlung eines Vertragswertes.*
In diesem Fall werden die QoS-Parameter durch einen minimal angeforderten Wert QoS_{min}^{req} und einen Grenzwert $QoS_{bound} > QoS_{min}^{req}$ spezifiziert. Ziel dieser Verhandlungsart ist die Einigung auf einen Wert $QoS_{contract}$, der in diesem Fall der (vom Angerufenen) minimal geforderte Dienstgüteparameterwert ist $QoS_{min}^{req} <= QoS_{contract} = QoS_{min}^{confirm} <= QoS_{bound}$. Der Dienstanbieter kann diesen Wert in Richtung des Anstiegsgrenzwerts modifizieren. Der Angerufene entscheidet dann endgültig und antwortet dem Anrufer. Der Vertragswert kann somit auch der maximale QoS-Parameterwert oder der minimale Wert sein [DBB+93], den der Dienstbenutzer als Vertragswert verwenden möchte. Dieses Verhalten ist in Abb. 10-11 auf Seite 258 dargestellt.

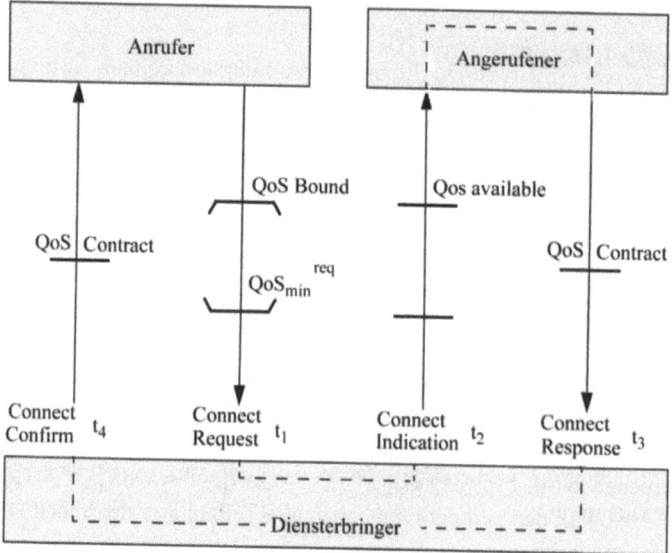

*Abb. 10-11
Trilaterale Verhandlung
eines Vertragswerts.*

Es existieren bereits einige Protokolle zum Aufbau multimedialer Verbindungen, in die Verhandlungsmechanismen integriert sind. Diese beinhalten jeweils verschiedene Möglichkeiten der Verhandlung.

Im folgenden werden einige Protokollbeispiele vorgestellt, die ein Verhandlungskonzept beinhalten. Details der gesamten Protokolle werden in Kapitel 14 zu Netzen dargestellt.

ST-II ST-II-Protokoll ist ein Netzwerkprotokoll, das Ende-zu-Ende-garantierte Dienste über das Internet anbietet [DHH$^+$93]. Die Parameter, die auf den Durchsatz bezogen sind, werden mittels einer trilateralen Verhandlung eines begrenzten Zielwertes ausgehandelt.

In ST-II können allerdings Parameter, die die Verzögerung betreffen, nicht ausgehandelt werden. Der anrufende Benutzer spezifiziert hierbei die maximal tolerierbare Ende-zu-Ende-Verzögerung. Während des Verbindungsaufbaus muß jede involvierte Komponente (über die „ST-Agenten") ihren jeweiligen Verzögerungsmittelwert ermitteln/schätzen. Weiterhin muß auch die mittlere Varianz dieser Verzögerung angegeben werden. Anschließend wird die jeweilige gesamte durchschnittliche Verzögerung und die mittlere Varianz der Verzögerung weitergereicht. Der angerufene Benutzer entscheidet anschließend, ob die (erwartete) durchschnittliche Verzögerung und deren Schwankung ausreichen, bevor er eine Verbindung akzeptiert. Parameter, die mit einer Fehlerkontrolle in Verbindung stehen, können nicht verhandelt werden.

ATM Das ATM-Signalisierungsprotokoll (UNI 3.0) beinhaltet eine bilaterale Peer-zu-Peer-Verhandlung für den Verkehrsparameter *Peak Cell Rate* (PCR) des Constant-Bit-Rate-Dienstes (CBR). Der Echtzeit-Variable-Bit-Rate-Verkehr (VBR) wird mit der trilateralen Verhandlung eines begrenzten Zielwertes ermittelt. In dieser ATM-Klasse wird die minimale Bandbreite, die *Sustainable Cell Rate* (SCR) gefordert, wohingegen die Peak Cell Rate (PCR) verhandelbar ist. CBR- und VBR-Verkehr erlauben weiterhin eine Verhandlung der Zellverzögerung und deren Varianz [Ken97].

Andere Protokolle wie z. B. das RCAP (*Real-Time Channel Administration Protocol* [BM91] und RSVP (*Resource Reservation Protocol)* [ZDE$^+$93] nutzen diverse trilaterale Verhandlungsmethoden zur Ermittlung der QoS-Parameterwerte.

RCAP, RSVP

Der QoS-Broker unterstützt eine Verhandlung auf einer höheren Ebene der Kommunikationsarchitektur (als auf der der Netzwerkebene) [NS96]. Er beinhaltet die bilaterale Verhandlung (um als Repräsentant der Anwendungsebene zwischen Peers zu verhandeln), die unilaterale Verhandlung (mit dem CPU-Server und dem Speicher-Server) und eine trilaterale Verhandlung (mit dem Transportsystem, wobei im letzten Fall das darunterliegende ATM-Signalisierungsnetzwerkprotokoll als Dienstanbieter verwendet wird).

QoS-Broker

10.4.2 Übersetzung von Dienstgüte

Unterschiedliche Komponenten eines Multimediasystems erfordern verschiedene QoS-Parameter. Eine aus paketvermittelten Netzen bekannte *mittlere Verlustrate* hat keine Bedeutung als Dienstgüte eines Videoaufnahme-Boards. Ähnlich hat die *Frame-Qualität* eine geringe Bedeutung für den Dienstanbieter der Sicherungsschicht, da sich diese „Qualität" auf ein zweidimensionales zeitvariantes Bild bezieht.

Man unterscheidet zwischen Benutzer, Anwendung, System und Netz; zwei Komponentengruppen haben dabei verschiedene QoS-Parameter. In zukünftigen Systemen könnten allerdings auch andere und weitere „Schichten" wesentlich sein; die hier beschriebenen Mechanismen gelten auch dann unverändert. Dabei sind auch schon Hierarchien von Schichten mit Vererbung von Dienstgüteparametern (im objektorientiertem Sinn) bekannt. In jedem Fall sollte es aber möglich sein, die erforderlichen QoS-Werte der tieferen System-/Netzebene von den geforderten Benutzer- und Anwendungs-Dienstgütewerten abzuleiten. Diese Ableitung, die man auch als *Übersetzung* bezeichnet, kann ein *zusätzliches Wissen* erfordern, das zusammen mit den jeweiligen Komponenten gespeichert wird. Das Wissen kann eine Regel oder eine vom Benutzer oder der Anwendung spezifizierte Präferenz sein, wenn diese Abbildung nicht eindeutig ist. Insgesamt ist die Übersetzung ein zusätzlicher Dienst für die Schicht-zu-Schicht-Kommunikation während der Phase des Verbindungsaufbaus. Im allgemeinen sind Übersetzungen in geschichteten Systemen seit langem bekannt und werden für Funktionen, wie z. B. die Namensvergabe, verwendet. In Dateisystemen wird bspw. der logische Dateiname (eines auf hoher Ebene operierenden) Benutzers in die Dateikennung und die Blocknummer, an der die Datei physikalisch beginnt, übersetzt. Im oben eingeführten Schichtenmodell soll im folgenden die Übersetzung der Dienstgüteanforderungen in den einzelnen Schichten im Detail erläutert werden (siehe auch Abb. 10-1 auf Seite 238).

- *Übersetzung von Dienstgüte an der Benutzungsschnittstelle auf Anwendungs-Dienstgüte*

  Man bezeichnet den Dienst, der die Übersetzung von QoS-Parametern der Benutzungsschnittstelle in QoS-Parameter der Anwendung vornimmt, als *Tuning*. Ein Tuning-Dienst stellt dem Benutzer meist eine grafische Benutzerschnittstelle zur Eingabe der Anwendungs-QoS und zur Ausgabe der ausgehandelten Anwendungs-QoS zur Verfügung. Die Übersetzung wird in Form von Video- und Audioclips (im Falle audiovisueller Medien) repräsentiert, die mit der ausgehandelten Qualität ablaufen. Dies entspricht z. B. der Bildauflösung, die das Endsystem und das Netz unterstützen können. Wenn sowohl die wahrnehmbare QoS als auch die Anwendungs-Dienstgüte für den Benutzer direkt (sichtbar, hörbar) verfügbar sind, dann ist eine entsprechend eindeutige Übersetzung zwischen diesen Parametern von besonderer Bedeutung. Wenn der Benutzer bspw. einen Videoclip anschaut und die jeweilige Frame-Rate und die Bildauflösung ebenfalls präsentiert werden, ist eine spätere Anzeige, die exakt diesen Parametern entspricht, von großer Wichtigkeit. Der Benutzer könnte dann einen Schiebebalken verwenden, um die Frame-Rate zu ändern, was er dann unmittelbar beim Abspielen des Videoclips bemerken würde.

- *Anwendungs-Dienstgüte auf System-Dienstgüte*

  Hierbei muß die Übersetzung der Anwendungsanforderungen auf System-QoS-Parameter erfolgen. Dies kann zu einer Übersetzung von Benutzeranforderungen einer „hochqualitativen" Synchronisation auf den QoS-Parameter „kleine Synchronisationsverschiebung (im Millisekundenbereich)" führen oder von der Größe eines Video-Frames zu der eines Transportpakets [SE93]. Die Übersetzung kann weiterhin in enger Beziehung zu möglichen Funktionen der Segmentierung/Reassemblierung von Paketen stehen. In Tab. 10-2 auf Seite 261 sind einige Beispiele möglicher Übersetzungen von Anwendungs-Dienstgüteparametern in Werte der Kommunikation, des Prozessors und des Speichers angegeben. Die Semantik der einzelnen Symbole geht aus Tab. 10-1 auf Seite 241 hervor. Die Übersetzungsbeziehungen zeigen exemplarisch die Abbildungen zwischen der Größe von Anwendungs-Protokolldateneinheiten (APDU) M_A und der Größe der Transport-Pakete (TPDU) M_N, deren Raten R_A, R_N, die Bandbreitenabhängigkeiten B_N und die Bearbeitungszeiten C_A^F, C_A^G für MPEG-Videoanwendungen sowie deren Abhängigkeiten von Scheduling-Entscheidungen (Frame-basiertes Scheduling gegenüber GOP-basiertem Scheduling). Es ist zu beachten, daß diese Übersetzung der Kommunikations-QoS-Anforderungen (bei Angerufenen) in die Anwendungs-QoS-Anforderungen nach der Verhandlungsantwort der Gegenstelle nicht eindeutig ist. Dies bedeutet, daß man entweder R_A' oder M_A' erhält, abhängig vom Parameter (M_A oder R_A), der fest ist, wenn von der Bandbreite B_N' zur Anwendungsrate R_A' und der Größe der APDU M_A' übersetzt wird. Um diese Mehrdeutigkeit zu lösen, benötigt der Übersetzungsdienst die zusätzliche Information von der Anwendung bzw. vom Benutzer, welche Übersetzungsbeziehung zu verwenden ist. In diesem Fall bedeutet dies, daß die Anwendung bzw. der Benutzer bei einer abnehmenden Bandbreite ($B_N > B_N'$) während der Verhandlung entscheiden muß, ob der Anwender die Rate der dargestellten APDUs oder die Auflösung der dargestellten APDUs verringern will.

Beziehungen	Beeinflußt	Beeinflussung von	Weitere Kommentare
$\lceil (M_A)/(M_N) \rceil > 1$	Fragment und C_A	Größe von M_A, M_N	
$R_N = \lceil (M_A)/(M_N) \rceil \times R_A$	Verkehrs-glättung	M_A, R_A	
$B_N = R_N \times M_N$	B_N	R_N, M_N	Nach der Berechnung von R_N
$E_N = \dfrac{(E_A^S - (C_A^S + C_A^R))}{\lceil (M_A)/(M_N) \rceil}$	E_N	E_A, C_A^S, C_A^R, $\lceil (M_A)/(M_N) \rceil$	
$R'_N = (B'_N)/(M_N)$	R_N'	$B_N' < B_N$	Nach der Verhandlungsantwort
$M'_A = \lfloor (R'_N)/(R'_A) \rfloor \times M_N$	M_A'	B_N'	R_A ist fest
$R'_A = (R'_N)/\lceil (M_A)/(M_N) \rceil$	R_A'	B_N'	M_A ist fest
$\max(C)_A^F = \max(((C(M_A^I)), C(M_A^P)), C(M_A^B))$	C_A^F	$C(M_A)$ und M_A für I-,P-,B-Frames	Resultate des Frame-basierten Schedule
$C_A^G = C(M_G)$	C_A^G	$C(M_G) = G_I \times C(M_G^I) + G_P \times C(M_G^P) + G_B \times C(M_G^B)$	Resultate des GOP-basierten Schedule
$Mem = k \times M_A$	Speicher		

Tab. 10-2 Übersetzung von Anwendungs- und Netz-Dienstgüte-anforderungen.

Das folgende Beispiel soll die Benutzung einiger der in Tab. 10-2 angegebenen Übersetzungsbeziehungen verdeutlichen:

Es sei eine Anwendungs-Frame-Größe M_A = 320 x 240 Pixel gegeben, wobei 1 Pixel genau 8 bit entspricht. Weiterhin gelte eine Anwendungs-Frame-Rate R_A = 10 Frames/s. Unter der Annahme einer Transportpaketgröße M_N = 4 KByte ergibt sich die erforderliche Bandbreite (Durchsatz) in der Transportschicht zu B_N = 622,592 bit/s und die erforderliche Paketrate zu R_N = 19 Paketen/s.

- *System-Dienstgüte auf Netz-Dienstgüte*
  Diese Übersetzung bildet die System-QoS (z. B. Ende-zu-Ende-Verzögerung der Transportpakete) auf die QoS-Parameter des darunterliegenden Netzes (in ATM bspw. die Ende-zu-Ende-Verzögerung der Zellen) ab und umgekehrt. Die Übersetzungen zwischen System- und Netzwerk-Dienstgüte funktionieren ähnlich wie die Übersetzung von APDU- und TPDU-Nachrichten, die in Tab. 10-2 auf Seite 261 angegeben sind, da diese Übersetzungsebene zwischen TPDU- und APDU-Nachrichen einer niedrigeren Ebene übersetzen muß.

Bidirektionale Übersetzung

Eine wichtige Eigenschaft aller Übersetzungsarten ist die *bidirektionale Übersetzung* [NS95]. Sie kann Probleme verursachen, wenn bspw. zwei Anwendungs-Dienstgüteparameter, wie die Videorate und die Video-Frame-Größe, zusammen in einen System-Dienstgüteparameter, wie den Durchsatzparameter eines Kommunikationskanals, abgebildet werden müssen. Wenn nun der Durchsatzgrenzwert verringert wird, kann der sich neu ergebende Wert entweder eine Verschlechterung der Bildqualität oder eine geringere Video-Frame-Rate nach sich ziehen (wie bereits im Abschnitt über die Übersetzung der Parameter der Anwendungsdienstgüte auf Systemdienstgüte erläutert wurde). An diesem Punkt wird unter Ausnutzung des bereits erwähnten *zusätzlichen Wissens* eine bidirektionale Übersetzung (eineindeutige Rückübersetzung bzw. eindeutige Beziehung) möglich.

Beispiel

Im oben erwähnten Beispiel könnte eine derartige Regel sein: (1) die Reduktion der Frame-Größe (wobei immer dasselbe Verhältnis von horizontaler zu vertikaler Auflösung beibehalten wird), bis 112 Pixel in horizontaler Richtung erreicht sind; (2) die Reduktion der Frame-Rate, bis ein Frame pro Sekunde erreicht ist, und (3) die Verwendung eines Indikators, der anzeigt, daß eine weitere Reduktion nicht möglich ist und die Verbindung daher abgebaut werden muß.

Medienskalierung

Die rückwärtige Übersetzung resultiert in einer Medienskalierung. Im allgemeinen erzielen Methoden der Medienskalierung verschiedene Reduktionsstufen bezüglich der Medienqualität, wenn Ressourcen nicht verfügbar sind. Die dynamische Änderung von Dienstgüte (Übersetzung, Verhandlung und Neuverhandlung (sog. *Renegotiation*)) wird meist in Verbindung mit Skalierungstechniken verwendet [TTCM92].

10.4.3 Skalierung der Dienstgüte

Der Begriff Skalierung bedeutet, daß ein Datenstrom seine „Qualität" bezüglich eines Dienstgüteparameters verändert (z. B. verringert), ohne daß dies zum Verlust der gesamten Information führt. Somit wird meist nur ein Teil des ursprünglichen Inhalts angezeigt. Im allgemeinen kann die Veränderung des Mediendatenstroms an der Quelle, am Zwischenknoten oder an der Senke erfolgen. Die verwendeten Skalierungsmethoden können wie folgt klassifiziert werden [DHH[+]93]:

- *Transparente Skalierungsmethoden* können unabhängig von den darüberliegenden Protokoll- und Anwendungsschichten verwendet werden. Dies bedeutet, daß das Transportsystem die Medien unabhängig vom Anwendungskontakt herunterskaliert. Die transparente Skalierung wird normalerweise durchgeführt, indem spezielle Mechanismen gezielt einige Daten verwerfen, wobei in diesem Fall allerdings keine signifikanten Teile des multimedialen Stroms verworfen werden dürfen. Der zu verwerfende Anteil muß für das Transportsystem identifizierbar sein. Im Fall eines MPEG-Videos besteht bspw. der Datenstrom aus einer Basisschicht (I-Frames) und Erweiterungsschichten (P- und B-Frames), die mit unterschiedlichen Prioritätsbits ausgezeichnet werden können. Im Fall einer abnehmenden Ressourcenverfügbarkeit sollten zuerst die B- und dann die P-Frames verworfen werden, um „herunterzuskalieren". Hiermit wird – sofern einfach möglich – der MPEG-Datenstrom an die geringere Verfügbarkeit der Betriebsmittel angepaßt. Diese Eigenschaft kann durch den Abnahme-Dienstgüteparameter D (siehe Tab. 10-1 auf Seite 241) ausgedrückt werden und in den Übersetzungsbeziehungen entsprechend berücksichtigt werden, wenn die System-QoS berechnet werden [KN97b] (die Verarbeitungszeit einer Bildgruppe (GOP, Group of Pictures) ist z. B. im Falle eines GOP-basierten Schedulings $C_G = C(M_G') = C(M_G*D)$, wobei D das Abnahmeverhältnis bezeichnet).

- *Nicht-transparente Skalierungsmethoden* erfordern eine Interaktion, bspw. des Transportsystems, mit den höheren Schichten. Diese Skalierungsart impliziert eine Modifikation des Medienstroms vor der Übergabe an das Transportsystem. Die nicht-transparente Skalierung erfordert typischerweise eine Modifikation einiger Parameter des Kodierungsalgorithmus oder sogar eine Neukodierung eines Datenstroms, der vorher in einem anderen Format vorlag. Wenn z. B. ein Videostrom aufgrund einer Änderung der Frame-Auflösung herunterskaliert werden muß, so muß diese Änderung auf Seiten der Videokodierung und nicht im Transportsubsystem erfolgen, da diese Ebene keine interne semantische Information über die PDU-Nutzlast oder Dienste zur Verarbeitung der internen Nutzlastinformation zur Verfügung hat.

Eine Skalierung kann sowohl auf Einzelbild-, Video- als auch auf Audiodaten angewendet werden:

- Eine transparente Skalierung von *Audiodaten* ist schwierig, da der Verlust eines Teils der ursprünglichen Daten vom Zuhörer leicht wahrgenommen werden kann. In [BS97] wird aufgezeigt, in welchen Schritten die Audioqualität verringert bzw. erhöht werden sollte. Ein mögliches Beispiel ist das Verwerfen eines Kanals eines Stereostroms. Für Audioströme kann daher eher eine nicht-transparente Skalierung verwendet werden. Eine Audioskalierung kann mittels einer Änderung der Abtastrate oder der Bitauflösung (Quantisierung der Audioabtastung) bei der Audiokodierungsquelle erreicht werden.
- Für *Videoströme* hängt die Anwendbarkeit spezifischer Skalierungsmethoden immer stark von der zugrundeliegenden Kompressionstechnik ab. Eine

Skalierung kann auf die folgenden Bereiche angewendet werden [DHH+93]:

- Die *temporale Skalierung* reduziert die Auflösung eines Videostroms im Zeitbereich. Dies bedeutet, daß die Zahl der Video-Frames, die in einem Zeitintervall übertragen werden sollen, abnimmt. Die zeitliche Skalierung ist am besten für solche Videoströme geeignet, deren individuelle Frames vollständig voneinander unabhängig sind. Ein Beispiel hierfür sind Motion-JPEG-kodierte Daten, in denen die individuellen I-Frames voneinander unabhängig sind. Hierbei können verschiedene Frames des Stroms verworfen werden, wenn die Frame-Rate reduziert werden muß.

- Die *räumliche Skalierung* reduziert die Zahl der Pixel in jedem Bild des Videostroms. Für die räumliche Skalierung ist eine hierarchische Anordnung ideal, da diese den Vorteil hat, daß das komprimierte Video unmittelbar in verschiedenen Auflösungen verfügbar ist. Verschiedene mit Motion-JPEG arbeitende Videokompressionskarten stellen diese Eigenschaft zur Verfügung, die eine gleichzeitige Bedienung unterschiedlicher Videoklienten mit verschiedenen Auflösungen erlaubt.

- Bei einer *Frequenzskalierung* kann die Anzahl der verwendeten DCT-Koeffizienten eines Bildes reduziert werden.

- Bei einer *Amplitudenskalierung* kann die Farbtiefe jedes Bildpixels reduziert werden. Man erreicht dies unter Verwendung einer gröberen Quantisierung der DCT-Koeffizienten, was allerdings eine Kontrollmöglichkeit der Kompressionsprozedur durch den Skalierungsalgorithmus voraussetzt.

- Die *Farbraumskalierung* reduziert die Zahl der Einträge eines Farbraums. Eine Art, dies sehr grob zu realisieren, ist die Umschaltung von einer Farb- in eine Schwarz-Weiß-Darstellung.

Kombination verschiedener Skalierungsarten

Eine Kombination dieser Skalierungsmethoden ist möglich. Im Fall der nichttransparenten Skalierung werden die Frequenz-, die Amplituden- und die Farbraumskalierung meist während der Videokodierung an der Quelle angewendet. Die transparente Skalierung verwendet oft simultan die temporale und die räumliche Skalierung.

10.4.4 Verfügbarkeitsprüfung (Admission Control)

Nachdem die betroffenen Komponenten bei der Verhandlung und der Übersetzung die jeweilige QoS-Spezifikation angefordert bzw. erhalten haben, wird die *Verfügbarkeit* der notwendigen Ressourcen (*Admission Control*) ermittelt. Dies ist speziell für gemeinsam genutzte Ressourcen wie dem Netz, der CPU und/oder Puffern entlang des Pfads zwischen Quelle und Senke von besonderer Bedeutung. In Netzen verwendet man bspw. eine Verfügbarkeitsprüfung, um neue Verbindungen zu akzeptieren, diese zu modifizieren oder zurückzuweisen. Man sollte beachten, daß der Zugangsdienst im Fall der Modifikation der Dienstgüte einer Verbindung einen neuen niedrigeren Wert QoS^{target} mit QoS-

$^{req} >= QoS^{target} >= QoS_{min}$ vorschlägt. Dieser hängt von der Art des laufenden Verhandlungsprotokolls ab.

Der Zugangsdienst überprüft die Verfügbarkeit gemeinsam genutzter Ressourcen, indem in den Broker-Einheiten Verfügbarkeitstests durchgeführt werden. Diese Tests bezeichnet man auch als *Zugangstests (Admission Tests)*. Auf der Basis der Resultate der Verfügbarkeitstests erzeugt das Verhandlungsprotokoll (hierbei findet gegebenenfalls eine erneute Verhandlung oder auch *Renegotiation* statt) entweder eine „*reserve*"-Nachricht, die die zugelassenen oder modifizierten QoS-Werte enthält, oder eine „*reject*"-Nachricht, wenn die Untergrenze der QoS-Werte (QoS_{min}) nicht erfüllt werden kann. Die zugelassenen QoS-Werte können zwar niedriger als die angeforderten sein, müssen aber dennoch über der Untergrenze QoS_{min} liegen.

Verfügbarkeitstests

Betriebsmittel	Zugangstests
CPU	$$\sum_{i=1}^{n} (C_i)/(T_i) \leq 1$$ wobei i die Zahl der Prozesse ist.
Speicher	$$\sum_{j=1}^{k} Mem_a^j + Mem_r \leq Mem_g$$ wobei Mem_a^j der belegte, Mem_r der angeforderte und Mem_g der insgesamt verfügbare Speicher ist.
Bandbreite	$$\sum_j B_N^j + B_N^r \leq B_N^g$$ wobei B_N^j die belegte, B_N^r die angeforderte und B_N^g die insgesamt verfügbare Bandbreite ist.

Tab. 10-3 Beispiele von Zugangstests.

Es existieren mindestens drei Testvarianten, die eine Verfügbarkeitsprüfung ausführen sollte:

Varianten der Zugangsprüfung

1. *Überprüfung der Einplanbarkeit* (*Schedulability*) von gemeinsam verwendeten Ressourcen wie der CPU- oder der Paket-Einplanbarkeit am Netzübergang und an jedem Netzknoten (zur Umsetzung einer garantierten Verzögerung, Jitter, Durchsatz und Zuverlässigkeit);

2. *Räumliche Überprüfung* zur Belegung der Puffer, um garantierte Verzögerung und Zuverlässigkeit zu realisieren und

3. *Überprüfung der Verbindungsstreckenbandbreite* zur Umsetzung von Durchsatzgarantien.

In Tab. 10-3 auf Seite 265 sind einige Beispiele für Verfügbarkeitstest der CPU, der Puffermenge und der Netzbandbreite bezüglich des in Tab. 10-1 auf Seite 241 angegebenen Beispiels [NS96, KN97b] angegeben.

Kostenfunktion

Die Verfügbarkeitstests hängen von der Implementierung der Kontrollmechanismen (z. B. Ratenkontrolle) in der Verarbeitung und Kommunikation multimedialer Daten ab. Im Bereich der Verfügbarkeitsprüfungen wird intensiv geforscht [HLG93, Kes92, NS96, ACC$^+$97]. An dieser Stelle muß betont werden, daß jegliche Verhandlung von Dienstgüte und damit ein Ressourcenzugang in enger Verbindung mit einer *Kostenfunktion* zu sehen ist, die im Sinne einer Abrechnung zwischen verschiedenen QoS-Klassen dieser Dienste unterscheidet [VN97]. Wenn keine Unterscheidung im Hinblick auf Kosten/Preise existiert, wird ein Benutzer immer mehr Ressourcen anfordern, als er tatsächlich benötigt. Man bezeichnet dies auch als *Over Provisioning*. Ein derartiges Verhalten verringert die Zahl der Nutzer, die gleichzeitig garantierte Dienste in Anspruch nehmen können.

Over Provisioning

Beispiel

Als Beispiel soll hierzu ein in einer Gemeinde laufender Video-on-Demand-Dienst vorgestellt werden. Man kann Ressourcen sparen, wenn der Videoclip auf einen Server „in der Nähe" eines Klienten bewegt werden darf. Dies ist leichter zu erreichen, wenn ein Vorabwissen der Anforderungen vorliegt. Ein Nutzer, der also einen Videoclip für einen in der Zukunft liegenden Zeitpunkt „bestellt" (z. B. eine Stunde vorher), könnte weniger bezahlen als ein anderer, der einen Videoclip aussucht und diesen sofort sehen will. Wenn niemand gezwungen wird, zu bezahlen, dann wird jeder Benutzer immer die beste gerade verfügbare Dienstgüte verlangen. In diesem Fall resultiert daraus eine Reduktion der Qualität bei manchen anderen Klienten oder eine Ablehnung des Dienstes, da dies das einzig erzielbare Resultat jeglicher Dienstgüteverhandlung ist. Mit der Einführung einer geeigneten Abrechnung kann die Dienstgüteverhandlung zu einer realen Verhandlung führen.

10.4.5 Reservierung

Zur Umsetzung garantierter Dienstgüte ist eine Belegung von Ressourcen vonnöten. Ohne eine Reservierung und ohne ein Management (in den Endsystemen und den Routern/Switches) führt die Übertragung multimedialer Daten unweigerlich zu Datenverlusten (verworfene oder verzögerte Pakete). Die Reservierung und Belegung von Ressourcen erfolgt in den meisten Systemen im Simplex-Betrieb; Ressourcen werden also auf einer Übertragungsstrecke nur in eine Richtung belegt.

Die Reservierung/Belegung von Ressourcen kann entweder auf eine pessimistische oder auf eine optimistische Art und Weise erfolgen:

Reservierungsstrategien

- Der *pessimistische Ansatz* vermeidet Ressourcenkonflikte, indem Reservierungen immer für den schlimmsten Fall vorgenommen werden. Ein Beispiel hierfür ist die Reservierung der längstmöglichen Bearbeitungszeit in der CPU oder der höchsten Bandbreite einer MPEG-Datenübertragung. Im Fall von Bewegtbildern, die mit MPEG komprimiert sind, wird bspw. bei einer pessimistischen Reservierung für jeden Rahmen (I-, P-, und B-Frame) eine Verarbeitungszeit $C(M_A^I)$ reserviert, obwohl $C(M_A^I) > C(M_A^P) > C(M_A^B)$ gilt. Im Fall der Bandbreite B_N reserviert die pessimistische Bandbreitenreservierung $B_N = M_A^I * R_A$, obwohl unter Umständen lediglich eine Bandbreite $B_N = G_I * M_A^I + G_P * M_A^P + G_B * M_A^B$ angefordert werden kann (G_I, G_P, G_B sind die Anzahl der I-, P- und B-Frames pro Sekunde). Ressourcenkonflikte können derart vermieden werden, allerdings auf Kosten einer schlechten Ausnutzung der Betriebsmittel. Diese Methode ermöglicht eine garantierte Dienstgüte.
- Der *optimistische Ansatz* reserviert Ressourcen in Abhängigkeit von einer mittleren Auslastung. Im Fall des oben beschriebenen Beispiels wird die CPU nur für die mittlere Bearbeitungszeit eines Frames belegt, also für eine Zeit $C_A^{ave} = (G_I * M_A^I + G_P * M_A^P + G_B * M_A^B) / G$. Dieser Ansatz kann Ressourcen überbelegen, wenn ein unvorhergesehenes Verhalten eintritt. QoS-Parameter werden soweit wie möglich eingehalten. Die Auslastung der Ressourcen ist hoch; eine Überlastsituation kann allerdings Fehler bedingen. Eine *Monitorfunktion* zur Entdeckung der Überlast und zur Lösung des Problems sollte daher zusätzlich vorhanden sein. Diese Funktion kann bei Überlast laufende Prozesse unterbrechen und eine geeignete Ausnahmebehandlung durchführen.

Beide Ansätze repräsentieren die Extreme eines Kontinuums, da Prozesse Ressourcen oft in einer stochastischen Art und Weise belegen. Diese Anforderung ist durch einen Mittelwert QoS_{ave} und ein Maximum QoS_{max} charakterisiert. Dem Parameter QoS_{ave} kann also jeglicher Parameter zwischen dem Mittelwert und dem Maximum zugewiesen werden ($QoS_{ave} <= QoS <= QoS_{max}$). Je näher die Zuweisung am Maximum liegt, desto geringer ist die Wahrscheinlichkeit, daß der Prozeß die Nutzung einer Ressource zu einem gegebenen Zeitpunkt verweigert. Die Zuweisung repräsentiert daher einen Kompromiß zwischen einer Belegung nach den maximalen Anforderungen, der Peak-Rate (pessimistischer Ansatz) und einem statistischen Multiplexing (optimistischer Ansatz).

Ressourcenkonflikte   Weiterhin müssen zusätzliche Mechanismen zur Erkennung und Auflösung von Ressourcenkonflikten vorhanden sein. Die Ressourcen-Broker können die folgenden Datenstrukturen und Funktionen zur Ressourcenreservierung unterstützen (Systeme hierzu sind z. B. *HeiRAT* [WH94] oder *QualMan* [KN97a]):

- *Betriebsmitteltabelle:*
  Eine Ressourcentabelle, die in einem Ressourcen-Broker verwendet wird, beinhaltet Informationen über die verwalteten Ressourcen. Die Tabelle kann statische Informationen beinhalten, wie die insgesamt verfügbare Ressourcenkapazität (z. B. bezeichnet $CPU^{avail} = CPU^{global} - C_A^{alloc}$ die verfügbare Prozessor-Bandbreite, die nach der Erfüllung anderer Reservierungsanforderungen C_A^{alloc} verbleibt). Alternativ kann die maximal erlaubte Ressourcenkapazität (bspw. CPU^{global}, die der Prozessor-Bandbreite entspricht) zur Reservierung verwendet werden. Man beachte, daß nicht die gesamte Bandbreite zur Reservierung und für garantierte Dienste belegt werden sollte. Der verwendete Scheduling-Algorithmus (z. B. Rate Monotonic) beeinflußt dies bspw. auch.

- *Reservierungstabelle:*
  Eine Reservierungstabelle (z. B. eine Verteilertabelle [CN97b]) stellt Informationen über die Verbindungen/Prozesse zur Verfügung, von denen verwaltete Ressourcen derzeit teilweise reserviert sind (C_A^{alloc}). Diese Information beinhaltet die QoS-Garantien, die den Verbindungen gewährt wurden und die Anteile der Ressourcenkapazitäten, die diesen Verbindungen zugewiesen sind.

- *Reservierungsfunktion:*
  Eine Reservierungsfunktion in einem Ressourcen-Broker berechnet die QoS-Werte, die einer neuen Verbindung bzw. einem neuen Prozeß garantiert werden können. Dies geschieht über ein Zugangskontrollverfahren; außerdem reserviert es die jeweiligen Ressourcenkapazitäten.

Die Reservierung und Belegung von Netzressourcen entlang des Ende-zu-Ende-Pfads hängt von folgenden Reservierungsmodellen ab:

- Verhandlungs-/Reservierungsprotokolle.
- Menge von Verwaltungsfunktionen für Ressourcen (Zugangskontrolle, Belegung, Überwachung).
- Freigabe individueller Ressourcen.

Reservierungsmodell

Aus Kommunikationssicht existieren drei Arten von Reservierungsmodellen:

1. *Einzelner Sender/Einzelner Empfänger* (bspw. das RCAP-Protokoll);
2. *Einzelner Sender/Mehrere Empfänger* (bspw. das ST-II-Protokoll);

10.4 Aufbau der BM-Reservierung

3. *Mehrere Sender/Mehrere Empfänger* (bspw. das im Internet verwendete Protokoll RSVP).

Das Reservierungsprotokoll wird von der Richtung und vom Stil der Reservierung bestimmt [ZDE⁺93]. Die Reservierungsrichtung kann *senderorientiert* (z. B. ST-II-Protokoll) oder *empfängerorientiert* (z. B. RSVP) sein.

Reservierungsrichtung

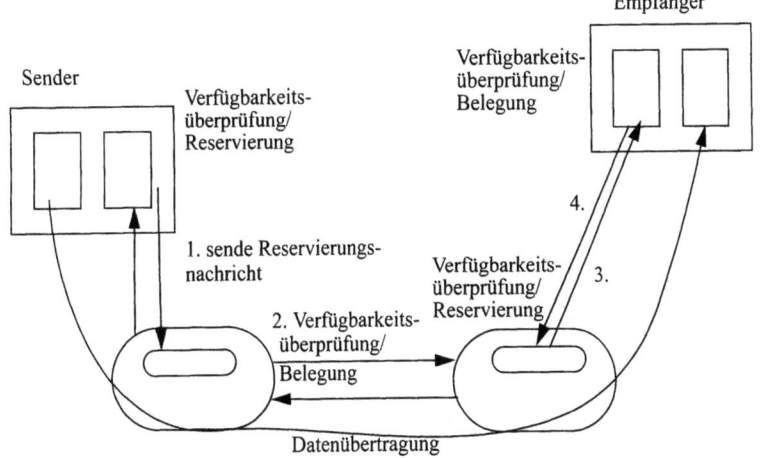

Abb. 10-12
Senderinitiierte Reservierung und Belegung von Ressourcen.

Eine *senderorientierte Reservierung* bedeutet, daß der Sender eine Dienstgütespezifikation (z. B. eine Flußspezifikation) an die Empfänger überträgt. Die Zwischen-Router und -switches können die QoS-Spezifikation nach den entsprechenden Verhandlungsstrategien anpassen, wobei diese Anpassung von den verfügbaren Ressourcen abhängt. Das Reservierungsprotokoll reserviert Ressourcen nach den zugelassenen QoS-Werten vom Sender zum Empfänger. Die resultierenden und bestätigten QoS-Werte bestimmen anschließend die Belegung der Ressourcen auf dem Weg vom Empfänger zum Sender. Abb. 10-12 zeigt ein senderinitiiertes Protokoll. Es ist zu beachten, daß die Reservierung, die Verhandlung und der Zugang in einem senderinitiierten Protokoll integriert sind

Senderorientierte Reservierung

*Abb. 10-13
Empfängerinitiierte
Reservierung und
Belegung von
Ressourcen.*

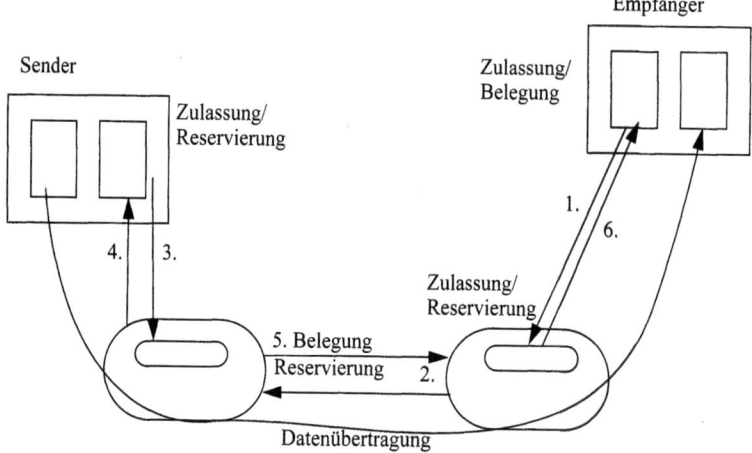

Empfängerorientierte Reservierung

Die *empfängerorientierte Reservierung* impliziert, daß der Empfänger seine Ressourcenanforderungen in einer Dienstgütespezifikation beschreibt und diese in einer Reservierungsnachricht an den Sender schickt [ZDE+93]. Hierbei wird angenommen, daß der Sender vorher eine Pfadnachricht geschickt hat, die Informationen darüber enthält, welche Datenart übertragen werden soll. Auf dem Weg vom Sender zum Empfänger werden dann die Ressourcen belegt. Abbildung 10-13 auf Seite 270 zeigt das empfängerinitiierte Reservierungsprotokoll.

Reservierungsstil

Der Reservierungsstil bestimmt die Erzeugung einer Pfadreservierung und die Zeit, zu der die Sender und Empfänger die Dienstgüteverhandlung und die Ressourcenreservierung ausführen. Eine senderorientierte Reservierung kann entweder derart erfolgen, daß der Sender eine *einzelne Reservierung* generiert oder daß der Sender eine *Multicast-Reservierung* an verschiedene Empfänger generiert.

Der Reservierungsstil der empfängerorientierten Reservierung arbeitet mit *Filtern*. Filter erfüllen im wesentlichen die drei folgenden Eigenschaften [Par94a]:

Eigenschaften von Filtern

1. Filter unterstützen Heterogenität. Empfänger am Ende von „langsamen Übertragungsstrecken" können trotzdem an einer Datenübertragung mit einer höheren Datenrate teilnehmen, indem ein Filter eingesetzt wird, der auswählt, welcher Teil des Datenflusses an den Empfänger übergeben wird.

2. Die dynamische Filterung erlaubt es den Empfängern, in Abhängigkeit von den übertragenen Daten unterschiedliche Funktionen auszuführen. Wenn bspw. ein Empfänger alternativ mehrere Flüsse empfängt, kann dieser die Filter so einstellen, daß alle Pakete eines bestimmten Senders verworfen werden und alle Pakete eines anderen Senders akzeptiert werden. Der Empfänger kann somit einen Datenfluß auswählen.

3. Filter werden dazu verwendet, eine zu hohe Last zu reduzieren und das Bandbreitenmanagement zu verbessern.

Filter sind z. B. in RSVP wie folgt definiert [ZDE$^+$93] (Abb. 10-14 auf Seite 271 zeigt alle drei Filtertypen):

- *Wildcard-Filter-Stil*: Der Empfänger legt einen (einzigen) reservierten Pfad fest, der von allen involvierten Sendern gemeinsam verwendet wird. Die Daten der Sender werden dabei überhaupt nicht gefiltert; alle Pakete der involvierten Sender werden an den Empfänger weitergeleitet.
- *Fixed-Filter-Stil*: Jeder Empfänger wählt den jeweiligen Sender aus, dessen Pakete er empfangen will. Der Verkehr des Senders wird mit Hilfe eines festen Filters für die Dauer der Datenübertragung (d. h. der Reservierung) des Empfängers „selektiert".
- *Dynamic-Filter-Stil*: Jeder Empfänger N generiert unterschiedliche Reservierungen, die pro Reservierung jeweils die Daten von einem bis zu N verschiedenen Sendern beinhalten. Eine spätere Reservierung desselben Empfängers kann denselben Wert N und dieselbe gemeinsame Dienstgütespezifikation beinhalten, aber eine unterschiedliche Auswahl der jeweiligen Sender: Hierbei findet keine erneute Zugangskontrolle statt. Dieses Konzept ist auch als *Kanalumschaltung* (*Channel Switching*) als entsprechende Funktion eines Fernsehgeräts bekannt. Wenn ein Empfänger, der diesen Reservierungsstil verwendet, die Anzahl unterschiedlicher Reservierungen N oder die gemeinsame Dienstgütespezifikation ändert, dann wird eine neue Reservierung ausgeführt. Diese neue Reservierung unterliegt der Zugangskontrolle und kann daher auch durchaus scheitern. Im dynamischen Filterstil kann der Empfänger das Filterverhalten von unterschiedlichen Datenströmen eines Senders während der stattfindenden Datenübertragung (dynamisch) ändern.

Channel Switching

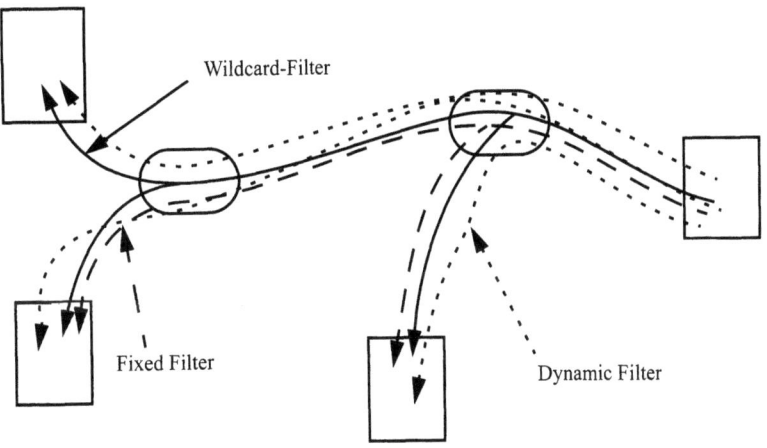

Abb. 10-14
Filter in der empfänge initiierten Ressourcenreservierung nach der RSVP-Protokollspezifikation.

Der Reservierungsstil kann auch im Hinblick auf die Zeit, zu der die jeweilige Ressourcenbelegung erfolgt, differenziert betrachtet werden: (1) *sofortige Reservierung* und (2) *Reservierung im voraus*.

Reservierung im voraus

Der Dienst einer *Vorausreservierung* ist für viele konferenzartige Anwendungen essentiell. Hierzu existieren zwei mögliche Ansätze: ein *zentralisierter* Ansatz, in dem ein Server verwendet wird, um die Vorausreservierung abzuwickeln und ein *verteilter* Ansatz, in dem sich jeder Knoten auf dem Pfad des Kanals die Reservierung „merkt". Weitere Aspekte hierzu sind in [WS97] zu finden.

Reservierung von Ressourcen

Signalisierung

Ein Protokoll zur Ressourcenreservierung führt eine Reservierung oder Belegung von angeforderten Ressourcen nicht selber durch, sondern ist nur ein Mittel, um Informationen über Ressourcenanforderungen zu transferieren und QoS-Werte zu verhandeln. Protokolle zur Ressourcenreservierung sind Signalisierungsprotokolle, die meist in einem Protokoll zum Aufbau einer multimedialen Verbindung enthalten sind. Das Protokoll zur Ressourcenreservierung impliziert, daß jeder Rechner über Ressourcenmanager verfügt, die für das Senden und Empfangen der Signalisierungsnachrichten verantwortlich sind. Die Ressourcenmanager nutzen die jeweiligen Ressourcenverwaltungsfunktionen (Verfügbarkeitsprüfung, QoS-Übersetzung, Abbildung zwischen Dienstgüte und Ressourcen, QoS-Routing und andere QoS-Managementdienste), um eine multimediale Verbindung zwischen Sendern und Empfängern mit der erwünschten Dienstgüte zu etablieren. Dies bedeutet, daß der Ressourcenmanager mit dem Netzmanagement kooperiert, um eine geeignete Reservierung und Administrationsentscheidungen ausführen zu können.

Protokolle zur Ressourcenreservierung

Die Protokolle zur Ressourcenreservierung arbeiten im allgemeinen wie folgt: Der Initiator einer Verbindung (z. B. der Sender) sendet eine QoS-Spezifikation in einer Reservierungsnachricht (*Connect Request*). An jedem Router/Vermittlungsrechner entlang des Pfades übergibt das Reservierungsprotokoll eine neue Ressourcenanforderung an den Ressourcenmanager. Dieser kann aus verschiedenen Komponenten bestehen (in RSVP wird dieser Manager z. B. als „Traffic Controller" bezeichnet und besteht aus einer Komponente, die die Verfügbarkeit prüft, einem Paket-Scheduler und einer Routine zur Paketklassifizierung). Nach der Verfügbarkeitsprüfung reserviert der Ressourcenmanager die Ressourcen und aktualisiert die jeweilige Dienstinformation für die QoS-Umsetzung. Auf dem Weg zurück (in Richtung des Initiators) wird eine Belegungsnachricht gesendet (*Connect Confirm*), deren Aufgabe die Änderung des Reservierungsstatus in den Belegungsstatus der individuellen Ressourcen ist. Abb. 10-15 zeigt das senderinitiierte Reservierungsprotokoll mit einer *accept*-Antwort.

10.4 Aufbau der BM-Reservierung

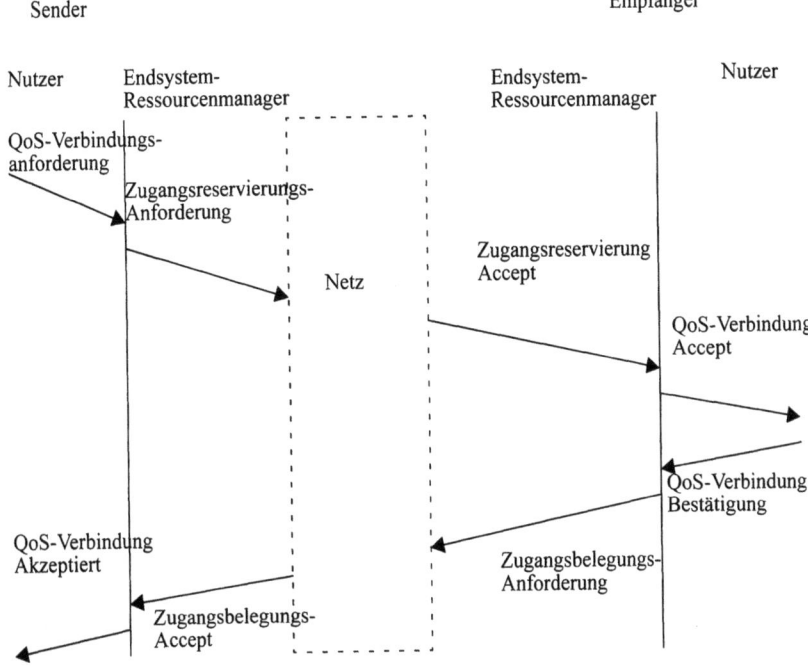

Abb. 10-15
Ressourcen-
reservierungs/
belegungsprotokoll mit
einer accept-Antwort.

Freigabe von Ressourcen

Nach einer erfolgreichen Datenübertragung müssen die belegten Ressourcen freigegeben werden. Dies beinhaltet die CPU, die Netzbandbreite und der Pufferplatz. Weiterhin müssen Verbindungen, über die der Medienfluß erfolgte, abgebaut werden. Der Prozeß des Verbindungsabbaus soll allerdings andere bestehende Datenübertragungen nicht beeinflussen. Weiterhin impliziert der Abbauprozeß eine Aktualisierung der Ressourcen- und Reservierungstabellen (die Verfügbarkeit der Ressourcen wird den Ressourcenmanagern mitgeteilt). Eine solche Freigabe der Ressourcen kann wie folgt stattfinden:

- Der Sender verlangt den Abbau einer multimedialen Verbindung. Dies impliziert, daß die Ressourcen aller involvierten Verbindungen zu den betroffenen Empfängern freigegeben werden müssen, und daß die Ressourcenverfügbarkeit in jedem Knoten aktualisiert werden muß.
- Der Empfänger verlangt den Abbau einer multimedialen Verbindung. Diese Anforderung wird an den Sender übertragen. Die Ressourcen werden in jedem Knoten möglichst schon während der Übertragung an den Sender freigegeben.

Freigabe von Ressourcen

10.5 Bearbeitungsphase

Dienstgütegarantien müssen in allen involvierten Komponenten bis zur eigentlichen multimedialen Datenverarbeitung inklusive der Datenübertragung gewährleistet sein. Dies betrifft:

Randbedingungen von Dienstgütegarantien

- Zeitliche Randbedingungen, inklusive der maximalen Verzögerungen;
- Randbedingungen, wie z. B. den Speicherplatz in den verschiedenen Puffern;
- Geräterandbedingungen, wie die exklusive Belegung eines dedizierten Signalprozessors zur Datenkompression;
- Bandbreitenbedingungen, z. B. im verwendeten lokalen Netz;
- Zuverlässigkeitsrandbedingungen.

Diese fünf Randbedingungen beinhalten allerdings diverse Beziehungen und Abhängigkeiten. Zeitliche Randbedingungen zur Einplanung von Video-Frame-Daten implizieren bspw. eine dazu passende Bandbreitenbelegung.

In den folgenden Abschnitten werden die Mechanismen beschrieben, die zur Anpassung des Datenstrom an diese Randbedingungen geeignet sind. Betriebssystem-immanente Mechanismen wie die Prozeßzuteilung (Scheduling) werden im Kapitel 11 zu Betriebssystemen erörtert. An dieser Stelle werden die Mechanismen der Verkehrsglättung (sog. *Traffic Shaping*), ratenkontrollierte Scheduling-Dienste zur Einhaltung von Verzögerungen (Verzögerungsschwankungen und Schwankungen des Durchsatzes) sowie eine Fehlerkontrolle zur Umsetzung der Zuverlässigkeit beschrieben. Hierbei wird stets angenommen, daß eine geeignete Ressourcenanforderung und -belegung, wie in den vorherigen Abschnitten beschrieben, erfolgt ist.

10.5.1 Verkehrsglättung (Traffic Shaping)

Eine der maßgeblichen Komponenten der Umsetzung von Dienstgüte ist die Verkehrsglättung. In einem Paketdatennetz, das eine gemeinsame Nutzung von Ressourcen beinhaltet, sind eine Zugangskontrollinstanz und Scheduling-Schemata nicht ausreichend, um Garantien einzuhalten. Dies liegt daran, daß Benutzer eventuell (mit oder ohne Absicht) versuchen könnten, die Rate, die während der Verbindungsaufbauphase spezifiziert und ausgehandelt wurde, zu überschreiten. Deshalb versucht man, eine möglichst konstante Rate (mittlere geglättete Rate in Abb. 10-16) zu erreichen.

Abb. 10-16 Mittlere geglättete Rate.

Man benötigt daher eine Verkehrsglättung am Eingang (z. B. am Netzzugang) und/oder innerhalb der jeweils betrachteten Komponente. Der Algorithmus der Ressourcenreservierung muß die Dienstgütespezifikation aller Verbindungen, die eine bestimmte gemeinsame Ressource benutzen, analysieren (um die Dienstqualität zu bestimmen, die den individuellen Verbindungen zur Verfügung gestellt werden kann). Die Anzahl der Verbindungen, die eine gemeinsame Ressource verwenden, kann sehr groß sein. Deshalb muß die QoS-Spezifikation pro Verbindung zur leichteren Verwaltung sehr einfach gehalten werden. Ungünstigerweise haben Multimedia-Ströme (aufgrund der Kompression) einen Burst-artigen Charakter und sind daher nur schwer zu modellieren und zu spezifizieren. Um dieses Problem zu vereinfachen, wird der von den multimedialen Quellen generierte Datenverkehr an eine Instanz zur Verkehrsglättung übergeben. Diese sollte:

Eigenschaften der Verkehrsglättung

1. eine einfache Methode der akkuraten Verkehrsbeschreibung ermöglichen. Hiermit kann die betrachtete Komponente erfahren, welche Art von Verkehr zu erwarten ist. Man sollte beachten, daß die QoS-Verkehrsspezifikation, die man auch als *Traffic Envelope* bezeichnet, in der Lage sein sollte, möglichst vielfältige Verkehrscharakteristiken zu beschreiben.

Traffic Envelope

2. eine Möglichkeit der *Zugangssteuerung* der Komponente (z. B. Netz) realisieren.

3. eine Möglichkeit bereitstellen, daß das Netzwerk den Verkehr einer Verbindung *beobachten* kann. Hiermit soll verglichen werden können, ob der reale mit dem vorab spezifizierten Datenverkehr übereinstimmt.

Die einfachsten Mechanismen der Verkehrsglättung versuchen, jeglichen Verkehr so zu glätten, daß isochrone Ströme entstehen. Hierzu können die beiden folgenden Verfahren verwendet werden:

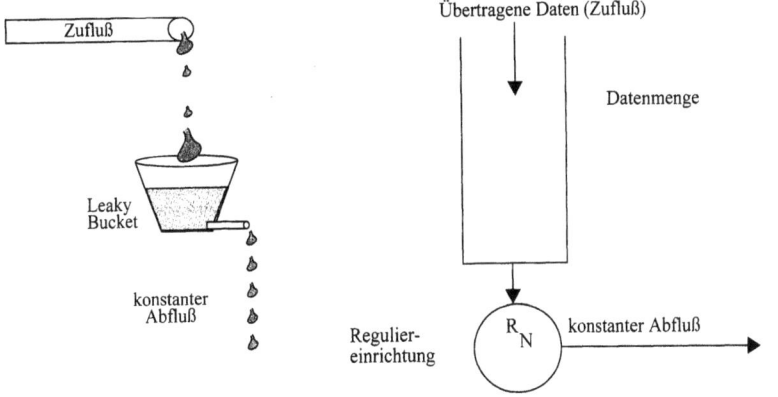

Abb. 10-17 Einfacher Leaky Bucket

- *Leaky Bucket* [Tur86].
Wenn Daten gesendet werden sollen, plaziert der Sender die Pakete einer

Leaky Bucket

Verbindung in einem *Bucket* (dt.: Eimer). Im folgenden „tröpfeln" die Zellen aus dem Grund des Buckets heraus und werden somit mit einer Rate R_N gesendet. Die Rate wird mit einer Regulierungseinrichtung eingestellt. Die Größe des Buckets β begrenzt, wieviele Daten sich ansammeln dürfen, um auf einen Sendevorgang zu warten. Wenn über eine Verbindung mehr Daten ankommen, als im Bucket aufgenommen werden können, werden die zuviel erhaltenen Daten verworfen. In diesem Schema entsprechen die geglätteten Dateneigenschaften gleichförmig abgegebenen Paketen, wobei jede Zelle mit einer Rate von $1/R_N$ Zeiteinheiten nacheinander ausgesendet werden. Der Effekt der Größe des Buckets β besteht einerseits in der Begrenzung der Verzögerung, die eine Zelle vor dem Aussenden in das Netzwerk erfahren kann und andererseits in der Begrenzung des maximal möglichen Stoßverkehrs, den der Sender übertragen kann. Abb. 10-17 zeigt das Verhalten des einfachen Leaky-Bucket-Schemas.

(r, T)-Glättung

- *(r, T)-Glättungsalgorithmus*

   In einem System mit *(r, T)*-Glättung darf eine Verbindung nicht mehr als *r* Datenbits während (jeglicher) der insgesamt *T* Bit-Zeiten aussenden. *T* ist dabei eine Konstante im gesamten System [Gol90]. *r* variiert auf hierbei pro- Verbindung. Wenn das nächste auszusendende Paket eine Verwendung von mehr als *r* Bits im derzeitigen Frame bedingen würde, so muß die Verbindung das Paket „aufbewahren", bis der nächste Frame beginnt.

   Vergleicht man den *(r, T)*-Glättungsalgorithmus mit dem Leaky-Bucket-Schema, so erlaubt dieser Algorithmus einer Verbindung das Aussenden von $T \times M_N/R_N$ Datenbits in jedem *T*-Bit-Zeitschema, anstatt ein Pakets der Größe M_N alle $1/R_N$ Zeiteinheiten zu senden. Dieser Glättungsalgorithmus ist Teil der Dienstdisziplin *Stop-and-Go-Scheduling*, die im nächsten Abschnitt beschrieben wird. Eine Schwäche dieses Ansatzes ist, daß man keine Pakete senden kann, die länger als *r* Bits sind. Wenn also *T* nicht sehr lang ist, so ist die maximale Paketgröße sehr klein.

Die oben genannten globalen *isochronen Glättungsschemata* sind einfach zu implementieren. Der Bereich des Verkehrsverhaltens, den sie beschreiben, ist allerdings eher auf Datenflüsse fester Rate limitiert, weil sonst zu hohe Verzögerungszeiten auftreten würden.

Weitere Glättungsalgorithmen

Bei einer weiteren Klasse von Glättungsalgorithmen geht man von einem isochronen Datenstrom aus und integriert Prioritäten. Die prinzipielle Idee ist hierbei, daß jedes Paket mit einem Bitmuster ausgezeichnet wird und die relative Wichtigkeit des Pakets innerhalb einer Verbindung darstellt. Wenn eine Komponente (wie der Wert) zu einem bestimmten Zeitpunkt „verstopft" sein sollte, löscht es einen Teil oder den gesamten Verkehr, der als weniger wichtig markiert ist. ATM unterstützt bspw. ein Schema mit zwei Prioritätsstufen. Diese Klasse von Glättungsschemata weist zwei grundsätzliche Probleme auf: (1) die garantierbare Verkehrsmenge ist relativ gering, typischerweise nicht mehr als 50% der gesamten Bandbreite einer Verbindungsteilstrecke [Par94a]; (2) das Löschen ausgewählter Pakete, wenn die Kommunikations-Hardware mit FIFO-Warteschlangen arbeitet. Es kann vorkommen, daß die Hardware nicht in der Lage ist, die FIFO-Puffer auszulesen, wenn eine Überlastung eintritt und einige Pakete niedriger Priorität gelöscht werden müssen. In der logischen Konsequenz verwenden derartige Geräte die Regel, niedrig-priorisierte Pakete in der Reihenfolge ihres Eintreffens zu verwerfen.

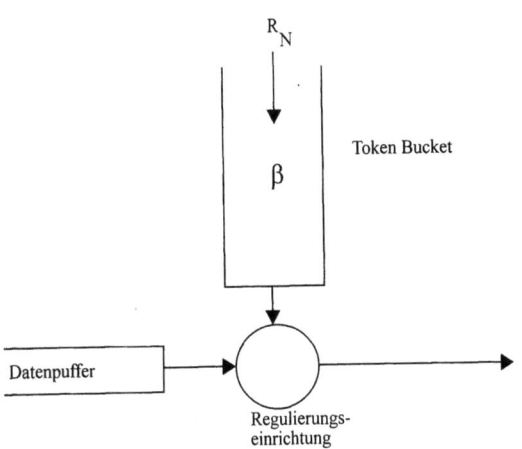

Abb. 10-18
Token-Bucket-
Verkehrsglättungs-
schema.

Um einen größeren Bereich von Verkehrscharakteristika zu unterstützen, wurde eine weitere Klasse von Algorithmen zur Verkehrsglättung entwickelt, die auch stoßweise auftretende Verkehrsmuster unterstützt. Zwei derartige Algorithmen sind:

- *Token Bucket*
  In einem Token-Bucket-System bezeichnet R_N die Rate, mit der Token in einem *Token Bucket* plaziert werden. Der Bucket hat eine maximale Belegung β. Wenn er gefüllt wird, werden neu eintreffende Token gelöscht/verworfen. Ein Paket wird beim Senden in einer separaten Warteschlange gespeichert. Um ein Paket zu übertragen, muß die Regulierungsinstanz eine bestimmte Anzahl von Token aus dem Bucket entfernen (entsprechend der Paketgröße). Der Token Bucket erlaubt somit einen begrenzten Stoßverkehr. Dieses Schema garantiert, daß der Stoßverkehr derart begrenzt wird, daß die Verbindung in einem Intervall τ nie mehr als $\beta + \tau R_N$ Token, die den Daten entsprechen, sendet und daß langfristig die Übertragungsrate den Grenzwert R_N nicht übersteigt. Eine Schwierigkeit dieses Glättungsschemas ist, daß hierfür nur schwer eine genaue Steuerung durchgeführt werden kann. Es ist einem Fluß jederzeit erlaubt, die Rate um die Anzahl von Tokens zu überschreiten. Abb. 10-18 auf Seite 277 zeigt das Verhalten des Token Bucket.

Token Bucket

Abb. 10-19 Zusammengesetzte Verkehrsglättung.

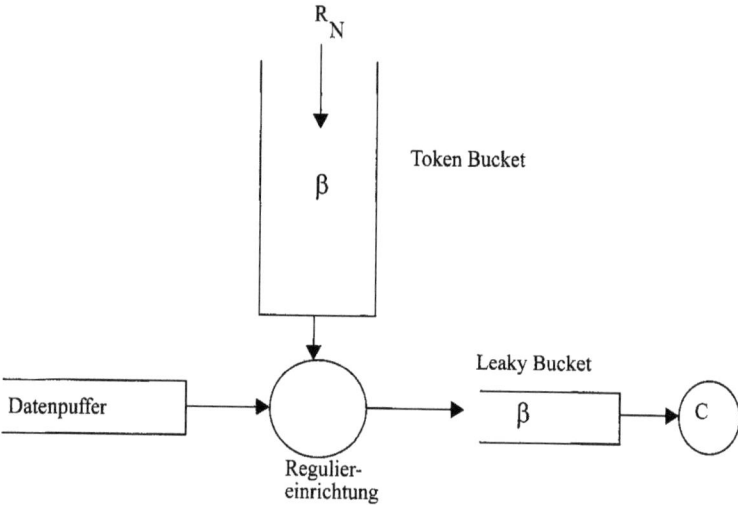

Zusammengesetztes Verfahren

- *Token Bucket mit Leaky-Bucket-Ratenkontrolle*
  Dieses Schema verwendet einen Token Bucket der Größe β sowie eine Warteschlange für die Daten (mit einer Regulierungsrate R). Wenn diese Regulierung Daten durchläßt, so werden diese in einem einfachen Leaky Bukket plaziert (ebenfalls der Größe β), aus dem die Daten mit der Rate $C > R_N$ „tröpfeln". Dieses Schema erlaubt Stoßverkehr, kontrolliert diesen aber derart, daß die maximale Übertragungsrate zu jeder Zeit C ist und der langfristige Durchschnitt durch R_N nach oben begrenzt ist. Abbildung 10-19 auf Seite 278 zeigt die so kombinierte Verkehrsglättung.

Diese Klasse von Schemata der Verkehrsglättung ist bezüglich der Steuerung und Implementierungen komplexer. Der Token-Bucket-Algorithmus hat ein Steuerungsproblem, wenn eine Verbindung die Rate R_N um β Token überschreiten darf, da eine Verbindung „mogeln" kann, bspw., wenn das Netz diese einfach durch eine Messung des Verkehrs über die Zeit τ kontrollieren will, indem $\beta + \tau R_N$ Daten-Token in jedem Intervall τ gesendet werden (im Intervall 2τ würde eine Verbindung Daten senden, die $2\beta + 2\tau \times R_N$ Token entsprechen. Sie sollte allerdings höchstens $\beta + 2\tau R_N$ senden).

10.5.2 Ratensteuerung

Nimmt man an, daß eine zentrale Verwaltung alle Systemkomponenten steuert, dann kann diese Instanz allen Ressourcen eine synchrone Datenbearbeitung auferlegen. In einem vernetzten Multimediasystem kann man die Raten zentral vorgeben.

Flußkontrolle Neuere Hochgeschwindigkeitsnetze bieten multimedialen Anwendungen die Möglichkeit, zwingende Bedingungen im Sinne von Durchsatz, Verzögerung, Verzögerungsschwankung und Verlustrate zu verwenden. Konventionelle paketvermittelte Datennetze mit fensterbasierter Flußkontrolle können allerdings keine Dienste mit derart strikten Garantien zur Verfügung stellen. Neue ratenbasierte Flußkontroll- und Scheduling-Dienstdisziplinen sind daher notwendig. Diese Steuerungsmechanismen stehen in Zusammenhang mit einer verbindungsorientierten Netzarchitektur, die eine explizite Ressourcenbelegung und Zugangskontrolle unterstützt.

Ratenbasierte Dienstverfahren bieten einem Klienten eine minimale Dienstrate unabhängig von den Verkehrscharakteristiken der anderen Klienten an. Ein derartiges Verfahren, das in einer Vermittlungsstelle eingesetzt wird, bestimmt somit bspw. mindestens die folgenden Ressourcen: Bandbreite, Bearbeitungszeit (Priorität) und Pufferplatz. Zusammen mit geeigneten Zugangskontrollen können derartige Disziplinen Garantien des Durchsatzes, der Verzögerung, der Verzögerungsschwankung und der Verlustrate gewährleisten. Es wurden mehrere Ansätze von ratenbasierten Scheduling-Verfahren entwickelt [ZK91], diese Verfahren sind aber eher Varianten und Ergänzungen zu den Scheduling-Mechanismen der Betriebssystemeweshalb sie in Kapitel 11 zu Betriebssystemen genauer erläutert werden.

Ratenbasierte Verfahren

10.5.3 Fehlerbehandlung

Fehler bei einer Wiedergabe multimedialer Daten beeinflussen die folgenden unterschiedlichen Bereiche:

Einflußbereiche von Fehlern

- *Menschliche Wahrnehmung*:
  Ein Verlust digitaler Audiodaten wird von einem menschlichen Ohr sehr schnell wahrgenommen und resultiert in einer geringeren Akzeptanz eines Multimediasystems. Sogar im Falle von Video weisen Benutzer eine Videoqualität zurück, die eine zu geringe zeitliche Auflösung aufweist. Verluste beeinflussen auch die menschliche Wahrnehmung von Synchronisationsfehlern.
- *Kompressionstechnologie*:
  Die meisten nach unterschiedlichen Verfahren komprimierten Audio- und Videodaten können oft Datenfehler nur sehr schwer tolerieren. Viele Kodierer/Dekodierer sind oft erst nach einiger Zeit in der Lage, sich selbst nach einem Paketverlust zu resynchronisieren. Dies führt zu sichtbaren und/oder wahrnehmbaren Fehlern. Heute verfügbare MPEG-Player müssen bspw. ein volles Bild ohne Bit-/Byteverluste empfangen, wenn dieses dekomprimiert und angezeigt werden soll.
- *Speichersemantik und Kommunikationsbeziehung*:
  Datenfehler innerhalb von Datenmaterial, das öfters wiedergegeben wird, sind viel unangenehmer als diejenigen, die einmalig bzw. nicht reproduzierbar auftreten. Ein Farbfehler während einer Liveübertragung ist eher tolerierbar als ein Fehler innerhalb von Filmmaterial eines Archivs, das öfters abgerufen wird. Außerdem sind Fehler bei Punkt-zu-Punkt-Beziehungen meist eher tolerierbar als Fehler, die bei einer gesamten Multicast-Verbindung oder gar bei Broadcasting auftreten.

Um die jeweils erforderliche Zuverlässigkeit zu gewährleisten, unterscheidet man zwischen der *Fehlerentdeckung* und der *Fehlerkorrektur*.

Fehlererkennung

Einige wenige Farbfehler, die in einem Videobild auftreten, sind eventuell nicht von Belang, da sie dem menschlichen Betrachter in den meisten Fällen verborgen bleiben, wenn sie für den Bruchteil einer Sekunde auftreten. Wenn die Frame-Grenzen allerdings zerstört sind, ist jegliche Möglichkeit der Fehlerbehebung verloren. In einem Datenstrom muß also strukturelle Information besser geschützt werden als der eigentliche Inhalt. Dies impliziert, daß existierende Fehlererkennungsverfahren, wie bspw. die Prüfsummenbildung eine gewisse Kenntnis der Inhaltsdaten besitzen müssen. Die bisher existierenden Mechanismen erlauben eine Erkennung von veränderten Daten, von Verlust, Verdoppelung und falscher Reihenfolge in den niedrigeren Schichten des Kommunikationssystems. Eine Erkennung auf Anwendungsebene erleichtert eine Entscheidung, ob ein Paket zu verwerfen ist oder nicht.

Beispiel

Ein weiteres Beispiel zur Unterstützung einer Fehlererkennung in den höheren Schichten ist ein mit MPEG-2 kodierter Videodatenstrom. Diese Kompressionsmethode erzeugt drei Arten von Frames innerhalb eines Videostroms. Die wichtigste Art sind die I-Frames, die die gesamte Information eines bestimmten Intervalls des Videostroms enthalten. Die zwei anderen Typen von Video--Frames (P-Frame und B-Frame) beziehen sich direkt oder indirekt auf einen I-Frame. Es ist somit von besonderer Bedeutung, einen I-Frame nicht zu verlieren. Es gibt allerdings eine bestimmte Toleranz von Verlusten von P-Frames oder B-Frames.

Fehler durch Verspätung

Fehler, die aufgrund einer „Verspätung" auftreten, sind ebenfalls zu beachten. Wenn bspw. Videodaten zu spät beim Empfänger ankommen, sind diese Informationen für die Anwendung nutzlos und müssen als Fehler erkannt werden. Um zu spät ankommende Daten zu identifizieren, ist es nötig, die *Lebenszeit* von Paketen zu bestimmen und deren aktuelle Ankunftszeit mit der spätest-erwarteten Ankunftszeit zu vergleichen. Die spätest-erwartete Ankunftszeit kann vom Verkehrsmodell abgeleitet werden (Durchsatz und Rate), das mit einer Verbindung assoziiert ist. Die notwendige Zeitinformation innerhalb eines kontinuierlichen Stroms kann aus der Paketverarbeitungsrate abgeleitet werden. Aus diesem Grund muß nur das erste Paket eine Zeitmarke tragen. Dies ist jedoch keine ideale Lösung, da die Fehlererkennung mit dem ersten Paket anfangen muß und ein Unterbrechen des Datenstroms oder ein späteres Aufschalten anderer Teilnehmer/Anwendungen bezüglich der Fehlererkennung unmöglich ist. Verwendet man in jedem Paket eine Zeitmarke, so kann die Fehlererkennung einfacher erfolgen. Dieser Mechanismus erfordert einen synchronisierten Zeitgeber beim Sender und beim Empfänger, um eine akkurate Bestimmung der Ende-zu-Ende-Verzögerung zu erlauben. Ein für diese Art der Synchronisation einsetzbares Protokoll ist *Mill's Network Time Protocol* (NTP) [Mil93].

Fehlerbehebung

Der bekannteste Mechanismus zur Gewährleistung eines fehlerfreien Datentransfers ist die Neuübertragung der als fehlerhaft erkannten Pakete. Das TCP-Protokoll verwendet bspw. diesen Mechanismus. Mit Hilfe von Bestätigungen (*Acknowledgment*) nach dem Datenempfang oder einer fensterbasierten Flußkontrolle (bekannt in Kommunikationssystemen) werden Fehler auch behoben. Wenn eine Bestätigung bspw. negativ ist, werden die Daten erneut vom Sender übertragen. Diese traditionellen Verfahren der Fehlerbehebung sind allerdings aus folgenden Gründen nicht immer für eine multimediale Kommunikation geeignet:

Eignung traditioneller Verfahren

- Mit einer expliziten Bestätigung kann die Datenmenge, die beim Sender für eine mögliche Neuübertragung gespeichert werden müßte, sehr groß werden (z. B. im Fall von Video).
- Mit der traditionellen fensterbasierten Flußkontrolle besteht die Möglichkeit, daß der Sender in die Lage gerät, eine Übertragung unterbrechen zu müssen, wohingegen ein kontinuierlicher Datenfluß erforderlich wäre.
- Die neu übertragenen Daten können eventuell zu spät empfangen werden, um in Echtzeit verwendet werden zu können.
- Traditionelle Mechanismen sind nicht für eine Kommunikation mit mehreren Adressaten geeignet; sie wurden nicht für eine Multicast- oder Broadcast-, sondern nur für eine Punkt-zu-Punkt-Kommunikation entwickelt.

Im folgenden werden einige Fehlerkorrekturschemata vorgestellt, die sich hinsichtlich der oben genannten Kriterien besser zur Fehlerbehebung eignen:

- *Go-back-N Retransmission*:
Wenn ein Paket i verloren wird, muß der Sender zu i zurückgehen und die Übertragung von dort aus wieder beginnen. Die auf i folgenden schon übertragenen Pakete werden dabei beim Empfänger verworfen. Die verlorenen Pakete können nur wiederhergestellt werden, wenn $i \leq n$ gilt, wobei n am Beginn der Übertragung spezifiziert wird. n gibt also an, von welchem Punkt der Übertragung eine wiederholte Sendung der Daten stattfinden sollte, wenn ein Paket verlorengeht. In diesem einfachen Protokoll ist keine Pufferung oder Reihenfolgeänderung der Pakete nötig. Es reicht aus, daß der Empfänger eine negative Bestätigung schickt, wenn das Paket i verloren geht. Ein Problem ist hierbei, daß Pakete, die nach diesem i-ten Paket erfolgreich übertragen wurden, auch verworfen werden. Dies führt dazu, daß Lücken im Datenstrom entstehen und die Durchsatzgarantien verletzt werden können. Die Neuübertragung führt ebenfalls zu Lücken im Datenstrom, da der Empfänger mindestens $2 \times E_A$ warten muß, um das richtige Paket i zu erhalten.

Go-back-N Retransmission

- *Selektive Neuübertragung*:
Die selektive Neuübertragung erzielt eine bessere Kanalausnutzung. Der Empfänger sendet hierbei eine negative Bestätigung an den Sender, wenn ein Paket $i \leq n$ verlorengeht. Der Sender überträgt dann nur die Pakete neu, die als fehlend gemeldet wurden, nicht aber die darauffolgenden Pakete. Der

Selektive Neuübertragung

Nachteil dieses Mechanismus ist eine etwas aufwendigere Implementierung. Beim Empfänger muß jedes erfolgreich empfangene Paket gespeichert werden (und nicht dargestellt werden), bis alle vorhergehenden Pakete korrekt empfangen worden sind. Es wurde bewiesen, daß die Wiederherstellung der Reihenfolge der Pakete nur dann funktioniert, wenn der Empfänger in der Lage ist, mindestens das Zweifache der Datenmenge zu speichern, die dem Produkt aus Bandbreite und Verzögerung entspricht.

Partiell fehlerfreie Ströme

- *Partiell fehlerfreie Ströme:*
Partiell fehlerfreie Ströme verwenden ein schwaches Fehlerbehebungsprinzip. Dieser Mechanismus begrenzt die Anzahl der neu zu übertragenden Pakete. Nur die letzten n Pakete eines Stroms werden in einem bestimmten Zeitintervall erneut übertragen. Der Wert n kann aus den zeitlichen Randbedingungen einer multimedialen Anwendung berechnet werden, wenn das Verhalten der involvierten Komponenten bei auftretendem Fehler berücksichtigt wird. Mögliche Werte von n können während des Verbindungsaufbaus zwischen Sender und Empfänger ausgehandelt werden.

Forward Error Correction

- *Vorwärtsfehlerkorrektur (Forward Error Correction, FEC):*
Bei diesem Mechanismus fügt der Sender den ursprünglichen Daten zusätzliche Informationen hinzu, die dem Empfänger eine Lokalisierung und Korrektur von Bits oder Bitsequenzen ermöglicht. Ein gegebener FEC-Mechanismus kann durch seine Rate bezüglich der „Effizienz des Codes" R spezifiziert werden, die als $R = S/(S+N)$ berechnet werden kann. S repräsentiert die Zahl der zu sendenden Bits, N die Anzahl der hinzugefügten Prüfbits. Die durch diesen Mechanismus hinzugefügte Redundanz beträgt *(1-R)*. Zur Bestimmung der FEC benötigt man zwei Informationen: die Fehlerwahrscheinlichkeit der involvierten Komponenten zwischen Sender und Empfänger und die für die Anwendung erforderliche Fehlerfreiheit. Die FEC ermöglicht bei auftretenden Fehlern eine niedrigere Ende-zu-Ende-Verzögerung als die Verfahren mit wiederholten Übertragungen der Daten. Eine zusätzliche Speicherung der Daten vor dem Abspielen ist hierbei aus Sicht der Fehlerbehebung nicht erforderlich. Ebenso ist kein spezieller Kontrollkanal vom Empfänger zum Sender vonnöten. Der Nachteil der FEC ist aber, daß diese nur zur Fehlererkennung und -korrektur eingesetzt werden kann, nicht aber zum Erkennen kompletter Paketverluste. Eine FEC kann also nicht garantieren, daß verfälschte oder verlorene Pakete in jedem Fall wiederhergestellt werden können. Weiterhin erhöhen sich durch die FEC die Durchsatzanforderungen. Somit können die negativen Effekte einer zusätzlichen Überlastung (aufgrund des FEC-Overheads) gegenüber den Vorteilen der FEC-Wiederherstellung von Paketen überwiegen [Bie93]. Die FEC erfordert meist eine Hardware-Unterstützung. Ein Einsatzgebiet der FEC ist die Speicherung von Audiodaten auf Compact Discs (CDs).

Prioritätskodierung

- *Prioritätskodierung:*
Bei einer Prioritätskodierung wird ein Medium (z. B. Sprache) in mehrere Datenströme unterschiedlicher Prioritäten aufgeteilt. Diese Prioritäten werden dann zur Markierung von Sprachpaketen verwendet. Während einer

eventuell anfallenden Überlastung werden niedrig-priorisierte Pakete mit einer höheren Wahrscheinlichkeit verworfen, weil diese zur Wiederherstellung des Originalmedienstroms weniger wichtige Informationen tragen. Eine Verwendung verschiedener Datenströme mit unterschiedlichen Prioritäten erfordert zur Wiederherstellung des Sprachsignals eine Synchronisation mit einer paketweisen Granularität. Eine priorisierte Übertragung kann auch bei einem mit MPEG-2 kodierten Videodatenstrom erfolgen. Hierbei können die I- und P-Frames mit einer hohen und die B-Frames mit einer niedrigen Priorität gesendet werden. Insgesamt ist dies ein relativ einfaches Verfahren.

- *Slack Automatic Repeat ReQuest (S-ARQ):*
S-ARQ ist ein Fehlerbeseitigungsschema, das auf eine Neuübertragung verlorener Sprachpakete in Hochgeschwindigkeits-LANs zurückgeht. Hier sind die Pakete einer Verzögerungsschwankung unterworfen, wodurch der Empfänger Lücken im Datenstrom wahrnimmt, die in Unterbrechungen des kontinuierlichen Abspielens eines Audio- oder Videostroms resultieren. Die Verzögerungsschwankung in der paketweisen Sprachübertragung wird gewöhnlicherweise mittels einer Ausgleichszeit erfaßt, die beim Empfänger gewartet wird. Hierzu wird das erste Paket beim Empfänger für die Dauer der Ausgleichszeit künstlich verzögert, um eine ausreichende Anzahl von Paketen zu puffern, mit deren Hilfe ein kontinuierliches Abspielen bei eventuell vorhandener Verzögerungsvarianz erzielt werden kann. Sprachdaten bestehen aus der eigentlichen Sprache und Schweigeperioden (Pausen). Da Sprachelemente normalerweise durch relativ lange Schweigeperioden voneinander getrennt sind, verwenden Sprachprotokolle die Ausgleichszeit typischerweise beim ersten Paket jedes Sprachelements (nach einer Schweigeperiode). Die *Stillstandszeit* eines Pakets (*Slack Time*) wird hierbei als Differenz zwischen der Ankunft beim Empfänger und dem eigentlichen Abspielen definiert. Dies ist zugleich der Zeitpunkt, zu dem das Abspielen des Pakets beim Empfänger beginnen muß, um eine lückenlose Wiedergabe zu erreichen. Aufgrund der Verzögerungsschwankung kann ein Paket auch vor seiner Abspielzeit eintreffen. Es wird dann in der Warteschlange plaziert, bis der Abspielzeitpunkt erreicht ist. Kommt ein solches Paket zu spät (so ist eine Lücke entstanden), dann muß dieses Paket unmittelbar abgespielt werden. Das S-ARQ-Prinzip verlängert somit die Ausgleichszeit am Anfang einer Folge von Sprachelementen und benutzt diese derart, daß die Pausen verlängert werden [DLW93].

Man kann die oben beschriebenen Verfahren in zwei Klassen unterteilen: *Mechanismen einer partiellen Neuübertragung* (z. B. Go-Back-N, Selektive Neuübertragung, Partiell fehlerfreie Ströme, S-ARQ) und *präventive Mechanismen* (z. B. FEC, Prioritätskodierung). Alle Verfahren einer partiellen Neuübertragung bedingen eine Diskontinuität, wenn große Ende-zu-Ende-Verzögerungen auftreten. Es sollten daher stets (zumindest zusätzlich) die präventiven Schemata verwendet werden.

10.5.4 Überwachung der Dienstgüte und Betriebsmittelnutzung

Die Überwachung von Ressourcen ist eine Aufgabe des Ressourcenmanagers, des Brokers und der Steuerungsinstanzen der einzelnen Komponenten. Bei Rechnernetzen wird das Netzmanagement zur QoS-Umsetzung verwendet. Hierbei müssen die *Management Information Bases* (MIBs) des Netzmanagements für eine multimediale Kommunikation um geeignete Dienstgüteparameter ergänzt werden. Das Netzmanagement kann weiterhin um Funktionen zur QoS-Überwachung und zur Lösung auftretender Probleme erweitert werden.

Management Information Base

Eine derartige Überwachung kann in Netzen während einer multimedialen Datenübertragung einen Overhead verursachen, der aber keine Verletzung von Dienstgütegarantien verursachen darf. Die Überwachung sollte daher flexibel sein, wobei die meisten der kontrollierten Parameter oftmals optional sind. Die Überwachungsfunktionalität muß weiterhin ein- und ausgeschaltet werden können. [WH94]. In bezug auf involvierte Rechnernetze sind zwei Operationsmodi der Ressourcenüberwachung denkbar: der *Endbenutzermodus* und der *Netzmodus*. Der Endbenutzermodus benötigt einen Statusbericht der Ressourcen, wohingegen der Netzmodus in regelmäßigen Abständen den Ressourcenstatus der verschiedenen Knoten auf dem Pfad zwischen kommunizierenden Endsystemen verfügbar macht.

Operationsmodi

Die Überwachung in den Endsystemen beinhaltet eine Überwachungsfunktion (engl.: *Monitoring*), die kontinuierlich beobachtet, ob die verarbeiteten Dienstgüteparameter ihre ausgehandelten Werte nicht überschreiten.

Monitoring

Eine Kompressionskomponente kann bspw. das Senden mit einer Spitzenrate von 6 Mbit/s über eine Dauer von höchstens drei Frame-Längen garantieren. Zu einem bestimmten Zeitpunkt startet dann das System die Auslieferung einer kontinuierlichen Bitrate von 10 Mbit/s. Die Überwachungsfunktion wird dieses (Fehl-) Verhalten entdecken, indem sie von einem *Exception Handler*, der Teil der Ratenkontrollkomponente ist, aufgerufen wird und die Nachricht erhält, daß ein Pufferüberlauf beim Sender eingetreten ist. Dies kommt im regulären Ablauf nicht vor. Die Überwachungsfunktion findet dann heraus, daß der Ursprung des überschrittenen Dienstgütewertes eine fehlerhaft arbeitende Kompressionskomponente ist.

Beispiel

Exception Handler

Es sollte betont werden, daß das Design und die Implementierung einer derartigen Überwachungsfunktion keine triviale Aufgabe ist, und daß eine klares Verständnis der Dienstgüte hierfür eine unbedingt notwendige Voraussetzung ist.

10.5.5 Neuverhandlung und Anpassung von Dienstgüte

Aus Gründen der Fehlertoleranz, aber auch deshalb, weil nicht immer alle Komponenten eine Dienstgüte hundertprozentig garantieren können, müssen multimediale Datenströme an gegebene Randbedingungen dynamisch (innerhalb gewisser Grenzen) angepaßt werden können. Damit kann auch eine Betriebsmittelknappheit einfacher durch eine Skalierung von mehreren Datenströmen aufgefangen werden.

Skalierung

Hierfür müssen sowohl Veränderungen als auch eine Neuverhandlung von QoS-Parametern erfolgen. Dies erfordert Absprachen in der Art, daß ein Protokoll Dienstgüteveränderungen bekannt macht und QoS-Parameter existierender Verbindungen modifiziert. Dieses Protokoll muß weiterhin die Dienstgüteanpassung als Reaktion auf die veränderten Randbedingungen bezüglich der Betriebsmittel vornehmen. Diese Änderungen während multimedialer Datenübertragungen können aus zwei Ursachen resultieren: (1) Änderungen, die die ausgehandelte Untergrenze QoS_{min} verletzen oder die den verhandelten Bereich modifizieren und (2) Änderungen innerhalb des verhandelten Intervalls $[QoS_{min}, QoS_{max}]$. Wenn Verletzungen/Modifikationen auftreten, muß eine Neuverhandlung der QoS-Parameter einsetzen. Wenn fluktuierende Änderungen innerhalb des verhandelten Bereichs auftreten, muß eine Dienstgüteanpassung ausgeführt werden.

Neuverhandlung von Dienstgüte

Die Neuverhandlung von Dienstgüte ist ein QoS-Verhandlungsprozeß, der stattfindet, nachdem der Verbindungsaufbau bereits abgeschlossen ist. Die Anforderung hierzu kann entweder vom Benutzer kommen (der die Dienstgüte ändern will) oder vom System selber aufgrund einer Überlast. Die Anforderung zur Neuverhandlung wird an die Ressourcenmanager und -Broker gesendet.

- *Benutzeranforderung der Neuverhandlung*
  Wenn der Sender eine Änderung der Dienstgüte verlangt, so muß der hierfür zuständige Ressourcenmanager überprüfen, ob die ihm jeweils zugeordneten Ressourcen verfügbar sind. Weiterhin muß das Ressourcen-/Neuverhandlungsprotokoll verwendet werden, um die Verfügbarkeit anderer involvierter Betriebsmittel zu überprüfen. Wenn alle Ressourcen verfügbar sind, kann deren Reservierung und Belegung erfolgen. Im Falle, daß der Empfänger für die empfangenen Medien eine QoS-Änderung verlangt, muß der Ressourcenmanager zuerst die lokalen Ressourcen überprüfen und diese reservieren. Anschließend wird mittels eines Protokolles zur Reservierung von Ressourcen der Sender benachrichtigt und dieselbe Zugangsprozedur ausgeführt, die im Falle eines Sendersnötig ist, der eine QoS- Änderung anfordert. Schließlich muß der Empfänger benachrichtigt werden, um die lokale Ressourcenbelegung zu ändern.
- *Anforderung zur Neuverhandlung durch das System*:
  In diesem Fall wird die Anwendung über die jeweilige QoS-Änderung in Kenntnis gesetzt. Die Verringerung der QoS kann verschiedene gleichzeitig aktive Multimedia-Datenströme betreffen. Wenn sich aus QoS-Änderungen in einer Neuverhandlung neue Dienstgütegrenzen ergeben, dann muß der Broker das Protokoll zur Ressourcenreservierung/-belegung aufrufen, um die QoS-Parameter zwischen Sender und Empfänger ebenfalls neu auszuhandeln. Hierdurch kann der Medienfluß temporär unterbrochen werden, bis sich die Komponenten an die Änderung angepaßt haben.

Anpassung von Dienstgüte

An dieser Stelle sollen einige dynamische Mechanismen zur Anpassung von Dienstgüte beschrieben werden.

Anpassung des Kommunikationspfades

Die feste Wegewahl (Routing) und Ressourcenreservierung für ausschließlich niedrigere QoS-Grenzen (z. B. QoS_{min}) in Kombination mit Lastfluktuationen im Bereich von [QoS_{min}, QoS_{max}] kann zu Problemen führen, wenn bspw. das Netz nicht verfügbar ist, (d. h. $QoS > QoS_{min}$ gilt). Eine geeignete Ausbalancierung der Netzauslastung ist daher wünschenswert und notwendig, um: (1) die Wahrscheinlichkeit der Verfügbarkeit des gesamten Netzes zu erhöhen; (2) es Netzadministratoren zu erlauben, Ressourcen zurückzufordern und (3) Auswirkung einer nicht geplanten Instandhaltung zur Laufzeit auf die Klienten mit Dienstgarantien zu reduzieren.

Effiziente Entscheidungen bezüglich der Wegewahl und der Ressourcenbelegung, die für frühere Klienten getroffen wurden, die Dienstgütegarantien anforderten, reduzieren die Wahrscheinlichkeit, daß die Anforderung eines neuen Klienten vom Zugangsschema zurückgewiesen wird. Je effizienter die Wegewahl und die Ressourcenbelegung sind, desto mehr garantierte Verbindungsanforderungen können akzeptiert werden. Eine Möglichkeit der Implementierung der Überwachung der Lastbalancierung ist die Verwendung der folgenden Mechanismen: QoS-Wegewahl, Leistungsüberwachung (Entdeckung von Laständerungen), dynamisches Re-Routing (Änderung der Wegstrecke) und Steuerung der Lastbalancierung (indem die Entscheidung getroffen wird, die Wegewahl eines Kanals neu auszuführen)[PZF92]:

- Der Routingmechanismus implementiert den Wegewahlalgorithmus, der nach den Dienstgüteanforderungen einen Weg auswählt [MS97a, CN97a].
- Der Mechanismus der Leistungssteuerung überwacht die korrekte Verfügbarkeit der Netzwerkleistung und meldet dies der Kontrollinstanz der Lastbalancierung. Der dynamische Mechanismus zur Auswahl neuer Wege wird benötigt, um alternative Wege aufzubauen, und um ein transparentes Umschalten von einem früheren auf den alternativen Weg auszuführen.
- Der Mechanismus der Lastbalancierung empfängt dann Informationen vom Mechanismus der Performanceüberwachung und bestimmt, ob eine Lastbalancierung versucht werden kann.
- Wenn der Versuch der Lastbalancierung erfolgversprechend ist, bietet der Wegewahlmechanismus eine alternative Route an. Der Wechsel von der ersten zur alternativen Route wird dann mit einem dynamischen Re-Routing-Mechanismus durchgeführt. In diesem Protokoll besteht das adaptive Ressourcenschema in einem dynamischen Mechanismus zum Re-Routing.
- Wenn ein Kanal *i* einen neuen Weg benötigt, versucht die Quelle, einen neuen Kanal einzurichten, der dieselben Verkehrs- und Performanceparameter wie der Kanal *i* hat, der aber einen anderen Weg nimmt. Der neue Kanal wird auch als *Schattenkanal* (Shadow Channel) des Kanals *i* bezeichnet

[PZF92]. Nachdem dieser eingerichtet ist, kann die Quelle von Kanal i auf den Schattenkanal umschalten und den Datentransfer beginnen. Nach einer Wartezeit, deren Dauer der maximalen Ende-zu-Ende-Verzögerung von Kanal i entspricht, initiiert die Quelle eine Verbindungsabbaunachricht für Kanal i. Wenn der Schattenkanal eine Teilstrecke des alten Kanals übernimmt, sollten beide Kanäle die Ressourcen gemeinsam verwenden. Protokolle zum Verbindungsauf- und -abbau müssen dies berücksichtigen, so daß der Aufbau keine Anforderung neuer Ressourcen erfordert und der Abbau keine bereits belegten Ressourcen freigibt.

Anpassung des Datenstroms

Eine Reaktion auf Änderungen der Auslastung ist die Anpassung der Quelldatenrate in Abhängigkeit von den gerade verfügbaren Ressourcen. Dieser Ansatz erfordert das Aussenden einer Rückkopplungsinformation an die Quelle, woraus sich eine annehmbare Erniedrigung der Medienqualität in Überlastphasen ergibt. In [KMR93] basiert der Mechanismus der Rückkopplungskontrolle bspw. auf der Vorhersage der Entwicklung des Systemstatus. Der erwartete Systemstatus wird hierbei dazu verwendet, die Zielsenderate jedes Videodaten-Frames zu berechnen. Die Anpassungsrichtlinie strebt dann danach, den Engpaß der Warteschlangenlänge für jede Verbindung konstant zu halten. Jede Vermittlungsstelle überwacht hierzu die Puffer- und Ratenauslastung pro Verbindung. Die Information über die Pufferauslastung steht stellvertretend für die Zahl der Pakete einer Verbindung in der Warteschlange in dem Moment, in dem die Rückkopplungsnachricht gesendet wird. Die *Rateninformation* gibt die Anzahl der Pakete an, die auf dieser Verbindung im Zeitintervall zwischen zwei Rückkopplungsnachrichten gesendet wurde. Es gibt zwei Möglichkeiten, diese Rückkopplungsmechanismen zu implementieren:

Rückkopplungs-kontrolle

Rückkopplungs-mechanismen

- Die Statusinformation pro Verbindung wird periodisch an ein Datenpaket einer jeweiligen Verbindung angehängt. Am Ziel wird diese Information extrahiert und an die Quelle zurückgesendet. Ein Rechner im Netz (z. B. eine Vermittlungsstelle) aktualisiert die Informationsfelder eines Pakets nur dann, wenn die lokale Dienstrate niedriger ist als die, die von einer vorherigen Vermittlungsstelle des Pfades gemeldet wurde.
- Die Rückkopplungsnachricht wird in einem separaten Kontrollpaket übertragen, das in Richtung der Quelle gesendet wird.

Bei der Ratenkontrolle mittels Rückkopplung paßt sich jede Quelle an die Änderung der Bedingungen an, die durch eine Zu- oder Abnahme der Anzahl von Verbindungen oder durch eine plötzliche Änderung der Senderate existierender Verbindungen bedingt wird. Änderungen in Verkehrsbedingungen werden mittels einer expliziten oder einer impliziten Rückkopplung entdeckt. Die explizite Rückkopplung erfolgt in Form von Informationen über Verkehrslasten oder verschiedene Pufferauslastungen. Die implizite Rückkopplungsinformation über Paketverluste und Round-Robin-Verzögerungen ist durch die Bestätigun-

Explizite und implizite Rückkopplung

gen (Acknowledgments) verfügbar. Der Datenstrom kann durch folgende Verfahren dynamisch verändert werden:

- *Kompressionsverfahren* steuern oft die (ggf. maximale) Ausgangsdatenrate über eine interne Rückkopplung. Ein Beispiel hierfür ist H.261/H.263. Hier kann man eingreifen, indem der interne Grenzwert von der Rückkopplung nach außen verändert wird.
- *Verkehrsglättung an der Quelle:*
  Eine oft genutzte Möglichkeit, die Überlastung zu kontrollieren, ist die Glättung des Verkehrs an der Quelle. Typischerweise kann bei Videodaten der größte Anteil des Stoßverkehrs durch eine Glättung in einem Intervall von 1 bis 4 Frames reduziert werden [KMR93].
- *Hierarchische Kodierung*:
  Die hierarchische Kodierung beschreibt Algorithmen, die zwei oder mehr Typen von Paketen erzeugen, die jeweils dieselbe Bild- oder Audioeinheit mit unterschiedlichen Detailgraden beschreiben. Die Photo-CD verwirklicht bspw. einen solchen Ansatz.

10.6 Dienstgütearchitekturen

Die Spezifikation, Verteilung, Bereitstellung und die damit verbundene Zugangssteuerung, Reservierung und Belegung von Dienstgüte muß in verschiedenen Komponenten (Ende-zu-Ende) umgesetzt werden.

Architekturbeispiele Einige (aus der Kommunikationswelt stammende) Architekturbeispiele, in denen Dienstgüte und Ressourcenmanagement entwickelt und implementiert wurden, sind die folgenden:

- Die *OSI-Architektur* stellt Dienstgüte in der Vermittlungsschicht und einige Erweiterungen in der Transportschicht zur Verfügung. Das OSI 95-Projekt betrachtet eine integrierte QoS-Spezifikation und eine QoS-Verhandlung in den Transportprotokollen [DBB$^+$93].
- Die *QoS-Architektur* aus Lancaster (QoS-A) [CCH93] ist eine Umgebung zur Spezifikation und Implementierung geforderter Leistungseigenschaften multimedialer Anwendungen auf Netzen, die auf ATM basieren. QoS-A beinhaltet die Begriffe *Fluß*, *Dienstkontrakt* und *Flußmanagement*. Der *Multimedia Enhanced Transport Service* (METS) stellt hierzu die Funktionalität bereit, Dienstgüteverträge auszuhandeln.
- Das *Heidelberg Transport System* (HeiTS) [WH94] zusammen mit der Betriebssystemunterstützung *HeiRAT* basiert auf dem Netzwerkprotokoll ST-II. HeiTS realisiert den Austausch kontinuierlicher Medien mit QoS-Garantien, ein Ressourcenmanagement und Echtzeitmechanismen. HeiTS transferiert Datenströme kontinuierlicher Medien mittels Multicast von einem Ursprung zu einem oder mehreren Zielen. Die Knoten in HeiTS verhandeln QoS-Werte, indem Flußspezifikationen ausgetauscht werden, um die erforderlichen Ressourcen zu bestimmen. Dies sind Verzögerung, Jitter, Durchsatz und Zuverlässigkeit.

- Die *Tenet Protocol Suite* der *UC Berkeley* mit den Protokollen RCAP, RTIP, RMTP und CMTP stellt eine Verhandlung von Netzwerk-Dienstgüte, eine Reservierung und eine Ressourcenverwaltung mittels des Kontroll- und Managementprotokolls RCAP zur Verfügung.
- Der auf IP v6 basierende Internet-Protokollstack stellt weiche QoS-Garantien zur Verfügung, indem eine entsprechende Ressourcenreservierung verwendet wird (das Kontrollprotokoll RSVP [ZDE$^+$93]). Das Internet ist ein Beispiel eines verbindungslosen Netzes, in dem Dienstgüte auf einer Paketbasis verwendet wird (jedes IP-Paket beinhaltet den Typ der Dienstparameter, da der Begriff *Dienst* bisher im Internet existiert, jedoch nur begrenzt verwendet wird).
- Die Bedienung und Verwaltung von Dienstgüte wird durch die Endpunktarchitektur (OMEGA-Architektur) der University of Pennsylvania in den Anwendungs- und Transportsubsystemen realisiert [NS96]. Der QoS-Broker wird hier ebenso wie das Protokoll zur Ende-zu-Ende-Steuerung und Verwaltung zur QoS-Bedienung implementiert.
- Der *Native-Mode-ATM-Protokollstack* [KS95], der am indischen Institute of Technology im Rahmen des IDLInet (IIT Delhi Low-cost Integrated Network)-Testbetts entwickelt wurde, stellt Netzwerk-Dienstgütegarantien zur Verfügung.
- Das *UIUC QualMan-System* [KN97a] bietet eine QoS-fähige Architektur zum Ressourcenmanagement an den Endknoten, die mit der ATM-Dienstgüte zusammenarbeitet und so Anwendungs-QoS-Garantien Ende-zu-Ende liefert.

10.7 Abschließende Bemerkungen

Die in diesem Kapitel beschriebenen Mechanismen stehen in engem Zusammenhang mit den Verfahren der beteiligten Betriebssysteme, Netze und Kommunikationssysteme (siehe entsprechend die Kapitel 11, 14 und 17).

Betriebssysteme

Kapitel 11

Das *Betriebssystem* dient als Schnittstelle zwischen der Rechner-Hardware und allen anderen Software-Komponenten. Es stellt einem Anwender eine Umgebung zur Ausführung von Programmen zur Verfügung, die möglichst einfach zu bedienen ist. Dabei muß die Rechner-Hardware effektiv genutzt werden. In dieser Schnittstellenfunktion werden verschiedene Dienste erbracht, die sich auf die wesentlichen Betriebsmittel eines Rechners beziehen: Der Prozessor, der Hauptspeicher, der Sekundärspeicher, und alle Ein- bzw. Ausgabegeräte.

Aufgabe von Betriebssystemen

Multimediale Anwendungen erfordern zur Verarbeitung von Audio und Video, daß der Benutzer diese Medien in einer natürlichen fehlerfreien Art und Weise wahrnimmt. Kontinuierliche Mediendaten haben ihren Ursprung in Quellen wie Mikrofonen, Kameras und Dateien. Von diesen werden die Daten an Empfänger, wie Lautsprecher, Videofenster und Dateien, die sich auf demselben oder auf einem entfernten Rechner befinden, übertragen. Auf ihrem Weg von der Quelle zur Senke werden die Daten durch mindestens eine Verschiebungs-, Kopier- oder Übertragungsoperation verarbeitet. In diesem Datenmanipulationsprozeß existieren immer vielzählige Ressourcen, die unter der Kontrolle des Betriebssystems stehen. Die Integration diskreter und kontinuierlicher Multimedia-Daten erfordert von vielen Betriebssystemkomponenten zusätzliche neue Dienste.

Über die Integration von Multimedia-Daten diskreter und kontinuierlicher Medien kommen zusätzliche Anforderungen auf die einzelnen Komponenten eines Betriebssystems zu. Der wesentliche Aspekt ist hier die *Echtzeitverarbeitung* kontinuierlicher Daten.

Die *Prozeßverwaltung* muß nach Maßgabe der zeitlichen Randbedingen erfolgen. Hierzu werden geeignete Scheduling-Verfahren verwendet. Im Gegensatz zu einem Echtzeitbetriebssystem müssen hier jedoch gleichzeitig auch Prozesse ohne starke zeitliche Restriktionen nach dem Gesichtspunkt *Fairneß* bearbeitet werden.

Prozeßverwaltung

Zur korrekten Einhaltung der zeitlichen Randbedingungen werden einzelne Komponenten als Betriebsmittel eingesetzt, die vor der Ausführung *reserviert* werden. Dieses Konzept der *Betriebsmittelreservierung* muß alle – d. h. mit der Bearbeitung kontinuierlicher Daten befaßten – Betriebsmittel einschließen, die auf einem Datenpfad liegen. Es kann dabei auch Teile der Anwendung betref-

Betriebsmittel- reservierung

fen, die kontinuierliche Daten verarbeiten. In einem verteilten System müssen hier bspw. Netze einbezogen werden [HVWW94]. Die hierzu notwendigen Konzepte werden eingehend in Kapitel 10 zu Dienstgüte erläutert.

Kommunikation und Synchronisation

Die *Kommunikation und Synchronisation* zwischen den einzelnen Prozessen muß an die Randbedingungen der Echtzeitanforderungen und an die engen zeitlichen Beziehungen verschiedener Medien geknüpft sein. Der Hauptspeicher steht hierbei den einzelnen Prozessen als gemeinsam genutzte Ressource zur Verfügung.

Speicherverwaltung

Der Hauptspeicher wird einzelnen Prozessen als ein Betriebsmittel zur Verfügung gestellt. Für Multimedia ist bei der *Speicherverwaltung* ein zeitlich garantierter Zugriff und ein effektives logisches Kopieren von Daten wichtig. Das logische Kopieren bezieht sich auf eine virtuelle Kopieroperation, bei der keine Daten real kopiert werden, sondern nur Referenzen auf Speicherbereiche zwischen Prozessen ausgetauscht werden.

Dateisystem

Ein Datenbankverwaltungssystem abstrahiert von den Details der Speicherung auf Sekundärspeichermedien. Hierfür werden vom Multimedia-Betriebssystem die erforderlichen *Dateiverwaltungsdienste* in Form von Zugriffen auf Dateien und einem Dateisystem bereitgestellt. Die Einbindung eines CD-ROM/XA-Dateisystems als integraler Bestandteil des Multimediasystems ermöglicht bspw. das garantierte kontinuierliche Wiedergeben von Audio- und Videodaten. Verschiedene Konzepte von multimedialen File-Servern werden im Kapitel 12 zu Medien-Servern diskutiert.

Verwaltung und Bereitstellung einzelner Geräte

Ein Multimedia-Betriebssystem stellt Dienste zur *Verwaltung und Bereitstellung einzelner Geräte* zur Verfügung. Dies bezieht sich bei Multimedia auf die Integration von Audio- und Videogeräten. Eine Kamera kann über ähnliche Mechanismen wie eine Tastatur in das System eingebunden werden, obwohl dies heute meistens noch nicht in dieser Form geschieht.

Produktinformationen zur Erweiterung von Betriebssystemen für Multimedia-Daten beschreiben meist detailliert die spezielle Ausprägung ihrer Schnittstelle zu den Anwendungen. Der Schwerpunkt dieses Kapitels liegt in den grundlegenden Konzepten und den intern zu lösenden Aufgaben eines solchen Multimedia-Betriebssystems.

Betriebsmittelverwaltung

Ein wesentlicher Aspekt von Multimedia-Betriebssystemen ist der Begriff der *Betriebsmittelverwaltung*. In diesem Kapitel stellt die *Prozeßverwaltung* den Schwerpunkt dar. Die hier folgende Darstellung beinhaltet eine Übersicht traditioneller Echtzeit-Scheduling-Verfahren mit deren Eignung und Anpassung an Prozesse zur Bearbeitung kontinuierlicher Medien (zu Echtzeit siehe Kapitel 10.2.1). In den weiteren Abschnitten werden die Interprozeß-Kommunikation und -Synchronisation, die Speicherverwaltung, die Datenverwaltung sowie die Geräteverwaltung und -bereitstellung erläutert. Das Kapitel schließt mit einer Vorstellung typischer Systemarchitekturen, die Bestandteil von Umgebungen sind, die in Echtzeit und auch nicht in Echtzeit arbeiten.

11.1 Prozeßverwaltung

Die Prozeßverwaltung betrachtet das Betriebsmittel *Hauptprozessor* (CPU), dessen Kapazität als *Prozessorleistung* angegeben wird. Einzelne Anforderungen werden über die Prozesse gestellt, die dieses Betriebsmittel belegen möchten. Die Prozeßverwaltung bildet nach einem vorgegebenen Planungsverfahren einzelne Prozesse auf dieses Betriebsmittel ab.

CPU

Unter Aufsicht der Prozeßverwaltung kann jeder Prozeß verschiedene Zustände einnehmen, die in den meisten Systemen folgendermaßen aussehen:

- Im Ausgangszustand ist dem Programm noch kein eigentlicher Prozeß zugeordnet; man kann dies auch als einen Prozeß im Zustand *inaktiv* bezeichnen.

Inaktiv

- Wenn der Prozeß auf das Eintreten eines Ereignisses wartet, und ihm somit zur Verarbeitung notwendige Betriebsmittel fehlen, dann ist er *blockiert* (*blocked*).

Blockiert

- Besitzt der Prozeß alle für ihn benötigte anderen Betriebsmittel, dann ist er *bereit* (*ready to run*). Damit fehlt dem Prozeß zur eigentlichen Ausführung nur noch der Prozessor.

Bereit

- Der Prozeß ist *laufend* (*running*), wenn ihm der reale Prozessor zugeteilt ist.

Laufend

Der Prozeßverwalter ist der *Scheduler*. Diese Komponente verwaltet diese Zustände; sie ist der wesentliche Bestandteil des *Betriebssystemkerns* (Kernel). Der *Dispatcher* verwaltet den Übergang der Prozesse von *bereit nach laufend*. Zur Auswahl des nächsten Prozesses werden hier meistens Prioritäten verwendet. Unter Prozessen gleicher Priorität wird der Prozeß ausgewählt, der am längsten im Zustand *ready* ist.

Scheduler

Dispatcher

Ausgangspunkt der Bearbeitung kontinuierlicher Daten sind die auf Arbeitsplatzrechnern verfügbaren Betriebssysteme. Es werden mit Sicherheit in einem ersten Schritt keine *neuen* Multimedia-Betriebssysteme entwickelt werden. Deshalb muß von den vorhandenen Systemen ausgegangen werden. Hierbei kann *Multitasking* vorausgesetzt werden. Im nächsten Abschnitt ist eine kurze Darstellung der typischerweise vorhandenen Echtzeitunterstützung in einem solchen System dargestellt.

Multitasking

11.1.1 Anforderungen an die Echtzeitplanung

Die zu verarbeitenden kontinuierlichen Daten treten in bestimmten – meist periodischen – Zeitabständen auf. Die Operationen auf diese Daten wiederholen sich dabei immer wieder und sollen bis zu einem gewissen Zeitpunkt abgeschlossen sein. Die Echtzeitplanung ermittelt einen Plan für das Betriebsmittel *Prozessor*, so daß Reservierungen verbunden mit den Leistungsgarantien möglich sind. Dabei muß bezüglich Prozessen zur Verarbeitung kontinuierlicher Daten die zur Verfügung stehende Prozessorzeit so auf einzelne Prozesse verteilt werden, daß ihre fristgerechte Bearbeitung in jeder Periode während der gesamten Laufzeit gewährleistet ist. In einem Multimediasystem werden kontinuierliche und diskrete Daten gleichzeitig verarbeitet.

Randbedingungen

Beim Einplanen von Multimedia-Prozessen sind zwei gegensätzliche Ziele zu berücksichtigen:

Ziele
- Ein unkritischer Prozeß sollte nicht dauerhaft blockiert werden, weil zeitkritische Prozesse das Betriebsmittel gänzlich auslasten. Daher sollten zeitkritische Prozesse und Verwaltungsarbeiten nicht die gesamte Kapazität eines Betriebsmittels beanspruchen.
- Andererseits dürfen zeitkritische Prozesse nie einer Prioritätsumkehrung unterliegen. Durch das Planungsverfahren ist deshalb sicherzustellen, daß jegliche Prioritätsumkehr (auch zwischen zeitkritischen Prozessen mit unterschiedlicher Priorität) soweit wie möglich reduziert wird.

Anmerkungen Neben dem Aufwand für den Einplanbarkeitstest und den Verbindungsaufbau ist besonders der Planungsaufwand für jede Nachricht zu berücksichtigen. Dieser Aufwand ist kritisch, da er periodisch mit jeder Nachricht anfällt. Der durch das Betriebssystem verursachte Systemaufwand muß bei der Planung ebenfalls einkalkuliert werden. Der Mehraufwand durch Planung und Betriebssystem ist Bestandteil der Bearbeitungszeit und muß dem betreffenden Prozeß zu seiner reinen Bearbeitungszeit hinzugerechnet werden. Er sollte daher so gering wie möglich sein. Das Zeitverhalten des Betriebssystems und sein Einfluß auf die Bearbeitung von zeitkritischen Prozessen ist besonders schwer zu bestimmen. Ein nicht vorhersehbares Verhalten des Betriebssystems kann Fristen von Anwendungsprozessen verletzen. Betriebssysteme und deren Anwendungen können in Echtzeitsystemen deshalb nicht unabhängig voneinander betrachtet werden [Neh84].

11.1.2 Traditionelle Echtzeitplanungsverfahren

Die Echtzeitverarbeitung wird schon sehr lange intensiv bearbeitet [HS89, et 89, SG90, TK91], weil in vielen Bereichen Planungsprobleme mit Zeitrestriktionen auftreten. In der Betriebswirtschaftslehre werden bspw. auch Planungsverfahren im Gebiet *Operations Research* eingesetzt. Im Gegensatz zur Echtzeitplanung ist hier die Betriebsmittelauslastung immer statisch. Sie muß sich nicht einer ständig ändernden Arbeitsauslastung anpassen [WC87].

Bearbeitung aller zeitkritischen Prozesse vor Ablauf ihrer Fristen
Ziele der traditionellen Planung von Prozessen auf Rechenanlagen sind *optimaler Durchsatz, optimale Prozessorauslastung* und eine faire Verteilung der *Betriebsmittelkapazität* auf alle zur Verarbeitung anstehenden Prozesse. Im Gegensatz dazu besteht das Hauptziel bei der Planung von Echtzeitprozessen darin, die Vergabe der Betriebsmittel so zu gestalten, daß alle, bzw. so viele zeitkritische Prozesse wie möglich, vor Ablauf ihrer Fristen bearbeitet werden. Ein Algorithmus zur Planung von zeitkritischen Prozessen muß alle Prozesse in der Weise auf das vorhandene Betriebsmittel verteilen, daß sie ihre zeitlichen Anforderungen erfüllen können. Es muß deshalb möglich sein, zu beweisen, daß ein gegebener Algorithmus zur Einplanung von zeitkritischen Prozessen die zeitlichen Anforderungen dieser Prozesse erfüllt.

Es gibt zahlreiche Lösungsansätze für das Problem der Einplanung von Echtzeitprozessen; bei vielen handelt es sich aber lediglich um Variationen der grundlegenden Algorithmen. Um die besten Lösungen für Multimediasysteme zu ermitteln, werden zunächst zwei grundlegende Algorithmen, *Earliest-Deadline-First-Algorithmus* und *Rate Monotonic Scheduling,* mit ihren Vor- und Nachteilen genauer betrachtet. Vorab erfolgt mit dem Systemmodell eine Verdeutlichung der verwendeten Begriffe in ihrem Kontext.

11.1.3 Systemmodell zur Planung von Echtzeitprozessen

Das folgende Systemmodell wird von den Planungsalgorithmen für die Einplanung von zeitkritischen Prozessen verwendet. Es besteht im wesentlichen aus dem *Betriebsmittel* (siehe Kapitel 10.4 zu Dienstgüte), dem *Prozeß* und dem *Planungsziel*.

Ein *Prozeß* ist die einzuplanende Einheit des Systems (entsprechend dem Begriff des *Threads* in der vorherigen Beschreibung). In einem Echtzeitsystem ist ein Prozeß durch seine zeitlichen Einschränkungen und seine Betriebsmittelanforderungen gekennzeichnet. Der vorliegenden Fall ist lediglich eine Darstellung periodischer Prozesse ohne Vorrang-Relationen, d. h., die Ausführung zweier Prozesse ist unabhängig voneinander. Dies kann in Multimediasystemen ohne wesentliche Einschränkungen angenommen werden. Synchronisierte Daten können bspw. von einem Prozeß bearbeitet werden.

Prozeß

Die zeitlichen Anforderungen eines periodischen Prozesses T werden durch folgende Merkmale charakterisiert:

Zeitliche Anforderungen [LM80]

- s: Startpunkt
- e: Bearbeitungszeit von T
- d: Frist von T
- p: Periodendauer von T
- r: Rate von T $\left(r = \frac{1}{p}\right)$

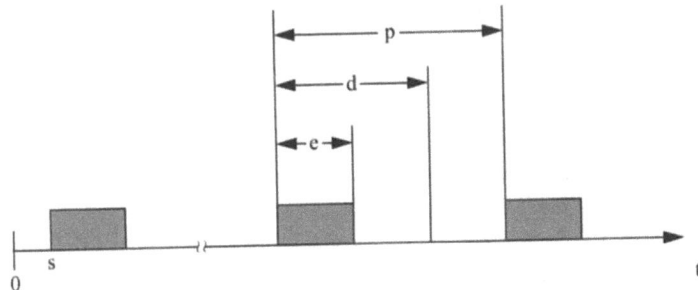

Abb. 11-1 Charakterisierung periodischer Prozesse [LM80].

Dabei gilt $0 < e \leq d \leq p$ (siehe Abb. 11-1). Der Startzeitpunkt s ist der Zeitpunkt, zu dem der periodische Prozeß zum ersten Mal zur Bearbeitung ansteht. In jeder Periode benötigt der Prozeß ein Zeitintervall der Länge e zu seiner Bearbeitung. Zum Zeitpunkt $s + (k-1)p$ ist der Prozeß für die k-te Bearbeitung bereit. Die Bearbeitung von T in der k-ten Periode muß zum Zeitpunkt $s + (k-1)p + d$ beendet sein.

Stauvermeidende Frist	Bei Prozessen, die Daten kontinuierlicher Medien verarbeiten, entspricht die Frist der Periode k-1 der Bereitzeit der Periode k. Dies wird als *stauvermeidende Frist* bezeichnet.
Unterbrechbare und nicht-unterbrechbare Prozesse	Prozesse können unterbrechbar und nicht-unterbrechbar sein. Ein *unterbrechbarer Prozeß* wird von jedem anderen Prozeß mit einer höheren Priorität unterbrochen. Seine Bearbeitung wird später am gleichen Punkt wieder aufgenommen. Die Bearbeitung eines *nicht-unterbrechbaren Prozesses* kann – wenn einmal begonnen – nicht unterbrochen werden. Auch jeder Prozeß höherer Priorität muß warten, bis der Prozeß niedrigerer Priorität seine Bearbeitung beendet hat. Der Prozeß höherer Priorität unterliegt in einer solchen Situation einer sog. *Prioritätsumkehrung*. Im weiteren sollen vorerst alle Prozesse während ihrer Bearbeitung auf dem Prozessor unterbrechbar sein.
Prioritätsumkehrung	
Planungsalgorithmus	In einem Echtzeitsystem müssen Pläne von Planungsalgorithmen für exklusive, beschränkte Betriebsmittel, auf die mehrere Prozesse gleichzeitig zugreifen, aufgestellt werden. Dabei muß gewährleistet sein, daß alle Prozesse ohne Fristüberschreitung bearbeitet werden können. Dies läßt sich zu einem Modell erweitern, das Mehrfachbetriebsmittel desselben Typs (z. B. Prozessoren) berücksichtigt und genauso auf unterschiedliche Betriebsmittel – wie Speicher und Bandbreite – zur Kommunikation ausweitet. Die Aufgabe eines Planungsalgorithmus ist es, festzustellen, ob für eine gegebene Menge von Prozessen ein Plan existiert, so daß alle Zeit- und Betriebsmittelanforderungen der Prozesse erfüllt werden können (*Planungsziel*). Falls ein solcher Plan existiert, muß dieser mit Hilfe des Algorithmus berechnet werden. Ein Planungsalgorithmus kann die Bearbeitung eines neu hinzukommenden Prozesses nur dann garantieren, wenn die fristgerechte Bearbeitung dieses Prozesses und aller bereits garantierten Prozesse in jeder Periode über die gesamte Laufzeit gewährleistet ist. Wenn die Bearbeitung eines Prozesses durch einen Planungsalgorithmus garantiert werden kann, dann ist auch die Bearbeitung des Prozesses vor Ablauf seiner Frist in jeder Periode beendet [CSR88]. Um die Bearbeitung eines Prozesses zu garantieren, muß ein *Einplanbarkeitstest* feststellen, ob der neu hinzugekomme Prozeß eingeplant werden kann.
Planungsziel	
Einplanbarkeitstest	
Garantieverhältnis	Ein Maß für die Leistungsfähigkeit eines Planungsalgorithmus ist das *Garantieverhältnis*. Dabei handelt es sich um das Verhältnis zwischen der Anzahl der garantierten Prozesse zu der Anzahl der Prozesse, die bearbeitet werden könnten.
Prozessorauslastung	Ein anderes Maß ist die *Prozessorauslastung*. Dies ist das Verhältnis der Bearbeitungszeit aller garantierten Prozesse zur totalen Prozessorzeit [LL73]:

$$U = \sum_{i=1}^{n} \frac{e_i}{p_i}$$

11.1.4 Reservierungskonzept und -modell

Zur Erfüllung von zeitlichen Garantien für multimediale Anwendungen, die von der Prozeßverwaltung gewährt wurden, müssen zwei wichtige Funktionalitäten beachtet werden:

- Die *Reservierung von CPU-Bandbreite* mit ihren Mechanismen und Regeln.
- Die *Einplanung von CPU-Bandbreite* mit ihren Mechanismen und Regeln.

Reservierung und Einplanung

Die CPU-Verwaltung benötigt zur Umsetzung dieser Funktionalität die folgenden wichtigen Komponenten: (1) eine *CPU-Maklereinheit* und (2) den *CPU-Scheduler (Dispatcher)*. Die CPU-Maklereinheit führt die folgenden Aufgaben aus:

CPU-Makler

- Den *Einplanbarkeitstest*, der eine Zugangskontrolle für das CPU-Scheduling darstellt und der von der Scheduling-Regel, die vom CPU-Scheduler verwendet wird, abhängt,
- Die *CPU-Reservierung* nach vorgegebenen Reservierungsregeln, in denen die Menge an CPU-Bandbreite in der *Reservierungstabelle* (Dispatch-Tabelle) registriert wird,
- Die *Dienstgüteberechnung*, die eine Einplanung und andere Leistungsparameter so berechnet, daß der CPU-Scheduler die neue Anforderung garantieren kann.

Aufgaben des CPU-Maklers

Der CPU-Scheduler führt die folgenden Aufgaben aus:

Aufgaben des CPU-Schedulers

- Scheduling-Mechanismen, die Scheduling-Regeln gehorchen,
- Wenn Überläufe registriert werden, wird eine Benachrichtigung an den Benutzer geschickt und dem CPU-Makler eine Anforderung zur Adaption/Neuverhandlung übermittelt, um dieses Verhalten zu korrigieren.

In diesem Kapitel werden Reservierungskonzepte für die CPU-Bandbreite und ihre Mechanismen und Regeln vorgestellt. Die Scheduling-Mechanismen und die Scheduling-Regeln werden in den folgenden Unterabschnitten behandelt.

Das Reservierungskonzept basiert auf der als *Prozessorkapazitätsreserve* bezeichneten Abstraktion [LRM96], die es den Anwendungs-Threads erlaubt, ihre CPU-Anforderungen im Sinn von zeitlichen Randbedingungen zu spezifizieren. Hierzu übergeben die Anwendungs-Threads dem CPU-Makler zeitliche Dienstgüteanforderungen, wie bspw. die Periode (p) oder die CPU-Ausnutzung in Prozent (U). Allgemeiner können die Anwendungen ihr zeitliches Verhalten in Form eines Zeitgraphen angeben, wenn ein solcher existiert. Anwendungs-Threads können bspw. für periodische Prozesse (p=50ms, U=40%) spezifizieren.

Prozessorkapazitätsreserve

Reservierungsmechanismus

Mit dem derart festgelegten *Application Programming Interface* (API) senden die Anwendungs-Threads Anforderungen an den CPU-Makler. Dieser führt

Einplanung von Prozessen

eine Zugangskontrolle durch, die sich nach der Scheduling-Regel richtet (siehe Abschnitt 11.1.5 bis Abschnitt 11.1.7). Diese bestimmt, ob ein neuer Anwendungsprozeß eingeplant werden kann oder nicht. Im ersteren Fall fügt der CPU-Makler den Echtzeitprozeß in die Menge wartender Echtzeitprozesse ein (indem die Priorität des Prozesses auf *wartend* gesetzt wird). Der Makler berechnet weiterhin einen neuen Zeitplan, der auf dem gewünschten Scheduling-Algorithmus basiert und schreibt diesen in die Dispatch-Tabelle.

CPU-Maklerprozeß

Der *CPU-Maklerprozeß* ist ein mit Root-Rechten laufender Dämon-Prozeß, der mit einer normalen dynamischen Priorität läuft. Er kann beim Hochfahren des Systems gestartet werden, wie auch jeder andere Dämon für Netzwerke und Dateisysteme. Ein Aufwachen des Prozesses erfolgt, wenn eine neue Anwendungsanforderung eintrifft. Der Makler muß hierbei als Root-Prozeß laufen, da er die Priorität anderer Prozesse in eine feste Echtzeit (RT für Real-Time)-Priorität ändern können muß. Der Maklerprozeß übernimmt dabei keinerlei Dispatching der RT-Prozesse. Anstelle dessen wird ein separater RT-Dispatcher-Prozeß durch Duplikation aufgerufen (sog. *Forking*). Der Grund hierfür liegt daran, daß die Zugangs- und Einplanbarkeitstests im Makler variable Berechnungszeiten haben können, und daher die kritischen Zeitvorgaben der zu startenden RT-Prozesse verletzt werden könnten. Der Zugangs- und Einplanbarkeitstest muß hingegen nicht in Echtzeit erfolgen; als Ergebnis hiervon läuft der Makler mit einer dynamischen Priorität. Die Aufteilung des RT-Scheduling/Dispatching in einen Dispatcher- und in einen Einplanbarkeitstest im Time-Sharing (TS)-Maklerprozeß stellt eine essentielle Möglichkeit dar, mit dessen Hilfe Berechnungen zur Laufzeit durch den Makler und den Dispatcher ausgeführt werden können, ohne die Präzision der Verteilung der RT-Prozesse zu beeinträchtigen. Die Anwendungs-RT-Prozesse starten ihre Verarbeitung mit einer TS-dynamischen Priorität. Der Makler und der Dispatcher verändern diese in der Folge in eine feste RT-Priorität, wenn sie jeweils *akzeptiert* bzw. *dispatched* werden.

Reservierungstabelle

Die *Reservierungstabelle* (*Dispatch-Tabelle*) ist ein Objekt im Shared Memory, in das der Makler die reservierte CPU-Bandbreite in Form eines Zeitplans hineinschreibt. Der Dispatcher liest diese wieder aus, um zu erfahren, wie die RT-Prozesse verteilt werden sollen. Die Reservierungstabelle muß hierzu im volatilen Speicher an einer festen Position untergebracht werden, um ein effizientes Lesen und Schreiben zu ermöglichen. Ein Beispiel einer Reservierungstabelle des ratenmonotonen Schedulings ist wie folgt [KN98]: Die Tabelle enthält einen sich wiederholenden Zeitrahmen von Einträgen, von denen jeder einem Zeitschlitz der CPU-Zeit entspricht. Jeder Eintrag kann der ID eines RT-Prozesses (PID) oder einer Gruppe kooperierender RT-Prozeß-PIDs zugeordnet werden oder frei sein (siehe Tab. 11-1 auf Seite 299).

Der sich wiederholende Zeitrahmen aller akzeptierter RT-Anwendungsprozesse ist 40 ms ($GCD(T_{721}, T_{773,774,775})$). Er enthält 4 Zeitschlitze voneiner Länge von je 10 ms. Tab. 11-1 ist das Resultat des ratenmonotonen (RM)-Schedulings, wobei die PID 721 die Periode 20 ms und die Ausführungszeit 10 ms hat und die PIDs 773/774/775 analog 40 ms und 10 ms. Es existiert ein freier Zeitschlitz, wodurch den TS-Prozessen von 40 ms jeweils 10 ms der

CPU-Zeit zugewiesen wird. Die minimale Anzahl freier Zeitschlitze wird vom Makler verwaltet, der derart dafür verantwortlich ist, den TS-Prozessen einen fairen Anteil der CPU-Zeit zuzuweisen. In Tab. 11-1 werden den TS-Prozessen 25% (10 ms von 40 ms) der CPU garantiert. Der Systemadministrator kann den TS-Prozentsatz so ändern, daß ein ihm fair erscheinender Wert entsteht. Wenn ein Rechner z. B. besonders intensiv für RT-Anwendungen genutzt wird, kann der TS-Prozentsatz auf einen kleinen Wert gesetzt werden und umgekehrt.

Nummer des Eintrags	Zeit	Prozeß-PID
0	0-10 ms	721
1	10-20 ms	773 774 775
2	20-30 ms	721
3	30-40 ms	frei

Tab. 11-1 Beispiel einer Reservierungstabelle.

RT-Anwendungsproben und RT-Profile: Nimmt man an, daß der CPU-Scheduler einen Einplanungsmechanismus verwendet, der Verarbeitungszeit durch Reservierung garantiert, so sieht sich der Anwendungsprogrammierer immer noch dem bemerkenswerten Problem gegenübergestellt, wieviel Verarbeitungszeit e in einer Reservierung belegt werden sollte. Da die Anwendung idealerweise dazu geschrieben wird, plattformunabhängig zu sein, sollte sie auf einer Reihe von Hardware-Plattformen und Betriebssystemen übersetzt und ausgeführt werden können. Derart ist es aber unmöglich, eine feste Bearbeitungszeit e hart im Programmcode zu verankern. Die durchschnittliche Zeit zur Dekodierung eines MPEG-Frames (siehe Kapitel 7.7 zu Datenkompression) unterscheidet sich bspw. beträchtlich hinsichtlich der Verwendung eines PCs oder einer Workstation. Hierzu muß ein *Probealgorithmus* verwendet werden, der es den Anwendungen erlaubt, eine gute Schätzung der zu reservierenden Verarbeitungszeit zu erhalten, bevor eine Reservierung tatsächlich durchgeführt wird [NHK96b]. In der Probephase führt die Anwendung wenige Iterationen aus, ohne daß die CPU reserviert wird, wobei der Probealgorithmus die derzeitige CPU-Auslastung mißt. Am Ende des Probeprozesses wird aus diesen Daten die durchschnittliche Auslastungszeit berechnet. Die Verarbeitungszeit wird anschließend in einem Dienstgüteprofil gespeichert, das mit der auf der spezifischen Hardware-Plattform laufenden Anwendung assoziiert ist. Ein als `MpegDekoder.Profile` bezeichnetes Profil kann bspw. die folgende Struktur und folgende Einträge haben: (`Plattform = Ultra-1, Auflösung = 352x240, e = 40ms`) und (`Plattform = SPARC10, Auflösung = 352x240, e=80ms`). Mittels der erprobten Werte, die im Profil gespeichert sind, kann eine Anwendung die Auslastung $U = e/p$ errechnen, um eine Reservierung anzufordern.

Verbesserung des Reservierungsmechanismus

Echtzeiterweiterungen Eine weitere Verbesserung der Reservierung ist möglich, wenn Echtzeiterweiterungen eines allgemein verfügbaren Betriebssystems verwendet werden. Der Reservierungsmechanismus kann hierbei durch Prioritätsmechanismen innerhalb des CPU-Schedulers (Dispatcher) wie folgt verbessert werden [KYO96]: Der Dispatcher läuft mit der höchstmöglichen festen Priorität, der wartende RT-Prozeß wartet auf seinen eingeplanten Zeitpunkt mit der niedrigstmöglichen Priorität (sog. *Wartepriorität*) und ein aktiver RT-Prozeß läuft mit der zweithöchsten festen Priorität (sog. *Laufpriorität*). Die Prioritätsstruktur ist auch in Tab. 11-2 angegeben.

Tab. 11-2 Struktur des Prioritäts-Schedulings.

	Priorität	Prozeß
RT-Klasse	höchste	Dispatcher
	zweithöchste	Laufender RT-Prozeß
	....	Unbenutzt
TS-Klasse	jede	Jeder TS-Prozeß
RT-Klasse	niedrigste	Wartende RT-Prozesse

Der Dispatcher wacht periodisch auf, um die RT-Prozesse zu verteilen, indem ihre Priorität zwischen *wartend* und *laufend* hin- und hergeschaltet wird; während der restlichen Zeit schläft er. In dieser Zeit wird der RT-Prozeß mit der Laufpriorität ausgeführt. Wenn kein derartiger Prozeß existiert, werden die TS-Prozesse mit dynamischen Prioritäten ausgeführt, wobei ein faires Time-Sharing-Scheduling (bspw. ein UNIX-Scheduler) verwendet wird. Hierdurch wird ein einfacher Mechanismus realisiert, mit dem ein RT-Scheduling in beliebigen Time-Sharing-Betriebssystemumgebungen erfolgen kann. Dieses Verfahren hat weiterhin viele wünschenswerte Eigenschaften, die andere Implementierungen, wie z. B. die der Prozessorkapazitätsreserve [MT94], nicht vorsehen:

Vorteile des Verfahrens
- Existierende Kernel müssen nicht verändert werden. Der Reservierungs- und Scheduling-Prozeß kann so als ein Prozeß der Benutzerebene implementiert werden.
- Der Berechnungsaufwand ist sehr gering.
- Der Ansatz bietet die Flexibilität, jegliche Scheduling-Algorithmen im Scheduler zu implementieren (bspw. das ratenmonotone Scheduling, das Earliest-Deadline-First-Scheduling oder hierarchische CPU-Algorithmen).

Reservierungsrichtlinien

Aufgaben Reservierungsrichtlinien ermöglichen die effiziente Verwaltung und Verteilung von Ressourcenreservierungen. Sie sind weiterhin von großer Wichtigkeit, wenn man verteilte Multimediasysteme betrachtet, in denen mehrfache

Reservierungen simultan erfolgen. Mittels Richtlinien können Verklemmungssituationen und eine geringe Ressourcennutzung vermieden werden. Reservierungsrichtlinien können wie folgt klassifiziert werden [Ven98, KN98, MT94]:

- *Reservierungsmodus*
  Es können zwei Arten von Reservierungen unterstützt werden: (1) unverzügliche und (2) solche, die im voraus erfolgen. Im Modus der unverzüglichen Reservierung wird ohne weitere Verzögerung reserviert, wodurch die Anwendung eine unmittelbare Antwort erhält. Im Modus der Reservierung im voraus erfolgt diese in der Zukunft. Die unverzügliche Reservierungsstrategie erfordert keinerlei Änderungen der Reservierungstabellen, bzw. der zugrundeliegenden Mechanismen. Die Reservierung im voraus erfordert einen Eintrag in der Reservierungstabelle, um die Reservierung mit ihrem Startpunkt zu assoziieren. Dies impliziert, daß die Zugangskontrolle Modifikationen erfordert, um die Reservierung im voraus zu realisieren.

- *Dienstgütebereich der Reservierung*
  Viele Dienstgüteparameter werden in einem Akzeptanzbereich definiert. Beispiele hierfür sind Paare oder Tripel von QoS-Werten. Die Bandbreitenspezifikation der CPU kann für MPEG-komprimiertes Video bspw. als minimale CPU-Verarbeitungszeit von 10 ms und als durchschnittliche CPU-Verarbeitungszeit von 20 ms angegeben werden. Aus diesem Grund muß die Reservierungsrichtlinie spezifizieren, wie bindend die individuellen Bereichswerte sind. Es sind mehrere Typen von Reservierungen möglich: (1) die minimale, (2) die mittlere und (3) die maximale Reservierung. Die minimale Reservierungsstrategie führt eine Reservierung, bzw. eine Zugangskontrolle nur auf der Basis der niedrigeren QoS-Grenze durch (minimaler QoS-Wert), wodurch der Bereich zwischen der minimalen und der mittleren/maximalen Werte vom gemeinsam verwendeten Ressourcenpool belegt wird. Die mittlere Reservierungsrichtlinie arbeitet analog auf Basis der mittleren QoS-Grenze. In diesem Fall (wenn eine maximale QoS-Grenze existiert) wird der Bereich zwischen mittlerem und maximalem QoS-Wert aus dem gemeinsam genutzten Ressourcenpool belegt. Die Belegung kann aber nicht garantiert werden. Die maximale Reservierungsrichtlinie bezeichnet den schlimmsten Fall, in dem die Reservierung und die Zugangskontrolle auf der Basis des maximalen QoS-Wertes durchgeführt werden.

- *Reservierungsreihenfolge*
  Die Richtlinie der Reservierungsreihenfolge bezieht sich auf die Reihenfolge, in der der CPU-Makler die Reservierungsanforderungen bearbeitet. In diesem Fall sind zwei Reservierungsrichtlinien denkbar: (1) die *First-Come-First-Serve*-Reservierung (FCFS), in der die Reservierungen in der Reihenfolge ihres Eintreffens verarbeitet werden und (2) die prioritätsbasierte Reservierung, in der jede Reservierungsanforderung mit einer Priorität markiert wird und der CPU-Makler die Anforderungen in der Reihenfolge ihrer Priorität verarbeitet/gestattet. Die prioritätsbasierte Reservierungsreihenfolge erlaubt eine Partitionierung der Anwendungen in essentielle und allgemeine. Hierdurch wird eine Unterbrechung allgemeiner Reservierungen und damit eine Ausführung besonders wichtiger Anwendungen mög-

lich. Das Prioritätsschema weist allerdings die Nachteile auf, daß allgemeine Anwendungen verhungern können, wenn das Schema eine Verletzung des Reservierungskontrakts bedingt. Es ergeben sich weitere Probleme, wenn eine Reservierung im voraus aufgerufen wird. Eine mögliche Lösung zur Vermeidung des Verhungerns von allgemeinen Anwendungen ist es, die Zahl nicht-erfolgreicher Reservierungsanforderungen zu speichern. Hierdurch kann ein Schwellwert berechnet werden, mit dem die Reservierungspriorität angehoben werden kann, um der jeweiligen Anwendung eine Reservierung zu ermöglichen.

Halterichtlinien

- *Halterichtlinien*

  Halterichtlinien beschäftigen sich mit den verschiedenen Möglichkeiten, die eintreten, wenn ein Ressourcenmakler eine Reservierung „einfriert" und auf die Antwort eines anderen Ressourcenmaklers, der von der Anwendung benötigt wird, wartet. Diese Richtlinien sind besonders wichtig, um Verklemmungssituationen vorzubeugen oder diese zu vermeiden, wenn die Reservierung und die anschließende Belegung mehrfacher Ressourcen angefordert wird. Hierzu existieren verschiedene Möglichkeiten: (1) die *Timeout-Richtlinie*, in der der CPU-Makler die Ressourcenreservierung nur für eine begrenzte Zeit festhält, die vom Timeout-Wert spezifiziert wird. Wenn der andere Ressourcenmakler nicht innerhalb der Timeout-Periode antwortet, wird die Reservierung freigegeben und eine *REJECT*-Nachricht an die Anwendung übermittelt. Dies bedeutet weiterhin, daß der Makler, der die Reservierung freigibt, andere Ressourcenmakler benachrichtigen muß, die in die gesamte Reservierung involviert sind, und die im Begriff stehen, die Reservierung zu verarbeiten. (2) Die *Alterungsrichtlinie*, in der die Timeout-Richtlinie neu definiert wird und die Reservierung abgewertet wird, anstatt die Reservierung nach dem Timeout-Wert zu verwerfen. Ein Ressourcenmakler kann bspw. mit der Reservierung von Ressourcen für den maximalen QoS-Wert beginnen. Nach einem bestimmten Timeout-Wert wird die Reservierung auf die des mittleren QoS-Wertes abgewertet. Die letzte Ebene wäre dann die Abwertung der Reservierung nach einem zweiten Timeout-Wert auf die Reservierung von Ressourcen für minimale QoS-Werte. (3) Die *prioritätsbasierte Richtlinie*, in der Reservierungen, je nach der Priorität, die mit der Reservierungsanforderung assoziiert ist, nach dem Timeout-Wert freigegeben werden.

11.1.5 Planung nach Fristen

EDF

Der bekannteste Algorithmus zur Planung von Echtzeitprozessen ist *Earliest-Deadline-First* (EDF, Planen nach Fristen). Zu jedem Planungszeitpunkt wird aus der Menge der Prozesse, die zur Bearbeitung anstehen und noch nicht vollständig bearbeitet wurden, der Prozeß ausgewählt, dessen Frist die nächste ist.

Verfahren

Der ausgewählte Prozeß erhält Zugang zum Betriebsmittel. Bei der Ankunft eines neuen Prozesses (nach dem LBAP-Modell) ist durch den Algorithmus sofort ein neuer Plan zu erstellen, d. h., der zu diesem Zeitpunkt bearbeitete Prozeß wird unterbrochen und der neue Prozeß nach seiner Frist eingeplant. Dieser neue Prozeß erhält Zugang zum Betriebsmittel, wenn seine Frist vor der des unterbrochenen Prozesses abläuft. Der unterbrochene Prozeß nimmt seine Bearbeitung wieder auf, sobald er unter allen anstehenden Prozessen derjenige ist, dessen Frist am nächsten liegt. EDF ist nicht nur ein optimaler Planungsalgorithmus für periodische Prozesse, sondern auch für Prozesse mit unregelmäßigen oder unbekannten Ankunftszeiten, Fristen und Bearbeitungszeiten. In solchen Fällen lassen sich allerdings keine Garantien für die fristgerechte Bearbeitung der Prozesse geben [Der74].

EDF ist ein optimaler, dynamischer Planungsalgorithmus: Dies bedeutet, daß, falls für eine gegebene Prozeßmenge ein verwendbarer Plan existiert, dieser Plan mit Hilfe von EDF gefunden werden wird. Dynamische Algorithmen planen alle ankommende Prozesse einzeln ein. Periodisch auftretende Prozesse müssen in jeder Periode neu eingeplant werden. EDF hat bei n einzuplanenden Prozessen mit beliebigen Bereitzeiten und Fristen eine Komplexität von $\theta(n^2)$ [Her91].

Bewertung

Bei einem prioritätsgesteuerten System-Scheduler wird jedem Prozeß durch den Fristenplaner eine Priorität in Übereinstimmung mit seiner Frist zugeordnet. Die höchste Priorität erhält der Prozeß, dessen Frist am nächsten ist; die niedrigste Priorität erhält der Prozeß mit der am weitesten entfernten Frist. Jeder neu ankommende Prozeß kann dabei eine Anpassung der Prioritäten erfordern.

Wendet man EDF zur Einplanung kontinuierlicher Mediendaten auf einer Einprozessormaschine mit Prioritäten-Scheduling an, so ist es wahrscheinlich, daß die Prozeßprioritäten relativ oft umsortiert werden müssen. Eine Priorität wird jedem Prozeß zugewiesen, der nach seiner Zeitschranke bereit zur Bearbeitung ist. Übliche Systeme verwenden normalerweise nur eine begrenzte Anzahl von Prioritäten. Wenn die berechnete Priorität eines neuen Prozesses nicht verfügbar ist, so müssen die Prioritäten anderer Prozesse neu geordnet werden, bis die erforderliche Priorität frei ist. Im schlimmsten Fall müssen die Prioritäten aller Prozesse neu geordnet werden. Dies kann einen erheblichen Aufwand bedingen. Der EDF-Scheduling-Algorithmus verwendet selbst keinerlei vorab gewonnenes Wissen über das Auftreten von periodischen Prozessen.

Erweiterungen

Das EDF-Verfahren wird von vielen Modellen als grundlegendes Konzept benutzt. Eine Erweiterung des EDF-Algorithmus stellt der *Time Driven Scheduler* dar. Dieser Algorithmus plant Prozesse nach Fristen ein, ist aber gleichzeitig in der Lage, Überlastsituationen zu bewältigen. Bei auftretender Überlast werden zunächst alle Prozesse aus dem Plan entfernt, deren Bearbeitung nicht mehr zum Ablauf ihrer Frist abgeschlossen werden kann. Liegt danach immer noch eine Überlastsituation vor, so werden Prozesse bis zur Beseitigung der Überlast aus dem Plan genommen. Die Auswahl der Prozesse berücksichtigt ihre Wertigkeit. Die Wertigkeit ist ein Maß für die Bedeutung eines Prozesses für das System.

Time Driven Scheduler

Unterteilung in Pflicht- und optionale Teile

Die in [LLSY91] vorgestellte Variante des EDF-Algorithmus unterteilt einen Prozeß in zwei Teile: Der erste Teil muß ausgeführt werden, die Bearbeitung des zweiten Teils ist optional. Alle Prozesse werden nach ihren Fristen eingeplant. Die Bearbeitung eines Prozesses wird unterbrochen, sobald der erste Teil der Bearbeitung beendet ist. Ein verwendbarer Plan liegt vor, wenn die Pflichtteile aller im System vorhandenen Prozesse zu ihren Fristen bearbeitet werden können. Bei freier Prozessorzeit erfolgt die Bearbeitung der optionalen Teile der Prozesse. Bei der Verarbeitung von kontinuierlichen Daten kann dieses Verfahren mit einer Kodierung der Daten nach deren Wichtigkeit kombiniert werden. Ein Einzelbild liege bspw. in unkomprimierter Form als ein Feld einzelner Pixel vor. Jedes Pixel dieses Schwarz-Weiß-Bildes sei mit 16 bit kodiert. Eine Verarbeitung der acht höherwertigen Bits wird dann als Pflichtteil behandelt, die niedrigerwertigen Bits sind der optionale Teil. Durch diese Unterteilung in Pflicht- und optionale Teile, lassen sich mehr Prozesse einplanen. In einer Überlastsituation werden die optionalen Teile der Prozesse nicht ausgeführt, was zwar zu einer Qualitätsminderung des Bearbeitungsergebnisses führt, jedoch Fehler vermeidet.

Effizienz

Die maximale Prozessorauslastung von dynamischen Planungsalgorithmen liegt bei 100 % (siehe EDF). Wenn eine Prozeßmenge durch einen statischen Planungsalgorithmus eingeplant werden kann, dann existiert mit EDF auch immer die Möglichkeit, einen verwendbaren Plan für diese Prozeßmenge zu finden.

Bei der Planung kontinuierlicher Daten auf einem Ein-Prozessorrechner nach EDF mit einem prioritätsgesteuerten System-Scheduler kann dies zu einem häufigen Umsetzen von Prozeßprioritäten führen. Jeder Prozeß, der zur Bearbeitung bereit wird, erhält eine Priorität aufgrund seiner Frist. Die Systeme stellen jedoch nur eine sehr begrenzte Anzahl von Prioritäten zur Verfügung. Wenn die errechnete Priorität nicht frei ist, dann müssen die Prioritäten anderer Prozesse solange umgesetzt werden, bis die errechnete Priorität frei ist. Im ungünstigsten Fall sind davon alle im System vorhandenen Prozesse betroffen. Dies kann zu einem erheblichen Systemaufwand bei der Einplanung von Prozessen führen. EDF nutzt während der Laufzeit die Information über das periodische Auftreten der einzuplanenden Prozesse nicht aus.

11.1.6 Ratenmonotones Planungsverfahren

Algorithmus für unterbrechbare, periodische Prozesse

Der ratenmonotone Algorithmus wurde 1973 von Liu und Layland in [LL73] erstmals vorgestellt. Es handelt sich hierbei um einen optimalen, mit statischen Prioritäten arbeitenden, Algorithmus für unterbrechbare, periodische Prozesse. Optimal bedeutet in diesem Zusammenhang, daß es keinen anderen *statischen* Algorithmus gibt, der eine Prozeßmenge einplanen kann, die vom ratenmonotonen Algorithmus nicht eingeplant werden kann. Statische Algorithmen planen Datenströme einmal nach ihrer Rate ein. Während der Laufzeit müssen keine weiteren Planungsentscheidungen mehr getroffen werden.

Die folgenden fünf Annahmen beschreiben die notwendigen Voraussetzungen, um den Algorithmus anwenden zu können:

Voraussetzungen

1. Alle zeitkritischen Prozesse treten periodisch wiederkehrend auf; d. h., zwischen zwei aufeinanderfolgenden Prozessen liegt immer ein konstantes Zeitintervall.

2. Die Bearbeitung eines Prozesses muß abgeschlossen sein, bevor der nächste Prozeß zur Bearbeitung bereit wird. Dies bezieht sich immer auf die Verarbeitung von Daten eines Datenstroms. Die Frist liegt somit jeweils am Ende der Periodendauer.

3. Unterschiedliche Prozesse sind voneinander unabhängig, d. h., die Bearbeitung eines Prozesses hängt nicht vom Zustand eines anderen zeitkritischen Prozesses ab.

4. Die Bearbeitungszeit ist in jeder Periode gleich und variiert während der Laufzeit nicht. Der Begriff *Bearbeitungszeit* bezeichnet dabei die maximale Zeit, die der Prozessor zur Bearbeitung eines Prozesses benötigt, ohne unterbrochen zu werden.

5. Alle nicht-periodischen Prozesse im System sind nicht zeitkritisch. Es handelt sich bei ihnen normalerweise um Prozesse, die einen periodischen Prozeß initiieren oder um Prozesse zur Fehlerbehandlung. Sie ersetzen üblicherweise periodische Prozesse.

Durch weiterführende Arbeiten wurde gezeigt, daß nicht immer alle fünf Forderungen für die Anwendung des ratenmonotonen Algorithmus unbedingt erfüllt sein müssen [LSST91, SKG91].

Der ratenmonotone Algorithmus weist aufgrund seiner Rate jedem Prozeß eine statische Priorität zu. Diese Priorität behält er für den Rest seiner Laufzeit. Prioritäten geben die relative Wichtigkeit eines Prozesses, verglichen mit der anderer Prozesse im System, an. Dabei erhält der Prozeß mit der kürzesten Periode – d. h. mit der größten Rate – die höchste Priorität. Der Prozeß mit der längsten Periode – d. h. mit der kleinsten Rate – erhält die niedrigste Priorität.

Verfahren: Zuweisung von Prioritäten

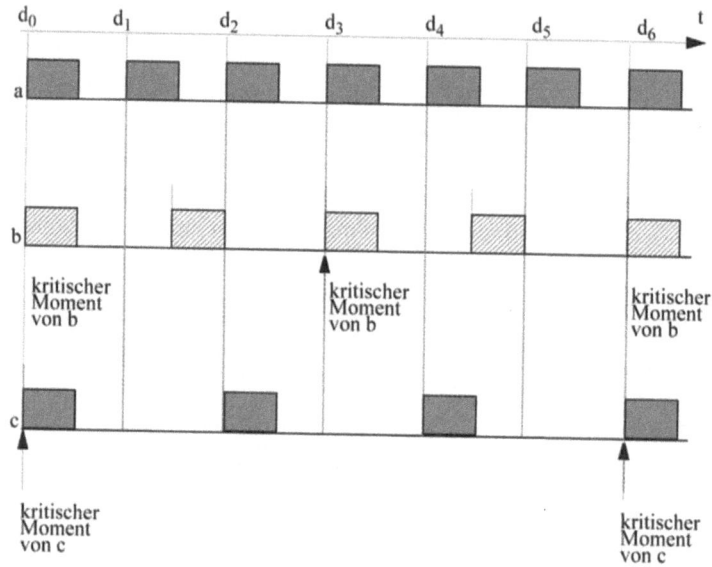

Abb. 11-2
Kritischer Moment
beim ratenmonotonen
Planungsverfahren.
Ein Beispiel mit drei
Datenströmen.

Der ratenmonotone Algorithmus ist ein einfaches Verfahren, um periodische, zeitkritische Prozesse auf Betriebsmitteln einzuplanen. Kann ein Prozeß während der *längsten Antwortdauer* fristgerecht bearbeitet werden, dann kann er während der gesamten Laufzeit in jeder Periode seine Frist einhalten. Die *Antwortdauer* ist die Zeitspanne zwischen dem Zeitpunkt, zu dem ein Prozeß zur Bearbeitung bereit ist, und dem Ende seiner Bearbeitung. Diese Zeitspanne ist maximal, wenn alle Prozesse mit einer höheren Priorität zeitgleich mit ihm zur Bearbeitung bereit werden. Dieser Fall wird als kritischer Moment (*Critical Instant*) eines Prozesses bezeichnet (siehe Abb. 11-2). In dieser Abbildung ist die Priorität von a höher als von b, und die von b ist höher als die von c. Die schraffierten Bereiche kennzeichnen die jeweils benötigte Bearbeitungszeit. Die kritische Zeitzone (*Critical Time Zone*) eines Prozesses beschreibt das Zeitintervall zwischen kritischem Moment und dem Abschluß der Bearbeitung.

Bei einem Audiodatenstrom mit einer Rate von 75 Nachrichten pro Sekunde und einem Videodatenstrom mit einer Rate von 25 Bildern pro Sekunde bedeutet dies bspw., daß der Audiodatenstrom eine höhere Priorität als der Videodatenstrom erhält. Die Bearbeitung eines Videodatenpaketes wird unterbrochen, wenn ein Audiodatenpaket zur Bearbeitung bereit ist und wird nach der Bearbeitung des Audiodatenpakets fortgesetzt. Kann ein Videopaket, das zum selben Zeitpunkt zur Bearbeitung bereit ist wie ein Audiopaket, vor Ablauf seiner Frist bearbeitet werden, dann können alle auftretenden Videopakete zu ihren Fristen bearbeitet werden. In diesem Fall liegt ein verwendbarer Plan vor.

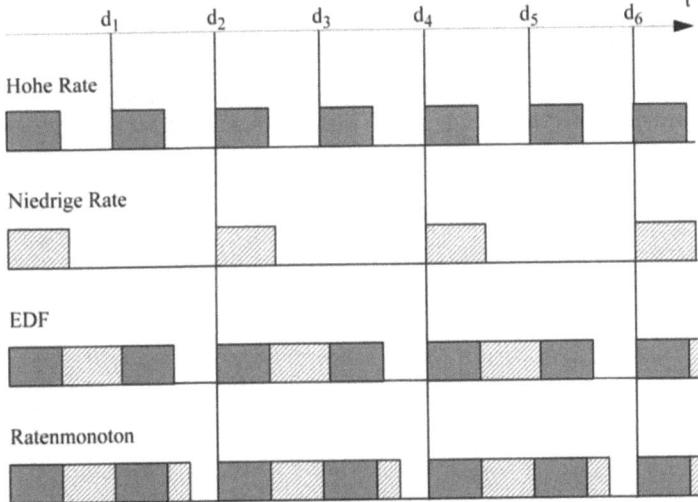

Abb. 11-3
Ratenmonotones
Planungsverfahren und
der EDF-Algorithmus
im ersten Vergleich.
Darstellung der Prozeßwechsel an einem
Beispiel.

Verglichen mit einem Plan, der aufgrund von EDF zustande gekommen ist, kann es bei einem Plan, der nach dem ratenmonotonen Algorithmus erstellt wurde, zu häufigeren Prozeßwechseln kommen. Abb. 11-3 zeigt dies an einem Beispiel.

Vergleich mit EDF

Prozessorauslastung

Die Prozessorauslastung ist beim ratenmonotonen Algorithmus beschränkt und hängt von den einzelnen Prozessen mit ihren jeweiligen Bearbeitungszeiten und Perioden ab. Dabei gilt:
- Der kritische Moment bestimmt die Grenzen des Algorithmus bezüglich der Prozessorauslastung.
- Für jede Anzahl n von unabhängigen Prozessen $t(j)$ läßt sich eine Abschätzung der ungünstigsten Konstellation bezüglich der Prozessorauslastung angeben. Hier ist die maximal mögliche Prozessorauslastung das Minimum aller Prozessorauslastungen über allen Prozeßmengen $t(j)$; $j \in (1, ..., n)$, die die CPU voll auslasten. Dabei muß gelten, daß jede Erhöhung der Bearbeitungsdauer eines beliebigen Prozesses zu einem ungültigen Plan führt.

Unter diesen Annahmen wird in [LL73] eine analytische Abschätzung der in jedem Fall erreichbaren maximalen Prozessorauslastung durchgeführt. Es ist garantiert, daß eine Menge von m unabhängigen Prozessen immer dann ihre Fristen einhalten wird, wenn folgende Gleichung erfüllt ist:

Analytische Prozessorauslastung

$$U(m) = m \times \left(2^{\frac{1}{m}} - 1\right) \geq \frac{e_1}{p_1} + ... + \frac{e_m}{p_m} .$$

Einplanung von Prozessen

Für große m ist nach [LS86] die größte Prozessorauslastung $U = \ln 2$. Zur Bestimmung der Einplanbarkeit eines Prozesses genügt es, zu überprüfen, ob die Prozessorauslastung kleiner oder gleich der vorgegebenen Obergrenze für die vorhandenen Bearbeitungszeiten und Periodendauern ist. In den meisten Systemen wird dies auf einen Vergleich mit dem Wert $\ln 2$ zurückgeführt.

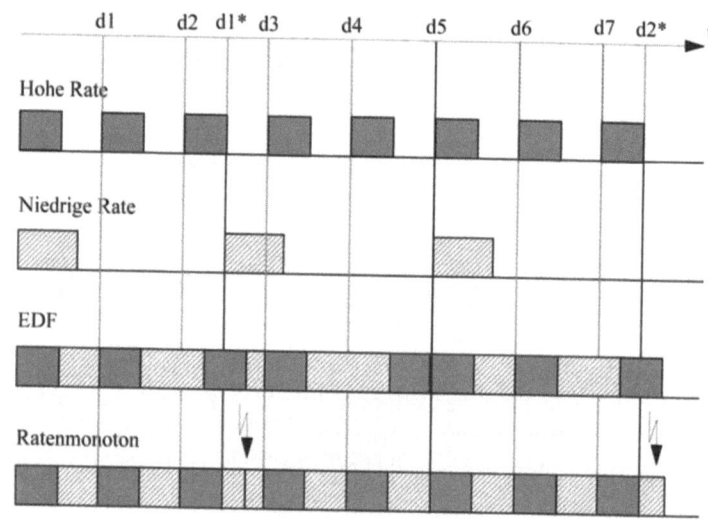

Abb. 11-4 Ratenmonotones Planungsverfahren und der EDF-Algorithmus in einem zweiten Vergleich. Darstellung der Prozeßauslastung an einem Beispiel.

EDF-Verfahren

EDF kann eine Prozessorauslastung von 100 % erreichen, weil alle Prozesse dynamisch nach ihren Fristen eingeplant werden. Das in Abb. 11-4 dargestellte Beispiel beschreibt einen Fall, in dem EDF einen verwendbaren Plan mit einer Prozessorauslastung von 100 % liefert. Ein Einplanen nach dem ratenmonotonen Algorithmus ist hier nicht mehr möglich.

Das Problem der ungünstigen Prozessorauslastung wird dadurch verschlechtert, daß normalerweise die durchschnittliche Bearbeitungszeit wesentlich unter der längsten Bearbeitungszeit liegt. Ein Planungsalgorithmus sollte deshalb in der Lage sein, mit einer vorübergehend auftretenden Überlastsituation fertig zu werden. Im Durchschnitt werden beim ratenmonotonen Algorithmus Fristen auch dann eingehalten, wenn die Prozessorauslastung weit über 80 % liegt. Fristen können bei höchstens einer Fristverlängerung sogar bis zu einer Prozessorauslastung von 90 % eingehalten werden. Das in [SSL89] erwähnte *Nowy's Insertial Navigation System*, das den ratenmonotonen Algorithmus benutzt, erreicht bspw. eine Prozessorauslastung von 88 %.

Ratenmonotones Verfahren

Da es sich beim ratenmonotonen Algorithmus um einen optimalen, statischen Algorithmus handelt, gibt es keinen anderen statischen Algorithmus, der eine höhere Prozessorauslastung erreichen kann.

Erweiterungen

Auch der ratenmonotone Algorithmus wurde vielfach modifiziert. Um eine bessere Prozessorauslastung zu erreichen, können auch hier Prozesse in einen *optionalen Teil* und in einen *Pflichtteil* unterteilt werden. Die Bearbeitung des Pflichtteils liefert hierbei ein akzeptables Ergebnis. Der optionale Teil verfeinert das durch den Pflichtteil gelieferte Ergebnis. Die Pflichtteile der Prozesse werden nach dem ratenmonotonen Algorithmus eingeplant; für die Bearbeitung der optionalen Teile werden mehrere unterschiedliche Methoden zur Einplanung vorgeschlagen [CL88, CL89, LLN87].

Optionaler Teil
Pflichtteil

Neben periodischen Echtzeitprozessen treten in manchen Systemen auch zeitkritische, aperiodische Prozesse auf, die ebenfalls einzuplanen sind. Müssen die aperiodisch auftretenden Prozesse aperiodische, aber kontinuierliche Datenströme (wie bspw. eine Serie von Diabildern während eines Vortrages) verarbeiten, so lassen sich diese Ströme in periodische Datenströme umwandeln. Dabei wird jede Dateneinheit (z. B. ein Diabild) durch n neue Dateneinheiten ersetzt. Die Gültigkeitsdauer der neuen Dateneinheiten entspricht hier der minimalen Gültigkeitsdauer der alten Dateneinheiten. Hiermit wird die Anzahl der Dateneinheiten künstlich erhöht. Dadurch, daß jetzt alle Datenobjekte die gleiche Gültigkeitsdauer haben, wurde der kontinuierliche, aperiodische Strom in einen kontinuierlichen, periodischen Datenstrom umgewandelt [Her90]. Bei sporadisch auftretenden Prozessen können sog. *Sporadic Server* deren Bearbeitung sicherstellen. Der Server erhält ein Budget zur Bearbeitung von aperiodischen Prozessen, das nach t Zeiteinheiten wieder aufgefrischt wird. Eine frühere Auffrischung ist allerdings möglich. Das Budget repräsentiert die Prozessorzeit, die für sporadische Prozesse reserviert wurde. Nur solange das Budget noch nicht erschöpft ist, können periodische Prozesse vom Server für die Bearbeitung von aperiodischen Prozessen unterbrochen werden. Ist das Budget erschöpft, so können aperiodische Prozesse bis zur Wiederauffüllung des Budgets nur mit einer Hintergrundpriorität bearbeitet werden. Ein sporadischer Server ist vor allem für Systeme geeignet, bei denen neben periodischen Prozessen auch sporadische Prozesse vorkommen, die schnell bearbeitet werden müssen [SG90, Spr90, SSL89]. In Multimediasystemen treten sporadische Prozesse bspw. bei einer von mehreren Anwendern gemeinsam genutzten Arbeitsfläche mit Mauszeigern mehrerer Anwender auf. Die Darstellung dieser Zeiger unterliegt zeitlichen Restriktionen und kann als sporadischer Prozeß aufgefaßt werden.

Nicht-periodische Prozesse

Sporadic Server

Der ratenmonotone Algorithmus wurde u. a. von der NASA und der European Space Agency (ESA) eingesetzt. Er nutzt die Periodizität von Prozessen, die kontinuierliche Medien verarbeiten, optimal aus und ist deshalb zu deren Einplanung besonders geeignet. Weil es sich um einen statischen Algorithmus handelt, müssen kaum Prioritäten umgesetzt werden. Im Gegensatz zu EDF ergibt sich kein Aufwand durch eine ständige Neubestimmung der Prioritäten. Probleme ergeben sich hier durch Datenströme, die keine konstante Datenrate haben (z. B. Videoströme bei denen nur jedes fünfte Bild ein Voll-Bild ist und alle anderen nur Änderungen beinhalten). Die naheliegende Lösung dieses

Optimale Nutzung der Periodizität von Prozessen

Problems ist, diese Prozesse nach ihrer maximalen Datenrate einzuplanen. Dies führt jedoch zu einer Verschlechterung der Prozessorauslastung. Die beim ratenmonotonen Algorithmus freibleibende Prozessorkapazität kann von zeitunkritischen Prozessen verwendet werden. In Multimediasystemen ist dies die Verarbeitung diskreter Medien.

11.1.7 Weitere Verfahren zur Echtzeitplanung

Neben den zwei ausführlich vorgestellten Verfahren (EDF und ratenmonotoner Algorithmus) existieren noch eine Reihe anderer Planungsverfahren für die Echtzeitverarbeitung von Prozessen. In diesem Abschnitt werden die wichtigsten dieser Verfahren kurz beschrieben. Es wird dazu aufgezeigt, aus welchen Gründen sie für Multimediasysteme nur bedingt in Frage kommen.

Spielraumplanung

LLF-Verfahren — Spielraumplanung *(Least Laxity First*, LLF): Der Prozeß mit dem geringsten Spielraum *l* erhält Zugang zum Betriebsmittel. Der *Spielraum* ist die Differenz zwischen der Frist und der Summe aus aktuellem Zeitpunkt t und der Verarbeitungszeit [CW90, LS86]. In der k-ten Periode bedeutet dies:

$$l_k = (s + (k-1)p + d) - (t + e)$$

Die Spielraumplanung ist, wie EDF, ein optimaler, dynamischer Algorithmus für exklusive Einfachbetriebsmittel.

Bewertung — Dieses Optimum besteht auch für die Planung von Echtzeitprozessen mit gleichen Bereitzeiten auf Mehrfachbetriebsmitteln [Hen75]. Ein schwer anzugebender Faktor zur Berechnung des Spielraumes ist die Bearbeitungszeit, deren tatsächlicher Wert nur im nachhinein festgestellt werden kann. Diese Zeit wird somit bei der Berechnung des Spielraumes für den ungünstigsten Fall geschätzt. Das Ergebnis ist daher ungenau. Während der Bearbeitung eines Prozesses verringert sich der Spielraum der wartenden Prozesse. Der Spielraum eines gerade nicht laufenden Prozesses kann deshalb kleiner werden, als der des gerade bearbeiteten Prozesses. Dies kann zu häufigen Kontextwechseln führen.

Planungspunkt — An jedem *Planungspunkt* (Bereitwerden eines neuen Prozesses oder Ablauf einer Zeitscheibe) ist der Spielraum für sämtliche Prozesse, die zur Ausführung bereitstehen, neu zu berechnen. Verglichen mit EDF erzeugt die Spielraumplanung einen größeren Planungsaufwand. Gleichzeitig kommt es durch die dynamische Veränderung des Spielraumes zu häufigeren Prozeßwechseln. Da es sich bei dem zu planenden Betriebsmittel um ein Einfachbetriebsmittel handelt, hat der Einsatz der Spielraumplanung keinerlei Vorteile gegenüber EDF. Zukünftige Multimediasysteme können Mehrprozessorsysteme mit Mehrfachbetriebsmitteln sein; hier kann dieser Algorithmus eingesetzt werden.

Der fristenmonotone Algorithmus

Bei periodischen Prozessen mit einer Frist, die kleiner als die Periode ($d_i < p_i$) ist, ist eine Voraussetzungen für die Anwendung des ratenmonotonen Algorithmus verletzt. In diesem Fall erhält man bei der statischen Vergabe von Prioritäten nach Fristen einen optimalen Plan.

Frist geringer als Periode

Dabei erhält ein Prozeß T_i eine höhere Priorität als ein Prozeß T_j, wenn die Bedingung $d_i < d_j$ erfüllt ist. Für den fristenmonotonen Algorithmus existiert jedoch kein effizienter Einplanbarkeitstest. Die Einplanbarkeit einer Prozeßmenge kann nur durch Überprüfung des ungünstigsten Falls festgestellt werden. Dieser Fall liegt vor, wenn alle Prozesse gleichzeitig bereit werden [LW82, LSST91]. Eine Anwendung dieses Algorithmus ist bspw. oft bei Temperaturmessungen gegeben. In Multimediasystemen kann man davon ausgehen, daß die Frist gleich der Periode ist.

Planung nach Verarbeitungszeiten

Shortest Job First (SJF): Der Prozeß mit der kürzesten Verarbeitungszeit erhält Zugang zum Betriebsmittel [CW90, Fre82]. Durch eine Planung nach Verarbeitungszeiten wird bei gleichen Bereitzeiten garantiert, daß in einer Überlastsituation so viele Prozesse ihre Frist einhalten, wie möglich. Bei Multimediasystemen, die durch die Betriebsmittelverwaltung Überlastsituationen zulassen, läßt sich dieses Verfahren anwenden.

SJF

Überlastsituation

Neben diesen wesentlichen Verfahren der Echtzeitplanung können auch weitere für kontinuierliche Daten verwendet werden (für Prozesse mit unbekannten Bereitzeiten wird dabei bspw. in [HL88] ein Online-Planer vorgeschlagen. Durch einen Echtzeit-Monitor stehen alle aktuellen Prozeßinformationen zur Verfügung, woraus ein optimaler Plan erstellt werden kann [HS89]). Meistens wird in Multimediasystemen mit unterbrechbaren Prozessen der ratenmonotone Algorithmus in unterschiedlichen Varianten eingesetzt.

Weitere Verfahren

11.1.8 Echtzeitplanung unterbrechbarer und nicht-unterbrechbarer Prozesse

Bei der Planung von Echtzeitprozessen kann man grundsätzlich zwischen der Planung von *unterbrechbaren* und *nicht-unterbrechbaren* Prozessen unterscheiden. Bei Planungsverfahren von nicht-unterbrechbaren Prozessen wird ein Prozeß solange bearbeitet, bis die Bearbeitung beendet ist, bzw. bis der Prozeß das Betriebsmittel freiwillig abgibt. Im Gegensatz dazu wird bei unterbrechbaren Prozessen die Bearbeitung unterbrochen, sobald ein anderer Prozeß mit höherer Priorität zur Bearbeitung bereit wird. Prozesse werden meist nicht-unterbrechbar eingeplant, wenn vor dem Bereitwerden des Prozesses keine Information über Ankunftszeit, Bearbeitungszeit und Frist vorliegt. Der beste Algorithmus maximiert hier die Anzahl der zu ihrer jeweiligen Frist bearbeiteten Prozesse. Damit wird der Systemaufwand bei der Planung neuer Prozesse minimiert. Bearbeitungsgarantien sind hier jedoch nicht möglich.

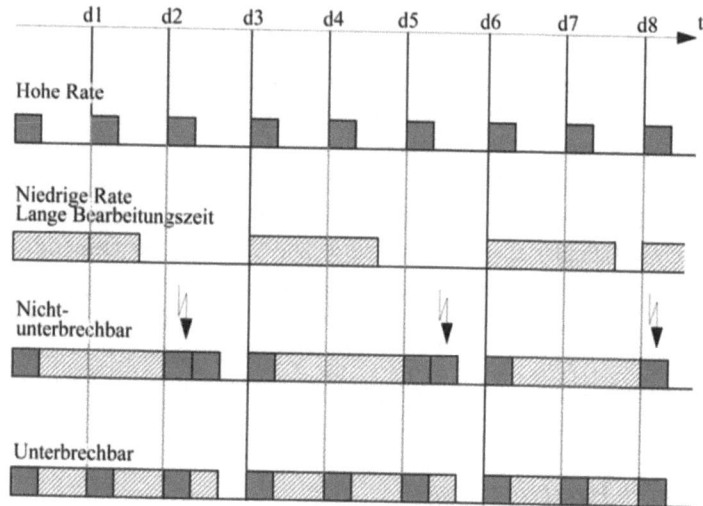

Abb. 11-5
Unterbrechbares und nicht-unterbrechbares Scheduling, ein vergleichendes Beispiel.

Um Garantien für die Bearbeitung von periodischen Prozessen zur Bearbeitung kontinuierlicher Medien anzugeben, werden diese meistens als unterbrechbar angesehen. Die Prioritätsumkehr wird hierbei minimiert. Außerdem können im nicht-unterbrechbaren Fall nicht alle Prozeßmengen eingeplant werden, die auch im unterbrechbaren Mode möglich wären. Ein Beispiel hierfür zeigt Abb. 11-5.

Unterbrechbare Prozesse

Bei dem in [LL73] vorgestellten Einplanbarkeitstest ist die *Unterbrechbarkeit* der einzuplanenden Prozesse eine Grundvoraussetzung. Eine Menge von m periodischen, *unterbrechbaren* Prozessen mit einer Bearbeitungszeit von e_i und einer Periode $p_i \forall i \in (1,...,m)$

- kann demnach durch ein statisches Planungsverfahren eingeplant werden, wenn gilt:

$$\sum \frac{e_i}{p_i} \leq \ln 2$$

- und durch ein dynamisches Verfahren eingeplant werden, wenn gilt:

$$\sum \frac{e_i}{p_i} \leq 1.$$

Nicht-unterbrechbare Prozesse

Ein erster Einplanbarkeitstest für nicht-unterbrechbare Planungsverfahren wurde in [NV92] vorgestellt. Ohne Beschränkung der Allgemeinheit gilt bei einer Menge von m nicht-unterbrechbaren periodischen Prozessen, daß der Prozeß t_m die höchste Priorität und der Prozeß t_1 die niedrigste Priorität besitzt. Dann ist diese Prozeßmenge mit Periode p_i und Frist d_i, Bearbeitungszeit e_i und $d_i \leq p_i \quad \forall i(1,...,m)$ einplanbar, wenn folgende Bedingungen erfüllt sind:

$$d_m \geq e_m + \max_{(1 \leq i \leq m)} e_i$$

$$d_i \geq e_i + \max_{(1 \leq j \leq m)} e_j + \sum_{j=i+1}^{m} e_j F(d_i - e_j, T_j) .$$

Für F gilt:

$$F(x, y) = \text{ceil}\left(\frac{x}{y}\right) + 1$$

Die Zeitspanne zwischen der logischen Ankunftszeit und der Frist des Prozesses t_i muß größer oder gleich der Summe der eigenen Bearbeitungszeit und der Bearbeitungszeit aller Prozesse mit einer höheren Priorität sein, die während dieses Zeitintervalls bereit werden. Dazu kommt die längste Bearbeitungszeit aller Prozesse mit einer niedrigeren Priorität, die während der Ankunft von Prozeß t_i bearbeitet werden könnten.

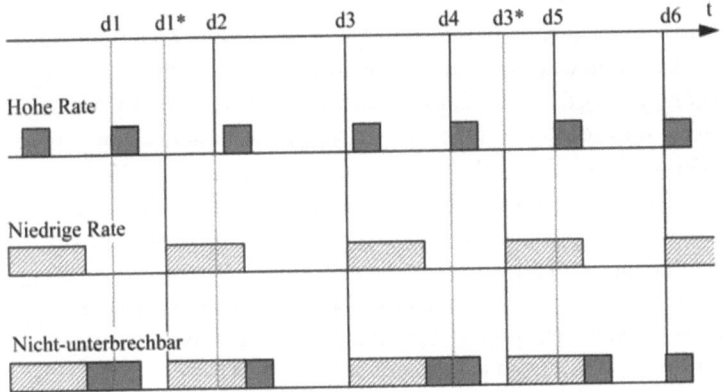

Abb. 11-6
Fristanforderungen bei nicht-unterbrechbarem Scheduling.
Ein Beispiel mit zwei Datenströmen.

Dieser Einplanbarkeitstest ist eine Modifikation des Einplanbarkeitstests von Liu und Layland. Eine Menge von m periodischen Prozessen mit Periode p_i, einheitlichen Bearbeitungszeiten E und Fristen $d_i = p_i + E$ ist

Einplanbarkeitstest

- nach dem ratenmonotonen-Algorithmus einplanbar, wenn gilt:

$$\sum \frac{1}{p_i} \times E \leq \ln 2 ,$$

- bei einer Planung nach Fristen einplanbar, wenn gilt:

$$\sum \frac{1}{p_i} \times E \leq 1 .$$

Somit kann für die Einplanung kontinuierlicher Medien der Prozeß auch nicht-unterbrechbar sein. Dies ist jedoch ungünstiger, weil bei unterbrechbaren Prozessen eine größere Menge von Prozeßkonstellationen einplanbar ist.

11.1.9 Erfahrungen mit Echtzeitplanern

Die meisten Multimedia-Betriebssysteme setzen die oben beschriebenen Verfahren ein. Dabei werden in manchen Systemen die Scheduler durch echtzeitfähige Scheduler ersetzt. Diese Systeme stellen damit ein in sich neues Betriebssystem dar. Eine Kompatibilität mit bestehenden Systemen und Anwendungen ist nicht gegeben.

Meta-Planer Andere Systeme verwenden auf Basis des bestehenden Prozeßverwalters einen *Meta-Planer*, der nach Echtzeitkriterien agiert. Kurz- und mittelfristig werden nur die Systeme mit Metaplaner kommerziell relevant sein, weil sich damit auch alle bisherigen Anwendungen weiterverwenden lassen.

Advanced Real-Time Technology Operating System (Arts)

Advanced Real-Time Technology Operating System Das *Advanced Real-Time Technology Operating System* (Arts) ist ein Echtzeitbetriebssystem für eine verteilte Umgebung mit einem Echtzeit-Prozeßverwalter [HT89]. Es wurde an der Carnegie Mellon University auf SUN3-Rechnern entwickelt, die durch ein echtzeitfähiges Netzwerk, basierend auf IEEE 802.5 Token Ring und IEEE 802.3 Ethernet, miteinander verbunden sind. Das Problem der Einplanung zeitkritischer Prozesse wurde durch die Einführung des *Time Driven Scheduler* und eines Protokolls zur Prioritätenvererbung gelöst. Das Vererbungsprotokoll verhindert die unbegrenzte Prioritätsumkehrung zwischen Kommunikationsprozessen. Prozesse mit harten Fristen werden mit Hilfe des ratenmonotonen Algorithmus eingeplant. In das System wurden experimentell auch andere Planungsverfahren integriert [MT90].

Yet another Real-Time Operating System (Yartos)

Yet another Real-Time Operating System Bei dem *Yet another Real-Time Operating System* (Yartos) handelt es sich um einen Betriebssystemkern für Multimedia-Konferenzsysteme [JSP91], der an der Universität von North Carolina at Chapel Hill entwickelt wurde. Hierbei wurde ein unterbrechbarer Algorithmus zur Planung von Prozessen auf einem Ein-Prozessorsystem entwickelt. Der Planungsalgorithmus resultiert aus der Integration eines Sperrschemas für gemeinsam genutzte Betriebsmittel im Fristenplaner. Ein Prozeß besitzt zwei unterschiedliche Faktoren, die seine Frist bestimmen. Der eine Faktor repräsentiert die ursprüngliche Prozessorzeit, die der Prozeß zu seiner Bearbeitung benötigt. Der andere Faktor ist die Zeit, in der er Prozeßoperationen auf gemeinsam genutzten Betriebsmitteln ausführt. Um die Prioritätenumkehrung zu vermeiden, werden Prozesse mit zusätzlichen Fristen versehen. Dadurch wird sichergestellt, daß Prozesse sich nicht gegenseitig beim Ausführen von Operationen auf gemeinsam genutzten Betriebsmitteln blockieren; weiterhin wird kein gemeinsam genutztes Betriebsmittel länger als unbedingt notwendig blockiert.

Split Level Scheduler

Der *Split Level Scheduler* entstand im Rahmen des DASH-Projekts an der Universität von Kalifornien in Berkeley zur Unterstützung von Multimedia-Anwendungen [And93a]. Zur Planung zeitkritischer Prozesse wird eine Deadline/Workahead-Strategie eingesetzt. Ankunftsprozesse werden durch das *LBAP-Modell* beschrieben. Beim Planen nach dem EDF-Algorithmus haben kritische Prozesse Vorrang. Interaktive Prozesse haben Vorrang vor Workahead-Prozessen. Die Planungsstrategie für Workahead-Prozesse ist nicht festgelegt. Es wird allerdings vorgeschlagen, eine Strategie zu wählen, bei der Kontextwechsel minimiert werden. Für alle unkritischen Prozesse wird eine konventionelle Planungsstrategie, wie die UNIX-Zeitscheibenstrategie, empfohlen.

Dreiklassen-Scheduler

Der Dreiklassen-Scheduler wurde als Teil eines Video-on-Demand-Dienstes bei der ehemaligen Firma Digital Equipment Co. (heute Firma Compaq) in Littleton entwickelt. Das Design des Schedulers basiert auf einer Kombination eines gewichteten Round-Robin-Schedulings und eines ratenmonotonen Schedulings [RVG$^+$93]. Es werden drei Klassen von einplanbaren Prozessen unterstützt. Die isochrone Klasse mit der höchsten Priorität verwendet den ratenmonotonen Algorithmus. Die Echtzeitklasse und die allgemeine Klasse verwenden das Schema des gewichteten Round-Robin-Schedulings. Ein allgemeiner Prozeß ist unterbrechbar und läuft mit einer niedrigen Priorität. Die Echtzeitklasse ist für solche Prozesse geeignet, die einen garantierten Durchsatz und eine begrenzte Verzögerung benötigen. Die isochrone Klasse unterstützt periodische Echtzeitprozesse, die Leistungsgarantien für Durchsatz, begrenzte Verzögerung und geringe Verzögerungsvarianz (Jitter) erfordern. Echtzeit- und isochrone Prozesse können nur in sog. „Preemption Windows" (Unterbrechungsfenstern) unterbrochen werden.

Der Scheduler führt alle Prozesse aus, die in einer Warteschlange bereitstehen, in der alle isochronen Prozesse nach ihrer Priorität angeordnet sind. Bei der Ankunft eines Prozesses bestimmt der Scheduler, ob der gerade laufende Prozeß unterbrochen werden muß. Allgemeine Prozesse werden sofort unterbrochen; Echtzeit-Prozesse werden im nächsten Unterbrechungsfenster unterbrochen, und isochrone Prozesse werden im nächsten Unterbrechungsfenster unterbrochen, wenn ihre Priorität niedriger ist, als die des neuen Prozesses. Wenn eine Warteschlange leer ist, schaltet der Scheduler zwischen der Echtzeitklasse und der allgemeinen Klasse hin und her, indem ein gewichtetes Round-Robin-Schema verwendet wird.

Hierarchischer CPU-Scheduler

Das Gebiet der Einplanbarkeit von weichen RT-Anwendungen auf den momentan verfügbaren UNIX-Plattformen wurde von verschiedenen Gruppen untersucht. Goyal, Guo und Vin [GGV96] implementierten den *hierarchischen CPU-Scheduler*. Die CPU-Ressource wird hierbei in hierarchische Klassen in einer baumartigen Struktur unterteilt, wie bspw. Echtzeit und Best-Effort. Eine Klasse kann weiterhin ihre Ressourcen in Subklassen unterteilen. Jede Klasse kann einen geeigneten Scheduler verwenden, um die Anforderungen ihrer Prozesse (Blätter des Baums) zu erfüllen. Ein Schutz zwischen den Klassen wird durch den *Start-Time-Fair-Queuing* (SFQ)-Algorithmus erreicht, der eine Modifikation des *Weighted-Fair-Queuing*-Algorithmus darstellt. SFQ ist ein fairer Scheduler, der alle Zwischen- und Subklassen nach ihren partitionierten Ressourcen einplant. Der große Nachteil dieses Ansatzes liegt darin begründet, daß die Implementierung Modifikationen des Kernel-Schedulers des zugrundeliegenden Betriebssystems (in diesem Fall Sun Solaris) erfordert. Eine faire Teilung der Ressourcen kann auch nicht direkt in Garantien der Anwendungsdienstgüte übersetzt werden, die eine spezifische Menge an CPU-Belegung und eine konstante Periodizität erfordern. Weiterhin kann abgeschätzt werden, daß der Scheduling-Aufwand proportional mit der zunehmenden Tiefe und Breite der hierarchischen Bäume ansteigt.

Start-Time Fair Queuing

Prozessorkapazitätsreserve-basierte Scheduler

Mercer, Savage und Tokuda [MT94] implementierten die Abstraktion der Prozessorkapazitätsreserven für RT-Threads unter dem RT-Mach-Betriebssystem. Eine aktuelle Version [LRM96] unterstützt Regeln einer dynamischen Qualitätsanpassung. Ein neuer Thread muß hierbei in der Reservierungsphase zuerst seine CPU-QoS in Form der Periode und der erforderlichen CPU-Benutzung in Prozent angeben. Sobald diese akzeptiert ist, wird eine Reserve an CPU-Bearbeitungszeit eingerichtet, die an diesen neuen Thread gebunden wird. Jegliche Berechnung von seiten dieses Prozesses wird dieser Reserve belastet. Dies schließt auch die Dienstzeit verschiedener Systemthreads mit ein. Die Reserve wird periodisch um die geforderte CPU-Benutzungszeit wieder aufgefüllt. Dieses Konzept funktioniert ähnlich wie Token Bucket (siehe Kapitel 14 zu Netzen). Die akkurate Abrechnung der Systemdienstzeit ist eine hervorragende, aber auch eine kostspielige Eigenschaft. Sie erfordert nicht-triviale Modifikationen und einen Berechnungsaufwand innerhalb des UNIX-Kernels, um diese Abstraktion zu unterstützen. Beispiele hierfür sind die Überwachung der in einer Datenbank gespeicherten Reserve und die Übergabe der Reserve des Client-Prozesses an und zwischen System-Threads.

Adaptiver ratenkontrollierter Scheduler

Yau und Lam [YL96] implementierten den adaptiven ratenkontrollierten Scheduler, der eine Modifikation des *Virtual-Clock-Algorithmus* darstellt. Jeder

Prozeß spezifiziert eine Reserverate und eine Periode für seine Zugangskontrollphase. Während der Ausführungsphase wird die Reserverate nach oben oder nach unten angepaßt, um in einer schrittweisen Art mit der aktuellen Benutzungsrate in Übereinstimmung zu gelangen. Dies wird auch als *Ratenanpassung* bezeichnet.

Ratenanpassung

SMART-Scheduler

SMART [NL97] ist ein Echtzeit-Scheduler, der den TS-UNIX-Scheduler erweitert. SMART ist innerhalb des Sun-Solaris-Kernels implementiert. Der SMART-Scheduler erlaubt es RT-Prozessen, zeitkritische Bedingungen zu spezifizieren. RT-Prozesse erhalten mittels eines Scheduler-Aufrufs eine Benachrichtigung, wenn ihre zeitkritischen Bedingungen verletzt werden. Der SMART-Scheduler basiert allerdings immer noch auf dem TS-Konzept der proportionalen Aufteilung von Ressourcen. SMART beinhaltet keinerlei Mechanismen zur Zugangskontrolle und zur Reservierung. Derart kann RT-Prozessen keine Garantie der CPU-Belegung gewährt werden.

Real-Time Upcall Scheduler

Gopalakkrishnan [Gop96] implementierte den *Real-Time Upcall* (RTU) unter NetBSD-UNIX zur Unterstützung periodischer Prozesse. Jeder RTU ähnelt einem Prozeß in der Art und Weise, daß der einen *Event Handler* enthält, der dem Kernel seine Ausführungszeit und Periode meldet. Der Kernel-Dispatcher wurde modifiziert, um die RTUs nach dem ratenmotonen Algorithmus einzuplanen. Um die Vorhersagbarkeit und Effizienz zu steigern, verbietet der Kernel-Dispatcher Unterbrechungen, die in der Mitte der RTU-Ausführung auftreten. Dies wird auch als *Verzögerungsunterbrechung* und *nicht-asynchrone Unterbrechung* bezeichnet.

Event Handler

RT-Scheduler auf Benutzerebene

Kamada, Yuhara und Ono [KYO96] implementierten den RT-Scheduler auf Benutzerebene (User-Level RT Scheduler, URsched) unter Sun-Solaris 2.4. Der URsched-Ansatz basiert auf der in POSIX.4 verfügbaren Erweiterung der festen Prioritäten und dessen Regel zum Prioritäts-Scheduling.

QualMan-CPU-Server

Der Qualman-CPU-Server [CN97b,KN98] bietet den Anwendungen eine Dienstgütekontrolle über die gemeinsam verwendete CPU-Ressource. Dies wird ähnlich modelliert, wie die Architektur des Ressourcenmittlers/Controllers, die in Kapitel 10 zu Dienstgüte und in Abschnitt 11.1.4 beschrieben wurde. Der Qualman-CPU-Server enthält drei Hauptkomponenten: Den CPU-Broker, die Dispatch-Tabelle und den Dispatcher. Der Dispatcher verbessert den ratenmonotonen Scheduler, indem die in Abschnitt 11.1.4 erläuterten Priori-

Komponenten von QualMan

tätsmechanismen verwendet werden. Der CPU-Makler führt die Zugangskontrolle, die Profilverarbeitung und die Probedienste aus, um QoS-Garantien der gemeinsam verwendeten CPU-Bandbreite zu erlauben. Der Dispatcher behandelt Zeitintervalle der Unterauslastung bzw. Überlastung, um die CPU-Auslastung insgesamt zu erhöhen.

Erfahrungen bei der Anwendung von Meta-Planern

„Bösartige" Prozesse

Abschließend sollen noch einige Erfahrungen bei der Verwendung von Meta-Planern verdeutlicht werden [MSS92]. Diese Erkenntnisse zeigen die Grenzen einer derartigen Lösung auf. Alle im System vorhandenen Prozesse können sich selbst auf eine beliebige Priorität setzen, die in einem System, das die Echtzeitverarbeitung unterstützt, verwendet wird. Die Prozesse, die nicht durch die Betriebsmittelverwaltung eingeplant werden, stören das Verhalten des gesamten Plans. *Bösartige* Prozesse, die mit der höchsten Priorität laufen, können das gesamte System blockieren.

Zeitmessung

Die korrekte Steuerung der Planungsalgorithmen bedingt eine exakte Messung der Zeit. Die Messung der reinen Prozessorzeit eines Threads ist ein schwieriges, wenn nicht sogar ein unmögliches Unterfangen, da sämtliche Messungen Interrupts enthalten können. Wird ein Prozeß durch einen anderen unterbrochen, dann enthält die Messung der Bearbeitungszeit auch immer die Zeit, die für den Kontextwechsel benötigt wird. Die Genauigkeit von Zeitgebern ist für die Verarbeitung von Echtzeitprozessen meist nicht ausreichend. Eine Ratenkontrolle ist deshalb nur mit der Granularität des Systemzeitgebers möglich.

Erweiterung der Prozeßprioritäten

Um eine vollständige Echtzeitfähigkeit zu erreichen, müßte das Betriebssystem erweitert werden. Dabei könnte man eine neue Thread-Klasse einführen, die sich durch schnelle Kontextwechsel und die Fähigkeit zur zeitbegrenzten Ausschaltung von Interrupts auszeichnet. Die Prioritäten könnten hier nur an Threads zugewiesen werden, die bereits beim Betriebsmittelverwalter angemeldet sind. Diese Klasse sollte exklusiv ausgewählten Threads vorbehalten sein und durch eine Systemkomponente verwaltet werden.

Erweiterung des System-Schedulers

Eine andere Möglichkeit wäre das Erweitern des System-Schedulers, so daß dieser in der Lage ist, Prozesse mit Echtzeitanforderungen nach bestimmten Echtzeitplanungsverfahren (z. B. EDF) einzuplanen. Auf jeden Fall müßte das Betriebssystem die Möglichkeit bieten, reine Prozessorzeiten zu messen. Außerdem müßte es Zeitgeber mit einer größeren Genauigkeit zur Verfügung stellen. Dies kann bspw. durch andere Timer-Bausteine erfolgen.

11.2 Systemarchitektur

Datenübertragung

Die Verwendung kontinuierlicher Medien in Multimediasystemen stellt auch zusätzliche neue Anforderungen an die Systemarchitektur. Eine typische Multimedia-Anwendung erfordert keine Verarbeitung von Audio und Video, die von der Anwendung selbst durchgeführt wird. Typischerweise werden die Daten von einer Quelle empfangen (bspw. Mikrofon, Kamera, Festplatte, Netzwerk) und an eine Senke weitergeleitet (bspw. Lautsprecher, Display, Netzwerk). In diesem Fall werden die Anforderungen kontinuierlicher Medien am besten erfüllt, wenn der kürzestmögliche Pfad durch das System gewählt wird, wenn also die Daten direkt von einer Karte zu einer anderen Karte kopiert werden. Das Programm setzt dann lediglich die korrekten Schalter für den Datenfluß, indem die Quellen mit den Senken verbunden werden. Die Anwendung selber muß daher die Daten selber niemals in einer Art und Weise „anfassen", wie dies in der traditionellen Verarbeitung üblich ist. Ein Problem des direkten Kopierens von Adapter zu Adapter ist allerdings die Kontrolle und die Änderung von Dienstgüteparametern. In Multimediasystemen wird eine derartige Adapter-zu-Adapter-Verbindung durch die Eigenschaften der zwei involvierten Adapter und durch die Busleistung definiert. In den heute verfügbaren Systemen ist eine derartige Verbindung statisch. Eine solche Architektur von Datenströmen auf einer niedrigen Ebene korrespondiert mit neuen Vorschlägen für zusätzliche Bussysteme für den Audio- und Videotransfer innerhalb des Rechners. Dies betrifft auch eine Datentransferarchitektur, die eher auf einer Umschaltung als auf einem Bus basiert [Fin91, HM91]. In der Praxis trifft man häufig Header und Trailer, die kontinuierliche Medien umgeben, an, die von Geräten empfangen werden und die an Geräte ausgeliefert werden. Im Fall komprimierter Videodaten, bspw. MPEG-2-Daten, enthält der Programmstrom im Vergleich mit der aktuellen Group of Pictures (GoP), die angezeigt werden soll, verschiedene Ebenen von Headern.

Problem des Kopierens

Die meisten der heute verfügbaren Multimediasysteme müssen mit der konventionellen Datenverarbeitung koexistieren. Sie verwenden hierzu Hardware- und Software-Komponenten gemeinsam. Die traditionelle Art und Weise der Protokollverarbeitung ist bspw. oftmals langsam und kompliziert. In Hochgeschwindigkeitsnetzwerken stellt die Protokollverarbeitung den Engpaß dar, da der notwendige Durchsatz nicht erreicht werden kann. Protokolle wie VMTP, NETBLT und XTP versuchen diesen Nachteil zu umgehen. Die Forschung in diesem Bereich hat aber gezeigt, daß der Durchsatz in den meisten Kommunikationssystemen nicht durch Protokollmechanismen begrenzt ist, sondern durch die Art, in der diese implementiert sind [CJRS89]. Das physikalische Kopieren von Puffern ist bspw. eine zeitintensive Operation. Da der Speicher auf dem Adapter nicht sehr groß ist, und da nicht alle notwendigen komprimierten Bilder gespeichert werden können, müssen die Daten mindestens einmal vom Adapter in den Hauptspeicher kopiert werden. Ein weiteres Kopieren sollte allerdings vermieden werden. Eine geeignete *Pufferverwaltung* erlaubt Datenoperationen, ohne überhaupt ein physikalisches Kopieren vornehmen zu müssen. In Betriebssystemen, wie UNIX, muß die Pufferverwaltung sowohl im Benutzerraum als auch im Kernel-Raum verfügbar sein. Die Daten müssen daher im Shared Memory gespeichert werden, um zwischen diesen beiden Speicherbereichen Kopiervorgänge zu umgehen. Zur weiteren Verbesserung der Leistung sollte die Protokollverarbeitung in Threads durch Aufrufe erfolgen; die Protokollverarbeitung einer eingehenden Nachricht wird also durch einen

VMTP, NETBLT, XTP

Pufferverwaltung

einzelnen Thread abgearbeitet. Eine Entwicklung zur Unterstützung einer derartigen Protokollverarbeitungsverwaltung ist bspw. der *x-Kernel*.

Abstraktionen

Die Architektur des Protokollverarbeitungssystems muß lediglich in der Systemarchitektur von Betriebssystemen betrachtet werden, die Multimedia unterstützen. Multimediale Daten sollten vom Eingabegerät (bspw. CD-ROM) an ein Ausgabegerät (z. B. eine Videokompressionskarte) entlang des schnellstmöglichen Pfads übergeben werden. Das Paradigma von Strömen von der Quelle an die Senke ist hierzu außerordentlich gut geeignet. Eine multimediale Anwendung öffnet daher Geräte, baut zwischen diesen eine Verbindung auf, startet den Datenfluß und kehrt zu anderen Aufgaben zurück.

RTE, NRTE

Die wichtigste Eigenschaft von Multimedia-Anwendungen ist die Einhaltung von zeitkritischen Bedingungen zur Präsentationszeit. Aus diesem Grund werden multimediale Daten in einem *Real-Time Environment (RTE)* verarbeitet; die Verarbeitung wird also nach den zugrundeliegenden Zeitanforderungen der Daten eingeplant. Auf einem multimedialen Rechner kommt das RTE typischerweise zusammen mit dem *Non-Real-Time Environment (NRTE)* vor. Das NRTE verarbeitet alle Daten, die keinerlei Zeitanforderungen haben. Abb. 11-7 zeigt eine derartige Architektur.

Abb. 11-7 Echtzeit- und nicht-Echtzeit-Umgebungen.

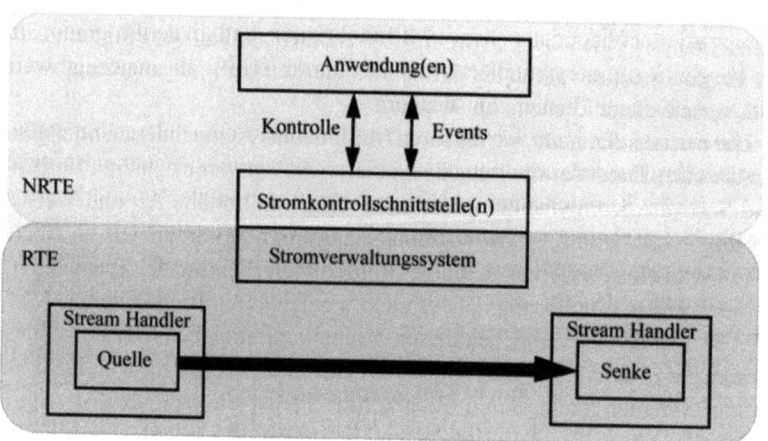

Funktion des RTE bzw. des NRTE

Auf multimediale Ein- bzw. Ausgabegeräte wird i. a. aus beiden Umgebungen zugegriffen. Daten, wie Videobilder, werden bspw. vom RTE an den Monitor übergeben. Das RTE wird von entsprechenden Funktionen im NRTE kontrolliert. Der Aufbau von Kommunikationsverbindungen am Anfang eines Stroms muß keinerlei Zeitbedingungen unterliegen, die Datenverarbeitung für bereits bestehende Verbindungen allerdings sehr wohl. Alle Kontrollfunktionen werden im NRTE ausgeführt. Die Anwendung ruft typischerweise ausschließlich diese Kontrollfunktionen auf und ist an der aktiven Verarbeitung kontinuierlicher Medien nicht beteiligt. Aus diesem Grund läuft eine Multimedia-Anwendung typischerweise im NRTE und wird vom RTE abgeschirmt. In einigen Szenarien verlangt der Anwender, daß Anwendungen kontinuierliche Medien in einer anwendungsspezifischen Art verarbeiten. In diesem Modell stellt eine derartige Anwendung ein Modul dar, das als *Stream Handler* im RTE läuft. Die restlichen Anwendungen laufen allerdings nicht im RTE, indem sie die verfügbaren Schnittstellen zur Stromkontrolle verwenden. Systemprogramme, wie die Verarbeitung von Kommunikationsprotokollen und Datenbanktransferprogramme, verwenden diese Programmierung im RTE. Im Gegensatz dazu sind Anwendungen, wie Autorenumgebungen und Medienpräsentationsprogramme, von der Aufgabe der RTE-Programmierung entbunden; sie greifen lediglich über eine Schnittstelle zur Kontrolle auf RTE-Dienste zu. Es ist Aufgabe der Anwendungen, Verarbeitungspfade zu bestimmen, die für ihre Datenverarbeitung notwendig sind, ebenso wie die Kontrollgeräte und -pfade.

Stream Handler

Um Datenkopiervorgänge zu reduzieren, werden im RTE Pufferverwaltungsfunktionen eingesetzt. Diese Pufferverwaltung ist „zwischen" den Stream Handlern untergebracht. *Stream Handler* sind RTE-Komponenten, die sich ausschließlich mit der Verarbeitung multimedialer Daten befassen. Typische Stream Handler sind bspw. Filter- und Mischfunktionen. Sie können allerdings auch Teil des Kommunikationssubsystems sein und in derselben Art und Weise behandelt werden. Jeder Stream Handler verfügt über Endpunkte zur Ein- und Ausgabe, über die die Dateneinheiten fließen. Er konsumiert Dateneinheiten von einem oder von mehreren Eingabeendpunkten und generiert Dateneinheiten über einen oder mehrere Ausgabeendpunkte.

RTE und Puffer

Multimedia-Daten gelangen typischerweise über ein Eingabegerät, eine Quelle, in den Rechner und verlassen diesen über ein Ausgabegerät, die Senke (wobei Speicher in beiden Fällen als Ein- und Ausgabegerät dienen kann). Quellen und Senken werden durch Gerätetreiber implementiert. Die Anwendungen greifen auf Stream Handler zu, indem sie eine *Session* eröffnen, an der die Stream Handler beteiligt sind. Eine *Session* stellt einen virtuellen Stream Handler zur exklusiven Nutzung durch die Anwendung, die sie generiert hat, dar. In Abhängigkeit von der erforderlichen Dienstgüte einer Session multiplext ein zugrunde liegendes Ressourcenverwaltungssystem die Kapazität der darunterliegenden physikalischen Ressourcen unter den Sessions. Um den RTE-Datenfluß durch die Stream Handler zu verwalten, werden Kontrolloperationen eingesetzt, die zum NRTE gehören. Diese bilden das Stromverwaltungssystem in der Multimedia-Architektur. Operationen werden von allen Stream Handlern angeboten (bspw. Operationen zum Aufbau einer Session und zur Verbindung ihrer Endpunkte). Operationen, die für individuelle Stream Handler spezifisch sind, bestimmen typischerweise den Inhalt eines multimedialen Stroms und verwenden spezifische Ein- und Ausgabegeräte.

Session-Konzept

Einige Anwendungen, die alle im NRTE liegen, müssen Korrelationen zwischen diskreten Daten, wie Text und Grafik, und kontinuierlichen Strömen aufbauen oder multimediale Daten nachbearbeiten (bspw. zur Anzeige der Zeitmarken eines Videostroms, wie ein Videorecorder). Diese Anwendungen müssen Dateneinheiten direkt von der Schnittstelle zum Stream Handler erhalten. Mit einer *grab*-Funktion werden diese Segmente in einer Art und Weise zur Anwendung kopiert, als ob eine Stromverdopplung stattfinden würde. In einer solchen Operation verlieren die Dateneinheiten ihre zeitlichen Eigenschaften, da sie in das NRTE überwechseln. Anwendungen, die multimediale

Daten generieren oder transformieren müssen, und die dabei die Echtzeiteigenschaften erhalten sollen, müssen hierzu einen Stream Handler des RTE verwenden, der die geforderte Verarbeitung übernimmt.

Synchronisation Die Synchronisation von Strömen ist eine Funktion, die vom Stromverwaltungssubsystem übernommen wird. Man spezifiziert die Synchronisation auf Basis einer Verbindung und drückt diese mit Begriffen des Zeitgebers oder logischer Zeitsysteme aus. Die Synchronisation bestimmt also den Zeitpunkt, an dem die Datenverarbeitung beginnen soll. Bei regulären Strömen kann die Stromrate dazu verwendet werden, die Dateneinheiten Synchronisationspunkten zuzuordnen. Sequenznummern können die gleiche Aufgabe erfüllen. Zeitmarken sind eine bessere Form der Synchronisation, da sie auch für nicht-periodischen Verkehr benutzt werden können. Man implementiert die Synchronisation oft, indem die Ausführung eines Prozesses oder eine Empfangsoperation eines Puffers, der zwischen Stream Handlern ausgetauscht wird, verzögert wird.

Viele Betriebssysteme bieten bereits Erweiterungen zur Unterstützung multimedialer Anwendungen an. In den nächsten Abschnitten werden drei derartige Erweiterungen vorgestellt.

11.2.1 UNIX-basierte Systeme

In UNIX verwenden die Anwendungen im Benutzerraum generell Systemaufrufe im NRTE. Teile oder das gesamte Betriebssystem sind ebenfalls im NRTE und im Kernel-Raum angeordnet. Erweiterungen des Betriebssystems, die Echtzeitfähigkeiten zur Verfügung stellen, sind Teil des RTE im Kernel-Raum (siehe Abb. 11-7 auf Seite 320).

RTE-Implementierung Die momentan verfügbaren Implementierungen des RTE variieren beträchtlich:
- SunOS stellt derzeit noch kein RTE zur Verfügung.
- AIX beinhaltet Echtzeitprioritäten. Diese Eigenschaft bildet die Basis für das RTE im AIX-basierten Ultimedia-Server™.
- Das IRIX-Betriebssystem auf Silicon Graphics Workstations verfügt über Echtzeitfähigkeiten, beinhaltet also ein RTE.

11.2.2 QuickTime

QuickTime ist eine Software-Erweiterung des Macintosh-Systems. Es verfügt über die Fähigkeit, kontinuierliche Mediendaten aufzunehmen, diese zu speichern und zu verwalten, sie zu synchronisieren und anzuzeigen. Eine detailliertere Beschreibung hierzu findet sich in [DM92]. QuickTime verwendet digitalisiertes Video als Standarddatentyp im System und erlaubt eine einfachere Handhabung anderer kontinuierlicher Medien, wie Audio und Animation. Standardanwendungen werden so um Multimedia-Fähigkeiten erweitert. QuickTime ist auch für andere Betriebssysteme (Microsoft Windows, UNIX) verfügbar. Eine Integration zukünftiger Hard- und Software-Komponenten ist so möglich.

Der Standarddatentyp von QuickTime ist ein Film. Alle Arten von kontinuierlichen Medien werden in einem *Filmdokument* gespeichert. Hierin werden weiterhin Daten, wie bspw. die Information, wann ein Film erzeugt und modifiziert worden ist, oder seine Dauer verwaltet. Mit jedem Film ist ein *Poster-Frame* assoziiert, der in der Dialogbox von QuickTime erscheint. Andere Informationen, wie die derzeitige Editierauswahl, räumliche Eigenschaften des Videobilds (Transformationsmatrix, Clipping-Region) und eine Liste von einer oder mehreren Spuren, sind mit dem Film verbunden. Eine *Spur* repräsentiert einen Informationsstrom (von Audio- oder Videodaten), der parallel zu jeder anderen Spur läuft. Mit jeder Spur werden Informationen gespeichert, wie das Erzeugungs- und Modifikationsdatum, die Dauer, die Spurnummer, räumliche Eigenschaften (Transformationsmatrix, Anzeigefenster, Clipping-Region), eine Liste von verbundenen Spuren, die Lautstärke und Startzeit, die Dauer, die Abspielrate und eine Datenreferenz für jedes Mediensegment. Ein *Mediensegment* ist eine Menge von Referenzen auf Audio- und Videodaten, die zeitliche Informationen (Erzeugung, Modifikation, Dauer), die Sprache, die Anzeige- und Klangqualität, den Mediendatentyp und Datenzeiger beinhalten. Zukünftige Weiterentwicklungen werden neben Audio und Video sog. „Custom Tracks" beinhalten, bspw. eine Spur für Untertitel. Alle Spuren können parallel betrachtet oder angehört werden. Spuren eines Films sind dabei immer synchronisiert. Da Filme Dokumente darstellen, können sie nicht nur abgespielt (inklusive Pausen oder Sprüngen innerhalb des Films), sondern auch editiert werden. *Editieroperationen* sind bspw. das Ausschneiden, Kopieren und Einfügen von Daten. Filmdokumente können auch Teil anderer Dokumente sein. QuickTime ist weiterhin skalierbar und erlaubt die Verwendung von Hardware-Komponenten, wie Beschleuniger- oder Kompressor-/Dekompressorkarten.

Die QuickTime-Architektur besteht aus drei wichtigen Komponenten (siehe Abb. 11-8 auf Seite 324): der *Film-Toolbox*, die eine Menge an Diensten anbietet, die es dem Benutzer erlauben, Filme in Anwendungen zu verwenden. Dieser kann dann Charakteristika von Audio- und Videodaten eines Films direkt manipulieren. Ein Film wird so in die Desktop-Umgebung des Benutzers integriert. Filmdaten können mit dem System-Clipboard importiert und exportiert werden; das Editieren eines Films erfolgt in der Film-Toolbox.

Die zweite Komponente, der *Kompressionsmanager*, bietet eine allgemeine Schnittstelle für die Datenkompression und -dekompression zur und von der Festplatte, CD-ROM und Floppy an, die unabhängig von der jeweiligen Implementierung arbeitet. Hier wird auch ein Verzeichnisdienst angeboten, der bei der Auswahl der richtigen Kompressionskomponente hilft. Der Kompressionsmanager unterstützt verschiedene Schnittstellenebenen für unterschiedliche Anwendungserfordernisse. Die Kompressionstechniken bestehen in einer proprietären Bildkompression, einem proprietären Kompressor für digitalisierte Videodaten (wodurch man einen Kompressionsfaktor von 8:1 erhält bzw. 25:1, wenn auch die zeitlichen Abhängigkeiten beseitigt werden) und einer JPEG-

Implementierung. Ein Animationskompressor kann digitale Daten im verlustbehafteten und im verlustfreien (fehlerfreien) Modus komprimieren (zur Kompression siehe Kapitel 7). Weiterhin ist in QuickTime auch ein Grafikkompressor verfügbar. Die Umwandlung der Pixeltiefe in Bits pro Pixel kann hierzu als Filter zusätzlich zu anderen Kompressoren angewendet werden.

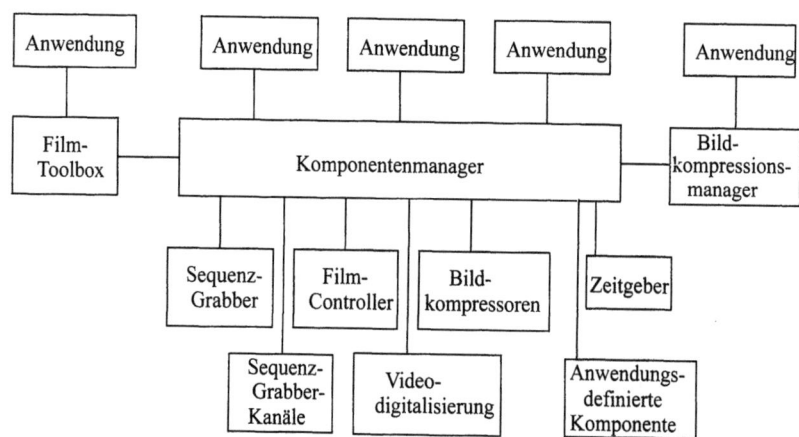

Abb. 11-8 QuickTime-Architektur.

Komponentenmanager

Der *Komponentenmanager* stellt einen Verzeichnisdienst in bezug auf Komponenten zur Verfügung. Er ist die Schnittstelle zwischen der Anwendung und den verschiedenen anderen Systemkomponenten. Entwickler können derart von Details des Datenaustauschs über die Schnittstelle zur spezifischen Hardware abgeschirmt werden. Im Komponentenmanager werden objektorientierte Konzepte (bspw. hierarchische Struktur, erweiterbare Klassenbibliotheken, Vererbung von Komponentenfunktionalität, instanzbasiertes Client-/Server-Modell) verwendet. Anwendungen werden so unabhängig von der Implementierung, können einfach neue Hard- und Software integrieren und sich an verfügbare Ressourcen anpassen. Die vom Komponentenmanager verwalteten Komponenten sind der Zeitgeber (Clock), der Bildkompressor und -dekompressor, der Film-Controller, der Sequenz-Grabber, der Sequenz-Grabber-Kanal und die Videodigitalisierung. Weiterhin können von der Anwendung definierte Komponenten hinzugefügt werden.

Ressourcenverwaltung in QuickTime

In QuickTime wird ein einfaches Ressourcenverwaltungsschema ausschließlich auf die lokale Umgebung angewendet: Im Fall knapper Ressourcen wird Audio höher priorisiert als Video. Die Audiowiedergabe wird also so lange wie möglich beibehalten, wohingegen einzelne Videobilder ausgelassen werden können. Wenn eine Anwendung die Film-Toolbox während des Abspielens aufruft, existieren folgende Verarbeitungsmöglichkeiten:

Verarbeitung in der Film-Toolbox

- Der normalerweise verwendete Modus ist eine unterbrechbare Aufrufsequenz, bei der die Anwendung nach jeder Aktualisierung die Kontrolle an das System zurückgibt. Dies kann allerdings eine merkwürdige Darstellung der Filmausgabe verursachen.

- Die Anwendung gibt in einer nicht-unterbrechbaren Aufrufsequenz die Kontrolle nicht an das System zurück, wenn der Film abgespielt wird. Dies steht allerdings im Widerspruch zur Multitasking-Fähigkeit.
- Die kontrollierte Unterbrechung von Aufrufsequenzen stellt einen Kompromiß dar, in dem die Anwendung die Kontrolle für eine gegebene Zeitdauer an die Film-Toolbox übergibt (bspw. für 50 ms).

Zur Steigerung der Leistung wird ein zusätzliches Ressourcenverwaltungsschema empfohlen, die Abschaltung des virtuellen Speichers während des Abspielens von QuickTime-Filmen. Wenn dieser angeschaltet bleibt, können sich Sprünge im Audio und eine geringere Frame-Rate während des Abspielvorgangs ergeben. Ein RTE existiert hier allerdings nicht. *Leistungssteigerung*

Das Komponentenkonzept in QuickTime erlaubt eine einfache Erweiterung, ohne daß Anwendungen betroffen werden. Hierbei wird versucht, eine hierarchische Funktionalitätsstruktur durch Komponenten zu erreichen. Die Komponente des Film-Controllers vereinfacht die Schnittstellenprogrammierung durch den Benutzer. Ein Nachteil von QuickTime ist, daß keine klare Schichtenbildung von Abstraktionen für Programmierer besteht und daß die Funktionalität der Manager und Komponenten manchmal überlappt. *Beurteilung*

11.2.3 Windows Multimedia Extensions

Die *Windows Multimedia Extensions (WME)* der Firma Microsoft sind eine Erweiterung der Programmierumgebung in Windows. Sie stellen für Entwickler, die die erweiterten Fähigkeiten eines Multimedia-PC nutzen wollen, Dienste zur Implementierung multimedialer Anwendungen auf einer hohen und auf einer niedrigen Ebene zur Verfügung [Win91].

Die folgenden Dienste für Multimedia-Anwendungen werden vom WME angeboten:

- Ein *Media Control Interface (MCI)* zur Kontrolle von Mediendiensten. Es besteht aus einer zeichenketten- und nachrichtenbasierten erweiterbaren Schnittstelle zur Kommunikation mit MCI-Gerätetreibern. Diese wurden derart entwickelt, daß sie das Abspielen und Aufnehmen von Waveform-Audio, das Abspielen von MIDI-Dateien (siehe Kapitel 3 zu Audio), das Abspielen von CD-Audio von einem CD-ROM-Laufwerk und die Kontrolle einiger Video-Disk-Abspielgeräte unterstützen. *Media Control Interface*
- Ein *Low-Level Application Programming Interface (API)* bietet den Zugriff auf Dienste, die mit Multimedia in Bezug stehen, wie das Abspielen und Aufnehmen von Audio mit Waveform- und MIDI-Audiogeräten. Das API unterstützt weiterhin die Behandlung von Eingabedaten von Joysticks und präzisen Zeitgeberdiensten. *Low-Level API*
- Ein *Multimedia-Datei-Ein- und -Ausgabedienst* stellt die gepufferten und ungepufferten Datei-Ein- und Ausgaben zur Verfügung. Er unterstützt weiterhin das Standard-*Resource-Interchange-File-Format* (RIFF) von IBM/Microsoft für Dateien). Diese Dienste können um spezielle Ein- und Ausga- *I/O-Dienst*

beprozeduren des Anwenders erweitert werden, die von den Anwendungen gemeinsam verwendet werden können.

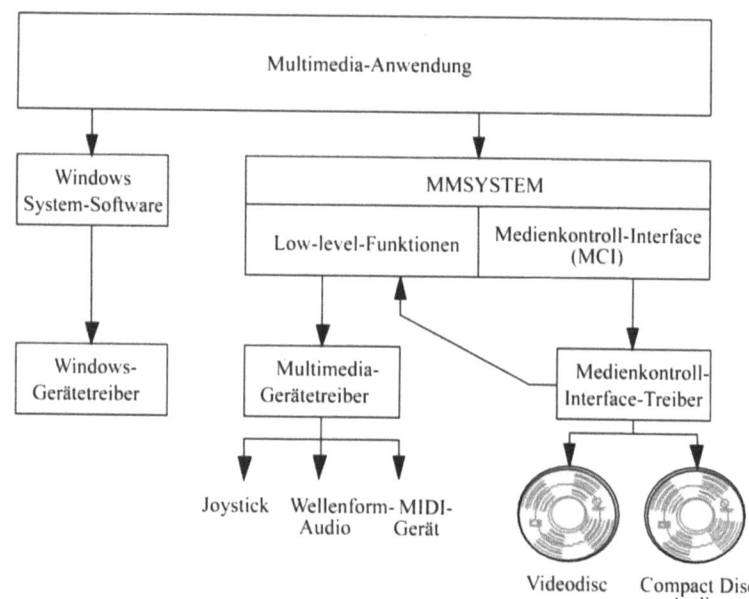

Abb. 11-9 MS-Windows-Multimedia-Erweiterungsarchitektur.

Gerätetreiber
- Die wichtigsten *Gerätetreiber*, die für multimediale Anwendungen zur Verfügung stehen, sind:
  - Ein *erweiterter hochauflösender Videodisplay-Treiber* für Video-7- und Paradise-VGA-Karten, der 256 Farben, eine verbesserte Leistung und andere neue Möglichkeiten unterstützt.
  - Ein *hochauflösender VGA-Videodisplay-Treiber*, der die Verwendung einer privaten Farbpalette mit 16 Farben genauso, wie eine Standardfarbpalette, unterstützt.
  - Ein *niedrigauflösender VGA-Videodisplay-Treiber*, der eine 320x320 Pixelauflösung mit 256 Farben beherrscht.
  - *Control Panel Applets*, die dem Benutzer das Ändern von Display-Treibern, das Aufsetzen von Bildschirmschonern, die Installation von Multimedia-Gerätetreibern, die Zuweisung von Waveform-Klängen zu Systemalarmen, die Konfiguration des MIDI-Mappers und die Kalibrierung von Joysticks erlauben. Ein *MIDI-Mapper* unterstützt den MIDI-Patch-Dienst, der es erlaubt, MIDI-Dateien unabhängig von MIDI-Synthesizer-Einstellungen des Endbenutzers zu bearbeiten.

MMSYSTEM
Abb. 11-9 zeigt die grundsätzliche Architektur der MS-Windows-Multimedia-Erweiterungen: die *MMSYSTEM*-Bibliothek stellt den Schnittstellendienst zur Medienkontrolle und die Low-Level-Funktionen zur Unterstützung von Multimedia zur Verfügung. Die Kommunikation zwischen den MMSYSTEM-Funk-

tionen auf niedriger Ebene und den Multimedia-Geräten (Waveform-Audio, MIDI, Joystick und Zeitgeber) wird von den Multimedia-Gerätetreibern umgesetzt. Die Kontrolle von Mediengeräten auf einer hohen Ebene wird von den Treibern der Medienkontrollschnittstelle zur Verfügung gestellt.

Die wichtigsten Konzepte der Architektur der Multimedia-Erweiterungen sind die *Geräteunabhängigkeit* und die *Erweiterbarkeit*. Diese werden durch eine Übersetzungsschicht zur Verfügung gestellt (MMSYSTEM), die Anwendungen von den Gerätetreibern isoliert, und die den geräteunabhängigen Code zentralisiert. Weiterhin findet eine Kopplung zur Laufzeit in der Art und Weise statt, daß die MMSYSTEM-Übersetzungsschicht die benötigten Treiber koppelt und eine eindeutige Treiberschnittstelle anbietet, die die Entwicklung spezialisierten Codes minimiert, und die den Installationsprozeß und Erweiterungen vereinfacht.

Beurteilung

11.2.4 OS/2 Multimedia Presentation Manager/2

Der *Multimedia Presentation Manager/2* (MMPM/2) ist Teil vom *Operating System/2* (OS/2), das von der Firma IBM entwickelt wurde. OS/2 ist eine Plattform, die für Multimedia besonders gut geeignet ist, da sie bspw. das *preemptive Multitasking*, ein Prioritäten-Scheduling, überlappende Ein- und Ausgaben und virtuellen Speicher mit einer Seitenersetzung auf Anfrage (Demand Paging) unterstützt. Abb. 11-10 zeigt den grundsätzlichen Aufbau dieser Architektur.

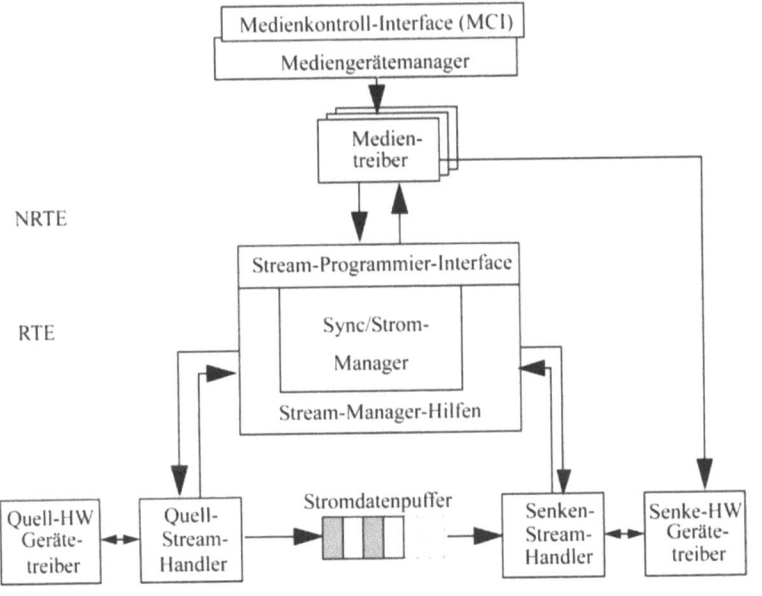

Abb. 11-10 Architektur des OS/2-Multimedia Presentation Managers.

Media Control Interface

Das *Media Control Interface (MCI)* ist eine geräteunabhängige Programmierschnittstelle, die Kommandos in der Art eines Unterhaltungssystems anbietet. Die folgende Liste beinhaltet eine Auswahl typischer MCI-Kommandos:

- „Open", „Close" und „Status eines Geräts" wird für alle Dienste angeboten.
- Zum Abspielen und Aufnehmen existieren die geräteabhängigen Kommandos „Play", „Record", „Resume", „Stop", „Cue" und „Seek".
- „Set Cue Point" erlaubt eine Synchronisation.
- „Lade Inhaltsverzeichnis von einer CD-ROM" ist ein Beispiel eines gerätespezifischen Kommandos.

Logische Geräte

Ein *logisches Gerät* in MMPM/2 ist eine logische Repräsentation der Funktionen, die entweder durch ein Hardware-Gerät, ein Hardware-Gerät mit einer Software-Emulation oder durch eine Software-Emulation zur Verfügung gestellt werden. Die jeweilige Implementierung ist hierbei für eine Anwendung irrelevant, da das MCI die Geräteunabhängigkeit garantiert.

Beispiele

Beispiele logischer Geräte sind ein „Verstärker-Gerät", das ähnlich wie ein Verstärker einer Stereoanlage funktioniert, ein „Waveform-Audiogerät", das digitales Audio aufnimmt und abspielt, ein Sequencer-Gerät für MIDI-Klänge, ein „CD-Audiogerät", das den Zugriff auf Audio Compact Discs (CD-DA) erlaubt, ein „CD-XA-Gerät", das CD-ROM/XA-Discs unterstützt und ein „Video-Disc-Gerät" zur Kontrolle von Video-Disc-Playern, die analoge Video- und Audiosignale liefern.

Die multimedialen I/O-Funktionen ermöglichen es den Medientreibern und Anwendungen, auf Datenobjekte zuzugreifen und diese zu manipulieren, die im Hauptspeicher oder in einem Dateisystem gespeichert sind. Speichersystem-I/O-Prozesse regeln den Zugriff auf spezifische Speichergeräte. Dateiformat-I/O-Prozesse verwalten den Zugriff auf Daten, die in Dateiformaten wie „RIFF Waveform" und „BMP" abgelegt sind. Diese verwenden hierzu die Dienste der I/O-Prozesse des Speichersystems.

Stream Programming Interface

Die Implementierung des Verhaltens von Datenströmen und der Synchronisation wird durch das *Stream Programming Interface* (SPI) unterstützt. Es bietet den Zugriff auf den SyncStream-Manager, der die Datenpuffer und die Synchronisationsdaten koordiniert und verwaltet. Paare von Stream Handlern implementieren hierzu den Transport der Daten von der Quelle zur Senke.

Eine vereinfachte Benutzung wird in MMPM/2 auf verschiedenen Ebenen unterstützt. Die Installation von Programmen und das Einrichten von Geräten wird von vereinheitlichten grafischen Benutzerschnittstellen unterstützt, die diese Funktionen zu einem einfachen Zugriff zentralisieren. Weiterhin sichert

Style Guides

ein sog. *Style Guide* für Anwendungen, daß es ein einheitliches *Look and Feel* von Anwendungen gibt, die mit dem Guide übereinstimmen. Es ergibt sich so ein hohes Maß an Flexibilität, da Anwendungsentwickler und Geräteanbieter ihre eigenen logischen Geräte, I/O-Prozesse und Stream Handler integrieren können. Neue Mediengeräte oder Datenformate können derart in MMPM/2 eingefügt werden und von jeder Anwendung benutzt werden, die das MCI verwendet.

OS/2 mit MMPM/2 ist eine Plattform, die über einige grundlegende Betriebsmechanismen zur Unterstützung der Verarbeitung und der Präsentation multimedialer Informationen verfügt, die in multimedialen Anwendungsszenarios benötigt werden. Das Betriebssystem beinhaltet ein RTE, das als eine Menge von Gerätetreibern implementiert ist. MMPM/2 ist eine fortschrittliche Plattform für die Entwicklung derartiger Anwendungen, die Medien- und Stromabstraktionen zur Verfügung stellt.

Beurteilung

Es sollte schließlich darauf hingewiesen werden, daß MMPM/2 und WME sehr ähnlich aussehen und viele Konzepte gemeinsam haben.

11.3 Interprozeß-Kommunikation und Interprozeß-Synchronisation

Die *Interprozeß-Kommunikation* bezieht sich bei Multimedia auf den Austausch von unterschiedlichen Daten über Prozeßgrenzen hinweg. Dieser Datentransfer muß sehr effizient erfolgen, weil bei kontinuierlichen Medien immer größere Datenmengen in einem gewissen Zeitrahmen zu übertragen sind. Der Austausch diskreter Daten erfolgt mit denselben Mechanismen wie bei allen anderen Betriebssystemen.

Die *Synchronisation* gewährleistet zeitliche Abhängigkeiten unterschiedlicher Prozesse. Dieser Aspekt ist im Kontext von Multimedia besonders interessant, weil hier auch verschiedene Datenströme synchronisiert werden müssen. Synchronisation spielt allerdings in den unterschiedlichsten Komponenten eines Multimediasystem eine Rolle. Die Beziehung zwischen Medien ist bspw. auch für Datenbanken und Dokumente wesentlich. Er wird deshalb übergreifend in Kapitel 18 zu Synchronisation beschrieben.

Der Datenaustausch kontinuierlicher Medien ist sehr eng mit der Speicherverwaltung verknüpft und wird deshalb in Kapitel 12 zu Medien-Servern vertieft.

11.4 Speicherverwaltung

Die Speicherverwaltung weist das Betriebsmittel *Speicherplatz* einzelnen Prozessen zu. Dabei wird der virtuelle Speicher auf den real verfügbaren Speicher abgebildet. Über das *Paging* werden die seltener verwendeten Daten ausgelagert und bei Bedarf wieder in den realen Speicher transferiert. Außerdem stehen Speicherbelegungs- und Speicherfreigabefunktion sowie eine Unterstützung des geordneten Zugriffs auf gemeinsam genutzte Bereiche bereit.

Speicherplatz

Paging

Kontinuierliche Mediendaten dürfen hierbei nicht aus dem Hauptspeicher ausgelagert werden. Wenn eine Seite des virtuellen Speichers, die Code oder Daten enthält, die von einem Echtzeitprozeß benötigt werden, sich zu dem Zeitpunkt nicht im realen Speicher befindet, wenn ein Prozeß auf diese zugreifen will, tritt ein *Seitenfehler* auf, der ein Lesen der Seite von der Festplatte nach sich zieht. Seitenfehler beeinträchtigen die Echtzeitleistung signifikant, so daß diese unbedingt zu vermeiden sind. Ein möglicher Ansatz ist das Sperren von Code und/oder Daten im physikalischen Speicher. Hierbei sollte allerdings eine erhebliche Sorgfalt angewendet werden. Der physikalische Speicher ist eine kostbare Systemressource. Ein Speicherzugriff durch ein Sperren (sog.

Seitenfehler

Pinning) kann die gesamte Systemleistung ernsthaft beeinträchtigen. Der typische AIX-Kernel erlaubt es nur bis zu einer Grenze von ca. 70% des physikalischen Speichers, derart Seiten zu sperren [IBM91].

Pinning

Die Übertragung und Verarbeitung kontinuierlicher Datenströme durch mehrere Komponenten bedingen einen Datentransfer, der nach zeitlichen Randbedingungen auszuführen ist. In vielen Fällen erfolgt hierbei keine eigentliche Verarbeitung der Daten, sondern nur die reine Kommunikation. So kann bspw. eine Kamera in Kombination mit einem Digitalisierungsprozeß eine Quelle darstellen und der Anzeigeprozeß die Senke. Im wesentlichen ist eine *Vermittlung* von Daten kontinuierlicher Medien mit relativ hoher Datenrate in Echtzeit erforderlich. Die Realisierung einer solchen *Vermittlung* kann auf externen Gräten und auf dedizierter Hardware im Rechner oder in Form von Software realisiert werden.

Vermittlung

Die ersten Prototypen multimedialer Systeme, die Audio und Video beinhalten, basierten auf einer externen Datenvermittlung. Die Speicherverwaltung wird hier als Vermittlungsfunktion realisiert. Diese Vermittlung steuert über digitale Schnittstellen externe Vermittlungssysteme (weitere Details finden sich in Kapitel 8 zu Rechnerarchitektur). Deshalb kann man hier nicht von einem integrierten System sprechen. Prozesse im Echtzeitbereich verändern keine Daten, sie *steuern* lediglich Geräte.

In einem ersten Schritt in Richtung einer Integration wird die externe Funktionalität der Vermittlung in den Rechner hineinverlegt. Dies erfolgt mit Hilfe dedizierter Karten, die Datenströme mit unterschiedlicher Datenrate vermitteln können.

Gemeinsamer Adreßraum

Die vollständige Integration ist über eine Software-Lösung möglich. Hier werden die Daten in Echtzeit zwischen den einzelnen Komponenten übertragen. Die Kopieroperationen werden dabei – soweit möglich – durch die Weitergabe von Zugriffsrechten realisiert. Dies erfordert den Zugriff auf einen gemeinsamen Adreßraum. Daten können hier auch direkt zwischen verschiedenen Karten transferiert werden.

Der Datentransfer kontinuierlicher Medien erfolgt in einer Echtzeitumgebung. Diese Vermittlung wird von den Anwendungen gesteuert, aber nicht unbedingt ausgeführt. Man muß einen derartigen Datentransfer unter Berücksichtigung der Echtzeitanforderungen mit Prozessen in einer Echtzeitumgebung ausführen. Hierbei kommen die in Abschnitt 11.3 beschriebenen Mechanismen zum Tragen. Die Anwendung wird derartige Ströme in einer nicht in Echtzeit arbeitenden Umgebung über eine Betriebssystemschnittstelle erzeugen, beeinflussen und abbauen. Die Daten kontinuierlicher Medien dürfen dabei nicht temporär aus dem Hauptspeicher ausgelagert werden.

Reservierungskonzept der Speicherverwaltung

Die Ausführungszeit eines Anwendungs-RT-Prozesses hängt vom Zustand der Speicherfüllung und der resultierenden Anzahl von Seitenfehlern ab. Die Speicherverwaltung enthält daher ein Reservierungskonzept, das es RT-Prozessen erlaubt, Speicher mittels Seitensperrmechanismen zu reservieren. Damit die

Speicherverwaltung diese Eigenschaft anbieten kann, sind zwei wichtige Komponenten vonnöten: der Speichermakler und der Speicherallokator (Controller), die einen Server für Speicherreservierung ausmachen. Jede Anwendung sendet eine Reservierungsanforderung an den Speichermakler, die eine Speicherreserve mit einer spezifizierten Menge an Speicheranforderung in Bytes aufbaut [KN98]. Die Reserve sollte der geschätzten Menge an gesperrtem Speicher entsprechen, die der Prozeß zur Erfüllung seiner zeitkritischen Bedingungen benötigt. Sie sollte seine gesamten Text-, Daten- und gemeinsam verwendeten Segmente beinhalten. Hat der Speichermakler eine Anforderung erhalten, so wird ein Zugangskontrolltest wie folgt ausgeführt: es wird überprüft, ob

Speichermakler und Speicherallokator

Zugangskontrolle

$$\text{angeforderter Speicher} \leq \text{verfügbarer Speicher}$$

gilt, um zu überprüfen, daß die eingehende Anforderung zur Speicherreservierung (*Angeforderter Speicher*) zuzüglich der bereits akzeptierten Speicherreserven (*Akzeptierter Speicher*) die globale Reserve nicht übersteigt (*Globale Reserve = Verfügbarer Speicher + Akzeptierter Speicher*), die bereits für eine Sperrobergrenze des physikalischen Speichers belegt wurde. Der Parameter *Globale Reserve* muß vorsichtig gewählt werden, so daß etwas Speicherplatz für TS-Prozesse und für den Kernel verbleibt, um ein Verhungern und ein intensives Ein- und Auslagern von TS-Prozessen und vom Kernel zu verhindern.

Wenn die Zugangskontrolle erfolgreich ist, gibt der Speichermakler eine Reservierungs-ID an den Prozeß zurück und erzeugt einen Eintrag (Reservierender-ID, Akzeptierter Speicher) in der Reservierungstabelle. Der Anwendungsprozeß verwendet die Reservierungs-ID während der Ausführungsphase, um Speicherbelegungen vom Speicherallokator anzufordern, wodurch eine Belegung gesperrter Speicherdaten erfolgt. Wenn die Anforderung empfangen wird, überprüft der Server, ob für eine spezielle Anwendung genügend reservierter Speicherplatz zur Verfügung steht. Der Server belegt anschließend den gesperrten Speicher, der der Anwendung in der Form von *Shared Memory* zur Verfügung steht. Der Schlüssel des Shared-Memories wird anschließend an den Prozeß übergeben, der das Shared-Memory-Segment an seinen Adreßraum anfügt. Wenn der Anwendungsprozeß seinen gesperrten Speicher freigeben will, löst er das Shared-Memory-Segment von seinem Adreßraum und sendet eine Anforderung an den Server, die den Schlüssel des Shared Memory enthält. Der Speicher-Server löscht dann das Shared-Memory-Segment und erhöht die entsprechende Speicherreserve.

Shared Memory

Pufferverwaltungstechniken

Puffer können als eine räumliche Repräsentation der Zeit angesehen werden. Betrachtet man eine Sequenz von Zellen, Paketen oder Frames, so spielen Puffer eine wichtige Rolle in der Glättung des multimedialen Verkehrs. Techniken zur Pufferverwaltung sind aufgrund der zeitkritischen Bedingungen, die multimediale Daten an die Berechnung und die Kommunikation stellen, bzw. auf-

Pufferverwaltungstechniken

grund der manchmal enormen Größe dieser Daten, besonders wichtig. Es existieren drei Typen von Techniken zur Pufferverwaltung, die in Multimediasystemen angewendet werden können: (1) Kopieren von Daten, (2) Verwaltung von Offsets und (3) Streuen/Sammeln zur Unterstützung der Protokollverarbeitung in Multimediasystemen:

- *Kopieren von Daten*
  Die Technik des Kopierens von Daten bezeichnet Datenbewegungen von einem Speicherort an einen anderen. Dieser Operationstyp tritt auf, wenn Daten vom Benutzerraum in den Kernel-Raum oder von einer Protokollschicht in eine andere (bspw. vom Anwendungsprotokollpuffer in den TCP-Protokollraum) bewegt werden. Man sollte aber nicht vergessen, daß ein Bewegen von Daten mittels Kopieren eine teure Operation ist, speziell bei Videodaten, in denen die Frames eine enorme Größe annehmen können.

- *Verwaltung von Offsets*
  Die Verwendung des Offset-Managements bedeutet, daß ein großer Speicherbereich von der Anwendungsprotokollschicht belegt wird, und daß dieser genügend Raum zur Aufnahme von Daten und individuellen Headern aller Protokollschichten bietet, die der Anwendungsschicht zugrunde liegen, bevor eine Protokolldateneinheit (PDU) das System verläßt. Dieser Ansatz erfordert zwar kein Kopieren, allerdings das Wissen der Anwendungsschicht, welche Größe die Protokoll-Header aller darunterliegender Protokolle des Protokoll-Stacks auf dem Endsystem haben.

- *Technik des Streuens/Sammelns*
  Die Technik des Streuens/Sammelns verwendet eine von allen Protokollschichten des Endsystems gemeinsam genutzte Tabellenstruktur. Die Anwendungsschicht erzeugt hierbei die Daten, beläßt diese in ihrem Puffer und schreibt den Ort, an dem die Application Protocol Data Unit (APDU) gespeichert ist, als Pufferzeiger in die gemeinsam verwendete Tabelle. Jede darunterliegende Protokollschicht erzeugt ihren eigenen Protokoll-Header, beläßt diesen in ihrem eigenen Puffer und schreibt ebenfalls den Pufferzeiger in die Tabelle. Hierdurch werden die Protokoll-Header und die Protokolldaten über den Speicherplatz *verstreut*. Die letzte Schicht, die die Daten versenden muß, liest die gemeinsam verwendete Tabelle, sammelt alle Header und Daten und kopiert diese in die Netzwerkschnittstelle.

Tab. 11-3 auf Seite 333 zeigt einen Vergleich der drei Pufferverwaltungstechniken.

	Kopieren	Offset	Streuen/Sammeln
Speicherbandbreite	Hoch	Niedrig	Niedrig
CPU-Bandbreite	Hoch	Niedrig	Niedrig
Speichernutzung	Optimal, Speicher wird exakt so belegt, wie erforderlich.	Hoch, Speicher muß so angelegt sein, daß der größte Daten- und Protokoll-Header akzeptiert wird.	Kompromiß, Segmente werden in Abhängigkeit von der Anforderung angelegt.
Protokollanforderung ohne Datenkopieren	Nicht anwendbar.	Nein, Segmentieren kann nicht ohne Kopieren erfolgen.	Ja.

Tab. 11-3
Vergleich der Pufferverwaltungstechniken.

Pufferverwaltungsstrategien für Client/Server-Multimediasysteme

In Client/Server-Multimedia-Systemen, wie bspw. Video-on-Demand, findet der Informationsfluß vom Server zum Client statt. In einer beliebigen Multimedia-Anwendung gibt es immer kontinuierliche Datenbewegungen von Medienströmen, wenn die Anwendung in der Abarbeitung fortschreitet. Um eine Verletzung zeitlicher Randbedingungen zu vermeiden, muß ein Benutzer, der ein Multimediasystem entwickelt, weitere Bitbewegungen einplanen. Dies bedeutet, daß zu jedem Ausführungszeitpunkt die Zahl der Bits, die sich im Transit befinden, der Puffergröße beim Client zuzüglich der Bits, die sich im Kanal zwischen Server und Client befinden, äquivalent sein muß. Strategien des Puffermanagements balancieren also im wesentlichen die zu übertragenden Bits (Puffergröße und Bits auf dem Kanal). Diese Strategien können als statisch (nicht adaptiv) oder dynamisch (adaptiv) klassifiziert werden. Verwaltungsstrategien eines statischen Puffers belegen diesen vor einer multimedialen Übertragung und verändern dessen Größe während des Lebenszyklus einer Anwendung nicht. Dynamische Strategien belegen Puffer vor einer multimedialen Übertragung (während der Verbindungsaufbauphase), verändern allerdings die Größe während der Dauer der Anwendung.

Dynamische und statische Strategien

Pufferstrategien spielen insbesondere beim Empfänger eine große Rolle, da dann Schwierigkeiten eintreten, wenn ein Objekt beim Empfänger bereits vor der Anzeigezeit verfügbar ist. Hierzu müssen zwei Strategien berücksichtigt werden [RT98]: (1) *minbuf – Minimum-Buffering-Strategie –* und (2) *maxbuf – Maximum-Buffering-Strategie*. Die Minbuf-Strategie versucht die Pufferanforderungen zu minimieren, indem höchstens eine Informationseinheit gepuffert wird (z. B. ein Frame). Es ist zu beachten, daß diese Strategie die Pufferanforderungen auf seiten des Clients zwar minimiert, dabei aber höhere Anforderungen an das Netzwerk im Sinne von Durchsatz- und Verzögerungsgarantien zur rechtzeitigen Auslieferung des Objekts stellt. Die Maxbuf-Strategie puffert je-

Minbuf und Maxbuf

den Medienstrom auf der empfangenden Seite vor dessen Anzeige bis zu einer gewissen Grenze. Dieser Modus puffert mehr als eine Informationseinheit und erleichtert die Anforderung von Dienstgütegarantien bis zu einem gewissen Umfang von Daten, die sich auf dem Netzwerk befinden.

11.5 Geräteverwaltung und Gerätebereitstellung

Die Geräteverwaltung und die Gerätebereitstellung binden alle Hardware-Komponenten in das Betriebssystem ein. Dabei wird eine Abstraktion des eigentlichen Geräts in Form von Gerätetreibern verwendet. Die eigentlichen physikalischen Eigenschaften des Geräts bleiben damit verborgen. In einem konventionellem System werden hier z. B. der Monitor mit der Grafikkarte, das Speicherlaufwerk, die Tastatur und die Maus betrachtet. Im Zusammenhang mit *Multimedia* kommen hier bspw. Kamera, Mikrofon, Lautsprecher, und Speichergeräte für Audio und Video hinzu. Die meisten Multimediasysteme führen heute eine Integration dieser Geräte in Form der Geräteverwaltung und der Gerätebereitstellung als Gerätetreiber noch kaum durch.

Schnittstelle zur Steuerung und Verwaltung von Datenströmen

Bestehende Betriebssytemerweiterungen für Multimedia stellen meistens eine gemeinsame systemweite Schnittstelle zur Steuerung und Verwaltung der Datenströme und Geräte bereit. In Microsoft Windows und OS/2 heißt diese Schnittstelle *Media Control Interface* (MCI).

Klassen von Funktionsaufrufen

Es existieren in den Microsoft-Window-Multimedia-Erweiterungen bspw. folgende verschiedenen Klassen von Funktionsaufrufen:

1. *Systemkommandos* werden nicht an einzelne Gerätetreiber (*MCI Devices*) weitergeleitet, sondern zentral *beantwortet*. Ein Beispiel für ein solches Kommando ist die Frage nach den Geräten, die in einem System eingebunden sind (*Sysinfo*).

2. *Erforderliche Kommandos* müssen von jedem Gerätetreiber bearbeitet werden können. Die Frage nach den spezifischen Eigenschaften (*Capability, Info*) und das Öffnen eines Gerätes (*Open*) sind Beispiele hierfür.

3. *Grundlegende Kommandos* beziehen sich auf geräteübergreifende Eigenschaften. Sie können von einem Treiber unterstützt werden. Falls ein Gerätetreiber ein solches Kommando bearbeitet, dann muß es alle Varianten und Parameter dieses Kommandos beachten. Der Beginn einer Datenübertragung wird bspw. meistens mit dem grundlegenden Kommando *Play* gestartet.

4. *Erweiterte Kommandos* können sich sowohl auf Gerätetypen als auch auf einzelne, spezielle Geräte beziehen. Das *Seek*-Kommando zur Positionierung auf einer Audio-CD ist hierfür ein Beispiel.

Am Beispiel einer steuerbaren Kamera seien die erforderlichen Konzepte genauer erläutert. Bei einer solchen Kamera kann bspw. die Brennweite, die Schärfe und die Position verändert werden. Eine Abstraktion der Funktionalität, die von einer Kamera erbracht wird, beinhaltet als Video-Eingabegerät folgende Ebenen:

Beispiel einer steuerbaren Kamera

- Die Anwendung sollte auf eine *logische Kamera* zugreifen können, ohne sich mit der konkreten Ansteuerung der jeweils eingesetzten Kamera beschäftigen zu müssen. Hier kann dann die Brennweite in Millimetern eingestellt werden. Eine Änderung der Brennweite wird vom Treiber in eine Sequenz von Kommandos an die Kamerasteuerungs-Hardware übersetzt und an diese Steuerungslogik gesendet. Dies ist eine Aufgabe der Geräteverwaltung und -bereitstellung eines Multimedia-Betriebssystems.
- Unterschiedliche Klassen von Eingabegeräten eines Mediums besitzen ähnliche Eigenschaften. Die Zoom-Operation einer Kamera könnte in ähnlicher Form auf die Darstellung eines Einzelbildes angewendet werden. Man würde hier ein Einzelbild *zoomen*. Dieses Einzelbild sei auf einer Photo-CD in den vorgegebenen Auflösungen gespeichert. Das Zoomen würde in diesem Fall je nach gewünschter Brennweite in der Darstellung von Bildern mit unterschiedlicher Auflösung, bzw. auch mit Ausschnitten resultieren. Diese Art der Abstraktion ist Bestandteil der Programmierung eines Multimediasystems und ist damit eigentlich nicht im Bereich der Betriebssysteme anzusiedeln (auch wenn dies für das eine oder andere Gerät heute oft hier angesiedelt wird). Die *grundlegenden Kommandos* definieren einige Operationen, die von mehreren Geräten unterstützt werden. Sie können demnach zum Starten einer Datenübertragung von einer Kamera zum Videofenster in einer Implementierung ein *Play* verwenden. In einer zweiten Realisierung wird dies als ein Dateitransfer in Form eines speziellen Kopierkommandos realisiert.

Die Aufgabe einer Kamerasteuerung läßt sich am Beispiel der Positionierung weiter konkretisieren. Diese erfolgt von seiten der Anwendung über die Angabe der Zielkoordinaten in einem Polarkoordinatensystem. Eine konkrete Kamerasteuerung kennt jedoch bspw. nur Befehle in der Form *Bewege Schwenk-Neige-Kopf in eine Richtung mit einer bestimmten Geschwindigkeit*. Die Richtung kann dabei *links* oder *rechts*, bzw. *oben* oder *unten* sein. Es sind dabei acht Geschwindigkeiten vorgegeben. Es darf jedoch immer nur eine relative Geschwindigkeitsänderung um maximal zwei Stufen erfolgen. Dabei müssen in einer Beschleunigungsphase hintereinander die Kommandos mit der Geschwindigkeit 2, 4, 6 und 8 angegeben werden. Der Kameratreiber realisiert die Abbildung der Koordinaten in dieser Positionierung, die über Zeiten und Geschwindigkeiten gesteuert wird.

Funktionskategorien der anwählbaren Steuerung

Zur Definition der erforderlichen Schnittstelle zu den Anwendungen kann die Klasse der anwählbaren Steuerung in vier Funktionskategorien – ähnlich zu GKS – unterteilt werden [SHRS90]:

- *Definiert, notwendig und grundlegend*:
  Zu dieser Kategorie zählen alle Operationen, die für jeden Gerätetreiber unabhängig von der spezifischen Funktionalität bereitgestellt werden müssen. Dies entspricht den oben erwähnten *erforderlichen Kommandos*.
- *Definiert, notwendig und gerätetypspezifisch*:
  Alle Funktionen und Parameter, die jede Implementierung eines Gerätetyps beinhalten muß, werden in dieser Kategorie angegeben. Hierfür liegt im jeweiligen Betriebssystem eine festgelegte Schnittstelle vor. Im Fall der Kamera muß bspw. durch jeden Treiber die Frage nach einem eventuell vorhandenen Autofokus-Mechanismus beantwortet werden können.
- *Definiert, aber nicht notwendig*:
  Für jeden Gerätetyp ist eine Menge von Funktionen definiert, die eine Obermenge aller Möglichkeiten darstellt. Diese Funktionen können und werden nicht bei allen angeschlossenen Geräten und den entsprechenden Gerätetreibern angeboten. Im Beispiel der Kamera sind die Positionierung und die Einstellung der Brennweite solche Funktionen, weil nicht jede angeschlossene Kamera über diese Möglichkeiten verfügt. Die Schnittstelle zur Anwendung ist jedoch vorab definiert. Eine Verwendung von Funktionen, die in einer Implementierung nicht unterstützt werden, führt zu einer bekannten Fehlerbehandlung. Die Anwendung kann sich darauf einstellen und ist somit unabhängig von den angeschlossenen Geräten.
- *Nicht definiert und nicht notwendig*:
  Es werden immer neue Geräte oder Sonderentwicklungen existieren, die vorab nicht abzusehen sind. Das Betriebssystem sieht hierfür eine vierte Kategorie von Funktionen vor, die solche Fälle abdeckt.

Die klare Abgrenzung in diese Kategorien ermöglicht eine leichtere Einbindung der jeweiligen Geräte in die Programmierumgebung. Heutige Multimedia-Erweiterungen von Betriebssystemen beinhalten die Gerätesteuerung noch ohne diese explizite funktionale Unterscheidung.

11.6 Abschließende Bemerkungen

Ein Multimedia-Betriebssystem verwendet zur Bearbeitung kontinuierlicher Daten Konzepte aus dem Bereich der Echtzeitsysteme, die an die Anforderungen multimedialer Daten angepaßt sind. Heutige Betriebssytemerweiterungen realisieren viele dieser Funktionen entweder als Gerätetreiber oder als Zusatz auf Basis des bestehenden Schedulers und anderer Komponenten. Hier ist in einem nächsten Schritt eine Integration der Echtzeitverarbeitung und der Nicht-Echtzeitverarbeitung im Systemkern zu erwarten.

Das Multimedia-Betriebssystem teilt sich somit heute in den Anwendungsbereich mit allen Möglichkeiten heutiger Systeme und in den Bereich, in dem kontinuierliche Daten verarbeitet werden, auf. Über eine Schnittstelle zwischen beiden Bereichen kontrolliert die Anwendung die Datenströme und Geräte kontinuierlicher Medien.

Medien-Server

Medien-Server sind eine spezielle Art von Datei-Servern, die in einem bestimmten Zeitintervall von ihnen angebotenen Dienste zur Verfügung stellen. Derart können Medien-Server auf verschiedenen Hardware- und Software-Ebenen untersucht werden. Während eine Vielzahl von Forschergruppen Medien-Server unter dem Gesichtspunkt der Datenbankproblematik betrachten, soll dieses Kapitel die Speicherung multimedialer Daten und deren Verteilung beleuchten und daher die Managementaspekte dieser Daten hier nicht erläutert werden.

Medien-Server

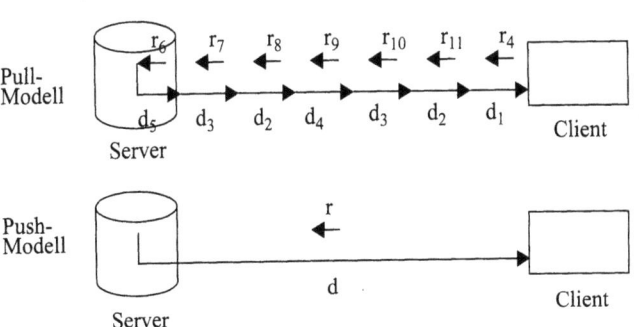

Abb. 12-1 Modell von Pull- und Push-Servern. r = request, d = delivery.

Beim Design von Medien-Servern unterscheidet man anwendungsspezifisch zwischen einem Datenzugriff, der ausschließlich durch einen Daten anfordernden und sendenden Client kontrolliert wird, und einem solchen, bei dem der Server den Sendeprozeß kontrolliert, auch wenn jener durch den Client initiiert wurde. Abb. 12-1 zeigt den Ablauf der Anforderung/Antwort in beiden Ansätzen.

Ein Medien-Server, der im ersten Modus betrieben wird, wird als *Pull-Server* bezeichnet, analog ein im zweiten Modus arbeitender als *Push-Server*. Oftmals wird ein Push-Server auch als *Data Pump* bezeichnet, wodurch die Spezialisierung auf den Datenzugriff von Festplatte und dessen effiziente Verteilung über Netze charakterisiert wird. Pull-Server sind beim Zugriff auf

Push- und Pull-Server

multimediale Dokumente in LAN-Umgebungen die geeignete Wahl, da ein linearer Zugriff auf diese Daten zwar oft vorkommt, aber nicht die Regel darstellt. Dies ist durch das Rearrangieren von Daten und die Etablierung von Abhängigkeiten der Zeit und des Orts der Daten bedingt. Push-Server sind eine gute Wahl für eine Broadcast- bzw. Multicast-Verteilung von Daten über eine große räumliche Distanz hinweg, in der eine Benutzerinteraktion nie oder nur selten auftritt. Anwendungen, die in bezug auf diese Anforderungen nicht eindeutig abzugrenzen sind, können mit beiden Ansätzen realisiert werden.

Konkurrenz von Push- und Pull-Konzept

Pull- und Push-Server werden oft als konkurrierende Konzepte angesehen. Die heute verfügbaren Implementierungen zeigen allerdings, daß beide Ansätze nicht völlig konträr sind, da die wichtigsten Komponenten eines Servers sowohl im Pull- als auch im Push-Modus betrieben werden können. Eine in letzter Zeit implementierte Variante, die auf beide Ansätze zurückgreift, ist die Definition von Abspiellisten oder vom Client erstellten Listen, die den Inhalt der auf einem Server gespeicherten Daten angeben. Diese Listen sollen in Form einer Sequenz zum Client gesendet werden. Im folgenden gelten beide Ansätze daher als vereinbar.

12.1 Architekturen

Aufgabe eines Medien-Servers ist die fristgerechte Verteilung von Daten an ein oder mehrere Endsystem(e). Um dieses Ziel zu erreichen, muß jede Komponente eines Medien-Servers bestimmte durch Zeit und Ort vorgegebene Bedingungen erfüllen. Dies bedarf z. B. einer Betrachtung der folgenden Bereiche:

Forschungsgebiete zum Design von

- Festplattenlayoutstrategien,
- Festplatten-Scheduling,
- Dateisysteme,
- Datenanordnung auf Speicherträgern,
- Speicherverwaltung,
- CPU-Scheduling.

Abb. 12-2 zeigt die Reihenfolge, in der die Komponenten eines Medien-Servers in die Datenverteilung involviert sind. Einige der in der Abbildung getrennt aufgeführten Aufgaben wurden früher als eine einzige Systemkomponente implementiert.

Die *Netzwerkkopplung* ist typischerweise ein Netzwerkadapter oder ein ähnliches Gerät, das den Medien-Server mit dem jeweiligen Klienten verbindet. Der *Verzeichnisdienst* ist die Instanz, die das Vorhandensein gewünschter Daten auf einem Medien-Server bzw. dessen Zugriffsberechtigung prüft. Die *Hauptspeicherverwaltung* stellt eine eigenständige Komponente dar. Obwohl typischerweise eine Datei einer multimedialen Anwendung aufgrund ihrer Größe nicht über eine längere Zeit im Hauptspeicher gehalten werden kann, verbessert das Caching dieser Daten im

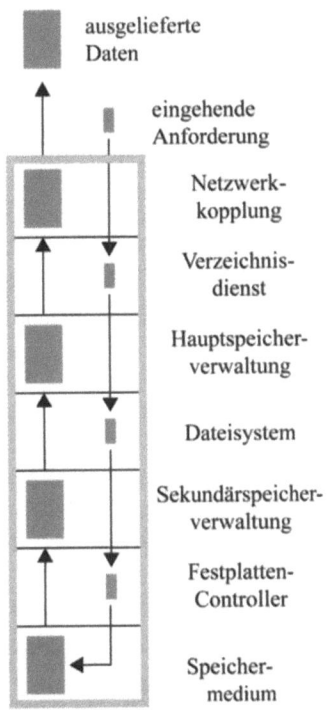

*Abb. 12-2
Architektur eines
Medien-Servers.*

Komponenten

Hauptspeicher die Performance für einige Anwendungen beträchtlich. Das *Dateisystem* verwaltet alle Informationen, die die Datenorganisation auf einem Medien-Server betreffen. Dies beinhaltet u. a. die Zuweisung einer ausreichenden Menge an Speicherplatz während der Ladephase der Daten, im Bedarfsfall die transparente Segmentierung einer Datei, die Überwachung der Konsistenz der auf einer Festplatte gespeicherten Daten und die Feststellung des Orts, an dem die Elemente einer segmentierten Datei während einer Zugriffsoperation gespeichert werden. Die *Sekundärspeicherverwaltung* stellt die Abstraktion von der Implementierung eines Treibers dar, der direkt mit dem Festplatten-Controller kommuniziert. Hierbei adressiert die Sekundärspeicherverwaltung z. B. Regeln zum Festplattenscheduling oder den genauen Aufbau von Dateien. Der *Festplatten-Controller* regelt den Zugriff auf Daten, die auf einem *Speichermedium* abgelegt sind. Forschung auf der Ebene eines Festplatten-Controllers beinhaltet z. B. die Steigerung der Geschwindigkeit der Festplattenköpfe, die I/O-Bandbreite, die größten bzw. kleinsten Einheiten, die in einer Zeitspanne gelesen werden können, oder die Granularität der Adressierung.

Aus diesem Prozeß leitet sich die von Griwodz geprägte Architektur nach Abb. 12-3 ab. Die ausschließliche Optimierung einer dieser Komponenten ist nicht ausreichend, um ein effizient arbeitendes Gesamtsystem zu betreiben. Die Komponenten müssen daher auch dann korrekt arbeiten, wenn das System *wächst* (skalierbar ist). In diesem Kontext bezieht sich der Begriff *Wachstum* auf die Erweiterung oder Ersetzung einer der Systemkomponenten. Eine Er-

Systemerweiterungen

weiterung kann hierbei oftmals eine Verteilung der Aufgaben einer Komponente auf viele andere bedeuten, die möglicherweise heterogen sind.

Weiterhin kann es notwendig werden, einen Teil der Daten zu replizieren, um von allen Komponenten eines verteilten Systems darauf zugreifen zu können. [TF95] beschreibt in diesem Zusammenhang die zur Verteilung von Teilen eines Video-Servers notwendigen Optionen. Besonders wichtig ist hierbei die Generalisierung der Position des Verzeichnisdienstes in einem verteilten System. Offensichtlich muß dieses zu jeder Zeit konsistent und nach Möglichkeit „allwissend" sein, um Anfragen korrekt beantworten zu können. Es existieren zwei unterschiedliche Ansätze zur Generalisierung der Komponentenverteilung, deren Ziel ein konsistenter Verzeichnisdienst ist (siehe Abb. 12-3).

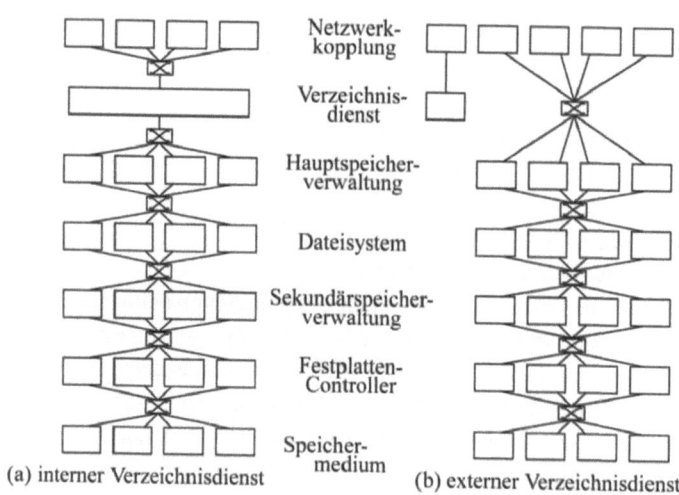

Abb. 12-3
Verteilungsoptionen eines Medien-Servers, dargestellt nach der Griwodz-Architektur.

Verzeichnisdienst Die Verwendung eines internen Verzeichnisdienstes, der aus Konsistenzgründen nur einfach auf jedem Medien-Server existieren kann, wird in Abb. 12-3 (a) skizziert. Auch wenn der Verzeichnisdienst den anderen Komponenten konsistent erscheint, kann er intern verteilt arbeiten und als eine einzige Komponente erscheinen, indem allen Knoten des Medien-Servers dieselbe Schnittstelle angeboten wird. Abb. 12-3 (b) zeigt alle möglichen Optionen der Komponentenverteilung, wenn ein externer Verzeichnisdienst verwendet wird. Bei einem Zugriff kontaktiert hierbei ein Client eines derartigen Systems den externen Verzeichnis-Server, um sich selbst zu identifizieren und um eine Anforderung zu stellen.

Nach der initialen Anforderung sind zwei alternative Vorgehensweisen der weiteren Zugriffsoperation möglich. Wenn die Antwort des Verzeichnis-Servers dem Client zurückgegeben wird und dieser selbst für eine anschließende Datenanforderung verantwortlich ist, müssen zusätzliche Sicherheitsmechanismen angewendet werden, um eine Authentifizierung des Clients gegenüber dem Verzeichnis-Server zu gewährleisten (siehe Abb. 12-4 (a)). Alternativ kann der Verzeichnis-Server alle Anforderungen akzeptieren, die an den Medien-Server gerichtet werden, muß diese aber nicht selbst beantworten, sondern beauftragt stattdessen die für die Datenverteilung verantwortlichen Knoten des Medien-Servers (siehe Abb. 12-4 (b)). Dieser Ansatz ist allerdings beschränkt einsetzbar, da entweder der Client in der Lage sein muß, Daten von einem anderen Server als vom beauftragten zu empfangen, oder jeder Serverknoten den Inhalt unter Benutzung der Adresse des Verzeichnis-Servers liefern muß. Verzeichnisse werden typischerweise von Multimedia-Datenbanken verwaltet (siehe hierzu Kapitel 13 zu Datenbanken).

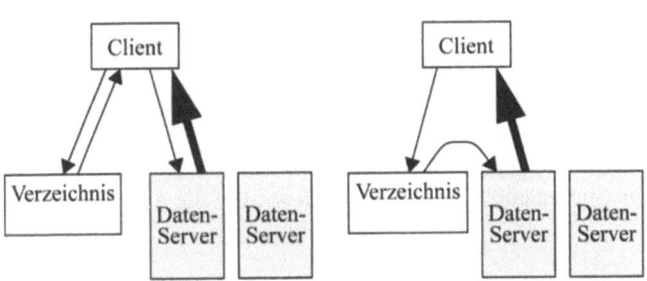

Abb. 12-4 Externe Zugriffsoptionen.

12.2 Speichergeräte

Speichersubsysteme gehören zu den wichtigsten Komponenten jeglicher Informationssysteme. Aufgrund der immensen Speicherplatzerfordernisse kontinuierlicher Medien sind konventionelle magnetische Speichermedien oftmals nicht zur Speicherung derartiger Daten geeignet. Bänder, die in einigen traditionellen Systemen auch heute noch eingesetzt werden, können für diese Aufgaben ebenfalls nur bedingt eingesetzt werden, da sie den Zugriff auf unabhängige Medienströme nicht gestatten und da ein Zugriff auf beliebige Stellen langsam und teuer ist.

12.2.1 Plattenlayout

Das *Layout* von Festplatten bestimmt die Art und Weise, in der der Inhalt eines solchen Mediums adressiert wird, wieviel Speicherplatz momentan adressierbar und benutzbar ist und die Dichte, mit der Daten auf dem Medium gespeichert werden. Dies beeinflußt maßgeblich die Geschwindigkeit von Lese- und Schreiboperationen bzw. die Kapazität einer Festplatte.

Da Festplatten normalerweise Medien mit wahlfreiem Zugriff darstellen, wäre eine Organisation der Daten in einer einzigen Spur (Single Track), bspw.

Festplattenlayout

bspw. als eine Spirale, ineffizient. CD-ROMs sind in dieser Art und Weise aufgebaut. Bei der Single-Track-Technik wird die gespeicherte Information relativ zum Anfang der Spur adressiert. Der Zugriff auf Daten erfolgt durch eine Übersetzung der Distanz des Anfangs der Spur zu der Position, die der Lesekopf einnehmen muß. Diese wird als Kombination der Bewegungsdistanz zur Mitte oder zum Rand der Festplatte, in die der Kopf bewegt werden muß, und als Winkeldistanz angegeben. Die Winkeldistanz spezifiziert die partielle Rotation der Festplatte unter dem Lesekopf, die zum Zugriff auf die Daten erforderlich ist. Ein weiteres Problem der Single-Track-Technik ist die komplexe Ausführung von Löschoperationen oder von Erweiterungen von Dateien. Durch die serielle Eigenschaft der Single-Track-Technik entsteht bei Löschoperationen ungenutzter Platz in der Spur, der nur im seltenen Fall einer Datei identischer Größe erneut genutzt werden kann. Ähnlich schwierig gestaltet sich das Anhängen von Daten an bestehende Dateien. Diese müssen eventuell weit entfernt vom Ort der ursprünglichen Datei gespeichert werden. Dies resultiert in einer Segmentierung des Mediums und einer zunehmenden Verschlechterung der Performance von Lese- und Schreiboperationen.

Der Speicherort einer Datei kann einfacher bestimmt werden, wenn das Medium in Spuren und Sektoren unterteilt wird (siehe Abb. 12-5).

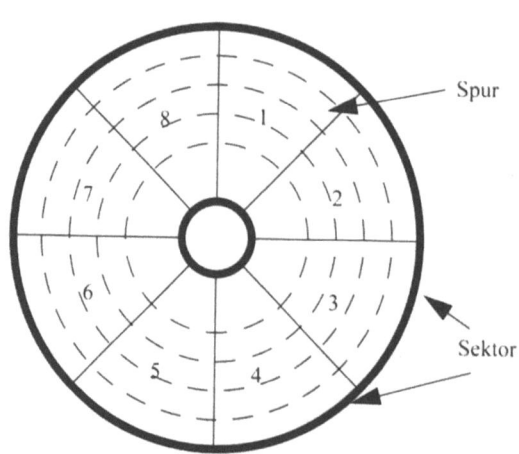

Abb. 12-5 Spuren und Sektoren.

Vor- und Nachteile

Die Granularität von Festplattenzugriffen wird so auf einen Sektor in einer Spur begrenzt. Der Hauptvorteil dieser Technik ist die einfache Abbildung der Speicherstelle des Mediums auf die Kopfbewegung und die Festplattenrotation. Weiterhin können derart auch defekte Teile des Mediums verborgen werden, indem Spuren als Ersatzregionen eingesetzt werden. Nachteil dieses Ansatzes ist der Verlust an Speicherplatz. Wenn Dateien meist kleiner als die gewählte Sektorgröße sind, bleiben große Bereiche eines Sektors ungenutzt, solange keine neuen Daten an eine Datei angehängt werden. Das Anhängen von Daten kann allerdings hierbei effizient durchgeführt werden.

Weitere für Single-Track- und Multi-Track-Festplattenlayout-Schemata typische Eigenschaften sind die konstante Rotationsgeschwindigkeit und die konstante Aufnahme- bzw. Lesegeschwindigkeit. Hierbei wird die Tatsache nicht berücksichtigt, daß die Speicherkapazitäten gleich großer innerer und äußerer Bereiche der Festplatte identisch sind. Da sowohl die Rotations- als auch die Aufnahmegeschwindigkeit konstant gehalten wird, beinhaltet ein Sektor in Spur 1 dieselbe Datenmenge wie ein Sektor in Spur 200, obwohl die Kapazität einer Region in Spur 200 doppelt so groß ist wie die in Spur 1. Die Diskettenlaufwerke früherer Rechner begegneten diesem Problem durch eine veränderte Sektorengröße bzw. durch eine variable Rotationsgeschwindigkeit. Festplattenlaufwerke verwenden keine dieser Techniken.

12.2.2 Zone Bit Recording

Zur Lösung dieses Problems verwendet man das *Zone Bit Recording*. Diese Technik stellt einen Teil des verlorenen Speicherplatzes bei Verwendung gleicher Sektorgrößen und konstanter Rotationsgeschwindigkeit wieder her. Abb. 12-6 zeigt schematisch eine mögliche Verteilung von Sektoren einer Festplatte, auf der das Zone Bit Recording (ZBR) zum Einsatz kommt.

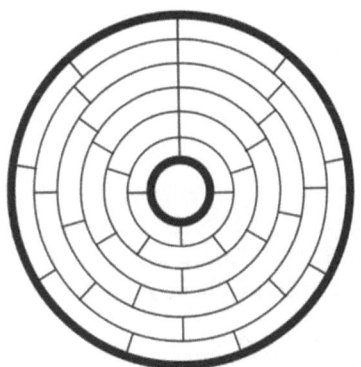

Abb. 12-6 Sektoranordnung auf einer Platte mit ZBR.

Da die Rotationsgeschwindigkeit konstant bleibt, obwohl auf den äußeren Spuren eine größere Anzahl von gleich großen Sektoren vorhanden ist, wird auf die Daten in einer variablen Lese- und Schreibgeschwindigkeit zugegriffen.

ZBR-Festplatten haben den Vorteil, für den typischen Einsatzzweck, der Speicherung diskreter Daten, eine effiziente Speicherstrategie auf dem physikalischen Medium anzubieten. Der Zugriff auf Daten in den äußeren Spuren erfolgt genauso schnell wie der in den inneren Spuren, und da die Sektorgröße konstant bleibt, wird eine zusätzliche Komplexität nicht sichtbar. Es werden aber weitere Überlegungen notwendig, wenn man Festplatten zur Verwaltung kontinuierlicher Medienströme, wie z. B. Video, einsetzen möchte.

Nimmt man an, daß eine Festplatte Filme unterschiedlicher Popularität enthält [BGW97], so bietet sich eine Speicherung der populären Filme auf den äu-

Vorteile von ZBR

ßeren Spuren einer Festplatte an. Hierdurch kann die durchschnittliche Zeit zur Suche verringert werden, die beim Zugriff durch mehrere Benutzer auftritt. Dadurch wird die Zahl der Videoströme größer, auf die parallel zugegriffen werden kann. Dies ist durch die Tatsache begründet, daß äußere Spuren zwar genauso schnell wie innere gelesen werden, aber über eine größere Anzahl von Sektoren verfügen als innere.

In der Literatur [KLC97] wird die Verwendung kompletter Spuren zur Speicherung von Filmen in dieser Art und Weise vorgeschlagen. Auf einer Spur befindet sich daher nie mehr als ein Film. Dies ermöglicht den schnellen Transfer häufig angeforderter Daten von den äußeren Zonen einer Festplatte in die Puffer des Hauptspeichers und ist konsistent mit dem Ansatz, Video am Stück auf einer Platte zu speichern, um die Suchzeiten zu verringern. Bei Verwendung der Puffer muß allerdings ein kontinuierliches Abspielen gewährleistet werden. Dazu ist es notwendig, die Videodaten im Hauptspeicher zu halten, bis eine Auslieferung an das Netz erfolgt ist. Dies wirft die Frage auf, ob dieser Ansatz zur Verschwendung von Puffern führt. Der wichtigere Effekt der Speicherung von Blöcken populärer Filme in den äußeren Spuren ist allerdings die Kombination mit Suchalgorithmen wie *SCAN* oder SCAN-EDF (siehe Abschnitt 12.4). Da die meisten Daten populärer Filme in den äußeren Spuren angeordnet sind, wird sowohl die Wahrscheinlichkeit geringer, Daten von inneren Spuren zu laden, als auch die durchschnittliche Distanz der Bewegung der Plattenköpfe.

Suchalgorithmen

Alternativ dazu existiert das Konzept der Spurpaare [Bir95]. Dieser Ansatz sieht die Speicherung zweier aufeinanderfolgender Teile eines Videos auf einer äußeren gefolgt von einer inneren Spur vor. Ein Paar von äußeren und inneren Spuren bildet eine *logische Spur,* wodurch alle logischen Spuren einer Festplatte dieselbe durchschnittliche Zugriffszeit erhalten. Der Ansatz kann zu *Segmentgruppenpaaren* modifiziert werden [SM97], indem gleich große I/O-Einheiten eines Videos in den äußeren und inneren Spuren einer ZBR-Platte derart gespeichert werden, daß die durchschnittliche Zugriffszeit eines Gruppenpaares konstant bleibt.

Variable Blockgröße

Das Schema einer variablen Blockgröße (*Variable Block Size Scheme*, VARB), das in [GKS95] vorgeschlagen wird, verwendet ebenfalls das Zonenkonzept von Festplatten. Im Unterschied zu den bisher beschriebenen Verfahren ignoriert man die Größe eines Plattensektors zugunsten von selbst definierten Blöcken. Hierbei werden die Blöcke einer Datei nach dem Round-Robin-Verfahren derart auf einer Festplatte gespeichert, daß die Lesezeit eines Blocks immer gleich bleibt. Dies impliziert, daß Blöcke in den äußeren Spuren, in denen Segmente schneller gelesen werden, größer sind als in den inneren Spuren, bei denen die Lesegeschwindigkeit geringer ist. Eine Auswirkung dieser Anordnung ist, daß die Zeit zwischen den Zugriffsoperationen eines einzelnen Datenstroms, die zur Auslieferung der Daten an einen Client mit einer konstanten Bitrate nötig sind, variabel ist. Die Verwendung einer festen Blockgröße (*Fixed Block Size*, FIXB) wurde in [GKS95] ebenfalls betrachtet. FIXB eignet sich auch für ZBR-Laufwerke, wobei die Größe der in den Zonen gespeicherten Blöcke gleich ist.

12.2.3 Dateistruktur

Grundsätzlich unterscheidet man zwei verschiedene Methoden der Dateiorganisation. In der *sequentiellen Speicherung* ist jede Datei als eine Folge von Bytes oder Einträgen organisiert. Dateien werden aufeinanderfolgend auf einem sekundären Speichermedium abgelegt (siehe Abb. 12-7).

Die Abgrenzung von Dateien erfolgt durch ein genau definiertes „End-of-File-Bitmuster", Zeichen oder eine Zeichenfolge. Am Anfang einer Datei findet sich typischerweise ein Dateibezeichner, der in einigen Systemen am Dateiende wiederholt wird. Die sequentielle Speicherung ist die einzige Möglichkeit, Daten auf Bändern zu sichern, sie kann aber auch auf Festplatten eingesetzt werden. Ein großer Vorteil ist der schnelle sequentielle bzw. auch der direkte Zugriff [Kra88], weil die Zugriffszeiten zum Schreiben und Lesen minimiert werden.

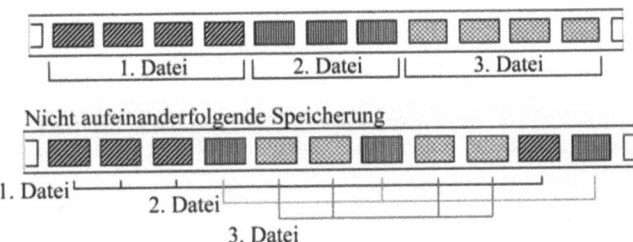

Abb. 12-7
Speicherfolge einer Datei.

Für Multimedia-Daten ist weder die aufeinanderfolgende noch die zufällige Plazierung eine optimale Lösung. Die aufeinanderfolgende Speicherung kann zwar schnell implementiert werden, erzeugt aber große ungenutzte Bereiche und dadurch eine Fragmentierung der Festplatte. Das Einfügen und Löschen von Daten ist extrem aufwendig, wenn Daten zur Erhaltung der Kontinuität und zur Defragmentierung der Festplatte umkopiert werden müssen. Das aufeinanderfolgende Speichern ist daher für Medien-Server nicht einsetzbar, da diese auch Editier- und häufige Abrufoperationen unterstützen. Eine Datenplazierung nach dem Zufallsprinzip impliziert im Gegenzug, daß Zufallssuchen von einem Dateiblock zum nächsten sehr oft ausgeführt werden müssen, selbst wenn nur eine geringe Datenmenge benötigt wird.

Datenplazierung

Es gibt nur wenige Ansätze, die sich diesem Problem widmen. Eine Möglichkeit ist die Wahl großer Blöcke. Da kontinuierliche Medien typischerweise große Dateien bedingen, ist der durch teilweise ungenutzten Plattenplatz am Ende einer Datei verursachte Prozentsatz an Verlust akzeptabel. Ein Vorteil für Medien-Server ist der niedrigere Aufwand zur Ausführung der möglichen Operationen, da weniger Adressierungsaufwand nötig ist und da große Datenmengen ohne zusätzlichen Suchaufwand in den Hauptspeicher transferiert werden können. Reddy u. Wyllie [RW94] beschreiben das Konzept der *beschränkten Plazierung* (auf Ebene des Platten-Controllers oder des Sekundär-

Auswahl von Blöcken

speichermanagements), mit dessen Hilfe Blöcke in einer vernünftigen gegenseitigen Entfernung angeordnet werden, wodurch die Suchzeit zwischen einem Block und dem auf diesen folgenden in akzeptablen Grenzen bleibt.

12.3 Platten-Controller

12.3.1 Anordnung der Daten

Striping

Wenn ein System groß genug wird, um die simultane Verwendung mehrerer Festplatten zu rechtfertigen, müssen an deren Zugriff bestimmte Bedingungen gestellt werden. Dies betrifft in der heutigen Zeit insbesondere die zu Hause genutzten PCs. Eine einfache Lösung ist die geeignete Zusammenstellung von Dateisystemen auf jeder der Platten. Dies führt zu einem Performancegewinn, wenn die häufiger verwendeten Daten auf den schnelleren Festplatten zu finden sind. Das kann eine sinnvolle Strategie sein, wenn der verfügbare Speicherplatz ein Hauptkriterium darstellt. Im allgemeinen stellt dieser Ansatz jedoch keine praktikable Lösung des Problems dar. Hierzu wurden sog. Striping-Techniken entwickelt, die neben dem verfügbaren Speicherplatz auch andere Aspekte berücksichtigen.

Redundant Arrays of Inexpensive Disks (RAID)

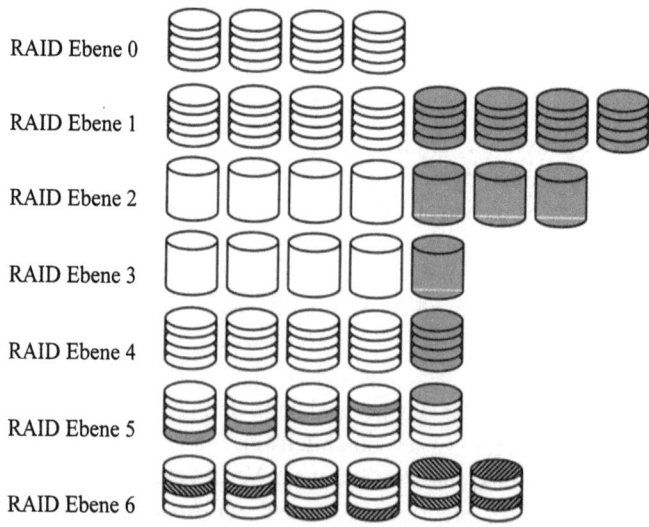

Abb. 12-8
RAID-Ebenen
[LGKP94];
redundante Bereiche
sind grau markiert.

Ein Ansatz zur effizienteren Kombination von Festplatten ist die Verwendung von „Redundant Arrays of Inexpensive Disks", die auch als RAID-Systeme bezeichnet werden [PGK88]. RAID adressiert sowohl Performance- als auch Zuverlässigkeitsprobleme in verschiedenem Umfang in den unterschiedlichen Varianten, die man als *RAID-Ebenen* bezeichnet. Insgesamt wurden bisher 7 RAID-Ebenen definiert (siehe Abb. 12-8 auf Seite 348), von denen jede einen unterschiedlichen Ansatz der Kombination von Leistungs- und Zuverlässigkeitserweiterung realisiert. Einige dieser Ebenen können in Software implementiert werden, wohingegen andere die Unterstützung von Hardware benötigen.

- Ein RAID-0-Plattenverbund ist somit nichtredundant aufgebaut. In diesem Fall trifft daher der Name RAID eigentlich nicht zu. Diese Ebene ist ausschließlich leistungsorientiert und verwendet beim Lesen keine Redundanz zur Erhöhung der Zuverlässigkeit. RAID-0 erlaubt die Verteilung von Dateiinhalten über mehrere Platten, um einen höheren Durchsatz des Datenzugriffs beim Lesen zu erreichen. *RAID-0*

- RAID-1 implementiert die Funktionalitäten der Spiegelung (des Shadowing), indem alle Daten doppelt gespeichert werden. Dies stellt den traditionell verwendeten Ansatz zur Erhöhung der Zuverlässigkeit dar. Bei jedem Schreibzugriff auf ein RAID-System wird der zu speichernde Block auf zwei sich gegenseitig spiegelnden Festplatten abgelegt. Beim lesenden Zugriff kann ein solches System zum Zugriff auf die Festplatte mit der geringsten Zugriffsverzögerung benutzt werden. Im Falle eines Festplattenfehlers werden alle Anforderungen durch die spiegelnde Instanz beantwortet. Die Wiederherstellung einer spiegelnden Festplatte nach einem Fehler erfolgt durch eine Kopieroperation von der verbleibenden Platte. Die Speichereffizienz ist niedrig, die Zahl der notwendigen Schreiboperationen hoch. *RAID-1*

- RAID-2 verwendet fehlerbehebende Codes. Hierzu werden *Hamming-Codes* [PW72] berechnet und auf zusätzlichen Paritätsplatten gespeichert. Im Fehlerfall identifiziert die auf mehreren Paritätsplatten abgelegte Paritätsinformation eindeutig die defekte Festplatte. Die verlorenen Daten können unter Verwendung aller verbleibenden Festplatten und eines Paritätsdatenträgers rekonstruiert werden. Da die Modifikation der Paritätsinformation auf mehreren Datenträgern bei jeder Schreiboperation erfolgt, ist diese RAID-Ebene komplex und wird daher meist in Hardware implementiert. *RAID-2*

- In RAID-3 werden die Daten bitweise über den Platten verteilt; auf eine zusätzlichen Platte werden die Paritätsdaten geschrieben. RAID-3 implementiert die sog. *Bit-interleaved*-Parität, die lediglich eine einzige Paritätsplatte benötigt. Dieses Schema nutzt die Tatsache, daß der Disk-Controller einen Festplattenfehler leicht entdecken kann. Die Identifikation der fehlerhaften Platte, die in Ebene 2 ermöglicht wird, ist daher auf Ebene 3 unnötig; lediglich die Wiederherstellung der Daten muß anders betrieben werden. Dies wird auf Ebene 3 erreicht, indem die Summe aller Bits auf den verbleibenden Datenträgern und die der Parität modulo 2 berechnet werden. Jeder Lesezugriff betrifft die Platten ohne Verwendung einer Platte mit Paritätsinformation. Jeder Schreibzugriff betrifft alle Platten. *RAID-3*

- RAID-4 wird auch als *Block-interleaved*-Parität bezeichnet. In dieser RAID-Ebene benutzt man den Term der *Striping*-Einheit, anstatt jedes Bit *RAID-4* einzeln zu betrachten. Ein Stripe (Streifen) erstreckt sich über alle Platten eines Verbundes und besteht auf jedem Datenträger aus Datenblöcken gleicher Größe, den *Striping*-Einheiten. Wenn eine Schreiboperation einen kleineren Umfang als eine Stripe-Einheit umfaßt, werden alle Daten auf eine Platte geschrieben. Andernfalls werden Striping-Einheiten mehrerer Datenträger verändert. Anschließend wird ein neuer Paritätsblock auf den Paritätsplatten für alle Striping-Einheiten des betroffenen Stripes berechnet. Wie in Ebene 3 wird die Performance dieser RAID-Ebene durch die von Schreiboperationen betroffene Paritätsplatte begrenzt.

RAID-5
- RAID-5 reduziert diesen Performance-Engpaß durch die Implementierung einer verteilten Block-interleaved-Parität. Hierbei werden die Paritätsblöcke gleichmäßig über die Platten der Striping-Einheiten verteilt, anstatt diese Information auf einer speziellen Paritätsplatte zu speichern. Die Plazierung dieser Paritätsblöcke wirkt sich dabei maßgeblich auf die Leistung des Systems aus [LK91]. Im Falle eines Plattenfehlers können die fehlenden Daten wie in RAID-4 rekonstruiert werden. Hierzu ist keine gesonderte Überlegung notwendig, ob die rekonstruierten Daten Original- oder Paritätsdaten sind.

RAID-6
- RAID-6, das auch als *P+Q-Redundanz* bezeichnet wird, benutzt die Reed-Solomon-Kodierung, um vor Fehlern auf bis zu zwei Festplatten zu schützen. Hierzu wird die Größe des Plattenverbundes um zwei redundante Platten erweitert. Die Reed-Solomon-Kodierung bietet eine effiziente Methode zur Rekonstruktion der Originaldaten im Falle eines Festplattenfehlers. Dies hat insofern eine große Bedeutung, als die mit einer Parität gesicherten Ebenen voraussetzen, daß keine Lesefehler auftreten, solange eine ausgefallene Platte nicht ersetzt worden ist. In Installationen großen Umfangs allerdings werden weitere Fehler wahrscheinlicher, wodurch ein zusätzlicher Schutz notwendig wird. RAID-6 bietet einen derartigen Schutz für bis zu zwei Festplatten an, indem redundante Daten in einem zu RAID-5 ähnlichen Verfahren verteilt werden.

RAID wurde nicht explizit zur Unterstützung von Multimedia-Anwendungen entwickelt. Allerdings wirkt der höhere Durchsatz der Striped-Festplatten sich positiv auf diese aus. Für die Skalierbarkeit eines Multimedia-Servers ist allerdings der Durchsatz nur eine unter vielen zu betrachtenden Randbedingungen. Eine Zunahme der Skalierung des Durchsatzes ist für einen Multimedia-Server typischerweise nicht erforderlich, um neue Datenformate zu verarbeiten oder um diese Daten so schnell wie möglich an einen Client auszuliefern.

Wächst die Zahl der Clients, die konkurrierend unterschiedliche Daten anfordern, so nimmt nicht nur die Menge der auszuliefernden Daten zu, sondern auch die Zahl der Dateien, die parallel geladen werden müssen. Dies impliziert eine erhöhte Anzahl von Suchoperationen pro Zeiteinheit und stellt so einen Aspekt der Skalierung dar, den die RAID-Technologie nicht betrachtet. Ein weiterer wichtiger Gesichtspunkt ist die fristgerechte Auslieferung multimedialer Daten.

Dies führt zu einer größeren Zahl von Pufferanforderungen, wenn der Durchsatz einer Festplatte erheblich höher als die Auslieferungsrate ist. Jeder von einem einzelnen Client belegte Puffer wird so durch den hohen Durchsatz der parallel arbeitenden Festplatten in einer extrem kurzen Lesezeitspanne gefüllt. Die Daten werden anschließend in der geforderten Rate vom Puffer geliefert. Mit einer Erhöhung der Zahl von Datenträgern zur Bedienung einer größeren Anzahl von Clients geht daher ein schneller Anstieg der Zahl von Pufferanforderungen einher. Dies begründet sich durch die größeren Datenblöcke, die gelesen werden, bzw. durch die größere Zahl parallel abgearbeiteter Ströme.

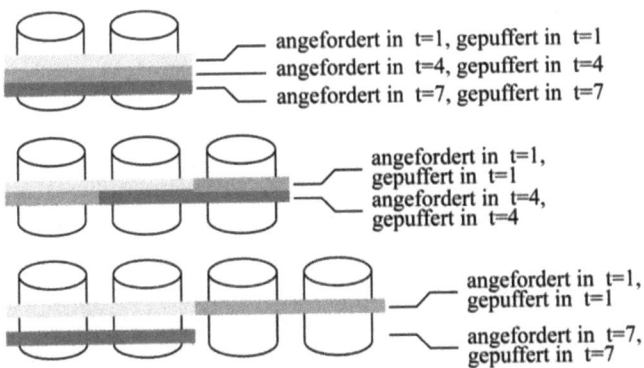

*Abb. 12-9
Wachstum der
Pufferanforderungen.*

Abb. 12-9 zeigt die Zunahme der Puffergröße, die zur Verfügung gestellt werden muß, um eine einzelne Zugriffsoperation zu puffern, wenn die Größe einer RAID-Stripe-Gruppe wächst. Zur Lösung dieses Problems wurden eine Reihe von Techniken entwickelt, die im folgenden vorgestellt werden.

*Abb. 12-10
Möglichkeiten der
Gruppierung.*

Mehrfach-RAID

Eine intuitive Technik zur Lösung des oben beschriebenen Problems ist die Erzeugung von Festplattenuntergruppen, die logische Plattenverbände bilden (Abb. 12-10). Diese Vorgehensweise begrenzt die Anzahl an Platten, über die eine Datei verteilt wird, auf die Größe einer derartigen Gruppe.

Declustering

Eine Gruppierung, deren Einheiten nicht aus kompletten Festplatten bestehen, bezeichnet man als *Declustering*. Hierbei betrachtet man die Stripe-Einheiten jedes Datenträgers, die logisch derart in einen Stripe verknüpft werden, daß der Stripe nur eine Teilmenge der verfügbaren Festplatten umfaßt (unter Ausnutzung der typischen RAID-Sicherheitsmechanismen). Die Anzahl der verwendeten Festplatten ist für jeden Stripe konstant und gleich, aber die Datenträger, auf denen ein Stripe gespeichert ist, variieren. In dieser Art und Weise wird die Last besser verteilt als mit Mehrfach-RAID, und der I/O-Durchsatz aller Platten wird sogar dann ausgenutzt, wenn nur auf eine begrenzte Zahl von Stripes zugegriffen wird.

Dynamisches Declustering

Das dynamische Declustering stellt eine Erweiterung dieses Schemas dar. Hierbei erfolgt keine statische Zuweisung von Stripes zu einer Menge von Festplatten, sondern eine dedizierte Entscheidung für jede Datei, welche Größe und welchen Speicherort ein verwendeter Stripe haben soll. Dieses Schema weist zwei Nachteile auf: Das Management dieser Technik ist sehr intensiv, und Schutzmechanismen können nicht zur Anwendung kommen. Die Intensität des Managements ergibt sich aus der Tatsache, daß für jede Schreiboperation eine Auswahl eines Stripes vorgenommen werden muß. Diese Auswahl muß von der Anwendung ausgeführt werden, da der das Dateisystem verwaltende Disk-Controller die Anforderungen an den Durchsatz einer Datei nicht kennt. Allerdings hat dieses Schema den Vorteil, daß eine Anpassung der Puffergröße an die geforderte Bandbreite einer Datei erfolgen kann. Dies kann sehr wertvoll sein, wenn ein Server eine heterogene Belastung, die von der Auslieferung eines großen Datenblocks bis zu verschiedenen kontinuierlichen Medienformaten reicht, bearbeiten soll. Ein zweiter Nachteil ist die in Software zu realisierende Gruppenzuweisung, die die Berechnung der Paritätsinformation im Disk-Controller stark erschwert. Dies würde eine spezielle Hardware und spezielle Schnittstellen nötig machen.

Gewichtetes Striping

Gewichtetes Striping [WD97] berücksichtigt die Tatsache, daß der Betrieb eines Multimedia-Servers der realen Welt ohne die Zugabe bzw. das Entfernen neuerer oder billigerer Festplattenmodelle kaum vorstellbar ist. Dadurch ergibt sich eine Inhomogenität der Performance der einzelnen Datenträger des Systems, wodurch die Leistung eines Stripes durch die langsamste Festplatte begrenzt werden kann. Im Falle eines gewichteten Striping mit variabler Größe wird die Größe eines Stripes in Abhängigkeit vom Durchsatz jeder Festplatte der Stripe-Gruppe verändert.

Das Ersetzen einer Festplatte durch eine neue mit anderen Leistungscharakteristika erfordert dann aber über die Rekonstruktion einer einfachen Stripe-

Einheit hinaus ein speicherintensives *Restriping* aller Datenbytes eines Stripes. Zur Umgehung dieses Problems wurde der Ansatz des *gewichteten Striping mit konstanter Größe* entwickelt, der eine Gewichtung der Durchsatzanforderungen auf einzelnen Platten eines Stripes über längere Sicht zum Ziel hat. Ein Video wird hierzu in Einheiten der Größe einer Stripe-Einheit unterteilt, die derart auf die Festplatten verteilt werden, daß Platten mit höherem Durchsatz eine größere Zahl dieser Einheiten vorhalten als solche mit niedrigerem Durchsatz. Die Zahl der zugewiesenen Einheiten ist dann äquivalent zum Durchsatz dieser Datenträger.

Split-Stripe-Zugriffe

Die Split-Stripe-Technik [TF95] versucht das Problem der Pufferanforderungen zu lösen, indem Leseoperationen von mehr als einem Strom in einer einzelnen Leseoperation eines Stripes erlaubt werden. Während also in jedem Zyklus ein gesamter Stripe eingelesen wird, muß das Resultat dieser Leseoperation nicht notwendigerweise nur den Puffer eines einzelnen Stroms füllen. Abb. 12-11 zeigt die Idee, die hinter dieser Art von Zugriffen steht. Während in RAID-Systemen die kleinste adressierbare Einheit ein Stripe ist, erfordert der Zugriff auf Split-Stripes die Adressierung einer Stripe-Einheit, die so klein wie ein einzelner Sektor einer Festplatte sein kann.

Zyklischer Zugriff

Eine Erweiterung dieser Technik stellt die Ausführung von Leseoperationen von Stripe-Einheiten ohne den Zugriff auf einen gesamten Stripe in einer einzelnen Operation dar. Dadurch wird das Konzept der Entkopplung einer Leseoperation von einer mit einem Stripe eingelesenen Stripe-Einheit vollzogen. Diese als zyklischer Zugriff bezeichnete Technik erlaubt die Verwendung erheblich kleinerer Puffer pro Strom, da der maximal pro Strom benötigte Pufferplatz nicht der Größe eines Stripe, sondern der einer einzelnen Stripe-Einheit entspricht.

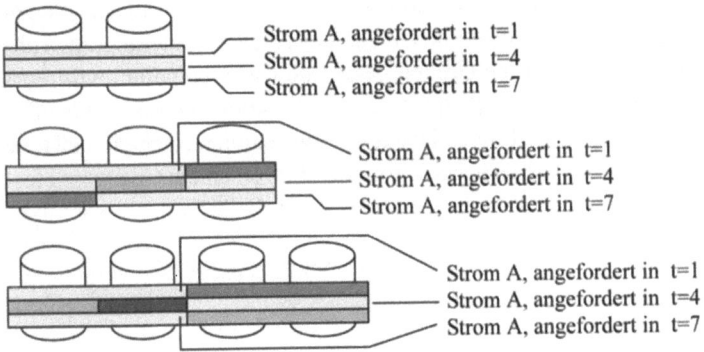

Abb. 12-11
Split-Stripe-Zugriff.

12.3.2 Reorganisation

Die Erweiterung eines Medien-Servers um zusätzliche Festplatten kann in einer verbesserten Performance resultieren, wenn die volle I/O-Bandbreite dieser Datenträger ausgenutzt werden kann.

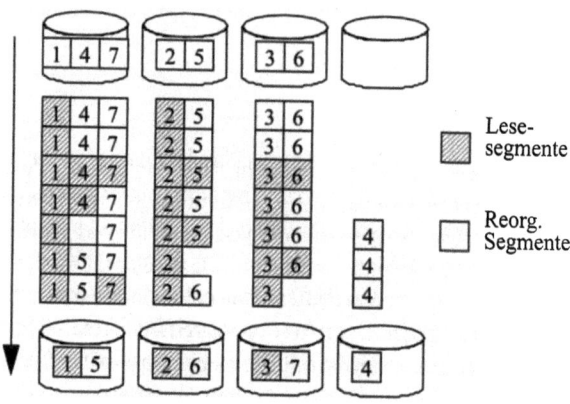

*Abb. 12-12
Lazy-Reorganisation
von Stripe-Gruppen.*

*Hot-pluggable
Hot-swappable*

Seit geraumer Zeit bieten Hardware-Hersteller sog. *Hot-swappable-* bzw. *Hot-pluggable*-Festplatten für diesen Einsatzzweck an. Da neu hinzuzufügende Platten normalerweise leer sind, muß in diesem Fall eine Reorganisation des Inhalts, der bereits von einem Server verwaltet wird, erfolgen. Bestenfalls geschieht dies ohne eine Störung des laufenden Betriebs. Eine Möglichkeit der Reorganisation eines Medien-Servers nach der Hinzunahme einer Festplatte *(n+1)* zu einer Stripe-Gruppe *(1...n)* ohne Störung des laufenden Betriebs ist die Verschiebung der Segmente einer Datei mit dem Zweck, diese in einer Art und Weise anzuordnen, daß aufeinanderfolgende Segmente nach dem Index der Festplatte in der Stripe-Gruppe modulo *(n+1)* angeordnet werden. Dazu wurden die Konzepte der *Lazy-* bzw. der *Eager*-Online-Reorganisation vorgeschlagen [GK96]. Die Form der Lazy-Reorganisation wird nur angewandt, wenn eine Datei von einem Client angefordert wird. Wenn ein Segment einer solchen Datei angefordert wird, das auf der neuen Platte nach dem Plazierungsalgorithmus für Segmente einer Stripe-Gruppe gespeichert werden sollte, wird eine Schreiboperation auf der neuen Platte in dem der Leseoperation folgenden Zyklus ausgeführt (siehe Abb. 12-12). Dieses Schema hat den Nachteil, daß eine Reorganisation nur für Dateien ausgeführt wird, die von einem Client angefordert werden.

12.3 Platten-Controller

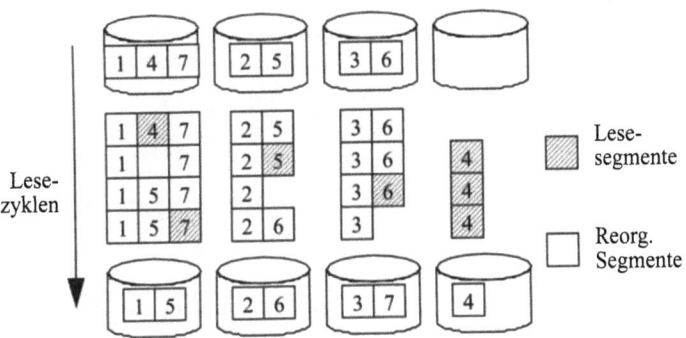

Abb. 12-13
Eager-Reorganisation
von Stripe-Gruppen.

Wenn auf eine Datei niemals zugegriffen wird, wird diese auch nicht reorganisiert. Mit der Variante der Eager-Reorganisation wird die Zeit zur Reorganisation verwendet, in der das System untätig ist. Da in diesem Ansatz die Reihenfolge der Segmente nicht von der Abspielreihenfolge abhängt, können mehrere Segmente gleichzeitig rearrangiert werden, wenn genügend Pufferplatz im Hauptspeicher verfügbar ist (siehe Abb. 12-13). Die zur Reorganisation notwendige Zeit kann weiter reduziert werden, wenn die auf den neuen Platten zu speichernden Segmente vor deren Einfügung in das System dorthin geladen werden. Die ursprünglichen Segmente werden anschließend von ihrer früheren Position gelöscht und die anderen Blöcke reorganisiert.

Eager-Reorganisation

Der Ansatz der Zuweisung durch eine zufällige Verdopplung [Kor97] basiert auf der Annahme eines Systems, das aus einer wachsenden Menge von heterogenen Festplatten besteht und Ströme variabler Bitrate ausliefert. Ein derartiges System wird normalerweise nicht durch die zufällige Plazierung doppelt gespeicherter Blöcke auf verschiedenen Platten und deren Zugriff von der jeweils weniger ausgelasteten Festplatte an seiner Arbeit gehindert. Wird in einem derartigen System eine Festplatte ausgetauscht, so kann der Inhalt durch eine Replikation der Datenblöcke wiederhergestellt werden, wenn eine Kopie der Blöcke im System verfügbar ist. Wird eine neue Platte hinzugefügt, so können Datenblöcke von einer beliebigen anderen Festplatte des Systems kopiert bzw. zur neuen Platte verschoben werden, wenn diese nicht früher von einer anderen Platte hierher versetzt wurden.

12.4 Sekundärspeichermanagement

Im Gegensatz zu streng sequentiell arbeitenden Speichergeräten (z. B. Bändern) können Medien mit zufälligem Zugriff Scheduling-Probleme verursachen, da jede Dateioperation eine Bewegung des Schreib-/Lesekopfs bedingen kann. Diese auch als *Suchen* bezeichnete Operation ist sehr zeitaufwendig. Aufgabe des *Festplattenmanagements* ist die Reduktion der Effekte solcher Operationen. Weiterhin wird aber die zum Lesen oder Schreiben eines Blocks nötige Zeit durch folgende Aspekte bestimmt:

Determinanten von Lesen und Schreiben

- die Suchzeit (die zur Bewegung des Schreib-/Lesekopfs erforderliche Zeit),
- die Verspätung bzw. die Rotationsverspätung (die Zeit, in der der Transfer nicht fortgesetzt werden kann, bis der richtige Block bzw. Sektor durch eine Rotation unter dem Schreib-/Lesekopf gefunden wird),
- die Zeit zum Kopieren der Daten von der Festplatte in den Hauptspeicher.

Suchzeit

Typischerweise stellt die *Suchzeit* den größten Faktor der zum Transfer benötigten Zeit dar. Die meisten der heute verfügbaren Systeme verwenden daher spezielle Scheduling-Algorithmen für Schreib- bzw. Lesezugriffe auf die Platte, um die Kosten der Suchoperation niedrig zu halten. Der Zugriff auf ein Speichermedium ist ein Problem, das eng mit der Organisation einer Datei verknüpft ist. Ein Programm, das bspw. eine zusammenhängend allokierte Datei liest, erzeugt Anforderungen, die auf einer Festplatte eng benachbart abgearbeitet werden. Dies führt zu einer Verringerung der Kopfbewegungen der Platte. Verbundene oder indizierte Dateien, die weit verstreut auf einer Platte gespeichert sind, verursachen im Gegenzug viele Bewegungen des Kopfes. In Multiprogrammumgebungen ist die Warteschlange einer Festplatte oft nicht leer. Gerade hier spielt das Fairneß-Prinzip eine große Rolle beim Scheduling. Ansätze zu einer Optimierung bezeichnet man in diesem Kontext als *Disk-Scheduling-Algorithmen*.

12.4.1 Festplattenmanagement

Block-Cache

Der Zugriff auf eine Festplatte ist eine langsame und kostspielige Operation. Traditionelle Systeme verwenden Block-Caches, um Plattenzugriffe zu reduzieren. Die Verwendung eines Block-Cache impliziert, daß Blöcke im Speicher gehalten werden, da zukünftige Lese- oder Schreiboperationen dieser Daten erwartet werden. Die Performance kann so durch den selteneren Zugriff auf das langsame Medium Festplatte gesteigert werden. Eine weitere Möglichkeit der Performance-Steigerung ist die Verringerung der Armbewegung einer Festplatte. Blöcke, die eine hohe Zugriffswahrscheinlichkeit aufweisen, werden hierbei zusammen auf einem Zylinder abgelegt. Um diese Methode weiter zu verbessern, kann die Positionierung durch die Rotation verfeinert werden. Aufeinanderfolgende Blöcke werden so mit Unterbrechungen (Interleaving) auf einem Zylinder gespeichert (siehe Abb. 12-14 auf Seite 357). Eine weitere Verbesserung läßt sich durch eine geeignete Speicherung der Dateitabellen (z. B. Inodes in UNIX) erreichen. Wenn diese in der Nähe des Anfangs der Festplatte abgelegt werden, entspricht der Abstand zwischen den Tabellen und den Blöcken im Mittel der Hälfte der Anzahl der Zylinder. Werden sie in der Mitte der Platte gespeichert, so läßt sich eine Halbierung der mittleren Suchzeit erreichen. Auf gleiche Art und Weise sollten aufeinanderfolgende Blöcke auf demselben Zylinder angeordnet werden, da die Nutzung des gleichen Zylinders zur Speicherung der Tabellen und der von diesen verwiesenen Blöcke eine weitere Leistungssteigerung bewirkt.

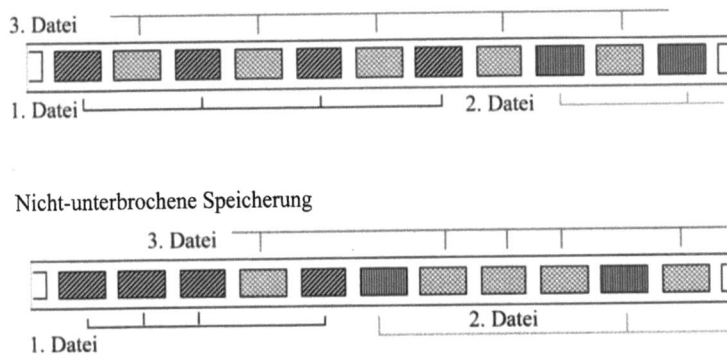

Abb. 12-14
Unterbrochene und nicht-unterbrochene Speicherung.

Dateistruktur

Konventionelle Sekundärspeichermanagement-Systeme zielen bei der Dateiorganisation auf eine möglichst effiziente Nutzung der Speicherkapazität ab (also die Reduktion interner und externer Fragmentierung) und versuchen, beliebige Erweiterungen und Löschoperationen von Dateien zu optimieren. Multimediasysteme hingegen benötigen vor allem konstante und rechtzeitige Zugriffsmethoden auf Daten. Interne Fragmentierung tritt auf, wenn Datenblöcke nicht vollständig belegt sind. Hierdurch führt die Verwendung größerer Blöcke zu einer vermehrten Vergeudung von Speicherplatz, die durch interne Fragmentierung bedingt ist. Externe Fragmentierung wird durch eine zusammenhängende Speicherung von Dateien verursacht. Nach dem Löschen einer derartigen Datei kann der freiwerdende Platz nur von einer Datei identischer oder kleinerer Größe belegt werden. Üblicherweise entstehen dadurch kleine unbenutzte Lücken zwischen den Dateien, was eine Verschwendung von gerade für kontinuierliche Medien notwendigen Mengen an Speicherplatz bedeutet.

Wie bereits oben erläutert, können die Ziele von Multimedia-Dateisystemen durch die Verfügbarkeit einer ausreichenden Menge an Pufferplatz für jeden Datenstrom und durch die Verwendung von Disk-Scheduling-Algorithmen, die speziell zur Speicherung und zum Zugriff in Echtzeit optimiert sind, realisiert werden. Der Vorteil eines solchen Ansatzes, in dem Datenblöcke einzelner Dateien verstreut sind, ist Flexibilität. Man vermeidet externe Fragmentierung, und dieselben Daten können von mehreren Strömen verwendet werden (z. B. durch Referenzen). Selbst die Benutzung eines einzelnen Stroms kann vorteilhaft sein, wenn z. B. ein Datenblock zweimal abgefordert wird (z. B. wenn ein Stück einer Sonate wiederholt wird). Wegen der vielzähligen Suchoperationen während des Abspielens müssen jedoch selbst bei Verwendung eines optimierten Disk-Scheduling große Puffer zur Verfügung gestellt werden, um die Varianz der Datenzugriffsphase zu glätten. Dies bedingt insbesondere lange Verzögerungen am Anfang des Zugriffs auf einen kontinuierlichen Datenstrom.

Eine Optimierung des Festplattenlayouts begründet sich vor allem durch die enorme Größe von Dateien, die kontinuierliche Medien enthalten, und durch die Tatsache, daß diese typischerweise sequentiell angefordert werden, bedingt durch die auf ihnen möglichen Operationen (z. B. *play*, *pause* oder *fast forward*). Die Erfahrung zeigt, daß kontinuierliche Medienströme sich vor allem durch einmaliges Schreiben und oftmaliges Lesen auszeichnen und daß mehrere Ströme, die zur gleichen Zeit aufgenommen wurden, meist auch zur gleichen Zeit abgespielt werden (z. B. Audio und Video eines Films [LS93]).

12.4.2 Traditionelles Platten-Scheduling

Die auf den meisten traditionellen Sekundärspeichersystemen verwendeten Scheduling-Strategien sollen im folgenden vorgestellt werden.

First-Come-First-Served (FCFS)

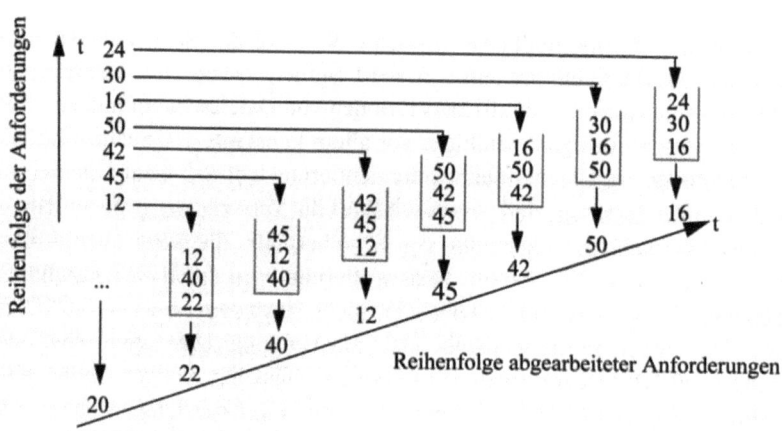

Abb. 12-15 FCFS-Disk-Scheduling.

Grundlage des FCFS-Algorithmus ist die schrittweise Akzeptanz eingehender Anforderungen durch den Plattentreiber und deren Abarbeitung in der Reihenfolge ihres Eintreffens. Der Algorithmus ist einfach zu implementieren und arbeitet in einer fairen Art und Weise. In bezug auf die Kopfbewegung arbeitet FCFS allerdings nicht optimal, da die Plazierung der anderen Anforderungen nicht beachtet wird. Hieraus ergibt sich eine hohe mittlere Zugriffszeit. Abb. 12-15 zeigt beispielhaft die Anwendung von FCFS auf eine Anforderung von drei Blöcken in einer Warteschlange.

Shortest-Seek-Time-First (SSTF)

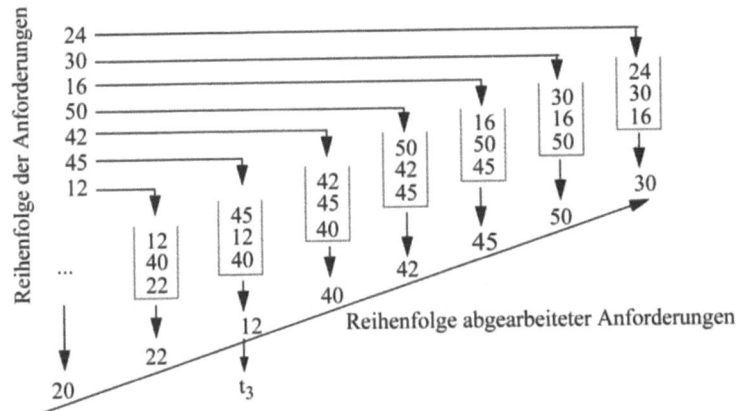

Abb. 12-16
SSTF-Disk-
Scheduling.

SSTF selektiert zu jedem Zeitpunkt, an dem ein Datentransfer angefordert wird, ausgehend von der momentanen Position des Kopfes denjenigen mit der geringsten Suchzeit. Der Kopf wird dann zu der am nächsten liegenden Spurposition der in der Warteschlange befindlichen Anforderungen bewegt. Der Algorithmus wurde speziell zur Minimierung der Zugriffszeiten entwickelt und arbeitet für diesen Zweck optimal. SSTF ist eine Abwandlung des Shortest-Job-First-Algorithmus (SJF) und verursacht wie auf diesem längere Wartezeiten einzelner Anforderungen, da solche, die sich auf Blöcke in der Mitte der Festplatte beziehen, zuungunsten der am inneren und äußeren Rand liegenden bearbeitet werden. Abb. 12-16 zeigt die Arbeitsweise des SSTF-Algorithmus: Zum Zeitpunkt t_3 befindet der Kopf sich auf der Position 22. Die Entfernung zu Block 40 beträgt *40 - 22 = 18*, zu Block 12: *22 - 12 = 10*, zu Block 45: *45 - 22 = 23*. Der nächste aufzusuchende Block ist daher *12* (da *10 < 18 < 23* ist).

SCAN

Wie auch SSTF sortiert SCAN eingehende Anforderungen zur Minimierung der Suchzeit. Im Gegensatz zu SSTF bezieht aber SCAN die momentane Bewegungsrichtung des Plattenkopfes in die Entscheidung mit ein. Zunächst werden alle Anforderungen bearbeitet, die in der momentanen Bewegungsrichtung des Kopfes liegen, bis keine solchen mehr vorhanden sind. Anschließend wird die Richtung umgekehrt und der Vorgang wiederholt. Da die am Rand liegenden Anforderungen besser bedient werden, erreicht SCAN sehr gute Zugriffszeiten.

In der Mitte liegende Blöcke werden allerdings weiterhin besser geladen als außen liegende. Wenn die Bewegungsrichtung geändert wird, werden zunächst die zuletzt besuchten Positionen aufgesucht, wohingegen bei Annahme einer Gleichverteilung die größte Dichte an Anforderungen an der gegenüberliegenden Seite der Festplatte auftritt. Abb. 12-17 zeigt ein Beispiel zur Anwendung von SCAN.

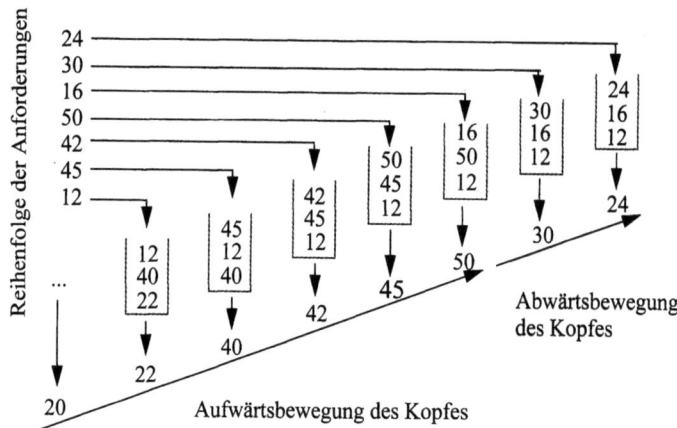

Abb. 12-17
SCAN-Disk-Scheduling.

N-Schritt-SCAN

Als Erweiterung von SCAN versucht N-Schritt-SCAN, Verzögerungen, die die nach dem Start von SCAN ankommenden Anforderungen hervorrufen, zu vermeiden. Dies resultiert teilweise in einer Wartezeit eingehender Anforderungen, obwohl der Kopf an der angeforderten Position der Festplatte vorbeifährt. Der N-Schritt-SCAN-Algorithmus garantiert auf Kosten einer höheren durchschnittlichen Antwortzeit die Fairneß, mit der Anforderungen an äußere Bereiche der Festplatte gestellt werden. Das Schema kann derart modifiziert werden, daß der Kopf zur äußersten Position fährt, die für den nächsten SCAN gefordert wird, anstelle eines Starts des SCAN-Algorithmus an der Position der zuletzt gelesenen Spur des letzten SCAN. Dies bewirkt eine Ausführung, die sich nicht immer nach der Abwärts- oder Aufwärtsbewegung richtet, da sich die Bewegungsrichtung ändern kann. Weiterhin verursacht dieser auch *Preseek-Sweep-Scheduling* genannte Ansatz durchschnittlich längere Suchzeiten.

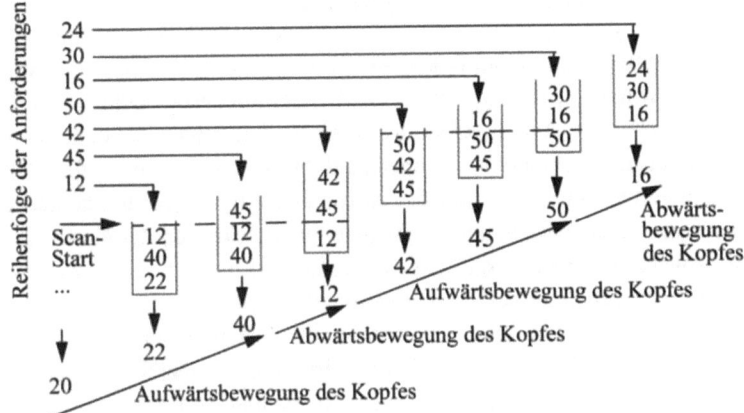

Abb. 12-18
N-Schritt-SCAN-Disk-Scheduling.

C-SCAN

Auch C-SCAN bewegt den Kopf nur in eine Richtung, bietet aber einen faireren Zugriff mit gleichmäßigeren Wartezeiten an. Die Richtung der Kopfbewegung wird im Gegensatz zu SCAN nicht verändert. Anstelle dessen erfolgt die Bewegung in jeweils zu- oder abnehmenden Zyklen, wobei zwischen zwei aufeinanderfolgenden Scans eine Kopfbewegung von einem zum anderen Rand der Festplatte stattfindet. Die Leistung von C-SCAN ist daher etwas niedriger als die von SCAN. Abb. 12-19 zeigt die Anwendung des C-SCAN-Algorithmus.

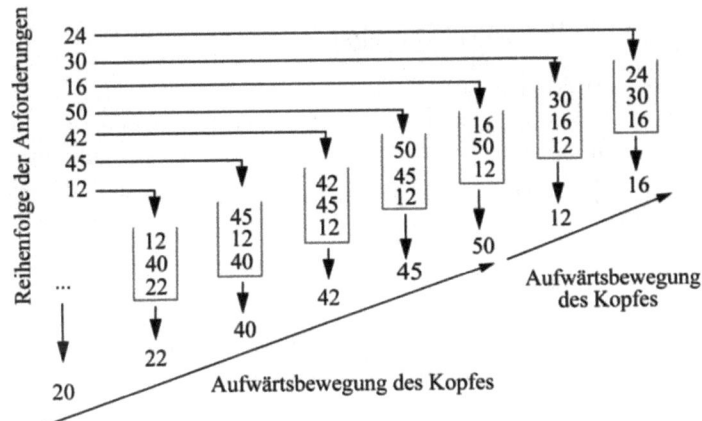

Abb. 12-19
C-SCAN-Disk-Scheduling.

T-SCAN

T-SCAN benutzt die sog. *Periodentransformation*, um eine Blockierung einzelner Anforderungen zu verhindern. Diese Transformation stellt eine Modifikation der Größen dar, in denen individuelle Anforderungen bedient werden. T-SCAN ist zur Unterstützung blockierungsfreier Medienströme geeignet, da es das Anforderungsverhalten eines Stroms als Referenz zur Erfüllung aller Anforderungen verwendet. Dies impliziert, daß unabhängig von den momentanen Anforderungen einer Anwendung die Ströme mit Blöcken der Größe $B_1 * R_2 / R_1$ bedient werden, wobei R_1 die Rate des Referenzstroms ist, B_1 die pro Zyklus angeforderte Blockgröße und R_2 die von einem weiteren Strom angeforderte Rate. In dieser Art und Weise werden die Anforderungen in der Reihenfolge ihres Eintreffens nach dem SCAN-Mechanismus abgearbeitet, und alle Ströme erhalten einen fairen Anteil der zur Verfügung stehenden I/O-Bandbreite. Ohne Zugangskontrolle betrifft dieses Schema im Falle einer Überlast des Servers jedoch alle bedienbaren Ströme.

Traditionelle Dateisysteme wurden nicht zur Verwendung in multimedialen Systemen entwickelt. Anforderungen wie z. B. Echtzeit, die zum Zugriff auf gespeicherte Audio- und Videodokumente eine besondere Rolle spielen, werden dadurch nicht optimal erfüllt. Um diesen Bedingungen gerecht zu werden, müssen neue Richtlinien in der Struktur und der Organisation von Dateien bzw. dem Festplattenzugriff von Daten befolgt werden. Der nächste Abschnitt beschreibt die wichtigsten in diesem Kontext entwickelten Anwendungen.

12.4.3 Multimedia-Platten-Scheduling

Traditionelle Systeme

Ein wesentliches Ziel traditioneller Disk-Scheduling-Algorithmen ist die Kostenreduktion von Suchoperationen, um einen höheren Durchsatz zu erreichen und für jeden Prozeß einen fairen Plattenzugriff anzubieten. Zusätzliche Anforderungen wie z. B. eine Bearbeitung in Echtzeit lassen traditionelle Disk-Scheduling-Algorithmen, wie sie im vorigen Abschnitt beschrieben wurden, in Multimediasystemen nicht zum Einsatz kommen. Systeme ohne ein optimales Plattenlayout, die zur Speicherung kontinuierlicher Medien eingesetzt werden, hängen in sehr viel stärkerem Maße von einer zuverlässigen und effizienten Disk-Scheduling-Strategie ab als andere. Im Falle einer kontinuierlichen Speicherung benötigt man ein Disk-Scheduling zur Bearbeitung mehrerer konkurrierender Ströme. Beispielsweise kann ein Round-Robin-Scheduler eingesetzt werden, um Aufgaben exakt in Echtzeit zu erfüllen [LS93]. Eine zusätzliche Optimierung erreicht man hier durch die Plazierung von Strömen, auf die wahrscheinlich im Verbund zugegriffen wird, in unmittelbarer physikalischer Nachbarschaft zueinander.

Das wichtigste Ziel eines Disk-Scheduling in Multimediasystemen ist die Erfüllung aller Zeitschranken von zeitkritischen Aufgaben. Eng damit verbunden ist das Bestreben, die dazu notwendigen Pufferressourcen so niedrig wie möglich zu halten. Obwohl möglichst viele Ströme parallel verarbeitet werden sollten, müssen auch aperiodische Anforderungen ohne eine erhebliche Verzögerung der Bearbeitung eingeplant werden können. Dazu muß der Scheduling-Algorithmus eine Balance zwischen zeitlichen Bedingungen und Effizienz finden.

Earliest-Deadline-First (EDF)

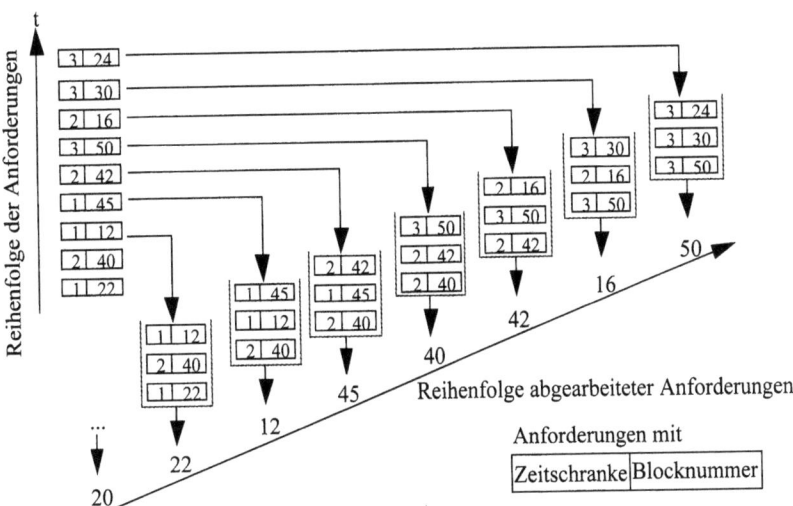

*Abb. 12-20
EDF-Disk-Scheduling.*

Zunächst soll die EDF-Scheduling-Strategie betrachtet werden, die für das CPU-Scheduling entwickelt wurde, aber für Belange des Dateisystems ebenfalls eingesetzt werden kann.

EDF liest den Block mit der am nächsten liegenden Zeitschranke zuerst (siehe Abb. 12-20). Die Verwendung von EDF in diesem strikten Sinne resultiert in einem schlechten Durchsatz und langen Suchzeiten. Da EDF weiterhin als präemptives Scheduling-Schema verwendet wird, sind die Kosten für die Präemption einer Aufgabe und das Scheduling einer anderen relativ hoch. Der dadurch verursachte Aufwand liegt in derselben Größenordnung wie mindestens eine Suche auf der Festplatte. EDF sollte also an Strategien für das Dateisystem adaptiert oder mit solchen kombiniert werden.

Effizienz von EDF

SCAN-Earliest-Deadline-First (SCAN-EDF)

SCAN-EDF ist eine Kombination aus SCAN und EDF [RW93]. Die Optimierung der Suche wird mit den Echtzeitgarantien von EDF folgendermaßen kombiniert: Die Anforderung mit der frühesten Zeitschranke wird wie in EDF immer zuerst bedient; unter Anforderungen mit derselben Zeitschranke wird zunächst die ausgewählt, die in der Bewegungsrichtung des Plattenkopfes liegt. Unter den verbleibenden wird dieses Prinzip wiederholt, bis keine Anforderung mit dieser Zeitschranke mehr übrig ist.

Da diese Optimierung nur in Kraft tritt, wenn Anforderungen mit derselben Zeitschranke vorliegen, hängt die Effizienz des Algorithmus davon ab, wie oft er angewendet werden kann (d. h. wie viele Anforderungen dieselbe oder ähnliche Zeitschranken haben). Um diese Wahrscheinlichkeit zu erhöhen, kann die folgende trickreiche Technik verwendet werden: Alle Anforderungen werden in Vielfachen p einer Anfangszeit gerechnet und haben so Zeitschranken, die einem Vielfachen von p entsprechen. Auf diese Weise können Anforderungen dann gruppiert abgearbeitet werden.

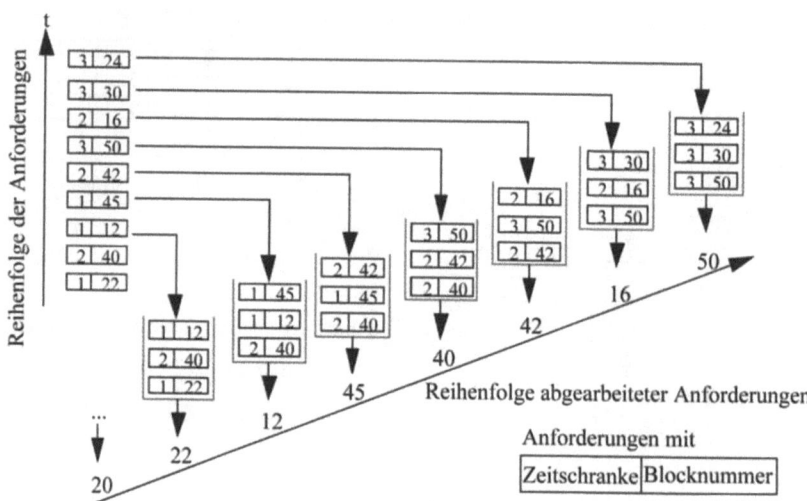

Abb. 12-21 SCAN-EDF-Disk-Scheduling mit $N_{max} = 100$ und $f(N_i) = N_i/N_{max}$.

Die Implementierung von SCAN-EDF gestaltet sich einfach, indem EDF leicht modifiziert wird. Wenn D_i die Zeitschranke von Aufgabe i ist und N_i Position der Spur, so kann die Zeitschranke zu $D_i + f(N_i)$ modifiziert werden. Dies entspricht einer Verzögerung der Zeitschranke. Die Funktion $f()$ wandelt die Nummer der Spur i in eine kleine Verzerrung der Zeitschranke um (siehe Abb. 12-21). Diese muß klein genug sein, daß $D_i + f(N_i) \leq D_j + f(N_j)$ für alle $D_i \leq D_j$ gilt. Dazu verwendet man folgende Funktion [RW93]:

$$f(N_i) = \frac{N_i}{N_{max}},$$

wobei N_{max} die maximal auf einer Festplatte mögliche Spurnummer ist. Sicherlich sind aber auch andere Funktionen dazu geeignet.

Verbesserung   Dieser Mechanismus kann durch eine akkuratere Verzerrung der Zeitschranke verbessert werden, wenn man die aktuelle Position des Plattenkopfes (N) in Betracht zieht. Diese Position kann in Abhängigkeit von den Blocknummern und der momentanen Richtung der Kopfbewegung gemessen werden (siehe Abb. 12-22 auf Seite 365 und Abb. 12-23 auf Seite 365).

1. Wenn sich der Kopf aufwärts in Richtung N_{max} bewegt, dann

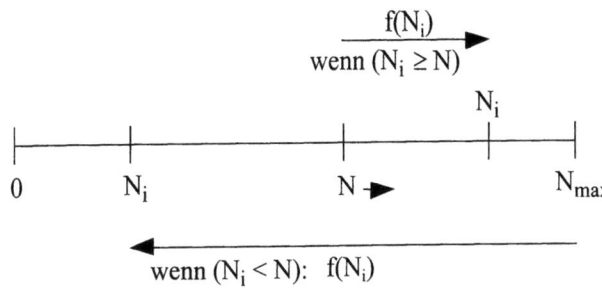

Abb. 12-22
Akkurater EDF-SCAN-Algorithmus, Kopfbewegung aufwärts.

(a) für alle Blöcke N_i zwischen der aktuellen Position N und N_{max} ist die Verzerrung der Zeitschranke

$$f(N_i) = \frac{N_i - N}{N_{max}} \quad \text{für alle } N_i \geq N$$

(b) für alle Blöcke N_i zwischen der aktuellen Position N und dem ersten Block (Nr. 0) ist die Verzerrung der Zeitschranke

$$f(N_i) = \frac{N_{max} - N_i}{N_{max}} \quad \text{für alle } N_i < N$$

2. Wenn der Kopf sich abwärts in Richtung der ersten Blöcke bewegt, dann

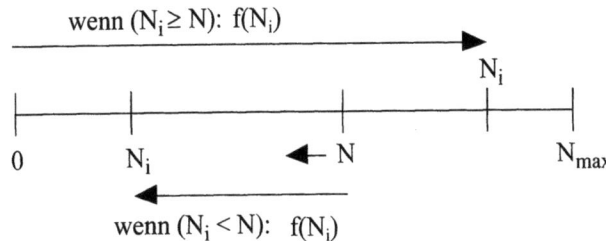

Abb. 12-23
Akkurater EDF-SCAN-Algorithmus, Kopfbewegung abwärts.

(a) für alle Blöcke N_i zwischen der aktuellen Position N und N_{max} ist die Verzerrung der Zeitschranke

$$f(N_i) = \frac{N_i}{N_{max}} \quad \text{für alle } N_i > N$$

(b) für alle Blöcke N_i zwischen der aktuellen Position N und dem ersten Block (Nr. 0) ist die Verzerrung der Zeitschranke:

$$f(N_i) = \frac{N - N_i}{N_{max}} \quad \text{für alle } N_i \leq N$$

Dieser Algorithmus weist zwar eine komplexere Berechnung auf als andere [RW93], bietet aber speziell bei wenigen gleichen Zeitschranken Verbesserungen, die den Nachteil der komplexeren Berechnung ausgleichen. In Situationen, in denen viele, also typischerweise mehr als fünf gleiche Zeitschranken vorliegen, bietet die einfache Berechnung eine genügende Optimierung. In diesem Fall sollte die komplexere Berechnung unterbleiben. Zur Analyse der Performance wurde SCAN-EDF mit dem reinen EDF und mit anderen SCAN-Abwandlungen verglichen. Es zeigte sich, daß SCAN-EDF mit verzögerten Zeitschranken besonders in Multimedia-Umgebungen gut einzusetzen ist [RW93].

Group Sweeping Scheduling (GSS)

Das *Group Sweeping Scheduling* (GSS) teilt Anforderungen nach dem Round-Robin-Verfahren in Gruppen ein [YCK92, GH94]. Um die Bewegungen des Plattenarms zu minimieren, wird eine Menge von n Strömen in g Gruppen unterteilt. Die Gruppen werden in fester Reihenfolge bearbeitet. Individuelle Ströme innerhalb einer Gruppe werden nach dem SCAN-Verfahren bedient. Es kann daher nicht vorhergesagt werden, zu welcher Zeit oder in welcher Reihenfolge individuelle Ströme einer Gruppe bearbeitet werden. In einem Zyklus kann ein spezieller Strom der erste sein, der abgearbeitet wird, in einem anderen kann er analog der letzte sein. Die Kontinuität dieses Verfahrens wird durch die Verwendung eines Puffers zur Glättung gewährleistet, dessen Größe von der Zeit eines Zyklus und der Datenrate des Stroms abhängt. Wenn das SCAN-Scheduling auf alle Ströme eines Zyklus ohne Gruppierung angewendet wird, kann das Abspielen eines Stroms nicht begonnen werden, bevor das Ende des ersten Zugriffszyklus (in dem alle Anforderungen genau einmal bearbeitet werden) erreicht ist, da die nächste Bearbeitung im letzten Zeitintervall des folgenden Zyklus liegen kann.

Pufferung   Da die Daten in GSS gepuffert werden müssen, kann der Abspielvorgang am Ende der Gruppe begonnen werden, in der der erste Zugriff erfolgt. Die Puffer können im Gegensatz zu SCAN, das Puffer für alle Ströme erfordert, für jede einzelne Gruppe wieder verwendet werden. Weitere Verbesserungen von GSS werden in der Literatur vorgeschlagen [CKY93]. Mit dieser Methode wird gewährleistet, daß jeder Strom in jedem Zyklus einmal bedient wird. GSS ist daher ein Kompromiß zwischen der Optimierung von Pufferplatz und der der Armbewegungen. Um die angeforderten Garantien für kontinuierliche Daten zu gewährleisten, sollte eine „gemeinsame" Zeitschranke verwendet werden. Dazu wird jeder Gruppe von Strömen eine Zeitschranke zugewiesen, die sog. „gemeinsame Zeitschranke". Diese ist unter allen Strömen der Gruppe die früheste. Ströme werden dann so gruppiert, daß alle eine ähnliche Zeitschranke aufweisen. Abb. 12-24 auf Seite 367 zeigt ein Beispiel von GSS.

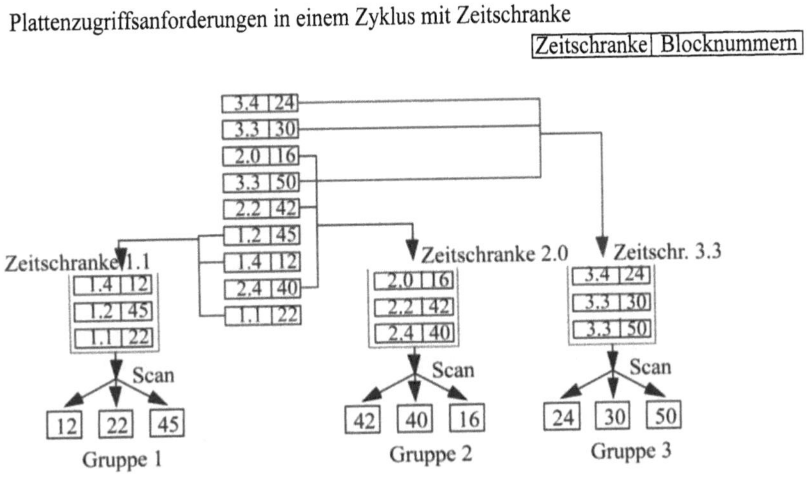

Plattenzugriffsanforderungen in einem Zyklus mit Zeitschranke

[Diagramm: Group Sweeping Scheduling mit Zeitschranken 1.1, 2.0, 3.3 und Gruppen 1, 2, 3]

Abb. 12-24
Group Sweeping Scheduling als eine Plattenzugriffsstrategie.

Gemischte Strategie

In der Literatur wird weiterhin die Verwendung einer *gemischten Strategie* vorgeschlagen, die auf der kürzesten Suche (Shortest Seek, auch *Greedy-Strategie*) und einer balancierten Strategie beruht. Wie auch in Abb. 12-25 erkennbar, werden Daten bei jedem Festplattenzugriff in den Speicherpuffer geladen, der für den jeweiligen Datenstrom reserviert worden ist. Ein Anwendungsprozeß entfernt diese anschließend sukzessive von dieser Stelle.

Dieser Scheduling-Algorithmus verfolgt die nachstehenden Ziele: *Ziele*

- Maximierung der Transfereffizienz durch eine Minimierung von Suchzeiten und Verzögerungen,
- Erfüllung der Prozeßanforderungen mittels limitiertem Pufferplatz.

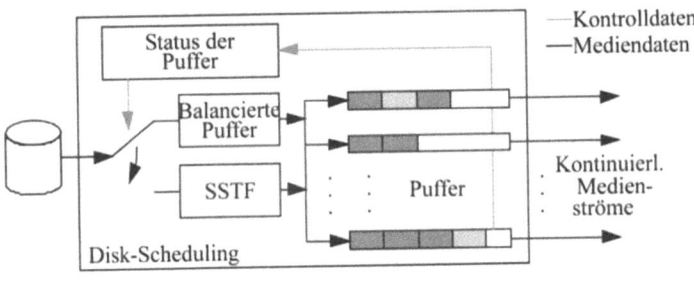

Abb. 12-25
Strategie des Mixed Disk Schedulings.

Das erste Ziel wird mit Shortest Seek erreicht; der Prozeß, dessen Datenblock am nächsten ist, wird also zuerst bedient. Die balancierte Strategie wählt nun den Prozeß aus, der zur Ausführung die geringste Menge an gepufferten Daten benötigt. Dies ist notwendig, da dieser Prozeß ansonsten über eine ungenügende Anzahl abzuarbeitender Daten verfügen würde. Eine Schwierigkeit ergibt sich hierbei in der Entscheidung, welche der beiden Strategien (Shortest Seek oder balancierte Strategie) angewendet werden muß. Zur Verwendung der Shortest Seek müssen zwei Kriterien erfüllt sein: Die Zahl der Puffer aller Prozesse sollte balanciert sein (alle Prozesse sollten also ungefähr dieselbe Menge gepufferter Daten aufweisen), und die insgesamt angeforderte Bandbreite sollte für alle aktiven Prozesse ausreichen, damit keiner dieser Prozesse versucht, in unmittelbarer Folge Daten aus einem leeren Puffer zu lesen. Hierzu kann die

Dringlichkeit

Dringlichkeit betrachtet werden, beides zu messen. Die Dringlichkeit ist hierbei die Summe der Kehrwerte der zur Zeit vorliegenden Füllstände der Puffer (äquivalent zur Menge der gepufferten Daten). Diese Kennzahl mißt sowohl die relative Balance aller lesenden Prozesse als auch deren Anzahl. Wenn die Dringlichkeit groß ist, sollte die Balancierungsstrategie angewendet werden. Trifft das Gegenteil zu, so kann der Shortest-Seek- Algorithmus verwendet werden.

Dateisysteme für kontinuierliche Medien

CMFS

CMFS-Disk-Scheduling ist ein nicht-präemptiv arbeitendes Disk-Scheduling-Schema, das für das an der UC-Berkeley entwickelte *Continuous Media File System* (*CMFS*) entwickelt wurde [DPA91]. In diesem Schema können verschiedene Regeln verwendet werden. In diesem Zusammenhang wird die Verwendung der sog. *Slack-Time* (*Slack* bedeutet Untätigkeit) H vorgeschlagen. Die Slack-Time ist die zur Ausführung von nicht in Echtzeit ablaufenden Operationen oder zur Verarbeitung von Echtzeitprozessen verfügbare Zeit. Dies setzt voraus, daß die in diesem Moment durchgeführte Vorarbeit aller Prozesse dazu ausreicht, daß ein Prozeß keinen Datenmangel erleidet, selbst wenn er für H Sekunden nicht bedient würde. Die hierbei zu betrachtenden Regeln eines Echtzeit-Scheduling sind:

- Die *Statische/Minimale Regel* basiert auf der Strategie des minimalen *Workahead Augmenting Set (WAS)*. Ein Prozeß p_i liest hierbei eine Datei mit einer spezifischen Rate R_i. Jedem Prozeß wird eine positive Ganzzahl M_i zugewiesen, die die Zeit angibt, die zum Lesen eines Blocks erforderlich ist (z. B. die Suchzeit). Das CMFS führt eine Reihe von Operationen aus (z. B. die von allen Prozessen angeforderten Festplattenoperationen), indem der nächste Block einer Datei gesucht wird und von dieser M_i Blöcke gelesen werden. Dies betrifft ausschließlich Leseoperationen, gilt aber mit geringen Modifikationen auch für Schreiboperationen. Diese Suche wird für jeden Prozeß eines Systems ausgeführt. Die während dieser Operationen von einem Prozeß gelesenen Daten halten eine Zeit $\frac{M_i \times A}{R_i}$ vor, wobei A die Blockgröße in Bytes bezeichnet. Das WAS ist eine Menge von Operationen, wobei die für jeden Prozeß gelesenen Daten eine längere Zeitspanne ermöglichen als die zur Ausführung der Operationen theoretisch längste mögliche (z. B. ist die Summe der Leseoperationen aller Prozesse kleiner als die Zeit, in der die gelesenen Daten von einem Prozeß verarbeitet werden). Derart wird ein Zeitplan von der Menge, die so zur Abarbeitung vorbereitet und abarbeitbar ist, abgeleitet. Die Anforderungen werden also in der durch das WAS vorgegebenen Reihenfolge abgearbeitet. Die *Minimale Regel*, das sog. *minimale WAS*, ist der Zeitplan, in dem die theoretisch längste mögliche Zeit zur Erfüllung einer Menge von Diensten auf die kleinstmögliche gesetzt wird. Die Menge der Anforderungen wird also so geordnet, daß die Zeit zur Ausführung der Operationen minimiert wird, z. B. indem die Suchzeiten reduziert werden. Hierbei betrachtet die Minimale Regel keine Pufferanforderungen. Falls kein ausreichender Pufferplatz zur Verfügung steht, verursacht der Algorithmus einen Pufferüberlauf. Die *Statische Regel* verändert diesen Zeitplan derart, daß kein Block gelesen wird, der für diesen Prozeß einen Pufferüberlauf verursachen würde. Dieser Ansatz gewährleistet so die rechtzeitige Abarbeitung der Prozesse, verursacht aber durch die Verwendung von Operationen kurzer Dauer vielfach unnötige Suchoperationen.

WAS

Statische Regel

- Mittels der *Greedy-Regel* wird ein Prozeß so lange wie möglich bearbeitet. Hierzu wird in jeder Iteration die Slack-Time H berechnet. Der Prozeß mit der geringsten Vorbereitungszeit wird dann bearbeitet. Die maximale Anzahl n der Blöcke dieses Prozesses wird gelesen. n ist von H und vom gerade verfügbaren Pufferplatz abhängig. Die zum Lesen von n Blöcken notwendige Zeit muß also kleiner oder gleich H sein.

Greedy-Regel

- Die *Regel des zyklischen Plans* teilt die Slack-Time zur Maximierung unter den Prozessen auf. Hierzu berechnet man H und erhöht die minimale WAS um H Millisekunden zusätzlichen Lesens. Ein zusätzliches Lesen wird hierbei für jeden Prozeß unmittelbar nach dem regulären Lesen, das vom minimalen WAS bestimmt wurde, ausgeführt. Diese Regel verteilt die Vorbereitungszeiten, indem die Prozesse mit den kleinsten Slack-Times bestimmt werden, denen dann ein zusätzlicher Block zugewiesen wird. Dies erfolgt, bis H vollständig ausgenutzt ist. Hierzu wird die Anzahl der Blöcke bestimmt, die die geringste Vorbereitungszeit (Workahead) aufweisen. Dieser Ablauf wird bei jeder Beendigung des Lesevorgangs wiederholt.

Die agressive Version der Greedy-Strategie und der Regel des zyklischen Plans berechnet für alle Prozesse die Zeit H, bis auf die geringste Vorbereitungszeit, die von beiden Regeln unmittelbar bearbeitet wird. Wenn für einen Prozeß die Grenze an verfügbarem Pufferplatz erreicht ist, wechseln alle Regeln zum nächsten Prozeß. Operationen ohne Echtzeitanforderungen werden bearbeitet, falls die Slack-Time ausreichend ist. Performance-Messungen der oben erläuterten Strategie zeigten, daß der zyklische Plan die Untätigkeit des Systems bei niedrigen Werten der Slack-Time schneller erhöht. Dies ist insbesondere beim Hochfahren eines Systems der Fall. Ist die Slack-Time größer, so weisen mit Ausnahme der statischen/minimalen Regel alle Strategien ungefähr dieselbe Leistung auf.

Alle bisher beschriebenen Strategien des Disk-Scheduling wurden in prototypischen Dateisystemen für kontinuierliche Medien implementiert und getestet. Ihre Effizienz hängt ab vom Design des gesamten Dateisystems, vom Festplattenlayout, der genauen Einhaltung von Zeitschranken und nicht zuletzt vom Verhalten der Anwendungen. Es gilt keineswegs als bekannt, welcher Algorithmus sich am besten zur Speicherung und zum Zugriff auf Dateien multimedialen Inhalts eignet. Hierzu ist eine weitere Forschung notwendig, um herauszufinden, welcher Algorithmus am besten die zeitlichen Einschränkungen kontinuierlicher Medien erfüllt und zugleich auch die effiziente Bedienung aperiodischer Anforderungen bzw. solcher ohne Echtzeitbezug gewährleistet.

12.4.4 Replikation

Die Replikation von Inhalten stellt ein Mittel zur Verfügung, um zwei wichtige Aspekte der Ebene der Sekundärspeicherverwaltung zu beleuchten: Verfügbarkeit von Daten im Falle von Festplatten- oder Hardware-Fehlern des Rechners und durch limitierten Durchsatz der Hardware bedingte Beschränkungen der Zahl konkurrierender Zugriffe auf individuelle Titel. Die Fehlerbehandlung auf der Ebene der Sekundärspeicherverwaltung ist ähnlich zu der auf der Ebene des Disk-Controllers. Ein grundsätzlicher Unterschied besteht allerdings darin, daß die Speicherverwaltung verschiedene Arten von Speichermedien verwenden kann, um replizierte Daten zu speichern (z. B. Bänder, Festplatten oder Hauptspeicher). Eine Analyse dieser Aspekte ist in [RW94] verfügbar. Die Alternativen der Benutzung der Replikation zur Steigerung der Zahl konkurrierender Bearbeitungen einer Datei werden allerdings in dieser Komponente erweitert.

On-Demand-Anwendungen können nach den Alterungscharakteristiken ihrer Inhalte in zwei Hauptzweige unterteilt werden. Der Inhalt von Online-Archiven ist im Regelfall zeitlich unabhängig und wird nach den momentanen Interessen der Clients nachgefragt. Der Inhalt von News-on-Demand- und Video-on-Demand-Systemen durchlebt normalerweise einen an die Popularität gekoppelten Lebenszyklus (z. B. bei einer Zeitung oder einem Film). Für die letzteren Inhalte kann die Existenz einer einzigen Kopie des Inhalts auf einem Medien-Server nicht ausreichen, um die nötige Zahl konkurrierender Ströme zur Realisierung von realistisch arbeitenden On-Demand-Systemen durch das Sekundärspeichersubsystem, wo die Inhalte abgelegt sind, zu bedienen.

Statische Replikation

Der einfachste Replikationsansatz besteht in der expliziten Verdopplung von Dateien, indem diese auf mehreren Maschinen gespeichert werden und dem Benutzer Auswahlmöglichkeiten von Zugriffspunkten angeboten werden. Dies wird heutzutage häufig im Internet eingesetzt: Die Inhaltsanbieter stellen Kopien von Originalversionen auf Servern in unmittelbarer Nähe des Benutzers zur Verfügung. Indem man elaboriertere manuelle Optionen verwendet, können Inhalte auch manuell dupliziert werden. Eine Anwendung kann dann sich ändernde Kopien einer Datei unter demselben Namen anbieten.

Eine Strategie der statischen Plazierung, die geschätzte Lastinformation zur Plazierung von Videoobjekten verwendet, wird in [DS95a] vorgeschlagen. Sie ist komplementär zur bereits erläuterten Strategie, da sie dynamische Balancierungsfehler zwar reduziert, aber diese nicht verhindert.

Dynamische Segmentreplikation

Die dynamische Segmentreplikation (siehe [DKS95]) wurde für Inhalte entwickelt, die ausschließlich lesend angefordert werden und die in Segmente einer gleichen Größe, die vom Dateisystem effizient verwaltet werden kann, aufgeteilt werden können. Feste Blockgrößen und die Auswahl von Segmenten, die im Vergleich zu Diskettenblöcken groß sind, stellen Designkriterien dar, die festgelegt werden, um den Überhang der Implementierung klein zu halten. Da kontinuierliche Medien in linearer Reihenfolge ausgeliefert werden, kann eine Belastungszunahme eines spezifischen Segments als Indikator verwendet werden, um dieses und alle folgenden auf anderen Datenträgern zu replizieren. Solche Segmente werden als temporär betrachtet, im Gegensatz zu den originalen permanenten Segmenten. Einer der Hauptvorteile dieser Replikationsstrategie ist, daß nicht ausschließlich die Nachfragehäufigkeit individueller Filme in Betracht gezogen wird, da zusätzlich die Belastung der Platten herangezogen wird. Die Replikationsentscheidung wird wie folgt getroffen: Jede Platte x hat einen vorab spezifizierten Grenzwert für die Zahl konkurrierender Lesezugriffe B_x, der durch die Summe der Leseoperationen aller Segmente im gerade laufenden Lesezyklus der Festplatte bzw. ebenso in den nächsten Lesezyklen den Replikationsalgorithmus startet. Der Begriff *Zyklus* bezeichnet in diesem Zusammenhang die zum Abspielen des Segments nötige Zeit.

Zyklus

Um die Berechnung zu vereinfachen, nimmt man eine Gleichverteilung der Leseanforderungen über alle replizierten Bereiche an, anstatt Anforderungen anderer Segmente auf derselben Platte in Betracht zu ziehen. Auf diese Art und Weise wird die zukünftige Belastung in t Zyklen für das i-te Segment als n_{i-t}/r_i vorhergesagt, wobei n_{i-1} die Zahl der Betrachter von Segment i bezeichnet und r_i die Zahl der momentan verfügbaren Replikate des Segments angibt. Für alle Segmente j ($j<t$) nimmt man an, daß die momentane Ankunftsrate n_1/r_i auch in der Zukunft Bestand hat. Wenn die Summe aller erwarteten Belastungen aller Segmente einer Festplatte den Grenzwert B_x übersteigt, wird die Replikation ausgelöst. Anschließend identifiziert der Algorithmus die für die Replikation in Frage kommenden Segmente. Da der Ansatz zur Vermeidung zusätzlicher Lasten nur solche Segmente repliziert, die aufgrund einer Klientennachfrage von der Festplatte gelesen werden, kann eine Replikation nur beginnen, wenn ein Strom ein neues Segment zu lesen anfängt. Wenn daher die Festplattenauslastung B_x an der Grenze zweier Segmente überschreitet, muß man entscheiden, ob eine Replikation dieses Segments sinnvoll ist. Das Segment wird also nicht in jedem Fall repliziert, sondern nur dann, wenn der höchste zu erwartende Erfolg unter allen Segmenten der Festplatte erreicht werden kann. Wenn der Zugewinn der Replikation eines anderen Segments erfolgversprechend ist,

wird der Übergang zu einem anderen Segment abgewartet. Der erwartete Zugewinn p_i berechnet sich als

$$p_i = \left(\frac{1}{r_i} - \frac{1}{r_i + 1}\right) \sum_{j=0}^{i-1} n_j w^{i-j-1},$$

wobei w ein Gewichtungsfaktor ist. Wählt man w groß, so wird ein größeres Gewicht auf längerfristige Vorhersagen gelegt. Dies ist sinnvoll, wenn die Auslastung individueller Segmente über längere Zeit ähnlich bleibt. Fluktuiert die Auslastung der Segmente stark, wird die Erwartung des zukünftigen Verhaltens unzuverlässig und sollte daher eine geringere Rolle spielen, was durch ein geringeres Gewicht w ausgedrückt wird.

Grenzwertbasierte dynamische Replikation

Die grenzwertbasierte dynamische Replikation (siehe [LLG98]) betrachtet im Gegensatz zu Filmsegmenten stets ganze Filme und zieht alle Platten eines Systems zu Rate, um zu entscheiden, ob ein Film repliziert werden sollte. In diesem Ansatz nimmt man an, daß der Begriff Festplatte sich nicht notwendigerweise auf eine einzige physikalische Festplatte bezieht, sondern auf eine logische Festplatte, die auch einen Verbund physikalischer Platten darstellen kann, die gegenüber der Sekundärspeicherverwaltung in einer einzelnen Repräsentation auftreten. Es wird weiterhin angenommen, daß der Medien-Server groß ist und aus vielen derartigen logischen Festplatten besteht. Die Dienstkapazität, gemessen in der Zahl konkurrierender Ströme einer derartigen Festplatte x, wird als B_x bezeichnet, die durchschnittliche Dienstkapazität aller Platten als $\bar{B}$.

Ein Replikat eines Films wird komplett auf einer dieser Platten gespeichert. Für jeden Film i der Länge m_i wird die Wahrscheinlichkeit, in einer neuen Anforderung P_i ausgewählt zu werden, und eine Ankunftsrate der Anforderung λ aus früheren Anforderungen berechnet. Der Grenzwert der Replikation T_i berechnet sich dann als $T_i = \min(p_i \lambda m_i, h\bar{B})$, wobei h ein konstanter Wert ist, der zur Begrenzung der Replikationswahrscheinlichkeit benötigt wird. Für jede Festplatte x wird die momentan gemessene Last L_x dazu verwendet, um die zur Zeit verfügbare Dienstkapazität A_i, die zur Bearbeitung des Videos i erforderlich ist, zu berechnen:

$$A_i = \sum_{x \in R_i} (B_x - L_x),$$

wobei R_i die Menge der Platten bezeichnet, die Replikate von i enthalten. Wenn $A_i < T_i$ gilt, so wird eine Replikation eines Films i ausgelöst. In ähnlicher Weise wird in [LLG98] die Entscheidung zum Löschen von Replikaten begründet, wenn die Zahl konkurrierender Anforderungen n_{ix} eines Films i einer Platte x abnimmt. Vor dem Löschen eines Replikats wird folgende Bedingung überprüft:

$$\sum_{y \in R_i \setminus x} (B_y - L_y) - n_{ix} > T_i + D$$

Diese Ungleichheit beinhaltet zwei wichtige Bedingungen. Die Ungleichheit

$$A_i = \sum_{x \in R_i} B_x - L_x > \sum_{y \in R_i \setminus x} (B_y - L_y) - n_{ix} > T_i + D > T_i$$

impliziert, daß die Replikation als unmittelbare Folge einer Dereplikation verhindert wird, und

$$\sum_{y \in R_i \setminus x} (B_y - L_y) - n_{ix} > T_i + D > 0$$

garantiert, daß alle Ströme einer Festplatte x von den verbleibenden Replikaten bedient werden können. D ist ein zusätzlicher Grenzwert, der die Wahrscheinlichkeit von Oszillationen zwischen Replikation und Dereplikation weiter verringern soll.

Dieser Ansatz beinhaltet auch den Vorschlag, einen Film von den am wenigsten belasteten Festplatten auf die Zielfestplatte zu replizieren, da durch zusätzliche Leseoperationen eine Belastung der Quellfestplatte entstehen kann. Es existieren mehrere Ansätze zur Auswahl der Zielfestplatte aus der Menge der zur Verfügung stehenden Datenträger, die noch kein Replikat des fraglichen Films tragen. Der komplexeste dieser Algorithmen zieht auch die Zahl der momentan aktiven Ströme in Betracht, nimmt aber an, daß alle laufenden Replikationen bereits beendet sind und die Ströme auf die Platten verteilt sind, als ob die Replikationen bereits aktiv gewesen wären. Zur Replikation selbst werden verschiedene Strategien vorgeschlagen.

Das Verfahren der *Injected Sequential Replication* fügt zusätzliche Leselast auf den Festplatten hinzu, da es sich wie ein zusätzlicher Client verhält, indem der Film in der regulären Abspielrate von der Quell- zur Zielfestplatte kopiert wird.

Replikationsarten

Das Verfahren der *Piggybacked Sequential Replication* ist identisch mit der in der dynamischen Segmentreplikation verwendeten Replikationsmethode: Ein Film wird auf die Zielfestplatte geschrieben, während er aus demselben Speicherpuffer an einen Client ausgeliefert wird. Da dieses Schema Replikationsentscheidungen eines Films immer während der Zugangskontrolle neuer Clients trifft, wird die Komplexität nicht dadurch erhöht, daß die Quellkopie der Operation identifiziert werden muß. Allerdings wird die Kopieroperation in Mitleidenschaft gezogen, wenn VCR-Operationen auf einem Film ausgeführt werden.

Das Verfahren der *Injected Parallel Replication* verwendet ein Vielfaches der normalen Datenrate eines Films, um diesen schneller von der Quell- zur Zielfestplatte zu replizieren. Um die Zulassung neuer Klienten nicht zu behindern, ist das Vielfache der normalen Datenrate nach oben begrenzt.

Das Verfahren der *Piggybacked Parallel Replication* kopiert den Film mit einer normalen Datenrate, allerdings an der Position, an der sich ein neu zugelassener Client gerade befindet. So werden spätere Teile eines Films zur selben Zeit aus den Puffern, die ein einen Film anschauender Client verwendet, kopiert. Offensichtlich benötigt dieser Ansatz eine ungewöhnlich intensive Unterstützung niedriger Ebenen, da Daten parallel an verschiedene Positionen eines noch nicht vollständigen Films geschrieben werden.

Das Verfahren der *Piggybacked and Injected Parallel Replication* kombiniert die anderen Ansätze paralleler Replikation, indem Teile eines Films, bei denen in näherer Zukunft kein Client-Zugriff erwartet wird, durch den Injected-Ansatz repliziert werden. Diese müßten ansonsten später durch die Piggybacked Parallel Replication kopiert werden.

12.4.5 Unterstützung heterogener Platten

Ansätze zur Messung der Performance von Festplatten und auf diesen Daten basierende Datenzuweisungen sind insbesondere dann relevant, wenn Systeme großer Ausdehnung betrachtet werden. Derartige Systeme wachsen typischerweise über einen längeren Zeitraum. Betrachtet man die Zeit, in der eine spezifische Serie von Festplatten am Markt verfügbar ist, so ist die Chance gering, einen Server zu betreiben, der aus homogenen Festplatten besteht. Ein einfacher Ansatz hierzu ist die Identifikation der Festplatten mit den kleinsten I/O-Bandbreiten, die dann als Referenzbandbreiten für alle Kalkulationen verwendet werden. Dieser Ansatz wäre konform mit typischen Strategien der Pufferverwaltung, da Strategien einer ausreichenden Füllmenge der Abspielpuffer in bezug auf Ressourcen derart konservativ sind, daß sogar die Lesezeiten der Festplatten in Betracht gezogen werden, um Puffer wieder aufzufüllen.

Da sowohl die Festplattengröße als auch die Bandbreite in der Vergangenheit erheblich zugenommen haben, kann der einfache Ansatz extrem pessimistisch arbeiten, wenn die Zahl potentiell zu unterstützender Ströme berechnet wird. Ein SSA-Speichersystem kann z. B. Daten mit einer Rate von 100 MByte/s ausliefern, wohingegen ein typisches SCSI-II fast/wide RAID-System, das mit demselben Medien-Server verbunden ist, lediglich mit einer Rate von 20 MByte/s arbeitet. Es existieren mehrere Möglichkeiten zur Reduktion des Einflusses heterogener Sekundärspeichersysteme.

Verhältnis Bandbreite zu Platz

In der Literatur (siehe [DS95a]) wird neben dem eigentlichen Durchsatz logischer Festplatten auch das Verhältnis des Durchsatzes zur Speicherkapazität (*Bandwidth to Space Ratio, BSR*) betrachtet. Dieser Ansatz nimmt an, daß Ansätze zur Replikation wie die oben erklärte dynamische Segmentreplikation eine Glättung der durchschnittlichen Zahl konkurrierender Ströme desselben Films vornehmen. Wenn allerdings die Durchsatzanforderungen der Kopien eines Films (Produkt von Datenrate und Zahl konkurrierender Zuschauer) sich unterscheiden, erfolgt dies ebenfalls für die Durchsatzanforderungen der gleichgroßen Segmente dieses Videos, und die Lokalisierung populärer Filme mit hohen Datenraten in großen Festplatten mit Durchsatzrestriktionen verschwendet im Vergleich zur Speicherung auf kleineren und schnelleren Festplatten Platz. Dasselbe Argument gilt für Filme variabler Größe, wenn die grenzwertbasierte dynamische Replikationsmethode verwendet wird. Die Entscheidung, ein Video nach dem BSR-Schema zu replizieren ist identisch mit der der dynamischen Segmentreplikation. Die Zielfestplatte wird allerdings nach der geringsten erwarteten Abweichung des BSR eines Films (Produkt aus Datenrate und konkurrierende Zuschauer/Länge) von der BSR der Festplatte (Quotient aus maximalem Durchsatz und Größe) ausgewählt. Diese BSR-Abweichung wird in Abb. 12-26 illustriert.

BSR

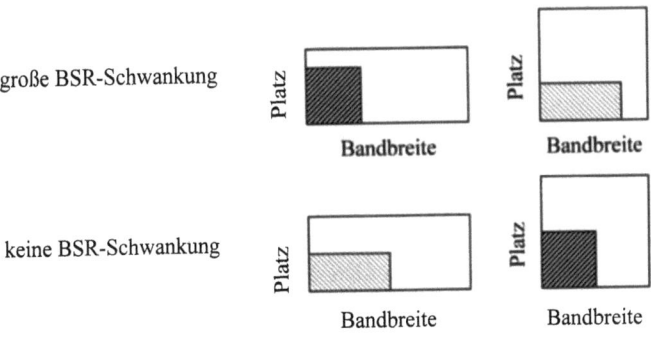

Abb. 12-26
Ableitung des Bandbreite-zu-Platz-Verhältnisses.

Ein interessantes Detail des BSR-Ansatzes ist, daß so viele Replikate wie möglich erzeugt werden, um die Identität von benutztem und verfügbarem Durchsatzverhältnis auf allen Festplatten des Systems möglichst gut zu erreichen. Wenn sich die Zahl der einen Film abrufenden Zuschauer ändert, wird die beste Verteilung erneut berechnet.

12.5 Dateisystem

Das *Dateisystem* betrachtet man im allgemeinen als den sichtbarsten Bereich eines Betriebssystems. Die meisten Programme schreiben oder lesen Dateien.

Ihr Programmcode wie auch Benutzerdaten werden in Dateien gespeichert. Die Organisation des Dateisystems ist daher ein wichtiger Faktor zur Benutzbarkeit und Anwenderfreundlichkeit eines Betriebssystems. Eine Datei ist eine Informationssequenz, die in einer Einheit in einem Computersystem gespeichert und verwendet wird [Kra88].

Dateien werden auf sekundärem Speicher abgelegt. Dies ermöglicht deren Verwendung durch verschiedene Anwendungen. Die Lebensspanne von Dateien ist daher üblicherweise länger als die Ausführungszeit eines Programms. In traditionellen Dateisystemen sind die in Dateien gespeicherten Informationen vom Typ Quelldaten, Objekt, Library und ausführbare Programme, numerische Daten, Text oder Abrechnungsinformation. Multimediasysteme speichern weiterhin Informationen wie digitalisiertes Video und Audio. Diese haben spezielle Schreib- und Leseanforderungen bezüglich einer Abarbeitung in Echtzeit. In Design und Implementierung derartiger Dateisysteme müssen daher weitere Anforderungen beachtet werden.

Das Dateisystem bietet den Zugriff und die Kontrolle der Speicherung und des Zugriffs von Dateien an. Aus Sicht des Benutzers ist es besonders wichtig, wie das Dateisystem die Organisation der Dateien und deren Struktur erlaubt. Interne Details wie z. B. die Organisation des Dateisystems beschäftigen sich mit der Repräsentation von Informationen in Dateien, deren Struktur und Organisation auf sekundärem Speicher.

12.5.1 Traditionelle Dateisysteme

Obwohl es kein dediziertes traditionelles Dateisystem gibt, können einige als traditionell angesehen werden, da sie für allgemeine Operationen auf Computersystemen weite Verbreitung gefunden haben. In der von MS-DOS abstammenden Betriebssystemfamilie bildet das FAT-Dateisystem die Grundlage, in der Familie der UNIX-(artigen) Betriebssysteme ist das Berkeley Fast File System ein typischer Vertreter. Log-strukturierte Dateisysteme bieten eine zusätzliche Funktionalität an, müssen aber eher in die Sparte der Allround-Dateisysteme denn in die der Multimedia-Dateisysteme gerechnet werden.

File Allocation Table (FAT)

Eine Möglichkeit der Dateiorganisation ist die Verwendung miteinander verbundener Blöcke. Dabei werden physikalische Blöcke eingesetzt, die aufeinanderfolgende logische Lokationen unter Benutzung von Zeigern miteinander verbinden. Der File-Descriptor muß die Zahl der Blöcke, die eine Datei belegt, beinhalten, einen Zeiger auf den ersten Block und eventuell einen auf den letzten. Ein großer Nachteil dieser Methode sind die Kosten der Implementierung von wahlfreien Zugriffen, da alle vorhergehenden Daten gelesen werden müssen. In MS-DOS wird eine ähnliche Methode angewendet. Eine *File Allocation Table* (FAT) wird dazu auf jeder Festplatte eingerichtet. Ein Eintrag in dieser Tabelle repräsentiert einen Plattenblock. Der Verzeichniseintrag jeder Datei beinhaltet die Blockzahl des ersten Blocks. Die in einer Liste eingetragenen

Zahlen beziehen sich auf den jeweils nächsten Block einer Datei. Der Listeneintrag des letzten Blocks einer Datei beinhaltet die End-of-File-Marke [Tan96a].

Berkeley FFS und verwandte Verfahren

Ein anderer Ansatz ist die Speicherung von Blockinformationen in Abbildungstabellen. Jede Datei ist mit einer Tabelle assoziiert, in der neben den Blocknummern Informationen gespeichert sind wie der Eigentümer, die Dateigröße, das Datum der Erstellung oder der Zeitpunkt des letzten Zugriffs. Diese Tabellen haben normalerweise eine feste Größe, so daß die Zahl der referenzierten Blöcke begrenzt ist. Größere Dateien werden indirekt referenziert, indem eine zusätzliche Tabelle verwendet wird, die mit der Datei verbunden ist. In UNIX ist mit jeder Datei eine kleine Tabelle (auf der Festplatte), die sog. Inode, verbunden (siehe Abb. 12-27).

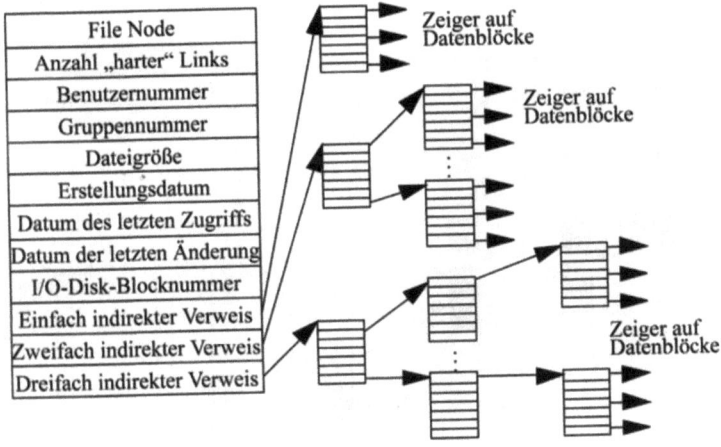

Abb. 12-27 UNIX-Inode [Kra88].

Der indizierte sequentielle Ansatz ist ein Beispiel für eine mehrschichtige Abbildung; an dieser Stelle lassen sich logische und physikalische Organisation nicht klar trennen [Kra88].

Log-strukturiertes Dateisystem

Das log-strukturierte Dateisystem wurde entwickelt, um eine schnelle Crash-Recovery zu gewährleisten und um eine erhöhte Schreibleistung und eine optionale Versionierung im Dateisystem anzubieten. Grundlage des Ansatzes ist es, Daten immer asynchron auf freien Platz der Festplatte zu schreiben und diese Aktion in einer Log-Datei zu protokollieren. Dies sichert bei einem Absturz des Rechners, daß durch die Log-Datei die Information identifiziert werden kann, die zuletzt geschrieben wurde, wodurch anstelle einer Prüfung der gesamten Festplatte explizit die Blöcke überprüft werden können, die am wahrscheinlichsten in Mitleidenschaft gezogen wurden. Ein einzelner Block kann nicht wiederhergestellt werden, wohl aber ein konsistenter Status, indem das Log-Protokoll überprüft wird. Sogar im Falle einer Modifikationsoperation ist der alte Block noch auf der Festplatte gespeichert und kann durch das Log-Protokoll identifiziert werden. Indem zielorientiert Schreiboperationen auf zusammenhängende freie Bereiche der Festplatte erfolgen, erreicht man eine hohe Schreibeffizienz, da eine erhebliche Reduktion der Kopfbewegungen stattfindet. Im Fall einer geringen Anzahl konkurrierender Schreiboperationen erzeugt man so weitgehend zusammenhängende Dateien.

Es sind verschiedene Einsatzmöglichkeiten von log-strukturierten Dateisystemen in der Literatur bekannt. Abb. 12-28 zeigt das in [OD89] vorgeschlagene In-band-Logging und als einen alternativen Ansatz eine Abwandlung, die eine separate Logpartition verwendet.

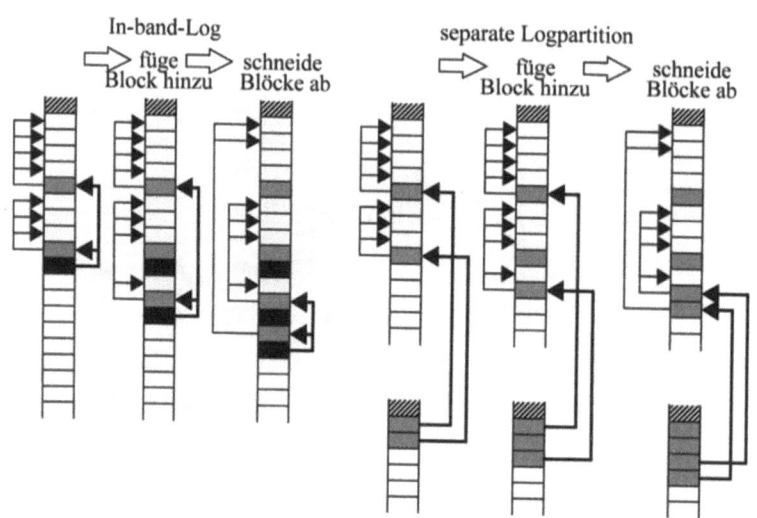

Abb. 12-28 Disk-Operationen in log-strukturierten Dateisystemen.

Schreiboperationen im In-band-Logging sind offensichtlich schneller, da keine Suchoperation der Logpartition notwendig ist. Auf der anderen Seite können Logpartitionen auf mehreren Festplatten in der Nähe der geloggten Partitionen untergebracht werden. Weiterhin können die Log-Einträge im Speicher gehalten werden, bis eine ausreichende Kumulation eines großen Blocks an Log-Information erreicht ist, die die Suchoperation erlaubt. Während das In-band-Logging schnellere Schreiboperationen ermöglicht, hat es auch den Nachteil, daß notwendige Kompressionsoperationen komplex sind, die eine ähnliche Leistung aufweisen, wie z. B. die Garbage Collection. Die Verwendung einer separaten Logpartition erlaubt ein Flushing verdrängter Information aus früheren Schreiboperationen zu jedem Zeitpunkt, zu dem ein neuer Log-Informationsblock geschrieben wird. Ein Log kann derart komprimiert werden, daß nur die verbleibende relevante Information übrig bleibt.

Verzeichnisstruktur

Dateien werden üblicherweise in Verzeichnissen abgelegt. Die meisten der heute verfügbaren Betriebssysteme verwenden baumartige Verzeichnisse, in denen der Benutzer die Dateien so organisieren kann, daß seine persönlichen Anforderungen am besten repräsentiert werden. In Multimediasystemen ist es besonders wichtig, die Daten in einer Art und Weise zu organisieren, die einen leichten, schnellen und zusammenhängenden Zugriff erlaubt.

12.5.2 Multimediafähige Dateisysteme

Im Vergleich zur Leistungssteigerung von Prozessoren und Netzwerken nahm die Geschwindigkeitssteigerung von Speichergeräten nur marginal zu. Daraus resultiert eine Suche nach neuen Speicherstrukturen sowie Speicherungs- und Abrufmechanismen im Hinblick auf das Dateisystem. Kontinuierliche mediale Daten unterscheiden sich von diskreten Daten in folgenden Punkten:

- *Echtzeitcharakteristika*:
  Wie bereits früher erwähnt, sind der Abruf, die Berechnung und die Präsentation kontinuierlicher Medien zeitabhängig. So müssen die Daten vor einer genau definierten Zeitschranke mit nur kleiner Verzögerungsvarianz (jitter) präsentiert (gelesen) werden. Die Algorithmen zur Speicherung und zum Abruf derartiger Daten müssen daher zeitlichen Bedingungen unterliegen. Weiterhin müssen zusätzliche Puffer zur Glättung des Datenstroms verfügbar sein.

- *Dateigröße*:
  Im Vergleich zu Text und Grafik haben Video und Audio hohe Speicherplatzanforderungen. Da das Dateisystem Informationen speichern muß, die von kleinen, unstrukturierten Einheiten wie z. B. Text bis zu großen, gutstrukturierten Dateneinheiten wie Video mit assoziiertem Audio reichen, müssen die Daten so auf der Festplatte organisiert sein, daß eine effiziente Nutzung begrenzten Speicherplatzes möglich ist. Die Speichererfordernis einer unkomprimierten Audiodatei in Stereo-CD-Qualität ist bspw. 1,4 Mbit/s. Komprimiertes Video niedriger, aber noch akzeptabler Qualität erfordert immer noch ca. 1 Mbit/s, wenn z. B. MPEG-1 verwendet wird.

- *Mehrfache Datenströme*:
  Ein Multimediasystem muß die gleichzeitige Verarbeitung verschiedener Medien unterstützen. Dies schließt neben der ausreichenden Zuweisung von Ressourcen auch die Beachtung der engen Beziehungen zwischen verschiedenen Strömen, die von verschiedenen Quellen ankommen, mit ein. Der Zugriff auf einen Film erfordert z. B. die Verarbeitung und Synchronisation von Audio und Video.

Es existieren verschiedene Möglichkeiten, die Verwendung kontinuierlicher Medien in Dateisystemen zu unterstützen. Prinzipiell lassen sich diese auf zwei Ansätze zurückführen. Im ersten Ansatz bleibt die Organisation der Dateien auf der Festplatte, wie sie ist. Die notwendige Echtzeitunterstützung wird von speziellen Disk-Scheduling-Algorithmen vorgenommen, wobei genügend Puffer vorhanden sein muß, um Schwankungen zu vermeiden. Im zweiten Ansatz wird die Organisation von Audio- und Videodateien zur Benutzung in Multimediasystemen optimiert. Das Scheduling mehrerer Datenströme ist allerdings immer noch eine ungelöste zu erforschende Fragestellung.

Im nächsten Abschnitt werden verschiedene Ansätze diskutiert und Beispiele existierender Prototypen vorgestellt. Zunächst erfolgt eine kurze Einführung der verschiedenen Speichergeräte, die in Multimediasystemen eingesetzt werden können. Anschließend wird die Dateiorganisation auf Festplatten betrachtet. In der Folge werden verschiedene Disk-Scheduling-Algorithmen zum Zugriff auf kontinuierliche Medien erläutert.

12.5.3 Beispiele für multimediafähige Dateisysteme

Video File Server

Kontinuierliche Mediendaten können durch aufeinanderfolgende, in einer zeitlichen Abhängigkeit stehende logische Dateneinheiten repräsentiert werden. Die kleinste Dateneinheit eines Films ist die Repräsentation eines Bildes (Frame). Analog ist die kleinste Einheit einer Audiodatei ein Sample. Frames beinhalten die Daten, die mit einem Einzelbild verbunden sind. Ein Sample repräsentiert die Amplitude eines analogen Audiosignals zu einem bestimmten Zeitpunkt. Eine weitergehende Strukturierung multimedialer Daten wird fol-
Strands gendermaßen vorgeschlagen: Ein Strang (Strand) wird als eine untrennbare Sequenz kontinuierlich aufgenommener Video-Frames, Audio-Samples oder von beidem aufgefaßt. Ein Strang besteht also aus einer Sequenz von Blöcken, die entweder Video-Frames, Audio-Samples oder beides enthalten. Meistens enthält ein Strang Header und weitere Information, die z. B. die verwendete Kompressionsart spezifiziert. Das Dateisystem beinhaltet primäre Indizes in einer Sequenz primärer Blöcke. Diese repräsentieren die Abbildung von durch Nummern spezifizierten Medienblöcken auf Festplattenadressen. In sekundären Blöcken werden Zeiger auf alle primären Blöcke gespeichert. Der Header-Block enthält Zeiger auf alle sekundären Blöcke eines Strangs sowie allgemeine Informationen über einen Strang, wie z. B. die Aufnahmerate oder die Länge.
Rope Medienstränge, die zusammen eine logische Informationseinheit (z. B. Video und dazu gehörendes Audio eines Films) bilden, werden gemeinsam mit Synchronisationsanforderungen als ein Multimedia-Rope modelliert. Ein Rope enthält den Namen seines Urhebers, die Länge und die Zugriffsrechte. Für jeden Medienstrang in einem Rope werden die Strang-ID, die Aufnahmerate, die Speichergranularität und die korrespondierende Blockebene gespeichert (Information zur Synchronisation des Abspielbeginns aller Medien an den inter-

nen Grenzen eines Strangs). Editieroperationen von Ropes manipulieren ausschließlich Zeiger auf Stränge. Stränge werden als untrennbare Objekte aufgefaßt, da Editieroperationen wie Einfügen oder Löschen einen erheblichen Kopieraufwand bedeuten können, der große Mengen an Zeit und Speicherplatz erfordern kann. Strangintervalle können von verschiedenen Ropes verwendet werden. Stränge, die von keinem Rope referenziert werden, können gelöscht werden, wodurch der von ihnen belegte Speicher wieder verwendet werden kann.

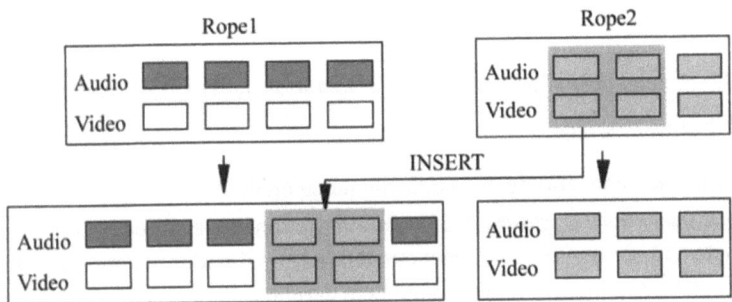

Abb. 12-29 INSERT-Operation.

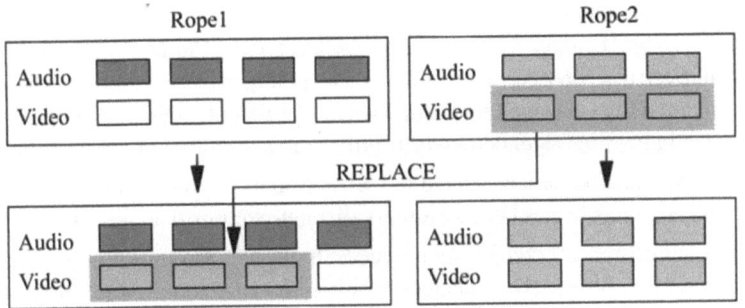

Abb. 12-30 REPLACE-Operation.

Die folgenden Schnittstellen sind Operationen, die das Dateisystem zur Manipulation der Ropes zur Verfügung stellt:

Manipulation von Ropes

- RECORD [Medien] [AnforderungsID, mmRopeID]
  Ein Multimedia-Rope, der von einer mmRopeID repräsentiert wird und der aus Mediensträngen besteht, wird aufgenommen, bis eine STOP-Operation ausgelöst wird.
- PLAY [mmRopeID, Intervall, Medien] AnforderungsID
  Diese Operation spielt einen Multimedia-Rope an, der aus einem oder mehreren Mediensträngen besteht.

- STOP [AnforderungsID]
  Diese Operation beendet den Abruf oder die Speicherung des korrespondierenden Multimedia-Rope.
- Weiterhin werden die folgenden Operationen unterstützt:
  - INSERT [Basis-Rope, Position, Medien, mitRope, mitIntervall],
  - REPLACE [Basis-Rope, Medien, Basis-Intervall, mitRope, mitIntervall],
  - SUBSTRING [Basis-Rope, Medien, Intervall],
  - CONCATE [mmRopeID1, mmRopeID2],
  - DELETE [Basis-Rope, Medien, Intervall].

Abb. 12-29 zeigt bespielhaft eine INSERT-Operation, Abb. 12-30 eine REPLACE-Operation.

Das Speichersystem wird in zwei Schichten eingeteilt:
- Der *Rope-Server* ist für die Manipulation multimedialer Ropes verantwortlich. Er kommuniziert mit Anwendungen, erlaubt die Manipulation von Ropes und kommuniziert weiterhin mit dem darunter liegenden *Storage Manager*, um multimediale Stränge aufzunehmen und um diese abzuspielen. Er bietet der Anwendung eine Rope-Abstraktion an. Das Design der Zugriffsmethoden auf Ropes ist ähnlich der Dateizugriffsroutinen von UNIX. Statusnachrichten, die den Fortgang des Abspielens oder Aufnehmens anzeigen, werden an die Anwendung übergeben.
- Der *Storage Manager* ist für die Manipulation der Stränge verantwortlich. Er plaziert die Stränge derart auf der Festplatte, daß ein kontinuierliches Aufnehmen und Abspielen möglich wird. Die Schnittstelle zum Rope-Server beinhaltet die folgenden vier Primitive zur Manipulation von Strängen:

Manipulation von Strängen

  - „PlayStrandSequence" akzeptiert eine Sequenz von Strangintervallen und zeigt das übergebene Zeitintervall jeden Strangs in einer Folge an.
  - „RecordStrand" erzeugt einen neuen Strang und nimmt kontinuierliche Daten für eine gegebene Dauer oder bis zum Aufruf eines StopStrand auf.
  - „StopStrand" beendet eine frühere PlayStrandSequence- oder RecordStrand-Instanz.
  - „DeleteStrand" löscht einen Strang.

Der experimentelle Video File Server unterstützt die integrierte Speicherung und den Abruf von Video. Der „Video Rope Server" stellt dem Anwender eine geräteunabhängige Schnittstelle zu Verzeichnissen (Video Rope) zur Verfügung. Ein Video-Rope wird als eine hierarchische Verzeichnisstruktur charakterisiert, die aus gespeicherten Video-Frames besteht. Der „Video Disc Manager" verwaltet die Speicherung eines Frame-orientierten Films einschließlich der Audio- und Videokomponenten auf der Festplatte.

Fellini

Der Fellini-Multimedia-Speicher-Server [MNO+96] setzt sich zum Ziel, Echtzeitdaten und solche, die diese Anforderung nicht aufweisen, zu verwalten. Sein Dateisystem ist allerdings speziell auf die Speicherung und den Abruf kontinuierlicher Mediendaten abgestimmt. Die Daten werden ähnlich wie in UNIX, von dem Fellini abgeleitet ist, organisiert, aber Daten und die zu ihnen gehörende Metainformation werden separat gespeichert.

Die Daten werden unter Benutzung der eigentlichen Hardware-Schnittstelle auf der Festplatte gespeichert und sowohl im Hauptspeicher als auch auf der Festplatte als Seiten adressiert. Diese Seiten sind zählbar und werden intuitiv in der Reihenfolge des normalen Abspielens sortiert.

Abb. 12-31 zeigt die Verbindung, die zwischen den Buffer-Headern und der Current-Buffer-List (CBL) besteht.

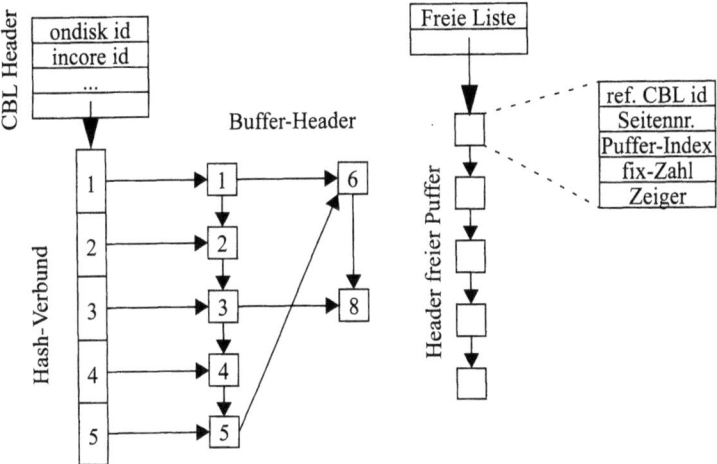

*Abb. 12-31
Fellinis Current-Buffer-List.*

Für jede auf der Festplatte gespeicherte Datei existiert eine CBL als Repräsentation dieser Datei. Der CBL-Header beinhaltet eine *Ondisk ID*, die die einzigartige Repräsentation der Datei gegenüber allen Clients darstellt, und eine *Incore-ID*, die das File-Handle der geöffneten Datei auf der Festplatte darstellt. Diese Abstraktion ist notwendig, da eine Datei nur einmal für alle konkurrierenden Zugriffe geöffnet werden sollte. Neben weiteren Informationen verweist der CBL-Header auf einen Hash-Verbund, der den schnellen Zugriff auf die Buffer-Header erlaubt, die die Seiten repräsentieren, die momentan im Hauptspeicher sind. Beim Hochfahren des Systems belegt der Fellini-Server freien Puffer im Hauptspeicher, fixiert diese und speichert ihre Header mit einer 0-Fix-Zahl in der freien Liste. Hierbei bezeichnet man eine Speicherseite als fixiert, wenn es dem Betriebssystem verboten ist, diese in den Swap-Bereich aus dem Hauptspeicher heraus auszulagern.

Ondisk ID in CBLs

Wenn eine Seite das erste Mal von einem Client angefordert wird, wird ein Puffer aus der Freiliste ausgewählt, in die geeignete CBL-Liste eingefügt und die fix-Zahl um eins erhöht. Wenn sie erneut von einem anderen Client belegt wird, wird die Fix-Zahl erneut erhöht. Die Puffer und die Buffer-Header sind hierbei im Shared Memory angeordnet. Dies erlaubt eine gemeinsame Nutzung der Puffer durch den Server und seine Clients. Wenn ein Client eine Seite nicht länger benutzt, wird die fix-Zahl um eins verringert. Die Seite wird allerdings nicht automatisch freigegeben, wenn dieser Wert 0 erreicht. Dies erfolgt nur, wenn eine neue Seite angefordert wird und die Freiliste leer ist. In diesem Fall wird die CBL, die für die längste Zeit keine aktiven Clients hatte (die sog. gealterte CBL), angewiesen, ihre Seite mit der höchsten logischen Seitennummer freizugeben. Diese wäre die letzte, auf die ein neuer Client, der eine Datei von Anfang bis Ende abspielt, zugreifen würde. Nur wenn keine gealterten CBLs verfügbar sind, werden alle CBLs auf unfixierte Seiten hin überprüft. Eine derartige Seite wird dann ausgewählt. Hierzu benutzt man eine Gewichtsberechnung, deren Ziel die Identifikation der Seite ist, die von keinem der im System vorhandenen Clients mehr verwendet wird. Von dieser Teilmenge wird diejenige Seite mit der höchsten Seitennummer ausgewählt. Diese wäre die letzte, die ein neu ankommender Client in seiner Warteschlange zu einer gegebenen Zeit anfordern würde.

Die Verwaltung der Daten auf der Festplatte erfolgt in einer Art und Weise, die die Verwendung mehrerer Festplatten vor dem Anwender verbirgt. Die Information über die Lokation der Daten wird in den File Control Blocks (FCBs) vorgehalten, die zu den in UNIX verwendeten Inodes der Wurzel des Verzeichnisbaums ähnlich sind. Unterverzeichnisse werden hierbei nicht unterstützt. Alle FCBs des Systems werden in einer einzigen UNIX-Datei gespeichert. Diese ist groß genug, um alle FCBs für den gesamten auf einem Fellini-Server verfügbaren Platz zu speichern.

Tab. 12-1 Identifikation von UNIX- und Fellini-APIs.

UNIX API	Fellini RT-API	Fellini non-RT-API
open	begin_stream	fe_nr_open
read	retrieve_stream	fe_nr_read
write	store_stream	fe_nr_write
seek	seek_stream	fe_nr_seek
close	close_stream	fe_nr_close

Der Fellini-Server bietet dem restlichen System ein API, das aus Komfortgründen ähnlich zu dem des UNIX-Dateisystems gehalten ist. Tab. 12-1 identifiziert die Funktionsaufrufe von Fellini und stellt diese den entsprechenden Aufrufen in UNIX gegenüber.

Symphony

Das Symphony-Dateisystem [SGRV98] wurde zur Speicherung und Auslieferung heterogener Datentypen entwickelt. Im besonderen beinhaltet Symphony die folgenden Aspekte:

Aspekte in Symphony

- Unterstützung von Anforderungen mit und ohne Echtzeitbedingung,
- Unterstützung mehrerer Blockgrößen und Kontrolle ihrer Plazierung,
- Unterstützung verschiedener Fehlertoleranztechniken,
- Verwendung einer zweischichtigen Metadatenstruktur, die es erlaubt, typspezifische Information zu jeder Datei hinzuzufügen.

Um dieses Ziel zu erreichen, ist das Dateisystem in eine datentypspezifische und in eine datentypunabhängige Schicht unterteilt. Die datentypunabhängige Schicht implementiert einen Scheduler, der einen modifizierten SCAN-EDF-Ansatz verwendet, um Echtzeitanforderungen einzuplanen. Anforderungen ohne Echtzeitbezug werden mittels des C-SCAN-Algorithmus eingeplant, solange keine Zeitschranken von Echtzeitanforderungen verletzt werden. Symphony bietet in der datentypspezifischen Schicht variable Blockgrößen an, die Vielfache einer minimalen Basisblockgröße sind. Diese wird bei der Erzeugung des Dateisystems spezifiziert und ist eine Option, die eine präferierte, aber nicht garantierte Lokation der Blöcke angibt, die sich nach der Festplatte bzw. der Plazierung auf dieser richtet. Um Blöcke variabler Größe auf der Platte effizient zu lokalisieren, wird jeder Block indirekt adressiert (siehe Abb. 12-32).

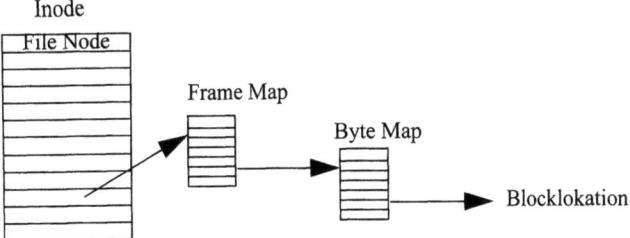

*Abb. 12-32
Indirekte Blocklokation in Symphony.*

Die Fehlertoleranzschicht kann schließlich optional Paritätsinformationen verwenden, um verifizierte Daten zu liefern. Auf diese Überprüfung kann zugunsten der Geschwindigkeit verzichtet werden.

Die datentypspezifische Schicht bietet eine Reihe von Modulen (Audio, Video und Text) für verschiedene Datenarten an, von denen jedes die Möglichkeiten, die von der darunter liegenden Schicht angeboten werden, nach seinen Anforderungen verwendet.

Das Videomodul implementiert bspw. eine variable Blockgröße, indem beim Schreiben ein Videostrom beobachtet wird und am Beginn des Stroms eine näherungsweise maximale Blockgröße abgeleitet wird. Diese Blockgröße wird mit der datentypunabhängigen Schicht verhandelt. Anschließend wird fortlaufend Speicherplatz, der wegen der aktuell kleineren Größe als die maximal mögliche unbenutzt bleibt, mit Daten des folgenden Blocks gefüllt, bis der Pufferplatz eines vollen Blocks gespeichert werden kann. Dieses Schema erlaubt ein kontinuierliches Schreiben und Lesen auf Kosten der Pufferung eines zusätzlichen Blocks pro Strom im ungünstigsten Fall. Betrachtet man die Datenanordnung, so bevorzugt das Videomodul die Verteilung einer Datei über so viele Festplatten wie möglich, um die Benutzung der I/O-Bandbreite im Falle paralleler Abrufoperationen zu maximieren. Zusätzlich werden während der Abrufoperationen Videoblöcke im Hauptspeicher gecacht, um bezüglich der Interval Caching Policy eine hohe Effizienz zu erreichen. (Siehe *Interval Caching Policy* auf Seite 386.)

Symphony unterstützt die typischen UNIX-Dateioperationen und erweitert diese Schnittstelle um Funktionsaufrufe, die zur Unterstützung der Dienstgüte notwendig sind. Diese zusätzlichen Funktionen sind *ifsPeriodRead()*, *ifsPeriodicWrite()*, *ifsQoSNegotiate()*, *ifsQosConfirm()* und *ifsgetMetaData()*.

12.6 Hauptspeicherverwaltung

Ein Anliegen der Hauptspeicherverwaltung in Medien-Servern ist die Zuweisung von Teilen des Hauptspeichers eines solchen Servers zur Auslieferung eines multimedialen Stroms. Während naheliegende Implementierungen von Medien-Servern die Bewegung der Inhalte durch den Hauptspeicher eines Medien-Servers nicht vollständig ausnutzen, sondern sich eher auf die Implementierung des Dateisystems zur Belegung einer ausreichenden Bandbreite zur gleichmäßigen Auslieferung eines Stroms konzentrieren, existieren eine Reihe von Ansätzen, die auch diese Phase der Datenauslieferung betrachten. Einer dieser Ansätze wurde bereits an früherer Stelle mit dem Fellini-Server demonstriert. (Siehe *Fellini* auf Seite 383.) Im folgenden werden weitere Ansätze vorgestellt.

Interval Caching Policy

[DS93a] beschreiben die partielle Replikation multimedialer Dateien, um eine Balancierung der Lasten in Multimediasystemen zu erreichen. Das System basiert auf der Beobachtung, daß unter der Voraussetzung, daß eine Zahl aufeinanderfolgender Anforderungen für dasselbe Video vorliegt und daß die in der ersten Anforderung gelesenen Blöcke auf eine andere Platte kopiert wurden, es möglich wäre, die folgenden Anforderungen auf die soeben erzeugten partiellen Replikate zu verteilen.

Generalisierte Interval Caching Policy

Die in [DS93a] vorgeschlagene *Interval Caching Policy* nutzt die Datenbewegung durch den Hauptspeicher eines Video-Servers dadurch aus, daß die Daten eines solchen Stroms im Speicher gehalten werden, die in unmittelbarer zeitlicher Nähe von einem anderen Strom desselben Objekts gefolgt werden. Diese Regel wird in [DS95b] verfeinert, indem in Betracht gezogen wird, daß die Interval Caching Policy kleine Dateien schlecht verarbeitet, wenn der Medien-Server nicht nur Videos, sondern eine gemischte Last verarbeitet.

Batching

Batching ist ein Ansatz, der in [DSST94] vorgeschlagen wird, um die Speicherbandbreite auszunutzen und um Plattenbandbreite in Medien-Servern dadurch zu sparen, daß temporale Zyklen, sog. Batching-Fenster, definiert werden. Alle in einem solchen Zyklus eintreffenden Anforderungen werden zunächst gesammelt. Am Ende des Zyklus werden alle Anforderungen desselben Inhalts von derselben Datei und demselben Puffer bedient. Dieser Ansatz schwächt im Vergleich mit der Interval Caching Policy die Idee des *On-Demand* ab, stellt aber potentiell große Hauptspeicherbereiche wieder zur Verfügung, da Inhalte sofort nach dem Abspielen gelöscht werden können und nach dem nächsten Zyklus wieder geladen werden dürfen. [DSS94] modifizieren diesen Ansatz zu einem dynamischen Batching, das Anforderungen so bald bedient, wie ein Strom verfügbar wird. Zwei Auswahlstrategien, *First-Come-First-Serve* (FCFS) und die maximale Warteschlangenlänge (wobei die Warteschlangenlänge durch die Zahl der Benutzer definiert ist, die die Datei anfordern), werden verglichen. FCFS weist hierbei die bessere Leistung auf.

Piggybacking

Die Aggregation von Strömen, die denselben Inhalt liefern, mit dem Verzicht auf Batching-Fenster wurde durch die Verwendung des Piggybacking vorgeschlagen [GLM96]. Hierbei sollte ein Strom einer Datei, der kurz nach einem anderen Strom desselben Inhalts aufgerufen wird, mit ersterem vereint werden. Die allgemeine Motivation dieses Schemas ist eine Zunahme der Geschwindigkeit des späteren Stroms und/oder eine Abnahme der Geschwindigkeit des früheren Stroms, bis sie vereinigt werden. Verschiedene Strategien zur Vereinigung einer Reihe von Strömen (mehr als zwei) werden u. a. in [GLM96] detailliert betrachtet.

Content Insertion

Für den Spezialfall des *Video-on-Demand* schlagen [VL95] die bis heute radikalste Erweiterung dieses Schemas vor, indem eine Inhaltseinsetzung (Content Insertion) verwendet wird, um eine größere Anzahl von Strömen in ein Zeitfenster einzufügen, das klein genug ist, um die Piggybacking-Technik zur Vereinigung in einen einzigen Strom anzuwenden. Derartig eingefügter Inhalt einer Inhaltsschleife wie z. B. einer Dauerwerbesendung oder einer kontinuierlichen Nachrichtensendung kann für den Benutzer so akzeptabel sein, daß er nicht um- oder abschaltet. Alternativen sind z. B. die Verlängerung oder Verkürzung von Einleitungsszenen eines Films. [KVL97] schlagen zusätzlich vor, diese Technik dazu zu benutzen, eine pragmatische und radikale Lösung für Probleme wie die Server-Überlastung oder einen teilweisen Server-Ausfall zu bieten, indem Benutzer durch einen Werbe-Loop oder andere Füllinhalte unterhalten werden, bis das Problem behoben ist oder eine Aggregation mit einem Action-Strom erfolgen kann.

Datenbanksysteme

Ursprünglich wurde die Datenbanktechnologie für große Mengen stark strukturierter (alphanumerischer) Daten entwickelt, deren Anforderungen sich von denen der Multimedia-Anwendungen unterscheiden. Deshalb werden zur Zeit oft herkömmliche Datenbanksysteme um multimediaspezifische Komponenten und Sprachprimitive erweitert, die es *Verwaltungssystemen für Multimedia-Datenbanken* (Multimedia Database Management System, MMDBMS) ermöglichen, Multimedia-Daten effizient zu handhaben und somit Multimedia-Anwendungen angemessen zu unterstützen. Insbesondere betrifft dies Erweiterungen, die die Interpretation von Inhalten von Mediendaten zur Bearbeitung und Ausgabe erlauben, und die spezifischen Eigenschaften von Mediendaten, wie große Datenmengen, Synchronisation und Echtzeitbedingungen in der Verarbeitung, berücksichtigen.

MMDBMS

13.1 Verwaltungssysteme für Multimedia-Datenbanken

Multimedia-Anwendungen adressieren die Verwaltungs-Dateischnittstellen in der Regel über Abstraktionen auf verschiedenen Ebenen. Man betrachte folgende drei Anwendungen: Eine Hypertext-Anwendung hat die Möglichkeit, Knoten und Kanten zu bearbeiten, ein Audio-Editor kann Audiopassagen lesen, schreiben und bearbeiten, ein Audio-Video-Verteildienst kann abgespeicherte Videoinformationen verteilen.

Diese drei Anwendungen haben auf den ersten Blick wenig gemeinsam, jedoch können in allen drei Beispielen ihre Funktionen einheitlich über ein MMDBMS ausgeführt werden. Der Grund dafür ist, daß generell die *Abstraktion* von den Details des Speicherungszugriffs und der Speicherverwaltung die Hauptaufgabe eines Datenbankverwaltungssystems (Database Management System, DBMS) ist. Darüber hinaus stellt das DBMS andere Eigenschaften als Speicherabstraktion zur Verfügung:

Abstraktionen

Abstraktionen in DBMS

- *Persistenz von Daten:* Daten können Programme, Prozesse und Technologien überdauern. Versicherungsgesellschaften bspw. müssen Daten über mehrere Jahrzehnte in ihren Datenbanken speichern. Während dieser Zeit entwickelt sich die Computertechnologie weiter und mit dieser Entwicklung verändern sich Betriebssysteme und andere Programme. Folglich sollte ein DBMS in der Lage sein, Daten zu verarbeiten, auch wenn die Umgebung verändert wurde.

- *Konsistente Sicht auf die Daten*: Im gleichzeitigen Mehrbenutzerbetrieb ist es wichtig, eine konsistente Sicht auf die Daten während zeitgleicher Datenbankabfragen zu bestimmten Zeitpunkten bereitzustellen. Diese Eigenschaft wird durch Protokolle zur Zeitsynchronisation gewährleistet.
- *Sicherheit der Daten:* Die Sicherheit der Daten und die Integritätsbewahrung im Falle eines Fehlers ist eine der wichtigsten Bedingungen für ein DBMS. Diese Eigenschaft wird durch den Einsatz des Transaktionskonzepts erreicht.
- *Datenbankanfrage und Ausgabe:* In Datenbanken sind verschiedene Informationen (Einträge) gespeichert, die später durch Datenbankabfragen abgerufen werden können. Datenbankabfragen werden mit Hilfe von Abfragesprachen, wie z. B. SQL, formuliert. Weiterhin beinhaltet jeder Eintrag in einer Datenbank eine Statusinformation (z. B., daß der Eintrag verändert wurde). Diese müssen genau wiedergegeben werden, um die korrekte Information über diesen Eintrag liefern zu können.

Datenmodelle

Der grundlegende Unterschied zwischen herkömmlichen Daten und multimedialen Daten gibt auch die Art des benötigten Datenbankverwaltungssystems wieder. Ein konventionelles relationales DBMS dient zur Verarbeitung von Daten, die in bezug auf ein Datenmodell strukturiert sind. Dieses Datenmodell bestimmt folglich die möglichen Operationen. Beispielsweise beschreibt eine formal genau definierte Sprache (SQL), die streng mathematisch aufgebaut ist (relationale Algebra), die möglichen Operationen für die Definition und Manipulation der Daten in einem konventionellen RDBMS. Bei einem MMDBMS ist dies anders: Je nachdem, welche Operationsarten das MMDBMS unterstützt, sind verschiedene Datenmodelle erforderlich.

Oft wird die Rolle eines MMDBMS als ein Aufbewahrungsort für Multimedia-Daten mit konventioneller Datenbanktechnologie noch ohne Unterstützung für die besondere Verarbeitung von Medien gesehen. Eine solche „Aufbewahrungsstelle" würde nur Verweise zu den unbearbeiteten Mediendaten und einige administrative Informationen über diese enthalten. Die tatsächliche Verarbeitung von Mediendaten wird damit hauptsächlich von der Geräten selbst und von den anderen Komponenten der Systemdomäne durchgeführt.

Eine weitere Meinung zur Rolle von MMDBMS gründet sich auf einer anderen Sicht, die ebenfalls sehr deutlich eine Entwicklung in der Verwaltung von Multimedia-Daten widerspiegelt: MMDBMS unterstützen auf besondere Weise die Verwaltung von Multimedia-Daten, wobei sie die grundlegenden und lange erprobten Eigenschaften von herkömmlichen DBMS benutzen. Neben den traditionellen Datenbankdiensten, die oben erwähnt sind, führen die unterschiedlichen Eigenschaften der Informationsrepräsentation mit digitalen Medien zu einer Reihe von Problemen, die von einem MMDBMS zusätzlich gelöst werden müssen:

- Für eine leistungsfähige, effektive Verwaltung von Mediendaten ist es notwendig, daß die interne Struktur und der Inhalt der Daten zumindest teilweise interpretiert ist. Dies gilt sowohl für die interne Verarbeitung (auf physikalischer Ebene) als auch für die Modellierung der Daten (auf logischer Ebene). So wird z. B. auf der physikalischen Ebene die Reihenfolge der zeitabhängigen Daten für die Speicher- und Pufferverwaltung ausgenutzt. Auf der logischen Ebene wird bspw. der Inhalt der Mediendaten verwendet, um die Abfrage zu unterstützen.

Speicherungsprobleme

- MMDBMS müssen die Darstellung unterschiedlichster medialer Inhalte unterstützen. Diese Funktionalität bezeichnet man auch als *Playout Management* [TK96c]. *Wahrnehmung* ist ein zeitabhängiger Vorgang, deshalb sind Mediendaten von Natur aus zeitabhängig oder auf zeitabhängige Weise dargestellt. Im Gegensatz zu herkömmlichen Datenbanksystemen erfordert dieser Umstand eine Funktionserweiterung zur Berücksichtigung der Zeitabhängigkeit und der Interaktivität einer Mediendarstellung.

Playout Management

- Auch auf der technischen Seite erfordern die charakteristischen Eigenschaften von Multimedia-Daten eine Reihe von Besonderheiten bei der Datenverarbeitung, die sich wesentlich von denen bei herkömmlichen Datenbanksystemen unterscheiden. Mediendaten sind sehr umfangreich, und folglich ist die Verarbeitung zeitintensiv. Es ist notwendig, kontinuierliche Mediendatenströme handhaben zu können und Synchronisation und Interaktion zu unterstützen.

Der Rest dieses Kapitels ist wie folgt aufgeteilt: In Abschnitt 13.2 werden die multimediaspezifischen Fähigkeiten beschrieben, die MMDBMS zur Verfügung stellen. In Abschnitt 13.3 werden verschiedene Aspekte der Datenmodellierung für MMDBMS diskutiert. Abschnitt 13.4 konzentriert sich auf die Prinzipien der Implementierung von MMDBMS, und Abschnitt 13.5 schließt dieses Kapitel ab.

13.2 Multimediaspezifische Eigenschaften eines MMDBMS

Der vorhergehende Abschnitt stellte eine Zusammenfassung der traditionellen Eigenschaften dar, die die vorherrschenden DBMS zur Verfügung stellen. Genaugenommen gibt es bestimmte Aspekte von Multimedia-Anwendungen, die auf diesen Eigenschaften beruhen. Dennoch können multimediaspezifische Erweiterungen und Verfeinerungen eine umfassendere und bessere Unterstützung für Multimedia-Anwendungen liefern. Dies haben verschiedene Forschungsergebnisse über DBMS gezeigt (z. B. die Projekte in [Nar96, Che95, MS96, WK87, Mas87, MR97] beschrieben sind).

Datentypen in Datenbanken für Multimedia

MMDBMS benötigen multimediaspezifische Sprachprimitive zur Modellierung von Datenbankentwürfen [AK94]. Außerdem sollten diese zur Abfrage der Inhalte einer Multimedia-Datenbank [GRG95, LÖSO97, ÖHK96] zur Verfügung stehen. Insbesondere müssen MMDBMS neue Datentypen für Video [LR95], Bilder, Texte und digitale Animationen [VB96] bereitstellen. Diese neuen Datentypen müssen die Operationen des entsprechenden Medientyps unterstützen und sollen die Einzelheiten der Speicherverwaltungsstrukturen vor dem Benutzer verbergen.

Information Retrieval und Multimedia-Abfragen

Im allgemeinen sind die Methoden, die auf dem Gebiet des Information Retrieval [ME97, VVVV96] im Hinblick auf Multimedia-Daten entwickelt worden sind, für Multimedia-Anwendungen geeigneter als die traditionellen Abfragemöglichkeiten der DBMS. Eine Ursache dafür ist, daß der Benutzer oft noch eine konventionale Datenbank durchsuchen muß, wenn er Informationen aus einer Multimedia-Datenbank abrufen will (weil der Inhalt der Mediendaten hierauf verweist, z. B. Objekte in einem Bild [AC97, GWJ91]). Dazu kommt, daß Übereinstimmungen bei einem Suchergebnis in MMDBMS normalerweise keine genauen Übereinstimmungen sind. Beim Vergleich von zwei Multimedia-Dateneinheiten sind Ähnlichkeiten sinnvoll zu verwenden. Folglich müssen in MMDBMS zusätzlich zu den herkömmlichen Einrichtungen zur Abfrage auch Methoden für unscharfe Abfragen implementiert sein. Das beinhaltet eine *Query-by-Example*-Methode, die besonders nützlich für Bilder- und Video-Datenbanken ist.

Query by Example

Beziehungserhaltende Datenverwaltung

Beziehungen zwischen Daten eines Mediums oder unterschiedlicher Medien müssen entsprechend der angegebenen Spezifikation erhalten bleiben. Das MMDBMS verwaltet diese Beziehungen und kann sie für die Abfrage und die Ausgabe der Daten verwenden. Hiermit wird bspw. das *Navigieren* durch ein Dokument unterstützt und die Beziehungen zwischen einzelnen Teilen eines Dokuments verwaltet. Man unterscheidet verschiedene Beziehungen [Mey91]:

Navigation

- Die *Attributbeziehung* kennzeichnet verschiedene Beschreibungen, bzw. Darstellungen desselben Objekts. So werden in einem ornithologischen Lexikon für jeden Vogel die Stimme als Audiosignal, der Flug als Bewegtbildsequenz, verschiedene Bilder und ein beschreibender Text stehen. Aus Sicht einer relationalen Datenbank wird jedem Vogel ein *Tupel* zugeordnet, das die verschiedenen Darstellungen als Attribute umfaßt.

Tupel

- Die *Komponentenbeziehung* beinhaltet alle zu einem Datenobjekt gehörenden Teile. Ein PKW-Ersatzteilkatalog und ein Dokument sind Beispiele einer solchen Beziehung.
- Die *Substitutionsbeziehung* definiert unterschiedliche Arten der Präsentation derselben Information. So kann eine auf vorgegebene Daten angewendete Formel z. B. als Tabelle, Graph oder Animation dargestellt werden.

- Eine *Synchronisationsbeziehung* beschreibt die temporale Beziehung zwischen den Dateneinheiten. Die Lippensynchronität zwischen Audio und Video ist ein Beispiel hierfür.

Darstellung von Multimedia-Daten

Ein MMDBMS bietet einen Darstellungsmechanismus für zusammengesetzte Medienelemente, der für viele Multimedia-Anwendungen genutzt werden kann [KdVB97, RK95, CHT86] und als Dienst zur Verwaltung des Abspielvorgangs betrachtet werden kann [TK96b, TK96a]. Der Mechanismus beruht auf einer generischen Darstellungsmaschine und präsentiert synchronisiert zusammengesetzte Multimedia-Dateneinheiten auf Anforderung des Benutzers [LG90]. Dieser Dienst ermöglicht einem MMDBMS eine klare Trennung zwischen Darstellung und Verarbeitung inklusive Speicherung [SMW95].

Verwaltung und Ausgabe kontinuierlicher Daten

Kontinuierliche Daten unterscheiden sich in mehreren Aspekten von diskreten Daten. Die Hauptunterschiede liegen in der Datenmenge und der Zeitabhängigkeit. Deswegen können kontinuierliche Daten nicht wie diskrete Daten behandelt werden, weshalb besondere Mechanismen entwickelt werden müssen, um kontinuierliche Daten zu verwalten. MMDBMS beinhalten Mechanismen und verwenden Betriebssystemfunktionen, insbesondere für das Speichern [RM93, VR96, MNO$^+$96], Zwischenspeichern in einem Puffer [GZ96, ÖRS96, MKK95], das Transferieren [LG92] und Darstellen [RS92] kontinuierlicher Daten.

13.3 Datenmodellierung in MMDBMS

Bei der Modellierung von Multimedia-Daten kann man drei Hauptaspekte unterscheiden. Die Modellierung von zeitlichen und räumlichen Eigenschaften der Mediendaten, die Nutzung von Dokumenten, um die Medienzusammensetzung zu beschreiben und die Rolle von Metadaten für zusätzliche Information über die Inhalte der Mediendaten.

13.3.1 Medien und Dokumente

Mediendaten werden entweder von Menschen wahrgenommen oder von Werkzeugen, die zum Umgang mit Mediendaten benutzt werden, bewertet/verarbeitet. In vielen Fällen sind Mediendaten künstlich erzeugt oder mit Hilfe einer Spezifikation kombiniert. Solche Spezifikationen von synthetischen Mediendaten werden *Dokumente* genannt (für eine genauere Beschreibung siehe Kapitel 20 zu Dokumente). Obwohl Dokumente in MMDBMS auf ähnliche Weise wie Mediendaten bezüglich Datenbanken verwaltet werden, müssen die Begriffe „Mediendaten" und „Dokumente" klar auseinander gehalten werden. Im

Dokumente

folgenden werden die jeweiligen Eigenschaften diskutiert, die für die Datenmodellierung in MMDBMS notwendig sind.

Medien

- *Medien*:
  Auf der logischen Ebene bestehen Mediendaten immer aus Meßwerten für einen gegebenen Bereich in einem diskreten mehrdimensionalen Raum. Die Kodierung der tatsächlichen inhaltlichen Information der Mediendaten erfolgt auf einer subsymbolischen Ebene. Deshalb ist die tatsächliche inhaltliche Information implizit und (oft) redundant dargestellt.

  Auf der physikalischen Ebene sind die unverarbeiteten Mediendaten in einem medientypspezifischen Format als binäre Sequenz dargestellt. Dieses Darstellungsformat beinhaltet oft Kompression und vorverarbeitende Schritte. Transformationen zwischen verschiedenen Darstellungen der gleichen Medien und zwischen Medientypen sind möglich.

Dokumente

- *Dokumente*:
  Dokumente beschreiben Mediendaten mit Hilfe einer formalen Sprache, die vom Computer verarbeiten werden kann. Die Spezifikation von solchen Datenzusammenstellungen durch Dokumente kann Mediendaten als Referenz oder als Wert mit einbeziehen. Für jeden Dokumententyp gibt es eine Transformationsmethode, um die Dokumente für eine Darstellung oder eine weitere Verarbeitung in Mediendaten umzuwandeln. Diese Umwandlung muß weder trivial noch eindeutig sein.

SGML
HTML
HyTime

  Textdokumente sind ein Beispiel für einen bestimmten Dokumententyp. Die Sprache SGML (siehe Kapitel 20 zu Dokumente), die sich in den letzten Jahren wachsender Popularität erfreut, ist hierfür ein Beispiel. Ein anderer Typ sind Multimedia-Dokumente, für die Sprachen wie HTML oder HyTime eingesetzt werden.

  Dokumente spielen innerhalb von MMDBMS zwei Rollen. Einerseits werden Dokumentendaten in einer binären Darstellung vom DBMS ähnlich behandelt, wie unverarbeitete Mediendaten. Aus Gründen der Effizienz wird oft nur eine teilweise Interpretation der internen Struktur der Dokumente durchgeführt. Auf der anderen Seite basieren Dokumententypen auf der gleichen Abstraktion, die auch für die Strukturformel der Mediendaten benutzt wird, die als nächstes besprochen wird.

13.3.2 Modellierung der Struktur und des Verhaltens von Mediendaten

Strukturelle Modelle für Multimedia-Daten stellen einen Rahmen für die *strukturelle Darstellung*, *Interpretation* und *Bearbeitung* der Mediendaten zur Verfügung. Solche Modelle sind (idealerweise) durch folgende Eigenschaften charakterisiert:

Strukturelle Modelle

- Strukturelle Modelle liefern eine *strukturelle Darstellung* von Multimedia-Dateneinheiten (*LDUs*), einschließlich Eigenschaften und Beziehungen zu anderen Multimedia-Dateneinheiten. Diese Darstellung kann für bestehende Multimedia-Dateneinheiten aus den korrespondierenden unverarbeiteten Mediendaten automatisch abgeleitet werden. Durch bestimmte Operationen kann die Darstellung erzeugt, auf sie zugegriffen und aktualisiert werden.

- Strukturelle Modelle liefern einen *Identifikationsmechanismus*, der die automatische Identifikation von Multimedia-Dateneinheiten als Teile von unverarbeiteten Mediendaten erlaubt und einen weiteren Identifikationsmechanismus für zusammengesetzte Multimedia-Dateneinheiten.
- Strukturelle Modelle liefern einen *Materialisierungsmechanismus* zur Erzeugung von neuen unverarbeiteten Mediendaten. Die Materialisierung wird durch das Bearbeiten der strukturellen Darstellung von Multimedia-Dateneinheiten ausgeführt.

Materialisierung

Andere Daten, die mit Multimedia-Dateneinheiten in Verbindung stehen, werden als *Metadaten* betrachtet. Strukturelle Modelle für Multimedia-Daten entsprechen Datenmodellen herkömmlicher Datenbanksysteme. In konventionellen Datenbanksystemen sind diese Datenmodelle die Eigenschaften der *Daten-Definitionssprache* (*Data Definition Language*, DDL) und der *Datenbearbeitungssprache* (*Data Manipulation Language*, DML).

Metadaten

Die wichtigsten Typen von strukturellen Modellen für Multimedia-Daten sind *Raum-Zeit-Modelle*, da sie den Grundstein der Modellierung von Multimedia-Daten bilden. Während die räumliche Modellierung von Daten eine lange Tradition auf dem Gebiet der Bilddatenbanken [CJT96] und grafischen Datenbanken hat, hat die zeitliche Modellierung von Daten erst in den letzten Jahren im Kontext kontinuierlicher Mediendaten unterstützender MMDBMS größere Aufmerksamkeit erregt.

Raum-Zeit-Modelle

Zeitliche Datenmodelle

Objekte können in zeitlichen Modellen durch Basiszeiteinheiten identifiziert werden, die entweder Zeitintervalle oder Zeitpunkte sein können. *Qualitative Beziehungen* zwischen zeitlichen Medienobjekten sind in zeitlichen Algebren beschrieben [CC96]. Die qualitativen Beziehungen erlauben es, Bedingungen für zeitliche Medienobjekte festzulegen und Suchbedingungen auf zeitlichen Medienobjekte zu formulieren. Es gibt drei grundlegende Relationen für Zeitpunkte ($<, =, >$) und 13 grundlegende Relationen für Zeitintervalle (siehe Abb. 13-1 auf Seite 397).

Räumliche Daten

Die Datenmodellierung für räumliche Daten hat in den Gebieten der Computergrafik, der Bilddatenbanksystemen und geographischen Informationssystemen eine lange Geschichte. Das grundlegende Mittel zur Identifikation von Objekten innerhalb von Mediendaten sind Verallgemeinerungen von Intervallen auf mehrere Dimensionen, wie z. B. Rechtecke und mehrdimensionale Körper. Komplexe manipulierbare Einheiten sind z. B. Gebiete, die aus einer beliebigen Menge von Rechtecken oder mehrdimensionalen Körpern bestehen. Regionen können durch Benutzung von raumfüllenden Kurven (z. B. Hilbert- oder Peano-Kurven [ACF$^+$96]) effektiv dargestellt werden. Komplexe Objekte in räumlichen Daten sind dann durch solche Basiseinheiten, sog. *minimale Be-*

Minimale Begrenzungsrechtecke

grenzungsrechtecke (*Minimal Bounding Rectangles*) oder Regionen approximiert.

Räumliche Beziehungen zwischen Medienobjekten erweitern die zeitlichen Beziehungen. In [LÖD96] wurden zwölf Richtungsbeziehungen und fünf topologische Beziehungen für minimale Begrenzungsrechtecke im zweidimensionalen Raum identifiziert. Die fünf topologischen Beziehungen können auch auf Regionen angewendet werden und wurden bspw. bei der Implementierung des QBISM-System [ACF+96] verwendet.

Computergrafik

Die Zusammenstellung von neuen räumlichen Medienobjekten im zwei- oder dreidimensionalen Raum ist ein Kernthema der Computergrafik. Ähnlich wie im zeitlichen Modell kann man Modelle unterscheiden, die eine Anordnung der räumlichen Zusammenstellung mit absoluten Koordinaten erlauben oder durch relative Positionierung, z. B. indem man Abstände und Winkel benutzt. Zusätzlich lassen weiterentwickelte Modelle auch die hierarchische Zusammenstellung von räumlichen Medienobjekten zu. Ein gutes Beispiel für diesen Typ von Modell ist das Datenmodell, das von VRML benutzt wird [CB97]. Für die Modellierung von Videodaten werden räumliche und zeitliche Aspekte kombiniert, um Medieneinheiten in Raum und Zeit zu beschreiben, z. B. um Bewegungen von Objekten zu erfassen.

Aktive Multimedia-Objekte

Einige der hier besprochenen Modelle zur Zusammenstellung von zeitlichen Medien erfassen nicht nur die Struktur, sondern auch das Verhalten der Medien-endaten. Sie spielen in diesem Sinne eine doppelte Rolle. Zum Beispiel kann ein algebraischer Videoausdruck als eine strukturelle Zusammenstellung von zeitlichen Medienobjekten verstanden werden, aus der sich ein neues zeitliches Medienobjekt ergibt. Dies stellt zwar eine strukturelle Sichtweise dar. Gleich-

Vorgangsbeschreibung

zeitig kann man diese Beschreibung als *Vorgangsbeschreibung* verstehen. Der beschriebene Vorgang ist eine Darstellung von Medien, die aus verschiedenen Medienobjekten zusammengesetzt sind. Wegen dieser Dualität von zeitlichen Modellen spielen sie im Vergleich zu den räumlichen Daten eine besondere Rolle in der Multimedia-Datenmodellierung. Eine Darstellung enthält in der Regel zusätzlich zu den Abläufen der Darstellung von Medien auch Interaktionsmöglichkeiten für den Benutzer.

13.3.3 Modellierung von Dokumenten

Dokumentensprachen, wie SGML [Org86] oder MHEG [MHE93] spielen bei der Verwaltung von Multimedia-Daten eine bedeutende Rolle. Ein Aspekt ist, daß viele strukturelle Modelle für Multimedia-Objekte aus den Dokumentensprachen hervorgegangen sind. Ursprünglich waren diese Sprachen für den Datenaustausch oder die Verarbeitung von Multimedia-Daten bestimmt, z. B. auf dem Gebiet des Publizierens. Der zweite Aspekt ist die Verwaltung der Dokumentendaten selbst. Dies wird im folgenden behandelt.

Innerhalb der logischen Struktur eines Dokuments kann man zwei Komponenten unterscheiden. Die *primäre Struktur* des Dokuments entspricht der hierarchischen Strukturierung der Teile des Dokuments. Diese hierarchische Strukturierung ist durch die grammatische Struktur der Dokumentensprache bestimmt. Durch Parsing-Techniken von Dokumenten kann sie herausgelöst werden und explizit in einem strukturierten Datenmodell dargestellt werden. Eine explizite Darstellung und Speicherung der primären Dokumentenstruktur kann aus folgenden Gründen hilfreich sein:

Dokumentenstruktur

Darstellung der primären Dokumentenstruktur

- Es unterstützt das effektive und konsistente Aktualisieren der bestehenden Dokumente entsprechend der Grammatik der Dokumentensprache.
- In vielen Fällen werden die Dokumentenmodelle für die Darstellung von Metadaten benutzt (siehe Abschnitt 13.3.2), wobei das Dokumentenmodell typischerweise als halbstrukturiertes Datenmodell dient [Abi97]. Dadurch ist der Zugriff auf diese Information und ihre Verarbeitung mit Hilfe der primären Dokumentenstruktur möglich.
- Bei bestimmten Medientypen entspricht die primäre Dokumentenstruktur der logischen Struktur der Mediendaten. Das gilt insbesondere für Textdokumente, in denen die hierarchische und sequentielle Zusammenstellung des Textes direkt durch den Syntaxbaum beschrieben werden kann.

Beispiele, in denen die primäre Struktur eines Dokuments explizit in einem MMDBMS modelliert wird, können in [BAK97, BAN95, BANY97, ÖIS+97, Abi97] gefunden werden.

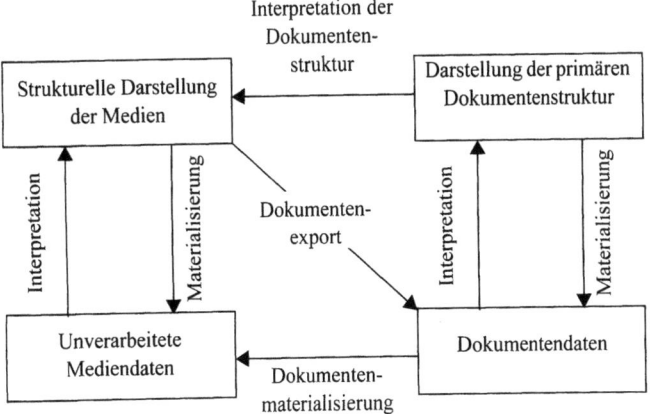

Abb. 13-1 Beziehungen von Medien, Dokumenten und strukturellen Modellen.

Die *sekundäre Struktur* eines Dokuments bezieht sich auf die Information über die Mediendaten, die nur durch eine Interpretation des Inhalts, die über eine syntaktische Analyse hinausgeht, herausgezogen werden können. Dies beinhaltet insbesondere die Struktur und das Verhalten, d. h. die zeitlichen und räumlichen Beziehungen, und die Angaben zur aktiven Mediendarstellung. Typische Beispiele für diese Merkmale sind *Links* in Hypertexten und Raum-Zeit-Zusammenstellungen. Innerhalb der Dokumentensprache SGML z. B.

Darstellung der sekundären Dokumentenstruktur

sind entsprechende Sprachkonstrukte durch den Standard HyTime [Org92] gegeben. Die strukturellen Merkmale in der sekundären Struktur der Dokumente sind auf die strukturelle Darstellung der Medienobjekte, die in Abschnitt 13.3.2 behandelt wurde, abgebildet. Beispiele von expliziten Darstellungen der sekundären Struktur von Dokumenten können in [ÖIS+97, BA94] gefunden werden.

Abb. 13-1 auf Seite 397 illustriert die verschiedenen Beziehungen zwischen den Mediendaten, den Dokumenten und den strukturellen Datenmodellen, die bisher diskutiert wurden. Zusätzlich zeigt die Abbildung, daß Dokumente aus einer strukturellen Mediendarstellung erzeugt werden können. Dieser Export von Dokumenten wird oft zum Austausch von Daten zwischen medienspezifischen Verarbeitungswerkzeugen benutzt.

13.3.4 Metadaten

In einer Menge von strukturierten Medienobjekten, die in einem in Abschnitt 13.3.2 besprochenen Datenmodell modelliert sind, sind Metadaten jede Art von Daten, die in Beziehung zu strukturellen Medienobjekten stehen.

Im Gegensatz zu strukturellen Medienobjekten, die die Bearbeitung der Mediendaten ermöglichen, sind Metadaten für die Verwaltung, Verarbeitung, Abruf und Darstellung der Mediendaten bestimmt. Metadaten können in strukturierter Form vorliegen, können aber auch Mediendaten enthalten. Im allgemeinen können Metadaten entweder direkt Medienobjekten oder indirekt anderen Metadaten zugeordnet werden. Obwohl der Begriff der Metadaten auch in konventionellen Datenbanken eine bedeutende Rolle spielt, ist er aus verschiedenen Gründen für die Verwaltung von Multimedia-Daten weitaus wichtiger:

- Für die Suche auf Mediendaten sind Mechanismen zum strukturellen Zugriff von lediglich eingeschränktem Nutzen. Eine inhaltsbasierte Suche erfordert Informationen über den Inhalt der Medien, die über die rein strukturellen Eigenschaften hinausgehen.
- Multimedia-Daten werden nicht nur in DBMS verarbeitet, sondern auch in einer Anzahl begleitender Anwendungen. Diese Anwendungen erfordern für eine korrekte Verarbeitung Metadaten über die gespeicherten Mediendaten.
- Eine inhärente Eigenschaft der Wahrnehmung von Medien ist Redundanz in der nicht expliziten Informationsdarstellung. Daraus folgt, daß eine Qualitätseinschränkung der Mediendaten akzeptabel sein kann. Inwieweit die Qualitätseinschränkung zu akzeptieren ist, wird in einer bestimmten Art von Metadaten beschrieben, den Dienstgüteparametern (Quality of Service, QoS).

Es gibt viele Merkmale, um Metadaten zu charakterisieren (siehe [BR94, Böh97, KKS96]). Für die Klassifikation von Metadaten aus der Sicht des Inhalts, die besonders relevant für Informationsabfrage ist, können folgende Kriterien betrachtet werden:

13.3 MMDBMS Datenmodellierung

- *Abhängigkeit vom Inhalt:* bezieht sich auf die Eigenschaft, daß die Metadaten vom Inhalt der Mediendaten funktional abhängig sind (was auch mit dem Begriff *mediengesteuerte Metadaten* bezeichnet wird).
- *Abhängigkeit vom Anwendungsgebiet:* Bestimmte Typen von Metadaten sind entweder nur für bestimmte Anwendungsgebiete anwendbar oder benutzen anwendungsgebietspezifische Modelle (was auch *anwendungsgebietgesteuerte Metadaten* genannt wird).

Klassifizierung von Metadaten

Technische Überlegungen führen zu folgenden Kriterien für Metadaten:
- *Automatische Berechenbarkeit*: Metadaten können entweder berechnet werden oder sind von Hand oder halbautomatisch erzeugt.
- *Globale/lokale Eigenschaften*: Metadaten, die einem bestimmten Medienobjekt zugeordnet sind, können mit einer globalen Eigenschaft des Medienobjekts beschrieben werden oder beziehen sich auf die Eigenschaft eines Unterobjekts des Medienobjekts [KKS96].

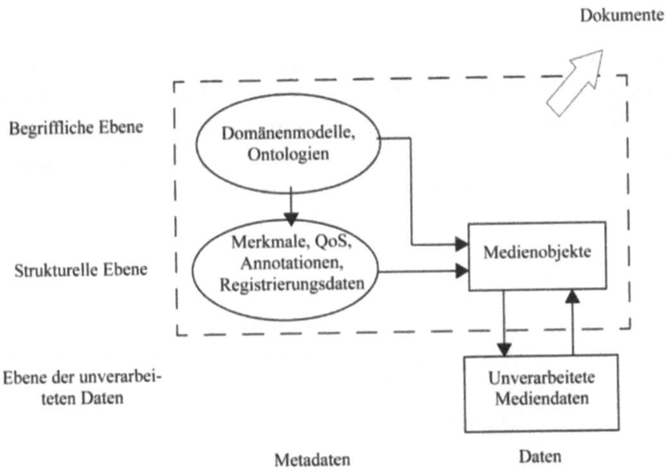

Technische Kriterien

Abb. 13-2 Abstraktionsebenen für Mediendaten und Metadaten.

Metadaten, die vom Anwendungsgebiet abhängig sind, sind oft nicht direkt mit Medienobjekten verbunden, sondern indirekt als eine Funktion ihrer Merkmale definiert. Sie sind daher automatisch von den Metadaten abgeleitet, die unabhängig vom Anwendungsgebiet und abhängig vom Inhalt sind. Diese (vom Anwendungsgebiet) abhängigen Metadaten werden dann zur Beurteilung der Mediendaten benutzt.

In Abb. 13-2 sind die unterschiedlichen Verhältnisse von Metadaten zu Mediendaten dargestellt. Die Unterscheidung einer strukturellen und einer begrifflichen Ebene steht im Einklang mit den Modellen, die für die Suche vorgeschlagen werden, z. B. dem *Hermes-Referenz-Modell* [Con] oder dem VIMSYS-Modell [GWJ91]. Die Abbildung veranschaulicht auch, daß Dokumente im allgemeinen nicht nur die strukturellen Merkmale der Medienobjekte umfassen, sondern auch die dazugehörigen Metadaten.

Hermes-Referenzmodell VIMSYS

13.4 Implementierung von MMDBMS

MMDBMS sind verteilte Multimediasysteme, die noch nicht standardisiert sind (auch nicht deren Bauteile). Die meisten Implementierungen von MMDBMS, wie z. B. das AMOS-System von GMD-IPSI [RKN96], der Universal Server der Firma Informix [Gro96] und das MMDBMS, das an der University of Alberta entwickelt worden ist [ÖIS+97], benutzen jedoch die folgenden, sich ergänzenden Bausteine, die in den folgenden Abschnitten detailliert behandelt werden:

Implementierungsbausteine

- Eine *Plattform für die Verwaltung strukturierter Daten*, die von der bestehenden Datenbanktechnologie bereitgestellt wird.
- Ein *dezidierter Medien-Server*, der die effiziente Verwaltung des Speichers und der Puffer für Medienobjekte jeder Art ermöglicht, besonders aber für kontinuierliche Medienobjekte,
- *Multimedia-Anwendungskomponenten*, die einen besonderen Mechanismus für die Ausgabe von Multimedia-Daten zur Verfügung stellen. Die Verteilung ist nicht sichtbar.

Diese Bausteine und ggf. andere multimediaspezifische Dienste, die ein Betriebssystem und ein Hochgeschwindigkeitsnetz zur Verfügung stellen, müssen so miteinander verbunden werden, daß die Multimedia-Daten effizient gehandhabt werden können. Ein wichtiger Faktor für die effiziente Handhabung von Multimedia-Daten ist die Anzahl der Duplikate der Medienobjekte, die in den MMDBMS gehalten werden müssen, um eine Anwendungsanforderung zu bedienen.

Best-Effort-Architektur

Die meisten gegenwärtig verfügbaren Implementierungen von MMDBMS haben eine Best-Effort-Architektur, in der keine Ressourcenzuweisung stattfindet [SN95]. Im Gegensatz dazu können Garantien, die den QoS-Anforderungen des Benutzers [NS95, VKBG] entsprechen, durch Weiterentwicklung der Mechanismen, die allgemein in Echtzeitsystemen und besonders auf verteilten Multimedia-Plattformen existieren, gegeben werden [SN95, RDF97].

Client-Pull-Architektur

Verschiedene Architekturen für die Implementierung können sich auch durch den Mechanismus unterscheiden, wie Daten ausgegeben werden (siehe auch Kapitel 12 zu Medien-Server). In *Client-Pull-Architekturen* wird die Datenausgabe global vom Client kontrolliert. Er betreibt den permanenten Datenabruf und die netzwerkbasierte Ausgabe durch aufeinanderfolgende Anforderungen. Dies bedeutet, daß ein Client entsprechend einem speziellen Ausgabeprotokoll wiederholt ausdrücklich Anforderungen sendet, die den Server dazu veranlassen, die nächsten Dateneinheiten zu übertragen.

Server-Push-Architektur

In *Server-Push-Architekturen* senden die Clients gewöhnlich nicht ausdrückliche Anforderungen, sondern informieren den Server nur über die Eingriffe des Benutzers, die bei der Datenausgabe berücksichtigt werden müssen [RVT96].

Um eine effiziente Datenausgabe in MMDBMS zu erzielen, scheint es eine angemessene Lösung zu sein, die physikalische Einheit, die die Masse der Multimedia-Daten speichert, direkt mit dem Netzwerk zu verbinden (d. h. mit dem Netzwerkanschluß). Dabei umgeht die Datenausgabe den Puffer für spezielle Objekte des DBMS, der anderenfalls (unnötigerweise) den Ausgabedurchsatz vermindern würde [TKW+96]. Dies ist bspw. der Ansatz des Video-Servers von Oracle [LOP94].

13.4.1 Plattform für die Verwaltung struktureller Daten

Die Plattform für die Verwaltung struktureller Daten muß die strukturellen Datenmodelle für zeitliche und räumliche Modelle, die Modellierung der aktiven Medienobjekte und die Modellierung der strukturierten Dokumente implementieren. Sie muß die Verwaltung von Metadaten im Zusammenhang mit den Mediendaten und den anwendungsspezifischen alphanumerischen Daten unterstützen. Mit „Verwaltung von strukturellen Daten" sei hier im allgemeinen die Datenverwaltung von genau diesen strukturellen alphanumerischen Daten und Verweisen auf Objekte gemeint.

Verwaltung struktureller Daten

Offensichtlich kann man die strukturellen Daten unter Benutzung der schon existierenden Datenbanktechnologie verwalten. Bei diesem Ansatz profitiert die Verwaltung der strukturellen Daten von der Effizienz der typischen Datenbankdienste, von der Unterstützung der Abfrage mit Hilfe von Zugriffsmechanismen und ihrer Optimierung und von der Möglichkeit von Operationen, die, auf entsprechende Kontrollmechanismen basierend, den gleichzeitigen Mehrbenutzerbetrieb zulassen.

Es gibt grundsätzlich zwei Möglichkeiten, ein neues Datenmodell zu implementieren. Entweder entwirft man eine neue Datenbanksprache oder man erweitert ein Datenmodell um neue Strukturen. Bei der ersten Herangehensweise wird eine bestehende Sprache modifiziert und der Code für die Implementierung in ein Datenbanksystem eingebettet. Bei der zweiten Methode werden besondere Strukturen entworfen, die für die Verwaltung von Multimedia-Daten geeignet sind und dann als Erweiterung an erweiterbare DBMS angefügt werden. In welchem Ausmaß das Datenbanksystem eine spezielle Unterstützung zur Verarbeitung geben kann, hängt vor allem davon ab, welche Schnittstellen die erweiterbaren DBMS für funktionale Erweiterungen zur Verfügung stellen.

Implementierung eines Datenmodells

Der Vorteil des ersten Ansatzes ist eine höhere Datentypensicherheit in der modifizierten Datenbanksprache. Dies resultiert aus der Tatsache, daß die einschränkenden Randbedingungen des Modells eher implizit sind und eine effektivere und direktere Implementierung möglich ist. Beispiele hierfür finden sich in experimentellen Systemen, meistens bei spezialisierten Anfragesprachen (z. B. MOQL [LÖSO97]). Der direktere Ansatz erfordert aber einen großen Implementierungsaufwand, weil dabei bestehende Technik wenig wiederverwendet wird und unflexibel im Hinblick auf Änderungen der Anforderungen ist. Diese Beobachtungen sprechen für den zweiten Ansatz. Für industrielle Anwendungssysteme gibt es immer wieder gute Gründe, in Hinblick auf den Aufwand für die Implementierung, die Technologien wiederzuverwenden, die über viele Jahre insbesondere auf dem Gebiet der RDBMS entwickelt worden sind.

MOQL

Da es keinen Konsens über ein allgemeines Datenmodell gibt, das eine optimale Unterstützung für Multimedia-Anwendungen bietet, oder dieser gar nicht möglich ist, muß das zugrundeliegende Datenmodell für Erweiterungen offen sein. Die herkömmliche Datenverwaltung beruht auf den strukturierten Datentypen, die verwaltet werden, z. B. tabellenförmige Daten in relationalen Datenbanken. Dies bestimmt eindeutig, welche Art von Operationen notwendig ist, um die Daten zu bearbeiten, und welcher Systementwurf dies effektiv unterstützen kann. Für die Verwaltung von Multimedia-Daten liegt die Sache anders. Es sind nicht die strukturierten Daten selbst, die den Entwurf von MMDBMS bestimmen, sondern in erster Linie die Mediendaten und die Anforderungen an deren Verarbeitung.

Anwendungen und Anforderungen

Die *Anwendungen* bestimmen, welche Art von Operationen benötigt wird, d. h., wie die Mediendaten strukturell interpretiert werden müssen, um effektiven Nutzen aus diesen Daten zu ziehen. Die *Anforderungen* bestimmen, welche Datenstrukturen benutzt werden, um eine effektive Implementierung dieser Operationen zu unterstützen. Dies erklärt, warum es so schwierig ist, ein allgemeines Modell für Multimedia-Daten zu entwickeln. Deshalb benutzen die meisten kommerziellen und forschungsorientierten Implementierungen von MMDBMS auf die eine oder andere Weise objektorientierte oder objektrelationale Datenbanktechnologie. Es muß angemerkt werden, daß dieser Ansatz immer noch unter der Gegebenheit leidet, daß die Erweiterung von internen Verarbeitungsmöglichkeiten normalerweise auf Erweiterungen auf neue Zugriffsstrukturen und einfache Anpassungen der Abfrageoptimierungskomponente beschränkt ist. Beispiele für konkrete Systemimplementierungen, die auf diesem Ansatz beruhen, ist der Prototyp von AMOS [RKN96], das System STORM [Adi96], die DISIMA-Datenbank [OÖL+95], die medizinische Datenbank QBISM [ACF+96] und das Bildsuchsystem VIMSYS [GWJ91]. Auch die meisten auf dem Markt verfügbaren Datenbanken bieten heute Erweiterungen, um Mediendaten zu verwalten, z. B. das VIRAGE-System, das auf Informix und Oracle basiert, IUS DataBlades und Erweiterungen von IBM DB2.

Beispiel- Implementierungen

13.4.2 Medien-Server

Herkömmliche Dateisysteme und Speicher-Server sind konzipiert, um die Speicherung und den Abruf von herkömmlichen Daten zu handhaben, bei denen es nicht auf die Zugriffsrate ankommt (siehe Kapitel 12 zu Medien-Server). Solche Systeme speichern und rufen kontinuierliche Daten auf ähnliche Weise wie gewöhnliche Daten ab. Sie bieten dementsprechend keine Garantien für die Speicherungs- und Abrufraten von kontinuierlichen Mediendaten. Wenn außerdem Daten auf die Platte auslagert werden, Seiten im Puffer-Cache ausgetauscht werden und Daten im Puffer-Cache vorausgelesen werden, nutzen sie die sequentielle Struktur des Zugriffs auf kontinuierliche Daten nicht aus. Medien-Server sind i. a. explizit auf diese Aspekte im Umgang mit Mediendaten, insbesondere kontinuierliche Daten, ausgerichtet. Sie stellen folglich eine wichtige Komponente für MMDBMS dar, die die herkömmliche Datenbanktechnologie ergänzt. In MMDBMS sind sie insbesondere dazu bestimmt, Speicher und Puffer für die Datenobjekte zu verwalten, die aus einer großen Menge von Mediendaten bestehen.

Medien-Server kontrollieren oft den Zugriff, um sicherzustellen, daß eine vernünftige *Ressourcenzuweisung* stattfindet. Sie beschränken daher die Anzahl der Anforderungen, die gleichzeitig bedient werden können. Außerdem benutzen sie Techniken für die dafür bestimmte Ablaufplanung in Echtzeit und unterstützen die Gewährung von QoS.

Ressourcenzuweisung

13.4.3 Komponenten der Multimedia-Ausgabe

In MMDBMS ist die Verteilung von Multimedia-Daten für den Benutzer nicht sichtbar. Die Ausgabe erfolgt durch besondere Ausgabekomponenten. Aus Sicht der Datenbank können diese Komponenten als weiterer Baustein von MMDBMS gewertet werden. Ausgabemechanismen fehlt daher die Fähigkeit, die Ausgabe von Multimedia-Daten zu unterstützen. Deshalb müssen MMDBMS einen besonderen Ausgabemechanismus enthalten.

Allgemein gesprochen, müssen es Ausgabekomponenten den MMDBMS ermöglichen, alle Arten von Multimedia-Daten nach einer Anforderung in beide Übertragungsrichtungen auszutauschen. Im einzelnen ist die Ausgabe kontinuierlicher Daten vom Speicher zum Empfänger besonders kritisch. Der Grund dafür sind Echtzeitanforderungen, und daß Daten normalerweise danach für den Benutzer dargestellt werden müssen; der zulässige Zeitrahmen für das Abspielen muß also eingehalten werden. Die Ausgabe von kontinuierlichen Daten, wie sie für die Einfügung von Medienobjekten gebraucht wird, ist weniger kritisch, da hier keine zeitlichen Einschränkungen beachtet werden müssen.

13.5 Abschließende Bemerkungen

In den letzten Jahren hat sich die Datenbanktechnologie in starkem Maße den MMDBMS, die eine wichtige Plattform für viele Multimedia-Anwendungen zur Verfügung stellen, gewidmet. Neben der Funktionalität für die Verwaltung herkömmlicher Daten bieten MMDBMS Speichererweiterungen und Systemkomponenten eigens für Multimedia-Anwendungen an, insbesondere neue Sprachprimitive, die für die effektives Modellierung von Multimedia-Datenbanken und ihren effektiven Zugriff nötig sind. Neue Systemkomponenten, wie Medien-Server und Ausgabemechanismen berücksichtigen die besonderen Eigenschaften von Medienobjekten und erlauben die Leistungsfähigkeit, die für Multimedia-Anwendungen benötigt wird.

Fragen, die weiterer Aufmerksamkeit bedürfen, sind u. a. solche, die die Rolle der *Transaktionsverwaltung* in MMDBMS, die engere Anbindung der Abruftechniken an die Datenverwaltungstechniken und die Sprache und Optimierung der Multimedia-Suche betreffen. Insbesondere muß auf dem Gebiet

Probleme von MMDBMS

der inhaltsorientierten Suche auf kontinuierlichen Daten weiter geforscht werden. Anfragen wie *„Suche nach einem gesprochenen Text, der das Kinderlied über die zehn kleinen Negerlein enthält"* oder *„Suche nach einem Video-Ausschnitt mit Prinz Andrew in einer andalusischen Tracht"* sind schwierig zu erfüllen.

Netze

Ein netzwerkfähiges Multimediasystem erlaubt den Datenaustausch diskreter und kontinuierlicher Medien zwischen Geräten, die derartige Daten erzeugen und verarbeiten. Diese Kommunikation erfordert geeignete Dienste und Protokolle für die Datenübertragung.

14.1 Dienste, Protokolle, Schichten

- Ein *Dienst* stellt seiner jeweiligen Anwendung eine Menge von Operationen zur Verfügung. Logisch zusammengehörende Dienste werden im Rahmen von Kommunikationsreferenzmodellen, wie z. B. OSI, zu einzelnen Schichten zusammengefaßt. Damit erbringt eine solche Schicht der jeweils darüberliegenden Schicht ihre Dienste. Diese beschreiben das Verhalten der Schicht und ihrer Dienstelemente (*Service Data Units*, SDUs). Die Spezifikation der Dienste enthält keine Hinweise auf eine entsprechende Implementierung. *Service Data Units (SDUs)*
- Ein *Protokoll* besteht aus einer Anzahl von Regeln, die zwischen Partnerinstanzen einer Schicht auf Rechnern gelten, die jeweils miteinander kommunizieren. Ein Protokoll beinhaltet das Format (die Syntax) und die Bedeutung der auszutauschenden Dateneinheiten, den Protokolldateneinheiten (*Protocol Data Units* = PDUs). Die Partnerinstanzen auf den verschiedenen Rechnern kooperieren, um einen Dienst zu erbringen. *Protocol Data Units (PDUs)*

Anforderungen an Dienste und Protokolle

An die Dienste und Protokolle einer Multimedia-Kommunikation können unabhängig von der jeweiligen Schicht folgende Anforderungen gestellt werden:
- Audio- und Videodaten erfordern je nach Anwendung eine Bearbeitung innerhalb einer bestimmten *Frist* oder während eines definierten *Zeitintervalls*. Die Datenübertragung muß (von Anwendung zu Anwendung) innerhalb dieser Zeitspanne erfolgen.
- Die Ende-zu-Ende-Verzögerung muß gering sein. Dies ist insbesondere für Anwendungen im Dialogbetrieb – ähnlich dem Telefon – erforderlich.

- Alle zur Gewährleistung der Datenübertragung innerhalb einer Zeitspanne erforderlichen Garantien müssen eingehalten werden. Dies betrifft u. a. die erforderliche Prozessorleistung und den Speicherbedarf zur Protokollverarbeitung.
- Kooperatives Arbeiten und Konferenzsysteme unter Verwendung mehrerer Medien sind ein Hauptanwendungsgebiet kommunikationsfähiger Multimediasysteme. Hierbei sollten Multicast-Verbindungen unterstützt werden, um die Verschwendung von Betriebsmitteln zu vermeiden. Dabei kann die sendende Instanz während einer Konferenz öfter wechseln. Partner müssen in solche Verbindungen eingefügt oder aus der Multicast-Gruppe entfernt werden können, ohne einen neuen Verbindungsabbau auszuführen.
- Die Dienste sollten Mechanismen zur Synchronisation unterschiedlicher Datenströme bereitstellen, bzw. eine Synchronisation ermöglichen, falls diese von einer anderen Komponente ausgeführt wird [Sal89].
- Die Kommunikation basiert auf einer Kompatibilität der verwendeten Kommunikationssysteme; es müssen dieselben Protokolle in unterschiedlichen Rechnern eingesetzt werden. Viele der heute entstandenen Multimedia-Kommunikationssysteme sind allerdings Eigenentwicklungen, die auf keinem kommenden (De-jure- oder De-facto-) Standard basieren.
- Durch die bevorzugte oder garantierte Übertragung von Audio- und Videodaten darf die Kommunikation der restlichen Daten nicht beeinträchtigt werden. Diskrete Daten müssen in jedem Fall weiter wie bisher übertragen werden können.
- Zwischen unterschiedlichen Anwendungen, Anwendern und Stationen muß das Fairneßprinzip gelten.

Abb. 14-1 Typische Informations- und Datenrate bei der Bewegtbildkodierung einer Szene.

Die eigentliche Informationsrate bei Audio- und Videodaten variiert dabei stark. Dies führt zu Schwankungen in der Datenrate. Abb. 14-1 auf Seite 406 stellt exemplarisch die entstehende Datenrate für drei verschiedene Situationen dar: Hierbei kann man u. a. zwischen unkorrelierten Bildern, Personen in einem Raum und einem Nachrichtensprecher unterscheiden. Trotz der starken Schwankungen sind im Mittel jedoch relativ geringe Werte zu beobachten. Die Angaben in Abbildung 14-1 beziehen sich auf eine Kodierung nach CCIR 601 (siehe Kapitel 5.3 zu Video).

Schichten nach dem ISO-OSI-Modell

Die bisher aufgezeigten Anforderungen gelten für die unterschiedlichsten Komponenten eines Kommunikationssystems. Deshalb wird zum Abschluß dieser Einführung in die Multimedia-Kommunikationssysteme die Bedeutung der einzelnen Schichten nach dem ISO-OSI-Referenzmodell in bezug auf Multimedia kurz skizziert:

1. Die *Bitübertragungsschicht* (*Physical Layer*) definiert das Verfahren zur Übertragung einzelner Bits über das physikalische Medium. Hierbei sind das Modulationsverfahren und bspw. auch die Bit-Synchronisation von Bedeutung.

    Durch die Ausbreitungsgeschwindigkeit im Übertragungsmedium, den konkret eingesetzten elektrischen Schaltkreisen, entstehen im Zusammenhang mit dem jeweiligen Modulationsverfahren Verzögerungen bei der Ausbreitung der Daten. Diese bestimmen u. a. auch die mögliche Bandbreite des Kommunikationskanals. Für Audio- und Videodaten muß die Verzögerung im allgemeinen minimiert werden und eine relativ hohe Bandbreite zur Verfügung stehen.

    Physical Layer

2. Die *Sicherungsschicht* (*Data Link Layer*) stellt eine Übertragung einzelner Nachrichtenblöcke sicher. Im einzelnen werden hier das Zugriffsprotokoll (*Medium Access Control* = MAC) auf das physikalische Medium, eine Fehlererkennung und -korrektur, eine Flußsteuerung und eine Block-Synchronisation definiert. Man spricht in diesem Zusammenhang von unterschiedlichen Netzen.

    Zugangsprotokolle hängen sehr stark vom darunterliegenden Netz ab. Netze können in zwei Kategorien eingeteilt werden: Diejenigen, die Punkt-zu-Punkt-Verbindungen benutzen und jene, die Broadcast-Kanäle benutzen. Broadcast-Kanäle bezeichnet man auch als Multi-Access-Kanäle oder Random-Access-Kanäle. In einem Broadcast-Netz muß man im Falle eines konkurrierenden Zugriffs festlegen, wer Zugang zum Kanal erhält. Um dieses Problem zu lösen, wurde die *Medium-Access-Control*-Subschicht (MAC) eingeführt. Dazu wurden Protokolle, wie z. B. das *Timed Token Rotation Protocol* oder *Carrier Sense Multiple Access with Collision Detection* (CSMA/CD), entwickelt. Die MAC-Subschicht ist besonders wichtig in lokalen

    Data Link Layer

Netzen (LANs), die fast alle Multi-Access-Kanäle als Basis der Kommunikation benutzen.

Kontinuierliche Datenströme erfordern die Reservierung und Gewährleistung des Durchsatzes auf einem Verbindungsabschnitt. Hier kann zur Vermeidung langer Verzögerungen eine entsprechende Fehlerbehandlung erfolgen; eine Wiederholung der Übertragung ist nicht immer sinnvoll. Die geringe Fehlerrate heutiger Netze, insbesondere in Hinblick auf die Glasfasertechnologie, begünstigt ihre Verwendung zur Übertragung multimedialer Daten. Weiterhin erlaubt eine feste Länge der Nachrichtenblöcke (Zelle), wie z. B. in Asynchronous Transfer Mode-Netzen (ATM-Netzwerken), eine effiziente Implementierung von Protokollen, die eine Reservierung und garantierte Dienstgüte anbieten.

Network Layer

3. Die *Vermittlungsschicht* (*Network Layer*) transportiert einen Nachrichtenblock (Paket) von einer Station zu einer anderen. Dies geschieht ggf. über mehrere Netze hinweg. Hier stehen Aufgaben im Bereich der Adressierung, der Vermittlung, der Wegewahl, der Fehlerbehandlung, des Netzmanagements (*Congestion Control*) und der Sequentialisierung der Pakete im Vordergrund.

Kontinuierliche Medien erfordern eine Reservierung von Ressourcen und Garantien der Übertragung in dieser Schicht. Eine Reservierungsanforderung, die eine spätere Garantie der Ressourcen nach sich zieht, wird durch Dienstgüteparameter definiert, die den Anforderungen einer Übertragung eines kontinuierlichen Datenstroms entsprechen. Die Reservierung muß entlang des Weges zwischen den kommunizierenden Stationen erfolgen. Hierzu bietet sich ein verbindungsorientierter Ansatz an, in dem eine Reservierung während des Aufbaus einer Verbindung erfolgt. In einer verbindungslosen Umgebung ist eine Anpassung des Reservierungsstatus im Netzwerk an den Pfad, dem die Daten folgen, erforderlich. Da diese Anpassung nicht unmittelbar erfolgen kann, ist es möglich, daß einige Pakete einem unreservierten Pfad folgen. Es können daher keine deterministischen Garantien gegeben werden. In jedem Fall erzielt man durch die Verwendung des Reservierungsansatzes eine Ende-zu-Ende-Verzögerung mit kleiner Varianz und die Einhaltung der korrekten Reihenfolge der Pakete. Schließt man den Bereich des Internetworkings mit ein, so kann eine Duplikation der Pakete in Abhängigkeit von verschiedenen Kommunikationsstrukturen von Broadcast- oder Multicast-Verbindungen erfolgen, die eine weitere Komplexität in den Reservierungsprozeß einbringen. Die Dienstgüte des Netzwerkes im Hinblick auf eine Verbindung sollte in dieser Schicht ausgehandelt werden.

Transport Layer

4. Die *Transportschicht* (*Transport Layer*) gewährleistet eine Prozeß-zu-Prozeß-Verbindung. Hierbei werden Dienstgütemerkmale ausgehandelt und garantiert. Große Pakete werden in der Transportschicht segmentiert und beim Empfänger wieder in ihre ursprüngliche Größe zusammengesetzt. Eine Fehlerbehandlung erfolgt auf Basis der Prozeß-zu-Prozeß-Kommunikation.

Die erforderlichen Dienstgüteparameter müssen sich auch hier auf kontinuierliche Medien beziehen. Eine Fehlerbehandlung kann meistens keine Wiederholung der Datenübertragung beinhalten, weil dies zu hohen Ende-zu-Ende-Verzögerungen und starkem Jitter führt. Eine Synchronisation, die die Einhaltung zeitlicher Bezüge zwischen LDUs und somit auch zwischen SDUs verschiedener Verbindungen ermöglicht, läßt sich als Bestandteil dieser Schicht sehen.

5. Die *Sitzungsschicht* (*Session Layer*) garantiert das Bestehen einer Verbindung während einer Sitzung. Hier kann man zwischen unterschiedlichen Sitzungsarten in Form von Punkt-zu-Punkt, Multicast (zu mehreren) und Multidrop (von mehreren) unterscheiden.

   Session Layer

   Ein automatisiertes *Wiederaufsetzen von Verbindungen* ist bei Sitzungen mit einer kontinuierlichen Datenkommunikation nicht immer sinnvoll. In diesem Zusammenhang kann die Definition einer geeigneten Semantik für Multimedia-Sitzungen erarbeitet werden. Ein weiterer Aspekt betrifft die Kodierung der Daten. Für eine Anwendung ist es bei nachträglichem Aufschalten auf eine Verbindung von großem Nutzen zu wissen, wann eine LDU bereitsteht, die bspw. als *Intraframe* komprimiert wurde. Nur mit einer solchen Dateneinheit kann die Präsentation beginnen [Mey91].

6. Die *Darstellungsschicht* (*Presentation Layer*)

   Presentation Layer

   Die Präsentationsschicht abstrahiert von verschiedenen Formaten (der lokalen Syntax) und bietet allgemeine Formate (Transfer-Syntax) an. Aus diesem Grund muß diese Schicht Dienste zur Transformation zwischen anwendungsspezifischen Formaten und einem allgemein verwendeten Format anbieten. Ein Beispiel ist die unterschiedliche Präsentation einer Zahl auf Intel- oder Motorola-Prozessoren.

   Die Vielzahl der Audio- und Videoformate bedingt einen Handlungsbedarf bei der Absprache und ggf. auch bei oder Konvertierung der Formate. Diese Problematik tritt auch außerhalb der Kommunikationskomponente beim Austausch von Datenträgern mit kontinuierlichen Daten auf. Deshalb wird diese Problematik oft auch außerhalb dieser Schicht diskutiert und angesiedelt.

7. Die *Anwendungsschicht* (*Application Layer*) betrachtet alle anwendungsspezifischen Dienste. Hierzu zählt bspw. die Dateiübertragung wie das *File Transfer Protocol (ftp)* und die elektronische Post.

   Application Layer

   Auch hier treten spezielle Aufgaben bei der Betrachtung von Audio- und Videodaten auf. Ein entfernter Datenbankzugriff mit gleichzeitiger Darstellung bedeutet hier bspw. eine Übertragung in Echtzeit mit den entsprechend vorgegebenen Parametern. Im Falle einer Anwendung, wie z. B. Video-on-Demand, müssen spezielle Dienste auf seiten des Video-Servers entwickelt werden, die Zugriffe in Echtzeit auf eine Datenbank und die Übertragung dieser Daten unterstützen [RVG$^+$93].

Inzwischen werden die Schichten 5, 6 und 7 meistens zu einer Anwendungsschicht zusammengefaßt. In diesem Buch soll dieser Entwicklung gefolgt werden.

Die folgenden Abschnitte beschreiben die Prinzipien verschiedener Netze, die nach dem in 5 Ebenen organisierten Referenzmodell (in diesem Kapitel also physikalische Schicht, Sicherungsschicht und deren Subschichten) aufgebaut sind. Die anderen Schichten (also Vermittlungs-, Transport-, Kommunikationssteuerungs-, Präsentations- und Anwendungsschicht) werden im Kapitel 17 zu Gruppenkommunikation erläutert. Die Darstellung enthält hauptsächlich die für Audio- und Videoübertragung markanten Erkenntnisse. Dies beginnt mit der Analyse einiger wichtiger Netze hinsichtlich ihrer Multimedia-Eignung. Dabei wird ein Grundverständnis der jeweiligen Netze vorausgesetzt, das leicht in gängigen Lehrbüchern, Standards und technischen Produktbeschreibungen nachgelesen werden kann, z. B. in [Tan96b, Sta92, BG87, Pry93, Par94b].

14.2 Netze

Ein integriertes verteiltes Multimediasystem überträgt die Daten aller Medien über dasselbe Netz. Im folgenden Teil des Kapitels werden verschiedene Netze bezüglich ihrer Fähigkeiten zur Übertragung multimedialer Daten untersucht.

Man unterteilt Netze im Hinblick auf die Distanz der Endpunkte (Station/Computer) in drei Kategorien: lokale Netze (Local Area Network, LAN), Metropolitan Area Networks (MAN) und Weitverkehrsnetze (WAN).

Local Area Networks (LANs)

Local Area Networks

Ein *Local Area Network* (LAN) ist durch eine Ausdehnung über wenige Kilometer und eine hohe Datenrate gekennzeichnet. Die Anzahl der Anschlüsse ist begrenzt, ein typischer Grenzwert liegt hier bei einigen hundert Stationen (Organisation oder Firma). Die Netzkopplungen als Zusammenschaltungen mehrerer LANs ermöglichen jedoch eine höhere Menge angeschlossener Stationen. Die Basis einer Kommunikation in lokalen Netzen ist das sog. Broadcasting über einen Broadcast-Kanal (Multi-Access-Kanal). Die MAC-Subschicht ist daher in diesen Netzen von besonderer Bedeutung.

Metropolitan Area Networks (MANs)

Metropolitan Area Networks

Ein *Metropolitan Area Network* (MAN) hat meist eine Ausdehnung im Stadtbereich und besitzt eine im allgemeinen höhere Datenrate als LANs, d. h. mehr als 100 Mbit/s. Die Administration erfolgt öffentlich oder privat. Die Anzahl der Anschlüsse liegt hier meistens im Bereich von einigen Tausend. MANs werden oft zur Kopplung verschiedener LANs verwendet.

Wide Area Networks (WANs)

Ein *Wide Area Network* (WAN) kann sich über größere Distanzen, auch mehrere Länder ausdehnen. Hier sind die Datenraten jedoch bisher geringer, d. h. unter 2 Mbit/s. Dies wird sich mit Breitband-ISDN ändern. An WANs sind viele Organisationen, Firmen und Personen angeschlossen. Die Netzbetreiber sind private oder öffentliche Telekommunikationsgesellschaften.

Wide Area Networks

Herkömmliche, weit verbreitete lokale Netze (wie Token Ring oder Ethernet) wurden bisher nicht für den Datenverkehr unter Echtzeitbedingungen konzipiert. Neuere LANs berücksichtigen weitgehend die zur Kommunikation von Audio- und Videodaten erforderlichen Eigenschaften, sie sind jedoch wenig verbreitet. Weitverkehrsnetze haben im Gegensatz zu LANs neben der Datenkommunikation die Übertragung von Sprache als Hauptaufgabe. Damit sind diese aus der Telekommunikationsindustrie stammenden Netze auf die Übertragung unter Echtzeitbedingungen ausgelegt. Allerdings sind auch sprachspezifische Merkmale integriert, die nicht für Video- und andere Datenübertragungen geeignet sind. Ein Beispiel hierfür ist der relativ lange dauernde Verbindungsaufbau.

14.2.1 Ethernet

Ethernet ist das heutzutage am weitesten verbreitete LAN. Das heute verfügbare Ethernet bietet eine Datenrate von 10 Mbit/s und 100 Mbit/s (*Fast Ethernet*) zur Anbindung von Servern. Datenraten von 1 Gbit/s werden beim *Gigabit Ethernet* heute meist im Backbone-Bereich verwendet.

Ethernet ist ein busbasiertes Netz, das nach dem CSMA/CD-Verfahren (*Carrier Sense Multiple Access Collision Detection*) arbeitet: Bevor eine Datenübertragung beginnt, wird der Zustand des Netzes von der sendewilligen Station überprüft. Jede Station darf immer dann versuchen zu senden, wenn in diesem Moment keine andere Station Daten überträgt. Deshalb kann jede Station *simultan horchen* und *senden*. Versuchen mehrere Station gleichzeitig, eine Datenübertragung zu beginnen, so erkennen sendende Stationen dies an den verfälschten eigenen Daten auf dem Bus. Jede Station versucht anschließend nach einer zufällig gewählten Zeit, die Übertragung von neuem zu beginnen.

CSMA/CD-Verfahren

Eine große Schwierigkeit im Aufbau jeglichen Hochgeschwindigkeits-Ethernets, das auf CSMA/CD basiert und über eine Glasfaser läuft, ist die Einrichtung einer zuverlässigen Kollisionserkennung. Verschiedene Methoden, die die Konfiguration eines passiven Sterns benutzen (z. B. Power Sensing, Directional Coupling), sind hierbei möglich [RJ85]. Fibernet II von Xerox [SRN[+]83] benutzt die Konfiguration eines aktiven Sterns zur Entdeckung von Kollisionen. Ein weiteres Problem ergibt sich aufgrund der großen Datenraten, da hierdurch die Zeit zur Übertragung von Daten sehr klein wird, was in einem drastisch reduzierten Durchmesser eines möglichen CSMA/CD-Netzwerks resultiert.

Nutzung von Ethernet für die Audio- und Videoübertragung

Die Kommunikation kontinuierlicher Daten erfordert die Einhaltung einer maximalen Ende-zu-Ende-Verzögerung. Im Prinzip kann dies von Ethernet nicht garantiert werden. Es ergeben sich jedoch trotzdem mehrere Möglichkeiten, dieses LAN für die Übertragung von Audio- und Videodaten zu nutzen:

Keine Ausnahmebehandlung kontinuierlicher Daten

1. In der ersten Variante werden kontinuierliche Daten ohne Ausnahmebehandlung betrachtet. Hält man die maximale Auslastung in einem gewissen Rahmen, dann ist die Anzahl der zu spät übertragenen Daten extrem gering. Dies ist die heute gebräuchlichste Lösung, weil hier kein zusätzlicher Aufwand entsteht. Sie ist jedoch wegen der auftretenden Fehler nicht zufriedenstellend.

Dynamische Anpassung der Datenströme

2. Zur Vermeidung dieser Fehler kann der Datenverkehr kontinuierlicher Medien bei hoher Netzlast auch dynamisch angepaßt werden. In einem solchen Fall (mit hoher Last auf dem Netz) würde die Rate der Datenströme kontinuierlicher Medien dynamisch reduziert werden. Dies ist mit Hilfe einer skalierbaren Kodierung möglich. Jedoch sind auch hier Fehler bei der Übertragung nicht auszuschließen.

Separates, dediziertes Ethernet-LAN

3. In einer weiteren Variante kann man ein Ethernet-LAN speziell zur Übertragung kontinuierlicher Daten vorsehen. Dafür muß dann ein geeignetes zusätzliches Protokoll eingehalten werden. Diese Lösung erfordert jedoch mindestens zwei separate Netze zwischen allen multimediafähigen Rechnern, die miteinander kommunizieren: Ein Netz für kontinuierliche Daten und eines für alle restlichen Daten. Dieser Ansatz ist für experimentelle Systeme sinnvoll, kann aber aus Kosten- und Aufwandsgründen keine reale Lösung darstellen.

   Eine ähnliche Lösung besteht aus einem lokalen Netz, das als digitales Netz Kontrollinformation und diskreten Daten überträgt, und einem weiteren Netz, das als ein analoges Netzwerk Video- und Audiodaten überträgt. Dieser Ansatz findet sich in *Media Spaces*, das bei Xerox Parc [BBI93] entwickelt wurde und in *Cruiser Environment*, entwickelt bei Bellcore [FKRR93].

Hub mit eigenem LAN zu jeder Station

4. Eine sehr pragmatische Lösung geht von den installierten Netzkonfigurationen aus: Meistens liegen die Ethernet-Kabel nicht in Form eines Bus-Systems in einem Gebäude, sondern führen von jeder Station sternförmig zu einem zentralen Raum. Hier werden sie als Ethernet-Bus zusammengeschaltet. Anstatt hier einen Bus zu konfigurieren, könnte jede Station an eine Art von Vermittlungsstelle (*Switch*) angekoppelt werden; jede Station wäre über ein eigenes Ethernet mit diesem *Switch* verbunden. Damit stehen für jede Station die vollen 10 Mbit/s zur Verfügung und ein neues multimediafähiges Netz ist nicht unbedingt nötig. Zusätzliche Kosten verursacht in diesem Ansatz der *Switch*. Diese Lösung basiert auf Datenraten von unter

10 Mbit/s; ein Dateitransfer kann jedoch die Audio- und Videodatenübertragung stören.

5. Fast Ethernet, auch bekannt unter dem Namen *100 Base-T*, bietet einen Durchsatz von bis zu 100 Mbit/s an und erlaubt dem Benutzer einen kostengünstigen Einsatz der Hochgeschwindigkeitstechnologie.

Fast Ethernet

Fast Ethernet bietet drei Medienoptionen an: 100 Base-T4 zum Halb-Duplex-Betrieb auf vier Paaren von UTP-Kabel (Unshielded Twisted Pair), 100 Base-TX zum Halb- oder Voll-Duplex-Betrieb auf zwei Paaren von UTP oder STP-Kabel (Shielded Twisted Pair) und 100 Base-FX zum Halb- oder Voll-Duplex-Betrieb über Glasfaser.

Wie auch 10 Mbit/s-Ethernet kann 100 Mbit/s-Fast-Ethernet in Switch- oder Shared-Media-Implementierungen konfiguriert werden. Der Voll-Duplex-Betrieb erfordert einen *Switch*, der individuellen Knoten die Übertragung und den Empfang von Daten simultan erlaubt. Voll-Duplex-Fast-Ethernet-Switches erhöhen den Durchsatz von Netzen effektiv bis auf 200 Mbit/s [Mel94].

Fast Ethernet erfordert den Einsatz von neuen Adapterkarten in Workstations sowie neue Hubs oder Switches, die mit 100 Mbit/s-Transceivern ausgestattet sind. Es sind allerdings keine Änderungen in existierenden Ethernet-Anwendungen erforderlich. Eine weitere Stärke von Fast Ethernet ist, daß es leicht zu Netzen, die Shared-Media und Switched-10 Base-T (10 Mbit/s-Ethernet) einsetzen, hinzugefügt werden kann.

14.2.2 Gigabit Ethernet

Gigabit Ethernet

Gigabit Ethernet erweitert den Ansatz von Fast Ethernet und bietet bis zu 1 Gbit/s an Durchsatz, wobei weiterhin die traditionelle Ethernet-Technologie angewendet wird. Dies ist allerdings nur bis zu einem bestimmten Grad möglich. Tatsächlich sind die Unterschiede zu seinen Vorgängern wichtiger als die Ähnlichkeiten. Zum einen verwendet Gigabit Ethernet eine modifizierte *Medium-Access*-Schicht, die die Größe des Netzes und dessen Benutzung betrifft. Zum anderen sind die Anforderungen an die Verkabelung unterschiedlich. Das hauptsächlich verwendete Medium ist Glasfaser, obwohl UTP-Kategorie 5 ebenfalls zum Einsatz kommen soll.

Einer der Schlüsselbegriffe in Gigabit Ethernet ist die maximale *Größe des Netzes*. Da Gigabit Ethernet im Vergleich zu Fast Ethernet eine 10-fache Zunahme in der Taktgeschwindigkeit repräsentiert, sollte es auch eine 10-fache Reduktion des Netzdurchmessers erfordern. Dies würde eine maximale Größe von ca. 20 Metern bedeuten. Ein Netz mit einem derartigen Durchmesser ist nicht einsetzbar. Daher kam das IEEE-Arbeitskomitee überein, einen Mechanismus vorzuschlagen, der die in Fast Ethernet verwendete 200 Meter lange *Kollisionsdomäne* verwendet. Tatsächlich wurde die MAC-Schicht in Gigabit Ethernet neu definiert. Der Mechanismus, der ein Netz mit einem Durchmesser von 200 Metern in Gigabit Ethernet erlaubt, ist als *Carrier Extension* bekannt. Bei jeder Übertragung eines Rahmens über einen Adapter eines Gigabit-Netzes

Carrier Extension

sendet die Gigabit-Schicht ein spezielles Signal (während eine Kollisionsüberwachung fortgesetzt wird). Die Erweiterung eines Rahmens und des Trägers beträgt mindestens 512 byte. Dies bedeutet, daß alle Pakete bis zu einer minimalen Länge von 512 byte aufgefüllt werden. Dies ist zeitlich fast gleichwertig mit einer Übertragung von 64 byte zu 100 Mbit/s. Aufgrund der Beschränkung, daß im Gegensatz zu Fast Ethernet anstelle von zweien nur ein Repeater-Hop (Verstärker) zugelassen wird und der Beschränkung der zeitlichen Spezifikationen ist das Erreichen der gleichen Netzausbreitung wie für Fast Ethernet in Gigabit Ethernet möglich.

Effizienz

Obwohl die Erweiterung des Trägers (Carrier Extension) die Skalierung zu einer verwendbaren Größe in Gigabit Ethernet erlaubt, hat dieses Verfahren einen großen Nachteil. In den Teil eines Rahmens, der kürzer als 512 byte lang ist und der eine Erweiterung des Trägers darstellt, können keine Benutzerdaten geladen werden. Dies führt zu einer ineffizienten Ausnutzung der Bandbreite. Im Falle eines Netzverkehrs, der ausschließlich aus 64 byte-langen Rahmen besteht (also in dem Fall, in dem man die volle Kapazität von Fast Ethernet erreichen würde), würde der effektive Durchsatz von Gigabit Ethernet auf 125 Mbit/s fallen. Die Erweiterung des Trägers wird allerdings nur benötigt, wenn Gigabit Ethernet wie seine Vorgänger im Halb-Duplex-Modus betrieben wird. Die Umschaltung auf den Voll-Duplex-Betrieb macht den Gebrauch von CSMA/CD überflüssig. Die Stationen senden und empfangen dann Daten auf verschiedenen Leitungspaaren, so daß Kollisionen niemals auftreten und daher kein Bedarf für eine Wartezeit vor einer Übertragung besteht. Ein Voll-Duplex-Modus funktioniert allerdings nur im Fall von Punkt-zu-Punkt-Verbindungen.

Übertragungsmedien

Wie bereits erwähnt, ist die Benutzung von Glasfaser als Übertragungsmedium eine weitere Besonderheit, mit der Gigabit Ethernet von seinen langsameren Vorgängern abweicht. Mit Multimode-Glasfaser wird man in der Lage sein, bei Geschwindigkeiten im Gigabit-Bereich in einer Länge von mindestens 550 m zu übertragen bzw. von bis zu drei Kilometern mit Singlemode-Faser. Im Hinblick auf das Medium *Kupfer* muß festgehalten werden, daß bis heute ungelöste Fragen des elektrischen Designs existieren, die Gigabit Ethernet davon abhalten, über UTP (Unshielded Twisted Pair) betrieben zu werden. Dies schließt die Kategorie 5 mit ein.

Schließlich muß festgehalten werden, daß Gigabit Ethernet (wie seine Vorgänger) keine Dienstgüte garantiert, wie sie von Multimedia-Anwendungen benötigt wird. Da Ethernet nur dazu gedacht war, Daten zu befördern, wurden keine Vorkehrungen zum Einsatz von Dienstgüte oder Prioritäten getroffen. Das Verfahren garantiert lediglich, daß dieselben Zugangsregeln für alle Knoten eines Netzes gelten. Dies gilt auch für Gigabit Ethernet.

14.2.3 Token Ring

Der Token Ring ist ein LAN mit einer Datenübertragungsrate von 4 Mbit/s oder 16 Mbit/s. Er basiert auf einem geordneten Zugriffsmechanismus; nur beim Erhalt einer *Staffel* (des *Tokens*, des Senderechtes) darf die jeweilige Station ihre Daten senden. Alle Stationen sind dabei zu einem logischen Ring zusammengeschaltet.

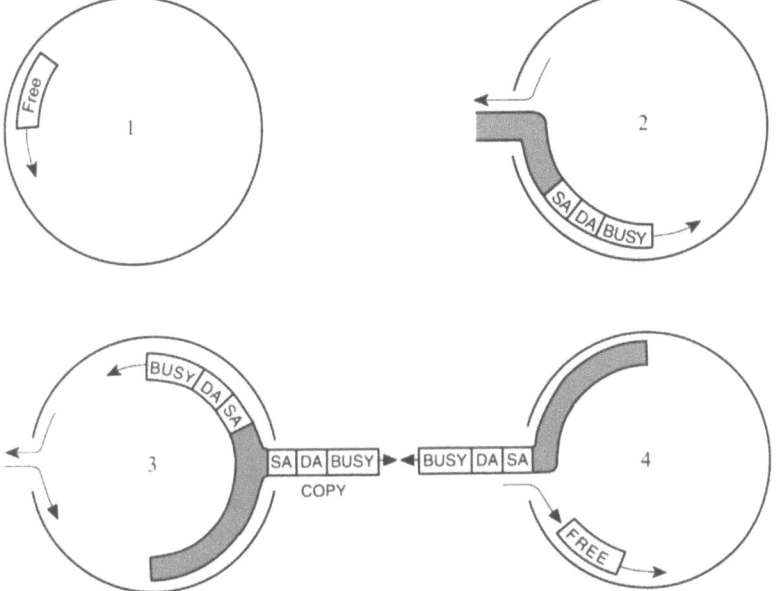

Abb. 14-2
Senden von Daten über den Token Ring, erste Phasen, Darstellung des Prinzips mit den Bezeichnungen des Standards.

Abb. 14-3
Senden von Daten über den Token Ring, die letzten beiden Phasen.

Jede Station empfängt, liest und sendet die auf dem Ring zirkulierenden Daten. Dabei gibt sie im allgemeinen nach dem Lesen die jeweilige Nachricht an die Nachbarstation weiter (siehe Abb. 14-2 und Abb. 14-3). Jedes Paket enthält die Adresse des Senders (SA) und die Zieladresse (DA). Wenn die Zieladresse mit der eigenen Adresse übereinstimmt, dann wird diese Nachricht in den lokalen Speicher kopiert. Dies wird der lokalen LLC-Komponente (*Logical Link Control*) gemeldet, wodurch ein Quittierungs- oder Fehlerfeld entsprechend verändert wird. In diesem Fall werden die *A*- und *C*-Bits des Fehlerfeldes untersucht. Die folgenden drei Kombinationen sind erlaubt:

- $A = 0$, $C = 0$: Empfänger nicht vorhanden oder nicht eingeschaltet.
- $A = 1$, $C = 0$: Empfänger vorhanden, aber Rahmen nicht akzeptiert.
- $A = 1$, $C = 1$: Empfänger vorhanden und Rahmen kopiert.

Anschließend wird die Nachricht an die Nachbarstation weitergesendet. Die sendende Station entfernt die von ihr gesendete Nachricht und interpretiert die Quittierungsfelder. Um das Senderecht zu erhalten, muß die jeweilige Station das *Token* erhalten. Dies kann von jeder Station mit einer entsprechenden Priorität vorab reserviert werden. Nur die Station mit der höchsten reservierten Priorität erhält somit das Senderecht. Diese Prioritäten ermöglichen zusammen mit der festgelegten maximalen Umlaufzeit eines Paketes eine garantierte Datenübertragung kontinuierlicher Medien.

Das IEEE-Protokoll 802.5 beinhaltet ein ausgefeiltes Schema der Verwendung *mehrfacher Prioritäten*. Das Token beinhaltet ein Feld, das dessen Priori-

Token-Priorität

tät angibt. Die Priorität eines Rahmens wird im Access-Control (AC)-Feld des Rahmen-Headers angegeben. Wenn ein Rahmen übertragen wird, erbt dieser die Priorität des Tokens, das vom Ring genommen wurde. Dessen Priorität wird im AC-Feld gespeichert. Der Prioritätsbetrieb arbeitet wie folgt: Eine Station kann einen Rahmen mit einer vorgegebenen Priorität übertragen, indem ein verfügbares Token mit einer Priorität, die kleiner oder gleich der des Rahmens ist, verwendet wird. Wenn kein geeignetes Token verfügbar ist, kann die Station ein Token der gewünschten Priorität reservieren, wenn ein Token oder Rahmen an der Station vorbeikommen. Dies geschieht wie folgt:

- Wenn eine andere Station eine gleiche oder höhere Priorität in einem vorbeikommenden Token oder Rahmen reserviert hat, kann die Station keine Reservierung in diesem Token oder Rahmen vornehmen.
- Wenn die Reservierungsbits nicht gesetzt worden sind oder wenn sie auf eine niedrigere Priorität gesetzt wurden als von der Station gefordert, kann diese die Reservierungsbits auf die gewünschte Priorität setzen.

Wenn eine Station einen ihrer Rahmen vom Token Ring entfernt und Werte in den Reservierungsbits findet, die ungleich 0 sind, muß sie ein Token mit der Priorität erzeugen, die in den Reservierungsbits angegeben ist. Um eine Station daran zu hindern, permanent priorisierte Rahmen zu übertragen, bietet der Token Ring ein sog. Fairneß-Schema an. Obwohl eine Priorität zu jeder Zeit durch die Anforderung einer höheren Priorität überschrieben werden kann, muß die Priorität auf eine niedrigere Stufe gesetzt werden, wenn die höchste Priorität erfüllt worden ist. Prioritäten werden entsprechend ihrer Wichtigkeit geordnet (siehe Tab. 14-1).

Token-Priorität

Tab. 14-1 In Token Ring benutzte Prioritäten.

Priorität	Anwendung
0	Freie Nutzbarkeit; von den meisten Anwendungen benutzt
1-3	Freie Nutzbarkeit
4	Von Bridges benutzt
5-6	Reserviert, aber ungenutzt
7	Vom Ringmanagement benutzt

Das Prioritätenschema sowie die im Token Ring maximal mögliche Ausbreitungsverzögerung eines Rahmens macht die Unterstützung einer garantierten Datenübertragung kontinuierlicher Medien möglich. Die prinzipielle Stärke dieses Verfahrens liegt darin, daß mögliche Sendevorgänge einer Station vorhergesagt werden können. Der schlimmste Fall, gleichbedeutend mit der längsten Zeitspanne, die eine Station warten muß, bis sie ein Token erhält, ist deterministisch und kann berechnet werden.

Betrachtet man, wie in [BPSWL93], einen Ring von N Stationen, so kann die *Token Rotation Time* t_{trt} charakterisiert werden als

$$t_{trt} = \tau_1 + \sum_{i=0}^{N-1} \tau_i ,$$

Token Rotation Time

wobei τ_1 die durch den Ring induzierte Verspätung ist (die feste Verzögerung durch die physikalische Länge des Rings und die Anschlußverzögerungen) und τ_i die Zeit ist, die ein Token während einer Ringumkreisung des Tokens in einer Station i verweilt (*Token Holding Time*). Die größtmögliche Rahmengröße ist 16 Kbyte, die maximale Token Holding Time τ_{max} beträgt 10 ms. Heutige Anschlüsse benötigen meist $\tau_{max} = 2$ ms. Im ungünstigsten Fall muß eine Station also $(N-1) \times \tau_{max} + \tau_1$ Sekunden zwischen zwei Übertragungsmöglichkeiten von Daten warten. Man beachte hierbei, daß τ_1 gegenüber $(N-1) \times \tau_{max}$ typischerweise vernachlässigbar ist.

Token Holding Time

Ein Reservierungsmechanismus ist sinnvoll, um die Zugriffsverzögerung für hochpriorisierten Verkehr zu begrenzen. Wenn zu einer bestimmten Zeit nur eine Station ein hochpriorisiertes Paket senden möchte, wird die Verzögerung im schlimmsten Fall begrenzt durch

$$t_{Zugriff} \leq 2 \cdot \tau_{max} .$$

Die Obergrenze liegt höher, wenn eine größere Anzahl hochpriorisierter Rahmen von den Stationen übertragen wird. Betrachtet man M Stationen, die hochpriorisierte Rahmen übertragen, so wird die größtmögliche Verzögerung begrenzt durch

$$t_{access} \leq (M-1)\tau_{mm} + 2\tau_{max} ,$$

wobei τ_{mm} die Zeit ist, die zur Übertragung hochpriorisierter multimedialer Daten notwendig ist. Die Komponente $2\tau_{max}$ bezeichnet die mögliche Wartezeit einer Runde (τ_{max}) der priorisierten Daten zur Reservierung des Tokens, wenn das Prioritätsfeld des Tokens unbelegt ist, zuzüglich des Abwartens einer weiteren Runde (τ_{max}), die zur Belegung des Tokens notwendig ist. Die Bedeutung des Terms $(M-1)\tau_{mm}$ betrifft die mögliche Wartezeit von $(M-1)$ Runden, die die *M-te* hochpriorisierte Station im schlimmsten Fall warten muß, um das Prioritäts-Token zu reservieren.

Nutzung von Token Ring für die Audio- und Videoübertragung

Auch in Token Ring können – wie bei Ethernet – verschiedene Varianten der integrierten Kommunikation betrachtet und einige der bei Ethernet beschriebenen Varianten auf den Token Ring übertragen werden. So läßt sich eine Skalierung der Kodierung vornehmen oder ein isochroner Token Ring definieren. Zusätzlich können jedoch folgende Möglichkeiten aufgezeigt werden:

1. Der existierende Prioritätsmechanismus kann ohne Modifikation seiner Kommunikationskomponenten in Token-Ring-Netzen verwendet werden, um kontinuierliche Medien zu übertragen. Kontinuierliche Datenströme bekommen derart alle eine höhere Priorität als diskrete Ströme von Medien. Mit einem hohen Anteil kontinuierlicher Medienübertragungen im Verkehr des Token Rings erhält man allerdings unerwünschte Verzögerungen der Datenrahmen. Um eine gute Leistungsfähigkeit zu erreichen, kann eine einfache Form des Bandbreitenmanagements verwendet werden, um die Zahl der in einem Token-Ring-Segment aktiven Multimedia-Sitzungen zu begrenzen. Wenn z. B. multimediale Daten im MPEG-1 Format mit max. 1,8 Mbit/s in einer Anwendung mit hoher Priorität übertragen werden, so ist der Einsatz von höchstens 13 Multimedia-Sitzungen möglich, unabhängig vom Datenverkehr auf einem Token Ring.

   Andere Ergebnisse zeigen, daß die Benutzung des existierenden Prioritätsmechanismus zusammen mit einer separaten Warteschlange in den Endstationen für verschiedene Prioritäten von Rahmen die Verzögerung multimedialen Verkehrs reduziert. Bei einer hohen Auslastung, bei der eine Verzögerung am kritischsten ist, ist die Verwendung mehrerer Warteschlangen essentiell, um die Verzögerung zu reduzieren. Zusätzlich helfen Mechanismen eines priorisierten Zugriffs, die Verzögerung zu reduzieren, besonders dann, wenn das Netz nur wenig ausgelastet ist.

2. Man kann innerhalb der kontinuierlichen Datenströme auch nach einer prinzipiellen Wichtigkeit unterscheiden: Audioverbindungen erhalten eine höhere Prioritätsstufe als alle anderen Übertragungen kontinuierlicher Daten. Hierzu werden zwei hohe Prioritätsstufen benötigt, die bspw. als 5 und 6 verfügbar sind. Dieses Prinzip hat in eigenen Untersuchungen gute Erfolge gezeigt; bei einer Vielzahl von reinen Audioverbindungen treten jedoch Fehler auf.

3. Es ist möglich, den Datenverkehr für Audio- und Videodaten gemeinsam auf einer höheren Priorität zuzulassen und zusätzlich eine Betriebsmittelreservierung für diese Verbindungen einzuführen. Dies kann neben weiteren mit den drei folgenden Ansätzen erfolgen:

   a) *Statische Reservierung von Ressourcen*
      Die Reservierung von Ressourcen kann statisch erfolgen, indem deren Ressourcen vorab festgelegt wird. Ein Beispiel hierfür wäre, daß von 8 multimediafähigen Stationen jede kontinuierliche Mediendaten bis zu einem Maximum von 1,8 Mbit/s senden könnten. Dieser Ansatz kann nur in einer kleinen Umgebung mit Anwendungen angewendet werden, deren Durchsatzanforderungen bekannt sind.

   b) *Dynamische zentrale Reservierung von Ressourcen*
      Alternativ kann jede Station während des Verbindungsaufbaus mit Hilfe eines zentralen Managements eine Verhandlung und Zuweisung knapper Ressourcen ausführen. Die Daten werden anschließend nach dieser Vereinbarung übertragen.

Dieses zentrale Management kann z. B. ein *Bandbreitenmanager* sein, der über die notwendige Informationen zur Verteilung einer angeforderten Ressourcenkapazität verfügt (also der angeforderten Bandbreite). Es existieren bereits verwendbare Protokolle für ein derartiges Bandbreitenmanagement. In Zukunft kann derart auch eine Reservierung von Netzressourcen über die Grenzen lokaler Netze hinweg erfolgen, obwohl der Verbindungsaufbau erheblich länger dauert als in einem lokalen Netz, da eine zentralisierte Lösung offensichtliche Restriktionen in bezug auf Skalierbarkeit hat.

Das Problem der Reservierung von Ressourcen betrifft auch Belange von Betriebssystemen (siehe Kapitel 11 zu Betriebssystemen). Reservierungsexperimente für nicht-unterbrechbare Planungsmethoden im Hinblick auf Token Ring werden z. B. in [NV92] angegeben. Diese lassen sich auch auf eine Reservierung von Betriebssystem-Ressourcen anwenden, genauso wie zu einer Reservierung der Bandbreite eines Netzwerks.

c) *Reservierung dynamisch verteilter Ressourcen*

Ein verteilt arbeitendes Bandbreitenmanagement kann eine angeforderte Verbindungsressource schneller als eine zentrale Lösung belegen. In den folgenden Abschnitten wird dazu eine *zeitlich optimierte* Technik näher beschrieben [Ste93].

Jede Multimedia-Station besitzt eine interne Tabelle, die *Available Resource Table (Art)*. In dieser Tabelle stehen Einträge über die verfügbare Bandbreite des Netzes zusammen mit der schon verwendeten Bandbreite für laufende Audio- und Videoverbindungen. Dabei sei bspw. für alle Stationen zur Initialisierung die gesamte verfügbare Bandbreite auf 80% der realen reduziert (dies ergibt 3,2 Mbit/s oder 12,8 Mbit/s für den Token-Ring). Die restlichen 20% decken den Administrationsverkehr des Ringes ab (typischerweise sind dies im realen Falle ca. 3%), der auf der höchsten Prioritätsstufe läuft. Außerdem verbleibt so immer Kapazität für die anderen Medien. Diese 80% sind ein Erfahrungswert, der anderen Gegebenheiten angepaßt werden kann.

"Art"-Initialisierung

Die Betriebsmittelverwalter aller Multimedia-Stationen gehören einer Gruppe mit einer gemeinsamen Adressierung im Token Ring an. Somit kann jeder dieser Betriebsmittelverwalter Nachrichten an alle anderen versenden. Hierzu können bspw. *Funktionale Adressen* im Token Ring verwendet werden.

Zu Beginn eines Verbindungsaufbaus vergleicht der lokale Betriebsmittelverwalter die erforderliche Kapazität mit der aktuell verfügbaren. Wenn die im *Art* festgehaltene und aktuell verfügbare Bandbreite geringer als die gewünschte ist, dann wird der Verbindungswunsch sofort mit einem entsprechenden Hinweis abgelehnt. Im Fall einer ausreichend eingetragenen Kapazität im lokalen *Art* wird der Belegungswunsch an die Gruppe aller Betriebsmittelverwalter weitergeleitet.

Verbindungsaufbau-Protokoll

Als ein Beispiel sei eine Kapazitätsanforderung von 1,41 Mbit/s an alle Mitglieder der Gruppe versendet worden. Dabei betrage die verfügbare Kapazität zur Zeit 10 Mbit/s. Im ersten Schritt paßt die anfordernde

Beispiel

Station ihren lokalen *Art* auf die noch verfügbare Kapazität an. In diesem Beispiel wird der Wert von 10 Mbit/s auf 8,59 Mbit/s heruntergesetzt. Im nächsten Schritt versendet die anfordernde Station den Kapazitätsreservierungswunsch (-1.410.000) an die Gruppe. Diese Information wird von allen anderen Stationen zur Aktualisierung der *Arts* verwendet.

Das Paket (*Frame* auf dem Token Ring) mit dem Belegungswunsch kehrt nach einem Umlauf zu der anfordernden Station zurück. Damit weiß diese Station, daß alle Mitglieder der Gruppe informiert worden sind und ihre lokalen *Arts* angepaßt haben.

Falls der *Art* der anfordernden Station zwischen dem Aussenden des Belegungswunsches und dem Abschluß dieser Anforderung auf einen negativen Wert gesetzt wurde, wird der Belegungswunsch abgelehnt und alle Mitglieder der Gruppe darüber informiert. Ansonsten gilt der Belegungswunsch als akzeptiert und der eigentliche Datentransfer mit der hohen Priorität kann beginnen. Diese Ablehnungsmöglichkeit (aufgrund eines eigenen negativen Wertes) kann wegen des Early-Token-Release-Verfahrens bei gleichzeitigem Verbindungswunsch unterschiedlicher Stationen auftreten.

Kollisionen

Um in einem Kollisionsfall einen Zugriff einer Station auf die verfügbare Bandbreite zu ermöglichen, kann ein Muster verwendet werden, das ähnlich wie in Ethernet arbeitet. Man läßt bspw. maximal 3 Zugriffe zu und verteilt diese nach einer bestimmten Stochastik. Damit wird die Wahrscheinlichkeit von Folgekollisionen drastisch verringert.

Verbindungsabbau-Protokoll

Beim Verbindungsabbau müssen alle Stationen informiert werden; diese setzen ihre *Arts* entsprechend zurück. Im obigen Beispiel würde dann (+1.410.000) an die gesamte Gruppe gesendet.

Initialisierungsdetails

Die Initialisierung einer neuen Station im Ring geschieht über eine Abfrage aller verfügbaren *Arts* der anderen Teilnehmer. Wenn diese Stationen (innerhalb einer gewissen Zeitspanne) ihre Einträge zurückgesendet haben und diese den gleichen Wert beinhalten, dann wird die neue Station mit diesem Wert initialisiert. Inkonsistenzen werden über ein zusätzliches Administrationsprotokoll aufgespürt und beseitigt.

Anmerkungen

Hierbei sei angemerkt, daß dieses Verfahren auch mit Strömen variabler Bitrate arbeiten kann. Hier wird für die Reservierung meistens der maximale Wert angegeben. Dabei wird keine Betriebsmittelkapazität verschwendet, weil alle diskreten Daten die *Lücken* ausfüllen.

Es ist zu beachten, daß dieses Verfahren nicht nur für die Reservierung von Bandbreite geeignet ist. Es läßt sich ebenso für alle anderen notwendigen Betriebsmittel innerhalb eines Ringes verwenden. Dies können bspw. die begrenzte Anzahl der verfügbaren *Funktionalen Adressen* im Token-Ring sein.

Das Verfahren geht davon aus, daß jede Multimedia-Station nur die bei der Reservierung angegebene Kapazität verwendet. Eine entsprechende Überwachungskomponente zur Einhaltung der zugesagten Kapazität muß hierbei separat realisiert werden.

Bitlänge

Das wichtigste, knappe Betriebsmittel in Netzen ist die *Bandbreite*, die mit dem obigen Verfahren aufgeteilt werden kann. Die Erhöhung der Bandbreite ermöglicht eine größere Menge an kontinuierlichen Datenströmen. Ein wesentliches Kriterium für die Effektivität des jeweiligen Zugriffsprotokolls ist jedoch die *Bitlänge*, bezogen auf die Ausdehnung des physikalischen Netzes. Mit folgendem Beispiel wird dies verdeutlicht: Bei 100 Mbit/s hat ein Bit in einer Glasfaser folgende Ausdehnung:

Bitlänge, bezogen auf die Ausdehnung des physikalischen Netzes.

$$\text{Länge} \approx \frac{\text{Ausbreitungsgeschwindigkeit in Glasfaser}}{\text{Datenrate}}$$

$$\text{Länge} = \frac{2 \times 10^8 \text{ m/s}}{100 \times 10^6 \text{ bit/s}} = 2 \text{ m/bit} \ .$$

Im Gegensatz hierzu hat jedes Bit in einem Kupferkabel mit einer Datenübertragungsrate von 64 Kbit/s eine Ausdehnung von

$$\text{Länge} = \frac{\text{Ausbreitungsgeschwindigkeit in Kupfer}}{\text{Datenrate}}$$

$$\text{Länge} \approx \frac{2.5 \times 10^8 \text{ m/s}}{64 \times 10^3 \text{ bit/s}} = 3.9 \text{ km/bit} \ .$$

Es sei dabei angemerkt, daß jede Station intern beim Weiterleiten auch mindestens 64 bit puffert. Damit könnten sich bei höheren Datenraten mehrere Frames gleichzeitig auf einem Ring befinden. Dieser Übergang auf höhere Datenraten hat zur Einführung des Prinzips des *Early Token Release* geführt. Hier können sich mehrere Pakete hintereinander auf dem Ring befinden. Im Anschluß an die gesendeten Daten legt die sendende Station das *Token* wieder auf den Ring.

Early-Token-Release-Prinzip

14.2.4 100VG AnyLAN

Der 100VG-AnyLAN-Standard wurde vom IEEE 802.12-Kommittee entwickelt. Ähnlich wie sein 100 Mbit/s-Konkurrent Fast Ethernet kann es sowohl in *Shared-Media*- als auch in *Switched*-Implementierungen eingesetzt werden. Eine weitere Ähnlichkeit besteht darin, daß 100VG AnyLAN die bereits vorhandene Netzwerktopologie ohne umfassende Rekonfiguration verwenden kann. Im Gegensatz zu Fast Ethernet fordert 100VG aber keine signifikante Distanzbeschränkungen des Netzes, die restriktiver wären, als die von konventionellem Ethernet. Im Vergleich zu 100 Base-T hat 100VG die folgenden Vorteile:

IEEE 802.12

1. Wie der Name bereits ausdrückt, kann 100VG-AnyLAN sowohl die Ethernet- als auch die Token-Ring-Rahmen verwenden, allerdings nicht auf dem-

Rahmenformat

selben Netz. Man verwendet einen Router, um ein 100VG-Ethernet mit einem 100VG-Token-Ring zu verbinden.

Zugriffsverfahren

2. 100VG verhindert die Kollision von Paketen und erlaubt eine effizientere Ausnutzung der Netzbandbreite. Dies wird durch ein sog. *Demand-Priority-Schema* anstelle des von 10 Base-T und Fast Ethernet verwendeten CSMA/CD erreicht.

Prioritäten

3. Demand Priority erlaubt eine rudimentäre Realisierung einer Priorisierung von zeitkritischem Verkehr, wie z. B. Echtzeit-Sprache und Echtzeit-Video. Dadurch ist 100VG gut geeignet für Multimedia-Anwendungen.

100VG hat allerdings auch einige Nachteile. Obwohl 100VG bezüglich der Netzwerk-Software transparent ist, zeigt sich bei einer näheren Betrachtung der Technologie einiger administrativer Aufwand. 100VG erfordert ein vieradriges (Voice Grade, VG) UTP-Kabel (Unshielded Twisted Pair) der Kategorien 3, 4 oder 5, so daß oft neben der Anschaffung neuer Adapterkarten und Hubs auch eine neue Verkabelung notwendig wird.

Demand-Priority-Zugriffsschema

Round-Robin-Polling

Hauptcharakteristikum von 100VG AnyLAN ist die spezielle Mediumszugangsschicht (MAC-Schicht). Das Demand-Priority-Zugriffsschema, das im IEEE 802.12-Standard definiert ist, ersetzt hierbei CSMA/CD. Anstelle einer Kollisionserkennung oder eines zirkulierenden Tokens benutzt das Demand-Priority-Verfahren ein Round-Robin-Polling-Schema, das in einem Hub oder Switch implementiert ist. Im Gegensatz zu konventionellem Ethernet ist 100VG daher eine „kollisionsfreie" Technik. Unter Benutzung des Demand-Priority-Schemas gestattet der 100VG-Hub oder -Switch nur einem Knoten des Netzes in einem bestimmten Zeitintervall den Zugang zum Netzsegment, wodurch Kollisionen verhindert werden. Wenn ein Knoten Daten über das Netz übertragen möchte, stellt er an den Hub (oder Switch) eine Anforderung. Der Hub (oder Switch) arbeitet dann alle Knoten eines Segments sequentiell ab. Wenn der jeweilige Knoten etwas senden möchte, bekommt er vom Hub (oder Switch) eine diesbezügliche Erlaubnis. Anderenfalls fährt der Hub (oder Switch) mit dem nächsten Knoten fort. Jede Round-Robin-Polling-Sequenz gibt jedem Port eines Netzknotens die Möglichkeit, genau ein Paket zu senden. Da alle Knoten, die eine Übertragung durchführen wollen, in jeder Runde bedient werden, ist der Zugriff auf das Netz fair. Wenn ein Multiport-Hub oder ein Multiport-Switch als Knoten eines größeren 100VG-Netzes betrachtet wird, muß dieser ebenfalls den Netzzugriff von der in der Netzhierarchie eine Stufe höher liegenden Ebene erlaubt bekommen. Ein solches Gerät bezeichnet

Root Hub

man auch als *Root-Hub*. Wenn der Root-Hub Zugang zu einem größeren Netz gewährt, kann der Multiport-Knoten ein Paket von jedem Port, den er unterstützt, übertragen. 100VG-Netzwerke, die die Token-Ring-Technik verwenden, benutzen dasselbe Verfahren. Hierbei agiert der VG100-Hub oder VG100-Switch prinzipiell als zirkulierendes Token. Anstelle einer Wartezeit bis zum Erhalt eines Tokens wartet hierbei ein Knoten, bis er eine Erlaubnis vom Hub oder Switch erhält. Wie auch in traditionellen Token-Ring-Systemen darf nur jeweils eine Station ihre Daten gleichzeitig über ein Netzsegment übertragen.

Zusätzlich zu Netzknoten, die ein demokratisches Polling anwenden, gestattet das Demand-Priority-Schema die rudimentäre Priorisierung von LAN-Verkehr. Zeitkritische Netzwerkanwendungen, wie z. B. Sprache und Video, können als hochpriorisierte Daten charakterisiert werden. Wenn der 100VG-Hub oder -Switch die Zugriffe verteilt, wird zuerst der hochpriorisierte Verkehr bedient und anschließend der weniger zeitkritische Verkehr. 100VG erlaubt so eine Verkehrseinteilung in zwei Klassen: hochpriorisierten und normalen Verkehr. Die Anwendungen der höheren Schichten in den Netzknoten übernehmen hierbei die Priorisierung der Daten. Diese Information wird im 100VG-Protokollablauf als Teil der Pakete nach unten an die MAC-Teilschicht gegeben. Wenn ein Paket keinerlei Auszeichnung aufweist, wird es als normaler Verkehr aufgefaßt. Jeder Hub verwaltet so Informationen über hochpriorisierte Anforderungen. Erfolgt eine solche, so beendet der Hub oder Switch die gerade laufende Übertragung und bedient anschließend die Anforderung mit hoher Priorität. Wenn ein Hub (oder Switch) mehr als eine hochpriorisierte Anforderung auf einmal erhält, werden diese in der Reihenfolge der Ports bearbeitet, also in der Reihenfolge, in der auch der normale Verkehr behandelt wird. Erst nach Beendigung aller Anforderungen mit hoher Priorität wechselt der Hub (oder Switch) wieder in den Modus, in dem der Verkehr mit normaler Priorität bearbeitet wird. Es könnte nun vorkommen, daß durch eine große Menge an hochpriorisierten Anforderungen der Hub (oder Switch) eine lange Zeit nicht in der Lage ist, normalen Verkehr zu bearbeiten, woraus Timeouts und Netzverstopfung resultieren. Um dieses Problem zu vermeiden, verwaltet der VG100-Hub oder VG100-Switch automatisch die Zeitspanne zwischen der Anforderung eines Dienstes durch einen Knoten und dessen Bearbeitung. Wenn hierbei zu viel Zeit verstreicht, erhöht der Hub automatisch die Priorität der normalen Anforderung.

2 Prioritäten: hoch und normal

Eine Kritik am Demand-Priority-Schema ist, daß der Hub oder Switch zur Bearbeitung der Aufgaben zu viel eigene Intelligenz benötigt. Da Demand Priority aber ein deterministisches Protokoll ist, erlaubt es die Definition von Garantien einer maximalen Verzögerungen für Multimedia-Anwendungen. Dies ist in CSMA/CD nicht vorgesehen. 100VG eignet sich somit besser für eine multimediale Kommunikation als z. B. Fast Ethernet. Bis heute hat allerdings 100VG keine starke Unterstützung durch Hardware-Hersteller erfahren.

14.2.5 Fiber Distributed Data Interface (FDDI)

Fiber Distributed Data Interface (FDDI) kann als Weiterentwicklung des Token Rings in bezug auf das verwendete Protokoll nach IEEE 802.5 gesehen werden. Die Standardisierung wurde vom *American Standards Institute* (ANSI) in der Gruppe X3T9.5 im Jahr 1982 begonnen. Bis Mitte 1988 traf sie wesentliche Entscheidungen; seitdem gibt es Implementierungen. Die Basis bildet ein Lichtwellenleiter mit einer immanent geringen Fehlerrate und Dämpfung. Damit wird ein größerer Abstand zwischen aktiven Stationen ermöglicht.

Fiber Distributed Data Interface

Während der Token Ring mit 4 Mbit/s oder 16 Mbit/s betrieben wird, ist FDDI für 100 Mbit/s ausgelegt. FDDI bedient maximal 500 Stationen; an einen

Token Ring sind typischerweise maximal 50 bis 250 Stationen angeschlossen. Die Länge des FDDI-Rings beträgt nach der Norm maximal 100 km Duplexfaser und der Abstand einzelner Stationen darf 2 km nicht überschreiten. Die Werte zeigen deutlich die Vorteile von FDDI gegenüber seinen Vorgängern.

Modi in FDDI

Für die Kommunikation multimedialer Daten sind die verschiedenen möglichen Übertragungsmodi von FDDI nach Abb. 14-4 von Bedeutung. Der synchrone Modus erlaubt eine Reservierung der Bandbreite, der asynchrone Modus verhält sich ähnlich zum Token-Ring-Protokoll. Viele heute verfügbare Implementierungen unterstützen nur den asynchronen Modus. Vor einer detaillierten Betrachtung der verschiedenen Modi werden in den folgenden Abschnitten kurz die Topologie und die Komponenten beschrieben, Details können dem Standard oder auch [MK93] entnommen werden.

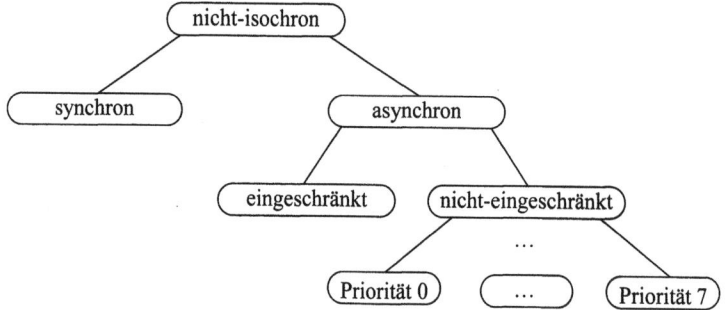

Abb. 14-4 Kommunikationsmöglichkeiten in FDDI. Übersicht der Datenübertragungsmodi.

Die Spezifikation des FDDI-Designs sieht eine Fehlerrate von höchstens einem Fehler in $2,5 \times 10^{10}$ bit vor. Viele Implementierungen arbeiten mit noch geringeren Fehlerraten. Die Verkabelung von FDDI besteht aus zwei Glasfaser-Ringen, von denen der eine die Daten im Uhrzeigersinn und der andere diese in umgekehrter Richtung transportiert. Wenn einer der Ringe unterbrochen wird, kann der andere als Backup benutzt werden.

Topologie

Das wesentliche Merkmal der Topologie sind die beiden entgegengesetzt rotierenden Ringe. Der primäre Ring dient zur Datenübertragung, der sekundäre Ring zur Erhöhung der Fehlertoleranz. Einzelne Stationen können – müssen aber nicht – an beide Ringe angeschlossen sein.

FDDI-Stationen

Bei FDDI werden verschiedene Arten an Stationen unterschieden:

Dual Attachment Station
- Eine *Dual-Attachment-Station* heißt auch Station *der Klasse A*. Eine solche Station ist entweder am Hauptring (*Trunk Ring*) direkt oder über einen Konzentrator am primären und sekundären Ring angeschlossen.

Single Attachment Station
- Die *Single-Attachment-Station* (Station *Klasse B*) ist über einen Konzentrator ausschließlich am primären Ring angeschlossen. Die Konzentrator-Station kann an mehr als 2 Stationen angeschlossen sein. Dabei ist sie immer mit dem primären und dem sekundären Ring verbunden. Abb. 14-5 zeigt eine

komplette Konfiguration mit den unterschiedlichen Stationen in Form eines dualen Rings mit Bäumen. Im Fehlerfall wird der FDDI-Ring neu konfiguriert. Dabei bekommen einige Stationen eine transparente Durchschaltungsfunktion zugeteilt.

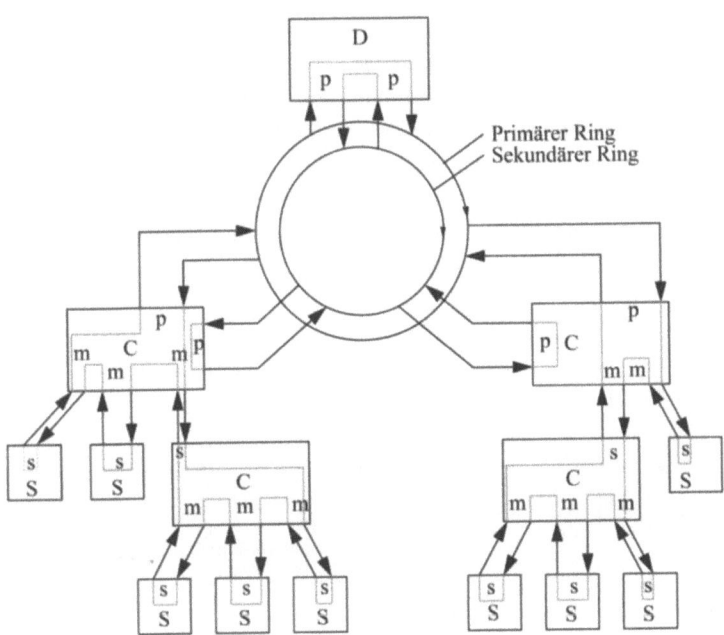

Abb. 14-5
Eine mögliche Zusammenschaltung verschiedener FDDI-Stationen:
Ein dualer Ring mit mehreren Bäumen.

Zuverlässigkeit

Zusätzlich zur Fehlertoleranz, die sich durch den dualen Ring (sekundärer Ring) ergibt, wird die Zuverlässigkeit einer FDDI-Station durch die Verwendung eines sog. *Bypass Switch* oder *Konzentrator* (CON) weiter erhöht. Eine Station, die mit einem Bypass Switch ausgestattet ist, wird aus dem Ring „ausgeschlossen", sobald z. B. ein Stromausfall erkannt wird. Ein CON ermöglicht den Anschluß der Stationen an den Ring und ist auch für die Ausschaltung einer fehlerhaft arbeitenden Station verantwortlich. Die Benutzung zuverlässig arbeitender CONs zur Verbindung von Stationen ist das Kernstück der sog. *Dual-Homing*-Konfiguration. In den meisten Fällen ist das Dual Homing zuverlässiger als das Prinzip des dualen Rings alleine. Dies trifft allerdings nur zu, wenn folgende Bedingungen erfüllt sind:

Bypass Switch
Konzentrator

Dual Homing

- Die Anzahl der dual angeschlossenen Stationen muß mindestens 4 betragen.
- Die Zuverlässigkeit der Leitung, definiert als Differenzwahrscheinlichkeit (1 − Fehlerwahrscheinlichkeit der Leitung), sollte mindestens $\sqrt{2}/2$ betragen.
- Die CONs, die den primären Ring bilden, müssen zuverlässig arbeiten.
- Die Zahl der CON-Paare im primären Ring sollte so klein wie möglich sein.

Kreative Topologien

Ein anderer Ansatz, komplexe FDDI-Netze zuverlässiger zu machen, ist die Benutzung *kreativer Topologien*. Diese bestehen aus Konfigurationen, die die Verletzlichkeit einer Verbindung reduzieren und/oder redundante Ressourcen verwenden. Ein derartiger Ansatz ist der *Konzentratorbaum*. In einer derartigen Topologie werden die Konzentratoren so verbunden, daß die *A*- und *B*-Ports jeden Konzentrators mit den *M*-Ports desselben Konzentrators verbunden werden, der höher in der Baumhierarchie angeordnet ist. Der Konzentratorbaum allein arbeitet nicht zuverlässiger als Ansätze wie z. B. das Dual Homing, da jeglicher Leitungsausfall immer noch eine Isolation nach sich zieht. Für einige Anwendungen sind aber insbesondere Mechanismen von Interesse, die selbst bei zwei und mehr Leitungsausfällen weiter korrekt arbeiten. Eine bekannte Technik verwendet bspw. einen Konzentratorbaum, dessen oberes und unteres Ende verbunden sind. Diese Konfiguration bezeichnet man auch als *Konzentratorbaum mit Loop-Back* [MK93].

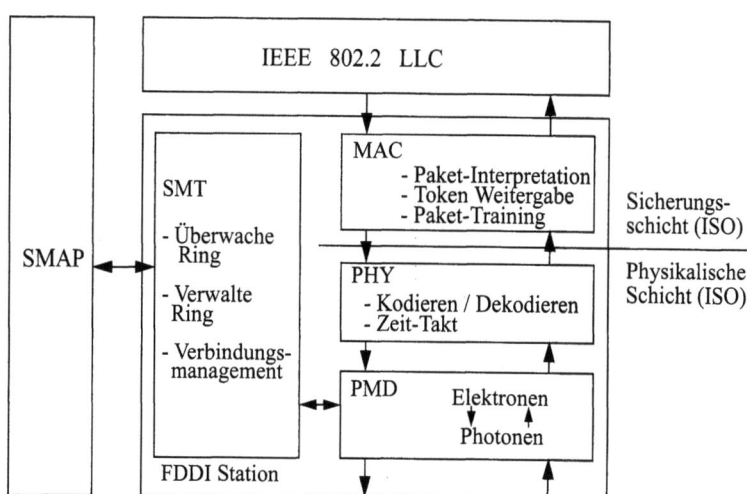

Abb. 14-6 FDDI-Referenzmodell.

Komponenten

FDDI unterscheidet folgende Komponenten, die in Abb. 14-6 dargestellt sind:
- PHY *(Physical Layer Protocol)*
  nach „ISO 9314-1 „Information Processing Systems: Fiber Distributed Data Interface – Part 1: Token Ring Physical Protocol".
- PMD *(Physical Layer Medium Dependent)*
  nach „ISO 9314-3 „Information Processing Systems: Fiber Distributed Data Interface – Part 1: Token Ring Physical Layer, Medium Dependent".
- SMT *(Station Management)*
  definiert die Verwaltungsfunktionen des Rings, nach „ANSI Preliminary Draft Proposal American National Standard X3T9.5/84-49 Rev. 6.2, FDDI Station Management".

- Der Zugriff auf das Netz geschieht über eine MAC-Komponente (*Media Access Control*)
  nach „ISO 9314-2 „Information Processing Systems: Fiber Distributed Data Interface – Part 2: Token Ring Media Access Control".

Dabei übernimmt die physikalische Ebene (PMD, PHY) die Anpassung an eine optische Faser. Hier geht man heute von Multimode-Fasern mit einem Durchmesser von 62,5 µm oder Monomode-Fasern mit dem Durchmesser von 125 µm aus. Eine LED mit einer Wellenlänge von 1,320 nm dient als Sender. Auf dieser untersten Ebene findet eine 4-bit-zu-5-bit-Kodierung statt. 4 aus 5 kodiert jede Gruppe von 4 MAC-Symbolen (Nullen, Einsen und verschiedene Nicht-Daten-Symbole, wie z. B. der Beginn eines Rahmens) zu einer Gruppe von 5 bit (4 bit zur Kodierung der 4 MAC-Symbole und ein zusätzliches *Non Return to Zero Inverted (NRZI)*-Bit). Die physikalische Datenrate erhöht sich daher auf 125 Mbit/s.

PMD, PHY

Das Station Management (SMT) hat die Aufgaben der Steuerung, Überwachung und Verwaltung der angeschlossenen Stationen und des Netzes selbst. Hierzu zählen bezüglich der Stationen die Initialisierung, die Aktivierung, die Überwachung der erbrachten Leistungen und eine Fehlerbehandlung. Für das Netz werden die Adressierung, die Reservierung der Bandbreite und die Konfiguration als wesentliche Funktionen ausgeführt.

SMT

Die LAN-Zugriffskomponente MAC entscheidet, welche Station Zugriff auf den Ring hat: Sie führt eine Adreßerkennung durch und wiederholt, entnimmt oder fügt Frames in das Netz ein. Ein Paket wird bei FDDI als ein *Frame* bezeichnet. Die Länge dieses Pakets kann variieren, sie überschreitet aber nie den Wert von 4.500 byte. Die Adressierung erlaubt neben der Punkt-zu-Punkt-Kommunikation auch Multicast und Broadcast.

MAC

Frame

Timed Token Rotation Protocol

Das FDDI-spezifische Zugangsprotokoll ist das *Timed Token Rotation Protocol*. Es bietet grundsätzlich folgende zwei Dienste an: *synchrone* und *asynchrone*. Jede Station darf dazu einen bestimmten Anteil der im Netz verfügbaren Bandbreite belegen, um synchron Daten zu übertragen. Wenn eine Station ein Token erhält, kann sie zumindest für eine solche Zeitspanne synchron Daten übertragen, wie die Zeit, die sie vorher angefordert hatte. Man bezeichnet dies auch als *synchrone Kapazität*. Anschließend wird das Token freigegeben und an den nächsten Nachbarn weitergegeben. Nachrichten im asynchronen Modus werden nur übertragen, wenn bestimmte zeitliche Anforderungen erfüllt sind.

Synchrone und asynchrone Dienste

Zur Realisierung dieser Dienste wurde in das Protokoll die *Target Token Rotation Time* (TTRT) aufgenommen. Diese repräsentiert eine typische und gewünschte Zeit, die ein Paket für eine Umrundung des Rings benötigt. Dieser Wert wird während der Initialisierungsphase des Rings ermittelt, indem eine Anfrage an alle SMT-Komponenten der Stationen des Rings gestellt wird. Jede Station speichert diesen Wert. Nach der FDDI-Spezifikation muß der Wert der

Target Token Rotation Time (TTRT)

TTRT zwischen 4 ms und 165 ms liegen. Eine typische TTRT liegt bei ca. 50 ms. Einen solchen Wert erreicht man typischerweise in Netzen mit einer hohen Auslastung und 75 angeschlossenen Stationen, die ca. 30 km Glasfaser verwenden.

Token Rotation Time

Token Rotation Time (TRT)

Jede Station mißt kontinuierlich die reale Umlaufzeit eines Tokens und speichert diese als die *Token Rotation Time* (TRT). Die TRT gibt somit die jeweils letzte gemessene Dauer an, die, bezogen auf die jeweilige Station, ein Token für diesen letzten Umlauf benötigte. Es gelten folgende Regeln:

Asynchroner Verkehr

- *Asynchroner Verkehr*
  Asynchroner Verkehr kann nur gesendet werden, wenn auf dem Netz noch freie Kapazität besteht. Das Kriterium für diese freie Kapazität ist der Vergleich zwischen der jeweiligen TRT und der TTRT. Eine Station kann immer asynchrone Daten versenden, solange die Beziehung TRT < TTRT zutrifft. Damit tritt auf dem LAN maximal für die Zeitdauer *TTRT* asynchroner Verkehr auf.

  Einige andere Ansätze beschreiben die mögliche Koexistenz von asynchronem und synchronem Verkehr ohne ein allzu starkes Auftreten von Verzögerungen:

  – Die Übertragung von Nachrichten, die nicht in Echtzeit übermittelt werden, vor Echtzeit-Nachrichten, sofern keine absolute Notwendigkeit besteht, Echtzeit-Nachrichten zuerst zu übertragen, um deren pünktliches Eintreffen zu garantieren [HR93]. In diesem Fall ist es essentiell, daß eine Station feststellt, ob die Übertragung von Echtzeit-Nachrichten verschoben werden kann, ohne die pünktliche Zustellung zu gefährden.

Restricted Token

  – Die Benutzung eines *Restricted Tokens* (siehe Abb. 14-2 auf Seite 415). In diesem Fall wird die totale asynchrone Bandbreite wie folgt zum Dialog zweier Stationen reserviert: Die sendende Station informiert die empfangende über den Übertragungswunsch. Dies erfolgt mittels des normalen (nicht-beschränkten) asynchronen Verkehrs. Anschließend werden die korrespondierenden Pakete als zusätzliche Pakete zusammen mit dem beschränkten Token von der sendenden Station übertragen. An dieser Stelle darf keine andere Station die asynchrone Bandbreite benutzen. Die empfangende Station kann nun den Dialog fortsetzen. Der Dialog wird beendet, wenn die sendende Station das beschränkte Token durch ein unbeschränktes Token ersetzt. Asynchroner Verkehr mit einem beschränkten Token unterscheidet 8 verschiedene Prioritätsstufen, die ähnlich sind, wie in Token Ring.

- *Synchroner Verkehr*
  Um eine Einhaltung der Zeitschranken synchroner Nachrichten zu garantieren, müssen Netzwerkparameter wie *synchrone Bandbreite*, *TTRT* und die *Puffergröße* mit großer Vorsicht gewählt werden [MZ93]:

- Die synchrone Bandbreite ist der sensibelste Parameter zur Feststellung der Einhaltung der Zeitschranken von Nachrichten. Mittels der SMT-Prozeduren kann jede Station Bandbreite für einen synchronen Datentransfer belegen. Diese Belegung von Bandbreite bezeichnet man als *synchrone Allokation* (SA).

  Wenn die zur Verfügung stehende synchrone Bandbreite zu klein ist, hat der Netzwerkknoten eventuell nicht genügend Zugriffszeit, um seine Daten pünktlich zu übertragen. Im Gegensatz dazu können große synchrone Bandbreiten in einer langen TRF resultieren, wodurch die Zeitschranken der Übertragungen wiederum nicht einzuhalten sind.

- Eine geeignete Wahl der TTRT ist ebenfalls wichtig, da die Summe der Zeitdauer aller synchronen Verbindungen den Wert der TTRT nicht überschreiten darf. Eine kleine TTRT resultiert in einer verringerten Ausnutzbarkeit des Netzwerks und beschränkt so die Netzwerkapazität. Auf der anderen Seite führt eine zu große TTRT dazu, daß das Token eventuell nicht oft genug bei einer Station vorbeikommt, um die Einhaltung der Zeitschranken zu garantieren.

- Jeder Knoten verfügt über einen Puffer für ausgehende synchrone Nachrichten. Die Größe dieses Puffers hat ebenfalls Auswirkungen auf die Echtzeitleistung des Systems. Genauso beeinflußt auch die Größe des Puffers für eingehende Nachrichten die Leistung. So sollte der Empfänger in der Lage sein, alle übertragenen Nachrichten zu empfangen. Ein zu klein gewählter Puffer kann einen Nachrichtenverlust bedingen, der durch einen Pufferüberlauf verursacht wird. Ein zu groß gewählter Puffer führt zur Verschwendung von Speicherplatz.

Dieser Wert der TRT beträgt wegen des in Abb. 14-4 auf Seite 424 angedeuteten synchronen und asynchronen Verkehrs maximal das Doppelte der TTRT. Im Beispiel mit einer TTRT von 50 ms wird damit die maximale Umlaufzeit auf 100 ms begrenzt. Die TRT ist dabei auch eine Maßzahl für die augenblickliche Last auf dem Ring.

TRT- und TTRT-Werte

Audio- und Videoübertragung über FDDI

Die Übertragung von Audio- und Videodaten kann somit vorteilhafterweise im synchronen Modus erfolgen. Dabei sind die Zeiten für die Reservierung der Bandbreite jedoch nicht zu vernachlässigen. Beim Übertragen der Daten können je nach der Beziehung zwischen TRT und TTRT die im folgenden beschriebenen Fälle auftreten.

*Abb. 14-7
Synchroner und asynchroner Verkehr auf dem FDDI mit TRT<TTRT.*

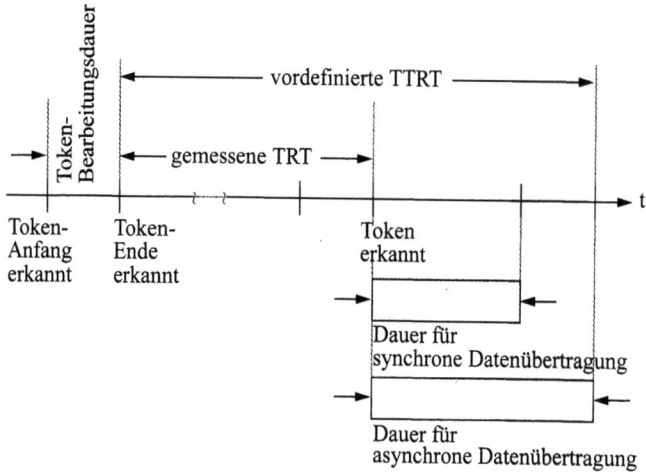

1. In Abb. 14-7 gilt folgende Beziehung:

   TRT < TTRT

   Damit kann diese Station solange Daten senden, bis der lokale TRT-Zähler den Wert TTRT nicht überschreitet. Anschließend darf sie noch ihre synchronen Daten übertragen.

*Abb. 14-8
synchroner Verkehr auf dem FDDI mit TRT>TTRT.*

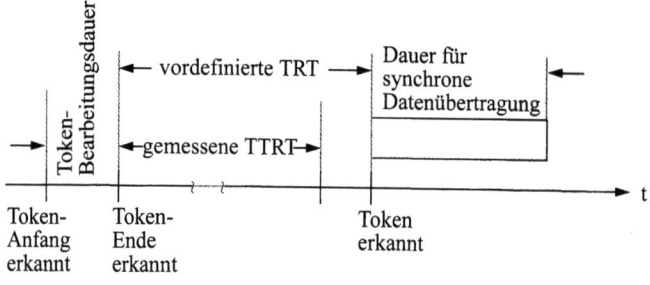

2. In Abb. 14-8 gilt folgende Beziehung:

   TRT > TTRT

   Damit kann diese Station nur noch ihre synchronen Daten versenden.

Beispiel

Mit einem Beispiel sei hier abschließend das Timed Token Rotation Protocol dargestellt. Die TTRT betrage 8 Zeiteinheiten. An dem FDDI-Ring seien 3 Stationen angeschlossen. Jede Station hat eine Zeiteinheit (SA) für synchronen Verkehr reserviert und sendet diese auch. Alle Stationen möchten soviel nicht-eingeschränkten (non-restricted) asynchronen Verkehr übertragen, wie vom Netz zugelassen wird. In der folgenden Tabelle sind die Werte des jeweiligen TRT-Zählers pro Station zusammen mit den übertragenen Einheiten angegeben. Nach Station 1 erhält Station 2, dann Station 3 und dann wieder Station 1 die Daten. Damit ergibt sich folgendes Zusammenspiel, das auch die gerechte Verteilung des asynchronen Verkehrs demonstriert:

Station 1			Station 2			Station 3		
TRT	syn	asyn	TRT	syn	asyn	TRT	syn	asyn
0	1	8	9	1		10	1	
11	1		3	1	5	8	1	
System ist „eingeschwungen", erster Zyklus beginnt:								
8	1		8	1		3	1	5
8	1		8	1		8	1	
3	1	5	8	1		8	1	
8	1		3	1	5	8	1	
Zyklus beginnt wieder:								
8	1		8	1		3	1	5
...								

Tab. 14-2 TRT-Zähler pro Sektion mit Aufteilung in die Verkehrsarten an einem Beispiel.

Weitere Merkmale von FDDI

FDDI unterstützt alle Anforderungen bezüglich der Gruppenadressierung, die in kooperativen Multimedia-Anwendungen nötig ist. *Multicast*

Die *Synchronisation* zwischen verschiedenen Datenströmen ist nicht Bestandteil des Netzes und daher separat zu lösen. Hier ist insbesondere die Beziehung zwischen *synchron* und *asynchron* übertragenen Daten zu beachten. Ein Zeitbezug, der beim Sender besteht, muß wegen des Timed Token Rotation Protocol beim Empfänger nicht unbedingt mehr bestehen. *Synchronisation*

Die Größe der verwendeten Pakete kann direkt die Verzögerung der Daten zwischen zwei Anwendungen beeinflussen, wenn die zu übertragenden Daten in kleinen LDUs vorliegen. Bei Sprache mit einer Abtastung von 8 KHz und einer Datenrate von 64 Kbit/s müssen bspw. immer so viele Audiopakete gesammelt werden, bis ein FDDI-Paket komplett ist. Hier wünscht man sich eine geringe FDDI-Paketgröße. *Paketgröße*

Viele FDDI-Realisierungen unterstützen leider nicht den synchronen Modus, der zur Übertragung von Daten kontinuierlicher Medien gut verwendet werden kann. Im asynchronen Modus lassen sich dieselben Verfahren wie beim Token Ring anwenden. Allerdings wird bei der Ausführung einer synchronen Datenübertragung die Kontinuität des asynchronen Verkehrs beeinträchtigt. Damit können Garantien, wie beim Token Ring, nur angegeben werden, wenn keine Station den synchronen Modus verwendet. *Implementierungen*

Restricted Token

Falls nur zwei Stationen zu einem Zeitpunkt kontinuierliche Daten übertragen, kann dafür auch der asynchrone Modus mit dem *Restricted Token* verwendet werden. Dies führt zu geringen Ende-zu-Ende-Verzögerungen, es verhindert aber jeden weiteren asynchronen Verkehr auf dem LAN. Damit ist dieser Modus nur unter Vorbehalt zur Übertragung von Daten kontinuierlicher Medien zu verwenden.

FDDI-Nachfolger

FDDI II

Zur Verwendung des synchronen Modus sind die nicht zu vernachlässigenden Zeiten für die Reservierung der synchronen Bandbreite zu beachten. Außerdem sei hier angemerkt, daß der synchrone Modus eine Bandbreite zusammen mit einer maximalen Verzögerung garantiert. Diese Verzögerung übersteigt nie den doppelten Wert der TTRT. Allerdings können Daten im synchronen Modus auch wesentlich früher beim Empfänger ankommen. Die Schwankungen in der Verzögerung sind von der Last auf dem Ring abhängig. Damit muß die Verzögerung auf den maximalen Wert ausgelegt werden, der sich im Bereich vom 100 ms befinden kann und damit für Dialoganwendungen nicht unerheblich ist. Zusätzlich müssen die zu früh eintreffenden Daten zwischengespeichert werden. Hierzu ist mindestens ein Puffer für die Dauer einer TTRT beim Empfänger erforderlich. Deshalb wurde mit FDDI II ein zusätzlicher isochroner Modus eingeführt (siehe Abb. 14-9). In [ZK91] wird jedoch bspw. das ursprüngliche FDDI zur Übertragung von Audiodaten eingesetzt.

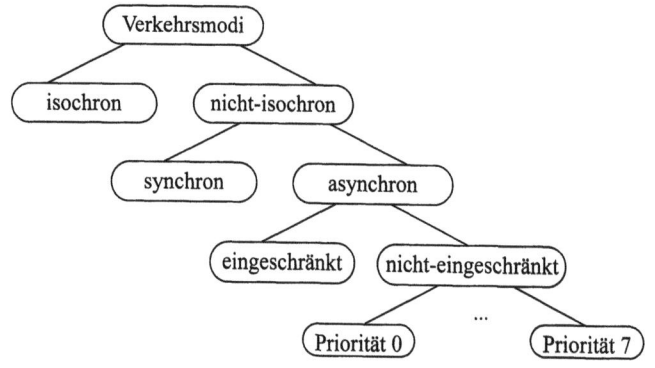

Abb. 14-9 Kommunikationsmöglichkeiten in FDDI II: Übersicht der Datenübertragungsmodi mit den aus der Literatur bekannten Begriffe.

Wide Band Channels

Die Entwicklung von FDDI II begann 1984 und sollte als Zusatz zu FDDI als hybrides Hochgeschwindigkeitsnetz (HSLAN) dienen. Der wesentliche Aspekt ist hier die Kombination von Diensten mit einer garantierten Bandbreite mit einem isochronen Datenstrom (Sprache und Video) mit (asynchronen und synchronen) Paketdiensten, wie sie durch FDDI auf demselben physikalischen Medium zur Verfügung gestellt werden. Obwohl der paketvermittelte Dienst weiterhin verbindungslos arbeitet, operiert der Circuit-Switched-Dienst verbindungsorientiert.

FDDI II ist sehr gut zur Übertragung von Daten kontinuierlicher Medien geeignet, jedoch im Gegensatz zum ursprünglichen FDDI nur in wenigen Labors experimentell implementiert. Ein Grund dürfte hier in der Inkompatibilität der beiden Systeme liegen: An einen FDDI-II-LAN können bestehende FDDI-Systeme nicht direkt angeschlossen werden; sie müssen ersetzt werden.

14.2.6 ATM-Netze

In diesem Abschnitt werden die Charakteristiken des *Asynchronous Transfer Mode* (ATM) und dessen Architektur erläutert, bevor die Eigenschaften lokaler ATM-Netze vorgestellt werden. In Abschnitt 14.4 werden die Vermittlungseigenschaften von ATM-Weitverkehrsnetzen vorgestellt.

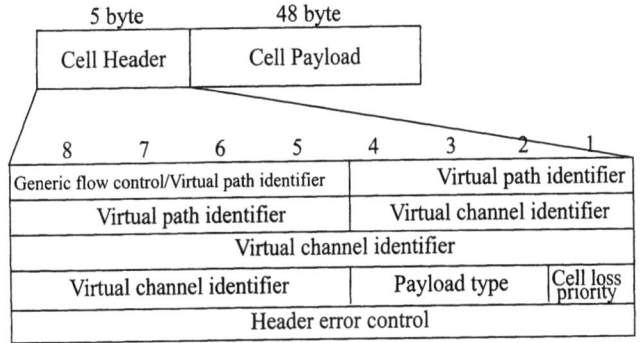

Abb. 14-10 Aufbau einer ATM-Zelle.

Eigenschaften von ATM

Der Ayncronous Transfer Mode (ATM) ist eine Vermittlungstechnologie, die mit minimaler Netzfunktionalität auskommt und bei der jedes Paket als *Zelle* bezeichnet wird. Das ATM-Konzept verwendet Zellen einer festen Größe (53 byte), von denen 48 byte Benutzerdaten und 5 byte Header-Informationen sind (siehe Abb. 14-10). ATM erlaubt einen Betrieb mit erheblich höheren Datenraten als in anderen paketvermittelten Systemen. Diese hohe Rate wird aufgrund der folgenden Eigenschaften erreicht:

1. *Keine Fehlerbehandlung oder Flußkontrolle auf einer „Link-to-Link-Basis".*
   Es wird keine spezielle Behandlung von Fehlern (bspw. Übertragungsfehler oder temporäre Überlastung, die zu Paketverlusten führt) auf Strecken einer Verbindung (entweder die Verbindung vom Anwender zum Netzwerk oder eine Verbindung zweier ATM-Switches) vorgenommen. Derart auftretende Fehler führen daher zu keiner Neuübertragung von Paketen, wie sie üblicherweise in paketvermittelten Netzen erfolgt. Innerhalb des Netzwerks fin-

det also keinerlei Fehlerkorrektur statt. Das ATM-Netz basiert daher auf Ende-zu-Ende-Protokollen.

2. *ATM operiert in einem verbindungsorientierten Modus.*

Virtuelle Verbindungen

Bevor Daten von einem Multimedia-Endgerät zum Netz transferiert werden, muß in einer logischen/virtuellen Verbindungsaufbauphase das Netzwerk eine Reservierung notwendiger Ressourcen vornehmen. Wenn diese nicht verfügbar sind, wird die Verbindung zurückgewiesen und das beteiligte Terminal benachrichtigt. Nach Beendigung des Datentransfers werden die belegten Ressourcen freigegeben. Dieser verbindungsorientierte Modus erlaubt dem Netzwerk (in jedem Fall) eine minimale Zellverlustrate.

3. *Die Header-Funktionalität ist stark eingeschränkt.*

ATM-Header weisen eine stark eingeschränkte Funktionalität auf, um eine schnelle Bearbeitung im Netz zu gewährleisten. Die wichtigste Aufgabe des Headers ist die Identifikation einer *virtuellen Verbindung* durch einen *Identifier*, der beim Verbindungsaufbau gewählt wird und der die Wegewahl aller Pakete im Netzwerk garantiert. Zusätzlich erlaubt dieser ein einfaches Multiplexing verschiedener virtueller Verbindungen über eine einzelne physikalische Verbindung.

Identifikationsmechanismen

Zusätzlich zu den Identifikationsmechanismen einer Verbindung, dem *Virtual Path Identifier (VPI)* und dem *Virtual Channel Identifier (VCI)*, wird eine stark eingeschränkte Zahl von Funktionen durch den Header unterstützt, die hauptsächlich Managementaufgaben wahrnehmen. Aufgrund der einfachen Funktionalität des Headers kann die Implementierung der Funktionen, die Header in den ATM-Knoten verarbeiten, sehr einfach erfolgen und mit hoher Geschwindigkeit arbeiten (155 Mbit/s bis zu einigen Gbit/s). Daraus ergeben sich geringe Verarbeitungs- und Pufferverzögerungen.

4. *Das Feld, das die Informationen trägt, ist relativ klein.*

Um in den Vermittlungsknoten die Zahl an internen Puffern zu reduzieren und die Verzögerung zu limitieren, die durch deren Verarbeitungszeit induziert wird, ist das Feld, das die Informationen trägt, relativ klein. Dies garantiert eine kleine Ende-zu-Ende-Verzögerung, die bspw. durch die Paketierung von Audio- und Videodaten in den ATM-Zellen verursacht wird.

Das ATM-Konzept garantiert die Möglichkeit, Daten zu transportieren, unabhängig von Charakteristiken wie der Größe der Datenrate, Qualitätsanforderungen oder vermittlungsbezogenen Eigenschaften. ATM-Netze sind daher aufgrund ihrer Geschwindigkeit und Bandbreite in der Lage, einen Verbindungsdienst für multimedialen Verkehr mit verschiedenen Qualitätsanforderungen zur Verfügung zu stellen. Diese Eigenschaft war einer der Hauptgründe dafür, daß die ITU-T (die damals noch CCITT hieß) ATM als Übertragungsmodus für das zukünftige *Breitband-ISDN* einsetzen will, das das Konzept für zukünftige Hochgeschwindigkeits-Weitverkehrsnetze darstellt.

ATM-Architektur

Eine von der Logik ähnliche hierarchische Architektur, wie sie von der OSI verwendet wird, wird im ITU-T-Standard I.321 für ATM-B-ISDN vorgeschlagen (siehe Abb. 14-11).

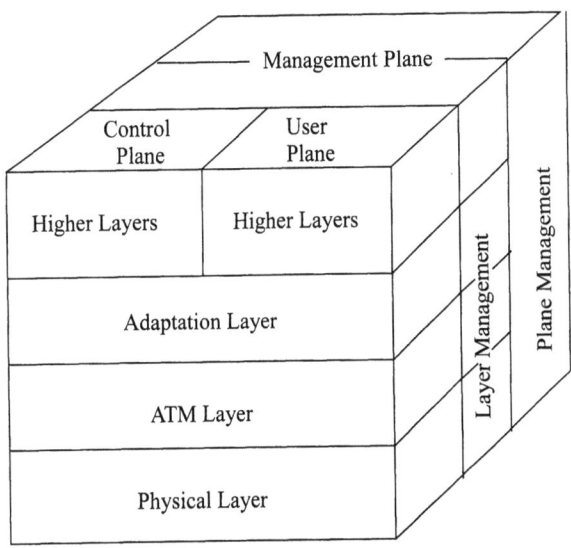

Abb. 14-11
Referenzmodell des B-ISDN-ATM-Protokolls

Von der ITU-T werden nur die niedrigeren Schichten von B-ISDN spezifiziert. Das B-ISDN-Protokollmodell für ATM besteht aus drei Ebenen: der *User Plane*, die Benutzerinformationen transportiert, der *Control Plane*, die hauptsächlich aus Signalisierungsinformation besteht und der *Management Plane*, die zur Wartung des Netzes und zur Ausführung operationaler Funktionen eingesetzt wird. Für jede dieser Ebenen wird ein Schichtenkonzept verwendet, das die Unabhängigkeit zwischen den Schichten gewährleistet. Nach der Spezifikation der ITU-T existieren drei untere Schichten:

Ebenen in ATM

- Die *PHYsical Layer (PHY)* transportiert Daten (Bits/Zellen). Diese Schicht besteht aus zwei Subschichten: der *Physical Medium (PM)*-Subschicht, die vom Medium abhängige Funktionen ausführt und der *Transmission Convergence (TC)*-Subschicht, die die ATM-Zellströme in Bits konvertiert, die über das physikalische Medium transportiert werden sollen.

PHY Layer

Das Medium, das sich für eine Voll-Duplex-Übertragung von 155,52 Mbit/s bzw. 622,08 Mbit/s am besten eignet, ist Glasfaser.

Die zur Übertragung verwendete Struktur (für eine Datenrate von 155,52 Mbit/s), die zum Multiplexen verschiedener Zellen unterschiedlicher Virtual Channels eingesetzt wird, kann entweder ein *kontinuierlicher Strom von Zellen* ohne Multiplex-Rahmenstruktur an der Schnittstelle oder die Plazierung von Zellen in einem *synchronen „Umschlag"* sein, der nach dem Prinzip des Zeitmultiplex arbeitet. In diesem Fall verwendet der Bitstrom an der Schnittstelle einen externen Rahmen, der auf der *Synchronous Digital Hierarchy (SDH)* basiert. In den USA wird diese Struktur als SONET (Synchronous Optical NETwork) bezeichnet. Der SDH-Standard G.709 definiert hierzu eine Hierarchie von Datenraten, die alle Vielfache von 51,84 Mbit/s sind.

ATM Layer
- Die *ATM-Schicht* ist von PHY vollständig unabhängig. Ihre Hauptaufgaben sind:
  - *Multiplexing* und *Demultiplexing* von Zellen verschiedener Verbindungen in einen einzigen Zellstrom der physikalischen Schicht,
  - *Übersetzung* des Identifiers empfangener Zellen in den weitergesendeter Zellen,
  - Realisierung einer von mehreren möglichen Dienstklassen,
  - Management-Funktionen,
  - *Extraktion (Hinzufügen)* des Zell-Headers,
  - *Implementierung eines Flußkontrollmechanismus* an der Benutzer-Netz-Schnittstelle.

Adaptation Layer
- Die *ATM Adaptationsschicht (AAL)* erweitert die von der ATM-Schicht angebotenen Dienste und führt Funktionen für die User-, Control- und Management-Planes aus bzw. unterstützt die Abbildung der ATM-Schicht auf die nächsthöhere Schicht. Die AAL besteht aus der *Segmentation And Reassembly (SAR)*-Subschicht, in der die Information der höheren Schicht beim Sender in einen Strom von Zellen segmentiert bzw. beim Empfänger in die Dateneinheiten der höheren Schicht reassembliert werden. Die AAL beinhaltet weiterhin die *Convergence Sublayer (CS)* mit Funktionen wie der Identifikation von Nachrichten, der Wiederherstellung der Zeit/Uhr.

AAL-Typen
Um verschiedene Dienste (z. B. Sprache, Video, Daten) zu unterstützen und auf deren unterschiedliche Transporteigenschaften einzugehen, wurden verschiedene AAL-Typen definiert. Bis heute wurden vier AAL-Klassen definiert, die die Unterstützung von verbindungsorientierter bzw. verbindungsloser, Variable-Bit-Rate (VBR)- und Constant-Bit-Rate (CBR), Echtzeit- und nicht-Echtzeit-Diensten beinhalten:

AAL1
- *AAL1* unterstützt CBR-Dienste nach dem Aufbau einer virtuellen Verbindung. Diese Dienstklasse eignet sich vor allem für Audio- und Videodaten hoher Qualität mit konstanter Bitrate, da sie Mechanismen zur *Synchronisation*, zur *Varianzkontrolle der Zellverzögerung (Jitter)*, zur *Entdeckung verlorener oder in der falschen Reihenfolge empfangener Zellen* und optional eine *Forward Error Correction* anbietet.

AAL2
- *AAL2* bietet einen Datentransfer mit VBR an. Zusätzlich werden Zeitinformationen zwischen der Quelle und dem Ziel ausgetauscht. In der CS-Subschicht werden die folgenden Funktionen ausgeführt: *Wiederherstellung der Clock* (z. B. Zeitmarken), *Behandlung verlorener oder falsch*

ausgelieferter Zellen und die *Forward Error Correction (FEC)* für Audio- und Videodienste.
- AAL3/4 sollte für den Transfer von Daten dienen, die empfindlich gegenüber Verlust, nicht aber hinsichtlich der Verzögerung sind. Diese AAL kann für verbindungsorientierte und auch für verbindungslose Datenkommunikation verwendet werden (z. B. Multimedia-Dateitransfer oder Multimedia-Email). *AAL3/4*
- Das ATM-Forum definiert eine weitere AAL für einen Hochgeschwindigkeits-Datentransfer (z. B. zur Übertragung von Transaktionen), die sog. *AAL5*. Ein AAL5-Paket beinhaltet einen erheblich kleineren Overhead als AAL3/4. Weiterhin minimiert diese Schicht den Aufwand des Rechners, Zellen zu verarbeiten. AAL5 weist ein ähnliches Verhalten auf, wie traditionelle Datenkommunikationsschnittstellen für Ethernet und FDDI, so daß existierende Software zur Datenkommunikation leichter dazu angepaßt werden kann, ATM zu verwenden. *AAL5*

ATM-Zellinformation

Die ATM-Dienste und die ATM-Fähigkeiten werden durch eine Ausnutzung der im ATM-Zell-Header enthaltenen Informationen realisiert. An dieser Stelle sollen daher einige der im Header enthaltenen Informationen beschrieben werden, die zur Unterstützung der Übertragung multimedialer Daten von Bedeutung sind: *ATM-Zell-Header*

- *Virtuelle Verbindungen*
  Informationen, wie z. B. die Adresse des Senders oder die des Empfängers, bzw. die Sequenznummer, müssen nicht Teil einer ATM-Zelle sein. Jede virtuelle Verbindung wird durch eine Nummer identifiziert, die für eine Übertragungsstrecke nur eine lokale Bedeutung hat. Eine virtuelle Verbindung wird durch zwei Felder des Headers identifiziert: den *Virtual Channel Identifier (VCI)* und den *Virtual Path Identifier (VPI)*.
- *Virtueller Kanal*
  Da ATM eine verbindungsorientierte Technologie ist, wird während des Verbindungsaufbaus jeder Verbindung ein *Virtual Channel Identifier (VCI)* zugeordnet. Ein VCI hat für jede Verbindung zweier ATM-Knoten nur eine lokale Bedeutung. In jedem ATM-Knoten, der auf dem Weg vom Sender zum Empfänger liegt, wird der VCI übersetzt. Wenn eine Verbindung abgebaut wird, werden die VCI-Werte des beteiligten Pfades freigegeben und können von anderen Verbindungen wiederverwendet werden. *Virtual Channel Identifier (VCI)*

  Ein interessanter Vorteil des VCI-Prinzips ist die Verwendung mehrerer VCI-Werte für Dienste, die aus mehreren Komponenten bestehen (z. B. Videotelefonie oder digitales Fernsehen). Ein Video-Telefonanruf kann z. B. drei Kommunikationsströme verwenden: Sprache, Video und Daten, von denen jeder über einen separaten VCI transportiert wird. Das Netz kann hierbei Ströme während der Übertragung hinzufügen oder entfernen. Dies bedeutet, daß der Dienst der Video-Telefonie ausschließlich mit Sprache (einzelner VCI) beginnen kann und der Videostrom über einen separaten VCI später hinzugefügt (und entfernt) werden kann. Die Signalisierung zur Verwaltung der verschiedenen Verbindungen wird über einen separaten VCI transportiert. Das VCI-Prinzip hat Auswirkungen auf den Verbindungsaufbau und die Verbindungsverwaltung in den höheren Schichten, wo der Anruf mittels Video-Telefon zwischen Sender und Empfänger (eine logische Anrufverbindung) auf drei virtuelle Verbindungen abgebildet werden kann, abhängig davon, welche Medien der Sender oder Empfänger für die Kommunikation benutzen möchte.

- *Virtueller Pfad*

    Die zukünftigen Breitbandnetze werden semi-permanente Verbindungen zwischen Endteilnehmern unterstützen. Man bezeichnet dieses Konzept als *Virtual Path* oder *Virtual Network*. Um ein solches virtuelles Netzwerk betreiben zu können, wird im Header ein weiteres Feld verwendet, der *Virtual Path Identifier (VPI)*. Der VPI erlaubt weiterhin die Verwendung von Backbone-Switches, sog. „Cross-Connectoren", die Zellen ausschließlich mit Hilfe des VPI-Werts weiterleiten. Dieses Vorgehen reduziert die Größe der Vermittlungstabellen in den Cross-Connectoren eines großen ATM-Netzes und erlaubt somit eine bessere Skalierbarkeit.

- *Prioritäten*

    Der ATM-Header unterstützt eine Differenzierung logischer Verbindungen durch die Verwendung verschiedener Prioritäten. Prinzipiell existieren zwei Prioritätstypen: die *zeitliche* und die *semantische* Priorität. In einem System, das zeitliche Prioritäten einsetzt, nimmt man an, daß einige Zellen länger im Netz verweilen als andere. In einem System, das semantische Prioritäten einsetzt, haben einige Zellen eine höhere Verlustwahrscheinlichkeit, was zu einer höheren Verlustrate des Netzes führt.

    In der ATM-Schicht wird ein einfacher Mechanismus semantischer Prioritäten eingesetzt, das sog. *Cell Loss Priority (CLP)*-Bit. Wenn in einem ATM-Netz eine Überlast auftritt, werden markierte Zellen – Zellen, in denen das CLP-Bit gesetzt ist – zuerst verworfen. Das CLP-Bit kann entweder auf der Basis einer Verbindung (pro VPI oder pro VCI) oder auf der Basis einer Zelle zugewiesen werden. In der ersten Option haben alle Zellen eines virtuellen Kanals/Pfads dieselbe Priorität. Im zweiten Fall können Zellen eines virtuellen Kanals/Pfads verschiedene Prioritäten aufweisen. Die Vermeidung von Prioritäten führt zur besten Ausnutzung der Ressourcen, erlaubt aber keine Differenzierung von Diensten mit verschiedenen Qualitätsanforderungen.

- *Wartung*

    Zur Wartung des gesamten Netzes und zur Kontrolle der Leistung von ATM-Verbindungen (die eine Überwachung der Medienqualität einschließt) sind zusätzliche Bits notwendig. Die *Payload Type Identification (PTI)* unterscheidet unter Ausnutzung des PTI-Felds, welcher Datentyp (z. B. Video, Daten, Kontrollnachrichten) in einer ATM-Zelle transportiert wird.

- *Fehlerschutz des Headers*

    Der Header einer ATM-Zelle muß am sorgfältigsten vor Fehlern geschützt werden. Dies schließt einzelne Bitfehler und, wenn möglich, auch im Block auftretende Fehler. Um den Header zu schützen, wird ein Kodierungsprinzip verwendet, das auf einer Generalisierung der Hamming-Kodierung basiert, der sog. BCH-Kodierung (Bose-Chadhuri-Hocquenghem) [Pry93].

ATM-Verbindungen zwischen traditionellen LANs und ATM-Netzen

Die Verwendung von ATM-WANs wird die Verfügbarkeit von ATM-Verbindungsmöglichkeiten in LANs erweitern, da derart ATM-LANs über eine gewisse Distanz miteinander kommunizieren können.

Es existieren mehrere Möglichkeiten, um die Verbindung eines traditionellen LANs (z. B. Ethernet, FDDI, Token Ring) mit ATM-Netzen zu realisieren:
- Die Einführung zusätzlicher Funktionalität in den Gateways zwischen LAN und ATM-WAN und bei den *ATM-Hubs* (Bridges) zwischen traditionellen LANs und einem ATM-LAN. Abb. 14-12 zeigt eine mögliche Topologie dieser Art.

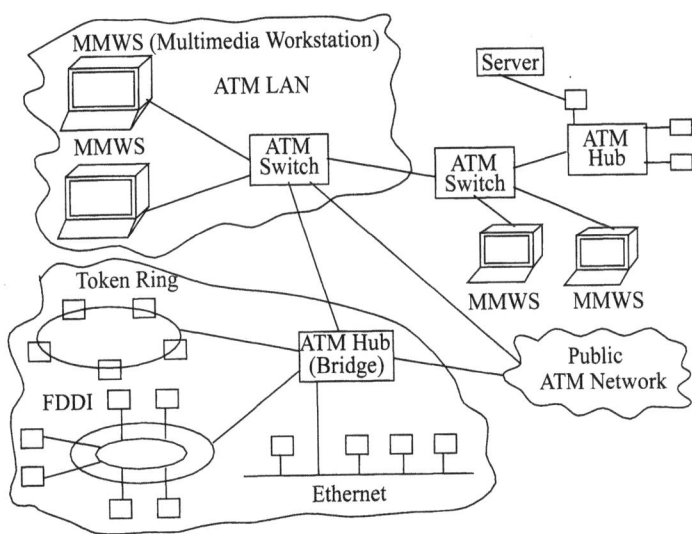

Abb. 14-12
ATM-Verbindung von traditionellen LANs und einem ATM LAN.

In ATM unterstützen intelligente Hubs mehrere LAN-Segmente verschiedener LAN-Typen (z. B. Ethernet, Token Ring und FDDI) und stellen eine Bridge- bzw. Routing-Funktionalität zur Verfügung. Weiterhin wird durch die hohe Umschaltungskapazität der Hubs jedem Terminal die volle Kapazität zur Verfügung gestellt.
- Die Implementierung zusätzlicher ATM-Software bei den Endpunkten oberhalb des traditionellen LAN-Protokollstacks [AA93]. So kann z. B. zwischen zwei Ethernet-Schnittstellen das ATM-Konzept emuliert werden. Die ATM-Zellen werden dabei in Ethernet-Paketen gekapselt.
- Eine Netzarchitektur, die aus mindestens einem LAN/Glasfaser-Switch-Knoten besteht, dessen Aufgabe die Zellumschaltung zwischen physikali-

schen Inhouse-LAN-Verbindungen und einer externen B-ISDN-Glasfaserleitung ist, wird in [AA93] vorgeschlagen.

Lokale ATM-Netze

User Network Interface

Ein ATM-LAN verbindet ATM-Multimedia-Terminals, also Workstations oder Server mit einer ATM-Host-Schnittstelle, entweder mit einem privaten *User Network Interface* (UNI) mittels einer privaten ATM-Vermittlungsstelle, oder mittels eines öffentlichen UNI mit einem öffentlichen ATM-Netz. Dieser Sachverhalt wird auch in Abb. 14-13 wiedergegeben.

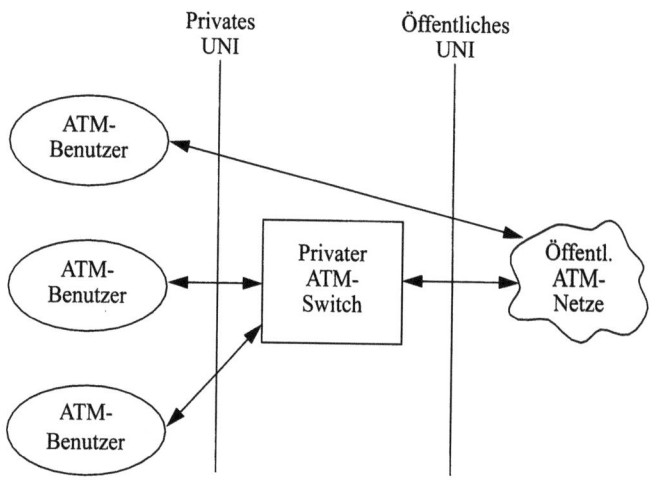

Abb. 14-13 Lokales ATM-Netz.

Hierzu wird eine Konfiguration als einfacher Stern verwendet. Es muß dazu kein MAC-Protokoll definiert werden, wie in anderen lokalen Hochgeschwindigkeitsnetzen. In dieser sternförmigen Architektur wird lediglich eine Punkt-zu-Punkt-Schnittstelle definiert.

Ein ATM-LAN kann sich sowohl über eine kleine als auch über eine große geographische Fläche erstrecken. Es kann aus einer kleinen als auch aus einer großen Zahl von Terminals bestehen. Dies ist vollständig abhängig von der Dimensionierung der Größe des ATM-LAN-Vermittlungsknotens und von der Benutzung von Schnittstellen, die auf kurze oder lange Distanzen ausgerichtet sind. Es existieren einige Unterschiede in den Dienstanforderungen zwischen ATM-LAN-Vermittlungsknoten und ATM-Vermittlungsknoten für B-ISDN:

Unterschiede zwischen LAN- und WAN-ATM-Vermittlungsknoten

Anzahl der Ports
- Ein ATM-LAN-Vermittlungsknoten stellt nur eine limitierte Zahl von Ports zur Verfügung (typischerweise weniger als 1.024 Ports). Dies liegt an der Tatsache, daß die Zahl der an ein LAN angeschlossenen Stationen begrenzt ist.

Switching Delay
- Verzögerungen in den Vermittlungsstellen können Verbindungsverzögerungen dominieren. Um eine Gesamtverzögerung zu bestimmen, die mit einem traditionellen LAN vergleichbar ist, müssen die Switches diesen Wert mini-

mieren. Deshalb ist die durch die Vermittlungsstelle erzeugte Verzögerung in ATM-LANs wichtiger als in vergleichbaren WANs.
- Einige LAN-Anwendungen benötigen Daten, die zwischen allen oder zwischen einer Menge von Stationen ausgetauscht werden. Ein Switch in ATM-LAN muß daher sowohl Mechanismen für Multicast als auch solche für Broadcast zur Verfügung stellen.

Multicast- bzw. Broadcast-Fähigkeiten

- WANs, die Sprachdaten transportieren, müssen sehr zuverlässig arbeiten. In ATM-LANs müssen derart restriktive Einschränkungen eventuell nicht erfüllt werden.

Zuverlässigkeit

- Der Verbindungsaufbau in einem WAN ist ähnlich dem des Telefonparadigmas, bei dem man für eine bestimmte Zeit warten muß. Dies ist allerdings in LANs schwierig zu erreichen, da sofortige Datenübertragungen die Regel sind. ATM-LANs sollten daher die Dauer des Verbindungsaufbaus so klein wie möglich halten.

Dauer des Verbindungsaufbaus

Das ATM-Switching (Vermittlung), das ATM-Routing (Wegeleitung) sowie Multicast-Eigenschaften finden sich sowohl in ATM-LANs wie auch in ATM-WANs.

Die Endpunkte von ATM-LANs erfordern sehr effiziente Ende-zu-Ende-Protokolle, da die Verzögerungen in den Endpunkten die Verbindungen und die Switch-Verzögerung in einem ATM-LAN dominieren. Wie bereits erwähnt, kann AAL5 zur Übertragung von Signalisierungsinformationen verwendet werden. Benutzerdaten verwenden AAL1 und AAL2 für Sprach/Videodienste sowie AAL3/4 oder wiederum AAL5 für die anderen Dienste.

14.3 Metropolitan Area Networks (MANs)

Ein *Metropolitan Area Network (MAN)* ist zwischen einem LAN und einem WAN anzusiedeln und erstreckt sich mittels Nutzung der LAN-Technologie z. B. über die Fläche einer Stadt. MANs nutzen ein gemeinsames verteiltes Medium mit einem „verteilten" Zugriffsmechanismus, der *Medium Access Control* (MAC). MANs haben im allgemeinen höhere Datenraten als LANs, also mehr als 100 Mbit/s. Die Administration dieser Netze kann entweder öffentlich oder privat erfolgen. Die Zahl der mit einem MAN verbundenen Stationen liegt meist im Bereich von einigen Tausend. Die durch MANs angebotenen Dienste sind:

MAN-Dienste

- *Die Verbindung verschiedener LANs.*
    Zur Verbindung von *LANs* führt ein Netzübergang (Bridge) Funktionen wie die Protokollkonversion, die Adreßabbildung oder die Zugangskontrolle aus. Diese Funktionalität hängt von der Kompatibilität der verbundenen LANs ab. Da diese meist in einem verbindungslosen Modus arbeiten, bietet sich eine verbindungslose Arbeitsweise der LAN-Verbindung in MANs an. Dies impliziert, daß normalerweise keine Betriebsmittel in einem MAN belegt werden. Die Übertragung kontinuierlicher Medien erfordert allerdings Garantien, die nur mit einer Betriebsmittelbelegung realisierbar sind.

- *Host-zu-Host Rechnerkommunikation.*
  MAN-Host-zu-Host-Rechnerkommunikation kann unterstützt werden durch [Pry93]:
  - Die Realisierung einer semi-permanenten Punkt-zu-Punkt-Verbindung mit hohem Durchsatz und großer Zuverlässigkeit. In diesem Fall wird eine Verbindung, die sicherstellt, daß im MAN genügend Ressourcen vorhanden sind, zur Installationszeit aufgebaut. Somit arbeitet man hier verbindungsorientiert und Betriebsmittel werden semi-permanent zugewiesen.
  - Anbieten einer Anzahl isochroner Kommunikationskanäle, die bei Bedarf durch eine Signalisierung angefordert werden. Diese Lösung ist eher mit einer Leitungsvermittlung vergleichbar, bei der ein *Time-Division-Multiplexing* (TDM)-Ansatz verwendet wird. Diese Funktionalität muß aber nicht in allen MANs vorhanden sein.
  - Anbieten einer Anzahl nicht-isochroner Kommunikationskanäle. In diesem Fall werden die Betriebsmittel eines MANs nur belegt, wenn Daten transportiert werden müssen (nach Bedarf). Diese Dienstart wird im verbindungslosen Modus zur Verfügung gestellt.
- *Sprach- und Videokommunikation.*
  Zur Übertragung von Sprach- und Videodaten können in Abhängigkeit von der Anforderungsqualität die drei oben beschriebenen Alternativen verwendet werden. Wenn Sprach- und Videodaten mit Hilfe der Alternativen 1 und 3 angeboten werden, muß die Varianz (Jitter) beim Empfänger ausgeglichen werden.

Zusätzlich können Funktionen wie „Broadcast" und „Multicast" angeboten werden.

MAN-Standards

Es existieren zwei Hauptvorschläge für MAN-Standards: (1) *FDDI* von ANSI, das anfangs als Hochgeschwindigkeits-LAN vorgeschlagen wurde, aber einen Durchmesser von bis zu 100 km erreicht und (2) *Distributed Queue Dual Bus (DQDB)* der Gruppe IEEE 802.6. In Europa wurde ein weiterer MAN-Mechanismus, *Orwell*, in Betracht gezogen und von Forschern der British Telecom entwickelt. Orwell konnte sich allerdings nicht in Form eines Standards durchsetzen. Die Mechanismen, die FDDI zugrundeliegen, wurden bereits in Abschnitt 14.2.5 beschrieben.

14.3.1 Distributed Queue Dual Bus (DQDB)

Der Mechanismus der Weitergabe eines Token ist bei Datenraten über 100 Mbit/s und einer räumlichen Ausdehnung von über 100 km eines Netzes nicht mehr sehr effektiv [RB90]. Dies hat seinen Grund in der Verzögerung des Busses oder des Rings, die sich durch die Zirkulation des Tokens zur nächsten aktiven Station und entlang des gesamten Rings oder Busses ergibt. Aus diesem Grund vergeht eine lange Zeit, bis das Token zur sendenden Station zurückkommt und dort wieder freigegeben wird, wenn die geographische Ausdehnung eines Netzwerks groß ist. Wenn gesendete Pakete groß sind, gibt die sendende Station das Token erst frei, wenn alle Daten gesendet sind. Dies kann eventuell einige Zeit in Anspruch nehmen. Die Verzögerung ergibt sich somit zu Vielfachen der TRT.

Auf diesem Hintergrund entstand ein weiteres Netz, das zuerst als *Queued Packet Synchronous Exchange* (QPSX) bezeichnet wurde [NBH88]. Es stammt aus einer Kooperation zwischen der späteren Fa. Queued Packet Synchronous Exchange, der University of Western Australia und der Telecom Australia. Wegen der Namensgebungskonflikte zwischen einem Firmennamen und einem Standard wird dieses Netz seitdem unter dem Namen *Distributed Queue Dual Bus* (DQDB) geführt.

Queued Packet Synchronous Exchange (QPSX)

Distributed Queue Dual Bus (DQDB)

Dieser MAN-Standard IEEE 802.6 kennzeichnet einen Bus mit einer Datenübertragungsrate von 2×150 Mbit/s, der mit unterschiedlichen Kabelarten verwendet wird. Wie in Abb. 14-14 auf Seite 444 dargestellt, basiert DQDB auf zwei gegenläufigen Bus-Systemen. Im Gegensatz zu FDDI tragen jedoch beide Busse Informationen und dienen damit nicht ausschließlich der Fehlertoleranz. Die Daten liegen auf dem Bus – wie auch bei FDDI II – in 125 µs langen Rahmen (*Frames*) vor. Jeder Rahmen beinhaltet selbst wieder weitere Zeitscheiben (*Slots*) mit fester Länge. Die Zeitscheibe transportiert die Daten zwischen den Knoten. Dies bedeutet, daß die Buskapazität in Bereichen von 53 byte, sog. *Access Units (AUs)* belegt wird, mittels derer ein Benutzerterminal Zugang zu einem Netzwerk erhält. Der Datenfluß beginnt und endet an den beiden Kopfenden; hier werden die Rahmen generiert und später wieder aufgelöst.

Frame
Slot

Der in DQDB verwendete MAC-Mechanismus ist grundlegend verschieden von den meisten anderen LAN/MAN-Protokollen mit verteiltem Netzzugang. In den anderen Mechanismen wird kein fortlaufendes Protokoll über den Netzwerkstatus in den Knoten geführt. In diesen Netzwerken muß eine Statusinformation vor einem Zugriff vom Medium selbst abgeleitet werden. Dies koppelt die Leistung dieser Systeme eng an die Größe des Netzes. In FDDI wird z. B. die Leistung (negativ) durch die Ringgröße beeinflußt. DQDB basiert auf dem *Distributed-Queuing-Algorithmus*, mit Hilfe dessen aktuell gültige Statusinformationen des Netzwerks in jedem Knoten gespeichert werden. Jeder Knoten kennt so die exakte Zahl von DQDB-Segmenten, die darauf warten, auf den Bus zuzugreifen. Wenn ein Knoten ein Segment (Zeitschlitz, Slot) übertragen muß, benutzt er lokale Information, die in einem Zähler gespeichert ist, um die Position des Segments zu bestimmen.

Der DQDB-Standard beinhaltet die Spezifikation eines verbindungslosen Paketdienstes zur asynchronen Datenübertragung, einen isochronen Dienst und das sog. *Guaranteed Bandwidth (GBW) Protocol* für verbindungsorientierte Datendienste. Die letzteren zwei sind Ergänzungen der originalen Spezifikation, die nur den verbindungslosen Paketdienst enthielt.

Asynchrone Datenübertragung

Die asynchrone Datenübertragung arbeitet nach dem *Distributed-Queueing-Algorithmus* auf der Grundlage von verteilten Warteschlangen: Jede Station be-

Distributed Queueing

obachtet fortlaufend das Netz und äußert ggf. einen Sendewunsch. Dafür wird das *Request-Feld* gesetzt. Für jede Richtung wird in jeder Station eine eigene Warteschlange mit Hilfe eines Zählers implementiert. Dabei können auch Prioritäten existieren. Die folgenden vier Schritte demonstrieren exemplarisch diesen Prozeß:

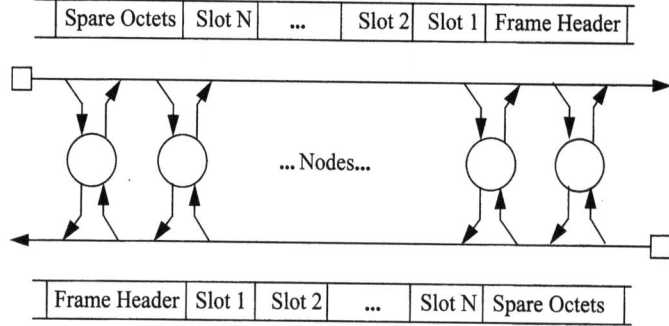

*Abb. 14-14
Distributed Queue
Dual Bus.
Prinzipielle Topologie
mit den Bezeichnungen
aus dem Standard.*

1. Jede *nicht-sendewillige Station* (*Node* nach Abb. 14-14) zählt alle von rechts kommenden Anforderungen auf dem unteren Bus. Diese werden in der internen Warteschlange (bzw. im Zähler) abgelegt. Sowie auf dem oberen Bus von links ein freier Zeitschlitz erscheint, wird der ältesten Anforderung in der Warteschlange entsprochen. Dieser Eintrag wird damit aus der Schlange entnommen. Die Warteschlange enthält somit danach noch alle Sendewünsche, die von weiter rechts kommen und die auf dem oberen Bus zu übertragen sind. Dasselbe Prinzip gilt für den unteren Bus mit den nach links angeordneten Stationen und einer zweiten Warteschlange.

2. Eine *sendewillige Station teilt den Sendewunsch mit*. Dafür wartet sie auf ein freies Anforderungsfeld auf dem unteren Bus. Sowie dies eintrifft, markiert sie ihre Anforderung über das *Request-Feld* auf dem unteren Bus und reiht den eigenen Sendewunsch in die Warteschlange für den oberen Bus ein.

3. Die *sendewillige Station wartet*, um ihre Daten im asynchronen Modus zu senden. Dabei kann sie immer maximal eine eigene Anforderung nach dem oben beschriebenen Prinzip in ihrer Warteschlage abgelegt haben. Sie muß kontinuierlich Anforderungen, entsprechend der freien Zeitscheiben, aus der Schlange entnehmen, gemäß der Beschreibung im ersten Punkt. Außerdem trägt sie auch weitere Anforderungen ein, die vom unteren Bus kommen.

4. Die *Station sendet die eigenen Daten*. Dabei steht der eigene Sendewunsch an oberster Stelle in der Warteschlange. Beim nun ersten freien Zeitschlitz auf dem oberen Bus werden diese Daten übertragen und aus der Warteschlange entfernt. Dabei wird der freie Zeitschlitz nun als belegt (*Busy*) markiert. Weiterhin werden eintreffende Sendewünsche eingereiht und, wie oben beschrieben, bearbeitet.

Zusammenfassend läßt sich festhalten, daß das DQDB-Protokoll auf Zählern basiert, die Anforderungen von verschiedenen Stationen erfassen und sicherstellen, daß eine Station erst dann sendet, wenn Reservierungen, die vor ihrer eigenen Anforderung erfolgten, abgearbeitet sind.

Der Standard fordert, daß Prioritäten von Übertragungsanforderungen durch die Benutzung verschiedener Anforderungsbits unterschieden werden. Diese werden in verschiedenen Prioritätswarteschlangen gespeichert. Der Standard fordert weiterhin, daß der verbindungslose Dienst nur in geringer Priorität erfolgen darf. Dies bedeutet, daß verbindungsloser Verkehr nur übertragen werden darf, wenn die Warteschlangen höherer Priorität leer sind. Unglücklicherweise folgen nicht alle Implementierungen diesem Ansatz der Verwendung von Warteschlangen mit mehreren Prioritäten.

Isochrone Datenübertragung

Die für kontinuierliche Daten wesentliche isochrone Datenübertragung erfolgt über eine *Pre Arbitrated Function*. Hierfür werden bestimmte Zeitscheiben in entsprechender Form an den Kopfstationen markiert, sie erhalten im Eintrag des *Slot Type SLT* den Wert 1. Damit stehen sie nur für den vorab reservierten Verkehr zur Verfügung. Die Zeitscheiben kommen alle 125 µs vor; dies entspricht einer Frequenz von 8 kHz. Damit läßt sich der isochrone Modus von DQDQ ebenso an Weitverkehrsnetze mit der PCM-Hierarchie koppeln, wie FDDI II. Außerdem lassen sich in dieses 8-kHz-Raster alle Audio- und Videodaten integrieren.

Pre Arbitrated Function

Verbindungsorientierte Datenübertragung

Die verbindungsorientierte Datenübertragung wird durch das *Guaranteed Bandwidth Protocol* (GBW) gewährleistet. GBW repräsentiert eine Erweiterung des Basis-DQDB-Protokolls und ist auf die Anforderungen des Variable-Bit-Rate-(VBR)-Verkehrs, der Bandbreitengarantien erfordert, zugeschnitten. GBW ist daher in der Benutzung der Prioritätsmechanismen kompatibel mit dem Basis-DQDB-Protokoll niedrigster Priorität und daher in der Lage, eine geforderte Bandbreite für verbindungsorientierte Datendienste mit den höheren Prioritäten 1 oder 2 anzubieten.

Guaranteed Bandwith Protocol (GBW)

Gemäß des GBW-Protokolls beinhaltet jede Warteschlange einer bestimmten Priorität alle Segmente, die noch nicht übertragen wurden, aber für eine sofortige Übertragung „akzeptiert" wurden. In diesem Zusammenhang bedeutet akzeptiert, daß das Segment den *Traffic Shaper* durchlaufen hat, der im nächsten Absatz beschrieben wird. Das GBW-Protokoll verwendet weiterhin den vorher beschriebenen Distributed-Queuing-Algorithmus wie folgt: Jede Warteschlange kann als verkettete Liste von Nullen und Einsen betrachtet werden, wobei eine 1 ein Segment bezeichnet, das die Station selber in die Warteschlange gestellt hat und eine 0 ein solches, das eine Station auf dem nachfolgenden Übertragungsweg zur Übertragung anfordert. Die Warteschlange wird jedesmal aktualisiert, wenn ein Segment übertragen wurde, wenn ein Segment vom

Traffic Shaper

Traffic Shaping mit GBW

Traffic Shaper zugelassen wurde oder wenn eine Anforderung empfangen wurde. Durch die Realisierung der verteilten Warteschlange erlaubt GBW auch mehrfache noch ausstehende Anforderungen.

GBW *glättet den Verkehr,* indem die Rate der zu speichernden Segmente einer spezifischen Verbindung nach der beim Verbindungsaufbau akzeptierten Bandbreite limitiert wird (*Traffic Shaping*). Um den Verkehr zu glätten, verwendet man daher einen variablen Kredit und die Systemparameter *income, slotcost* und *creditmax*. Für jeden Slot, der den Bus passiert und der übertragen werden soll, wird der Wert des Parameters *income* zum aktuellen Wert des Parameters *credit* addiert. Eine Verbindung darf ein Segment in eine Warteschlange einreihen, wenn der Wert des Kredits den Parameter *slotcost*, der die Menge an „Geld", die für die Übertragung eines Segments ausgegeben werden darf, übersteigt. Zum Zeitpunkt der Einreihung in die Warteschlange wird der Wert des Parameters *credit* sofort um den des Parameters *slotcost* reduziert. Um Stoßverkehr zu vermeiden, wird der Wert von *credit* durch den Parameter *creditmax* nach oben begrenzt. Die GBW-Parameter werden vom Netzwerkmanagement bestimmt. Beim Einstellen hoher Prioritäten muß das Fairneß-Schema der Bandbreitenbalancierung (siehe unten) ausgeschaltet werden. Anderenfalls funktioniert die Übertragung mit hohen Prioritäten nicht [As90].

Verkehr niedriger Priorität wird auf eine andere Art und Weise kontrolliert. GBW erlaubt die Übertragung von verbindungslosem Verkehr mit einer Priorität von 0 mittels eines Mechanismus, der vollständig kompatibel zum DQDB-Protokoll ist. Dies sichert die Aufteilung dynamischer Bandbreite ohne die Benutzung von Bandbreitengarantien.

Erreichbarkeit und Fairneß

Erreichbarkeit

Beim DQDB-Verfahren tritt das Problem der Erreichbarkeit auf. Jede Station muß wissen, über welchen Bus andere Stationen zu erreichen sind. Außerdem wirkt sich die Lage der Station bezüglich der Kopfstationen wesentlich auf die Fairneß aus. Stationen, die sich nah an einem Kopfende befinden, können eher ihre Daten in Richtung dieses Kopfendes übertragen als die restlichen Stationen. Bezüglich der Auslastung ist es wichtig, daß die Daten immer bis zu den Kopfenden transportiert werden, obwohl dies für die eigentliche Datenübertragung nicht notwendig wäre.

Fairneß

Bandwith Balancing (BWB)

Es wurden einige Lösungen entwickelt, um der potentiellen Unfairneß von DQDB entgegenzuwirken. Eine Möglichkeit ist das *Bandwidth Balancing (BWB)*, das in den IEEE 802.6-Standardentwurf für MANs aufgenommen wurde. Dieses Schema versucht, die unfaire Belegung von Buskapazität zu vermeiden, indem eine Access Unit (AU) künstlich dazu gezwungen wird, einen bestimmten Anteil ihrer Buszugangszuweisung weiterzugeben. Dieses Schema funktioniert derart, daß die potentielle Unfairneß um so kleiner ist, je größer dieser Anteil ist. Im allgemeinen erreicht dieses Schema Fairneß, allerdings auf Kosten verschwendeter Bandbreite.

Reactive DQDB

Ein anderer Ansatz zur Verbesserung der Fairneß ist das *Reactive DQDB Protocol (R-DQDB)*, in dem mehr Statusinformationen über Busaktivitäten mittels eines speziellen Kontroll-Slots, der aussschließlich diesem Zweck dient, gesammelt werden. Diese zusätzliche Information erlaubt es einer AU, zu entdecken, ob sie anderen Benutzern gegenüber unfair arbeitet. Wenn dies zutrifft, erlaubt es das reaktive Protokoll den benachteiligten Stationen, zusätzliche Kapazitätsanforderungen zu stellen. Dies bewirkt unmittelbar eine fairere Behandlung. Der Aufwand von R-DQDB besteht im periodischen Sammeln von Statusinformationen des Busses, da herausgefunden werden muß, wie groß die Anzahl aktiver AUs ist. Es wurde festgestellt, daß eine Rate von einem auf 100 Slots hierzu adäquat ist [OF93].

Der isochrone Modus von DQDB eignet sich hervorragend für die Übertragung von Daten kontinuierlicher Medien. Allerdings unterstützen die meisten Realisierungen auch diesen Modus nicht. Der gleichzeitige Zugriff mehrerer Stationen auf Netzdaten ermöglicht auch einen effektiven, hohen Durchsatz bei Netzen mit größeren Ausdehnungen.

Eignung für kontinuierliche Datenübertragung

Alle bisher betrachteten Netze bieten ihre Dienste der oberen Ebene der Sicherungsschicht, dem *Logical Link Control* nach IEEE Standard 802.2, an. Diese Schicht muß selbst keine zusätzlichen Besonderheiten für die Übertragung multimedialer Daten aufweisen, sondern nur den effektiven Zugriff auf die entsprechenden MAC-Dienste mit den erforderlichen Parametern gewährleisten.

Logical Link Control

14.3.2 Orwell

Der *Orwell-Mechanismus* für MANs basiert auf dem Ansatz eines unterteilten Rings (*Slotted Ring*). Die Benutzung fester Zeitschlitze (Slots) erlaubt einen einfachen Synchronisationsmechanismus, mit dem eine hohe Leistung bei hohen Datenraten erreicht wird. Dieses Schema erlaubt derart die Integration asynchronen und isochronen Verkehrs.

Slotted Ring

Das Prinzip des unterteilten Rings funktioniert wie folgt: Der Ring wird in Slots gleicher Länge unterteilt. Slots zirkulieren um den Ring und sind entweder leer oder voll, was konkret durch ein Bit als Bestandteil des Zeitschlitzes angegeben wird. Wenn der Inhalt eines Slots beim Zielknoten ankommt, wird er gelesen. Möchte ein Knoten Daten senden, so ist dies zulässig, wenn ein leerer Slot an dieser Station vorbeikommt.

Im allgemeinen kann das Löschen eines gefüllten Slots entweder am Quelloder am Zielknoten erfolgen. Dadurch werden zwei verschiedene Zugriffsmöglichkeiten angeboten (Source-Releasing-Ansatz/Destination-Releasing-Ansatz). Orwell definiert den *Destination-Releasing-Ansatz*. Hieraus ergibt sich eine (bspw. im Vergleich zum Token Ring) bessere Leistung, da freigegebene Slots sofort von anderen Knoten verwendet werden können, die zwischen Quell- und Zielknoten liegen. Um Fairneß auf dem Ring zu garantieren und um zu verhindern, daß ein Knoten den Ring monopolisiert, wird der Zugang in Zyklen organisiert, die auch als *Reset-Intervalle* bezeichnet werden. Jeder Knoten auf dem Ring verfügt über einen Zähler, der angibt, wie viele Slots von diesem Knoten während eines Zyklus bereits belegt wurden und wie viele von ihm noch belegt werden können.

Destination Releasing

Dienstklassen und Prioritäten

Orwell definiert zwei Dienstklassen: Klasse 1 für isochronen Verkehr und Klasse 2 für asynchronen Verkehr. Es werden vier Prioritätsebenen verwendet, die in jedem Knoten durch 4 Warteschlangen implementiert werden. Dies erkennt man auch am Orwell-Slot-Header. Um die Bandbreite eines Orwell-Rings zu erhöhen, können verschiedene Ringe parallel betrieben werden. Diese Konfiguration erlaubt eine flexible Zunahme der Netzwerkkapazität sowie die Verfügbarkeit einer höheren Zuverlässigkeit des Netzwerks. Die Slot-Struktur stellt sich sehr ähnlich zu der von ATM dar. Es können ATM-Zellen in den Zeitschlitzen über einen Orwell-Ring transportiert werden.

Ein Ring kann bis zu 240 Mbit/s transportieren. Im Falle einer extrem hohen Auslastung erhöht sich allerdings die Verzögerung auf dem Ring [Pry93].

14.3.3 MAN-Verbindung zu ATM-Netzen

Eine Kopplung von mehreren voneinander entfernten MANs wird meist über Weitverkehrsnetze realisiert. Hierfür bietet sich insbesondere ATM an.

FDDI und ATM

Im Falle eines FDDI-MANs ergibt sich ein hohes Maß an Inkompatibilität zwischen ATM und FDDI. Dadurch wird der Einsatz von Adaptionsfunktionen in den Netzübergängen erforderlich. Die Zellgröße in ATM und die Rahmenlänge in FDDI sind bspw. inkompatibel. Dies erfordert eine Segmentierung und Reassemblierung in der Einheit, die die Netze verbindet. Dies verschlechtert wiederum die Ende-zu-Ende-Verzögerung. Weiterhin werden zusätzliche erhebliche Verarbeitungskapazitäten erforderlich, um einen hohen Durchsatz zu gewährleisten. Die Segmentierung und Reassemblierung kann z. B. in der ATM-AAL3/4-Schicht erfolgen.

DQDB und ATM

Die Spezifikation von DQDB und Orwell wurde parallel zu der von ATM betrieben. Eine Verbindung dieser Netztypen gestaltet sich somit einfacher. Das DQDB-Protokoll verwendet eine Slot-basierte Übertragung, in der die Slot-Größe (53 byte) von ATM übernommen wurde. Manchmal bezeichnet man DQDB auch als „*Shared Medium ATM*", die Ähnlichkeit dieser beiden Technologien beschränkt sich aber auf die Länge des Nutzlastfeldes.

Internetworking

Internetworking bedeutet hier eine Abbildung von DQDB-Slots auf ATM-Zellen und umgekehrt. Einige Lösungen hierzu, wie z. B. das *Cell-to-Slot-Internetworking* oder das *Frame-Internetworking* wurden für den verbindungsorientierten Modus von DQDB in Simulationen untersucht. Das Cell-to-Slot-Internetworking wandelt ATM-Zellen in DQDB-Slots um und umgekehrt. Das Frame-Internetworking reassembliert Zellen/Slots und wandelt AAL-Rahmen in initiale DQDB-MAC-Protokolldateneinheiten um und umgekehrt. Beide Modi wurden verglichen, indem aggregierter Verkehr von B-ISDN und hochpriorisierte Übertragungen, die durch das GBW-Protokoll zum DQDB-Zugang kontrolliert wurden, empfangen wurden. Der Cell-to-Slot-Modus zeigte dabei bessere Ergebnisse und stellte sich als vielversprechender dar [MR93].

Verbindungen von Netzen

Verbindungen von Netzen mittels ATM stellen sich allgemein wie folgt dar:

- *Semi-permanente Basis*
  DQDB wurde primär in seiner Form als verbindungsloser asynchroner Dienst realisiert. Im verbindungslosen Modus müssen aufgrund des verbin-

dungsorientierten Konzepts von ATM einige Vorkehrungen getroffen werden, bspw.:
- Die Installation semi-permanenter Verbindungen, indem virtuelle Pfade verwendet werden, die verschiedene virtuelle Kanäle zwischen allen zu verbindenden MANs transportieren.
- Der Einsatz spezieller Message-IDentification (MID)-Werte in der AAL.
- Der Einsatz eines sehr schnellen Verbindungsaufbaus [Pry89], ebenso als *Fast Reservation Protocol* bezeichnet [TBR92].

Fast Reservation Protocol

- *Verbindungslose Server*
  Aufgrund des verbindungslosen Transports in MANs kann man einen oder mehrere Server, die in der Lage sind, verbindungslose Daten auszuliefern, miteinander verbinden, anstatt alle MANs virtuell zu verbinden. Ein verbindungslos arbeitender Server, der auf dem *Switched Multimegabit Data Service (SMDS)* oder auf dem *Connectionless Broadband Data Services (CBDS)* basiert, könnte hierzu eingesetzt werden [HL90].

SMDS
CBDS

- *Direkte ATM-Verbindung mittels eines ATM-LANs*
  Die Verkehrszunahme in Netzen kann sich solange fortsetzen, bis jedes Gerät, auf das ein Benutzer zugreift, seine eigene Verbindung in das Weitverkehrsnetz über ein ATM-LAN hat. Das Resultat wäre eine Topologie in Form eines vollständigen Sterns, wobei jeder Teilnehmer direkt mit dem ATM-Netz verbunden ist und maximalen Zugriff auf die Funktionen des B-ISDN hat.

Im Prinzip eignet sich DQDB im ganzen sehr gut für kontinuierlichen multimedialen Verkehr. Orwell ist ein experimentelles MAN, das prinzipiell gut für den Transport multimedialer Daten geeignet ist. Es ist allerdings fraglich, ob Orwell jemals eine breite Beachtung und damit Verbreitung finden wird. Während vor einigen Jahren die Notwendigkeit von MANs noch unumstritten war, zeigen die heutigen Hochgeschwindigkeits-LANs auf der einen und die ATM-WANs auf der anderen Seite, daß in der Zukunft voraussichtlich nur LANs und WANs von Belang sein dürften.

14.4 Wide Area Networks (WANs)

Wide Area Networks (WANs) erstrecken sich typischerweise über ganze Länder und darüber hinaus. Im Gegensatz zur Vergangenheit sind die Datenraten von heutigen WANs vergleichbar mit denen von LANs und MANs. So hat z. B. das momentane Backbone des Internets, das *very High-Speed Backbone Network Service* (vBNS), eine Datenrate von 622 Mbit/s. Der „Besitz" dieser Netze kann sich auf viele Organisationen aufteilen: Telekommunikationsgesellschaften besitzen das Kommunikations-Subnetz und Benutzer besitzen Hosts. Die Basis einer WAN-Kommunikation ist (mit Ausnahme der Satellitennetze) heute meist eine Punkt-zu-Punkt-Verbindung.

Internet und B-ISDN

Heutzutage werden hauptsächlich zwei Typen von Weitverkehrsnetzen zur Übertragung von Multimedia-Daten eingesetzt: *traditionelle Rechnernetze*, wie das Internet, und Fortentwicklungen der Telefonnetze in Form von ISDN und *Breitband-ISDN* (B-ISDN), d. h. ATM. In diesem Abschnitt werden die grundlegenden Mechanismen und Prinzipien dieser WAN-Systeme unterhalb der Netzwerkschicht beschrieben, die für eine multimediale Übertragung von Relevanz sind. Im Hinblick auf traditionelle WAN-Systeme werden Aspekte der Kopplungsfähigkeit und ein kurzer Überblick über das Netzwerk, das dem Internet zugrundeliegt, gegeben. Funktionen des Internets, wie z. B. das *Multicasting* und die *Wegewahl* in der Vermittlungsschicht, sind von grundlegender Bedeutung für multimediale Anwendungen wie z. B. das *Collaborative Computing*. Im Hinblick auf ATM-B-ISDN werden Vermittlungsfunktionen, die Wegewahl und das sog. *Host Interfacing* vorgestellt, da diese von großer Bedeutung für multimediale Datenübertragungen sind.

14.4.1 Traditionelle WANs

Kopplungsfähigkeit

Die Kopplungsfähigkeit verschiedener lokaler Netze über eine große Distanz stellt einen sehr wichtigen Aspekt von WANs dar. Diese Funktion erlaubt es den Anwendern, vernetzte multimediale Anwendungen auszuführen, die z. B. der verteilten Bearbeitung eines Projekts dienen. Die Kopplungsfähigkeit von Systemen kann in folgende drei Ebenen erfolgen:

- *Physikalische Schicht und Sicherungsschicht*
  Hier wird die Funktion der Basiskopplungsfähigkeit von Übertragungsstrecken zur Verfügung gestellt. Dies erreicht man normalerweise durch die gemeinsame Benutzung derartiger Strecken oder durch Nutzung der öffentlich verfügbaren Infrastruktur der Paketdatennetze, die auch heute noch häufig auf X.25 oder Frame-Relay basieren, in näherer Zukunft aber eine starke Ausbreitung von ATM erfahren werden.

  very High-Speed Backbone Network Service (vBNS)

  Im Mai 1993 schlug die *National Science Foundation* (NSF) eine neue Architektur zur Datenkommunikation innerhalb der USA vor. Diese besteht aus einem Hochgeschwindigkeits-Backbone-Netz (very High-Speed Backbone Network Service, vBNS), den Netzzugangspunkten (Network Access Points, NAPs) und vielen Netzdienstanbietern (Network Service Providers, NSPs). 1995 wurde der Betrieb des vBNS als Ergebnis einer kooperativen Übereinkunft fünfjähriger Dauer zwischen MCI und der NSF aufgenommen. Auf der Forschungsseite arbeitet man dort heute an Internet-2. Hier wird die Datenrate erhöht und die Dienstgüte für multimedialen Datenverkehr optimiert.

  Kopplung zwischen USA und Europa

  Die Kopplung von Übertragungsstrecken zwischen den USA und Europa basiert auf:
  - *Dedizierten Verbindungen*, die meist mit vergleichsweise geringen Bitraten operieren und die spezielle Anforderungen erfüllen sollen. Das Deut-

sche Forschungsnetz (DFN) ist bspw. mit dem vBNS mittels zweier 45 Mbit/s-Strecken verbunden.
- *Strecken großer Bandbreite (Fat Pipes)* mit einer höheren Bandbreite (typischerweise ab 155 Mbit/s), die unter verschiedenen Netzen aufgeteilt wird. Ein Beispiel hierfür ist ein OC-3-Link (155 Mbit/s), z. B. von Teleglobe, als Dienst zur Verbindung mit dem *Multicast Backbone (MBone)* [MB94]. MBone ist ein virtuelles Netz, das dieselben physikalischen Medien verwendet, wie das Internet. Es dient als Basis zur Gruppenkommunikation (Multicast).

Multicast Backbone (MBone)

- *Netzwerkschicht*
Die nächste Ebene der Kopplungsfähigkeit bietet eine Netzwerkverbindung an, mittels derer eine Ende-zu-Ende-Kopplung erreicht werden kann. Diese Ebene von Verbindungen wird typischerweise unter Verwendung einer einzigen Protokollfamilie realisiert.

Eine weitere Herausforderung ist das Anbieten von *Multicast*-Funktionen in den Internet-Routern, wenn kontinuierliche Medien übertragen werden. Heutzutage kann das MBone Multicast unterstützen, indem ein Netzwerk von Routern (MRouter) verwendet wird, die alle die Multicast-Funktionalität unterstützen. Ein Argument zur Unterstützung derartiger Funktionen zur Übertragung kontinuierlicher Medien ist die erforderliche Bandbreite. Ein Multicast-Strom ist *bandbreiteneffizient*, da ein Paket (und nicht viele) alle Rechner in einem Netz erreicht. Ein Videodatenstrom von 128 Kbit/s (typischerweise 1-4 Bilder pro Sekunde) verwendet dabei dieselbe Bandbreite, unabhängig, ob er von einem oder von 20 Rechnern empfangen wird.

Multicast

- *Transport- und Anwendungsschicht*
Hier werden Dienste für den Benutzer angeboten, wie z. B. Electronic Mail, Konferenzanwendungen und verteilte Anwendungen. Dies erreicht man, indem man ähnliche Dienste für verschiedene Protokollfamilien untereinander „verbindet". Man verwendet hierbei z. B. oft sog. *Application Gateways* (bspw. zur Übersetzung der Paketformate zwischen OSI- und Transmission-Control-Protocol/Internet-Protocol (TCP/IP)-Diensten).

Application Gateways

Ein Beispiel, bei dem die Anwendung-zu-Anwendungs-Kopplung sichtbar wird, ist die Menge der MBone-Anwendungen, die Benutzer weltweit verbinden. Die MBone-Anwendungen, wie z. B. *Net Video (nv)*, *Visual Audio Tool (vat)* und *Whiteboard (wb)*, basieren auf IP-Multicast; einige verwenden das Real-Time Protocol (RTP), aufsetzend auf der Kombination *User Datagram Protocol (UDP)*/IP. Diese Anwendungen ermöglichen die Kopplung von Benutzern für Multimedia-Konferenzanwendungen über das WAN, die die MBone-Tools auf verschiedenen Rechnern und unterschiedlichen Betriebssystemen verwenden.

Internet

Das Internet-Experiment der DARPA aus dem Jahr 1973 führte zur Entwicklung eines Systems von Netzen, dem Internet, das mittlerweile global verwendet wird. Das Wachstum dieses Netzes wird kontinuierlich mit ca. 10 Prozent im Monat angegeben.

Das Internet ist ähnlich wie das OSI-Referenzmodell in Schichten aufgebaut (siehe Tab. 14-3).

Tab. 14-3 Schichtenmodell des Internets.

Schicht		Beispiel
Anwendung		FTP, Telnet, SMTP, X-Windows
Transport		UDP, TCP
Netzwerk	Internet	ICMP, IP, CLNP
Sicherung	Subnetz	Ethernet, X.25, FDDI, Token Ring
	Link	HDLC, PPP, SLIP
Physikalische		bspw. RS-232, V.35, 10 Base-T, Glasfaser

Paketvermittlung

Das Internet basiert auf der Technologie der *Paketvermittlung*. Diese wird im Kern von der *Internet-Protocol*-Umgebung *(IP)* implementiert, die die Netzkopplungsfähigkeiten zur Verfügung stellt.

Die *Anwendung-zu-Anwendungs-Kommunikation* wird durch das *Transmission Control Protocol (TCP)* zur Verfügung gestellt, ebenso wie durch andere Transportprotokolle (z. B. UDP) und Protokolle höherer Schichten (z. B. RTP).

WWW

Das Internet stellt Dienste wie *elektronische Post* und *Dateitransfer* zur Verfügung. Spezielle Prozeduren für elektronische Post werden ebenfalls eingesetzt, um neuere Anwendungen und schwarze Bretter zu unterstützen. Neuere Internet-Anwendungen unterstützen Audio (z. B. vat) und Video (z. B. nv), Konferenzanwendungen oder auch verteilte Anwendungen (z. B. wb). Die am meisten eingesetzte Anwendung ist allerdings momentan sicherlich das *World Wide Web (WWW)*, auf das sich viele Internet-Benutzer beziehen, wenn sie von dem „Internet" sprechen.

14.4.2 ATM-B-ISDN

Das *Broadband Integrated Services Digital Network (B-ISDN)* gilt als Weiterentwicklung des *Narrowband-ISDN (N-ISDN)*, das im allgemeinen auch einfach als ISDN bezeichnet wird.

Übertragungsmodi

Bis 1987 basierte B-ISDN auf dem *Synchronous Transfer Mode* (STM). Seit 1988 ist der *Asynchronous Transfer Mode* die Basis von B-ISDN [HH91, Sta92].

- *Synchronous Transfer Mode*
  STM besitzt im verbindungsorientierten Modus eine fest zugewiesene Bandbreite. Aus diesem Grund kann bereits in den unteren Schichten eine garantierte Übertragung mit einer festgelegten Bandbreite (wie in ISDN) unterstützt werden. Hierbei treten nur geringe Ende-zu-Ende-Verzögerungen auf. Man bezeichnet ein Zeitfenster in diesem Kontext als *Slot*. Diese Slots werden für die Dauer der Übertragung reserviert. Sie sind eingebettet in sich periodisch wiederholende Strukturen, sog. *Frames* (Rahmen). Ein Beispiel der Zeitschlitze und Rahmen wird in Abb. 14-15 gezeigt.

STM

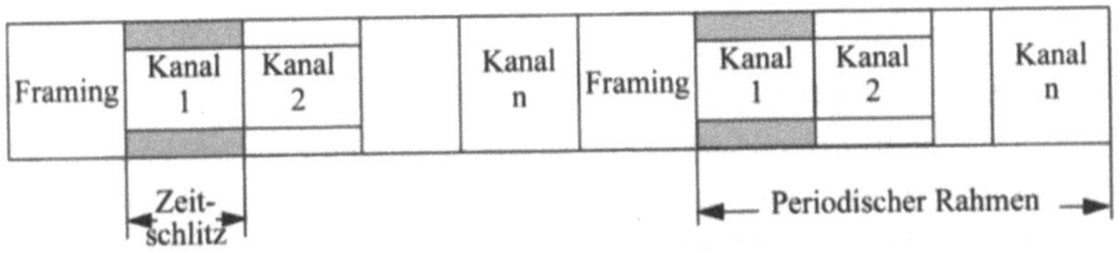

Abb. 14-15 Zuweisung von Zeitschlitzen in STM (Zeitmultiplexing-Methode).

Jeder Zeitschlitz weist eine feste Dauer auf. STM läßt sich daher gut an die PCM-Übertragungshierarchien und damit auch an ISDN anpassen. Die Kanäle und ihre korrespondierenden Datenraten sind in Tab. 14-4 zusammengefaßt.

Kanal	Bandbreite
B	64 Kbit/s
H_0	385 Kbit/s
H_1	1.920 Kbit/s (Europa), 2.048 Kbit/s (USA)
H_2	32.768 Kbit/s (Europa)
H_4	132.032 - 139.265 Kbit/s

Tab. 14-4 Kanäle und korrespondierende Datenraten.

Dieser Ansatz ist relativ unflexibel, da feste Datenraten verwendet werden, und weil eine vorab fixierte Bandbreite für jede Verbindung besteht. Es existieren unterschiedliche Lösungen zur Verbesserung der Flexibilität:

– *Kompressionsmethoden*
  Hierzu können bspw. die in Kapitel 7 beschriebenen Videokompressionsmethoden eingesetzt werden. Viele Multimediasysteme benutzen bereits Kompressionsmethoden, die eine Skalierung ermöglichen.

– *Zusätzliche Slots*
  Eine Lösung ist die Verwendung einer großen Zahl von Slots, z. B. 2.048 8-bit-Slots für 15 Mbit/s. Der Nachteil dieser Lösung ist der zusätzliche Verwaltungsaufwand durch die Vielzahl möglicher Kombinationen.

- *Container-Lösung*
Als Kompromiß wurde auch eine *Container*-Lösung diskutiert, die eine begrenzte Zahl von Partitionen zuläßt. Diese können z. B. $H_4 + 4 \times H_1 + n \times B + D$ mit Containern in den H_1- und H_4-Kanälen sein. Hierbei wird weiterhin der statische STM-Mechanismus verwendet. Die verbleibende Bandbreite wird durch diese partielle Reservierung nicht kontinuierlich genutzt.

Wenn Daten mit einer festen, sich nicht ändernden Datenrate übertragen werden, dann ist der STM-Ansatz gut hierfür geeignet. Außerdem ist die geringe Ende-zu-Ende-Verzögerung bei interaktiven Multimedia-Anwendungen von Vorteil.

ATM
- Asynchronous Transfer Mode
Asynchronous Transfer Mode (ATM) wurde in Abschnitt 14.2.6. bereits eingeführt. Der ATM-Ansatz ist effizienter und flexibler als der STM-Ansatz zur Übertragung von Datenströmen mit variablen Bitraten, da die Bandbreite insgesamt besser ausgenutzt wird.

In den nächsten Abschnitten werden vor allem ATM-WAN-Eigenschaften vorgestellt, wie z. B. die *Vermittlung (Switching)* und die *ATM-Host-Schnittstelle* zu multimedialen Workstations, welche die Funktionalität der Kopplung mit multimedialen Kommunikationssystemen zur Verfügung stellen. Weiterhin werden Eigenschaften des Zelldatentransports und des Dienstmodells von ATM erläutert.

Vermittlung

Die Vermittlungsanforderungen an ATM kann man daraus ableiten, daß unterschiedlichste Arten von Daten übertragen werden müssen: Von Sprache über Videodaten (für Bildtelefon, Konferenzen und z. T. auch in Fernsehqualität) und Steuerungsdaten bis hin zu reinen Daten für klassische EDV-Anwendungen. Wie bereits beschrieben, haben diese Dienste im Hinblick auf die *Bitrate* (von einigen wenigen Kbit/s bis zu hunderten von Mbit/s), *das zeitliche Verhalten* (konstante oder variable Bitrate), die *semantische Transparenz* (Zellverlustrate, Bitfehlerrate) und die *zeitliche Transparenz* (Verzögerung, Verzögerungsschwankung) unterschiedliche zu erfüllende Charakteristiken. An dieser Stelle sollen einige der wichtigsten Anforderungen erläutert werden:

Bandbreite
- *Bandbreite*
Die heute übliche Bitrate, mit der ATM-WAN-Vermittlungsstellen arbeiten sollen, liegt bei ungefähr 155 Mbit/s und 622 Mbit/s für den Datentransfer zwischen Vermittlungsstellen. Vermehrt werden auch 2,4 Gbit/s und höhere Datenraten (im Backbone) erforderlich. Dies impliziert nicht, daß ATM-Vermittlungsstellen intern mit 155 Mbit/s und mehr operieren müssen. Die Vermittlung eines einzelnen Pfades kann parallel erfolgen, so daß intern eine geringere Geschwindigkeit verwendet werden kann. Andererseits können

mehrere 155 Mbit/s-Pfade über einzelne Verbindungen höherer Datenrate im Multiplex betrieben werden, so daß intern höhere Raten verwendet werden müssen.

- *Broadcast/Multicast*

  In klassischen ISDN- und Paketvermittlungsnetzen sind nur Punkt-zu-Punkt-Verbindungen verfügbar, obwohl Daten von einer logischen Quelle oft zu mehreren logischen Senken vermittelt werden müssen. Deswegen wurde entschieden, daß Breitbandnetze der Zukunft Multicast- und Broadcast-Funktionalität haben sollten. Aus diesem Grund gibt es viele ATM-Vermittlungsstellen, die diese Funktionalität bereits beherrschen. Derartige Dienste werden z. B. für Konferenzanwendungen und digitales Fernsehen benötigt.

- *Leistungsparameter*

  In ATM-Umgebungen spielen die folgenden Leistungsparameter eine große Rolle für multimediale Anwendungen:

  – *Durchsatz und Bitfehlerrate*

  In ATM-Vermittlungsstellen hängt der *Durchsatz* und die *Bitfehlerrate* hauptsächlich von der Hardware-Technologie (CMOS, BICMOS oder ECL) ab, wobei heute Bitraten von hunderten von Mbit/s bis in den Gigabit-Bereich mit einer akzeptablen Restfehlerrate erreicht werden.

  – *Verbindungsblockierungswahrscheinlichkeit*

  Hiermit bezeichnet man die Wahrscheinlichkeit, daß zwischen Quelle (m) und Senke (n) keine ausreichenden Betriebsmittel verfügbar sind, um die Qualität aller existierenden und einer neuen Verbindung garantieren zu können.

  – *Zellenverlustwahrscheinlichkeit*

  Es ist möglich, daß mehrere Zellen simultan ankommen und um bestehenden Pufferplatz „konkurrieren". Folglich werden einige Zellen verworfen und sind damit verloren. Typische Wert für die im Kontext von ATM auftretende *Zellenverlustwahrscheinlichkeit* liegen zwischen 10^{-8} und 10^{-11}. Dies wird als harmlos angesehen, da der Header einer Zelle durch eine Art von *Forward Error Correction* (FEC) geschützt ist.

  – *Einfügen von Zellen in andere Verbindungen*

  Es ist ebenfalls möglich, daß ATM-Zellen in der Vermittlungsstelle intern falsch vermittelt werden, wodurch sie auf anderen Verbindungen falsch zugestellt werden. Die Wahrscheinlichkeit dieser Zelleinfügungen muß sich in bestimmten Grenzen halten. Hierfür werden in der Literatur typischerweise sehr kleine Werte von 10^{-14} und weniger als die Zellverlustrate angegeben [Pry93].

  – *Vermittlungsverzögerung*

  Die zur Weiterleitung einer ATM-Zelle in der Vermittlungsstelle erforderliche Zeit hat eine große Bedeutung für die Ende-zu-Ende-Verzögerung. Typische Werte für die Verzögerung von ATM-Knoten liegen zwischen 10 und 1.000 µs mit einer Varianz von wenigen 100 µs oder weniger [Pry93]. Für jegliche Anwendung kontinuierlicher Medien ist eine gesamte Ende-zu-Ende-Verzögerung im Bereich von bis zu 100 ms akzeptabel. Die so bedingte Verzögerung stellt daher einen eher unwesentlichen Teil dar, selbst wenn viele ATM-Vermittlungsstellen im Datenpfad vorkommen.

Ein sog. ATM-*Switching Fabric* besteht aus einer Vielzahl von Basis-ATM-Vermittlungselementen. Die Größe eines derartigen Elements kann von zwei Ein- und Ausgängen mit je 155 Mbit/s bis zu 16 Ein- und 16 Ausgängen zu je 10 Gbit/s reichen. Ein Switching Fabric, der aus einer großen Zahl identischer Basis-ATM-Vermittlungselementen besteht, wird auch als *Multi-stage Interconnection Network* bezeichnet.

Multi-stage Interconnection Network

Die ATM-*Vermittlungsarchitektur* besteht aus dem *Kontrollteil* und dem *Transportteil*. Der *Kontrollteil* der Vermittlungsstelle kontrolliert den Zellentransport und implementiert daher das ATM-Dienstmodell, das später noch beschrieben wird. Dieser Teil entscheidet z. B., welcher Eingang mit welchem Ausgang verbunden werden muß. Der Kontrollteil verwendet Dienstgüteparameter, um die Leistung der von ihm angebotenen Dienste zu messen. Zu diesen gehören bspw. der Verbindungsaufbau und auch die ATM-Transportdienste (z. B. die Zellübertragung). Dienstgüteparameter für das Kontrollnetz beziehen sich auf die Signalisierungsprotokolle. Ein Beispiel hierfür ist die zum Verbindungsaufbau erforderliche Zeit oder die Zeit für den Verbindungsabbau. Der *Transportteil* ist für den korrekten Transport der Zellen von einem Eingang zu einem Ausgang der Vermittlungsstelle innerhalb der Dienstgütespezifikationen von ATM verantwortlich. Typische Dienstgüteparameter für den Transportteil sind die *Zellverlustrate*, die *Bitfehlerrate*, die *Zellverzögerung* oder die *Varianz der Zellverzögerung*.

Kontrolle und Transport

Zelldatentransport

Der Transport von Daten von einem eingehenden zu einem wegführenden logischen ATM-Kanal erfordert eine Auswahl der Nummer eines der wegführenden logischen Kanäle. Ein *logischer ATM-Kanal* ist durch einen physikalischen Ein-/Ausgang (physikalische Portnummer) und durch einen logischen Kanal auf einem physikalischen Port (VCI und/oder VPI) charakterisiert. Um die Vermittlungsfunktion zur Verfügung zu stellen, müssen zwei weitere Funktionen implementiert werden:

Routing
- *Routing als örtliche Vermittlungsfunktion.*
  Das Routing in einer ATM-Vermittlungsstelle betrifft die interne Weiterleitung der Zelle von einem Eingang zu einem Ausgang.

Queuing
- *Queuing als zeitliche Vermittlungsfunktion.*
  Ein Queuing von Zellen bedeutet, daß eine Zelle von einem Zeitschlitz k zu einem Zeitschlitz l transportiert wird. Da in einer ATM-Vermittlungsstelle keine vorab zugewiesenen Zeitschlitze verwendet werden, können aber Fairneß-Probleme auftreten, wenn zwei oder mehr logische Kanäle sich um denselben Zeitschlitz „bewerben". Dies kann vermieden werden, wenn eine

zeitliche Umsortierung (Queuing) der ATM-Zellen erfolgt, bevor diese überhaupt am Eingang der Vermittlungsstelle eintreffen.

An dieser Stelle soll kurz auf das *Routing* von Zellen in Multi-stage Interconnection Networks eingegangen werden, da diese Funktion in engem Zusammenhang mit der für Multimedia relevanten Funktion des Multicasting steht.

Routing in ATM

ATM basiert auf einem verbindungsorientierten Ansatz. Aus diesem Grund werden die Pfade (logische ATM-Kanäle) von der Quelle zum Ziel während der Phase des Verbindungsaufbaus bestimmt. Die Header-Werte (VPI/VCI) werden jedem Abschnitt einer Verbindung zugewiesen und übersetzt, wenn sie von einem Abschnitt an den nächsten weitergeleitet werden (um die Wegeleitung der Zelle zu bewältigen). Wenn die Vermittlung der Zellen erfolgt, findet die Übersetzung des Headers/Links (Routing) von den eingehenden Daten (eingehende Header) in die ausgehenden Daten (ausgehende Header) statt.

Die Vermittlungsfunktion kann im Hinblick auf die *Routing-Entscheidungszeit* und den *Routing-Informationsort* kategorisiert werden: Der Parameter *Zeit* entscheidet, wann eine Übersetzungsentscheidung erfolgen muß, bzw. ob die Routing-Entscheidung nur einmal für eine Verbindung getroffen wird oder jedesmal, wenn eine Zelle an einer Vermittlungsstelle ankommt. Der Parameter *Ort* spezifiziert, wo die Routing-Information gespeichert wird.

Vermittlungsfunktion

- *Routing-Entscheidungszeitpunkt*
Die Routing-Übersetzung kann entweder einmal für die gesamte Dauer einer Verbindung erfolgen (*verbindungsbasiertes Routing*) oder für jede Zelle separat (*zellenbasiertes Routing*).

Verbindungsbasiertes bzw. zellenbasiertes Routing

Im ersten Fall bedeutet dies, daß das Multi-stage Interconnection Network intern verbindungsorientiert ist oder vorab gesetzte Pfade verwendet. Dieser Fall ist eher für die Übertragung kontinuierlicher multimedialer Ströme geeignet, da die Daten beim Empfänger in der richtigen Reihenfolge eintreffen. Hierbei kann sich ein Problem ergeben, wenn konkurrierende Zugriffe auf dem vorab zugewiesenen Pfad eintreten, wodurch eine Zunahme der Ende-zu-Ende-Verzögerung der multimedialen Daten eintritt. Dieses Problem kann gelöst werden, wenn Mechanismen der Betriebsmittelreservierung intern in den Vermittlungsstellen verwendet werden.

Im zweiten Fall operiert das Multi-stage Interconnection Network intern verbindungslos. In einer ersten Variante folgen alle Zellen einer virtuellen Verbindung demselben Pfad durch das Multi-stage Interconnection Network, im zweiten nicht. Es sollte der zellbasierte Modus gewählt werden, wenn Daten beim Empfänger ohne feste Reihenfolge eintreffen dürfen oder wenn die zu übertragenden Daten möglichst schnell übertragen werden müssen. Dieser Modus erlaubt es jeder Zelle, einen Pfad zu wählen, der über eine ausreichende Menge von Betriebsmitteln verfügt, um eine Verstopfung zu vermeiden. Dies impliziert die Verwendung von Funktionen, die die Verfügbarkeit von Betriebsmitteln in den Vermittlungsstellen überwacht.

- *Routing-Informationsort*
Routing-Informationen können entweder von jeder Zelle selbst transportiert werden, wenn sog. *Routing Tags* verwendet werden, oder in *Routing-Tabel-*

Routing Tags
Routing-Tabellen

len, die in den Vermittlungselementen gespeichert werden. Wenn eine Routing-Tabelle verwendet wird, muß auf diese mittels eines Eintrags zugegriffen werden können. Zum Einsatz für multimediale Datenübertragungen sind Routing-Tabellen vorzuziehen, da mit diesen ein Multicasting leicht möglich ist. Hierdurch werden die Routing-Tabellen zu Multicast-Routing-Tabellen. Ein Beispiel einer schon älteren ATM-Vermittlungsstelle, die Multicast im zellbasierten Modus unterstützt, ist *Roxane* [Pry93]. Heutzutage unterstützen bereits viele der verfügbaren ATM-Vermittlungsstellen die Multicast-Funktionalität.

Roxane

Dienstmodell

ATM-Forum und ITU-T

Das ATM-Dienstmodell wurde parallel von der ITU-T und vom ATM-Forum, einem Konsortium von Dienstanbietern und Ausrüstungsherstellern entwickelt und standardisiert. Das Dienstmodell des ATM-Forums ist weiter vorangeschritten als das der ITU-T und kann mit Einschränkungen in vielen Bereichen als Obermenge des ITU-T-Modells betrachtet werden. Aus diesem Grund basieren die folgenden Beschreibungen auf dem Dienstmodell des ATM-Forums.

Dienstkategorien

Der grundlegende Baustein des Dienstmodells des ATM-Forums ist die Existenz verschiedener Dienstkategorien:

- Konstante Bitrate – *Constant Bit Rate (CBR)*.
- Nichtspezifizierte Bitrate – *Unspecified Bit Rate (UBR)*.
- Echtzeit-variable Bitrate – *real-time Variable Bit Rate (rt-VBR)*.
- Nicht-Echtzeit-variable Bitrate – *non-real-time Variable Bit Rate (nrt-VBR)*.
- Verfügbare Bitrate – *Available Bit Rate (ABR)*.

Eine der Grundannahmen des Modells ist, daß diese Menge von Dienstkategorien ausreicht, um alle Kommunikationsbedürfnisse verschiedenster Anwendungen, darunter auch verteilte Multimedia-Anwendungen, zu erfüllen. Das ATM-Dienstmodell mit seinen Dienstkategorien soll eine Abstraktion darstellen, um Anwendungen auf Mechanismen, die vom Kommunikationssystem angeboten werden, abzubilden, und um die Dienstgüte (QoS), die für die Anwendung erforderlich ist, zu gewährleisten. Jede der Dienstkategorien soll derart eine Menge wichtiger Anwendungen mit bestimmten allgemeinen Anforderungen und Eigenschaften repräsentieren.

ATM Bearer Capability (BC)

Die Dienstkategorien des Modells des ATM-Forums sind ähnlich der von der ITU-T definierten *ATM-Bearer-Capability (BC)-Klassen* (von denen es vier gibt: *A*, *B*, *C* und *X*). Das BC-Modell stellt ein auf drei Eigenschaften aufbauendes Klassenmodell dar:

- Feste Datenrate (CBR) oder an die Datenquelle angepaßte variable Datenrate (VBR).
- Zeitliche Synchronisation zwischen Sender und Empfänger erforderlich oder nicht (Echtzeit bzw. Nicht-Echtzeit).
- Verbindungsorientierter bzw. verbindungsloser Dienst oberhalb der ATM-Schicht.

Während das Modell des ATM-Forums ebenfalls CBR und VBR unterscheidet, wird die Erfordernis der Echtzeitbedingung dadurch festgelegt, ob eine Anwendung explizite und quantifizierbare Anforderungen bezüglich der Verzögerung und deren Varianz hat oder nicht. Dies ist ein schwächeres Verständnis von *Echtzeit* als im Modell der ITU-T. Schließlich wurde die Indikation des Verbindungstyps aus dem Dienstmodell des ATM-Forums ausgeklammert, da dieser in der ATM-Schicht als unnötige Information betrachtet wurde [Garr96].

Das Modell des ATM-Forums beinhaltete von Anfang an Best-Effort-Dienste, die später sogar in zwei Dienstarten unterteilt wurden: „eigentlicher Best-Effort" (UBR) und „besserer Best-Effort" (ABR) [Garr96]. Der von der ITU-T übernommene VBR-Dienst wurde anschließend ebenfalls in die Kategorien *Echtzeit* und *Nicht-Echtzeit* unterteilt.

Best-Effort-Dienste

Vergleicht man das *Verkehrsmanagement* (*Traffic Management*, TM) des ATM-Forums (in der Version 4.0), das die Spezifikation der Dienstkategorien enthält, mit dem entsprechenden Dokument der ITU-T (ITU-T Rec. I.371), so läßt sich folgendes feststellen:

TM 4.0 vs. ITU-T Rec. I.371

- In I.371 wird CBR als DBR (Deterministic Bit Rate) bezeichnet, VBR als SBR (Statistical Bit Rate). Es existiert allerdings keine Unterscheidung in Echtzeit- und Nicht-Echtzeit-SBR. Weiterhin existiert kein mit UBR vergleichbarer Dienst und ABR wird in I.371 nicht vollständig spezifiziert.
- Im Hinblick auf die zur Verfügung gestellte Dienstgüte muß festgehalten werden, daß im Modell der ITU-T keine Verhandelbarkeit individueller Dienstgüteparameter vorhanden ist, sondern nur Dienstgüteklassen mit festen Werten von Dienstgüteparametern. Das ATM-Forum erlaubt hier eine größere Flexibilität, indem individuell spezifizierbare und verhandelbare Dienstgüteparameter zur Verfügung gestellt werden.

Verkehrs- und Dienstgüteparameter in ATM

Die Parameter, die die Charakteristika einer bestimmten Verbindung spezifizieren, werden in *Verkehrs-* und *Dienstgüteparameter* unterteilt.

Verkehrsparameter beschreiben die Verkehrscharakteristika eines Senders. Diese befinden sich im sog. *Traffic Descriptor* der Quelle. Der Traffic Descriptor einer Verbindung und die gewünschten Dienstgüteparameter bilden die Basis für Verhandlungen zwischen Anwendungen und dem Netz. Die eventuell verhandelten Charakteristika einer Verbindung werden als *Verkehrskontrakt* bezeichnet. Das Dienstmodell des ATM-Forums spezifiziert die folgenden Verkehrsparameter:

Traffic Descriptor

Verkehrskontrakt
Verkehrsparameter

- Die *Peak Cell Rate* (PCR), die die größtmögliche Zellrate darstellt, die eine Quelle während der Dauer einer Verbindung generiert,
- Die *Sustained Cell Rate* (SCR), die die mittlere Zellrate darstellt, die eine Quelle während der Dauer einer Verbindung generiert,
- Die *Maximum Burst Size* (MBS), die die maximale Zahl von Zellen darstellt, die mit der Peak Cell Rate gesendet werden können,
- Die *Minimum Cell Rate (MCR)*, die die minimale Bandbreite darstellt, die für eine Verbindung garantiert wird.

Die Dienstgüteparameter sind Teil des Verkehrskontrakts und beschreiben die sog. „Leistungsgarantien", die das Netz der Anwendung zur Verfügung stellt. Sie sind für jede Richtung einer Verbindung *individuell spezifizierbar* und müssen schrittweise zwischen Netz und Endsystemen ausgehandelt werden. Neben den verhandelten existieren auch unverhandelte Dienstgüteparametern, die vom Netz ohne Verhandlungsprozeß vorgegeben werden.

Verhandelte Dienstgüteparameter

Es existieren folgende verhandelbare Dienstgüteparameter:

- Die *maximum Cell Transfer Delay* (maxCTD), die die maximal zulässige Ende-zu-Ende-Verzögerung für ankommende Zellen, die nicht als zu spät betrachtet werden müssen (und daher für Echtzeitanwendungen verloren sind), darstellt,
- Die *Peak-to-Peak Cell Delay Variation* (CDV), die der Varianz der Verzögerung (Jitter) entspricht, und die gleich der Differenz zwischen der frühestmöglichen Ankunft einer Zelle und der maximal zulässigen Verspätung einer Zelle ist (maxCTD),
- Die *Cell Loss Rate* (CLR), die gleich dem Verhältnis von verlorenen zu insgesamt übertragenen Zellen ist.

Unverhandelte Dienstgüteparameter

Die unverhandelten Dienstgüteparameter sind:

- Die *Cell Error Ratio* (CER), die das Verhältnis von fehlerhaften Zellen zur Summe aus erfolgreich transferierten und fehlerhaften Zellen darstellt,
- Die *Severely Errored Cell Blocks Ratio* (SECBR), die das Verhältnis von stark beeinträchtigten (fehlerhaften) Zellblöcken zu den insgesamt übertragenen Zellblöcken angibt, wobei ein Zellblock eine Sequenz von N in einer Folge übertragenen Zellen angibt,
- Die *Cell Misinsertion Ratio* (CMR), die die Rate von falsch eingefügten Zellen angibt.

Die Interpretation von Parametern, bzw. welche Parameter für einen speziellen Dienst anwendbar sind, wird durch die Dienstkategorien bestimmt.

Einfache Dienste für Echtzeit und Nicht-Echtzeit: CBR und UBR

Die Unterstützung von Echtzeit bzw. Nicht-Echtzeitdiensten wird als wichtigstes Unterscheidungsmerkmal zwischen Dienstkategorien angesehen [Garr96]. Die einfachsten Dienste für diese zwei Kategorien sind CBR für Echtzeit- und UBR für Nicht-Echtzeitübertragungen.

Constant Bit Rate (CBR)

Constant Bit Rate (CBR)

Der CBR-Dienst ist ein sehr einfacher, zuverlässiger und garantierter Dienst. Er wurde für Anwendungen entwickelt, die unbedingt in Echtzeit ablaufen müssen und die keine Verletzung der Dienstgüte, selbst in kurzen Zeitabschnitten, tolerieren. Aus diesem Grund werden vereinbarte Dienstgüten stets eingehalten; man verfügt derart über einen deterministischen Dienst für Anwendungen, die an Echtzeit gebunden sind. Die zu belegende Rate wird durch die *Peak*

Cell Rate (PCR) definiert. Dies impliziert, daß eine statische Bandbreite reserviert wird, die kontinuierlich während der Dauer einer Verbindung verfügbar ist. Diese Dienstkategorie ist daher ideal für Video- und Audiodatenverkehr, wenn sie über die Kodierung und Kompression einen eher gleichmäßigen Verkehr erzeugen. Für ungleichmäßig sendende Audio- oder Videoquellen wäre CBR ein weiterhin anwendbarer Dienst, wobei allerdings die Betriebsmitteleffizienz in Abhängigkeit von der Ungleichmäßigkeit des Datenverkehrs gering werden kann.

Unspecified Bit Rate (UBR)

UBR ist ein Dienst für Anwendungen ohne Echtzeitbezug, also für solche, die keine Verzögerungs- oder Jitter-Anforderungen erfüllen müssen. Hierbei werden keine quantitativen numerischen Zusagen gemacht. Weiterhin kann keinerlei Fairneß über Verbindungen hinweg erwartet werden, da FIFO als Dienstdisziplin verwendet wird. Obwohl die Peak Cell Rate in UBR signalisiert wird, dient sie dem Netz lediglich als Informationsquelle. Anwendungsfelder von UBR sind traditionell Anwendungen der Rechnerkommunikation wie *Dateitransfer* oder *elektronische Post*. Der Verkehr dieser Anwendungen kann bezüglich der Datenmenge sehr ungleichmäßig sein, weshalb durch ein statistisches Multiplexing beträchtliche Effizienzgewinne zu erwarten sind. Weiterhin sind diese Anwendungen zwar unabhängig von der Verzögerung, aber meist nicht vom Datenverlust. Wie bereits erwähnt wurde, wird hier ein FIFO-Dienst im Zusammenspiel mit großen Puffern im Netz eingesetzt, wodurch ein direkter Zusammenhang zwischen Verzögerung und Datenverlust existiert. UBR stellt somit exakt das Dienstmodell des heute verwendeten Internets dar [Garr96].

Unspecified Bit Rate (UBR)

Komplexere Dienste: rt-VBR, nrt-VBR und ABR

Da CBR und UBR nicht vollständig oder effizient allen Aspekten genügen, die Anwendungen verlangen könnten, werden weitere Dienstkategorien, rt-VBR, nrt-VBR und ABR angeboten. Die Beziehung zwischen diesen Dienstkategorien des Dienstmodells des ATM-Forums wird in Abb. 14-16 auf Seite 462 wiedergegeben.

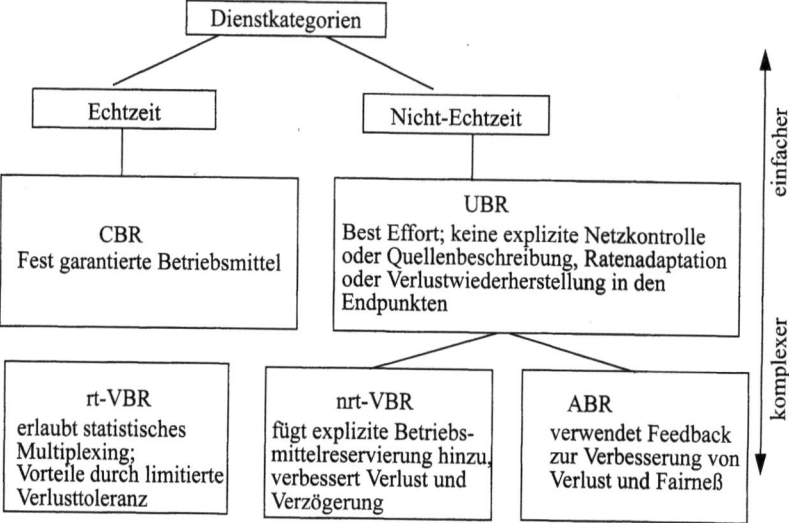

Abb. 14-16 Beziehung zwischen den ATM-Dienstkategorien.

Die rt-VBR-Dienstkategorie wurde, wie der Name schon sagt, für Echtzeitanwendungen mit speziellen Verzögerungs- und Verzögerungsvarianzanforderungen entwickelt, wobei eine zeitlich variierende Senderate der Quelle verwendet wird. Da man annimmt, daß einige Anwendungen, die nicht in Echtzeit arbeiten, ihre Leistung substantiell dadurch erhöhen können, daß die Fairneß, der Verlust und/oder die Verzögerung verbessert werden, sollten diese Möglichkeiten, die durch die einfache Dienstkategorie UBR nicht zur Verfügung gestellt wurden, durch nrt-VBR und ABR realisiert werden.

Real-Time Variable Bit Rate (rt-VBR)

Aus Effizienzgründen sollten ungleichmäßig sendende Echtzeitanwendungen den VBR-Dienst verwenden. Hierdurch wird ein statistisches Multiplexing zwischen Echtzeitmedienströme, die derart in der Quellrate variabel sind, zu einem gewissen Grad anwendbar. Statistisches Multiplexing führt zu geringfügigen Verlusten, die durch die Kodierung aufgefangen werden müssen, so daß verlustempfindliche Anwendungen diese Dienstkategorie eher nicht verwenden sollten, sondern den zuverlässigen CBR-Dienst. CBR allerdings verschwendet eventuell einige der Betriebsmittel, die für eine variable Quelle reserviert sind. Im rt-VBR-Dienst verwendet man die Verkehrsparameter SCR, MBS und PCR, um die variierende Quellrate zu beschreiben. Die Dienstgüteparameter maxCTD, peak-to-peak CDV und CLR sind zusätzlich verfügbar. Einige Autoren unterscheiden zwei unterschiedliche Arten von rt-VBR [Garr96], die aber in den Standards bisher noch nicht unterschieden werden: *Peak Variable Bit Rate* (PVBR) und *Statistically Multiplexed Variable Bit Rate* (SMVBR).

In PVBR variiert die Verkehrsdatenrate, die Dienstgüte ist hingegen immer konstant, da eine ausreichende Menge an Betriebsmittel durch eine Betriebsmittelbelegung für die Peak-Rate des Medienstroms immer garantiert wird. Dieses Schema führt zu der Situation, daß nur Verkehr geringer Priorität wie z. B. UBR und ABR die verbleibende Bandbreite verwenden darf. PVBR kann daher als CBR mit einer Wiederverwendung der restlichen Bandbreite betrachtet werden. Auf der anderen Seite reserviert SMVBR weniger Betriebsmittel, als dies die Peak-Rate erfordern würde, und kann daher zu Verlust und Verzögerung führen, die gegebene Dienstgütegarantien kurzfristig verletzen können. Hierdurch ergibt sich nicht länger ein deterministischer, sondern eine statistischer Charakter des Dienstes. Durch diese weniger konservative Strategie der Bandbreitenbelegung wird allerdings ein statistisches Multiplexing auch zwischen verschiedenen SMVBR-Strömen möglich, wodurch sich eine effizientere Ausnutzung verfügbarer Ressourcen ergeben sollte.

Statistically Multiplexed Variable Bit Rate (SMVBR)

Non-Real-Time Variable Bit Rate (nrt-VBR)

Der nrt-VBR-Dienst soll Anwendungen ohne Echtzeitbezug unterstützen, die durch ein ungleichmäßiges Senden charakterisiert sind. Ein weiteres Ziel ist die Verbesserung der Verlust- und Verzögerungscharakteristiken einer UBR-Verbindung, die zu diesen Parametern keine Dienstgarantien geben kann. Man erreicht dies, indem der Anwendung die Verkehrsparameter Peak Cell Rate (PCR), Sustained Cell Rate (SCR) und Maximum Burst Rate (MBS) bzw. der Dienstgüteparameter Cell Loss Rate (CLR), zur Verfügung gestellt werden. Während nun die gewünschten Verlustcharakteristiken spezifiziert werden können, ist eine Bestimmung der Grenzen der Verzögerung nicht möglich. Indem aber mit Hilfe der Verkehrsparameter etwas Bandbreite reserviert wird, sollte die Verzögerung nicht außerordentlich groß werden. Dies ist eine qualitative Aussage, die für Anwendungen ausreichen soll, die empfindlich gegenüber der Verzögerung sind, aber dennoch keinen Echtzeitcharakter haben.

Non-Real-Time Variable Bit Rate (nrt-VBR)

Available Bit Rate (ABR)

Der ABR-Dienst wurde für Anwendungen ohne Echtzeitbezug entwickelt, die keine besonderen Anforderungen hinsichtlich der Verzögerung oder der Verzögerungsvarianz besitzen, die aber gute Verlustcharakteristiken und Fairneß über alle gleichzeitig operierenden ABR-Verbindungen wünschen. ABR ist eine Dienstkategorie, bei der sich die Transfercharakteristiken während der Datentransferphase ändern können. ABR basiert auf einem Flußkontrollmechanismus, dessen Aufgabe die Anpassung der Quellrate als Antwort auf Netzcharakteristiken, die sich verändern, ist, um einer Verstopfung des Netzes und damit eventuell großen Verlustraten vorzubeugen. Es ist das Ziel von ABR, den Verlust zu minimieren und die Fairneß zu maximieren, indem ein Protokoll mit einer ratenbasierten Flußkontrolle angewendet wird. Fairneß wird hierbei aber nur den Verbindungen gewährt, die auch tatsächlich eine Anpassung gemäß des Flußkontrollprotokolls vornehmen. ABR verwendet keinen Traffic Descriptor und ist daher näher an UBR als an nrt-VBR anzusiedeln [Garr96]. ABR verwendet weiterhin keine signalisierte Zellverlustrate, Verzögerung oder Jit-

Available Bit Rate (ABR)

ter, aber wie auch UBR PCR (mit informellem Charakter) und optional MCR, die immerhin eine gewisse Mindestbandbreite für ABR-Verbindungen garantiert.

Als Zusammenfassung sind in Abb. 14-17 die Dienstkategorien und die jeweils gültigen Verkehr- und Dienstgüteparameter dargestellt.

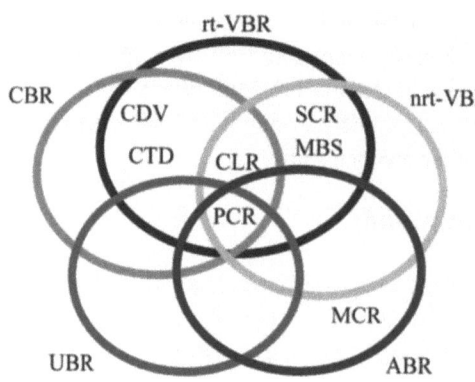

Abb. 14-17
Anwendbarkeit von Verkehrs- und QoS-Parametern im Hinblick auf Dienstkategorien.

CBR – Constant Bit Rate
VBR – Variable Bit Rate
UBR – Unspecified Bit Rate
ABR – Available Bit Rate
rt-VBR – real-time VBR
nrt-VBR – non-real-time VBR

PCR – Peak Cell Rate
SCR – Sustained Cell Rate
MBS – Maximum Burst Rate
MCR – Minimum Cell Rate
CTD – Cell Transfer Delay
CDV – Cell Delay Variation
CLR – Cell Loss Rate

ATM-Host-Schnittstelle

Ein weiterer wichtiger Aspekt von ATM ist dessen Einfluß auf die Endknoten (Hosts, Multimedia-Workstations). Hier werden nun einige Möglichkeiten vorgestellt, wie Endsysteme für die Übertragung multimedialer Daten Vorteile aus dem ATM-Konzept ziehen können:

- *Unterstützung der VBR-Kodierung*
  Wenn Videosignale unter Verwendung einer einfachen *Pulse Code Modulation* kodiert werden, ist die resultierende Bitrate konstant. Sobald aber ein Kompressionsalgorithmus verwendet wird, variiert die Bitrate meistens in Abhängigkeit von der Zeit.

  In klassischen ISDN-Netzen muß diese fluktuierende Rate in eine konstante Rate (Constant Bit Rate CBR) konvertiert werden, nämlich in genau die Rate, mit der das Netz arbeitet. Für ISDN sind dies z. B. 64 Kbit/s oder oft auch ein Vielfaches davon. Diese Angleichung der Bitrate kann durch einen Ausgangspuffer realisiert werden, der zwischen dem Dekoder und dem Netz angeordnet ist, bzw. durch ein Rückkopplungssignal vom Puffer zum Dekoder.

  In ATM-Netzen muß keine Begrenzung auf eine zu verwendende konstante Bitrate stattfinden, so daß grundsätzlich am Ausgang des Dekoders kein großer Puffer mehr erforderlich ist. Die vom Dekoder erzeugten Daten können direkt in das ATM-Netz eingespeist werden, indem vornehmlich AAL2 mit einem VBR-Videodekoder verwendet wird.

- *Unterstützung einer vom Medium abhängigen hierarchischen Kodierung*
  In zukünftigen WANs werden neue Multimedia-Dienste z. B. aus einem

oder mehreren der folgenden Datenströme bestehen: *Audio, Standardvideo, Videodaten in Fernsehqualität, Animationen* und *Daten*. Alle dieser Komponenten können individuell über separate virtuelle Kanäle transportiert werden. Es müssen aber einige Einschränkungen der verschiedenen virtuellen Kanäle beachtet werden, die sich hauptsächlich aus der relativen Verzögerung ergeben, die durch das Netzwerk verursacht wird.

Die Lippensynchronisation zwischen Sprache und Videobildern erfordert z. B. einen Verzögerungsunterschied (sog. Skew) von ≤ 80 ms [SM92a]. Aus diesem Grund können die individuellen Datenströme weiterhin hierarchisch unterteilt werden. Jede höhere Hierarchiestufe verwendet die Information der tieferen Stufe, um ein Bild mit einer geforderten Qualität zu erzeugen. Im Hinblick auf die Auflösung bezeichnet man dieses Konzept auch als *Hierarchische Kodierung*.

Hierarchische Kodierung

Ton (wie HiFi) und Daten (wie Untertitel) sind *nicht-hierarchisch* kodiert. Dies impliziert, daß jede Hierarchiestufe einem separaten VCI/VPI zugeordnet werden könnte.

Ein wichtiger Vorteil dieses Ansatzes ist die Kompatibilität zwischen verschiedenen Diensten und Endgeräten. Ein weiterer Vorteil besteht in der Möglichkeit, effizient mit Zellverlusten umzugehen, die durch das ATM-Netz verursacht wurden [Pry93]. Eine allgemeingültige weitverbreitete Akzeptanz genau festgelegter hierarchischer Kodierungsformate ist jedoch heute keinesfalls erreicht.

14.5 Abschließende Bemerkungen

Die meisten kooperativen Multimedia-Anwendungen verwenden als zugrundeliegende Netze z. B. Ethernet, ohne eine Änderung der vorliegenden Systeme vorzunehmen. Video- und Sprachtelekonferenzen wurden im Internet mit Datagramm-basierten Protokollen demonstriert (z. B. in [TP91, NS92, CCH$^+$93] und anderen Implementierungen). Es entspricht also nicht der Wahrheit, daß multimediale Kommunikationssysteme eine Bandbreite von mindestens 100 Mbit/s benötigen, um eine akzeptable Kommunikation zu ermöglichen. Die aktuelle Verwendung des MBone mit Software für Video- und Audiokonferenzen, wie z. B. nv oder vat, unterstützt die entfernte Teilnahme an Konferenzen und anderen technisch orientierten Treffen [Moy93].

Die heute verfügbaren Netzlösungen übertragen sehr gut multimedialen Verkehr, wenn die Netzauslastung gering ist. Dies wird sich allerdings ändern, wenn diese Anwendungen eine weitere Verbreitung erfahren. Die Zahl der Endbenutzer nimmt ständig zu und damit auch der Verkehr. Große Mengen dieses Verkehrs können nicht länger ohne eine Behandlung von verschiedenen Diensttypen in den Gateways und Routern bzw. den Ende-zu-Ende-Protokollen verarbeitet werden.

Kommunikation

Im Kapitel 14 zu Netzen wurden die an ein Rechnernetz zu stellenden Anforderungen, wie geringere Verzögerung, als Voraussetzung für interaktives Arbeiten, hohe Datenraten und eine geringe Fehlerrate diskutiert. Eine Reihe von Netztechnologien, wie FDDI, High-Speed-Ethernet, Token Ring und ATM, wurden bezüglich ihrer Eignung zur Übertragung multimedialer Daten analysiert.

Dieses Kapitel präsentiert einen Überblick über Netz- und Transportprotokollen im Hinblick auf die Übertragung von Multimedia-Daten. Dabei werden insbesondere die speziellen Erfordernisse von Multimedia-Anwendungen und erläutert und auch die Eignung der betrachteten Technologien für derartige Anwendungen.

Alternativen und Ansätze, die sich ergänzen, zur Bereitstellung von Dienstgütegarantien (als ein wesentliches aktuelles Forschungsgebiet) wird ein umfangreicher Teil dieses Kapitels vorbehalten. Eine allgemeine, umfassende Darstellung der Rechnerkommunikation – ohne speziell auf Multimedia einzugehen – ist z. B. in [Tan96a] zu finden.

15.1 Protokolle und Dienste der Vermittlungsschicht

Die speziellen Anforderungen der Übertragung von Multimedia-Daten an die *Vermittlungsschicht* (*Network Layer*) des Kommunikationssystems umfassen die Bereitstellung einer hohen Bandbreite, Multicasting sowie die Unterstützung von Betriebsmittelreservierung (Resource Reservation) und die Gewährung von Dienstgütegarantien.

Anforderungen an die Vermittlungsschicht

Das Internet und die hier genutzten Protokolle vollziehen gegenwärtig einen überaus dynamischen Entwicklungsprozeß, um den Anforderungen seines rapiden Wachstums und der Vielzahl neuartiger Applikationen und Dienste gerecht zu werden.

Neben dem hauptsächlich verwendeten *Internet Protocol* (*IP*), das in seiner heutigen Form einen Best-Effort-Dienst realisiert, gibt es eine Reihe von Weiter- und Neuentwicklungen bzw. zusätzliche Entwicklungen, die das Ziel verfolgen, differenziert spezielle Anforderungen erfüllen zu können.

Von besonderem Interesse ist hierbei der Einsatz von Protokollen, die es erlauben, Daten als zu einem bestimmten Datenstrom zugehörig zu klassifizieren und entsprechend besonders effizient zu behandeln. Ein Augenmerk gilt auch der Untersuchung von Routing-Verfahren, die Entscheidungen über den Weg der Multimedia-Daten durch ein Kommunikationsnetz treffen, und der Art dieser Weiterleitung anhand spezieller Dienstgüteanforderungen.

15.1.1 Internet Protocol (IP)

Aufgabe von IP

Das *Internet Protocol* (IP) ermöglicht heute die ungesicherte Übertragung von Datagrammen (einzelne Datenpakete) zwischen Absender- und Zielsystemen, wobei diese Datagramme eine Anzahl von Transfersystemen (Gateways oder Router) und Netze durchlaufen können. Einige der für die Übertragung von Multimedia-Daten relevante Aspekte werden nachfolgend erläutert.

Adressierung

IPv4

Eine der Grundfunktionen aller Internet-Protokolle ist die Adressierung. Unter Adressierung versteht man die Generierung eines globalen Adreßraums, innerhalb dessen jedes Netz und Endsystem eindeutig identifiziert werden kann. Die von IP in seiner derzeitigen Version *IPv4* genutzte Adreßstruktur wird in Abb. 15-1 dargestellt

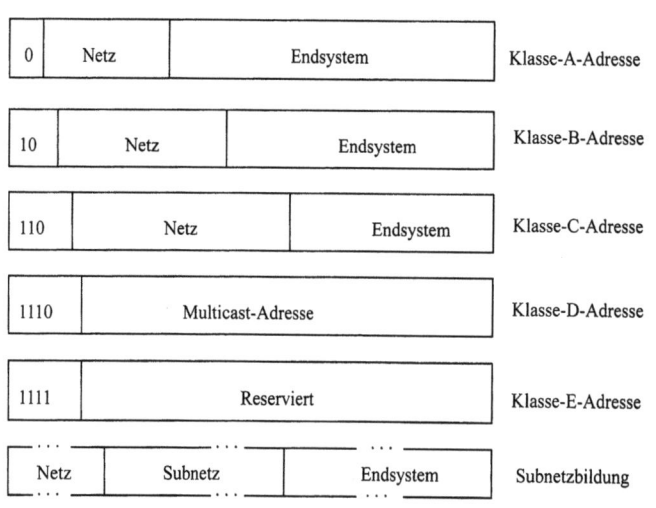

Abb. 15-1 IPv4-Adreßstruktur.

Adreßklassen A-E

Die Adreßstruktur wurde so entworfen und implementiert, daß 5 Adreßklassen, sog. Klasse-A, -B-, -C-, -D- und Klasse-E-Adressen unterstützt werden, die sich an ihrem Präfix eindeutig unterscheiden lassen.

Klasse-A-Adressen nutzen 24 bit, um die Rechner innerhalb eines Netzes, für dessen Beschreibung 7 bit vorgesehen sind, zu klassifizieren. Die geringe Anzahl von Bits für die Netzadressierung erlaubt nur eine kleine Anzahl von Klasse-A-Netzen, während mit Hilfe einer Zuordnung von 16 bit als Identifikator für Endsysteme und 14 bit zur Beschreibung des Netzes eine deutlich größere Anzahl von Klasse-B-Netzen realisierbar ist. Diese wird nochmals deutlich von der Anzahl der Klasse-C-Netze übertroffen, die 21 bit zur Beschreibung des Netzes und 8 bit für den endsystemspezifischen Teil vorsehen. Es ist gängige Praxis, für jeweils eine Reihe organisatorisch oder örtlich zusammengehöriger LANs eine Klasse-B-Netzadresse zu vergeben. An der TU Darmstadt werden bspw. Klasse-B-Adressen im Bereich 130.83.0.0 bis 130.83.255.255 verwendet. Das Präfix für das Netz ist hier 130.83. Innerhalb eines Netzes ist unter Einsatz von *Subnetzmasken* für den endsystemspezifischen Teil eine weitere Unterteilung in Subnetze möglich, die durch Router getrennt sind.

In der LAN-Technologie sind die Konzepte des *Broadcast* und des *Multicast* gebräuchlich. Bei *Broadcast* werden von einem Sender jeweils alle direkt angeschlossenen Empfänger angesprochen. Bei *Multicast* liegt eine Einschränkung auf eine Untermenge dieser Systeme vor. Diese Adressierungsmöglichkeiten werden in der Regel durch entsprechende Hardware unterstützt und gestatten es den Applikationen, Daten innerhalb eines Netzes nur einmalig abzusenden und dennoch einen größeren Empfängerkreis zu erreichen. Die Nutzung dieser Funktionalität stellt für eine Reihe von Anwendungen, wie Audio- oder Videokonferenzen mit mehreren Teilnehmern oder die Realisierung verteilter Datenbanksysteme, eine attraktive, wenn nicht oft sogar notwendige Option dar.

Broadcast und Multicast

Im Rahmen des Internets wurde einem solchen Ansatz durch die Vergabe von speziellen *Klasse-D-Adressen* für die Multicast-Übertragung Rechnung getragen. Pakete, die mittels einer Multicast-Adresse adressiert worden sind, werden von multicastfähigen Router zu allen Endsystemen, die Mitglieder einer Multicast-Gruppe sind, transportiert und dabei nur bei Bedarf vervielfältigt.

Klasse-D-Adressen

Der Bereich der Klasse-E-Adressen wurde für zukünftige Erweiterungen reserviert.

Routing (Wegeleitung)

Da die Infrastruktur des Internets von Netzen gebildet wird, die durch Routern verbunden werden, stellt das *Routing* (die Wegeleitung) von IP-Paketen eine wesentliche Aufgabe dar.

Um die Wegewahl durch Bildung von Hierarchien zu vereinfachen und eine Möglichkeit zur weiteren experimentellen Untersuchung von verschiedenen Routing-Protokollen für das globale Netz zu schaffen, wurde das Konzept der *Autonomen Systeme (AS)* entwickelt.

Autonome Systeme

Autonome Systeme werden aus einer Menge von Routern gebildet, die sich unter einer gemeinsamen administrativen Kontrolle befinden. Innerhalb eines Autonomen Systems benutzen die Router in der Regel ein einheitliches Routing-Protokoll, das aus der Menge der *Interior Gateway Protocols (IGP)* ausgewählt wird. Der Austausch von Routing-Informationen zwischen den Autono-

Interior und Exterior Gateway Protocols

men Systemen erfolgt durch die Router an deren Grenzen mittels eines *Exterior Gateway Protocols (EGP)*.

OSPF und BGP — Im Internet hat sich das *Open Shortest Path First (OSPF)* [Moy97], das auf Link State basiert, als gebräuchliches IGP-Protokoll etabliert, während für die Nutzung als EGP-Protokoll das *Border Gateway Protocol (BGP)* [RL95] entwickelt wurde und eingesetzt wird. Durch die OSI wurde für das Routing von

IDRP — verbindungslosen Paketen das *Inter-Domain Routing Protocol (IDRP)* [Est93] spezifiziert und für die Nutzung mit OSI-Protokollen standardisiert.

Für Multimedia-Daten scheint es zunächst günstig zu sein, wenn die Übertragung entlang eines Pfades erfolgt, der im voraus festgelegt wird und nachfolgend unveränderlich ist (statische Route). Entlang eines solchen Pfades wäre es möglich, Garantien einzuhalten, und man könnte nur geringe oder keine Schwankungen in der Paketübertragungszeit erwarten.

Probleme des statischen Routings — Problematisch bei einem solchen Vorgehen ist allerdings, daß einige Eigenschaften des IP-Protokolls verloren gehen würden, wie z. B. das automatische Umgehen von beschädigten und stark überlasteten Netzabschnitte. Diese für die Funktion der Internet-Architektur fundamentale (und bewährte) Eigenschaft sollte jedoch erhalten bleiben. Weiterhin würde bei der Verwendung statischer Routen die Möglichkeit verlorengehen, bei Überlastung von Verbindungen einzelne Pakete entlang eines anderen Weges zu übertragen.

Ein effektives Routing, das neben der Konnektivität der Teilsysteme weitere Parameter, wie z. B. Dienstgüteanforderungen, berücksichtigt, führt zu komplexen Algorithmen und ist weiterhin aktueller Forschungsgegenstand.

Für die effiziente Übertragung von Multicast-Daten ergeben sich zusätzliche Anforderungen an das Routing, da es keine lokale Zusammengehörigkeit der Mitglieder einer Multicast-Gruppe gibt und diese vielmehr beliebig im Netz verteilt sein können. Diese Aspekte werden in einem gesonderten Abschnitt beschrieben.

Zusammenwirken der Internet-Protokolle mit den darunterliegenden Netztechnologien

Internet-Protokollstack — Der Internet-Protokollstack hat innerhalb der derzeit genutzten Kommunikationsarchitekturen eine sehr weite Verbreitung gefunden; es existiert eine Vielzahl von Anwendungen, die ihn nutzen. Es existiert daher ein großes Interesse, IP-Datagramme, die z. B. Multimedia-Daten transportieren können, über verschiedene Netze, wie z. B. Ethernet oder ATM (Breitband-ISDN), mit unterschiedlicher Charakteristik zu übertragen.

Internet-Protokolle und tiefere Schichten — Dabei spielt die Abbildung zwischen den Internet-Protokollen und den darunterliegenden Schichten eine wichtige Rolle. Dies betrifft sowohl eine Umsetzung der verwendeten Adressierungsmöglichkeiten als auch eine effiziente Abbildung von Parametern (bspw. der Anzahl der in einer Protokolldateneinheit übertragenen Bytes) oder von Protokollsemantik (wie bspw. Dienstgüteklassen). Bei der Übertragung von IP-Datagrammen z. B. über ein Ethernet-LAN müssen die Daten in ein Ethernet-Paket eingepackt und übertragen werden, das mittels einer 48 bit-Ethernet-Adresse korrekt adressiert wird.

Systeme realisieren die Zuordnung zwischen IP- und LAN-Adressen mittels des *Address Resolution Protocols* (ARP) [Plu82] und können die damit abgefragte Information für einen bestimmten Zeitraum verwenden. Ist einem Rechner die Zuordnung zwischen einer IP-Adresse und einer zugehörigen Ethernet-Adresse nicht bekannt, so löst er per Broadcast eine entsprechende Anfrage aus, die von dem entsprechenden System beantwortet werden kann, dem sowohl seine IP- als auch seine Ethernet Adresse bekannt sind. Das verwendete *Reverse Address Resolution Protocol* (RARP) [FMMT84] kann genutzt werden, um zu einer bekannten LAN-Adresse die IP-Adresse zu bestimmen und spielt z. B. beim Booten und Konfigurieren plattenloser Endsysteme eine Rolle, wobei es zunehmend durch die in ihrer Funktionalität umfangreicheren Protokolle *Boot Protocol* (BOOTP) [CG85] und *Dynamic Host Configuration Protocol* (DHCP) [Dro97] abgelöst wird.

Zuordnung IP- zu LAN-Adressen

Wird ATM als Übertragungstechnologie für IP benutzt, so müssen die beteiligten Systeme IP-Datagramme in entsprechend adressierte ATM-Zellen verpacken bzw. aus diesen wieder zusammensetzen. Zu den dabei verwendeten Abbildungsvorschriften und Verfahren existieren sowohl in den ATM-Spezifikationen zu den ATM Adaption Layers (AAL), als auch mit *LAN Emulation* (LANE) [TEBM95], *Classical IP over ATM* (CLIP) [Lau94] und *Multiprotocol over ATM* (MPOA) eine Reihe von Ansätzen.

IP und ATM

15.1.2 Internet Protocol Version 6 (IPv6)

Die aktuell genutzte Version IPv4 des Internet Protocols, deren Entstehung auf das Jahr 1981 zurückgeht, erreicht das Ende ihres Lebenszyklus, da Beschränkungen von IPv4 immer offensichtlicher werden. Als Hauptbeweggründe für die Schaffung einer neuen Version erweist sich einerseits der Mangel an IP-Adressen, der durch das explosionsartige Wachstum des Internet zu verzeichnen ist, aber auch die Forderung nach erweiterter Funktionalität und das bisherige völlige Fehlen von sicherheitsrelevanten Funktionen in IPv4.

Schwächen von IPv4

Daher veröffentlichte die IETF im Jahr 1992 einen „Call for Proposals" für ein Internet-Protokoll der nächsten Generation (IPnG), der zu einer Reihe von Requests for Comments (RFCs) führte, die in den Jahren seit 1995 erschienen.

IPnG

Die Veränderungen zwischen IPv4 und IPv6 lassen sich in die im folgenden beschriebenen Kategorien einteilen, von denen einige eine besondere Bedeutung für die Übertragung von Multimedia-Daten besitzen.

IPv6

Erweiterte Adressierung und verbessertes Routing

IPv6 erweitert die Größe des IP-Adreßfeldes von 32 bit (siehe Abb. 15-2 auf Seite 472) auf 128 bit (siehe Abb. 15-3 auf Seite 472).

Abb. 15-2
IPv4-Paket-Header.

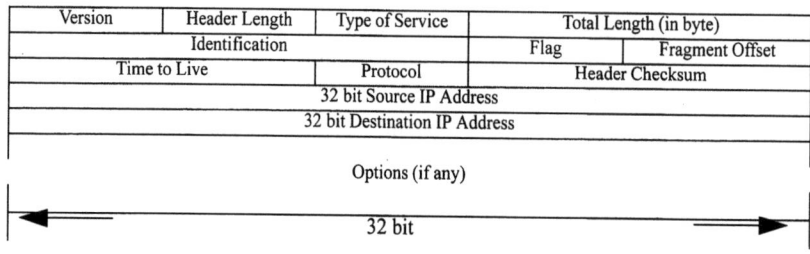

Abb. 15-3
IPv6-Paket-Header.

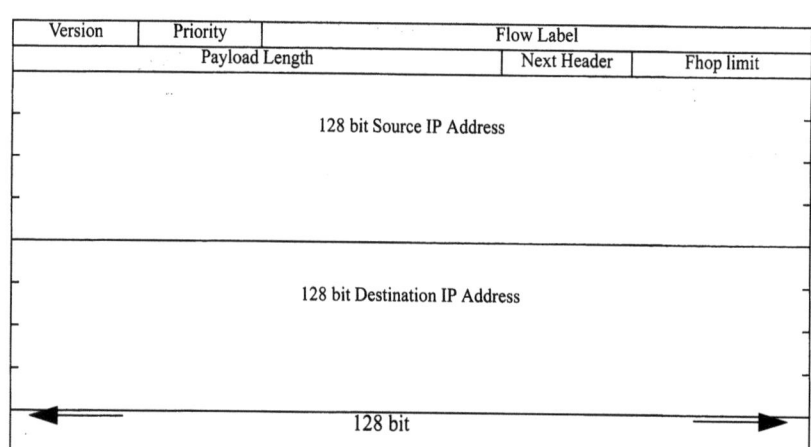

Vorteile von IPv6   Dies ermöglicht einerseits eine signifikant größere Anzahl adressierbarer Systeme und bietet andererseits weitergehende Möglichkeiten zur Schaffung von Adreßhierarchien und von einer einfachen Autokonfiguration von Adressen. So wurde in IPv6 explizit vorgesehen, mehrere Adressen zu einem Interface zuzuordnen und diese dann anforderungsspezifisch nutzen zu können.

Link-Local-Adresse   Eine aus einem speziellen festen Präfix und einem eindeutigen Token, z. B. der MAC-Layer-Adresse gebildete sog. *Link-Local-Adresse* kann ohne Hilfe eines zusätzlichen Dienstes in einem zustandslosen Autokonfigurationsmodus erzeugt werden. Dagegen besteht in einem zustandsbehafteten Autokonfigurationsverfahren durch Verknüpfung des Tokens mit variablen Präfix, das einem von einem Router propagiert wird, die Möglichkeit zur Generierung einer Adresse mit globaler Bedeutung.

Scope   Durch das Hinzukommen eines Gültigkeitsbereichs-Feldes (Scope) bei Multicast-Adressen wird die Skalierungsfähigkeit von Multicast-Übertragungen an eine große Menge von Teilnehmern deutlich vereinfacht.

Anycast   Weiterhin wurde in IPv6 mit sog. *Anycast-Adressen* ein neuer Adreßtyp geschaffen. Daten, die mittels einer Anycast-Adresse an eine Menge von Systemen adressiert wurden, werden zu mindestens einem dieser Endsysteme übertragen. Dies erleichtert die Implementierung von räumlich verteilten, aber transparent einheitlich adressierbaren Systemen (z. B. alternativen File-Server), Clustern oder ausfallredundanten Lösungen. Durch die Nutzung von Anycast-Adressen in IPv6-Source-Routen, bei denen die zu passierenden Systeme explizit angegeben werden, ist auch eine flexible Art der Kontrolle des Pfades, entlang dessen ein Datenstrom übertragen werden soll, möglich.

Vereinfachung des Formats des IP-Headers

Obwohl IPv6-Adressen viermal so lang sind wie IPv4-Adressen, ist ein typischer IPv6-Header nur doppelt so groß wie ein IPv4-Header. Dazu wurden einige der Bestandteile von IPv4 entweder entfernt oder optional vorgesehen, was sich nicht nur auf den resultierenden Bandbreitenüberhang sondern auch auf den durchschnittlichen Aufwand zur Verarbeitung der Header günstig auswirkt.

Verbesserte Unterstützung für Optionen

Änderungen der Kodierung der IP-Header erlauben eine effektivere Weiterleitung der Daten, weniger einschränkende Grenzen für die Größe der optionalen Bestandteile und sichern eine hohe Flexibilität für zukünftige Erweiterungen.

Kodierung der Header

IPv6 definiert eine erweiterbare Anzahl sog. *Next Header Values*, durch die weitere optionale IP-Header oder ein Protokoll der höheren Ebene angezeigt werden können. Durch wiederholte entsprechende Belegung des Next-Header-Feldes im jeweils referenzierten Header können optionale Bestandteile auf eine erweiterbare und sehr effiziente Art angefügt werden. Für die Reihenfolge der *Extension Header* existiert eine Empfehlung, nach der für die Routing-Entscheidung wesentliche Daten zuerst plaziert werden, und die es den zu durchlaufenden Routern ermöglicht, nur diese Daten zu bearbeiten und weitere ohne zusätzlichen Verarbeitungsaufwand zu ignorieren.

Next Header Values

Unterstützung von Dienstgütegarantien

Obwohl IPv6 zunächst keine eigene Unterstützung für die Bereitstellung von Dienstgütegarantien bietet, wurden im Protokoll eine Reihe von Vorkehrungen getroffen, die durch andere Mechanismen zur Anforderung und zum Gebrauch von Reservierungen und zur differenzierten Behandlung von Paketen genutzt werden können.

Insbesondere wurde das Konzept sog. *Flows* berücksichtigt. Diese bezeichnen die Abfolge von Datenpaketen zwischen Sendern und Empfängern, die als zusammengehörig zu betrachten und entsprechend zu behandeln sind.

Flows

Die spezielle Behandlung von Datenströmen in den Übertragungsknoten (Bridges, Routern und Gateways) des Netzes kann durch zusätzliche Managementmechanismen oder Protokollschritte (in IPv6 nicht enthalten), wie z. B. ein Reservierungsprotokoll, angewiesen und gesteuert werden. Der Header eines jeden IPv6-Pakets enthält ein 24 bit großes *Flow Label*, mit dessen Hilfe die Daten eindeutig einem speziellen Datenstrom zugeordnet werden können. Ein Router kann diese Klassifizierung unmittelbar nutzen und entscheiden,

Flow Label

Prioritäten in IPv6

welche Dienstgüteklasse für die Behandlung des Paketes vorgesehen ist, und inwiefern spezielle Ressourcen für dessen Verarbeitung und Weitertransport vorgesehen sind.

Zusätzlich zum Konzept der Datenströme benutzt IPv6 ein Prioritätsfeld (*Priority Field*), anhand dessen Router entscheiden können, mit welcher Wichtigkeit Datagramme zu behandeln sind. So können für die Multimedia-Daten interaktiver Applikationen Datagramme hoher Priorität genutzt werden. Die Weiterleitung solcher Datagramme erfolgt dann nach Möglichkeit bevorzugt zum Datenverkehr geringerer Priorität.

Es wird zwischen *Congestion Controlled Traffic* mit den Prioritäten 0 bis 7 und *Non-Congestion Controlled Traffic* mit den Prioritäten 8 bis 15 unterschieden (siehe Tab. 15-1).

Tab. 15-1 Klassifizierung von Datenströmen nach Prioritäten.

nicht Echtzeit	0 -	Keine spezifische Priorität
	1 -	Hintergrundverkehr (bspw. Nachrichten)
	2 -	Unerwarteter asynchroner Datentransfer (bspw. Email)
	3 -	Reserviert für zukünftige Definition
	4 -	Erwarteter interaktiver Blockdatentransfer (bspw. Dateitransfer)
	5 -	Reserviert für zukünftige Definition
	6 -	Interaktiver Verkehr (bspw. Remote Login und Windows-Systeme)
	7 -	Kontrolle (bspw. Routing-Protokoll und Netzwerkmanagement)
Echtzeit	8 -	Non-Congestion-Controlled
	15 -	Non-Congestion-Controlled

Applikationen nutzen diese Klassen entsprechend ihrer speziellen Spezifika und Erfordernisse. Eine Datenquelle, die Daten „Congestion-Controlled" sendet, reagiert (z. B. durch entsprechende Maßnahmen des verwendeten Transportprotokolls) auf Verzögerungen im Netz, die sie bemerkt hat, indem sie die Anzahl der versendeten Daten pro Zeiteinheit reduziert.

Während ein solches Vorgehen für Nicht-Echtzeitdaten durchaus adäquat ist, kann für Multimedia-Daten nicht in dieser Art und Weise verfahren werden. Diese Daten werden als *Non-Congestion-Controlled* gekennzeichnet.

Sicherheit

Sicherheitsbestandteile

IPv6 unterstützt als Basisbestandteil des Protokolls Funktionen zur *Authentifizierung*, zur Sicherstellung der *Unversehrtheit* von Daten und zur Gewährleistung der *Vertraulichkeit*.

Durch Einbeziehung dieser Funktionalität als obligate Anforderung an alle IPv6-Implementierungen wird eine Reihe von sicherheitsrelevanten Verfahren ergänzt oder überflüssig, die bisher auf Applikationsebene realisiert waren. Eine kurze Beschreibung der Algorithmen, die zur Gewährleistung der Vertraulichkeit, zur Authentifizierung sowie zur Generierung und Verteilung der benötigten Schlüssel genutzt werden, wird in Kapitel 19 zu Sicherheit gegeben.

Fragmentierung von Daten

Im Gegensatz zu IPv4 ist es den Routern in IPv6 nicht mehr erlaubt, Datagramme zu fragmentieren (d. h., in kleinere Pakete aufzuteilen), vielmehr bleibt dies den Absendern vorbehalten.

Fragmentierung

Die Sender können dies unmittelbar nach Identifizierung der maximalen Paketgröße (*Maximum Transfer Unit*, MTU), die entlang des möglichen Übertragungsweges zu beachten ist, mittels eines geeigneten Protokolls (*MTU Discovery Protocol*) durchführen, oder nach einem erfolglosen Versand und einer Fehlermeldung durch das *Internet Control Message Protocol* (ICMP). Mittels der Verwendung eines *Fragment-Headers* wird dann eindeutig spezifiziert, zu welchem ursprünglichen Datagramm ein Paket gehört, und an welchem Fragmentierungs-Offset bei der Reassemblierung aufzusetzen ist.

Vorgehen des Senders

Dieses Vorgehen entlastet die Systeme, die bei der Übertragung durchlaufen werden, vom zusätzlichen Aufwand der Fragmentierung, die im ungünstigen Falle sogar mehrfach notwendig sein könnte. Außerdem werden so Probleme vermieden, die Systeme bei der Klassifizierung, die für ihre Funktionalität notwendig ist, von Paketen anhand ihrer Nutzdaten haben können. Solche Probleme treten z. B. in Firewall-Systemen auf.

Für reguläre Pakete gibt es eine Größenbeschränkung auf 64 KByte, optional können aber auch größere Pakete, sog. *Jumbogramme* ausgehandelt werden. Dabei ist zu beachten, daß diese Pakete die genutzten Verbindungen bei entsprechender Größe und in Abhängigkeit von der Übertragungskapazität bereits für eine nicht unbeträchtliche Zeitspanne binden und damit den fristgemäßen Transport zeitkritischer Daten behindern könnten.

Jumbogramme

Aufgrund der Vielzahl von Systemen und Anwendungen, die den existierenden IP-Stack mit einer Adreßlänge von 32 bit und die IPv4-Headerstruktur nutzen, muß von einer längeren Übergangsperiode zum neuen IPv6-Protokoll ausgegangen werden. Aus diesem Grunde spezifiziert IPv6 explizit Mechanismen für eine schrittweise Migration. Der IPv6-Datenverkehr kann zwischen IPv6-fähigen Teilnetzen über die existierende IPv4-Infrastruktur getunnelt werden. Für Erprobungszwecke wurde dafür ein virtuelles Overlay-Netz, das 6Bone [DB98] spezifiziert. Auch in einem originären IPv6-Netz bleiben IPv4-Systeme durch Verwendung von Mechanismen zur Adreßabbildung, wie IPv6-kompatiblen und IPv4-abgebildeten Adressen oder sog. *Dual-Stack-Hosts*, erreichbar.

Übergang von IPv4 zu IPv6

Tunnelung mit 6Bone

15.1.3 Multicast-Unterstützung

Die Grundfunktionalität von IP-Multicast erlaubt es einem Absender, Datagramme an alle Mitglieder einer Multicast-Gruppe, die mit einer einzigen Multicast-Adresse adressiert werden, zu senden. Für die Auslieferung der Daten an alle oder auch nur an ein einziges Mitglied der Gruppe gibt es im allgemeinen keine Garantie.

Routing

Die Unterstützung von Multicasting in einer WAN-Umgebung stellt eine durchaus anspruchsvolle technische Herausforderung dar. Dabei ist auch in Betracht zu ziehen, daß anhand einer Multicast-Adresse selbst keine Aussage über den Aufenthaltsort eines Empfängers getroffen werden kann.

Innerhalb eines LANs müssen Informationen darüber gewonnen und verwaltet werden, welche Systeme am Empfang von Daten interessiert sind, die an eine spezielle Multicast-Gruppe adressiert sind. An diese Systeme sind die Daten effizient unter Nutzung der Spezifika der darunterliegenden Netztechnologie (in der Regel Ethernet mit Multicast-Fähigkeit, aber möglicherweise auch ATM) weiterzuleiten. Die Router innerhalb des WANs müssen die lokal gewonnen Informationen austauschen. Dies kann zu einer Verwaltung verwendet werden, deren Ziel die Feststellung ist, welche Systeme zu einer Multicast-Gruppe gehören. Hiermit kann entschieden werden, ob und über welche Ausgänge (Interfaces) der Router ein eintreffendes Multicast-Paket weitergeleitet werden muß.

Auslieferung von IP-Multicast-Paketen im LAN

Ethernet bietet – als im LAN häufig genutzte Übertragungstechnologie – eine Hardware-Unterstützung für den Versand von Multicast-Daten an. Multicast-Pakete werden im Protokoll-Header durch ein entsprechend gesetztes Multicast-Bit angezeigt.

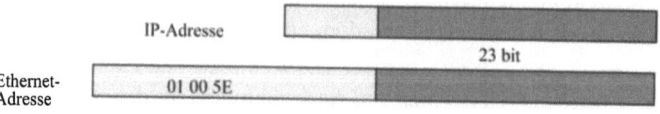

Abb. 15-4 Adreßabbildung für IP-Multicast.

Adreßvergabe

Von der *Internet Assigned Numbers Authority* (IANA) wurde für die Nutzung von IP-Multicast der mit 01-00-5E beginnende Block der Ethernet-MAC-Adressen registriert (siehe Abb. 15-4). Für die Abbildung von IP-Multicast-Adressen auf Ethernet-Multicastadressen wurde eine Abbildungsvorschrift geschaffen, die vorsieht, die niederwertigen 23 bit der IP-Multicast-Adresse in die niederwertigen 23 bit der Ethernet-Adresse zu plazieren.

Internet Group Management Protocol (IGMP)

Das *Internet Group Management Protocol* (IGMP) [Dee89] wurde in seiner Version 1 im RFC 1112 spezifiziert und nutzt das IP-Paketformat mit zusätzlichen IGMP-Feldern, wie IGMP-Typ (Host Membership Query, Host Membership Report), Checksumme und Gruppenadresse (siehe Abb. 15-5 auf Seite 477).

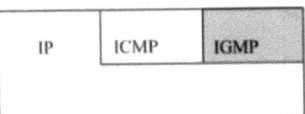

Abb. 15-5
Internet Group
Management Protocol.

IGMP wird eingesetzt, um Internet-Multicast-Gruppen zu verwalten. Zu diesen Gruppen können Systeme dynamisch hinzukommen, bzw. diese wieder verlassen und es ist möglich, Daten an eine Multicast-Gruppe zu senden, ohne selbst deren Mitglied zu sein. Voraussetzung für den Empfang von IP-Multicast-Daten aus einem anderen Netz ist das Vorhandensein von mindestens einem Multicast-Router im jeweiligen LAN.

Aufgaben von IGMP

Ein solcher Multicast Router sendet periodisch Abfragen (*Host Membership Query Messages*) mit einem *Time-to-Live-Wert* (TTL) von 1 (die damit das angeschlossene LAN-Segment nicht verlassen), um seine Kenntnisse über die Teilnahme von Rechnern im angeschlossenen Netz zu aktualisieren. Befinden sich in einem Netzsegment mehrere Multicast-Router, so wird einer von diesen als Verantwortlicher für die Auslösung der Abfragen ausgewählt.

Multicast-Router

In *IGMPv1* erfolgte dies mit Hilfe des Routing-Protokolls, das von den Routern verwendet wird. Da es durch die mögliche Verwendung unterschiedlicher Multicast-Routing-Protokolle zu Problemen kommen konnte, wurde dieser Mechanismus ab *IGMPv2* durch eine andere Festlegung ersetzt, nach der der Router mit der niedrigsten IP-Adresse die Auslösung der Abfrage übernimmt. Fällt dieser aus, oder nimmt er die Aufgabe nicht wahr, so erfolgt nach einer bestimmten Zeitspanne bei Präsenz weiterer Multicast-Router eine Rekonfiguration.

IGMPv1 und IGMPv2

Werden nach einer gewissen Anzahl von Anfragen keine entsprechenden Antworten bezüglich der Mitgliedschaft in einer Gruppe empfangen, so entscheidet der Router, daß sich innerhalb des lokalen Netzes keine Gruppenmitglieder befinden und daher keine Notwendigkeit besteht, empfangene Multicast-Daten in das Segment weiterzuleiten. Anderenfalls antworten Rechner auf eine Anfrage, indem sie entsprechende Berichte (*Host Membership Reports*) generieren, in denen sie mitteilen, zu welchen Gruppen sie gehören.

Gruppenzugehörigkeit

Um eine zu starke Beanspruchung des Netzes durch eine große Anzahl gleichzeitiger Berichte zu vermeiden, gibt es mehrere Möglichkeiten der Optimierung. Ein Gruppenmitglied kann das Versenden des Berichts für ein gewisses Zeitintervall verzögern oder den Bericht per Multicast an die jeweilige Gruppenadresse versenden. In diesem Falle wird der Bericht von allen lokalen Teilnehmern der Gruppe empfangen, die daraufhin ihrerseits auf den Versand ihres Berichts (*Host Membership Reports*) verzichten können.

Optimierung

Abfragen werden normalerweise unregelmäßig ausgelöst, um den Aufwand, der durch das IGMP-Protokoll bei Routern und Endsystemen verursacht wird, gering zu halten (siehe Abb. 15-6 auf Seite 478 links). Nach dem Starten eines Multicast-Routers kann dieser eine größere Anzahl von Anfragen auslösen, um schnell Wissen über die lokale Gruppenmitgliedschaft zu erfragen.

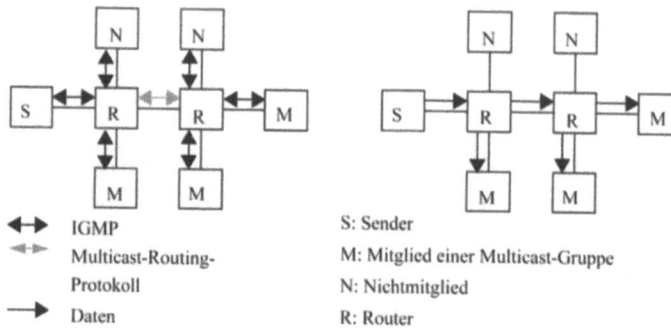

Abb. 15-6
Daten- und Kontrollfluß bei Multicast-Übertragung.

Wünscht ein Rechner erneut Mitglied einer Multicast-Gruppe zu werden und ist er das erste lokale Mitglied der Gruppe, so muß er unmittelbar einen entsprechenden Report versenden, ohne eine Abfrage durch einen Router abzuwarten.

IGMPv2

Das Protokoll wurde in der Version *IGMPv2* [Fen97] um einen neuen Abfragetyp erweitert: Die Abfrage der Mitgliedschaft in einer bestimmten Multicast-Gruppe. Eine ausschließliche Abfrage der Mitglieder ist erlaubt; die Möglichkeiten zum expliziten und von den Endsystemen ausgelösten Verlassen einer Gruppe (Leave Group) wurde vorgesehen. In *IGMPv3* wurde zusätzlich die Fähigkeit zum *Source Filtering* vorgesehen. Dieses erlaubt es einem Rechner mit Hilfe sog. *Inclusion Group-Source Reports* und *Exclusion Group-Source Reports*, sein Interesse oder Desinteresse am Empfang von Multicast-Daten von einer speziellen Adresse oder allen Systemen, die diese Adresse nicht beinhalten, anzuzeigen.

Source Filtering

In einem Multimedia-Szenario kann IGMP mit einem entsprechenden *Resource Management Protocol*, wie z. B. RSVP, zusammenwirken, um für einen Teilnehmer, der Mitglied einer Multicast-Gruppe wird oder der diese verläßt, eine entsprechende Anpassung der reservierten Betriebsmittel vorzunehmen.

In IPv6 existiert kein spezielles IGMP-Protokoll, vielmehr werden dessen Aufgaben durch das in seiner Funktionalität erweiterte *Internet Control Message Protocol* (ICMP) erfüllt.

Multicast Routing

Aufbau eines Routers

Für die Weiterleitung von Multicast-Daten im WAN existieren mehrere Vorgehensweisen, die in [Bra93] zusammengefaßt beschrieben werden. Die folgende Darstellung orientiert sich an diesem Artikel. Dabei sei angemerkt, daß hier ein Router *Eingänge* und *Ausgänge* besitzt, die zusammen als *Interface* bezeichnet werden. Im allgemeinen ist dabei ein Eingang gleichzeitig auch Ausgang.

Flooding

Die einfachste Möglichkeit des Routings ist *Flooding*. Hierbei werden alle Multicast-Pakete, die erstmalig an einem bestimmten Eingang eines Routers eintreffen, über alle anderen Ausgänge (nur nicht diejenige Schnittstelle, über die das Paket eingetroffen ist) weiterversendet. Flooding sichert zwar, daß alle Router und damit auch potentielle Empfänger das Paket empfangen können, ist jedoch ineffizient. Pakete werden unnötig über eine Vielzahl möglicher Wege zum gleichen Ziel weitergeleitet und zu diesem Zweck vervielfacht, gelangen auch in Teile des Netzes in denen sich keine Empfänger befinden und belasten die Router mit der Verwaltung von Informationen über jedes einzelne Paket, um Schleifen von Paketen zu vermeiden.

Deutlich effizienter als das Flooding, das in größerem Rahmen nicht skalierbar und praktikabel ist, arbeiten Algorithmen, die auf dem Aufbau eines *Spanning Tree* basieren. Ein *Spanning Tree*, für dessen Aufbau es aufgrund der Erfahrungen mit *Unicast-Routing-Protokollen* im Internet bewährte Protokolle gibt, definiert einen Baum als Untermenge von Verbindungen zwischen Routern, der jeweils nur einen Weg zwischen zwei Punkten ermöglicht.

Spanning Tree

Werden Pakete, die an einem Interface eintreffen, jeweils an alle Interfaces weitergeleitet, die zum Spanning Tree gehören, so ist die Entstehung von *Schleifen* ausgeschlossen, und bei deutlich geringerer Netzbelastung werden die Daten dennoch zu allen potentiellen Empfängern übertragen.

Schleifen

Während es prinzipiell möglich ist, alle Multicast-Daten unabhängig von deren Absender und Gruppenadresse gleich zu betrachten, gibt es effizientere Verfahren, die für jede Quelle von Multicast-Daten jeweils einen gesonderten Spanning Tree aufbauen. Dies ist mittels des als *Reverse Path Broadcasting* bezeichneten Verfahrens möglich, bei dem Pakete nur weitergeleitet werden, wenn sie auf einem Interface eintrafen, das der Router als Teil eines kürzesten Pfades zurück zum Absender betrachtet. Andernfalls kann ein Paket verworfen werden.

Reverse Path Broadcasting

Benachbarte Router tauschen über ein entsprechendes Routing-Protokoll Nachrichten darüber aus, welches ihrer Interfaces sie für einen bestimmten Absender als im kürzesten Pfad (nach einem *Distance-Vector-Verfahren*) befindlich betrachten. Dies erlaubt es den Nachbarn, auf das Forwarding von Paketen zu verzichten, wenn sie erkennen können, daß ein Nachbar diese ohnehin verwerfen wird. Erfolgt das Forwarding dennoch, dann kann ein Nachbar den weiterleitenden Router über diesen Umstand informieren. Dieser Algorithmus arbeitet effizient, leitet Pakete jeweils über die kürzestmögliche Verbindung weiter und verteilt Pakete aufgrund des Bezuges zu den unterschiedlichen Absenderadressen auf verschiedene Pfade des Netzes.

Kürzeste Pfade

Der Nachteil dieses Verfahrens, daß Daten auch unnötig in Teile des Netzes übertragen werden, in denen keine Empfänger aktiv sind, wird mit der Erweiterung zum *Truncated Reverse Path Broadcasting* teilweise umgangen. Bei dieser Methode werden Daten nur dann in ein Subnetz weitergeleitet, wenn dort Empfänger für die betreffende Multicast-Gruppe aktiv sind. Kenntnis über diesen Umstand erlangen die Router mittels des bereits beschriebenen IGMP-Protokolls. Das Verfahren entlastet zwar die Endnetze von unnötigem Verkehr, eine Beschränkung der notwendigen Weiterleitung zwischen den Routern wird jedoch erst beim *Reverse Path Multicasting* erreicht.

Truncated Reverse Path Broadcasting

Bei *Reverse Path Multicasting* werden Multicast-Pakete zwar periodisch innerhalb des gesamten Spanning Trees übertragen, dieser jedoch temporär abge-

Reverse Path Multicasting

Pruning

schnitten, wenn alle Router, die einem Router im Baum untergeordnet sind, mittels *Prune-Nachrichten* (*prune* bedeutet *abschneiden*) mitteilen, daß sich unterhalb von ihnen wiederum keine Interessenten an der Übertragung der entsprechenden Multicast-Gruppe befinden. Diese Pruning-Information bewegt sich daher rückwärts in Richtung der Quelle der Übertragung. Dem potentiellen Teilnehmerkreis, der sich dynamisch ändert, oder auch Veränderungen der Netztopologie wird Rechnung getragen, indem die Pruning-Informationen periodisch verworfen werden. Nach Ablauf einer derartigen Periode gelangen die Multicast-Daten wieder in alle Teile des Netzes, die IGMP-Aufnahmemechanismen für neue Empfänger können aktiv werden und nur, wenn dies nicht erfolgt, werden Unterbäume erneut abgeschnitten.

Core-Based Tree Routing

Beim *Core-Based Tree Routing* als dem Verfahren, das am neuesten ist und am besten für eine große Anzahl von Multicast-Gruppen und Multicast-Sender skalierbar ist, erfolgt die Weiterleitung der Multicast-Daten entlang eines aus *Core-Routern* und *Non-Core-Routern* gebildeten Backbones, das für alle Gruppenmitglieder aufgebaut wird und nicht, wie bei den bisher beschriebenen Verfahren, für jeden Sender einzeln zu allen Gruppenmitgliedern.

Multicast-Übertragung im Internet – das MBone

Distance Vector Multicast Routing

Das Internet unterstützt den Transport von Multicast-Daten im Rahmen eines als *MBone* (Multicast Backbone) bezeichneten Netzsegments. Dieses wird von einer Menge von Multicast-Routern (wie z. B. UNIX-Workstations mit dem Routing-Dämon *mrouted*, der das *Distance Vector Multicast Routing Protocol* (DVMRP) [WPD88] implementiert) als Overlay zur existierenden Internet-Unicast-Topologie gebildet. DVMRP setzt das beschriebenen *Truncated Reverse Path Broadcast* oder in seinen neueren Implementierungen das *Reverse Path Multicasting* um, unterstützt das Tunneling über Unicast-Verbindungen sowie die Vergabe von Time-to-Live-Schwellwerten, die die Reichweite begrenzen, an die verwalteten Netzwerk-Interfaces.

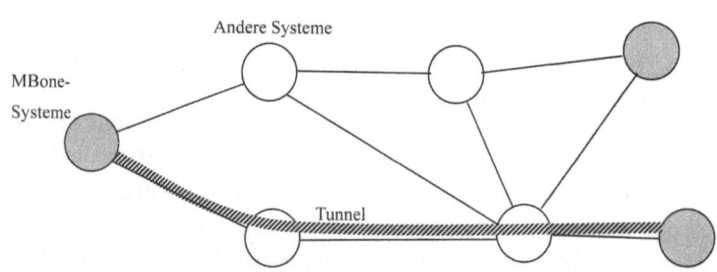

Abb. 15-7
Multicast-Übertragung im MBone.

Weitere Protokolle

In Teilen des MBones, das bereits im April 1996 2.800 Subnetze in mehr als 25 Ländern verband und weiter im Wachstum begriffen ist, wird auch *Multicast Open Shortest Path First* (MOSPF) [Moy94] oder *Protocol Independent Multicast* (PIM) [PIM97] zum Routing eingesetzt.

Die Verbindungen zwischen den MBone-Rechnern werden von denselben Verbindungen gebildet, die für konventionelle Applikationen benutzt werden (Abb. 15-7 auf Seite 480 zeigt hierzu ein Beispiel). Zwischen den MBone-Routern werden dazu die Multicast-Datagramme als *IP-in-IP-Pakete* (also mit der Protokollnummer 4 im IP-Header) getunnelt und erscheinen den zwischenliegenden Nicht-Multicast-Routern daher wie gewöhnlicher Unicast-Datenverkehr.

IP in IP

Praktische Erfahrungen mit der weitverbreiteten Nutzung der Multicast-Technologie wurden durch die Übertragung von Treffen der IETF oder anderen Konferenzen gewonnen. Dabei ist es Teilnehmern in aller Welt sowohl möglich, die Diskussionen passiv zu verfolgen, als auch sich aktiv durch Fragen oder Beiträge an diesen zu beteiligen. Mittlerweile sind regelmäßige Übertragungen von Konferenzen, Lehrveranstaltungen, Forschungsereignissen, aber auch kulturellen Ereignissen sowie experimentellen Radio- oder Fernsehprogrammen weithin etabliert.

Die im MBone genutzten Mechanismen und Programme werden im Kapitel 17 zu Gruppenkommunikation detailliert erläutert.

15.2 Protokolle und Dienste der Transportschicht

Transportprotokolle dienen der Adressierung von Kommunikationsendpunkten innerhalb der Endsysteme, der Fragmentierung und Defragmentierung der Daten, der Flußsteuerung und Fehlersicherung und dem Auf- und Abbau von Verbindungen.

Transportprotokolle

Für Multimedia-Anwendungen spielen spezielle Charakteristika, wie die Eignung für den Echtzeittransport, die Unterstützung der Übertragung von Zeit-Informationen, die Verläßlichkeit, sowie effiziente Fehlersicherungs-, Bestätigungs- und Flußsteuerungsmechanismen, eine wichtige Rolle. Auf diesen Bereichen liegt daher im folgenden der Schwerpunkt.

Zunächst werden kurz die Protokolle TCP und UDP vorgestellt, die im Internet-Protokollstack für die Übertragung von Multimedia-Daten benutzt werden. Anschließend werden weitere Protokolle, die unter Beachtung der speziellen Anforderungen von Echtzeitdatenströmen konzipiert wurden und die ebenfalls zur Übertragung von Multimedia-Daten geeignet sind, vorgestellt.

Verbindungsorientierter gesicherter Transport – Transmission Control Protocol (TCP)

Einige frühe Implementierungen von Videokonferenzanwendungen wurden unter Nutzung des *Transmission Control Protocols* (TCP) realisiert. TCP bietet einen zuverlässigen Kommunikationspfad zwischen Prozessen, über den im Voll-Duplex-Betrieb und bei sichergestellter, unveränderter Reihenfolge Ströme von Bytes ausgetauscht werden können. Die Adressierung erfolgt über IP-Adressen und eine Anzahl logischer Voll-Duplex-fähiger *Ports*.

Voll-Duplex und Simplex

Multimedia-Anwendungen benötigen für den Transport kontinuierlicher Datenströme nicht immer Voll-Duplex-fähige Verbindungen. Für eine Fernsehübertragung per Broadcast in einem LAN wird zwar z. B. eine Voll-Duplex-fähige Kontrollverbindung genutzt, für die Übertragung des kontinuierlichen Mediums ist eine *Simplex-Verbindung* aber oft ausreichend.

Verläßlichkeit

Während der Datenübertragung über eine TCP-Verbindung muß das Protokoll eine verläßliche, geordnete Übertragung eines Bytestroms unter Nutzung eines darunterliegenden, unzuverlässigen Datagrammdienstes gewährleisten. Dazu verwendet das Protokoll positive Quittungen nach dem Empfang von Informationen und wiederholte Übertragungen nach Timeouts.

Flußkontrolle

Da die erneute Übertragung sowohl eine Verletzung der Ordnung der eintreffenden Daten als auch deren Duplizierung zur Folge haben kann, ist die Verwendung von Sequenznummern unverzichtbar. Die Flußkontrolle in TCP nutzt ein Schiebefensterprotokoll, bei dem die Empfängerseite einer Verbindung der sendenden Seite mitteilt, welche Daten mit welchen Sequenznummern diese zum jeweiligen Zeitpunkt übertragen kann und welche sie bisher zusammenhängend und unverfälscht empfangen hat.

Bei Multimediadaten-Übertragungen führen die verwendeten positiven Quittungen zu einem nicht zu unterschätzenden Aufwand. Die Verwendung negativer Bestätigungen wäre daher eine günstigere Strategie.

Echtzeit

Weiterhin ist TCP nicht für die Echtzeitübertragung von Audio- und Videodaten geeignet, da sein Mechanismus zur erneuten Übertragung von Daten zu einer Überschreitung der akzeptablen Verzögerung und damit zur Unterbrechung eines kontinuierlichen Datenstromes führen kann.

Congestion

TCP wurde als Protokoll für den Datentransport in nicht-echtzeitfähigen verläßlichen Anwendungen, wie z. B. dem Dateitransfer entworfen. Für diese Anwendungsfälle ist es sehr gut geeignet. Der für die Flußsteuerung verwendete *Slow-Start-Algorithmus*, der als Reaktion auf *Verstopfungen* (*Congestion*), die im Netz bemerkt wurden, die Rate der übertragenen Daten drosselt, bewirkt für diese Anwendungen ein kooperatives und das Netz entlastendes Verhalten, ist für die Übertragung von Echtzeitdaten aber ebenfalls von Nachteil.

Verbindungsloser ungesicherter Transport – User Datagram Protocol (UDP)

Aufgaben von UDP

UDP ist eine einfache Erweiterung des Internet-Netzprotokolls IP und unterstützt das Multiplexing von Datagrammen, die zwischen einem Paar von Rechnern im Internet ausgetauscht werden. UDP bietet neben diesem Multiplexing und der Erstellung und Kontrolle von Checksummen keine weiteren Dienste.

Application Level Framing

Protokolle höherer Schichten, die UDP nutzen, müssen ihre eigenen Mechanismen zur Verfügung stellen, die für die Paketierung der Daten und deren Reassemblierung, die Flußkontrolle zur Vermeidung von Verstopfungen oder die erneute Übertragung bei Paketverlust sorgen. Dies ist z. B. unter Nutzung eines *Application-Level-Framing-Ansatzes* [CT90] mit dem (im weiteren noch eingehend beschriebenen) *Real-Time Transport Protocol* (*RTP*) möglich.

Viele Multimedia-Anwendungen benutzen das UDP-Protokoll, das Echtzeit-Transport-Eigenschaften in einem gewissen Umfang zur Verfügung stellt, obwohl auch ein Datenverlust auftreten kann.

Zur Verbesserung des Verhaltens von TCP und UDP bei der Multimedia-Übertragung wurden für beide Protokolle verschiedene Erweiterungen in Betracht gezogen. So hat man die Verwendung *großer Fenster* und *Zeitstempel* vorgeschlagen und untersucht auch die Verwendung selektiver Quittungen stellt eine interessante Option dar.

Verbesserungen von TCP und UDP

Xpress Transport Protocol (XTP)

XTP wurde als Protokoll entworfen, das unter der Maßgabe der geringen Fehlerraten und der hohen Geschwindigkeiten aktueller Netze besonders effizient arbeiten sollte. [SDW92]. XTP ist flexibel, adaptiv und integriert Funktionen eines Netz- und Transportprotokolls. Das Protokoll war aufgrund seiner Komplexität ursprünglich für die Realisierung in entsprechender VLSI-Hardware vorgesehen, wird aber auch von aktuellen Software-Implementierungen unterstützt [SGC94]. XTP wurde für den Einsatz in einer Reihe von Anwendungen, wie z. B. in Echtzeit-Kontrollsystemen, im entfernten Prozeduraufruf in verteilten Betriebssystemen und Datenbanken bis hin zum Transport großer Datenmengen vorgesehen.

Eigenschaften von XTP

Das Protokoll unterstützt die *Mehrpunktkommunikation* unter Einsatz des *Multicast-Group-Management-Protokolls* (MGM) und bietet eine Ratenkontrolle und eine Flußkontrolle, deren jeweilige Ausprägung auswählbar ist. Diese kann wahlweise mit einem Schiebefensterprotokoll oder in einem ratenbasierten Reservierungsmodus erfolgen bzw. auch völlig deaktiviert werden.

XTP und Multicast Flußkontrolle

XTP unterstützt unterschiedliche Arten der Fehlerkontrolle und verschiedene Bestätigungs- und Fehlerbehebungsstrategien, wie *selektive* oder *negative Acknowledgments* und *selektive Neuübertragung* zusätzlich zu dem von TCP bekannten *Go-back-N-Algorithmus*. Es ermöglicht auch die *Verkehrsbeschreibung* mittels eines Traffic-Descriptor-Feldes, hat aber neben dem Einsatz in einigen speziellen Anwendungsszenarien, wie z. B. der Steuerung im militärischen Bereich keine große dauerhafte Verbreitung gefunden.

Fehlerkontrolle Fehlerbehebung

Tenet-Transportprotokolle

Die *Tenet Protocol Suite* zur Unterstützung der Übertragung von Multimedia-Daten wurde Anfang der 90er Jahre von der Tenet Group an der University of California in Berkeley unter Prof. Ferrari entwickelt. Sie umfaßt die Transportprotokolle *Real-Time Message Transport Protocol* (RMTP) und *Continuous Media Transport Protocol* (CMTP), die oberhalb des *Real-Time Internet Protocols* (RTIP) zum Einsatz kommen.

Tenet-Protokolle

RTIP dient der verbindungsorientierten, ungesicherten Auslieferung von Paketen, die jedoch Leistungsgarantien realisiert. Innerhalb des Tenet-Proto-

RTIP

kollstacks nimmt RTIP einen Platz in der Vermittlungsschicht ein, der zum IP-Protokoll des Internet-Protokollstacks äquivalent ist.

RMTP   RMTP realisiert eine verbindungsorientierte, ungesicherte Auslieferung von Nachrichten unter Einhaltung von Garantien. Die Funktionalität der Transportschicht ist nur sehr schwach ausgeprägt. Die dort in der Regel lokalisierten Funktionen zum *Verbindungsmanagement* und zur *Übertragungssicherung* durch den Einsatz von Wiederholmechanismen sind im Protokoll überhaupt nicht vorgesehen. Stattdessen bestehen die Hauptfunktionen von RMTP in der Flußkontrolle (realisiert durch eine Steuerung der Menge der übertragenen Daten) und in der Fragmentierung und Reassemblierung von Nachrichten.

CMTP   CMTP ist für den Transport periodisch auftretenden Netzverkehrs, ebenfalls unter Einhaltung von Leistungsgarantien, vorgesehen.

RCAP   Beide Protokolle arbeiten eng mit dem zur Ressourcenverwaltung eingesetzten *Real-Time Channel Administration Protocol* (RCAP) zusammen, das Funktionen zur Reservierung und Freigabe von Betriebsmitteln und zur Gewährung von Dienstgütegarantien übernimmt. Daher ist der Tenet-Protokollstack in der Lage, Dienste mit garantierten deterministischen oder statistischen Dienstgütegrenzen zu erbringen [Gup94, BM91].

Heidelberg Transport System (HeiTS)

Das *Heidelberg Transport System* (HeiTS) ist ein Transportsystem für die Multimedia-Kommunikation, das am European Network Center der Firma IBM (ENC) in Heidelberg Anfang der 90er Jahre entwickelt wurde. HeiTS ermöglicht den Transport von Multimedia-Daten über Netze und nutzt dabei das *Heidelberg Continuous Media Realm* (HeiCoRe), eine Echtzeitumgebung für die Behandlung von Multimedia-Daten in Workstations.

HeiCoRe

Das zentrale Anliegen von HeiTS ist es, Dienste mit *garantierten* Parametern zu erbringen. Zu diesem Zweck beinhaltet HeiCoRe ein Subsystem zur Verwaltung von Ressourcen, die *Heidelberg Resource Administration Technique* [VHN92].

Multimedia Enhanced Transport Service (METS)

Der *Multimedia Enhanced Transport Service* (METS) ist ein an der Universität Lancaster entwickelter Transportdienst für den Einsatz über ATM-Netze [CCH93].

Das in METS realisierte Transportprotokoll gewährt eine geordnete, allerdings keine garantierte verbindungsorientierte Kommunikation und unterstützt die Zuordnung von Betriebsmitteln entsprechend der Dienstgüteanforderungen, die von den Benutzern erstellt wurden. METS erlaubt dem Anwender, Benachrichtigungsmechanismen für verfälschte oder verlorene Daten beim Empfänger zu definieren und gestattet die Neuaushandlung von Dienstgüteklassen. Das Protokoll schließt die gemeinsame Nutzung von Puffern, die Steuerung der Datenrate, die dynamische Zuweisung von Betriebsmitteln und Datenflußüberwachungsfunktionen ein, um Dienste verschiedener Ausprägung, wie garantierte Dienste mit deterministischer Dienstgüte, statistischen Dienstgütegrenzen oder einem Best-Effort-Dienst zu erbringen.

15.3 Mechanismen zur Erfüllung von Dienstgüteanforderungen

Der Entwurf des militärisch genutzten *ARPANET*, der Vorläufer des heutigen Internet, erfolgte mit der Ausrichtung auf den Transport von nicht-zeitkritischen Daten und unter besonderer Beachtung der zu gewährleistenden Robustheit und Betriebsfähigkeit beim Ausfall einzelner Komponenten. Dies spiegelt sich unmittelbar in den verwendeten Protokollen wider. Während diese bspw. der Wahl alternativer Routen bei Störung von Verbindungen und der Sicherstellung eines zuverlässigen Transports große Bedeutung beimessen, war die Behandlung zeitkritischer Daten zunächst kein maßgeblicher Faktor, der das Design von ARPANET bestimmte.

ARPANET

Mit der wachsenden Bedeutung von multimedialen Anwendungen und dem Wunsch, die vorhandene Netzinfrastruktur sowohl für nicht-zeitkritische Dienste, wie das seit langem etablierte entfernte Anmelden an einem Rechner, den Dateitransfer oder die Übertragung von Web-Daten, als auch für neue Anwendungen, wie Konferenzsysteme, den Transport von Telefongesprächen oder auch *Video-on-Demand*, zu nutzen, änderte sich diese Situation entscheidend.

Neue Anforderungen

Neuere Architekturen, wie z. B. ATM, die bereits unter Beachtung von Dienstgüteanforderungen entworfen wurden, konnten sich bisher nicht für eine Nutzung bis zu den Endgeräten durchsetzen (Schlagwort „ATM to the Desktop") – auch wegen des Mangels an entsprechenden Anwendungen. Vielmehr erscheint es wegen der großen Menge vorhandener und bewährter IP-Anwendungen sinnvoll, den Best-Effort-Service des Internet-Protokolls, der durch eine einfache FIFO-Paketbehandlungsstrategie in den Routern realisiert ist, durch neue, differenziertere und besser geeignete Verfahren zu ersetzen oder zu ergänzen.

ATM to the Desktop

Hierzu können neue Techniken für die Behandlung von Paketen in den Routern eingesetzt werden. Dazu zählen das *Weighted Fair Queueing*, das *Random Early Discard* (RED), das Verstopfungen vermeidet, oder das Traffic Shaping, mit dessen Hilfe die Last, die von Datenquellen erzeugt wird, in eine gut behandelbare (und garantierte) Charakteristik gebracht und bspw. der Burst-Charakter ausgeglichen werden kann. Weiterhin wird die Nutzung von Reservierungsmechanismen als vielversprechend und geeignet betrachtet (siehe Kapitel 10 zu Dienstgüte).

Neue Verfahren

Den reservierungsbasierten Verfahren zur Gewährleistung einer garantierten Dienstgüte ist daher ein Großteil der nachfolgenden Darstellung gewidmet. Es werden die Erfordernisse, die Arbeitsweise, die Leistungsfähigkeit und die Grenzen aktueller Umsetzungen dieser Technik beschrieben. Die Diskussion über ihren Einsatz ist durchaus kontrovers, deshalb werden auch alternative Ansätze aufgezeigt.

15.3.1 Reservierung

Dienstgüte

Geht man von Ressourcen aus, die auch in Zukunft begrenzt sein werden, wie bspw. die Verbindungsbandbreite, die Verarbeitungskapazität und die Puffergröße von Routern, so besteht eine Möglichkeit der Gewährleistung von Dienstgütegarantien in der Verwendung von Reservierungen, wie sie im Kapitel 10 zu Dienstgüte beschrieben sind. Dabei werden – ggf. nach einer entsprechenden Anforderung und Überprüfung der Gewährbarkeit – Ressourcen zur Verfügung gehalten, also reserviert. Diese Ressourcen sind durch den Anfordernden nachfolgend nutzbar, wenn dieser entsprechend erkannt wird. Im Fall der hier betrachteten Datenübertragung in einem Netz ist dies ein Datenstrom.

Dienstgüte über das Netzwerkmanagement

Es ist prinzipiell möglich, die Verwaltung von Reservierungen als eine Aufgabe des Netzwerkmanagements zu betrachten und diese manuell oder von einer zusätzlichen Komponente ausführen zu lassen, die als Mittler zwischen Sendern und Empfängern fungiert. Diese Instanz muß sowohl über die Spezifika der Sender als auch über die der Empfänger und über die Dienstgüteanforderungen informiert sein. Dieser Ansatz ist ungewöhnlich und wird nur selten genutzt.

Einrichtung einer Reservierung

Reservierungen werden in der Regel durch die von den Endsystemen ausgelöste Übertragung von Steuerinformationen entlang des Weges initiiert, der für den Datentransport vorgesehen ist. Die Bearbeitung und Sicherstellung erfolgt auf einer Hop-by-Hop-Basis. Ein Router entscheidet hierbei, ob er eine bestimmte Anforderung erfüllen kann und will, aktualisiert Informationen, die er eventuell bearbeiten muß, wie bspw. die akkumulierte zugesicherte Verzögerung entlang des Übertragungspfades, und gibt die reservierungsrelevanten Informationen dann an den nächsten Router weiter.

Richtung einer Reservierung

Derzeitige Reservierungsprotokolle können danach unterschieden werden, in welcher *Richtung* die Reservierung ausgelöst und vorgenommen wird. Man unterscheidet hier nach *sender-* oder *empfängerorientierten* Ansätzen.

In der *senderorientierten Variante* ist der Sender die Instanz, die den Aufbau der Reservierung initiiert. Dazu muß er die Adresse des oder der Empfänger kennen. Im Gegensatz dazu benötigen beim empfängerorientierten Ansatz die Empfänger die Adresse der Daten*quelle*.

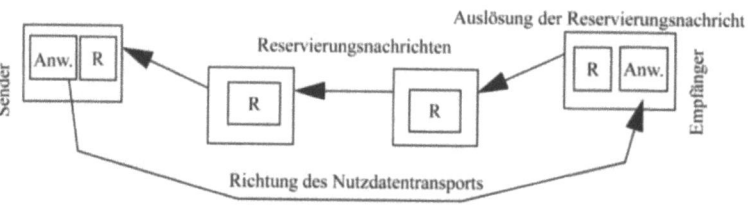

Abb. 15-8 Senderorientierte Reservierung.

R: Komponenten zum Spezifizieren, Verwalten und Kommunizieren von Reservierungsinformationen

Anw: Anwender

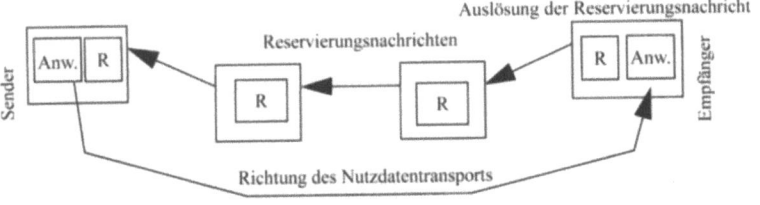

*Abb. 15-9
Empfängerorientierte
Reservierung*

R: Komponenten zum Spezifizieren, Verwalten und Kommunizieren von
Reservierungsinformationen
Anw: Anwender

Der Sender ist oft sowohl in einem sender- als auch in einem empfängerorientierten Verfahren die Instanz, die den Reservierungsprozeß einleitet. Während dies im ersten Fall selbstverständlich ist, ergibt es sich im zweiten aus der Notwendigkeit, dem Netz und den Empfängern ausreichende Informationen über die zu erwartenden Datenströme zu geben, damit diese entsprechende Reservierungen vornehmen können. Dies ist natürlich besonders gut durch den Sender möglich, allerdings können entsprechende Informationen auch nur vom Empfänger, z. B. durch Beobachtung eines bereits laufenden Datentransfers, gewonnen werden.

Initiierung einer Reservierung

Folglich besteht der Unterschied zwischen beiden Ansätzen eher darin, *wann* eine Reservierung vorgenommen wird. Im senderorientierten Ansatz erfolgt dies unmittelbar mit der Übertragung vom Sender zum Empfänger, im empfängerorientierten Fall erst im zweiten Übertragungsschritt.

Weiterhin kann man danach unterscheiden, ob eine Reservierung, die entlang des Kommunikationsweges aufgebaut wird, bis zu ihrem expliziten Abbau bestehen bleibt – in diesem Fall spricht man von einem *Hard State* – oder ob sie periodisch aufgefrischt werden muß und sonst nach einer gewissen Zeitspanne verfällt. Ein solcher als *Soft State* bezeichneter Ansatz ermöglicht bspw. die flexible Reaktion auf den Ausfall von Teilverbindungen und auf Routenänderungen, die sich hieraus ergeben. Reservierungen, die von einem bestimmten Datenstrom nicht mehr benötigt werden, werden – in einem ggf. überhaupt nicht mehr erreichbaren Teil des Netzes – automatisch abgebaut und die Ressourcen, die durch diese Reservierungen gebunden waren, stehen anderen Datenströmen wieder zur Verfügung. Entlang des neuen Übertragungspfades kann dann versucht werden, neue Reservierungen aufzubauen.

Hard State und Soft State

15.3.2 STream Protocol, Version 2 (ST-II)

Das *STream Protocol in der Version 2* (ST-II) ist ein Protokoll der Netzwerkschicht, das IPv4 im Internet-Protokollstack für den Transport von Echtzeitdaten (als IPv5) ersetzen kann und sollte. Es verbindet den Aspekt des Datentransports mit dem der senderorientierten Reservierung von Ressourcen und

Aufgaben von ST-II

bietet einen verbindungsorientierten, garantierten Dienst für den Datentransport, basierend auf dem *Stream-Modell* [Top90].

Stream-Modell

Komponenten von ST-II und ST-2+

ST-II und seine neueste Version ST-2+ sind Erweiterungen des ursprünglichen ST-Protokolls [For79]. Das ST-Protokoll besteht aus 2 Komponenten, dem *ST Control Message Protocol* (SCMP), das den zuverlässigen verbindungslosen Transport von Protokollnachrichten realisiert, und dem ST-Protocol, das für den ungesicherten Transport der Daten verantwortlich ist.

SCMP-Nachricht

ST-II unterstützt die Reservierung von Ressourcen während des Verbindungsaufbaus. Es versendet eine SCMP-Nachricht mit einer Flußspezifikation, die mittels Parametern, wie bspw. *gewünschte* und *minimale Paketgröße, Datenrate, Ende-zu-Ende-Verzögerung* und *Varianz der Verzögerung*, die Dienstgüteanforderungen des Datenstromes beschreibt. Diese Flußspezifikation wird entlang der durchlaufenen Router übertragen und von diesen jeweils entsprechend ihrer Spezifika hinsichtlich der Realisierbarkeit bewertet und aktualisiert.

Verbindungsaufbau

Falls ein Adressat den Verbindungsaufbau akzeptiert, sendet er eine abschließend festgelegte Flußspezifikation zurück zur Quelle, die dann z. B. die akkumulierte erreichbare Verzögerung enthält. Können die Anforderungen der Flußspezifikation nicht erfüllt werden, so wird keine entsprechende Nutzdatenverbindung aufgebaut. Das Protokoll benutzt einen *Hard State* für die Reservierungsinformationen in den Übertragungsknoten; dieser wird explizit auf- und abgebaut.

Einsatz von ST-II

ST-II ist für die Übertragung von Multimedia-Daten konzipiert und geeignet, da es Reservierungen entlang des Übertragungsweges zwischen Sender und Empfänger vornehmen kann. Kritisch ist jedoch gerade bei der Betrachtung von Szenarien mit einer Vielzahl von Empfängern anzumerken, daß dies unter zentraler Kontrolle der sendenden Instanz, die alle Empfänger kennen und verwalten muß, mit hoher Redundanz und teilweise drastischen Überbelegung von Ressourcen erfolgt. Auch wird das Mischen von Reservierungsanforderungen, das z. B. bei RSVP möglich ist, erst in der Version ST-2+ unterstützt.

ST-II wird seit 1998 bspw. von der Firma Bay Networks im Rahmen der *Bay Network Routing Services* (BayRS) zum Betrieb von Netzen mit Dienstgütegarantien eingesetzt.

15.3.3 Integrated Services Internet

IntServ

Als Reaktion auf die Forderung nach der Bereitstellung von Dienstgütegarantien in einem *Integrated Services Internet* wurde von der IETF eine entsprechende Working Group (*IntServ*) gebildet, die sich mit der Untersuchung der vorliegenden Anforderungen und Lösungsmöglichkeiten der Entwicklung einer Rahmenarchitektur und geeigneter Protokolle beschäftigt.

RSVP

Als wesentliches Ergebnis standardisierte diese Arbeitsgruppe das zum Transport von Reservierungsanforderungen benutzte und im weiteren noch beschriebene *Resource Reservation Protocol* (RSVP). Dieses erlaubt den Transport der Parameter, die zur Anforderung der nachfolgend beschriebenen Dienste notwendig sind. Für die Nutzung in RSVP wurden bisher die Dienste

„*Garantierte Dienstgüte*" (Guaranteed QoS) und „*Kontrollierte Last*" (Controlled Load) spezifiziert. Andere wurden diskutiert, aber nicht weiterverfolgt.

Die Spezifikation von „Garantierter Dienstgüte" sieht vor, daß die maximale Ende-zu-Ende-Verzögerung entsprechend eines in der angegebenen Dienstgüteanforderung angegebenen Wertes eingehalten wird, falls sich der Datenstrom entsprechend eines bestimmten Verhaltensmusters verhält. Das durchschnittliche Verhalten wird von einem *Token-Bucket-Modell* beschrieben (hierzu siehe Kapitel 10 zu Dienstgüte). Dieser spezielle Dienst wird für Daten mit harten Echtzeitbeschränkungen, wie z. B. Audioübertragungen für sinnvoll erachtet.

Die Spezifikation für „Kontrollierte Last" fordert, daß sich alle Netzelemente für den Datenstrom so verhalten, wie sie dies in einer Best-Effort-Situation bei geringer Last und ohne Verstopfung des Netzes tun würden. Der Verkehrsbeschreibungsparameter für diesen Dienst entspricht dem für „Garantierte Dienstgüte", eine konkrete zu erreichende Dienstgüte, die per Parameter beschrieben wird, wird nicht definiert. Die Anwendung eines solchen Dienstes wird für die Multimedia-Kommunikation als nützlich betrachtet, da Multimedia-Anwendungen, wie z. B. Videokonferenzen, ihre Nutzbarkeit in schwach ausgelasteten Netzen bewiesen haben, während es hier bei größerer Netzbelastung zu Fehlern kommt. Für solche Anwendungen kann dieser Dienst verwendet werden, um die Bedingungen geringer Auslastung zu simulieren.

Garantierte Dienstgüte

Kontrollierte Last

15.3.4 Resource Reservation Protocol (RSVP)

Zur Realisierung der Integrated Services müssen vier Komponenten realisiert werden: ein Protokoll zum Aufbau von Reservierungen (Reservation Protocol), eine Routine zur Überprüfung der Gewährbarkeit einer Reservierungsanforderung (*Admission Control*), eine Möglichkeit zur Klassifizierung des Datenverkehrs (*Packet Classifier*) und ein Funktionsblock, der Pakete entsprechend verarbeitet, sie z. B. in unterschiedlich zu verarbeitende Warteschlangen einordnet (*Packet Scheduler*) (siehe Abb. 15-10).

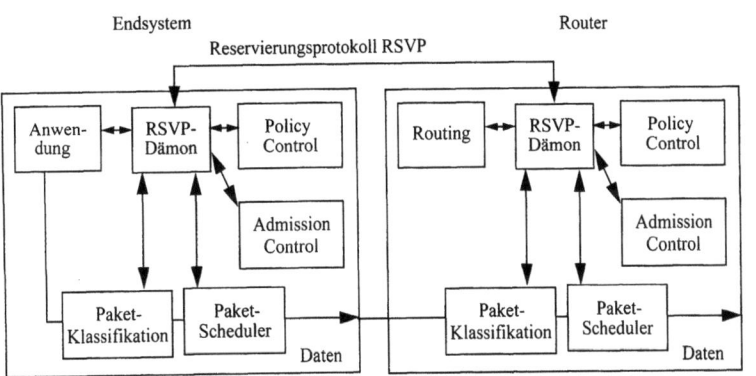

Abb. 15-10 Komponenten und Zusammenwirken in RSVP-Lösungen.

Komponenten

Das *Resource Reservation Protocol* (RSVP) wurde von der IETF zur Umsetzung des ersten Aspekts spezifiziert. Über die konkrete Ausprägung der 3 weiteren Aspekte trifft RSVP keine Aussage, sie sind aber dennoch geeignet bereitzustellen und interagieren mit der RSVP-Komponente. Die in Abb. 15-10 auf Seite 489 ebenfalls dargestellte *Policy Control* überprüft unter administrativem Aspekt, ob für einen bestimmten Datenstrom Reservierungen vorgenommen werden dürfen.

Prämissen des Protokolldesigns

Beim Protokolldesign wurden folgende Prämissen beachtet [BCS93]:

- Das Protokoll sollte heterogenen Anforderungen bezüglich unterschiedlicher Empfänger eines Datenstroms ausreichend gerecht werden.
- Es sollte eine flexible Kontrolle darüber ermöglichen, wie Reservierungen entlang den Verzweigungen eines Multicast-Übertragungsbaums gemeinsam genutzt werden können.
- Es sollte elementare Operationen, wie das Hinzufügen oder Entfernen einzelner oder mehrerer Sender oder Empfänger zu einer existierenden Menge, ermöglichen.
- Es sollte robust und für die Nutzung mit großen Multicast-Gruppen skalierbar sein.
- Es sollte eine frühzeitige Reservierung von Ressourcen ermöglichen und den dabei auftretenden speziellen Bedingungen gerecht werden.

Mit RSVP entstand ein Protokoll, mit dem Reservierungsnachrichten zwischen Netzknoten übertragen und damit in diesen ein sog. *Soft State* erhalten wird. RSVP besitzt keine eigene Funktionalität zum Transport von Nutzdaten und kommt daher, anders als ST-II, nicht als Protokoll der Netzwerkschicht, das alternativ für die Echtzeitdatenübertragung zu anderen Protokollen verwendet wird, sondern im Zusammenwirken mit dem durchgängig weiter verwendeten IP-Protokoll zum Einsatz.

RSVP hat weiterhin keinen Einfluß auf die Wegewahl der Pakete im Netz, paßt sich aber an Routenveränderungen an, die z. B. aus dem Ausfall von Verbindungen resultieren, da reservierungsrelevante (PATH- und RESV-) Nachrichten periodisch entlang der Wege übertragen werden, die auch für die eigentliche Nutzdatenverbindung verwendet werden.

Arbeitsweise von RSVP

Flows

Bei der Nutzung von RSVP werden Reservierungen für Datenströme (*Flows*) vorgenommen, die anhand der Adreßinformationen und optional der Port-Informationen im Paket-Header oder mittels des speziellen *Flow Labels* des IPv6-Headers identifiziert werden. Während der Übertragung der Daten ordnet ein Router die empfangenen Pakete einem speziellen Datenstrom zu (*Packet Classifier*) und entscheidet dann anhand der für den Datenstrom erfolgten Reservierung darüber, wie das Paket weitergeleitet wird.

Mittels einer *Verkehrsspezifikation* (*Traffic Specification, TSpec*) wird die Charakteristik eines Datenstroms angegeben. Eine Beschreibung der angeforderten Dienstgüte erfolgt mit einer Anforderungsspezifikation (*Request Specification, RSpec*), in der das gewünschte Verhalten beschrieben wird. Vom Sender wird zugesichert, daß sich der von ihm erzeugte Datenstrom entsprechend der Vorgaben der TSpec verhält. Im Fall einer erfolgreichen Reservierung erwartet er eine Behandlung entsprechend der Angaben der RSpec.

Traffic und Request Specification

Reservierungen werden in RSVP empfängerorientiert und ausschließlich unidirektional vorgenommen, die hierzu notwendigen Reservierungsanforderungen werden von den Empfängern eines Datenstromes zu den zugehörigen Sendern versendet. Um die Empfänger über die Charakteristika der Datenströme zu informieren und ihnen damit die Grundlage für dementsprechend angemessene Reservierungsanforderungen zu geben, verschicken die Sender die entsprechenden Informationen in *PATH Messages* an alle potentiellen Empfänger.

Reservierung in RSVP

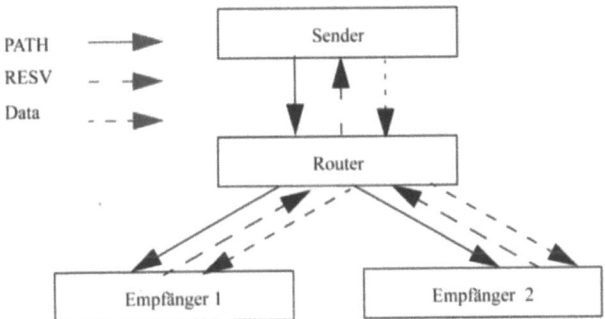

*Abb. 15-11
Kontroll- und Datenfluß
beim Einsatz von RSVP*

Ein Empfängersystem, das Interesse am beschriebenen Datenstrom hat, generiert eine *RESV-Nachricht* (mit „FlowSpec", die die gewünschten Dienstgüteparameter und eine nachfolgend noch beschriebene *Filterspezifikation* enthält). Es sendet die Nachricht entlang des Pfades, auf dem die PATH-Nachricht übertragen wurde, zurück zum Sender (siehe Abb. 15-11). Die Nutzung des für die PATH-Nachricht und den Nutzdatenversand verwendeten Weges ist wichtig und wegen der durchaus unterschiedlich möglichen regulären Routenwahl für Hin- und Rückweg nicht selbstverständlich. Nur so wird jedoch sichergestellt, daß die Reservierungsanforderung alle die Systeme durchläuft, die nachfolgend auch die Daten passieren werden, und daß in diesen die notwendige Reservierung ausgelöst wird.

Ausführung der Reservierung

RSVP-Nachrichten werden als IP-Datagramme versandt und erzeugen in den durchlaufenen Routern einen *Soft State*, der durch periodisch wiederholte Reservierungsnachrichten aufrechterhalten wird. Erfolgt innerhalb eines bestimmten Zeitintervalls keine Erneuerung, so werden die Reservierungen von den Routern gelöscht.

Soft State

Mischen von Reservierungen unter Verwendung verschiedener Filterspezifikationen

Bei der Verwendung von RSVP entscheidet jeder Empfänger selbst, anhand seiner Charakteristika und Bedürfnisse, über die Größe der von ihm angeforderten Reservierung. Dies ist ein positiv hervorzuhebendes Merkmal des Protokolls, das nur durch die Verwendung des empfängerorientierten Ansatzes möglich ist und das wegen der gewünschten Unterstützung heterogener Empfänger bewußt geschaffen wurde. Hieraus können sich unterschiedliche Reservierungen von unabhängigen Empfängern ergeben.

Reservierungsmodi

Das Protokoll sieht in seiner jetzigen Spezifikation die Nutzung von drei unterschiedlichen *Reservierungsmodi* vor, die sich hinsichtlich ihrer Filterspezifikation, die für die nachfolgende Datenklassifizierung entscheidend ist, und in ihrer Mischbarkeit unterscheiden. Eine detaillierte Beschreibung der Filtertypen und ihrer spezifischen Arbeitsweise kann der Darstellung im Kapitel 10 zu Dienstgüte entnommen werden.

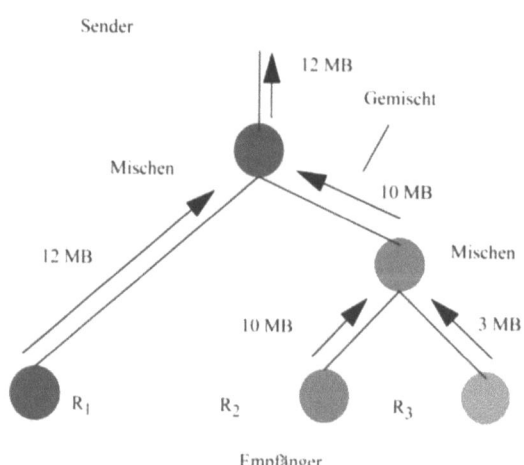

Abb. 15-12
Mischen von Ressourcenanforderungen.

Mischen

Das Mischen von Anforderungen (siehe Beispiel in Abb. 15-12) sichert eine effiziente Ressourcenverwaltung ohne überflüssige, weil redundante Reservierungen. Durch die Benutzung von *Wildcard-Filtern* bzw. des *Shared-Explicit-Modus* gilt dies auch für Situationen, in denen eine Anzahl von Sendern existiert, aber in der Regel nur jeweils einer von ihnen aktiv ist, wie dies bspw. in Audiokonferenzanwendungen der Fall ist. Hier wäre eine Einzelanforderung für jeden Sender, die in der Summe in einer unnötigen Überreservierung resultieren würde, ungeeignet.

Scheitern von Reservierungen

Reservierungsanforderungen in RSVP können scheitern, auch wenn das System, das sie auslöst, zwischenzeitlich bereits über ihren Erfolg informiert wurde. Dies resultiert aus der Empfängerorientierung des Protokolls, der verwendeten Hop-by-Hop-Verarbeitung von Reservierungsanforderungen und der

15.3 Dienstgüteanforderungen

Möglichkeit, Anforderungen für Datenströme zusammenzufassen. Wenn eine zweite Reservierungsanforderung an einem Transfersystem eintrifft, die aufgrund ihrer Spezifikation mit einer gleich großen oder größeren Reservierung, die bereits entlang eines Teilweges zum Sender etabliert ist, gemischt werden kann, so wird diese zweite Anforderung als *erfolgreich* beantwortet. Kommt es nachfolgend zu einem Scheitern der ersten Reservierungsanforderung auf dem Weg zum Sender, dann wird dies den betroffenen Empfängern durch eine Fehlernachricht mitgeteilt.

Reservierung im voraus

Mittels RSVP oder den Reservierungsmechanismen von ATM ist es zunächst möglich, unmittelbar nach der entsprechenden Anforderung Reservierungen vorzunehmen. Für viele Anwendungen, wie bspw. Videokonferenzen oder die Übertragung abgespeicherter Audio- oder Videodaten, sind jedoch der Zeitpunkt des Beginns der Übertragung und deren Dauer bereits vorher bekannt und eine entsprechende Reservierung, die im voraus erfolgt, wünschenswert.

Die *Resource Reservation in Advance* (ReRA) bietet eine entsprechende Funktionalität. Sie trennt die Phase der Aushandlung einer Reservierung in die Phase der Durchsetzung und in die der tatsächlichen gesicherten Bereitstellung von Ressourcen [WS97]. Da sich die Dauer einer Übertragung nachträglich noch verändern kann, unterstützt sie auch eine entsprechende Aushandlung für eine vorzeitige Freigabe von Reservierungen oder die Anforderung, diese zu verlängern, wenn möglich. Dies ist sowohl während einer bereits laufenden Übertragung als auch im Vorfeld möglich.

Resource Reservation in Advance

Bei der Umsetzung des Ansatzes ergeben sich Probleme daraus, daß der oder die potentiellen Empfänger zum Zeitpunkt einer vorzeitigen Resevierungsanforderung nicht notwendigerweise aktiv sein müssen und damit auch nicht die Möglichkeit besitzen, ihren Wunsch bezüglich des Empfangs oder eine entsprechende Ablehnung zu äußern. Dies ist bei senderorientierten Verfahren zwar unmittelbar beherrschbar, führt aber eventuell ebenfalls zur Reservierung für Teilnehmer, die letztlich nicht an der eigentlichen Übertragung teilnehmen.

Probleme

Damit sich für die Vergabe von Ressourcen, die mittels herkömmlicher Reservierungsverfahren und damit ohne Angabe einer expliziten Dauer angefordert werden, keine Probleme mit der potentiellen Überschneidung zu Betriebsmitteln ergeben, die im voraus angefordert wurden, sollten für beide Reservierungstypen unterschiedliche Kontingente verwendet werden. Strategien für die Umsetzung des beschriebenen Reservierungsansatzes unter Nutzung verschiedener Protokolle, wie ST-2+ oder RSVP, werden in [WS97] beschrieben.

Kontingente

15.3.5 Alternative Reservierungsverfahren

Obwohl RSVP ursprünglich als Reservierungsprotokoll mit geringem zusätzlichen Aufwand (Light-Weight) entworfen wurde und diesem Anspruch bspw. im Vergleich mit dem Aufwand für dienstgüterelevante ATM-Signalisierungs-

Einsetzbarkeit von RSVP

funktionen auch gerecht werden kann, gibt es bezüglich seiner allgemeinen Eignung und Angemessenheit, gerade in Szenarien mit einer Vielzahl von heterogenen Empfängern, durchaus Bedenken.

Weitere Verfahren

Es wurden daher eine Reihe anderer Vorgehensweisen, wie z. B. das senderorientierte Reservierungsverfahren YESSIR [PS97], das auf der Inband-Signalisierung basiert, vorgeschlagen und untersucht. YESSIR verwendet die in RTP-/RTCP-Paketen übertragenen Informationen in Verbindung mit der IP-Router-Alert-Option, um flußspezifische, sich dynamisch anpassende Reservierungen zu veranlassen. Weitere Ansätze, wie das *Scalable Resource Reservation Protocol* SRP [AFB98], werden ebenfalls diskutiert. SRP arbeitet nicht flußorientiert, sondern mit Reservierungszuständen, die jeweils für Router-Interfaces verwaltet werden, und einem Lernprozeß anhand des beobachteten und daraufhin vorausgesagten reservierten Verkehrsaufkommens.

15.3.6 Internet Differentiated Services

Nachteile von RSVP

Bei Verwendung eines Reservierungsverfahrens wie RSVP müssen die Router innerhalb eines Netzes eine große Menge von Informationen bezüglich jedes RSVP-Datenstroms speichern und verwalten, bspw. die Zeitspanne, nach der eine Reservierung veraltet, die Flußspezifikationen für alle Empfänger und das ihnen zugeordnete Interface. Aus den periodischen Erneuerungen, die zur Aufrechterhaltung des Soft State notwendig sind, resultiert eine nicht unerheblicher Netzlast und ein hoher Verarbeitungsaufwand bei den Routern.

Differentiated Services

Bei den Betreibern der Netze gibt es daher Befürchtungen, daß der Einsatz von Reservierungsprotokollen, wie RSVP, für eine Vielzahl von Strömen in einem Backbone-Netz nicht angemessen skaliert werden kann und daß zu hohe Anforderungen an die derzeitig verfügbare Router-Hardware gestellt werden. Um kurzfristig eine adäquate Lösung für eine mögliche individuelle Behandlung einzelner Datenströme zu erlauben, wurde das Konzept der *Differentiated Services* entwickelt, welches auf die gezielte Nutzung des *IPv4-TOS-Feldes* (*Type of Service*) aufbaut.

Tarifierung

Nicht zuletzt entstand dieses Konzept im Umfeld des sich rasch entwickelnden Interesses an einer differenzierten statt der bisherigen (Flat-Rate-) *Tarifierung* und der Forderung, entsprechend einer gestaffelten Tarifierung auch korrespondierende *Dienstklassen* anzubieten.

Der verwendete Ansatz ist nicht völlig neu, wird aber mit dem Ziel, kurzfristig eine befriedigende und interoperable Semantik festzulegen, durch die hierfür etablierte *DiffServ Working Group* der IETF deutlich forciert.

Der IPv4-Header sieht mit dem TOS-Feld (siehe Abb. 15-13 auf Seite 495) eine Möglichkeit zur Anzeige der Art der transportierten Daten wie auch für die Darstellung einer gewissen geforderten Dienstgüte vor. Das Feld spezifiziert eine Vorrangrelation und Dienstanforderungen, wie den Wunsch nach einer Minimierung der Verzögerung, nach der Maximierung des Datendurchsatzes, nach der Maximierung der Verläßlichkeit, nach der Minimierung der Übertragungskosten oder nach einer Verarbeitung ohne spezielle Anforderungen.

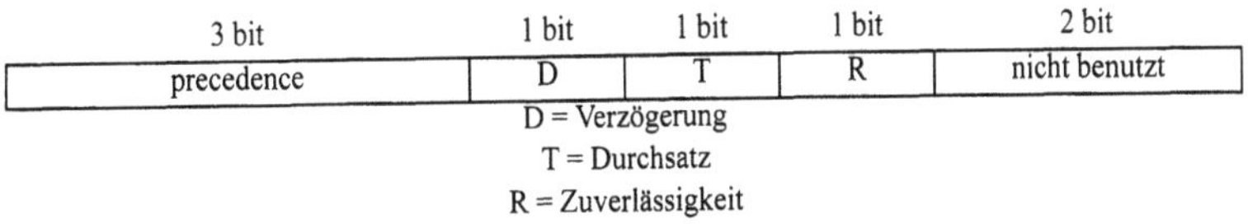

```
3 bit        1 bit  1 bit  1 bit   2 bit
precedence    D      T      R    nicht benutzt
```
D = Verzögerung
T = Durchsatz
R = Zuverlässigkeit

Abb. 15-13
Aufbau des TOS-Feldes im IPv4-Header.

Von der DiffServ Working Group wurde die Kodierung unterschiedlicher Dienstklassen, wie z. B. *„Premium"* oder *„Assured"* mit den Bits des TOS-Felds vorgesehen; für diese ist die ursprüngliche und in Abb. 15-13 gezeigte Semantik dann nicht mehr gültig. Innerhalb eines Backbones kann mit diesen Dienstklassen eine effiziente Erkennung von bereits aggregierten Datenströmen durchgeführt werden. Deren entsprechende differenzierte Behandlung ist mit Prioritätsmechanismen möglich, wie bspw. mit der Verzögerungspriorität (*Delay Priority*), mit der Priorität des Verwerfens (*Drop Priority*) oder mit einer schnittstellenspezifischen Priorität (*Interface-based Priority*).

Dienstklassen

Die Kennzeichnung erfolgt in der Regel durch *Internet Services Provider* (in sog. *Edge Routern*) an den Grenzen der von ihnen betriebenen Bereiche. Hier wird auch die Entscheidung getroffen, wie mit Daten zu verfahren ist, die sich in ihrem Charakter nicht an vorher getroffene Absprachen halten. Für diese ist eine unterschiedliche Behandlung, z. B. durch Verwerfen, Verzögern oder Umordnen in eine andere Dienstklasse möglich (bspw. eine Klasse, die nur Best-Effort-Dienste erbringt).

Verarbeitung

Die Beschreibung des Charakters eines Datenstroms sowie der Dienstgüte, die für diesen zugesichert wird, erfolgt in sog. *„Service Level Agreements"*. Diese existieren sowohl zwischen den Endsystemen und dem jeweiligen Dienstanbieter als auch zwischen Dienstanbietern.

Service Level Agreements

Es existieren weiterhin Überlegungen, RSVP mit dem DiffServ-Ansatz zu kombinieren. Hier ist der Einsatz entsprechender Übergangs-Router (*Edge Router*) zwischen entsprechenden Teilen des Netzes vorgesehen sowie Aushandlungs- und Abbildungsvorschriften zwischen den InServ-Diensttypen und der Kodierung der DiffServ-Dienstklassen. Diese Abbildung kann sowohl auf der Basis statischer *Service Level Agreements* als auch dynamisch erfolgen und sieht auch die Aggregierung von IntServ-Datenströmen vor.

Kombination von RSVP und DiffServ

15.4 Mechanismen für den Transport von Multimedia-Daten

15.4.1 Real-Time Transport Protocol (RTP)

Für verschiedene Multimedia-Anwendungen sind typischerweise eine Anzahl gleicher Dienste, wie die Paketierung der Daten, die geeignete Kennzeichnung der Datenkodierung, das Hinzufügen von Zeitinformationen und diverse Steuerungsaufgaben zu erfüllen. Da dies von den im Internet etablierten Transportprotokollen nur unzureichend unterstützt wird, andererseits aber eine spezifische Umsetzung, die in jeder einzelnen Anwendung verschieden arbeitet, uneffektiv wäre, bietet sich der Entwurf eines einheitlichen und dennoch flexiblen Protokolls für diese Aufgaben an. Ein solcher Ansatz wird unter dem Begriff *Application Level Framing* in [CT90] beschrieben und im *Real-Time Transport Protocol* (RTP) umgesetzt. Dabei ist anzumerken, daß RTP ein separates, bereits vorhandenes Transportprotokoll verwendet und ohne das Zusammenwirken mit weiteren Protokollen eine Echtzeitdatenübertragung nicht garantiert.

Application Level Framing

Eigenschaften von RTP

RTP ist ein von Prof. Schulzrinne entwickeltes Ende-zu-Ende-Protokoll, das Anwendungen, die Echtzeitdaten verarbeiten (bspw. Audio, Video oder Simulationsdaten), eine Transportfunktionalität mit Hilfe von Unicast- oder Multicast-Daten zur Verfügung stellt. RTP wurde primär entworfen, um den Anforderungen von Multimedia-Konferenzen mit mehreren Teilnehmern gerecht zu werden, seine Nutzung ist jedoch nicht auf diesen speziellen Anwendungstyp beschränkt.

RTCP

RTP arbeitet mit dem dazugehörigen *Real-Time Control Protocol* (RTCP) zusammen.

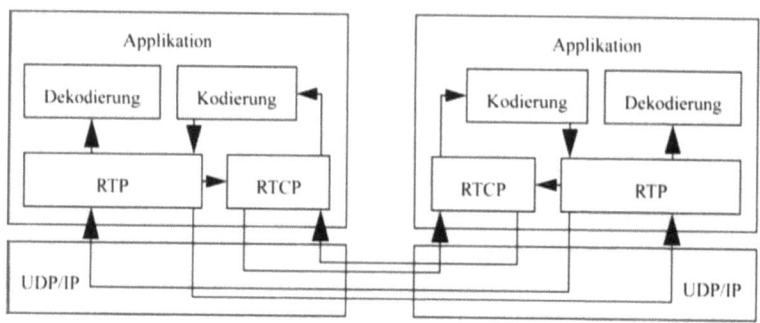

Abb. 15-14 Zusammenwirken von RTP/RTCP als Application-Level-Framing- Mechanismen für Multimedia-Anwendungen.

Protokollspezifika

Payload Type Identifier

RTP-Pakete beschreiben die transportierten Daten mittels eines *Payload Type Identifiers*. Dieser gibt an, welches Kodierungsverfahren für die übertragenen Multimedia-Daten genutzt wird. Ändert sich diese Kodierung während einer Übertragung, was durch den Sender jederzeit und bspw. aufgrund der *Receiver Reports*, die der Sender von den Empfängern erhält, möglich ist, so kann dies den RTP-Paketen unmittelbar entnommen werden. Eine explizite Mitteilung oder Aushandlung ist nicht notwendig.

RTP-Pakete

Die Pakete werden in RTP von den Sendern fortlaufend numeriert und mit Zeitinformationen versehen. Anhand dieser Information ist es den Empfängern möglich, Paketverluste zu erkennen oder Daten vor ihrer Präsentation für den Nutzer zunächst zu puffern, um deren Reihenfolge, die während der Übertragung möglicherweise verändert wurde, wiederherzustellen oder die Varianz in den Übertragungszeiten (*Jitter*) auszugleichen.

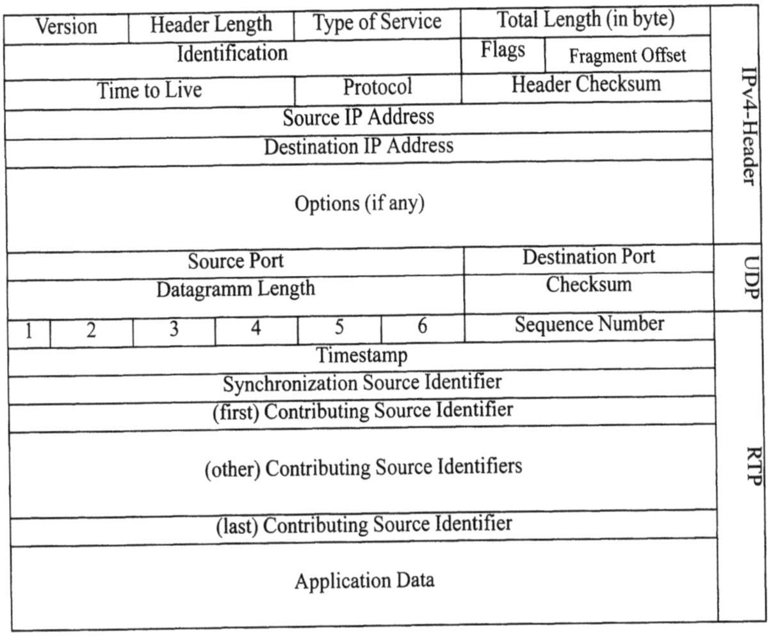

Version	Header Length	Type of Service	Total Length (in byte)	
Identification			Flags / Fragment Offset	
Time to Live		Protocol	Header Checksum	IPv4-Header
Source IP Address				
Destination IP Address				
Options (if any)				
Source Port			Destination Port	UDP
Datagramm Length			Checksum	
1	2	3	4	5	6	Sequence Number	
Timestamp				
Synchronization Source Identifier				
(first) Contributing Source Identifier				
(other) Contributing Source Identifiers				RTP
(last) Contributing Source Identifier				
Application Data				

Abb. 15-15 Aufbau von RTP-Paketen, die über IPv4/UDP transportiert werden.

RTCP

Unter Nutzung des Kontrollprotokolls RTCP werden sowohl von den Sendern als auch von den Empfängern in regelmäßigen Abständen Informationen über ihre andauernde Teilnahme an einer Multimedia-Sitzung und über die von ihnen festgestellte Qualität des Empfangs (Datenverlust, Paketlaufzeit und deren Schwankung) mittels Sender- oder Receiver-Reports mitgeteilt.

Rückkopplungsinformation

Die Rückkopplungsinformationen der Reports können von den Sendern zur Anpassung ihres Verhaltens verwendet werden. Die Erzeugung dieser Information kann auch durch sog. *Monitorapplikationen* erfolgen, die an der eigentlichen Multimedia-Datenübertragung nicht aktiv oder als Benutzer der Mediendatenströme teilnehmen, sondern nur eine Überwachungsfunktion übernehmen. Die Beobachtung der Reports ermöglicht es auch, den Kreis der Teilnehmer einer Übertragung zu verfolgen.

RTP und Transportprotokolle

RTP ist unabhängig vom verwendeten Transportprotokoll und kann sowohl über ST-II oder UDP/IP als auch über IPX der Firma Novell oder beim Einsatz von *Native ATM* unmittelbar über ein *ATM Adaptation Layer* (AAL5) zum Einsatz kommen. Für die von RTP/RTCP genutzten Ports gibt es keine strenge Festlegung. Diese kann für Anwendungen und die von ihnen übertragenen Datenströme bekannt sein oder explizit ausgehandelt werden. Das Kontrollprotokoll sollte jedoch jeweils den Port verwenden, über den auch die Nutzdaten übertragen werden. Diese Beziehung kann die Verarbeitung der Daten, z. B. in Firewalls, vereinfachen.

Beurteilung von RTP

Das Protokoll ist flexibel, kann mit geringem zusätzlichen Aufwand implementiert werden und für individuelle Anforderungen angepaßt werden. Mit der Hilfe von *Profilen* ist es möglich, Teile des Headers für spezielle Gruppen von Anwendungen zu beschreiben. Dies bedeutet, daß spezielle medienspezifische Informationen, wie z. B. eine Menge möglicher Formate (bspw. Kodierungsvorschriften) und Vorschriften, wie Formate aufeinander abzubilden sind, in einem Audio-/Video-Profil gespeichert werden können.

*Abb. 15-16
Aufbau eines RTCP-
Sender-Reports.*

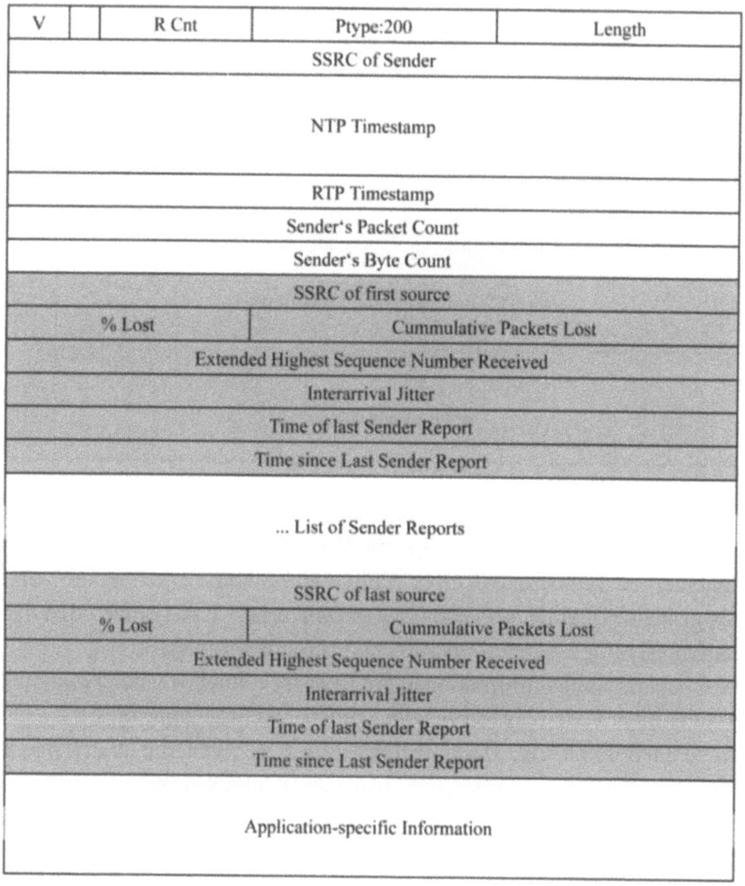

V		R Cnt	Ptype:200	Length
SSRC of Sender					
NTP Timestamp					
RTP Timestamp					
Sender's Packet Count					
Sender's Byte Count					
SSRC of first source					
% Lost		Cummulative Packets Lost			
Extended Highest Sequence Number Received					
Interarrival Jitter					
Time of last Sender Report					
Time since Last Sender Report					
... List of Sender Reports					
SSRC of last source					
% Lost		Cummulative Packets Lost			
Extended Highest Sequence Number Received					
Interarrival Jitter					
Time of last Sender Report					
Time since Last Sender Report					
Application-specific Information					

Heterogenitätsunterstützung

Translator und Mixer

Zur Unterstützung der Anforderungen heterogener Teilnehmer und Übertragungswege sieht das Protokoll den Einsatz von *Übersetzern* (*Translator*) und *Mixern* vor. Als aktive Komponenten innerhalb der Netz-Infrastruktur können diese dazu verwendet werden, um die Charakteristik der übertragenen Daten, bspw. durch Skalierung oder Änderung des Übertragungs- oder Datenformates, zu ändern oder mehrere Datenströme zu einem neuen zusammengefaßten Strom zu mischen.

Unterschiede zwischen Mixer und Translator

Mixer und Translator unterscheiden sich in der Art und Weise, wie sie die im Header kodierten Felder Synchronization und Contributing Source Identifier behandeln. Eine Synchronization Source ist jeder Quelle von Multimedia-Daten zugeordnet und nutzt einen eigenen Bereich für Zeitstempel und Sequenznummern. Während einer Sitzung wird sie eindeutig gewählt. Überträgt eine Quelle mehrere Datenströme, so ist jedem von diesen eine eigene Synchronization Source zugeordnet.

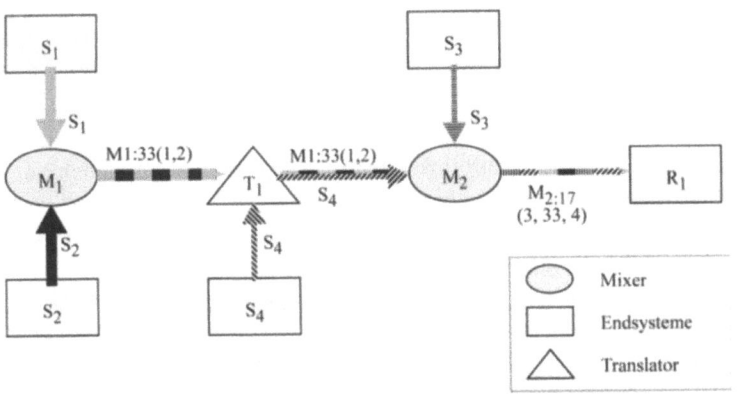

Abb. 15-17
Unterschiede beim Einsatz von Translatoren und Mixern in RTP.

Durch den Mixer (siehe Abb. 15-17) werden mehrere Datenströme zu einem neuen Strom zusammengefaßt, der durch einen eigenen, ebenfalls neuen Synchronization Source Identifier beschrieben wird. Mixer können z. B. zur Zusammenfassung von Audiodaten genutzt werden. Die Quellen, die zu einem aggregierten Datenstrom beitragen, werden mittels der Liste der Contributing Source Identifier (siehe Abb. 15-16 auf Seite 498) im Header des RTP-Pakets aufgezählt und ihre Anzahl durch den Content Source Count angezeigt.

Mixer

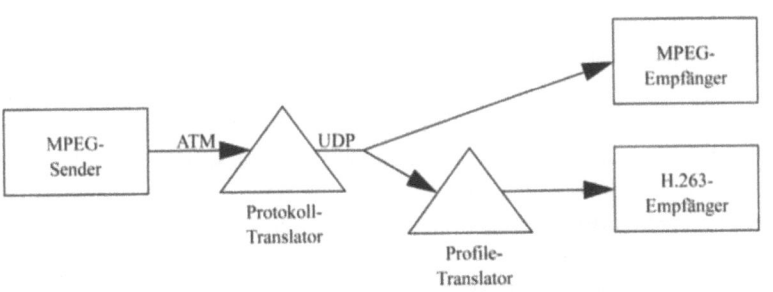

Abb. 15-18
Einsatz von RTP-Translatoren in einem heterogenen Umfeld.

Dagegen verarbeiten Translatoren jeweils einen speziellen Datenstrom, behalten dessen Synchronization Source bei, können aber verwendet werden, um eine Umwandlung des Datenformats der genutzten Übertragungswege und Übertragungsprotokolle oder von Bandbreitenbeschränkungen vorzunehmen (bspw. entsprechend der Bedürfnisse spezieller Empfänger). Dies ist auch in Abb. 15-18 wiedergegeben.

Translatoren

Weitere Aspekte von RTP

Header Compression

Um die Paketierungsverzögerung gering zu halten, werden Multimedia-Daten in der Regel in relativ kleinen Paketen übertragen. Daher ist der durch die Header verursachte Mehraufwand nicht unerheblich. Um diesen zu senken, wurde die *RTP-Header-Compression* [CBE97] spezifiziert und eingesetzt. Dabei werden Daten im Header, die sich nicht bei jedem Paket oder nur entsprechend einer genau vorbestimmten Abfolge ändern, weniger redundant übertragen.

RTCP und Soft State

Da RTCP-Steuerungsinformationen in regelmäßigen Abständen von allen Teilnehmern einer Sitzung übertragen werden, kann das Protokoll auch dazu verwendet werden, um einen *Soft State* in den durchlaufenen Routern aufrechtzuerhalten. Für die Steuerung dieser Übertragung wird ein adaptiver Mechanismus eingesetzt, der von der Anzahl der Teilnehmer in einer RTP-Session abhängt und der sicherstellt, daß der Umfang der Kontrolldaten nicht zu stark zunimmt und daß RTCP-Pakete nicht von allen beteiligten Systemen gleichzeitig versendet werden. Die einem speziellen Teilnehmer zugeordnete Zustandsinformation wird dabei freigegeben, falls sich dieser regulär mit einem entsprechenden RTCP-Bye-Paket abmeldet oder falls dieser die Informationen nicht durch fortdauernde Übertragung erneuert.

Signalisierung

Aufbauend auf dem Verhalten von RTP gibt es Bemühungen, die von RTP und RTCP versendeten Daten zur *Inband-Signalisierung* für Reservierungsprotokolle [PS98] zu nutzen. Dies kann die Vorteile von Reservierungsprotokollen für die Bereitstellung von Dienstgütegarantien auch für die große Menge RTP-basierter Multimedia-Anwendungen erschließen, ohne daß diese explizit um eine eigene Reservierungskomponente erweitert oder durch eine solche extern ergänzt werden müßten.

15.4.2 Behandlung heterogener Anforderungen in Multicast-Szenarien

Während einer RTP-Sitzung werden Daten, die die Qualität des Empfangs beschreiben, von den Empfängern zum Sender zurückgesendet. Ein solches Vorgehen ist für eine Vielzahl von Kommunikationsszenarien typisch und kann, je nach Problemstellung, auf den verschiedenen Schichten des Kommunikations-Referenzmodells realisiert sein. Mittels der Informationen, die von einem oder mehreren Empfängern zurückgesendet wurden, wird der Sender über ihre Bedürfnisse und die aktuelle Empfangsqualität informiert. Der Sender kann daraufhin entsprechend reagieren. Verfahren wie bspw. die Skalierung werden im Kapitel 10 zu Dienstgüte ausführlich beschrieben.

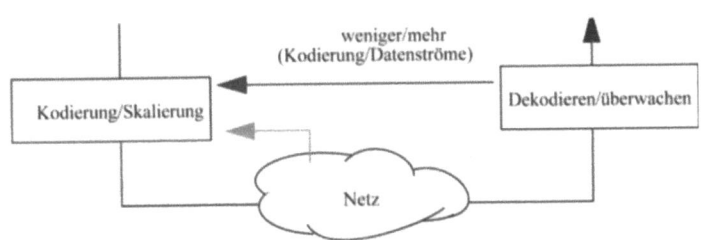

*Abb. 15-19
Nutzung von Rück-
kopplungsschleifen.*

Während Rückkopplungsmechanismen für die Kommunikation zwischen zwei Partnern hinreichend bekannt und bewährt sind, ist die Frage, wie zu verfahren ist, wenn eine Menge von Multicast-Empfängern Daten in unterschiedlicher Kodierung oder mit einer unterschiedlichen Datenrate benötigen, deutlich schwieriger zu beantworten.

Dies kann bspw. dann der Fall sein, wenn sich die Netzanbindungen oder die Verarbeitungsfähigkeiten der Empfänger stark unterscheiden. Hier ist eine individuelle Anpassung des Senders nicht mehr möglich, vielmehr müssen andere Ansätze verwendet werden.

Filter

Einen möglichen Ansatz zur individuellen Unterstützung der Anforderungen von heterogenen Empfängern stellt die Verwendung von *Filtermechanismen* innerhalb des Kommunikationssystems dar. In einem oder mehreren durchlaufenen Netzknoten ist es mit Hilfe von Filtern möglich, die Menge der weitergeleiteten Daten oder deren Kodierung zu verändern.

Man kann *Filter* als allgemeines Konzept betrachten, das beliebige Operationen auf Multimedia-Daten in jedem Teil des Netzes erlaubt. Dazu sind (bspw. in den Routern) Komponenten vorzusehen, die hinsichtlich der zu verändernden Daten und der hier auszuführenden Operationen entsprechend parametrisiert werden können. Diese Komponenten führen dann die Filterung durch, nachdem sie die eintreffenden Daten geeignet klassifiziert haben.

Filter

Obwohl die Allgemeinheit des Ansatzes besticht, kann seine Umsetzung zu verschiedenen Problemen führen. Durch die notwendige Verarbeitungszeit ist eine Vergrößerung der *Ende-zu-Ende-Verzögerung* ggf. unvermeidbar. Unter dem Sicherheitsaspekt ist es oft unerwünscht, daß Benutzer Programmcode für ihre spezifischen Filter zur Verarbeitung in den Router laden und zur Ausführung registrieren. Verbietet man dies jedoch, so schränkt man die Möglichkeiten auf die Menge der vordefinierten und vorinstallierten und dann bestenfalls noch parametrisierbaren Filter ein. Auch verfügen nicht alle in Betracht zu ziehenden Systeme des Transfersystems (z. B. ATM-Vermittlungsstellen) über die geforderten Fähigkeiten oder die notwendige Verarbeitungskapazität.

Probleme mit Filtern

Um die Probleme zu vermeiden oder zumindest teilweise zu behandeln, ist es möglich, die Filterfunktionalität nur durch entsprechende spezielle Knoten des Netzes zur Verfügung zu stellen. Die Untersuchung und Realisierung sol-

Active Networks

cher aktiven Mechanismen befindet sich im Augenblick noch in der Anfangsphase.

Layered Transmission

Neben den in Kapitel 10 vorgestellten Filterungsmechanismen ist die Verwendung von hierarchischen Kodierungs- und Transportmechanismen ist ebenfalls dazu geeignet, den beschriebenen Anforderungen heterogener Netze und Teilnehmer gerecht zu werden.

Beispiel — Dazu wird die beim Sender vorliegende Information in einzelne Teile zerlegt. In einem sehr einfachen Beispiel kann etwa ein Video-Frame betrachtet werden, für den durch Weglassen von Pixeln eine Version mit niedrigerer Auflösung gebildet wird. Zur schrittweisen Wiederherstellung einer höheren bis hin zur Original-Auflösung werden dann die notwendigen Komponenten ebenfalls gespeichert. Diese Komponenten können dann einzeln für den Transport, der mit einer entsprechend gestaffelten Bandbreite möglich ist, bereitgehalten werden. Geeignete Zerlegungsverfahren garantieren daher eine intelligente Nutzung der Bandbreite.

Nach der Zusammensetzung aller Teile entsteht wieder die Originalinformation; durch geeignete Auswahl und Kombination von Untermengen kann man aber auch bereits brauchbare Varianten erzeugen. Möglicherweise benötigt ein Empfänger aufgrund der begrenzten Leistungsfähigkeit seiner Ausgabegeräte ohnehin nicht die gesamten Daten. Es ist dann günstiger, Teile überhaupt nicht zu übertragen, anstatt diese nach dem Empfang zu verwerfen.

Receiver-driven Layered Multicast — Eine praktische Umsetzung des beschriebenen Verfahrens existiert mit dem *Receiver-driven Layered Multicast*, das durch Verwendung von zusätzlichen Fehlererkennungs- und Fehlerkorrekturmechanismen verfeinert wurde [MJV96].

Verfahren — Bei diesem Verfahren beginnen die Empfänger zunächst mit dem Empfang der Basisinformationen und aktivieren dann schrittweise den Empfang weiterer Daten (Layer), bis sie sich entweder für den Empfang aller den Gesamtstrom bildenden Multicast-Gruppen registriert haben, oder Paketverluste feststellen, die durch Verstopfung des Netzes bedingt sind. In diesem Fall entfernen sie die weniger wichtigen Schichten wieder. Auf diese Weise suchen die Empfänger in einem adaptiven Verfahren nach dem für sie jeweils optimalen Grad des Empfangs und verhalten sich gleichzeitig durch Verstopfungsvermeidung kooperativ gegenüber anderen Benutzern.

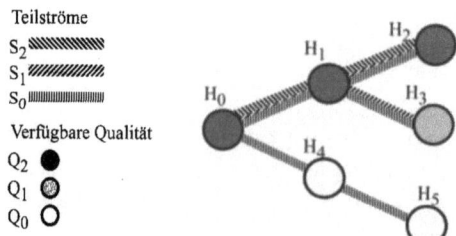

Abb. 15-20 Anpassung an hierarchische Anforderungen durch hierarchische Kodierung und Übertragung.

Aufgrund des *Pruning-Mechanismus* bei der Weiterleitung von IP-Multicast werden nur die Teilströme, für die im jeweiligen Teil des Internets Interesse besteht, auch wirklich in diesen Strömen übertragen, was zu einer guten Effizienz des Ansatzes beiträgt. Das Verfahren kann, muß jedoch nicht, mit Reservierungsansätzen verknüpft werden. So sind z. B. RSVP-Reservierungen für einige Teilströme denkbar.

Pruning

Ein möglicher Nachteil ergibt sich aus der Tatsache, daß für die Teilströme mit unterschiedlichen Verzögerungszeiten gerechnet werden muß, was zu einem zusätzlichen Synchronisationsaufwand führt.

Die Untersuchung des Problems wird in Zukunft noch deutlich wichtiger werden, wenn z. B. durch die Benutzung neuartiger objektbasierter Kodierungsverfahren, wie bspw. MPEG-4, die Anzahl der verwendeten Teilströme stark ansteigt.

15.4.3 Zuverlässige Multicast-Übertragung

Mit IP-Multicast existiert eine effiziente und skalierbare Möglichkeit, um Informationen gleichzeitig an eine Anzahl potentieller Empfänger zu übertragen. Daß der dafür genutzte Mechanismus keine Garantien für die Auslieferung der Daten an alle Empfänger vorsieht, ist für eine Reihe von Anwendungen, wie bspw. Audio- oder Videokonferenzen gut tolerierbar oder durch entsprechende zusätzliche Mechanismen, wie Redundanzerzeugung, *Forward Error Correction* oder die Interpolation fehlender oder beschädigter Daten behandelbar.

Zuverlässigkeit

Im Bereich *Multimedia* existieren jedoch eine Anzahl von Anwendungsgebieten, für die Garantien über den erfolgten Datentransfer an alle Empfänger und eine entsprechende Rückmeldung wünschenswert oder sogar unverzichtbar sind. Dies gilt z. B. für effiziente Verfahren zur Verteilung von Software an eine größere Gruppe von Empfängern (*Datacast*), für die Verbreitung von Nachrichten (z. B. Börsendaten) ggf. an Empfänger, deren genauer Aufenthaltsort zunächst nicht bekannt ist, die aber mittels einer Multicast-Adresse adressiert werden können oder für die Kooperationskomponente (z. B. für die gemeinsam genutzte Dokumentbearbeitung) von Multimedia-Konferenzsystemen. Sollen mit der Unterstützung derartiger Verfahren Software entwickelt oder verbindliche Entscheidungen getroffen werden, so ist eine verläßliche Übertragung an alle Teilnehmer unbedingte Voraussetzung.

Die in Unicast-Szenarien verwendeten Mechanismen zur *Fehlererkennung*, Quittierung oder Anforderung der Neuübertragung von Daten ab einem Aufsatzpunkt (Schiebefensterprotokoll ohne selektive Neuübertragung), wie sie z. B. von TCP für eine gesicherte Datenübertragung zur Verfügung gestellt werden, sind für die Nutzung mit einer großen Anzahl von Empfängern nur schlecht skalierbar. Die unveränderte Anwendung dieser Protokolle kann in einer großen Anzahl von Quittungen resultieren, die zum Sender geschickt werden, sowie redundantem Aufwand für die erneute Übertragung von Daten entlang des gesamten Übertragungsweges. Damit kann sich letzlich eine große Netzbelastung mit der Gefahr von Verstopfungen, die zusätzliche Verluste auslösen ergeben.

Fehlererkennung

Je nach den Anforderungen bezüglich der Echtzeittauglichkeit, der Anzahl der Sender, der Größe und des Umfanges der Empfängergruppen, der Forderung nach Gewährleistung der Paketreihenfolge, der akzeptierbaren Übertragungsverzögerung sowie der vorhandenen Netzumgebung (LAN, WAN, symmetrische oder asymmetrische Übertragungswege) und der Spezifika potentieller Applikationen ergeben sich unterschiedliche Entwurfs- und Implementierungsansätze für einen zuverlässigen Multicast-Dienst. Diese Ansätze nutzen in der Regel die redundante Übertragung von Daten, Mechanismen zur Forward Error Correction, negative Quittungsmechanismen, selektive erneute Übertragung und hierarchische Verfahren. Bei diesen Verfahren werden innerhalb einer Hierarchie, die aus mehreren Ebenen besteht, Knoten ausgewählt, die für die Hierarchieebenen, die den Knoten untergeordnet sind, die Zwischenspeicherung von Daten für den Fall einer erneut notwendigen Übertragung übernehmen sowie die Entgegennahme und Zusammenfassung von Quittungen.

Weitere Protokolle   Bisher wurden von der IETF noch keine allgemein akzeptierten Standards für einen verläßlichen Multicast-Dienst spezifiziert. Es existieren jedoch bspw. mit dem *Reliable Multicast Protocol* (RMP) [WKM94], dem *Reliable Multicast Transport Protocol* (RMTP) [LP96], dem *Reliable Adaptive Multicast Protocol* (RAMP) und weiteren eine Reihe von Vorschlägen und Implementierungen.

# Programmierung

Kapitel 16

Viele, insbesondere zeitkritische Funktionalitäten heutiger Multimedia-Anwendungen, die als Produkte verfügbar sind, wurden und werden meist in herkömmlichen prozeduralen Programmiersprachen (z. B. in C) realisiert. Multimediaspezifische Funktionen, wie z. B. das Verändern der Lautstärke während der Wiedergabe einer Audiopassage, werden oft noch über Hardware-spezifische Bibliotheken aufgerufen bzw. kontrolliert. Auch Teile der Anwendungsschnittstellen der Betriebssystemerweiterungen für Multimedia-Komponenten sind noch Hardware-abhängig.

Programmieren

Leider besteht bei den meisten der kommerziellen Multimedia-Anwendungsprogramme eine Abhängigkeit von der verwendeten Hardware. Das Austauschen einer Geräteeinheit, die kontinuierliche Medien verarbeitet, macht sehr oft eine erneute Realisierung wichtiger Bestandteile des Anwendungsprogramms nötig. Dies tritt selbst dann auf, wenn ein Gerät gegen ein ähnliches oder eines gleicher Funktionalität ausgewechselt wird, das allerdings von einem anderen Hersteller stammt.

Hardware

Einige Anwendungen werden auch mit Hilfe von Werkzeugen, sog. *Tools*, realisiert. Diese Werkzeuge generieren entweder den Code direkt oder verwalten Routinen, die der jeweiligen Anwendung zur Verfügung gestellt werden, um die Geräteeinheiten in die entsprechende Anwendung zu integrieren. Bei diesen Anwendungen führt jegliche Veränderung der Multimedia-Ausstattung dazu, daß grundlegende Änderungen in den *Tools*, ggf. neue Interaktionsmethoden mit den Geräteeinheiten und nicht zuletzt auch jedesmal die erneute Generierung des ausführbaren Programms notwendig werden.

Tools

Ein Vergleich kann dabei zu der Programmiertechnik von Gleitkommazahlen gezogen werden. Die verschiedenen Rechenanlagen, die Gleitkommazahlen unterstützen, unterscheiden sich in ihrer Architektur, ihren Befehlen und ihren Schnittstellen. Manchmal kommen RISC-Architekturen oder Parallelprozessoren zur Anwendung. Trotzdem werden nur einige wenige Standardformate wie z. B. das IEEE-Format zur Darstellung der Zahlen benutzt. Die Programmierer verwenden neben den Operatoren überwiegend sog. *Built-in-Functions* der höheren Programmiersprachen, um mit Gleitkommazahlen zu programmieren. Jede Hardware-Änderung wird sich also kaum auf ein z. B. in *Fortran* geschriebenes Anwendungsprogramm auswirken.

Built-in-Functions

Verglichen mit der Multimedia-Umgebung findet man hier meistens in Form von Datentypen relativ gut definierte Abstraktionen in den höheren Programmiersprachen vor. Es ist somit möglich, die aktuelle Hardware-Konfiguration vor der Anwendung zu verbergen, ohne dabei einen wesentlichen Leistungsverlust zu erleiden.

Zunehmend wird mit objektorientierten Ansätzen die Programmierung multimedialer Systeme und insbesondere die der Anwendungen in diesem Bereich vorgenommen. Frühe Beispiele sind [AC91, Bla91a, GBD+91, RBCD91] von einem Multimedia-Workshop in Heidelberg oder [FT88, LG90, SHRS90, SM92b]. Auch bei Schnittstellen zu dem verwendeten Kommunikationssystem wird in zunehmendem Maße mit objektorientierten Ansätzen gearbeitet.

Multimedia-Objekte erlauben trotz ihrer untereinander durchaus unterschiedlichen Fähigkeiten, Eigenschaften und Funktionen eine schnelle Integration in ihre Umgebung. Die Entwicklung einer eigenen Sprache oder Erweiterungen eines Übersetzers ist nicht nötig. Sie kann durch eine entsprechende Klassenhierarchie als integraler Bestandteil der Programmierumgebung gelten.

Leider sind die auftretenden Klassenhierarchien sehr unterschiedlich. Es herrscht kein Konsens über eine allgemein anerkannte oder gar eine *optimale* Klassenhierarchie. Erwähnenswert ist, daß ein in einer objektorientierten Programmiersprache entwickeltes Multimedia-Produkt immer noch eine Ausnahme darstellt.

Das vorliegende Kapitel beschreibt die verschiedenen Möglichkeiten, auf Multimedia-Daten zuzugreifen, bzw. ihre verschiedenen Darstellungsmöglichkeiten gegenüber dem Entwickler.

16.1 Abstraktionsebenen

Wenn Multimedia-Daten in einer Applikation verwendet werden sollen, schließt dies meist die Darstellung auf oder Verarbeitung mit Geräteeinheiten ein, die für diese Daten spezialisiert sind. Da aber selbst für einen Typ (wie Audio- oder Videodaten) eine Vielzahl unterschiedlicher Geräte existieren, die zwar alle dieselbe oder ähnliche Funktionalität bereitstellen, aber unterschiedlich angesprochen werden müssen, bietet es sich an, die Kommunikation des Programms mit der Hardware zu kapseln, um so einerseits die Hardware-Unabhängigkeit von der Software zu erreichen, gleichzeitig aber auch die Programmentwicklung zu vereinfachen, indem grundlegende Funktionen bereitgestellt werden.

Abstraktionsebenen   Dies kann erreicht werden, indem mehrere *Abstraktionsebenen* eingeführt werden. Jede Ebene bietet hierbei im Vergleich zu den darunterliegenden einen höheren Abstraktionsgrad: Die bereitgestellten Funktionen sind allgemeiner und unabhängiger von einem speziellen Gerät, Betriebssystem oder einer Programmiersprache. Abb. 16-1 zeigt eine Einteilung in Abstraktionsebenen. Als niedrigste Ebene über der eigentlichen Geräteeinheit liegt der Gerätetreiber *(Device Driver),* der die Kommunikation mit der Hardware vornimmt. Die System-Software bietet eine einheitliche Schnittstelle zu den Gerätetreibern einer bestimmten Kategorie, die jedoch noch nicht notwendigerweise von den spezifischen Eigenschaften des Geräts abstrahieren muß.

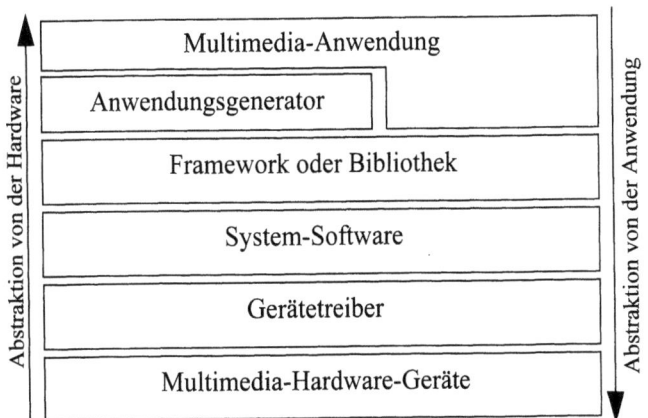

Abb. 16-1
Abstraktionsebenen.

Ein *Framework* oder eine *Bibliothek* bildet die Schnittstelle, über die aus einer Programmiersprache Hardware-Geräte angesprochen werden. Die Ebene kann jedoch weiter untergliedert werden, je nachdem wie weit das Framework oder die Bibliothek von der speziellen System-Software oder dem speziellen Gerät abstrahieren.

Framework

Zur Implementierung einer Multimedia-Anwendung kann auf eine weitere Abstraktionsebene zurückgegriffen werden: Verschiedene Anwendungsgeneratoren zum Erstellen von Anwendungen mit multimedialen Inhalten bieten eigene oder standardisierte *Skriptsprachen*, die auf diesen Anwendungszweck zugeschnitten sind und die die Funktionen für eigene Anwendungen zur Verfügung stellen.

Skriptsprachen

16.1.1 Gerätetreiber

Ein Gerätetreiber ist eine Software-Komponente, die für die Kommunikation mit einer speziellen Geräteeinheit innerhalb eines Betriebssystems verantwortlich ist. Der Treiber realisiert die Umsetzung der von dem Betriebssystem definierten Funktionen für einen Gerätetyp auf die speziellen Kommandos für ein spezielles Gerät.

Da das Ansprechen eines Hardware-Geräts genaueste Informationen über die Hardware-Schnittstelle erfordert, werden Gerätetreiber üblicherweise für jedes Gerät vom Hersteller für verbreitete Betriebssysteme entwickelt und mitgeliefert.

16.1.2 System-Software

Die System-Software hat die Aufgabe, eine einheitliche Schnittstelle zwischen der aktuellen Hardware und der Anwendungs-Software zu bilden, so daß An-

Aufgaben

wendungsprogramme unabhängig von der tatsächlichen Hardware-Konfiguration entwickelt und eingesetzt werden können. Die System-Software definiert damit einen Standard, den alle Applikationen nutzen können, die auf die Hardware zugreifen müssen. Im Unterschied hierzu mußten bei früheren Betriebssystemen wie DOS die Programme selbst dafür Sorge tragen, daß sie mit unterschiedlichen Hardware-Konfigurationen zurechtkamen. Hierdurch wurde oft eine Hardware-Schnittstelle zu einem Quasistandard, an dem sich andere Hardware-Hersteller zu orientieren hatten – bspw. bei der Audioausgabe –, damit ihre Geräte mit den vorhandenen Anwendungen benutzt werden konnten.

Je nachdem, welche Arten von Geräten und welche Funktionalität eine System-Software für einen Gerätetyp definiert, kann die Software-Schnittstelle des Betriebssystems auf verschiedenen Abstraktionsebenen angesiedelt werden. Eine sehr abstrakte, aber dadurch auch (zu) einfache Sichtweise ist z. B.

UNIX auf UNIX-Systemen üblich. Alle Hardware-Einheiten werden wie Dateien angesprochen und verwaltet. Dies ermöglicht es zwar, eine Vielzahl von verschiedenen Geräten anzusprechen, allerdings mit dem Nachteil, daß kaum gerätespezifische Funktionen von seiten der System-Software vorgesehen sind. Im Beispiel UNIX ist dies ein einziger Funktionsaufruf („Fcntrl"), über den spezielle Funktionen eines Gerätetreibers, wie z. B. die Lautstärke von Audiogeräten, angesprochen werden können.

Beispiele Daher bietet modernere System-Software Unterstützung für verschiedene Arten von Multimedia-Geräten. So stellt Microsoft Windows eine Sammlung von Hardware-Schnittstellen unter der Bezeichnung „DirectX" zur Verfügung, auf die unten näher eingegangen werden soll. Andere System-Software definieren wiederum eigene Schnittstellen: die von Apple MacOS bereitgestellten Schnittstellen heißen QuickDraw für Grafik und QuickTime für kontinuierliche Medien. OpenGL von Silicon Graphics wird mittlerweile auch von anderen Plattformen (u. a. Microsoft Windows) unterstützt.

Beispiel: Microsoft DirectX

DirectX ist eine Sammlung von Funktionen, die sowohl einen abstrakten Zugriff auf Low-Level-Hardware-Funktionen ermöglichen („DirectX Foundation"), als auch zusätzliche High-Level-Dienste zur Verarbeitung von Multimedia-Daten („DirectX Media Layer") bereitstellen. Im Unterschied zu seinem „Vorgänger" Media Control Interface (MCI) ist DirectX nicht mehr auf eine bestimmte Hardware und bestimmte Datenformate zugeschnitten und kann jetzt auch in nebenläufigen Prozessen eingesetzt werden.

Die *DirectX Foundation* umfaßt die Schnittstellenspezifikation für verschiedene Arten von Hardware-Geräten:

- DirectDraw bietet Funktionen zur 2-D-Grafikausgabe, die auf dem Vorgänger GDI (Graphics Device Interface) aufbauen,
- Direct3D für dreidimensionale Darstellungen,
- DirectSound für die Wiedergabe von Audiodaten sowie

- DirectInput, das den Zugriff auf Benutzerinteraktionsgeräte (Maus/Tastatur/Joystick) ermöglicht.

Diese Sammlung von Schnittstellen bildet den sog. „*Hardware Abstraction Layer*" (HAL). Um eine weitgehende Hardware-Unabhängigkeit zu erreichen, enthält die DirectX Foundation darüber hinaus den „Hardware Emulation Layer" (HEL): Dieser stellt Software-Emulationen von den Hardware-Funktionen zur Verfügung (wie z. B. 3-D-Funktionen von Grafikbeschleunigerkarten), die von der tatsächlichen Hardware nicht direkt unterstützt werden.

Hardware Abstraction Layer (HAL)

Hardware Emulation Layer (HEL)

Auf den Low-Level-Funktionen von der DirectX Foundation aufbauend werden durch den *DirectX Media Layer* zusätzliche High-Level-Dienste zur Handhabung von Multimedia-Daten bereitgestellt, wie Animationen, Media-Streaming, Synchronisation von Multimedia-Elementen und Benutzerinteraktion. Der DirectX Media Layer enthält die Komponenten: DirectShow, DirectAnimation, Direct3D Retained Mode und DirectPlay.

DirectX basiert auf dem *Component Object Model* (COM). COM ist ein Objektmodell, das von Microsoft Windows auf Betriebssystemebene bereitgestellt wird. Es bietet v. a. einen Kapselungsmechanismus, über den Schnittstellen definiert werden können. Objekte, die diese Schnittstellen implementieren, können unabhängig von der verwendeten Implementierungssprache in anderen Anwendungen wiederverwendet werden. Diese Mechanismen sind grundlegend für die objektorientierte Anwendungsentwicklung. Die Integration von objektorientierten Konzepten in die System-Software stellt somit die Basis für die Entwicklung von Abstraktionsebenen und damit für die Entwicklung wiederverwendbarer Software dar.

Component Object Model (COM)

Da mittlerweile auch COM-Implementierungen für andere Plattformen existieren und ebenfalls die Anbindung von COM-Objekten an CORBA möglich ist, könnte COM mit DirectX die Möglichkeit eröffnen, in Zukunft Multimedia-Anwendungen unabhängig von Hardware und auch unabhängig vom Betriebssystem zu entwickeln – so, wie es (mit Einschränkungen) jetzt schon auf Basis von Java möglich ist. Weitere Informationen zu DirectX findet man in `http://www.microsoft.com/directx/default.asp`.

16.1.3 Framework und Bibliotheken

Ein *Framework* ist eine Sammlung von Klassen, die eine Menge von Diensten für einen bestimmten Anwendungsbereich bereitstellen. Die von dem Framework exportierten Klassen und Funktionen können von der Anwendung benutzt und auch für die eigenen Zwecke angepaßt werden.

Framework

Insbesondere durch die zunehmende Verbreitung von objektorientierten Programmiersprachen ist die Entwicklung von Frameworks erleichtert worden, da für die Erstellung von Frameworks wichtige Konzepte wie Kapselung oder Spezialisierung direkt von der Implementierungssprache unterstützt werden.

Ein Beispiel für Frameworks ist das Java Media Framework – http://java.sun.com/products/java-media/.

High Level Language

Auch eine Integration in *prozedurale höhere Programmiersprachen* (mit *HLL, High Level Language* bezeichnet) ist hier möglich. In einer HLL wird die Verarbeitung von Daten kontinuierlicher Medien durch eine Gruppe ähnlich aufgebauter Funktionen beeinflußt. Diese Aufrufe sind weitgehend Hardware- und treiberunabhängig. Damit führt die Integration in HLLs zu einer wünschenswerten Abstraktion, fördert einen besseren Programmierstil und erhöht die Produktivität. Programme müssen jedoch neben den Software-Engineering-Anforderungen in der Lage sein, Multimedia-Daten effektiv zu manipulieren. Folglich werden in einer HLL die Programme entweder direkt auf Multimedia-Datenstrukturen zugreifen, mit den ausführenden Prozessen in einer Echtzeitumgebung direkt kommunizieren, um diese zu steuern, und/oder es werden die verarbeitenden Geräteeinheiten über die entsprechende Treiberschnittstelle kontrolliert. Übersetzer, Binder und/oder Lader stellen die erforderliche Kommunikation zwischen dem Anwendungsprogramm und der Verarbeitung kontinuierlicher Daten zur Verfügung. Es existiert bisher keine Programmiersprache, die spezielle Konstrukte zur Manipulation multimedialer Daten enthält, sieht man einmal von allen möglichen Programmiersprachen in der digitalen Signalverarbeitung ab, die sich meist auf Assemblerebene befinden, um das beste Zeitverhalten eines Programms programmieren zu können.

Medien können innerhalb einer Programmiersprache auch unterschiedlich betrachtet werden. Im folgenden werden deshalb verschiedene vom Autor entwickelte Varianten diskutiert; erste Ergebnisse wurden in [SF92] publiziert.

Das folgende Beispiel zeigt die Programmieranweisungen eingebettet in eine Parallelität zur Beschreibung einer möglichen Programmierung mit Medien als Typen:

```
a, b REAL;
ldu.left1, ldu.left2, ldu.left_mixed AUDIO_LDU;
...
WHILE ...
  COBEGIN
    PROCESS_1
       input(micro1, ldu.left1)
    PROCESS_2
       input(micro2, ldu.left2)
    ldu.left_mixed := a * ldu.left1 + b * ldu.left2;
  ...
END_WHILE
...
```

Eine erste Alternative zu einer Programmierung über Bibliotheken ist für HLLs das Konzept der *Medien als Datentypen*. Hier werden Datentypen für Video und Audio definiert. Bei einem Text ist das kleinste adressierbare Element ein Zeichen (von Bits und Bytes einmal abgesehen). Ein Programm kann solche Zeichen dann über Funktionen und manchmal auch direkt über Operatoren manipulieren. Sie können kopiert, mit anderen Zeichen verglichen, gelöscht, erzeugt, aus einer Datei gelesen oder gespeichert werden, sie können angezeigt werden oder Bestandteil einer anderen Datenstruktur sein. Warum sollte man nicht dieselbe Funktionalität auf kontinuierliche Medien anwenden? Als kleinste Einheit sind dann LDUs zu sehen. Diese Dateneinheiten können von sehr unterschiedlicher Granularität (und damit auch Größe und Dauer) sein. In obigem Beispiel werden LDUs von zwei Mikrofonen eingelesen und dann gemischt. Das folgende Beispiel beschreibt das Mischen von einem Text und einem Bewegtbild. Dies wird hier als eine Einblendung des Textes in das Bewegtbild interpretiert:

Medien als Datentypen

Beispiel

```
subtitle TEXT_STRING;
mixed.video, ldu.video VIDEO_LDU;
...
WHILE ...
  COBEGIN
    PROCESS_1
      input(av_filehandle, ldu.video)
      IF new_video_scene
        input(subtitle_filehandle, subtitle)
      mixed.video := ldu.video + subtitle
    PROCESS_2
      output(video_window, mixed.video)
    ...
END_WHILE
...
```

Eine Anwendung ist hierfür die beim Benutzer stattfindende Überlagerung von Untertiteln in eine Videoszene. Damit kann ein Verteildienst bspw. neben einem Film gleichzeitig Ton und Untertitel in vielen Sprachen übertragen; der Anwender entscheidet die von ihm gewählte Kombination. Mit Stereoton wird dies z. T. schon für 2 Sprachen vorgenommen. Das Mischen zweier visueller Medien findet außer bei *Bild im Bild* jedoch in dieser Form noch nicht statt. Durch Verwendung der in Fernsehgeräten integrierten Teletextdekoder könnte man sogar heute schon eine solche Anwendung auf einfacher Basis realisieren. Man beachte, daß in dem Beispiel des Untertitels eine implizite Typkonversion stattfinden muß: Es werden Variablen unterschiedlichen Typs addiert und anschließend wiederum einer Variable einer dieser Typen zugewiesen. Beim Mischen bzw. Addieren dieser beiden Medien kann noch deren relative Positionierung und die Dauer festgelegt werden. Neben einem vorab bestimmten Standardwert (z. B. zentriert am unteren Bildrand) kann dieses relative Positionieren während der Initialisierungsphase vom Programmierer frei definiert werden. Die Dauer wird im Programm selbst durch ein explizites Ausblenden

Anwendungsbeispiel

bestimmt. Sie kann aber auch relativ zu der Szenendauer während des Initialisierens definiert werden.

16.1.4 Anwendungsgeneratoren

Sollen Multimedia-Anwendungen erstellt werden, deren Schwerpunkt auf der Präsentation von Multimedia-Daten liegt, so ist es oftmals nicht nötig, ein Programm hierfür in einer klassischen Programmiersprache zu schreiben. Stattdessen kann auf Anwendungsgeneratoren zurückgegriffen werden, mit denen Multimedia-Präsentationen spezifiziert und generiert werden können, analog zur Verarbeitung von Texten in einer Textverarbeitungsanwendung.

Skriptsprachen

Diese Anwendungsgeneratoren stellen meist eine eigene oder standardisierte *Skriptsprache* zur Verfügung, die auf diesen Anwendungszweck zugeschnitten ist. Mit Hilfe dieser Skriptsprache können die Funktionen für eigene Anwendungen genutzt werden.

Ansätze zur Anwendungsentwicklung

Unter multimedialer Programmierung wird oftmals nur die Einbindung multimedialer Daten in die eigentliche Anwendung verstanden. Tatsächlich lassen sich mit diesem Begriff aber noch weitere Formen der Anwendungsentwicklung beschreiben.

Vor allem für das Publizieren von Dokumenten in elektronischer Form oder das Erstellen von Präsentationen werden schon lange Entwicklungswerkzeuge eingesetzt, um Autoren, die keine Kenntnisse einer (multimedialen) Programmiersprache haben, das Erstellen und Bearbeiten solcher Anwendungen zu ermöglichen. Die dabei verwendeten Entwicklungswerkzeuge werden *Autorensysteme* genannt. Ein anderer Ansatz wird mit der visuellen Programmierung verfolgt. Hier wird durch den Einsatz audiovisueller Techniken versucht, die herkömmliche Software-Entwicklung zu verbessern.

Autorensysteme und visuelle Programmierung

Autorensysteme

Man unterscheidet folgende Ansätze von Autorensystemen:

Skriptbasierte Autorensysteme

- *Skriptbasierte Systeme*, wie das 1987 für den Macintosh erstmals bereitgestellte *HyperCard*, sind die ältesten Autorensysteme. Sie ermöglichen es Programmierern ohne Kenntnis einer höheren Programmiersprache erstmals, Anwendungen zu erstellen, die Text, Grafiken und Audio integrierten. Obwohl der Autor auch bei diesen Systemen seine Anwendung mittels programmiersprachenähnlicher Skripten erstellt, bleiben systembedingte Hardware-Eigenschaften komplett vor dem Autor verborgen. Zudem ist die verwendete Sprache auf das Erstellen von Präsentationen ausgerichtet und kann daher vereinfacht werden. Skriptbasierte Systeme lassen sich sehr universell und flexibel für das Erstellen von Anwendungen einsetzen. Dem ursprünglichen Ansatz, nämlich die optimale Unterstützung von Nichtprogrammierern bei der Entwicklung, wird man hier nur bedingt gerecht.

- Bei *Icon-basierten Systemen* werden vom Entwickler durch Plazieren und Verbinden von Icons Programmablaufdiagramme erstellt. Dabei stehen die Icons als Platzhalter für z. B. komplette Animationen, Texte oder Kommandos.
- *Timeline-basierte Systeme* zeichnen sich durch ihre sehr leichte Bedienbarkeit aus. Symbolische Informationsobjekte werden auf einer Zeitachse angeordnet, die den zeitlichen Verlauf der Präsentation festlegt. Die definierten Ereignisse können dabei nacheinander oder auch parallel ablaufen. Zudem ist eine Steuerung des Ablaufs durch den Anwender möglich.

Icon-basierte Autorensysteme

Timeline-basierte Autorensysteme

Visuelle Entwicklungsumgebungen

Visuelle Programmierung oder die Verwendung von visuellen Entwicklungsumgebungen für die Entwicklung von Anwendungen ist zu einem Begriff geworden, der für intuitive Software-Entwicklung steht. Hier werden grafische Elemente selbst als Repräsentation von Funktionalitäten konstruiert und miteinander in Beziehung gesetzt.

Aktuelle Entwicklungen

Betrachtet man die heute auf dem Markt verfügbaren Autorensysteme, so muß man feststellen, daß die Grenzen zwischen den einzelnen Kategorien zunehmend verschwinden. Das wohl bekannteste System bspw., der *Macromedia Director*, zählt nach den oben aufgestellten Kategorien sowohl zu den zeitbasierten als auch zu den skriptbasierten Systemen. Anwendungen, die mit dem Director erstellt werden, halten zwar, was ihren Ablauf angeht, eine strenge zeitliche oder ereignisgesteuerte Reihenfolge ein, Director verfügt mit LINGO aber gleichzeitig über eine sehr mächtige Programmiersprache. Demzufolge sind auch die Übergänge zu visuellen Programmierumgebungen hin fließend.

Macromedia Director

Der Nutzen visueller Programmierumgebungen ist noch sehr umstritten. Das immer wieder vorgetragene Argument, auch ungeübte Entwickler könnten mit Hilfe solcher Werkzeuge schnell und einfach Anwendungen erstellen, läßt sich in der Praxis nicht halten.

Ohne fundierte Kenntnisse über die verwendete Sprache und die zugrundeliegenden Konzepte ist die Realisierung einer professionellen Anwendung nicht möglich. Zudem erzwingen Änderungen oder Erweiterungen der Architektur oder der Sprache oftmals eine Bearbeitung des generierten Codes außerhalb der Entwicklungsumgebung. Pflege und Erweiterung von Code, der nicht selbst erstellt wurde und kaum dokumentiert ist, gestaltet sich aber sehr aufwendig.

Pflege und Erweiterung von Programmcode

In Verbindung mit der zunehmenden Verbreitung von objektorientierten Technologien kommt jedoch ein großer Vorteil visueller Entwicklungsumgebungen zum Tragen. Wird von der Analyse über das Design bis zur konkreten Implementierung ein durchgängiges (objektorientiertes) Konzept verwendet, so können Entwicklungsumgebungen den kompletten Entwicklungsprozeß auf allen Ebenen unterstützen und erleichtern. Komplexe Klassenhierarchien und

Beziehungen können visuell gestaltet und in Code umgesetzt werden, der dann nur noch mit der entsprechenden Funktionalität ergänzt werden muß.

Im weiteren Verlauf des Kapitels wird auf die konkrete Implementierung multimedialer Anwendungen detaillierter eingegangen. Dabei werden zuerst Anforderungen an eine Programmiersprache, mit der Multimedia-Anwendungen erstellt werden sollen, beschrieben, da dies die Grundlage für die Programmentwicklung ist.

Darauf aufbauend wird auf die objektorientierte Anwendungsentwicklung eingegangen, weil objektorientierte Techniken wichtige Konzepte zur Wiederverwendbarkeit und Erweiterbarkeit von Software-Komponenten liefern. Ein mit der zunehmenden Vernetzung von Rechnersystemen an Bedeutung gewinnender Aspekt wird am Ende des Kapitels behandelt: die Realisierung von verteilten multimedialen Anwendungen.

16.2 Anforderungen an Programmiersprachen

Der Handhabung von Multimedia-Daten stellt bestimmte Anforderungen an die Umgebung (Hardware und Betriebssystem), die auch auf die Implementierungssprache übertragen und dort spezifiziert werden können müssen.

Wichtige Eigenschaften, die Multimedia-Anwendungen auszeichnen und daher von Programmiersprachen unterstützt werden müssen, sind die Handhabung von großen Datenmengen, Echtzeitanforderungen sowie Nebenläufigkeit und Synchronisation.

Darüber hinaus sollte eine Programmiersprache die Wiederverwendbarkeit, Erweiterbarkeit, Wartbarkeit und Robustheit der Programmkomponenten unterstützen, da nur so eine effiziente Programmentwicklung ermöglicht wird.

16.2.1 Große Datenmengen

hohe Speicheranforderungen

Multimedia-Anwendungen zeichnen sich im allgemeinen dadurch aus, daß große Datenmengen verwaltet werden müssen, da Multimedia-Daten auch für heutige Verhältnisse viel Speicherplatz benötigen, auch wenn sie komprimiert vorliegen. Dies bezieht sich sowohl auf die im Hauptspeicher gehaltenen Daten als auch auf Daten, die von externen Geräten (Harddisk, Netzwerk, Sound- oder Videokarte) verarbeitet werden.

Für eine Programmiersprache bedeutet dies, daß die effiziente Verarbeitung großer Datenmengen unterstützt wird und der erzeugte Programmcode keine Leistungseinbußen etwa beim Kopieren von Objekten oder bei der Parameterübergabe haben darf.

16.2.2 Echtzeitanforderungen

Kontinuierliche Medien stellen Echtzeitanforderungen an die Programmiersprachen, da es hier unerläßlich ist, ein genaues Timing einzuhalten. Anderenfalls könnte die Verarbeitung und Wiedergabe z. B. von Audio- oder Videodaten nicht mit der gewünschten Qualität erfolgen.

Genaues Timing

Die Sprache muß es also einerseits erlauben, Zeitanforderungen zu spezifizieren, andererseits aber auch Mechanismen für die Handhabung von Ausnahmesituationen bereitzustellen, etwa wenn ein vorgegebenes Zeitlimit aufgrund von zu geringer Prozessorleistung nicht eingehalten werden kann.

16.2.3 Synchronisation

Sollen mehrere Medien gleichzeitig dargestellt werden, so ist es oft nötig, die Präsentation verschiedener Medien zu synchronisieren. Ein Beispiel hierfür sind Videodaten, die außer den Bilddaten auch Audioinformationen enthalten, welche gleichzeit mit abgespielt werden sollen.

Synchronisation verschiedener Medien

Eine Programmiersprache muß es daher ermöglichen, Bedingungen für die synchrone Darstellung zu formulieren, und zur Laufzeit muß das Gesamtsystem für deren Einhaltung sorgen.

16.2.4 Wiederverwendbarkeit

Multimedia-Anwendungen enthalten oft Programmkomponenten, wie etwa Routinen zur Darstellung von animierten Sequenzen oder zum Abspielen von Audiodaten, die in fast allen Anwendungen benötigt werden. Daher ist es gerade in diesem Kontext wichtig, diese Programmteile nicht für jede Anwendung neu erstellen zu müssen. Stattdessen sollten entsprechende Komponenten nur ein einziges Mal so implementiert werden müssen, daß sie in weiteren Anwendungen wiederverwendet werden können. Die Programmiersprache sollte die Wiederverwendung daher durch ein geeignetes *Modularisierungskonzept* gezielt fördern.

Wiederverwendung durch geeignetes Modularisierungskonzept

16.2.5 Erweiterbarkeit

Neben der Wiederverwendbarkeit ist auch die Erweiterbarkeit von Multimedia-Anwendungen von großer Wichtigkeit. Da die Entwicklung im Multimedia-Bereich sehr schnell vorangeht, ist es wesentlich, daß Applikationen schnell an Neuerungen angepaßt werden können.

Die Programmiersprache sollte es daher unterstützen, Erweiterungen so vornehmen zu können, daß Änderungen sich lokal begrenzen lassen. Hierfür sinnvolle Techniken umfassen neben der Modularisierung auch *Kapselung*, *Abstraktion* und *Hierarchiebildung*.

Lokal begrenzte Änderungen

16.2.6 Wartbarkeit

Multimedia-Anwendungen zeichnen sich im allgemeinen durch eine hohe Komplexität aus. Daher ist es wichtig, den Aufbau so strukturieren zu können, daß Fehler und die Auswirkungen von Änderungen leicht eingegrenzt werden können. Dies ist einfacher möglich, wenn die Programmiersprache geeignete Strukturierungsmechanismen vorsieht. Auch hier können *Modularisierung*, *Kapselung*, *Abstraktion* und *Hierarchisierung* einen wichtigen Beitrag leisten.

16.2.7 Robustheit

Umgang mit Ausnahmesituationen und unvorhergesehenen Ereignissen

Robustheit beschreibt die Art und Weise einer Anwendung, mit Ausnahmesituationen und unvorhergesehenen Ereignissen umzugehen. Diese treten bspw. auf, wenn die Rechenleistung nicht ausreicht, um Daten zu präsentieren, oder wenn eine Netzwerkverbindung zu langsam ist, um die erforderlichen Daten schnell genug zu liefern. Daher sollten auch auf Sprachebene der Entwurf und die Entwicklung von robusten Programmen gefördert werden.

16.3 Objektorientierte Anwendungsentwicklung

In vorherigen Abschnitt wurden Anforderungen für Programmiersprachen dargestellt. Da diese Anforderungen in hohem Maße von objektorientierten Sprachen erfüllt werden, werden zunehmend objektorientierte Techniken zum Entwurf und objektorientierte Programmiersprachen zur Implementierung von Multimedia-Anwendungen eingesetzt. Insbesondere durch flexible Mechanismen zur Wiederverwendung schon entwickelter Komponenten (bspw. zur Verwaltung und Darstellung von verschiedenen Multimedia-Daten) und einfache Erweiterbarkeit erstellter Anwendungen und Bibliotheken (bspw. um neue Arten von Multimedia-Komponenten) eignet sich die Objektorientierung in diesem Gebiet.

Als weiterführende Literatur zum Thema Objektorientierung sei auf [Mey97] verwiesen.

16.3.1 Grundbegriffe des Objektmodells

Der folgende Abschnitt erläutert kurz die Grundbegriffe des Objektmodells. Daran anschießend werden die Eigenschaften sowie Anwendung im Multimedia-Bereich des Modells näher erläutert.

Objekt und Klasse

Der Grundbegriff der Objektorientierung ist das *Objekt*. Ein Objekt hat eine eindeutige *Identität*, die es von allen anderen Objekten unterscheidet, und ein bestimmtes *Verhalten*, das von dem *Zustand* des Objekts abhängen kann. Objekte mit gleichem Verhalten werden in *Klassen* gruppiert. Die Klasse beschreibt also *statisch* das Verhalten und die Struktur von Objekten. Objekte werden zur Laufzeit als *Exemplare (Instances)* einer Klasse *dynamisch* erzeugt (instanziiert).

Man unterscheidet im allgemeinen zwischen der *Schnittstelle* (engl. *Interface*) einer Klasse, die das von „außen" sichtbare Verhalten von Objekten einer Klasse beschreibt, und der *Implementierung,* die angibt, wie Objekte einer Klasse „intern" aufgebaut sind. Diese Unterscheidung ist wichtig für die Kapselung (siehe unten).

Schnittstelle

Implementierung

Methoden und Nachrichten

Objekte kommunizieren untereinander, indem sie *Nachrichten* an andere Objekte senden. Empfängt ein Objekt eine Nachricht, so führt es daraufhin eine entsprechende *Methode* aus, die angibt, wie auf das Empfangen der Nachricht reagiert werden soll. Das Senden von Nachrichten kann mit dem Funktions- oder Prozeduraufruf in funktionalen bzw. prozeduralen Sprachen verglichen werden.

Kommunikation von Objekten

Aggregation

Wenn Objekte unter Verwendung anderer Objekte aufgebaut sind, nennt man das Aggregation. Über Aggregation läßt sich also eine *„Ist-Teil-von-Beziehung"* zwischen Objekten beschreiben. Ein Beispiel hierfür wäre ein Auto, das (u. a.) vier Räder besitzt. Der durch die Aggregation beschriebene interne statische Aufbau von Objekten einer Klasse ist normalerweise nicht in der Schnittstelle einer Klasse sichtbar, sondern wird in der Implementierung dieser Klasse spezifiziert.

„Ist-Teil-von-Beziehung" zwischen Objekten

Vererbung

Vererbung wird benutzt, um zwei Konzepte zu beschreiben, die häufig zusammen verwendet werden: die Spezialisierung von Klassenschnittstellen und den Import von Implementierungen.

Spezialisierung dient dazu, ein System von Klassen nach einer Teilmengenbeziehung zu strukturieren. Eine Klasse *A* ist dann eine Spezialisierung einer anderen Klasse *B*, wenn alle Objekte von *A* die von *B* definierte Schnittstelle ebenfalls erfüllen, *A* also die Schnittstelle von *B* erweitert. Zu beachten ist, daß eine Klasse mit erweiterter Schnittstelle jedoch eine Untermenge von Objekten beschreibt, da die erweiterte Beschreibung spezieller ist. Dies darf nicht verwechselt werden.

Spezialisierung von Klassenschnittstellen

Import beschreibt hingegen die Wiederverwendung existierender Implementierungen (oder Teile davon). Wenn eine Klasse *A* eine Klasse *B* erweitert, so kann dies sich also nicht nur auf deren Schnittstelle beziehen, sondern auch auf deren Implementierung, zu der weitere Funktionen hinzugefügt oder vorhandene an den neuen Kontext angepaßt werden können.

Import von Implementierungen

Diese beiden Konzepte werden in der Regel zusammen verwendet, da im allgemeinen auch die Implementierung einer Klasse weiterverwendet werden soll, wenn diese spezialisiert wird. Genauso wird die Implementierung auch dann importiert, wenn ebenfalls eine Spezialisierung vorliegt. Da dies aber „nur" im allgemeinen der Fall ist, unterstützen es moderne objektorientierte Programmiersprachen auch, beide Konzepte getrennt voneinander benutzen zu können.

Polymorphismus

Referenzieren von Objekten verschiedener Klassen

Von *Polymorphismus* (griech. Vielgestaltigkeit) spricht man, wenn es in einer Sprache möglich ist, daß ein Bezeichner zu unterschiedlichen Zeitpunkten (zur Laufzeit) oder in unterschiedlichen Kontexten Objekte verschiedener Klassen referenziert. Dies ist z. B. der Fall, wenn in einer Multimedia-Anwendung eine Variable ein selektiertes Objekt bezeichnet: Zu verschiedenen Zeitpunkten kann diese Variable auf Bilder, Audio- oder Videodaten verweisen. Durch den Polymorphismus ist ein wichtiges Konzept zur Wiederverwendung und Erweiterbarkeit vorhandenen Programmcodes gegeben, was sowohl den Implementierungsaufwand als auch die Fehlerwahrscheinlichkeit verringert.

Dynamisches Binden

Die durch den Polymorphismus eingeführten Wiederverwendungs- und Erweiterbarkeitsmöglichkeiten werden erst dann richtig wirkungsvoll, wenn die Bindung von den Methoden einer Klasse an die verschickten Nachrichten dynamisch zur Laufzeit erfolgt – im Unterschied zu der statischen Bindung, die schon bei der Übersetzungszeit des Programms vorgenommen wird und die immer noch in vielen Programmiersprachen eingesetzt wird.

Durch das dynamische Binden wird es bspw. möglich, eine Abspielkonsole für Multimedia-Daten zu programmieren, mit der beliebige kontinuierliche Daten abgespielt werden können: Dies würde realisiert, indem einem ausgewählten Multimedia-Objekt z. B. eine Play-Nachricht geschickt wird. Durch das dynamische Binden kann in diesem Fall für Videosequenzen eine Play-Methode zum Anzeigen von Videodaten aufgerufen werden; ist das Objekt jedoch eine Audiodatei, so würde die entsprechende Play-Methode zur Audioausgabe benutzt. Im Falle des statischen Bindens müßte diese Unterscheidung explizit vom Programmierer vorgenommen werden, indem er eine Fallunterscheidung für alle vorgesehenen Möglichkeiten anführt. Dies würde die Erweiterbarkeit des Programms stark einschränken.

16.3.2 Eigenschaften des Objektmodells

Hieraus ergeben sich die wichtigsten Eigenschaften des Objektmodells: *Abstraktion*, *Kapselung*, *Modularität*, *Hierarchie*, *Typisierung*, *Nebenläufigkeit*, *Verteilung* und *Persistenz*.

16.3 Anwendungsentwicklung

Abstraktion

Abstraktion ist eine fundamentale menschliche Vorgehensweise, um mit Komplexität umzugehen. Dies wird erreicht, indem nur die essentiellen Eigenschaften eines Objekts betrachtet werden, die es von anderen Objekten unterscheidet.

Eine abstrakte Beschreibung von kontinuierlichen Daten würde daher nur die Eigenschaften beinhalten, die kontinuierliche Daten von nichtkontinuierlichen unterscheiden, also z. B. die Gesamtlänge der Daten. Insbesondere in Verbindung mit Spezialisierungshierarchien kann durch Abstraktionen die Komplexität von Problemen handhabbar gemacht werden.

Betrachtung nur der essentiellen Eigenschaften

Kapselung

Durch die Unterscheidung zwischen Schnittstelle einer Klasse und deren Implementierung kann, wie oben erwähnt, zwischen der „Außensicht" und der „Innensicht" eines Objektes unterschieden werden: Ein anderes Objekt, das dem Objekt Nachrichten schickt, um dadurch bestimmte „Dienstleistungen" zu erhalten, wird als „Client" dieses Objekts bezeichnet. Die Schnittstelle spezifiziert daher für jedes Objekt, welche Nachrichten es versteht und welche Dienste es dadurch anbietet (Außensicht auf das Objekt). Dieses Konzept wird als *Kontraktmodell* bezeichnet, da jedes Objekt seinen Clients in der Schnittstelle ein bestimmtes Verhalten garantiert. Wichtig dabei ist nun, daß die Realisierung des Verhaltens durch die Implementierung des Objekts für Clients nicht erkennbar ist. Lediglich das Objekt selbst kennt seine Implementierung (Innensicht). Dies ist deshalb wichtig, weil nur so eine weitgehende Unabhängigkeit zwischen den Objekten eines Systems hergestellt werden kann. Andernfalls wären die Wiederverwendbarkeit, Wartbarkeit und Erweiterbarkeit nicht gewährleistet.

Deutlich wird dies u. a. bei der Definition der Schnittstellen für Multimedia-Geräte in einem Betriebssystem: Anwendungen, die Audioausgaben machen, dürfen lediglich die in der Schnittstelle für Audioausgabegeräte spezifizierten Funktionen nutzen und keine impliziten Annahmen über das verwendete Gerät machen. Eine Betriebssystemschnittstelle wie *DirectX* (siehe oben) basiert daher auf den Kapselungseigenschaften von Objektmodellen wie COM.

Die Implementierung eines Objekts ist für seine „Clients" (nachrichtensendende Objekte) nicht erkennbar

Modularität

Der Aufbau eines Programms wird als modular bezeichnet, wenn es sich in verhältnismäßig unabhängige Komponenten aufteilen läßt. Dies bildet die Grundlage für die Wiederverwendbarkeit und Wartbarkeit von Programmteilen, insbesondere wenn die Modularisierung mit einem Kapselungsmechanismus gekoppelt ist.

Innerhalb des Objektmodells bilden *Klassen* eine wesentliche Modularisierungsstruktur, da jede Klasse eine in sich geschlossene Einheit darstellt. Manche Programmiersprachen bieten darüber hinaus weitere Modularisierungsebe-

Aufteilung eines Programms in verhältnismäßig unabhängige Komponenten

nen an, indem bspw. Klassen wiederum zu Paketen oder Bibliotheken gruppiert werden können. In Java gibt es z. B. „Packages" für verschiedene Anwendungsbereiche, die zusätzlich hierarchisch strukturiert werden können: Das Package Java Media stellt eine Sammlung von Klassen zum Umgang mit verschiedenen Medien zur Verfügung, die bspw. die Module Java Media Framework (für kontinuierliche Medien), Java Sound und Java 3D enthält.

Java

Hierarchie

Innerhalb des Objektmodells lassen sich die Objekte in verschiedenen Hierarchien einordnen. Wichtig dabei sind die *Aggregations-* und die *Spezialisierungshierarchie*.

Hierarchie: Aggregation

Aggregation beschreibt, wie Objekte einer Klasse aus Komponenten anderer Klassen zusammengesetzt werden – bspw. benötigt ein Film Audio- und Videodaten. Durch das Zusammensetzen von Objekten aus weiteren Objekten anderer Klassen wird eine „Ist-Teil-von-Relation" („Part-of") aufgebaut. Mit dieser Relation lassen sich die Klassen in einer Hierarchie anordnen, da die Relation gerichtet und azyklisch sein muß. (Ein Objekt *a*, das Objekt *b* als Bestandteil hat, kann nicht ebenfalls ein Teil von dem Objekt *b* sein.)

„Ist-Teil-von-Relation"

Die Aggregation ist ein wichtiges Konzept zur Wiederverwendbarkeit und zur Handhabung komplexer Systeme, da auf diese Weise erstellte Klassen weiter benutzt werden können und eine schrittweise Komplexitätsreduktion erfolgen kann.

Hierarchie: Spezialisierung

Durch Spezialisierung von Klassen wird eine weitere Möglichkeit zur Hierarchisierung eingeführt: Jede Klasse kann zwischen den spezielleren und generelleren Klassen einsortiert werden. Diese Hierarchie ermöglicht es einerseits, die Komplexität von Software-Systemen zu reduzieren, da auf jeder Abstraktionsstufe nur die zu dieser Stufen gehörenden Klassen betrachtet werden müssen. Andererseits ist dies auch wichtig für die Wiederverwendbarkeit und Erweiterbarkeit, wenn in Programmteilen immer auf die angemessene Stufe in der Hierarchie zurückgegriffen wird und so zusätzliche Spezialisierungen hinzugefügt werden können, ohne daß der vorhandene Code geändert wird.

Beispiel

Im Beispiel für das dynamische Binden könnte also eine weitere Klasse für 3-D-Animationen hinzugefügt werden, die ebenfalls eine Methode *Play* besitzt und ebenfalls eine Spezialisierung der Klasse *Continuous Media* ist. Hierbei müßte die vorhandene Implementierung der Abspielkonsole nicht verändert werden.

Typisierung

Typen beschreiben eine Menge von Objekten mit gleicher Schnittstelle. Viele Programmiersprachen sehen ein Typkonzept vor, um durch die Angabe von Typen automatisch prüfen zu können, ob ein Objekt die Nachrichten versteht, die zu ihm geschickt werden. Dies ist wichtig für die Korrektheit der Programme. Zusätzlich kann die Effizienz eines übersetzten Programms erhöht werden, wenn Typinformationen vorliegen oder automatisch gewonnen werden können.

Objekte mit gleicher Schnittstelle

In einer Generierungsumgebung für Multimedia-Anwendungen würden daher bspw. Typen für die verwendeten Multimedia-Daten und Multimedia-Geräte vorhanden sein.

Nebenläufigkeit

Nebenläufigkeit bezeichnet die Eigenschaft einen Systems, wenn mehrere Kontrollflüsse (Prozesse) gleichzeitig (oder quasi-gleichzeitig) ausgeführt werden. In einem Objektmodell ist Nebenläufigkeit gut zu modellieren, indem verschiedenen Objekten parallele Kontrollflüsse zugeordnet werden. Diese Objekte nennt man hier *aktive Objekte*.

In einer Multimedia-Anwendung ist Nebenläufigkeit wie beschrieben als elementar anzusehen, da nur so gleichzeitig kontinuierliche Medien dargestellt werden können, ohne den eigentlichen Programmfluß zu unterbrechen.

Verteilung

Von *Verteilung* spricht man, wenn Objekte eines Systems auf verschiedene Verarbeitungseinheiten (Rechner) verteilt sind. Da Objekte in sich geschlossene Einheiten bilden (Modularität), eignen sie sich gut, um verteilt zu werden. Weil die Kommunikation zwischen Objekten über Nachrichtenaustausch stattfindet, ist es leicht möglich, diese Nachrichten nicht nur innerhalb eines Rechners, sondern auch über ein Netzwerk zu verschicken.

Für Multimedia-Anwendungen ist Verteilung bspw. relevant, weil Multimedia-Daten auf verschiedenen Servern im Internet liegen können.

Persistenz

Persistenz ist die Eigenschaft eines Objekts, wenn es seinen Zustand zeitlich und/oder räumlich beibehält. Dies beinhaltet einerseits ein zeitliches Überdauern des Erzeugers des Objekts, indem es bspw. gespeichert wird und in einer anderen Anwendung weiterverwendet wird. Andererseits kann ein persistentes Objekt auf einen anderen Rechner verlagert werden, ohne daß sich seine Identität, sein Verhalten oder sein Zustand ändert.

16.3.3 Beispiel: Java

Ein Beispiel für eine objektorientierte Programmiersprache, die vor allem im Zusammenhang mit multimedialen Anwendungen immer mehr an Bedeutung gewinnt, ist *Java*. Bei Java handelt es sich um eine von der Firma SUN 1991 entwickelte Programmiersprache, deren wesentliche Stärke in der *Portabilität* der übersetzten Programme liegt. Programme, die in Java implementiert sind, werden von einem Übersetzer in ein architekturneutrales Byteformat übersetzt. Ausgeführt werden die übersetzten Programme dann von einem Interpreter. Der Vorteil dieses Verfahrens liegt darin, daß – anders als bei Anwendungen, die in Sprachen wie z. B. C++ geschrieben sind und die vom Übersetzer in systemabhängige Binärdateien übersetzt werden – ein einmal übersetztes Java-Programm auf allen Plattformen lauffähig ist, für die ein Java-Interpreter existiert. Maschinenunabhängige und interpretierte Sprachen sind indes kein neues Konzept in der Programmiersprachenentwicklung. Erst die Kombination der Plattformunabhängigkeit mit einem weiteren Konzept von Java, den sog. *Applets,* hat zu einer explosionsartigen Verbreitung von Anwendungen geführt, die in Java implementiert sind. Applets sind Java-Programme, die in HTML-Seiten eingebunden und von Benutzern mittels eines Browsers ausgeführt werden können. Der Browser muß dabei einen Java-Interpreter enthalten, was bei vielen derzeit verfügbaren Browsern im Internet der Fall ist. Anders als bei CGI (siehe auch Kapitel 16 zu Dokumenten) bedeutet das nicht, daß keine Benutzerinteraktion mit dem Rest der Seite mehr möglich ist; vielmehr läuft der Interpreter parallel zum eigentlichen Browser. Das Applet wird dabei vor der Ausführung vom Server über das Internet zum WWW-Browser des Clients transferiert und dort ausgeführt.

Die Verwendung von Java-Applets in Verbindung mit einem Browser bietet eine sehr einfache Möglichkeit, den Clients Dienste und Funktionen eines Servers zur Verfügung zu stellen. Alles, was ein Benutzer zum Zugriff auf das auf dem Server gespeicherte Programm benötigt, ist ein Java-fähiger Browser und ein Zugang zum Internet. Es ist keine Installation des auszuführenden Programms nötig. Dies erleichtert v. a. eine Weiterentwicklung einer Anwendung enorm, da beim Benutzer kein Versionswechsel vorgenommen werden muß. Entsprechende neue Versionen stehen dem Client beim nächsten Start des Applets automatisch zur Verfügung.

Weitere Details hierzu sind im Kapitel 20 zu Dokumenten beschrieben

16.4 Objektorientierte Frameworks und Klassenbibliotheken

Für die Erstellung von Multimedia-Anwendungen ist es wesentlich, auf gute Klassenbibliotheken und mächtige Frameworks zurückgreifen zu können, da sich gerade in dieser Domäne viele wiederverwendbare Komponenten ausmachen lassen, die nicht für jede Anwendung neu implementiert werden sollten. Hierzu zählen bspw. Klassen, die die Funktionalität für verschiedene Arten von Multimedia-Daten bereitstellen.

Alle diese Klassen stellen *generische* Abstraktionen dar, da sie für ein breites Spektrum von Anwendungen eingesetzt werden können. Jede Anwendung wird jedoch diese vorgegebene Menge um weitere *anwendungsspezifische* Klassen ergänzen, deren Verwendungsbereich sich nicht auf weitere Anwendungen ausdehnt. Bei dem Entwurf von Multimedia-Anwendungen sollte daher stets darauf geachtet werden, welche Programmteile auch über diese spezielle Anwendung hinaus von Interesse sein können.

Generische Abstraktion

In diesem Abschnitt soll nun auf die verschiedenen Kategorien von Klassen eingegangen werden, die von einer Klassenbibliothek oder einem objektorientierten Framework bereitgestellt werden können. Dies sind neben Klassen für verschiedene Arten von Multimedia-Daten auch Klassen für Geräte, die Multimedia-Daten verarbeiten, sowie für die Modellierung von Datenflüssen zwischen den verschiedenen Multimedia-Geräten.

16.4.1 Modellierung der Datentypen

Da verschiedene Arten von Multimedia-Daten unterschiedliche Eigenschaften und Funktionen haben, ist es naheliegend, diese durch verschiedene Datentypen zu beschreiben. Für jeden Datentyp kann auf diese Weise eine Klasse angegeben werden; typischerweise gehören hierzu Klassen wie Text, Image, Audio und Video.

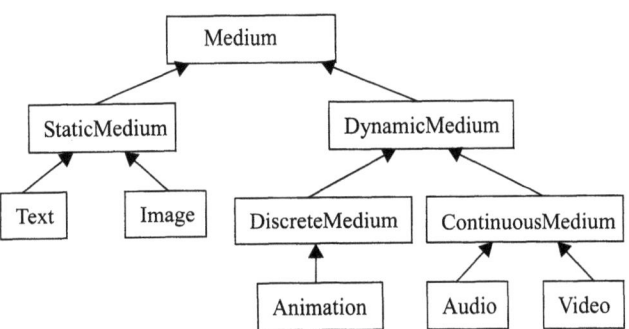

Abb. 16-2 Typische Spezialisierungshierarchie für Multimedia-Daten.

Werden Gemeinsamkeiten von unterschiedlichen Datentypen zusammengefaßt, so kann eine Spezialisierungshierarchie (siehe Abschnitt 16.3.2) aufgestellt werden. Eine mögliche Unterteilung könnte z. B. zwischen *statischen* und *dynamischen* Daten unterscheiden, je nachdem, ob sich die Daten über die Zeit verändern oder nicht. Dynamische Daten können wiederum nach der Art der Änderung in der Zeit in *diskret* und *kontinuierlich* unterteilt werden. Hierbei ist zu beachten, daß prinzipbedingt keine wirklich kontinuierlichen Daten mit einem Computer verarbeitet werden können, da immer eine Diskretisierung vorgenommen werden muß. Diese Unterteilung wird in Abb. 16-2 veranschaulicht.

Statische und dynamische Medien

Diskrete und kontinuierliche Daten

Logical Data Unit (LDU)

Dynamische Daten werden daher in logische Dateneinheiten, *Logical Data Unit (LDU)*, aufgeteilt, die den Wert von dynamischen Multimedia-Daten während einer bestimmten Zeitspanne angeben. Innerhalb von Dateien werden diese in *Zeitkapseln (Time Capsule)* [Her90] gespeichert.

Eine weitere mögliche Unterteilung könnte nach optischen und akkustischen Signalen unterteilen. Diese Unterteilung ist aber für die Anwendung meist nicht so relevant.

16.4.2 Modellierung von Geräten

Klassen für virtuelle Geräte

Neben den Daten sollten auch verschiedene Multimedia-Geräte von einem Framework als Klassen bereitgestellt werden. Dies schließt nicht nur reale Geräte wie Monitor oder Audiokarte ein, sondern umfaßt ebenfalls *virtuelle Geräte*, die eine Funktion nur per Software realisieren, aber keine physikalische Entsprechung haben. Ein Beispiel wäre hier ein Audio- oder Videomischer, der verschiedene Signale per Software zu einem Signal vereinigt.

Multimedia-Geräte lassen sich prinzipiell in Quellen, Transformierer und Renderer unterteilen [deC98]. Wird der Datenfluß zwischen Geräten betrachtet, so sind es die Quellengeräte, die Daten bereitstellen. Transformierer bearbeiten Multimedia-Daten, haben also sowohl einen Eingang, als auch einen Ausgang. Renderer stellen Multimedia-Daten dar, bspw. auf einem Bildschirm oder über eine Audiokarte.

Mit dieser Einteilung erhält man eine Spezialisierungshierarchie für Geräte.

16.4.3 Modellierung der Datenströme

Die Einteilung der Multimedia-Geräte nach Datenfluß legt es nun nahe, die Datenströme zwischen verschiedenen Geräten ebenfalls zu modellieren. Jedes Gerät besitzt eine bestimmte Zahl von Ein- und Ausgängen für *Datenströme*. Werden diese nun verbunden, so kann ein *Datenflußgraph* aufgebaut werden, der den Datenfluß beschreibt. Die Geräte bilden die Knoten dieses Graphen, die Datenströme sind die Kanten.

Abb. 16-3 gibt ein Beispiel für einen Datenflußgraphen.

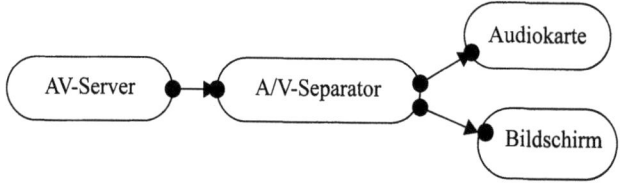

Abb. 16-3 Beispiel eines Datenflußgraphen.

16.4.4 Beispiel

Ein Beispiel für ein multimediales Framework ist das *Java Media Framework* API der Firmen Sun, Silicon Graphics und Intel. Dieses Framework besteht aus einer Sammlung von diversen Klassen, die das Anzeigen und Bearbeiten multimedialer Datenströme erlauben. Durch die Portabilität von Java können daher unter Verwendung des Frameworks Java-Anwendungen oder Applets entwickelt werden, die auf diesen Plattformen einsetzbar sind. In der derzeit verfügbaren Version des Frameworks (und entsprechenden angekündigten nächsten Versionen) ist nur das Abspielen von multimedialen Daten möglich; sie eignet sich daher nur zur Implementierung prototypischer Anwendungen. In folgenden Versionen wird dann auch das Aufzeichnen, Bearbeiten und die Realisierung von Videokonferenzen im Framework enthalten sein.

16.5 Verteilung von Objekten

Durch die zunehmende Vernetzung nimmt auch der Bedarf und die Nutzung von verteilten Anwendungen immer mehr zu. Gerade im Bereich des WWW, das oft als interaktives multimediales Informationsmedium angepriesen wird, werden dem Benutzer die dort vorzufindenden multimedialen Daten (Audio/Video) jedoch meist nur *passiv* zur Verfügung gestellt. Der Begriff *passiv* meint hierbei, daß der Benutzer die Übertragung eines gewünschten Informationsmediums (z. B. eine Videoübertragung) nur starten und beenden kann.

Interaktive Anwendungen sollten dagegen dem Benutzer zumindest Kontrollmöglichkeiten über folgende vier Parameter geben [Flu95]:

Kontrollmöglichkeiten für übertragene Multimedia-Daten

- Die *Zeit*, zu der die Präsentation starten soll,
- Die *Reihenfolge*, in der die Informationen angezeigt werden,
- Die *Geschwindigkeit*, in der die Informationen angezeigt werden,
- Die *Art*, wie die Informationen dargestellt werden.

Der Erfolg des Internets bzw. des WWW als Multimedia-Anwendung besteht sicherlich darin, daß hierüber eine Vielzahl heterogener Plattformen miteinander kommunizieren können.

Objektorientierte Programmiersprachen eignen sich hervorragend zur Realisierung von multimedialen Anwendungen. Zudem existiert mit CORBA ein ausgereifter Standard zur entfernten Kommunikation mit Objekten, der im folgenden kurz beschrieben wird. Anschließend werden DAVIC und DSM-CC vorgestellt.

16.5.1 Beispiel: OMG und CORBA

Die *Object Management Group* (OMG) ist ähnlich wie die *Open Software Foundation* (OSF) ein „Non-Profit-Konsortium", das 1989 mit dem Ziel gegründet wurde, eine geeignete Architektur für die Verteilung und Zusammenarbeit von objektorientierten Software-Bausteinen in verteilten Systemen bereitzustellen. Grundlage war der von der Fa. SUN 1987 realisierte Ansatz des *Remote Procedure Call* (RPC), der einen Methodenaufruf auf einem entfernten Rechner ermöglicht. Mit dieser Architektur war erstmals der Übergang von der Entwicklung von kommunikationsorientierten Implementierungen zu anwen-

Verteilung und Zusammenarbeit unterschiedlicher Software-Bausteine in vernetzten heterogenen Systemen

dungsorientierten verteilten Anwendungen möglich. Ziel der OMG war es, eine Architektur für die Verteilung und Zusammenarbeit von unterschiedlichen Software-Bausteinen in vernetzten heterogenen Systemen zu ermöglichen. Die OMG selbst stellt keine fertig implementierten Lösungen zu Verfügung, sondern es werden ausschließlich Spezifikationen erarbeitet. Als Referenzarchitektur wurde 1990 die *Object Management Architecture* (OMA) veröffentlicht. Sie besteht aus vier Komponenten (siehe Abb. 16-4).

Abb. 16-4 Referenzarchitektur „Object Management Architecture (OMA)".

IDL
- *Die Interface Definition Language (IDL)* dient ähnlich der *External Data Representation* (XDR) beim Remote Procedure Call zur plattform- und sprachunabhängigen Deklaration der Kommunikationsobjekte. Die Syntax ist dabei stark an C++ angelehnt. In der OMA ist neben der Syntax die Abbildung von IDL-Spezifikationen auf konkrete Implementierungen, z. B. in C++, Smalltalk oder seit kurzem auch Java, definiert. Für Objekte ist daher irrelevant, in welcher Programmiersprache andere Objekte, die sie zur Diensterbringung verwenden, implementiert sind. Diese Objekte können durchaus auch weitere Methoden anbieten, die nicht in der Interface Definition Language deklariert sind. Auf diese Methoden kann dann zwar nicht von einem anderen Rechner aus zugegriffen werden, für lokal benötigte Aufgaben können sie aber Verwendung finden.

ORB
- Der *Object Request Broker (ORB)* ist die zentrale vermittelnde Komponente der CORBA-Architektur. Ein Client-Objekt kontaktiert nicht mehr direkt den oder die Server-Objekte, sondern wickelt sämtliche Kommunikation mit dem dazwischengeschalteten *Objektbus* ab. Sämtliche Anfragen werden an den ORB gestellt, der den Methodenaufruf selbsttätig an das gesuchte Objekt übergibt und für die korrekte Rückgabe des Funktionswertes sorgt. Das Client-Objekt benötigt daher keine Kenntnisse über verwendete Transportprotokolle oder darüber, wie Objekte auf Server-Seite erzeugt und gespeichert werden. Zudem ist im Gegensatz zum Remote Procedure Call die Rolle von Client und Server nicht mehr fest vorgegeben, sondern alle an der Kommunikation beteiligten Objekte können auf diese Weise andere Objekte zur Diensterbringung nutzen.

16.5 Verteilung von Objekten

- Die *Object Services* sind in der *Common Object Services Specification* (COSS) definiert. Sie beinhalten grundlegende Operationen für die logische Modellierung und physikalische Speicherung von Objekten oder auch Diensten, die bei nahezu allen verteilten Anwendungen benötigt werden (z. B. Security, Transaction Monitoring, Lifecycle). Seit 1990 wurde von der OMA mehrmals eine Anforderung zur Definition neuer Services herausgegeben. Die Mitglieder können dann Vorschläge zur Realisierung machen, wobei sie allerdings eine Referenzimplementierung vorlegen müssen. Services, die speziell für multimediale Anwendungen und Datenübertragungen benötigte Dienste implementieren, existieren bis heute nicht. Sämtliche von der OMG definierten Services müssen in CORBA-konformen Produkten enthalten sein. Nahezu kein Hersteller erfüllt alle diese Anforderung.

COSS

- *Common Facilities* sind eine Sammlung von Klassen und Objekten, die allgemein nützliche höherwertige Dienste für unterschiedliche Anwendungsarten enthalten. Im Gegensatz zu den Object Services müssen sie nicht in jedem CORBA-konformen Produkt enthalten sein, sondern sind nur eine Empfehlung seitens der OMG. Die Facilities sind eine Weiterentwicklung der oben beschriebenen Software-Komponenten oder Libraries. Dabei werden allerdings nicht nur einzelne Objekte wiederverwendet, sondern komplett auf Objekte und Objektbeziehungen abgebildete Prozeßabläufe. Auf diese Weise ist es möglich, komplette Anwendungs-Frameworks wie z. B. das Netzwerkmanagement-Tool TIVOLI oder IBMs OpenDoc-Spezifikation in CORBA zu integrieren.

Common Facilities

Zusammenfassend kann gesagt werden, daß mit der CORBA-Spezifikation eine Architektur zur Verfügung gestellt wird, die mittels der Interface Definition Language eine saubere Trennung zwischen dem Design von verteilten Anwendungen und deren Implementierung ermöglicht. Weiter können die Vorteile der objektorientierten Programmierung wie Vererbung, Isolation und Kapselung verwendet werden. Zudem ist die Architektur durch die Unabhängigkeit von speziellen Programmiersprachen und Plattformen sehr flexibel und interoperabel ausgelegt. Neben diesen Punkten ist fast noch wichtiger, daß die CORBA-Architektur auch in der Praxis breite Akzeptanz findet und von vielen Herstellern unterstützt wird.

Trennung zwischen dem Design von verteilten Anwendungen und deren Implementierung

Größtmögliche Flexibilität bei der Entwicklung verteilter Anwendungen kann man durch die Kombination von CORBA und Java erreichen. Seit der Veröffentlichung des *Internet Inter ORB Protocols* (IIOP), das Teil von CORBA 2.0 ist und von allen ORB-Herstellern unterstützt werden muß, ist gewährleistet, daß Objekte, die an beliebige ORBs angebunden sind, von jedem CORBA-kompatiblen ORB angesprochen werden können. Durch Verwendung eines in Java implementierten ORBs kann zur programmiersprachenunabhängigen Nutzung der verteilten Objekte zusätzlich noch die Plattformunabhängigkeit des ORBs erreicht werden. Die meisten Browser-Hersteller haben zudem die Unterstützung von IIOP angekündigt, weshalb mit der Realisierung von ORBs, die als Applet innerhalb des Browsers ablaufen, zu rechnen ist. Es handelt sich dann um portable ORBs, die erst bei Bedarf geladen und für den

IIOP

Zugriff auf entfernte Objekte verwendet werden. Abb. 16-5 auf Seite 528 veranschaulicht anhand eines Beispielszenarios die Verwendung dieses Java-ORBs in Verbindung mit einem Java-Programm auf Client-Seite und Server-Anwendungen in verschiedenen Programmiersprachen für die Realisierung einer verteilten Anwendung.

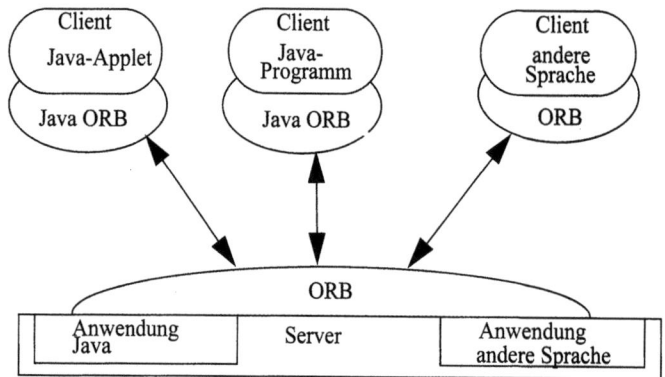

Abb. 16-5
Beispiel einer Kombination von CORBA und Java.

Auf diese Weise lassen sich dann zwar auch die multimedialen Fähigkeiten von Java zur Realisierung von verteilten Anwendungen nutzen, wünschenswert wäre aber eine Unterstützung für multimediale Anwendungen in CORBA selbst, die aber derzeit noch nicht existiert. Um allgemeine Richtlinien für die Anforderungen an multimediale Anwendungen bzw. die Erleichterung ihrer Erstellung und des Datenaustausches zwischen solchen Anwendungen zu ermöglichen, wurden spezielle, im folgenden kurz dargestellte Standardisierungsgremien gegründet.

16.5.2 Beispiel: Digital Audio Video Council (DAVIC)

Das Digital Audio Video Council (DAVIC) ist eine Non-Profit-Vereinigung, die 1994 gegründet wurde. Ihr Ziel ist die Förderung von digitalen audiovisuellen Anwendungen und Diensten, speziell für Broadcast- und interaktive Systeme, durch Auswahl und Entwicklung von Schnittstellenspezifikationen, Protokollen und Architekturen für diese Anwendungen (http://www.davic.org).

Komponenten von DAVIC

Der DAVIC-Ansatz besteht aus fünf eigenständigen Einheiten: dem Inhaltsanbietersystem (Content Provider System, CPS), dem Dienstanbietersystem (Service Provider System, SPS), dem Endbenutzersystem (Service Consumer System, SCS), dem CPS-SPS-Zustellsystem, welches das CPS an das SPS anbindet, und dem SPS-SCS-Zustellsystem, welches das SPS an das SCS anbindet.

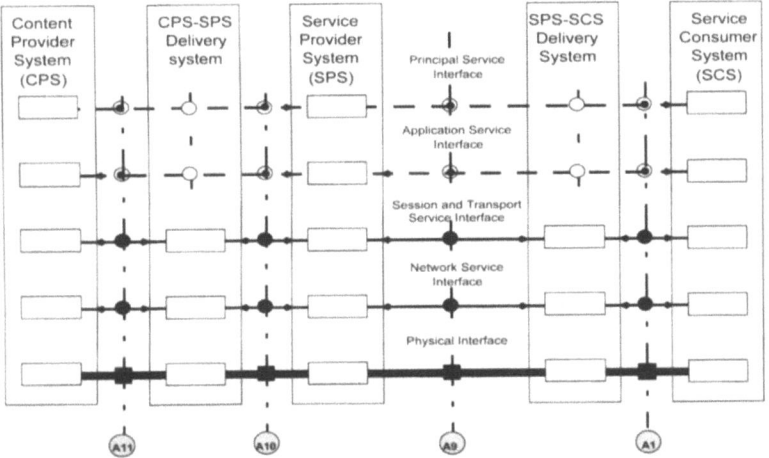

*Abb. 16-6
DAVIC-Architektur*

Jedes dieser in Abb. 16-6 dargestellten Subsysteme sowie weitere Teile, z. B. Informationsrepräsentation, werden in der DAVIC-1.0-Spezifikation beschrieben: DAVIC-Systemfunktionen, Systemreferenzmodell und Szenarien, Dienstanbietersystemarchitektur und Schnittstellen, Distributionssystemarchitektur und Schnittstellen, Endbenutzersystemarchitektur und Schnittstellen, Protokolle der höheren und mittleren Schichten, Protokolle der unteren Schichten und physikalischen Schnittstellen, Informationsrepräsentation, Sicherheit, Benutzungsinformationsprotokoll, „Dynamics" Referenzpunkte und Schnittstellen.

An dieser Stelle soll wegen des Umfangs und der Detailliertheit der Spezifikationen nur auf die in Abb. 16-6 abgebildeten Subsysteme eingegangen werden, da diese generelle und wichtige Konzepte von DAVIC darstellen. Diese sind:

Subsysteme

- *Content Provider System (CPS, Inhaltsanbietersystem)*: Auf seiten des Inhaltsanbieters werden die multimedialen Daten (bspw. Audio- oder Videodaten) und Anwendungen generiert und in einem von den Endsystemen unterstützten Format bereitgestellt. Des weiteren kann das Content Provider System Mechanismen wie Datenbankabfragen, Versenden von Nachrichten oder Transaktionsverwaltung bereitstellen.
- Die Aufgaben des *Service Provider System (SPS, Dienstanbietersystem)* umfassen die Speicherung, Aktualisierung, das Löschen von Inhalten sowie deren Lieferung auf Anfrage an den Endbenutzer. Außerdem werden Dienste für die Auswahl von Anwendungen sowie für den Zugriff auf externe Daten und Dienste (z. B. WWW) bereitgestellt.
- Das *Service Consumer System (SCS, Endbenutzersystem)* ist das System, auf welches die vom Endbenutzer angeforderten (multimedialen) Daten übertragen und dort präsentiert werden. Dies kann sowohl ein gewöhnlicher PC als auch jedes andere zur Wiedergabe der Daten geeignete Gerät (z. B. Fernseher mit Set-Top Box) sein. Aufgabe des Endbenutzersystems ist das

Anfordern, Empfangen, Interpretieren und Präsentieren der gewünschten Inhalte.
- Beim *CPS/SPS Delivery System (Distributionssystem)* handelt es sich um ein Breitbandsystem, das für die Übertragung der Daten vom Inhalts- zum Dienstanbieter verantwortlich ist.
- Das *SPS/SCS Delivery System* ist für die Übertragung der Daten vom Dienstanbieter zum Endbenutzer verantwortlich. Meist kommt hier ein LAN (Local Area Network) oder MAN (Metropolitan Area Network) zum Einsatz.

DAVIC spezifiziert systemunabhängige Tools, keine Systeme

Im allgemeinen spezifiziert DAVIC nicht Systeme, da diese meist anwendungsspezifisch sind, sondern Hilfsprogramme (Tools), weil diese eher systemunabhängig sind und in verschiedenen Industriezweigen bzw. Systemumgebungen verwendet werden können. Da DAVIC die Bedürfnisse unterschiedlicher Industriezweige erfüllen soll, müssen die von DAVIC zur Verfügung gestellten Tools nicht nur auf einer Vielzahl verschiedener Systeme lauffähig sein, sondern auch in verschiedenen Teilbereichen desselben Systems. Zudem sollen die Hilfsprogramme einzigartig sein, ein Prinzip, das manchmal schwer durchzusetzen ist, dessen Einhaltung aber einen wesentlichen Nutzen in bezug auf Interoperabilität und Anwendbarkeit der Technologie bringt. Bei Tools, die für einen speziellen Anwendungszweck entwickelt werden, besteht meist keine Unterscheidung zwischen dem hierfür absolut Notwendigen und Erweiterungen für diese Anwendung. Eine Umgebung wie DAVIC, die innerhalb vieler Industriezweige einsetzbar sein soll, kann nur Spezifikationen für Hilfsmittel liefern, die ein Minimum an Details aufweisen, die gebraucht werden, um interoperabel zu sein. Im Hinblick auf den praktischen Einsatz werden in der DAVIC-Spezifikation auch Beispielanwendungen wie z. B. „Movies-on-Demand", „Near-Video-on-Demand" oder auch ausgefallene Dinge wie „Karaoke-on-Demand" und Grundfunktionalitäten beschrieben, die bei solchen bzw. ähnlichen Anwendungen in den jeweiligen Systemen (bspw. SPS, CPS) enthalten sein sollten.

Die DAVIC-Spezifikationen helfen beim Design und der Implementierung von verteilten Anwendungen. Der Entwickler muß, wie z. B. bei den oben genannten Beispielanwendungen, nicht mehr das ganze Szenario selbst spezifizieren, sondern er kann auf die Empfehlungen von DAVIC, die zum Teil sehr detailliert beschrieben werden, zurückgreifen. Hierdurch wird auch sichergestellt, daß grundlegende Basisfunktionen vorhanden sind, wodurch auch die Interoperabilität der Software erhöht wird.

16.5.3 Beispiel: DSM-CC

Übermittlung von Multimedia-Breitbanddiensten

DSM-CC (Digital Store Management Command & Control) ist ein noch recht junger Standard der ISO/IEC und wurde zur Übermittlung von Multimedia-Breitbanddiensten entwickelt [Bal]. Mit Hilfe dieser Protokolle soll es ermöglicht werden, eine völlige Interoperabilität zwischen Dienstanbietern und Endbenutzern zu erreichen. Eine frühe Version von DSM-CC ist z. B. Teil der

16.5 Verteilung von Objekten

MPEG-2-ISO/IEC-13818-1-Spezifikation, in der einfache Kontrollprotokolle für MPEG-Multimedia-Anwendungen in einer heterogenen Netzwerkumgebung definiert sind.

Besonders interessant für die Entwicklung von interaktiven multimedialen Anwendungen ist hierbei das User-to-User-Interface von DMS-CC. Hierin werden Schnittstellen zwischen Clients und Diensten sowie Schnittstellen zur Portabilität von Client-Anwendungen beschrieben.

Der aktuelle DSM-CC-Standard in ISO/IEC 13818-6 stellt z. B. Protokolle zur Verfügung, die zur Entwicklung von Movies-on-Demand, Near-Movies-on-Demand, Distance Learning, Movie Listing oder News-on-Demand benötigt werden. Auch in der DAVIC-1.0-Spezifikation des Service Consumer Systems sind die „User-to-Network"- und „User-to-User-Kommunikationsmodule" in DSM-CC spezifiziert.

„User-to-Network"- und „User-to-User- Kommunikationsmodule"

DSM-CC deckt u. a. nachstehende Protokollbereiche ab, die in den folgenden Abschnitten genauer erläutert werden:

- Netzwerk-Session- und Ressourcen-Kontrolle,
- Konfiguration eines Clients,
- Übertragen von Daten auf einen Client,
- VCR-artige Steuerung eines Videodatenstroms,
- generische interaktive Anwendungsdienste.

Hauptmerkmal von DSM-CC ist seine Flexibilität: Jeder Protokollbereich kann eigenständig oder je nach der Anwendung zusammen mit anderen Protokollbereichen benutzt werden. Im folgenden wird kurz das grundsätzliche Referenzmodell vorgestellt, auf dem DSM-CC basiert.

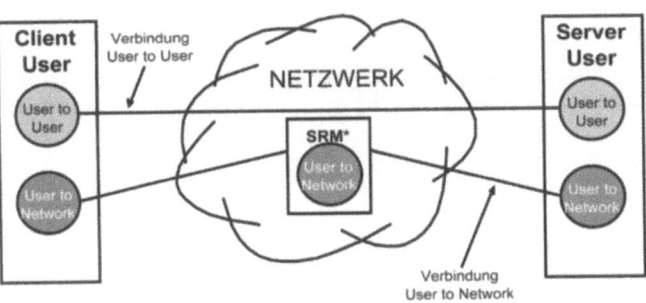

Abb. 16-7 DSM-CC-Referenzmodell.

Abb. 16-7 zeigt den Aufbau des funktionalen DSM-CC-Referenzmodells. Clients sind hierin Einheiten, die multimediale Daten verbrauchen. Server sind Einheiten, die diese multimedialen Daten und Dienste bereitstellen. Die Definition des Netzwerkbegriffs ist hierbei sehr weit und umfaßt jede Kombination von Kommunikationselementen, die Verbindungen zwischen den Benutzern bereitstellen. Genauso ist eine Verbindung eine Transportmöglichkeit, um Informationen zwischen zwei oder mehreren Endpunkten zu übermitteln. Grund für diese weit gefaßten Definitionen ist, daß DSM-CC für einen breiten Bereich von physischen Netzen und verschiedenen Realisierungen von Verbindungen (z. B. Unicast vs. Broadcast) anwendbar sein soll.

In dem Referenzmodell wird zwischen User-to-User- (U-U) und User-to-Network-(U-N)Verbindungen, über die entsprechende U-U- und U-N-Nachrichten/-Informationsflüsse transportiert werden, unterschieden. Das Netzwerk im Referenzmodell enthält außerdem einen Session- und Ressourcenmanager (SRM). Der Session- und Ressourcenmanager stellt dem Benutzer Informationen über Konfigurationen zur Verfügung, er authentifiziert die Clients und kann die Verbindungen vom Client zum Server anhand von Teilnehmerberechtigungen regeln.

Session- und Ressourcenmanager

- Über die *User-to-Network-Verbindungen* werden User-to-Network-Nachrichten übertragen, deren Aufgabe die Kontrolle der im weiteren beschriebenen Session- und Netzwerk-Ressourcen ist. DSM-CC definiert einen Standard-Header für diese Nachrichten. Es wird davon ausgegangen, daß diese Nachrichten über ein Protokoll der Transportschicht übertragen werden, an das nur minimale Anforderungen gestellt sind (nur Erkennen und Verwerfen beschädigter Nachrichten).
- Es wird davon ausgegangen, daß es mehrere *User-to-User-Verbindungen* zwischen Client und Server gibt, wobei das Protokoll, das hierüber transportiert wird, nicht von DSM-CC spezifiziert wird. Allerdings spezifiziert DSM-CC einen grundlegenden Satz von Diensten, die der Server dem Client zur Verfügung stellt.

Netzwerk-Session und Ressourcen-Kontrolle

Ein grundsätzliches Konzept von DSM-CC ist die *Sitzung (Session)*. Man versteht darunter eine Assoziation zwischen zwei Benutzern, die die Ressourcen, die für einen Dienst benötigt werden, zusammenfügt und reserviert. Nach Beendigung der Session werden diese Ressourcen wieder freigegeben (siehe Abb. 16-8).

Abb. 16-8 Auf- und Abbau einer Sitzung bei DSM-CC.

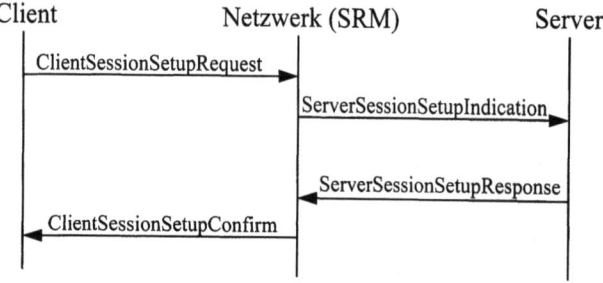

Hierbei wird davon ausgegangen, daß DSM-CC in einer Umgebung eingesetzt wird, in der diese Ressourcen nicht unbedingt kostenlos oder unbegrenzt zur Verfügung stehen. Eher wird angenommen, daß diese Ressourcen dann angefordert werden, wenn sie von einem Dienst benötigt werden, und daß sie nach Beendigung des Dienstes wieder freigegeben werden.

Jede Session erhält eine netzwerkweit eindeutige Session-Id, mit der die Sitzung und die für sie reservierten Ressourcen identifiziert werden können. Diese ist z. B. für administrative Zwecke oder für Gebührenabrechnung wichtig. Normalerweise besteht eine DSM-CC-Sitzung aus mehr als einer User-to-User-Verbindung. So können z. B. Videodaten über eine andere Verbindung übertragen werden als Informationen über diese Daten. Weiter sei bemerkt, daß Verbindungen einer Sitzung auch zu verschiedenen Quellen bestehen können. DSM-CC-Sitzungen werden gewöhnlich immer von einem Client initiiert. Trotzdem kann es manchmal wünschenswert sein, daß andere Clients oder Server einen Client dazu veranlassen sollen, eine DSM-CC-Sitzung aufzubauen (z. B. bei Videokonferenzen). Hierzu können DSM-CC-User-to-Network-*PassThruReceipt*-Nachrichten verwendet werden, um dem Client mitzuteilen, daß ein eingehender Aufruf den Aufbau einer Sitzung benötigt, um empfangen zu werden. Der Client hat dann die Möglichkeit, diesen Aufruf abzulehnen oder zuzulassen.

Sessions

Synchronisation und Steuerung eines Videodatenstroms

MPEG-2-Datenströme enthalten in den Strömen ihre eigene interne Uhrzeit, um z. B. Video- und Audiodatenströme zu synchronisieren. Für das Abspielen von Videodaten ist das jedoch nicht ausreichend. Um wahlfreies Positionieren innerhalb eines Datenstroms sowie verschiedene Abspielgeschwindigkeiten zu erlauben, macht DSM-CC Gebrauch von der sog. *Normal Play Time* (NPT). NPT funktioniert mit normaler Geschwindigkeit, wenn das Programm im normalen Abspielmodus ist, und erhöht sich, wenn Vor- oder Rücklauf gewählt wird.

NPT

Generische interaktive Anwendungsdienste

Die DSM-CC-User-to-User-Schnittstelle definiert einen grundlegenden Satz von Schnittstellen, die den Lebenszyklus von MPEG-Multimedia-Anwendungen in einer heterogenen Netzwerkumgebung unterstützen. Typische Anwendungsbeispiele sind z. B. Movies-on-Demand, Karaoke-on-Demand, Distance Learning oder Near-Movies-on-Demand.

Die Schnittstellen von DSM-CC werden in der OMG *Interface Definition Language* definiert, die als ISO/IEC 24750 standardisiert ist. Die gesamte DSM-CC-Schnittstelle ist in einem *Interface Definition Language Modul* namens DSM abgelegt, um Namenskollisionen mit anderen OMG-Umgebungen zu vermeiden. Es werden, wie in Abb. 16-9 auf Seite 534 gezeigt, zwei Schnittstellen zur Verfügung gestellt.

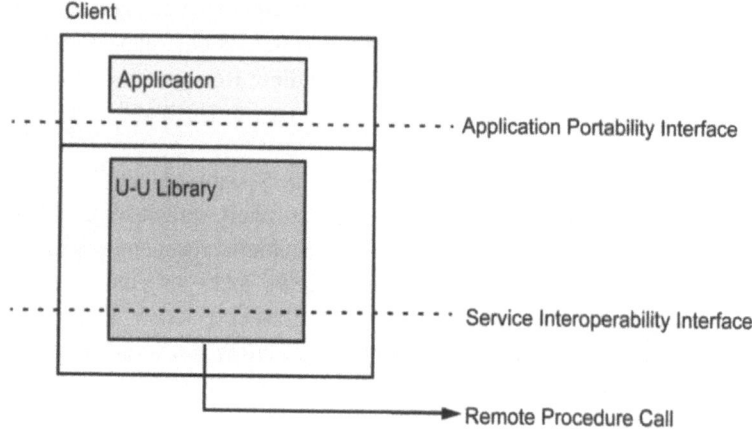

*Abb. 16-9
Schnittstellen-
definitionen von
DSM-CC.*

API und SII

Die zwei Schnittstellen sind zum einen ein *Application Portability Interface* (API) für Programmierer, die Anwendungen für die Client-Seite schreiben, und zum anderen ein *Service Interoperability Interface* (SII), das es Clients und Servern unterschiedlicher Hersteller erlaubt, miteinander zu interagieren.

DSM-CC schreibt nicht vor, welches RPC-Schema verwendet werden soll, allerdings wird darauf abgezielt, mit CORBA 2.0 interoperabel zu sein (wie bereits vorher beschrieben, hat z. B. DAVIC als RPC CORBA 2.0 gewählt).

Core Client-Service Interfaces

Die Core-DSM-CC-User-to-User-Schnittstellen sind eine Sammlung von Mindestanforderungen, die von einem DSM-CC-Server-Komplex unterstützt werden müssen. Sie sollen hier nur kurz mit ihren Basisfunktionalitäten beschrieben werden:

- Das *Stream Interface* stellt dem Client eine VCR-artige Kontrolle zur Verfügung.
- Über das *File Interface* kann der Client Dateien auf einem Server lesen oder schreiben.
- Das *Directory Interface* stellt Hilfsmittel zur Navigation zur Verfügung, damit der Client Dienste und Anwendungen finden kann, da er zu Beginn einer Sitzung hierüber keine Informationen besitzt.
- Über das *Binding Iterator Interface* kann der Client Informationslisten verarbeiten.
- Mit Hilfe des *Session Interface* kann der Client sich zu einem Service Gateway verbinden oder diese Verbindung wieder lösen.
- Das *Service Gateway* ist für die Endbenutzer der Zugangspunkt zu den Diensten. Dienste des Inhaltsanbieters werden hier registriert bzw. deren Registrierung wird aufgehoben.

Die abstrakten Klassen *BASE*, *ACCESS* und *FIRST* stellen mehrere Schnittstellen für andere Interfaces zur Verfügung:

- Das *Base Interface* enthält Typabfragen (isA) sowie Kommandos zum Schließen einer Verbindung und für die Freigabe von Ressourcen/Objekten.
- Das *Access Interface* enthält Attribute für die Zugriffskontrolle sowie Beschreibungsinformationen von Objekten.
- Das *First Interface* ermöglicht einem Client beim Start, sein erstes Objekt zu erhalten.

Bemerkungen

DSM-CC ist eine Sammlung von Protokollen für die Übertragung von multimedialen Diensten über Breitbandnetzwerke. Speziell werden Protokolle für Session- und Ressourcen-Verwaltung definiert. Daneben werden VCR-artige Kontrollmöglichkeiten für Datenströme angeboten.

DSM-CC basiert auf einem sehr allgemeinen Modell von Client-, Server- und Netzwerkeinheiten. Es wird nicht vorgeschrieben, wie jede Einheit realisiert werden muß, sondern es werden nur Beispiele gegeben. Hierdurch wird DSM-CC sehr flexibel, was auch bei der Integration von anderen Standards hilfreich ist. So werden z. B. in anderen Standards Teile von DSM-CC implementiert, ohne daß unbedingt das komplette DSM-CC implementiert werden muß. Diese Flexibilität stellt gleichzeitig aber auch das große Problem von DSM-CC dar. Allumfassende Standards sind meist nicht geeignet, konkrete Anwendungsprobleme befriedigend zu berücksichtigen. Aus Kompatibilitätsgründen werden oftmals so viele unterschiedliche Dienste aufgenommen, daß eine standardkonforme Implementierung einen erheblichen Aufwand nach sich zieht. So ist derzeit auch kein System bekannt, das DSM-CC vollständig implementiert.

Andere Ansätze, verteilte multimediale Anwendungen auf Basis von CORBA zu entwickeln, die deutlich näher an den dabei entstehenden Problemen sind, finden sich z. B im GMD-TANGRAM-Projekt [Web] oder v. a. in MASH [MS97b].

Gruppenkommunikation

Die *rechnerunterstützte Zusammenarbeit* von Nutzern und die Bereitstellung und Verwaltung von Diensten für Konferenzen bildet die Basis für eine große Gruppe von Multimedia-Anwendungen. Das folgende Kapitel befaßt sich mit Aspekten der Gruppenkommunikation und baut auf den Ausführungen zu den Diensten des Kommunikationssystems (siehe Kapitel 15 zu Kommunikation) auf. Einer allgemeinen Beschreibung einer Rahmenarchitektur für die computerunterstützte kooperative Arbeit schließt sich eine detaillierte Darstellung der im Multicast-Segment des Internets, dem MBone, genutzten Protokolle und ausgewählter MBone-Applikationen an.

17.1 Collaborative Computing

Eine breit verfügbare Infrastruktur von vernetzten Rechnern mit der Fähigkeit der Verarbeitung von Audio- und Videoströmen eröffnet Anwendern die Möglichkeit, kooperativ zusammenzuarbeiten und dabei sowohl *räumliche* als auch *zeitliche* Entfernungen zu überbrücken. Die Einbindung in Netze und die Integration von Multimedia-Komponenten in die Endsysteme schafft damit für die Benutzer eine Arbeitsumgebung für die gemeinschaftliche und kooperative Arbeit mit Computern. Diese Form der Kooperation wird allgemein unter dem Begriff *Computer-Supported Collaborative Work* (CSCW) beschrieben und zusammengefaßt.

CSCW

Aktuell existieren in diesem Bereich eine Reihe von Anwendungen, wie z. B. *Electronic Mail*, *News-Gruppen*, Applikationen, die den gemeinsamen Zugriff auf Anwendungen (*Screen Sharing*) erlauben (z. B. ShowMe von SunSoft, die Tcl/Expect-basierte Anwendung kibitz), *textbasierte Konferenzsysteme* (z. B. Internet Relay Chat IRC, entsprechende Foren bei CompuServe, America Online), *Applikationen für Telefonkonferenzen* oder *Konferenzräume* (z. B. VideoWindow von Bellcore, DOLPHIN [SGHH94]) und *Videokonferenzsysteme* (z. B. die MBone-Anwendungen nv und vat). Des weiteren wurde eine Vielzahl von Systemen implementiert, die einzelne dieser Teilkomponenten zusammenfassen und diese innerhalb einer einheitlichen Nutzeroberfläche präsentieren. Zu diesen zählen seit längerer Zeit u. a. Rapport von AT&T und

Anwendungen

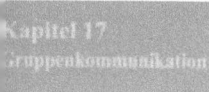

Mermaid von NEC. Neuere Entwicklungen wie das *Cooperative Document Repository* (CDR) [TBR98] integrieren die Aspekte der kooperativen Dokumentenverwaltung und -bearbeitung mit modernen Technologien der Multimedia-Kommunikation und ermöglichen den Benutzern einen leichten Zugang zu den eingesetzten Technologien und Werkzeugen.

Dieser Abschnitt beschreibt eine Rahmenarchitektur für das „Collaborative Computing" und untersucht allgemein gültige Aspekte der Thematik, die an verschiedenen Systemen und Werkzeugen exemplarisch verdeutlicht werden.

17.1.1 Dimensionen der Zusammenarbeit

Die durch Computer unterstützte Zusammenarbeit und entsprechende Anwendungen werden in der Literatur häufig in einem zweidimensionalen Schema, wie in Tab. 17-1 beschrieben, klassifiziert. Dabei ist die Zuordnung entlang der Bereichsgrenzen teilweise fließend; so kann z. B. eine Anwendung zur gemeinsamen Erstellung von Software durchaus von Benutzern, die sich am gleichen Ort befinden, verwendet werden. Die Nutzung aufgezeichneter Videokonferenzen zu unterschiedlichen Zeitpunkten ist ebenfalls denkbar.

Tab. 17-1 Klassifikation von CSCW-Anwendungen.

Ort/Zeit	Gleiche Zeit	Unterschiedliche Zeit
Gleicher Ort	gemeinsame („face-to-face") Arbeit mit gemeinsam genutzten Anwendungen („Shared Applications")	Nutzung von gemeinschaftlich genutzten Kooperations-, Planungs- und Entscheidungswerkzeugen
Verschiedener Ort	Videokonferenzen, Verteilte kollaborative Dokumentbearbeitung oder Software-Entwicklung	Electronic Mail, Newsgruppen

Auch eine zusätzliche Betrachtung des Parameters *Art der Steuerung* ist möglich [WSM+91].

Zeit

Synchrone und asynchrone Kooperation

Betrachtet man das Zusammenwirken hinsichtlich des Parameters Zeit, so gibt es mit der synchronen und der asynchronen Kooperation zwei unterschiedliche Modi. Der asynchrone Modus faßt Formen zusammen, bei denen die Zusammenarbeit zeitlich unabhängig und nicht notwendigerweise zum gleichen Zeitpunkt stattfindet, während die synchrone Zusammenarbeit gleichzeitig erfolgt.

Benutzergruppe

Durch den Parameter *Benutzergruppe* wird beschrieben, ob ein einzelner Nutzer mit einem weiteren zusammenarbeitet, oder ob sich die Kooperation auf eine Gruppe von mehr als zwei Teilnehmern bezieht. Dabei können *Gruppen* weitergehend wie folgt klassifiziert werden [Stü94]:

- Eine Gruppe kann während der Zeit ihres Bestehens *statisch* oder *dynamisch* sein. Eine Gruppe ist statisch, falls ihre Mitglieder vorherbestimmt sind, und sich die Teilnehmerschaft während einer Aktivität nicht verändert. Dagegen wird eine Gruppe als dynamisch bezeichnet, wenn sich der Kreis ihrer Mitglieder während der kooperativ ausgeführten Tätigkeit verändert, wenn also Teilnehmer zu jedem Zeitpunkt zur Gruppe hinzukommen oder diese verlassen können.
- Bei der Zusammenarbeit können einzelne Nutzer innerhalb der Gruppe unterschiedliche Rollen einnehmen, so können sie als *Mitglied* der Gruppe (falls sie in einer Beschreibung der Gruppe aufgeführt sind), als *Teilnehmer* einer Aktivität der Gruppe (falls es ihnen erfolgreich möglich ist, zu einer solchen hinzuzukommen), als *Initiator* oder *Koordinator* einer Sitzung, als *Verwalter* eines Tokens, das zur Sitzungssteuerung verwendet wird, oder als *Beobachter* auftreten.
- Gruppen können von Mitgliedern gebildet werden, die *homogene* oder *heterogene* Eigenschaften und Bedürfnisse hinsichtlich ihrer Einbindung in die kollaborative Umgebung besitzen.

Arten von Gruppen

Steuerung

Die Steuerung während der Zusammenarbeit kann sowohl *zentralisiert* als auch *verteilt* erfolgen. Bei einer zentralisierten Steuerung existiert ein Koordinator, der eine zentrale Kontrollfunktion ausübt und an den sich jeder einzelne Teilnehmer mit Anforderungen, Anfragen oder Berichten wendet bzw. von welchem er Aktivitäten zugeordnet und angewiesen erhält. Dagegen führt bei einer verteilten Steuerung jeder Teilnehmer Aktivitäten unter eigener Regie und Kontrolle durch; die Zusammenarbeit wird dabei durch verteilte Kontrollprotokolle organisiert, die ein konsistentes Zusammenwirken gewährleisten.

Zentralisierte und verteilte Steuerung

Andere mögliche Parameter, nach denen die Art der Zusammenarbeit eingeteilt werden kann, umfassen die *örtliche Verteilung* (Lokalität) und den Grad der expliziten *Wahrnehmung der Zusammenarbeit* in einem kollaborativen System (Collaboration Awareness).

Weitere Parameter

Die Zusammenarbeit kann sowohl an einem *gemeinsamen Platz* (z. B. in einer Versammlung einer Gruppe in einem Büro oder Konferenzraum) als auch zwischen Benutzern, die sich an *verschiedenen Orten* befinden und die mittels eines Kommunikationssystems zusammenwirken, erfolgen. Diese Form, die man auch als *Telekooperation* bezeichnet, wird im folgenden detailliert beschrieben. Hierbei soll die folgende Definition verwendet werden: *Telekooperation* bezeichnet die mediengestützte arbeitsteilige Leistungserstellung von individuellen Aufgabenträgern, Organisationseinheiten und Organisationen, die über mehrere Standorte verteilt sind.

Telekooperation

Je nach Ausprägung der Kooperationskomponente unterscheidet man Systeme, bei denen die Zusammenarbeit für den Nutzer *transparent* erfolgt (Col-

Transparente und bewußte Kooperation

laboration-transparent) und solche, bei denen er sich dieser explizit *bewußt* wird (Collaboration-aware).

Transparente Kooperation

Applikationen zur *transparenten Zusammenarbeit* entstehen z. B. durch Erweiterung existierender Anwendungen (z. B. Textverarbeitungs- oder Tabellenkalkulationsprogramme) um eine Kooperationskomponente, die zunächst unabhängig von einem einzelnen Anwender genutzt wurden. So ermöglichen einige neuere Systeme zur Dokumentenverarbeitung eine transparente Zusammenarbeit, da Editoren, die für Einzelbenutzer vorgesehen waren, für die gemeinsame und gleichzeitige Bearbeitung von Dokumenten, die zwischen mehreren Nutzern geteilt werden, erweitert wurden.

Bewußte Kooperation

Dagegen wird Software, die speziell für Konferenz- und Kollaborationsanwendungen entwickelt wurde, wie z. B. ein Videokonferenzsystem, als Collaboration-aware klassifiziert.

Kooperation vs. Verarbeitung in Rechnern

Die betrachteten Systeme können weiterhin in *Computer-augmented Collaborative Systems*, bei denen der Aspekt der Zusammenarbeit betont wird, und *Collaboration-augmented Computing Systems*, bei denen das Hauptaugenmerk auf dem Aspekt der Verarbeitung durch Computer liegt, unterschieden werden [MR94]. Die computergestützte Zusammenarbeit betont die Unterstützung einer sozialen Aktivität, wie z. B. einer Diskussion oder das Finden und Treffen einer Entscheidung durch den Einsatz von Rechnern und Netzen. Dagegen steht beim Collaboration-augmented Computing eher der Applikationsgedanke, also die Bereitstellung von Applikationen, die den Anforderungen mehrerer gleichzeitiger Nutzer gerecht werden, im Mittelpunkt.

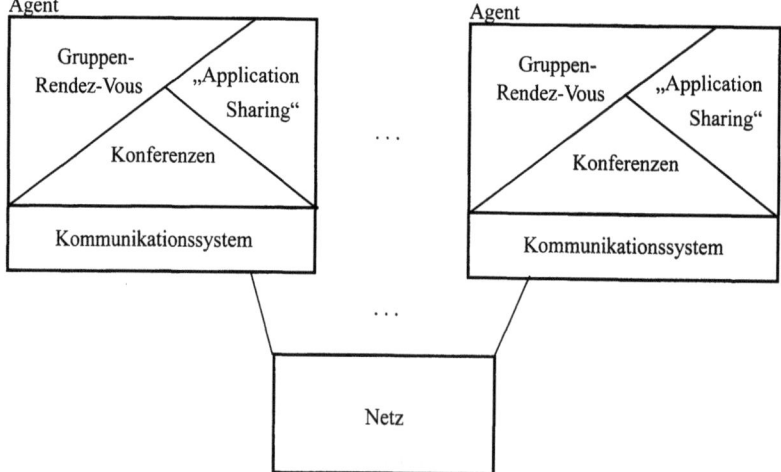

Abb. 17-1 Kooperation von Gruppenkommunikations-Agenten.

17.2 Architektur

Gruppenkommunikation umfaßt die synchrone oder asynchrone Kommunikation mehrerer Nutzer unter zentraler oder verteilter Steuerung (siehe Abb. 17-1 auf Seite 540). Ein Architekturmodell für diese Kommunikation umfaßt ein *Support-Modell*, ein *Systemmodell* und ein *Interface-Modell* [WSM+91].

Gruppenkommunikation

Das *Support-Modell* schließt *Gruppenkommunikations-Agenten*, die über ein Netz (siehe Abb. 17-1) miteinander kommunizieren, ein. Diese Agenten beinhalten einzelne Komponenten, die speziellen Aspekten gewidmet sind:

Rendez-Vous-Komponente

Dieser Bereich beschreibt Verfahren, die es erlauben, das Zusammentreffen der teilnehmenden Kommunikationspartner zu organisieren (Group Rendez-Vous). Dabei sind statische und dynamische Informationen über die potentiellen oder augenblicklichen Teilnehmer sowie die Spezifika laufender oder zukünftiger Sitzungen zu verwalten und auszutauschen.

Kooperationskomponente

Die gemeinsame Nutzung von Anwendungen beschreibt Techniken, die es erlauben, gleichzeitig Informationen für eine Vielzahl von Teilnehmern zu replizieren. Hierdurch entstehen sog. *Shared Applications*. In diesen können entfernte Teilnehmer z. B. auf spezielle Aspekte einer Information hinweisen (Tele-Pointing) oder diese so modifizieren, daß alle Teilnehmer gleichzeitig an der resultierenden Veränderung teilhaben können (z. B. bei verteilter Dokumentenbearbeitung).

Shared Applications

Konferenzkomponente

Konferenzen bilden eine einfache Form des kollaborativen Arbeitens. Die *Konferenzkomponente* stellt Dienste zur Verfügung, die es mehreren Teilnehmern ermöglichen, unter Nutzung verschiedener Medienströme zu kommunizieren. Hierbei wird gleichzeitig die Verwaltung dieser Teilnehmer unterstützt.

17.2.1 Aufbau der Kommunikationsbeziehungen (Gruppen-Rendez-Vous)

Methoden zum Aufbau der Kommunikationsbeziehungen ermöglichen es, Sitzungen mehrerer Gruppenteilnehmer aufzubauen und stellen statische und dynamische Informationen über Gruppen sowie laufende und zukünftige Sitzungen zur Verfügung. Diese können durch entsprechende Applikationen aufbereitet werden, z. B. nach der Art der Aktivitäten gruppiert und für den Nutzer im Überblick dargestellt werden.

Für das Gruppen-Rendez-Vous wird zwischen *synchronem* und *asynchronem* Vorgehen unterschieden.

Synchrones und asynchrones Vorgehen

Synchrone Methoden

Verzeichnisdienste

Synchrone Methoden nutzen *Verzeichnisdienste* (Directory Services) und explizite Einladungen. Verzeichnisdienste (wie z. B. X.500) ermöglichen den Zugriff auf spezielle Konferenzinformationen, die in einer entsprechenden Wissensbasis gespeichert sind. Diese Informationen beinhalten z. B. den Namen der Konferenz, registrierte Teilnehmer, autorisierte Benutzer sowie Namen und spezielle Funktionen von Teilnehmern. Beispiele für Konferenzsysteme, die die Verzeichnismethode für das Gruppen-Rendez-Vous nutzen sind:

MBone-Tools sd und sdr
- die MBone-Werkzeuge für Session Directories *sd* und *sdr*, diese werden im Abschnitt, der dem MBone gewidmet ist, weitergehend behandelt.

Nameserver Query
- Die *Nameserver Query* der Touring Machine von Bellcore, wobei ein Nameserver als zentrale Abspeicher- und Abfragemöglichkeit für sowohl statische als auch dynamische Informationen dient, wie die Menge der autorisierten Nutzer, die registrierten Klienten und die laufenden Sitzungen [Lab93]. Ein Klient kann Informationen zu allen ihn interessierenden Sitzungen, an denen er sich beteiligen könnte, oder zu Teilnehmern einer speziellen Sitzung, abfragen.

Directory Service
- *Directory Service* von MONET. Bei diesem System werden durch einen Directory Server Verzeichnis- und Registrierungsdienste erbracht. Dem Server steht eine Aufstellung verschiedener Ressourcen wie Nutzer, Rechner und Applikationen innerhalb des Netzes, zur Verfügung. Ein Registrierungsdienst erlaubt das Erfassen von Teilnehmern und Nutzergruppen für Konferenzen [SRB$^+$92].

Bei der Methode mit expliziten Einladungen erfolgt die Versendung der Einladungen an potentielle Konferenzteilnehmer entweder Punkt-zu-Punkt oder per Multicast. Dabei ist es problematisch, daß der Initiator einer Konferenz wissen muß, wie und wo er andere Nutzer erreichen kann.

Session Orchestration Tool mmcc

MMusic

Ein Beispiel für den Aufbau der Kommunikationsbeziehungen mittels expliziter Einladungen bildet das *Session Orchestration Tool mmcc*, das vom ISI (USC Information Science Institute) entwickelt wurde [SW94a]. Auch in der im MBone genutzten Protokollsuite MMusic findet sich mit dem *Session Initiation Protocol* (SIP) eine entsprechende Möglichkeit.

Asynchrone Methoden

Asynchrone Methoden können durch die Nutzung von elektronischer Post oder News-Gruppen sowie durch die Präsentation im World Wide Web (WWW) realisiert werden [IET94]. Borenstein schlägt E-Mail als Plattform für das Zusammenführen der Gruppenteilnehmer vor. Diese soll in synchrone Konferenzanwendungen eingebettet werden [Bor92].

Der E-Mail-basierte Mechanismus versendet die Informationen, die zum Aufbau einer Sitzung mehrerer Teilnehmer notwendig sind, im Datenteil einer Nachricht. Dieses Schema baut sowohl für die Adressierung der Teilnehmer als auch für den Versand der notwendigen Informationen auf die bereits vorhandene und bewährte E-Mail-Infrastruktur auf.

17.3 Gemeinsame Nutzung von Anwendungen

Die gemeinschaftliche Nutzung von Anwendungen (*Application Sharing*) wird als ein zentraler und unverzichtbarer Aspekt für die Unterstützung kooperativen Arbeitens betrachtet.

Gemeinsame Benutzung einer Anwendung bedeutet dabei, daß die resultierenden Veränderungen eines *verteilten Objektes* (z. B. eines Textes) an alle Teilnehmer verteilt und damit für diese sichtbar werden, wenn innerhalb einer verteilten Anwendung (z. B. einem Editor) Eingaben von einem Anwender ausgeführt werden. Strenggenommen werden beim Application Sharing nur Ausgaben verteilt und Eingaben gemultiplext (*Window Sharing/Screen Sharing*). Verteilte Objekte werden dabei jeweils in sog. *Shared Windows* angezeigt [HTM92].

Application Sharing

Application Sharing wird meist in „Kollaborations-transparenten Systemen" implementiert, kann aber auch im „Collaboration-aware Modus" in speziellen Anwendungen realisiert werden. Ein Beispiel für ein Software-Toolkit, das die Entwicklung verteilter Applikationen unterstützt, ist das von Bellcore entwickelte *Rendez-Vous*-System (Sprache und Architektur) [HBP+93]. Gemeinschaftlich genutzte Anwendungen können als unterstützende Komponente in Telekonferenzen zur gemeinsamen Bearbeitung von Dokumenten oder zur kooperativen Software-Entwicklung eingesetzt werden.

Ein wichtiger Aspekt der gemeinsamen Nutzung von Anwendungen ist die *gemeinsame Steuerung und Kontrolle*. Als zentrale Architekturentscheidung bei der Entwicklung dieser Applikationen ist festzulegen, ob diese *zentralisiert* oder durch *Replikation* realisiert werden sollen [OMS+92, SW94a].

Gemeinsame Steuerung und Kontrolle

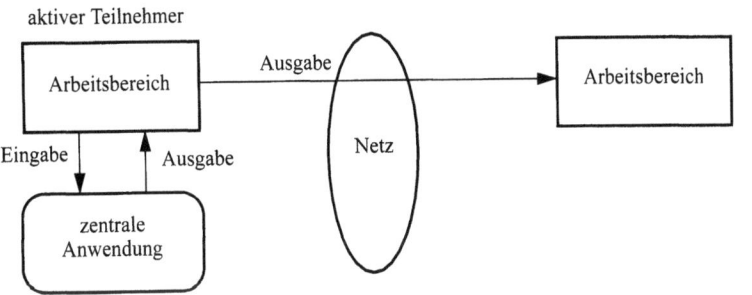

Abb. 17-2 Zentralisierte Architektur.

Zentralisierte Architektur

In einer zentralisierten Architektur wird nur eine einzige Instanz der gemeinsam genutzten Anwendung auf genau einem der beteiligten Systeme ausgeführt. Die Eingaben aller Teilnehmer werden zu dieser Anwendung weitergeleitet und die Ausgaben wiederum an alle beteiligten Systeme verteilt. Abb. 17-2 auf Seite 543 zeigt die zentralisierte Architektur.

Der Vorteil des zentralisierten Ansatzes besteht in der einfachen Verwaltung des resultierenden Zustandes, da nur eine einzige Instanz das geteilte Objekt unmittelbar verändern kann. Der Nachteil ist die große Netzlast, da die Ausgaben der Anwendung permanent an alle Teilnehmer verteilt werden müssen. Geschieht dies jeweils vollständig und nicht nur inkrementell, so ist der aus grafischen Ausgaben resultierende Datenstrom beträchtlich. Daher wird ein Netz mit angemessener Bandbreite benötigt.

Architektur mit Replikation

In einer *Replikationsarchitektur* wird eine Instanz der Anwendung auf jedem der beteiligten Systeme ausgeführt. Eingaben werden jeweils an alle beteiligten Rechner übertragen und werden dort lokal verarbeitet. Abb. 17-3 zeigt eine Replikationsarchitektur.

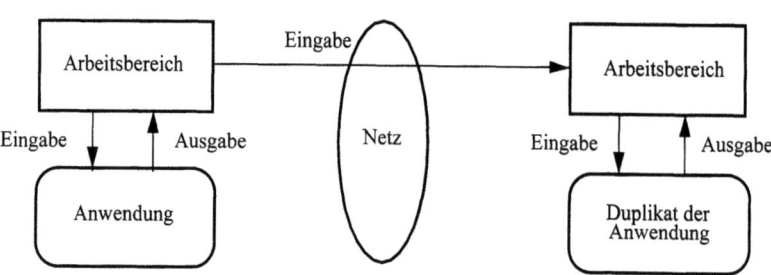

Abb. 17-3 Replizierte Architektur.

Die Vorteile dieses Ansatzes sind:
- Die geringere Netzlast, da nur Eingaben, die in ihrem Umfang in der Regel geringer sind, zwischen den Systemen übertragen werden müssen.
- Die geringeren Antwortzeiten, die sich daraus ergeben, daß die Verarbeitung jeweils lokal erfolgt und die Ausgaben unmittelbar angezeigt werden können.

Von Nachteil ist allerdings die Notwendigkeit einer einheitlichen Ausführungsumgebung auf allen beteiligten Systemen und die erschwerte Aufrechterhaltung der Konsistenz, die nachfolgend diskutiert wird.

Konsistenzprüfung   Ein wichtiges und schwieriges Problem bei der Umsetzung verteilter Anwendungen besteht in einer Replikationsarchitektur in der *Aufrechterhaltung der systemübergreifenden Konsistenz* der gemeinsam manipulierten Objekte. Es existiert eine Vielzahl von Mechanismen, um innerhalb der Menge der Gruppenmitglieder die Datenkonsistenz sicherzustellen. Beispiele dafür sind *zentrale Sperrmechanismen* (Locks), *Mechanismen zur Übergabe der Aktivität* (Floor Passing) und die *Bestimmung von Abhängigkeiten* (Dependency Detection). An dieser Stelle wird das Verfahren *Floor Passing* beschrieben, da diese

Art der Steuerung für die Gruppenkommunikation die größte Bedeutung besitzt.

Die Abstraktion einer *Staffel* (Floor) wird benutzt, um die Konsistenz verteilter Datenobjekte (z. B. Multimedia-Dokumente) oder Applikationen, die gemeinsam von mehreren Anwendern genutzt werden, zu gewährleisten. Nur ein Mitglied der Gruppe, das die Staffel (Floor) aktuell besitzt (*Floor Holder*) hat das Recht, verteilte Objekte innerhalb des gemeinsamen Arbeitsbereiches (*Shared Workspace*) zu manipulieren. Folglich kann der Floor Holder Operationen wie das Öffnen oder Schließen von Arbeitsbereichen sowie das Laden von Dokumenten in Arbeitsbereiche vornehmen. Nur er kann Eingabeereignisse für die gemeinsam genutzte Anwendung erzeugen und damit die Daten verändern, die allen Nutzern zur Verfügung stehen.

Eine mögliche Architektur für den Zugriff mehrerer Anwendungen auf gemeinsam genutzte Daten wird in Abb. 17-4 dargestellt.

Floor Passing

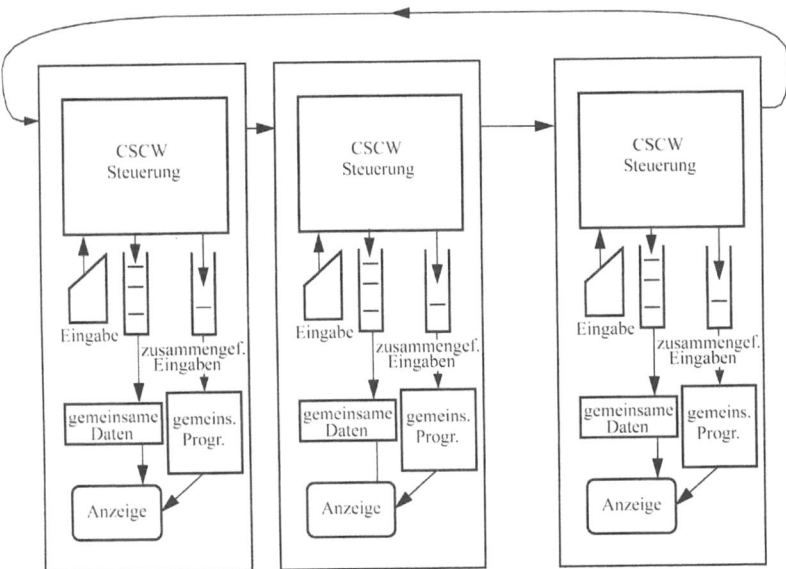

Abb. 17-4 Architektur für die Manipulation gemeinsam genutzter Daten.

Eine Kontrollkomponente existiert auf jedem der beteiligten Systeme und verteilt die dort von einem Eingabegerät (z. B. Tastatur, Maus) empfangenen Eingaben. Sie überprüft, ob das System momentan zur Menge der Floor Holder gehört. Ist dies der Fall, so werden die Eingaben lokal akzeptiert und verarbeitet und zu den anderen Systemen weitergeleitet. Ist das lokale System kein Floor Holder, dann werden die lokalen Eingaben durch die Kontrollkomponente verworfen. Diese akzeptiert jedoch Eingabeereignisse, die von anderen Systemen übermittelt werden.

Eine Architektur mit Replikation wird in CSCW-Applikationen wie z. B. *MERMAID* (Multimedia Environment for Remote Multiple Attendee Interactive Decision-making) von NEC [OMS$^+$92] oder dem Breitband-ISDN-basier-

Anwendungen

ten Gruppen-Tele-Arbeitssystem von Hitachi [HTM92] verwendet. Darüber hinaus existieren Entwicklungsbibliotheken (Toolkits bzw. Frameworks), welche die Entwicklung von interaktiven CSCW-Anwendungen erheblich erleichtern (z. B. COAST [SKSH96], GroupKit [RG96]).

17.3.1 Konferenzen

Konferenzen unterstützen das kollaborative Arbeiten mit Hilfe von Computern. Diese Form der Tätigkeit wird auch als *synchrone Telekooperation* bezeichnet. Essentiell notwendig ist dabei ein Dienst, der die genutzten Medienströme an alle Teilnehmer verteilt. Ziel ist es, eine unmittelbare simultane Kommunikation von Angesicht zu Angesicht möglichst unverfälscht nachzubilden. Die dazu eingesetzten Medien Audio und Video dienen in einem Telekonferenzsystem den im folgenden beschriebenen Zwecken.

Videodarstellung

Gestik und Mimik

Video wird in technischen Diskussionen benutzt, um die anwesenden Personen direkt oder mit einen Hinweis auf ihre Teilnahme an der Sitzung (z. B. als Bild oder Animation) sowie auch Grafiken, die Teil der Präsentation sind, darzustellen. Gestik und Mimik ist informationstragend; ihre Übertragung schafft eine größere Ähnlichkeit zur unmittelbaren Kommunikation und ist daher sehr nützlich. Zur Anzeige können Workstations, PCs oder Videowände genutzt werden.

Gleichzeitige Darstellung

Für Konferenzen mit mehr als drei oder vier Teilnehmern ergibt sich aus dem Platzbedarf zur Anzeige, der für die gleichzeitige Darstellung notwendig ist, schnell ein Problem, insbesondere dann, wenn auch noch weitere Anwendungen wie gemeinsam benutzte Editoren oder Zeichenflächen genutzt werden. Daher sollten dann Mechanismen eingesetzt werden, die es erlauben, die Darstellung eines einzelnen Teilnehmers schnell zu vergrößern, zu verkleinern oder aktivitätsgesteuert in den Vordergrund zu bringen.

Dieser Umstand führt auch zu der Überlegung, daß Konferenzräume, die mit großen Videowänden entsprechend ausgestattet sind, mit mehreren Anzeigen hoher Auflösung (z. B. VideoWindow von Bellcore [FKRR93]) für spezielle Anwendungsgebiete selbst dann noch notwendig sein würden, falls alle Arbeitsplatzrechner mit entsprechender Video-Hardware ausgestattet wären. Systeme mit Unterstützung für Konferenzräume mit Videowänden versuchen, die gesamte Reichhaltigkeit menschlicher Kommunikation zu unterstützen. Sie erlauben z. B. die Übertragung von kurzfristig stattfindenden Treffen in öffentlichen Bereichen (z. B. Cruiser von Bellcore), Seminaren mit variablem Teilnehmerkreis, Podiumsdiskussionen (z. B. MediaSpace von Xerox PARC), Gerichtsverhandlungen oder Lehrveranstaltungen, erschließen einen großen Teilnehmerkreis und können Reisezeit und -aufwand vermeiden.

Audiowiedergabe

Audio spielt für die Beschreibung und Erklärung der visuell dargestellten Informationen in einer Konferenz eine sehr wichtige Rolle. Oft ist Audio selbst viel wichtiger als Video. Daher ist eine qualitativ hochwertige Audioübertragung mit einer Voll-Duplex-Kommunikation und Echounterdrückung wünschenswert. Können zusätzlich noch räumliche Informationen (Stereo) übertragen werden, oder kann eine Zuordnung des aktiven Sprechers zur zugehörigen Bildinformation erfolgen, so kann die Nutzbarkeit weiter verbessert werden.

Konferenzanwendungen verlangen eine möglichst geringe Verzögerung des unterliegenden Netzes sowie eine hohe verfügbare Bandbreite für die teilweise datenintensive Medienübertragung, damit eine akzeptable Interaktivität zwischen den Anwendern möglich ist. Außerdem benötigen sie einen Dienst zur Verteilung von Nachrichten für die Übertragung von Daten und Steuerungsinformationen an alle Teilnehmer (*Distributed Messaging*).

Distributed Messaging

17.3.2 Konferenzsteuerung

Konferenzdienste kontrollieren eine Konferenz (d. h. eine Reihe verteilter Informationen, wie den Namen der Konferenz, den Zeitpunkt ihres Beginns, die Menge der Teilnehmer, einzuhaltende Regeln und weitere Informationen). Die Konferenzsteuerung umfaßt verschiedene Funktionen:

Funktionen der Konferenzsteuerung

- Sie beinhaltet den *Aufbau* der Konferenz, bei dem sich die Teilnehmer über einen gemeinsamen Zustand, z. B. die Vergabe der Rolle eines Moderators, Zugriffsrechte und -modalitäten (Floor Control) und Kodierungsvorschriften für die genutzten Medien abstimmen und einigen müssen. Konferenzsysteme können die *Registrierung* von Teilnehmern, die *Zugangskontrolle* und das *Aushandeln* der beschriebenen Parameter bereits während der Aufbauphase der Konferenz durchführen, sollten aber flexibel sein und Teilnehmern das nachträgliche Hinzukommen oder das Verlassen von einzelnen Teilübertragungen (z. B. von Medienströmen) oder der gesamten Konferenz gestatten. Die Flexibilität hängt vom verwendeten Steuerungsmodell ab.
- Es werden Mechanismen zum Hinzufügen neuer Teilnehmer oder zum Entfernen von Teilnehmern, die die Konferenz verlassen, benötigt.
- Das *Beenden* einer Konferenz muß ebenfalls möglich sein.

Die Mechanismen zur Konferenzsteuerung nutzen die in Abschnitt 17.4 beschriebenen Funktionen des *Session Managements* und kooperieren mit diesen.

Die zu einer Konferenz gehörenden Zustandsinformationen können entweder auf einer *zentralen* Maschine (*zentrale* Kontrolle) auf der eine *zentrale* Applikation als speichernde Instanz arbeitet, oder in *verteilt*er Art abgespeichert werden. Das Steuerungsmodell ergibt sich entsprechend dem Ort, an dem die Zustandsinformationen abgelegt sind. Folglich kann auch dieses entweder zentralisiert oder verteilt sein.

Zentrale oder verteilte Kontrolle

Zentralisierte Steuerung einer Konferenz

Vorgehen bei zentraler Steuerung

Bei der zentralisierten Konferenzsteuerung wird die Konferenz zentral aufgebaut. Ein Initiator beginnt die Konferenz, indem er eine anfängliche Gruppe von Teilnehmern auswählt und diese explizit einlädt. Dies setzt voraus, daß er die Adressen aller Konferenzteilnehmer kennt. Das Wissen über den aktuellen Zustand der Konferenz wird von einem zentralen Directory-Server abgefragt, bei dem die Klienten zunächst Informationen über ihren Aufenthaltsort hinterlegen müssen.

Im zweiten Schritt antwortet jeder eingeladene Klient auf die Einladung, so daß der Initiator darüber informiert ist, wer an der Konferenz teilnimmt. Anschließend erfolgt die Aushandlung der Regeln für die Konferenz und die Zuteilung und Freigabe von Ressourcen zwischen den Teilnehmern. Während der Aushandlung wird der gemeinsame Konferenzzustand mittels eines Protokolls zum zuverlässigen Versand von Nachrichten an alle Teilnehmer verteilt. Die gesamten Informationen, die die Konferenz betreffen, werden auf einem zentralen System abgespeichert.

Diese statische Steuerung, die durch den expliziten Austausch von Statusinformationen realisiert wird, garantiert für jeden Teilnehmer Konsistenz und ist für kleinere Konferenzen gut geeignet. Die garantierte Konsistenz ist der Hauptvorteil der zentralisierten Steuerung. Ihr Nachteil besteht darin, daß, wenn ein neuer, zunächst nicht eingeladener Teilnehmer zur Konferenz hinzukommen möchte, alle Teilnehmer durch den expliziten Austausch von Informationen über den veränderten Zustand informiert werden müssen, was zu größeren Verzögerungen führen kann. Weiterhin ist es im Falle der Unterbrechung der Verbindung zu einem Teilnehmer schwierig, den Zustand wieder konsistent aufzubauen.

Verteilte Konferenzsteuerung

Vorgehen bei verteilter Steuerung

Die verteilte Konferenzsteuerung basiert auf einem verteilten Konferenzzustand. Dieser wird wie folgt erreicht: Der Initiator der Konferenz wählt für die Übertragung der Informationen zu den Teilnehmern eine oder mehrere Multicast-Adressen aus, und die Konferenz wird eröffnet. Konferenzteilnehmer können hinzukommen, indem sie den Empfang der speziellen Multicast-Daten aktivieren. Die dazu notwendigen Ankündigungsinformationen (Multicast-Adresse, Port) werden ihnen vorher unter Nutzung der bereits beschriebenen Protokolle für das Gruppen-Rendez-Vous übertragen oder zugänglich gemacht.

Jedes beteiligte System überträgt seinen eigenen Teilnahmestatus an die anderen Konferenzteilnehmer. Es gibt jedoch kein zentral verwaltetes Wissen über den Teilnehmerkreis und keine Garantie dafür, daß alle Teilnehmer dieselbe einheitliche Vorstellung vom aktuellen Gesamtzustand besitzen. Nachfolgend wird diese lose Steuerung durch die periodische erneute Übertragung von Zustandsinformationen mit einem ungesicherten Dienst (z. B. sichert IP-Multicast dem Absender weder die Auslieferung an die beabsichtigten Adressaten noch die Unversehrtheit der Daten zu) realisiert. Ziel ist es, letztlich eine konsistente Sicht bei allen Teilnehmern zu erreichen, auch wenn diese nicht garantiert wird.

Diese lose Steuerung ist für große Konferenzen gut geeignet. Sie wird z. B. in sog. *Lightweight Sessions* [JMF93], wie sie für Konferenzen im MBone zum Einsatz kommen, angewandt.

Lightweight Sessions

Vorteile der verteilten Konferenzsteuerung sind die Fehlertoleranz und die Möglichkeit zur Skalierung auf eine große Anzahl von Teilnehmer. Wenn während einer Konferenz eine Netzverbindung ausfällt und anschließend wieder verfügbar wird, ist es leichter, den gemeinsamen Konferenzzustand wieder aufzubauen, da es für diesen keine strengen Konsistenzanforderungen gibt.

Nimmt eine große Anzahl von Benutzern an der Konferenz teil, was zunächst gut unterstützt wird, so ist zu beachten, daß eine Anpassung der Sendezeitpunkte und der Intervalle zum Austausch der Zustandsinformationen an die Größe und Ausdehnung der Konferenz erfolgt. Anderenfalls besteht die Gefahr, daß es zu einer Überflutung mit entsprechenden Nachrichten kommt. Der Nachteil des verteilten Ansatzes besteht darin, daß nicht gewährleistet ist, daß alle Teilnehmer dieselbe Sicht und Vorstellung vom aktuellen Zustand der Konferenz haben.

Zieht man die *Vielfalt* der Arten der Zusammenarbeit in Betracht, erscheint es schwierig, ein allgemeines und generisches Protokoll zur Konferenzsteuerung abzuleiten. Entsprechende Versuche wurden z. B. mit dem *Conference Control Channel Protocol* (CCCP) [HW94] unternommen.

Protokoll zur Konferenzsteuerung

Es erscheint vielversprechend, gemeinsame unterliegende Kontrollfunktionen zu entwickeln und deren Kombination entsprechend spezieller Anforderungen zu erlauben [Sch94a]. Weiterhin können *State-Agreement-Protokolle* genutzt werden, um einen gemeinsamen Zustand abzustimmen; dieser wird dann auch als *Ephemeral Teleconferencing State* bezeichnet [SW94b]. Der Zustand ist *kurzlebig*, da er nur für die Dauer der Konferenz gültig und von Bedeutung ist.

State Agreement

Agreement-Protokolle mit verteilter Steuerung schließen spezielle *Regeln* (*Policies*) zur Kontrolle des Zustandes einer Sitzung ein. In [SW94b] werden drei Aspekte für diese Regeln ausgemacht:

Policies

- Der erste, als *Initiator-of-Policies* bezeichnete, Aspekt gibt an, welche Teilnehmer bestimmte Änderungsoperationen initiieren dürfen.
- Der unter *Voting-Policies* zusammengefaßte zweite Aspekt beschreibt Regeln für die Entscheidung über die von einem Teilnehmer initiierte Änderung des Zustandes. Die Veränderung des gemeinsamen Zustands basiert auf *Abstimmungsregeln* (Voting Rules).
- Der dritte Aspekt betrifft Regeln für die Gewährleistung der Konsistenz *(Consistency Policies)*. Um diese zu erreichen und zu erhalten, sind u. a. die Art der Einigung auf einen gemeinsamen Zustand, die Funktionen zur Floor- und Zugangskontrolle, die Aushandlung der benutzten Medien und deren Kodierung, die Verzeichnisdienste für Konferenzen oder auch die

Dienste für die Einladung oder das Auffinden von Teilnehmern zu definieren und festzuschreiben.

17.4 Session Management

Das *Session Management* ist eine wichtige Komponente der Multimedia-Kommunikationsarchitektur und bildet den Teil, der die Kontrollfunktionen, die während des Transports benötigt werden, vom eigentlichen Transport abtrennt. Die Thematik ist Gegenstand eingehender Beschreibungen. An dieser Stelle sollen detailliert die Aspekte der eingesetzten Architektur betrachtet werden.

17.4.1 Architektur

Eine Session-Management-Architektur wird um eine spezielle Instanz herum, einen Session Manager, aufgebaut, der Steuerungsaspekte von denen des Transports trennt [SC92]. Indem man einen wiederverwendbaren Session Manager schafft, der separat vom Benutzer-Interface realisiert wird, vermeidet man unnötigen Mehraufwand für die Umsetzung der Funktionalität in unterschiedlichen konferenzorientierten Anwendungen. Eine mögliche Session-Control-Architektur ist in Abb. 17-5 gezeigt. Ihre Komponenten (Session Manager, Medien-Agenten, Shared-Workspace-Agent) werden nachfolgend beschrieben.

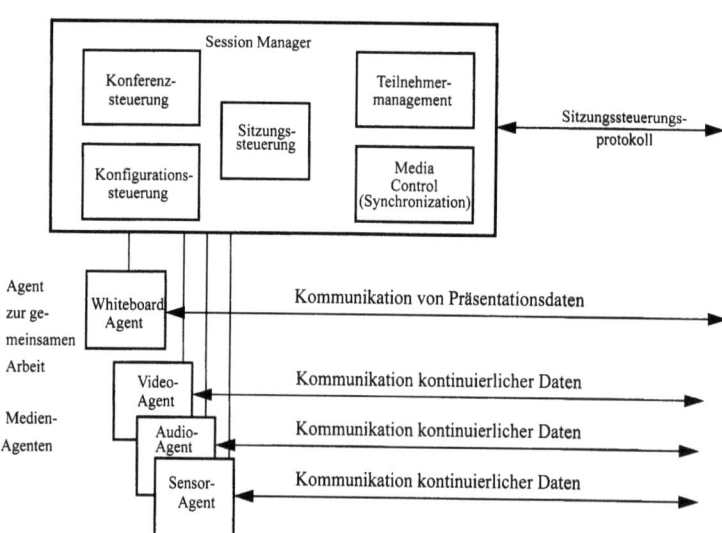

Abb. 17-5 Architektur zur Sitzungssteuerung.

Session Manager

Session Manager schließen lokale und entfernte Funktionalität ein. Lokale Funktionen sind:

Lokale Funktionen

- Die Aufgaben zur *Verwaltung der Teilnehmer* (Membership Control Management), wie Authentifizierung der Teilnehmer oder die Verwaltung entsprechend koordinierter Benutzerschnittstellen.
- Die Überwachung gemeinsam genutzter Arbeitsbereiche, z. B. mittels *Floor Control*.
- Die Abstimmungsaufgaben für die genutzten Medien (*Media Control Management*), wie z. B. die Kommunikation zwischen den Medienagenten, die jeweils für ein Medium verantwortlich sind, oder die Synchronisation.
- Das Konfigurationsmanagement (*Configuration Management*), der Austausch von Dienstgüteparametern oder die Auswahl zweckmäßiger Dienste zur Gewährleistung der Dienstgüte.
- Steuerungsaufgaben (*Conference Control Management*) wie Aufbau, Veränderung oder Beenden einer Konferenz.

Zu den entfernten Aufgaben gehört die Kommunikation mit anderen Session Managern, um Zustandsdaten auszutauschen, die z. B. Floor-Informationen und Konfigurationsinformationen beinhalten können. Es ist wichtig, anzumerken, daß in verschiedenen Konferenzsystemen die Konferenz- und die Aktivitätssteuerung entweder in der Anwendungsschicht (z. B. beim Group-Teleworking System von Hitachi) oder aber in der Sitzungsschicht (z. B. bei *Touring Machine* von Bellcore) eingebettet werden können.

Medienagenten

Medienagenten sind vom Session Manager unabhängig und für Entscheidungen verantwortlich, die jeweils ein spezielles Medium betreffen. Diese Modularität erlaubt es, einen Agenten je nach gegebenem Anwendungsumfeld zu ersetzen. Jeder Agent führt seine eigenen Kontrolloperationen aus, wie z. B. Beginn oder Anhalten der Übertragung, Stummschalten und erneutes Aktivieren oder auch die Veränderung der Kodierung und der damit erreichbaren Qualität für das jeweilige Medium.

Shared-Workspace-Agent

Der Shared-Workspace-Agent überträgt gemeinsam genutzte Objekte (z. B. die Koordinaten eines Telepointers, grafische Elemente oder Textelemente) zwischen den gemeinsam genutzten Anwendungen.

17.4.2 Steuerung einer Sitzung

Jede Sitzung wird durch ihren *Sitzungszustand* beschrieben. Die Zustandsinformationen (Name der Sitzung, Beginn, gültige Regeln) sind entweder *privat* (z. B. lokale Ressourcen) oder werden zwischen allen Teilnehmern *geteilt*.

Aufbau und Modifikation einer Sitzung

Das Session Management beinhaltet zwei Schritte zur Verarbeitung des Zustandes, den *Aufbau* und die *Modifikation* einer Sitzung. Während des Aufbaus einer Sitzung verhandelt ein Session Manager über den logischen Zustand seiner eigenen Sitzung, trifft eine Einigung und legt den Zustand letztlich fest. In Abstimmung und nach entsprechender Aushandlung mit anderen Session Managern werden verbindliche Regeln, wie z. B. die *Tarifierung,* festgelegt. Eine Sitzung kann dann unter Nutzung eines Mechanismus zum Gruppen-Rendez-Vous bekanntgemacht werden. Andere Teilnehmer erhalten dadurch die Möglichkeit, die Sitzung aufzufinden und sich an ihr zu beteiligen. Der Session Manager handelt die Transporttopologie mit dem Transportsystem aus und legt diese fest.

Abhängig von der Funktionalität, die eine Applikation benötigt und von den von der Sitzungssteuerung zur Verfügung gestellten Diensten, sind verschiedene Steuerungsmechanismen in das Session Management eingebettet:

Aktivitäts- und Zugriffssteuerung

Innerhalb der gemeinsam genutzten Arbeitsbereiche ist eine Aktivitäts- und Zugriffssteuerung notwendig, um den Zugriff auf Arbeitsbereiche zu gewähren und zu koordinieren. Jedes System trifft Entscheidungen darüber, mit welchem Grad der Simultanität und Granularität der Zugriff auf Ressourcen kontrolliert werden soll.

Aktivitätsübergabe

In der einfachsten Form benutzen die Anwendungen einen Mechanismus zur expliziten und von einem Token unterstützten *Aktivitätsübergabe* (Gavel (Hammer)-Passing [SW94a], Chalk (Kreide)-passing [Sch94a]. Eine explizite Aktivitätsübergabe (Floor Passing) bedeutet, daß zu jedem Zeitpunkt nur genau ein Teilnehmer die Möglichkeit zur Aktivität besitzt. Auf Anforderung wird das Zugriffsrecht an einen anderen Teilnehmer weitergegeben. Um das Zugriffsrecht zu erhalten, muß ein Teilnehmer explizit aktiv werden und den gewünschten Wechsel der Zuordnung anzeigen.

In vielen Anwendungen wird die Aktivitätskontrolle nicht nur unter rein technischem Aspekt zur Konsistenzsicherung genutzt, sondern auch zur realitätsnahen Abbildung von Sozialverhalten. Ein soziales Protokoll definiert z. B., wer in einer Echtzeit-Audiokonferenz, bei der formale Datenkonsistenz keine sinnvolle Entsprechung besitzt, um das Rederecht bitten kann oder muß, wie dies erfolgt und nach welchen Regeln es letztlich vergeben oder weitergegeben wird. Dies ist insbesondere für Szenarien mit einem relativ formalen Ablauf (z. B. Nutzung des Mikrofons eines Rednerpults) typisch. Um eine Situation zu schaffen, die einem ungezwungen formlosen Gespräch ähnlicher ist, ist es unter der Voraussetzung entsprechend disziplinierter Teilnehmer dagegen oft günstig, keine explizite Aktivitätskontrolle zu verwenden.

Für die Echtzeitübertragung von Videodaten wird eine Zugriffskontrolle teilweise zur Kontrolle und Beschränkung der resultierenden Bandbreite benutzt.

Konferenzsteuerung

Für Konferenzanwendungen wird eine Konferenzsteuerung angewendet. Eine dafür mögliche Variante wurde mit der Betrachtung eines zentralisierten Ansatzes mit statischer Kontrolle im Vergleich zum verteilten Ansatz mit loser Kontrolle bereits behandelt.

Mediensteuerung

Die Medienkontrolle schließt insbesondere Funktionen zur Synchronisation von Medienströmen ein, die in Kapitel 18 zu Synchronisation ausführlich behandelt werden.

Konfigurationssteuerung

Die Konfigurationssteuerung umfaßt die Kontrolle der Qualität, die mit der genutzten Medienkodierung zur Verfügung gestellt wird, die Aushandlung von Dienstgüteparametern, die Sicherstellung der Verfügbarkeit von Systemressourcen und weitere Komponenten, um eine Sitzung entsprechend der Benutzeranforderungen zur Verfügung zu stellen. Fragen der Dienstgüte und die damit zusammenhängende Verwaltung von Ressourcen werden in einer allgemeineren Art und Weise im Kapitel 10 zum Thema Dienstgüte diskutiert. Diese Steuerung kann Dienste, wie die initiale oder die Aushandlung der Medienqualität, die während einer Sitzung in veränderter Art und Weise erneut erfolgt, umfassen.

Steuerung der Teilnahme

Die Steuerung der Teilnahme kann Dienste für die Einladung zu einer Sitzung, die Registrierung der Teilnehmer oder die Änderung des Teilnehmerkreises während einer Sitzung einschließen.

Für die Verteilung der gemeinsamen Informationen zur Sitzungssteuerung zwischen den Session Managern können verläßliche Benachrichtigungsdienste oder ungesicherte Dienste mit einer periodischen Auffrischung verwendet werden.

Ziel ist es, einen verteilten Benachrichtigungsmechanismus mit unterschiedlichen möglichen Graden der erreichbaren Verläßlichkeit zur Verfügung zu stellen. So wird z. B. für zyklisch wiederholte Auffrischungsinformationen möglicherweise überhaupt keine Verläßlichkeit benötigt. Dagegen kann es für die Weitergabe der Aktivität absolut notwendig sein, daß alle Teilnehmer die betreffende Nachricht mit Sicherheit empfangen haben. Für unterschiedliche Konferenzteilnehmer kann die Verläßlichkeit der Auslieferung einer Nachricht gleichen Typs durchaus von unterschiedlicher Bedeutung sein [HW94].

Unter diesem Aspekt ist die Auswahl eines geeigneten Kommunikationsmechanismus vorzunehmen. Alternativen werden mit der Vorstellung der Internet-Transportprotokolle oder mit den Vorschlägen zur Umsetzung eines verläßlichen Multicast-Mechanismus in den Kapiteln 14 zu Netzen und 15 zu Kommunikation vorgestellt.

17.5 Internet-Protokolle und ihre Nutzung im MBone

Im Kapitel 15 zu Kommunikation wurde mit dem Realtime Transport Protocol (RTP) eine auf dem Ansatz des „Application Level Framing" basierende Möglichkeit zum Transport multimedialer Daten beschrieben. Für die Realisierung von Anwendungen sind neben dem reinen Medientransport aber noch eine Reihe weiterer Aufgaben, z. B. der Aufbaus und die Steuerung von Multimedia-Sessions, zu lösen. Die MMusic (Multiparty MUltimedia Session Control) Working Group der IETF hat es sich zur Aufgabe gesetzt, für die Nutzung innerhalb von Videokonferenzen im Internet geeignete Protokolle und Mechanismen zu entwickeln und zu beschreiben. Aufgrund der Universalität der Ansätze erlangen einige der entwickelten Protokolle, die auf Applikationsebene anzusiedeln sind, zunehmend auch für andere Anwendungsbereiche, wie z. B. die sich abzeichnende Entwicklung der IP-Telefonie, wachsende Bedeutung.

17.5.1 Protokolle

Session Description Protocol (SDP)

Aufgaben von SDP

Das Session Description Protocol (SDP) [HJ98] bietet die Möglichkeit, Konferenzen und deren Parameter anzukündigen. Es ist weder für die Aushandlung von Multicast-Adressen, noch für die benutzten Kodierungen für die Medienströme einer speziellen Sitzung verantwortlich, beschreibt aber
- Name und Zweck einer Sitzung,
- Den oder die Zeiträume, zu denen eine Sitzung aktiv ist,
- Die Medienströme, die während der Sitzung genutzt werden (Audio, Video, Text, genutztes Transportprotokoll und Kodierung) und
- Informationen darüber, wie die Medienströme empfangen werden können (Adressen, Ports, Formate).

Diese Informationen werden in einer ASCII-Darstellung der Form

```
<Typ der Information>=<Wert>
```

repräsentiert.

o	=	shuttle 3100022588 3100022882IN IP4 128.102.84.134
s	=	NASA - Television
i	=	Test for University of Mississippi. This session is provided as a service to the MBone community
p	=	NASA ARC Digital Video Lab (415) 604-6145
e	=	NASA ARC Digital Video Lab <mallard@mail.arc.nasa.gov>
t	=	3100021200 3102440400
m	=	audio 18476 RTP/AVP5
c	=	IN IP4 224.2.145.142/127
m	=	video 51796 RTP/AVP 31
c	=	IN IP4 224.2.3.34
o	-	owner/creator and session identifier
s	-	session name
i	-	session information
p	-	phone number
e	-	email address
t	-	time the session is alive
m	-	media name and transport address
c	-	connection information

*Tab. 17-2
Beispiel einer SDP-Sitzungsbeschreibung.*

Der Transport der SDP-Informationen ist nicht an einen speziellen Mechanismus oder ein Protokoll gebunden. Die Sitzungsbeschreibung kann sowohl Inhalt einer E-Mail (die das Multimedia Internet Mail Extension Format (MIME) benutzt) sein, auf einem HTTP-Server präsentiert oder aktiv mittels eines der nachfolgend beschriebenen Protokolle verteilt werden.

Transport der SDP-Information

Session Announcement Protocol (SAP)

Während SDP keine Annahme darüber trifft, wie die Sitzungsbeschreibung an die potentiellen Teilnehmer versendet oder zum Abruf von einem Server bereitgehalten wird, spezifiziert das Session Announcement Protocol (SAP) [Han98], auf welche Art die Beschreibung per Multicast zu einer dem Protokoll fest zugeordneten Multicast-Adresse (bspw. `224.2.127.254`) und einem entsprechenden Port (`9875`) versendet werden, um Sitzungen anzukündigen.

Ein SAP-Paket wird aus einem Header, der den Absender der Ankündigung, den Typ der Nachricht und einen Nachrichten-Identifikator enthält, und der ei-

SAP-Pakete

gentlichen Sitzungsbeschreibung im Datenteil gebildet. Mittels einer modifizierten Ankündigung in einem SAP-Paket mit gleichem Identifikator und der Anweisung zur Modifikation oder zum Löschen ist es auch möglich, nachträglich Veränderungen vorzunehmen oder eine Sitzung abzusagen. Um eine Überprüfung der Authentizität des Annoncierenden sowie die Vertraulichkeit oder Unversehrtheit einer Ankündigung zu ermöglichen, sieht das Protokoll auch die Nutzung symmetrischer oder asymmetrischer kryptographischer Methoden vor.

Session Initiation Protocol (SIP)

Das Session Initiation Protocol (SIP) [HSSR98] ist ein textbasiertes Client-Server- Protokoll zum Aufbau von Verbindungen mit einem oder mit einer Vielzahl von Teilnehmern. Seine Arbeitsweise ist prinzipiell mit dem der Signalisierung eines Telefonanrufs vergleichbar.

Funktion von SIP   Der Initiator der Verbindung wendet sich mit einem Verbindungswunsch an den beabsichtigten Kommunikationspartner; dieser kann geeignet reagieren und die Verbindung bspw. annehmen, weiterleiten oder auch ablehnen. Adressaten können Benutzer von Programmen sein. Es ist aber auch denkbar, als Reaktion auf eine SIP-Einladung den automatischen Start eines Programms, z. B. eines zur Aufzeichnung von MBone-Datenströmen verwendeten Recording-Programms, vorzunehmen. Kommt es zu einer Verbindung, so kann das Protokoll in deren Verlauf zur weiteren Signalisierung, z. B. zur expliziten Anzeige der Veränderung der Art des Datentransportes hinsichtlich der Art der Kodierung sowie der benutzten Adressen, verwendet werden und ermöglicht es abschließend, die Verbindung wieder zu beenden.

Verzeichnisdienste   Das Protokoll unterstützt im Zusammenwirken mit geeigneten Verzeichnisdiensten wie X.500 [Org88] oder LDAP [WHK98] das Auffinden eines Benutzers. Von diesem muß also nicht zwingend die IP-Adresse seines augenblicklichen Aufenthaltsortes bekannt sein; vielmehr wird eine deutlich komfortablere symbolische Adressierung unterstützt.

Proxy-Modus   Aspekten der Mobilität von Kommunikationspartnern widmet sich der vom Protokoll vorgesehene Proxy- oder Redirektionsmodus. Während bei ersterem die Kommunikation mit einem „Anrufer" unmittelbar weitergeleitet wird, erhält dieser im zweiten Falle eine Information über die aktuelle Erreichbarkeit des „Angerufenen" und kann sich nachfolgend direkt an diesen wenden.

SIP ist für die Kommunikation mit mehreren Partnern sowohl in einer Multicast-Umgebung als auch unter Einsatz von sog. *Multipoint Control Units* (MCU) in einer ausreichend vermaschten Unicast-Umgebung einsetzbar.

Anwendungen von SIP   Das Protokoll besitzt neben seinem originären Anwendungsgebiet für den Aufbau von MBone-Sitzungen zunehmende Bedeutung für eine Reihe anderer Szenarien. In [SR97] wird vorgeschlagen, es zur Signalisierung und zur Steuerung von Anwendungen der IP-Telefonie zu benutzen. Zu diesem Zwecke ist auch seine Erweiterung und die Integration von Möglichkeiten zur vertraulichen Generierung von kryptographischen Schlüsseln vorgesehen, die die Kommunikationspartner nachfolgend nutzen können.

Real-Time Streaming Protocol (RTSP)

Während für den Transport von Texten, Dateien oder Einzelbildern von einem Server mit dem HTTP-Protokoll eine einfache und geeignete Lösung existiert, kann dieses den Anforderungen kontinuierlicher Multimedia-Daten nicht vollständig gerecht werden. Ein Benutzer kann und möchte z. B. einen per Video-on-Demand übertragenen Film nicht zunächst komplett zu seinem System transferieren und erst dann mit der Anzeige beginnen. Vielmehr sollte er das Abspielen beliebig starten, unterbrechen und steuern können.

Für Funktionen dieser Art wurde das *Real-Time Streaming Protocol* (RTSP) [SRL98] entwickelt. Es erlaubt die Beschreibung von angebotenen Inhalten und Übertragungsparametern, unterstützt die Aushandlung und Festlegung des Übertragungskanals und der Transportmethode, die Steuerung mehrerer zu einer Übertragung gehörender Medienströme und widmet sich Fragen der Lizensierung. Durch Verwendung von Zeitstempeln mit hoher Genauigkeit ist es auch für digitale Editieroperationen (bspw. Filmschnitt) geeignet.

Aufgaben von RTSP

In einigen Mechanismen, wie Redirektionsmöglichkeiten, der möglichen Nutzung von Proxies und dem möglichen Einsatz von sicherheitsrelevanten Mechanismen (Transport Layer Security, Basic Authentication, Digest Authentication) ist das Protokoll dem HTTP-Protokoll ähnlich, mit dem es auch eng zusammenwirken kann. So ist es z. B. möglich, aus einer HTML-Seite mit einer RTSP-URL einen Medienstrom zu referenzieren.

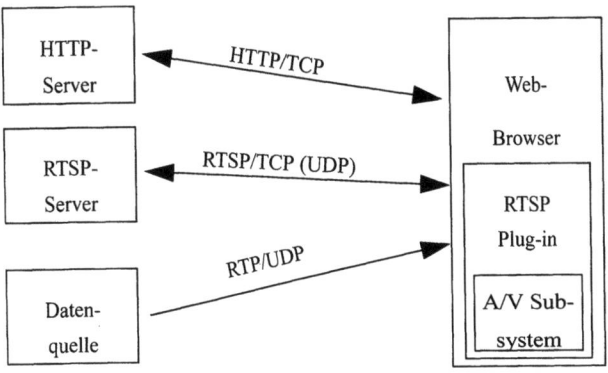

Abb. 17-6 Zusammenwirken von HTTP und RTSP.

RTSP ist unabhängig vom unterliegenden Transportprotokoll und kann daher sowohl über UDP als auch über TCP eingesetzt werden. Das Protokoll, das mit einem zustandsbehafteten Server arbeitet, führt eine Reihe neuer Methoden ein und kann diese auch um zusätzliche Parameter erweitern. In den verwendeten Kontrolldatenstrom können Mediendaten direkt eingebettet werden.

Der Basisbefehlssatz entspricht in seiner Mächtigkeit dem derzeitiger Implementierungen von Medien-Servern, ermöglicht das Etablieren und Beenden von Datenströmen, den Start und die Unterbrechung der Wiedergabe oder auch der Aufzeichnung, ist aber auch für spezielle Anforderungen erweiterbar. Wäh-

Befehlssatz in RTSP

rend der vorgesehene Haupteinsatzzweck in der Kontrolle von RTP-basierten Multimedia-Applikationen liegt, gibt es durchaus auch andere Anwendungsmöglichkeiten. So stellte die Firma IBM ein RTSP-basiertes Kontroll-Interface für die Kommunikation mit einem Hochleistungs-Schachcomputer vor.

Simple Conference Control Protocol (SCCP)

Konferenzkontext

Ziel des Simple Conference Control Protocol (SCCP) ist es, bei allen Konferenzteilnehmern einen gemeinsamen Zustand, den sog. *Konferenzkontext*, zu gewährleisten und ihnen Möglichkeiten zu dessen Manipulation zu bieten. Die primären Funktionen von SCCP sind die Verwaltung der Menge der Konferenzteilnehmer und der Medienströme, die während einer Konferenz benutzt werden.

Floor Control

Eine zentrale Rolle spielt die Realisierung der Aktivitätssteuerung (*Floor Control*), die mit Hilfe eines Tokens erfolgen kann. Das Protokoll erlaubt es auch, Teilnehmer auszuwählen und festzulegen, die nachfolgend eine spezielle Verwalterfunktion wahrnehmen. SCCP ist textbasiert und nutzt Operationen wie JOIN, ACCEPT und LEAVE für Aufbau und Kontrolle des Teilnehmerkreises sowie TOKEN-WANT, TOKEN-GIVE und TOKEN-RELEASE für die Verwaltung des Tokens, das sich in den Zuständen FREE, EXCLUSIVE oder SHARED befinden kann.

Real-Time Traffic Flow Measurement Protocol (RTFM)

Zur Überwachung des Verhaltens von Netzen, aber auch zur Kontrolle der erreichten Dienstgüte und zum Zweck der Gewinnung von Abrechnungsinformationen ist es wünschenswert, über eine Menge generischer Meßanwendungen zu verfügen. Als mögliche einheitliche Basis für diese befindet sich das Real-Time Traffic Flow Measurement Protocol (RTFM) im Augenblick in der Entwicklung. Es ist abzusehen, daß die von ihm betrachteten Aspekte der spezifischen (und nicht mehr, wie bisher, auf einem Flat-Rate-Modell beruhenden) Abrechnung und Tarifierung der Nutzung von Verbindungen und der dabei zur Verfügung gestellten Dienstgüte in Zukunft von großer Bedeutung sein werden.

17.5.2 MBone-Anwendungen

Nachdem im Kapitel 15 zu Kommunikation eine Beschreibung der für die Übertragung der Multimedia- und Steuerungsdaten genutzten Protokolle erfolgte und in diesem Kapitel Basiskonzepte des Collaborative Computing dargestellt wurden, wird nachfolgend eine Auswahl von Applikationen für die Präsentation der Medieninhalte und das gemeinschaftliche Arbeiten innerhalb von MBone-Konferenzen vorgestellt.

Die beschriebenen Anwendungen, die sich, wie in Abb. 17-7 auf Seite 559 gezeigt, kategorisieren lassen, wurden in der Regel zunächst für die Nutzung auf UNIX-Systemen entwickelt. Es existieren aber mittlerweile auch Portierungen für andere Plattformen wie Personal Computer unter Microsoft Windows oder Macintosh-Systeme sowie eine Reihe von Anpassungen an unterschiedliche Hardware zur Aufnahme, bzw. Wiedergabe der Audio- und Videodaten.

Mit der Hilfe von „Session Tools" ist es möglich, Übertragungen anzukündigen oder Auskunft über diese zu erhalten. Je nach vorgesehenem Einsatzzweck und der Art der Netzanbindung der potentiellen Empfänger ist die Präsentation der Mediendatenströme durch Audio- und Videoanwendungen möglich. Während diese gerade den für das kooperative Arbeiten wichtigen direkten Bezug zwischen den Teilnehmern sichern, ist für die Präsentation von vorbereiteten Folien oder für das gemeinsame Bearbeiten von Dokumenten die Benutzung entsprechender Anzeigeprogramme oder auch gemeinsam nutzbarer Editoren sinnvoll.

Session Tools

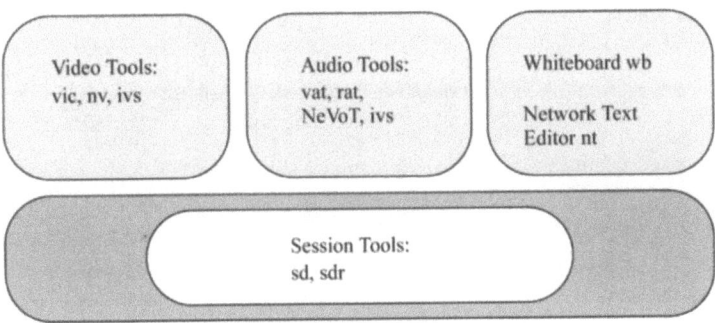

*Abb. 17-7
MBone Applikationen*

Anwendungen des Session Directory

Obwohl Übertragungen im MBone auch ad-hoc gestartet und die zur Teilnahme notwendigen Informationen z. B. durch Electronic Mail oder unmittelbar weitergegeben werden können, eröffnet die Nutzung von Session-Directory-Anwendungen weitergehende Möglichkeiten, die besonders für die Nutzung von Teilnehmergruppen, deren Zahl im nicht voraus feststeht, unverzichtbar ist.

Das zur Ankündigung von Sitzungen benutzte Session-Directory-Programm *sdr* verwendet das SAP-Protokoll, um SDP-Beschreibungen zu generieren und zu versenden. Es erlaubt, sowohl Sitzungen allgemein anzukündigen, als auch einzelne Nutzer oder Nutzergruppen persönlich einzuladen.

sdr

Im Falle einer per Multicast verbreiteten Ankündigung kann deren Sichtbarkeitsbereich mit Hilfe des Wertes des Time-to-Live-Feldes (TTL) des entsprechenden Multicast-Pakets eingeschränkt werden. Grundsätzlich gilt, daß Ankündigungen für die Übertragung eines bestimmtes Medienstroms jeweils mit dem gleichen Sichtbarkeitsbereich erfolgen sollen, mit denen nachfolgend auch die Mediendaten versendet werden. Damit werden lokale Sitzungen auch nur lokal angekündigt, und dem Empfänger einer Ankündigung sollte nachfol-

Time to Live

gend auch die Teilnahme an der Sitzung möglich sein. Die Auswahl einer Multicast-Adresse und eines Ports für eine Sitzung erfolgt in Regie des Benutzers, der die Sitzung initiiert, unter Beachtung der ihm bekannten Informationen über andere Sitzungen, um Kollisionen zu vermeiden. Die Zeitspanne zwischen den Wiederholungen einer Ankündigung richtet sich nach der Gesamtzahl der für das Programm sichtbaren Ankündigungen, um die Netzlast, die durch diese Ankündigungen insgesamt erzeugt wird, zu begrenzen.

Caching

Indem es selbst Mitglied der für SAP benutzten Multicast-Gruppe wird, empfängt das Programm von anderen Benutzern versendete Sitzungsinformationen und bewahrt diese in einem *Cache* auf. Ein Caching mit einer entsprechenden Alterung und Entfernung derjenigen empfangenen Ankündigungen, die nicht rechtzeitig aufgefrischt werden, sichert einerseits eine schnelle Verfügbarkeit von Informationen nach erneutem Programmstart, andererseits werden auch veraltete Ankündigungen entfernt, wenn diese nicht explizit zurückgezogen wurden, oder wenn das Programm zum Zeitpunkt des Zurückziehens nicht aktiv war.

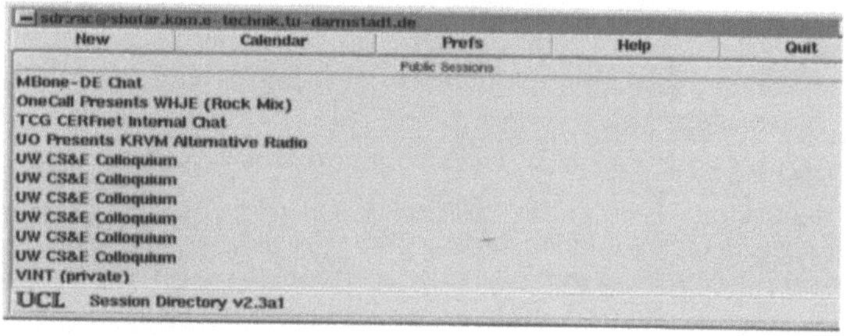

Abb. 17-8 Überblick über angekündigte MBone Sessions im Session Directory sdr.

Dämon Proxy-Modus

Für das notwendige kontinuierliche Aussenden von Ankündigungen und deren fortwährenden Empfang sind auch Erweiterungen möglich, die einen *Dämon-* oder *Proxy-Empfänger-Modus* verwenden. Mittels einer grafischen Benutzeroberfläche werden dem Benutzer aktuelle Ankündigungen angezeigt. Dieser kann sich so einen Überblick über die laufenden oder anstehenden Sitzungen verschaffen, zu einzelnen von diesen konkretere Informationen per Anwahl erhalten und schließlich entscheiden, ob er durch Anklicken einer Beschreibung der enthaltenen Medien eine von ihm vordefinierbare Anzeigeapplikation starten möchte.

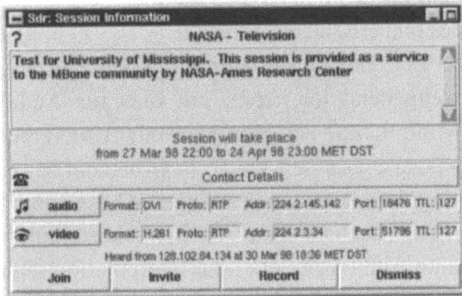

Abb. 17-9
Detailinformationen zu einer MBone-Session, die den unmittelbaren Start eines der Anzeigeprogramme erlaubt.

Audioanwendungen

Es existiert eine Vielzahl von Audioanwendungen wie das Audio Tool *vat*, das *Reliable Audio Tool rat* oder das *Network Voice Terminal NeVoT*. die eine gemeinsame Untermenge von Audiokodierungen unterstützen und daher in einem Anwendungsszenario mit heterogenen Empfängern interoperabel miteinander kommunizieren können.

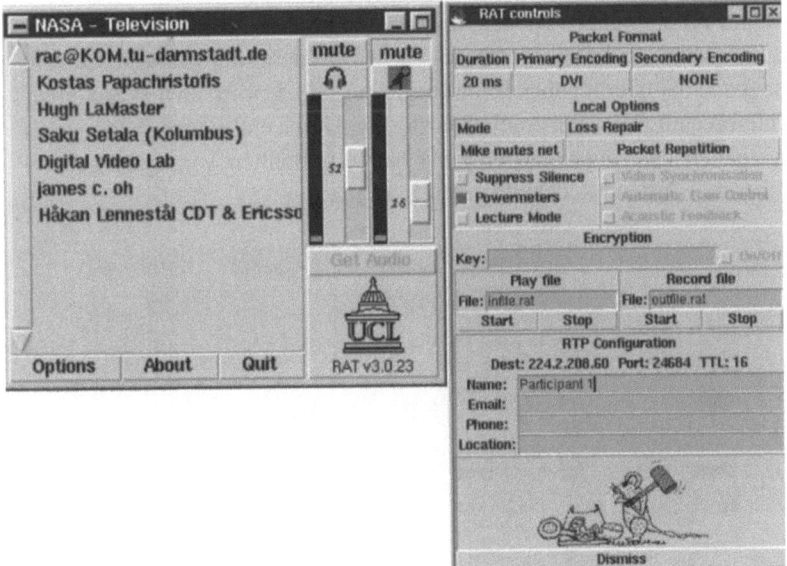

Abb. 17-10
Bedienungsoberfläche des Reliable Audio-Tool rat.

Neben der Basisfunktionalität zur Übertragung von Audiodaten werden von den Anwendungen zusätzliche Dienste, wie die Anzeige der teilnehmenden und aktiven Sender, die Aufnahme und Wiedergabe von Audiodateien oder die Verschlüsselung des Datenstroms, bereitgestellt. Die Umschaltung der Ein- und Ausgabegeräte, die automatische Lautstärkeregelung und die Anzeigesynchronisation mit einem eventuell ebenfalls übertragenen Videostrom ermöglichen ein komfortables und effizientes Arbeiten.

Während Benutzer den Verlust, die Störung oder die Verzögerung von Videoinformationen weitgehend tolerieren, gilt dies für Audioinformationen nicht. Daher ist die Minimierung von Störungen oder Unterbrechungen im Audiostrom, der dem Nutzer präsentiert wird, ein Grundziel bei Entwurf, Implementierung und Einsatz von Audioanwendungen. Diese benutzen Empfangspuffer variabler Größe, Mechanismen zur Fehlerkorrektur, wie zusätzlich übertragene redundante Audiodaten oder die Interpolation fehlender Samples um Netz-Jitter, Abweichungen im Timing zwischen dem Kodierer beim Sender und dem Wiedergabegerät beim Empfänger oder Störungen im Netz, bestmöglich zu kompensieren.

Videoanwendungen

Die Aufnahme und Wiedergabe der Videodaten kann mit den Programmen *vic*, *nv* oder *ivs* erfolgen. Diese Tools bieten zusätzlich zur Steuerung des Kodierungsverfahrens und der Frame-Rate, der Größe der übertragenen oder dargestellten Bilder und deren Parameter, wie Farbtiefe und Kontrast, jeweils weitere zusätzliche Funktionen an. So ist beim Programm *vic* die Sprechersynchronisation mit den Audiodaten möglich, die vom korrespondierenden Programm vat empfangen werden; das Fenster, das dem jeweils aktiven Sprecher zugeordnet ist, kann automatisch in den Vordergrund gebracht werden. Störungen in der übertragenen Bildinformation sind deutlich eher akzeptierbar als Unterbrechungen in der Audioübertragung. Durch entsprechend kooperatives Verhalten der Anwendungen kann bei festgestellten Verzögerungen im Netz diesem Umstand Rechnung getragen werden.

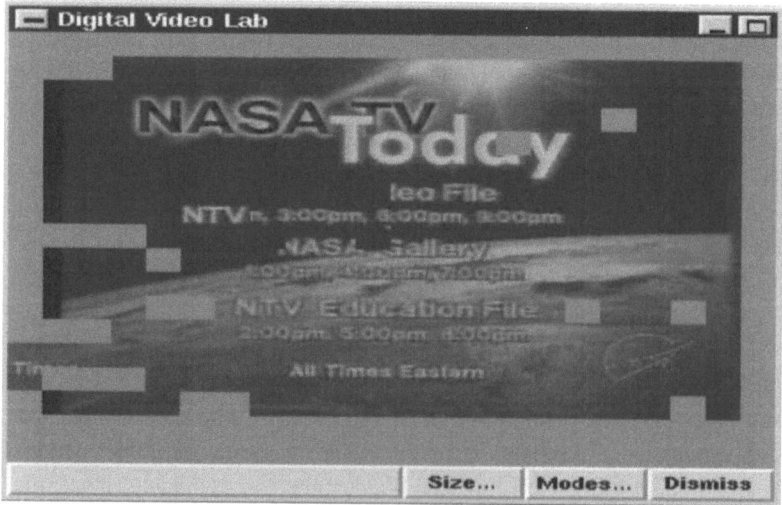

Abb. 17-11 MBone-Live-Übertragung einer Space-Shuttle Mission.

Aufzeichnung von MBone-Sessions

In vielen Anwendungsfällen ist es wünschenswert, eine Möglichkeit zum Aufzeichnen oder erneuten Abspielen von Multimedia-Sitzungen zu benutzen. Eine Aufnahme kann z. B. dazu verwendet werden, um eine über das MBone übertragene Vorlesung aufzuzeichnen, den Mitschnitt geeignet zu transportieren oder zu verteilen und die Aufzeichnung anschließend an einem anderen Ort, zu beliebiger Zeit und auch beliebig oft wiederzugeben. Zu diesem Zweck kann der MBone-VCR [Hol97] benutzt werden.

Die ursprünglich als monolithisches Programm entstandene Anwendung wurde mittlerweile zum MBone-VCR-on-Demand weiterentwickelt und dabei auf einen zentralen Server, der auf entsprechend leistungsfähigen Systemen mit angemessenem Speicherplatz zum Einsatz kommen sollte, und einen Client zur Kontrolle des Servers verteilt.

Aufbau des MBone-VCR-on-Demand

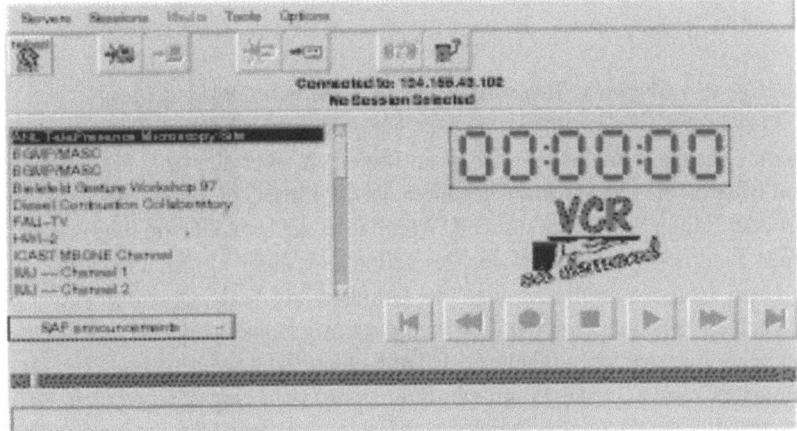

Abb. 17-12
Bedienungsoberfläche des MBone-VCR-on-Demand.

Mit Hilfe von Clients, die als selbständige Programme aber auch als Java-Applets implementiert werden, ist eine komfortable Steuerung des Servers unter Einsatz des *Remote DataPump Control Protocol* (RDCP) möglich, das eine Untermenge der Funktionalität des Real-Time Streaming Protocol (RTSP) realisiert. Die Daten werden vom VCR unter Nutzung des RTP-Formats abgelegt, das auch zu ihrer Übertragung verwendet wird. Damit bleiben die Selbstbeschreibungsfähigkeit, Möglichkeit zur Synchronisation aber auch zur Separation der Teilströme oder deren nachträgliche Bearbeitung erhalten.

RDCP

*Abb. 17-13
Verteilte Anzeige und
Bearbeitung von
Dokumenten mit dem
Programm wb.*

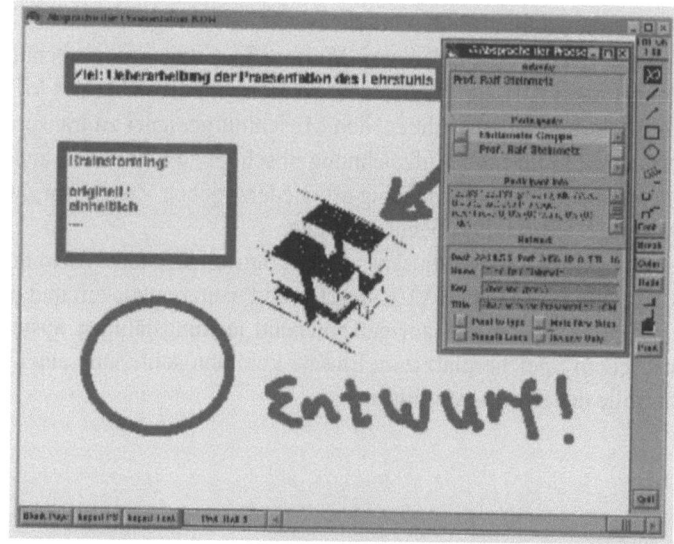

Anzeige von Grafiken, Text sowie verteilte Dokumentenbearbeitung

Gerade für die gemeinsame Arbeit an Projekten, aber auch zur Präsentation von Bildern, die einen Vortrag begleiten, ist der Einsatz entsprechender Anzeige- oder Editierwerkzeuge sinnvoll. Während es die Videoübertragung erlaubt, einen Eindruck von der Reaktion der Teilnehmer, ihrer Mimik und Gestik zu erhalten, ist diese für die Anzeige von Grafiken und Text wegen der teilweise schlechten Erkennbarkeit deutlich weniger gut geeignet und z. B. angesichts der bei Folien statischen Inhalte auch deutlich ineffizient. Zur Anzeige von Dokumenten kann z. B. das Programm *Whiteboard* (*wb*) eingesetzt werden. Dieses gestattet die Anzeige von Postscript-Daten und deren verteilte weitere Bearbeitung mit Werkzeugen zur Erzeugung grafischer Primitive, aber auch von Freihandzeichnungen. Das Ergebnis einer derart kooperativ entstandenen Arbeit ist allen Teilnehmern sichtbar, kann abgespeichert und damit auch unmittelbar weiterverwendet werden.

Whiteboard

Speziell für die Bearbeitung von Text ist der Netzwerk-Texteditor *nte* geeignet. Mit *nte* ist die gemeinsame Bearbeitung von Dokumenten, das Markieren und Verschieben von Textblöcken möglich.

Texteditor nte

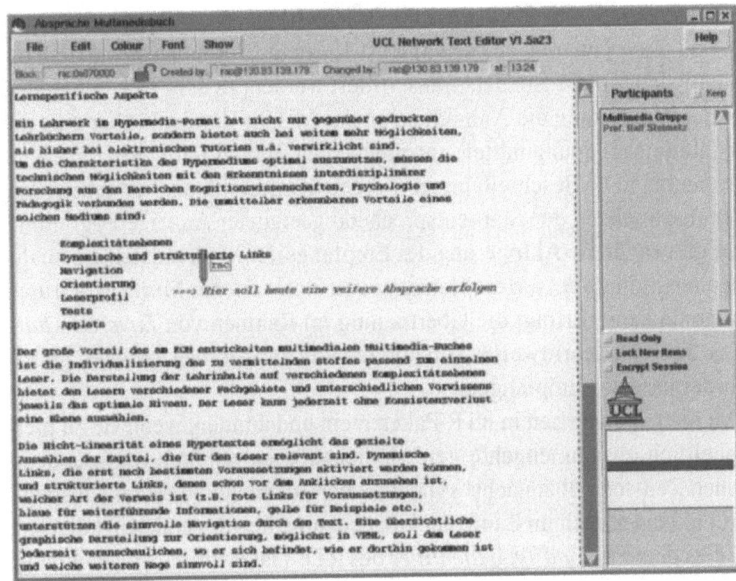

*Abb. 17-14
Gemeinsame Dokumentbearbeitung mit dem Netzwerk-Texteditor nte.*

Zusätzlich werden die teilnehmenden Anwender dargestellt und die Verursacher von Veränderungen für alle kenntlich gemacht.

Für einige der beschriebenen Applikationen, die zunächst zur Anwendung mit einem Best-Effort-Transport der Multimedia-Daten entwickelt wurden, existieren Anpassungen, die mittels Reservierung oder Nutzung der Besonderheiten des zugrundeliegenden Übertragungsmediums (z. B. ATM) eine höhere Qualität der Übertragung zu erreichen versuchen.

Qualität der Übertragung

Die Nutzung der beschriebenen Anwendungen ist sicherlich gewöhnungsbedürftig, kann aber Arbeitsabläufe sehr effizient gestalten. Die Weiterentwicklung und Verbesserung der Anwendungen ist daher Gegenstand vieler Entwicklungsarbeiten.

17.5.3 Zusammenwirken von Protokollen bei einer MBone-Session

Im Rahmen einer typischen MBone-Session kann man die Funktion und das Zusammenspiel einer Reihe der in den beiden letzten Abschnitten beschriebenen Mechanismen nachvollziehen.

Die Sitzung beginnt in der Regel mit dem Start eines Session-Directory-Programmes, wie z. B. *sdr*. Um den Empfang von SAP-Paketen, die per Multicast versendet wurden, mit Sitzungsbeschreibungen, die im SDP-Format kodiert wurden, zu aktivieren, wird das Programm Mitglied der vom SAP-Protokoll verwendeten Multicast-Gruppe. Falls dies nicht bereits durch andere Empfänger in dem Netz, in dem sich der Benutzer befindet, geschieht, informiert das Programm den notwendigerweise vorhandenen Multicast-fähigen Router dar-

Beginn einer Sitzung

über mit Hilfe von besonderen Paketen zur Steuerung des Leitwegeaufbaus im Internet (IGMP-Pakete).

Erreichbarkeit des Subnetzes

Der Router wiederum stellt im Zusammenwirken mit anderen Multicast-Routern und unter Nutzung eines Multicast-Routing-Protokolls sicher, daß die relevanten Pakete in das Subnetz transportiert werden, in dem sich der Benutzer befindet. Dabei kann die Anbindung an das MBone durchaus über eine nur Unicast-fähige Anbindung mittels entsprechender Tunnel erfolgen.

Eintreffende SDP-Beschreibungen werden dargestellt und erlauben dem Benutzer anschließend den Start entsprechend geeigneter Anzeigeprogramme. Für diese gibt es für die Aktivierung des Empfangs der Mediendaten ein analoges Vorgehen, mittels dessen ein Benutzer zu einer weiteren Multicast-Gruppe hinzukommen kann. Erfolgt die Übertragung im Rahmen von *Layered Multicast*, so ist auch ein schrittweises Hinzufügen von Teilströmen sinnvoll, gemäß der Erfordernisse des Empfängers.

Layered Multicast

Die Mediendaten treffen in RTP-Paketen ein und können, wenn sie zu mehreren inhaltlich zusammengehörigen Medienströmen gehören, aufgrund der enthaltenen Zeitstempel zunächst synchronisiert, dann dekodiert und ausgegeben werden. Ändert sich im Laufe der Übertragung die verwendete Kodierung, so kann dies dem *Payload Type Identifier* des RTP-Datenstroms direkt entnommen und entsprechend reagiert werden.

Payload Type Identifier

Die Realisierung von Rückkopplungsmechanismen sind mittels per RTCP versendeter *Receiver Reports* und *Sender Reports*, die von den Sendern zusammengefaßt werden, möglich.

Sender und Receiver Reports

Nicht zuletzt können zur Sicherstellung oder Verbesserung der Dienstgüte, die für den Empfänger bereitgestellt wird, entsprechende Mechanismen eingesetzt werden. Diese können explizit durch das Zusammenwirken von Sender und Empfänger unter Einsatz eines Reservierungsprotokolls, wie RSVP, aktiviert werden. Dieses muß dann von den Applikationen oder von den jeweiligen Komponenten, die Dienstgüte realisieren, bei den Endsystemen unterstützt werden.

Dienstgüte

Gleichermaßen ist aber auch der für den Benutzer zunächst transparente Einsatz von Mechanismen, die auf einer Inband-Signalisierung aufbauend, oder die auf dem Differentiated-Services-Ansatz basieren, unter der Regie des oder der Netzbetreiber möglich.

Inband-Signalisierung Differentiated Services

Werden die MBone-Anwendungen beendet, so kommt es zum Abbau der Reservierungen, die per Soft State im Transportsystem aufrechterhalten werden, und die Anwendungen teilen dem in ihrem Netz vorhandenen Router das Verlassen der entsprechenden Multicast-Gruppen mit. Der Router kann dies auch anhand der ausbleibenden Antworten auf *Group Membership Queries* bemerken. Daraufhin wird die Weiterleitung der Multicast-Daten in das Teilnetz und eventuell auch in Teilen des beim Multicast-Routing aufgebauten Spanning Tree, der dem Router übergeordnet ist, deaktiviert, falls es hier keine jeweiligen weiteren Empfänger gibt.

Synchronisation

Viele Produkte im Multimedia-Bereich sind lokale Systeme, die keine Kommunikation von Audio- und Videodaten unterstützen und die Eingaben in Form von Audio- und Bewegtbildsignalen nicht aus verteilten Quellen erhalten. Dabei werden meist nur einfache, wenige Beziehungen zwischen ausgewählten Medien unterstützt. Bei einer Auswahl zwischen verschiedenen Konzepten und der anschließenden Umsetzung in Prototyp- oder Produktentwicklungen muß insbesondere auf die Realisierbarkeit in bestehende Hard- und Software-Umgebungen Wert gelegt werden. In diesem Kapitel werden sowohl die Problematik der Synchronisation als auch bekannte und neue Konzepte, inklusive deren Realisierungsmöglichkeiten, vergleichend vorgestellt. Es ist zu beachten, daß der Schwerpunkt im Bereich der *Live-Synchronisation* liegt und daß die Definition und Auswertung von Synchronisationsbeziehungen, vornehmlich in der Form gespeicherter Information, nicht in dieser Breite betrachtet wird (sog. synthetische Synchronisation, siehe auch Abschnitt 18.5).

18.1 Begriff „Synchronisation"

Aus der Definition des Begriffs *Multimedia-System* (siehe Kapitel 2 zu Medien und Datenströmen) ist zu entnehmen, daß zwischen den Informationen, die in verschiedenen Medien kodiert sind, ein Bezug – eine *Synchronisation* – hergestellt werden kann und meistens auch muß. Nur so wird eine integrierte Verarbeitung, Speicherung, Darstellung, Kommunikation, Erzeugung und Manipulation der Information ermöglicht.

Schaffung eines Bezugs zwischen Informationen, die in verschiedenen Medien kodiert sind.

> *Synchronisation* wird (nach *Meyers Lexikon*) als die Herstellung des Gleichlaufs zwischen zwei Vorgängen, Maschinen oder Geräten bzw. -teilen bezeichnet.

Synchronisation stellt eine Beziehung zwischen an sich unabhängigen Objekten (Informationseinheiten, Medien, Prozessen, Datenströmen, LDUs) her. Die Synchronisation zwischen Medienobjekten beinhaltet Beziehungen zwischen zeitabhängigen und zeitunabhängigen Objekten. Ein alltägliches Beispiel für die Synchronisation von kontinuierlichen Medien ist die Synchronisation der visuellen und akustischen Informationen im Fernsehen. In einem Multimedia-

System muß eine ähnliche Synchronisation für Audio- und Bewegtbildinformationen sichergestellt werden. Ein Beispiel für zeitliche Beziehungen von zeitabhängigen und -unabhängigen Medien ist eine Dia-Show. Die Darstellung der Dias ist hier mit dem kommentierenden Audiostrom synchronisiert. Um eine Dia-Show in einem Multimedia-System zu realisieren, muß die Wiedergabe von Grafik mit den dazugehörigen Abschnitten des Audiostroms synchronisiert werden.

Bei Multimedia-Systemen treten die im folgenden beschriebenen drei Beziehungen zwischen zwei oder mehreren Objekten besonders häufig auf.

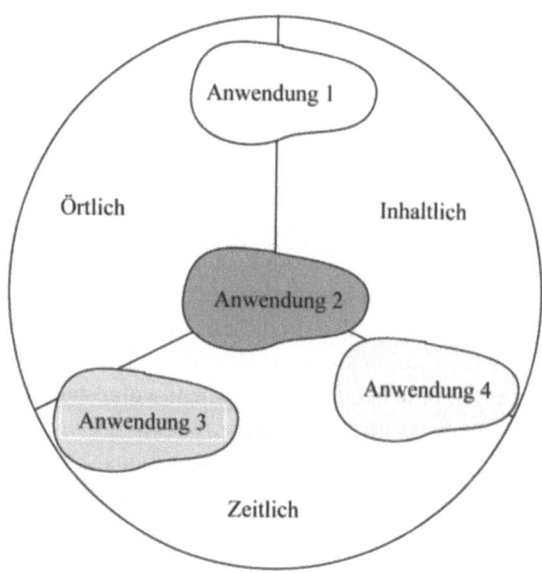

Abb. 18-1 Beziehungen zwischen Dateneinheiten.

Inhaltliche Beziehungen

Zusammenhang von Medienobjekten und Daten

Inhaltliche Beziehungen definieren einen Zusammenhang von unterschiedlichen Medienobjekten, bzw. Daten.

Eine inhaltliche Beziehung sollte bspw. in einem Dokument zwischen den Daten einer Tabelle und einer dazugehörigen Grafik bestehen. Die Darstellung der Daten wird auf unterschiedliche Weise (Tabelle oder Grafik) vorgenommen oder es werden verschiedene Aspekte eines zusammenhängenden Sachverhalts präsentiert. Bei einer solchen – durchaus wünschenswerten – Eigenschaft integrierter Dokumente werden die *Eingabedaten*, die Verknüpfungen und die Art der Präsentationen definiert, bzw. editiert. Alle eigentlichen *Ausgabedaten*, die sich aus der Darstellung der verknüpften Eingabedaten ergeben (in diesem Beispiel die Tabelle mit den Summen und deren Grafik), sind nicht direkt veränderbar bzw. editierbar. Eine Änderung der Eingabedaten kann verschiedene Auswirkungen auf Ausgabedaten an unterschiedlichen Stellen des Dokuments haben. Techniken zur Wahrung der Konsistenz sind aus Datenbanksystemen bekannt und müssen bei Multimedia-Systemen auf die verschiedensten Medien bezogen werden. Im allgemeinen ist eine Implementierung inhaltlicher Beziehungen auf gemeinsame Datenstrukturen zurückzuführen. Die Präsentation kann in verschiedenen Medien erfolgen, drückt allerdings immer einen konsistenten Sachverhalt aus.

Örtliche Beziehungen

Die *örtlichen Beziehungen*, üblicherweise als *Layout-Beziehungen* bezeichnet, definieren den Raum für die Darstellung eines Medienobjekts auf einem Ausgabegerät einer Multimedia-Präsentation zu einem festgelegten Zeitpunkt. Bei zweidimensionalen Ausgabegeräten (z. B. Monitor oder Papier) legt das Layout den zu verwendenden zweidimensionalen Bereich fest.

Raum für die Darstellung eines Medienobjekts auf einem Ausgabegerät

Diese Beziehungen sind bei der Präsentation auf dem Papier und dem Monitor wichtig. Sie bestimmen das Layout an der Benutzerschnittstelle: Die Objekte werden im zweidimensionalen Raum zueinander angeordnet. Hier sind die rein räumlichen Angaben von Bedeutung. Bei Dokumenten aus dem Desktop-Publishing-Bereich wird dies bisher meist über Frames (*Rahmen*) ausgedrückt. Ein Frame wird plaziert, anschließend wird ihm ein Inhalt zugeordnet. Auch das Plazieren vom Bewegtbildern kann über solche Frames geschehen. Bei Windows-Systemen werden hierfür mehrere Fenster verwendet. Ein Fenster kann dem Leser der Information über Operationen wie „Vergrößern", „Verkleinern" und „Verschieben" zusätzliche Freiheitsgrade bieten. Holographische Experimente und dreidimensionale Projektionen auf Flächen erlauben auch die Anordnung bezüglich einer dritten Dimension (der Tiefe), die in Windows-Systemen nur rudimentär durch das Überlappen angedeutet wird. Beschreibende Attribute sind z. B. *über-*, *neben-* oder *hintereinander*. Man beachte, daß auch bei der Präsentation des Mediums Audio unter Ausnutzung des Stereoeffekts örtliche Bezüge bestehen können [LPC90]. Bei einer Workstation-Konferenz können mehrere Teilnehmer akustisch plaziert werden. Um einen direkten Bezug zu Einzel- oder Bewegtbildern der anderen Personen herzustellen, sind die Videofenster in derselben örtlichen Anordnung auf dem Monitor dargestellt. Dieser Effekt wirkt sich sehr positiv auf die Akzeptanz der Anwendung aus, d. h. man kann wesentlich einfacher einer Diskussion folgen. Man kann sich diesen Effekt auch umgekehrt verdeutlichen, indem man sich während einer Diskussion mit mehreren Teilnehmern ein Ohr zuhält. Ohne akustische Plazierung erfolgt die Identifikation des Sprechers lediglich über das Erkennen der Stimme, des Inhalts oder der Lippenbewegung.

Zeitliche Beziehungen

Zeitliche Beziehungen definieren die zeitlichen Zusammenhänge zwischen Medienobjekten. Sie sind immer dann wichtig, wenn zeitabhängige Medienobjekte existieren.

Zeitliche Zusammenhänge zwischen Medienobjekten

Eine zeitliche Beziehung wie *„Gebe gleichzeitig wieder"* hat insbesondere bei der Betrachtung zeitbehafteter Medien Bedeutung. Beispielsweise soll die Wiedergabe von Bewegtbild und Ton zeitlich korreliert geschehen. Der zeitliche Bezug der Objekte zueinander stellt die Synchronisation im eigentlichen

Sinn dar. Beschreibende Attribute sind z. B. *gleichzeitig, unabhängig* oder *hintereinander*.

Die Synchronisationsbeziehungen in mehreren Räumen werden inzwischen auch bspw. bei der Standardisierung von MHEG und HyTime betrachtet [Org92, MHE93]. Für ein integriertes Multimedia-System sind zumeist alle drei Beziehungsarten wichtig. Wie in Abb. 18-1 auf Seite 568 dargestellt, können unterschiedliche Anwendungen nur eine oder mehrere dieser Beziehungsarten verwenden. Im weiteren soll aber lediglich den zeitliche Bezug (die *Synchronisation*) detailliert beschrieben werden, weil dieser Aspekt bei der Integration zeitbehafteter Medien, wie Audio und Video, von besonderer Bedeutung ist.

Anmerkung

Schlüsselaspekte in Multimedia-Systemen: zeitliche Beziehungen

Inhaltliche und örtliche Beziehung sind von Publishing- und integrierten Anwendungssystemen mit Datenbanken, Tabellenkalkulationen grafischen Werkzeugen sowie Textverarbeitungssystemen bekannt. Der Schlüsselaspekt in Multimedia-Systemen sind die zeitlichen Beziehungen, die sich aus der Integration von zeitabhängigen Medienobjekten ergeben. Daher beschäftigt sich der Rest dieses Kapitels ausschließlich mit zeitlichen Beziehungen.

18.1.1 Intra- und Interobjektsynchronisation

Man unterscheidet zwischen zeitlichen Beziehungen der einzelnen Bestandteile *eines* zeitabhängigen Medienobjekts und zeitlichen Beziehungen zwischen *verschiedenen* Medienobjekten. Diese Einteilung hilft, die Mechanismen klarzustellen, die benötigt werden, um die beiden oft sehr verschiedenen Beziehungsarten zu unterstützen.

- *Intraobjekt-Synchronisation:* Die Intraobjekt-Synchronisation bezieht sich auf die zeitlichen Beziehungen zwischen verschiedenen Präsentationseinheiten innerhalb eines zeitabhängigen Medienobjekts. Als Beispiel sei das zeitliche Verhältnis der einzelnen Frames (Bilder) einer Videosequenz genannt. Bei einem Video mit einer Bildwiederholfrequenz von 25 Frames pro Sekunde muß jeder Frame 40 ms lang gezeigt werden. Abb. 18-2 verdeutlicht dies am Beispiel einer Videosequenz, die einen springenden Ball zeigt.

Abb. 18-2 Videosequenz, die einen springenden Ball zeigt.

- *Interobjekt-Synchronisation:* Die Interobjekt-Synchronisation bezieht sich auf die zeitlichen Beziehungen zwischen verschiedenen Medienobjekten. Abb. 18-3 auf Seite 571 zeigt ein Beispiel der zeitlichen Beziehung einer

Multimedia-Synchronisation einer Audio-Video-Sequenz, auf die eine Reihe von Bildern und eine Animation folgt, die von einer Audio-Sequenz kommentiert wird.

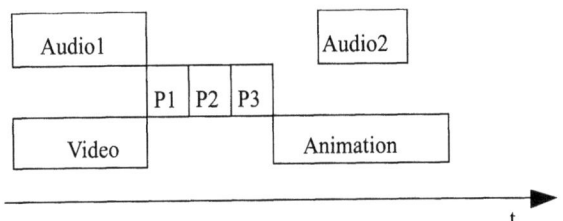

*Abb. 18-3
Interobjekt-
Synchronisation von
Bildern, einer Animati
und Audio-Video-
Sequenzen.*

18.1.2 Zeitabhängige Präsentationseinheiten

Logical Data Units – Logische Dateneinheiten

Zeitabhängige Medien bestehen üblicherweise aus einer Sequenz von Informationseinheiten, die man als *Logical Data Units* (LDUs) bezeichnet.

Häufig bestehen in einem Medienobjekt mehrere Abstufungen von LDUs. Eine Symphonie (siehe Abb. 18-4) kann sich z. B. aus mehreren Sätzen zusammensetzen. Jeder dieser Sätze ist ein unabhängiger, in sich geschlossener Teil der Komposition. Er besteht jeweils wiederum aus einer Sequenz von Noten für unterschiedliche Instrumente. In einem digitalen System stellt jede Note eine Sequenz von Audio-Samples dar. Im Fall von CD-Qualität mit PCM-Kodierung ohne Kompression wird eine Abtastrate von 44.100 Hz auf zwei Kanälen und eine 16-bit-Auflösung pro Kanal benutzt. Diese Werte werden zu Blöcken von einer Länge von 1/75 s zusammengefaßt.

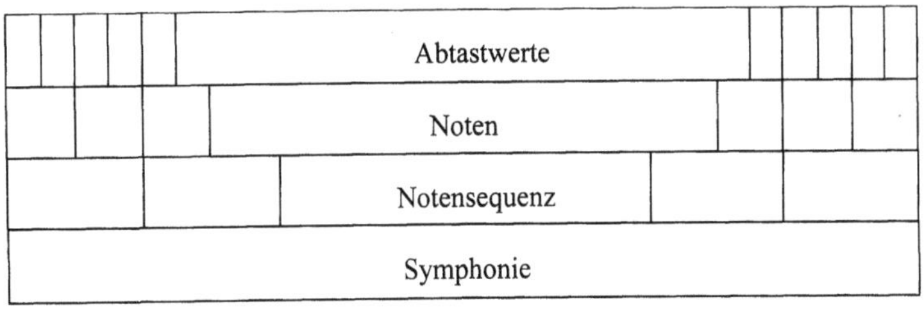

*Logical Data Units
(LDUs)*

*Abb. 18-4
LDU-Hierarchie.*

Die Abstufungstiefe (*Granularität*) ist von der Anwendung abhängig. Man kann die gesamte Symphonie, die Sätze, die Noten, die Samples oder die zu Blöcken zusammengefaßten Samples als LDUs betrachten. Welche LDUs gewählt werden, hängt von den auf das Medienobjekt angewendeten Operationen ab. Für einfache Operationen wie „Abspielen" sind die ganze Symphonie oder die Sätze als LDUs sinnvoll. Bei Anwendung von instrumentenbasiertem Abspielvorgängen stellen die Noten als kleinste Beschreibungseinheiten eine geeignete Abstufung dar. Bei der digitalen Signalverarbeitung sind die Operationen auf Samples oder Blöcke basiert.

Granularität

Ein anderes Beispiel ist ein unkomprimiertes Videoobjekt, das in Szenen und Frames (Einzelbilder) eingeteilt ist. Die Frames können in Bereiche von 16 x 16 Pixel eingeteilt werden. Jeder Pixel besteht wiederum aus Luminanz- und Chrominanzwerten. Alle diese Einheiten sind Beispiele von LDUs.

In einer Videosequenz, die im MPEG-Format [ISO93a] kodiert ist, können Redundanzen innerhalb aufeinanderfolgender Frames genutzt werden, um den Umfang digitaler der Daten zu reduzieren, die notwendig sind, um den Bildinhalt zu repräsentieren (Inter-Frame-Kompression). In diesem Fall kann eine Sequenz von Inter-Frame-komprimierten Bildern als LDU betrachtet werden.

Hierarchien

Die Abstufung impliziert eine hierarchische Unterteilung von Medienobjekten. Oft gibt es zwei Arten von Hierarchien: Die erste ist eine *inhaltliche* Hierarchie, die auf den Inhalten des Medienobjekts basiert. Im Beispiel der Symphonie ist dies die Hierarchie der Symphonie, der Sätze und der Noten. Als zweites kann man eine *Kodierungshierarchie* betrachten, die auf der Datenkodierung des Medienobjekts beruht. Im Beispiel der Symphonie könnte dies ein Medienobjekt sein, das einen Satz repräsentiert und in Blöcke und Samples eingeteilt ist. Die Samples stellen die niedrigste Stufe der Kodierungshierarchie dar.

Geschlossene und offene LDUs

Darüber hinaus können geschlossene und offene LDUs unterschieden werden. *Geschlossene LDUs* haben eine voraussehbare Dauer. Beispiele sind LDUs, die Teile von abgespeicherten Medien, wie Audio oder Video repräsentieren, oder abgespeicherte Medienobjekte mit einer festgelegten Dauer. Die Dauer von *offenen LDUs* ist dagegen vor der Ausführung ihrer Präsentation nicht vorhersehbar. Offene LDUs repräsentieren typischerweise Eingaben aus einer live eingespielten Quelle, z. B. eine Kamera bzw. ein Mikrofon oder Medienobjekte, die eine Benutzerinteraktion einschließen.

Klassifikation von Logical Data Units

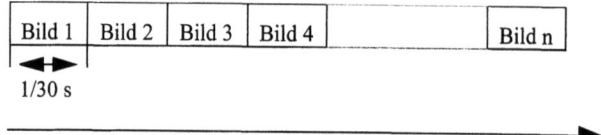

Abb. 18-5 Video-LDUs.

Für digitales Video werden häufig die einzelnen Frames als LDU gewählt. Beispielsweise ist in einem Video mit 30 Bildern pro Sekunde jede LDU eine *geschlossene LDU* mit einer Dauer von je 1/30 s (Abb. 18-5).

Abb. 18-6 Audio-LDUs.

Wenn die elementaren physikalischen Einheiten für eine sinnvolle Verarbeitung zu klein sind, werden häufig LDUs gewählt, die die Blöcke zweckmäßig in Einheiten fixer Dauer zusammenfassen. Ein typisches Beispiel hierfür ist ein Audiostrom. Hier ist die Dauer der elementaren physikalischen Einheiten sehr klein, deshalb werden LDUs aus Blöcken von 512 Samples gebildet. Im Beispiel von Abb. 18-6 auf Seite 572 wird jedes Sample mit einem Byte kodiert, daher besteht jeder Block aus 512 byte.

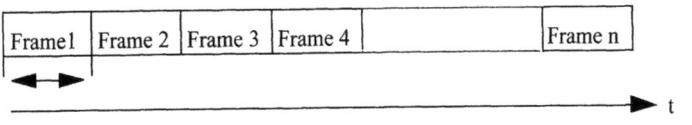

Abb. 18-7
Benutzerdefinierte
LDU-Dauer.

Dauer von Logical Data Units gewählter Größe (= z. B. 1/15 s)

Aufgezeichnete Medien haben üblicherweise eine natürliche LDU-Grundlänge. Bei computergenerierten Medienobjekten kann die Dauer von LDUs vom Benutzer gewählt werden. Ein Beispiel einer solchen benutzerdefinierten LDU-Dauer sind die Frames einer Animationssequenz. Für eine Animationssequenz der Länge 2 s können 30 bis 60 Bilder generiert werden, je nachdem, welche Darstellungsqualität notwendig ist. Folglich hängt die LDU-Dauer von der gewählten Bildfrequenz ab (Abb. 18-7).

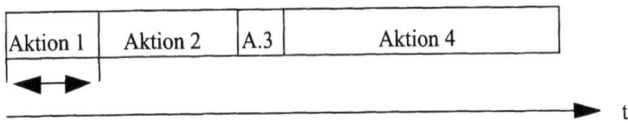

Abb. 18-8
LDUs variabler Dauer

LDUs einer aufgezeichneten Benutzerinteraktion

Wenn die LDUs in ihrer Dauer variieren, sind die resultierenden Datenströme komplexer. Ein Beispiel hierfür ist die Aufnahme von Ereignissen an einer grafischen Benutzerschnittstelle, die eine Benutzerinteraktion wiedergibt. Hier ist eine LDU ein Ereignis, das bis zum Beginn des nächsten Ereignisses dauert. Die Dauer der LDUs hängt von der Wechselwirkung mit dem Benutzer ab und variiert entsprechend (siehe Abb. 18-8).

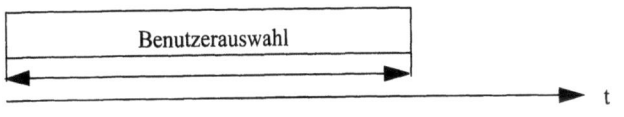

Abb. 18-9
Offene LDU, die eine
Benutzerinteraktion
repräsentiert.

LDU-Dauer vor aktueller Verarbeitung unbekannt

Offene LDUs von unbestimmter Dauer entstehen, wenn eine LDU keine inhärente Dauer besitzt. Ein Beispiel für eine offene LDU (d. h. eine LDU ohne inhärente Dauer) ist eine Benutzerinteraktion, bei der die Zeit des Eingriffs nicht im Voraus bekannt ist (siehe Abb. 18-9).

Abb. 18-10
LDUs eines Zeitgebers.

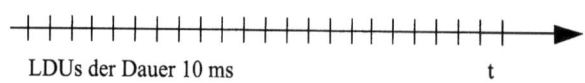
LDUs der Dauer 10 ms   t

Zeitgeber können als Ströme leerer LDUs mit einer festen Dauer betrachtet werden (siehe Abb. 18-10).

Tab. 18-1
LDU-Arten.

	Während der Aufzeichnung definierte LDU-Dauer	Benutzerdefinierte LDU-Dauer
Feste LDU-Dauer	Audio, Video	Animation, Zeitgeber
Variable, unbekannte LDU-Dauer	Aufgezeichnete Interaktion	Benutzerinteraktion

Tab. 18-1 gibt einen Überblick über die oben angesprochenen LDU-Arten.

Weitere Beispiele

Die folgenden drei Beispiele zeigen LDU-basierte Synchronisationsarten.

1. Bei der Lippensynchronisation ist eine enge Verzahnung von Audio- und Videoströmen notwendig. Die Synchronisation kann durch einen maximalen *Versatz* zwischen zwei Medienströmen definiert werden (siehe Abb. 18-11).

Abb. 18-11
LDU-Betrachtung der Lippensynchronisation.

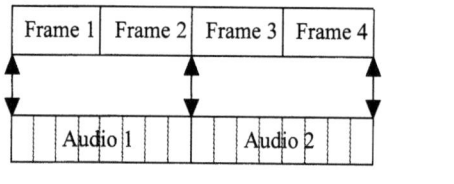 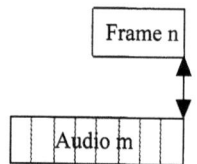

Audio max. 80 ms vorher
Video max. 80 ms vorher

2. Bei einer Dia-Show mit Audiokommentar ist eine zeitliche Beziehung der Diawechsel zu den Audiokommentaren notwendig (siehe Abb. 18-12).

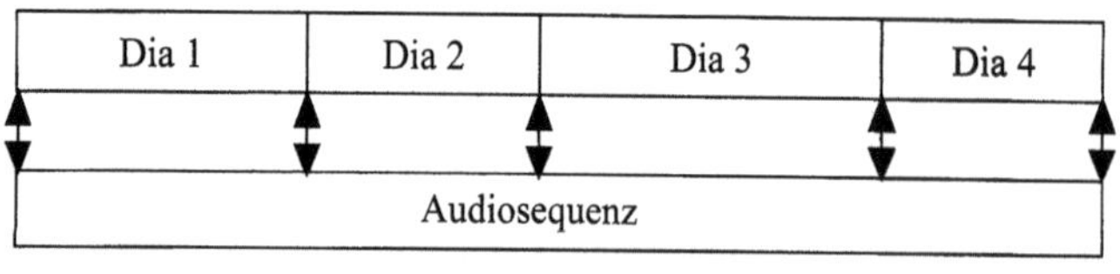

Abb. 18-12
LDU-Betrachtung einer Dia-Show.

Das folgende Beispiel (Abb. 18-13 auf Seite 575) wird später noch häufiger zur Erläuterung synchronisationsspezifischer Methoden benutzt.

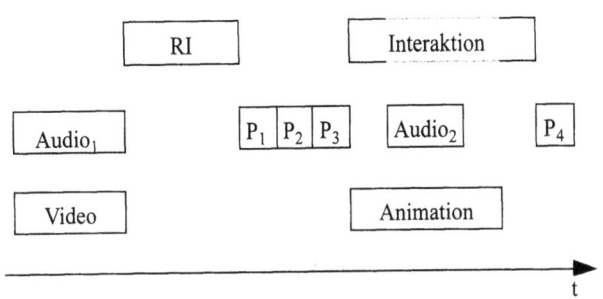

Abb. 18-13 Synchronisationsbeispiel.

Eine lippensynchronisierte Audio-Video-Sequenz ($Audio_1$ und *Video*) geht der Wiedergabe einer Benutzerinteraktion voraus (RI). Hieran schließen sich eine Diasequenz (P_1 - P_3) und eine Animation (*Animation*), die teilweise von einer Audio-Sequenz kommentiert wird ($Audio_2$), an. Zu Anfang der Präsentation der Animation wird dem Benutzer eine Multiple-Choice-Frage gestellt. Wenn der Benutzer gewählt hat, wird ein letztes Bild (P_4) gezeigt.

18.2 Besonderheiten der Synchronisation in Multimedia-Systemen

18.2.1 Übersicht

In diesem Abschnitt werden die Besonderheiten zeitlicher Beziehungen zwischen zeitunabhängigen und zeitabhängigen Informationseinheiten im Kontext von Multimedia-Systemen vorgestellt, die in konventionellen Datenverarbeitungssystemen nicht auftreten.

Zeitliche Beziehungen im Kontext von Multimedia

Solche zeitlichen Bezüge sind bisher (d. h. in Nicht-Multimedia-Systemen) meist aus dem Bereich der dedizierten Kombination von Audio mit Video bekannt. Ton und Bewegtbild werden beim Fernsehen vom Empfänger synchron dargestellt. Dafür werden die entsprechenden Signale in einem Multiplex-Verfahren gemeinsam übertragen. Eine Verzögerung wirkt sich immer auf beiden Kanälen (Video und Audio) gleichzeitig aus; die Synchronisation bleibt aber erhalten. Hierfür sind keine besonderen Maßnahmen vorzusehen. In diesem Buch wird Synchronisation nicht auf die Bild- oder Zeilensynchronisation bezogen, d. h. nicht auf das Erkennen des Anfangs oder Endes einer LDU (für diese Art der Synchronisation werden in der Fernsehtechnik sehr ausgeklügelte Verfahren verwendet). Wenn man die Synchronisation auf zeitunabhängige Medien erweitert, und wenn die LDUs, die in Beziehung zu setzen sind, unabhängige Einheiten darstellen, dann können nicht vorab alle Kombinationen, die zu Präsentationen erforderlich sind, *miteinander verzahnt* (gemultiplext, interleaved) gespeichert werden.

Synchronisation im Fernsehen

Ein weiterer Aspekt betrifft die Kommunikation dieser Datenströme über Rechnernetze. Hier können für verschiedene Medien auch verschiedene Verbindungen mit unterschiedlicher Dienstgüte (*Quality of Service,* QoS) verwendet werden.

Dienstgüte

Bisher existierten nur vereinzelte (bzw. nur dedizierte) Konzepte und Prototypen integrierter Arbeitsplatzrechner, die mehrere unabhängige, zeitabhängige und zeitunabhängige Medien gleichzeitig verarbeiten und diese verschiedenen Medien über Rechnernetze übertragen können. In diesem Buch werden insbesondere derartige integrierte Multimedia-Systeme betrachtet, die in Zukunft zu erwarten sind.

Somit kommt der Definition von Synchronisationsbeziehungen und deren Realisierung im Kontext von Audio, Video und den unterschiedlichsten zeitunabhängigen Medien in einer vernetzten Umgebung von Arbeitsplatzrechnern eine große Bedeutung zu.

Harte Synchronisationsanforderungen

Die erforderlichen Eigenschaften werden durch die menschliche Wahrnehmung festgelegt.

Der primäre Empfänger zeitabhängiger Medien (Audio und Video) ist der Mensch. Damit lassen sich auch einige der erforderlichen Eigenschaften nur von der eigentlichen Quelle und Senke – dem Menschen – ableiten: Die erforderlichen Fristen (Zeitschranken), die bei einer Synchronisation eingehalten werden müssen, sind keinesfalls so starr, wie sie bei der eigentlichen Prozeßsynchronisation angegeben werden. Dort werden Prozesse und die damit verbundenen Informationsflüsse exakt aufeinander synchronisiert.

Untersucht man die Mechanismen der Synchronisation zwischen multimedialen LDUs, dann bedeutet dies, daß ein exakter zeitlicher Bezug zwischen zwei Informationseinheiten hergestellt wird. Durch die endliche Verarbeitungsgeschwindigkeit (bspw. beim Prozeßwechsel) und durch die meist vorhandene Nebenläufigkeit (durch *Multiprogramming*) entstehen immer geringe Zeitunterschiede. Diese sind auf der konzeptionellen Ebene nicht vorhanden.

Weiche Synchronisationsanforderungen

Die oben beschriebenen *harten Synchronisationsanforderungen* sind bei zeitabhängigen Informationen nicht gegeben:

Lippensynchronisation

- Als erstes Beispiel sei die *Synchronisation zwischen Audio- und Videodaten* betrachtet. Die Anforderung bei der Präsentation ist unter der Bezeichnung *Lippensynchronisation* bekannt. Hierbei sind die Zeitgrenzen zu ermitteln, in denen ein Mensch Audio und Video als synchronisiert empfindet. Empirische Untersuchungen haben gezeigt, daß es interessanterweise Unterschiede zwischen der Ausgabe von Audio vor oder nach den Videodaten gibt [SE93]. Als nicht störend wurde es empfunden, wenn Audiodaten bis zu 80 ms zeitlich hinter den Videodaten ausgegeben werden; dies wird noch als *lippensynchron* akzeptiert. Wird dieselbe Audioinformation vor den Videodaten abgespielt, dann sind auch hier 80 ms immer tolerierbar. Bei einer genaueren Betrachtung der Akzeptanz zeigt sich jedoch, daß „Audio hinter Video" eher toleriert wird als umgekehrt. Für dieses Phänomen der zeitlichen

Asymmetrie läßt sich folgende Erklärung finden, die sich aus den unterschiedlichen Ausbreitungsgeschwindigkeiten von Schall- und Lichtwellen herleiten läßt: Menschen sind es gewohnt, weiter entfernt eintretende Ereignisse optisch wahrzunehmen und das dazugehörige Schallereignis erst mit einiger Verzögerung aufzunehmen. (Diese Phänomene werden in Abschnitt 18.2.2 noch ausführlicher beschrieben.)

Man weiß aus Erfahrung, daß der optische Reiz und das akustische Phänomen in einer engen Beziehung stehen. Durch alltägliche Erfahrungen bei höheren Geschwindigkeiten (Radfahren, Autofahren) wird man oft mit diesem Phänomen konfrontiert. Im Gegensatz zu visuellen Eindrücken, die vor dem korrespondierenden Klang wahrgenommen werden, trifft der Schall fast nie vor der dazugehörigen optischen Information beim Menschen ein.

- Eine *Synchronisation zwischen Video und Text* ist bspw. bei Untertiteln von Filmen gegeben. Dabei wird der beschreibende Text in einem zusätzlich eingeblendeten Fenster angezeigt. Auch in diesem Fall ist eine harte Zeitanforderung nicht gegeben. Man kann hier die Grenzen noch flexibler gestalten. Oft ist es sogar nur notwendig, daß der Untertitel genügend lange angezeigt wird. Eine Schwankung von bspw. 50 ms hat hier nicht die geringste Bedeutung. Die tolerierbaren Verzögerungen hängen primär von der Dauer der Bewegtbildszene ab, zu der eine Textsynchronisation erfolgt. Außerdem ist die Menge des darzustellenden Textes relevant. Der Richtwert liegt hier bei etwa 250 ms.

Synchronisation zwischen Video und Text

- Eine Anwendung der Synchronisation zwischen Sprache, bzw. Musik und einem Bild oder Text ist in einem multimedialen Musikwörterbuch vorhanden. Hier werden Bilder einzelner Komponisten oder verbale Beschreibungen der Werke mit der entsprechenden Musik in Beziehung gesetzt. Auch hier bestehen keine harten Zeitschranken, so daß man 250 ms als Richtwert für eine maximale Verzögerung annehmen kann.

Synchronisation zwischen Audio und Bild oder Text

Synchronisiert man Noten mit dem entsprechenden Ton, dann existieren genauere Anforderungen: Hier ist es nämlich wesentlich, beim Hören des Tons die entsprechende Note zu sehen (bzw., daß diese hervorgehoben wird). Die Verzögerung sollte hier in kritischen Fällen 5 ms nicht überschreiten. Bei dieser Anwendung ist zu beachten, daß sie bisher lokal, d. h. auf *einem* Rechner abläuft.

- Ein weiterer Datenstrom, der insbesondere bei Konferenzanwendungen zu synchronisieren ist, wird durch den Zeiger der Maus erzeugt. Beim Deuten auf ein Element soll die entsprechende verbale Beschreibung möglichst gleichzeitig erfolgen. Sonst könnten auch Mißverständnisse durch die zeitlichen Verzögerungen zwischen dem Zeiger und den Kommentaren entstehen. Hier gelten für die Audioausgabe vor dem Zeiger 750 ms und dem Zeiger vor Audio 500 ms als Richtwert [SE93] für die maximale Verzögerung. Diese Phänomene werden in Abschnitt 18.2.3 noch ausführlicher beschrieben.

Synchronisation von Zeiger und Kommentar

Diese Erkenntnisse lassen sich als *weiche Zeitanforderung* auffassen, die in [Ste90] erstmals für die Spezifikation von tolerierbaren Zeitintervallen als Zusatz zum eigentlichen Synchronisationspunkt vorgeschlagen wurden.

Die Eigenschaft „synchronisiert" ist medien- und inhaltsabhängig.

Prozesse können nur *synchronisiert* oder *nicht synchronisiert* vorliegen. Diese absolute Ja/Nein-Klassifikation vernachlässigt vollständig die Existenz weicher Zeitanforderungen. Vielmehr kann jetzt eine Synchronisation „sehr gut", „gut", „schlecht" oder auch „nicht akzeptabel" ablaufen. Man kann hierzu mit einer *Synchronisationsgüte* arbeiten. Was als *synchronisiert* gelten soll, ist medien- und inhaltsabhängig. Bedingungen müssen für tolerierbare Zeitintervalle des angestrebten Optimums formulierbar sein. In Abhängigkeit dieser Bedingungen lassen sich dann unterschiedliche anwendungsdefinierte Operationen ausführen.

Vergleich von Synchronisationsmechanismen

Die folgenden Überlegungen basieren auf einem Vergleich zwischen den Eigenschaften bekannter Synchronisationsmechanismen aus dem Bereich der Interprozeßkommunikation und der Interprozeßsynchronisation und den für Multimedia erforderlichen Eigenschaften der Synchronisation [AS83, HH89]. Das Vorgehen bei dieser Analyse und die Ergebnisse bezüglich der grundlegenden Eigenschaften der Mechanismen zur Interprozeßkommunikation und -synchronisation sind im weiteren Verlauf dieses Kapitels skizziert.

Bei dieser Untersuchung hat sich herausgestellt, daß in den beiden Bereichen viele Ähnlichkeiten auftreten. Es existieren jedoch auch einige Eigenschaften der Synchronisation von Multimedia-Systemen, die im Bereich der Interprozeßkommunikation und -synchronisation bisher nicht bekannt und auch nicht erforderlich waren. Neben der oben erläuterten Einführung von Toleranzintervallen trat ein weiterer Unterschied zutage, der das Blockieren von Prozessen, bzw. Datenströmen betrifft.

Prozesse können durch ein *Blockieren* aufeinander warten. Ein Datenstrom zeitunabhängiger LDUs kann ebenfalls *angehalten* werden.

Anders sieht die Situation bei Audio- und Bewegtbildsequenzen aus. Hierbei stellen sich die folgenden Fragen:

- Was bedeutet das Blockieren eines Bewegtbildstroms für das angeschlossene Ausgabegerät?
- Soll und kann das letzte Bild angezeigt werden?
- Soll bei Sprache oder Musik auch eine Passage wiederholt werden?
- Wie lange darf eine solche in Abb. 18-14 auf Seite 579 dargestellte Lücke bestehen?

Gap-Problem

Diese Situation wurde als das Lückenproblem (*Gap-Problem*) bekannt [R.S89, Ste90]. Bisherige Systeme lösen es bei Bewegtbildern durch ein einfaches Dunkel- oder Weißschalten des Ausgabegerätes oder durch die Anzeige des letzten Bewegtbildes als Einzelbild. Eine anwendungsgerechte Lösung muß aber den Faktor *Zeit* berücksichtigen: Es ist von wesentlicher Bedeutung, ob eine solche Lücke im Millisekunden- oder gar im Sekunden- oder Minutenbereich liegt. Nur die jeweilige Anwendung (und nicht das System) kann dann die günstigste Lösung angeben. Deshalb muß eine Synchronisation Alternativen in Abhängigkeit der zu erwartenden Zeitdauer des Blockierens anbieten.

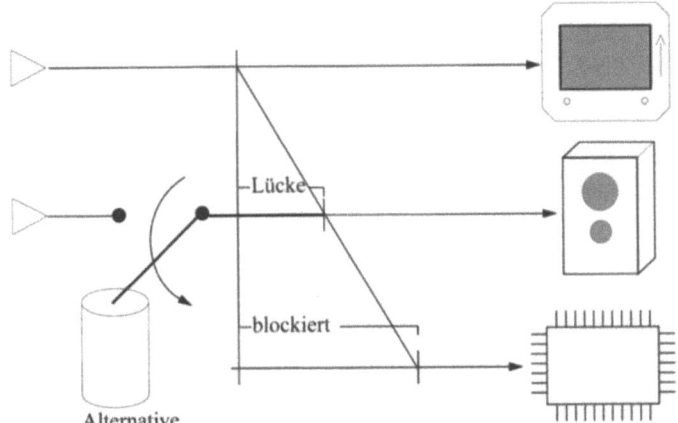

Abb. 18-14
Das Lückenproblem,
bedingtes Blockieren.

Dieses Konzept mit alternativen Operationen ist in Abb. 18-14 angedeutet. In diesem Beispiel wird gezeigt, wie im Fall einer Lücke zwischen Audio und dem verspäteten Video nach Überschreitung einer vordefinierten Schwelle zu einer alternativen Präsentation umgeschaltet wird. Wenn die Lücke kürzer ist, kann die Audiopräsentation gestoppt werden, bis die Lücke geschlossen ist. Es können dann im Fall des Blockierens andere Einzelbilder, Bildsequenzen oder Audiosignale eingespielt werden, oder es können einfach bereits vorliegende Medien wiederholt werden. Diese Methode der Prozeßblockierung, bzw. der Blockierung von Audio- und Videoströmen ist als *Restricted Blocking* (*Eingeschränktes Blockieren*) bekannt.

Restricted Blocking

Resampling

Das Restricted Blocking benutzt zur Resynchronisation die wiederholte Präsentation des (der) letzten Samples oder eine alternative Präsentation. Eine andere Alternative ist das *Resampling* eines Stroms. Die Grundidee des Resamplings besteht darin, Ströme zum Zweck der Synchronisation zu beschleunigen oder zu verlangsamen. Man unterscheidet *Online-* und *Offline-Resampling*.

Das *Offline-Resampling* wird nach der Aufnahme von Medienströmen angewendet. Als Beispiel sei ein Konzert genannt, das mit einem Mehrkanalaufzeichnungsgerät und einer Videokamera aufgenommen wird. Diese Geräte sind nicht miteinander gekoppelt. Wenn das Aufzeichnungsgerät und die Kamera, wie viele reale Gerätschaften, nicht über hochgenaue Quarzuhren verfügen, kann die Wiedergabedauer entsprechend der Sampling-Rate der gespeicherten Audio- und Videosequenzen voneinander abweichen. Vor der Ausführung der Präsentation ist es allerdings möglich, sie auf dieselbe theoretische Wiedergabedauer anzugleichen.

Offline-Resampling

Online-Resampling

Ein *Online-Resampling* wird angewendet, wenn während der Laufzeit der Präsentation eine Lücke zwischen Medienströmen entsteht.

Die für das Resampling eingesetzten Methoden sind:
- Redefinition der Wiedergaberate,
- Duplikation von Samples,
- Interpolation von Samples,
- Auslassen von Samples und eine
- Neuberechnung der gesamten Sequenz.

Die menschliche Wahrnehmung des Resamplings hängt stark vom eingesetzten Medium ab.

Das Resampling von Videosequenzen kann durch Einfügen oder Löschen einzelner Frames in den Strom erzielt werden.

Audioströme sind komplexer. Ein Zuhörer würde duplizierte oder fehlende Audioblöcke als störend empfinden. Eine Änderung der Wiedergaberate stellt auch keine Lösung dar, da diese insbesondere bei der Musikwiedergabe leicht an der Tonfrequenzänderung wahrgenommen würden. Das gleiche gilt für eine einfache Interpolation von Samples. Es existieren zwar Algorithmen, die eine Audiosequenz zeitlich auseinanderziehen können, ohne daß sich die Frequenz ändert, sie unterstützen aber keine Echtzeitanforderungen und sind nur auf das Offline-Resampling anwendbar.

Für die Interobjekt-Synchronisation sind detailliertere Forschungsergebnisse zur Lippen- und Zeigersynchronisation im folgenden Abschnitt dargestellt, um die Wichtigkeit der Wahrnehmungsaspekte für den Benutzer in bezug auf die Präsentationsgenauigkeit zu verdeutlichen. Anschließend folgt eine Zusammenfassung anderer Synchronisationsmethoden.

18.2.2 Anforderungen an die Lippensynchronisation

Zeitliche Beziehung von Audio und Video für den Fall der menschlichen Sprache

Versatz (Skew)

Die Lippensynchronisation bezieht sich auf die zeitliche Beziehung zwischen einem Audio- und einem Videostrom für den besonderen Fall der menschlichen Sprache. Die Zeitdifferenz zwischen zusammenhängenden Audio- und Video-LDUs nennt man *Versatz (Skew)*. Ströme, die perfekt synchronisiert („in sync") sind, haben keinen Versatz (d. h. einen Versatz von 0 ms). In Experimenten am IBM European Networking Center [SE93] wurde gemessen, ob ein Versatz als unsynchronisiert („out of sync") empfunden wird oder nicht. In diesen Experimenten haben die Probanden häufig angegeben, daß „irgend etwas mit der Synchronisation nicht gestimmt habe", daß sie dies aber bezüglich der Qualität der Präsentation nicht gestört habe. Daher wurde zusätzlich die Toleranz der Probanden evaluiert, indem diese gefragt wurden, ob die unsynchronisierten Daten die Qualität der Präsentation beeinflußt hätten.

In Diskussionsforen von Experten zum Thema Audio und Video wurde anhand unterschiedlicher Untersuchungen festgestellt, daß ein großer Versatzbereich (bis zu 240 ms) tolerierbar sein könnte. Die Vergleichbarkeit und die generelle Nutzung dieser Werte waren aber zweifelhaft, da die Bedingungen, unter denen sie entstanden, nicht vergleichbar waren. Bei manchen Versuchen wurde eine „Kopfansicht" vor einem einfarbigen Hintergrund auf einem hochauflösenden Profi-Monitor verwendet, während in anderen Experimente eine „Körperansicht" in einem Videofenster mit einer Auflösung von 240 × 256 Pixel gezeigt wurde.

Abb. 18-15
Links: Kopfansicht
Mitte: Schulteransicht
Rechts: Körperansicht.

Um im nachfolgend beschriebenen Experiment ein genaues und gutes Versatz-Toleranzniveau zu erzielen, wurde ein Sprecher in einer Umgebung, wie bei Fernsehnachrichten, in einer Kopf-und-Schulter-Einstellung gewählt (siehe Abb. 18-15). In dieser Orientierung wird der Zuschauer nicht durch Hintergrundinformationen gestört und kann sich auf die Gestik, Augen sowie Lippenbewegung des Sprechers konzentrieren.

Die Studie wurde in der Umgebung, die ähnlich wie bei Fernsehnachrichten ist, durchgeführt. Hierzu wurde die Präsentation aufgenommen und anschließend wiedergegeben. Dabei wurden mit Hilfe einer professioneller Editierungseinrichtung künstliche Versätze in Intervallen von 40 ms eingefügt, z. B. bei -120 ms, -80 ms, -40 ms, 0 ms, +40 ms, +80 ms, +120 ms. Die Schrittweiten von 40 ms wurden aus folgenden Gründen gewählt:

1. Wegen der Schwierigkeit der menschlichen Wahrnehmung, einen Lippensynchronisationsversatz mit einer noch höheren Auflösung zu unterscheiden.
2. Wegen der Fähigkeit der verwendeten Multimedia-Soft- und Multimedia-Hardware, Bewegtbilder nach einer Zeit von 33 oder 40 ms aufzufrischen.

Abb. 18-16 auf Seite 582 gibt einen Überblick über die Ergebnisse. Die vertikale Achse bezeichnet den relativen Anteil der Testkandidaten, die einen Synchronisationsfehler entdeckt haben, ungeachtet dessen, ob sie in der Lage waren, festzustellen, ob Audio zeitlich vor oder hinter Video war. Ursprünglich nahm man an, daß die drei Kurven, die zu den unterschiedlichen Ansichten gehören, sehr unterschiedlich ausfallen würden. Wie Abb. 18-16 zeigt, ist dies jedoch nicht der Fall.

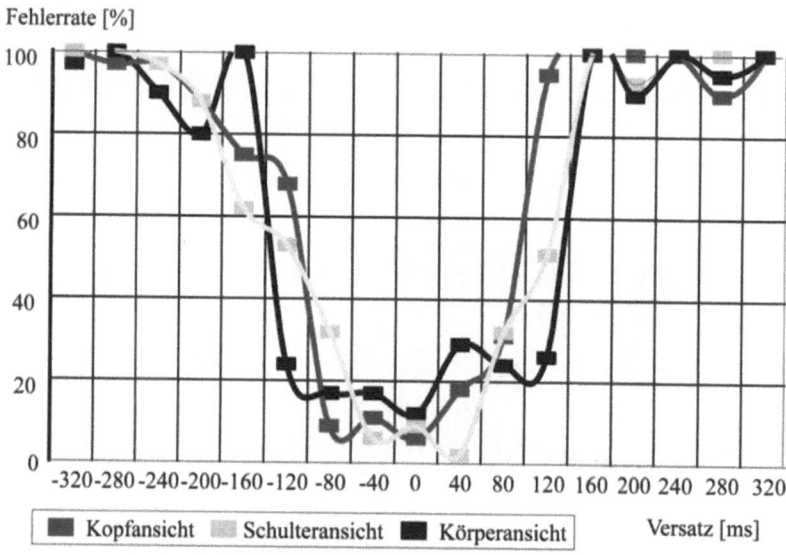

Abb. 18-16 Wahrnehmung von Synchronisationsfehlern im Hinblick auf die drei unterschiedlichen Ansichten. Linker Bereich: negativer Versatz, Video vor Audio; Rechter Bereich: positiver Versatz, Video hinter Audio.

Eine vorsichtige Analyse soll hierzu Erklärungen zur Asymmetrie, zu einigen periodische Wellen und zu kleineren Unterschieden zwischen den Ergebnissen der verschiedenen Körperansichten geben.

Erklärungsmöglichkeiten der Kurvenverläufe

Der Bereich links der Zentralachse kennzeichnet negative Versatzwerte; Video eilt Audio voraus. Rechts zeigt der Graph den Bereich, in dem Audio vor Video liegt.

Verspätung von Audio ist eher tolerierbar als Verfrühung.

Täglich erlebt man die Situation, daß die Lippenbewegung ein wenig früher wahrgenommen wird als der Ton gehört. Dies liegt an der höheren Lichtgeschwindigkeit im Vergleich zur Schallgeschwindigkeit. Hierdurch läßt sich der steilere Anstieg der Kurven auf der rechten Seite erklären.

Aus einer näheren Ansicht ist der Versatz leichter erkennbar.

Die Kurve der „Körperansicht" ist breiter als die der „Kopfansicht", da bei ersterer ein Versatz leichter zu erkennen ist. Die Kurve der „Kopfansicht" ist außerdem asymmetrischer als die der „Körperansicht". Dies kann mit der Tatsache begründet werden, daß ein Fehler schwerer wahrzunehmen ist, je weiter der Zuhörer vom Sprecher entfernt ist. Bei höherem Versatz zeigen die Kurven periodische kleine Wellen, insbesondere dort, wo Audio vor Video liegt. Manche Probanden hatten offensichtlich Schwierigkeiten, die Synchronisationsfehler zu erkennen, selbst bei sehr hohen Versatzwerten. Eine gründliche Analyse dieses Phänomens ist wegen der geringen Stichprobe (ca. 100 Personen) schwierig. Eine plausible Erklärung wäre allerdings die folgende: Bei den relativen Minima war das Sprachsignal eng mit der Lippenbewegung korreliert,

Lippenbewegung ist quasi-periodisch mit Sprachsignal korreliert.

die quasi-periodisch ist. Fehler waren am Anfang und am Ende von Pausen leicht zu erkennen, oder wenn die Betonung wechselte (wenn ein Punkt hervorgehoben wurde). Fehler in der Satzmitte waren schwerer erkennbar. Außerdem neigt der Mensch dazu, sich stärker auf den Anfang eines Gesprächs zu konzentrieren, bis der Inhalt eines Satzes klar ist. Ein Folgeexperiment zur Untersuchung dieser Minima mit Video-Clips ohne Pausen und ohne Intonationsänderungen verursachte Probleme bei der Identifikation von Synchronisationsfehlern.

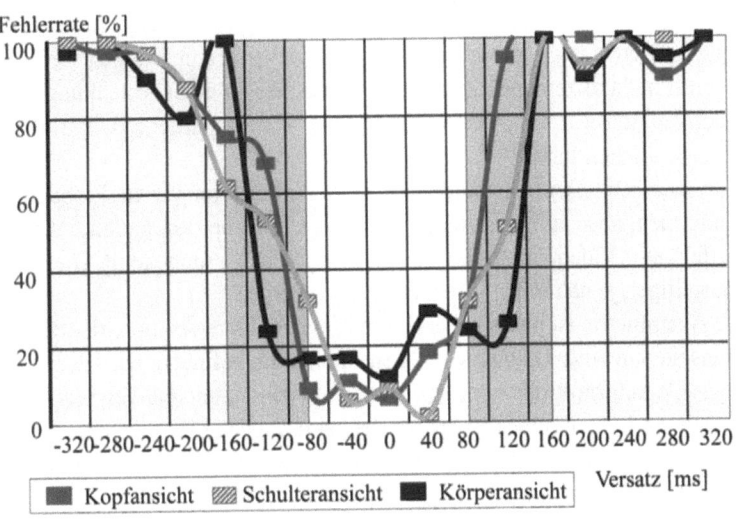

Abb. 18-17
Wahrnehmung von Synchronisationsfehlern.

Abb. 18-17 zeigt die im folgenden erläuterten Bereiche entsprechend der Auswertung des als störend empfundenen Niveaus, das in Abb. 18-18 dargestellt ist.

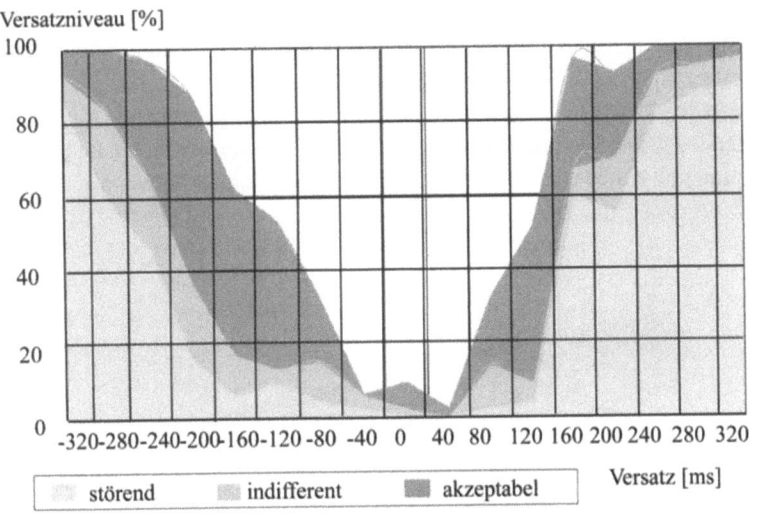

Abb. 18-18
Versatzniveau, das als störend empfundenen wurde.

„In sync"-Region

Die „in sync"-Region reicht von –80 ms (Audio hinter Video) bis +80 ms (Audio vor Video). In dieser Zone bemerkten die meisten Testkandidaten den Synchronisationsfehler nicht. Die wenigsten gaben an, daß sie sich durch einen Fehler gestört gefühlt hätten. Außerdem meinten einige Probanden festzustellen, daß selbst der perfekt synchronisierte Clip „out of sync" war. In diesen Grenzen können Lippensynchronisationsfehler offensichtlich toleriert werden.

„Out of sync"-Bereiche

Die „out of sync"-Bereiche lagen bei einem Versatz von größeren Werten als +/- 160 ms. Fast jeder Testkandidat entdeckte diesen Fehler und war entsprechend irritiert. Daten, die mit einem solchen Versatz übertragen werden, sind generell nicht akzeptabel. Zusätzlich führte dies zu einer Ablenkung; der Zuschauer/Zuhörer war mit diesem „out of sync"-Effekt stärker beschäftigt als mit dem eigentlichen Inhalt.

„Transienter" Bereich

Im „transienten" Bereich wurde der Fehler zwar von vielen Probanden wahrgenommen, aber nicht als störend empfunden. Dabei tauchte ein interessanter Effekt auf: Video vor Audio ist eher tolerierbar als umgekehrt. Dies war um so auffälliger, je näher der Sprecher gezeigt wurde.

Diese Asymmetrie ist plausibel erklärbar. In einer Konversation, in der sich zwei Menschen in einer Distanz von 20 m zueinander befinden, wird der visuelle Eindruck aufgrund der höheren Lichtgeschwindigkeit im Vergleich zur Schallgeschwindigkeit immer 60 ms vor dem akustischen Eindruck liegen. Die Probanden sind hieran lediglich eher gewöhnt als an den umgekehrten Fall.

18.2.3 Anforderungen an die Zeigersynchronisation

In einer computerorientierten kooperativen Arbeitsumgebung (Computer-Supported Cooperative Work Environment – CSCW) sind Kameras und Mikrofone üblicherweise an die Workstations der Benutzer angeschlossen. Im nachfolgend beschriebenen Experiment betrachteten die Probanden einen Geschäftsbericht, der begleitend Grafiken enthielt. Alle Teilnehmer hatten ein Fenster mit diesen Grafiken auf ihrem Desktop. Ein gemeinsamer Zeiger (Pointer) wurde zur Verdeutlichung der Diskussion genutzt. Mit Hilfe dieses Zeigers beschrieben die Sprecher individuelle Grafikelemente, die für die stattfindende Diskussion relevant waren. Hierfür war offensichtlich eine Synchronisation von Audio und dem fernbedienbaren Telepointer notwendig.

Abb. 18-19 Experiment zur Zeigersynchronisation; Grundlage: Technische Skizze.

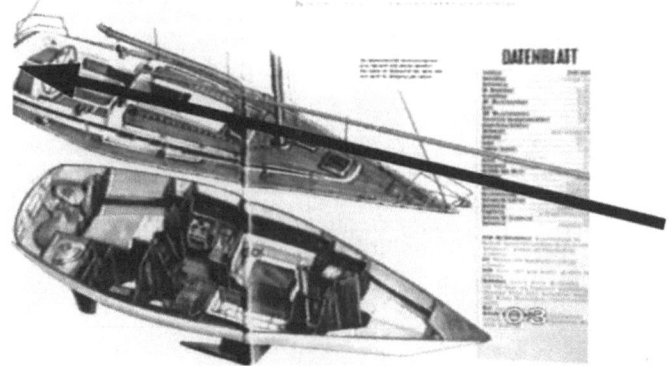

Es wurden zwei Experimente durchgeführt:
- Beim ersten Experiment ging es darum, einige technische Details eines Segelschiffes zu erklären, während ein Zeiger auf den gerade erläuterten Bereich zeigte (Abb. 18-20). Je kürzer die Erklärung war, desto wichtiger wurde die Synchronisation. Daher wurde eine Person gewählt, die sehr schnell sprach und kurze Worte verwendete.

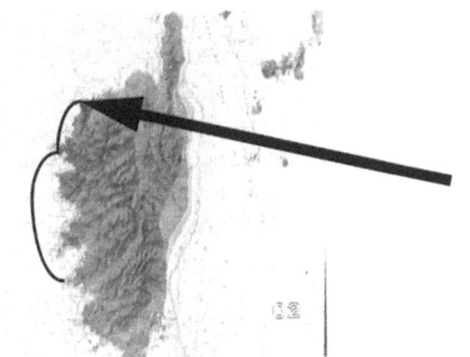

Abb. 18-20
Experiment zur Zeigersynchronisation;
Grundlage: Landkarte.

- Zusätzlich wurde ein zweites Experiment durchgeführt, bei dem eine Reiseroute auf einer Landkarte erläutert wurde (Abb. 18-19, links). Hierbei war die Bewegung des Zeigers kontinuierlich.

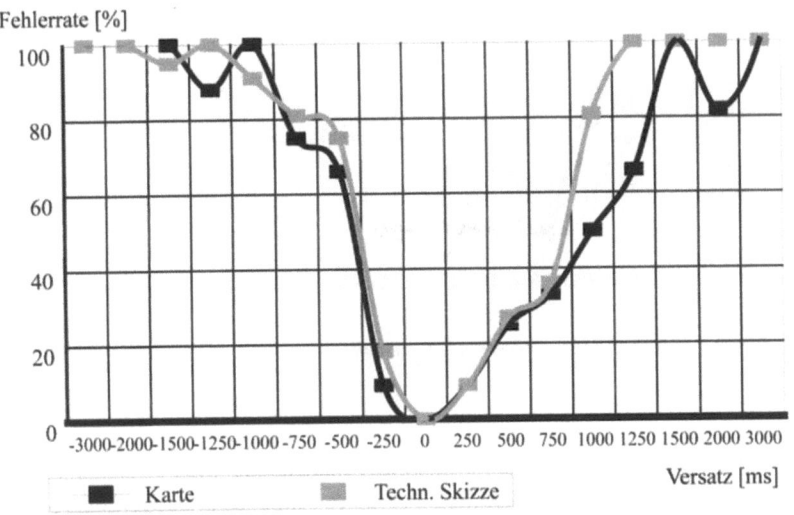

Abb. 18-21
Wahrnehmung von Fehlern der Zeigersynchronisation

Aus Sicht der menschlichen Wahrnehmung unterscheidet sich die Zeigersynchronisation stark von der Lippensynchronisation, da es sehr schwierig ist, im fehlerfreien Fall „out of sync"-Fehler zu erkennen. Während bei Fehlern der Lippensynchronisation der Versätze zwischen 40 ms und 160 ms liegen sollte, liegen die Werte für die Zeigersynchronisation im Bereich von 250 ms und 1500 ms. Abb. 18-21 zeigt hierzu einige Ergebnisse.

Beurteilung des Experiments zur Zeigersynchronisation

"In sync"-Region

Unter Verwendung derselben Beurteilungskriterien, wie im Experiment zur Lippensynchronisation, variiert der „in sync"-Bereich der Zeigersynchronisation von 750 ms (*Audio vor Zeiger*) bis 500 ms (*Zeiger vor Audio*). Dieser Bereich erlaubt eine klare Definition des „out of sync"-Verhaltens, unabhängig vom betrachteten Inhalt.

„Out of sync"- Bereich

Der „out of sync"-Bereich beinhaltet einen Versatz außerhalb eines Intervalls von −1000 ms bis +1250 ms. Jenseits dieser Grenzen begannen die Kandidaten auszusagen, daß der Versatz die versuchte Synchronisation wertlos gemacht habe und daß sie abgelenkt wurden. Dies war weniger deutlich, wenn der Sprecher langsamer redete oder den Zeiger langsamer bewegte. Aus Sicht des Benutzers ist dies nicht akzeptabel. Offensichtlich ist es sinnlos, mit dem Zeiger auf einen Bereich einer technischen Zeichnung zu zeigen, während über einen anderen diskutiert wird.

„Transienter" Bereich

Im „transienten" Bereich nahmen viele Kandidaten den „out of sync"-Effekt zwar wahr, er wurde aber nicht als störend empfunden. Dies ist sicherlich anders als beim Experiment zur Lippensynchronisation, bei dem die Zuschauer empfindlicher in bezug auf die Wahrnehmung von Synchronisationsfehlern waren und diese zweifellos als störend empfanden.

Abb. 18-22 Niveau des als störend empfundenen Versatzes bei Fehlern der Zeigersynchronisation.

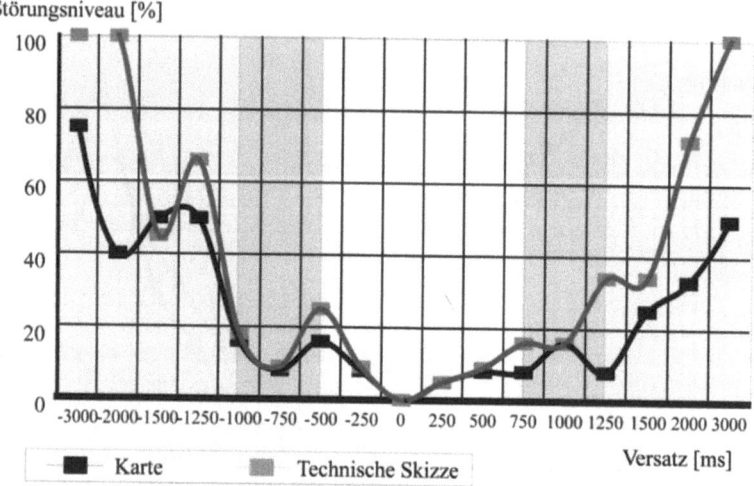

Abb. 18-22 zeigt die Anzahl der Probanden, die den Fehler der Zeigersynchronisation als störend empfanden oder die indifferent waren. Es sollte auch erwähnt werden, daß die Kandidaten bei vielen Versatzwerten zwar einen Fehler entdeckten, diesen aber angesichts der breiten „in sync"-Bereiche und „transienten"-Bereiche nicht negativ bewerteten.

18.2.4 Elementare Mediensynchronisation

Die Lippensynchronisation und die Zeigersynchronisation wurden aufgrund inkonsistenter Ergebnisse anderer verfügbarer Quellen detailliert untersucht. Der folgende Abschnitt gibt einen Überblick über die Ergebnisse anderer Synchronisationsexperimente.

Seit Entstehung von digitalem Audio wurde das für die Hardware tolerierbare „Zittern" (*Jitter*) untersucht. Dannenberg stellt einige Referenzen und Ergebnisse in [Ble78] zusammen. Danach beträgt der maximal tolerierbare Jitter für 16-bit-Audio hoher Qualität in einer Sample-Periode 200 ns, was einem Fehleräquivalent in der Höhe des LSB (Least Significant Bit) eines vollen 20-KHz-Signals bei maximaler Frequenz entspricht. In [Sto72] ergaben einige Wahrnehmungsexperimente einen empfohlenen maximal tolerierbaren Jitter von 5 ns bis 10 ns. Weitere Wahrnehmungsexperimente wurden in [Lic51] und [Woo51] durchgeführt. Der maximale Abstand von kurzen Klicks, die als zusammenhängender Ton empfunden wurden, beträgt 2 ms [RM80].

Jitter

Die Anforderungen an die Kombination von Audio und Video sind meist nicht so streng, wie die an die Lippensynchronisation. So könnte z. B. ein Multimedia-Tanzkurs die Tanzschritte als animierte Sequenz in Verbindung mit der Begleitmusik zeigen. Unter Ausnutzung der interaktiven Möglichkeiten könnten einzelne Sequenzen immer wieder gezeigt werden. In diesem Beispiel ist die Synchronisation von Musik und Animation besonders wichtig. Die Erfahrung zeigt, daß ein Versatz von +/- 80 ms den Ansprüchen der Zuschauer genügt. Eine Streitfrage ist die Korrelation eines lauten Ereignisses und seiner visuellen Repräsentation, z. B. der simulierte Zusammenstoß zweier Autos. Hier trifft man auf dieselben Anforderungen wie bei der Lippensynchronisation, also auf einen Versatz von +/- 80 ms.

Zwei Audio-Tracks können eng oder nur locker aneinandergekoppelt sein. Der Effekt von verbundenen Audioströmen hängt stark von deren Inhalt ab.

Effekt von Synchronisationsversat bei verbundenen Audioströmen

- Ein *Stereosignal* beinhaltet Information über den Ort, an dem sich die Tonquelle befindet, und ist eng mit diesem verzahnt. Die korrekte Verarbeitung im menschlichen Gehirn ist nur möglich, wenn die Phasen des akustischen Signals richtig übertragen werden. Dies erfordert einen Versatz, der kleiner als der Abstand zwischen aufeinanderfolgenden Samples ist, also ca. 20 µs. [DS93b] berichtet, daß die wahrnehmbare Phasenverschiebung eines Audiokanals bei 17 µs liegt. Dieser Wert stammt aus einem Kopfhörerexperiment. Da eine Verzögerung eines Kanals den scheinbaren Ort der Tonquelle verschiebt, schlägt Dannenberg einen maximalen Versatz zwischen Stereokanälen von +/-11 µs vor. Dies ist aus der Kenntnis abgeleitet, daß ein Versatz von genau einem Sample bei einer Sampling-Rate von 44 kHz bereits gehört werden kann.

- *Locker gekoppelte Audiokanäle* stellen einen Sprecher und bspw. Hintergrundmusik dar. In solchen Szenarien begegnet man einem maximal zulässigem Versatz von 500 ms. Bei der Wiedergabe eines Dialoges, bei dem die Audiodaten der Teilnehmer aus unterschiedlichen Quellen stammen, wurde ein akzeptabler Versatz von 120 ms festgestellt.

Eine detailliertere Analyse führt zu zeitlichen Zwängen, die denen der Zeigersynchronisation äquivalent sind. Neben der Anforderung, daß bei der Synchronisation von Noten mit dem entsprechenden Ton ein maximaler Versatz von 5 ms einzuhalten ist (vgl. Abschnitt 18.2.1), ist hier der Anspruch von maximal 2 ms beim Abspielen von zwei nominal gleichzeitigen Noten zu nennen [Cly85, RM80, Ste87].

Synchronisierte Präsentation von Audio mit einem Text

Die *synchronisierte Präsentation von Audio und einem Text*, üblicherweise als *Audiokommentar* bezeichnet, wird z. B. als Teil einer akustischen Enzyklopädie benutzt. Manchmal gibt die Audiosequenz zusätzliche Informationen zu einem hervorgehobenen Text. In einem „Musikwörterbuch" werden antike Instrumente beschrieben und gleichzeitig gespielt. Ein Beispiel eines strengeren Verbundes ist die Wiedergabe einer historischen Rede, z. B. einer Rede von J. F. Kennedy, mit einer Simultanübersetzung ins Deutsche. Der diesbezügliche Text kann in einem separaten Fenster gezeigt werden und ist eng an das akustische Signal gebunden. Das gleiche gilt für einen Sprachkurs, bei dem das akustisch wiedergegebene gesprochene Wort gleichzeitig hervorgehoben wird. Auch *Karaoke*-Systeme sind ein gutes Beispiel für eine erforderliche Audio- und Textsynchronisation.

Der für diese Art der Mediensynchronisation erforderliche Versatz kann von der Dauer der Aussprache eines kurzen Wortes abgeleitet werden. Dieses ist etwa 500 ms lang, so daß ein Versatz von 240 ms tolerierbar erscheint.

Synchronisation von Video und Text

Die Synchronisation von Video und Text oder Video und Bildern kann auf zwei Arten erfolgen:

Overlay-Modus

- Im *Overlay-Modus* stellt der Text oft eine zusätzliche Beschreibung zur dargestellten Bewegtbildsequenz dar. So kann z. B. in einem Video über ein Billiardspiel ein Bild eingesetzt werden, um den exakten Weg des Balls nach dem letzten Stoß zu verfolgen. Die simultane Präsentation des Videos mit dem überlagerten Bild ist für die korrekte menschliche Wahrnehmung dieser synchronisierten Daten wichtig. Gleiches gilt für einen Text, der zusammen mit dazugehörigen Videobildern gezeigt wird. Statt die Untertitel immer am unteren Bildrand darzustellen, ist es möglich, den Text nahe am entsprechenden Diskussionspunkt zu plazieren. Dies würde einen zusätzlichen Herstellungsaufwand für das Editieren der Untertitel bedeuten und ist daher vermutlich nicht von genereller Bedeutung für Filme, kann aber in manchen Lernanwendungen sinnvoll sein. In Overlay-Projekten muß der Text mit dem Video synchronisiert werden, um sicherzustellen, daß er an der richtigen Stelle eingesetzt wird. Der genaue Versatzwert kann aus der minimal benötigten Zeit abgeleitet werden. Ein einzelnes Wort sollte für eine gewisse Zeit auf dem Bildschirm erscheinen, um vom Zuschauer korrekt wahrgenommen zu werden. 1 s ist sicherlich eine solche Grenze. Wenn der Medienproduzent den *Flash-Effekt* ausnutzen möchte, sollte ein solches Wort mindestens 500 ms lang auf dem Bildschirm erscheinen. Daher betrachtet man 240 ms als absolut ausreichend, unabhängig vom Inhalt der Videodaten.

Non-Overlay-Modus

- Im zweiten Modus gibt es kein Overlay (*Non Overlay Mode*) und der Versatz ist weniger kritisch. Stellt man sich architektonische Zeichnungen von mittelalterlichen Häusern vor, die zusammen mit einem Video über diese

Gebäude gezeigt werden, so präsentieren die Bilder den Grundriß, während das Video das heutige Aussehen in einem separaten Fenster zeigt. Selbst die menschliche Wahrnehmung von einfachen Bildern benötigt hierzu mindestens 1 s. Diesen Wert kann man durch ein Experiment mit einer Dia-Show überprüfen: Bei der sukzessiven Projektion von unkorrelierten Bildern benötigt der Betrachter etwa ein Intervall von 1 s zwischen dem Bildwechsel, um wenigstens einige essentielle visuelle Informationen des Dias zu erkennen. Eine Synchronisation mit einem Versatz von 500 ms (der Hälfte des erwähnten Wertes von 1 s) ist für diese Art der Anwendung ausreichend.

Medienobjekte		Modus, Anwendung	QoS
Video	Animation	Korreliert	+/-120 ms
	Audio	Lippensynchronisation	+/-80 ms
	Bild	Overlay	+/-240 ms
		Non Overlay	+/-500 ms
	Text	Overlay	+/-240 ms
		Non Overlay	+/-500 ms
Audio	Animation	Ereigniskorreliert	+/-80 ms
	Audio	Eng gekoppelt (Stereo)	+/-11 µs
		Lose gekoppelt (Dialogmodus mit mehreren Teilnehmern)	+/-120 ms
		Lose gekoppelt (z. B. Hintergrundmusik)	+/-500 ms
	Bild	Eng gekoppelt (Musik mit Noten)	+/-5 ms
		Lose gekoppelt (Slide Show)	+/-500 ms
	Text	Audiokommentar	+/-240 ms
	Zeiger	Audio in Beziehung zum gezeigten Gegenstand	-500 ms +750 ms

Tab. 18-2 Dienstgüteanforderungen für die Synchronisation zweier Medienobjekte.

Hierzu soll noch einmal das Beispiel des Billiardspiels betrachtet werden: Ein Video zeigt den Aufprall zweier Billiardkugeln, während das Bild der „Route" einer der Kugeln durch eine animierte Sequenz dargestellt wird. Statt einer Sequenz statischer Bilder wird die Kugel von einer Animation visualisiert, die die Route der Kugeln über den Tisch nachzeichnet. In diesem Beispiel ist jeder „out of sync"-Effekt sofort erkennbar. Damit Menschen die Kugel als Bewegtbild wahrnehmen, muß die Kugel in mehreren aufeinanderfolgenden Bildern an leicht verschobenen Positionen sichtbar sein. Ein befriedigendes Ergebnis kann erzielt werden, wenn sich die Kugel jeweils alle drei aufeinanderfolgenden Frames (Bilder) um ihren Durchmesser weiterbewegt. Eine geringere Rate kann zu einem Kontinuitätsproblem führen, wie es oft bei Tennisspielen im Fernsehen beobachtet werden kann. Da jeder Frame etwa 40 ms dauert und drei aufeinanderfolgende Bilder benötigt werden, wäre ein Versatz von 120 ms akzeptabel. Diese sehr enge Synchronisation ist für das skizzierte Beispiel angemessen. Andere Beispiele von Kombinationen aus Video und Animation sind Filme mit computergenerierten Figuren wie „Jurassic Park".

Echtzeitverarbeitung von Steuerdaten

Multimedia-Systeme schließen auch die Echtzeitverarbeitung von Steuerdaten ein. Die Tele-Chirurgie ist ein gutes Beispiel für die Darstellung grafischer Informationen, die auf Messungen von Sonden oder ähnlichen Instrumenten basieren. Hier können allerdings keine generellen zeitlichen Anforderungen angegeben werden, da der Versatz stark von der Anwendung selbst abhängt.

In Tab. 18-2 auf Seite 589 sind zusammenfassend die Anforderungen an die Synchronisationsqualität zweier verbundener Medienobjekte zusammengestellt.

18.2.5 Analyse bestehender Synchronisationsmechanismen

Dieser Abschnitt enthält eine kurze Darstellung der Ergebnisse des Vergleichs zwischen der Synchronisation von Multimedia-LDUs mit den bekannten Mechanismen zur Interprozeßkommunikation und -synchronisation. Dazu werden insbesondere die Verfahren beschrieben, die bei dieser Analyse verwendet wurden.

Konkrete Anwendungen und Systemkonfigurationen

Ein erster Schritt dient der Identifikation *konkreter Anwendungen und Systemkonfigurationen*. Bisher wurden hier selten die Aspekte *Multimedia*, nach der in diesem Buch verwendeten Definition, in Kombination mit der *Kommunikation zwischen mehreren Rechnern* berücksichtigt.

Anforderungen

Auch mußten die *Anforderungen* zusammengetragen, bzw. erarbeitet werden. So wurde ermittelt, inwieweit zusammengehörige Sprache und Bewegtbild zeitlich auseinanderliegen dürfen, ohne daß es störend wirkt. In [Syn88] wurde eine obere Grenze von 150 ms ermittelt, neuere, im Rahmen dieses Buches verifizierte Werte gehen von den in Abschnitt 18.2.2 erläuterten 80 ms aus.

Einsatz bestehender Synchronisationsmechanismen

Als nächster Schritt wurde versucht, *bestehende Synchronisationsmechanismen einzusetzen*. Es war die Frage zu klären, ob bestehende Mechanismen alle Anforderungen dieser neuen Umgebung erfüllen. Bei einer positiven Antwort muß man weiterhin *überprüfen*, ob die betrachteten Anwendungen und Systemkonfigurationen abgedeckt werden.

Extraktion bestehender Mechanismen

Da die durchgeführte Analyse bestehender Konzepte keine zufriedenstellende Lösung erbrachte, wurden die *Eigenschaften bestehender Mechanismen extrahiert* und mit den Erfordernissen für Multimedia verglichen. Als *Eigenschaft* ist bspw. das Blockieren bzw. Nicht-Blockieren von Prozessen gemeint. Die aus der Literatur bekannten Eigenschaften wurden im Rahmen dieser Analyse vervollständigt (siehe Tab. 18-3 auf Seite 591). Eine genaue Beschreibung aller Merkmale in bezug auf Multimedia-Systeme ist in [Ste90] zu finden. Hier soll exemplarisch das Verhalten von Prozessen beim Warten auf ein Synchronisationsereignis betrachtet werden.

Eigenschaft	Ausprägung			
Anzahl der beteiligten Prozesse	immer zwei	einer mit vielen, viele mit einem		viele mit vielen
Verhalten eines Prozesses beim Warten auf ein Synchronisationsereignis	blockierend	nicht-blockierend		bedingt blockierend *(multimedia-spezifisch)*
Adressierung des Prozesses	direkt		indirekt	
Einfluß externer Prozesse auf eine bestehende Synchronisation	möglich		unmöglich	
Kombination elementarer Synchronisationsbeziehungen	unmöglich	beim Empfänger	beim Sender	bei Empfänger und Sender
Reihenfolge kombinierter Synchronisationsereignisse	vordefiniert	mit Prioritäten definierbar	mit Bedingungen definierbar	mit Prioritäten und Bedingungen definierbar
Symmetriebeziehung bezüglich des Verhaltens eines Prozesses beim Warten auf ein Synchronisationsereignis	symmetrisch, mehrseitige Synchronisation, falls alle blockieren		asymmetrisch, einseitige Synchronisation	
Symmetriebeziehung bez. der Adressierung von Prozessen	symmetrisch		asymmetrisch	
Symmetriebeziehung bez. der Kombination elementarer Synchronisationsbeziehungen	symmetrisch		asymmetrisch	
Spezifikation von Zeitbedingungen	nicht möglich	als Echtzeitbedingung	mit Zeitschranken *(multimedia-spezifisch)*	
Art des Inhalts der kommunizierenden Informationen	Datentypen (ohne Zeiger)	auch Zeiger	auch Prozeduren	auch Prozeduren
Zeitpunkt des „Typwissens" kommunizierender Information	zur Spezifikationszeit (Übersetzungszeit)		zur Laufzeit	

Tab. 18-3 Grundlegende Synchronisations- und Kommunikationseigenschaften.

Bei einigen Mechanismen zur Interprozeßkommunikation und zur Interprozeßsynchronisation können Prozesse beim *Warten auf ein Synchronisationsereignis* blockiert werden. Der ausführende Prozeß wird dann solange angehalten, bis das entsprechende Synchronisationsereignis eintritt. Bei einer Kommunikationsbeziehung können sowohl der sendende als auch der empfangende Prozeß blockiert werden, während Prozesse bei anderen Mechanismen nicht blockiert werden. Bei einem Verfahren rechnen alle Prozesse solange weiter, bis keine ausreichende Menge an Betriebsmitteln mehr zur Verfügung steht. Als *Betriebsmittel* sei hier der Speicherplatz, der zum Nachrichtenaustausch nötig ist, bezeichnet. Anschließend werden die eventuell nötigen Rücksetz-Operationen ausgeführt; zum Synchronisationszeitpunkt findet kein Blockieren statt. Ein anderes Verfahren blockiert die Simulationsprozesse an den Synchronisationszeitpunkten, falls die Synchronisationsbedingung nicht erfüllt ist.

Das in diesem Abschnitt beschriebene Vorgehen zur Ermittlung erforderlicher Synchronisationseigenschaften hat zur Erkennung des Lückenproblems (siehe Abschnitt 18.2.1) und zur Spezifikation von tolerierbaren Zeitintervallen geführt.

18.3 Anforderungen an die Präsentation

Zur korrekten Übermittlung von Multimedia-Daten an der Benutzerschnittstelle ist eine Synchronisation essentiell. Es ist unmöglich, ein objektives Maß für Synchronisation aus Sicht der subjektiven menschlichen Wahrnehmung anzugeben. Da die menschliche Wahrnehmung von Person zu Person variiert, können nur heuristische Kriterien festlegen, ob ein Präsentationsstrom korrekt ist oder nicht.

Anforderungen an die Präsentation umfassen bei der Intraobjekt-Synchronisation die Genauigkeit bezüglich der Präsentation von LDUs, bei der Interobjekt-Synchronisation die Genauigkeit bezüglich der Parallelität der Präsentation von Medienobjekten. Bei der Intraobjekt-Synchronisation versucht man, jede Varianz (Jitter) in aufeinanderfolgenden LDUs zu vermeiden.

18.4 Bezugselemente der Synchronisation

LDUs als Bezugselement

In den vorangegangenen Abschnitten wurden zeitliche Beziehungen zwischen Bezugselementen betrachtet, ohne auf diese Elemente genauer einzugehen. Als solche *Bezugselemente* wurden LDUs, Medien, Prozesse und Datenströme diskutiert; sie wurden gemeinsam als Objekt bezeichnet.

18.5 Synchronisationsarten

Es werden nun folgende Anwendungen betrachtet:

Kooperatives Arbeiten

1. Zwei Personen unterhalten sich über ein neuartiges Werkteil und dessen Gebrauchsanleitung (Text und Grafiken). Sie sitzen dabei an zwei miteinander verbundenen Rechnern. Einer von ihnen hat die Möglichkeit, eine Kamera zu verwenden, um ein Bild seiner Person oder ein erstes Fertigungsmuster per Video zu übertragen. Wenn die Person gezeigt wird, dann soll zwischen den Audio- und Videodatenströmen Lippensynchronität bestehen. Wenn mit dem Zeiger des Bildschirms auf ein Bild oder Textstück gezeigt wird, dann soll dies zeitlich mit dem Audiodatenstrom gekoppelt sein: Der exakte zeitliche Bezug zwischen dem Zeiger und Audio ist hierbei von großer Wichtig-

keit (bei *An dieser Stelle sieht man...* soll auch auf die korrekte Stelle gezeigt werden).

2. Ein Schüler sitzt an einem Lernsystem, das eine fiktive Reise in die Welt der Mayas (*Surrogate Travel*) darstellt [Pre90]. Dieses Beispiel ist eine besonders originelle Form eines Systems, das von Intel zusammen mit dem *Bank Street College of Education*, New York, realisiert wurde. Mit dem *Joystick* lenkend, bewegt sich der Schüler durch einen Dschungel und erkundet alte Ruinen der Mayas. Interessante Details kann er auf Wunsch näher betrachten. Begleitend wird eine Geräuschkulisse des umgebenden Dschungels eingespielt. Der Anwender kann die Flora und die Fauna beobachten und dazu jederzeit ein Videomuseum aktivieren, um weitere Informationen über Einzelheiten abzurufen. Ein solches System kann die Grundlage eines vollständigen Lernsystems mit einer Struktur der Lektionen, Aufsetzpunkten nach Unterbrechungen und Kontrollen des Lernerfolgs sein. Bei dieser Anwendung geht es primär um das Zusammensetzen von Informationen aus einzelnen Elementen, bei der bestimmte Regeln zu beachten sind.

Lernsystem

Analysiert man die beiden Beispiele genauer, dann stellt man analog zu [LG90] zwei Arten der Synchronisation fest, die im folgenden beschrieben werden.

18.5.1 Live-Synchronisation: Übersicht

Die wesentliche Anforderung des ersten Beispiels besteht darin, beim jeweiligen Partner die Information in der zeitlichen Beziehung zu präsentieren, in der sie entstanden ist: Wenn auf einen Teil des Werkteils oder des Texts gezeigt wird und dazu eine entsprechende Erläuterung erfolgt, dann soll die Zeigeaktion mit der damit verbundenen Audioinformation des Partners simultan präsentiert werden. Beziehungen zwischen Medien sollen in der Form wiedergegeben werden, in der sie entstanden sind. Deshalb wird diese Art auch *Live-Synchronisation* genannt. Ein weiteres Beispiel ist eine Videokonferenz: Dabei soll Sprache und Bewegtbild in der Reihenfolge der Entstehung (genauer: in exaktem zeitlichen Bezug) angezeigt werden. Meist entsteht bei einer Live-Synchronisation die Information quasi zum Zeitpunkt der Präsentation.

Beziehungen zwischen Medien sollen in der Form wiedergegeben werden, in der sie entstanden sind.

18.5.2 Synthetische Synchronisation: Übersicht

Im zweiten Beispiel werden unabhängige Informationseinheiten bei der Präsentation geeignet in Beziehung gesetzt. Hier steht vornehmlich die Synchronisation von gespeicherter Information im Vordergrund. Dies ist oft in Retrieval-Systemen zu vorzufinden. Da hier einzelne Informationseinheiten quasi *synthetisch* zusammengesetzt werden, nennt man diese Art *synthetische* Synchronisation [LG90]. Zu beachten ist dabei, daß solche einzelnen Informationseinheiten Bestandteile mehrerer Anwendungen sein können. Zusätzlich können sie auf verschiedenen Rechnern gespeichert sein. Im Vordergrund steht hier ein geeignetes Modell zur Beschreibung und Manipulation von Synchronisations-

Gespeicherte Informationseinheiten sind sinnvoll verknüp

bedingungen mit Operatoren wie *parallel, sequentiell* und *unabhängig* [LG90, PGKK88]. Im Rahmen von Informationsarchitekturen oder als Systemschnittstellen [Nic90] können entsprechende Spezifikationsmethoden entwickelt werden.

Mit Hilfe von CD-ROMs und geeigneten Kompressionsverfahren sind solche Systeme als Produkte vorhanden.

Aus Sicht der Synchronisation sind einige Anwendungen, wie bspw. eine Videokonferenz, bei der ein Multimedia-Dokument bearbeitet wird, sehr anspruchsvoll. Dieses Dokument kann auch diverse Audio- und Videoteile beinhalten. Hier treten dann sowohl die synthetische Synchronisation als auch die Live-Synchronisation einzeln oder gemeinsam auf.

18.5.3 Varianten der Live-Synchronisation

Die Live-Synchronisation tritt – wie in den vorangegangenen Beispielen demonstriert – typischerweise bei Konversationsdiensten auf. Betrachtet man ein Interaktionsmodell zwischen Quellen und Senken, dann treten die Funktionalitäten *flüchtige Eingabe* immer an den Quellen und *Darstellung* entsprechend an den Datensenken auf. Durch den gemeinsamen zeitlichen Kontext von zwei oder mehr Informationsflüssen an den Quellen und Senken wird der Erhalt des zeitlichen Bezugs einzelner LDUs verdeutlicht

Erhalt des zeitlichen Bezugs einzelner LDUs

Abb. 18-23 Live-Synchronisation bei direkter Verbindung.

Eine Quelle stellt in diesem Modell einen akustischen Sensor für Audio und einen optischen Sensor für Video dar. Die Senke ist ebenso ein Wandler des jeweiligen Mediums. Eine *Verbindung* ist der Datenpfad zwischen Quelle(n) und Senke(n) und kann eine ausschließlich lokale Kommunikation darstellen. Deshalb muß sie nicht zwangsläufig Quelle(n) und Senke(n) verbinden, die auf verschiedenen Rechnersystemen liegen (siehe Abb. 18-23).

Live-Synchronisation bei örtlichem Versatz

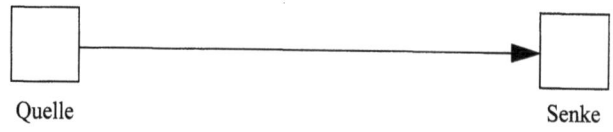

Abb. 18-24 Live-Synchronisation bei örtlichem Versatz.

Diese erste Art der Live-Synchronisation charakterisiert die Informationsübermittlung bei einem *örtlichen Versatz* zwischen der Quelle und der Senke (siehe Abb. 18-24). An der Senke sollen die an der Quelle aufgetretenen Signale möglichst naturgetreu wiedergegeben werden. Die Senke kann diesen Datenfluß nur dadurch beeinflussen, daß sie eine Anpassung zwischen Quelle und Senke initiiert. Eine solche Anpassung kann sich bspw. auf die Auflösung der Bilder oder auf die Bildwechselfrequenz beziehen. Wenn für eine Videokonferenz bei der Quelle ein Videobild mit einer Auflösung von lediglich 128 × 128 Pixel und 15 Bildern pro Sekunde erforderlich ist, dann kann ggf. die Kodierung bei dem Sender darauf eingestellt werden. Dies erspart Bandbreite bei der Übertragung der Daten. Eine eigentliche Steuerung des Datenflusses findet nicht statt. Bei der Präsentation der Daten wird die Rate verwendet, mit der die Information in das System eingespielt wurde.

Live-Synchronisation bei zeitlicher Entkopplung

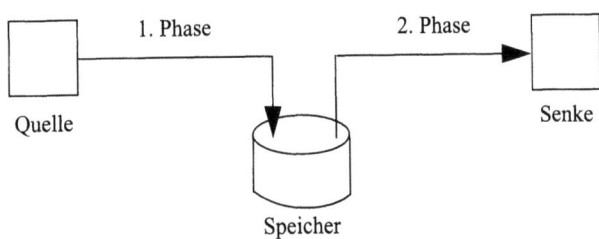

Abb. 18-25
Live-Synchronisation
bei zeitlicher
Entkopplung.

Eine zweite Art der Live-Synchronisation wird durch die *zeitliche Entkopplung* zwischen Quelle(n) und Senke(n) erreicht (siehe Abb. 18-25): Das System speichert die an den Quellen eingespeisten Daten und gibt sie zu einem späteren Zeitpunkt wieder aus. Die Aufzeichnung einer Sendung und die anschließende Reproduktion an einem entfernten Ort ist ein solches Anwendungsbeispiel. Bei der Aufnahme müssen die zeitlichen Bezüge zwischen den verschiedenen Datenströmen aufgenommen werden. In dieser ersten Phase stellt die *Dateneingabe* die Quelle und die *Speicherung* die Senke dar. Eine spätere Reproduktion interpretiert diese Information und gewährleistet damit die Live-Synchronisation zwischen den Datenströmen. In der zweiten Phase stellt die *Wiedergabe der gespeicherten Information* die Quelle dar, während die eigentliche *Präsentation* die Senke ist.

Im Gegensatz zum ersten Beispiel besteht hier die Möglichkeit einer geringfügigen Interaktion zwischen der Senke und der Quelle (d. h. der gespeicherten Information): Die Geschwindigkeit kann zwischen einer Einzelbildanzeige, der Zeitlupe und dem Zeitraffer in beide Richtungen (vorwärts und rückwärts) variieren. Die Anwendung an der Senke steuert diese Interaktion. Auch kann hierbei ein wahlfreier Zugriff erfolgen. Die Aufgabe der Live-Synchronisation besteht immer nur in der zeitlich korrekten Wiedergabe der in Beziehung stehenden Informationsflüsse. Die zeitlichen Bezüge stehen a priori fest, d. h. durch die Aufnahme.

Interaktion

*Abb. 18-26
Multicast-Verbindung
dreier Senken.*

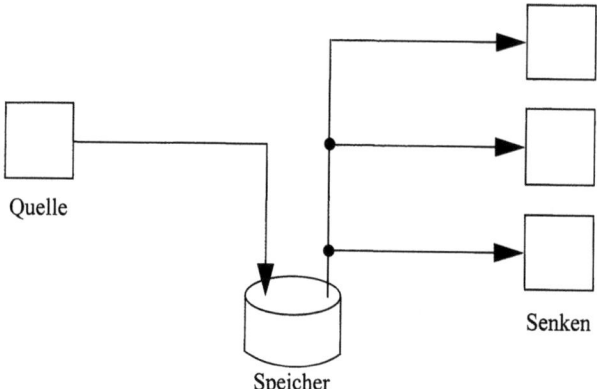

*Kommunikations-
struktur*

Verallgemeinert man die Kommunikationsstruktur der Live-Synchronisation von einer Punkt-zu-Punkt-Beziehung zu einer Beziehung zwischen einer Quelle und mehreren Senken, dann wirkt sich eine Interaktion auf die Präsentationen aller Senken aus. Eine auf einer Festplatte mit starker Kompression aufgezeichnete Szene eines Fußballspiels sei hierzu gleichzeitig durch eine Multicast-Verbindung auf 3 Senken geschaltet (siehe Abb. 18-26). Wenn eine dieser Senken eine Zeitlupe veranlaßt, so ist dies auch bei den anderen beiden Senken zu sehen.

Werden Informationen mehrerer Quellen an einer Senke wiedergegeben, dann besteht in einem ersten Ansatz keine Notwendigkeit, eine Live-Synchronisation explizit zu fordern: Die Kombination der Datenströme erfolgt erst bei der Senke, d. h. an der Stelle und zum Zeitpunkt der Präsentation. Eine andere Anforderung wäre die Wiedergabe der Information in einer Art und Weise, wie sie in ihrer zeitlichen Beziehung an den verschiedenen Quellen entsteht. Hier muß ein zeitlicher Bezug über eine örtliche Verteilung hergestellt werden. Eine Interaktion zwischen der Senke und den verschiedenen Quellen findet dann im selben Ausmaß statt wie beim örtlichen Versatz.

Zusammenfassend kann festgestellt werden, daß die primäre Anforderung der Live-Synchronisation in jeder Variante die möglichst naturgetreue Wiedergabe von LDU-Beziehungen ist, die zeitlich und/oder örtlich versetzt entstanden sind. Der Grad der möglichen Interaktion zwischen Senken und Quelle ist das sekundäre Kennzeichen: Im einfachsten Fall kann die Senke lediglich alle an der Quelle entstandenen Datenströme und LDU-Beziehungen darstellen. Besteht die Möglichkeit zusätzlicher Interaktion, wie Starten und Anhalten, Zeitlupe und Zeitraffer, dann muß dies bei der Realisierung der Synchronisation beachtet werden.

18.5.4 Synthetische Synchronisation

Im Gegensatz zur Live-Synchronisation besteht bei der synthetischen Synchronisation die Hauptaufgabe nicht in der naturgetreuen Wiedergabe einer LDU-Beziehung, sondern in deren flexiblen Handhabung.

18.5 Arten der Synchronisation

1. Während der *Definitionsphase* werden zeitliche Beziehungen zwischen LDUs definiert.

    Folgendes Beispiel verdeutlicht diesen Vorgang bei der Erstellung einer Multimedia-Nachricht: Hierfür wurden vier als Sprache kodierte Nachrichten aufgenommen, die einzelne Elemente eines Motors beschreiben. Dieser Motor dreht sich in einer vorliegenden Bewegtbildsequenz einmal um 360°. Mit Hilfe eines Software-Werkzeugs werden nun die Beziehungen zwischen Bildern der Videosequenz und der Audioinformation hergestellt. Diese Nachricht wird noch mit einem kurzen Anschreiben versehen und kann anschließend versendet werden.

    Definitionsphase

2. Während der *Präsentationsphase erfolgt* die Auswertung und Umsetzung vorab definierter Synchronisationsbeziehungen.

    Im Beispiel der empfangenen Multimedia-Nachricht kann diese anschließend dargestellt werden. Dazu wird bspw. das Anschreiben gelesen und anschließend die Bewegtbild-Information gestartet. Bei der Anzeige einer der jeweilig beschriebenen Sichten wird der Videostrom angehalten und das Audiosegment abgespielt. Dies geschieht implizit durch die Auswertung einer vorab definierten LDU-Beziehung.

    Präsentationsphase

Betrachtet man die Definitionsphase genauer, so ist zwischen *expliziter* und *impliziter* Definition zu unterscheiden. Die *explizite Synchronisation* wird durch den Ersteller der Beziehung definiert (siehe das oben beschriebene Beispiel oder die in Abb. 18-27 dargestellte Definition mittels der Operatoren *unabhängig*, *sequentiell* und *parallel*). Eine *implizite Definition* erfolgt direkt durch das Multimedia-System. Dies wurde bereits als *Live-Synchronisation* beschrieben und soll deshalb hier nicht weiter betrachtet werden.

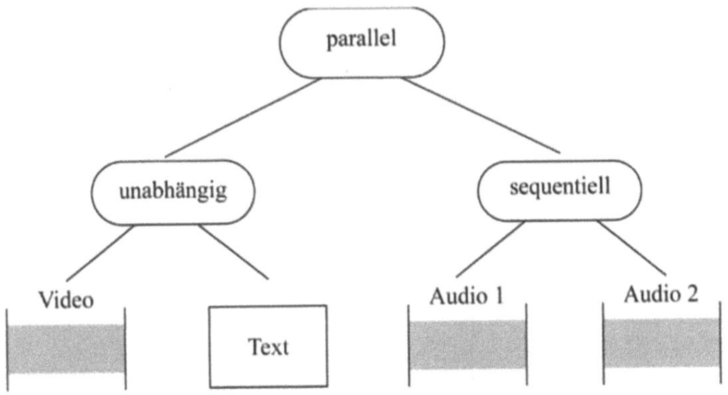

Explizite und implizite Definition

Abb. 18-27 Synthetische Synchronisation, Beispiel einer Definition.

Ein entscheidendes Merkmal bezieht sich auf den Zeitpunkt der Definition der Live-Synchronisation. Meist geschieht dies bei der Erstellung der Information. Es kann aber auch während der Präsentation geschehen.

Im Beispiel eines Fremdenverkehrsbüros wird die Fahrplanauskunft individuell durch einen Rechner zusammengestellt. Einzelne Auskünfte gibt das System neben der textuellen Ausgabe auf Anfrage auch als Sprache aus. Hier erfolgt nicht die vollständige Zusammenstellung der Möglichkeiten, das Verfahren wird lediglich bei der Generierung der Multimedia-Auskunft festgelegt. Die endgültigen Synchronisationsbeziehungen werden erst kurz vor der Präsentation automatisch erstellt.

Definition der synthetischen Synchronisation

Die Definition der synthetische Synchronisation kann auf sehr unterschiedliche Weise geschehen. Die Verfahren lassen sich alle in eine direkte Beziehung im Kontext bestehender Gebiete der Informatik (bspw. Datenbanken oder Bürosysteme) bringen:

Datenbanken
- Datenbanken erlauben es, Beziehungen über Relationen auszudrücken. Eine *Relation* kann dann auch als zeitliche Verknüpfung verstanden und vom Multimedia-Datenbanksystem entsprechend interpretiert werden. Innerhalb der Abfragesprache ist dann die Einbettung einer solchen synthetischen Synchronisation möglich. Die Spezifikation kann hierbei auch über zeitbehaftete Petri-Netze (Siehe dazu Abschnitt 18.9.3) geschehen, die in ein relationales Schema übersetzt werden [Lit91].

Hypertext
- Hypertext-Dokumente stellen Beziehungen zwischen ihren Informationseinheiten über Verweise (*Links*) her. Ein solcher Verweis kann bei Hypermedia-Dokumenten auch die erforderlichen zeitlichen Beziehungen beinhalten.

Multimedia-Editoren
- Dedizierte Multimedia-Editoren müssen auch die Definition derartiger Beziehungen erlauben. In [BHL91] wird ein solches Werkzeug, abgestimmt auf die Synchronisation, vorgestellt. Bestehende Produkte beinhalten bereits Sprachen und andere Methoden zur Definition der synthetische Synchronisation [Moo90].

Während der Präsentationsphase einer synthetischen Synchronisation kann im einfachsten Fall eine vorab definierte Sequenz mit den vorgegebenen Beziehungen wiedergegeben werden. Diese Beziehungen stehen aber fest und können oder sollen auch nicht veränderbar sein. Man beachte, daß dies in keinem Widerspruch zur Möglichkeit der *Navigation* durch Multimedia-Information steht. Bestehende zeitliche Bezüge sollten allerdings nicht verändert werden.

In einem komplexeren Umfeld ist die Definition einer eigenständigen synthetischen Synchronisation während der Präsentationszeit erlaubt. Hier wird die Information und ihr zeitlicher Bezug zu anderen Informationseinheiten interaktiv vom Leser verändert.

Aus Sicht des Autors beinhaltet keine dieser beiden Möglichkeiten die anzustrebende Lösung. Man muß sowohl feste synthetische Synchronisation vorgeben als sie auch während der Darstellung abändern können.

In den beiden letzten Abschnitten wurden die unterschiedlichen Schwerpunkte der beiden Synchronisationsarten verdeutlicht. Die Live-Synchronisation ist *lediglich* die naturgetreue Wiedergabe verschiedener vorab und/oder entfernt bestehender Informationsbeziehungen. Hier steht eine dem Anwender möglichst verborgene Realisierung im Vordergrund. Dies könnte als ein Teil der synthetischen Synchronisation gesehen werden: Das Multimedia-System erzeugt die Beziehungen während der Definitionsphase selbst und präsentiert diese anschließend ohne wesentliche Interaktionsmöglichkeiten. Bei der synthetischen Synchronisation ist – neben der Darstellung – die Forderung nach einer flexiblen Definitionsmethode wichtig.

18.6 Betroffene Systemkomponenten

Im folgenden wird zuerst die Live-Synchronisation betrachtet. Es ist davon auszugehen, daß multimediale Anwendungen immer von mehreren Medien Gebrauch machen. Deshalb benutzen diese Anwendungen meistens eine oder beide Arten der Synchronisation. Allerdings findet der Einsatz zeitlicher Beziehungen auf sehr unterschiedlichen Ebenen statt. Die eigentliche Forderung besteht an der Benutzerschnittstelle: Hier sind alle Bezüge zwischen den Medien korrekt wiederzugeben. Man könnte daher annehmen, daß an keiner anderen Stelle des Systems diese Bezüge ausgewertet werden müßten. Entsprechendes gilt bei der Präsentation der synthetischen Synchronisation. Zur Definition von Synchronisationsbeziehungen muß dies in den Informationsarchitekturen und den entsprechenden Werkzeugen noch verankert werden.

Multimediale Anwendungen benutzen meistens eine oder beide Arten der Synchronisation.

Voraussetzung für eine erfolgreiche Live-Synchronisation ist, daß insbesondere für die Präsentation ideale Systemkomponenten, wie Speichermedien mit Kapazitäten im Gigabyte-Bereich, mit garantiertem Echtzeitverhalten, mit hohen Datentransferraten für Bewegtbild und mit schnellem wahlfreien Zugriff, zur Verfügung stehen. Reale Systemkomponenten beschränken z. B. die Speicherkapazität für kontinuierliche Medien und besitzen eine bezüglich Video sehr begrenzte Datenübertragungsrate. Deshalb sind im Kontext der Synchronisation verschiedene Teile von Rechnersystemen zu betrachten:

- Die Erstellung eines audiovisuellen Lernabschnittes von akzeptabler Qualität erfordert selbst mit einer hohen Kompressionsrate einen für heutige Verhältnisse enormen Speicheraufwand. So werden mindestens ca. 650 Mbyte pro Stunde benötigt. Optische Speicher bieten bei der Wiedergabe den Vorteil, daß der Preis pro gespeicherter Information wesentlich geringer ist als bei anderen Speichermedien mit wahlfreiem Zugriff. Allerdings dauert ein wahlfreies Positionieren im Mittel über 120 ms (durch die Änderung der Umdrehungsgeschwindigkeit und der Positionierung des Lasers über den entsprechenden Block). Deshalb können bei CDs auch nicht beliebige vorab abgespeicherte Datenströme miteinander beim Abspielen kombiniert werden. Zur zeitlichen Synchronisation ist es notwendig, die Informationen miteinander verzahnt abzuspeichern. Dies muß bspw. bei der Erstellung der Live-Synchronisation berücksichtigt werden.

Speicheraufwand

- Weitere Hardware-Komponenten sind für die Synchronisation nur indirekt von Bedeutung. Es sollte in jeder Komponente eine garantierte Datenübertragungsrate mit möglichst konstanter Ende-zu-Ende-Verzögerung vorhanden sein. Dazu können Echtzeit-ähnliche Anforderungen aufgestellt werden

Datenübertragungsrate

[SH91], die sich auch auf Bus-Systeme und Speicherkomponenten auswirken.

Datenhaltung und -verwaltung
- Zur Haltung und Verwaltung dieser Datenmengen lassen sich Multimedia-Datenbanksysteme einsetzen [Mey91]. Die Definition der Live-Synchronisation kann über Relationen und als integraler Bestandteil der Abfragesprachen realisiert werden. Bei der Wiedergabe der synchronisierten Daten sind diese Beziehungen korrekt zu interpretieren.

Betriebsmittelverwaltung
- Das Betriebssystem übernimmt die Verwaltung der Audio- und Video-Endgeräte zur Ein- und Ausgabe und stellt sicher, daß zur *Verarbeitung* der Daten die benötigten Betriebsmittel bereit stehen. Zu dieser Art der Betriebsmittelverwaltung zählt sowohl die Reservierung als auch die eigentliche Verwaltung (*Scheduling*) mit einem effizienten internen Datenfluß, der an die Multimedia-Bedürfnisse angepaßt ist. Synchronisationsanforderungen müssen dem Betriebssystem mitgeteilt werden, so daß sich entsprechende Aktionen einleiten lassen. Soll in einem Beispiel ein Text gleichzeitig zur Anzeige eines bestimmten Einzelbildes in einem bestimmten Fenster erscheinen, dann kann das Betriebssystem bei der Verarbeitung des Bildes eine vom Anwender angegebene Funktion aufrufen. Zur Definition solcher Anforderungen muß dann eine entsprechende Schnittstelle vorhanden sein.

Netze und Protokolle
Zur Datenübertragung zwischen verschiedenen Rechnern müssen die verbindenden Netze und Protokolle geeignet ausgelegt sein. Überträgt man Datenströme unterschiedlicher Medien über verschiedene Transportverbindungen, so sind folgende Aspekte zu beachten: Einzelne Protokolldateneinheiten (PDUs) sollen möglichst auf demselben Weg zwischen der Quelle und Senke(n) übertragen werden, da sonst ein zu großer Jitter mit erhöhtem Speicherbedarf und einer erhöhten Ende-zu-Ende-Verzögerung resultieren würde. Alle Protokolldateneinheiten der Verbindungen, die mit der Live-Synchronisation in Beziehung stehen, müßten diese Anforderung erfüllen. Die Live-Synchronisationen zwischen verschiedenen Verbindungen kann bisher nie oder nur manchmal über die Wahl geeigneter Dienstgüteparameter sichergestellt werden. Heutige Protokolle unterstützen somit eine Live-Synchronisation zwischen mehreren Verbindungen nur unvollständig.

Dieser kurze Exkurs bezüglich der benötigten Funktionen in den verschiedenen Komponenten eines Rechnersystems läßt vermuten, daß beide Arten der Synchronisation heute nur zum Teil realisierbar sind. Wenn man jedoch bei den Maximalforderungen der Live-Synchronisation und der synthetischen Synchronisation Zugeständnisse erlaubt (nur ausgewählte Anwendungen sollen diese Funktionalität verwenden können), dann sind heute Implementierungen durchaus möglich.

Der folgende Abschnitt beschreibt verschiedene Möglichkeiten zur Festlegung der Beziehungen zwischen LDUs, die auch in den erwähnten Prototypen realisiert wurden.

18.7 Ein Referenzmodell für Multimedia-Synchronisation

Zum Verständnis der zahlreichen Anforderungen an die Multimedia-Synchronisation ist ein *Referenzmodell* hilfreich. Ein derartiges Modell ermöglicht es, die Struktur von Laufzeitmechanismen, die die Ausführung der Synchronisation unterstützen, sowie die Schnittstellen zwischen Laufzeitmechanismen zu identifizieren und Systemlösungen für Multimedia-Synchronisationssysteme miteinander zu vergleichen.

Referenzmodell

Zunächst werden hierzu existierende Klassifikations- und Strukturierungsmethoden betrachtet. Anschließend wird ein Vier-Schichten-Modell präsentiert, das für die Klassifikation von Multimedia-Synchronisationssystemen eingesetzt werden kann. Da viele Multimedia-Synchronisationsmechanismen in einer Netzumgebung arbeiten, werden weiterhin spezielle Synchronisationsaufgaben in einer verteilten Umgebung und deren Beziehung zum Referenzmodell diskutiert.

18.7.1 Existierende Klassifikationsansätze

Eine umfassende Klassifikation wurde von Little und Ghafoor [LG90] eingeführt, die eine physikalische Ebene, eine Systemebene und eine menschliche Ebene unterscheiden, aber keine detaillierte Beschreibung von Klassifikationskriterien angeben. Andere Klassifikationsschemen unterscheiden zwischen Intrastrom-Synchronisation (fine-grain) und Interstrom-Synchronisation (coarse-grain) oder zwischen Live-Synchronisation und synthetischer Synchronisation [LG90, SM92a].

Ansätze der Literatur

Das Modell von Gibbs, Breiteneder und Tschichritzis [GBT93] bildet ein synchronisiertes Medienobjekt auf einen nicht-interpretierten Bytestrom ab. Die Multimediaobjekte bestehen hierbei aus abgeleiteten Medienobjekten, die aus umarrangierten Mediensequenzen zusammengesetzt sind, z. B. Szenen aus einem kompletten Video. Die Bestandteile dieser Mediensequenzen sind selbst wiederum Bestandteile eines uminterpretierten Bytestroms.

Ehley, Furth und Ilyas [EFI94] klassifizieren Intermedien-Synchronisationstechniken, die benutzt werden, um *Jitter* (*Verzögerungsschwankung*) zwischen Medienströmen entsprechend des Typs und des Orts der Synchronisationskontrolle zu steuern. Sie unterscheiden zwischen einer auf Protokollen basierenden verteilten Steuerung, einer auf Servern basierenden Verteilung und einer auf Knoten ohne Serverstruktur basierenden Verteilung. Für lokale Synchronisationssteuerung unterscheiden die Autoren die Steuerung auf verschiedenen Schichten und benutzen dafür lokale Server.

Diese Klassifikationsschemen scheinen orthogonal zu sein. Jedes einzelne Schema beschäftigt sich nur mit einigen spezifischen Aspekten. Diese Ansätze erfüllen nicht die oben geforderten Anforderungen eines Synchronisations-Referenzmodells.

Ein verbessertes Drei-Schichten-Klassifikationsschema wurde von Meyer, Effelsberg und Steinmetz [MES93] vorgeschlagen. Die Schichten sind:

Drei-Schichten-Schema

Bestandteile

- Die Medienschicht für die Intrastrom-Synchronisation von zeitabhängigen Medien,
- Die Stromschicht für die Interstrom-Synchronisation von Medienströmen,
- Die Objektschicht für die Präsentation, die die Präsentation von zeitabhängigen Medienobjekten und die Spezifikationsschicht einschließt, um komplexe Multistrom-Multimedia-Anwendungen zu verarbeiten.

In jeder Schicht werden typische Objekte und Operationen identifiziert. Weiterhin kann auf jede dieser Schichten von der Anwendung aus zugegriffen werden. Dies kann direkt oder indirekt über höhere Schichten erfolgen. Dieser Ansatz erfüllt die Ansprüche an ein Referenzmodell, weshalb dieses Modell im folgenden interpretiert werden soll.

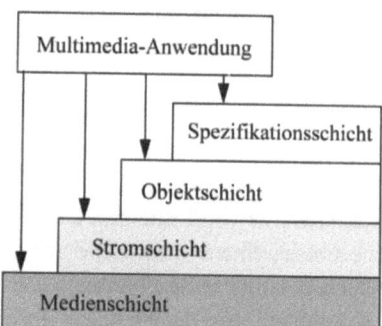

Abb. 18-28 Vier-Schichten-Referenzmodell.

Ein Vier-Schichten-Synchronisations-Referenzmodell ist in Abb. 18-28 abgebildet. Jede Schicht implementiert Synchronisationsmechanismen, die von einer geeigneten Schnittstelle geliefert werden. Diese Schnittstellen können benutzt werden, um zeitliche Beziehungen zu spezifizieren und/oder durchzusetzen. Jede Schnittstelle definiert Dienste, d. h. sie bietet dem Benutzer Mittel an, um seine Anforderungen zu definieren. Eine Schnittstelle kann weiterhin direkt von der Anwendung oder von der nächsthöheren Schicht dazu benutzt werden, um eine Schnittstelle zu implementieren. Höhere Schichten realisieren eine Programmierung auf einer höheren Abstraktionsstufe und Dienstgüteabstraktionen.

18.7.2 Das Synchronisations-Referenzmodell

Für jede Schicht werden im folgenden typische Objekte und Operationen dieser Objekte beschrieben. Die Semantik der Objekte und der Operationen stellt das Hauptkriterien dar, um sie einer der Schichten zuzuordnen zu können.

Detaillierte Programmierungsbeispiele, die aus einer echten Schnittstelle abgeleitet werden, werden von einer Schnittstelle, einem Prototyp oder einem Standard vorgesehen. Sie demonstrieren, wie hierdurch später eine Synchronisation erreicht werden kann. Das Szenario der Programmierungsbeispiele besteht darin, Untertitel während der Wiedergabe eines digitalen Spielfilms zu zeigen, die in vordefinierten Zeiten erscheinen.

Medienschicht

In der *Medienschicht* verarbeitet sich eine Anwendung einen einzelnen kontinuierlichen Medienstrom, der als Sequenz von LDUs behandelt wird.

Die Abstraktion, die diese Schicht anbietet, ist eine geräteunabhängige Schnittstelle mit Operationen wie *read (device-handle, LDU)* und *write (device-handle, LDU)*. Schon Anfang der 90er Jahre stellten Systeme, wie das Audio Device der Firma Sun, die zugehörigen Schnittstellen zur Verfügung [TP91].   *Operationen der Medienschicht*

Um einen kontinuierlichen Medienstrom aufzubauen, der die Abstraktionen nutzt, die von der Medienschicht angeboten werden, führt eine Anwendung einen Prozeß für jeden Strom in der Form des folgenden Beispiels aus: *Beispiel*

```
window = open("Videodevice"); \\ Create a video output window
movie = open("File"); \\ Open the video file
while (not eof(movie)) { \\ Loop
read(movie, &ldu); \\ Read LDU
if (ldu.time == 20) \\ Start the presentation
   print("Subtitle 1"); \\ of the synchronized subtitles
else if (ldu.time == 26)
  print("Subtitle 2");
write(window, ldu);}\\ Present LDU
close(window);\\
Close window close(movie); \\ Close file
```

Der Prozeß liest und schreibt LDUs solange, wie Daten verfügbar sind. Das synchrone Auslesen eines Untertitels wird dadurch erreicht, daß die LDUs angefordert werden, deren Zeitstempel einen bestimmten Wert aufweisen.

Die Anwendung, die diese Schicht benutzt, ist selbst für die Resynchronisation verantwortlich. Dafür verwendet sie Mechanismen zur Flußkontrolle zwischen einem erzeugenden und einem konsumierenden Gerät. Wenn mehrere Ströme parallel laufen, kann die gemeinsame Benutzung von Ressourcen deren Echtzeitanforderungen beeinflussen. Üblicherweise sorgt ein Ressourcenreservierungs- und Managementsystem dafür, daß die Intrastrom-Synchronisation garantiert wird [VHN92]. Das Betriebssystem sorgt in Echtzeit für die zeitlich korrekte Abarbeitung der zugehörigen Prozesse [MSS92]. Bei älteren Systemen werden auch die Netzwerkkomponenten in Betracht gezogen [AHS90, Fer91]. Im Spezialfall der Lippensynchronisation kann die Interstrom-Synchronisation relativ einfach realisiert werden, bei der simultane Audio- und Video-Frames in derselben LDU verzahnt vorliegen, z. B. in Form eines MPEG-Datenstroms. Die Anwendung zeigt weiterhin zeitunabhängige Medienobjekte und Benutzereingriffe an.   *Aufgaben der Anwendung*

Implementierungen der Medienschicht können entweder in einer einfachen Form vorliegen oder den Zugang zu miteinander verschachtelten Medienströmen gewähren.

Stromschicht

Aufgaben der Stromschicht

Die *Stromschicht* beschäftigt sich mit kontinuierlichen Medienströmen sowie mit Gruppen von Medienströmen. In einer *Gruppe* werden alle Ströme parallel präsentiert, indem Mechanismen der Interstrom-Synchronisation benutzt werden. Die Abstraktion, die von der Stromschicht angeboten wird, ist der Begriff von *Strömen mit Zeitparametern*. Die Dienstgüte betrifft hierbei Parameter der Interstrom-Synchronisation innerhalb eines Stroms sowie die Interstrom-Synchronisation zwischen Strömen einer Gruppe.

Datenflüsse

Kontinuierliche Medien werden in der Stromschicht als *Datenfluß* angesehen, der impliziten zeitlichen Zwängen unterliegt; individuelle LDUs sind nicht sichtbar. Ströme werden in einer Echtzeitumgebung (Real-Time Environment – RTE) verarbeitet, in der jede Prozeßverarbeitung durch wohldefinierte Zeitspezifikationen eingeschränkt ist [Her92]. Auf der anderen Seite werden die Anwendungen, die den Stromschicht-Dienst nutzen, in einer Nicht-Echtzeitumgebung (Non Real-Time Environment – NRTE) ausgeführt, in der die Prozesse von Ereignissen durch das Zeitmanagement des Betriebssystems gesteuert werden.

Operationen der Stromschicht

Typische Operationen, die von einer Anwendung aufgerufen werden, um Ströme und Gruppen des NRTE zu steuern, sind: *start (stream)*, *stop (stream)*, *create_group (list_of_streams)*, *start (group)* und *stop (group)*. Die Interaktion mit zeitunabhängigen Medienobjekten und Benutzereingriffen wird durchgeführt, indem Ereignisse an die kontinuierlichen Medienströme angehängt werden, z. B. *setcuepoint (stream/group, at, event)*. Ein solches Ereignis wird der Anwendung immer dann zugeschickt, wenn der Strom einen vorher spezifizierten Punkt während der Wiedergabe erreicht. Auf dieser Schicht ist die Anwendung außerdem für jedes zeitunabhängige Medienobjekt und die Verarbeitung von Benutzereingriffen zuständig. Dies führt zu verschiedenen Anwendungsschnittstellen für kontinuierliche Medien und für zeitunabhängige Medien sowie für Benutzereingriffe.

Das folgende Beispiel für die Verwendung der Stromschicht verwendet eine String-Command-Schnittstelle, die vom MMPM bereitgestellt wird.

Beispiel

```
open digitalvideo alias ex \\ Create video descriptor
load ex video.avs \\ Assign file to video descriptor
setcuepoint ex at 20 return 1 \\ Define event 1 for subtitle 1
setcuepoint ex at 26 return 2 \\ Define event 2 for subtitle 2
setcuepoint ex on \\ Activate
cuepoint events play ex\\ Start playing

switch read event() { \\ Event handling
case 1: display("Subtitle 1") \\ If event 1 show subtitle 1
case 2: display("Subtitle 2") \\ If event 2 show subtitle 2
}
```

Der Skip/Pause-Algorithmus, der in [AH91] eingeführt wird, gibt eine detaillierte Diskussion der Implementierung eines solchen Verhaltens wieder. Der Orchestration Service (siehe dazu Abschnitt 18.10.5) [CGCH92] sowie der Synchronisationsmechanismus in ACME [AH91] (siehe dazu Abschnitt 18.10.7) unterstützen Stromschichtabstraktionen für verteilte Multimedia-Systeme.

Skip/Pause und ACME

Die Stromschichtabstraktion wurde aus einer Abstraktion abgeleitet, die normalerweise von der Integration analoger Medien im Computersystem bereitgestellt wird. In den Systemen *Muse* und *Pygmalion*, die Teil des Athena-Projekts des MIT sind [HSA89], oder im DiME-System [SM92a] werden kontinuierliche Medien über separate Kanäle durch den Computer geleitet. Die angeschlossenen Geräte können dadurch gesteuert werden, daß Befehle über die RS-232C–Schnittstelle gesendet werden, die die Medienströme starten und stoppen. In solchen Systemen wird die Live-Synchronisation zwischen verschiedenen kontinuierlichen Medienströmen direkt von den dafür vorgesehenen Prozeßeinheiten durchgeführt. Stromschicht-Implementierungen können bezüglich ihrer Unterstützung der Verteilung, bezüglich der Garantien, die sie geben, und bezüglich der Arten der unterstützten Ströme (analog und/oder digital) unterschieden werden.

Muse und Pygmalion
DiME

Eine Anwendung, die die Stromschicht benutzt, ist für das Starten, Anhalten und Gruppieren von Strömen verantwortlich, sowie für die Definition der benötigten Dienstgüte in bezug auf die zeitlichen Parameter, die von der Stromschicht unterstützt werden. Sie muß außerdem die Synchronisation mit anderen zeitunabhängigen Medienobjekten organisieren.

Objektschicht

Die *Objektschicht* beschäftigt sich mit allen Arten von Medien und verdeckt die Unterschiede zwischen diskreten und kontinuierlichen Medien.

Die Abstraktion, die von einer Anwendung gegeben wird, ist die einer vollständigen, synchronisierten Präsentation. Diese Schicht akzeptiert eine Synchronisations-Spezifikation als Eingabe und ist für die korrekte Einplanung (*Zeitplan*) der gesamten Präsentation verantwortlich. Aus diesem Verständnis heraus sind die Abstraktionen vergleichbar mit denen des Objektmodells, das in [Ste90] behandelt wird.

Die Aufgabe dieser Schicht ist es, die Lücke zwischen den Anforderungen der Ausführung einer synchronisierten Präsentation und denen stromorientierter Dienste zu schließen. Die Funktionen, die in der Objektschicht angesiedelt sind, sind die Berechnungen und Ausführungen kompletter Präsentationsablauf-Schedules, die die Präsentation von nichtkontinuierlichen Medienobjekten und die Stromschicht einschließen. Außerdem ist die Objektschicht für die Initiierung von Vorbereitungshandlungen verantwortlich, die für das Erreichen einer korrekt synchronisierten Präsentation notwendig sind. Die Objektschicht beschäftigt sich nicht mit der Interstrom- und Intrastrom-Synchronisation. Für diese Zwecke benutzt sie die Dienste der Stromschicht.

Aufgabe der Objektschicht

MHEG

Ein Beispiel für die Einbindung dieser Schicht ist die MHEG-Spezifikation. Das Ziel des MHEG-Standards besteht in der kodierten Repräsentation von Multimedia- und Hypermedia-Informationsobjekten. Im folgenden wird ein rudimentäres Beispiel angegeben, wie das hier beschriebene Szenario in MHEG kodiert werden könnte (dazu wird eine einfache Notation verwendet, die nur die Grundlagen dieses Referenzmodells demonstrieren soll):

Beispiel

```
Composite { \\ Composite object
start-up link \\ How to start the
\\ presentation

viewer start-up viewer-list \\ Virtual views on
Viewer1: reference to Component1\\ component objects
Viewer2: reference to Component2
Viewer3: reference to Component3
Component1 \\ Component objects
reference to content "movie.avs" \\ of the composite
Component2
reference to content "Subtitle1"
Component3
reference to content "Subtitle2"
Link1 \\ Temporal relations
"when timestone status of Viewer1
becomes 20 then start Viewer2"
Link2 "when timestone status of Viewer1
becomes 26 then start Viewer3"
}
```

MHEG-Engine

Eine mögliche Implementierung der Objektschicht ist das MHEG-Laufzeitsystem, die sog. MHEG-Engine (MHEG-Motor). Die Engine bewertet den Status der Objekte und führt Operationen (Aktionen) aus, bspw. das Vorbereiten, Starten, Stoppen oder die Zerstörung des Objekts. Im Fall zeitabhängiger Medienobjekte kann die Startoperation auf die Initiierung eines Medienstroms in der Stromschicht abgebildet werden. Bei einem zeitunabhängigen Medienobjekt setzt dieser Aufruf direkt voraus, daß das Objekt verfügbar ist. Vorbereitungszeiten sind notwendig, um z. B. der Stromschicht die Möglichkeit zu geben, eine Stromverbindung aufzubauen, oder bei zeitunabhängigen Medienobjekten die Präsentation bereitzustellen. Dies kann z. B. die Anpassung der Farben eines Objektes an die Farben des Ausgabegerätes sein. Die Vorbereitung wird durch die Aktion „Prepare" gestartet.

Implementierungen der Objektschicht

Implementierungen der Objektschicht können bezüglich der Verteilungsmöglichkeiten und bezüglich der Präsentation der Schedule-Berechnung eingeteilt werden. Man unterscheidet, ob die Implementierung einen Schedule berechnet und wenn sie ihn berechnet, ob der Schedule *vor* der Präsentation oder *zur Laufzeit* der Präsentation kalkuliert wird. Bezüglich der Verteilung können Implementierungen lokal sein oder eine Verteilung unterstützen, die auf einer Server-Struktur basiert, bzw. auf der vollen Verteilung ohne Einschränkungen.

Die Aufgabe der Anwendung, die die Objektschicht benutzt, ist die Bereitstellung einer Synchronisationsspezifikation.

Spezifikationsschicht

Die Spezifikationsschicht ist eine „offene" Schicht, sie bietet folglich keine explizite Schnittstelle an. Diese Schicht beinhaltet Anwendungen und Werkzeuge, die es erlauben, Synchronisations-Spezifikationen zu erzeugen. Solche Werkzeuge sind bspw. Editoren für die Synchronisation und für Multimedia-Dokumente sowie Authoring-Systeme. Auch Werkzeuge für die Konvertierung von Spezifikationen sind über ein Objektschichtformat in der Spezifikationsschicht angesiedelt. Als Beispiel für eine solche Konvertierung sei ein Formatierungsprogramm für Multimedia-Dokumente genannt, das eine Spezifikation erstellt, wie bspw. sie von [Mar91] vorgeschlagen wird.

Der Synchronisations-Editor des MODE-Systems (siehe dazu Abschnitt 18.10.4) [BHLM92] kann z. B. benutzt werden, um das Synchronisationsbeispiel (Abb. 18-13 auf Seite 575) zu spezifizieren. Eine grafische Schnittstelle erlaubt hierbei die Auswahl der Video- und Textobjekte, die benutzt werden sollen, die Vorschau eines Videos, die Auswahl der passenden Zeitpunkte, zu denen die Untertitel gezeigt werden sollen, deren Spezifikation der zeitlichen Zusammenhänge und die Speicherung der Synchronisations-Spezifikation.

MODE-System

Die Spezifikationsschicht ist weiterhin für die Abbildung der Dienstgüteanforderungen der Benutzerschicht auf diejenige Dienstgüte verantwortlich, die an der Schnittstelle zur Objektschicht angeboten wird.

Die Methoden zur Synchronisationsspezifikation können in die folgenden Hauptkategorien eingeteilt werden:

Kategorien von Spezifikationsmethoden

- *Intervallbasierte Spezifikationen*, die die Spezifikation von zeitlichen Beziehungen zwischen den Zeitintervallen der Präsentation der Medienobjekte erlauben.
- *Achsenbasierte Spezifikationen*, die die Präsentationsereignisse zu den Achsen in Beziehung setzen, die von den Objekten der Präsentation gemeinsam genutzt werden.
- *Steuerungsflußbasierte Spezifikationen*, in denen zu gegebenen Synchronisationspunkten der Fluß der Präsentation synchronisiert wird.
- *Ereignisbasierte Spezifikationen*, in welchen die Ereignisse der Präsentationen von Medien angegeben werden, die Präsentationshandlungen auslösen.

18.7.3 Synchronisation in einer verteilten Umgebung

Die Synchronisation in einer *verteilten Umgebung* ist grundsätzlich komplexer als in einer lokalen Umgebung. Dies liegt hauptsächlich an der verteilten Speicherung der Synchronistionsinformationen und an den unterschiedlichen Speicherorten der Medienobjekte, die in die Präsentation eingebunden sind. Die Kommunikation zwischen einem Speichermedium und der Präsentationseinheit verursacht zusätzliche Verzögerungen und Jitter. Häufig trifft man auch auf Kommunikationsmuster verschiedener Beteiligten.

Transport der Synchronisationsspezifikation

Es ist notwendig, daß die Präsentationskomponente an der Senke eine Synchronisationsspezifikation zu dem Zeitpunkt bekommt, an dem das Objekt dargestellt werden soll. Man unterscheidet drei Hauptansätze für die Übertragung der Synchronisationsanforderungen an die Senke:

Übertragung von Anforderungen an die Senke

- *Übertragung der gesamten Synchronisationsinformation vor dem Beginn der Präsentationen.*

  Dieser Ansatz wird häufig im Fall der synthetischer Synchronisation benutzt. Typischerweise greift die Anwendung an der Senke mit der Spezifikation oder mit einer Referenz auf die Spezifikation auf die Objektschicht-Schnittstelle zu. Die Implementierung dieses Ansatzes ist einfach; sie erlaubt bei mehreren Quellen eine einfache Handhabung der Medienobjekte. Der Nachteil ist die Verzögerung, die durch den Transport der Synchronisationsspezifikation vor der Präsentation verursacht wird, insbesondere, wenn die Spezifikation an einem anderen Ort gespeichert wird. Die Übertragung der Synchronisationsspezifikation ist Aufgabe einer Komponente, die in der Objektschicht oder in einer höheren Schicht angeordnet ist.

- *Benutzung eines zusätzlichen Synchronisationskanals.*

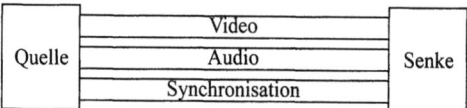

Abb. 18-29 Verwendung eines getrennten Synchronisationskanals.

Der in Abb. 18-29 skizzierte Ansatz ist nur sinnvoll, wenn lediglich eine einzige Quelle existiert. Er wird bei Live-Synchronisation benutzt und ist in diesem Fall auch zu bevorzugen, da hier die Synchronisationsinformation nicht im voraus bekannt ist. Durch diese Methode werden keine zusätzlichen Verzögerungen verursacht. Als Nachteil gilt, daß ein zusätzlicher Kommunikationskanal benötigt wird, der Fehler aufgrund von Verzögerungen oder aufgrund eines Verlusts der Synchronisations-Spezifikationseinheiten verursachen kann. Hierbei wird oft vergessen, daß die Informationen im Synchronisationskanal dekodiert werden müssen, wenn das entsprechende Objekt dargestellt werden soll, die Datenkommunikation über diesen Kanal muß daher ein gewisses zeitliches Verhalten einhalten. Außerdem treten Schwierigkeiten auf, wenn verschiedene Quellen von synchronisierten Medienobjekten verarbeitet werden müssen. Der Synchronisationskanal muß von der Objektschicht verwaltet und eventuell von der Stromschicht unterstützt werden, wenn er als Strom definiert werden soll.

- *Multiplex-Datenströme.*

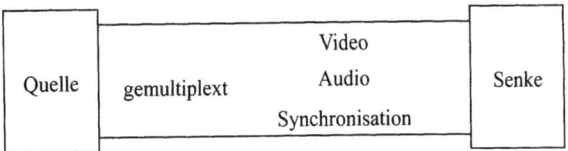

*Abb. 18-30
Anordnung von
Synchronisations-
operationen.*

Der Vorteil von Multiplex-Datenströmen auf einem Kommunikationskanal (siehe Abb. 18-31) ist, daß die verbundene Synchronisationsinformation zusammen mit den Medieneinheiten übertragen werden können. Es sind daher keine zusätzlichen Synchronisationskanäle notwendig. Weiterhin wird durch diesen Ansatz keine zusätzliche Verzögerung verursacht. Ein wichtiges Problem in bezug auf Multiplex-Medien und Synchronisationsinformation ist die Schwierigkeit, eine optimale Dienstgüte auszuwählen, die die Ansprüche aller einbezogenen Medien befriedigen kann. So arbeiten z. B. strenge Medienobjekte zuverlässig. Die Synchronisationsinformation bereitet auch bei der Benutzung von mehreren Quellen Schwierigkeiten und muß von der Stromschicht unterstützt werden. Die Verwendung von Multiplex-Datenströmen kann von Kodierungsstandards, wie MPEG, impliziert werden. MPEG definiert einen Bildstrom, der Video-, Audio- und die verbundene Synchronisationsinformation kombiniert. Daher kann diese Art von Bildstrom als ein Medium in der Stromschicht aufgefaßt werden. Ein derartiger Strom kann auch für die Synchronisation mit anderen Medien verwendet werden. Auch andere Ansätze sind hier anwendbar.

Manchmal ist es möglich, Medienobjekte mittels einer Kombination von Objekten zu einem neuen Objekt zu synchronisieren. Dieser Ansatz kann genutzt werden, um Kommunikationsressourcen zu reduzieren, wie in Abb. 18-31 gezeigt. Hier werden eine Animation und zwei Bitmaps, die eine Videosequenz überlagern sollen, bereits an der Quelle zusammengemischt, um ein neues Videoobjekt zu formen, das die Anforderungen an die Bandbreite verringert.

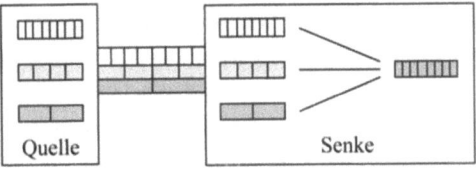

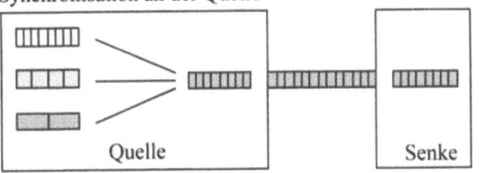

*Abb. 18-31
Multiplex-Medien und
Synchronisations-
kanäle.*

Die Mischung der Objekte, inklusive zeitunabhängiger Medienobjekte, muß von der Objektschicht unterstützt werden. Das Verbinden von Medienströmen muß, ebenso wie das Vermischen von Audiokanälen, von der Stromschicht unterstützt werden.

Uhren-Synchronisation

In verteilten Systemen muß die Synchronisationsgenauigkeit zwischen den Uhren der Quelle und denen der Senken betrachtet werden. Viele Synchronisationsschemen verlangen, daß die hierzu notwendigen zeitlichen Beziehungen bekannt sind. Dieses Wissen ist die Basis für ein globales, Zeitgeber-basiertes Synchronisationsschema sowie für Schemen, die voraussetzen, daß Operationen an verteilten Einheiten zeitlich koordiniert werden. Dies erfolgt, um einerseits eine rechtzeitige Übertragung zu gewährleisten und andererseits, um sicherzustellen, daß Operationen nicht zu früh durchgeführt werden und damit einen Pufferüberlauf auslösen.

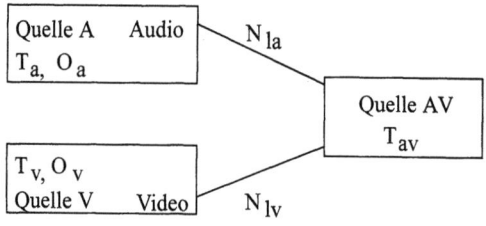

Abb. 18-32 Uhrenabgleich in einer verteilten Umgebung.

Berechnung eines Zeitpunkts

Dieses Problem ist bei der Synchronisation von unterschiedlichen Quellen besonders wichtig (siehe Abb. 18-32). Wenn eine synchronisierte Audio-/Videopräsentation zu einer Zeit T_{av} an der Senke gestartet werden soll, dann muß die Audioübertragung der Quelle A zum Zeitpunkt $T_a = T_{av} - N_{la} - O_a$ beginnen. Dabei ist N_{la} die bekannte Netzverzögerung, O_a der Offset der Uhr an der Quelle und A der Offset der Uhr an der Senke. An einer Quelle B beginnt die Übertragung zum Zeitpunkt $T_v = T_{av} - N_{lv} - O_v$.

Determinanten

Die Offsets O_a und O_v sind unbekannt. Das sich ergebende Problem der rechtzeitigen Übertragung zur Senke kann gelöst werden, wenn die maximal möglichen Werte von O_a und O_v bekannt sind. Es ist möglich, der Senke Pufferkapazitäten zuzuordnen und die Übertragung des Audios und des Videos im voraus zu starten, um sicherzustellen, daß die benötigten Medieneinheiten rechtzeitig verfügbar sind. Da die notwendigen Pufferkapazitäten an der Senke von der möglichen Angleichung abhängig sind (unter der Voraussetzung begrenzter Pufferkapazitäten) ist es wichtig, den maximalen Offset zu begrenzen. Dies kann mit Hilfe eines Protokolls zur Uhrensynchronisation, wie dem *Network Time Protocol* [Mil91], erreicht werden. Dieses erlaubt die Synchronisation der Uhren mit einer Genauigkeit im Bereich von 10 ms. Bei Verwendung von Rundfunk-Zeitsignalen, die auch von Funkuhren benutzt werden, sind Genauigkeiten unterhalb des Bereichs von Millisekunden anwendbar [Mil93].

Diese Genauigkeit ist für die globale Zeitgeber-Synchronisation und für verteilte Operations-Schedules angemessen.

Die zeitlich korrekte Übertragung von LDUs eines Stroms ist Aufgabe der *Stromschicht*, die die Uhren-Offsets verarbeiten muß. Für die rechtzeitige Übertragung von zeitunabhängigen Medienobjekten ist die *Objektschicht* verantwortlich.

Schichtenzuordnung

Mehrfache Kommunikationsbeziehungen

Mögliche Kommunikationsmuster sind in Abb. 18-33 dargestellt. Muster mit vielfältigen Senken erfordern, daß zur Laufzeit Multicast- und Broadcast-Mechanismen benutzt werden, um die Ressourcenanforderungen zu verringern (insbesondere Netzwerkressourcen). Auch sollten ineffiziente mehrfache Ausführungen der gleichen Operationen in verschiedenen Senken vermieden werden. Das Multicasting von Strömen ist Aufgabe der Stromschicht. Eine effiziente Planung der Ausführung der Operationen in den unterschiedlichen Kommunikationsmustern liegt im Verantwortungsbereich der Objektschicht.

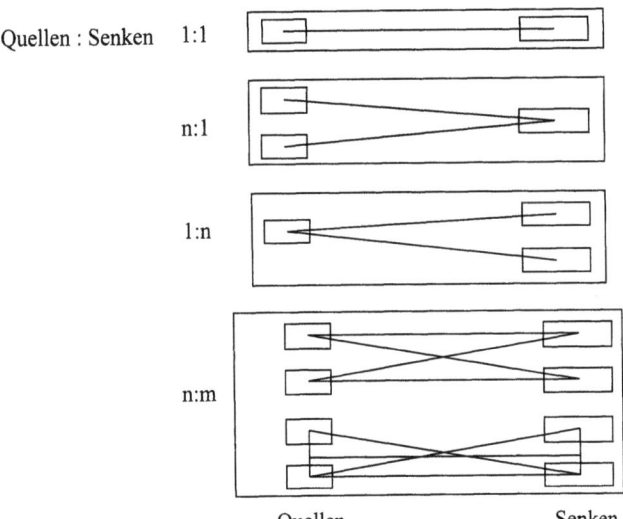

Abb. 18-33 Mehrfache Kommunikationsbeziehungen.

Multi-Step-Synchronisation

Die Synchronisation in einer verteilten Umgebung ist typischerweise ein Prozeß in mehreren Schritten (*Multi-Step*). Während sämtlicher Prozeßschritte muß die Synchronisation in einer Art und Weise aufrecht erhalten werden, die der Senke die endgültige Synchronisation ermöglicht. Die Schritte dieses Prozesses sind:

- Synchronisation während der „*Akquisition*" des Objekts, z. B. während der Digitalisierung von Video-Frames.

- Synchronisation des Informationsabrufs, z. B. synchronisierter Zugriff auf Frames eines gespeicherten Videos.
- Synchronisation während der Übertragung der LDUs zum Netzwerk, z. B. Übertragung der Frames eines Videos zum Transportdienst der Schnittstelle.
- Synchronisation während des Transports, z. B. bei isochronen Protokollen.
- Synchronisation einer Senke, z. B. synchronisierte Übertragung an die Ausgabegeräte.
- Synchronisation innerhalb der Ausgabegeräte.

Manipulation der Präsentation

Die Unterstützung von Funktionen wie *Pause*, *Vorlauf* und *Rücklauf* mit unterschiedlichen Präsentationsgeschwindigkeiten, einem Direktzugriff, einem Anhalten und einer Wiederholung ist in einer verteilten Umgebung schwierig. Die notwendige Information dazu muß in einer derartigen Umgebung verteilt werden. Objekte, die bereits im voraus für die Präsentation vorbereitet wurden, müssen gelöscht werden. Netzwerkverbindungen können möglicherweise geändert worden sein und müssen neu aufgebaut werden. Deshalb ist es schwierig, Verzögerungen in der Ausführung dieser Manipulationsfunktionen zu vermeiden.

Konsequenzen für die Synchronisation in einer verteilten Umgebung

Um in einer verteilten Umgebung eine Synchronisation zu erreichen, müssen viele Entscheidungen getroffen werden, bspw. die Auswahl der Transportart für die Synchronisationsspezifikation. Während der Laufzeit müssen Entscheidungen getroffen werden, die den Ort der Synchronisationsoperationen betreffen, die die Offsets der Uhren verwalten, und die den Multicast- und Broadcast-Mechanismus bewältigen. Insbesondere muß für eine kohärente Planung der Schritte im Synchronisationsprozeß und für die erforderlichen Objektoperationen, z. B. der Kompression, gesorgt werden. Weiterhin erfordern Operationen zur Präsentationsmanipulation zusätzliche Neuplanungen während der Laufzeit.

Generell ist die Ausführung von synchronisierten verteilten Präsentationen ein komplexes Planungsproblem. Der sich aus einer derartigen Berechnung ergebende Plan wird häufig als *Schedule (Zeitplan)* bezeichnet.

18.7.4 Zusammenfassung der Charakteristika des Referenzmodells zur Synchronisation

Das Referenzmodell zur Synchronisation ermöglicht die Strukturierung und Klassifizierung von Synchronisationssystemen. Die Identifikation der Schnittstellen und Schichten erlaubt eine Kombination existierender Lösungen zu kompletten Systemen. Tab. 18-4 auf Seite 613 gibt einen Überblick der Schnittstellenabstraktionen und der Aufgaben aller Schichten dieses Referenzmodells.

Schicht	Schnittstellenabstraktion	Aufgaben
Spezifikation	• Die Werkzeuge, die die Aufgaben dieser Schicht erfüllen, haben keine obere Schnittstelle	• Editieren • Formatierung • Abbildung der Benutzerorientierten QoS auf die QoS-Abstraktion des Benutzers in der Objektschicht
Objekt	• Synchronisationsspezifikation • Objekte, die die Typen eingeschlossener Medien verbergen • Medienorientierte QoS (bezügl. des akzeptierbaren Versatzes und Jitters)	• Planung und koordiniertes Präsentations-Scheduling • Initiierung der Präsentation der zeitabhängigen Medienobjekte durch die Stromschicht • Initiierung der Präsentation der zeitunabhängigen Medienobjekte • Initiierung der Präsentationsvorbereitungsaktionen
Strom	• Ströme und Gruppen von Strömen • Garantien für Intrastrom-Synchronisation • Garantien für Interstrom-Synchronisation der Ströme einer Gruppe	• Ressourcenreservierung und Scheduling der LDU-Verarbeitung
Medien	• Geräteunabhängiger Zugang zu den LDUs • Garantien für die Verarbeitung einzelner LDUs	• Datei- und Gerätezugriff

Tab. 18-4 Überblick über die Schichten des Synchronisationsreferenzmodells.

Die Einordnung von Mechanismen und Methoden in die Schichten ist in Tab. 18-5 zusammengefaßt.

Schicht	Gegenstand der Klassifikation
Spezifikation	Methode der Synchronisationsspezifikation: • Intervallbasierte Spezifikation • Achsenbasierte Spezifikation • Steuerflußbasierte Spezifikation • Ereignisbasierte Spezifikationen
	Werkzeugtyp: • Textuelles Spezifikationswerkzeug • Grafisches Spezifikationswerkzeug • Konverter

Tab. 18-5 Klassifikation von Mechanismen und Methoden in den Schichten.

Tab. 18-5: (Fortsetzung)

Schicht	Gegenstand der Klassifikation
Objekt	Distributionstyp: • Lokal • Verteilt, auf Servern basierend • Verteilt, ohne Server
	Art der Schedule-Berechnung: • Keine Berechnung • Berechnung während der Compilierung • Berechnung während der Laufzeit
Strom	Distributionstyp: • Lokal • Verteilt
	Art der Garantie des QoS: • Keine Dienstgütegarantien • Dienstgütegarantien durch Ressourcenreservierung
Medien	Zugänglicher Datentyp: • Single-Medium-Daten • Verschachtelte, komplexe Daten

18.8 Synchronisationsspezifikation

Die Synchronisationsspezifikation eines Multimedia-Objekts beschreibt alle zeitlichen Abhängigkeiten der eingeschlossenen Objekte. Sie wird mittels Werkzeugen der Spezifikationsschicht erzeugt und an der Schnittstelle zur Objektschicht verwendet. Da die Synchronisation die gesamte Präsentation festlegt, stellt sie eine zentrale Aufgabe in Multimedia-Systemen dar. Im folgenden werden Anforderungen an die Synchronisationsspezifikation sowie Spezifikationsmethoden beschrieben und bewertet.

Bestandteile einer Spezifikation

Eine Synchronisationsspezifikation sollte aus folgenden Bestandteilen zusammengesetzt sein:

- Intraobjekt-Spezifikation für die Medienobjekte der Präsentation.
- Dienstgütebeschreibung für die Intraobjekt-Synchronisation.
- Spezifikation der Interobjekt-Synchronisations für Medienobjekte der Präsentation.
- Dienstgütebeschreibung für die Interobjekt-Synchronisation.

Die Synchronisationsspezifikation ist Teil der Beschreibung eines Multimedia-Objekts. Zusätzlich kann sie beschreiben, in welcher Präsentationsform, bzw. in welcher alternativen Präsentationsformen ein Medienobjekt dargestellt werden soll. Ein Text kann bspw. in Form von Buchstaben auf den Bildschirm geschrieben oder als Audiosequenz generiert werden. Eine Spezifikation könnte lediglich eine dieser beiden Möglichkeiten erlauben oder eine Auswahl der Präsentationsform während der Laufzeit zulassen.

Bei Live-Synchronisationen werden die zeitlichen Beziehungen implizit während der Aufnahme definiert. Dienstgüteerfordernisse einzelner Medien sind vor dem Beginn der Aufnahme festgelegt.

Live-Synchronisation

Im Fall der synthetischer Synchronisation muß die Spezifikation explizit geschaffen werden. Verschiedene Methoden der synthetischen Synchronisation wurden in der Literatur beschrieben. Eine Vorstellung dieser Verfahren erfolgt im nächsten Abschnitt.

Synthetische Synchronisation

18.8.1 Dienstgüte im Kontext von Synchronisation

Die notwendige Dienstgüte hängt jeweils von den verwendeten Medien und von der Anwendung ab.

Dienstgüte für ein Medienobjekt

Die Dienstgütespezifikation für ein Medienobjekt schließt die Qualität bezüglich einzelner LDUs eines Medienobjekts und die Genauigkeit ein, mit der die zeitlichen Beziehungen zwischen den LDUs dieses Medienobjekts erfüllt werden müssen, wenn das Medienobjekt zeitabhängig ist.

Medien	Bild (z. B. Bitmap)	Video	Audio
QoS	Farbtiefe	Farbtiefe	Lineares oder logarithmisches Sampling
	Auflösung	Auflösung	Sample-Größe
		Frame-Rate	Sampling-Rate
		Jitter	Jitter
		Fehlerrate	Fehlerrate

Tab. 18-6 Einige Dienstgüteparameter für die Präsentation eines Medienobjektes

Tab. 18-6 zeigt einige Dienstgüteparameter für ein Medienobjekt. Die weißen Felder enthalten Qualitäten, die unabhängig von zeitlichen Beziehungen sind. In den hellgrauen Boxen befinden sich zeitabhängige Qualitäten, die unter begrenztem Einfluß des Präsentationssystems stehen, da die Qualität von einem Auswahlprozeß während der Aufnahme abhängig ist. Üblicherweise können mit Hilfe des Präsentationssystems lediglich Qualitätsverluste angegeben werden. In den dunkelgrauen Boxen stehen die Zeitqualitäten, die potentiell unter der vollen Kontrolle der Präsentationsumgebung stehen.

Dienstgüte zweier verbundener Medienobjekte

Synchronisationsanforderungen können durch eine Dienstgütespezifikation ausgedrückt werden. Ein Dienstgüte-Parameter kann den akzeptablen Versatz innerhalb der betroffenen Daten definieren, insbesondere aber die möglichen

Synchronisationsgrenzen. Wenn Audio- und Videobestandteile eines Films als unterschiedliche Einträge in einer Datenbank gespeichert werden, dann kann die Lippensynchronisation entsprechend der in Abschnitt 18.2.2 erwähnten Resultate in Betracht gezogen werden.

In diesem Zusammenhang sollen die Begriffe *Präsentations-* und *Produktionsniveau-Synchronisation* eingeführt werden:

Synchronisation der Präsentation und des Produktionsniveaus

- Die *Synchronisation des Produktionsniveaus* bezieht sich auf die Dienstgüte, die vor der Präsentation der Daten an der Benutzerschnittstelle garantiert werden muß. Sie beinhaltet typischerweise die Aufnahme von synchronisierten Daten für eine spätere Wiedergabe. Die gespeicherten Daten sollten ohne einen Versatz aufgezeichnet werden, d. h. „in sync". Dies ist insbesondere anwendbar, wenn eine Datei in einem verzahnten Format gespeichert ist. Auf der Seite des Teilnehmers ist die gerade empfangene audiovisuelle Information „in sync" bezüglich der definierten Grenzen der Lippensynchronisation. Wenn man annimmt, daß die Daten mit einem Versatz von +80 ms und daß Audio- und Video-LDUs als ein einziger Multiplex-Strom über dieselbe Transportverbindung übermittelt werden, dann wird dieser Strom als scheinbar „in sync" wiedergegeben. Wenn die Daten auf einer Festplatte gespeichert werden sollen und simultan auf einer lokalen Workstation und einem entfernten Zuschauer präsentiert werden sollen, dann muß die Dienstgüte für die korrekte Übertragung zwischen -160 ms und 0 ms spezifiziert werden. Ohne die Kenntnis des aktuellen Versatzes könnte an der Station des entfernten Zuschauers diese Grenze zweimal angewandt werden, dann sind die Daten nicht „in sync". Generell sollten Daten, die später weiterverarbeitet werden, der Qualität des Produktionsniveaus entsprechen, d. h. keinen Versatz aufweisen.

Dienstgüte und Versatz

- Die Präsentationsanforderungen, die in Abschnitt 18.3 diskutiert wurden, bestimmen die *Synchronisation des Präsentationsniveaus*. Diese Synchronisation definiert Anforderungen an der Benutzerschnittstelle. Sie berücksichtigt dabei keine Weiterverarbeitung der synchronisierten Daten; die Synchronisation des Präsentationsniveaus konzentriert sich auf die menschliche Wahrnehmung der Synchronisation. Wie im vorangegangenen Abschnitt gezeigt wurde, kann durch die Aufnahme des aktuellen Versatzes als Teil einer Steuerungsinformation die geforderte Dienstgüteanforderung für die Synchronisation leicht berechnet werden. Die Dienstgüteanforderung der Synchronisation wird daher über den zulässigen Versatz ausgedrückt. Die Dienstgütewerte, die in Tab. 18-2 auf Seite 589 abgebildet sind, beziehen sich auf die Synchronisation des Präsentationsniveaus. Die meisten Werte sind Ergebnisse von ausführlichen Experimenten und Erfahrungen, andere stammen aus der angeführten Literatur. Sie dienen als generelle Leitlinie für jede Dienstgütespezifikation. Während der Experimente zur Lippen- und Zeigersynchronisation stellte sich heraus, daß viele Faktoren diese Ergebnisse beeinflussen. Trotzdem können diese Werte, abhängig vom aktuellen Inhalt, eventuell lockerer gehandhabt werden.

18.8 Spezifikation

Dienstgüte mehrerer verbundener Medienobjekte

Bis hierhin wurde die Mediensynchronisation als eine Beziehung zwischen zwei verschiedenen Medien oder verschiedenen Datenströmen untersucht. Dies ist die kanonische Grundlage aller Arten von Mediensynchronisation. In der Praxis begegnet man häufig mehr als zwei Datenströmen, die miteinander in Verbindung stehen; ein hochentwickeltes Multimedia-Applikationsszenario schließt die simultane Verarbeitung verschiedener Sessions mit ein. Als Beispiel sei eine Videokonferenz genannt, in der ein Fenster den gerade sprechenden Redner zeigt und ein Audio aus dem zugehörigen Lautsprecherpaar kommt.

Erweiterung der Zahl der Medien

Video- und Audiodaten werden mittels der Erfordernisse der Lippensynchronisations zueinander in Beziehung gesetzt, Audio und Telepointer mittels der Zeigersynchronisations. Die Verbindung von Videodaten mit dem Telepointer kann dann durch eine einfache Kombination erzielt werden. In diesem Beispiel werden die folgenden Versätze definiert:

Definition von Versat

```
max skew (video ahead_of audio) = 80 ms
max skew (audio ahead_of video) = 80 ms
max skew (audio ahead_of pointer) = 740 ms
max skew (pointer ahead_of audio) = 500 ms
```

Dies führt zu folgendem abgeleiteten Versatz:

Abgeleiteter Versatz

```
skew (video ahead_of pointer) =< 820 ms
skew (pointer ahead_of video) =< 580 ms
```

Generell können diese Anforderung leicht aus einer Akkumulation des kanonischen Versatzes, wie im oben erwähnten Beispiel, abgeleitet werden. Die Informationen, die durch die Zusammenfassung von Medien gesammelt wurden, sind für den Benutzer genauso wichtig wie für das Multimedia-System, das den Dienst entsprechend dieser Werte bereitstellen muß.

Manchmal existieren zu viele Spezifikationen eines Synchronisationsversatzes; z. B. ein Sprachkurs, der Audiodaten in Englisch und Spanisch einschließt, ebenso wie die dazu passenden Videosequenzen. Der Kursaufbau verlangt eine Lippensynchronisation zwischen Video und Audio, unabhängig von der Sprache (+/-80 ms). Zusätzlich müssen die Sätze synchronisiert sein, damit es möglich ist, von einer Sprache zur anderen umzuschalten (in diesem Fall wählt man einen Wert von 400 ms). Da die Lippensynchronisation höhere Anforderungen stellt als die Synchronisation zwischen den Sprachen, würde dies zur folgenden Versatzspezifikation führen (siehe Abb. 18-34).

```
1. max skew (video ahead_of audio_english) = 80 ms
2. max skew (audio_english ahead_of video) = 80 ms
3. max skew (video ahead_of audio_spanish) = 80 ms
4. max skew (audio_spanish ahead_of video) = 80 ms
5. max skew (audio_english ahead_of audio_spanish) = 400 ms
6. max skew (audio_spanish ahead_of audio_english) = 400 ms
```

Abb. 18-34
Spezifikationsbeispiel.

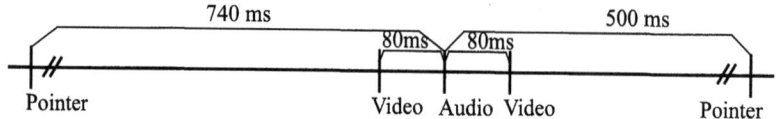

Diese Spezifikation besteht aus einem Satz von verbundenen Anforderungen, die im ganzen erfüllt werden müssen, es ist also „der größte gemeinsame Nenner" zu finden. Für jede kanonische Form können die abgeleiteten Versätze wie folgt berechnet werden:

Abgeleiteter Versatz

```
1+2+3+4:
max skew (audio_english ahead_of audio_spanish) = 160 ms
max skew (audio_spanish ahead_of audio_english) = 160 ms

1+2+5+6:
max skew (video ahead_of audio_spanish) = 480 ms
max skew (audio_spanish ahead_of video) = 480 ms

3+4+5+6:
max skew (video ahead_of audio_english) = 480 ms
max skew (audio_english ahead_of video) = 480 ms
```

Im zweiten Schritt werden die strengsten Anforderungen ausgewählt:

Auswahl von Anforderungen

```
1. max skew (video ahead_of audio_english) = 80 ms
2. max skew (audio_english ahead_of video) = 80 ms
3. max skew (video ahead_of audio_spanish) = 80 ms
4. max skew (audio_spanish ahead_of video) = 80 ms
5. max skew (audio_english ahead_of audio_spanish) = 160 ms
6. max skew (audio_spanish ahead_of audio_english) = 160 ms
```

Im nächsten Schritt kann ein beliebiger Satz von Synchronisationsanforderungen aus den oben hergeleiteten Berechnungen ausgewählt werden:

Synchronisations-anforderungen

```
max skew (video ahead_of audio_english) = 80 ms
max skew (audio_english ahead_of video) = 80 ms
max skew (audio_english ahead_of audio_spanish) = 160 ms
max skew (audio_spanish ahead_of audio_english) = 160 ms
```

Zusammenfassung

Zusammenfassend erlauben die oben genannten Prozeduren, zwei miteinander verbundene Probleme zu lösen:

- Wenn die Anwendung einen Satz von verbundenen Synchronisationsanforderungen an ein Multimedia-System verlangt, kann man die Anforderungen finden, die den größten Einschränkungen unterliegen.

- Wenn ein Satz von individuellen Synchronisationsanforderungen zwischen verschiedenen Datenströmen gegeben ist, kann man die erforderlichen Beziehungen zwischen jedem einzelnen Strompaar berechnen.

Beide Aufgaben tauchen in komplexen Systemen auf, wenn die Dienstgüteanforderungen geschätzt, berechnet oder ausgehandelt werden müssen. Dies wird im nächsten Abschnitt beschrieben.

18.9 Spezifikationsmethoden für die Multimedia-Synchronisation

Für die komplexen Spezifikationen von mehrfachen Objektsynchronisationen, einschließlich der Benutzerinteraktion, müssen hochentwickelte Spezifikationsmethoden eingesetzt werden. Die folgenden Anforderungen sollten von einer solchen Spezifikationsmethode erfüllt werden:

Anforderungen

- Die Methode soll die Objektkonsistenz und die Aufrechterhaltung der Synchronisationsspezifikationen unterstützen. Medienobjekte sollten in der Spezifikation als logische Einheit verwaltet werden.
- Die Methode sollte eine Abstraktion von den Inhalten des Medienobjekts liefern. Diese Abstraktion sollte die Spezifikation von zeitlichen Beziehungen erlauben, die sich auf einen Teil des Medienobjekts beziehen, das Medienobjekt aber auf der anderen Seite weiterhin als logische Einheit betrachten.
- Alle Arten von Synchronisationsbeziehungen sollten leicht zu beschreiben sein.
- Die Integration von zeitabhängigen wie zeitunabhängigen Medienobjekten sollte unterstützt werden.
- Die Definition von Dienstgüteanforderungen sollte von der Spezifikationsmethode unterstützt werden. Sie sollte bevorzugt direkt in der Methode ausgedrückt werden. Hierarchische Synchronisatonsniveaus müssen unterstützt werden, um die Verarbeitung von großen und komplexen Synchronisationsszenarien zu unterstützen.

Im folgenden Absatz werden Spezifikationsmethoden entsprechend der oben beschriebenen Kriterien beurteilt.

18.9.1 Intervallbasierte Spezifikation

In der intervallbasierten Synchronisationsspezifikation wird die Dauer der Präsentation eines Objekts als ein Intervall betrachtet. Zwei Zeitintervalle können auf 13 verschiedene Arten und Weisen synchronisiert werden [All83, Ham72]. Einige dieser Arten sind vorher und anschließend invertierbar. Abb. 18-35 auf Seite 620 zeigt einen Ausschnitt von sieben nicht invertierbaren Raten, entsprechend [LG90]. Eine einfache Methode zur Synchronisationsspezifikation von zwei Medienobjekten besteht darin, diese sieben Arten zu verwenden.

Intervalle

*Abb. 18-35
Arten von zeitlichen
Beziehungen zwischen
zwei Objekten.*

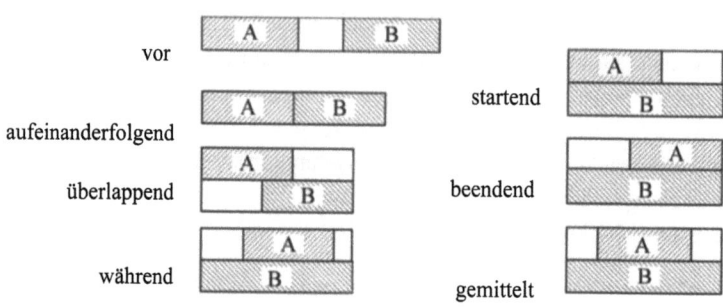

Intervallrelationen

Das verbesserte, intervallbasierte Modell [WR94] stützt sich auf Intervallrelationen. Hierbei werden 29 Intervallrelationen identifiziert, die als Disjunktionen der Basisintervallrelationen definiert sind. Um die Synchronisationsspezifikation zu erleichtern, werden zehn Operatoren definiert, die diese Intervallrelationen bearbeiten können. Diese Operationen sind in Abb. 18-36 dargestellt. Die Dauer einer Präsentation, wie A oder B, ist ebenso, wie die Verzögerung d_i, Untergruppe von + 0, da die Dauer einer Präsentation, genau wie die einer Verzögerung, nicht im voraus bekannt ist. Außerdem dürfen die Operationen *before end-of, delayed, start in, end in, cross* und *overlaps* d_i nicht 0 sein.

*Abb. 18-36
Operationen der
verbesserten
intervallbasierten
Methode.*

Operationen mit einem Verzögerungsparameter

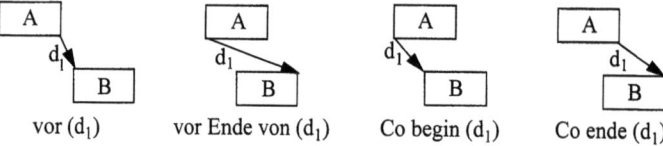

Operationen mit 2 Verzögerungsparametern

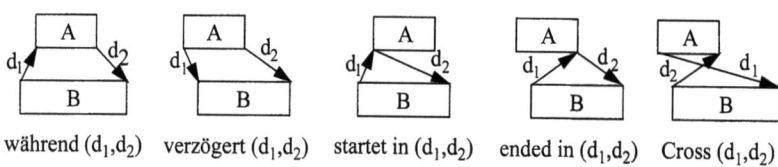

Operationen mit 3 Verzögerungsparametern

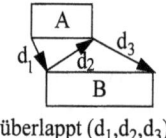

überlappt (d_1, d_2, d_3)

Eine Dia-Show mit den Dias $Slide_i$ ($1 \leq i \leq 1$) und ein Audioobjekt *Audio* können in diesem Modell folgendermaßen spezifiziert werden:

Beispiel

```
Slide₁ co begin(0) Audio
Slideᵢ before(0) Slideᵢ₊₁  (1 ≤ i ≤ n - 1) .
```

Die Lippensynchronisation zwischen einem Audioobjekt *Audio* und einem Videoobjekt *Video* ist folgendermaßen spezifiziert:

```
Audio while(0,0) Video.
```

Das Anwendungsbeispiel (siehe Abb. 18-13 auf Seite 575) kann folgendermaßen skizziert werden:

```
Audio₁ while(0,0) Video
Audio₁ before(0) Recorded Interaction
Recorded Interaction before(0) B1
P₁ before(0) P₂
P₂ before(0) P₃
P₃ before(0) Interaction
P₃ before(0) Animation
Animation while(2,5) Audio₂
Interaction before(0) P₄.
```

Dieses Modell erlaubt die Definition der Dauer zeitabhängiger und zeitunabhängiger Medienobjekte. Diese Dauer wird im Beispiel zur Spezifikation der Präsentationsdauer der Objekte $Bild_1$ bis $Bild_3$ verwendet. Die offene Dauer des Benutzereingriffs kann durch die Definition einer Dauer von +0 spezifiziert werden.

Der Vorteil dieses Modells ist, daß es auf einfache Art und Weise offene LDUs behandelt und daher Benutzerinteraktion beinhaltet. Es ist möglich, zusätzliche, indeterministische zeitliche Beziehungen zu spezifizieren, indem Intervalle von Zeiträumen und Verzögerungen definiert werden. Die Disjunktion von Operatoren kann für Spezifikationen von nicht-parallelen Präsentationen genutzt werden. Daher ist es ein sehr flexibles Modell, das die Spezifikation von Präsentationen mit vielen Laufzeitpräsentationsvariationen erlaubt.

Vorteil des Modells

Das Modell schließt keine Versatzspezifikationen ein. Trotz der direkten Spezifikation von zeitlichen Beziehungen zwischen Medienobjekten erlaubt es keine Spezifikation von zeitlichen Beziehungen zwischen Untereinheiten von Objekten. Solche Beziehungen müssen indirekt über die Versatzspezifikation definiert werden, so wie im Beispiel der *While*-Operationen für die Animation von Audio oder durch das Aufteilen der Objekte. Die Flexibilität von spezifizierbaren Präsentationen kann zu Inkonsistenzen in der Laufzeit führen. Zum Beispiel wurde eine *not*-Parallel-Relation für zwei Videoobjekte *A* und *B* definiert. Während der Laufzeit könnte *A* ablaufen und *B* könnte durch eine *before(0)*-Relation am Ende eines Benutzereingriffs angekoppelt werden. Wenn dieser Benutzereingriff endet, muß das Video *B* gestartet werden. Andererseits kann es aufgrund der *not*-Parallel-Relation nicht gestartet werden. Im Modell muß daher definiert werden, wie solche Inkonsistenzen behandelt werden, oder

Nachteile

diese müssen vor der Laufzeit entdeckt werden und deren Spezifikationen abgewiesen werden. Das Erstellen von Hierarchien ist leicht definierbar. Die Beurteilung der verbesserten intervallbasierten Methode ist in Tab. 18-7 zusammengefaßt.

Tab. 18-7 Einschätzung der verbesserten intervallbasierten Methode.

Vorteile	Nachteile
Logische Objekte können erhalten werden	Komplexe Spezifikation
Gute Abstraktion der Medieninhalte	Zusätzliche Spezifikation für die Versatzdienstgüte notwendig
Einfache Integration zeitunabhängiger Objekte	Direkte Spezifikation von zeitlichen Beziehungen zwischen Medienobjekten, aber nicht für die Untereinheiten der Medienobjekte
Einfache Integration interaktiver Objekte	Auflösung der Indeterminismen während der Laufzeit kann zu Inkonsistenzen führen
Spezifikation von indeterministischen zeitliche Beziehungen unterstützt	

18.9.2 Achsenbasierte Synchronisation

In der achsenbasierten Synchronisation werden die Präsentationsereignisse, wie Start und Ende einer Präsentation, auf die Achsen abgebildet, die von den Objekten der Präsentation geteilt werden.

Synchronisation auf Basis eines globalen Zeitgebers

Für eine Synchronisation, die auf einem globalen Zeitgeber basiert, sind alle Einzelmedienobjekte an eine Achse gebunden, die eine Abstraktion der Echtzeit darstellt. Diese Spezifikationsmethode wird z. B. in [HSA89] verwendet. Hier wird Synchronisation durch die Verbindung aller Objekte beschrieben. Sie werden unabhängig voneinander auf einer Zeitachse abgebildet. Das Entfernen eines Objekts beeinflußt die Synchronisation der anderen Objekte nicht.

Weltzeit

Mit Modifikationen kann diese Art der Spezifikation auch im Modell von [TGD91] benutzt werden. Hierzu wird eine *Weltzeit*, die von allen Objekten zugänglich ist, verwendet. Jedes Objekt kann diese Weltzeit auf seine lokale Zeit abbilden und bewegt sich entlang seiner lokalen Zeitachse Wenn der Unterschied zwischen der Weltzeit und der lokalen Zeit einen bestimmten Grenzwert überschreitet, wird eine Resynchronisation mit der Weltzeit erforderlich. Ein Zeitachsenmechanismus wird auch in [DM92] verwendet.

Das Synchronisieren von Objekten mit Hilfe einer Zeitachse erlaubt eine sehr gute Abstraktion von der internen Struktur eines Einzelmedienobjekts und bindet Multimedia-Objekte ein. Die Definition des Anfangs einer Untertitelpräsentation relativ zu einer Szene in einem Videostrom erfordert kein Wissen um die dazugehörigen Video-Frames. Da die Synchronisation nur aufgrund fester Zeitpunkte definiert werden kann, entstehen Probleme, wenn Objekte LDUs von unvorhersehbarer Dauer beinhalten.

Darüber hinaus kann die Synchronisation, die auf einem globalen Zeitgeber basiert, eventuell nicht für eine Synchronisationsbeziehung zwischen verschiedenen Präsentationsströmen ausreichen. Abhängig von der Kohärenz dieser Präsentationsströme könnte die auf einer gemeinsamen Zeitachse basierende Synchronisation entweder zu *stark* oder zu *schwach* sein. Eine mögliche Lösung besteht darin, für jedes Paar von Medienströmen eine zusätzliche Dienstgüteanforderung zu definieren. Die Benutzung von globalen Zeitgebern erfordert, daß die Medienströme in der Lage sind, sich selbst mit dem globalen Zeitgeber zu synchronisieren. Dies kann für Audioströme aufgrund der Resampling-Probleme schwierig sein. Deshalb wird der Audiostrom häufig selbst als globaler Zeitgeber benutzt. Aber auch hier treten immer noch Schwierigkeiten auf, wenn mehrere Audioströme synchronisiert werden müssen.

Nachteile

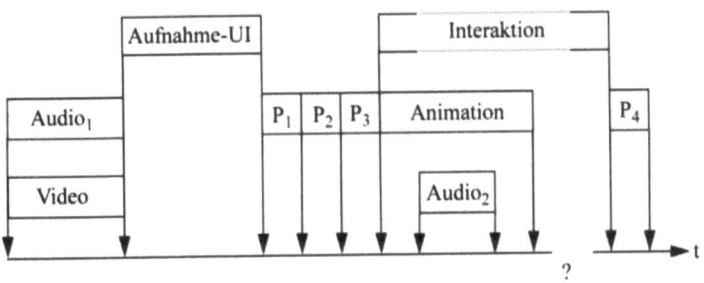

Abb. 18-37 Beispiel einer Zeitachsenspezifikation.

Abb. 18-37 zeigt die Spezifikation des Anwendungsbeispiels (Abb. 18-13 auf Seite 575). Es ist ersichtlich, daß es keine natürliche Möglichkeit gibt, die unvorhersehbare Dauer einer Benutzerinteraktion zu behandeln.

Die Beurteilung der Zeitachsenmethode ist in Tab. 18-8 zusammengefaßt.

Vorteile	Nachteile
Leicht verständlich	Objekte unbekannter Dauer können nicht integriert werden, Ergänzungen des Modells sind notwendig
Unterstützung von Hierarchien einfach zu realisieren	Die Versatzdienstgüte muß indirekt durch eine gemeinsame Zeitachse oder zusätzliche QoS-Spezifikationen gegeben werden
Einfache Integration zeitunabhängiger Objekte	
Aufgrund der wechselseitigen Unabhängigkeit der Objekte leicht zu handhaben	
Gute Abstraktion von Medieninhalten	

Tab. 18-8 Auf Zeitgeber basierende Synchronisation.

Synchronisation auf der Basis virtueller Achsen

Virtuelle Zeitachsen, wie sie im Projekt *Athena* [HSA89] benutzt werden oder im HyTime-Standard [Org92], sind eine Generalisierung des Zeitachsenansatzes. In dieser Spezifikationsmethode ist es möglich, koordinierte Systeme mit benutzerdefinierten Maßeinheiten zu spezifizieren. Eine Synchronisationsspezifikation wird entsprechend dieser Achsen ausgeführt. Ebenso ist es möglich, mehrere virtuelle Achsen zu benutzen, um einen virtuellen koordinierten Raum zu erzeugen. Als Beispiel diene eine Musikbeschreibung mit Noten, wie in Abb. 18-38 gezeigt. Die Tonfrequenz wird durch die Position auf der Notenlinie definiert. Die Sequenz und Dauer wird durch die Achse mit der Maßeinheit *Takt* definiert.

Abb. 18-38 Musiknoten als Beispiel einer virtuellen Achse.

Die Abbildung der virtuellen Achsen auf reale Achsen wird zur Laufzeit durchgeführt. In dem in Abb. 18-38 dargestellten Beispiel wird die Achse der Tonhöhe auf die Audiofrequenz und die Zeitachse auf einen Zeitgeber abgebildet.

Das Anwendungsbeispiel von Abb. 18-13 auf Seite 575 kann mit Hilfe dieses Ansatzes realisiert werden, indem einer Zeitachse und einer Interaktionsachse (Abb. 18-39) spezifiziert werden. Die letztere sollte Interaktionsereignisse als Maßeinheiten verwenden.

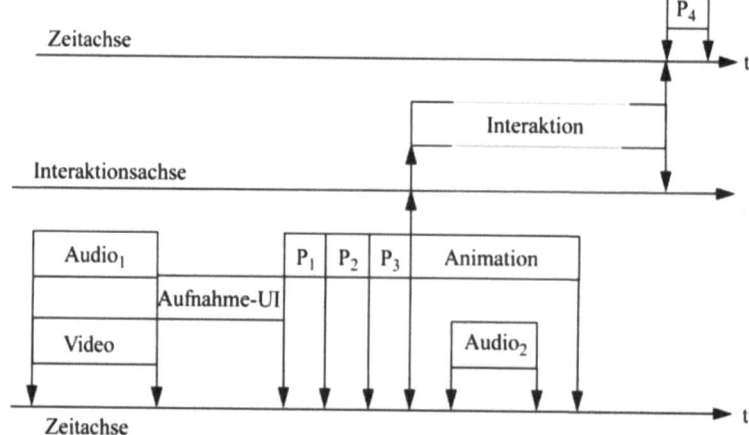

Abb. 18-39 Beispiel für die virtuelle Zeitachsenspezifikation.

Die Beurteilung der virtuellen Achsenmethode ist in Tab. 18-9 zusammengefaßt.

Vorteile	Nachteile
Leicht verständlich	Spezifikation kann mit mehreren Achsen kompliziert werden.
Unterstützung von Hierarchien einfach zu realisieren	Die Versatzdienstgüte muß indirekt durch zusätzliche QoS-Spezifikationen angegeben werden
Spezifikation oft gemäß des möglichen Problemraums erstellt	Abbildung der Achsen während der Laufzeit kann komplex und zeitraubend werden.
Aufgrund der wechselseitigen Unabhängigkeit der Objekte leicht zu handhaben	
Gute Abstraktion von Medieninhalten	

Tab. 18-9 Beurteilung der Synchronisations spezifikation mittels virtueller Achsen.

18.9.3 Kontrollfluß-basierte Spezifikation

In der *kontrollfluß-basierten Spezifikationen* wird der Fluß der zusammentreffenden Präsentationsprozesse in vordefinierten Punkten der Präsentationen synchronisiert.

Grundlegende hierarchische Spezifikation

Hierarchische Synchronisationsbeschreibungen [Gro89, SS90] gründen sich auf zwei Hauptoperationen der Synchronisation: Die *Serielle Synchronisation* von Aktionen und die *parallele Synchronisation* von Aktionen (siehe Abb. 18-40). In einer hierarchischen Synchronisationsspezifikation werden Multimedia-Objekte als Baum betrachtet, dessen Knoten die serielle oder parallele Präsentation der abzweigenden Unterbäume kennzeichnen.

Serielle und parallele Synchronisation

Eine Aktion kann entweder *atomar* oder *verbunden* sein. Eine atomare Aktion behandelt die Präsentation eines einzelnen Medienobjektes, Benutzereingabe oder die Verzögerung. Verbundene Aktionen sind eine Kombination von Synchronisationsoperatoren und atomaren Aktionen.

Atomare und verbundene Aktion

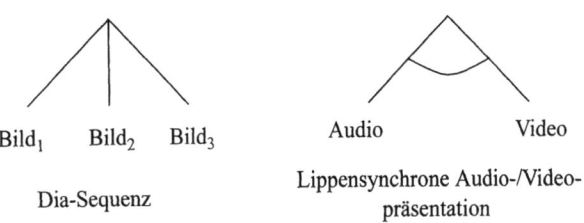

Abb. 18-40 Serielle und parallele Präsentationen.

Die Einführung einer Verzögerung als eine möglichen Aktion [LG90] erlaubt die Modellierung von weiterem Synchronisationsverhalten, wie Verzögerungen in seriellen Präsentationen oder verzögerte Präsentationen von Objekten in einer parallelen Synchronisation.

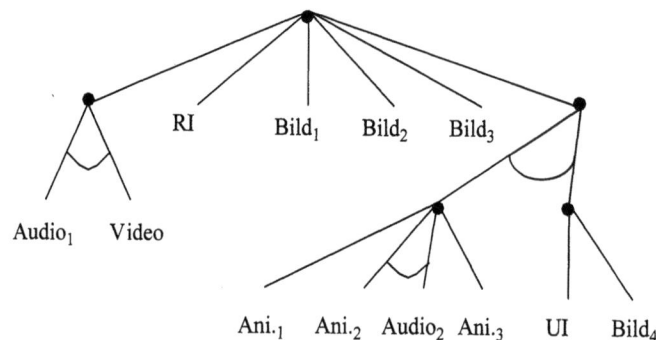

Abb. 18-41
Beispiel für hierarchische Spezifikation (RI=Aufgezeichnete Interaktion, Ani=Animation, UI=Benutzerinteraktion).

Vorteile Hierarchische Strukturen sind einfach zu handhaben und weit verbreitet. Restriktionen der hierarchischen Struktur resultieren aus dem Fakt, daß jede Aktion immer nur an ihrem Anfang oder an ihrem Ende synchronisiert werden kann. Dies bedeutet z. B., daß die Präsentation von Untertiteln bei Teilen eines Videostroms erfordert, daß dieser in mehrere, aufeinanderfolgende Komponenten aufgeteilt wird. Abb. 18-41 zeigt dies für die Synchronisationsspezifikation des Animations- und Audioblocks in dem Beispiel, das im Abschnitt 18.1.2 eingeführt wurde. Die Animation muß in die Teile Animation$_1$, Animation$_2$ und Animation$_3$ eingeteilt werden, um korrekt mit dem Audioblock synchronisiert zu werden.

Nachteile Entsprechend kann ein synchronisiertes Multimedia-Objekt, das als eine Komponente in einer anderen Synchronisation benutzt wird, nicht mehr länger als eine abstrakte Einheit betrachtet werden, wenn es zwischen Anfang und Ende einer Präsentation synchronisiert werden muß. Dies bedeutet, daß hierarchische Strukturen keine adäquate Abstraktion für die interne Struktur eines Multimedia-Objekts unterstützen. Außerdem gibt es Synchronisationsbedingungen, die nicht durch hierarchische Strukturen repräsentiert werden können.

Abb. 18-42
Nicht beschreibbare Synchronisation.

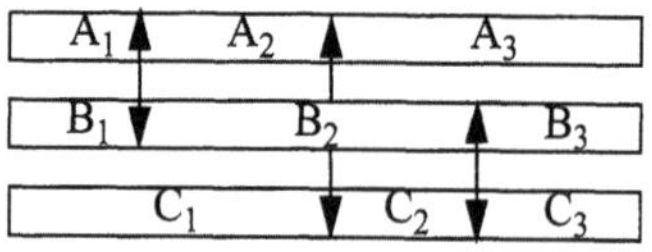

Die drei Objekte in Abb. 18-42 sind bspw. parallel dargestellt, wobei jedes Paar von Objekten jeweils miteinander synchronisiert ist, aber jeweils unabhängig von einem dritten Objekt. Um diese Synchronisation zu spezifizieren, müssen zusätzliche Synchronisationspunkte ergänzt werden.

Die Beurteilung der grundlegenden hierarchischen Methode ist in Tab. 18-10 auf Seite 627 dargestellt.

Vorteile	Nachteile
Leicht verständlich	Bei der Präsentation zeitunabhängiger Medienobjekte müssen Präsentationsdauern hinzugefügt werden
Natürliche Unterstützung von Hierarchien	Die Versatzdienstgüte muß zusätzlich beschrieben werden
Leichte Integration interaktiver Objekte	Aufteilen von Medienobjekten für die Synchronisation notwendig
	Keine angemessene Abstraktion für Inhalte der Medienobjekte
	Einige Synchronisationsszenarien können nicht beschrieben werden

Tab. 18-10
Beurteilung der grundlegenden hierarchischen Spezifikation.

Referenzpunkte

Bei einer *Synchronisation über Referenzpunkte* [Ste90, BHLM92] werden zeitabhängige Einzelmedienobjekte als Sequenzen von geschlossenen LDUs betrachtet. Die Start- und Anhaltezeiten der Präsentation eines Medienobjekts, die zusätzlich zu den Startzeiten der Subeinheiten der zeitabhängigen Medienobjekte eingeführt werden, werden *Referenzpunkte* genannt. Die Synchronisation zwischen Objekten wird durch die Verbindung von Referenzpunkten von Medienobjekten definiert. Ein Satz von verbundenen Referenzpunkten wird *Synchronisationspunkt* genannt. Die Präsentation der Untereinheiten, die zum selben Synchronisationspunkt gehören, muß gestartet oder angehalten werden, wenn der Synchronisationspunkt erreicht wird. Dieser Ansatz spezifiziert zeitliche Beziehungen zwischen Objekten ohne expliziten Bezug zur Zeit.

Ähnlich, wie die auf einer Zeitachse basierende Synchronisation, erlaubt diese Beschreibung eine Synchronisation zu jeder Zeit der Präsentation eines Objekts; darüber hinaus können Objektpräsentationen von unvorhersehbarer Dauer leicht integriert werden. Diese Art der Spezifikation ist also sehr intuitiv nutzbar.

Ein Nachteil der Synchronisation mit Referenzpunkten liegt darin, daß sie Mechanismen zur Entdeckung von Inkonsistenzen erfordert. Zusätzlich erlaubt diese Synchronisation keine Spezifikation von Verzögerungen in einer Multimedia-Präsentation. Um dieses Problem zu lösen, schlägt Steinmetz [Ste90] *Time-Spezifikationen* vor, die explizite zeitbasierte Verzögerungen spezifizieren. Auch die Einbeziehung von Zeitgebern löst dieses Problem. Die Spezifikation, die auf einem globalen Zeitgeber basiert, kann als eine Untergruppe der Synchronisation mit Referenzpunkten betrachtet werden: Ein Zeitgeber entsprechend Abb. 18-10 auf Seite 574 kann global benutzt werden, wobei sich alle Objekte nur auf diesen Timer beziehen.

In einer Synchronisationsspezifikation mit Referenzpunkten kann die Kohärenz zwischen Datenströmen durch einen geeigneten Satz von Synchronisationspunkten zwischen den zwei Datenströmen beschrieben werden. Eine enge

Lippensynchronisation mit einem maximalen Versatz von +/- 80 ms kann durch das Setzen eines Synchronisationspunkts realisiert werden, z. B. bei jedem zweiten Frame eines Videos (siehe Abb. 18-44). Wenn keine Lippensynchronisation benötigt wird, kann es ausreichend sein, einen Satz von Synchronisationspunkten alle 10 Frames des Videos zu setzen. Deshalb ist die Spezifikation der Versatzdienstgüte direkt in diese Spezifikationsmethode integriert.

Abb. 18-43
Beispiel einer
Dia-Show mit einer
Audiosequenz im
Referenzpunkt-Modell.

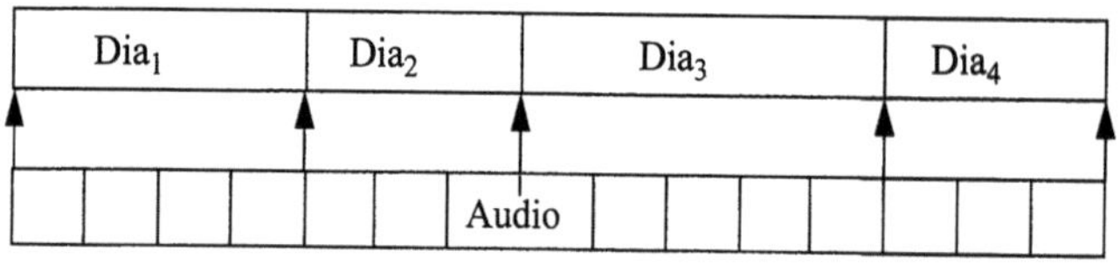

Ein Beispiel der synchronisierten Integration von zeitabhängigen und zeitunabhängigen Medienobjekten wird in Abb. 18-43 gezeigt. Der Start und das Anhalten einer Dia-Show werden bei Erreichen der passenden LDUs in der Audiopräsentation initiiert.

Abb. 18-44
Beispiel in der
Referenzpunkt-
spezifikation
(Mit Integration von
zeitabhängigen und
zeitunabhängigen
Medien sowie offenen
und geschlossenen
LDUs).

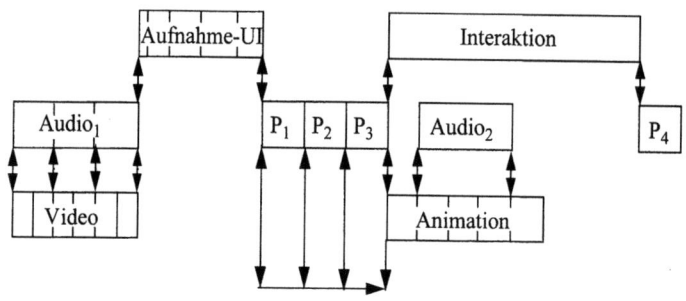

Das Anwendungsbeispiel kann vollständig mit dem Synchronisationsmodell mit Referenzpunkten aus Abb. 18-41 spezifiziert werden.

Hierarchien in der Synchronisationsmethode mit Referenzpunkten können dadurch geschaffen werden, daß ein Satz von synchronisierten Objekten als ein einziges Objekt betrachtet wird, wobei der Anfang des ersten Objektes und das Ende des letzten Objektes als Referenzpunkte dienen. Virtuelle Referenzpunkte können für diese Präsentation spezifiziert und auf die Referenzpunkte innerhalb der Hierarchie abgebildet werden. Die Semantik dieser Abbildung kann komplex werden, wenn Objekte unbekannter Dauer in die Hierarchie eingebunden werden. Die Einschätzung dieser Referenzpunktmethode ist in Tab. 18-11 zusammengefaßt.

Vorteile	Nachteile
Leichte Integrierbarkeit interaktiver Objekte	Schwer handhabbar
Leicht um neue Events erweiterbar	Komplexe Spezifikation
Flexibel, da jeglicher Event spezifizierbar ist	Schwer zu warten
	Integration zeitabhängiger Objekte durch zusätzliche Timer
	Separate Beschreibungen von Versatz-QoS nötig
	Schwierige Benutzung von Hierarchien

Tab. 18-11 Beurteilung der Spezifikation mit Referenzpunkten.

Zeitbehaftete Petri-Netze

Eine andere Art von Spezifikation beruht auf *Petri-Netzen* [LG92, LG91], die mit Zeitdauerspezifikationen an verschiedener Stelle erweitert wurden; also eine Art zeitbehafteter Petri-Netze.

Die Regeln für ein zeitbehaftetes Petri-Netz sind:

- Eine Transition *zündet*, wenn sich in allen Eingabeplätzen ein nicht blockierendes Token (Spielmarke) befindet.
- Wenn eine Transition zündet, wird das Token von allen Eingabeplätzen entfernt und an den Ausgabeleitungen plaziert.
- Ein Token, das an einer neuen Stelle plaziert wird, ist blockiert, während es an dieser Stelle festgelegt ist.

Regeln für Petri-Netz

Eine Dia-Show kann durch die Zuordnung der entsprechenden Dauer zu den Plätzen spezifiziert werden (Abb. 18-45).

Abb. 18-45 Petri-Netz-Spezifikation einer Dia-Show.

Bei zeitabhängigen Medienobjekten repräsentiert jeder Platz im Petri-Netz eine LDU. Die Lippensynchronisation kann durch die Verbindung entsprechender LDUs durch Transitionen modelliert werden (Abb. 18-46).

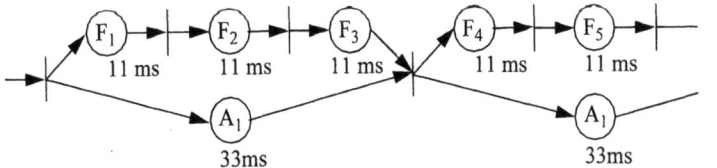

Abb. 18-46 Petri-Netz-Spezifikation der Lippensynchronisation

Es ist weiterhin möglich, einen Satz zusammenhängender LDUs an einem Platz zu kombinieren, so lange keine Interobjekt-Synchronisationen zwischen diesen LDUs und anderen existieren. Eine Hierarchie kann durch Subnetze konstruiert werden, die einem Platz zugeordnet werden. Die Dauer des längsten Pfads in diesem Subnetz wird dann dem Platz zugeordnet (Abb. 18-47).

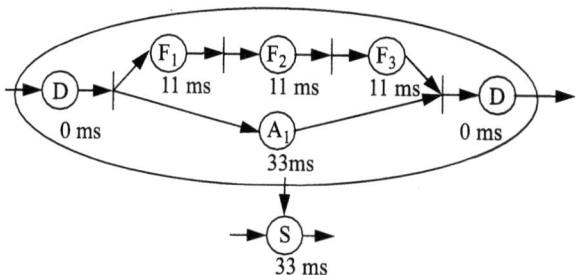

Abb. 18-47
Petri-Netz-Hierarchie, die die Synchronisation von A_1 und F_1 bis F_3 beinhaltet.

Das Anwendungsbeispiel aus Abb. 18-13 auf Seite 575 kann, wie in Abb. 18-48 gezeigt, modelliert werden. Die Subnetze werden nicht dargestellt, da sie durch die einfache Anwendung der eben beschriebenen Techniken erzeugt werden können.

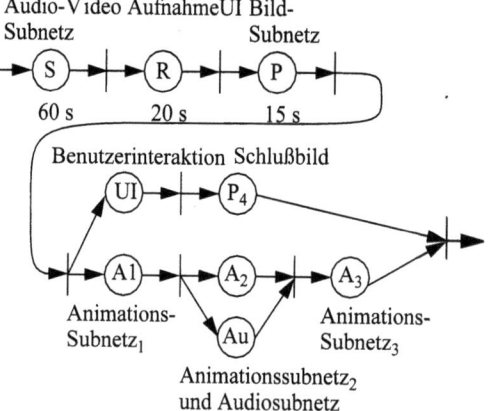

Abb. 18-48
Petri-Netz-Spezifikationsbeispiel.

Vor- und Nachteile

Zeitbehaftete Petri-Netze erlauben jede Art von Synchronisationsspezifikationen. Die Hauptnachteile sind die komplexen Spezifikationen und die ungenügende Abstraktion von den Inhalten von Medienobjekten, da die Medienobjekte, ähnlich wie bei der hierarchischen Spezifikation, in Subobjekte aufgeteilt werden müssen. Die Beurteilung von zeitbehafteten Petri-Netzen ist in Tab. 18-12 zusammengefaßt.

Vorteile	Nachteile
Erzeugung von Hierarchien möglich	Schwer zu handhaben
Leichte Integration zeitunabhängiger Objekte	Komplexe Spezifikation
Leichte Integration interaktiver Objekte	Aufteilung von Medienobjekten
Integrierte Versatz-QoS	Keine angemessene Abstraktion für Inhalte der Medienobjekte

Tab. 18-12
Beurteilung der Synchronisationsspez[ifi]kation mit Petri-Netze[n]

18.9.4 Ereignisbasierte Synchronisation

Bei der *ereignisbasierten Synchronisation* werden Präsentationsaktionen durch Synchronisationsereignisse initiiert, so wie in HyTime (siehe dazu Abschnitt 18.10.2) und HyperODA [App89].

Typische Präsentationsaktionen sind:

- Start einer Präsentation.
- Anhalten einer Präsentation.
- Vorbereitung einer Präsentation.

Präsentationsaktione[n]

Die Ereignisse, die die Präsentationsaktionen initiieren, können – bezüglich der Präsentation, die von einem zeitabhängigen Medienobjekt generiert wird, das die spezifische LDU erreicht – extern (z. B. durch einen Zeitgeber generiert) oder intern sein.

Ereignis \ Aktion	Start	$Audio_1$.stop	$Zeitgeber_1$.ready	...
$Audio_1$	start			
Video	start			
$Bild_1$		start		
$Zeitgeber_1$		start(3)	stop	
$Bild_2$			start	
...				

Tab. 18-13
Ereignisbasiertes Spezifikationsbeispi[el]

Tab. 18-13 skizziert eine ereignisbasierte Synchronisation für Teile des Anwendungsbeispiels.

Diese Art der Spezifikation kann leicht zu neuen Synchronisationsarten ausgedehnt werden. Der Hauptnachteil ist, daß diese Art der Spezifikation bei realistischen Szenarien schwer zu handhaben ist. Der Benutzer verliert in den Arten Zustandstransitionen der Synchronisationsspezifikation leicht den Überblick, weshalb die Erzeugung und die Aufrechterhaltung schwierig wird.

Vor- und Nachteile

Die Beurteilung der ereignisbasierten Methode ist in Tab. 18-14 auf Seite 632 zusammengefaßt.

Tab. 18-14 Beurteilung der ereignisbasierten Spezifikation.

Vorteile	Nachteile
Durch neue Ereignisse leicht erweiterbar	Schwer zu handhaben
Flexibel, da jedes Ereignis spezifiziert werden kann	Komplexe Spezifikation
Leichte Integration interaktiver Objekte	Schwer aufrechtzuerhalten
	Integration zeitabhängiger Objekte durch zusätzliche Zeitgeber
	Verwendung von Hierarchien schwierig
	Separate Beschreibung der Versatz-QoS notwendig

18.9.5 Skripte

Skript

Ein *Skript* ist in diesem Zusammenhang eine textuelle Beschreibung eines Synchronisationsszenarios [IBM90, TGD91]. Elemente eines Skripts sind Aktivitäten und Subskripte. Häufig werden aus Skripten komplette Programmiersprachen, die Zeitoperationen implementieren. Skripte können in Verbindung mit verschiedenen Spezifikationsmethoden stehen. Ein typisches Beispiel ist ein Skript, das auf einer grundlegenden hierarchischen Methode basiert, und das drei Hauptoperationen unterstützt: die serielle Präsentation, die parallele Präsentation und die wiederholte Präsentation eines Medienobjekts.

Das folgende Beispiel skizziert ein Skript für das Anwendungsbeispiel aus Abb. 18-13 auf Seite 575. „>>" bezeichnet hier eine serielle Präsentation, „\&" eine parallele Präsentation und *n* eine *n*-mal wiederholte Präsentation [TGD91].

```
activity DigAudio Audio("video.au");
activity SMP  Video("video.smp");
activity XRecorder Recorder("window.rec");
activity Picture  Picture1("picture1.jpeg");
activity Picture Picture2("picture2.jpeg");
activity Picture  Picture3("picture3.jpeg");
activity Picture  Picture4("picture4.jpeg");
activity StartInteraction  Selection;
activity DigAudio AniAudio("animation.au");
activity RTAnima  Animation("animation.ani");
script Picture_sequence 3Pictures= Picture1.Duration(5) >>
Picture2.Duration(5) >>
Picture3.Duration(5);
script Lipsynch AV = Audio & Video;
script AniComment AA = Animation & AniAudio.Translate(2);
script Multimedia Application_example {
AV >>
Record. UI >>
3Pictures >>
( (Selection >> Picture4) & AA )
```

Skripte bieten vielzählige Möglichkeiten, denn sie repräsentieren eine vollständige Programmierumgebung. Ein Nachteil ist, daß diese Methoden eher prozedural als deklarativ sind. Der deklarative Ansatz ist für einen Benutzer scheinbar einfacher zu handhaben. Die Beurteilung der Skript-Methode ist in Tab. 18-15 zusammengefaßt.

Vor- und Nachteile

Vorteile	Nachteile
Gute Unterstützung von Hierarchien	Schwer zu handhaben
Logische Objekte können erhalten werden	Komplexe Spezifikation
Einfache Integration interaktiver Objekte	Implizite Verwendung gemeinsamer Zeitgeber notwendig
Einfache Integration zeitunabhängiger Objekte	Separate Beschreibung der Versatz-QoS notwendig
Durch neue Synchronisationskonstrukte einfach erweiterbar	
Flexibel, da programmierbar	

Tab. 18-15 Einschätzung der Synchronsationsspezifikation mit Skripten.

18.9.6 Bemerkungen

Die hier vorgestellten Methoden zur Synchronisationsspezifikation verfügen über unterschiedliche Spezifikationsmöglichkeiten und unterscheiden sich in bezug auf ihre Benutzerfreundlichkeit. Viele von ihnen präsentieren lediglich verschiedene „Ansichten" desselben Problems.

Die unterschiedlichen Spezifikationsmöglichkeiten beschränken die Übertragbarkeit zwischen Spezifikationen von verschiedenen Methoden einer gemeinsamen Untergruppe.

Die Auswahl einer angemessenen Spezifikationsmethode hängt von der Anwendung und von der existierenden Umgebung ab. Da das zeitliche Verhalten von Multimedia-Objekten nur ein Teil einer Präsentation ist, muß man sich den Kontext in Erinnerung rufen. Die ausgewählte Methode muß in die selektierte Umgebung eingefügt werden. Es gibt keine „beste" oder „schlechteste" Lösung. Für einfache Präsentationen ohne Eingriff des Benutzers scheinen die Methoden, die auf einem globalen Zeitgeber basieren, geeignet zu sein. Für komplexe Strukturen mit Interaktionsmöglichkeiten ist bspw. das Modell mit Referenzpunkten passender.

Auswahl einer Methode

Häufig wird der Benutzer die Synchronisation nicht direkt mittels einer Spezifikationsmethode spezifizieren. Er wird statt dessen ein grafisches Authoring-System benutzen, das die Spezifikationen aufgrund verschiedener Methoden produzieren kann. Die Erfahrung zeigt, daß üblicherweise eine dieser Spezifikationsmethoden der Konstruktion der Benutzerschnittstelle zugrundeliegt und daher indirekt die Vor- und Nachteile einer Methode an der Benutzerschnittstelle reflektiert werden. Außerdem ermöglichen es viele Authoring-Systeme dem Autor, die Umgebung der hochentwickelten grafischen Repräsentation zu verlassen und eine komplexe Synchronisation direkt auf

Authoring-Systeme

dem niedrigsten Niveau der Synchronisationsspezifikation zu spezifizieren. Dies kann bspw. das textuelle Niveau sein, das von der zugrundeliegenden Methode bereitgestellt wird.

18.10 Fallstudien

Einige interessante Ansätze der Multimedia-Synchronisation werden in diesem Abschnitt beschrieben und entsprechend des vorher vorgestellten Referenzmodells klassifiziert. Insbesondere werden dabei die Synchronisationsaspekte im standardisierten Multimedia-Synchronisationsaustausch und den zugehörigen Laufzeitumgebungen sowie Multimedia-Systeme, die verschiedene Schichten des Synchronisationsmodells einschließen, analysiert.

18.10.1 Synchronisation in MHEG

Einheiten in MHEG

Die abstrakteste Schicht in *MHEG* liefert ein virtuelles Koordinatensystem, das benutzt wird, um das Layout und die Beziehungen von Inhaltsobjekten in Raum und Zeit zu spezifizieren, entsprechend der auf virtuellen Achsen basierenden Spezifikationsmethode. Die höchste Schicht verwendet hierzu eine Zeitachse von unendlicher Länge, die in *Generic Time Units (GTUs)* gemessen wird. Die MHEG-Laufzeitumgebung muß die GTUs auf *Physical Time Units (PTUs)* abbilden. Wenn keine Abbildung spezifiziert wird, dann wird eine GTU als Vorgabewert auf 1 ms abgebildet. Drei räumliche Achsen (X für die Länge, Y für die Breite und Z für die Höhe) werden in der höchsten Schicht verwendet. Jede Achse hat eine begrenzte Länge in einem Intervall von [-32768,+32767]. Die hier verwendeten Einheiten sind die *Generic Space Units (GSUs)*.

Außerdem muß die *MHEG-Engine (Kern)* den virtuellen auf den reellen Koordinatenraum abbilden.

Aktionsobjekte

Die Darstellung von Inhaltsobjekten basiert auf dem Austausch von Aktionsobjekten, die an ein Objekt gesendet werden. Beispiele von Aktionen sind Vorbereitungen, die das Objekt in einen präsentierbaren Zustand versetzen, der Start einer Präsentation sowie deren Beendigung.

Aktionsliste

Aktionsobjekte können in Form einer *Aktionsliste* kombiniert werden. Parallele Aktionslisten werden auch parallel ausgeführt. Jede Liste besteht aus einer Verzögerung, auf die eine verzögerte sequentielle Aktion folgt, die seriell von der MHEG-Engine verarbeitet wird (siehe Abb. 18-49).

Abb. 18-49 Liste von Aktionen in MHEG

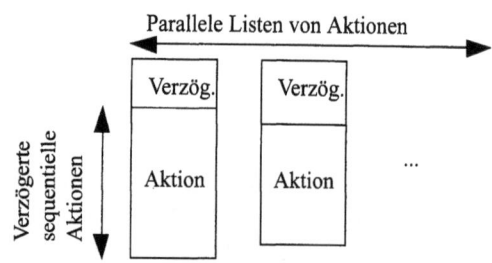

Durch Verwendung von Verweisen ist es möglich, Präsentationen, die auf Ereignissen basieren, miteinander zu synchronisieren. Verweisbedingungen können mit einem Ereignis verbunden werden. Wenn die mit einem Verweis verknüpften Konditionen erfüllt sind, wird der Verweis ausgelöst und Aktionen, die diesem Verweis zugeordnet sind, werden ausgeführt. Dies ist eine Form der ereignisbasierten Synchronisation.

Verweise

MHEG-Engine

Am European Networking Center der Firma IBM in Heidelberg wurde eine MHEG-Engine [Gra94] entwickelt. Die Architektur der MHEG Engine, die eine Implementierung der Objektschicht ist, wird in Abb. 18-50 dargestellt.

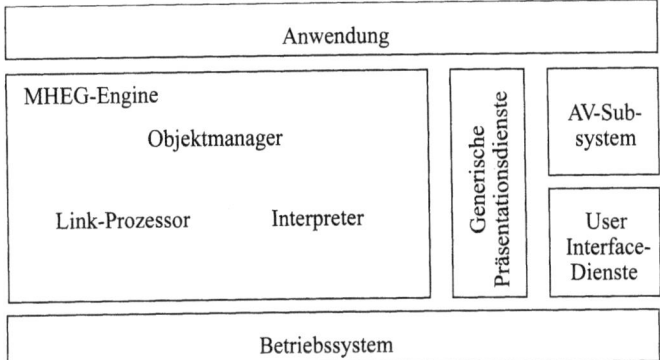

Abb. 18-50 Architektur der MHEG Engine.

Die *Generic Presentation Services* (übergeordnete Präsentationsdienste) der Engine stellen Abstraktionen der Präsentationsmodule zur Verfügung, die zur Präsentation von Inhaltsobjekten benutzt werden.

Komponenten von MHEG

Das *Audio/Video-Subsystem* ist eine Implementierung der Stromschicht. Diese Komponente ist für die Präsentation kontinuierlicher Medienströme verantwortlich, z. B. Audio- und Videoströme.

Die *Benutzerschnittstellendienste* stellen die Präsentation von zeitunabhängigen Medien, wie Texte und Grafiken, sowie die Verarbeitung von Benutzereingriffen zur Verfügung, z. B. Buttons und Formulare.

Die MHEG-Engine empfängt von der Anwendung die MHEG-Objekte. Der *Objektmanager* handhabt diese Objekte in einer Laufzeitumgebung. Der *Interpreter* verarbeitet die Aktionsobjekte und Ereignisse. Er ist für die Initiierung der Vorbereitung und Präsentation der Objekte verantwortlich. Der *Link Prozessor* überwacht den Status von Objekten und löst Verweise aus, wenn die Bedingung eines Verweises erfüllt wird.

Ein Laufzeitsystem kommuniziert mit den Präsentationsdiensten über Ereignisse. Die *Benutzerschnittstellendienste* verarbeiten die Ereignisse, die zu Benutzeraktionen gehören. Das *Audio/Video-Subsystem* stellt Statusereignisse der Präsentationsströme dar, wie bspw. das Ende der Präsentation eines Stroms oder das Erreichen eines Einsatzpunktes innerhalb eines Stroms.

Zusammenfassung

MHEG ist ein standardisiertes Austauschformat, das in der Objektschicht benutzt wird. Die Synchronisation basiert auf virtuellen Achsen und ereignisbasierten Methoden. Eine MHEG-Engine repräsentiert die Laufzeitumgebung der Objektschicht. Die Objektschicht-Implementierung der Engine basiert auf Medien-Servern (siehe Kapitel 12). Das Audio/Video-Subsystem repräsentiert die Stromschicht. Abb. 18-51 zeigt die Beziehung von MHEG zum Referenzmodell der Synchronisation.

Nachteil von MHEG Wenn man verteilte Umgebungen betrachtet, fällt ein Nachteil des Verarbeitungsmodells von MHEG auf: Die Zeitdauer zwischen der Vorbereitung und der Darstellung von Aktionen ist als MHEG-Objekt kodiert, die Dauer hängt aber von der Laufzeitumgebung ab; deshalb muß diese komplett durch die MHEG-Engine berechnet werden.

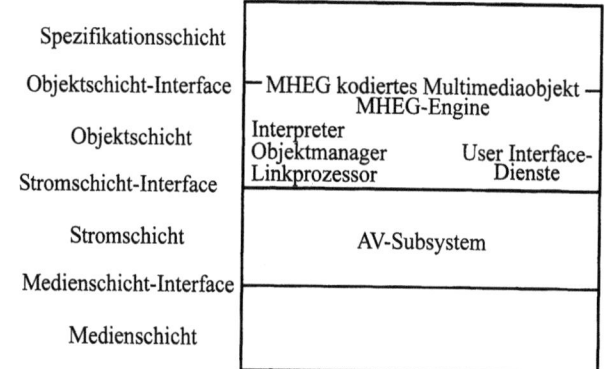

Abb. 18-51 Einordnung von MHEG und MHEG-Engine-Komponenten in das Referenzmodell.

18.10.2 HyTime

HyTime (Hypermedia/Time-based Structuring Language) ist ein internationaler Standard (ISO/IEC 10744) [Org92] zur strukturierten Repräsentation von Hypermedia-Informationen. HyTime ist eine Anwendung der *Standardized General Markup Language (*SGML) [Smi89] (siehe auch Kapitel 20 zu Dokumente).

SGML SGML wurde für den Austausch von Dokumenten entworfen, wobei die Dokumentenstruktur eine große Rolle spielt. Das Layout ist dagegen von lokaler Bedeutung. Die logische Struktur wird durch *Markup-Befehle* definiert, die in den Text eingebettet sind. Die Markups teilen den Text in SGML-Elemente ein. Für jedes SGML-Dokument existiert eine *Datentyp-Definition [Data Type Definition (DTD)]*, die die Elementtypen eines Dokuments und Attribute eines Elementes deklariert, und die festlegt, wie die Instanzen hierarchisch miteinander verbunden sind. Eine typische Anwendung von SGML ist der Publishing-Bereich, wo ein Autor für den Inhalt und die Struktur eines Dokuments und der Publisher für das Layout verantwortlich ist. Da der Inhalt eines Dokuments durch SGML nicht beschränkt wird, können Elemente vom Typ *Text* oder *Bild* oder andere Multimedia-Daten vorkommen.

HyTime definiert, wie Markups und DTDs zur Beschreibung der Struktur von Hyperlink- und zeitbasierten Multimedia-Dokumenten benutzt werden können. Es definiert allerdings nicht das Format oder die Kodierung von Elementen, sondern stellt lediglich einen Rahmen für die Definition der Beziehungen zwischen diesen Elementen zur Verfügung.

HyTime unterstützt Adressen, die zur Identifikation von bestimmten Teilinformationen innerhalb eines Elementes, für Verweismöglichkeiten zum Aufbau von Verweisen zwischen Teilen dieser Elemente und für zeitliche sowie räumliche Anpassungsspezifikationen zur Beschreibung der Beziehungen zwischen Medienobjekten notwendig sind.

Adressen in HyTime

Der HyTime-Standard definiert die Semantik architektonischer Formen, die Deklarationsvorlagen von SGML-Elementen mit zugehörigen Attributen repräsentieren. Ein Designer von HyTime-Anwendungen erstellt eine HyTime-DTD, die die architektonischen Formen nutzt, die er für das HyTime-Dokument benötigt. In der HyTime-DTD ist jeder Elementtyp mit einer architektonischen Form über ein spezielles HyTime-Attribut assoziiert.

Architektonische Formen

Die architektonischen Formen von HyTime sind in die folgenden Attribute eingeteilt:

Attribute von architektonischen Formen

- Das *Basismodul* spezifiziert die architektonischen Formen, die das Dokument beinhaltet. Das *Measurement Module* wird zur Ergänzung von Dimensionen benutzt sowie für das Messen und Zählen der Dokumente. Medienobjekte innerhalb des Dokumentes können in diesen Dimensionen plaziert werden.
- Das *Location Address Module* stellt die Mittel zur Verfügung, die zur Adressierung von Stellen innerhalb eines Dokuments benutzt werden. Die folgenden Adressmodi werden unterstützt:
  - Das *Name-Space-Addressing-Schema* zur Adressierung eines Namens, der einen Informationsteil identifiziert.
  - Das *Coordinate-Location-Schema*: Adressierung eines Intervall eines koordinierten Raumes per Referenz, wenn die Messung innerhalb des koordinierten Raumes möglich ist. Ein Beispiel ist die Adressierung eines Teils einer Audiosequenz.
  - Das *Semantic-Location-Schema*: Adressierung durch Benutzung von applikationsspezifischen Konstrukten.
- Das *Scheduling Module* setzt Medienobjekte in endliche koordinierte Räume (Finite Coordinate Spaces, FCSs). Diese Räume sind Sammlungen anwendungsdefinierter Achsen. Um auf diesen Achsen Maße adressieren zu können, wird ein Meßmodul benötigt. HyTime kennt die Dimensionen seiner Medienobjekte nicht. Sogenannte *Ereignisse* werden für die Präsentation von Medienobjekten verwendet. Ein Ereignis ist eine Kapselung eines Medienobjekts und beinhaltet die Layout-Spezifikation, die an ein FCS gebunden ist. Ereignisse können absolut oder relativ zu anderen Ereignissen innerhalb der FCS gesetzt werden.

Finite Coordinate Spaces

Ereignis

- Das *Hyperlink Module* ermöglicht den Aufbau von Verweisverbindungen zwischen Medienobjekten. Endpunkte können durch die Verwendung von

Ortsadressen definiert werden, durch Maße und durch die Scheduling-Methode.
- Das *Rendition Module* spezifiziert, wie die Ereignisse einer Quell-FCS, die typischerweise eine übergeordnete Präsentationsbeschreibung zur Verfügung stellt, in Ziel-FCSs transformiert werden, die für eine bestimmte Präsentation verwendet werden sollen. Während der Abbildung werden präsentationsspezifische Modifikationen ausgeführt, z. B. die Änderung der Farbwiedergabe, die Projektion der Dimensionen von der Quelle zum Ziel-FCS oder die Skalierung der Präsentation.

HyTime-Engine

Es ist Aufgabe der HyTime-Engine, die Ausgabe eines SGML-Parsers einzulesen, die architektonischen Formen zu erkennen und eine HyTime-spezifische und anwendungsunabhängige Verarbeitung durchzuführen. Typische Aufgaben der HyTime Engine sind die Auflösung von Hyperlinks, die Objektadressierung, die Analyse von Maßen und Schedules sowie Transformationen von Schedules und Dimensionen. Die resultierende Information wird dann an die HyTime-Anwendung weitergegeben.

HyOctane   Die HyTime-Engine *HyOctane* [BRRK94], die an der University of Massachusetts at Lowell entwickelt wurde, hat die folgende Architektur: ein SGML-Parser liest die Datentyp-Definition der Anwendung ein, die für ein Dokument und für die HyTime-Dokumenteninstanzen benutzt wird. Der Parser speichert die Markups und Inhalte der Dokumentenobjekte sowie die Anwendungs-DTD in der SGML-Schicht einer Datenbank. Die HyTime-Engine liest anschließend die Information ein, die in der SGML-Schicht der Datenbank gespeichert ist. Sie identifiziert die architektonischen Formen, löst die Adressen des Ortsadreßmoduls auf, übernimmt die Funktion des Scheduling-Moduls und führt die Abbildung durch, die im Dienstmodul spezifiziert sind. Die Engine speichert die Informationen über Elemente des Dokumentes, die Instanzen von architektonischen Formen in der HyTime-Schicht der Datenbank darstellen. Die Anwendungsschicht der Datenbank speichert die Objekte und ihre Attribute in der Art und Weise, wie sie von der DTD definiert wurden. Ein Anwendungs-Darsteller (Presenter) holt sich die Information, die er für die Präsentation der Datenbankinhalte benötigt, aus der Datenbank, einschließlich der Verweise zwischen Objekten und der Präsentationskoordinaten, die für die Präsentation verwendet werden.

Zusammenfassung

HyTime ist auf viele Bereiche anwendbar. Es standardisiert nicht die Inhaltsformate, die Kodierung, die Dokumenttypen oder spezifische SGML-DTDs, sondern stellt lediglich einen Rahmen für die Adressierung von Inhalten von Hypermedia-Dokumenten sowie die Definition von Verweisen, die Anpassung und die Synchronisation zur Verfügung. Im Kontext des Referenzmodells zur Synchronisation, kann ein HyTime-Dokument zusammen mit seinen DTDs als

Eingabe für die Objektschicht benutzt werden. Die Synchronisation verwendet die Methode der virtuellen Achsen. Die mit SGML- und HyTime verbundene Vorverarbeitung wird von der HyTime-Engine in der Objektschicht durchgeführt. Der Anwendungs-Presenter stellt die anderen Objektschichten und die Funktionalität der Stromschicht zur Verfügung. Abb. 18-52 zeigt den Zusammenhang zum Referenzmodell der Synchronisation.

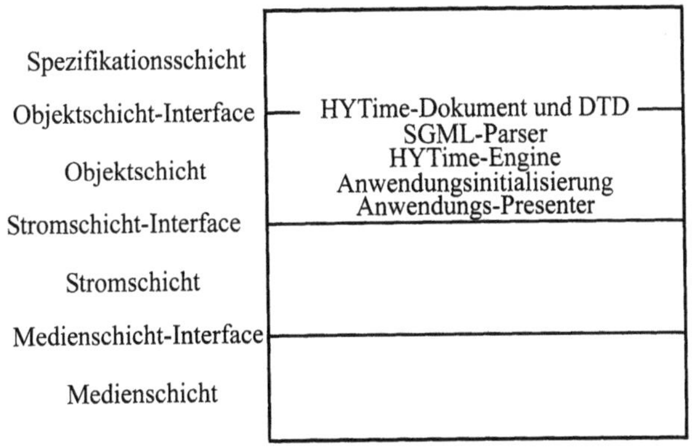

```
Spezifikationsschicht
Objektschicht-Interface ─┤   HYTime-Dokument und DTD  ├─
                             SGML-Parser
Objektschicht                HYTime-Engine
                         Anwendungsinitialisierung
                         Anwendungs-Presenter
Stromschicht-Interface
Stromschicht
Medienschicht-Interface
Medienschicht
```

Abb. 18-52 Einordnung von HyTime und der HyT Engine in das Referenzmodell.

Weitere Klassifikationsmöglichkeiten sind die Betrachtung der Datenbank als Schnittstelle zur Objektschicht oder die Verwendung von Datenbanken zur Erzeugung einer MHEG-Spezifikation. Im zweiten Fall kann die HyTime-Engine als Teil eines Werkzeugs zur Formatkonvertierung betrachtet werden.

18.10.3 Firefly-System

Es ist das Ziel des Ansatzes von Buchanan und Zellweger [BZ93a, BZ93b], konsistente Präsentations-Schedules für interaktive Multimedia-Dokumente zu generieren, die Medienobjekte einschließen, die ein vorhersehbares Verhalten (wie Audio und Video) aufweisen bzw. solche, die kein vorhersehbares Verhalten (wie Benutzereingriffe) zeigen. Der Generierungsalgorithmus besteht aus zwei Phasen. In der ersten Phase (vor der Ausführung der Präsentation) werden hochentwickelte, zeitliche Spezifikationen für ein Dokument zur Berechnung eines Präsentations-Schedule verwendet, die soweit wie möglich darauf verzichten, Objekte einer unvorhersehbaren Dauer zu berücksichtigen. In der zweiten Phase (während der Präsentation) wird der Schedule abgeschlossen, indem die Objekte unvorhersehbarer Dauer berücksichtigt werden.

Phasen in Firefly

Die Spezifikation dieser zeitlichen Randbedingungen unterscheidet eine Spezifikationen von Medienniveaus, die das zeitliche Verhalten von individuellen Medienobjekten beschreiben, und Spezifikationen von Dokumentenniveaus, die das zeitliche Verhalten eines kompletten Multimedia-Dokuments beschreiben, insbesondere die zeitlichen Beziehungen zwischen einzelnen Medienobjekten. Für die Spezifikation der Medienniveaus werden Mediengegenstände verwendet, die eine Referenz zu einem Medienobjekt bereitstellen und

Medienniveau
Dokumentenniveau

zur Beschreibung des zeitlichen Verhaltens dieses Medienobjekts verwendet werden. Ein *Mediengegenstand* beinhaltet:

Mediengegenstand
- Die *Ereignisse*, die Zeitpunkte während der Präsentation eines Medienobjekts repräsentieren. Diese sind mit einem Referenzpunkt vergleichbar.
- Die *Dauern*, die die Länge der Zeit zwischen zwei aufeinanderfolgenden Ereignissen in einem Medienobjekt spezifizieren. Eine *Dauer* ist durch drei Werte repräsentiert: *minDuration*, *optDuration* und *maxDuration*. Wenn diese gleich sind, dann ist die Dauer fixiert. Wenn sie ein Intervall spezifizieren, ist die Präsentation anpassungsfähig. Bei einer unvorhersehbaren Dauer werden keine Werte zugeordnet.
- Die *Kosten*, die als Maß für den abnehmenden Qualitätsgrad beim Dehnen der Präsentation in Richtung der Maximaldauer benutzt werden können, bzw. bei einer Schrumpfung in Richtung der minimalen Dauer.

Dokumentenniveaus
Eine Spezifikation von Dokumentenniveaus umfaßt:
- Die *Mediengegenstände*, die in die Präsentation eingebunden sind.
- Die *zeitlichen Randbedingungen*, die zur Beschreibung expliziter zeitlicher Beziehungen zwischen Ereignissen in einem oder mehreren Scheduler(n) verwendet werden. Zeitliche Randbedingungen werden in solche einer zeitlichen Gleichheit, die eine feste zeitliche Beziehung zwischen zwei Ereignissen (z. B. gleiche Zeit, bspw. ein Ereignis 10 s vor dem anderen) und in solche einer zeitlichen Ungleichheit eingeteilt, die eine zeitliche Beziehung ohne eine spezifizierte Zeit beschreiben (z. B. ein Ereignis vor dem anderen oder ein Ereignis mindestens 10 s und höchstens 20 s vor dem anderen).
- Die *Operationen*, die mit einem Ereignis verbunden sind, und die keine alternierenden präsentationsbezogenen Operationen einschließen (wie bspw. die Erhöhung der Lautstärke einer Audiopräsentation), und Operationen, die sich im Zeitablauf ändern (wie bspw. die Erhöhung der Wiedergabegeschwindigkeit eines Videos).
- Die *Dauer und die Kosten*, die gemäß der Medienschicht beschrieben werden können. Diese Werte werden auf dem Dokumentenniveau benutzt, um unterschiedliches Verhalten von verschiedenen Instanzen eines einzelnen Mediengegenstands innerhalb eines Dokumentes zu beschreiben.
- Die *unvorhersehbare Ereignissteuerung*, die die Aktivierung und Deaktivierung von unvorhersehbaren Ereignissen ermöglicht.

Um die Entwicklung von zeitlichen Spezifikationen zu unterstützen, werden Möglichkeiten zur grafischen Spezifikationsrepräsentation angeboten. Die Methode zur Synchronisationsspezifikation ist eine Kombination aus Referenzpunkt-Synchronisation (siehe Abschnitt 18.9.3) und der intervallbasierten (siehe dazu Abschnitt 18.9.1) Synchronisation.

Zweiteiliger Scheduler
Der Repräsentations-Scheduler, der sich in der Objektschicht befindet, ist in zwei Teile eingeteilt: in den *Compile-Time-Scheduler* und in den *Run-Time-Scheduler*. Der Compile-Time-Scheduler erstellt einen Haupt-Schedule, der die voraussehbaren Teile eines Dokuments steuert und Hilfs-Schedules, die die Teile des Dokuments steuern, die von unvorhersehbaren Ereignissen abhän-

gen. Er ist ein Beispiel für die Berechnung eines Offline-Schedule in der Objektschicht.

Der Algorithmus beinhaltet drei Teile:

Komponenten des Algorithmus

- Ein Schritt zur Ermittlung von Dauerwerten und Kosten: Hier werden die Dauerwerte und Kosten für jeden Mediengegenstand ermittelt. Dafür werden die Spezifikationen der Medien- und Dokumentniveaus für einen Mediengegenstand miteinander verbunden und zeitändernde Operationen in die Berechnung der Dauerwerte eingeschlossen.
- Ein Schritt zur Ermittlung von Verbundkomponenten: Hier wird ein Union-Find-Algorithmus benutzt, um verbundene Teile eines Dokuments zu identifizieren. Zwei Ereignisse befinden sich in derselben Verbundkomponente, wenn sie mit einer vorhersehbaren Dauer oder mit einer zeitlichen Randbedingung verbunden sind. Die Verbundkomponenten werden *vorhersehbar* genannt, wenn keine unvorhersehbaren Ereignisse existieren, die Ereignisse der Komponente auslösen würden. Ist dies nicht der Fall, so werden sie *unvorhersehbar* genannt.

Vorhersagbarkeit

- Ein Schritt zur Zuordnung von Auftrittszeiten eines Ereignisses: Hier wird für jedes Ereignis einer Verbundkomponente die Zeit in bezug auf die Anfangszeit der Komponente berechnet. Hierzu wird ein Simplex-Algorithmus angewendet, in den die Dauerwerte und die zeitlichen Randbedingungen einfließen, wobei die Minimierung der Kosten die Zielfunktion darstellen.
- Ein Schritt zur Befehlserzeugung: Hier werden vorausgehende Ergebnisse benutzt, um die Befehle für die Ausführung zu generieren. Ein *Befehl* umfaßt eine Zeit, zu der er ausgeführt werden muß, den Mediengegenstand, der ausgeführt werden soll, ein Verbundereignis, die Liste der unvorhersehbaren Ereignisse, die aktiviert oder deaktiviert werden müssen, sowie die Operation, die ausgeführt werden muß. Alle Befehle vorhersehbarer Komponenten sind in den Haupt-Schedule integriert. Für jede unvorhersehbare Komponente wird ein separater Hilfs-Schedule konstruiert. Um die Leistung eines kontinuierlichen Mediums zu verbessern, werden Objekte mit Einheiten fester Dauer betrachtet, nicht jedes einzelnes Ereignis innerhalb des Mediengegenstands. Dies betrifft also nur die Startobjekte der kompletten Medien und Ereignisse, die sich auf andere Medienobjekte beziehen. Es wird vermutet, daß ein solcher Strom separat durchgeführt wird, so wie der Präsentations-Schedule.

Befehle

Der Run-Time-Scheduler ist ein Beispiel für die Berechnung eines Online-Schedules innerhalb der Objektschicht. Er steuert die Dokumentenuhr und den Ausführungs-Schedule und verarbeitet außerdem die unvorhersehbaren Ereignisse. Nachdem der Compile-Time-Scheduler die Schedules berechnet hat, kopiert der Run-Time-Scheduler die Haupt-Schedules in den Ausführungs-Schedule und startet die Dokumentenuhr. Wenn diese eine Zeit erreicht, die mit einem Befehl verknüpft ist, startet er den jeweiligen Befehl. Wenn ein aktiviertes, unvorhersehbares Ereignis auftaucht, das eine unvorhersehbare Komponente auslöst, dann verbindet der Run-Time-Scheduler die zugehörigen Sche-

Run-Time-Scheduler

dules im Ausführungs-Schedule, indem er die aktuelle Dokumentenzeit als Startzeit für den ersten Befehl innerhalb des Schedules nimmt. Da unvorhersehbare Komponenten mehrmals ausgelöst werden können, markiert der Run-Time-Scheduler die Instanzen im Ausführungs-Schedule, um die Befehle für die verschiedenen Instanzen eines unvorhersehbaren Schedule unterscheiden zu können.

Zusammenfassung

Das Firefly System stellt eine komplette Synchronisationsunterstützung zur Verfügung. In der Spezifikationsschicht wird ein Editor bereitgestellt. Die zeitlichen Beziehungen, die auf einer Referenzpunkt- und einer intervallbasierten Spezifikationsmethode gründen, werden an der Objektschicht-Schnittstelle verwendet. Der Scheduler stellt in der Objektschicht Offline- und Online-Berechnungen von Präsentations-Schedules zur Verfügung. Die Planung von Strömen wird nur innerhalb der Objektschicht initiiert; die Ausführung ist in der Stromschicht angeordnet. Abb. 18-53 zeigt die Beziehung zum Referenzmodell der Synchronisation.

Das System stellt ein gut organisiertes Scheduling und eine Integration von Werten einer unvorhersehbaren Zeitdauer bereit. Augenblicklich betrachtet es keine Medienvorbereitungsdauer und ebenfalls keine Präsentationsrestriktionen aufgrund ungenügender oder fehlender lokaler Ressourcen oder Verzögerungen, die von Netzwerken verursacht werden.

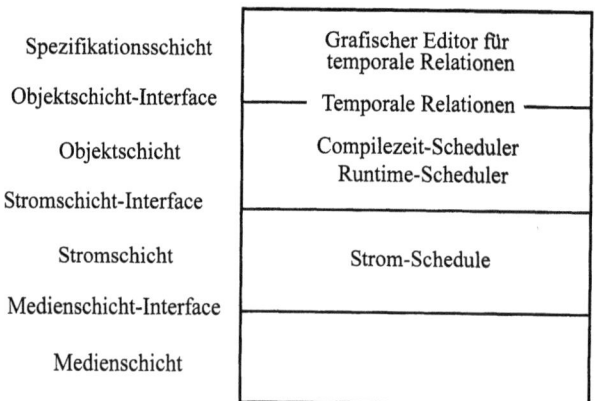

Abb. 18-53 Einordnung des Firefly-Systems in das Referenzmodell.

18.10.4 MODE-System

Das MODE-System *(Multimedia Objects in a Distributed Environment)* [Bla93], das an der Universität Karlsruhe entwickelt wurde, ist ein verständlicher Ansatz für eine netzwerktransparente Synchronisationsspezifikation und für ein Scheduling in heterogenen, verteilten Systemen. Das Herzstück von MODE ist ein verteilter Multimedia-Präsentationsdienst, der sich ein maßgeschneidertes Multimedia-Objektmodell, Synchronisationsspezifikationen sowie Dienstgüteanforderungen mit einer gegebenen Anwendung teilt. MODE verwendet weiterhin das Wissen über Netzwerke und Workstations gemeinsam mit einer gegebenen Laufzeitumgebung. Der verteilte Dienst benutzt alle verfügbaren Informationen für das Synchronisations-Scheduling, wenn die Präsentation eines zusammengesetzten Multimedia-Objekts von der Anwendung angefordert wird. Dadurch paßt MODE die Dienstgüte an die verfügbaren Ressourcen an, indem Bezug auf das Kostenmodell und die Dienstgüteanforderung der Anwendung genommen wird.

Das MODE-System beinhaltet die folgenden synchronisationsbezogenen Komponenten:

Komponenten von MODE

- Der *Synchronisationseditor* in der Spezifikationsschicht, der zur Erzeugung der Synchronisations- und der Layout-Spezifikationen für Multimedia-Präsentationen verwendet wird.
- Der *Server-Manager* in der Objektschicht, der die Ausführung der Präsentations-Dienstaufrufe koordiniert. Dies schließt die Koordination der Erstellung von Präsentationseinheiten (Präsentationsobjekte) aus Basis-Informationseinheiten (Informationsobjekte) sowie den Transport von Objekten in eine verteilte Umgebung mit ein.
- Der *lokale Synchronisierer*, der Präsentationsobjekte lokal erhält und ihrer lokalen Präsentation entsprechend die Synchronisationsspezifikation initiiert.
- Der *Optimierer*, Teil des MODE-Server-Managers, der die Planung der verteilten Synchronisation durchführt, und der Präsentationsqualitäten sowie Präsentationsformen auswählt, die von den Anforderungen des Benutzers, des Netzwerks und der Systemmöglichkeiten der Workstations abhängen.

Synchronisationsmodell

Im MODE-System wird ein Synchronisationsmodell verwendet, das auf der Synchronisation bei Referenzpunkten (siehe dazu Abschnitt 18.9.3) basiert [BHLM92].

Dieses Modell wird erweitert, um auch die Behandlung von Zeitintervallen, Objekten unvorhersehbarer Dauer und Bedingungen zu ermöglichen, die durch die zugrundeliegende heterogene verteilte Umgebung aufkommen können.

Eine Synchronisationsspezifikation, die mit einem Synchronisationseditor erzeugt wurde und die der Synchronisierer verwendet, wird in textueller Form gespeichert. Die Syntax dieser Spezifikation wird von der kontextfreien Grammatik der Sprache zur Synchronisationsbeschreibung definiert. Auf diese Weise kann eine Synchronisationsspezifikation von MODE-Komponenten unabhängig von ihrer Implementierungssprache und -umgebung verwendet werden.

MODE unterscheidet zwischen *dynamischen* und *statischen* Basisobjekten. Eine Präsentation von dynamischen Basisobjekten setzt sich, korrespondierend zu einem LDU-Strom, aus einer Sequenz von Präsentationsobjekten zusammen. Der Index jedes Präsentationsobjekts wird als *Referenzpunkt* bezeichnet. Die Präsentation eines statischen Basisobjekts, das wie auch ein interaktives Objekt ein zeitunabhängiges Medienobjekt sein kann, hat nur zwei Referenz-

Basisobjekte

punkte, den *Anfang* und das *Ende* der Präsentation. Die Beschreibung eines Referenzpunkts zusammen mit dem zugehörigen Basisobjekt wird als *Synchronisationselement* bzw. auch als *BasicObject.ReferencePoint* bezeichnet. Zwei oder mehr Synchronisationselemente können an einem Synchronisationspunkt kombiniert werden. Eine vollständige Interobjekt-Synchronisation wird durch eine Liste aller Synchronisationspunkte definiert.

Synchronisationselement

Die Präsentationsqualität kann für jedes Basisobjekt spezifiziert werden. Sie wird durch einen Satz von Attributen beschrieben, der den Attributnamen, einen bevorzugten Wert und den Wertebereich, der alle möglichen Werte für dieses Attribut beschreibt, einschließt.

Präsentationsqualität

Lokaler Synchronisierer

Der lokale Synchronisierer führt synchronisierte Präsentationen entsprechend des oben eingeführten Synchronisationsmodells durch. Dies beinhaltet die Intraobjekt- und die Interobjekt-Synchronisation. Für die Intraobjekt-Synchronisation wird ein Präsentations-Thread erstellt, der die Präsentation eines dynamischen Basisobjekts verarbeitet. Threads mit unterschiedlichen Prioritäten können dazu verwendet werden, um Prioritäten von Basisobjekten zu implementieren. Alle Präsentationen statischer Basisobjekte werden von einem einzigen Thread gehandhabt.

Prioritäten

Die Synchronisation wird in MODE durch einen Signalisierungsmechanismus durchgeführt. Jeder Präsentations-Thread, der einen Synchronisationspunkt erreicht, sendet ein zugehöriges Signal an alle anderen Präsentations-Threads, die in den Synchronisationspunkt eingebunden sind. Wenn diese ein solches Signal erhalten, können andere Präsentations-Threads Beschleunigungsaktivitäten durchführen, wenn dies notwendig erscheint. Nach dem Verschicken aller Signale wartet der Präsentations-Thread, bis er Signale von den anderen partizipierenden Threads des Synchronisationspunkts erhält; in der Zwischenzeit durchläuft er eine Warteschleife.

Planung und Durchführung der verteilten Präsentation

Optimierer

Vor dem Beginn jeder Präsentation wird der Optimierer eingeschaltet. Dieser verwendet einen heuristischen Suchalgorithmus, der die speziellen Bedingungen einer verteilten Umgebung, wie mehrere Schritte einer Synchronisation innerhalb einer verteilten Umgebung, mehrere Kommunikationsmuster bzw. Pufferanforderungen und Verbindungen, berücksichtigt. Er nutzt hierzu Informationen über das Netzwerk, wie die zur Verfügung stehende Bandbreite, die Dienstqualität und verfügbare Ressourcen der Workstation, ebenso wie Informationen über die Verarbeitungsanforderungen für Medienobjekte. Diese Informationen werden dem Optimierer von Umgebungs- und Anwendungs-Medienbeschreibungen zur Verfügung gestellt [Bla92].

Das Planungsresultat legt die erreichbare Qualität für jedes Präsentationsattribut fest, die den Anforderungen des Benutzers und denen des Netzwerks sowie der Workstation-Ressourcen entsprechen. Das Ergebnis dieses Planungsprozesses ist ein MODE-Flußgraph [Bla91b], der die Knoten und Zeiten beschreibt, zu denen Operationen durchgeführt werden müssen. Der aufgeteilte Flußgraph wird an die eingebundenen Knoten verteilt und während der Laufzeit durch den verteilten MODE-Server-Manager abgearbeitet.

Flußgraph

Ausnahmen in einer verteilten Umgebung

Die korrekte zeitliche Durchführung des Plans hängt von der zugrundeliegenden Umgebung ab, wenn die Workstations und das Netzwerk zeitliche Garantien für die Ausführung der Operationen geben. Daher sieht MODE mehrere *Garantiestufen* vor. Wenn die zugrundeliegende verteilte Umgebung keine vollen Garantien geben kann, dann betrachtet MODE mögliche Fehlerbedingungen. Drei Arten von Aktionen, die zur Präsentationszeit ausgelöst werden, werden hierbei verwendet, um das Verhalten im Fall dieser Ausnahmebedingungen zu definieren:

Garantiestufen

1. Eine *Warteaktion* kann durchgeführt werden, wenn eine Präsentation eines dynamischen Basisobjekts einen Synchronisationspunkt erreicht hat und länger wartet als die für diesen Synchronisationspunkt festgelegte Zeit. Mögliche Warteaktionen sind z. B. die Fortsetzung der Präsentation des letzten Präsentationsobjekts („*Freezing*" eines Videos), das Anhalten oder das Abbrechen des Synchronisationspunkts.

Ausnahmebedingunge

2. Wenn eine Präsentation eines dynamischen Basisobjekts einen Synchronisationspunkt erreicht hat und darauf wartet, daß andere Objekte diesen Punkt erreichen, können Beschleunigungsaktionen eine Alternative zu Warteaktionen repräsentieren. Sie verschieben die verzögerten, dynamischen Basisobjekte zu diesem Synchronisationspunkt. Mögliche Aktionen schließen eine vorübergehende Erhöhung der Präsentationsgeschwindigkeit ein oder das Überspringen von allen Objekten der Präsentation bis zum Synchronisationspunkt.

3. Wenn ein Präsentationsobjekt nicht rechtzeitig ankommt, ist es möglich, ein Objekt zu überspringen und das nächste zu präsentieren.

Prioritäten können bei Basisobjekten dazu verwendet werden, um deren Empfindlichkeit gegenüber Verzögerungen der Präsentation zu reflektieren. Zum Beispiel erhalten Audioobjekte üblicherweise eine höhere Priorität als Videoobjekte, da ein Benutzer den Jitter in einem Audiostrom eher bemerkt als in einem Videostrom. Präsentationsobjekte mit höheren Prioritäten werden gegenüber Objekten mit niedrigeren Prioritäten sowohl in der Präsentation als auch in der Synchronisation bevorzugt.

Zusammenfassung

MODE ist ein vollständiges Synchronisationssystem, das speziell für die Unterstützung der Synchronisation in einer verteilten Umgebung konzipiert wurde. MODE stellt ein Synchronisationswerkzeug in der Spezifikationsschicht zur Verfügung. Die Ausgabe dieses Werkzeugs wird als Schnittstellenformat nach der Referenzpunkt-Synchronisation zwischen der Spezifikation und der Objektschicht verwendet. Der Optimierer ist Teil der Objektschicht und führt eine Offline-Berechnung des Präsentations-Schedule vor Beginn der Präsentation durch. Der MODE-Server-Manager und der Synchronisierer sind ebenfalls Teil der Objektschicht. Die Threads, die von ihnen zur Handhabung dynamischer Medienobjekte generiert werden, sind Teil der Stromschicht. Abb. 18-54 zeigt die Beziehung zum Referenzmodell der Synchronisation.

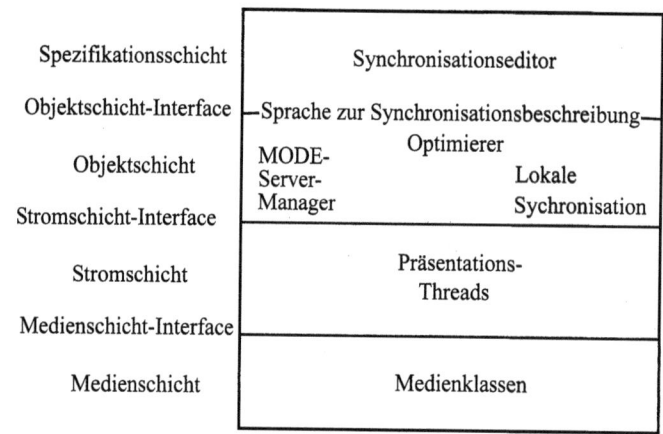

Abb. 18-54 Einordnung des MODE-Systems in das Referenzmodell.

18.10.5 Multimedia Tele-Orchestra

An der University of Ottawa hat die *Multimedia Communication Research Laboratory* (MCRLab) von Prof. Nicolas D. Georganas ein Multimedia-System, das *Multimedia Tele-Orchestra* entwickelt. Dieses System besteht aus einem hochentwickelten Spezifikationsschema, dem *Zeitfluß-Graphen* [*Time Flow Graph* (TFG)] [LKG94] und einer Synchronisationsimplementation in einer verteilten Umgebung [KG89]. Im Gegensatz zu vielen anderen Spezifikationsmethoden, berücksichtigt ein TFG, daß spezielles zeitliches Wissen oft relativ sein kann, also nicht durch exakte Zeitparameter beschrieben werden kann. Die Autoren nennen dies ein *Fuzzy Scenario*. Außerdem kann die Dauer von Präsentationen unpräzise und nicht im Vorhinein bekannt sein. Daher sind weder die genauen Zeitpunkte noch die Dauer notwendig, um eine Synchronisation zu spezifizieren.

Intervalle   Der Begriff des *Intervalls* dient als Basis für den TFG. In [LKG94] wird gezeigt, daß alle zeitlichen Beziehungen zwischen Intervallen durch TFGs repräsentiert werden können. Dies führt zu einer teilweise sequentiellen Reihenfolge, die von der aktuellen Verarbeitung der Synchronisation zur Präsentationszeit verwendet wird. In bezug auf das Referenzmodell der Synchronisation ist TFG eine intervallbasierte Methode, die in der Spezifikationsschicht angesiedelt ist und die auch die Schnittstelle zwischen dieser Schicht und der Objektschicht umfaßt (siehe Abb. 18-55 auf Seite 647).

Auf TFG basierend wurde das verteilte Multimedia-Synchronisationsschema *Synchronization Controller for Multimedia Communication* (SCMC) [KG89] entwickelt. Als Schlüsseleigenschaft nimmt dieses Schema Bezug darauf, daß Daten aus verschiedenen Quellen von verschiedenen Orten stammen können. SCMC soll über ATM-Netzwerke (siehe Kapitel 14 zu Netze) laufen können. Dennoch können dieselben Algorithmen benutzt werden, wenn man ein anderes multimediafähiges Netzwerk benutzt, wie Ethernet 10 Base-T, 100 Base-T und IsoEthernet, bzw. Gigabit Ethernet (siehe Kapitel 14 zu Netze).

SCMC

Im Tele-Orchestration-Ansatz gibt es eine zweite Komponente, den *Temporal Presentation Controller (TPC)* (*zeitliche Präsentationssteuerung*). Dieser soll sich um die Berechnung des Schedules mit den frühestmöglichen Zeiten zur Präsentation von Objekten auf einem entfernten Computer kümmern. Das Ergebnis des TPC, d. h. des entsprechenden Schedules, wird an das SCMC übergeben, das die aktuelle Verarbeitung der Steuerdaten durchführt, um die Synchronisationsspezifikation zu erfüllen. In bezug auf das Referenzmodell der Synchronisation nutzt SCMC individuelle LDUs; es verläßt sich daher nicht auf einen Strom. SCMC stellt seinem Benutzer die Möglichkeit zur Verfügung, eine Synchronisation zwischen individuellen Datenströmen herzustellen. Daher ist SCMC sowohl in der Medienschicht als auch in der Stromschicht angeordnet. TPC bildet zeitliche Randbedingungen, die von TFG definiert werden, auf SCMC-Primitive ab. TPC berechnet weiterhin lokale Schedules, während SCMC alle lokalen Schedules zu einer Implementierung der angeforderten Synchronisation zusammenfaßt. Deshalb ist TPC in der Objektschicht angesiedelt (siehe Abb. 18-55).

TPC

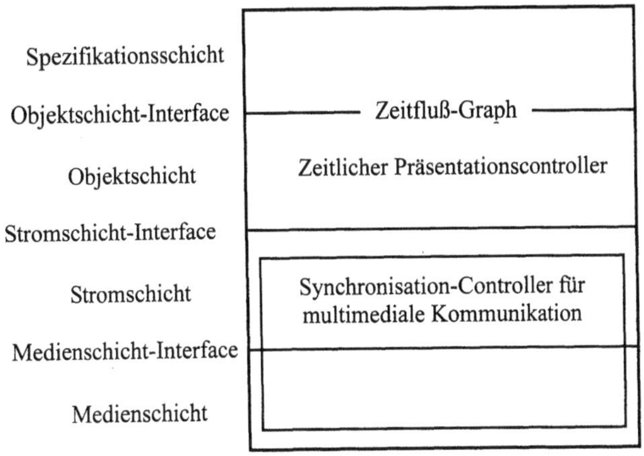

Spezifikationsschicht	
Objektschicht-Interface	Zeitfluß-Graph
Objektschicht	Zeitlicher Präsentationscontroller
Stromschicht-Interface	
Stromschicht	Synchronisation-Controller für multimediale Kommunikation
Medienschicht-Interface	
Medienschicht	

*Abb. 18-55
Einordnung des
Tele-Orchestra-Systems
in das Referenzmodell*

Zusammenfassung

Tele-Orchestra deckt die Aspekte aller Schichten des Referenzmodells ab. Die Verteilung ist bekannt und wird in der Spezifikations- und in der Stromschicht verarbeitet. In [LLKG93] werden Leistungsanalyseergebnisse dieses Synchronisationsschemas dargestellt.

18.10.6 Little's Framework

Das Hauptziel der Entwicklung, die an der University of Boston [Lit93] in einem Multimedia-Informationssystem integriert ist, stellt die Unterstützung des Abrufs und der Übertragung von Multimedia-Daten dar. Dieses System besteht aus Methoden zur Synchronisationsspezifikation, zur Datenrepräsentation, zu zeitlichen Zugangskontrollen und zur Laufzeit-Intermedia-Synchronisation. Insbesondere stellt es Mechanismen zur Verfügung, die Verzögerungen verhindern sollen, die durch Speicherung, Kommunikation und Berechnungen auf Medienobjekten entstehen können. Das System stellt weiterhin Mechanismen zur Skalierbarkeit und zur kontrollierten Qualitätseinschränkung von Multimedia-Diensten zur Verfügung.

TIB-Modellierung

Die Spezifikation der Synchronisation beruht auf Petri-Netzen (siehe dazu Abschnitt 18.9.3) und einer Spezifikation, die globalen Zeitgebern basiert (siehe dazu Abschnitt 18.9.2) und die auf den *Temporal-Interval-Base (TIB)*- Modellierungsansatz abgebildet sind. Die zeitlichen Zusammenhänge dieses Modells beinhalten für jedes Datenelement eine Startzeit, die Dauer seiner Präsentation und seine Endzeit. Die relative Position wird durch die Unterschiede zwischen den Startzeiten der Präsentationen definiert.

Statisches und dynamisches Scheduling

Das statische und dynamische Präsentations-Scheduling wird auf Basis dieser Spezifikation berechnet. Ein Beispiel eines einfachen Planungsalgorithmus in einer Umgebung mit begrenzten Ressourcen ist der *Static Playout Schedule Computation Algorithm* [Lit92, LG92] vor. Der Algorithmus geht davon aus, daß die Datenelemente in einer entfernten Datenbank gespeichert sind. Die Daten müssen über ein Packet-Switched-Netzwerk begrenzter Kapazität zur darstellenden Workstation übertragen werden. In einem ersten Schritt wird die Synchronisationsspezifikation benutzt, um für jede Dateneinheit den Zeitpunkt für den Beginn der Präsentation (p_i) zu berechnen. Dies ist mittels der Präsentationsdauer (m_i) leicht möglich. Wenn die Startpunkte der Präsentation benutzt werden, ist es notwendig, die Zeitpunkte zu berechnen, zu denen auf die Dateneinheiten zugegriffen wird (q_i), da für ihren Transport die Zeit (T_i) benötigt wird (siehe Abb. 18-56).

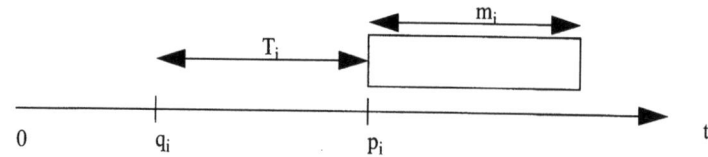

Abb. 18-56 Statisches Scheduling.

D_p sei hierbei die konstante Ausbreitungsgeschwindigkeit der Daten, D_t die zur Paketgröße proportionale Verzögerung (mittlere Paketgröße/Kanalkapazität) und D_v die variable netzlastabhängige Verzögerung. Dann ist T_i definiert als $T_i = D_p + D_t + D_v$.

Hierzu müssen die folgenden Bedingungen erfüllt sein:

$p_i \leq q_i + T_i$ (Die Dateneinheiten müssen rechtzeitig verfügbar sein).

$q_{i-1} \geq q_i - T_{i-1} + D_p$ (Der Zugriff auf die Daten sollte nach Abschluß der vorangehenden Datenübertragung abgeschlossen sein.)

Zur Berechnung von q_i wird de folgende Algorithmus benutzt:

Berechnungs-algorithmus

```
q[m] = p[m] - T[m] // Start with the last data unit.

for i = 0 to m-2
  if q[m-i] < p[m-i-1] - Dp // Collision
    q[m-i-1] = q[m-1] - T[m-i-1] + Dp // Resolve collision
  else q[m-i-1] = p[m-i-1] - T[m-i-1] // No collision
end.
```

Da das statische Scheduling keine dynamischen Veränderungen in der Umgebung sowie sich verändernde Befehle des Benutzers (bspw. die Präsentationsgeschwindigkeit) berücksichtigt, wurde das dynamische Scheduling eingeführt, das auch als *Limited A Priori Scheduling (LAP)* bezeichnet wird. Hier erfolgen das Scheduling und die Ressourcenreservierung nur für kurze Zeit. Eine Multimedia-Präsentation wird in Komponenten ähnlicher Ressourcennutzung aufgeteilt, für die eine Schedule-Berechnung und eine statistische Ressourcenreservierung durchgeführt werden. Daraufhin bewerkstelligt der Session Scheduler die Präsentation der Komponenten.

LAP-Scheduling

Zur Unterstützung von Interstrom-Synchronisation existieren Versatzkontollmechanismen. Diese verwerfen und duplizieren Dateneinheiten, wenn die Warteschlange, die die Stromverarbeitung repräsentiert, bestimmte Schwellwerte über- oder unterschreitet.

Versatz

Die auf Petri-Netzen basierenden und zeitorientierten Spezifikationen der Spezifikationsschicht werden auf eine TIB-Spezifikation als Objektschicht-Schnittstellenformat abgebildet, das eine Art intervallbasierter Synchronisation darstellt. Das Offline- und Online-Scheduling ist in der Objektschicht angesiedelt. Eine zusätzliche Versatzsteuerung wird von der Stromschicht bereitgestellt.

Zusammenfassung

Little's Framework ist ein wohldefinierter Ansatz, der verschiedene Schichten kombiniert. Die Konzeption konzentriert sich auf den Abruf von Multimedia-Objekten auf einem einzigen Server und berücksichtigt nur einen eingeschränkten Satz von Parametern, die für eine Verteilung relevant sind.

*Abb. 18-57
Einordnung von Little's
Framework in das
Referenzmodell.*

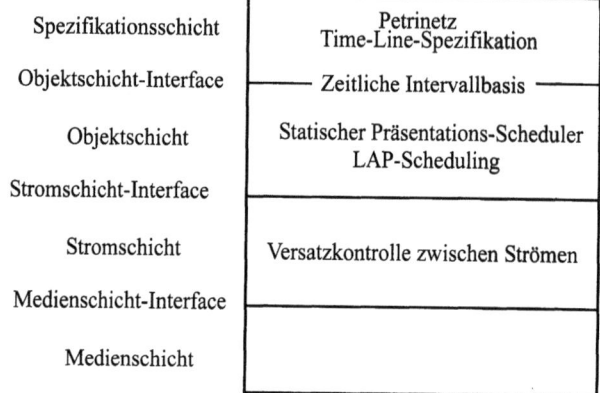

18.10.7 ACME

ACME (Abstractions for Continuous MEdia) [AH91] ist ein Input-/Output-Server für kontinuierliche Datenströme innerhalb der Stromschicht. Er steuert mehrere physikalische Geräte. Benutzer können logische Geräte als Abstraktion physikalischer Geräte definieren. Zur Übertragung von Strömen von den Eingabe- zu den Ausgabegeräten wird ein Pfad aufgebaut. Diese Verbindung kann eine reale Netzwerkverbindung sein. Der Strom besteht aus LDUs, die mit einem Zeitstempel versehen werden.

Logisches Zeitsystem

Ein *logisches Zeitsystem [Logical Time System (LTS)]* synchronisiert die Ein- und Ausgabe auf den logischen Geräten. Das LTS verfügt über eine Uhr, die dem Gerät zugeordnet wird, das am empfindlichsten auf Verzögerungen reagiert, oder die von einer dafür vorgesehenen Verbindung betrieben wird.

Funktion

Wenn eine Verbindung blockiert, ist auch das Eingabegerät der Verbindung blockiert und muß immer mehr Dateneinheiten puffern. Das Ausgabegerät „hungert", da es nicht genügend LDUs empfängt. Wenn der maximale Versatz zwischen dem Zeitstempel der LDUs und der LTS-Uhr erreicht wird, wird die Blockierung durch das Überspringen von LDUs oder durch ein Anhalten des LTS gelöst. Es wird wieder gestartet, wenn die Zeitstempel der logischen Daten nahe der LTS-Uhr sind und eine zusätzliche Datenmenge für die Startphase der Resynchronisation erhalten wurde (siehe Abb. 18-58 und Abb. 18-59 auf Seite 651).

*Abb. 18-58
Resynchronisation in
ACME.*

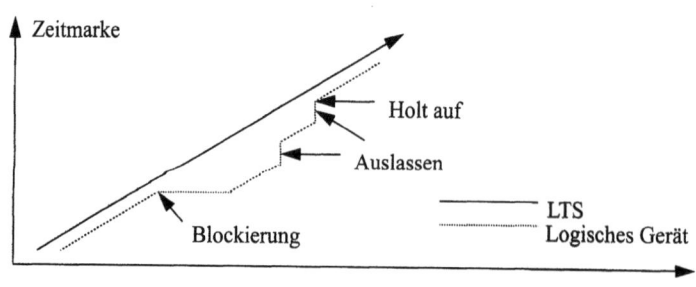

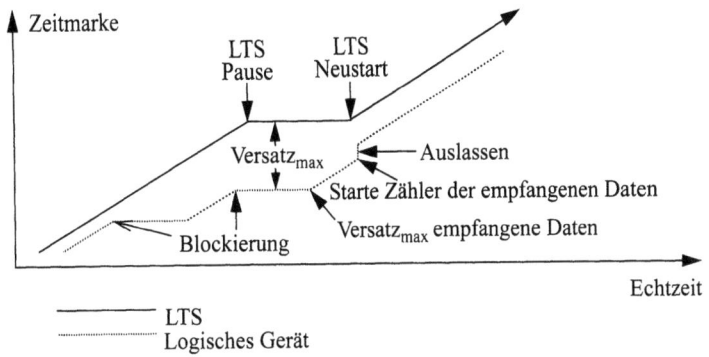

Abb. 18-59
Resynchronisation in ACME.

ACME bietet eine Programmierschnittstelle an und unterstützt Medienströme ausschließlich in der Stromschicht.

18.10.8 Weitere synchronisationsbezogene Systeme

Viele der heute verfügbaren Multimedia-Erweiterungen für Betriebssysteme, wie QuickTime von Apple [DM92], die Multimedia Extensions von Microsoft [Mic91] und der Multimedia Presentation Manager/2 von IBM [IBM92], beinhalten Synchronisationsmechanismen, die sich auf die Stromschicht der lokalen Umgebung beziehen. Vernetzte Systeme wie der IBM Ultimedia-Server umfassen auch Synchronisationsaspekte in einer verteilten Umgebung.

Der Orchestration Service [CGCH92] stellt eine stromorientierte Schnittstelle für die synchronisierte Wiedergabe kontinuierlicher Medien in einer verteilten Umgebung bereit. Nicolai [Nic90], Little [LG91], Escobar [EDP92], Shepherd [SS90], Ramanathan [RR93] und Anderson haben Techniken zur Jitter-Kontrolle von Medienströmen in der Stromschicht vorgeschlagen. Eine Bewertung und Klassifikation dieser Ansätze findet sich in [EFI94].

Orchestration Service

Stefani, Harzad and Horn [SHH92] haben die Verwendung der synchronen Programmiersprache ESTEREL zur Programmierung von Multimedia-Synchronisation in der Objektschicht angeregt.

ESTEREL

An der Université de Genève [TGD91] wurde ein objektorientiertes System mit einer globalen Zeitgeber-basierten Synchronisationsspezifikation entwickelt. Ein globaler Zeitgeber steht allen Objekten zur Laufzeit zur Verfügung. Jedes Objekt bildet diese Zeit auf seine eigene lokale Zeit ab, die es für seine Intraobjekt-Synchronisation benutzt. Wenn der Versatz zwischen der lokalen Zeit und der Weltzeit des globalen Zeitgebers einen Maximalwert überschreitet, wird eine Resynchronisation mit der Weltzeit durchgeführt.

Bulterman's Framework [Bul93] hat die Probleme der Aufteilung von Netzwerkressourcen, der Synchronisation von Daten verschiedener Quellen und der Repräsentation von Daten auf unterschiedlichen Hosts in einer verteilten Umgebung zum Gegenstand. Die Komponenten des Frameworks können die Ressourcen einer verteilten Umgebung für alle aktiven Anwendungen verwalten.

Tactus-System

Die dafür erforderlichen Informationen werden von einer Spezifikation der Anwendungsressource und von Synchronisationsanforderungen bereitgestellt.

Das *Tactus-System* [DNN$^+$93] beinhaltet einen Server zur Synchronisation von Medien an der Senke und ein Schnittstellenwerkzeug, das auch die Unterstützung der Berechnung und der Steuerung von Strömen sowie deren Übertragung zum Präsentations-Server adressiert. Das Scheduling wird im Voraus berechnet, um Verzögerungen während der Laufzeit zu vermeiden.

Die Verwendung traditioneller ereignisbasierter Benutzerschnittstellen-Server kann Synchronisationfehler verursachen, die durch die Verzögerung zwischen dem Präsentationsaufruf des Servers und der aktuellen Präsentationsleistung des Servers verursacht werden. Die zeitlichen Beziehungen erforderlicher Präsentation gehen häufig verloren. Ein Vorschlag zum Umgang mit diesem Problem ist die Ausdehnung des Windows-Servers auf die Verzögerung einer Präsentation bis zum Eintreffen eines Ereignisses, das vom Client definiert wird. Dies ermöglicht die Wiedereinführung von zeitlichen Beziehungen zwischen Präsentationen auf dem Server.

Hyper-ODA

HyperODA [App89] ist eine Standardisierungsaktivität, die ein Austauschdokumentformat für Multimedia definieren soll. HyperODA stellt eine Erweiterung der *Open Document Architecture (ODA)* [BB91] dar. Die Ausdehnung von ODA auf eine Multimedia- und Hypermedia-Dokumentenarchitektur erfordert neue Inhaltsarchitekturen, bspw. für Audio und Video, sowie die Definition eines Modells für das zeitliche und räumliche Layout. Die Intraobjekt-Synchronisation wird hier durch eine ereignisbasierte Synchronisation realisiert.

18.11 Abschließende Bemerkungen

In integrierten Multimedia-Systemen müssen mehrere Aspekte bezüglich der Synchronisation in Betracht gezogen werden. Leider wird derselbe Begriff von vielen Autoren zur Bezeichnung unterschiedlicher Themen verwendet. In diesem Kapitel wurden synchronisationsbezogene Bedingungen definiert und die Schichten in Multimedia-Systemen in ein Referenzmodell der Synchronisation eingeordnet.

Die Intraobjekt-Synchronisation wurde als Synchronisation von LDUs eines Medienobjektes definiert. Die Interobjekt-Synchronisation beinhaltet die Synchronisation zwischen Medienobjekten.

Bei der Live-Synchronisation resultiert die Synchronisation direkt aus den zeitlichen Beziehungen während der Aufnahme des Objekts. Bei der synthetischen Synchronisation werden die zeitlichen Beziehungen zwischen den Medienobjekten explizit erstellt.

Es wurden verschiedene Methoden für die in den letzten Jahren entwickelten Synchronisationsspezifikationen erörtert. Die verbesserte intervallbasierte Spezifikation legt die Beziehungen zwischen Präsentationsintervallen fest. Die Achsen-basierten Methoden spezifizieren die Synchronisation durch die Abbildung von Medienobjekten auf eine oder mehrere Achsen. Die grundlegende hierarchische Methode verwendet Operationen, wie parallel oder seriell, um Beziehungen zwischen Medienobjekten zu definieren. Der Ansatz der Referenzpunkte ermöglicht eine Spezifikation durch die Definition von Beziehungen zwischen Medienobjekten. Petri-Netze können eingesetzt werden, um den Präsentationsfluß durch die Benutzung von Plätzen mit Werten für die Zeitdauer und durch die Zuordnung des Beginns von Präsentationsoperationen zum Zünden von Transitionen zu modellieren. Die ereignisbasierte Methode verbindet Präsentationsoperationen mit Ereignissen. Skripte sind ein programmierungsorientierter Ansatz, der Synchronisationsoperationen verwendet. Alle derartigen Methoden verfügen über unterschiedliche Spezifikationsmöglichkeiten. Konvertierungen oder Abbildungen von Spezifikationen der verschiedenen Methoden sind möglich, häufig aber auf eine gemeinsame Untergruppe von Spezifikationsmöglichkeiten beschränkt. Meistens verwendet der Benutzer einen grafischen Editor zur Spezifikation der Synchronisation. Die zugrundeliegenden Spezifikationsmethoden spiegeln sich üblicherweise in der Abstraktion der Benutzerschnittstelle wider. Editoren erlauben zudem meist einen direkten Zugriff auf diese Spezifikationsmethoden.

Die für die Präsentation der zeitlichen Beziehungen am Ausgabegerät erforderliche Dienstgüte wird aus der Wahrnehmung des Benutzers abgeleitet. Experimente haben gezeigt, daß ein Versatz von mehr als +/-80 ms zwischen einem Audio- und einem Videostrom störend wirkt, wenn eine Lippensynchronisation erforderlich ist. Weitere QoS-Anforderungen und eine Methode zur Kombination von QoS-Anforderungen wurden vorgestellt.

Ein Referenzmodell der Synchronisation, das die Synchronisationseinrichtungen und Schnittstellen in Schichten klassifiziert und die Identifikation und Klassifikation von Ansätzen zur Mediensynchronisation ermöglicht, wurde definiert. Hierin besteht die Spezifikationsschicht aus Werkzeugen für die Erstellung und Konvertierung von Synchronisationsspezifikationen. Die Objektschicht akzeptiert an ihrer Dienstschnittstelle Synchronisationsspezifikation als Eingabe. Sie plant und organisiert die Präsentation. Außerdem initiiert sie die Präsentation von zeitunabhängigen Medienobjekten sowie Benutzerinteraktionen. Für die Präsentation kontinuierlicher Medien benutzt sie die Dienste der Stromschicht. Diese unterstützt an ihrer Schnittstelle Abstraktionen von Strömen. Sie beschäftigt sich mit der Intraobjekt-Synchronisation und der Synchronisation von kontinuierlichen Medienströmen. Die Medienschicht verbirgt an ihrer Schnittstelle den Zugriff auf Multimedia-Geräte.

Eine verteilte Umgebung stellt aufgrund der Verteilung der Synchronisationsspezifikation und der zugehörigen Medienobjekte, der notwendigen Kommunikation und Verzögerungen in der verteilten Umgebung sowie der erforderlichen Multi-Teilnehmer-Kommunikation zusätzliche Herausforderungen dar. Eine Synchronisation in der verteilten Umgebung ist ein Multi-Step-Synchronisationsprozeß und eine anspruchsvolle Planungsaufgabe.

Die bekanntesten Systeme wurden in das Referenzmodell der Synchronisation eingeordnet. Die hier beschriebene Fallstudie mündet einerseits in den Vergleich der Möglichkeiten verschiedener Ansätze, andererseits beweist sie die Nützlichkeit des Modells.

Die expansive Entwicklung von Multimedia-Anwendungen erfordert die Ausführung von Präsentationen auf heterogenen Plattformen. Der Erfolg von Austauschstandards für Multimedia hängt von der Verfügbarkeit von Laufzeitumgebungen für die Austauschformate ab. Welcher Standard in Zukunft der wichtigste sein wird, ist noch offen. Die Verfügbarkeit eines Standardformats wird es auch ermöglichen, Authoring-Systeme zu unterstützen.

Die aufkommende Verfügbarkeit von Multimedia-Teleservices erfordert eine offene verteilte Umgebung. Hierfür werden ein offener Strommechanismus und offene Objektschichtdienste benötigt. Die ersten Arbeiten im Bereich der offenen Ströme in einer heterogenen Umgebung wurden von der *Interactive Multimedia Association* erstellt, einem von der Industrie betriebenen Ansatz zu offenen Multimedia-Diensten. Für die Entwicklung offener Objektschichtdienste sind weitere Anstrengungen erforderlich.

Sicherheit

Dieses Kapitel beschäftigt sich mit dem Sicherheitsaspekt in multimedialen Systemen. Begonnen wird mit einer Klärung des Begriffs *Sicherheit (Security)* und einer Abgrenzung zum Begriff *Ausfallsicherheit (Safety)*. Wie bereits an anderer Stelle erwähnt rechtfertigt nicht jede beliebige Kombination von Medien die Verwendung des Begriffs *Multimedia*. Um besonders auf die Anforderungen in Multimediasystemen aufmerksam zu machen, konzentrieren sich die Darstellungen von Sicherheitsproblemen und -lösungen v. a. auf multimediale Komponenten im engeren Sinne. Auf die Problematik von reinen Textkomponenten wird nicht detailliert eingegangen, da hier keine besonderen Anforderungen gestellt werden und mit bekannten, in der Literatur häufig diskutierten kryptographischen Verfahren gearbeitet werden kann. Nach der Begriffsabgrenzung erfolgt eine Darstellung von allgemeinen Sicherheitsanforderungen in Multimediasystemen. Anschließend werden verschiedene Lösungsansätze für Bild-, Video-, Audio- und 3-D-Daten vorgestellt und diskutiert. Zur Veranschaulichung der vorgestellten Ansätze wird abschließend an einigen Beispielanwendungen die Sicherheitsproblemaik detaillierter erläutert und konkrete Sicherheitssystemlösungen vorgestellt.

Terminologie

19.1 Begriff „Sicherheit"

Immer häufiger werden heute Anwendungen auf mehreren Rechnern arbeitsteilig und kooperativ in vernetzten Umgebungen ausgeführt. Es entstehen ganze Rechnerverbunde, in denen eine Reihe einzelner Funktionseinheiten an verschiedenen Standorten die Anwendungen gemeinsam in Form eines verteilten Systems bewältigt, das aus verschiedenartigen, vernetzten Rechnerkomponenten bestehen kann. Durch den Trend zur Vernetzung wird, besonders bei der Kommunikation über öffentliche Netze, das Risiko eines Schadens durch Angreifer immer höher. Die Akzeptanz von neuen informationstechnischen Systemen hängt somit wesentlich von der Sicherheit der verteilten Anwendung ab. Es steigen v. a. die Anforderungen an den technischen Datenschutz und die Datensicherheit, so daß die fortlaufende Gestaltung von Techniksystemen nach Kriterien der sicheren Telekooperation an Bedeutung gewinnt.

Sicherheit vs. Ausfallsicherheit

Sicherheit

Schutz vor fremder Einwirkung

Unter *Sicherheit* versteht man Maßnahmen, die beabsichtigte Angriffe auf Rechner, gespeicherte und übertragene Daten sowie Kommunikationsbeziehungen verhindern. Das können organisatorische oder technische Maßnahmen sein. Technische Absicherungen greifen entweder auf der Netz- oder der Anwendungsebene und können durch Konfiguration und/oder Einsatz kryptographischer Verfahren umgesetzt werden.

Ausfallsicherheit

Verminderung von Auswirkungen unbeabsichtigter Ereignisse

Ausfallsicherheit hingegen versucht die Auswirkungen unbeabsichtigter Ereignisse, die zu einem Ausfall oder der Beschädigung von Rechnern, gespeicherten oder übertragenen Daten und Kommunikationsbeziehungen führen, zu vermindern. In den Bereich fallen die Begriffe Datensicherung, Daten-Recovery oder Erhöhung der Rechnerausfallsicherheit. Unbeabsichtigte Ereignisse können z. B. Sturm-, Brand- oder Wasserschäden sein aber auch Stromausfall sowie Hardware- oder Software-Defekte. Die Ausfallsicherheit unterliegt bei Multimediasystemen keinen medienspezifischen Anforderungen bzw. Eigenschaften; sie wird deshalb hier nicht vertieft betrachtet.

19.2 Allgemeine Sicherheitsanforderungen und Eigenschaften

Bei der Konzeption von neuen informationstechnischen Systemen sind neben den *Chancen,* die das neue System mit sich bringt, auch deren *Risiken* zu betrachten, die mit der neuen Informationstechnik entstehen. In diesem Abschnitt werden mögliche Risiken näher erläutert und die daraus resultierenden Sicherheitsanforderungen an Multimediasysteme besprochen.

Der weltweite Ausbau digitaler Netze eröffnet weitläufige Angriffspunkte für das Abhören, Lesen, Manipulieren oder Löschen von Daten seitens Unbefugter. Neben den Chancen der Techniknutzung ergeben sich somit auch *erhebliche Risiken* für die Nutzung der Informationssysteme, die von direkten finanziellen Schäden und rechtlichen Schäden bis hin zu Imageverlusten reichen. Die erforderliche Täterlogistik ist nicht aufwendig und frei verkäuflich, ein PC mit Modem und Telefonanschluß reicht häufig aus. Das Fehlen übergeordneter Kontrollinstanzen, der weitgehend freie Zugang und die häufig nur geringen Sicherheitsstandards bei Betreibern und Nutzern begünstigen den Mißbrauch. Zudem werden Mißbrauchsfälle von den Geschädigten nicht immer oder erst spät erkannt, die Schäden allerdings können erheblich sein. Schließlich ist auch noch zu berücksichtigen, daß die Ermittlungs- und Beweisführung bei solcher High-Tech-Kriminalität Schwierigkeiten mit sich bringt, die sich bei internationaler Tatbegehung noch verstärken. Häufig ist es der Fall, daß bei der Verbreitung neuer Technologien die Sicherheitsrisiken und Kriminalitätspotentiale nicht ausreichend und v. a. nicht frühzeitig genug betrachtet werden. Das führt zwangsläufig dazu, daß nach der Einführung der Systeme und den ersten Mißbrauchsfällen vehement Abhilfe verlangt wird, sei es von Diensteanbietern und Vertreibern aufgrund von Haftungsansprüchen oder von Nutzern auf Basis des Schutzes geistigen Eigentums. Dann ist es äußerst schwierig, die entstandenen Defizite zu beseitigen. Wirkungsvoll sind deshalb präventive Konzepte, die von Anfang an einen hohen Schutz bieten. Dies betrifft sowohl die *Bearbeitung bzw. die Speicherung von Daten,* die in einer vernetzten Umgebung einem breiten Zugriff und damit einer größeren Gefährdung durch unberechtigte Kenntnisnahme unterliegen, als auch die *übertragenen Daten,* für die ein wirksamer Schutz sichergestellt werden muß.

Man unterteilt den Datenschutzes in rechtlichen, organisatorischen und technischen Datenschutz.

Der *rechtliche Datenschutz* formuliert in Gesetzen Kriterien, wie z. B. in Deutschland die Bundes- und Landesdatenschutzgesetze [BRD91], die bei automatischer Verarbeitung personenbezogener Daten technische und organisatorische Maßnahmen vorschreiben, die je nach Art der zu schützenden Daten geeignet sind. Im Rahmen des rechtlichen Datenschutzes bietet sich eine *Beziehung zum Urheberrecht* an, welches in Multimediasystemen eine entscheidende Rolle einnimmt. Es geht in diesem Gesetz nicht um personenbezogene Daten, sondern um die Bedeutung der Daten als geistiges Eigentum. Die gesetzliche Grundlage ist in Deutschland das Urhebergesetz [Hoh93].

Rechtlicher Datensch

Wenn ein Werk zusätzlich in den USA Urheberrechtsschutz erhalten soll, ist ein Copyright-Vermerk im Impressum des Werkes und eine Anmeldung und Hinterlegung des Werks beim Register of Copyrights notwendig (Adresse: Register of Copyrights, Copyright Office, Library of Congress, Washington, D.C. 20559). Darüber hinaus besteht die Bestrebung, das Copyright-System auch in der Europäischen Union (EU) einzuführen [Hoh93].

Der *organisatorische Datenschutz* versucht durch organistorische Maßnahmen den Datenbestand vor unberechtigtem Zugriff zu schützen. Hier findet bspw. das Vier-Augen-Prinzip Anwendung: Bestimmte Tätigkeiten dürfen nur in Anwesenheit von (mindestens) zwei Personen ausgeführt werden, nie nur von einer allein. Das kann bei Computersystemen durch zwei Paßwörter realisiert werden, die beide eingegeben werden müssen, bevor eine solche Tätigkeit möglich ist. Auch der organisatorische Datenschutz wird hier nicht weiter betrachtet, weil Multimediasysteme sich diesbezüglich wie traditionelle Systeme verhalten.

Organisatorischer Datenschutz

In den folgenden Betrachtungen wird der *technische Datenschutz* beleuchtet.

Technischer Datenschutz

Will man technische Datenschutzmaßnahmen einführen, muß man sich zunächst überlegen, auf welcher Ebene das Sicherheitskonzept anzusiedeln ist. Man unterscheidet zwischen zwei Ebenen:
- Netzebene als die Übertragung der Daten,
- Anwendungsebene bzw. Verarbeitung und Speicherung der Daten.

Fragestellung der Netzebene ist, wie man bestimmte Dienste nur für bestimmte Anwenderrechner zulassen und andere Maschinen ausschließen kann. Die meisten der heute eingesetzten Mechanismen erlauben keine direkte Integration von Sicherheitsfunktionalitäten. Bei einigen der neueren Dienste und Protokolle sind jedoch Vorkehrungen zur Integration von Datenverschlüsselungsverfahren vorgesehen, bspw.:

Sicherheit in RTP
- RTP (Real-Time Protocol) [SCF89] erlaubt das einfache Umsetzen von Datenpaketen vom Multicast-Routen nach Unicast und umgekehrt. Ein Bit im Header gibt an, daß die Nutzdaten des Pakets mit DES (Data Encryption Standard Sch96) verschlüsselt sind. Der Austausch des Schlüssels kann dann z. B. mit dem für RTP definierten Kontrollprotokoll, *RTCP* (Real Time Control Protocol), erfolgen.

Sicherheit in IP
- *IPv6* (Internet Protocol, Version 6) [DH95] sieht für verschlüsselte Datenpakete einen *Erweiterungsheader* vor. Der *ESP*-Header (Encapsulated Security Payload) definiert, daß das folgende Paket verschlüsselt ist; mit Hilfe des *Authentication Header* (AH) können die Authentifizierung sowie der Integritätsschutz ermöglicht werden [Aal96].

Sicherheit in ATM
- *ATM* (Asynchronous Transfer Mode) definiert ein eigenes Sicherheitsmodell für Ende-zu-Ende-Verschlüsselung und Leitungsverschlüsselung [For97].

Weitere Arbeiten in diesem Bereich betreffen *Firewall*, *Paketfilter* und *Router-Konfigurationen*, die i. a. nicht-medienspezifische Eigenschaften aufweisen. Im folgenden werden schwerpunktmäßig *Sicherheitskonzeptionen auf der Anwendungsebene* betrachtet, bei der sich Sicherheitsfragen auf der Ebene von Objekten und Benutzern stellen.

Interessen der Anwender

Die Sicherheitsinteressen der Anwender einer Multimedia-Anwendung ergeben sich v. a. aus Mißbrauchsgefährdungen in offenen Kommunikationsumgebungen. Die Kommunikation erfolgt über die unterschiedlichste Art von Kommunikationsnetzen, wodurch die Übertragungswege nicht sicher zu kontrollieren sind und Unbefugte Zugriff auf die Daten erhalten können. Die Mißbrauchsdelikte haben meist ein wirtschaftliches Interesse als Grundlage, selten bestehen rein ideelle Interessen an der Informationsgewinnung oder Informationsmanipulation. Grundsätzlich müssen sich Schutzmaßnahmen gegen *externen wie internen Mißbrauch* richten, d. h. gegen unberechtigte und berechtigte Netz- und Systemteilnehmer sowie Systembetreiber. Das Interesse der Anwender ist es, ihre Daten und ihre Kommunikation vor unberechtigtem Zugriff seitens anderer Benutzergruppen und Netzteilnehmer zu schützen und abzusichern sowie verbindlich kommunizieren zu können.

Im folgenden werden die Datensicherheitsaspekte in Form von *Zugriffsschutz*, *Authentizität*, *Vertraulichkeit*, *Integrität*, *Nachweisbarkeit* und *Unleugbarkeit* sowie *Verbindlichkeit*, transparenten Darstellungsmöglichkeiten und Urheberrechten näher erläutert.

Zugriffsschutz

Der Zugriffsschutz umfaßt die Kontrolle des Systemzuganges und den Schutz der Daten vor fremder Einsicht. Dazu werden Zugriffsrechte und Zugriffsbeschränkungen für bestimmte Systemfunktionen und Datenbestände definiert. Für jeden Systemteilnehmer müssen spezielle Zugriffsprofile entwickelt werden. In den Bereich der Identifikation fallen Paßwortkontrolle und Protokollfunktionen. Ein Beispiel hierfür ist das bei UNIX-Systemen bekannte Kerberos-Dienstprogramm [Sta95].

Zugriffsrechte und Zugriffsbeschränkungen

Obwohl die Sicherheit von Anwendungen von weiteren spezifischen Kriterien beim Zugriffsschutz wie Paßwortkontrolle, vertrauenswürdiges Booten, Protokollfunktionen und ausgefeilte Zugriffsrechte abhängt, werden sie in diesem Zusammenhang nicht weiter betrachtet. Dieses Kapitel legt den Schwerpunkt auf den Zugriffsschutz über Maßnahmen der Teilnehmerauthentifikation (Authentizitätsprüfung) und der Vertraulichkeit über kryptographische Protokolle.

Authentizität

Unter Authentizität versteht man den Nachweis der Identität des Urhebers und den Nachweis der Originalität des Datenmaterials oder einer Kommunikationsbeziehung. Es wird die Urheberschaft oder auch Echtheit der Daten deklariert. Beim herkömmlichen Papierdokument kennzeichnet die Handunterschrift den Urheber und bestimmt die Originalität der Daten. Diese muß durch eine sog. *digitale Unterschrift* oder auch *digitale Signatur* ersetzt werden. Es muß die Möglichkeit bestehen, anhand bestimmter Kriterien die Authentizität des Absenders, der Daten sowie der Systemmeldungen (z. B. Empfangs- und Weiterleitungsbestätigung, Sendeanforderungen, Teilnehmererkennung, Teilnehmereinstufungen) zu überprüfen.

Digitale Unterschriften, digitale Signaturen

Authentizität umfaßt neben der Datenauthentizität auch den Bereich der Teilnehmerauthentizität, wie sich ein Teilnehmer gegenüber den anderen zweifelsfrei ausweist.

Vertraulichkeit

Die Vertraulichkeit verhindert, daß unberechtigte Dritte Daten lesen können. Die Vertraulichkeit kann bis zur Geheimhaltung der Daten ausgeweitet werden, so daß sogar das Wissen über die Existenz der Daten vertraulich ist.

Geheimhaltung

Integrität

Unter Integrität versteht man die Unversehrtheit der gespeicherten und übertragenen Daten. Bei Speicherung und Weiterleitung von Daten ist zu gewährleisten, daß keine unerkannten Veränderungen vorgenommen werden. Integritätsmaßnahmen ermöglichen lediglich die Feststellung von Manipulationen. Durch Integritätsmaßnahmen allein kann keine Wiederherstellung der Originalinformationen erfolgen. Anstatt das gesamte Datenmaterial als verfälscht zu kennzeichnen, sollten Integritätsmaßnahmen einen genauen Verweis auf manipulierte Datenbereiche enthalten, um gezielt eine Übertragungswiederholung oder Korrektur der Informationen anzustreben.

Keine unerkannte Veränderung

Nachweisbarkeit

Unter Nachweisbarkeit versteht man die Möglichkeit, daß neben dem Datenempfänger auch berechtigte Dritte Authentizität und Integrität der Daten prüfen können; es wird eine sog. Authentifizierung vorgenommen. Nachweisbarkeit gewährleistet auch die Verbindlichkeit der Kommunikation. Eine Kommunikationsbeziehung ist somit nachprüfbar und unleugbar, die Kommunikationspartner können sie als verbindlich, also nicht abstreitbar ansehen. Dieser Gesichtspunkt behandelt die Anerkennung der Herkunft und die Anerkennung des Empfangs. Der juristische Hintergrund dieser Anforderungen ist offenkundig und zielt in den schon erwähnten Bereich der digitalen Unterschrift.

Authentifizierung, Verbindlichkeit

Transparente Darstellungsmöglichkeiten

Für die Anwender kann es durchaus von Interesse sein, nicht alle Daten geheimzuhalten, für Unbefugte unkenntlich zu machen oder zu schützen. Diese Problematik entsteht u. a. bei sog. *Try&Buy-Transaktionen*. Hier sollen dem Klienten einerseits die Daten in einer Weise zur Verfügung gestellt werden, die eine Bewertung ihrer Qualität und Verwendbarkeit ermöglichen. Andererseits sollen sie aber noch nicht in vollständiger Qualität angeboten werden, ehe gewisse Konditionen und Preise vereinbart oder Absprachen getätigt worden sind. Eine Lösungsmethode für das Problem wird in der Praxis *transparente Verschlüsselung* genannt.

Transparente Verschlüsselung

Urheberrechte

Neben der Problematik des Abhörens und Verfälschens von Daten spielt auch das illegale Anfertigen von Kopien digitaler Daten eine immer größere Rolle. Mit den Methoden zur Zugriffskontrolle kann zwar der unautorisierte Zugriff auf Daten verhindert werden; hat ein Benutzer jedoch einmal die notwendigen Zugriffsrechte erworben, so ist keine Kontrolle seiner Aktionen mehr möglich. Gerade die digitale Natur der Daten erlaubt das einfache Anfertigen von Kopien, die absolut mit dem Original identisch sind. Um diesen Mißbrauch einzudämmen, sind spezifische Maßnahmen notwendig, um einerseits den Eigentümer der Daten, andererseits auch den Verbreiter illegaler Kopien eindeutig identifizieren und damit etwaige Schadensersatzforderungen geltend machen

Illegale Kopien

zu können. Das Urheberrecht wurde bereits erwähnt und stellt die gesetzliche Grundlage dar [Hoh93].

Persönlichkeitsschutz

Der Persönlichkeitsschutz kommt aus dem Bereich des rechtlichen Datenschutzes und soll hier nur insoweit betrachtet werden, als Anwender auch ein berechtigtes Interesse haben könnten, anonym im System zu arbeiten. Dazu sind Mechanismen für Sender- und Empfängeranonymität sowie Anonymität der Kommunikationsbeziehung vorzusehen, um die Erstellung von Kommunikationsprofilen zu verhindern [PWP90]. Zur Verhinderung solcher Analysen werden sog. Mixe-Modelle vorgeschlagen [FJP97]. Maßnahmen für den Schutz personenbezogener Daten, werden v. a. im Zusammenhang mit dem rechtlichen Datenschutz besprochen.

Anonymität

Ein Hinweis sei hier auf die Allgemeinen Kriterien, Common Criteria (CC), der Informationsverarbeitung gegeben [Bra96]. Die CC setzen sich mit internationalen Sicherheitskriterien auseinander und sollen nach ihrer Fertigstellung einheitliche und allgemein anerkannte Sicherheitskriterien zur Verfügung stellen. Ein wichtiges Merkmal der CC ist die Trennung zwischen Funktionalität und Vertrauenswürdigkeit.

Zusammenfassung

Tabelle 19-1 auf Seite 662 zeigt zusammenfassend die aufgeführten Sicherheitsaspekte.

Sicherheitsaspekte

Im folgenden werden Lösungsansätze für Multimedia-Daten dargestellt, wie die geforderten Sicherheitsaspekte realisiert werden können. Begonnen wird mit Ansätzen, die auf kryptographischen Protokollen aufbauen, um Sicherheitsdienste wie Vertraulichkeit, Authentizität und Integrität umzusetzen. Anschließend werden spezifische Probleme der digitalen Signatur und der Zertifizierung von Multimedia-Daten behandelt. Als Lösung für den Schutz des geistigen Eigentums werden steganographische Verfahren vorgestellt, die sog. digitale Wasserzeichen in das Bildmaterial einbringen. Abschließend wird gezeigt, wie mit Firewalls ein effektiver Zugriffsschutz auf lokale Rechnernetze gegenüber fremden Rechnernetzen erfolgen kann.

Tab. 19-1 Zusammenfassung der Sicherheitsaspekte.

Sicherheitsaspekt	Kurzbeschreibung	Beispiel
Zugriffsschutz	Kontrolle des Systemzuganges und Zugriffsbeschränkungen für Systemfunktionen und Datenbestände	Firewall
Authentizität	Nachweis der Identität des Urhebers/Autors und der Echtheit des Datenmaterials	Digitale Signatur, digitale Wasserzeichen
Vertraulichkeit	Verhindert, daß unberechtigte Dritte auf Daten zugreifen können	Verschlüsselung
Integrität	Erbringt den Nachweis, daß die Daten unverändert vorliegen	Digitale Signatur, Trust Center, Zeitstempel
Nachweisbarkeit	Prüfung der Authentizität und Integrität der Daten auch von berechtigten Dritten, so daß die Verbindlichkeit der Kommunikation gewährleistet wird	Digitale Signatur
Transparente Darstellungsmöglichkeiten	Datenmaterial soll in verminderter Qualität zur Verfügung gestellt werden	Transparente Verschlüsselung
Urheberrechte	Schutz des geistigen Eigentums, Copyright-Markierungen zur Eigentümerkennzeichnung und Benutzerkennzeichnung, Identifizierung von Verbreitern illegaler Kopien	Digitale Wasserzeichen, Fingerprinting

19.3 Lösungsansatz: Kryptographische Verschlüsselung

Kryptographie und Kryptoanalyse

Die *Kryptologie* befaßt sich mit den algorithmischen Methoden zur Sicherung oder Verheimlichung von Informationen. Es existieren zwei Teildisziplinen der Kryptologie, nämlich die *Kryptographie* und die *Kryptoanalyse*. Während sich die Kryptographie mit der Entwicklung neuer Systeme zur Sicherung von Informationen befaßt, ist das Ziel der *Kryptoanalyse*, diese Systeme zu attackieren und zu brechen, um die Sicherheit zu beurteilen. Hier wird der Einsatz von kryptographischen Protokollen und Verfahren auf Multimedia-Daten beschrieben. Detaillierte kryptographische Grundlagen sind z. B. in [Sch96] und [BSW95] nachzulesen.

19.3.1 Begriffsbestimmung

Terminologie

Ein *kryptographischer Algorithmus*, auch *Cipher* oder Chiffrierverfahren genannt, ist eine mathematische Funktion, die zum Ver- und Entschlüsseln von Daten benutzt wird. Die zu versendenden Daten werden als *Klartext* und die verschlüsselten Daten werden als *Chiffrat* bezeichnet. Die Verschlüsselungsfunktion wird mit E (Encrypt), die Entschlüsselungsfunktion mit D (Decrypt) und der Schlüssel mit K (Key) bezeichnet. $E_K(P)$ heißt, daß der Klartext P durch die Funktion E mit dem Schlüssel K verschlüsselt wurde.

Wird der gleiche Schlüssel zur Ver- und Entschlüsselung verwendet, spricht man von *symmetrischen Verfahren (Private-Key-Verfahren)*. Die zweite Gruppe der Kryptographieverfahren (neben den symmetrischen Verfahren) sind die *asymmetrischen Verfahren (Public-Key-Verfahren)*. Im Gegensatz zur symmetrischen Ver- und Entschlüsselung werden hier verschiedene, wenn auch verwandte Schlüssel bei der Verschlüsselung und der Entschlüsselung verwendet. Asymmetrische Verfahren bieten auch die Möglichkeit zur digitalen Unterschrift: zur Sicherstellung der Authentizität einer Nachricht. Dazu wird die Nachricht mit dem privaten Schlüssel des Absenders verschlüsselt. Da der Schlüssel geheim ist, ist sichergestellt, daß dies nur der Absender tun kann. Der Empfänger (aber auch jeder andere) kann die Nachricht mit dem öffentlichen Schlüssel des Absenders entschlüsseln und kann, falls die Entschlüsselung gelingt, sicher sein, daß die Nachricht vom Absender kommt. In der Praxis signiert man nicht das gesamte Dokument, sondern nur seinen digitalen Fingerabdruck, meist ein kryptographischer Hash-Wert. Für digitale Unterschriften existiert der Standard DSS (Digital Signature Standard). In der Bundesrepublik existieren seit 1997 gesetzliche Regelungen für die Verwendung von digitalen Unterschriften [Str97].

Symmetrische und asymmetrische Kryptographieverfahren

Für asymmetrische Konstellationssysteme können folgende *Vorteile* genannt werden:

- Es müssen keine geheimen Schlüssel ausgetauscht werden.
- Jeder verfügt allein über seinen geheimen Schlüssel.
- Das Schlüsselpaar kann für alle Kommunikationsbeziehungen verwendet werden.
- Die Urheberschaft kann gegenüber Dritten nachgewiesen werden.

Wichtig bei einer Überprüfung der Echtheit eines Dokumentes ist auch die Problematik der Feststellung des Zeitpunktes, wann eine Unterschrift getätigt wurde (digitale Zeitstempel).

Digitale Zeitstempel

Beim Übermitteln von Nachrichten können Fehler auftreten (oder ein Angreifer kann Fehler einspeisen). Hash-Funktionen dienen der Integritätsprüfung. Sie bestimmen Prüfsummen von Nachrichten, die dann auch noch zur Authentifizierung mit einem digitalen Fingerabdruck geschützt werden können. Falls es nicht oder nur sehr schwer möglich ist, eine kollidierende Nachricht zu ermitteln, handelt es sich um eine sichere Hash-Funktion. Hier kann ein Angreifer keine Nachricht generieren, die denselben Hash-Wert besitzt, und Bitfehler werden erkannt.

Die folgenden Abschnitte stellen einige Verfahren zum Schutz der Vertraulichkeit und zur Verwendung von transparenten Darstellungsmöglichkeiten für Try&Buy vor. Die Darstellung beschränkt sich auf eine Auswahl von Verfahren für Videodaten. Die prinzipiellen Ansätze sind auf alle Medien anwendbar.

19.3.2 Partielle Verschlüsselung

Das Verschlüsseln von Nachrichten mit einem kryptographisch sicheren Verfahren ist, bedingt durch die Komplexität dieser Verfahren, eine zeitaufwendige Angelegenheit. Im Gegensatz zu reinen Textkomponenten ist der Aufwand für eine Verschlüsselung bei Multimedia-Daten wie z. B. Videodaten sehr zeitintensiv. Sollen z. B. bei Videoanwendungen auch private Anwender mit PC-Endgeräten erreicht werden, muß deren Leistungsfähigkeit mit berücksichtigt werden. Für das Dekodieren und Anzeigen der Videodaten sind diese Maschinen oftmals bis zum Ende ihrer Leistungsfähigkeit ausgelastet. Ein zusätzlicher Zeitaufwand für Verschlüsselungsalgorithmen, der aufgrund der umfangreichen Datenmengen im Videodatenstrom relativ groß ist, kann hier eigentlich nicht mehr erbracht werden, ohne die Darstellungsqualität der Videodaten zu verringern.

Idee der partiellen Verschlüsselung

Eine Lösung dieses Problems bietet die Verwendung von *partieller Verschlüsselung* an. Damit ist gemeint, daß nicht das gesamte Datenaufkommen einer Nachricht verschlüsselt wird, sondern nur Teile davon. Daraus ergeben sich folgende *Vorteile*:

- Es können auch Maschinen an der Kommunikationsbeziehung teilnehmen, deren Leistungsfähigkeit nicht ausreicht, den gesamten Datenstrom in Echtzeit zu verschlüsseln bzw. zu entschlüsseln.
- Auch auf Maschinen, deren Kapazität eine Verschlüsselung aller anfallenden Kommunikationsdaten zuläßt, wird durch Verringerung des Verschlüsselungsaufwandes weitere Rechenleistung frei, die in einem Mehrbenutzersystem anderen Anwendungen zugute kommen kann.
- Bei gezielter Verschlüsselung von z. B. nur den Bildinformationen eines Videodatenstroms kann eine Anwendung den Gesamtstrom noch immer bearbeiten. Sie kann dann evtl. Teile überspringen, die sie mangels ausreichender Rechenzeit oder fehlender Hardware-Möglichkeiten nicht darstellen kann. Die Synchronisation mit den für die Anwendung wichtigen Daten geht nicht verloren, da die Kontrollinformationen aus dem Videodatenstrom ja weiterhin unverschlüsselt zugänglich sind.
- Es lassen sich gezielt Teilinformationen aus einem Datenstrom schützen.

Transparente Verschlüsselung

Als Beispiel sei hier die *transparente Verschlüsselung* von Videodatenströmen aufgeführt, die einen Spezialfall der partiellen Verschlüsselung darstellt. Verfahren zur transparenten Verschlüsselung werden in einem folgenden Abschnitt detaillierter beschrieben.

Daneben bringt die partielle Verschlüsselung auch einige *Nachteile* mit sich:

- Es müssen oftmals zusätzliche Informationen über die Lage und den Umfang der verschlüsselten Daten innerhalb des Gesamtdatenstroms mit übertragen werden, die das Datenvolumen erhöhen.
- Zur effizienten Implementierung müssen oftmals im Code der sendenden und empfangenden Anwendungen Veränderungen vorgenommen werden, um die partielle Verschlüsselung zu integrieren.

- Bei vielen Datentypen, v. a. bei Text oder Kontrollinformationen, ist keine Aufteilung in für die Vertraulichkeit relevante und irrelevante Teile möglich.

Der letztgenannte Punkt stellt sich v. a. bei Videodaten als ein lösbares Problem im Sinne der partiellen Verschlüsselung dar.

An aktuellen Beispielen von JPEG-, H.261-, MPEG-1- und MPEG-2-kodierten Datenstroms werden diese Konzepte partieller Verschlüsselung vorgeführt, weitere Details sind in [KVMW98] zu finden.

Spezielle Verfahren für die Verschlüsselung von Videodaten

Selektive Verschlüsselung

Die selektive Verschlüsselung von Videodaten wird erst seit kurzer Zeit intensiver untersucht. Ein Grund hierfür ist, daß die Fortschritte bei der Entwicklung von Hardware erst seit wenigen Jahren den Einsatz von digitaler Videotechnik im Konsumgüter- und Heim-PC-Bereich zulassen. Bei diesen Systemen stehen die Sicherheitsanforderungen nicht primär im Vordergrund, wie es z. B. aus den Bereichen Verteidigung oder Geheimdienst bekannt ist; deshalb sind sie im Regelfall nicht mit spezieller Hardware zur Unterstützung von Verschlüsselungsmechanismen ausgestattet. Daher sollte hier die Verschlüsselung rein mit Software durchgeführt werden. Dies wird heute noch viele der Low-End-Systeme über die Grenzen ihrer Leistungsfähigkeit belasten.

Regelmäßiges Verschlüsseln von Nachrichtenblöcken

Das einfachste Verfahren zur Verminderung des Verschlüsselungsaufwandes besteht in der selektiven Verschlüsselung von Datenblöcken fester Länge, die von einer Reihe unverschlüsselter Blöcke im Datenstrom gefolgt werden. Um den Implementierungsaufwand gering zu halten, wählt man die Datenblocklänge am besten in der Blocklänge des Verschlüsselungsverfahrens, sofern Blockchiffren eingesetzt werden sollen. Der Aufwand, der für die Verschlüsselung erbracht werden soll, läßt sich beliebig skalieren. Der Vorteil dieses Verfahrens ist eine einfache Implementierung sowie die Tatsache, daß keine Signalisierungsinformationen zwischen Sender/Verschlüsselungseinheit und Empfänger/Entschlüsselungseinheit notwendig sind.

Die so partiell geschützten Daten lassen sich nun nicht mehr auf einem normalen Hardware- oder Software-Video-Dekoder abspielen. Schützt man ein solches Dekoderprogramm allerdings gegen mögliche Abstürze durch Seitenfehler und Feldindexüberschreitungen, so kann man je nach gewähltem Aufwand für die Verschlüsselung noch einige Details aus dem Videodatenstrom beim Abspielen erkennen, wie in Abb. 19-1 auf Seite 666 gezeigt wird. Eine wirklichen Schutz gegen ausgedehnte kryptoanalytische Angriffe bietet ein solches Verfahren in keinem Fall.

Abb. 19-1 Partielle Verschlüsselung auf Datenstromebene mit 1% (links), 5% (Mitte) und 10% (rechts) verschlüsselten Daten. Videoclip Miss America, QCIF-Auflösung, Beispiel aus [KVMW98].

Verschlüsselung der Referenzblöcke (I-Frames)

Als erstes spezielles Verfahren zur Verminderung des Verschlüsselungsaufwandes bei MPEG-Videodatenströmen wurde 1995 in [MS95] die Beschränkung der Verschlüsselung nur auf die I-Frames eines Videos vorgeschlagen. Die Separation auf Frame-Ebene ist bei MPEG-kodierten Videodaten recht einfach durchzuführen, da ein eindeutiger Frame-Start-Header im Videodatenstrom leicht zu lokalisieren ist.

Auf den ersten Blick scheint dieses Verfahren ein gutes Maß an Vertraulichkeit bei der Videokommunikation zu bieten. Die in den ungeschützten P- und B-Frames enthaltenen Daten beziehen sich meist nur auf Veränderungen zu vorausgegangenen I-Frames, deren Dateninhalt durch die Verschlüsselung gut geschützt ist. Daher ist mit dieser Zusatzinformation zunächst nicht viel anzufangen.

Verschlüsselung von intrakodierten Blöcken (P- und B-Frames)

In [AG96] wird aufgezeigt, welche Sicherheitslücken die selektive Verschlüsselung nur von I-Frames bietet. In den meisten Fällen enthalten die P- und B-Frames eines MPEG-Videos noch sehr viele intrakodierte Blöcke, was vor allem bei abrupten Szenenwechseln in Videodaten verstärkt auftritt, da hier die Information aus vorausgegangenen I-Frames zu stark vom aktuellen Bildinhalt abweicht, um nur eine Kodierung der Veränderungen im Bild sinnvoll zu machen.

Eine Verbesserung des Verfahrens von [MS95] besteht nun darin, auch die in P- und B-Frames enthaltenen intrakodierten Makroblöcke mit in die Verschlüsselung einzubeziehen. Ein Anwendungsbeispiel für dieses Verfahren ist SEC-MPEG [MG94].

Auch für diese Art der Verschlüsselung werden in [AG96] Beispiele aufgeführt. Gleichzeitig wird deutlich gemacht, daß diese Form der partiellen Verschlüsselung trotzdem noch keinen sehr guten Schutz bietet. Allein aus den Bewegungsvektoren in den ungeschützten interkodierten Makroblöcken lassen sich noch gut die Umrisse von sich bewegenden Objekten in der Videoszene sichtbar machen. Auch die Differenzinformation in den interkodierten Makroblöcken verrät relativ viele Details über die in den Originalvideodaten enthaltenen Objekte. Rekonstruierte Beispiel-Frames aus derart „geschützten" Videosequenzen sind in Abb. 19-2 auf Seite 667 zu finden.

Abb. 19-2
Kryptoanalyse bei Verschlüsselung aller intrakodierten Informationen.
Links: Verschlüsselung aller I-Frames.
Rechts: Verschlüsselung aller intrakodierten Blöcke.
Video Flowergarden, jeweils die Rekonstruktion von Frame 29 (letzter P-Frame in GOP).

Um die Vertraulichkeit für das vorgestellte Verfahren skalierbar zu machen, schlagen die Autoren eine Erhöhung der I-Frame-Dichte am Kodierer vor, damit sich dadurch die Sicherheit vergrößert. Neben grundsätzlichen Problemen (bei den meisten MPEG-Kodierern ist die Frame-Folge fest einprogrammiert, z B. *IBBPBBPBBPBBI...*) resultiert dieser Vorschlag in einer signifikanten Veränderung der Bandbreite, was für viele Einsatzgebiete nicht zweckmäßig ist, abgesehen von der Verletzung der im MPEG-Standard vorgegebenen Bandbreitenlimitationen.

Die selektive Verschlüsselung von I-Frames sowie I- und P-Frames wurde auf Basis des Berkeley-MPEG-Dekoders [PSR93] bereits 1993 implementiert und für den Einsatz in WWW-Anwendungen 1995 getestet [YLTC96].

Permutation von DCT-Koeffizienten

Speziell für Videokompressionsverfahren, die auf dem JPEG-Bildkompressionsalgorithmus beruhen (also z. B. MPEG und H.261/H.263), wurde ein weiteres Verfahren vorgeschlagen [Tan96c], welches keine signifikante Verzögerung beim Kodieren bzw. Dekodieren des Videodatenstroms verursacht. Das Verfahren beruht auf einer Permutation der in der JPEG-Kompression auftretenden DCT-Koeffizienten. Der Schlüssel für das eingesetzte Kryptographieverfahren ist nun genau diese Permutation. Das Verfahren kommt ohne Verzögerungen aus, da beim Kodieren bzw. Dekodieren der Videodaten das Ordnen der DCT-Koeffizienten in die Zickzackreihenfolge üblicherweise mit Hilfe einer Indextabelle erfolgt, welche einfach vor der Kodierung der Videodaten einmal permutiert werden muß.

Das Permutieren der DCT-Koeffizienten hat allerdings auch die folgenden *Nachteile*:

- Durch die Permutation der DCT-Koeffizienten wird die Entropiekodierung des Videodatenstroms deutlich verschlechtert. Die Ergebnisse zeigen, daß die getesteten Videosequenzen allesamt um ca. 20–40% größer werden als die originalkodierten Videodaten.
- Das Verfahren ist nicht sicher gegen statistische Analysen der DCT-Koeffizientenstruktur.

- Durch die strenge Koppelung der Verschlüsselung (Permutation) mit dem Kompressionsalgorithmus (JPEG-Kodierung) kann das Verfahren nur in einem speziell dafür geschriebenen Videokodierer bzw. -dekoder verarbeitet werden.

Benutzen eines Teilvideodatenstroms als kryptographischen Schlüssel

In [QN97] wird ein Videoverschlüsselungsverfahren vorgestellt, welches für den gesamten Videodatenstrom eine sichere Verschlüsselung liefern soll. Das Verfahren kommt mit ca. 55% der Zeit aus, die für eine komplette Verschlüsselung des Datenstroms benötigt wird.

Zunächst wird dabei ein Videodatenstrom (MPEG) in Datenpakete von der Blocklänge des eingesetzten Verschlüsselungsverfahrens (DES, 64 bit) aufgeteilt. Bei dem vorgestellten Verfahren wird nun jeweils ein 64-bit-Block des Videodatenstroms als Einmalschlüssel über XOR mit dem darauffolgenden Block verknüpft und an dessen Position im Videodatenstrom geschrieben. An die Position des ersten Blockes wird dessen Inhalt, mit DES verschlüsselt, zurückgeschrieben. Somit kommt das Verfahren mit nur der Hälfte der sonst üblichen DES-Operationen auf dem Videodatenstrom aus.

19.3.3 Kommerzielle Verfahren zur selektiven Videoverschlüsselung

Die Bedeutung der Vertraulichkeit für Videoübertragung ist auch von Firmen und Organisationen erkannt worden, woraufhin eine Reihe von Entwicklungen in diesem Bereich erfolgt sind. *SEC-MPEG* ist ein Software-Paket zur Verschlüsselung von Videodaten.

SEC-MPEG

Das Projekt SEC-MPEG entstand zunächst an der TU Berlin als eine Studie über Sicherheitsmechanismen für MPEG-Videodaten [MG94]. Die dabei geleisteten Implementierungen von Schutzverfahren und Integritäts-Checks bilden die Grundlage des nun kommerziell verfügbaren Software-Tools SEC-MPEG.

Das Programmpaket bietet Funktionen zum Schutz der Vertraulichkeit (Verschlüsselung) sowie zum Überprüfen der Datenintegrität von MPEG-Videodatenströmen. Es werden dabei vier Ebenen mit zunehmender Vertraulichkeit *(Confidentiality Level, C-Level)* und drei Ebenen zur Überprüfung der Integrität *(Integrity Level, I-Level)* angeboten. Die einzelnen Ebenen unterscheiden sich im Grad der durchgeführten Sicherheitsfunktionen:

Stufen der Vertraulichkeit
- C-level (confidentiality level):
  - 0:Keine Verschlüsselung
  - 1:Verschlüsselung aller MPEG-Header
  - 2:Zusätzlich Verschlüsselung einer Teilmenge der intrakodierten Makroblöcke

- 3:Zusätzlich Verschlüsselung aller intrakodierten Makroblöcke
- 4:Vollständige Verschlüsselung
- I-Level (integrity level):
  - 0:Keine Integritätsüberprüfung
  - 1:Integritätsprüfung der Header-Daten *(Abspielschutz)*
  - 2:Integritätsprüfung aller intrakodierten Datenblöcke *(Originalitätsschutz)*
  - 3:Vollständige Integritätsprüfung *(Datenstromschutz)*

Stufen der Integrität

Bei einem mit SEC-MPEG geschützten Datenstrom wird ein eigenes Datenformat verwendet, zusätzlich zu den MPEG-Headern sind eigene SEC-MPEG-Header sowie Informationsfelder definiert, die Auskunft über die Größe der verschlüsselten Datenpakete geben und die Prüfsummen für die Integritätsprüfung enthalten. Dies hat jedoch den Nachteil, daß der Datenstrom nicht von einem normgerechten MPEG-Player wiedergegeben werden kann.

19.3.4 Skalierbare Anpassung des Verschlüsselungsaufwands

Kunkelmann et al. (1998) stellen ein Verfahren zur partiellen Videoverschlüsselung vor, welches an die jeweiligen Sicherheitsbedürfnisse der Anwendung skalierbar ist [KVMW98]. Dabei steht die Verwendung eines kryptographisch als sicher geltenden Verfahrens im Vordergrund. Als Alternative bietet sich die Blockchiffre DES an, die auf 64-bit-Blöcken arbeitet. Auch die Stromchiffre RC4 kann hierbei eingesetzt werden [Sch96].

Die Relevanz der in einem Videodatenstrom auftretenden Daten wird wie folgt zusammengefaßt: Header-Daten, Coded-Block-Pattern (CBP), Makroblocktyp, Bewegungsvektoren, DC-Koeffizienten. Das Verfahren verschlüsselt nur die DC- und die niederfrequenten AC-Koeffizienten. Der Index n des letzten zu verschlüsselnden Koeffizienten wird als Skalierungsparameter für den Verschlüsselungsaufwand an das Verfahren übergeben. Der Algorithmus beginnt am Anfang eines DCT-Blocks mit der Verschlüsselung und verschlüsselt jeweils zusammenhängende Blöcke aus dem Videodatenstrom von der Blocklänge des eingesetzten Verschlüsselungsverfahrens. In Abb. 19-3 auf Seite 670 wird anhand eines MPEG-Videodatenstroms gezeigt, welche Datenanteile von dem Verfahren verschlüsselt werden. Man sieht, daß für den dritten DCT-Block eine Überlappung des verschlüsselten Datenbereichs mit den Daten aus dem zweiten Block eintritt.

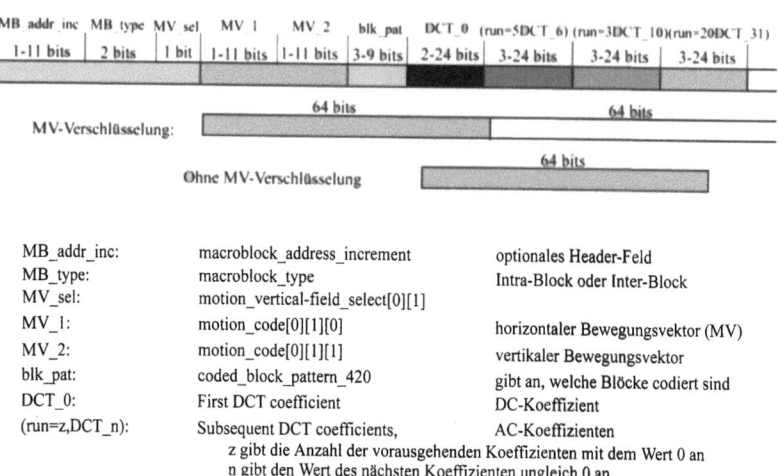

Abb. 19-3
Die mit dem partiellen Verschlüsselungsalgorithmus geschützten Anteile an einem MPEG-Datenstrom.

MB_addr_inc: macroblock_address_increment   optionales Header-Feld
MB_type: macroblock_type   Intra-Block oder Inter-Block
MV_sel: motion_vertical_field_select[0][1]
MV_1:   motion_code[0][1][0]   horizontaler Bewegungsvektor (MV)
MV_2:   motion_code[0][1][1]   vertikaler Bewegungsvektor
blk_pat: coded_block_pattern_420   gibt an, welche Blöcke codiert sind
DCT_0:   First DCT coefficient   DC-Koeffizient
(run=z,DCT_n):   Subsequent DCT coefficients,   AC-Koeffizienten
                  z gibt die Anzahl der vorausgehenden Koeffizienten mit dem Wert 0 an
                  n gibt den Wert des nächsten Koeffizienten ungleich 0 an

19.3.5 Transparente Verschlüsselung für Try&Buy-Transaktionen

Eine weitere Praxisanforderung ist, das Datenmaterial zwar zur Verfügung zu stellen, so daß sich der Interessent einen ersten Eindruck verschaffen kann, aber so lange nicht in den Genuß der vollen Qualität kommt, bis der entsprechende Preis bezahlt oder bestimmte Konditionen erfüllt sind. Diese Problematik führt dazu, daß die Daten nicht wie herkömmlich vollständig und sogar unleserlich verschlüsselt, sondern nur teilweise und in schlechter Qualität dargestellt werden. Mit einem nach Bezahlung erhaltenen Schlüssel soll es dann möglich sein, das Bildmaterial in voller Qualität anzusehen.

Eine Möglichkeit, dieser Anforderung nachzukommen, ist, daß die Daten sozusagen transparent verschlüsselt werden. Das bedeutet, daß die Verschlüsselung die Daten nicht gänzlich unlesbar macht. Die Daten werden mit einem Rauschen versehen. Erst durch Kenntnis eines geheimen Schlüssels wird dieses Rauschen wieder entfernt.

Tool for Image Encryption (TIE)

Werkzeug zur selektiven Bildverschlüsselung

Storck stellte 1995 das Werkzeug TIE – Tool for Image Encryption – vor, welches einen ersten Ansatzpunkt zum Verschlüsseln von Rasterbildern zur Verfügung stellte [fGD95]. Hier können Teile des Bildes verschlüsselt werden, welche dann in niedriger Auflösung oder als schwarzer Kasten erscheinen. Die zu ersetzenden Bildbereiche werden bei TIE in sog. *Application Extension Blocks* abgelegt. Zur Sicherheit werden diese Daten mit DES verschlüsselt, für den der Anwender einen Schlüsselraum der Größe 2^{56} frei wählen kann.

Werkzeuge zur transparenten Verschlüsselung Try&Buy für MPEG-2-Videodaten

Transparente Verschlüsselung für MPEG-Videodaten

Das TIE Verfahren wurde für JPEG-Bilder entwickelt und lediglich für die Anwendung auf MPEG-1-Videodaten erweitert. MPEG-2 bietet jedoch noch einen anderen interessanten Ansatz: Die Skalierbarkeit (Scalability) des Datenfomates für die transparente Verschlüsselung zu nutzen und Mechanismen zu entwickeln, wie die Skalierbarkeit erweitert werden kann, um transparente Darstellungsmöglichkeiten zu erhalten [DS97b].

Die Skalierbarkeit ist dazu gedacht, das Ausfallverhalten einer Übertragung oder die Qualität der Übertragung zu beeinflussen. Aus den im Standard zur Verfügung stehenden Skalierbarkeitsmodi wird die SNR-Skalierbarkeit (Rauschskalierbarkeit, Signal-to-Noise-Ratio) herausgegriffen.

Skalierbarkeit mit Qualitätsreduktion

Zur Erkennung, um welchen Modus es sich handelt, existiert die sog. *sequence_scalable_extension*, welche ein Feld *scalable_mode* enthält. Tab. 19-2 zeigt die möglichen Initialisierungen und deren Bedeutung.

Skaliermodi

scalable_mode	Bedeutung
00	data partitioning
01	spatial scalability
10	SNR scalability
11	temporal scalability

Tab. 19-2 Definitionen des Feldes scalable_mode [Org96b].

Im folgenden werden die Möglichkeiten der *SNR-Skalierbarkeit* (Rauschskalierbarkeit – Signal-to-Noise-Ratio) näher betrachtet werden. Es sind auch bei diesen Modi mögliche Ansätze für eine transparente Verschlüsselung zu finden. Des weiteren bietet der MPEG-2-Standard die Kombination von Skaliermodi an, so daß ein mehrstufiges Ausfallverhalten oder evtl. eine mehrstufige Qualitätsabstufung möglich ist, die für die transparente Verschlüsselung verwendet werden kann. Auch auf diese Möglichkeiten sei hier nur hingewiesen.

SNR-Skalierbarkeit ist ein Werkzeug, daß dazu gedacht ist, Videoanwendungen zu unterstützen, die in Verbindung mit der Telekommunikation oder Videodiensten mit verschiedenen Qualitätsebenen stehen. SNR-Skalierbarkeit generiert zwei Videoschichten derselben räumlichen Auflösung, aber unterschiedlicher Videoqualität von einer einzigen Videodatenquelle. Es entsteht so ein *Base Layer* mit einer grundlegenden Videoqualität und ein *Enhancement Layer* zur Verbesserung der Videoqualität des Base oder auch Lower Layers. Wenn der Enhancement Layer zum Base Layer hinzugefügt wird, wird eine höhere Qualitätsreproduktion des Eingabestroms erreicht.

SNR-Skalierbarkeit – das Verfahren

Die Quantisierungsstufenhöhen sind so zu wählen, daß für den Lower Layer gröber quantisiert wird, d. h. höhere Quantisierungsstufen verwendet werden. Für den Enhancement Layer können kleinere, feinere Quantisierungsstufen benutzt werden, das Minimum ist 1, wobei dann der Qualitätsverlust komplett durch den Enhancement Layer kompensiert wird.

Das Vorgehen zur Berechnung des zusammengesetzten Datenstroms ist prinzipiell für Luminanz- und Chrominanzblöcke anzuwenden und bietet einen interessanten Ansatzpunkt zur transparenten Verschlüsselung: *Entweder* man

SNR-Verschlüsselung das Verfahren

kodiert den Videodatenstrom im SNR-Skalierbarkeitsmodus und verschickt lediglich den Lower Layer, *oder* man verschickt beide, wobei dann der Enhancement Layer symmetrisch verschlüsselt ist. Für die erste Methode muß der Enhancement Layer nach dem Kodiervorgang extrahiert werden. Wenn der Klient die volle Qualität erhalten möchte, muß der komplette Enhancement Layer im Nachhinein zugeschickt werden. Die zweite Methode muß im SNR-Skaliermodus kodieren, danach den Enhancement Layer verschlüsseln und dem Dekoder den Enhancement Layer sozusagen verschweigen, so daß dort lediglich auf den Base Layer zugegriffen wird (Abb. 19-4). Dies kann erreicht werden, indem man den Dekodiermodus von SNR-skalierbar auf den normalen (non-scalable) Modus setzt.

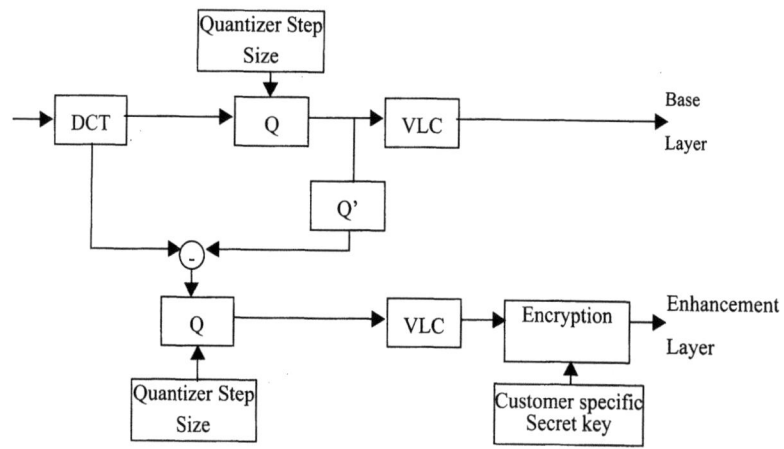

Abb. 19-4
Transparent
verschlüsselnder
MPEG-Kodierer.

Will der Klient die volle Qualität, wird ihm der Schlüssel zugesandt und er kann den Enhancement Layer entschlüsseln, der Skaliermodus wird wieder auf SNR-skalierbar gesetzt, und die gewünschte Qualität wird erreicht (Abb. 19-5).

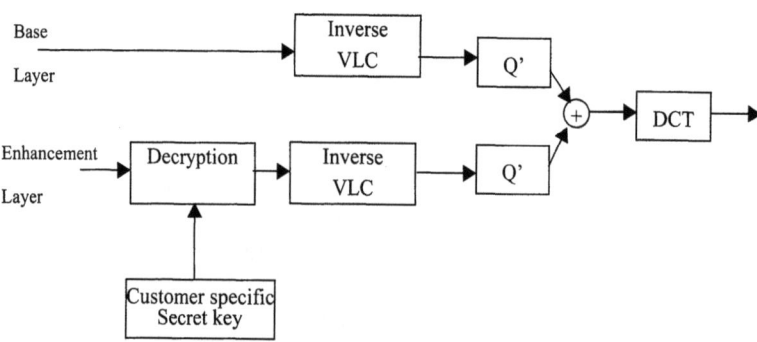

Abb. 19-5
Transparent
verschlüsselnder
MPEG-Dekoder.

Für diese Methode ist natürlich eine separates Werkzeug für die Ent- und Verschlüsselung wie auch in TIE notwendig, das auch dem Klienten zur Verfügung gestellt werden muß, wenn er entschlüsseln möchte. Mit Kenntnis des geheimen Schlüssels besteht somit die Möglichkeit, auf verschiedene Qualitätsstufen umzuschalten.

19.4 Lösungsansatz: Digitale Signaturen

19.4.1 Methodik und Einsatzgebiete

Digitale Signaturen bieten die Möglichkeit, die Authentizität und die Integrität einer Nachricht zu prüfen. Verbunden mit Zeitstempeln können sie im elektronischen Rechtsverkehr effektiv eingesetzt werden. Die digitale Repräsentation der Medien erlaubt heute einfache Veränderungen am Datenmaterial. Beispielsweise reichen Bildmanipulationen von Skalieren, Rotation, Ausschnittbildung bis hin zu direkten Veränderungen im Bildinhalt. Gerade in der Film- und Videoindustrie werden immer öfter Personen zusammen dargestellt, die nie gemeinsam vor der Kamera gestanden haben. Ein berühmtes Beispiel ist der Film „Forrest Gump" (J. F. Kennedy mit Tom Hanks). Was hier noch in den Bereich der Kunst fällt, kann bei Film oder Foto leicht zu Problemen führen, wenn das Datenmaterial als Beweisträger dienen soll.

Digitale Signaturen, aus der Kryptographie bekannt [Sch96, Pet96], bieten sich an, den Ursprung und die Echtheit von Datenmaterialien sicherzustellen.

Es gibt zahlreiche Algorithmen für digitale Signaturen. Dabei handelt es sich um Public-Key-Verfahren, in denen die geheimen Informationen zur Unterzeichnung von Dokumenten und die öffentlichen Informationen zur Überprüfung der Unterschrift verwendet werden; Ausnahmen bildet der RSA-Algorithmus [Sch96]. Zur Unterzeichnung wird das Dokument (meist ein Einweg-Hash-Wert des Dokuments) mit dem privaten Schlüssel des Unterzeichnenden chiffriert. Die entstandene digitale Signatur wird an das Dokument angehängt und kann mit dem öffentlichen Schlüssel entschlüsselt und verifiziert werden. Das gesamte Protokoll, in dem sich der Empfänger einer Nachricht von der Identität des Senders und der Integrität der Nachricht überzeugt, heißt Authentifizierung, mehr dazu in [Sch96].

Digitale Signaturalgorithmen

Verwendet man jedoch die herkömmliche Signaturtechnik, bei der das Datenmaterial als binärer Datenstrom signiert wird, treten z. B. bei Videodaten Probleme auf: Die Datenübertragung unterliegt häufig Fehlern, die beim Bild selbst in der Darstellung keinen großen Qualitätsverlust verursachen. Der Betrachter wird lediglich etwas schlechtere Qualität, ein Rauschen, wahrnehmen, der Inhalt der Videodaten bleibt jedoch unverändert. Was dem Betrachter als Rauschen erscheint, führt bei der Prüfung der digitalen Signatur zum Fehlerfall und läßt das Bildmaterial als ungültig erscheinen. Des weiteren werden bei MPEG-Strömen häufig Umkodierungen vorgenommen, um die Datenrate an den Übertragungskanal anzupassen, Stichworte sind Rausch- oder räumliche

Problematik: Multimedia-Daten

Skalierbarkeit und Bitratenreduktion. Auch wird der binäre Datenstrom verändert, ohne jedoch die Bildaussage zu beeinflussen.

Ziel ist es deshalb, entweder fehlerakzeptierende Signaturverfahren zu konstruieren oder sog. inhaltsbasierte Signaturen zu entwerfen. An dieser Stelle werden wir auf letztere Methode etwas genauer eingehen, da bisher keine umfangreichen mathematischen Überlegungen hinsichtlich fehlerakzeptierender Signaturen vorliegen.

19.4.2 Inhaltsbasierte digitale Signaturen für Einzel- und Bewegtbilder

Die inhaltsbasierte digitale Signatur ist die Kombination aus dem Schutz des Bildinhaltes und dem Beweis der Urheberschaft. Zur Erstellung der Signatur werden Informationen über die Kernaussage des Bildes mit Hilfe einer kryptographischen Hash-Funktion zusammengefaßt. Der sich ergebende Hash-Wert wird mit dem geheimen Schlüssel des Urhebers unterschrieben (verschlüsselt) und kann mit Hilfe des öffentlichen Schlüssels, der allgemein zugänglich ist, entschlüsselt werden. Stimmt der Hash-Wert mit dem vom Prüfer erneut ermittelten Hash-Wert überein, kann davon ausgegangen werden, daß das Bild unverändert ist und ebenfalls vom ausgewiesenen Urheber stammt. Ist die Prüfung nicht erfolgreich, kann weder Unverändertheit noch Authentizität nachgewiesen werden.

Prinzipien

Die prinzipielle Vorgehensweise der digitalen Signatur ist schon länger bekannt und von [Fri93] als Theorie formuliert worden. Probleme, die in Zusammenhang mit der digitalen Signatur auftreten, sind die Auswahl der Informationen über die Kernaussage des Bildes bzw. die Frage, was eigentlich in einem Bild geschützt und authentifiziert werden soll. Zusätzlich sind Kompressionsmethoden zu berücksichtigen, so daß auch nach Veränderungen durch eine verlustbehaftete Kompression das Bildmaterial weiterhin authentifiziert werden kann. Zusätzlich ist wünschenswert, daß bei weiteren Verarbeitungsschritten, die nicht den Bildinhalt betreffen, wie Rauschreduktion, Konvertierung des Signals in verschiedene Formate, γ-Korrektur, Skalierung und ähnliches, das Bildmaterial weiterhin als authentisch erkannt wird.

Das Problem ist, daß man einerseits gewisse Änderungen zuläßt, andererseits andere Manipulationen aufspüren möchte.

Histogrammtechniken

Heute werden unterschiedliche Ansätze verwendet, die aus dem Bild repräsentative Informationen als Bildkernaussage herausfiltern. Schneider und Chang (1997) beschreiben in [SC96] Möglichkeiten, die auf Histogrammtechniken basieren (Intensitäts- und Farbhistogrammtechniken). Diese Methoden sind blockweise auf das Bild anzuwenden und deshalb sehr aufwendig zu realisieren. Abhängig davon, ob man auf Blockbasis oder Ganzbild den Hash-Wert bildet, erhält man Hash-Werte unterschiedlicher Ordnung. Außerdem ist die Bildung des Hash-Werts nicht auf komprimiertem Material möglich, so daß im Falle von komprimierten Datenformaten eine vollständige Dekodierung erfolgen müßte. Probleme treten vor allem auch bei Farbkonvertierungen auf, die den eigentlichen Bildinhalt nicht ändern.

Storck (1997) beschreibt ein Verfahren für DC- und AC-Koeffizienten der DCT auf Bilddaten. Veränderungen der DC- und der ersten darauf folgenden AC-Koeffizienten haben eine große Bedeutung für das Aussehen und den Inhalt des Bildes [Sto96]. Um unempfindlich gegenüber Farbveränderungen zu sein, werden die Luminanzkomponenten zur Betrachtung herangezogen. Da kleinste Veränderungen der DC-Werte starke Auswirkungen haben, berücksichtigt man nicht absolute DC-Werte, sondern die Vorzeichen der Differenzen zweier aufeinanderfolgender DC-Werte.

Verfahren im Frequenzraum

Das Verfahren ist unempfindlich gegenüber kleinen Veränderungen im Bild, die sich durch Übertragungsfehler oder Helligkeitsanpassungen ergeben können, da nur das Vorzeichen betrachtet wird.

Nachteilig ist, daß das Verfahren versagt, wenn die Bildaussage wesentlich von der Farbe abhängt. Farb-DC-Koeffizienten müßten zusätzlich Berücksichtigung finden. Außerdem ist das Verfahren nicht robust gegen Kompression und Skalierungen. Erst nach Wiederherstellung der Originalgröße kann das Verfahren erfolgreich angewandt werden. Da für jedes Bild ein einzelner Hash-Wert signiert wird, kann nicht festgestellt werden, in welchen Regionen Veränderungen aufgetreten sind. Ziel ist deshalb die Verwendung von Hash-Werten für unterschiedliche Bildregionen.

Will man bei Einzelbildern vor allem den Bildinhalt überprüfbar machen, kommt bei Bewegtbildern eine zusätzliche Anforderung hinzu: die Prüfbarkeit der authentischen Abfolge der Bilder.

Verfahren für Bewegtbilder

Zhong u. Chang (1996) zeigen für Videodaten die Möglichkeiten auf, aus Farbe, Textur und Bewegung repräsentative Informationen für die Kernaussage des Bildes und der Bildfolge zu gewinnen [ZC97]. Aufgrund der reinen Untersuchung auf Regionen gleicher Farbe erhält man eine Vielzahl kleiner Regionen pro Bild. Um mit diesen besser arbeiten zu können, versucht man sie als Gruppe (bis hin zu ganzen Objekten) zusammenzufügen. Als Gruppenkriterium dienen gleiche Bewegungsvektoren von Bild zu Bild. Um diese mit einer hohen Treffsicherheit durchzuführen, sind lange Beobachtungszeiträume notwendig, was eine Verwendung für Echtzeitanwendungen ausschließt. Ein weiteres Kriterium für Objektzusammenhänge sind geometrische Beziehungen. Nachteilig wirken sich bei dieser Methode die aufwendigen Untersuchungen aus. Außerdem arbeitet das Verfahren nur im Bildraum und ist empfindlich in bezug auf Bildveränderungen durch verlustbehaftete Kompression und Farbkonvertierungen.

Verfahren auf Basis v(on) Farb-, Textur- und Be(we)gungsinformationen

Eine andere Möglichkeit ist der Einsatz des beschriebenen Verfahrens von Storck (1997) und einer Erweiterung auf Bewegtbilder, in dem eine zusätzliche Signatur auf benachbarte Bildsignaturen (Vorgänger- und Nachfolgersignatur) gebildet wird, wodurch hierarchisch prüfbare Signaturen entstehen, die das Bildmaterial selbst und die Aufeinanderfolge von Bildern authentifizieren [DH98].

19.4.3 Problematik bei Hypermedia-/Multimedia-Formaten

Die Prüfbarkeit von Kompositionen von Medien gestaltet sich noch schwieriger als bei Einzel- und Bewegtbildern. Sowohl jedes Medium für sich als auch deren Komposition muß prüfbar sein. Beispielsweise müssen neben der Bewegtbildüberprüfung die synchronisierten Audiodaten einzeln und als Gesamtheit (Video- und Audiodaten) zu authentifizieren sein. Problematisch gestaltet sich die Prüfung von sog. Link-Strukturen, da nicht nur die Angaben zum Link, sondern auch das dazugehörige Dokument zu überprüfen sind.

19.4.4 Zertifizierung – der vertrauenswürdige Dritte

Trusted Third Party

Um die Authentizität der verwendeten öffentlichen Parameter zu gewährleisten, ist die Existenz einer vertrauenswürdigen dritten Partei (Trusted Third Party), die als Zertifizierungsinstanz bezeichnet wird, von zentraler Bedeutung. Problematisch beim Einsatz von asymmetrischen Verschlüsselungstechniken ist die eindeutige Zuordnung der öffentlichen Schlüssel zu Personen oder Institutionen. Eine digitale Signatur hat nur dann einen Wert, wenn eine Unterschrift eindeutig und unleugbar einer bestimmten Person zugeordnet werden kann. Die gängigste Lösung dieses Problems liegt in der Mitwirkung einer neutralen, vertrauenswürdigen Instanz. Diese Instanz erstellt dazu ein Zertifikat: Sie fügt den Namen eines Anwenders, dessen öffentlichen Schlüssel und einige weitere Informationen zu einer Datenstruktur zusammen und signiert diese anschließend.

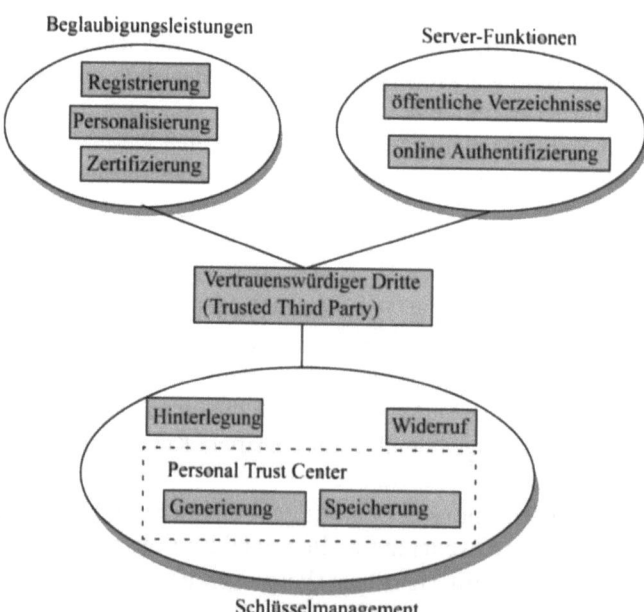

Abb. 19-6 Zuordnung von Aufgaben von Trust Centern; Trusted Third Partys und Personal Trusted Centers.

Von der Zertifizierungsinstanz werden insbesondere die öffentlichen Schlüssel der Systembenutzer als Zertifikat in ein Verzeichnis eingetragen. Die eingetragenen Zertifikate sind fälschungssicher, können von den beteiligten Benutzern verifiziert werden und bilden die Sicherheitsgrundlage des jeweiligen Gesamtsystems. In der Empfehlung X.509 für Authentifikation im Bereich der Verzeichnissysteme wird für Authentifikationszertifikate eine geeignete Struktur vorgeschlagen [HSF97].

Eine Realisierung von Zertifikaten kann mit Hilfe von RSA- bzw. ElGamal-Unterschriftenverfahren erfolgen, wodurch ganze Trust Center entstehen können. Dem vertrauenswürdigen Dritten unterliegt neben dem Bereitstellen der Verzeichnisse auch die Pflicht des Sperrens und Widerrufens von Schlüsseln sowie die Erteilung von Auskünften (Abb. 19-6 auf Seite 676).

Da dem Trust Center diese wichtigen Funktionen anvertraut werden, nennt man sie statt Zertifizierungsinstanz auch *Vertrauensinstanz*. Probleme und Infrastrukturlösungen sind bei [Ham95] ausführlich erläutert.

19.5 Lösungsansatz: Steganographische Methoden

19.5.1 Methodik und Einsatzgebiete

Neben der Problematik des Abhörens und Verfälschens von Daten spielt auch das illegale Anfertigen von Kopien digitaler Daten eine immer größere Rolle. Um diesen Mißbrauch einzudämmen, sind spezifische Maßnahmen notwendig, um einerseits den Eigentümer einer Datei, andererseits auch den Verbreiter illegaler Kopien eindeutig identifizieren zu können [FSBS98].

Nicht ausreichend ist das bloße Anfügen einer digitalen Signatur oder das Einfügen einer sichtbaren Information in das Videomaterial. Diese Informationen können problemlos wieder entfernt werden. Zwar bietet der MPEG-2-System-Stream die Möglichkeit, Copyright-Informationen in den Datenstrom miteinzubinden, jedoch garantiert dieser Ansatz keinen effektiven Schutz, da diese Informationen leicht wieder entfernt werden können. Die Möglichkeit, vom MPEG-2-Standard Copyright-Informationen in das Datenmaterial einzubinden, beruht lediglich auf dem Prinzip, daß die Informationen für den Benutzer zur Verfügung stehen und er über die damit verbundenen Rechte informiert wird [DS97a]. Der Urheber deklariert damit seinen Rechtsanspruch. Diese Informationen können jedoch seitens eines Angreifers ohne weiteres wieder entfernt werden, da sie nicht im Zusammenhang mit dem Bildmaterial stehen, d. h. zusätzliche Informationen aus dem Bild berücksichtigen. Die Markierung wird lediglich angefügt, und auf den entsprechenden Deskriptor und das PES-Packet wird ein CRC angewandt. Dadurch können Veränderungen an der Markierung überprüft werden. Dem Angreifer ist es jedoch auch möglich, die Markierung zu entfernen oder abzuändern, und anschließend kann die Prüfsumme von einem Angreifer angepaßt werden. Selbst eine Verschlüsselung der Daten hätte keinen Erfolg, da auch dieses Datum entfernt werden könnte. Es müßten Kriterien geschaffen werden, an die eine Copyright-Markierung gebunden ist,

Anfügen von digitaler Signaturen: Beispiel MPEG-2

so daß ein einfaches Entfernen zwar möglich, das Datenmaterial dann aber unvollständig wäre. Solche Abhängigkeiten wurden im Systemteil des MPEG-2-Standards bisher nicht definiert.

Steganographie zum Schutz von Urheberrechten

Ein geeigneter Ansatz ist, die Copyright-Information so in die Daten zu integrieren, daß sie dem Benutzer nicht sichtbar ist. Diese Technik nennt sich *Steganographie* und ist eine Art und Weise der Kommunikation, die die Existenz der geheimen Kommunikation verbirgt. Man unterscheidet zwei grundsätzliche Vorgehensweisen. Entweder werden Copyright-Informationen mittels eines geheimen Schlüssels eingebunden, wobei der Algorithmus bekannt ist. Somit ist es nur dem Besitzer des geheimen Schlüssels möglich, die Informationen abzurufen und damit den Nachweis der Urheberschaft zu erbringen. Oder man verwendet keine geheimen Schlüssel, wodurch jeder die Informationen abrufen kann. Letztgenannte Methode setzt jedoch geheime Algorithmen voraus und wird an dieser Stelle nicht näher betrachtet.

Die Verfahren basieren in der Praxis darauf, daß sie eine verrauschte Komponente der digitalen Nachricht mit einer verschlüsselten geheimen Nachricht ersetzen. Diese Art von Verfahren wird *substitutionale Steganographie* genannt. Bei der *konstruktiven Steganographie* wird die geheime Nachricht nicht durch Ersatz von Geräuschkomponenten eingefügt, sondern durch Nachbildung von Geräuschsignalen basierend auf dem Modell des Originalgeräuschs.

19.5.2 Digitale Wasserzeichen – Methodik

Für Bilddaten liegen bereits Ansätze für solche Verfahren vor. Der zur Rekonstruktion der Copyright-Information benötigte Schlüssel wird bei einer vertrauenswürdigen Instanz aufbewahrt, so daß Unstimmigkeiten über Urheberrechte an einem Bild durch Herauslesen der Copyright-Information beseitigt werden können.

In analoger Weise kann auch eine Information über den Benutzer im Bild kodiert werden, so daß der Erzeuger illegaler Kopien ermittelt werden kann. Hier wird natürlich die Frage des Schutzes der Privatsphäre aufgeworfen, so daß eine Verschlüsselung der Nutzerrechte erfolgen muß.

Bestehende Verfahren basieren auf der zuvor beschriebenen substitutionalen Steganographie und werden als *digitale Wasserzeichen* bezeichnet. Eine gute Terminologie zu diesem Thema ist unter [Pfi96] zu finden.

Anforderungen an digitale Wasserzeichen

Anforderungen an digitale Wasserzeichenalgorithmen und Eigenschaften der eingebrachten Markierung sind bei [CL97] ausführlich beschrieben. Digitale Wasserzeichen bieten die Möglichkeit, Urheberrecht und Klienteninformationen in das Datenmaterial zu integrieren. An dieser Stelle sei darauf hingewiesen, daß es sehr vielfältige Angriffe auf die eingebundenen Informationen gibt. [PAK98] beschreiben verschiedene Varianten, die bei den meisten derzeitig existierenden Verfahren das Auslesen der eingebrachten Daten unmöglich machen. Die eigentlich eingebetteten Informationen sind bei der Mehrzahl der Verfahren sogar noch erhalten, nur wird das Auslesen erschwert indem markante Eigenschaften z. B. des Bildes zerstört werden. Trotzdem sollten digitale Wasserzeichen Anwendung finden, da es dem markierten Datum nicht angesehen werden kann, ob Informationen enthalten sind. Angreifer müßten somit jedes Datenmaterial einlesen und so verändern, daß die Informationen unauslesbar werden. Außerdem ist davon auszugehen, daß zukünftige Verfahren an Robustheit gewinnen und solchen Attacken standhalten werden.

19.5.3 Verfahren für Einzelbilder

Um eine Fälschung, den Mißbrauch und die Verletzung von Copyrights zu vermeiden, muß die eingebundene Information unsichtbar, unlöschbar, unerkennbar und unabänderbar sein. Vor allem muß sie auch Verfahren überstehen, die z. B. die Qualität des Datenmaterials verschlechtern.

1995 beschrieben Zhao [ZK95] und Koch [KZ95] eine erste Möglichkeit, wie man Copyright-Informationen in ein Bild einbringt. Der Ansatz nennt sich *Randomly Sequenced Pulse Position Modulated Code (RSPPMC)* und basiert auf dem bekannten Fakt, daß die digitale Repräsentation von Menschen, Gebäuden und natürlichem Hintergrund als ein nichtstationärer, statistischer Prozeß angesehen werden kann, welcher hoch redundant und tolerant gegen ein Rauschen ist. Daher sind Änderungen im Datenmaterial innerhalb eines bestimmten Niveaus auch dann schwer erkennbar, wenn man das Original mit dem veränderten Bild vergleicht.

Verfahren im Frequenzraum

Die eingebundenen Markierungen erscheinen, als ob sie ein natürlicher Teil des Originalbildes wären. Das System besteht aus zwei grundsätzlichen Funktionen für das Schreiben und Lesen der Markierungen (siehe Abb. 19-7 auf Seite 680). Der *erste Schritt* erstellt den aktuellen Copyright-Code und eine pseudozufällige Sequenz für die Positionen der einzubringenden oder abzurufenden geheimen Nachrichten. Diese Komponente benutzt bestehende Techniken zur Verschlüsselung und Pseudozufallszahlengenerierung. Das Bildmaterial und ein geheimer, benutzerspezifischer Schlüssel werden in einen Positionssequenzgenerator eingelesen. Der *zweite Schritt* liest oder bindet die erzeugte geheime Nachricht an den im ersten Schritt ermittelten Positionen ein. Die Einfügemethoden sind abhängig vom verwendeten Datenformat.

Für die Grauskala und Farbbilder wurde eine JPEG-basierte Methode entwickelt, die im Frequenzraum arbeitet. Eine Sequenz von 8x8-Blocks wird pseudozufällig selektiert, abhängig von einem benutzerspezifischen Schlüssel und dem Datenmaterial. Im derzeitigen Mechanismus wird nur die Höhe und Breite des Bildes für die Positionsgenerierung verwendet, so daß eine Skalierung des Bildes nach dem Einbinden der Copyright-Information das Erkennen der Copyright-Information unmöglich macht. Dies ist ein Schwachpunkt des Verfahrens. Danach wird eine diskrete Kosinus-Transformation (DCT) und eine Quantisierung auf jedem der selektierten Blöcke ausgeführt. Dazu werden jeweils drei zufällig ausgewählte Elemente jedes 8x8-Blocks in einen dreiteiligen Frequenzraum quantisiert: niedrig, mittel und hoch. Anschließend werden sie auf bestehende Beziehungen untersucht und mit 1 oder 0 bit vom sog. Label Code oder eines ungültigen Musters bewertet. Das ungültige Muster zeigt bei der Copyright-Abfrage an, daß der entsprechende Block zu ignorieren ist. Die

Elemente werden nach diesen Kriterien ergänzt. Die quantisierten Frequenzkoeffizienten in der Mitte des Frequenzbereiches eines Blockes werden etwas modifiziert, so daß ein Ausschlag von genau 1 oder 0 eingebunden wird. Somit erfolgt lediglich eine kleine Änderung, die nur sehr schwer visuell zu erkennen ist.

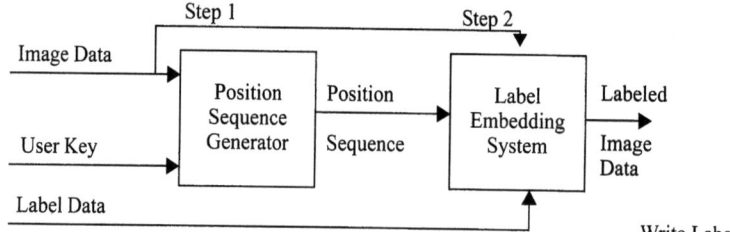

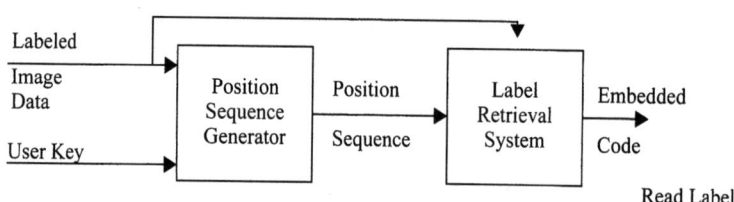

Abb. 19-7 Schreib- und Leseschritte.

Da das Verfahren für JPEG-Bilder implementiert wurde, konnte es auch für das MPEG-1-Videodatenformat erweitert werden, da hier auch auf das JPEG-Format im Intra-Frame zurückgegriffen wird. Hier bestehen jedoch *zwei zusätzliche Bedrohungen*, die eingebundenen Copyright-Markierungen aus dem Datenmaterial zu entfernen. Das ist *einerseits* die Möglichkeit, einzelne Frames zu Löschen und *andererseits* eine Re-Kompression mit verschiedenen Mustern durchzuführen. Um diesen Bedrohungen zu begegnen, wird die Markierung in jeden Frame wiederholt eingebunden. Dadurch kann sichergestellt werden, daß die Markierung von allen intrakodierten Frames abgerufen werden kann ohne Rücksicht auf die Re-Kompression mit unterschiedlichen Mustern.

Robustheitsbetrachtungen

Die Sicherheit des beschriebenen Verfahrens hängt vor allem davon ab, ob die eingebrachten Informationen zu löschen oder zu modifizieren sind, so daß keine Copyright-Information dem Datenmaterial mehr zu entnehmen ist. Attacken dieser Art sind sehr vielfältig, wie z. B. Formatkonvertierungen, Datenkompression oder Tiefpaßfilterung.

Im Ganzen ist das derzeitige *Verfahren robust gegen* verlustbehaftete Kompression, Tiefpaßfilterung, Farbreduzierungen und Ausschnittbildung. Die Methoden sind jedoch *schwach gegen* auftretende *physikalische Schädigungen*, wie z. B. das Ausschneiden einer Pixel-Linie. Dieses Problem wird derzeit so gelöst, daß es dem Benutzter freisteht, wertvolle oder sensible Bereiche des Bildes zu spezifizieren, in denen die Markierung wiederholt eingebunden wird.

Wodurch das Ausschneiden eines Teils in diesen Bereichen keine Schäden für die eingefügte Markierung bedeutet. Durch den verwendeten Algorithmus besteht jedoch die Gefahr, daß bei *Skalierung der Daten* die Copyright-Information nicht wiedergefunden wird, da sich der *Position Sequence Generator* auf Basis der Größe des Bildes die entsprechenden Bildpunkte berechnet, in denen die Copyright-Information gespeichert ist. Dies ist ein schwerwiegender Nachteil. Angreifern würde es bei Kenntnis dieses Schwachpunktes sehr leicht fallen, die Markierung zu beseitigen.

Es existieren bereits vielfältige Verbesserungen des Zhao-Koch-Ansatzes [BMBLY97]. Einen gänzlich anderen Ansatz liefert das von Fridrichs (1997) beschriebene Verfahren, welches jedoch das Originalbild zur Abfrage der Copyright-Informationen benötigt [Fri97]. Fridrichs verwendet pseudozufällig erzeugte schwarz-weiß Muster, die in das Bild eingebracht werden. Dieser Ansatz wurde von Dittmann et al. (1998) auf MPEG-Videodaten erweitert, ohne das Originalbild zur Abfrage zu benötigen [DSS98]. Weitere Ansätze für Einzelbilder sind unter [CKLS97, KJ97, RP97] und [Pit96] zu finden.

Verbesserte Verfahren

Um sich ein digitales Wasserzeichen anschaulich vorstellen zu können, haben Dittmann et al. (1998) ein sog. 3-D-Watermark entwickelt, welches ein 3-D-Modell des markierten Bildes generiert [DNSS98] (Abb. 19-8).

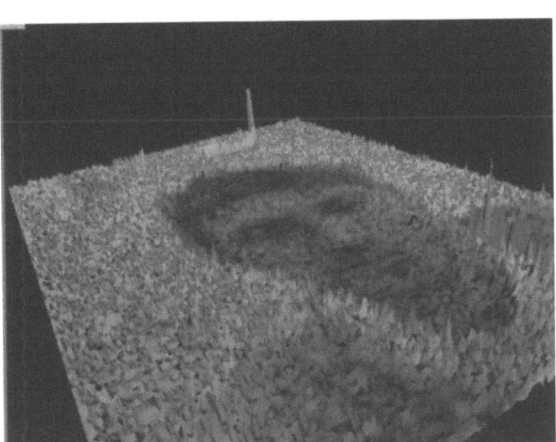

*Abb. 19-8
3-D-Watermark.*

Das Modell zeigt die Veränderungen, die die Copyright-Information im Bild hinterläßt. Das 3-D-Watermark ist ein Werkzeug aus einer Reihe von Anwendungen, die das Einbringen von digitalen Wasserzeichen unterstützen und veranschaulichen sollen. Beispielsweise ist die Intensität und Robustheit der eingebrachten Markierung bewertbar, man sieht welche Bereiche des Bildes markiert sind und kann die visuellen Veränderungen messen.

Einbringen von klientenspezifischen Informationen im Bildraum

Ein anderes Verfahren v. a. zur Kodierung von *Informationen über den Benutzer*, so daß der Erzeuger illegaler Kopien ermittelt werden kann, stellte Caronni 1995 vor [Car95]. Für jeden Klienten wird eine ganz spezielle Kopie des Bildes mit klientenspezifischen Informationen erstellt, die für das bloße Auge nicht sichtbar sind. Über diese Informationen können Kopien, die auf dem Markt entdeckt werden, eindeutig einem Klienten zugeordnet werden. Dazu wird die Helligkeit des Bildes an bestimmten rechteckigen Bereichen moduliert, um eine benutzerspezifische Markierung einzubringen. Eine unabhängige Modulation der RGB-Farbwerte ist dazu wenig geeignet, da bei Bildern mit vielen Graustufen, die in hoher Qualität vorliegen, nach der Transformation von RGB-Farbwerten auf diese Graustufungen ein hoher Informationsverlust auftritt und die Qualität des Bildes sinkt.

Der Markierungsvorgang bringt ein benutzerspezifisches Rauschen in das Bildmaterial ein, so daß die Qualität sinkt. Dieser Qualitätsverlust muß gemessen werden. Man benutzt dazu den Korrelationskoeffizienten zwischen dem Originalbild und dem modifizierten Bild. Dieser Koeffizient wird über die Helligkeitswerte jedes *korrespondierenden Pixels* in beiden Bildern berechnet: $b_o(x,y)$ für das Original und $b_m(x,y)$ für das modifizierte Bild. Die Berechnung des *Korrelationskoeffizienten R* sieht wie folgt aus:

$$R = \frac{v_{om}}{v_o v_m}$$

$$v_{om} = \frac{1}{XY-1}\left(\sum_{x=1}^{X}\sum_{y=1}^{Y}(b_o(x,y)-m_o)(b_m(x,y)-m_m)\right).$$

Hierbei bezeichnen R den Korrelationskoeffizient, v_{om} die Kovarianz beider Bilder, v_o und v_m die Varianzen beider Bilder, X und Y die Maximalwerte für Breite und Höhe des Bildes, $b(x, y)$ die Helligkeitswerte an der Pixel-Position *(x,y)* und m_o, m_m den mittlerer Helligkeitswert beider Bilder.

Die letzte Gleichung repräsentiert die Kovarianz zwischen dem Original und dem modifizierten Bild.

Die *Varianzen der beiden Bilder v_o und v_m* sind definiert durch:

$$v_o^2 = \frac{1}{XY-1}\left(\sum_{x=1}^{X}\sum_{y=1}^{Y}(b_o(x,y)-m_o)^2\right),$$

$$v_m^2 = \frac{1}{XY-1}\left(\sum_{x=1}^{X}\sum_{y=1}^{Y}(b_m(x,y)-m_m)^2\right).$$

Vergleicht man zwei identische Bilder, so ist $|R|$ genau 1; je mehr Unterschiede zwischen den Bildern zu finden sind, desto weiter kommt der Wert $|R|$ nahe 0. Das Problem ist allerdings, daß diese Methode des Vergleichs nur sinnvoll ist, wenn beide Bilder die selbe Größe haben, wodurch teilweise eine Vorverarbeitung nötig wird.

Wenn ein Urheber seine Werke mit einer *benutzerspezifischen Kennung* versieht, werden Angreifer versuchen, diese Kennung unbrauchbar zu machen, um die Herkunft der Bilddaten unüberprüfbar zu machen. Das können die unterschiedlichsten Modifikationen sein, die es dem Urheber sehr schwierig machen werden, das klientenspezifische Rauschen wiederzuerkennen. Im allgemeinen ist es sehr schwierig, die Stärke eines Algorithmus zu beurteilen, schon auf Grund der Vielfalt der möglichen Attacken.

Robustheitsbetrachtungen

Eine *Gruppe von Angreifern*, die zusammenarbeiten, könnte in der Lage sein, eine sehr starke Attacke zu initialisieren [Car95]: Sie könnten einfach alle ihre Bildmaterialien vermischen, in dem sie die Pixelwerte vertauschen. Auf diese Art und Weise können sie das Wiedererkennen der klientenspezifischen Kennung teilweise unmöglich machen, indem so das Profil des korrespondierenden Rechtecks im Bild verflacht wird. Zusätzlich können sie ihr Bildmaterial vergleichen, um die Unterschiede zu erkennen. Sind die Unterschiede entdeckt, sind die Angreifer in der Lage ihre Kennung zu verfälschen. Solange die Anzahl der Angreifer klein bleibt, kann der Urheber die Bildmaterialen immer noch identifizieren, indem er die Bits prüft, die nicht so einfach zu entdecken sind. Wird die Anzahl der Angreifer jedoch größer, wird es schwieriger bis unmöglich, die Sequenz zu identifizieren.

Ein *einzelner Angreifer* ist dagegen nicht in der Lage, Informationen über die Identifizierungssequenz im Bildmaterial zu erlangen. Deshalb sind die möglichen Attacken eines einzelnen Angreifers in zwei Klassen aufzuteilen: Modifikationen der Größe des Bildmaterials und Modifikationen des Bildinhaltes. Caronnis Ergebnisse zeigen, daß es noch einige Probleme mit dieser Markierungstechnik gibt.

19.5.4 Verfahren für Bewegtbilder

Die Verfahren für Bewegtbilder basieren im wesentlichen auf den Algorithmen für Einzelbilder und werden entsprechend des verwendeten Videodatenformates angepaßt. Wesentlich ist, daß man natürlich in einem Videofilm insgesamt sehr viel mehr Informationen unterbringen kann als in einem einzelnen Bild. Will man jedoch der Anforderung nachkommen, daß auch Bildsequenzen oder gar einzelne Videobilder geschützt werden, so werden gegenüber Einzelbildern sogar erhöhte Anforderungen an die Verfahren gestellt. Um pro Bild die erforderliche Informationsmenge aufnehmen und gleichzeitig den Videokompressionsverfahren widerstehen zu können, sind spezielle Mechanismen notwendig. Außerdem ergibt sich oft die Forderung nach Mechanismen, die auf komprimierten Datenformaten arbeiten und dabei Markierungen einbringen.

Dittmann et al. (1998) entwickelten zwei Markierungstechniken für MPEG-Videodaten: eine im Bildraum und eine im Frequenzraum [DSS98].

Verfahren im Bild- und Frequenzraum für MPEG-Videodaten

Für das Verfahren im Bildraum wurde der Fridrichs-Algorithmus modifiziert, so daß pro Videoeinzelbild erheblich mehr Informationen eingebracht werden können und die Abfrage der Markierungsinformation ohne das Originalbild erfolgen kann. Dies wird erreicht, indem das aus einem geheimen Schlüssel erzeugte Schwarzweißmuster nicht über das gesamte Bild ein einziges Mal, sondern wiederholt und entsprechend der einzubringenden Binärfolge modifiziert eingebracht wird. Durch statistische Korrelationen kann die Markierungsinformation ohne Vorlage des Originals abgerufen werden. Das Verfahren erweist sich als robust gegenüber der MPEG-Kompression, Formatkonvertierungen und Tiefpaßfilterung. Durch das Einbringen des konkreten Schwarzweißmusters wird auch eine Robustheit gegen direkte Bildmanipulationen wie Skalierung und Ausschnittbildung ermöglicht, und die Wasserzeicheninformation kann erfolgreich ausgelesen werden.

Das Verfahren im Frequenzraum basiert prinzipiell auf dem Zhao-Koch-Ansatz von 1995, verwendet jedoch fehlerkorrigierende Codes, wodurch es auch sehr robust gegen wiederholtes MPEG-Komprimieren wird. Außerdem werden glatte Kanten und homogene Flächen berücksichtigt, so daß wesentlich weniger visuelle Artefakte auftreten. Beide Verfahren von Dittmann et al. (1998) können etwa 50–100 bit pro Frame robust einbinden. Wächst die Datenrate, werden entweder bei gleichbleibender Robustheit visuelle Artefakte sichtbar, oder man vermeidet Artefakte, bekommt aber weniger Robustheit gegenüber Modifikationen.

Verfahren auf komprimierten Videodaten

Hartung und Girod (1997) beschreiben ein Verfahren für die Einbettung von Wasserzeichen in komprimierte Videodaten [HG97b, HG97a]. Die Grundidee ist ebenfalls die additive Überlagerung eines Signals mit kleineren Amplituden, was visuell nicht auffällig ist. Jedoch werden höher Frequenzen verwendet als bei Dittmann et al. (1998) wodurch einerseits geringere Artefakte zu erwarten sind, andererseits ist die für die Garantie der Robustheit einzubringende Datenmenge sehr gering. Dort sind nicht Bits pro Frame zu messen, sondern Bits pro Sekunde des Gesamtvideodatenstroms, so daß etwa 4 bit pro Frame entfallen. Aufgrund der geringen Wasserzeicheninformation pro Bild ist das Anwendungsgebiet nicht zur Sicherung der Einzelbilder geeignet, wohl aber zum Einbringen von Informationen für die Gesamtvideodaten. Die Wasserzeicheninformation wird anschließend durch Modifikation der DCT-Koeffizienten während des Dekodierprozesses aufgebracht. Die Akkumulation sichtbarer Störungen wird durch zusätzliche Addition eines Drift-Kompensationssignals verhindert.

Die DCT-basierten Verfahren können problemlos auf MPEG, H.261, H.263 und H.263+ angewandt werden. Verfahren im Bildraum können prinzipiell immer angewandt werden. Für komprimierte Videodatenformate wird das einzubringende Muster entsprechend gewandelt und transformiert, so daß es den komprimierten Videodaten einfach anzufügen ist.

Spezielle Verfahren für MPEG-4

Da MPEG-4 verschiedene sog. „Video Planes" und „virtuelle Objekte" vereint, sind für jedes dieser Objekte digitale Wasserzeichen einzubringen, da sie in verschiedenster Art und Weise kombinierbar sind. Die Markierung muß sowohl im einzelnen Objekt als auch in Gesamtszenen abfragbar sein. Einen ersten Ansatz beschreiben Hartung et al. (1998) für Gesichtsanimationsparameter [HEG98]. Ein allgemeines Verfahren zu Objektmarkierungen wird von [DNSS98] vorgestellt.

19.5.5 Verfahren für Audiodaten

Es wird hier exemplarisch ein Verfahren zur Unterbringung von digitalen Wasserzeichen in Audiodaten vorgestellt, das im wesentlichen auf dem MPEG-Kompressionsverfahren aufbaut [BTH96]. Während MPEG berechnet, wie viele Bits man in der Auflösung einsparen kann, um die Datenwortlänge zu reduzieren, werden diese „freien" Bits hier genutzt, um die zusätzliche Information unterzubringen. Würde man das Wasserzeichen jedoch „direkt" in diesen Bits unterbringen, wäre es nicht sonderlich robust. Eine mehr oder minder starke Kompression mit MPEG würde genau diese Bits eliminieren. Es läßt sich aber ein robustes Wasserzeichen generieren, wenn man bestimmte Kriterien berücksichtigt:

- Das Wasserzeichen muß eindeutig sein (Copyright).
- Es muß eine Rauschcharakteristik aufweisen, da Rauschen stärker verdeckt wird als ein tonales Signal.
- Es sollte möglichst den maximal verdeckbaren Pegel besitzen, um maximale Robustheit gegen Kompression zu erreichen.

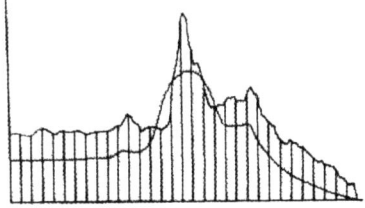

Abb. 19-9
Unterteilung des Signalspektrums in Subbänder mit einem Beispiel der Verdeckungskurve.

Man muß also ein eindeutiges Rauschen generieren, welches möglichst genau die Fläche unter der jeweiligen Verdeckungskurve einnimmt (Abb. 19-9).

Das so generierte Wasserzeichen (W) wird mit dem Originalsignal (S) gemischt, diese Summe einer MPEG-Kodierung-Dekodierung mit hoher Kompressionsrate unterzogen (S+W CoDec S'+W'). Nun unterzieht man das Originalsignal für sich allein einer CoDec mit der gleichen Kompressionsrate (S CoDec S'). Die Differenz aus den beiden so gewonnenen Signalen ergibt den Teil des Wasserzeichens, der die Kompression überstanden hat (S'+W' - S' = W'). Dies ist nun das eigentliche Wasserzeichen, das dem Originalsignal beigemischt wird (S+W'). Diese Art der Markierung hat sich in Tests als robust gegen Kompression und Rauschen erwiesen und kann mit einer Wahrscheinlichkeit von ca. 95% wiedererkannt werden.

19.5.6 Verfahren für 3-D-Szenen

3-D-Modelle oder ganze 3-D-Szenen können aus einer Vielzahl von Objekten bestehen, die aus Polygonen, Linien oder vordefinierten Körpern angeordnet sind. Die Objekte haben Attribute, welche z. B. Farbe, Transparenz, Oberfläche oder Texturen. beschreiben. Digitale Wasserzeichen können auf verschiedene Art und Weise eingebracht werden. Geometrien eigenen sich besonders gut, um Zusatzinformationen in das Datenmaterial robust zu integrieren. Erste Studien sind von Ohbuchi et al. (1997) für Polygonmodelle vorgestellt worden [OMA97]. Man unterteilt in das Einfügen bzw. Verändern von geometrischen oder topologischen Eigenschaften der Einzelobjekte oder des gesamten Modells. Ohbuchi et al. (1997) beschreiben insgesamt fünf verschiedene Markierungsstrategien.

19.5.7 Digitale Fingerprints

Im Kontext der digitalen Wasserzeichentechnologien tritt auch oft der Begriff des digitalen Fingerabdrucks (Digital Fingerprint) auf [Pfi96]. Digitale Fingerabdrücke bezeichnen vor allem die Art der eingebrachten Information; die Art und Weise, wie die Informationen eingebracht werden, ist ähnlich den normalen digitalen Wasserzeichenalgorithmen. In der Regel handelt es sich dabei um *Klientenspezifische Informationen* klientenspezifische Informationen, um die rechtmäßige Verwendung des Datenmaterials zu beweisen oder auch zu verfolgen.

Bringt man klientenspezifische und somit unterschiedliche Informationen in das Datenmaterial – z. B. in ein Bild – ein, bedeutet dies, daß unterschiedliche Kopien des Bildes entstehen. Gemeinsamen Angreifern wird es somit einfacher gemacht, die markierten Informationen zu zerstören oder unlesbar zu machen, indem sie die Bilder vergleichen und gezielte Bildmanipulationen durchführen. Produzenten, Autoren oder Urhebern wird somit beim Auffinden einer Kopie ihrer Werke die Überprüfung erschwert, welcher Klient das Bild rechtmäßig oder welcher Klient es unrechtmäßig weiterverwendet hat. Schwenk u. Ueberberg (1997) beschreiben dazu Algorithmen, die finite Geometrien nutzen, um diese Angriffe zu erschweren, indem sehr ähnliche Muster für jeden Klienten generiert werden [SU97]. Der Nachteil ist allerdings, daß das Verfahren sehr komplex ist und das eine große Anzahl von Bits in das Datenmaterial eingebracht werden muß, so daß dadurch die Robustheit der Markierungsverfahren gegenüber normalen Datentransformationen beeinträchtigt wird.

19.5.8 Copyright-Protection-Architekturen

Kommt es bei der Überprüfung der Urheberrechte durch digitale Wasserzeichen zu Streitigkeiten, so sind auch wie im Falle von Public-Key-Verfahren vertrauenswürdige Dritte notwendig, die eine eindeutige Zuordnung von Personen zu Schlüsseln sowie Multimedia-Daten garantieren. Aus dieser Forderung heraus werden ebenfalls sog. Copyright Offices in Verbindung mit Public-

Key-Infrastrukturen entwickelt. Einen interessanten Ansatz findet man in [PHR97].

19.6 Beispielanwendungen

Immer häufiger treten heute Multimedia-Daten in einer Netzwerkumgebung auf. Das Datenmaterial ist somit nahezu fast überall verfügbar. Neben den Chancen einer verteilten Arbeitsumgebung ergeben sich auch Sicherheitsrisiken. Alle eingangs erwähnten Sicherheitsaspekte spielen bei einer verteilten Produktionsumgebung eine wesentliche Rolle: Zugriffsschutz, Authentizität, Vertraulichkeit, Integrität, Nachweisbarkeit, transparente Darstellungsmöglichkeiten, Urheberrechte und Persönlichkeitsschutz.

Will ein Benutzer sein Datenmaterial urheberrechtlich kennzeichnen, so muß er dies vor allen anderen Schutzmaßnahmen durchführen. Anschließend können integritätssichernde Verfahren angewandt werden. Darauf kann eine allgemeine oder transparente Verschlüsselung erfolgen, die Vertraulichkeit, Authentizität und im asymmetrischen Fall auch Nachweisbarkeit sicherstellt [DS97a].

Sicherheitsstufenkonze

Durch eine Konfigurierbarkeit der Module kann der Benutzer zwischen verschiedenen Sicherheitsniveaus hinsichtlich Effizienz und Performanz wählen. In der praktischen Realisierung der Module kann auf bestehende kryptographische und steganographische Verfahren aufgesetzt werden. Somit erhält man ein Sicherheitsstufenkonzept, welches individuell vom Anwender ausgenutzt werden kann, wodurch sich die Akzeptanz der Technik durch ein gestalterisches Element erheblich erhöhen läßt. Jede Endkomponente, sei es auf dem Client-Editiersystem, auf der Videodatenbank oder der Metadatenbasis, muß lokal die Informationen zur Verfügung haben, die sie zur Durchsetzung der Sicherheitspolitik benötigt. Jede Komponente ist für die lokale Sicherheit selbst verantwortlich.

19.6.1 Unidirektionale Verteildienste

Kommunikationsmodell

Bei unidirektionalen Verteildiensten (broadcast) sendet der Informationsanbieter seine Daten über öffentliche Kanäle (Satelliten, Kabelnetz, Rundfunk) an alle. Zum Schutz der Übertragung werden z. B. bei Pay-TV-Systemen die Daten verschlüsselt. Ein Angreifer ist eine Person, die versucht, sich Zugang zu einem Angebot zu verschaffen, ohne dazu vom Anbieter autorisiert zu sein.

Prinzipiell kann z. B. bei Rundfunkübertragungen jeder einen Angriff starten, da jeder das Signal empfangen kann. Es folgen nun einige Beispiele in denen unidirektionale Verteildienste angewandt werden.

Unidirektionale Verteildienste

Die Verteilung von Informationen über *DVB* (Digital Video Broadcast) und *DAB* (Digital Audio Broadcast) geschieht sowohl über die Broadcast-Verteilwege Satellit und Antenne („terrestrisch") als auch über Kabelfernsehstrecken

DVB, DAB, NVoD

oder Richtfunk. *NVoD* (Near-Video-on-Demand) ermöglicht dem Benutzer den Empfang einer Sendung innerhalb eines definierten Zeitraums nach Bekanntgabe des Klientenwunsches. Dadurch wird die Nutzung von Broadcastmedien für das Angebot von NVoD möglich, wenn die angebotenen Sendungen zyklisch ausgestrahlt werden. Die Broadcast-Verteilwege können einfach abgehört werden und benötigen Verschlüsselungsverfahren für den Schutz des Angebots.

Nachrichten - und Börsendienste

Nachrichten- oder Börsendienste verteilen derzeit gezielt an Klienten, wobei die Stückelung bestellbarer Informationen sehr grob ist („Wirtschaft", „Kunst"). Die Verteilung erfolgt dann meist durch Multicasting über Datennetze aller Art. Die Verteilung solcher Informationen in geschlossenen Multicast-Gruppen ist durch die Anzahl der entstehenden Gruppen nicht praktikabel. Stattdessen müssen Themen zusammengefaßt und, durch zusätzliche Verfahren geschützt, an eine größere Empfängerzahl als nur den direkten Klientenkreis verteilt werden. Verschlüsselungsverfahren sind hier hilfreich.

Lauschangriffe

Sollen die genannten Anwendungsbereiche kostengünstig realisiert werden, können die Übertragungswege von Klienten als auch Nichtklienten abgehört werden. Möglicherweise sind die Zuhörer auf dem Übertragungsmedium ebenfalls Klienten des Anbieters, aber nicht automatisch zum Empfang aller abhörbaren Information berechtigt. Bei MBone-NVoD, Nachrichten- und Börsendiensten ist dies der Fall. Ausschnitte von Daten müssen zugeordnet werden. In manchen Fällen ist die Vermischung von Daten mit verschiedenen Adressatengruppen sehr eng. Im Fall von Börsendiensten handelt es sich meist um wenige Datenbytes Abstand, im MBone um Adreßbereiche, bei Broadcast-Medien um Frequenzbereiche und darin wiederum um Zeit-Slots.

Das Abhören aller oben genannten Verteilmechanismen ist recht einfach. Schutzmechanismen werden gebraucht. Insbesondere bei geschäftsrelevanten Daten kann es für Konkurrenten interessant sein, Daten abzufangen oder zu verfälschen. Bei den oben vorgestellten Medien ist dies relativ schwierig, aber möglich, wenn Verteilstationen (bzw. Caches) diese Verfälschung vornehmen. Der Manipulator muß allerdings die Daten gegen sinnvolle Daten austauschen, ansonsten wird die Manipulation schnell entdeckt.

Datenmanipulationen

Die Einspeisung zusätzlicher, falscher Daten in mehrere der oben genannten Netze ist leicht zu bewerkstelligen. Ein Authenzitätsbeweis des Senders für den Klienten des Dienstes ist meist für jedes Datenpaket notwendig. Die Datenmenge darf jedoch nicht wesentlich steigen, die Übertragungszeit darf nicht steigen, und die Zeit für die Interpretation der Daten muß in sehr engen Grenzen bleiben, ansonsten leidet insbesondere bei Börsendaten das Fairnessprinzip.

Ansatz: Partielle Verschlüsselung

Verschlüsselung ist ein Ansatz für die Einschränkung des Empfängerkreises. Aber: Übliche Video-CoDecs sind resistent gegen Datenverluste, so daß mit herkömmlichen Verschlüsselungsverfahren die verschlüsselten Ströme nicht dekodiert werden, wenn Datenfehler oder Datenverluste auftreten. Rückbezüge auf früher empfangene Daten sind in unidirektionalen Verteilsystemen gefährlich, weil die erfolgte Übertragung der Bezugsdaten nicht überprüft werden kann.

Ein großes Problem bei allen digitalen Daten ist die Möglichkeit perfekter Kopien. Daher sollte bei legitimen Klienten noch ein Weg gefunden werden, den ursprünglichen Klienten zu identifizieren, wenn Raubkopien der originalen Daten gefunden werden; hier ist der Einsatz von digitalen Wasserzeichen sehr sinnvoll.

Problem Raubkopien – Urheberschutz

In Weitverkehrsnetzen ist die Nutzung von Caches zur Verringerung des Datenverkehrs und der Latenzzeit für den Klienten ein sinnvolles Mittel. Proxy-Caches im Web sind ein Beispiel dafür. Da der Cache-Besitzer uneingeschränkt auf die Daten zugreifen kann, muß der Inhaltsanbieter sicher sein, daß er entweder dem Cache-Besitzer vertrauen kann oder daß er vor Datendiebstahl und Weiterverkauf durch den Cache-Besitzer geschützt ist. Gefährlich sind aber auch bspw. Angriffe durch Klienten eines Pay-TV-Anbieters, da diese über zusätzliche Informationen und Hilfsmittel (Dekoder, Chipkarte mit geheimen Schlüssel) verfügen. Am Beispiel von Pay-TV-Systemen sollen die Sicherheitsproblematik und Lösungsansätze diskutiert werden.

Proxy-Caches im Web

Verschlüsselung bei Pay-TV-Systemen

Ein Pay-TV-Programm, das in Broadcast-Form ausgestrahlt wird, muß für alle nichtberechtigten Benutzer unbrauchbar sein. Die klassische Methode, Nachrichten unbrauchbar oder unverständlich zu machen, besteht im Einsatz der bereits vorgestellten Verschlüsselungstechniken.

Jede Verschlüsselungsoperation wird von einem Schlüssel gesteuert und kann nur mit seiner Hilfe wieder rückgängig gemacht werden. Bei Pay-TV-Systemen wird an vielen Stellen Verschlüsselung eingesetzt. Man gibt daher den Vorgängen auf der Ebene der Programminhalte besondere Namen: Die Verschlüsselung von TV-Programmen wird als *Scrambling* bezeichnet und der dazugehörige Schlüssel wird *Kontrollwert* genannt und mit *CW* (Control Word) abgekürzt. Reimers beschreibt prinzipiell das Vorgehen bei Conditional Access für das digitale Fernsehen (DVB) [Rei95].

Verschlüsselung auf der Ebene der Programminhalte

Verwendung eines gesonderten Sicherheitsmoduls

Bei Pay-TV-Systemen tritt im Vergleich zu klassischen Systemen der Nachrichtenverschlüsselung ein besonderes Problem auf:

Wollen zwei Personen vertraulich Nachrichten austauschen, so haben sie in der Regel beide ein Interesse daran, den verwendeten geheimen Schlüssel nicht an Dritte zu verraten, da dieser ihre Nachrichten lesen könnte.

Anders sieht die Situation bei Pay-TV-Systemen aus. Ein „Pirat" könnte sich z. B. als Klient des Anbieters registrieren lassen und so an das Kontrollwort bzw. den Schlüssel gelangen, mit dem sich das Kontrollwort entschlüsseln läßt. Kann der Pirat diesen Schlüssel, der ja eine Folge von Bits oder Zahlen ist, lesen, so hindert ihn nichts daran, diese Zahlenfolge einfach zu kopieren und weiterzuverkaufen.

Sicherheitsmodule zu Geheimhaltung der Schlüssel

Schlüssel mit einer langen Gültigkeitsdauer, die von einem Piraten kommerziell genutzt werden könnten, müssen daher für den Klienten unauslesbar in einem sog. Sicherheitsmodul gespeichert werden. Die heute am häufigsten verwendeten Sicherheitsmodule sind Chipkarten. Sie sind international standardisiert (ISO7816), physikalisch sicher und preiswert in der Herstellung.

Zugriffskontrolle: Systemschlüssel und persönlicher Schlüssel

Zum Entschlüsseln eines Pay-TV-Programms werden in jedem Dekoder oder Sicherheitsmodul zwei verschiedene Typen von Informationen benötigt:

1. das vom Programm abhängige und für alle Dekoder gleiche Kontrollwort CW, welches ständig über vertrauliche Kanäle aktualisiert werden sollte,
2. eine individuelle Benutzeradresse zur Vergabe oder zum Entzug von Berechtigungen.

Beide Informationstypen werden vom Programmanbieter in bestimmten Zeitabständen geändert. Bei modernen Pay-TV-Systemen werden beide Nachrichtentypen „over the air" übermittelt, d. h. sie werden mit dem Fernsehsignal übertragen.

Für eine vertrauliche Übertragung der Kontrollwörter ist ein systemweit einheitlicher Schlüssel, SK-Systemschlüssel, notwendig. Zur Verhinderung der Vervielfältigung der Empfängeraddressen muß ein persönlicher Schlüssel PK verwendet werden, der mit der individuellen Adresse des Benutzers zusammenhängt.

In der Praxis unterscheidet man Pay-TV-Systeme danach, ob die beiden wichtigen Schlüssel PK und SK kryptologisch voneinander abhängig sind oder nicht. Kryptographisch unabhängige Schlüssel müssen deshalb durch zusätzliche Maßnahmen miteinander verknüpft werden. Detailliertere Betrachtungen und genaue Verfahrensabläufe sind bei Schwenk (1994) zu finden [Sch94b].

Robustheit

Angriffe   Die Praxis zeigt, daß jedes Pay-TV-System erfolgreich angegriffen werden kann. Um ein möglichst perfekt sicheres System zu entwickeln, muß man verschiedene Annahmen treffen, die das System als perfekt sicher gelten lassen. Aber gerade diese Annahmen sind oft Schwachpunkte. Beispielsweise geht man davon aus, daß Chipkarten für die geheimen Schlüssel unauslesbar sind. Das trifft nur dann zu, wenn sie korrekt hergestellt und personalisiert worden sind. Treten hier Fehler auf, ist die Sicherheit des Gesamtsystems gefährdet.

Angriffe auf Pay-TV-Systeme kann man in „nicht-technische Angriffe", „Angriffe auf das Scrambling-System", „infinite Life-Attacken" und das „Bekanntwerden eines Schlüssels" unterscheiden.

Angriffe auf Scrambling-Komponenten hängen stark von der Technikausstattung der Angreifer ab. Die im Rahmen der DVB standardisierten Algorithmen gelten als hinreichend sicher. Detaillierte Studien sind in [Sch94b] oder [Rei95] zu finden.

19.6.2 Informationsdienste

Interaktive Informationsdienste arbeiten im Vergleich zu unidirektionalen Verteildiensten auf direkte Anforderung der Benutzer des Systems. Der Benutzer authentifiziert sich in der Regel gegenüber dem System und bekommt daraufhin Zugriff auf die Systemfunktionen und angebotenen Daten. Die Kommunikation kann unter Umständen von nichtberechtigten Dritten abgehört und/oder manipuliert werden. Schutzmechanismen für Vertraulichkeit, Integrität und Authentizität sowie Urheberschutz können benutzerbezogen realisiert werden, da immer genau eine Kommunikationsbeziehung zwischen Anbieter und Nachfrager vorliegt. Im folgenden wird das Beispiel Videoarchive betrachtet.

Videoarchive

Bei Videoarchiven muß man zunächst beachten, ob die gespeicherten Videodaten einen im Sinne des Datenschutzes vertraulichen Inhalt besitzen, z. B. bei Polizeiarchiven. Muß auf die Daten nicht ständig in Echtzeit zugegriffen werden, sollte über eine Komplettverschlüsselung der archivierten Daten nachgedacht werden, um einen Schutz auch bei Einbruch und Diebstahl von Hardware zu gewährleisten. Wenn allerdings die ständige Verfügbarkeit der Daten im System eine Komplettverschlüsselung und die damit verbundene Verzögerung bei der Entschlüsselung ausschließt, müssen die Daten in einem geschlossenen oder nach außen genügend abgeschirmten System mit entsprechender Zugangskontrolle und Authentisierung der Teilnehmer gelagert werden, um einen ausreichenden Schutz zu sicherzustellen.

Bei vielen staatlichen oder privaten Filmarchiven werden allerdings Videodaten mit nichtvertraulichem Inhalt gelagert, die z. B. schon im Rundfunk ausgestrahlt worden sind. Ziel von Verschlüsselung dieser Videodaten ist nicht der Schutz des Inhalts vor Ausspähung, sondern die Möglichkeit, den Zugang zu dem Videomaterial kontrollieren zu können. Gegen eine komplette Verschlüsselung des archivierten Materials sprechen oftmals schon die gigantischen Mengen an Filmmaterial von einigen Terabytes, die geschützt werden müßten. Verschlüsselungsverfahren, die hier zum Einsatz kommen sollen, sollen die folgenden Eigenschaften besitzen:

Eigenschaften der Verschlüsselungsverfahren Beispiel Videoarchive

- Die Verfahren müssen aufgrund der enormen Datenmenge sehr schnell arbeiten, um eine Verschlüsselung eines gesamten Archivs überhaupt in absehbarer Zeit mit kalkulierbarem Hardware-Aufwand möglich zu machen.
- Die verschlüsselten Videodaten müssen ein schnelles Retrieval und andere Datenbankoperationen darauf erlauben, damit die geschützten Daten auch wieder im Datenbestand gefunden und weiterverwendet werden können.
- Der Platzbedarf für Videodaten sollte durch die Verschlüsselung nicht steigen, um ein daraus resultierendes Umsortieren und -kopieren des Videomaterials in der Archivdatenbank zu vermeiden. Für solche Systeme ist es oftmals günstiger, die Videodaten unverschlüsselt zu belassen und eine ausgefeilte Zugriffstrategie für das Archivsystem zu entwickeln.

19.6.3 Konferenzsysteme

Als ein *Konferenzsystem* wird hier jede rechnerbasierte Anwendung bezeichnet, bei der zur gleichen Zeit zwei oder mehrere Personen Informationen in Form von mehreren Medien austauschen. Werden außerdem auch Videodaten übertragen, spricht man von einem Videokonferenzsystem. Eine einzelne Kommunikationsbeziehung wird als Videokonferenz bezeichnet.

Bei einer Videokonferenz kann sowohl die Notwendigkeit zur Übertragung von vertraulichen Informationen bestehen als auch die Forderung, daß sich die Videokonferenzteilnehmer authentifizieren. Beispiel hierfür ist die Erarbeitung eines gemeinsamen Konzeptes, das einen Vorsprung gegenüber einem Konkurrenzunternehmen sichert. Aber auch die Versendung von weniger sicherheitsrelevanten Daten ist denkbar. Somit ergibt sich der Wunsch nach einem aus Sicht der Sicherheit skalierbaren Verfahren.

Wesentlichstes Unterscheidungsmerkmal zwischen Videokonferenz und Pay-TV ist die Beziehung von Sender und Empfänger: Bei einer Videokonferenz sind im allgemeinen alle Teilnehmer gleichberechtigte Sender und Empfänger von Video- und Audiodaten. Es handelt sich also um eine symmetrische Beziehung. Bei Pay-TV gibt es nur einen Sender, der – außer Programmbestellungen – nicht empfangen kann, und viele Empfänger, die – außer Programmbestellungen – nicht senden können. Die Beziehung ist somit asymmetrisch. Entsprechend ist bei Pay-TV eine asymmetrische Kodierung und Verschlüsselung mit einem hohen Aufwand beim Sender akzeptabel. Bei einer Videokonferenz sind hingegen symmetrische Anforderungen zu erfüllen.

Teilnehmercharakteristik

Die Teilnehmerzahl einer Videokonferenz ist meist deutlich geringer als bei Pay-TV und läßt eine weitere Unterteilung nach der Anzahl der Kommunikationspartner zu:

- Es gibt genau zwei Teilnehmer. In diesem Fall kann eine direkte Adressierung des Gegenübers stattfinden.
- Es gibt eine Teilnehmergruppe. Hier ist eine Gruppenverwaltung und eine übergeordnete Institution notwendig, die festlegt, wer wann zu welcher Gruppe gehört und wie eine Gruppe anzusprechen ist.
- Es handelt sich um einen Broadcast. Dieses Senden an alle ist eine Sonderform der Teilnehmergruppe. Dies ist aber nicht gleichbedeutend mit dem Wegfall jeglicher Sicherheitsvorkehrungen, da immer noch der Wunsch bestehen kann, daß auch wirklich alle Teilnehmer die Nachrichten erhalten oder daß die Nachrichten unversehrt bei den Empfängern ankommen.

Grundlegende Ansätze

Um eine Videodatenübertragung zu verschlüsseln, können die medienspezifischen Elemente genutzt werden. D. h. man betrachtet die jeweiligen Kompressionsverfahren aus Sicht der Sicherheit:

Ein Ansatz kann die Eigenschaften eines Kompressionsverfahrens ausnutzen, um den Verschlüsselungsaufwand zu reduzieren. Es kann aber auch der Kompressionsfaktor verschlechtert werden, wenn die Verschlüsselung in die Kompression eingreift. Die Verschlüsselung muß auf einer möglichst hohen

Ebene der Kodierung ansetzen, da anschließend eine weitere Quellenkodierung der Bedeutung keinen Sinn mehr machen würde – ein kryptographischer Algorithmus wandelt die Daten in einen pseudozufälligen Bitstrom. Der Verschlüsselungsaufwand ist um so höher, je größer die nach der Kompression verbliebene Redundanz im Videodatenstrom ist: Die redundanten Daten müssen mehrfach verschlüsselt werden. Der zweite Aspekt, der für eine partielle Verschlüsselung von Videodaten entscheidend ist, ist neben der Redundanz die Frage, wie gut ein Kompressionsverfahren den unterschiedlichen Bedeutungsgehalt von Informationen auf Datenstrukturen projiziert. Durch diese Projektion können die Daten in einen zu verschlüsselnden und einen nicht zu verschlüsselnden Anteil getrennt werden.

Videokonferenzen stellen hohen Anforderungen an die Vertraulichkeit der übertragenen Informationen. Eine Anwendung, die Videokonferenzmöglichkeiten bietet, kann nicht von vornherein auf die speziellen Anforderungen in einem konkreten Einsatzfall hin konzipiert werden. Die Bedeutung einer Videokonferenz wird erst durch die daran beteiligten Parteien und die jeweiligen Konferenzthemen bestimmt. Damit ist auch die Motivation für Außenstehende, die Konferenz abzuhören, in jedem einzelnen Fall unterschiedlich. Eine für digitale Videokonferenzen geeignete Anwendung sollte sowohl für Videodatenübertragungen einsetzbar sein, bei denen z. B. unverschlüsselt öffentlich zugängliche Diskussionsrunden gesendet werden, als auch für vertrauliche Videokonferenzen, z. B. für das Management weltweit verteilt operierender großer Firmen, geeignet sein.

Hohe Anforderungen a Vertraulichkeit

In den meisten Fällen ist der Schutz der Audioinformation schon ausreichend, bei vertraulichen Geschäftsanwendungen ist der Schutz der visuellen Information in den Videodaten, v. a. von Personen oder von darin erkennbaren Texten, von genauso großer Bedeutung.

19.7 Abschließende Bemerkungen

Dieses Kapitel stellt prinzipielle Sicherheitsanforderungen an Multimediasysteme zusammen und zeigt Lösungsmöglichkeiten anhand einiger Beispiele auf. Es erhebt keinen Anspruch auf Vollständigkeit, sondern soll vielmehr einen Einblick in Entwicklungen geben und zeigen, daß die Sicherheitsproblematik eine wesentliche Komponente eines multimedialen Systems ist.

Dokumente, Hypertext und Hypermedia

In Anlehnung an [App90] besteht ein *Dokument* aus einer Menge von strukturierten Informationen, die als unterschiedliche Medien vorliegen können und zum Präsentationszeitpunkt generiert oder eingespielt werden. Ein Dokument ist zur Wahrnehmung durch den Menschen bestimmt und einer Verarbeitung im Rechner zugänglich.

20.1 Dokumente

Ein *Multimedia-Dokument* ist durch Informationen gekennzeichnet, die in mindestens einem kontinuierlichen (zeitabhängigen) und einem diskreten (zeitunabhängigen) Medium kodiert sind. Eine Integration der verschiedenen Medien ist durch enge Beziehungen zwischen Informationseinheiten gegeben. Dies wird auch als *Synchronisation* bezeichnet. Ein Multimedia-Dokument ist im Umfeld von Werkzeugen, Datenabstraktionen, Basiskonzepten und Dokumentenarchitekturen zu sehen.

Definition

Kontinuierliche und diskrete Daten werden heute noch sehr unterschiedlich betrachtet und behandelt: Ein Text wird innerhalb eines Editorprogramms als Typ einer Programmiersprache behandelt (Type Character), ein Bewegtbild wird in demselben Editorprogramm nur über Bibliotheksaufrufe manipuliert. Die Betrachtungsebenen sind verschieden, die Manipulationsmöglichkeiten sind unterschiedlich. Das Ziel bei der *Abstraktion von Multimedia-Daten* ist eine integrierte, d. h. einheitliche Weise der Beschreibung und Behandlung aller Medien. Dies reduziert wesentlich die Komplexität bei der Erstellung und Wartung von solchen Programmen. Kapitel 16 zu Programmierung betrachtet im Detail verschiedene Ansätze, und es wird deshalb im weiteren dieses Kapitels nicht darauf eingegangen. Abstraktionen multimedialer Daten dienen als Grundlage zur Programmierung der verschiedensten Multimedia-Programme, insbesondere auch für Editoren und andere dokumentenverarbeitende Werkzeuge.

Abstraktion von Multimedia-Daten

Systemkonzepte

Grundlegende *Systemkonzepte* verwenden Abstraktionen von Multimedia-Daten, dienen den Informationsarchitekturen als Konzept und können durch Werkzeuge *realisiert* werden. Dabei sind die Begriffe *Dokumentenarchitektur* und *Informationsarchitektur* synonym. Im wesentlichen zählen zu den Systemkonzepten die in Kapitel 20 zu Programmierung aufgezeigten Varianten des Einsatzes von Objektorientierung und die im weiteren beschriebenen Hypertext- und Hypermedia-Konzepte.

Dokumentenarchitektur

Ein Austausch von Dokumenten bedeutet sowohl eine Inhalts- als auch eine Strukturübermittlung. Dies erfordert, neben gemeinsamen Kommunikationsprotokollen, die Verwendung einer *Dokumentenarchitektur*. Standardisierte, bzw. in der Standardisierung befindliche Architekturen wie SGML (*Standard Generalized Markup Language*) zählen genauso dazu wie bspw. firmenspezifische Entwicklungen der Firmen DEC (DCA, *Document Content Architecture*) oder IBM (MO:DCA, *Mixed Object Document Content Architecture*).

SGML
DCA
MO:DCA

Solche Informationsarchitekturen verwenden Datenabstraktionen und deren Konzepte als Spezifikationsmittel und zur Realisierung.

Eine Dokumentenarchitektur beschreibt das Zusammenspiel von Modellen (siehe Abb. 20-1).

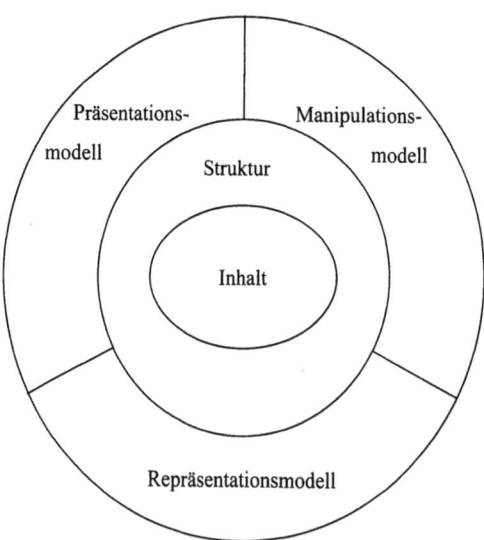

Abb. 20-1 Dokumentenarchitektur und ihre Bestandteile.

Abb. 20-2 auf Seite 697 zeigt eine Multimedia-Informationsarchitektur, die durch das innere Zusammenwirken einzelner Informationseinheiten diskreter und kontinuierlicher Medien gekennzeichnet ist.

Beim Zusammenspiel der Modelle beschreibt die Manipulation Operationen, die auf multimedialen Informationen erlaubt sind. Kommunikation und

Speicherung definieren die verwendeten Protokolle zum Austausch dieser Informationen zwischen verschiedenen Rechnern und das Format zum Abspeichern der Daten. Die Präsentation multimedialer Informationen erfaßt Beziehungen zwischen einzelnen Teilen der Information, die bei deren Präsentation (im weitesten Sinn) einzuhalten sind. Es sei dabei angemerkt, daß nicht jede Architektur alle angeführten Eigenschaften, bzw. Modelle beinhaltet.

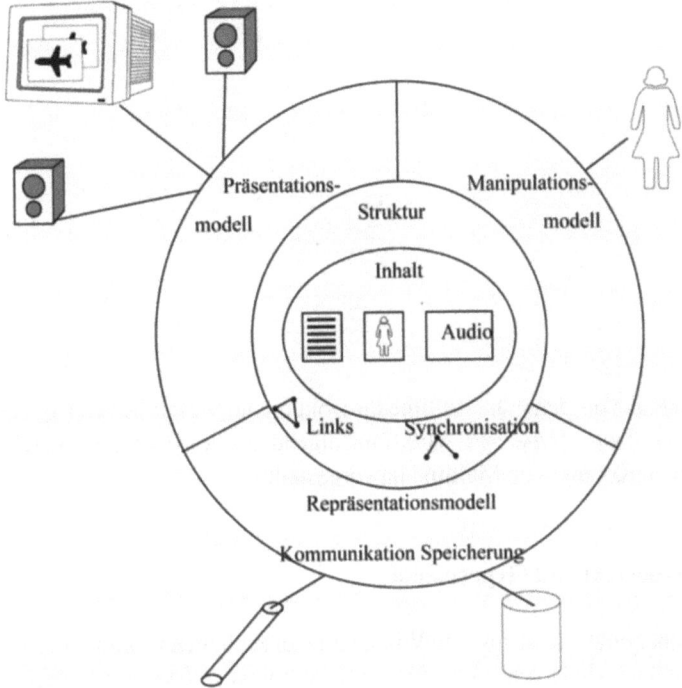

Abb. 20-2
Multimedia-
Dokumentenarchitektur
und ihre Bestandteile.

Manipulation multimedialer Daten

Der Anwender sieht Dokumente meistens nur über entsprechend verwendete Werkzeuge zur *Manipulation multimedialer Daten*. Dies sind meist Editoren, Zeichenprogramme und andere *Textverarbeitungsprogramme*.

Ein Dokument unterliegt dem in Abb. 20-3 auf Seite 698 dargestellten Verarbeitungsprozeß. Die vorliegende Information eines Dokuments gehört einem bestimmten Dokumententyp an. Dies kann bspw. die Kategorie „Geschäftsbrief" oder „internes Memorandum" sein. Dasselbe Dokument kann bei der Präsentation einem weiteren Typ angehören, der wesentlich die endgültige Darstellung beeinflußt. Die Transformation von der eigentlichen Information bis zu deren Darstellung unterliegt Dokumentenarchitektur-spezifischen Regeln.

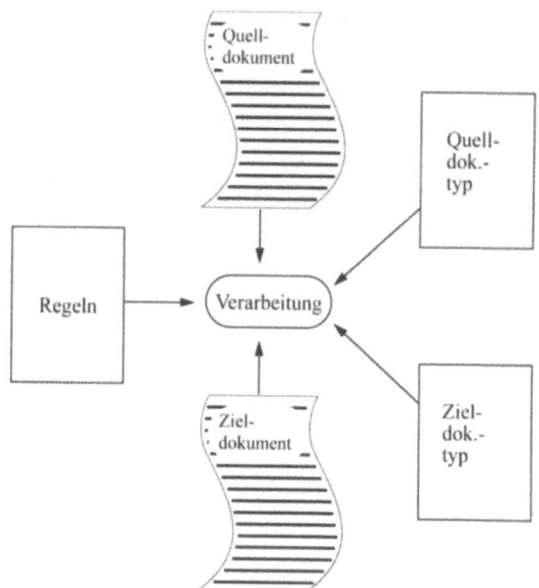

Abb. 20-3 Bearbeitungsprozeß eines Dokuments: von der Information zur Präsentation.

Ausgehend von dem für Multimedia-Dokumente wesentlichen Konzept *Hypermedia* bzw. *Hypertext* wird im folgenden die Dokumentenarchitektur SGML im Kontext von Multimedia vorgestellt.

20.2 Hypertext und Hypermedia

Man geht heute davon aus, daß Wissen im menschlichen Gehirn, die Assoziation einzelner Gedanken und Ideen, als komplexes Netzwerk gespeichert ist [GS90]. Diese Strukturen können hierarchisch angeordnet sein: Gedanken sind Assoziationen anderer Gedanken und Ideen. Dies ist eine andere Sicht auf das in Kapitel 23 zu Benutzerschnittstellen dargestellte Ideenspektrum nach Abb. 20-2.

Schreiben reproduziert dieses im menschlichen Gehirn abgespeicherte Wissen. Die Kommunikation zwischen Menschen kann über mehrere Medien erfolgen. Dokumente sind eine Art dieser Informationsübertragung, d. h., über Dokumente wird Wissen ausgetauscht. Das Lesen eines Dokuments (re)konstruiert Wissen. Im Idealfall führt eine Wissensübertragung ausgehend von einem Autor zur Nachbildung der gleichen Ideen beim Leser. Der Informationsverlust ist minimal. Abb. 20-4 auf Seite 699 zeigt diesen Kommunikationsprozeß zwischen einem Autor und dem Leser auf. Traditionelle – nicht Hypermedia – Dokumente unterstützen mit ihrer linearen Form weder die Rekonstruktion des Wissens, noch vereinfachen sie die Reproduktion. Jedes Wissen muß vor dem eigentlichen Austausch künstlich serialisiert werden, damit es in ein *lineares* Dokument transformiert werden kann. Dabei wird Strukturinfor-

Lineares Dokument

mation in die eigentlichen Inhalte integriert. Bei Hypertext und Hypermedia wird als Dokument eine Graphenstruktur möglich; man verspricht sich ein vereinfachtes Schreiben und Lesen.

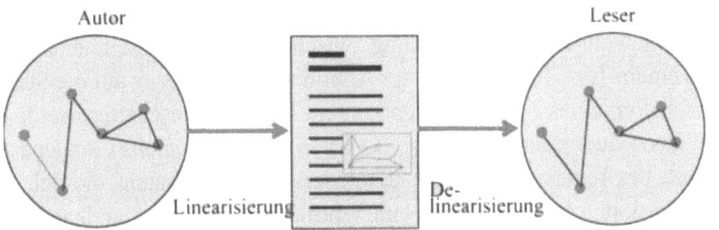

Abb. 20-4 Informationsübertragung zwischen Menschen [GS90].

20.2.1 Hypertext, Hypermedia und Multimedia

Ein Buch oder ein Artikel auf Papier hat eine vorgegebene Struktur und liegt in sequentieller Form vor. Man kann jedoch gezielt einzelne Abschnitte lesen, ohne vorherstehende Abschnitte schon gelesen zu haben. Autoren gehen jedoch meist von sequentiellem Lesen aus, so daß viele Abschnitte auf das vorher erworbene Wissen zurückgreifen. Romane und Filme setzen bspw. immer eine rein sequentielle Rezeption voraus. Wissenschaftliche Literatur kann aus voneinander unabhängigen Kapiteln bestehen. Jedoch wird auch hier meist sequentielles Lesen vorausgesetzt.

Nicht-lineares Dokument

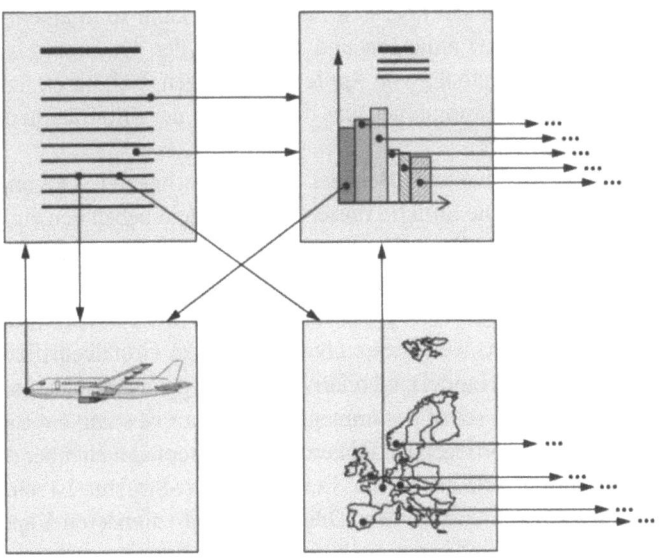

Abb. 20-5 Hypertext-Daten. Beispiel einer Verkettung von Informationen verschiedener Medien

Dokumentation im weiteren Sinn besteht oft aus einer Zusammenstellung von relativ unabhängigen Informationseinheiten. Ein Lexikon oder das Handbuch des Airbus werden bspw. von mehreren Autoren erstellt und immer nur in Teilbereichen sequentiell gelesen. Außerdem besteht eine Vielzahl von Querverweisen in Dokumentationen dieser Art, die beim Lesen zum mehrmaligen Nachschlagen an verschiedenen Stellen führt. Hier ist eine elektronische Hilfe, bestehend aus einer Verkettung von Informationen, sehr sinnvoll.

Beispiel

Abb. 20-5 auf Seite 699 zeigt ein Beispiel solcher Verknüpfungen. Die Pfeile deuten jeweils auf eine Beziehung zwischen Informationseinheiten (LDUs) hin. In einem Text (links oben in der Abbildung) wird Bezug auf die Steigflugeigenschaften eines Flugzeugs genommen. Diese Eigenschaften werden über eine Videosequenz demonstriert (links unten in der Abbildung). An einer anderen Stelle des Textes werden Verkaufsniederlassungen genannt, die sich in ganz Europa befinden (dies wird über eine Grafik in Form einer Landkarte – in der Abbildung rechts unten – visualisiert). Weitere Informationen über die Verkaufsstellen können durch eine Selektion des jeweiligen Ortes bei dieser Grafik sichtbar gemacht werden. Eine spezielle Information zur Anzahl der verschiedenen verkauften Flugzeuge der Niederlassung in Paris ist rechts oben in der Abbildung als Balkendiagramm zu sehen. Intern liegt die in diesem Diagramm enthaltene Information nur in Tabellenform vor. Der linke Balken bezieht sich hierbei auf das Flugzeug, das wiederum als Video vorgeführt werden kann.

Nicht-lineare Informationsverkettung

Lesepfad

Hypertext und Hypermedia weisen als wesentliche Eigenschaft eine *nicht-lineare Informationsverkettung* auf. Es gibt nicht nur eine Reihenfolge des Lesens, der Leser entscheidet über den *Lesepfad*. Er kann so in einem Lexikon beim Begriff *Hypertext* anfangen und dann über den Querverweis *Systeme* bspw. zu einer Beschreibung von *AppleTalk* gelangen. Bei dieser Assoziation über Verweisketten bestimmt meistens der Ersteller der Information die jeweiligen Verkettungen.

Hypertext-Struktur als Graph

Man betrachte als weiteres Beispiel das hier vorliegende Dokument über Multimediasysteme. Die Struktur dieser Arbeit besteht neben den einleitenden und den abschließenden Kapiteln – beim ersten Hinsehen – eigentlich aus einer Menge *gleichberechtigter* Kapitel. Eigentlich hat aber das Kapitel 2 (Medien und Datenströme) eine herausragende Stellung: Es sollte vor den restlichen Kapiteln gelesen werden, weil hier einige notwendige Grundbegriffe erläutert werden. Alle anderen Kapitel sind relativ unabhängig voneinander, und der Leser kann den Lesepfad selbst bestimmen. Die Struktur ist somit ein Baum, wobei in diesem linear vorliegenden Dokument der Lesepfad nicht über die Struktur, sondern verbal erläutert wird. Eine Hypertext-Struktur ist ein *Graph*, bestehend aus Knoten und Kanten. Die Referenzen zu anderen Kapiteln und die Literaturhinweise sind bspw. auch Verweise, die das baumartig vorliegende Dokument zu einem Graphen werden lassen.

- Die *Knoten* sind die eigentlichen *Informationseinheiten*. Sie sind bspw. die Textelemente, einzelne Grafiken, Audio- oder Video-LDUs. An der Benutzerschnittstelle werden die Informationseinheiten meist als eigenes Fenster angezeigt. *Knoten*
- Die *Kanten* stellen den Bezug zwischen verschiedenen Informationseinheiten her. Sie werden üblicherweise als *Verweis* oder *Link* bezeichnet. Ein Verweis ist meistens eine gerichtete Kante. Es sei angemerkt, daß auch in der jeweiligen Verkettung Information steckt. *Kanten*

Anker

Das Weiterblättern in linear sortierten Dokumenten wird in einem Hypermedia-Dokument zum *Navigieren* durch den Graphen. An der Benutzerschnittstelle muß der Ursprung von Verweisen gekennzeichnet werden, damit der Anwender von einer Informationseinheit zu weiteren gelangen kann. Diese Ausgangspunkte der Verweise werden *Anker* genannt. Ein wesentlicher Faktor der Benutzerschnittstelle ist die Konzeption dieser Anker: Wie können diese Anker geeignet dargestellt werden?

Navigieren

- Eine *medienunabhängige Darstellung* kann über allgemein verwendete Grafikelemente zur Selektion, wie *Buttons*, geschehen. In einem solchen Element sollte Information über den Zielknoten enthalten sein:
  Ist der Zielknoten ein Text, so kann hier eine verkürzte, beschreibende Zusammenfassung des Inhalts dargestellt werden. Bei einem Einzelbild kann der jeweilige Bildinhalt in verkleinerter Form auf dem Bildschirm erscheinen. Eine visuelle Repräsentation des Videoinhaltes kann in Form eines *Moving Icons* (Micon) erfolgen. Dies ist ein verkleinertes Bewegtbild, das einen charakteristischen Teil der Videosequenz des Zielknotens darstellt (MIT Project Elastic Charles [Bra87]). Besteht der Inhalt des Zielknotens aus Audioinformation, so muß eine visuelle Repräsentation des Audioinhalts erfolgen. Bei einer Musikpassage wäre hier bspw. ein Bild des Komponisten möglich. *Medienunabhängige Darstellung* / *Moving Icon*
- In einem *Text* können einzelne Worte, Absätze oder Textbereiche unterschiedlicher Länge besonders unterlegt werden. Das Positionieren des Zeigers auf einen so gekennzeichneten Bereich und das bspw. gleichzeitige Doppelklicken führt zur Anzeige des hiermit verbundenen Zielknotens (siehe bspw. auch Abb. 20-10 auf Seite 706). *Text*
- Bei *Einzelbildern* werden bestimmte grafische Objekte oder einfach nur Bereiche als Selektionsobjekt definiert. Eine besondere Kennzeichnung kann über Farbe oder Schraffur erfolgen.
- Bei *Bewegtbildern* werden medienunabhängige Repräsentationen der Anker bevorzugt. Man kann auch Bereiche verwenden, die sich zeitlich ändern. Meist wird hier aber keine örtliche Selektion vorgenommen, sondern das jeweils angezeigte Gesamtbild ist entscheidend. Es wird eine zeitliche Selektion unterstützt. *Bewegtbilder*

Audio

- Bei *Audio* muß immer eine medienunabhängige Lösung verwendet werden. Hier wird ein kurzer beschreibender Text oder ein Einzelbild in Größe eines Icons bevorzugt verwendet.

Abb. 20-6 verdeutlicht die Beziehung zwischen Multimedia, Hypertext und Hypermedia.

Abb. 20-6 Hypertext, Hypermedia und Multimedia und deren Beziehungen untereinander.

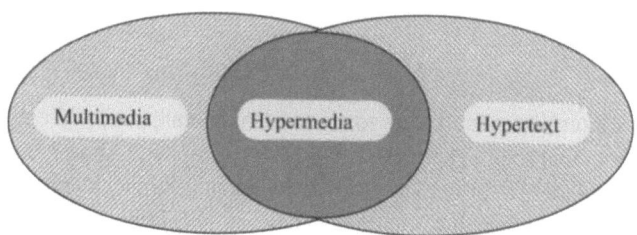

Hypertext-System

Ein Hypertext-System ist im wesentlichen durch die nicht-lineare Verkettung der Information gekennzeichnet. Verweise verbinden die Knoten. Die Daten verschiedener Knoten können in einem Medium oder in mehreren Medien vorliegen. Bei einem reinen Textsystem werden nur Texte verknüpft. Der Begriff *Hypertext* ist so zu verstehen, daß nicht nur die Verknüpfung von Text, sondern auch die mehrerer Medien möglich ist.

Multimediasystem

Ein Multimediasystem beinhaltet nach Kapitel 2 (Medien und Datenströme) Informationen, die in mindestens einem kontinuierlichen und einem diskreten Medium kodiert sind.

Kodierung in mindestens einem kontinuierlichem oder einem diskreten Medium

Liegt bspw. eine nicht-lineare Verkettung von Textdaten vor, so ist dies kein Multimediasystem, zählt aber zur Kategorie Hypertext. Eine Videokonferenz mit simultaner Übertragung von Text und Grafiken eines konventionellen linearen Programms zur Dokumentverarbeitung ist eine Multimedia-Anwendung. Sie hat aber keinen Bezug zu Hypertext und Hypermedia.

Hypermedia-System

Nicht-lineare Verkettung von multimedialer Information

Ein Hypermedia-System beinhaltet die nicht-lineare Verkettung von Informationen, die im strengen Sinn in mindestens einem kontinuierlichen und in einem diskreten Medium vorliegen. Besteht bspw. eine nicht-lineare Verkettung von Text- und Videodaten, so zählt dies zu Hypermedia, Multimedia und Hypertext.

Wie in Abb. 20-6 auf Seite 702 aufgezeigt, zählt jedes Hypermedia-System auch zur Kategorie Hypertext; gleichzeitig ist es ein Multimediasystem. Es bildet die Schnittmenge von Multimedia und Hypertext.

Wie oft üblich, soll auch hier der Begriff Hypermedia nicht im strengen Sinn verwendet werden. Im folgenden gilt deshalb, – wenn es nicht explizit anders bestimmt wird – daß Hypertext und Hypermedia gleichbedeutend sind.

20.2.2 Hypermedia-Systeme: Ein Beispiel und typische Anwendungsbereiche

Eigentlich ist es nicht ganz einfach, sich auf dem vorliegenden Papier ein reales Hypermedia-System vorzustellen. Deshalb sei dem Leser an dieser Stelle dringend empfohlen, mit einem solchen System zu arbeiten, um ein besseres Verständnis für Eigenschaften, für Vor- und Nachteile zu bekommen (z. B. durch Verwendung eines Internet-Browsers des World Wide Web).

Das folgende Beispiel einer Vorlesung über Hypertext als Hypermedia-Dokument ist an [Nie90b, Nie90a] angelehnt. Es beschreibt einen Teil eines typischen Arbeitsvorgangs mit einem Hypermedia-System.

Beispiel einer Vorlesung über Hypertext

Dem Leser eines Hypertexts wird durch Nachbildung üblicher Gegenstände eine möglichst natürliche Umgebung suggeriert (siehe Abb. 20-7). Deshalb wird hier zuerst ein Buch von außen gezeigt, das sich anschließend aufschlagen läßt. Das Buch bezeichnet das Dokument. Der Titel des Dokuments ist auf dem Umschlag des Buchs angegeben.

1. Bildschirm

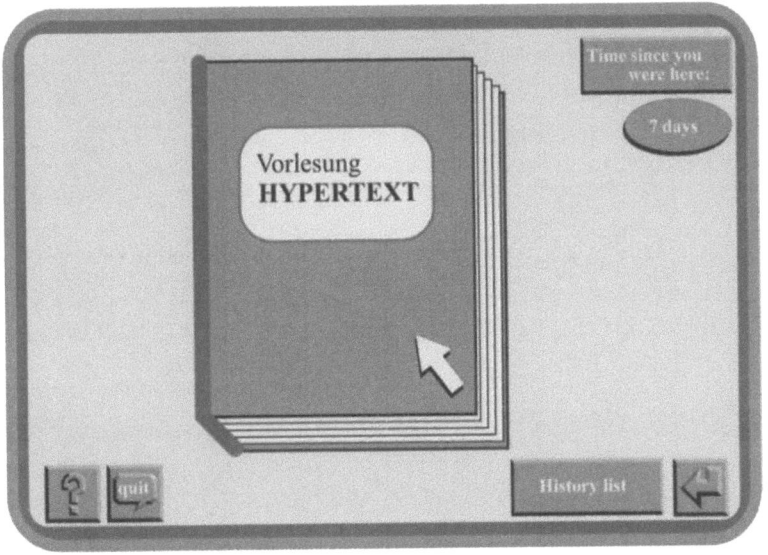

Abb. 20-7 Hypermedia-Beispiel, erster Bildschirm mit dem Beginn der Vorlesung.

Eine mögliche Zusatzinformation ist, wann der Leser zuletzt dieses Buch aufgeschlagen hat. Sie bezieht sich auf das gesamte Dokument. Dieselbe Information (wenn sie beim Aufschlagen des Buchs auf dem Bildschirm dargestellt wird) bezieht sich dann immer nur auf den Knoten selber.

Über eine Hilfsfunktion kann – abhängig vom jeweiligen Zustand des Systems – eine kontextsensitive Hilfe erfolgen. Die Hilfsfunktion beschreibt den aktuellen Zustand, die möglichen Interaktionen mit ihren Auswirkungen und bietet die Möglichkeit, auf allgemeine Hilfsinformationen zuzugreifen. Eine sehr beliebte Anwendung von Hypertext besteht in derartigen systemweiten Hilfsfunktionen. Hier wird jedoch bisher meist nur mit dem Medium Text gearbeitet. Das Aufschlagen erfolgt bei Abb. 20-7 auf Seite 703 durch die Positionierung des Zeigers auf das Buch und gleichzeitigem *Doppelklick* mit der Maus.

2. Bildschirm

Das aufgeschlagene Buch gibt gemäß Abb. 20-8 zuerst einen groben Überblick des Dokuments in Form eines zweidimensionalen Inhaltsverzeichnisses. Hier gibt es kein erstes Kapitel. Neben der Verbindung der Knoten durch Kanten (bzw. der Informationseinheiten durch Verweise) kann die physikalische Anordnung der Knoten zueinander weitere Information auf eine intuitive Weise vermitteln. So können Kapitel, die in enger Beziehung stehen, direkt nebeneinander mit einem geringen Abstand auf dem Bildschirm dargestellt werden.

Vermittlung inhaltlicher Beziehungen über das Layout

Der Autor kann derart inhaltliche Beziehungen über das Layout ausdrücken. Man betrachte das folgende Beispiel der Gliederung eines Dokuments in die Abschnitte *HTML*, *SGML* und *Hypertext*. Hier könnten *HTML* und *SGML* eng zusammenliegen, weil beide Dokumentenarchitekturen betreffen; *Hypertext* kann in beiden Architekturen verwendet werden.

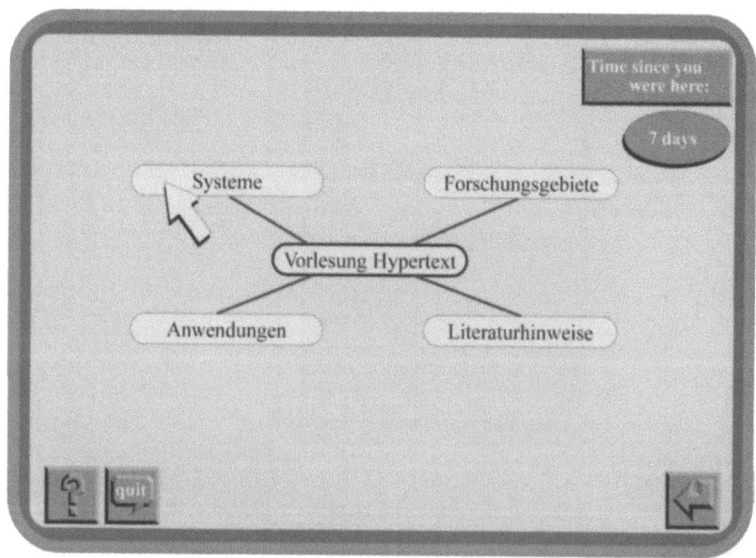

Abb. 20-8 Hypermedia-Beispiel, zweiter Bildschirm. Erste Stufe des Inhaltsverzeichnisses.

In seiner allgemeinsten Form ist das Inhaltsverzeichnis ein Graph, der jedoch oft in Form eines Baums vorliegt. Die bereits durchlaufenen Knoten können besonders gekennzeichnet werden, was das Navigieren vereinfacht. Aus Übersichtsgründen wird nur ein Ausschnitt des gesamten Inhalts dargestellt. Bei Darstellung zu vieler Knoten mit ihren jeweiligen Verbindungen im Inhaltsverzeichnis verliert der Leser den Überblick. Die maximale Anzahl an *Knoten* für einen 14"-Bildschirm mit VGA-Auflösung und einem baumartigen Inhaltsverzeichnis, bei dem alle Knoten gleichzeitig dargestellt werden, liegt bei 30. Wenn auf der anderen Seite zu wenige Knoten angezeigt werden (bspw. immer nur drei), dann führt dies zu einer unübersichtlichen Menge an Stufen. Die optimale Anzahl der darzustellenden Knoten hängt von der Bildschirmgröße, der Anzahl der Verweise und dem *Grad der „Vermaschtheit"* ab: Viele Knoten können mittels Bäumen dargestellt werden, wenige Knoten hingegen, wenn komplexe Graphen vorliegen. Meist sind die Inhaltsverzeichnisse jedoch Bäume. Der Inhalt des jeweiligen Zielknotens verfeinert das Inhaltsverzeichnis. Der Leser selektiert hier *Systeme*.

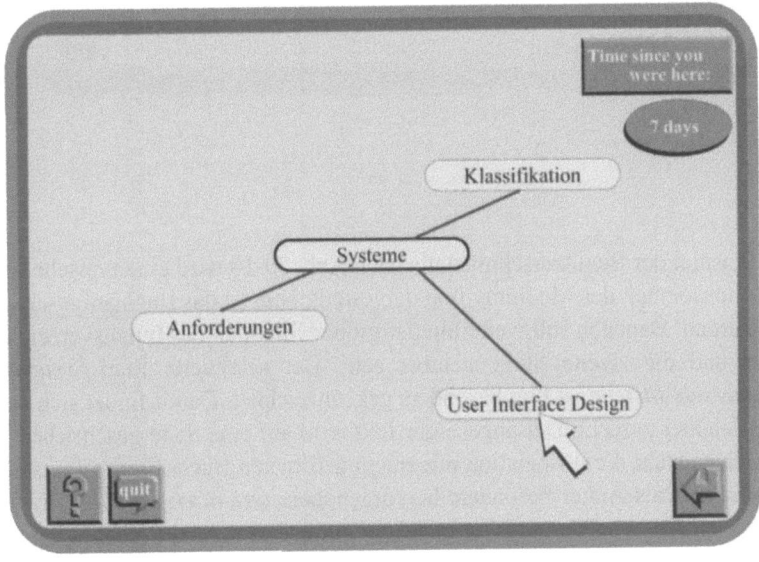

Abb. 20-9
Hypermedia-Beispiel, dritter Bildschirm. Zweite Stufe des Inhaltsverzeichnisses.

Im Beispiel nach Abb. 20-8 gliedert sich die Vorlesung *Hypertext* in 4 Sektionen: *Anwendungen, Systeme, Forschungsgebiete* und *Literaturverzeichnis*.

Die Struktur dieser Sektionen läßt sich in einer verfeinerten Version darstellen. Dann sind die vier Sektionen auch als *Buttons* zu sehen, die der Anwender auswählen kann. Zu *Systeme* werden in dem Beispiel nach Abb. 20-9 „Anforderungen", „User Interface Design" und eine „Klassifikation" angeboten. Hinter der vorliegenden Darstellung könnte sich ein mehrstufiges Inhaltsverzeichnis verbergen. Dies soll hier aber nicht der Fall sein. Der Anwender möchte sich nun über die Benutzerschnittstelle informieren und wählt diese Informations-

Sektionen
der Vorlesung:
1. Anwendungen,
2. Systeme,
3. Forschungsgebiete
4. Literaturverzeichn

3. Bildschirm

einheit aus. Damit erscheint nun auf dem Bildschirm die in Abb. 20-10 dargestellte Information.

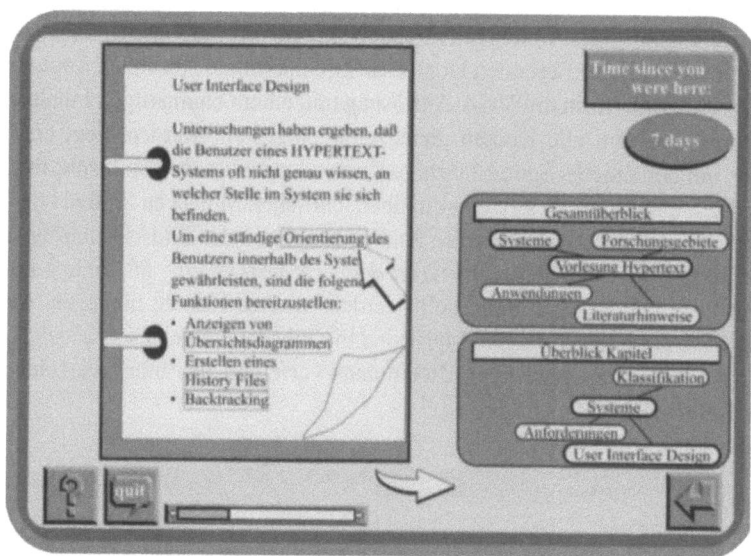

*Abb. 20-10
Hypermedia-Beispiel,
vierter Bildschirm.
Details zur Benutzerschnittstelle.*

4. Bildschirm Am Beispiel der Benutzerschnittstelle nach Abb. 20-10 wird eine typische Informationseinheit des Mediums Text dargestellt. Nun ist das Buch aufgeschlagen worden. Daneben soll weiterhin der grobe Überblick des Inhaltsverzeichnisses und die zweite Stufe sichtbar sein. Der selektierte Pfad *Systeme, Benutzerschnittstelle* ist hier besonders gekennzeichnet. Damit findet sich der Leser leichter zurecht. Der angezeigte Text wird auf eine Seite geschrieben – dadurch entsteht die Assoziation mit einem geöffneten Buch. Einige Textstellen sind hier als Anker besonders hervorgehoben: *Orientierung*, *Übersichtsdiagramm*, *History Files* und *Backtracking*. Jeder dieser Anker verbirgt weitere Informationen. Man kann dadurch leicht zu einem schnellen Blättern verleitet werden, ohne die bisher dargestellte Information aufzunehmen. Weitere Information zum Thema *Orientierung* steht als Bewegtbild zur Verfügung. Der Anwender will sich nun über dieses Thema informieren und wählt nach Abb. 20-10 den Anker *Orientierung* aus.

5. Bildschirm Dies führt ihn zu dem in Abb. 20-11 auf Seite 707 angedeuteten Film mit Beispielen zur Problematik der Orientierung.

Hier besteht die Möglichkeit, daß auf dem Bildschirm noch zusätzlich ein Programm zur Steuerung der Bewegtbilder erscheint. Damit wird, ähnlich zu einem Videorecorder, ein Standbild angezeigt, das vorwärts und rückwärts in verschiedenen Geschwindigkeiten *gespult* werden kann. Gleichzeitig wird dies auf dem Bildschirm angezeigt. Zusätzlich können bestimmte Stellen, wie bspw. der Anfang, gezielt angesprungen werden

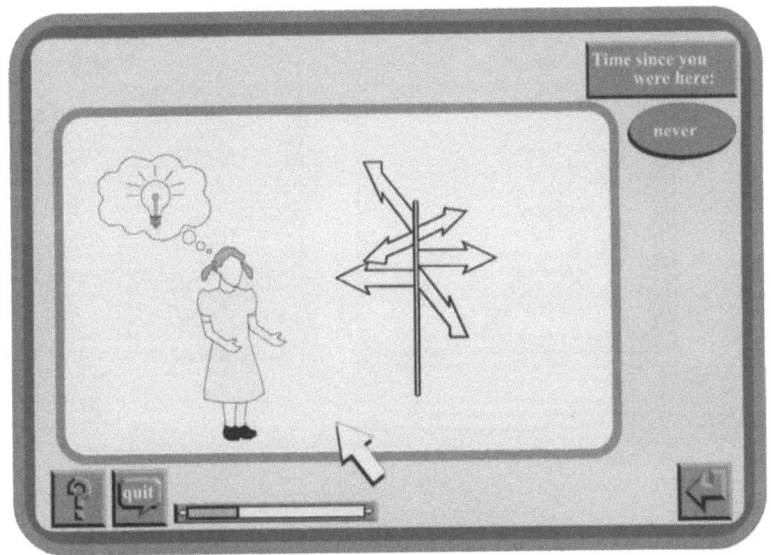

Abb. 20-11 Hypermedia-Beispiel, fünfter Bildschirm. Details zur Benutzerschnittstelle.

Im Gegensatz zu den vorherigen Abbildungen hat sich in diesem Beispiel die oben rechts stehende Information bezüglich des letzten Traversierens dieses Knotens verändert: Der Leser hat diese Information noch nie gelesen. In allen vorherigen Knoten hat der Leser sich zum letztenmal vor 7 Tagen befunden (siehe Abb. 20-8 auf Seite 704, Abb. 20-9 auf Seite 705 oder Abb. 20-10 auf Seite 706).

Die Auswahl des Symbols rechts unten im Bildschirm (Pfeil) führt den Leser einen Schritt zurück zum vorherigen Knoten, z. B. der Benutzerschnittstelle. Nach Abb. 20-10 auf Seite 706, Abb. 20-11 und Abb. 20-12 auf Seite 708 seien noch die beiden Symbole unter dem aufgeschlagenen Buch zu erwähnen. Der in der Mitte befindliche Querbalken ist ein Rollbalken.

Er deutet in diesem Beispiel an, daß die angezeigte Seite ca. 25% der gesamten in diesem Knoten vorliegenden Information zum Thema Orientierung beinhaltet. Es wird gerade der erste Bereich angezeigt. Weitere Seiten können durch ein Verschieben des Rollbalkens oder durch die Auswahl des rechts unter dem aufgeschlagenen Buch stehenden Pfeils angezeigt werden.

6. Bildschirm

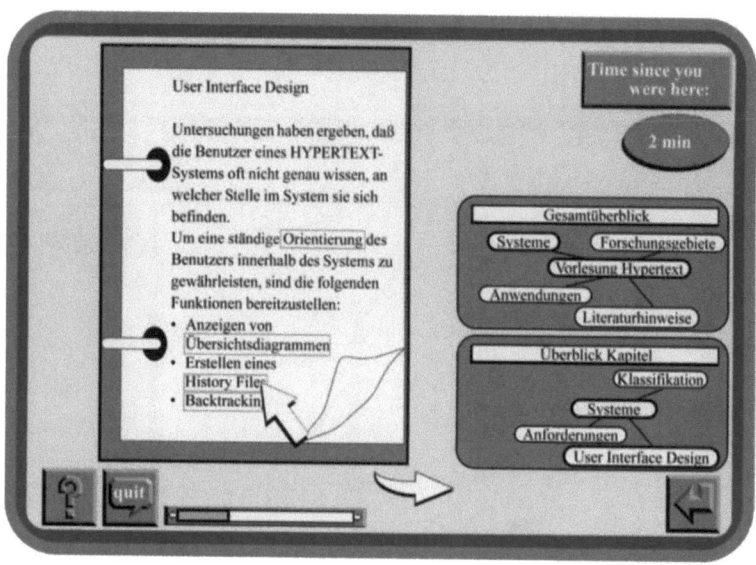

*Abb. 20-12
Hypermedia-Beispiel,
sechster Bildschirm.
Details zur
Benutzerschnittstelle.*

7. Bildschirm   Jetzt wählt der Anwender auf dieser Seite *History Files* aus.

Mit *History Files* ist der bisher traversierte Pfad während des aktuellen Lesevorgangs gemeint. Dieser Pfad wird mit zusätzlichen Informationen angezeigt. Im Beispiel nach Abb. 20-13 auf Seite 709 hat der Leser 5 Minuten das Titelblatt betrachtet, 2 Minuten den Gesamtüberblick und 4 Minuten den Inhalt des Bereichs *Systeme*. Diese Übersicht zeigt alle traversierten Knoten. Durch die Auswahl eines markierten Knotens läßt sich dieser von einer solchen Liste aus direkt anspringen.

Oft ist eine grafische Zuordnung einprägsamer als die textuelle Beschreibung. Man weiß bspw. noch, daß oben links ein Bild mit einem roten Hut war.

Alternative Anzeigen der traversierten Knoten erfolgen somit teilweise auch durch eine Menge verkleinerter Bildschirminhalte. Dies ist jedoch bei vielen Bildschirmen unübersichtlich.

Mit diesem kurzen, virtuellen Navigieren durch eine Hypertext-Vorlesung wurden exemplarisch einige charakteristische Eigenschaften eines Hypertext-Systems verdeutlicht. Verschiedene Systeme benutzen unterschiedliche Konzepte, Funktionen und Ausprägungen an der Benutzerschnittstelle. Die hier dargestellte Lösung ist nur ein Beispiel; es soll keinesfalls angedeutet werden, daß dies die beste Realisierung von Hypertext-Konzepten ist.

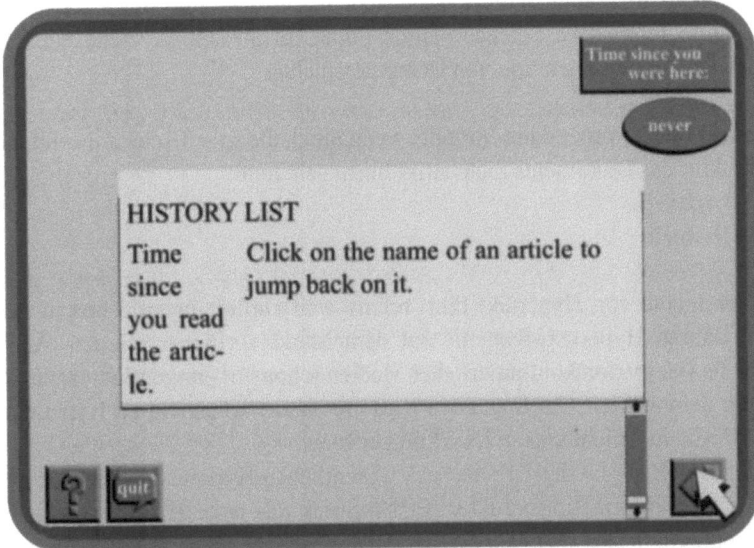

Abb. 20-13
Hypermedia-Beispiel,
siebter Bildschirm.
Historie, bisher
dargestellte
Informationen.

Weitere Anwendungsbereiche

Eine Vorlesung ist nicht der einzige, bzw. typische Anwendungsbereich. Hierfür lassen sich bisher folgende Bereiche identifizieren:

- In einigen klassischen *rechnerbezogenen Anwendungen* hat sich Hypertext heute schon etabliert. Insbesondere zählt hierzu die Hilfsfunktion in grafischen Oberflächen. Auch die Online-Dokumentation wird oft auf diese Weise realisiert und auf CD-ROMs ausgeliefert. — *Rechnerbezogene Anwendungen*
- Im Bereich der *kommerziellen Anwendungen* sind Reparatur- und Betriebsanleitungen zu finden. Hier wird auch intensiv von verschiedenen Medien Gebrauch gemacht. Somit kann diese Technologie zur Ablösung der Mikrofilme führen, die oft bei Ersatzteillieferungen zu finden sind. Eine Reparaturanleitung läßt sich oft plastischer mit Hilfe von Bewegtbildern darstellen. In diesem Bereich wird auch eine Interaktion in Form des langsamen Vor- und Zurückspulens erwartet. Messe- und Produktkataloge bilden zusammen mit anderen Anwendungen aus der Werbebranche die Basis für eine Vielzahl von Applikationen. — *Kommerzielle Anwendungen*
- Zu den *intellektuellen Anwendungen* zählt bspw. die Organisation von Ideen, das Brainstorming und die Erstellung von Texten. Bei derartigen Vorgängen ist die Struktur des Dokuments, das gerade erstellt wird, noch unausgereift und wird sich erst nach und nach verfestigen. — *Intellektuelle Anwendungen*
- *Fortbildung und Lehre* lassen sich durch den Einsatz kontinuierlicher Medien deutlich verbessern. Fremdsprachen erfordern bspw. das Medium Audio zum Erlernen. In Museen werden mit Audio und Video weitergehende Informationen zu den vorhandenen Exponaten benutzergerecht dargeboten. — *Bildung*

- Zum Bereich *Vergnügen und Freizeit* zählen Informationssysteme für Touristen und interaktive Science-Fiction-Filme. In diesem Bereiche entsteht auch eine neue Generation von Computerspielen.

Freizeit

Hypertext bietet immer dann Vorteile, wenn durch die spezifische Anwendung die Struktur des Dokuments nicht strikt linear sein muß.

20.2.3 Historie

Die Geschichte von Hypertext führt relativ weit zurück, obwohl erst in den letzten Jahren Hypertext-Systeme auf dem Markt verfügbar wurden. Auch wurde die Integration kontinuierlicher Medien schon vor einigen Jahren exemplarisch demonstriert. Im folgenden wird eine kurze Übersicht zu Hypertext/Hypermedia in Anlehnung an [Nie90b] gegeben.

Vannever Bush   Vannever Bush ist der Urheber des wesentlichen Hypertext-Konzepts, der vermaschten Informationsstruktur. Er beschrieb das erste Hypertext-System und nannte es *Memex* (MEMory EXtender).

Man stelle sich alle Informationen als Mikrofilm auf einem Tisch vor. Mit geeigneten Projektoren lassen sich dann Bereiche in ähnlicher Form wie bei Windows-Systemen anzeigen. Dabei besteht ein *assoziativer Index*, der verschiedene Mikrofilmbereiche miteinander verbindet (dies sind die Verweise). Memex wurde nie realisiert, es existierte immer nur auf dem Papier. Ideen zu diesem Thema entwickelte Vannever Bush bereits 1932. Im Jahr 1945 publizierte er den ersten beschreibenden Artikel *As We May Think*.

Doug Englebart   Doug Englebart entwickelte am Stanford Research Institut (SRI) zwischen 1962 und 1976 ein Projekt zum Vermehren (*to augment*) der menschlichen Fähigkeiten, *Augment*. Ein Teil davon ist *NLS (oN Line System)*, das Hypertext-Merkmale aufweist. NLS diente selbst als gemeinsamer Dokumentenspeicher für alle im Rahmen dieses Projekts entstehenden Dokumente. Alle Wissenschaftler, die an diesem Projekt arbeiteten, haben es mit seinen Möglichkeiten der Verweise verwendet. Am Ende waren ungefähr 100.000 Einträge vorhanden.

Ted Nelson   Ted Nelson prägte 1965 zum ersten Mal den Begriff *Hypertext*. In seinem *Xanadu*-System sollen alle Informationen, die jemals geschrieben wurden, vorhanden sein. Sein Konzept beschreibt sowohl den Zugriff auf lokale als auch auf entfernte Daten. Xanadu mit seinem globalem Informationsgehalt ist bisher nicht realisiert.

Andries van Dam   Seit Mitte der 60er Jahre wird an der Brown University, Providence, an Hypertext-Systemen gearbeitet. Unter der Leitung von Andries van Dam entstand dort 1967 das *Hypertext Editing System*. Dies war das erste lauffähige Hypertext-System, es benötigte 120 Kbyte Hauptspeicher eines kleinen IBM/360 Großrechners. Es wurde verkauft und dann zur Dokumentation der Apollo Mission verwendet. Das Folgeprojekt war 1968 *FRESS* (*File Retrieval and Editing System*). Beide Systeme verknüpften Dokumente über Verweise, die Benutzerschnittstelle war nur über Text realisiert. An der Brown University wird seitdem mit viel Erfolg im Bereich Hypertext/Hypermedia geforscht.

Aspen Movie Map ist wahrscheinlich das erste richtige Hypermedia-System, das auch kontinuierliche Medien unterstützt. Es wurde am MIT unter intensiver Mitwirkung von Andrew Lippman in der *MIT Architecture Machine Group* entwickelt. Diese Gruppe bildete später mit anderen zusammen das *MIT Media Lab* [Bra87]. Mit dieser Anwendung kann eine virtuelle Fahrt durch die Stadt Aspen (Colorado) am Computerbildschirm nachvollzogen werden. Der Anwender kann sich dabei nach eigenem Wunsch in eine der vier Himmelsrichtungen bewegen. Ein *Joystick* dient zur Angabe der Richtung. Die Technik besteht aus einer Vielzahl von Einzelbildern, die auf einer Videoplatte gespeichert sind. Dafür wurden 4 Kameras auf einem Wagen im Winkel von 90° zueinander montiert (mit Sicht nach vorne, hinten, rechts und links). Diese Wagen fuhren durch alle Straßenzüge der Stadt und machten alle 3 Meter Einzelbildaufnahmen. Die Bilder stehen dann über implizite Verweise miteinander in Verbindung, womit eine Fahrt durch die Stadt simuliert werden kann. Das Fahren wird über die Anzeige von maximal 2 Bildern pro Sekunde simuliert, damit ergibt sich eine Geschwindigkeit von ca. 110 km/h. Die Anzeige erfolgte über zwei Bildschirme: Während einer das Bild der Straße wiedergibt, zeigt der zweite Schirm eine Straßenkarte mit der aktuellen Position an.

Folgeprojekte beschäftigen sich mit der gemeinsamen Nutzung von Video, Einzelbildern und Text für Reparaturanleitungen für Fahrräder und Autos.

Alle bisher genannten Hypertext-Systeme wurden nicht als Produkt realisiert und nur selten außerhalb der Forschungsgruppen verwendet. Im Jahr 1982 begann bei Symbolics die Entwicklung des *Symbolics Document Examiner*. Im Jahr 1985 wurde es als erstes Hypertext-Produkt ausgeliefert. Eine wesentliche Anwendung war die Dokumentation der Symbolics Workstation, die bisher 8.000 Seiten umfaßte. Als Hypertext waren dies ca. 10.000 Knoten mit ca. 23.000 Verweisen. Hier wurde die Metapher eines Buches am Bildschirm verwendet und viel Wert auf eine einfache Benutzerschnittstelle gelegt.

Seit 1985 wurden viele Hypertext-Systeme angekündigt, die sich auf dem Markt etablierten. *NoteCards* der Firma Xerox und *Intermedia* von der Brown University starteten bspw. als Forschungsprojekte und mündeten jeweils in einer Produktentwicklung. Der von der Firma Office Workstation Limited realisierte Führer wurde schon als Produktentwicklung begonnen, es war das erste Produkt auf der Basis von Kleinrechnern (1986). Im Jahr 1987 stellte die Firma Apple *HyperCard* vor. Es wurde nach 1987 auf allen Macintosh-Rechnern gratis mitgeliefert und damit weit verbreitet.

SEPIA von der GMD-IPSI in Darmstadt unterstützt speziell die Planung und Argumentation von kooperierenden Gruppen.

Konzeptionen

Hypertext/Hypermedia-Systeme unterscheiden sich heute nach ihrer grundlegenden Konzeption:
- *Anwendungs-unspezifische Systeme* sind nicht auf eine bestimmte Anwendung ausgerichtet. Sie sind zur Erstellung und zum Lesen von Dokumentati-

on im allgemeinen bestimmt. Das HyperCard-Produkt der Firma Apple ist hierfür ein Beispiel.

- *Anwendungsspezifische Systeme* sind für eine bestimmte Nutzung ausgelegt. So gibt bspw. gIBIS Erläuterungen zu politischen Diskussionen. Es ist als Entscheidungshilfe gedacht. In gIBIS gibt es 3 spezielle Knoten- und 9 unterschiedliche Verweistypen [CB88].

gIBIS

20.2.4 Systeme: Architektur, Knoten und Verweise

Die Architektur eines *Hypertext-Systems* läßt sich in drei Ebenen mit unterschiedlichen Funktionalitäten aufteilen [CG87], die im folgenden beschrieben werden.

Architektur

Präsentationsebene

Auf der obersten Ebene, der *Präsentationsebene*, sind alle mit der Benutzerschnittstelle in Beziehung stehenden Funktionen angesiedelt.

Hier wird die Abbildung von Knoten und Verweisen auf die Benutzerschnittstelle realisiert. An dieser werden immer einer oder mehrere Ausschnitte des Dokuments visualisiert. Diese Ebene bestimmt aufgrund der vorliegenden Struktur und der vom Benutzer gewünschten Anzeige, welche Daten und wie diese Daten dargestellt werden. Diese Ebene übernimmt auch die Aufgabe der Steuerung aller Eingaben.

Hypertext Abstract Machine

Die abstrakte Hypertext-Maschine, *Hypertext Abstract Machine* (HAM), befindet sich zwischen der Präsentations- und der Speicherungsebene.

Sie kann datenbankartige Funktionen zur Speicherung multimedialer Daten in einer ggf. verteilten Umgebung von der unteren Ebene erwarten. HAM muß sich auch nicht mit der Ein- und Ausgabe der oberen Ebene beschäftigen. HAM kennt die Struktur des Dokuments, hat das Wissen über die Verweise und ihre Attribute. Hier wird die Datenstruktur, bzw. eine Objekthierarchie zur Verwaltung des Dokuments aufgebaut.

Diese Ebene hat im Vergleich zu den anderen beiden Ebenen die geringste Systemabhängigkeit. Damit eignet sie sich auch am besten zur Standardisierung [Nie90b].

Speicherungsebene

Die *Speicherungsebene* (auch Datenbankebene genannt) bildet die unterste Ebene.

Hierzu gehören alle mit der Abspeicherung der Daten zusammenhängenden Funktionen, d. h. die Sekundärspeicherverwaltung. Dabei sind die spezifischen Eigenschaften der unterschiedlichen Daten diskreter und kontinuierlicher Medien zu beachten. Auch wird hier die von traditionellen Datenbanksystemen erbrachte Funktionalität der Persistenz (Daten überleben Programme und Prozesse), des Mehrbenutzerbetriebs (Synchronisation, Sperren) und des Wiederherstellens im Fehlerfall (Transaktionskonzept) erwartet.

Die Knoten und Verweise eines Hypertext-Dokuments werden hier wie Datenobjekte ohne eine besondere Semantik behandelt. In dieser Ebene sind keine spezifischen Funktionen bezüglich Hypertext anzutreffen.

Leider wird in den meisten bestehenden Implementierungen noch keine klare Trennung dieser verschiedenen Ebenen vorgenommen. Die Gründe dafür liegen in einer kürzeren Entwicklungsphase, einer effizienteren Realisierung und der bisher unvollkommenen, bzw. allgemein verfügbaren Multimedia-Schnittstellen für die untere Ebene.

Knoten

Ein *Knoten* ist die Informationseinheit (die LDU) in einem Hypertext-Dokument.

Das wesentliche Unterscheidungskriterium verschiedener Realisierungen ist die *maximal von einem Knoten aufgenommene Datenmenge*:

- Die maximal enthaltene *Datenmenge kann begrenzt* und auf die Bildschirmgröße abgestimmt sein. Die Metapher einer Notizkarte, bzw. eines Rahmens wurde hier eingeführt (Beispiel HyperCard). Eine Bewegtbildsequenz und eine Audiopassage könnten in ihrer Dauer bspw. auf 20 Sekunden begrenzt werden. *Begrenzte Inhaltsmenge*

  Ein Autor wird hier eventuell gezwungen, logisch zusammenhängende Textinhalte auf mehrere Karten zu verteilen, obwohl dies nicht erwünscht ist. So müßten auch längere Audio- und Videopassagen verteilt werden, der enge Zusammenhang dieser aufgeteilten Sequenzen ginge dann leicht verloren. Von Vorteil ist jedoch die Übersichtlichkeit.

- Die Alternative sind Windows-basierte Systeme mit einer prinzipiell *unbegrenzten Datenmenge* pro Knoten. Wie bei anderen Fenstern wird ein Weiterblättern und Zurückblättern an der Benutzerschnittstelle angeboten. Intermedia ist ein solches System. Hier sind alle Knoten mit Daten kontinuierlicher Medien in ihrer Dauer prinzipiell nicht limitiert. *Unbegrenzte Inhaltsmenge*

  Damit können einzelne Knoten eine sehr unterschiedliche Länge erhalten und trotzdem auf den ersten Blick gleichberechtigt erscheinen. Hier werden dann auch zur Präsentation weiterer Informationen zwei verschiedene Methoden an der Benutzerschnittstelle verwendet: Zum einen wird zwischen Knoten weitergeschaltet, und zum anderen wird in einem Knoten mit den üblichen Mechanismen von Windows-Systemen weitergeblättert (*Scrollen*).

Ein sekundäres Kriterium betrifft den *Zeitpunkt der Informationserstellung*. In der Regel kann der Autor bei der Erstellung des Dokuments die gesamten Inhalte der Knoten festlegen. Alternativ kann er auch nach seinen Vorgaben die Information zum Präsentationszeitpunkt generieren. So könnte in einer Information über ein Wirtschaftsunternehmen auch ein Verweis auf den aktuellen Kurs der Aktie an der Frankfurter Börse enthalten sein. Über Bildschirmtext würde diese Information dann automatisch bei Bedarf angefordert und als Teil des Hypertext-Dokuments präsentiert werden.

Verweise

Welche Information beinhaltet ein Verweis?

Verweise bilden die Kanten eines Hypertext-Graphen. Hypertext-Systeme unterscheiden verschiedene Kriterien der Kanten. Als erste Frage kann man hier stellen: *Welche Information beinhaltet ein Verweis?*

- *Einfache Verweise* verbinden zwei Knoten des Graphen, ohne selbst weitere Informationen zu beinhalten. Sie werden nur über die Beziehung zwischen den Knoten deutlich.
- *Getypte Verweise* verbinden von zwei Knoten und beinhalten außerdem weitere Informationen. Jeder Verweis erhält ein *Label*, ein Etikett. Über dieses Label sind Kommentare zu dem jeweiligen Verweis möglich (z. B. Autor und Erstellungsdatum).

Man kann sich hier durchaus eine weitergehende Semantik vorstellen: In einer Lerneinheit kann die Fortsetzung des Lesens einzelner Details vom Ausgang einer Lernüberprüfung abhängen. Die Verweise enthalten dann eine Formulierung zu deren Aktivierung, die eine Abhängigkeit des Resultats der Lernüberprüfung darstellen. Über Verweise können auch Zugriffsrechte gesteuert werden. Eine weitere Möglichkeit besteht in der Typisierung von Verweisen gemäß ihrer Eigenschaften. So kann man bspw. zwischen den Beziehungen *der Zielknoten ist ein Beispiel* und *der Zielknoten ist ein Detail* unterscheiden. Diese unterschiedliche Semantik kann sich dann auch durch unterschiedliche Darstellungen des Ankers an der Benutzerschnittstelle ausdrücken.

Was bedeutet ein Verweis?

Eine weitere Eigenschaft der Verweise bezieht sich auf die folgende Fragestellung *Was bedeutet der Verweis?* Oft werden Verweise mit sehr unterschiedlichen Bedeutungen gemeinsam verwendet, was das Verständnis erschweren kann. Der Autor eines Hypertextes sollte sich dieser Problematik bewußt sein und eindeutige Verweise verwenden. Man kann hier zwischen den im folgenden beschriebenen häufigen Beziehungen unterscheiden.

Diese Liste der über Verweise ausgedrückten Beziehungen stellt wenige ausgewählte Beispiele dar:

- *Sein*, A ist Teil von B.
  Dies stellt ein Mengenverhältnis dar.
- *Präsentieren*, A ist Beispiel von B, A demonstriert B.
  Hier wird über ein Beispiel ein Sachverhalt verdeutlicht.
- *Bewirken*, A verursacht B, B ist Ergebnis von A.
  Hiermit können Konsequenzen aus einem Sachverhalt näher beschrieben werden.
- *Benötigen* oder *wird benötigt von*, A benötigt B, B braucht A.
  Über diese Beziehung wird eine zwingende Notwendigkeit ausgedrückt.
- *Besitzen*, A hat B, A ist mit B assoziiert.
  Hier wird ein Besitzverhältnis ausgedrückt.
- *Beinhalten*, A beinhaltet B, A besteht aus B, A tritt in B auf.
  Hier wird ein Beinhalten in verschiedenen Bedeutungen dargestellt.

- *Ähnlichkeit*, A ist ähnlich zu B, A ist unterschiedlich zu B, A ersetzt B, A ist die Alternative zu B.
  Über diese Eigenschaft werden Ähnlichkeiten ausgedrückt.

Eine weitere grundlegende Eigenschaft von Verweisen kann mit Hilfe folgender Frage beschrieben werden: *Wer gibt einen Verweis an?* Man unterscheidet:

- *Implizite Verweise*:
  Eine Beziehung zwischen Knoten kann automatisch von einem Hypertext-System erstellt werden. Der Autor bestimmt nur den Algorithmus, nach dem Verweise zu kreieren sind. Das System *Intermedia* generiert alle zu einem Index gehörenden Verweise automatisch. Ähnliches kann bei Lexika erfolgen: Quer-Referenzen erfolgen automatisch, ausgehend von den jeweils wesentlichen Begriffen eines Eintrags.

Wer gibt einen Verweis an?

- *Explizite Verweise*:
  Der Autor kreiert alle Verweise selbst.

Ein Verweis läßt sich zu verschiedenen Zeitpunkten kreieren. Damit ergibt sich die Frage: *Wann wird das Ziel eines Verweises angegeben?*

- Im klassischen Fall wird während der Erstellung eines Hypertext-Dokuments auch der Verweis erstellt, dabei wird auch der Ursprung und der Zielknoten festgelegt. Der Autor bestimmt bei der Bearbeitung des Dokuments explizit die Verkettung der Informationseinheiten.
- Ein Zielknoten kann erst bei der Verwendung des Verweises, d.h. während des Lesens, bestimmt werden. Der Autor bestimmt einen Algorithmus für die Erstellung der Verweise, diese werden aber erst beim Lesen in Abhängigkeit des Kontextes bestimmt. Das System *berechnet* den Zielknoten.
  Ein Beispiel ist ein Fahrplan, der die nächsten Züge zu einem Zielbahnhof anzeigt. Ein Verweis auf den nächsten Zug hängt jeweils von der aktuellen Zeit ab. Dieses Beispiel stammt aus dem Informationssystem zur Stadt Glasgow, *Glasgow Online* [Har89].

Wann wird das Ziel eines Verweises angegeben?

In den meisten Systemen hat ein Verweis genau einen Ursprung und einen Zielknoten. Man kann sich jedoch auch die folgenden Fragen stellen: *Welche Richtung hat der Verweis?* und *Welches ist die Anzahl der abgehenden Verweise?*
Die Richtung ist meist unidirektional, ein *Backtracking* wird vom System selbst unterstützt. Damit gelangt man jeweils wieder auf den Pfad zurück. Die Alternative wären bidirektionale Verweise, dann müßten jedoch die Zielknoten, wie auch die Anker, besonders kenntlich gemacht werden. Bei Einführung bidirektionaler Verweise kann es vorkommen, daß von mehreren Knoten aus derselbe Zielknoten referiert wird. Damit muß am Zielknoten zwischen diesen Verweisen explizit unterschieden werden. Es muß somit ein weiteres Auswahlkriterium existieren. Dasselbe gilt für Verweise, die von einem Ursprung zu mehreren Zielknoten führen. Die meisten Systeme unterstützen unidirektionale Verweise mit jeweils nur einem Zielknoten. Dies ist einfacher zu verstehen und zu realisieren.

Welche Richtung hat der Verweis?
Welches ist die Anzahl der abgehenden Verweise?

Als letzte Frage muß man sich mit dem Aussehen eines Ankers an der Benutzerschnittstelle auseinandersetzen. Hierbei läßt sich folgende Frage stellen: *Wie wird der Verweis dargestellt?* In Abschnitt 20.2 werden verschiedene Möglichkeiten hierzu aufgezeigt.

Wie wird der Verweis dargestellt?

Werkzeuge

Ein Hypertext-System besteht aus mehreren notwendigen Werkzeugen:

Editoren
- Der oder die *Editoren* bearbeiten die Information in den verschiedenen Medien. Außerdem wird die Erstellung, Verwaltung, Änderung und das Löschen der Verweise unterstützt.

Suchwerkzeuge
- *Suchwerkzeuge* ermöglichen das Auffinden der gewünschten Information. Auch sind hier die verschiedenen Medien zu berücksichtigen.

Browser
- Der *Browser* ermöglicht eine verkürzte, aber übersichtliche Darstellung der Knoten und Kanten. Die Knoten werden medienabhängig beschrieben. Die Struktur wird dem Anwender meistens in einer grafischen Darstellung präsentiert. Oft lassen sich auch nur die bisher gelesenen Teile oder nur die relevanten Informationen anzeigen.

- Bei der *Navigation* durch ein Dokument ist mit geeigneter Unterstützung dem Phänomen *Getting Lost in Hyperspace* entgegenzuwirken. Ein *Backtracking* sowie eine übersichtliche Darstellung der gesamten Struktur mit Bezug auf die aktuelle Position sollten vorhanden sein.

20.2.5 Abschließende Bemerkungen zu Hypertext-Systemen

Die *Ordnung* beim Lesen eines Hypertext-Dokuments sollte in Anpassung an den Kontext der Leser vorbestimmt sein. Hiermit kann sich auch die Struktur eines Dokuments in Abhängigkeit des Kontexts verändern [Hof91].

Beispiel
Ein Lehrbuch über die Bauchspeicheldrüse kann für Studenten des ersten Semesters einen Einblick in die Funktionalität des Organs bieten. Hier wird nur eine begrenzte Menge der Knoten dargestellt, auch bilden die meisten Verweise einen Baum mit einem vorgeschlagenen Lesepfad. Eine Navigation durch dieses Dokument erweist sich als sehr einfach. In einem höheren Semester werden die Studenten an die Endoskopie im Bereich der Chirurgie herangeführt. Hier werden mit Hilfe von Text, Grafiken, Video und Audio verschiedene Möglichkeiten chirurgischer Eingriffe dargestellt. Das Hypertext-Dokument beinhaltet in diesem Kontext zusätzlich zu den Grundbegriffen eine detaillierte Beschreibung der Chirurgie. Weitere Abschnitte in diesem Dokument befassen sich mit Forschungsaspekten. Hier bestehen Referenzen zu einer Vielzahl anderer Arbeiten, und es werden gegenwärtig ungelöste Forschungsaspekte aufgezeigt. Der Anwender hat in diesem Zusammenhang die Möglichkeit, durch das gesamte Dokument zu navigieren.

Die meisten heutigen Hypertext-Systeme lassen keine Referenzen zu Knoten außerhalb ihrer internen Datenstrukturen zu. So ist es bspw. nicht möglich, daß gemeinsame elektronische Briefe in einem Hypertext-System als Dokument gehalten werden und diese gleichzeitig über ein anderes Mailing-Programm versendet werden. *Offenheit* wäre hier erforderlich, um Verweise zwischen Informationseinheiten verschiedener Anwendungen zu unterstützen. Dies erfordert genormte Austauschformate und Protokolle.

Offenheit

Ein Hypertext-Dokument befindet sich meistens auf einem Rechner. Mit einer Möglichkeit zur *Verteilung* könnten sich Informationseinheiten auf unterschiedlichen Rechnern befinden. Die Verweise gehen über Rechnergrenzen hinweg. Nach der in diesem Abschnitt vorgestellten Architektur wäre hiervon im wesentlichen die Speicherungsebene betroffen.

Verteilung

Weitere interessante Entwicklungs- und Forschungsprojekte betreffen folgende Aspekte und Fragen:

Entwicklungs- und Forschungsthemen

- Größe und Konzeption der Informationseinheiten.
  (Welches sind die *optimalen* Größen? Von welchen Faktoren hängt diese Bestimmung ab?)
- Unterstützung verteilter Dokumente bei Migration der Information oder/und der Reorganisation der Netzwerke.
  (Wie kann ein Dokument bezüglich des entfernt gespeicherten Inhalts erhalten bleiben?)
- Versionsverwaltung.
  (Welche Elemente sollen einer Versionsverwaltung unterliegen? Wie kann diese Verwaltung aussehen?)
- Autorisierung und Zugriffsrechte.
  (Welche Elemente sollen einer Autorisierung unterliegen und mit Zugriffsrechten behaftet sein? Wie kann diese Verwaltung aussehen?)
- Kooperatives Arbeiten, gemeinsames Bearbeiten eines Dokuments.
  (Welche Zugriffe sollen gesperrt werden? Wie wird eine solche Verwaltung realisiert?)
- Virtuelle Sichten auf Hypermedia-Dokumente.
  (Wer bestimmt die virtuellen Sichten? Wie werden diese verwaltet?)

Abschließend zu Hypertext/Hypermedia erfolgt an dieser Stelle eine kurze Bewertung der Eigenschaften. Ein Teil dieser Bewertung beruht auf persönlichen Erfahrungen des Autors, weitere Ideen stammen aus Diskussionen mit Experten: Sehr viele Aspekte, die zu Beginn der Arbeit mit solchen Systemen auffallen, sind als durchaus *positiv* zu werten. Die Handhabung der meisten Systeme läßt sich sehr leicht ohne Handbuch erlernen. Der Benutzer beherrscht schnell und effektiv das Auffinden der gewünschten Informationen und die Manipulation aller Daten.

Eigenschaften

Viele dieser bisher genannten Eigenschaften sind systemabhängig, die meisten Hypertext-Systeme weisen jedoch die genannten Eigenschaften auf.

Die Hypertext-Dokumente selbst sind sehr unterschiedlicher Natur. Manche sind klar strukturiert und einfach zu lesen, andere sind unübersichtlich gegliedert und lassen sich dementsprechend schwer lesen. Es werden somit Hypertext-spezifische Anforderungen an die Autoren und Ersteller der Information gestellt, die nicht einfach zu befolgen sind.

Hypermedia integriert auf sehr elegante und einfache Weise diverse Medien. Jede Beziehung zwischen Informationseinheiten wird mit Verweisen realisiert. Manche Systeme unterstützen auch die gemeinsame Verwaltung der Information von mehreren Personen.

Getting Lost in Hyperspace

Spaghetti-Buch

Diese Technik hat jedoch auch einige *kritisch* zu bewertende Eigenschaften. Der bekannteste Effekt ist *Getting Lost in Hyperspace*, beim Lesen eines Dokuments gehen Überblick und Kontext verloren. Hypertext-Dokumente können aufgrund einer unübersichtlichen Struktur und vieler Verweise mit unterschiedlicher Bedeutung leicht zu einem sog. *„Spaghetti-Buch"* werden. Ein Hypertext-Dokument läßt sich nur schwer ohne Informationsverlust wieder in eine sequentielle Form auf Papier bringen. Man ist somit selbst ohne Audio- und Videoinformationen zur Ausgabe auf den Rechner angewiesen. Einige Systeme verwenden ihr eigenes Windows-System. Es besteht ein Mangel an etablierten Standards zum Informationsaustausch zwischen bestehenden unterschiedlichen Hypertext-Systemen.

An Standards für Hypermedia wird an verschiedenen Stellen gearbeitet:

Erweiterungen der Dokumentenarchitekturen SGML (siehe Abschnitt 20.3) beinhalten auch Hypertext-Techniken. Sie werden einen Datenaustausch in einer heterogenen Umgebung von hypertextartigen Dokumenten unterstützen.

Weitere Aktivitäten sind im ISO/IEC JTC1 SC2/WG12 *Multimedia and Hypermedia Information Coding Expert Group* (MHEG) angesiedelt. Hier wird an der *Coded Representation of Multimedia and Hypermedia Information* gearbeitet [MHE93].

Die ANSI-Gruppe X3V1.8M bildet das *Music Information Processing Standards (MIPS) Committee*. Hier wird in bezug zu Hypertext an HyTime und der *Standard Music Description Language* (SMDL) gearbeitet.

Zusammenfassend läßt sich feststellen, daß sich Hypertext nicht im selben Maß für alle Arten von Dokumenten und Anwendungen eignet. Besonders gut ist diese Technik im Zusammenhang mit Lexika zu verwenden. Hier finden sich autarke Informationseinheiten, die über Referenzen gut miteinander verbunden werden können. Im Vergleich zum Nachschlagen in einem Buch ist der Gebrauch eines Hypertext-Systems schneller.

Man kann auch leicht Medien wie Audio und Video in ein solches Lexikon einbinden. Mit Audio können bspw. Ausschnitte aus Musikstücken oder Tierstimmen gespeichert werden. Video ermöglicht eine kurze Darstellung von typischen Bewegungsvorgängen als Teil eines Lexikoneintrags.

Ein anderer sehr geeigneter Bereich für Hypermedia ist der Bereich der Fortbildung. Hier sind Kurse mit audiovisueller Unterstützung möglich, die sich an das individuelle Lernverhalten der einzelnen Teilnehmer anpassen. Für die Tutoren wird hier auch an didaktischen Hilfen bei der Kurserstellung gearbeitet. An den Universitäten Darmstadt (Multibook-Projekt) und Karlsruhe entstehen bspw. derartige Systems [BCD+89, MSK+89, Mue89b, Mue89a].

20.3 Dokumentenarchitektur SGML

Die *Standard Generalized Markup Language* (SGML) [Gol91, Org86] wurde und wird hauptsächlich von amerikanischen Verlagen gefördert. Dabei stellen die Autoren die Texte, d. h. die Inhalte, zur Verfügung. Sie kennzeichnen in einheitlicher Form bspw. Titel und Tabellen, ohne die eigentliche Darstellung zu beschreiben (wie bspw. die verwendeten Schriftsätze und Zeilenabstände). Der Verlag bestimmt anschließend das Layout.

Die Grundidee besteht darin, daß der Autor *Tags* zur Markierung bestimmter Textteile verwendet. SGML legt das Aussehen der *Tags* fest, bestimmt aber nicht deren Vorkommen oder Bedeutung. Benutzergruppen vereinbaren Bedeutung der Tags. SGML stellt einen *Rahmen* zur Verfügung, mit dem in einem objektorientierten System die Syntax benutzergruppenspezifisch beschrieben werden kann. Dabei können Klassen und Objekte, Hierarchien von Klassen und Objekten, Vererbung und die Anbindung von Methoden (*Processing Instructions*) bei der Spezifikation verwendet werden. SGML definiert die Syntax, nicht aber die Semantik.

Tags

Beispiel

```
<title>Multimediasysteme</title>
<author>Felix Gatou</author>
<side>IBM</side>
<summary>This exceptional paper from Bernd ...
...
```

Das vorherige Beispiel zeigt eine Anwendung von SGML in einem Textdokument.

20.3.1 Einige Details

Der in Abb. 20-14 auf Seite 720 dargestellte Bearbeitungsprozeß eines SGML-Dokuments teilt die Verarbeitung in zwei Prozesse auf. Nur der Formatierer kennt die Bedeutung der Tags und setzt diese dann in einem formatiertes Dokument um. Der Parser verwendet die im Dokument auftretenden Tags in Kombination mit dem entsprechenden Dokumententyp.

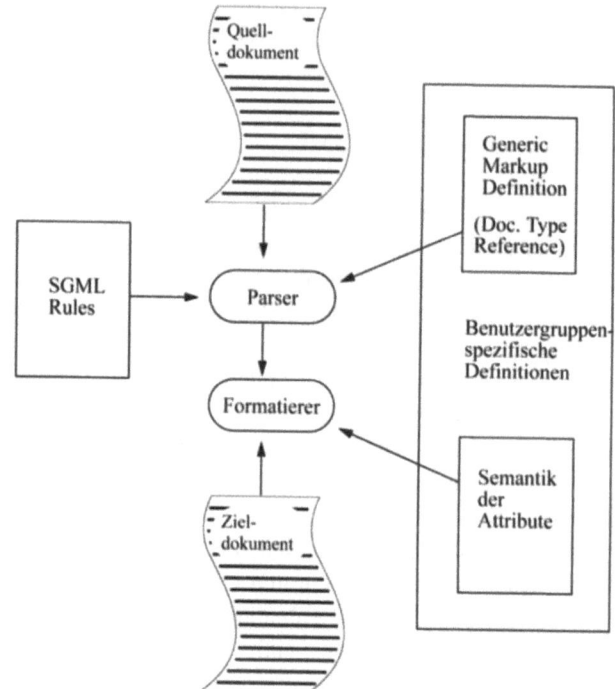

Abb. 20-14
SGML
Prozeß der Dokumentenbearbeitung, von der Information zur Präsentation.

Mit *Tags* erfolgt die Festlegung der Struktur eines Dokuments. Dabei werden jedoch meist auch Teile des Layouts assoziiert. Dies geschieht aufgrund des gemeinsamen Kontextes zwischen dem Ersteller des Dokuments und dem Formatierprozeß, ist aber nicht über SGML definiert.

Tags   Man unterscheidet verschiedene Kategorien von Tags.

- Die *Descriptive Markup* (Tags) beschreiben die eigentliche Struktur immer in der folgenden Form

  ```
  <start-tag> ggf. auch </end-tag>
  ```

  Ein Beispiel ist die Definition eines Absatzbeginns:

  ```
  <paragraph> Hier folgt der Text des Absatzes...
  ```

Entity Reference
- Die *Entity Reference* stellt den Bezug auf ein anderes Element dar, das dann die *Entity Reference* ersetzt. Dies kann auch als eine Abkürzung verstanden werden, bei der später der eigentliche Inhalt an die entsprechende Stelle kopiert wird. Im folgenden Beispiel ist der Umlaut als *Entity Reference* geschrieben:

  ```
  &Ae;rger ... soll Ärger ... sein
  ```

- Die *Markup Declarations* definieren die Elemente, auf die über eine *Entity Reference* Bezug genommen werden kann. In dem Beispiel wird so ein Umlaut definiert:

  ```
  <!ELEMENT Ae (...)>
  ```

  Markup Declarations

  Eine *Markup Declaration* kann auch zur Definition der Regeln für die Struktur (die Klassen) verwendet werden. Folgendes Beispiel legt den Aufbau eines Artikels *Paper* fest:

  ```
  <!ELEMENT paper    (preamble, body, postamble)>
  <!ELEMENT preamble (title, author, side)>
  <!ELEMENT title    (#CDATA)> -- character data
  <!ELEMENT body     ( ... )>
  ...
  ```

- Über *Processing Instructions* werden Anweisungen für andere Programme in einen Text aufgenommen. Diese können bspw. für den Formatierer gedacht sein. Hiermit können auch verschiedene Medien, wie bspw. Bilder und Video, eingefügt werden.

  Processing Instructions

SGML definiert über eine Grammatik für Tags eine Syntax, die immer einzuhalten ist. SGML definiert nicht die Bedeutung dieser Tags.

Die *Informations- oder Dokumentenarchitektur* von SGML ist in Abb. 20-15 dargestellt. SGML verfügt mit seinen Tags über ein Repräsentationsmodell. Zur Definition der Struktur lassen sich Objekte, Klassen und Vererbung verwenden.

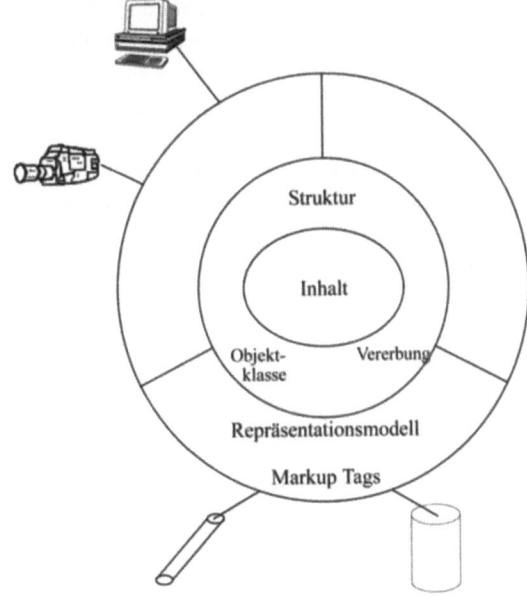

Abb. 20-15 SGML Dokumentenarchitektur. Schwerpunkt im Repräsentationsmodell.

20.3.2 SGML und Multimedia

Multimediale Daten werden bisher nur in Form von Grafik direkt von der SGML-Norm unterstützt. Eine Grafik wird als CGM (*Computer Graphics Metafile*) in ein SGML-Dokument eingebettet. Über weitere Medien sind in der Norm keine Aussagen vorhanden [Org86].

```
<!ATTLIST video    id       ID        #IMPLIED>
<!ATTLIST video    synch    synch     #IMPLIED>
<!ELEMENT video    (audio, movpic)>
<!ELEMENT audio    (#NDATA)> -- non-text media
<!ELEMENT movpic   (#NDATA)> -- non-text media
...
<!ELEMENT story    (preamble, body, postamble)> :
```

#NDATA   Ein Bezug auf konkrete Daten kann über #NDATA vorgenommen werden. Dabei sind die Daten meist extern, in einer separaten Datei, abgelegt. Obiges Beispiel zeigt die Definition von Video, das aus Audio und Bewegtbildern besteht.

Multimediale Informationseinheiten müssen auch geeignet präsentiert werden. Die Synchronisation zwischen Komponenten ist hierbei sehr wichtig. Hieran wird in HyTime [Gol91] und MHEG [MHE93] gearbeitet.

20.3.3 Abschließende Bemerkungen

Bezüglich der Kommunikation ist ein genormter Dokumentenaustausch notwendig. Sender und Empfänger können dabei sowohl einer zeitlichen als auch einer räumlichen Trennung unterliegen. Oft werden Dokumente auch automatisch weiterverarbeitet. Dies erfordert ein gemeinsames Vorverständnis (Kontext): Die Syntax wird übertragen, die Semantik muß in SGML separat abge-
Document Type Definitions   sprochen werden. Die *Document Type Definitions* bilden die Basis für diese Absprachen.

SGML wird als Norm immer in der heutigen Form bestehen bleiben [Org86]. Es werden jedoch Zusätze erarbeitet:
DSSSL   Eine standardisierte Layout-Semantik ist erforderlich. Dies vereinfacht Absprachen von Benutzergruppen. Die *Document Style Semantics and Specification Language* (DSSSL) ist eine Ergänzung zur Präsentation. Bei den Zeichensätzen muß noch ein Informationsaustausch über digitale Schriftarten erfolgen.
SPDL   Auf der Basis von Postscript wird an einer *Standard Page Description Language* (SPDL) gearbeitet.
SMDL   Bezüglich Multimedia müssen Verweise als nicht-textuelle Erweiterungen
HyTime   eingebracht werden. Hierbei ist auch eine Erweiterung zur Beschreibung von Musik (*Standard Music Description Language*, SMDL) und HyTime zu sehen.

20.4 Hypertext und das World Wide Web

Die Idee des World Wide Web (WWW) wurde 1989 am europäischen Kernforschungszentrum CERN vom Physiker Tim Berners-Lee entwickelt. Ursprünglich wollte man die verteilte Darstellung von Diagrammen und Bildern ermöglichen. Dazu war die Entwicklung einer Umgebung zum Austausch grafischer Elemente nötig. Anfang 1994 wurde die *World Wide Web Organization* ins Leben gerufen. Diese Organisation bestand aus dem CERN und dem MIT (Massachusetts Institute of Technology). Nach der Erweiterung um das französische INRIA (Institute Nationale de Recherche en Informatique et en Automatique) Ende des Jahres Im Jahr 1994 wurde die WWW-Organisation in *WWW-Konsortium* umbenannt. In http://www.w3.org/WWW/ sind diese Entwicklungen recherchierbar.

Das ursprüngliche Ziel des World Wide Web bestand darin, Dokumente auf unterschiedlichen Plattformen und verschiedenen Benutzerschnittstellen in einem Rechnernetz darstellen zu können. Dies sollte auch auf textbasierten und auditiven Schnittstellen möglich sein. Man wollte dann auch jedes Dokument in Braille konvertieren können

Neuere Entwicklungen gehen jedoch dahin, alle Möglichkeiten des modernen Publishings mit entsprechenden Layouts in das WWW einzubringen. Die später beschriebenen *Cascading Style Sheets* (CSS) und die Extended Markup Language (XML) sind Beispiele hierfür. Es wird daher inzwischen schwieriger, das ursprüngliche Ziel anzuvisieren.

20.4.1 Architektur des World Wide Web

Das WWW baut auf der Client/Server-Architektur auf. Die auf dem Server liegenden Dokumente (bspw. Textdokumente, Bilder) können über Clients (Browser) abgerufen werden. Die Kommunikation zwischen Client und Server erfolgt mittels des *Hypertext Transfer Protocol* (HTTP), das auf TCP/IP [Com95] aufbaut.

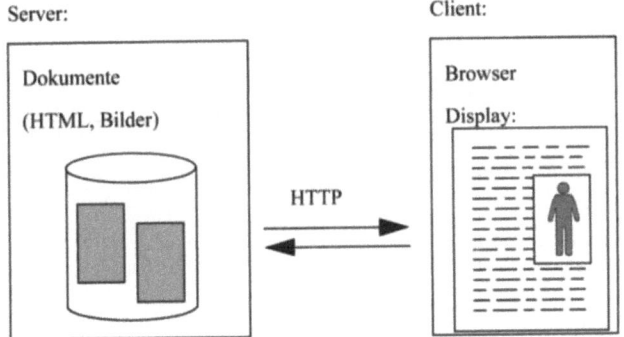

Abb. 20-16 Kommunikation zwischen Server und Client.

20.4.2 Hypertext Transfer Protocol (HTTP)

Ein WWW-Dokument kann Text, Icons, Maps und Bilder beinhalten. Weiterhin besteht die Möglichkeit, sowohl Audio- und Video-Clips als auch bewegte Bilder und Animationen in ein WWW-Dokument zu integrieren. Diese Dokumente sind in der *Hypertext Markup Language* (HTML) beschrieben und bilden ein Hypermedia-System.

Uniform Resource Locator (URL)

Um die verteilten Dokumente im Web zu spezifizieren wurde der *Uniform Resource Locator* (URL) entwickelt, der die genauere Adresse angibt, unter der ein Dokument zu erreichen ist. Eine URL hat die Form:

```
Protokollname://Rechnername:Port/Dokumentenname
```

Protokollname spezifiziert hier das verwendete Protokoll (z. B. http, ftp), Rechnername gibt den Namen, bzw. die Internet-Adresse des Zielrechners an, der das Dokument verwaltet. Port gibt an, über welchen Port das Dokument abgerufen werden kann. Wenn kein Port angegeben ist, ist der Standard-Port 80 zu verwenden. Dokumentenname spezifiziert das gewünschte Dokument. Ein Beispiel hierfür ist die folgende Adresse eines Dokuments:

```
http://www.kom.e-technik.tu-darmstadt.de
```

HyperText Transfer Protocol (HTTP)

Der Zugriff auf hypermediale Ressourcen, die an verschiedenen Standorten zur Verfügung gestellt werden, erfolgt mittels des Hypertext Transfer Protocol (HTTP). Dieses einfache Protokoll erlaubt den Austausch von Hypertext-Dokumenten zwischen einem Browser, der ein Dokument anfragt und einem Web-Server, der die gewünschte Dokumente zur Verfügung stellt.

Die Kommunikation zwischen dem Client (Browser) und dem Server zum Abrufen eines Dokuments vollzieht sich in vier Schritten (siehe Abb. 20-17).

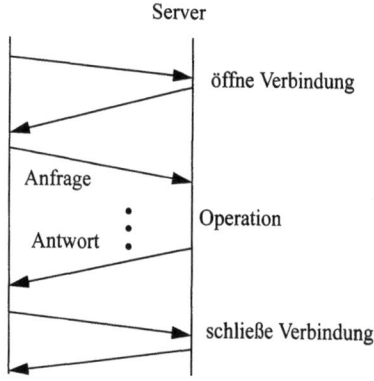

*Abb. 20-17
Kommunikationsablauf zwischen Client und Server in HTTP/1.0.*

Sowohl die Anfrage als auch die Antwort können *einfach* oder *ausführlich* sein. Beide bestehen aus:
- Einer Anfangszeile,
- Keiner oder mehreren Header-Informationszeilen, bspw.
  - Allgemeine Header-Information (Datum, MIME-Version) und/oder
  - Anfrage-/Antwort-Header-Information (bspw. Autorisierung, Form, Location) und/oder
  - Inhalt-Header-Information (`Allow`, `Expires`, `Content-Type`)
- Einer Leerzeile und
- Einer optionalen Nachricht, bzw. dem Inhalt der angefragten Seite.

Anfragen und Antworten unterscheiden sich in der Anfangszeile. Bei einer Anfrage beginnt diese Zeile mit der Anfragemethode, gefolgt von der Zieladresse und am Ende die Version des unterstützten Protokolls:

`Methode /Pfad/Dokument.html HTTP/Version`

Die wichtigsten Methoden sind in der Tabelle 11-1 aufgeführt.

Methode	Beschreibung
GET	Anforderung zum Lesen eines Web-Dokuments
HEAD	Anforderung zum Lesen des Headers eines Web-Dokuments
POST	Anfügen der Daten an eine Ressource (z. B. News)
PUT	Anforderung, ein neues Dokument auf dem Server zu speichern
DELETE	Löscht das angegebene Dokument auf dem Server
LINK	Verbinden zweier existierender Ressourcen.
UNLINK	Aufheben einer Verbindung zwischen zwei Ressourcen

Tab. 20-1 HTTP-Methoden.

Eine einfache Antwort beginnt dagegen mit der Version des unterstützten Protokolls, gefolgt von einem Status-Code und einem Erklärungssatz des Status-Codes:

`HTTP/Version Status-Code Reason-Phrase`

Der *Status-Code* einer Antwort ist ein dreiziffriger Integer-Wert. Die erste Ziffer ist die wichtigste, sie identifiziert die Antwortkategorie:

Status Code

- `1xx`: Beschreibt eine Informationsnachricht.
- `2xx`: Zeigt den Erfolg an:
  - `200` OK, erfolgreiche Anfrage.
  - `201` OK, neue Ressource kreiert (bei einer POST Methode).
  - `204` OK, aber kein Inhalt.
- `3xx`: Leitet den Client zu einer anderen Adresse.
- `4xx`: Zeigt einen Fehler beim Client an.

- 400 Falsche Anfrage.
- 401 Client hat sich nicht authentifiziert.
- 403 Verbotener Zugriff auf das Dokument.
- 404 Dokument wurde nicht gefunden.
* 5xx: Zeigt einen Fehler beim Server an.
- 500 Interner Fehler (beim Server).
- 501 Server ist momentan nicht verfügbar.

HTTP/1.0 weist eine Reihe von Schwierigkeiten und Problemen auf. So wird z. B. nur eine URL pro TCP-Verbindung gesendet. Enthält also ein Dokument eine große Menge an Bildern und Text, so ist eine große Anzahl an Zugriffen nötig, um die gesamte Seite zu übertragen.

RFC 2086 Um die Effizienz von HTTP zu steigern, wurde HTTP/1.1 entwickelt (RFC 2086). HTTP/1.1 erlaubt es dem Browser, innerhalb einer einzigen Verbindung mehrere Kommunikationsoperationen mit dem Server durchzuführen. Dies hat den Vorteil, daß die über das Netz zu übertragene Datenmenge reduziert werden kann.

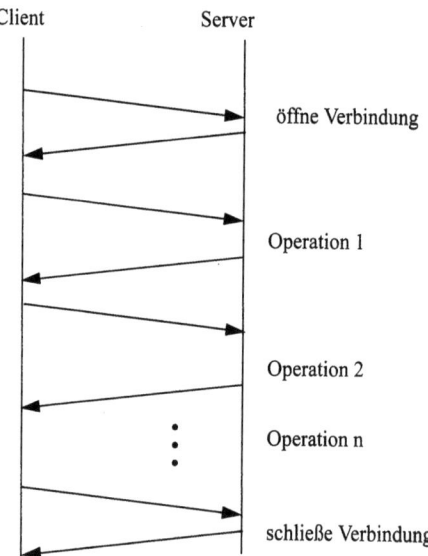

Abb. 20-18 Kommunikationsablauf zwischen Client und Server in HTTP/1.1.

Cache-Eigenschaften von HTTP/1.1 HTTP/1.1 weist außerdem eine Cache-Eigenschaft auf. Ziel des *Caching* ist die Vermeidung des oftmaligen Sendens von Anforderungen (Requests) und vollen Antworten (Responses). Dies führt zu einer Reduktion der erforderlichen Netzbandbreite.

20.5 Hypertext Markup Language (HTML)

Die Hypertext Markup Language (HTML) ist eine standardisierte, einfach zu interpretierende Sprache, mit der man das Aussehen bestimmter Texte am Bildschirm spezifizieren kann.

HyperText Markup Language (HTML)

HTML-Dokumente haben kein spezielles Dateiformat, sondern sind einfache ASCII-Texte, die sich mit beliebigen Texteditoren erstellen lassen.

Die Darstellung der verschiedenen HTML-Dokumente auf verschiedenen Systemen findet mittels eines Browsers statt, der HTML-Anweisungen (Tags) versteht und das entsprechende Seitenlayout generiert.

Die Schritte des Browsers beim Anzeigen eines Dokuments sind:

– Hole Dokument vom Server.

– Interpretiere Inhalt.

– Generiere lokales Layout.

– Zeige (Display) dieses Layouts.

20.5.1 Struktur von HTML-Seiten

Ein HTML-Dokument besteht aus drei Teilen:

Struktur eines HTML-Dokuments

1. Die erste Zeile ist die einzige Informationsquelle eines HTML-Dokuments, die den Zusammenhang zwischen HTML und SGML festlegt. Dieser Zusammenhang wird durch das `<!DOCTYPE>`-Tag, das die Art des folgenden Textes beschreibt, festgelegt. Dieses Tag gibt auch an, welche HTML-Version verwendet wird.

   `<!DOCTYPE>`

2. Ein erklärender Kopfteil, der den Titel und andere Metainformationen enthält. Diese Informationen sind vom `<HEAD>`... `</HEAD>` -Tag umschlossen.

   `<HEAD>`

3. Der eigentliche Inhalt einer HTML-Seite, die auf dem Browser erscheint, wird entweder durch den `<BODY>`... `</BODY>`-Tag oder durch den `<FRAMESET>`... `</FRAMESET>` -Tag umschlossen.

   `<BODY>`

Das `<HTML>`... `</HTML>`-Tag umschließt den zweiten und den dritten Teil eines HTML-Dokuments. Dieses Tag ist optional; allerdings sollte man es immer verwenden, um die Nachbearbeitung eines HTML-Dokuments zu vereinfachen. Abb. 20-19 zeigt ein Beispiel eines einfachen HTML-Dokuments.

Abb. 20-19
Beispiel eines HTML
Dokuments.

```
<HTML>
<HEAD>
<TITLE>KOM</TITLE>
</HEAD>
<BODY>
<P>Industrielle Prozeß- und Systemkommunikation
<IMG SRC="KOM.jpg">
<P>Beispieltext
</BODY>
</HTML>
```

20.5.2 Metainformationen

Metainformationen

Ein HTML-Dokument enthält neben den Informationen, die der Leser der Darstellung direkt entnimmt, auch solche über das Dokument selbst. Diese nennt man *Metainformationen*. Sie sind eines der potentiellen Mittel, um Suchmaschinen im World Wide Web mit Informationen über Dokumente zu versorgen. In HTML ist das <META>-Tag vorgesehen, um diese Informationen zu notieren. <META> kennt zwei Attribute, NAME und CONTENT. NAME spezifiziert die Art der Metainformation, bspw. *Autor, Datum* oder *Urheberrechtsinformation*, CONTENT den Inhalt. Tab. 20-2 zeigt eine Reihe von typischen Beispielen für Metainformationen.

Tab. 20-2
Typische
Metainformationen.

Name	Inhalt von Content
Author	Autor des Dokument
Keywords	Liste von durch Komma getrennten Wörtern, die Suchmaschinen für dieses Dokument verwenden sollen
Generator	Name des HTML-Editors, mit dem das Dokument erstellt wurde
Classification	Klassifikation des Dokumentes in eine Inhaltskategorie

20.5.3 Tags in HTML

Plug-Ins

HTML definiert eine Reihe von Tags. So ist z. B. ein Link auf eine andere Seite durch das <A>-Tag und das Einbinden von Bildern in einer HTML Seite durch das <IMG>-Tag definiert. Das Einbetten von Objekten, wie z. B. *Helper-Anwendungen* (Plug-Ins), erfolgt durch das <EMBED>-Tag, das von der W3C als <OBJECT>-Tag standardisiert wurde.

Tagname	Funktion
`<HTML> ... </HTML>`	Deklariert eine HTML-Seite
`<HEAD> ... </HEAD>`	Enthält den Kopf der HTML-Seite
`<TITLE> ... </TITLE>`	Definiert den Titel der Seite
`<BODY> ... </BODY>`	Enthält den Körper der HTML-Seite
`<Hn> ... </Hn>`	Definiert eine Überschrift der Ebene n
`<B> ... </B>`	Setzt ... in fetter Schrift
`<I> ... </I>`	Setzt ... in kursiver Schrift
`<UL> ... </UL>` bzw. `<OL> ... </OL>`	Beschränkt eine ungeordnete Liste, bzw. eine numerierte Liste
`<LI>`	Beginn eines Listeneintrags
` `	Erzwingt eine neue Zeile
`<P>`	Beginnt einen neuen Absatz
`<HR>`	Fügt eine horizontale Linie ein
`<PRE> ... </PRE>`	Vorformatierter Text, wird nicht umformatiert
`<IMG SRC="Adresse">`	Lädt ein Bild
`<A HREF="URL"> ... </A>`	Fügt einen Link mit der Beschreibung ... ein
`<!-- ... -->`	Kommentar

Tab. 20-3 HTML-Tags.

20.5.4 Versionsunterschiede in HTML

HTML wurde im Laufe der Zeit weiterentwickelt und an die neuesten Anwendungserfordernisse des World Wide Webs angepaßt. Da die Darstellung von Text im Vordergrund der ersten Generation stand, spielt die Einbindung von Audio und Video in die Dokumente der jetzigen HTML-Version eine wichtige Rolle. Tab. 20-4 zeigt einige der wichtigsten Unterschiede zwischen den Versionen.

Elemente	HTML 1.0	HTML 2.0	HTML 3.0	HTML 4.0
Aktive Maps und Images		X	X	X
Gleichungen			X	X
Forms		X	X	X
Hyperlinks	X	X	X	X
Images	X	X	X	X
Listen	X	X	X	X
Tool-Bars			X	X
Tabellen			X	X

Tab. 20-4 Unterschiede zwischen den HTML-Versionen.

Elemente	HTML 1.0	HTML 2.0	HTML 3.0	HTML 4.0
Formeln			X	X
Objekte (Generalisierung des EMBED-Tags)				X

20.5.5 Cascading Style Sheets

Layout-Eigenschaften werden in HTML innerhalb der Tags festgelegt. Als Beispiel ist im folgenden eine Überschrift in *blau* und *zentriert* dargestellt:

```
<H1 ALIGN=center><FONT COLOR=blue>
Multimedia-Dokumente
</FONT></H1>.
```

Erscheinen mehrere Überschriften, so muß dies auch mehrmals angegeben werden. Deshalb erscheint es einfacher, an einer Stelle (im Style Sheet) diese Angaben zu machen und diese dann mehrfach zu verwenden.

Im Style Sheet:

```
H1 {text-align: center; color: blue}
```

Im Dokument selber steht dann:

```
<H1>Multimedia-Dokument</H1>
```

Style Sheets sind Schablonen, die Regeln zur Deklaration von HTML-Elementen beinhalten. Man erreicht damit eine Trennung zwischen Layout und Inhalt. Style Sheets zwingen den Browser, die vorgegebene Darstellung zu benutzen. Cascading Style Sheets spielen somit eine wichtige Rolle bei der Gestaltung von Web-Seiten, mit denen deren Aussehen bis ins Detail bestimmt werden kann. Dabei wird nicht auf die Vorgaben, die HTML mit den vordefinierten Tags gibt, verzichtet, sondern diese werden lediglich erweitert, bzw. ersetzt.

Einbindung von Cascading Style Sheets in HTML-Dokumente

Die im Text verwendeten Stilvorlagen werden üblicherweise zentral zu Beginn einer Seite definiert oder in einer externen Datei ausgelagert. Beide Ansätze ermöglichen die einfache Anpassung des gesamten Dokuments. Um ein HTML-Dokument mit Style Sheets zu verbinden, ist das <STYLE>-Tag vorgesehen. Es gibt verschiedene Methoden, mit denen man Cascading Style Sheets in ein HTML-Dokument einbindet.

Die häufigsten sind:

1. *Verbindung mit einem externen Style Sheet*:

   Das Einbinden eines externen Style Sheets in ein HTML-Dokument kann über das `<LINK>`-Tag erfolgen:

   ```
   <LINK REL=StyleSheet HREF="style.css" TYPE="text/css">
   ```

   Das `<LINK>`-Tag wird im `<HEAD>`-Tag eines Dokuments angegeben. Das optionale TYPE-Attribut spezifiziert den Medientyp – text/css für Cascading Style Sheet – und erlaubt es dem Browser weiterhin, Style Sheet-Typen zu ignorieren, die nicht unterstützt werden.

2. *Importieren eines Style Sheets*:

   Ein Style Sheet kann auch mit dem „`@import`"-Element importiert werden.

   ```
   <STYLE TYPE="text/css" >
   <!--
   @import url(http://www.html.help/style.css);-->
   </STYLE>
   ```

3. *Einbinden eines Style Sheets in ein Dokument*:

   Ein Style Sheet kann auch über das STYLE-Element in einem Dokument integriert sein:

   ```
   <STYLE TYPE="text/css" >
   <!--
   .tips { text-indent:1.5cm; color: red }
   #myeffect { text-align: justify; border-style: dashed }
   -->
   </STYLE>
   ```

4. *Inlining Style Sheet*:

   Styles müssen nicht unbedingt zentral angegeben werden, sondern können innerhalb eines Tags explizit definiert werden, wie folgendes Beispiel zeigt:

   ```
   <P STYLE="color: red; font-family: 'Georgia', serif">
   This paragraph is styled in red with the Georgia font,
   if available.</P>
   ```

   Allerdings ist diese Methode nicht empfehlenswert, da einer der großen Vorteile von HTML, die Trennung von Stilen und Inhalten, aufgehoben wird.

Klassen und IDs

In der Definition unterscheiden sich Klassen und Identifikatoren (IDs) in der Syntax. *IDs* beginnen stets mit einem „#". *Klassen* beginnen mit einem Punkt oder haben ihn zwischen Tag und Klassenname. Die Definition einer ID bestimmt den Style des Elements mit der dazugehörigen ID, die nur einmal pro Dokument verwendet werden darf. Die Klassen können in unterschiedlichen Tags verwendet werden.

Verschachtelung

Treffen mehrere Stildefinitionen aufeinander, so muß der Browser entscheiden, welche er davon benutzt. Hierzu gelten folgende Regeln:

1. Style Sheets werden von unten nach oben ausgewertet; d. h. innere Definitionen sind hochwertiger als äußere.

2. IDs sind wichtiger als Klassen, die wiederum wichtiger sind als reine HTML-Tags.

3. Im Zweifelsfall wird bei gleichwertigen Definitionen die zuletzt ausgeführte Definition verwendet.

20.5.6 Erstellung von HTML-Seiten

Richtlinien   Folgende Richtlinien sollten bei der Erstellung von HTML-Dokumenten beachtet werden:

Eingangsseite
- *Funktionale Eingangsseite*:

  Hier sollte das Spektrum der in der Web-Site angesprochenen Themen vorgestellt werden. Umfangreiche Grafiken mit langen Ladezeiten sind zu vermeiden.

Effektivität
- *Effektivität*:

  Ankerpunkte von Verknüpfungen sollten Schlüsselwörter enthalten. Zu vermeiden sind mehrfache Links auf die gleiche Seite: >> Weitere Infos finden Sie hier << sollte durch >>Weitere Infos<< ersetzt werden.

Originalität
- *Originalität*:
  - Verwendung eines einheitlichen Layouts für die Seiten.
  - Verwendung eines einheitlichen Hintergrunds.
  - Verwendung einer einheitlichen Farbgebung für die Links.
  - Verwendung derselben Icons für die Navigation.

- *Unterschrift und Datum*:

Unterschrift und Datum   Besucher einer Web-Seite sind an der Aktualität und Herkunft der Seiten interessiert, deshalb empfiehlt es sich hier, das Dokument zu unterzeichnen und das letzte Änderungsdatum zuzufügen.

20.5.7 SGML und HTML

HTML steht in enger Beziehung zu SGML. SGML definiert (siehe Abschnitt 20.3) die Syntax, nicht aber die Semantik. Für Bücher würde man mit SGML einen Dokumententyp *Buch* definieren, der beschreibt, daß man bspw. mit `<KAPITEL>` Text `</KAPITEL>` ein Kapitel umschließen kann. Solche Definitionen werden in einer *Document Type Definition (DTD)* festgelegt.

SGML

DTD

Hier soll nicht weiter auf die Mechanismen von DTDs eingegangen werden. Es ist wichtig, zu wissen, daß es in verschiedenen HTML-Sprachversionen verschiedene DTDs gibt (siehe Tab. 20-5), die SGML-Mechanismen nutzen. Da aber SGML und somit die DTDs nur die Syntax festlegen, die Bedeutung der Tags aber offen lassen, machen sie keinerlei Aussagen über die Formatierung von HTML-Seiten durch den Browser.

HTML2.0	"-//IETF//DTD HTML 2.0//EN"
HTML3.0	"-//IETF//DTD HTML 3.0//EN"
HTML3.2	"-//W3C//DTD HTML 3.2//EN"
HTML4.0 strict DTD	"-//W3C//DTD HTML 4.0//EN"
HTML4.0 Transitional DTD	"-//W3C//DTD HTML 4.0 Transitional//EN"
HTML4.0 Frameset DTD	"-//W3C//DTD HTML 4.0 Frameset//EN"

*Tab. 20-5
DTDs für die verschiedene HTML-Versionen*

HTML 4.0 spezifiziert drei unterschiedliche DTDs, die der Autor in einem Dokument verwenden kann. *HTML 4.0 Strict DTD* enthält alle Elemente und Attribute, die nicht vom WWW-Konsortium abgelehnt wurden, oder die nicht in Frameset-Dokumenten erscheinen. *HTML 4.0 Transitional DTD* beinhaltet die *Strict DTD* und alle Elemente und Attribute, die vom Konsortium abgelehnt wurden. *HTML 4.0 Frameset DTD* stellt eine Erweiterung von *HTML 4.0 Transitional DTD* um Frames dar.

HTML 4.0

20.5.8 Extended Markup Language (XML)

HTML ist eine spezifische Anwendung von SGML, benutzt also vordefinierte DTDs und ist somit sehr eingeschränkt. Deswegen arbeitet das WWW-Konsortium an einem Sprachentwurf unter dem Namen XML, der es ermöglichen soll, eigene DTD zu definieren.

XML

XML ist keine Auszeichnungssprache, sondern eher eine Metasprache, die das Design einer eigenen Markup-Sprache erlaubt. Eine reguläre Markup-Sprache definiert einen Weg, um Informationen einer bestimmten Klasse von Dokumenten (z. B. HTML) zu beschreiben. XML erlaubt die Definition einer eigenen Markup-Sprache für viele Klassen von Dokumenten.

XML hat für das World Wide Web eine große Bedeutung, da hiermit zwei Einschränkungen des WWWs aufgehoben werden können:
- Das World Wide Web ist nicht mehr ausschließlich von einem einzigen, unflexiblen Dokumentenformat abhängig (HTML).

- Die Komplexität von SGML: XML vereinfacht SGML und erlaubt die Definition von benutzerdefinierten Dokumententypen für das Web.

Unterschiede zwischen HTML und XML

Die Hauptunterschiede zu HTML sind:
- Informationsanbieter können ihre eigenen Tags und Attribute definieren.
- Die Struktur eines Dokuments kann in verschiedenen Komplexitätsstufen vernetzt werden.
- Jedes XML-Dokument beinhaltet eine optionale Beschreibung der verwendeten Grammatik, die zur Validation der Dokumentenstruktur verwendet werden kann.

XML ist nicht abwärtskompatibel zu HTML; allerdings kann jedes Dokument, das die HTML-Spezifikation erfüllt, auf einfache Art und Weise in XML konvertiert werden. XML wird meistens in Verbindung mit den Cascading Style Sheets (CSS) betrachtet und realisiert.

20.5.9 Synchronized Multimedia Integration Language (SMIL)

SMIL

Heutige Multimedia-Präsentationen im World Wide Web erfordern umfangreiche Bearbeitungswerkzeuge oder Programmierkenntnisse. Die *Synchronized Multimedia Integration Language* (SMIL) versucht, dieses Problem zu lösen. SMIL baut auf XML auf und erlaubt die Durchführung von Multimedia-Präsentationen im World Wide Web mit Hilfe eines einfachen Texteditors, ohne eine Programmierung vornehmen zu müssen. SMIL hat folgende Eigenschaften:

- Synchronisationsprimitive sind einfach zu erlernen: mit nur zwei Tags, „parallel" und „sequential" sind die wesentlichen Eigenschaften und Stärken von SMIL beschrieben.
- Hyperlinks: SMIL bietet die gleiche Funktionalität von Hyperlinks wie HTML.
- Verwendbarkeit von Medienobjekten: Medienobjekte werden mit URLs referenziert und nicht in eine SMIL-Datei eingebettet. Sie können daher parallel mehrfach verwendet werden.
- Verteilte Last: Medienobjekte können im Netz verteilt sein.
- Sprachauswahl: Autoren können angeben, welche Präsentation in welcher Sprachen vorhanden sein soll.

20.6 Dynamische Dokumente

Dynamische World Wide Web-Dokumente

Eine wichtige Eigenschaft des World Wide Webs ist die *Interaktivität*. Web-Dokumente enthalten nicht nur statische, sondern auch dynamische Informationen. Ein Schritt in Richtung dieser Dynamik sind *Cascading Style Sheets* und *XML-Dokumente*. Diese Dynamik ist allerdings nur auf das Layout zu beziehen und nicht auf die enthaltene Information. CGI-Skripte, Java und Java-

Script sind mögliche Wege, Web-Dokumente mit dynamischen Inhalten zu versehen.

20.6.1 Common Gateway Interface (CGI)

Server eignen sich nicht nur für die Distribution unterschiedlicher Dokumente, auch Programme können auf ihnen ausführt werden. Diese Möglichkeit möchte man auch im Kontext dynamischer Web-Dokumente nutzen. Es ist allerdings nicht sinnvoll, jedem Benutzer zu erlauben, beliebige Programme auf dem Server auszuführen, bzw. auf den Server zuzugreifen. Hier setzt das Common Gateway Interface (CGI) ein. CGI stellt eine Schnittstelle zu Programmen, die auf dem Server ausgeführt werden können, dar. CGI erlaubt dem Benutzer, mit einem Programm auf dem Server zu interagieren. Diese Interaktion beschränkt sich jedoch darauf, daß der Anwender ein Programm auf dem Server startet und auf eine mögliche Antwort des Servers wartet.

Common Gateway Interface

CGI findet dort Anwendung, wo dynamische WWW-Seiten benötigt werden. So sind z. B. Zugriffszähler weit verbreitet, die angeben, wie oft eine bestimmte Web-Seite angefordert wurde. Bei jedem Aufruf der Seite wird ein Programm auf dem Server über die CGI-Schnittstelle gestartet. Der Zähler wird um eins erhöht und der aktuelle Zählerstand in einer Datei auf dem Server abgelegt.

Einer der wichtigsten Anwendungsbereiche von CGI sind Datenbanken. Bei einer Datenbankabfrage hängt die resultierende HTML-Seite von den Suchbegriffen ab, die in ein Formular (Form) eingegeben wurden.

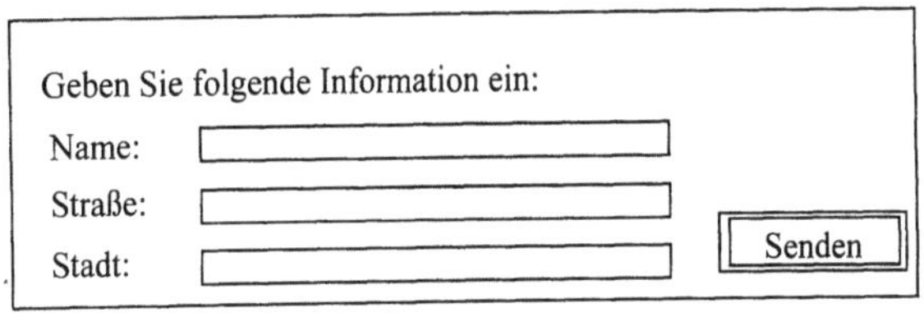

Abb. 20-20 Beispiel eines Forms, das Informationen vom Client an den Server sendet.

Die HTML-Repräsentation dieses Formulars ist:

```
...
<FORM ACTION="http://www.tu-darmstadt.de/cgi-bin/info"
    METHOD=POST>
<P>Geben Sie folgende Information ein:
<P>Name: <INPUT NAME="customer" SIZE=30>
<P>Straße: <INPUT NAME="street" SIZE=30>
<P>Stadt: <INPUT NAME="city" SIZE=30>
<INPUT TYPE=SUBMIT VALUE="Senden">
</FORM>...
```

CGI ist unabhängig von einer Programmiersprache. Prinzipiell können CGI-Skripte in C, C++, PERL oder einer anderen Programmiersprache geschrieben werden. Üblicherweise nennt man diese Sprachen *Skripte*, da die hier am meisten verwendeten Programmiersprachen Tcl und Perl sind.

CGI ist unabhängig von einer Programmiersprache

Die Ablaufschritte einer Kommunikation zwischen Client und Server bei der Ausführung eines CGI-Skripts sind:

1. Der Client öffnet eine TCP-Verbindung zum Server, der das gewünschte Dokument enthält.
2. Der Client fordert ein Dokument an, das dynamische Informationen beinhaltet.
3. Der Server startet das Skript zum Generieren dieser Informationen und integriert die Ausgabe des Skripts in ein HTML-Dokument.
4. Der Server sendet die komplette Antwort an den Client.
5. Die TCP-Verbindung wird geschlossen.

CGI-Skripte ermöglichen sehr einfach die Verwendung dynamischer Dokumente im World Wide Web. Sie haben allerdings den Nachteil, daß sie auf dem Server ausgeführt werden müssen. So ist z. B. die Validation der Datums-Angabe bei einer Bestellung nur auf dem Server möglich, was zu größeren Verzögerungen beim Datentransfer führt.

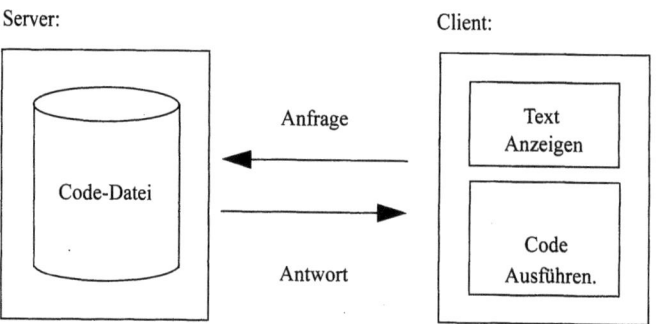

Abb. 20-21 Ausführen vom Programmcode im Browser.

Eine Möglichkeit, dieses Problem zu umgehen, besteht in der Übertragung von Programm-Code zum Browser, der diesen dann ausführt. Dies bringt allerdings einige Probleme mit sich:
- Der Programm-Code muß plattformunabhängig sein, damit jeder Browser auf möglichst allen Plattformen davon Gebrauch machen kann.
- Das Programm darf nicht in der Lage sein, unerwünschte und womöglich destruktive Aktionen auf der Client-Maschine auszuführen. Sicherheitsmaßnahmen enthalten einige wichtige Anforderungen, die hier explizit genannt werden sollen:

- Schutz vor Zugriff auf das Dateisystem und auf Daten des Client-Rechners,
- Schutz vor Viren auf dem Client-Rechner und
- Schutz vor Zugriff auf die Browser-Einstellungen des Clients.
• Die Programmiersprache muß daher robust und objektorientiert sein und einem modernen Paradigma folgen.

Eine Sprache, die derartige Eigenschaften aufweist, ist die im nächsten Abschnitt vorgestellte Programmiersprache JAVA.

20.6.2 Java

Java ist eine objektorientierte, interpretierte Programmiersprache, die von der Firma Sun Microsystems entwickelt wurde. Die Entwicklung von Java begann im Jahr 1990 unter der Leitung von James Cosling (ursprünglich unter dem Namen *Oak*). Java hat sich in kurzer Zeit zu *der* Programmiersprache für das World Wide Web entwickelt. Java ist sowohl unabhängig von der Hardware als auch vom Betriebssystem. Die Sprache enthält Komponenten für einen internationalen Einsatz (UNICODE). Der Programm-Code wird in Byte-Code compiliert und läuft in der virtuellen Maschine von Java ab, die fast in jeden aktuell verfügbaren Browser integriert ist. Java ist allerdings nicht nur für das Internet konzipiert worden. Man kann mit dieser Sprache sowohl kleine Programme (sog. *Applets*, die im Browser ablaufen), als auch komplexere schreiben.

Java

Eigenschaften von Java

Die wichtigsten Eigenschaften der Programmiersprache Java sind:
- *Einfachheit*
  Java ist leicht zu erlernen (besonders für C / C++ Programmierer) und leicht zu implementieren. Die Anzahl der Sprachkonstrukte ist klein.
- *Objektorientierung*
  Bei der Objektorientierung stehen die Daten und deren Manipulation im Vordergrund, nicht die Prozeduren.
- *Interpretierung*
  Java erzeugt beim Compilieren einen Byte-Code, der dann beim Client von der *Java Virtual Machine* interpretiert wird.
- *Plattformunabhängigkeit*
  Java kann auf jedem System, das die Virtuelle Maschine implementiert, ablaufen. Die Grundidee von Java ist daher, ein Programm zu schreiben, das ohne Portierung überall lauffähig ist.
- *Portierbarkeit*
  In Java gibt es keine implementationsabhängigen Sprachaspekte. *Characters* sind immer im Unicode-Format, Integers haben immer 32 bit.
- *Verteilung*
  Java bietet mit seiner Klassenbibliothek *java.net* verschiedene Ebenen der

Netzwerk-Konnektivität und der Verteilung (*Java Remote Methode Invocation, RMI*).

- *Robustheit*
Java ist streng typisiert und ermöglicht daher ausgefeilte Prüfmechanismen zur Compile-Zeit. Die Sprache wurde ursprünglich für Konsumentenprodukte entworfen und mußte daher sehr zuverlässig sein.
- *Sicherheit*
Java geht zunächst von dem Grundsatz aus, daß keinem Anwender zu trauen ist. Daher findet eine restriktive Einschränkung der Anwendungsbereiche statt, die bspw. das Speichern auf Festplatten betreffen. Es gibt jedoch die Möglichkeit, Java-Applets zu signieren, um dann diesen signierten Applets mehr Freiheiten zuzuweisen.
- *Parallelität*
Parallele Abläufe betreffen die Fähigkeit eines Programms, mehrere Arbeiten gleichzeitig auszuführen (z. B. Rechnen und gleichzeitig Zeichnen oder eine Video- und eine Audiodatei gleichzeitig abzuspielen). Java enthält eine eingebaute Unterstützung für Threads, mit der Möglichkeiten, diese Threads zu synchronisieren.
- *Dynamik*
Klassen werden bei Bedarf nachgeladen.

Java, Hypermedia und Multimedia

Java Virtual Machine

Applets

Um Java-Programme auf beliebigen Plattformen laufen lassen zu können, müssen sie erst in Byte-Code übersetzt werden. Die Programme, die von der virtuellen Maschine des Browsers implementiert werden, nennt man *Applets*. Applets sind eingenständige, leistungsfähige Programme, die allerdings nur während der Benutzung Speicherplatz belegen. Wenn die das Applet enthaltene Web-Seite geschlossen wird, wird auch das Applet beendet.

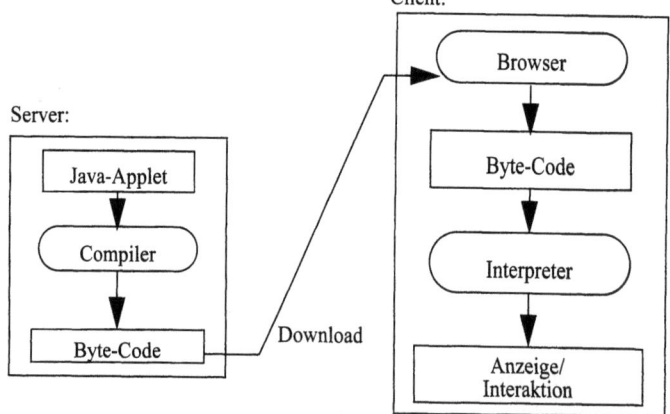

Abb. 20-22
Schritte bei der
Verwendung von
Java-Applets.

Die Einbindung eines Applets in ein HTML-Dokument wird durch das `<APPLET>`.... `</APPLET>`-Tag gewährleistet. Im `</APPLET>`-Tag stehen folgende Attribute:

- `CODE = File.class` bezeichnet den Applet-Code.
- `WIDTH` und `HEIGHT` definieren die Höhe und Breite des Bildschirmbereichs, in dem das Applet läuft.

Einbindung von Java-Applets in ein HTML-Dokument

Folgende Attribute sind optional:

- `CODEBASE` = definiert eine relative oder absolute Adresse für den Applet-Code, falls sich das Applet nicht im gleichen Verzeichnis wie das HTML-Dokument befindet.
- `ALT` wird verwendet, um ein optionalen Text darzustellen, falls der Browser kein Java unterstützt.
- `NAME = Name des Applets`. Dieses Attribut ist wichtig, wenn auf einer HTML-Seite mehrere Applets miteinander kommunizieren möchten.

Applet-spezifische Information (Parameter) können von einer HTML-Seite an das Applet übergeben werden. Dies geschieht mit dem `<PARAM>`-Tag, das innerhalb des `<APPLET>`-Tags plaziert wird.

<PARAM>

```
<APPLET CODE=Kom.class WIDTH=200 HEIGHT=200 >
<PARAM NAME=background VALUE="blue" >
</APPLET>
```

Beispiel eines HTML-Dokuments mit Java-Applets

20.6.3 Applets und Applikationen in Java

Obwohl Java-Applets kleine Applikationen sind und sowohl Applets als auch Applikationen nach dem Java-API implementiert werden, unterscheiden sich beide in der Art und Weise, wie sie ausgeführt werden.

Unterschiede zwischen Applets und Applikationen

1. *Unterschiede im Code*
   Der sichtbarste Unterschied zwischen einem Applet und einer Applikation besteht in der statischen `main()`-Methode, die bei Applets ignoriert wird. Sie ist im Gegenteil dazu Hauptbestandteil einer Java-Applikation.

2. *Leistungsunterschiede*
   Applets werden generiert, um im Browser zu laufen. Ein Applet, das nur aus einem Byte-Code von 100 Kbyte besteht, kann je nach Browser Hauptspeicher von 4, 8, oder gar 16 Mb belegen. Applikationen sind eigenständige Programme und müssen daher Ressourcen wie bspw. Hauptspeicher nicht mit anderen Programmen teilen, da ein Browser zur Ausführung nicht notwendig ist.

3. *Sicherheitsunterschiede*
   In Java wurde großer Wert auf die Implementierung von Sicherheitsmaßnahmen gelegt. Das Laden und Ausführen der Applets von beliebigen Servern im Internet unterliegt daher folgenden Restriktionen:

- Applets können keine systemspezifischen Bibliotheken laden,
- Vom Netz geladene Applets können auf dem Rechner eines Clients keine Dateien lesen oder schreiben,
- Applets können auf dem Client-Rechner keine Programme starten oder ausführen,
- Applets können nicht alle Systemeigenschaften des Clients lesen,
- Applets dürfen nur mit dem Server, von dem sie geladen wurden, kommunizieren und Daten austauschen,
- Applets dürfen HTML-Dokumente in einen Browser laden,
- Applets dürfen mit anderen Applets, bzw. mit Skripten auf der gleichen HTML-Seite kommunizieren,
- Lokal ausgeführte Applets unterliegen, ebenso wie Applikationen, keiner dieser Einschränkungen.

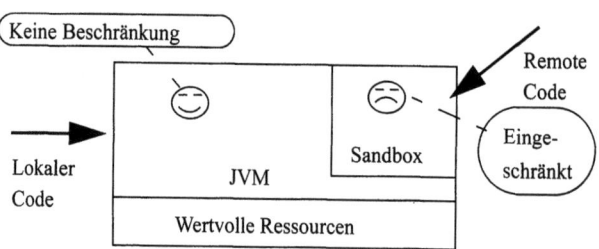

Abb. 20-23 Sicherheitseinschränkungen von Java.

Zusammenfassung

Applikationen sind Applets zwar sehr ähnlich, haben aber auch einige signifikante Unterschiede. Applikationen benötigen die `main()`-Methode; Applets hingegen nicht. Applikationen können auf systemspezifische Informationen, auf das lokale Dateisystem und auf sog. *native Code* (z. B. C, C++) zugreifen. Aus dem Netz heruntergeladene Applets dürfen nicht das Dateisystem des Client-Rechners lesen.

Applets unterliegen weitergehenden Sicherheitseinschränkungen, Applikationen sind flexibler und haben allgemein eine bessere Leistung. Diese Eigenschaften erlauben eine weite Palette an Optionen bei der Erstellung einer Anwendung.

20.6.4 JavaScript

Während es sich bei Java um eine vollständige, objektorientierte, Compiler-Programmiersprache handelt, ist *JavaScript* eine von der Firma Netscape entworfene, interpretierte Skriptsprache mit einer wesentlich kleineren Menge an Befehlen, aber einer ähnlichen Syntax.

Bei JavaScript ist der Code direkt in das HTML-Dokument eingebettet und
wird vom Browser ausgeführt. Damit ist es möglich, auf Benutzereingaben zu
reagieren, ohne diese an den Server zu schicken. Java Script ermöglicht eine
Gestaltung interaktiver Web-Seiten ohne Verwendung von CGI-Scripten, die
weit über die Möglichkeiten von HTML hinausgeht.

JavaScript

Skripte werden in HTML mit dem <SCRIPT>...</SCRIPT>-Tag eingebunden,
das entweder einen Verweis auf eine Datei, das das Skript beinhaltet, enthält
oder den Programmtext umschließt. Das Tag sollte nur im Kopfteil des HTML-
Dokuments verwendet werden und beinhaltet die folgenden Attribute:

<SCRIPT>

- SRC = dem *Uniform Resource Identificator* (URI) des Scripts, das über das
  Netz geladen wird.
- LANGUAGE gibt an, welche Skriptsprache verwendet wird. Übliche Werte sind
  Javascript oder VBScript. Hierbei steht VB für *Visual Basic*.

Skripte sind in der Lage,
- Formulare zu validieren (Datentyp, Datum).
- HTML-Seiten zu generieren.
- Die Browser-Umgebung (Farbe der Links, Statusbar) zu ändern.
- Neue HTML-Dokumente zu laden.
- Mit Java-Applets (Live-Connect) zu interagieren.

20.6.5 ActiveX

ActiveX ist eine von der Firma Microsoft entwickelte Technologie, die auf
Komponenten aufbaut, und die die Technologien:
- *Component Object Model* (COM) und
- *Object Linking and Embedding* (OLE)

für das Web adaptiert.

ActiveX baut hauptsächlich auf *OLE-Controls* auf. Diese sind wiederverwendbare Software-Komponenten von verschiedenen Herstellern, die Web-
Seiten eine spezielle Funktionalität hinzufügen. Sie enthalten genau definierte,
externe Schnittstellen. ActiveX-Komponenten können in diversen Programmiersprachen geschrieben werden, wie z. B. C, C++ oder Visual Basic. Um
ActiveX-Controls (gleichbedeutend mit OLE-Controls) in HTML-Seiten zu
verwenden, benötigt man eine Skriptsprache, wie bspw. JavaScript oder Visual
Basic Script.

20.6.6 Plug-Ins

Plug-Ins sind Software-Module, die sich einfach in den Browser integrieren
lassen. Sie erweitern den Browser um die Fähigkeiten, eine Vielzahl von interaktiven Multimedia-Anwendungen anzuzeigen. Plug-Ins verfügen über eine
große Menge von Funktionen und Eigenschaften zur Steigerung der Funktionalität und der Kompatibilität des Browsers. Plug-Ins werden eingesetzt als:

Plug-Ins

- *Multimedia Viewer,* wie bspw. Live3D, Macromedia Shockwave und Adobe Acrobat.
- Anwendungen, wie persönliche *Informationsmanager* und Spiele.

Plug-Ins lassen sich auf einem Rechner sehr einfach mittels eines Setup-Programms installieren. Der Browser verarbeitet dabei Daten, die ein Plug-In benötigt, wie folgt: Er lädt das entsprechende Plug-In und erlaubt diesem, die Dateien im Browser oder in einem separaten Fenster auszuführen. Das Plug-In bleibt solange aktiv, bis die entsprechende Datei geschlossen wird.

20.6.7 LiveConnect: Beispiel einer Interaktion zwischen Java, JavaScript und HTML

LiveConnect

LiveConnect bezeichnet die Fähigkeit eines Browsers, die Kommunikation zwischen JavaScript und Java, VRML oder Plug-Ins zu erlauben.

Das folgende Beispiel zeigt, wie man die Bildschirmgröße mit LiveConnect ermitteln kann. JavaScript ruft dazu das Java-AWT direkt auf, um die Bildschirmauflösung zu bestimmen.

Abb. 20-24
Beispiel einer Interaktion zwischen JavaScript und Java.

```
<HTML>
<HEAD><SCRIPT LANGUAGE="JavaScript">
var tool = java.awt.Toolkit;
var screenSize = new java.awt.Dimension
(tool.getDefaultToolkit().getScreenSize());
var myWidth = screenSize.width;
var myHeight = screenSize.height;
alert('Screen resolution is: '+myWidth+'x'+myHeight);
</SCRIPT>
<HEAD>
Here is the body of the HTML-Document.
</HTML>
```

20.6.8 Abschließende Bemerkungen

Java ist eine mächtige, objektorientierte Programmiersprache, mit der man Anwendungen generieren kann, die plattformunabhängig lauffähig sind. Java-Programme können sowohl in einem Web-Browser integriert sein, als auch als Applikationen laufen. JavaScript ist eine Skriptsprache, deren Code direkt in ein HTML-Dokument eingebunden werden kann. JavaScript ist einfach zu erlernen, erlaubt die Kommunikation zwischen Web-Browser, Plug-Ins und Applets.

Inhaltsanalyse

In den letzten Jahren haben Multimedia-Dokumente über das World Wide Web eine starke Ausbreitung erfahren. Der Benutzer hat jetzt nicht mehr nur das Problem, diese Daten über Netze zu empfangen und effizient zu speichern, sondern vor allem auch das der Informationsüberschwemmung. Bei der Suche nach speziellen Themen über Suchprogramme bekommt der Anwender derart viele Informationen geliefert, daß er sich entscheiden muß, welche für ihn relevant sind. Werkzeuge zur *Informationsfilterung*, die dem Benutzer neben dem Titel weitergehende Informationen zu Multimedia-Daten liefern, sind daher von großer Bedeutung.

„Information Overflow"

Die meisten digital vorliegenden Filme sind unkommentiert und es ist nicht zu erwarten, daß die Fülle der existierenden Filme jemals „von Hand" mit einer *Informationsmetaspur* ausgestattet werden wird, die Informationen über Schauspieler oder Inhalte des Films liefert. Moderne Informationstechnik ist aber prinzipiell in der Lage, Informationen aus digitalen Filmen automatisch zu extrahieren und so Metainformationen zu erzeugen, die z. B. den Benutzer bei der Suche nach gewünschten Inhalten unterstützt.

Verwendung einer Informationsmetaspu

Pionierarbeiten auf diesem Gebiet sind die automatische Schnitterkennung digitaler Filme [ADHC94, AHC93, ZKS93], die automatische Erkennung von Nachrichtensendungen [FLE95, ZGST94, ZS94], die Indizierung von Video [GWJ92, RBE94, SC95, ZSW$^+$95, ZWLS95] und die Extraktion von Schlüsselszenen aus Filmen [Ror93, LPE97]. Diese Arbeiten gründen sich auf verschiedene Forschungsgebiete der Informatik [LWT94]: Neben der Kompression liefern hierfür die *Mustererkennung*, *Bilderkennung* und *Signalverarbeitung* wesentliche Beiträge zur *Automatischen Inhaltserkennung von digitalen Filmen*.

Forschungsgebiet Inhaltsanalyse

Im folgenden werden zunächst medienimmanente Verfahren vorgestellt, die zur Inhaltsanalyse zur Verfügung stehen. Anschließend werden einige neuartige Anwendungen erläutert, die in diesem Kontext eine Bedeutung erlangt haben.

21.1 Einfache vs. komplexe Merkmale

Die zur Inhaltsanalyse zur Verfügung stehenden Merkmale werden als *Indikatoren* bezeichnet, die man in *einfache* (*syntaktische*) und *komplexe* (*semantische*) Merkmale unterscheidet.

Syntaktische Indikatoren sind Merkmale, die aus einem digitalen Film ohne Hintergrundwissen bezüglich des Inhalts durch direkte Berechnung gewonnen werden können. In der Regel ist es nicht möglich, mit Hilfe dieser Indikatoren direkte Rückschlüsse auf den Inhalt der Filme zu ziehen. Syntaktische Indikatoren sind daher beschreibender Natur. Erst eine Transformation in semantische Indikatoren erlaubt eine Interpretation eines Films in der Art, daß z. B. automatisch das Genre eines Films bestimmt werden kann.

Grundsätzlich lassen sich zwei Arten von Indikatoren definieren:
- Indikatoren, die zu einem festen Zeitpunkt t gültig sind,
- Indikatoren, die über ein Zeitintervall definiert sind.

So werden z. B. die Videoindikatoren *RGB-Farbe* und *Grauwerte* aus einem einzelnen Bild gewonnen, während *Bewegungsvektoren* nur aus einer Folge von Bildern berechnet werden können.

Syntaktische Indikatoren stellen somit auch eine Transformation und eine Aggregation des vorliegenden digitalen Filmmaterials dar. Als syntaktische Videoindikatoren gelten bspw. RGB-Farbinformation, Grauwertinformation, Information über Farbunterschiede zwischen Bildern, Kanten im Bild, Ähnlichkeit zwischen Bildern, Bewegungsvektorinformation und die Segmentierung von Einzelbildern in einfarbige Regionen. Als syntaktische Audioindikatoren gelten bspw. die Lautstärke, die Sprachgrundfrequenz oder die Frequenzverteilung.

Semantische Indikatoren erlauben eine Interpretation des Inhalts eines Films. Meist ergeben sich diese Merkmale durch eine Auswertung vorab gemeinsam betrachteter syntaktischer Indikatoren. Im Videobereich existieren u. a. die folgenden semantischen Indikatoren: Zooms, Schnitte, Ausblendungen, Überblendungen, Wipes und die Zuordnung von segmentierten Objekten in eine logisch zusammengehörige Gruppe.

Man unterscheidet zwischen *Kameraeffekten* und *Editiereffekten*: Kameraeffekte sind solche, die bei der Aufnahme des Films vom Kameramann nach Regieanweisungen ausgeführt werden. Dazu gehören die Kamerabewegung und der Zoom. Ein *Zoom* ist eine Kameraoperation, bei der der Kameramann das Bild in Richtung des Zoomzentrums vergrößert oder verkleinert. Editiereffekte werden beim Schneiden eines Films ausgeführt.

Betrachtet man eine *Überblendung* zwischen zwei Szenen, so wird die zeitlich zuerst vorliegende Szene ausgeblendet, während simultan die nachfolgende Szene eingeblendet wird. Dabei sind die einzelnen Bilder der übereinanderliegenden Szenen stets komplett zu erkennen.

Bei einem *Wipe* wird die Szene, auf die übergeblendet werden soll, in die aktuell sichtbare eingeblendet, wobei keine Pixelüberlagerung der Bilder der neuen Szene auf die Bilder der vorherigen Szene stattfindet. Betrachtet man einen horizontalen Wipe von links nach rechts, so wird der linke Randbereich der Bilder der aktuellen Szene abgeschnitten und mit dem rechten Rand der Bilder der neuen Szene dargestellt. Der abzuschneidende Bereich wird dann sukzessive vergrößert, bis nur noch Bilder der nachfolgenden Szene dargestellt werden. Nach der Hälfte der für den Wipe zur Verfügung stehenden Zeit erhält man so ein Bild, in dem links genau die Hälfte eines Bildes der neuen und rechts die Hälfte eines Bildes der alten Szene zu sehen sind.

Wipe

Im Audiobereich ist u. a. die Erkennung von Sprache, eine Segmentierung in Teile eines Audiostroms, das Erkennen von Schweigen, Musik, Geräuschen und vieles mehr zu nennen.

Inhaltliche Audiomerkmale

21.2 Analyse von Einzelbildern

Zur Analyse von Einzelbildern stehen eine Fülle von Merkmalen zur Verfügung, wie Farbe, Textur, Objekte in einem Bild, Ähnlichkeit zwischen Bildern oder Kantenbildern. Mit Hilfe dieser Indikatoren können Klassifikationsaufgaben, wie die im folgenden beschriebene Texterkennung, vorgenommen werden. Die Analyse von Einzelbildern wurde bereits in Kapitel 4 (Bilder und Grafiken) ausführlich erläutert.

21.2.1 Texterkennung

Beispiele für den Bedarf einer Verarbeitung von Informationen, die nur in Schriftform auf Papier vorliegen, sind die automatische Erkennung der Empfängerangaben in Briefverteilsystemen, das Lesen von Formularen (wie z. B. Banküberweisungsvordrucken), die Übertragung „alter" Daten in eine elektronische Form, wie z. B. beim Umstellen eines Zettelkatalogsystems auf eine Online-Datenbank in Bibliotheken, oder die handschriftliche Texteingabe in einen PDA (Personal Digital Assistant). Im folgenden wird die Automatisierung dieser Tätigkeiten näher betrachtet.

Nachdem ein Originaldokument eingescannt ist und als Bitmap vorliegt, erfolgt die Texterkennung in OCR-Systemen (OCR steht hier für *Optical Character Recognition*) [HHS96, SL95] (siehe Abb. 21-1 auf Seite 746).

Optical Character Recognition (OCR)

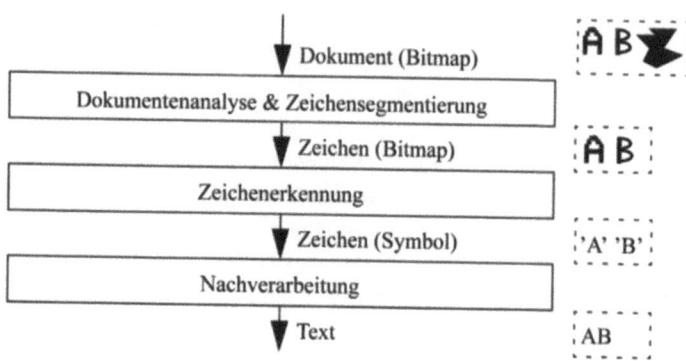

*Abb. 21-1
Texterkennung in
OCR-Systemen.*

Dokumentenanalyse und Zeichensegmentierung

Text- vs. Nichttext-Regionen

Im ersten Schritt segmentiert man ein Bild zunächst grob in Text- und Nichttext-Regionen, wobei man solche Regionen verwirft, die mit hoher Wahrscheinlichkeit keinen Text enthalten, weil sie z. B. aus zu großen einfarbigen Flächen bestehen. In digitalen Filmen können Untertitel bspw. einfacher erkannt werden, wenn man annimmt, daß die Texte immer im unteren Fünftel des Bildes waagerecht angeordnet auftreten. Anschließend wird für die als Text identifizierten Regionen eine Bildverbesserung durchgeführt, bspw., indem Unterstreichungen entfernt werden. Die *Zeichensegmentierung* unterteilt die Textregionen in eine Folge einzelner Zeichen. Hat man es mit gedruckten lateinischen Buchstaben zu tun, so bedient man sich hierfür häufig der *Zusammenhangsanalyse* (*Connected Component Analysis*), da man unterstellt, daß einzelne Buchstaben (von wenigen Ausnahmen abgesehen) aus zusammenhängenden Strichzügen bestehen. Bei Schreibschrift oder japanischen Schriftzeichen sind andere Methoden erforderlich, die hier jedoch nicht behandelt werden sollen.

Zusammenhanganalyse

Zeichenerkennung

Ein als Muster vorliegendes einzelnes Zeichen soll nun erkannt, d. h. als Zeichen des zugrundeliegenden Alphabets klassifiziert werden. Man bestimmt hierzu eine Menge von Merkmalen des Zeichens, die dann als Eingabe für den Klassifikationsprozeß dienen. Dabei kann man sich zweier Methoden bedienen, dem *Schablonenvergleich* (Template Matching) und *der strukturellen Klassifikation*.

Schablonenvergleich

Beim *Schablonenvergleich* wird jedes einzelne Pixel eines Zeichens als Merkmal angesehen. Das vorliegende Muster wird mit einer Reihe von gespeicherten Zeichenschablonen (je nach Anzahl der bekannten Schriftarten mehrere Schablonen für jedes Zeichen des Alphabets) verglichen, wobei jedesmal ein Ähnlichkeitsmaß berechnet wird. Das Zeichen wird schließlich in die Klasse derjenigen Schablone eingeordnet, für die die größte Ähnlichkeit bestimmt wurde.

Das Verfahren der *strukturellen Klassifikation* geht einen anderen Weg. Hier werden einzelne Strukturen innerhalb eines Zeichens und deren Anordnung zueinander untersucht, z. B. senkrechte oder waagerechte Striche, Bögen oder Löcher beim Buchstaben „B". Für ein zu klassifizierendes Zeichen werden die ermittelten strukturellen Merkmale mit den bekannten Bildungsregeln für jedes Zeichen des Alphabets verglichen. Die beste Übereinstimmung bestimmt die Klassifikation.

Strukturelle Klassifikation

Nachbearbeitung

Aus den erkannten Buchstaben werden anschließend zusammenhängende Wörter gebildet. Um Erkennungsfehler zu korrigieren, zieht man Kontextinformationen heran. Dies kann eine Rechtschreibprüfung sein, um z. B. eine als „Multirnedia" erkannte Buchstabenfolge in das Wort „Multimedia" zu korrigieren. Für die Erkennung der Empfängeradresse auf einem Brief kann die Information über die Postleitzahl dazu dienen, die Menge gültiger Orts- und Straßennamen einzuschränken.

Bei der Analyse von gedruckten Texten erzielen OCR-Systeme heute Erkennungsraten von über 99%.

21.2.2 Ähnlichkeitsbasierte Suche in Bilddatenbanken

In vielen traditionellen Bilddatenbanken werden Bilder durch manuell erfaßte Texte beschrieben, z. B. durch eine stichwortartige Inhaltsbeschreibung oder den Namen des Fotografen. Bei einer Anfrage an die Datenbank gibt man bestimmte Schlagwörter an, nach denen in den Annotationen gesucht werden soll. Dieses Vorgehen ermöglicht eine Bildbeschreibung und Suche, ist aber nicht immer zufriedenstellend, da die Suche auf diejenigen Bildeigenschaften beschränkt wird, die dem Annotator relevant erscheinen. Zudem lassen sich viele Bildeigenschaften nur umständlich oder gar nicht in Worte fassen, z. B. die auf einem Bild dargestellten Texturen. Auch der Zeitaufwand für eine manuelle Annotation ist sehr hoch.

Problem der Annotation

Deshalb ist es sinnvoll, Bilddatenbanken zu entwickeln, die eine Suche mit Hilfe von Merkmalen ermöglichen, die *automatisch* aus den gespeicherten Bildern gewonnen werden, z. B. Farbe und Textur oder das Vorhandensein von Gesichtern. Damit werden Anfragen der Art „Finde Bilder, die eine ähnliche Farbigkeit aufweisen wie mein Beispielbild" oder „Finde Bilder, in denen drei Gesichter nahe beieinander dargestellt sind" möglich; die Ausgabe besteht dann aus einer Menge von Bildern, aus denen der Anwender eine engere Auswahl treffen muß. Mit den gegenwärtig verfügbaren Verfahren ist es allerdings nicht möglich, allgemeine semantische Anfragen zu erlauben, es sei denn, man beschränkt sich auf ein Expertsystem für eine bestimmte Art von Bildern.

Suche in Bilddatenbanken

Hat man für ein Bild eine Reihe von Merkmalen berechnet, so faßt man diese zu einem *Merkmalsvektor* zusammen, der das Bild beschreibt. Beim Durchsuchen der Datenbank wird dann für jedes Bild mittels einer Distanzfunktion die Unterschiedlichkeit seines Merkmalsvektors zum Merkmalsvektor der An-

Merkmalsvektoren

frage bestimmt; nur solche Bilder der Datenbank, für die die Distanz hinreichend klein ist, werden in die Ausgabemenge aufgenommen. Fließen in die Distanzberechnung mehrere Merkmale ein, so müssen die Distanzfunktionen der einzelnen Merkmale zuvor geeignet normalisiert werden. Dazu bestimmt man mit Rücksicht auf die Ergebnisse der psychologischen Wahrnehmungsforschung ein Intervall $[a_1, a_2]$, innerhalb dessen ein menschlicher Betrachter Distanzwerte unterscheidet [LEJ98]. Unterhalb von a_1 ist die Distanz für die menschliche Wahrnehmung insignifikant; oberhalb von a_2 ist eine Sättigung erreicht. Abb. 21-2 zeigt ein Beispiel einer solchen Normalisierungsfunktion.

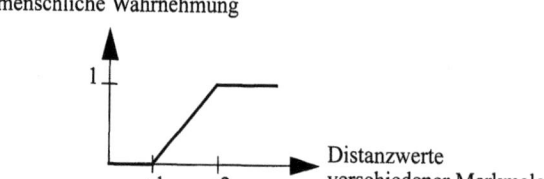

Abb. 21-2 Normalisierungsfunktion.

Für einige Merkmale, wie z. B. die Farbwahrnehmung, kann man ein solches Intervall unabhängig von einer konkreten Anfrage bestimmen. Für andere Merkmale muß eine individuelle Festlegung getroffen werden, bspw. für den tolerierten Abstand von menschlichen Gesichtern in der obigen Anfrage.

Gesamtabstandsfunktion

Bei der Kombination der normalisierten Merkmalsabstandsfunktionen zu einer Gesamtabstandsfunktion hat man mehrere Optionen. Man kann z. B. die sog. L_1- oder L_2-*Metrik* zugrundelegen und zusätzlich Gewichtungen für die Merkmale einführen. Für zwei beliebige Merkmalsvektoren $m = (m_1, ..., m_n)$ und $m' = (m'_1, ..., m'_n)$ bzw. Gewichte $g_1, ..., g_n$ ($\Sigma g_i = 1$) gilt dabei mit der Distanz $d_i = |m_i - m'_i|$

$$d_{L_1}(m, m') = \sum_{i=1}^{n} g_i d_i$$

und

$$d_{L_2}(m, m') = \sqrt{\sum_{i=1}^{n} g_i d_i^2}$$

Mahalanobis-Distanz

Kennt man die Kovarianz zwischen den verwendeten Maßen, kann man auch die *Mahalanobis-Distanz*

$$d_M(m, m') = \sqrt{\begin{bmatrix} m_1 & ... & m_n \end{bmatrix} C^{-1} \begin{bmatrix} m'_1 & ... & m'_n \end{bmatrix}^T}$$

anwenden, was sich bei stark korrelierten Maßen empfiehlt (*C* ist hierbei die Varianz-Kovarianz-Matrix) [Rus94].

21.3 Analyse von Bildsequenzen

Die Analyse von Bildsequenzen erfordert zusätzlich zur individuellen Untersuchung einzelner Bilder (die man auch als *Frames* bezeichnet) eine Analyse der zeitlichen Struktur. Im Regelfall ist dabei die kleinste dabei betrachtete logische Dateneinheit (LDU) (oberhalb der Einzelbildebene) die *Einstellung* (sog. *Shot*). Hiermit bezeichnet man eine Bildsequenz zwischen zwei Schnitten, die von *einer* Kamera kontinuierlich aufgenommen wurde. Mehrere zusammengehörige Einstellungen bilden eine *Szene*, z. B. einen Dialog, in dem abwechselnd zwei Interviewpartner gezeigt werden.

Frames, Shots, Szenen

Im folgenden soll daher vorgestellt werden, wie eine Analyse der zeitlichen Struktur eines Films erfolgen kann. Da hier neben der *Zeit* das Merkmal *Bewegung* wesentlich ist, werden zunächst Verfahren erläutert, mit denen die Bewegungsvektoren eines Films berechnet werden können.

21.3.1 Bewegungsvektoren

Bewegung ist ein wichtiger Indikator zur Ableitung von Informationen. Mit Hilfe dieses Indikators kann z. B. eine Sprecherszene einer Nachrichtensendung von einem Korrespondentenbeitrag abgegrenzt werden. Sprecherszenen weisen im Gegensatz zu Korrespondentenbeiträgen meist einen niedrigen Anteil an Bewegung auf. Im folgenden sollen Ansätze zur Berechnung von Bewegungsvektoren vorgestellt werden. Diese lassen sich in folgende Kategorien einteilen:

Bewegung in digitaler Video

Kategorien von Bewegungsvektoren

- *Blockorientierte Verfahren* bestimmen eine Bewegung von Objekten. Objekte können dabei fixe Bildblöcke gleicher Größe (z. B. 8×8-Pixel-Blöcke) oder durch Segmentierung extrahierte „echte" Objekte sein.
- *Pixelorientierte Verfahren* berücksichtigen eine Bewegung jedes einzelnen Pixels.

Blockorientierte Bewegungsvektoren

Blockorientierte Bewegungsvektoren in H.261 bzw. H.263 und MPEG-1 bzw. MPEG-2 (siehe dazu Kapitel 7 zur Kompression) weisen den großen Vorteil auf, daß sie in vielen praktischen Anwendungsfällen nicht extra für Zwecke der Inhaltsanalyse berechnet werden müssen. In diesen MPEG-Kodierungen, die P- oder B-Frames verwenden, liegen die Vektoren bereits vor. Dennoch lassen folgende Gründe den Gebrauch dieser Vektoren als Basis für eine präzise Inhaltsanalyse als nicht sehr geeignet erscheinen:

H.261 bzw. H.263 und MPEG

*Nachteile der block-
orientierten Verfahren*

1. Es kann nicht vorausgesetzt werden, daß ein zu untersuchender Film in MPEG oder H.261 komprimiert wurde. Andere Kompressionsformate wie z. B. Wavelets berechnen meist keine Bewegungsvektoren.

2. In MPEG und H.261 ist die tatsächliche Bewegung innerhalb eines solchen Blocks nicht aus den blockbasierten Bewegungsvektoren zu erkennen.

Gerade der letzte Punkt ist ein gravierender Nachteil. Betrachtet man in einem Bild ein Quadrat, das sich nach rechts bewegt (siehe Abb. 21-3), so sind die von MPEG-1 bzw. MPEG-2 und H.261 bzw. H.263 berechneten Bewegungsvektoren nur für die Randbereiche, die durch eine Differenzbildung beider Bilder ungleich Null sind, ebenfalls ungleich Null. Dies ist darin begründet, daß sich für die anderen Flächen der Farbwert zwischen den Bildern nicht verändert. Da hier keine objektorientierten Bewegungsvektoren verwendet werden, sondern nur blockorientierte Vektoren, die keine Ableitung der tatsächlichen Kamera- oder Objektbewegung erlauben, ist es nur in einer ersten Näherung sinnvoll, diese Verfahren zur Bewegungsanalyse einzusetzen.

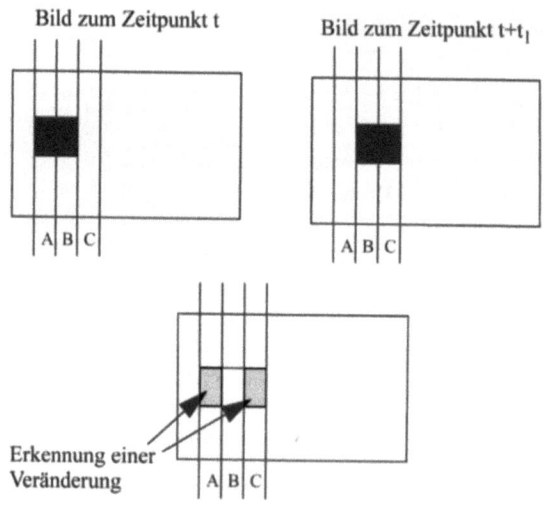

*Abb. 21-3
Blockbasierte
Bewegungsvektoren.*

Pixelorientierte Bewegungsvektoren

Optical Flow   Verfahren zur Berechnung von Bewegungsvektoren auf Pixelbasis werden als *Optical-Flow*-Techniken bezeichnet.

Bewegungen von Objekten in der Realwelt stellen sich im Bild als Farbänderungen dar. Unter Umständen können Farbunterschiede in zwei aufeinanderfolgenden Bildern auf Bewegungen hinweisen (siehe dazu [Jäh97]).

Wie bereits in Kapitel 4 (Bilder und Grafiken) beschrieben, lassen sich Farbwerte in Grauwerte transformieren. Vorteil der Grauwerte ist, daß diese sich im eindimensionalen Raum unterscheiden lassen, während Farbwerte einen dreidimensionalen Raum aufspannen. Deshalb sind Operatoren auf Grauwerten in der Regel wesentlich einfacher. Im folgenden wird daher vorausgesetzt, daß die Bilder, für die Bewegungsvektoren berechnet werden sollen, als Grauwertbilder vorliegen. Eine entsprechende Abbildung der Verfahren auf Farbwerte ist möglich. Dabei muß jedoch auch der in der Praxis signifikant höhere Rechenaufwand beachtet werden.

Unter *Optical Flow* versteht man dann die Bewegung von Grauwertmustern über die Bildfläche. In einem ersten Schritt wird an jedem Punkt für den jeweiligen Grauwert der Verschiebungsvektor bestimmt und anschließend ein kontinuierliches Vektorfeld berechnet, das den Optical Flow adäquat abbilden soll. Beide Schritte sind weder ohne einschränkende Annahmen möglich noch völlig fehlerfrei realisierbar[Jäh97]. *Optical-Flow-Vektorfelder*

Trotzdem können wichtige Informationen über die räumliche Struktur und deren Veränderung über die Zeit hinweg gewonnen werden. Es spielt dabei keine Rolle, ob die Veränderung kontinuierlich durch einen Wechsel des Beobachtungstandpunkts oder diskontinuierlich durch einzelne Objekte bedingt ist. Hierbei wird deutlich, daß eine isolierte Betrachtung von einzelnen Bildern nicht sinnvoll ist, sondern daß mindestens je zwei aufeinanderfolgende Bilder einer Bildsequenz untersucht werden müssen [Jäh97].

Folgende Verfahren zur Berechnung des Optical Flow sind zu erwähnen [BFB94]: *Klassen von Optical-Flow-Verfahren*
- *Differentielle Techniken* nutzen zur Bestimmung der Bewegungsvektoren die Ableitungen der Grauwerte von Bildern aus [Luc84, LK81, Nag83, Nag89, UGVT88].
- *Korrelationsbasierte Techniken*, die die *Korrelation zwischen Regionen* aufeinanderfolgender Bilder zur Berechnung der Vektoren benutzen [Ana87, Ana89, Sin90, Sin92].
- *Energiebasierte Verfahren*, die die Energie verwenden, die sich durch Anwendung von geschwindigkeitsabhängigen Filtern ergibt [Hee87, Hee88].
- *Phasenbasierte Verfahren*, die die Geschwindigkeit als Phasenabhängigkeit der Antwort von Bandpaß-Filtern definieren [FJ90, WWB88].

Bei der Projektion der dreidimensionalen Realität auf eine zweidimensionale Bildebene ist es durch den Verlust der dritten Dimension nicht ohne weiteres möglich, Objekt und Hintergrund zuverlässig voneinander zu unterscheiden, insbesondere dann nicht, wenn kein deutlicher Unterschied in den Grauwerten besteht. Da die Bewegungsbestimmung aber auf einer Erkennung und Berechnung von Grauwertdifferenzen in aufeinanderfolgenden Bildern einer Sequenz beruht, ergeben sich einige interessante Aspekte, die im folgenden beschrieben werden. *Probleme des Optical Flow*

Zunächst sei angenommen, daß in einem Bildpaar Grauwertdifferenzen entdeckt wurden. Diese müssen nicht zwangsläufig aus Objektbewegungen resultieren. Beispielsweise können sie durch sich ändernde Beleuchtungsverhältnisse oder auch durch Kamerarauschen hervorgerufen werden, ebenso durch eine Veränderung des Kamerastandorts. Im letzten Fall würde sich das gesamte Bild *Korrespondenzproblem* bewegen, wobei an den nicht mehr identischen Bildrändern Schwierigkeiten zu erwarten sind. Hier tritt also eine Grauwertänderung ohne Objektbewegung auf. Es herrscht eine *physikalische Korrespondenz* zwischen den Bildern, die aber visuell nicht mehr nachvollziehbar ist [Jäh97].

Betrachtet man dagegen Objekte mit einheitlicher Oberflächenstruktur und Färbung, die um eine zur Bildebene senkrechte Achse rotieren, so werden unter Umständen Grauwertdifferenzen auftreten, die nicht ausreichen, um daraus auf eine Bewegung zu schließen. In diesem Fall wäre eine Bewegung ohne (ausreichende) Grauwertänderung vorhanden [HS81].

Blendenproblem

Ein Bild erfaßt immer nur einen Ausschnitt der Realwelt, die Betrachtung erfolgt also quasi durch eine Blende. Verschiebt man nun diese Blende oder bewegt sich das betrachtete Objekt, so treten eventuell Schwierigkeiten bei der korrekten Analyse des Bildinhaltes auf. Die Grauwertänderungen an einer Kante, die sich vollständig über den Bildausschnitt erstreckt, können nur in zur Kante senkrecht liegender Richtung wahrgenommen werden. Bewegungen, die parallel zur Kantenrichtung verlaufen, sind zwar real vorhanden, schlagen sich aber nicht in Grauwertänderungen nieder. Beispiele hierfür sind in Abb. 21-4 dargestellt. Hierbei erkennt man jeweils Linien, die zu Zeitpunkten t_0 und t_1 in den jeweiligen Bildern erfaßt werden.

Abb. 21-4 Probleme des Optical Flow.

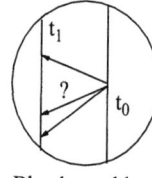
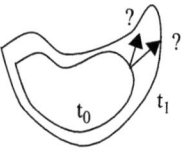
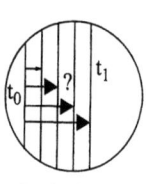

Blendenproblem   Lösung des Blendenproblems   Deformierbare Körper   Periodische Strukturen

Ein nicht bestimmbarer Bewegungsanteil in Kantenrichtung muß gegebenenfalls zum berechneten Verschiebungsvektor addiert werden. Diese Mehrdeutigkeit wird als *Blendenproblem* bezeichnet. Abb. 21-4 veranschaulicht diesen Zusammenhang.

Das Blendenproblem kann offensichtlich dann gelöst werden, wenn der Bildausschnitt so weit verschoben wird, daß in beiden betrachteten Bildern entweder je das Ende der Grauwertkante oder eine Ecke beliebigen Winkels erfaßt ist [Jäh97] (vgl. Abb. 21-4). Dann kann zwischen zwei Bildern eine eindeutige Abbildung der Kanten aufeinander erfolgen.

Deformierbare Körper

Eine weitere Problematik tritt bei der Betrachtung deformierbarer Körper auf. Hier können Originalpunkt und verschobener Punkt nicht eindeutig einander zugeordnet werden (vgl. Abb. 21-4).

Auch starre Körper können mehrdeutige Berechnungsergebnisse verursachen, falls sie periodische Muster oder Strukturen aufweisen. Hier ist dann der Verschiebungsvektor nur bis auf einen Fehler in der Größe eines Vielfachen der Breite (Länge) der Muster- bzw. Strukturwiederholung bestimmbar (vgl. Abb. 21-4).

Als drittes Beispiel dienen ununterscheidbare Objekte, die sich unabhängig voneinander bewegen. Treten sie in größerer Zahl auf, können auch hier nichtkorrespondierende Paare nicht eindeutig identifiziert werden. Visuelle Korrespondenz (Ununterscheidbarkeit) täuscht somit physikalische Korrespondenz vor [Jäh97] (vgl. Abb. 21-5).

Ununterscheidbare Objekte

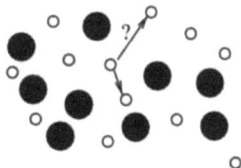

Abb. 21-5 Physikalische Korrespondenz

Durch zusätzliche Voraussetzungen kann hierzu ein Lösungsansatz gefunden werden. Beispielsweise nimmt man an, daß die Bilder in so kurzem zeitlichen Abstand aufgenommen wurden, daß eine Verschiebung um mehr als eine Struktur- oder Musterbreite nicht möglich ist.

Lösungsansätze

Durch die Bestimmung der Varianz aller möglichen Zuordnungspaare kann unter der Annahme, daß ununterscheidbare Teilchen sich auch annähernd gleich schnell bewegen, eine Lösung mit kleinstem Fehler berechnet werden [Jäh97].

In einem theoretischen und experimentellen Vergleich zeigen Barron, Fleet, Beauchemin und Burkitt [BFB94], daß die differentiellen Verfahren, und hierbei besonders die Verfahren von Lucas und Kanade, bzw. Horn und Schunck, [HS81, LK81] die zum Zeitpunkt der Untersuchung (1994) besten (und heute immer noch hervorragenden) Resultate bei der Verarbeitung von digitalen Filmsequenzen liefern. Die Autoren zeigen weiterhin auf, daß unter den Korrelationsmethoden das Verfahren von Singh [Sin90] die zuverlässigsten Resultate liefert.

Analyse der Verfahren

21.3.2 Schnitterkennung

Ein wichtiges Verfahren, mit dem man digitale Filme in semantische Einheiten unterteilen kann, ist die Erkennung von *Editiereffekten* wie Schnitten, Aus- und Einblenden bzw. Überblendungen und Wipes [AJ94].

Unter einem *Schnitt* versteht man die plötzliche Änderung des Bildinhaltes von einem Bild zum nächsten. Eine Szene setzt sich aus inhaltlich zusammengehörigen, durch Editiereffekte geteilte Filmsegmente, sog. Einstellungen (*Shots*) zusammen (siehe auch [BS83, DB81, HJW95, Kuc87]).

Schnitterkennung

Kommerzielle Anwendungen der automatischen digitalen Schnitterkennung sind vor allem im Bereich der Video-Indexing-Systeme zu finden [HJW94a, TATS94, ZKS93].

Bekannte Verfahren zur automatischen Erkennung von Editiereffekten sind:

Verfahren zur Erkennung von Editiereffekten

- Verfahren, die Editiereffekte aufgrund von Histogrammänderungen erkennen [NT91, OT93, RSK92, Ton91, ZKS93],
- Verfahren, die Editiereffekte mit Hilfe der Kantenextraktion erkennen [MMZ95],
- Verfahren, die Editiereffekte mittels Farbwertskalierung erkennen [HJW95] und
- Verfahren, die Schnitte aus einer Veränderung der Verteilung der DCT-Koeffizienten ableiten [AHC93].

Im folgenden soll der Begriff *Schnitterkennung* synonym für die Erkennung von Schnitten und anderen Editiereffekten benutzt werden.

Schnitterkennung auf Pixelbasis

Pixelbasierte Techniken berechnen einen Unterschied zwischen zwei Bildern, der sich aus Pixelunterschieden ergibt (die Pixel können dabei als getrennte Farb- oder als Grauwerte vorliegen). Diese Berechnung kann entweder durch den paarweisen Vergleich von Pixeln oder Bildblöcken oder durch den Vergleich von Histogrammen erfolgen.

Paarweiser Vergleich

Beim Verfahren des paarweisen Vergleichs berechnet man den paarweisen Unterschied zwischen zwei aufeinanderfolgenden Bildern. Ein Unterschied ergibt sich, wenn eine Farb- oder Grauwertänderung des betrachteten Pixels erfolgt ist, die einen Schwellwert T übersteigt. Beim paarweisen Vergleich zählt man nun die Zahl der Pixel, die sich von einem zum nächsten Bild geändert haben. Ein Schnitt wird erkannt, wenn ein bestimmter Änderungsprozentsatz Z überschritten wird.

Probleme des Verfahrens

Das Problem dieses Ansatzes ist, daß er sehr stark auf Kamerabewegung oder Objektbewegung reagiert, wodurch Bildwechsel als Schnitte erkannt werden, die in Wirklichkeit keine sind.

Likelihood Ratio

Anstatt einzelne Pixel zu vergleichen, werden nun Bildregionen in zwei aufeinanderfolgenden Bildern mittels statistischer Methoden zweiter Ordnung verglichen [KJ91]. Schnitte werden automatisch dann entdeckt, wenn ein Bild zu viele Regionen aufweist, deren Likelihood Ratio einen Schwellwert T übersteigt. Bezeichnet man mit m_i und m_{i+1} den mittleren Farbton einer gegebenen Region in zwei Bildern und mit S_i und S_{i+1} die korrespondierenden Varianzen,

Likelihood Ratio

so ist das *Likelihood Ratio* wie folgt definiert [KJ91]:

$$L = \frac{\left(\frac{S_i + S_{i+1}}{2} + \frac{(m_i - m_{i+1})^2}{2}\right)}{S_i \cdot S_{i+1}}$$

Stellt man diese Methode dem Verfahren des paarweisen Vergleichs gegenüber, so hat das Likelihood Ratio den Vorteil, daß kleine Objekt- oder Kamerabewegungen keine Verfälschung der Berechnung auslösen. Dadurch wird auch die Gesamtschwankung der Funktion geringer, was die Auswahl des Schwellwerts erleichtert. Problematisch ist aber, daß zwei Regionen, die denselben Mittelwert und dieselbe Varianz, aber verschiedene Verteilungsfunktionen haben, als gleich angesehen werden. Dieser Fall ist allerdings sehr selten.

Histogrammvergleiche

Anstatt Pixel oder Regionen zu vergleichen, kann man auch die statistischen Verteilungen der Pixel zweier Bilder vergleichen. Man erreicht dies, indem man Histogramme erzeugt, die die Verteilung der Grauwerte eines Bildes erfassen. Die Idee hierbei ist, daß Bilder, in denen sich die Objekte und der Hintergrund kaum ändern, ähnliche Grauwerthistogramme haben. Das Verfahren wäre auch mit RGB-Farbbildern durchführbar, wenn man dreidimensionale Farbhistogramme verwendet. Dies erzeugt allerdings einen erheblichen Aufwand, ohne die Ergebnisse maßgeblich zu verbessern. Ein Algorithmus auf Histogrammbasis ist unempfindlich gegenüber Kamera- oder Objektbewegungen. Problematisch ist hierbei allerdings, daß zwei völlig verschiedene Bilder gleiche Histogramme haben können. In Abb. 21-6 sind Bilder gezeigt, die jeweils identische Histogramme haben. Das Histogramm dieser Bilder ist in Abb. 21-7 gezeigt. Dieser Fall wird aber in der Praxis zwischen zwei benachbarten Einzelbildern in einem Film so selten auftreten, daß er nicht als problematisch angesehen werden muß.

Vor- und Nachteile von Histogrammverfahren

 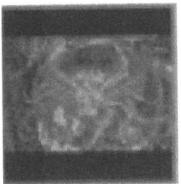 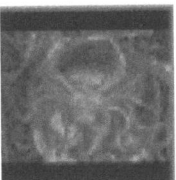 

*Abb. 21-6
Bilder gleicher Histogramme.*

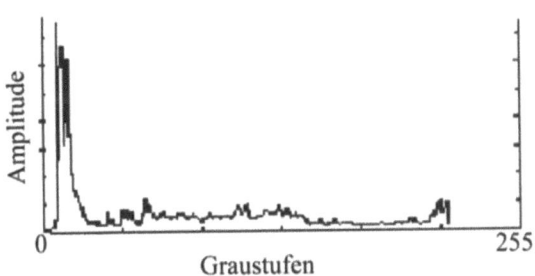

*Abb. 21-7
Histogramm der Bilder aus Abb. 21-6.*

Ein Schnitt wird erkannt, wenn die Histogrammdifferenz einen bestimmten Schwellwert *T* überschreitet.

  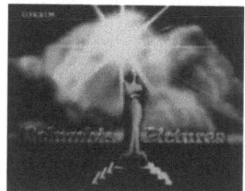

Abb. 21-8 Originalbilder mit Schnitt nach dem zweiten Bild.

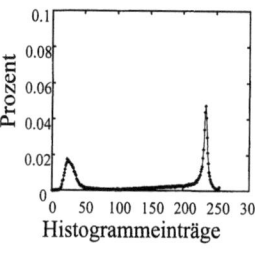 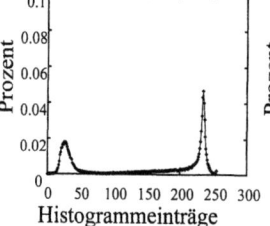 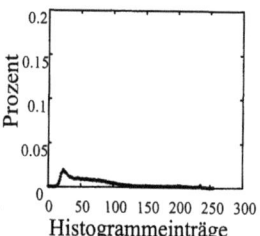

Abb. 21-9 Histogramme der Bilder aus Abb. 21-8.

In Abb. 21-8 und Abb. 21-9 erkennt man drei aufeinanderfolgende Bilder und ihre Histogramme. Während die ersten zwei Bilder fast gleiche Histogramme haben, ist das des dritten Bildes deutlich unterschiedlich. Hier wird daher ein Schnitt erkannt.

Probleme durch Beleuchtungsänderung

Problematisch bei allen Ansätzen ist, daß plötzliche Beleuchtungsänderungen oder deformierbare Objekte, die starke Histogrammänderungen bewirken, zu einer Fehlerkennung führen. Blinklichter oder Explosionen sind bspw. häufige Fehlerquellen.

Lösungsansatz

Nagasaka und Tanaka schlagen daher ein Verfahren vor, das diese Fehler vermeiden soll [NT91]. Nach ihrer Beobachtung verändert sich höchstens eine Hälfte des Bildes, wenn man Beleuchtungsänderungen ausschließt. Aus diesem Grund kann man ein Bild in 16 rechteckige Regionen einteilen und diese getrennt untersuchen. Die Schnitterkennung wird dann auf den 8 niedrigsten Vergleichswerten berechnet.

Erkennung von Ein- und Ausblenden bzw. Überblendungen

Ein- und Ausblenden

In Abb. 21-10 auf Seite 757 sind die Histogrammdifferenzen der Einzelbilder einer Filmszene wiedergegeben, die einen Schnitt und eine Ausblende beinhaltet. Man erkennt, daß der Schnitt sich deutlich abhebt und durch Wahl eines geeigneten Schwellwerts einfach zu erkennen ist. Die Ein- oder Ausblende stellt hingegen nur eine leichte Erhöhung der Unterschiedsmaße dar. Durch eine Verminderung des Schwellwerts kann er nicht erkannt werden, da dann viele Übergänge fälschlich als Schnitte identifiziert würden. Man bezeichnet in diesem Zusammenhang Transitionen, die entdeckt wurden, obwohl sie im Filmmaterial nicht vorkommen, als *false positives*.

False positives

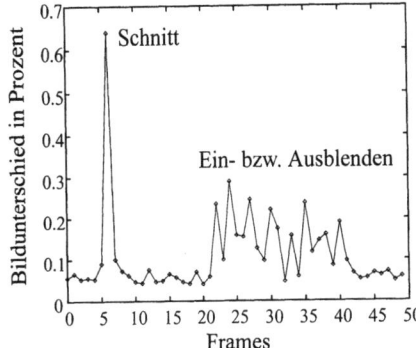

Abb. 21-10
Transitionserkennung durch Pixel-Bildunterschiede.

Betrachtet man das erste und das letzte Bild einer Transition, so sind diese meist sehr unterschiedlich. Man kann daher das Problem so umformulieren, daß man nicht mehr nach einem Transitionseffekt, sondern nach dem Beginn und dem Ende einer Transition sucht. Um dies zu erreichen, muß man zwei Schwellwerte T_1 und T_2 benutzen. T_1 gibt weiterhin die Schwelle an, bei der ein Schnitt erkannt wird. Mit T_2 wird ein Schwellwert gesetzt, der den Anfang einer potentiellen Transition markiert. Im folgenden wird so lange der Unterschied zwischen dem markierten Bild und dem aktuellen berechnet, bis dieser entweder T_1 überschreitet und somit eine graduelle Transition gefunden wurde oder der Unterschied wieder unter T_2 fällt, wodurch die Markierung des Punktes aufgehoben wird. Über die Wahl eines geeigneten Toleranzwertes kann hierbei bestimmt werden, wie oft der Unterschiedswert unter T_2 fallen darf, ohne daß das erste Bild demarkiert wird [ZKS93].

Schwellwerte

Ein Problem dieser Technik ist, daß die Autoren keine Möglichkeit angeben, eine Ein- oder Ausblende von einer Überblendung oder von einem Wipe zu unterscheiden.

Probleme

Schnitterkennung auf Basis der Kantenextraktion

Im Gegensatz zu histogrammbasierten Techniken spielen bei der Schnitterkennung auf der Basis der Kantenextraktion lokale Informationen eine Rolle. Hierbei wird gemessen, wie viele Kantenpixel von einem zum nächsten Bild verschwinden bzw. wie viele im nächsten Bild neu erscheinen (zur Kantenextraktion siehe Kapitel 4 zu Bildern und Grafiken). Die einzelnen Schritte des Verfahrens sind die folgenden:

Schritte des kantenbasierten Verfahrens

1. Berechnung der binären Kantenbilder E_i und E_{i+1} aus zwei aufeinanderfolgenden Bildern I_i und I_{i+1}, in denen jeweils eine Eins eine Kante bzw. eine Null die restlichen Bildpunkte bezeichnet,
2. Beseitigung der Kamerabewegung durch Bewegungskompensation,

3. Berechnung der Anzahl der von einem zum nächsten Bild verschwundenen bzw. neu entstandenen Kantenpunkte,

4. Entscheidung, ob eine Transition vorliegt, indem das Maximum aus verschwundenen bzw. neu erschienenen Kantenpixeln als Maßstab verwendet wird.

Bewegungskompensation

Zur Bewegungskompensation zwischen den Bildern I_i und I_{i+1} werden korrelationsbasierte Techniken eingesetzt, wie etwa die *Hausdorff-Distanz* [hkr93] bzw. die *Census-Transformation* [ZW94]. Mittels dieser Techniken kann man die Kamerabewegung errechnen. Als Hausdorff-Distanz erhält man einen Verschiebungsvektor, aus dem man die Richtung und die Länge der Kamerabewegung ableiten kann. Durch einfache Bildverschiebung um diesen Vektor erreicht man nun, daß die Bilder an den meisten Punkten, außer an den durch Objektverschiebung bzw. durch Kamerabewegung neu ins Bild gekommenen Punkten, nicht deckungsgleich sind. Man bezeichnet diesen Prozeß auch als *Warping* [Wol90].

Warping

Eine Transition kann leicht erkannt werden, indem man lokale Maxima der Funktion der neu ins Bild gekommenen oder verschwundenen Kantenpixel sucht. Überschreiten diese einen Schwellwert T, so wird eine Transition erkannt. Man muß nun entscheiden, ob ein Schnitt, eine Ein- oder Ausblende, eine Überblendung oder ein Wipe vorliegt. Dies ist abhängig vom verwendeten Schwellwert bzw. vom Zeithorizont, in dem die Transition stattfindet.

Schnitte

Ein *Schnitt* ist leicht zu erkennen, da der Zeithorizont in diesem Fall ein Bild ist. Gleichbedeutend damit zeigt ein Schnitt einen einzigen Ausschlag in der Kantenänderungsfunktion, während die anderen Transitionen ein Intervall größerer Werte verursachen.

Ein-, Aus- und Überblendungen

Ein- und *Ausblenden* bzw. *Überblendungen* können voneinander abgegrenzt werden, indem man das Verhältnis der neu ins Bild kommenden zu den verschwundenen Kantenpixeln betrachtet. Bei der Einblende werden streng monoton immer mehr Kantenpixel auftauchen; das Gegenteil gilt für eine Ausblende. Eine Überblendung besteht aus einer Einblende und einer Ausblende und ist daher als Kombination beider zu erkennen.

Wipes

Wipes können erkannt werden, wenn man die lokale Kantenverteilung und die Kantenänderung betrachtet. Bei einem Wipe beinhaltet jedes Bild einen Teil des zeitlich vorangehenden Bildes und an einer anderen Stelle bereits einen Teil des nachfolgenden Bildes. Daher ändert sich ein isolierter Bereich des Bildes, während die anderen Bereiche konstant bleiben. Während eines horizontalen Wipes findet man einen vertikalen Streifen, der ein Bild von rechts nach links bzw. von links nach rechts durchläuft. In diesem Streifen ist das Kantenänderungsverhältnis höher als in den Randbereichen. Das Problem ist also, den Bereich des Streifens von den anderen Bereichen abzugrenzen. Ein einfaches, aber robustes Verfahren wird von Zabih [MMZ95] vorgeschlagen. Man berechnet hierbei den Prozentsatz der Pixel, die sich in der oberen Hälfte des Bildes bzw. in der linken Hälfte ändern. Bei einem horizontalen Wipe von links nach rechts wird der Hauptteil der Änderung am Anfang links und später rechts sein. Durch die Berechnung der Änderungsprozentsätze der vier Bildquadranten zu diskreten Zeitpunkten kann genau festgestellt werden, welcher Typ von Wipe vorliegt. Weiterhin wird man bei einem Wipe keine charakteristischen Verhältnisse neu erscheinender bzw. verschwindenden Kantenpixel finden, so daß eine Verwechslung mit Ein- und Ausblenden bzw. Überblendungen unwahrscheinlich ist. Dies liegt insbesondere daran, daß die Unterschiede zwischen beiden Pixeländerungsverhältnissen klein sind, da die Änderung nur in einem kleinen Bildbereich stattfindet.

Schnitterkennung durch Farbwertskalierung

Hampapur et al. [Ham94, HJW94b, HJW95] beschreiben einen Ansatz, der Schnitte mit Hilfe der bereits beschriebenen Verfahren identifiziert, Ein- und Ausblenden bzw. Überblendungen jedoch auf der Basis einer grundsätzlich verschiedenen Technik, der *Farbwertskalierung*.

Farbwertskalierung

Dazu verwenden die Autoren eine Schnitterkennung, die auf *Schnittgrenzen* und *Editiereffekten* von Teilszenen beruht. Unter einer *Teilszene* versteht man hierbei eine Folge von Bildern, die keinen Schnitt enthält. Eine Szene kann dann als eine Menge von Teilszenen aufgefaßt werden, die inhaltlich zusammengehören, z. B. eine Dialogszene, bei der die Sprecher mit zwei Kameras (in fixer Position) aufgenommen wurden.

Hampapur et al. stellen fest, daß zwischen zwei Bildern, die eine Schnittgrenze bilden, nie weitere *Editierbilder* eingefügt werden, wohl aber bei Ein- oder Ausblenden bzw. Überblendungen. Diese versuchen sie auf Basis der Farbwertskalierung zu erkennen.

Editierbilder

Grundlage jeglicher Operationen zur Videoeditierung mit Ausnahme der Schnitte ist die Farbwertskalierung zweier Bildspuren, die übereinandergelegt werden. Bei einer Ein- oder Ausblende wird dabei eine schwarze Bildspur verwendet und die Bildspur skaliert; bei einer Überblendung werden beide zu mischenden Bildspuren skaliert [And88].

Skalierung von Farbspuren

In kommerziellen Filmen werden hauptsächlich zwei Arten von Blenden benutzt [Kuc87]: *Einblende von Schwarz* und *Ausblende nach Schwarz*. Diese lassen sich als Farbwertskalierung mit positiver und negativer Blendrate modellieren. Eine Überblendung stellt eine simultane Skalierung zweier Teilszenen dar und ist somit eine Kombination aus Ein- und Ausblende.

Schwarzblenden

Vergleicht man alle Verfahren der automatischen Transitionserkennung, so erfassen die *pixelorientierten Verfahren* globale Eigenschaften, die *kantenorientierten Verfahren* eher lokale Eigenschaften der zugrunde liegenden Bilder. Lokale Ansätze werden stärker durch Objektbewegung beeinflußt als globale Ansätze, dafür sind sie robuster im Hinblick auf Schwankungen der Helligkeit. Es muß also das Ziel sein, die Ansätze so zu kombinieren, daß eine optimale Transitionserkennung erreicht wird. Dies kann folgendermaßen geschehen: Da nur für die kantenbasierten Ansätze und für diejenigen auf der Basis der Farbwertskalierung Algorithmen zur Erkennung von Ein-, Ausblenden, Überblendungen und Wipes bekannt sind, können diese Ansätze zur Erkennung dieser

Vergleich der Verfahren

Kombination der Verfahren

Effekte benutzt werden. Eigene Tests haben ergeben, daß die kantenbasierte Erkennung bessere Resultate liefert als das Verfahren der Farbwertskalierung [Fis97b]. Weisen beide Verfahren ähnliche Resultate bei der Erkennung von Ein- und Ausblenden bzw. Überblendungen auf, wenn ein statisches Bild skaliert wird, so ist die Erkennung von Ein- und Ausblenden bzw. Überblendungen mit dem Verfahren der Farbwertskalierung dann meist schlechter, wenn bewegte Szenen skaliert werden.

21.3.3 Analyse von Einstellungen

Zum raschen Erfassen des Inhalts einer Einstellung verwendet man oft die Technik des „Browsing". In bezug auf Videodaten benötigt man hierfür eine Darstellung, in der die zeitliche Auflösung der Bilder stark reduziert wird. Man versucht daher, für jede Einstellung einige wenige repräsentative Bilder, sog. *Schlüsselbilder (Key Frames)*, zu finden, die stellvertretend für die Einstellung angezeigt werden und dem Betrachter eine grobe Vorstellung dessen geben sollen, was in der Einstellung dargestellt ist. Bei der Suche nach bestimmten Einstellungen in einer Datenbank reduziert man mit einem solchen Vorgehen auch erheblich die zu übertragende Datenmenge, da nur ausgewählte Einstellungen vollständig bereitgestellt werden müssen.

Schlüsselbilder (Key Frames)

Für die Auswahl aussagekräftiger Bilder wäre es ideal, solche Stellen in der Einstellung zu identifizieren, an denen interessante Objekte auftauchen oder Ereignisse stattfinden. Dies würde allerdings ein *semantisches* Verständnis erfordern, das bisher, abgesehen von Spezialfällen wie der Erkennung von Gesichtern, kaum zur Verfügung steht [LEJ98]. Auch bei der Auswahl von Schlüsselbildern stützt man sich daher in der Regel auf einfache (*low-level*) Merkmale und geht wie folgt vor:

Identifikation von Schlüsselbildern

S bezeichne die zu untersuchende Einstellung mit den Bildern $f_1, ..., f_n$ und R die Menge der für S als repräsentativ ausgewählten Bilder, initialisiert mit $R = \{f_1\}$. Weiterhin stehe f^* jeweils für das zuletzt der Menge R hinzugefügte Bild, m für dessen Index, so daß initial $f^* = f_1$ und $m = 1$. Die Distanzfunktion $d_{Merkmal}$ messe die Unterschiedlichkeit zweier Bilder; ε sei die maximal tolerierte Unterschiedlichkeit, bei deren Überschreitung man ein neues Schlüsselbild hinzunehmen wird. Man sieht dabei allerdings über kurze Störungen oder Schwankungen bis zur Länge k [Bilder] hinweg [YL95].

```
wiederhole
   l := min{l : l>m, l+k<=n,
         min{d_Merkmal(f*,f_l),...,d_Merkmal(f*,f_l+k)}>ε}
   f* := f_l
   m := l
   R := R ∪ f*
solange m<n-k
```

Verwendbare Merkmale

Die Merkmale, anhand derer die Bilder verglichen werden, können z. B. Farbe oder Textur sein oder die Bewegung von Bild zu Bild, denn ein Inhaltswechsel ist oft mit Kamera- oder Objektbewegung verbunden [ZLSW95]. Bei Verwendung mehrerer Merkmale sollte man pro Merkmal eine eigene Menge von Schlüsselbildern bestimmen. Es gibt Ansätze, bei der Extraktion von Schlüsselbildern in MPEG-1- und MPEG-2- oder Motion-JPEG-kodierten Sequenzen Merkmale zu verwenden, die ohne zeitaufwendige Dekompression direkt auf DCT-kodierten Bildern berechnet werden [DAM97].

21.3.4 Ähnlichkeitsbasierte Suche auf Einstellungsebene

Im folgenden wird unterstellt, daß in einem Video nach Einstellungen gesucht werden soll, die ähnlich zu einer als Suchanfrage gegebenen Einstellung sind. Eine solche Fragestellung ergibt sich z. B., wenn man gezielt nach der Ausstrahlung bekannter Werbespots sucht [Fis97b, RLE97]. Weiterhin wird unterstellt, daß die Berechnung der Merkmalsvektoren auf Bildebene bereits vorgenommen wurde, wie in Abschnitt 21.2 beschrieben.

Zunächst stellt sich die Frage, wie Einstellungen repräsentiert werden sollen, die zu vergleichen sind. Hierfür gibt es in der Praxis drei Ansätze:

Repräsentation zu vergleichender Einstellungen

- Repräsentation durch eine (ungeordnete) *Menge* von Schlüsselbildern, die ihrerseits durch Merkmalsvektoren beschrieben sind,
- Repräsentation durch eine (geordnete) *Sequenz* von Schlüsselbildern, die ebenfalls durch Merkmalsvektoren beschrieben sind,
- Repräsentation als disaggregierte *Zeichenkette* (String) von Merkmalsvektoren. Dabei hat die Zeichenkette bei einer Einstellung mit n Bildern n Zeichen; jedes Zeichen ist ein Merkmalsvektor.

Die Repräsentation als disaggregierte *Menge* von Bildern ist nicht gebräuchlich.

Repräsentation als Menge von Schlüsselbildern

Als Ausgangspunkt dieses Verfahrens verfügt man über zwei Einstellungen S^1 und S^2, für die die Mengen R^1 bzw. R^2 als Schlüsselbilder bestimmt wurden. Als Distanzfunktion definiert man (unter Verwendung einer Distanzfunktion $d_{Merkmal}$ als Maß für die Unterschiedlichkeit zweier Bilder) [LEJ98]:

$$d_{Einstellung}(S^1, S^2) = \sum_{k^1 \in R^1} \min\left\{d_{Merkmal}(k^1, k^2) \mid k^2 \in R^2\right\}$$

Dabei bleibt die zeitliche Anordnung der Bilder unberücksichtigt. Eine mögliche Ergänzung besteht darin, Mittelwerte und Streuungsmaße einiger Merkmale sowie dominante Farben über alle Bilder der Einstellung hinweg zu berechnen und dies in den Vergleich einzubeziehen [ZLSW95].

Repräsentation als Sequenz von Schlüsselbildern

Soll die Ähnlichkeit auch davon abhängen, ob die zeitliche Anordnung der Schlüsselbilder in den zu vergleichenden Einstellungen übereinstimmt, so kann man den in [DAM97] vorgestellten Vergleichsalgorithmus verwenden. Die Sequenz der Schlüsselbilder sei mit $R^1 = \{k^1_1, ..., k^1_n\}$ für eine Einstellung S^1 und mit $R^2 = \{k^2_1, ..., k^2_m\}$ für eine Einstellung S^2 bezeichnet (o. B. d. A. gelte $n < m$).

Im ersten Schritt wird nun k^1_1 mit k^2_1 verglichen und die Distanz bestimmt, dann wird k^1_2 mit dem oder den Schlüsselbildern aus R^2 verglichen, die der zeitlichen Position von k^1_2 (d. h. dem Offset vom jeweiligen Einstellungsbeginn) am nächsten kommen, wobei als Unterschied maximal eine Position erlaubt ist. Ist bspw. k^1_2 das dritte Bild aus S^1, so wird es mit dem zweiten, dem dritten und dem vierten Bild aus S^2 verglichen, sofern diese jeweils in R^2 enthalten sind; die (bis zu drei) Distanzen werden aufaddiert, wobei man sich die Zahl der Summanden merkt. Ist keines der Bilder in R^2 enthalten, so wird für k^1_2 der Vergleich ausgelassen. Dieser Vorgang wird für alle Schlüsselbilder in R^1 wiederholt, so daß man schließlich eine Distanzsumme aufaddiert hat (Schritt 1 in Abb. 21-11). Diese wird zu Mittelwertbildung noch durch die Zahl der Summanden geteilt.

Ist R^1 in dieser Weise abgearbeitet, so verschiebt man R^1 derart, daß der Offset von k^1_1 dem Offset von k^2_2 relativ zum Beginn von S^2 entspricht (Schritt 2 in Abb. 21-11). Diese Verschiebung von R^1 um jeweils die nächste Offset-Differenz aus S^2 führt man insgesamt *(m-n-1)*-mal aus (j-Schleife im Algorithmus). Für jeden Verschiebungsschritt prüft man, ob die berechnete mittlere Distanz kleiner ist als das Minimum der bisher berechneten mittleren Distanzen – wenn dies zutrifft, merkt man sich diese berechnete Distanz als neues Minimum und betrachtet die aktuelle Verschiebung als bisher optimalen Offset.

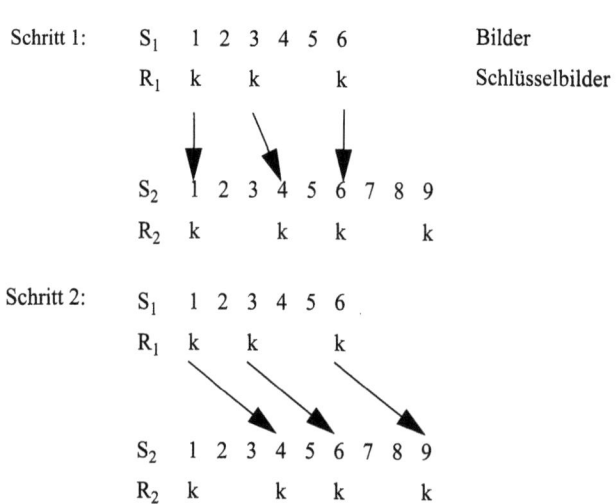

Abb. 21-11 Identifikation von Schlüsselbildern.

Den Algorithmus kann man wie folgt genauer angeben: Die Funktion `Nachbar(R²,` k^1_i`)` errechnet die Menge der Offsets der Bilder in R^2, deren Offset maximal um eine Position vom Offset von k^1_i abweicht; diese Menge hat also eine Anzahl von Elementen, die zwischen Null und maximal 3 liegt:

```
min := ∞
wiederhole für j := 1 bis m-n
  summe_j := zähler_j = := 0
  wiederhole für i := 1 bis n
    A := Nachbar(R², k¹_i)
    summe_j += ∑_{a ∈ A} d_Merkmal(k¹_i, k²_a)
    zähler_j += |A|
  t := summe_j / zähler_j
  wenn (t<min)
    min := t
    opt := j
  erhöhe den Offset aller Bilder in R¹ um
    (Offset von k²_{j+1} - Offset von k²_j)
```

Nach Ablauf des Algorithmus prüft man, ob `min` unter einem Ähnlichkeitsschwellwert liegt; wenn dies zutrifft, betrachtet man die Einstellungen S^1 und S^2 als ähnlich und kennt mit `opt` den Offset von S^1 zum Beginn von S^2, bei dem die Einstellungen am besten übereinstimmen.

Damit die Funktion `Nachbar` keine zu geringe Trefferquote erzielt, müssen die Schlüsselbilder in R^1 und R^2 dicht beieinander liegen (ε klein). Hierdurch erzielt man allerdings eine kleinere Reduktion der Datenmenge, die man mit dem Konzept der Schlüsselbilder anstrebt, wodurch man sich der Repräsentation einer Einstellung als Zeichenkette von Merkmalsvektoren *aller* Bilder annähert.

Repräsentation als Zeichenkette von Merkmalsvektoren

Bei diesem Ansatz ordnet man der (zu suchenden) Einstellung S^1 die Merkmalsvektoren-Zeichenkette V^1 und der (zu durchsuchenden) Einstellung S^2 die Zeichenkette V^2 zu. Der Vergleich erfolgt dann mittels einer *approximativen Zeichenkettensuche* von V^1 in V^2. Die Approximation geschieht hier in zweierlei Hinsicht: Erstens verlangt man beim Vergleich zweier einzelner Zeichen (Merkmalsvektoren) nur, daß diese näherungsweise übereinstimmen müssen, um sie als „gleich" zu betrachten. Zweitens beantwortet man die Frage, ob V^1 in V^2 enthalten ist, auch dann noch positiv, wenn eine gewisse Anzahl von Einfüge-, Lösch- und Zeichenersetzungsoperationen erforderlich ist, um die gerade betrachtete Teilzeichenkette von V^2 in Übereinstimmung mit V^1 zu bringen. Übertragen auf das gewohnte Buchstabenalphabet bedeutet dies, daß „Muller" in „Hans_Müler-Schmidt" enthalten ist, denn „ü" und „u" stimmen näherungsweise überein, und das Ergänzen eines „l", um aus „Müler" „Müller" zu machen, soll erlaubt sein.

Approximative Zeichenkettensuche

Bei der Auswahl eines Algorithmus für die approximative Zeichenkettensuche muß man sicherstellen, daß dieser auch bei großen Alphabeten (Wertebereich der Merkmalsvektoren) effizient arbeitet. Geeignete Algorithmen hierzu sind in [Ste94] angegeben.

21.3.5 Ähnlichkeitsbasierte Suche auf Szenen- und Video-Ebene

Analog zur Repräsentation einer Einstellung als Menge oder Sequenz von Schlüsselbildern oder als Zeichenkette kann man eine Szene sowohl durch ausgewählte als auch durch alle Einstellungen repräsentieren. Beim Vergleich zweier Szenen wendet man dann Verfahren an, die zwar analog zu den in Abschnitt 21.3.3 vorgestellten sind, die jedoch auf einer höheren Aggregationsstufe [LEJ98] arbeiten.

Dialoganalyse

Betrachtet man Szenen in einem Videofilm, so kann man häufig einige charakteristische Anordnungsmuster erkennen, nach denen einzelne Einstellungen gruppiert sind. Bei einem *Dialog* etwa hat man eine alternierende Folge von Einstellungen aus zwei Klassen (z. B. zwei abwechselnd aufgenommene Interviewpartner). Nach solchen Anordnungsmustern kann man direkt suchen und so Anfragen der Art „Finde einen Dialog" zulassen. Einander ähnliche Einstellungen werden im folgenden mit gleichen Zeichen des Alphabets bezeichnet, so daß ein Dialog etwa als „ABABABABA" veranschaulicht werden kann. Zum Erkennen eines Dialogs sucht man dann zunächst nach mehrfachen Vorkommen desselben Zeichens in kurzen Abständen, wobei der Abstand gleicher Zeichen überwiegend zwei betragen muß. Hat man eine solche Sequenz gefunden, so prüft man, ob zwischen den Zeichen dieser Sequenz in gleicher Weise Zeichen einer zweiten Klasse angeordnet sind. Falls eine derart eingebettete Sequenz gefunden wird, liegt ein Dialog vor. Man beachte, daß die Bezeichnung „Dialog" hier in einem weiten Sinne verwendet wird - auch zwei parallele, abwechselnd gezeigte Handlungsstränge gelten hier als Dialog. Wenn man speziell nach einem Gespräch zweier Menschen sucht, müssen weitere Suchkriterien angegeben werden.

Verwendbare Merkmale

In der Videoproduktion ist es nicht unüblich, auf existierendes Material zurückzugreifen, das vorher bereits in einem ähnlichen oder auch in einem ganz anderen Kontext Verwendung fand. So findet man bspw. bearbeitete Fassungen von Originalfilmen oder Archivmaterial, das bei der Erstellung von Reportagen eingebaut wird. Dieses Filmmaterial wird dann durch einen neuen Schnitt in einem ursprünglich nicht vorgesehenen Zusammenhang genutzt. Zum Vergleich ganzer Videos werden in [LEJ98] zwei Maße angegeben: Ein Maß für die Korrespondenz (*Correspondence*) zweier Videos und ein Maß für die Änderung der Reihenfolge der Szenen innerhalb eines Videos (*Re-Sequencing*).

Zur Berechnung dieser Maße betrachtet man zwei Videofilme als Sequenz von kleineren Einheiten, z. B. Szenen oder Einstellungen: $E^1 = \{e^1_1, ..., e^1_n\}$ für Video 1 und $E^2 = \{e^2_1, ..., e^2_m\}$ für Video 2. Zunächst vergleicht man die Einheiten in E^1 und E^2 miteinander und erstellt, wie in Abb. 21-12 auf Seite 765 dargestellt, einen ungerichteten Graphen, in dem die Knoten die Einheiten darstellen und die Kanten diejenigen Einheiten verbinden, die einander hinreichend ähnlich sind.

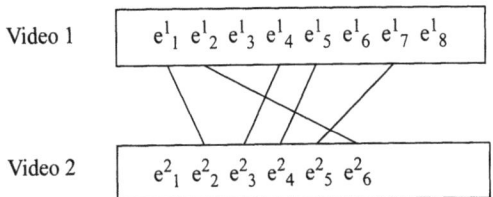

*Abb. 21-12
Ähnlichkeit von Videos.*

Bezeichnet man mit $|E^1 \cap E^2|$ die Anzahl der Einheiten in E^1, für die mindestens eine hinreichend ähnliche Einheit in E^2 existiert, so berechnet man als Maß für die *Korrespondenz*:

Korrespondenz

$$\text{correspondence (Video 1, Video 2)} = \frac{|E^1 \cap E^2|}{|E_1|},$$

d. h. den Anteil der Einheiten in Video 1, die Einheiten in Video 2 ähnlich sind.

Zur Überprüfung, inwieweit die gemeinsamen Einheiten in den untersuchten Videos in der gleichen *Reihenfolge* gezeigt werden, berechnet man das Maß für das Re-Sequencing wie folgt:

Reihenfolge

```
anzReOrd := anzOrdAgree := 0
i_1 := i_2 := 1
solange (i_2<m)
  i_2 := finde ab i_2 den Index der nächsten Einheit in
         Video 2, von der eine Kante nach Video 1 existiert
  i_temp := finde ab i_1 den Index der ersten Einheit in
         Video 1, von der eine Kante nach e^2_{i_2} existiert
  wenn (i_temp == 0)
    anzReOrd++
    i_1 := finde den Index der ersten Einheit in Video 1,
           von der eine Kante nach e^2_{i_2} existiert
  sonst
    anzOrdAgree++
    i_1 := i_temp + 1
ReSeq(Video 1, Video 2) :=      anzReOrd
                          ─────────────────────
                          anzReOrd + anzOrdAgree
```

Ein niedriger Wert zeigt an, daß das gemeinsam genutzte Videomaterial im wesentlichen in der gleichen Reihenfolge angeordnet ist, woraus man schließen kann, daß Kontext und Inhalt gewahrt bleiben. Andererseits besteht bei einem hohen Re-Sequencing-Wert Anlaß zur Vermutung, daß Videomaterial durch die Umordnung in einem neuen Kontext erscheint und somit ein anderer Inhalt *möglicherweise zweckentfremdet* transportiert wird.

21.4 Audioanalyse

Im Bereich digitalen Audios stehen die syntaktischen Indikatoren *Lautstärke* und *Frequenzverteilung* [BC94] zur Verfügung. Durch diese beiden Indikatoren ist ein Audiosignal physikalisch vollständig definiert.

Weiterhin sind u. a. die folgenden semantischen Indikatoren vorstellbar:
- Sprachgrundfrequenz,
- fundamentale Frequenz,
- Onset, Offset und Frequenztransitionen und
- eine Audioschnitterkennung.

21.4.1 Syntaktische Audioindikatoren

Lautstärke

Die *Lautstärke* kann aus digital vorliegendem Audio ohne Transformation gewonnen werden, wenn die Daten unkomprimiert vorliegen oder vor der Weiterverarbeitung dekomprimiert werden.

Frequenzverteilung

Die *Frequenzverteilung* einer Audiodatei erhält man als Ergebnis der Fourier-Transformation. Während im Zeitbereich ein Gemisch von Wellen vorliegt, kann dessen Zusammensetzung im Freqenzbereich sichtbar gemacht werden. Abb. 21-13 zeigt in einer dreidimensionalen Darstellung die Frequenzen eines Segments, das Schweigen enthält, gefolgt von einem kurzen menschlichen Ausruf. Auf der horizontalen Achse ist die Zeit, auf der vertikalen die Energie und auf der z-Achse die Frequenz abgetragen.

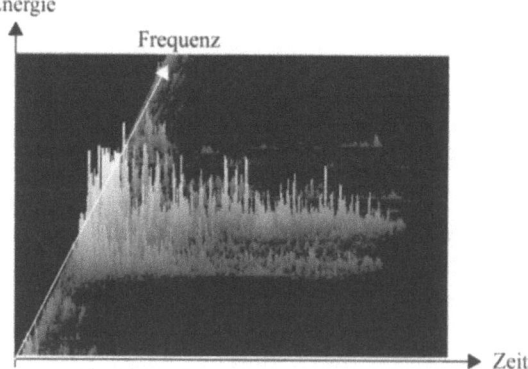

Abb. 21-13 Frequenzverteilung eines Klanggemischs.

21.4.2 Semantische Audioindikatoren

Grundton

Ein wichtiges Instrument zur Analyse der Wahrnehmung komplexer Klanggemische ist der *Grundton* oder *Pitch*. Der Grundton ist der größte gemeinsame Teiler der Frequenzen, an denen lokale Maxima beobachtet werden [Bul77,

Hes83, RDS76, GLCS95]. Zur Bestimmung des Grundtons können unter anderem die folgenden Verfahren eingesetzt werden [Fel85, GLCS95, Haw93, RJ93]: das Cepstrum-Verfahren, die Autokorrelationsmethode, das Maximum-Likelihood-Verfahren und das Center-Clipping.

Verfahren der Grundtonbestimmung

Audioschnitterkennung

Eine Schnitterkennung im Audiobereich ist meist wesentlich schwieriger zu realisieren als im Videobereich [Fis94, Köh84]. Der Grund dafür ist, daß ein Videoschnitt als eine Folge von zwei grundsätzlich unterschiedlichen Bildern leicht zu definieren ist. Dies ist im Audiobereich anders, da hier eine *Schnitthierarchie* angegeben werden kann. Mögliche Elemente, nach denen in digitalem Audio ein Schnitt definiert werden kann, sind z. B. Vokale in gesprochener Sprache, Worte, Sätze und Sprache gegenüber anderen Klangquellen.

Schnitthierarchien in Audio

Es ist dem Anwender überlassen, wo er die Entscheidungsschwelle setzen will, um einen Schnitt zu erkennen. Dieser Parameter muß daher variabel gehandhabt werden.

Will man grob zwischen Sprache und anderen Klängen unterscheiden, so kann man nach dem Ausschlußprinzip arbeiten. Segmente, die höhere Energiewerte bei Frequenzen oberhalb von 7.000 Hz aufweisen, können keine Sprachsegmente sein, da die Sprachanteile oberhalb von 7.000 Hz meist zu vernachlässigen sind. Liegt ein Klanggemisch im Bereich bis zu 7.000 Hz vor, so ist keine Aussage möglich. Man kann allerdings das folgende einfache Verfahren dazu einsetzen, eine derartige Schnitterkennung zu realisieren. Hierbei werden die Merkmale *Lautstärke*, *Frequenzen* und *Sprachgrundfrequenz* für aufeinanderfolgende Zeitfenster i als Vektor berechnet. Anschließend wird geprüft, ob der aktuell berechnete Wert zu den zeitlich vorherliegenden ähnlich ist. Legt man einen Schwellwert fest, so wird ein Audioschnitt erkannt, wenn das Abstandsmaß der Vektoren größer als der Schwellwert ist. Über diese Schwelle kann auch die Granularität der Schnitterkennung gesteuert werden. Durch Anwendung des beschriebenen Verfahrens ist man in der Lage, z. B. Musik von Sprache zu unterscheiden, auch wenn diese beide im Bereich bis 7.000 Hz liegen. Dies liegt unter anderem daran, daß die Klangfarbe von Musik der von Sprache nicht ähnlich ist. Weiterhin kann man „Schweigen" extrahieren. Treten allerdings Geräusche nach einem stillen Segment auf, so sind diese sehr viel lauter als das vorherige Segment. Zur Erkennung von Schweigen müssen daher zwei Bedingungen gelten:

Unterscheidung verschiedener Audioarten

Schnitterkennung durch Vektorenvergleich

Erkennung von Schweigen

- Die Lautstärke muß unter einem Schwellwert liegen.
- Die Abweichung zum vorherigen bzw. nachfolgenden Segment muß über einem zweiten Schwellwert liegen.

Onset und Offset

Beobachtet man das menschliche Hörverhalten, so ist dieses durch eine periodische Zu- oder Abnahme der Antwort der Hörzellen (gemessen über die

„Feuerwahrscheinlichkeit") gekennzeichnet. Signifikant sind daher die Ereignisse, die ein sprunghaftes Ansteigen oder Absinken der Zellantwort zur Folge haben. Dies wird durch die beiden semantischen Indikatoren *Onset* und *Offset* gemessen. Ein solcher Mechanismus wird im Ohr dadurch realisiert, daß im Fall des Onset ein starker erregender Input, gefolgt von einem starken inhibitorischen Reiz, angelegt wird [WC72]. Der inhibitorische Reiz verhindert dabei, daß der noch anliegende Reiz weitere Zellreaktionen verursacht.

Sowohl Onset und Offset können derart eingestellt werden, daß eher langsam auftretende Signaländerungen bzw. schnellere erfaßt werden. Im Falle eines schnell auftretenden (abklingenden) Reizes spricht man in diesem Zusammenhang auch von *Fast Onset* (*Fast Offset*).

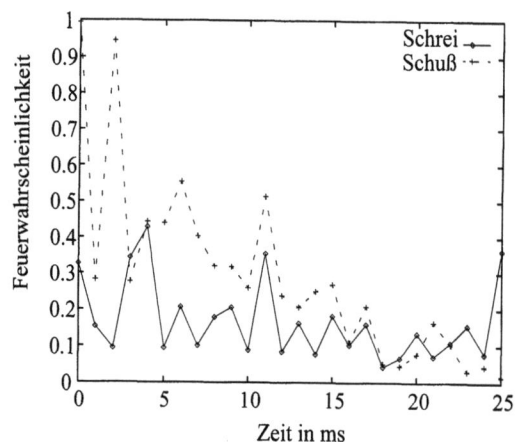

Abb. 21-14 Onset eines Schreis und eines Schusses.

Abb. 21-14 zeigt die Anwendung eines *Fast-Onset*-Filters, der zur Erfassung besonders schneller Signalwechsel geeignet ist. Man sieht den Fast Onset eines Schusses und eines Schreis. Der Schuß kann durch Verwendung des Indikators *Fast Onset* deutlich vom Schrei unterschieden werden [PFE96].

Offset   Die Berechnung des Offsets ist das Gegenteil der Berechnung des Onsets. Anregender und inhibitorischer Reiz erfolgen also in der umgekehrten Reihenfolge.

21.5 Anwendungen

Nachdem in den ersten Abschnitten die Methoden einer automatischen Inhaltsanalyse (mit Schwerpunkt „Bewegtbild") vorgestellt wurden, sollen im folgenden Anwendungen der Inhaltsanalyse exemplarisch vorgestellt werden. Diese basieren zum einen auf direkt abgeleiteten syntaktischen Indikatoren, zum anderen auf semantischen Indikatoren, wie der Szenenlänge oder der Grundfrequenz.

Eine Inhaltsanalyse kann einerseits durch Kombination verschiedener Verfahren, wie der Erkennung eines Schauspielers im Zusammenspiel mit der Erkennung seiner Stimme, andererseits durch eine Klassifizierung erfolgen. Die im folgenden aufgeführten Anwendungen lassen sich in dieses Schema einordnen [Fis97b].

Inhaltsanalyse durch Kombination bzw. Klassifizierung

21.5.1 Genreerkennung

Unter *Filmgenres* versteht man Kategorien oder Gruppen von Filmen, die ähnlich sind in bezug auf die verwendeten Aufnahmetechniken, die Themen, den Stil, die Struktur oder den Charakter eines Films. Genrekategorien sind derart umfassend, daß fast alle jemals gedrehten Filme eines Genres in eine spezielle Kategorie fallen. Gleichwohl können aber auch einige Filme existieren, die Eigenschaften mehrerer Genres aufweisen, bzw. aus mehreren Teilen unterschiedlicher Genres bestehen. Genres sind z. B. *Western, Kriminalfilme, Seifenopern* oder *Talkshows*.

Filmgenres

Die Grundidee der automatischen Erkennung von Filmgenres besteht darin, die berechneten Indikatoren, die einen Merkmalsvektor bilden, als *Fingerabdruck* zu betrachten und aus einer Menge solcher Fingerabdrücke eine Datengrundlage zu erstellen, auf deren Basis Fingerabdrücke desselben Genres erkannt werden. Zur Erstellung eines derartigen Profils müssen die Daten klassifiziert werden.

Bei der Lösung des Klassifizierungsproblems müssen die folgenden Aspekte betrachtet werden:

- Auf der Basis der Güte und der Korrelation muß eine Teilmenge aus den zur Verfügung stehenden Indikatoren bestimmt werden, die das Klassifizierungsproblem optimal löst (Datenanalyse).
- Für diese Teilmenge müssen quantitative Gewichte für die einzelnen Indikatoren bestimmt werden (Transformation der Analyseergebnisse).
- Es müssen Methoden gefunden werden, die das Genre auf der Basis der gewichteten Indikatoren feststellen (Training des Systems).
- Die Effizienz der entwickelten Anwendung muß quantitativ angegeben werden (Evaluation durch Tests).

Klassifizierungsproblem

Grundsätzlich kann man Indikatoren unterscheiden, für deren Berechnung mehrere bzw. nur ein Wert pro Zeiteinheit (Bild oder Zeitfenster im Audiobereich) zur Verfügung stehen. Betrachtet man den Indikator *RGB-Farbe*, so stehen zu dessen Erfassung die Werte aller Pixel zur Verfügung. Der Indikator *Bildähnlichkeit* ist hingegen für ein Bildpaar ein einziger Wert.

Messung der Güte der verwendeten Indikatoren

Indikatorengüte

Zunächst muß man die *Güte* der verwendeten Indikatoren untersuchen und eine Teilmenge von Indikatoren bestimmen, die für den jeweiligen Klassifizierungsprozeß jeweils charakteristisch ist. Dazu sind die Gütemaße *Nächster Nachbar*, *Interklassenabstand* und *Inter- und Intraklassenabstand* im Hinblick auf ihre Komplexität und ihre Qualität anderen Gütemaßen vorzuziehen.

Gütemaß Nächster Nachbar

Das Gütemaß *Nächster Nachbar* ermittelt, wie groß die Häufigkeit ist, daß der nächste Nachbar eines Punktes dem Merkmalsraum derselben Klasse angehört. Die Ergebnisse hierfür liegen daher zwischen 0 und 100 Prozent.

Gütemaß Interklassenabstand

Das Gütemaß *Interklassenabstand* gibt die durchschnittliche Entfernung der Cluster der Merkmalsvektoren an. Wünschenswert ist ein hoher Interklassenabstand, da dann die Merkmale der Cluster homogen und die Cluster gut separierbar sind. Im Gegensatz zum Nächster-Nachbar-Kriterium können hier die Abstände nur als absolute Zahlen angegeben werden. Die Beurteilung der Indikatoren erfolgt dann anhand eines qualitativen Vergleichs der absoluten Werte.

Gütemaß Inter- und Intraklassenabstand

Das Gütemaß *Inter- und Intraklassenabstand* gibt die durchschnittliche Entfernung der Cluster in Kombination mit dem durchschnittlichen Abstand der Muster innerhalb einer Klasse an. Durch die Addition des inversen Intraklassenabstandes ist auch hier ein hohes Abstandsmaß wünschenswert, um die Klassen ausreichend zu separieren. Wie beim Interklassenabstand können die Werte nur absolut angegeben werden. Die Beurteilung der Indikatoren erfolgt dann anhand eines qualitativen Vergleichs der absoluten Werte. Es stellt sich in Experimenten heraus, daß eine Gewichtung des Inter- zum Intraklassenabstand von 1:2 hier die besten Resultate liefert [Fis97b]. Eine höhere Gewichtung des Interklassenabstands hat zur Folge, daß Merkmale, die für viele Muster der Klassen ähnliche Werte aufweisen, höher bewertet werden als Merkmale, die bei den anderen Kriterien hohe Werte erzielen.

Nachdem man die Indikatoren mit den verschiedenen Gütemaßen bewertet hat, muß man im folgenden untersuchen, wieviele Indikatoren zur Beschreibung einer Genreklassen notwendig sind.

Auswahl suboptimaler Merkmalssätze

Suboptimale Merkmalssätze

Im Rahmen der Auswahl suboptimaler Merkmalssätze ergeben sich die folgenden zentralen Fragestellungen:

- Welche Quantisierung der Datensätze ist zu wählen?
- Wieviele und welche Indikatoren sind zu wählen, um die Klassen ausreichend zu beschreiben?

Diese Fragestellungen sind von zentraler Natur, da die meisten Methoden einer umfassend klassifizierenden Inhaltsanalyse derzeit fernab von einer Berechnung in Echtzeit arbeiten. Ist eine Festlegung auf eine Teilmenge von Merkmalen möglich, die ähnliche Leistungskritierien hat, wie die gesamte Menge der Merkmale, so ist diese unbedingt vorzunehmen.

Die *Effizienz* der vorgestellten Gütemaße ist prinzipiell nach den folgenden Kriterien vergleichbar:

- nach der erreichten Güte,
- nach der benötigten Rechenzeit und
- nach der Konvergenzgeschwindigkeit der *Sequential Forward Selection*, in der Indikator für Indikator hinzugezogen wird, bis das Klassifikationsresultat ausreichend erscheint.

Effizienz der Gütemaß

Sequential Forward Selection

Die erreichte Güte der Verfahren ist nicht direkt vergleichbar, da alle Verfahren unterschiedliche Wertebereiche haben. Das Gütemaß *Nächster Nachbar* gibt in Prozent an, wieviele Muster derselben Klasse angehören, die Gütemaße *Interklassenabstand* und *Inter- und Intraklassenabstand* messen die absoluten Abstände zwischen und innerhalb der Klassen. Ein Vergleich dieser Werte ist daher nicht sinnvoll.

Betrachtet man die benötigte Rechenzeit, so ist wiederum keine Entscheidung für ein Güteverfahren möglich, da alle Verfahren für die Berechnung der Gütemaße ungefähr dieselbe Rechenzeit benötigen.

Die Verfahren müssen daher nach der Konvergenz der Sequential Forward Selection beurteilt werden. Hierbei stellt man fest, daß das Gütemaß *Nächster Nachbar* am schnellsten konvergiert. Ein weiterer Vorteil dieses Verfahrens ist, daß es zusätzlich eine marginal kürzere Rechenzeit als die anderen Verfahren aufweist. Es ist daher vorteilhaft, dieses Gütemaß einzusetzen.

Konvergenzgeschwindigkeit

Erkennungsprozeß

Die Klassifizierung kann bei der Erkennung von Genres in zwei Schritten vorgenommen werden:

1. Berechnung der Indikatoren einer Trainingsmenge von Filmen verschiedener Genres und Aufbau von Profilen für jedes Genre
2. Vergleich des zu testenden Films mit allen Profilen über ein euklidisches Distanzmaß. Dasjenige Genreprofil, das dem Testmuster am nächsten ist, identifiziert das erkannte Genre.

Ein Profil stellt eine Charakteristik für eine Musterklasse dar. Zur Berechnung ist daher eine Menge an Trainingsmustern nötig, aus denen ein Profil abgeleitet wird. In Abb. 21-15 auf Seite 772 ist die Farbhelligkeit für die Genres *Nachrichten*, *Comics* und *Musik-Clips* angegeben. Man erkennt, daß sich diese Genres allein durch die Verwendung des Indikators *Farbhelligkeit* unterscheiden lassen. Ein Profil erfaßt daher die mittlere Verteilung der Werte eines Indikators in einer Musterklasse.

Um das Testmuster mit den Profilen vergleichen zu können, kann ein euklidisches Ähnlichkeitsmaß verwendet werden. Das Profil, das dem Testmuster am ähnlichsten ist, wird als erkannt ausgegeben. Nach den Vorüberlegungen der obigen Abschnitte sollte zur Auswahl einer suboptimalen Indikatorenmenge das Gütemaß *Nächster Nachbar* verwendet werden.

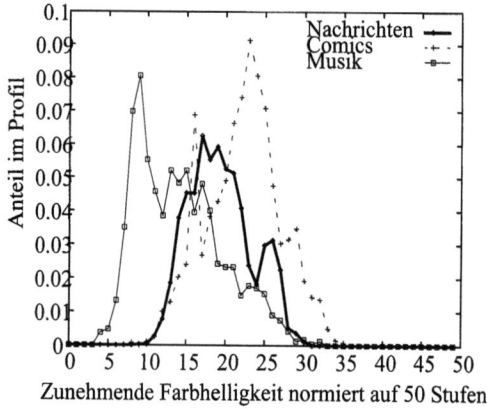

Abb. 21-15 Farbhelligkeit für die Genres Nachrichtensendung, Comics und Musik-Clips.

Unbekannte Profile

Ein Problem dieses Ansatzes liegt darin, daß Testmuster, für die kein Profil existiert, einem der Profile zugeordnet werden. Um diese Schwierigkeit zu umgehen, muß daher untersucht werden, welchen Wert das Ähnlichkeitsmaß nicht überschreiten darf, um Muster, für die kein Profil vorliegt, nicht falsch zuzuordnen. Experimente haben ergeben, daß eine Ähnlichkeit von mindestens 30 Prozent ausreichend ist, um Muster, für die kein Profil existiert, als unbekannt zu klassifizieren [Fis97b].

Die unterschiedlichen Erkennungsraten verschiedener Musterklassen lassen sich mit der unterschiedlichen Homogenität der Klassen erklären. Die Genres *Musik-Clip* und *Werbung* sind inhomogener als das Genre *Nachrichtensendung*, was sich auch in einer schlechteren Erkennungsrate niederschlägt.

Tab. 21-1 Erkennungsrate für die Genres Nachrichtensendung, Comics und Musik-Clips nach [Fis97b].

Musterklasse	Erkennungsrate
Nachrichtensendungen	91,3%
Musik-Clips	87,1%
Tennis	90,1%
Werbung	86,88%
Fußball	89,9%

21.5.2 Texterkennung in Videos

In Fernseh- und Kinofilmen, Nachrichtensendungen oder Sportübertragungen liefert der eingeblendete Text oft wertvolle Zusatzinformationen zu den dargestellten Inhalten: Im Abspann eines Films werden die Namen des Regisseurs und der Schauspieler genannt, in Reporterberichten wird der Ort des Geschehens eingeblendet und bei Fußballübertragungen erscheint der aktuelle Spielstand. Es liegt daher nahe, bei der Analyse von Videosequenzen nach solchen Textvorkommen zu suchen und diese mit den in Abschnitt 21.3 beschriebenen Methoden zu erkennen. In [LS96] wird ein Verfahren zur automatischen Erkennung von Text in Videos beschrieben.

Zeichen, die einer Videosequenz mittels einer Titelmaschine *künstlich hinzugefügt* wurden, zeichnen sich (anders als Text, der zufällig auf Objekten dargestellt ist) u. a. dadurch aus, daß sie *einfarbig* und *formstabil* sind, zum Hintergrund *kontrastieren*, zwecks Lesbarkeit eine bestimmte *Minimal- und Maximalgröße* haben sowie in aufeinanderfolgenden Bildern mehrfach erscheinen und sich dabei nicht oder nur linear *bewegen*. Diese Eigenschaften zieht man bei der Extraktion von eingeblendetem Text in Videos als notwendige Bedingungen heran. Dabei werden Schritt für Schritt weitere Regionen eines Bildes als „Nichttext" identifiziert und von der nachfolgenden Verarbeitung ausgeschlossen, bis auf die verbleibenden Regionen von Zeichenkandidaten ein geeigneter OCR-Algorithmus angewendet werden kann.

Eigenschaften von Te in Video

Zunächst segmentiert man ein Originalbild im Split-and-Merge-Verfahren (siehe Kapitel 4 zu Bildern und Grafiken) hinsichtlich ihres Grauwerts in *homogene Regionen*, so daß alle Zeichen schließlich in einer dieser Regionen enthalten sind. Aufgrund der Annahmen über die *minimale und maximale Größe* von Zeichen können schon einige dieser Regionen verworfen werden.

Verfahren der Textsegmentierung

Im nächsten Schritt bezieht man nachfolgende Bilder in die Untersuchung ein und identifiziert mittels einer *Bewegungsanalyse* korrespondierende Zeichenregionen in aufeinanderfolgenden Bildern. Dabei kommt ein Block-Matching-Verfahren ähnlich dem für MPEG-1 und MPEG-2 verwendeten Verfahren zum Einsatz. Zur Konstruktion der Blöcke wird das Bild binärisiert (Hintergrund Schwarz, Rest Weiß) und vorübergehend jedes weiße Pixel zu einem Kreis erweitert, so daß dicht beisammenstehende Buchstaben zu einer kompakten Region zusammenwachsen. Das umschreibende Rechteck einer solchen Region wird als *Block* bezeichnet. Regionen in Blöcken, die in nachfolgenden Bildern nicht mehr oder nur mit stark unterschiedlichem Grauwert auftauchen, werden nicht weiter betrachtet.

Anschließend werden solche Regionen verworfen, die einen zu geringen *Kontrast* zum Hintergrund aufweisen.

Der nächste Schritt besteht darin, für jeden verbliebenen Block das Verhältnis der Zahl der weißen Pixel zur Zahl der schwarzen Pixel zu berechnen und Regionen in Blöcken, die einen zu niedrigen *Füllfaktor* aufweisen, zu verwerfen.

Zum Abschluß der Segmentierung verwirft man die Regionen in solchen Blöcken, für die das *Verhältnis der Breite zur Höhe* nicht innerhalb eines vorgegebenen Intervalls liegt.

Man hat nun für jedes Bild nur diejenigen Regionen behalten, die mit hoher Wahrscheinlichkeit Buchstaben sind. Zur Übergabe an eine geeignete OCR-Software erzeugt man ein neues Video, in dem für jedes Bild nur die ermittelten Regionen, die als Buchstabenkandidaten gelten, mit ihrem ursprünglichen Grauwert enthalten sind; alle anderen Pixel werden als Hintergrund markiert. Das OCR-Verfahren wird auf jedes Bild separat angewendet. Da jedes Zeichen

OCR der segmentier Bereiche

in der Regel in mehreren aufeinanderfolgenden Bildern, eventuell an einer leicht veränderten Position, auftaucht, ist noch ein *Abgleich* der OCR-Ergebnisse dieser Bilder erforderlich. Dabei bedient man sich der oben erwähnten Bewegungsanalyse und kann gleichzeitig Erkennungsfehler, die in einem einzelnen Bild unterlaufen sind, anhand der redundanten Information korrigieren.

21.6 Abschließende Bemerkungen

Es zeigt sich, daß heutzutage bereits eine Vielzahl von Merkmalen existieren, mit denen Video und Audio inhaltlich untersucht werden können. Eine zuverlässige Inhaltsanalyse ist daher nicht abhängig von der Entwicklung neuer Indikatoren, sondern von der geschickten Kombination dieser Merkmale zur Ableitung semantischer Eigenschaften von digitalen Filmen.

Ergänzung der Verfahren

Im Rahmen dieses Kapitels wurde ein Schwerpunkt auf die Merkmale der Inhaltsanalyse sowie deren Kombinationsmöglichkeiten gelegt. Denkbar wäre z. B. weiterhin die Kopplung der hier vorgestellten Verfahren mit den Analyseergebnissen der Mustererkennung. Im Prozeß der Genreerkennung könnte so bspw. bei einer Klassifizierung des Genres *Nachrichtensendung* zusätzlich nach einem Logo oder einem Sprecher gesucht werden, wenn die Analyseergebnisse die Abgrenzung zu einem weiteren Genre nicht eindeutig klären könnte.

Netzübertragung

Im Rahmen dieses Kapitels wurde ein Schwerpunkt auf die Analyse der Inhalte von lokal vorhandenen Daten gelegt. Es wäre denkbar, die hierbei gewonnenen Erkenntnisse auch für die Übertragung und Speicherung der Daten zu verwenden, z. B. für eine Unterstützung einer inhaltsorientierten Kompression, wie MPEG-4, oder für eine inhaltsorientierte Skalierung der Daten bei Netzübertragungen.

Weiterführende Literatur

Als weiterführende Literatur sei der Leser auf [Jäh97] und als verständlich zu lesenden Übersichtsartikel auf [AZP96] hingewiesen.

Design

Kommerziell erfolgreiche Multimedia-Produkte, die neue Möglichkeiten des Umgangs mit Medien nutzen, werden meist von Designern gestaltet. Dieses Kapitel beschäftigt sich mit den Fragen, welche gestalterischen Ziele in welchem Medium verfolgt werden, und welche Gestaltungsmittel dazu zur Verfügung stehen.

Der primäre Arbeitsbereich von Designern ist die *visuelle Kommunikation*. Visuelle Kommunikation betrachtet u. a. die (schon sehr alte) Entwicklung der Alphabete aus der Zeichensprache. Außerdem liegt sie auch der schriftlichen Kommunikation zugrunde, für die sie als typographische Gestaltung eine wichtige Rolle spielt.

Visuelle Kommunikation

Die Gestaltung multimedialer Produkte stellt neue Anforderungen an das Grafik-Design, die hauptsächlich durch die Verfügbarkeit kontinuierlicher Medien auf dem Rechner bzw. durch verschiedentliche zeitliche Veränderungen (*Dynamik*) und durch *Interaktion* begründet sind. Interaktionsmöglichkeiten werden ausführlich im Kapitel 23 zu Benutzeroberflächen beschrieben. In diesem Kapitel steht *Grafik-Design*, und hierbei speziell die Gebiete *Typographie* und *Layout* sowie die *Herstellung von Bildern* im Vordergrund.

22.1 Designspezifische Eigenschaften von Bildern

Bilder können über eine Einordnung in das Spektrum „abstrakt bis konkret" klassifiziert werden. Eine *Abstraktion* sieht von „zufälligen" Details eines Objekts ab. Stattdessen werden dessen wesentliche Eigenschaften klar herausgearbeitet und diese auf eine größere Menge von Objekten verallgemeinert. Abstrakt/konkret ist also keine Eigenschaft, die einer Darstellung mit absoluter Gültigkeit zukommt, sondern immer nur im Vergleich mit anderen Darstellungen zu sehen.

Klassifikation von Bildern: abstrakt bis konkret

In der bildenden Kunst gehört das Gegensatzpaar *abstrakt/konkret* (bzw. gegenständlich) zum festen Beschreibungsinventar. Kriterium für eine gegenständliche Darstellung ist eigentlich, ob der Betrachter sie als solche akzeptiert, ob er sich also die Verteilung der Farben auf der Fläche durch eine (beliebig subjektive) Projektion physikalischer Gegenstände erklären kann (oder nicht) [Goo73].

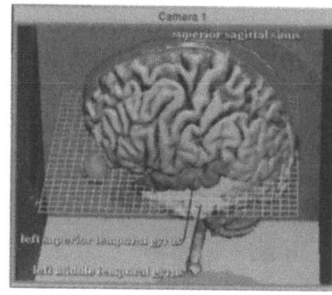

Abb. 22-1
Beispiel eines gegenständlichen, nicht-naturalistischen Bildes aus dem elektronischen medizinischen Atlas VOXEL-MAN.

Gegenständlichen Bildern liegt die Projektion eines räumlichen Sachverhalts zugrunde. Dies muß nicht heißen, daß die Darstellung naturalistisch ist; d. h., Form, Farbe und Oberflächenbeschaffenheit physikalischer Gegenstände müssen nicht eine bestimmte Beleuchtung erfahren oder von einem bestimmten Blickwinkel aus dargestellt sein. Das Bild muß auch nicht unbedingt von einem Abbildungsverfahren bestimmt sein, das der menschlichen Optik möglichst ähnlich ist (siehe Abb. 22-1).

Abstrakte Bilder dagegen wollen keine physikalischen Objekte abbilden. Manche wollen überhaupt nichts abbilden, sondern sind ein reines Spiel von Farben und Formen um ihrer selbst willen. Andere stellen eher assoziativ abstrakte Begriffe und Qualitäten (z. B. menschliche Emotionen) dar.

Ein anderes Klassifikationskriterium ist die *räumliche und zeitliche Dimension* der grafischen Darstellung. So kann man zwischen 2- und 3-dimensionalen Darstellungen und zwischen statischen und bewegten Bildern unterscheiden. Diese Kriterien überschneiden sich mit der Einordnung von Bildern auf der Skala *abstrakt bis konkret*, da schon die Auswahl von *Bewegungszustand* und *Blickwinkel* eine Abstraktion darstellen.

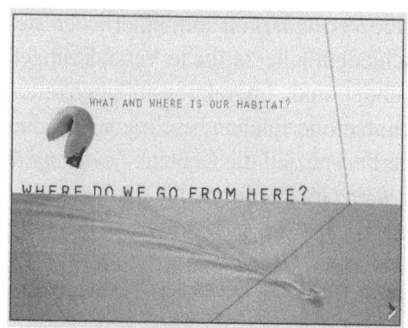

Abb. 22-2
Aus einem Vortrag über die Entwicklung des Gebiets Hypertext: „Fortune cookie", Boot, das eine glatte Wasseroberfläche durchschneidet als Metapher für eine ungewisse, aber vielversprechende Zukunft und die Suche nach dem zukünftigen Standort der Disziplin.

Eine weitere Klassifikationsmöglichkeit ergibt sich aus der *Direktheit der Darstellung* (siehe Abb. 22-2). In metaphorischen, indirekten Bildern ist die Darstellung eines meist konkreten Gegenstandes nicht das eigentliche kommunikative Ziel. Sie dient jedoch dazu, Information über einen anderen, meist abstrakten Gegenstand zu transportieren. Damit dies möglich ist, müssen beide Gegenstände einige relevante Eigenschaften gemeinsam haben.

Obwohl die vorgestellten Klassifikationskriterien relevant für den Gebrauch von Bildern und die Bedeutung der Gestaltung in Multimedia-Produkten sind, (und in den weiteren Ausführungen wiederholt auftauchen werden) werden im folgenden Bilder nach ihrer Funktion in drei Klassen eingeteilt, behandelt: *Visualisierungen*, *Zeichen* und *Illustrationen*.

22.2 Visualisierungen

Infografiken

Visualisierungen, die auch als *Infografiken* bezeichnet werden, dienen der Abbildung eines Sachverhalts: Meistens soll dabei eine Vielfalt von Informationen in eine Form gebracht werden, so daß einem Betrachter entsprechende Interpretationen, Such-, und Vergleichsoperationen wesentlich erleichtert werden. Solche Abbildungen müssen bestimmten Anforderungen genügen. Theorien grafischer Repräsentationen [Pal81, KR95, Kam97] verlangen von einer Abbildung, daß sie Relationen zwischen grafischen Objekten einrichtet, die mit den Relationen zwischen den zu visualisierenden Informationen (bzw. abgebildeten Gegenständen) grundlegende Eigenschaften teilen.

Dies bringt gleichzeitig eine Beschränkung in der Ausdrucksmächtigkeit von Visualisierungen (z. B. gegenüber sprachlichen Umschreibungen) mit sich [SO95]: Bei Benutzung grafischer Mittel liegt es nahe, absolute Aussagen zu treffen. Aus einer thematischen Karte einer Region kann z. B. hervorgehen, daß man im Gebiet X eine Konzentration von n Milligramm des Schadstoffes A pro Kubikmeter Boden festgestellt hat. Dies kann bspw. dadurch geschehen, daß die einzelnen Teilgebiete heller oder dunkler gefärbt werden.

Problematisch wird es, wenn es z. B. anstatt einer Messung um Schätzungen oder Voraussagen der Form „Konzentration liegt minimal bei n und maximal bei m Milligramm" oder „liegt unter der des benachbarten Gebietes" geht. Grafische Aussagen zu relativieren oder miteinander in Beziehung zu setzen, ist zwar möglich, aber nur, wenn ein neues grafisches Vokabulars eingeführt und neue Bedeutungsvereinbarungen getroffen werden: Die ausgefüllten Rechtecke im entsprechenden Teilgebiet können z. B. für die Minimalkonzentration stehen, zusätzliche leere Rechtecke die Maximalkonzentration angeben. Auch Beziehungen zwischen Werten können durch neue Zeichen ausgedrückt werden. Mit neuen Definitionen entfernt sich die Darstellung jedoch immer weiter von einer Visualisierung: Deren intuitive, unmittelbare Verständlichkeit begründet sich in der Tatsache, daß die Information mit Hilfe weniger, im Gegensatz zur Sprache weder arbiträrer noch diskreter, Vereinbarungen kommuniziert wird [RKKB98].

22.2.1 Gegenständliche Visualisierungen

Ein wichtiger Typ von Visualisierungen ist die gegenständliche Visualisierung. Diesen Visualisierungen liegt, wie allen gegenständlichen Darstellungen, die Projektion eines räumlichen Sachverhalts zugrunde. Die Lage der Walzen in einem Kopiergerät, die Raumaufteilung in einem Gebäude, die relative Position und Bewegung der Beteiligten an einem Verkehrsunfall sind drei Beispiele hierfür. Die Verteilung der Farbe auf der Bildfläche läßt also in der Regel auf die Verteilung realer Objekte in einem 3-D-Raum schließen. Gegenständliche Visualisierungen werden oft als mehr oder weniger *schematisch*-charakterisiert detailliert; dies hängt von den erwünschten Aussagen über Form, Oberflächenbeschaffenheit und Verteilung der realen Objekte ab.

Gegenständliche Visualisierungen

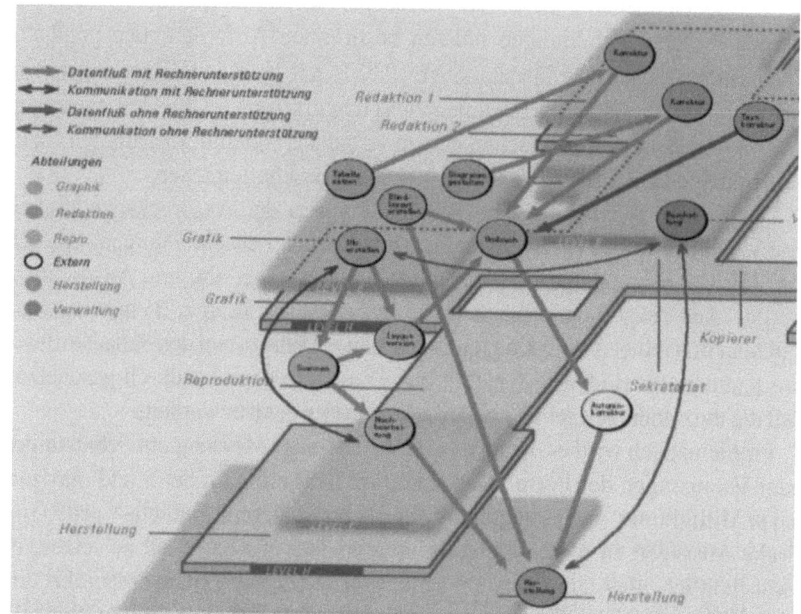

*Abb. 22-3
Darstellung des
Workflows und der
Vernetzung innerhalb
eines Unternehmens;
den Hintergrund bildet
ein Plan des
Firmengebäudes.*

Bekannte Typen gegenständlicher Visualisierungen sind Landkarten, Stadtpläne, U-Bahn-Karten und Gebäudepläne bzw. Querschnitts- und Explosionszeichnungen (siehe Abb. 22-3). Bei gegenständlichen Visualisierungen ist die Verwendung von Bewegtbildern relativ weit verbreitet.

Gegenständliche Visualisierungen können aber auch *abstrakte Daten* enthalten. Meistens wird zu diesem Zweck die Farbe der Bildpunkte anders belegt als mit der Eigenfarbe und Beleuchtung des Gegenstandes und gibt als abstrakte Information den Wert einer Variablen wieder, der sich in Abhängigkeit der Position im Raum verändert: Beispiele sind die Schadstoffkonzentration in einer Region oder die Temperaturverteilung auf der Oberfläche eines Werkstücks.

22.2.2 Abstrakte Visualisierungen

*Abstrakte
Visualisierungen,
Diagramme*

Abstrakte Visualisierungen werden als *Diagramme* bezeichnet. Diagramme stellen rein abstrakte relationale Daten dar. Sie enthalten keine geometrische Information, die von vornherein grafischer Natur ist. Somit kann man hier nicht von der „geometrischen" Verteilung der zu visualisierenden Information auf die Verteilung der grafischen Objekte auf der Bildfläche schließen. Es gilt daher bei der Gestaltung von Diagrammen erst einmal, die grundsätzliche Form der Darstellung zu finden: Bekannte Formen sind hier Balken-, Torten-, Netzwerk- oder Liniendiagramme sowie Darstellungen, die auf Koordinatensystemen beruhen.

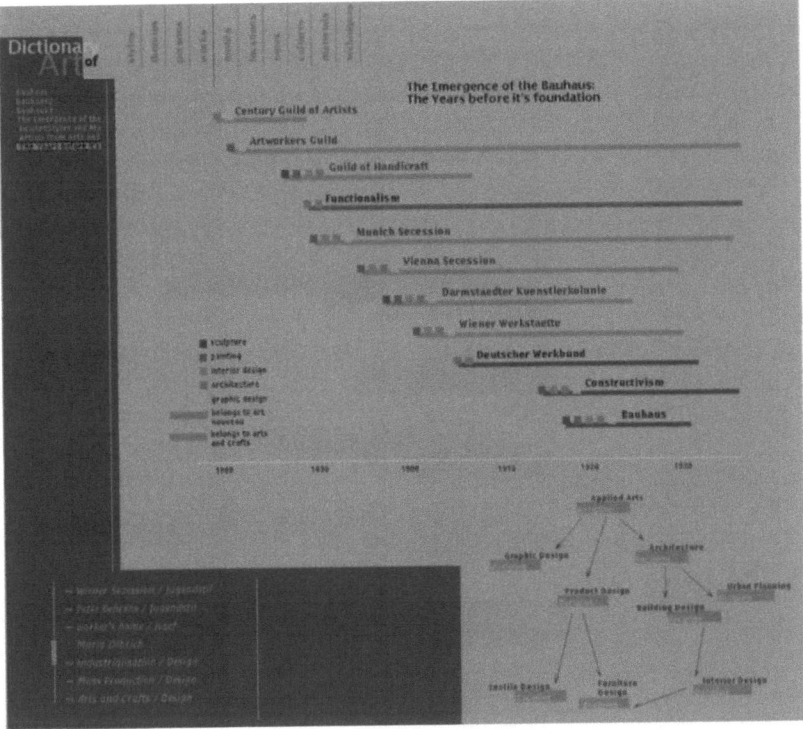

Abb. 22-4
Verwendung von Diagrammen als Navigationsmittel in einem multimedialen Kunstlexikon, aus [KR95].

Allgemeiner gesprochen kommunizieren Diagramme Sachverhalte mit Hilfe von grafischen Ausdrucksmitteln, wie Farbe, Form, Größe, relative Position der grafischen Objekte bzw. Verbindungen zwischen diesen. Diese grundlegenden Ausdrucksmittel, auf denen auch die genannten Diagrammformen aufbauen, lassen sich allerdings nahezu beliebig kombinieren, so daß in der Praxis eine Vielfalt von Zwischenformen und neuen Typen auftaucht [Har96].

Zur Visualisierung rein abstrakter Daten werden Bewegtbilder seltener eingesetzt, häufig aber sind die Darstellungen interaktiv.

22.2.3 Herstellung von Visualisierungen

Viele Visualisierungen, vor allem im Gebiet der sog. „Scientific Visualisation", sind sehr komplex, und ihre Herstellung ist meist aufwendig. Fortschritte in der Computergrafik ermöglichen es, den *ausführenden Teil* der Produktion von Visualisierungen *zu automatisieren*. Besonders interessant ist dies in den Fällen, in denen konkrete Daten, die sich ständig ändern, automatisch in eine Visualisierungsform „eingefüllt" werden können, die für eine bestimmte Kombination von Datentypen geeignet ist.

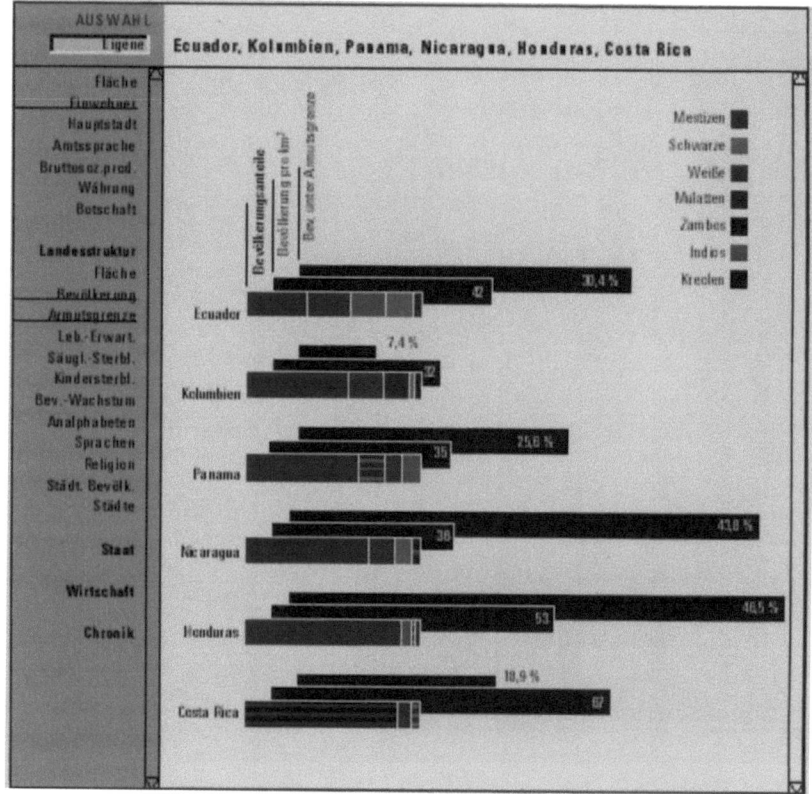

Abb. 22-5
Beispiel für eine dynamische Visualisierung, die eine quantitative Information in Balkendiagramme umsetzt.

Die Arbeit eines *Infografikers* erfordert eine recht spezielle Qualifikation innerhalb des Feldes der grafischen Gestaltung. Visualisierungen sind keinem so raschen modischen Wandel unterworfen wie andere Ergebnisse der grafischen Gestaltung. Da Infografiken neben grafischen und (seltener) bildhaften Elementen auch typografische Elemente enthalten, sind gleichzeitig die Anforderungen, die sich aus deren stilistischer Integration in die Gesamtgestaltung ergeben, besonders hoch. Diese Faktoren müssen bei einer arbeitsteiligen Herstellung eines Multimedia-Produktes beachtet werden.

22.2.4 Richtige und falsche Visualisierungen

Andere Arten von Bildern, wie Zeichen und Illustrationen, können teilweise objektiv, teilweise auch subjektiv eingestuft werden, z. B. als *häßlich* oder *wenig einprägsam*. Dies geschieht dann, wenn sie ihre Aufgabe nicht richtig erfüllen. Visualisierungen können regelrecht falsch sein („nicht-expressiv" in der einschlägigen Terminologie). Dies ist dann der Fall, wenn die eingerichteten grafischen Relationen und Objekte wichtige Eigenschaften der Datenrelationen, für die sie stehen, nicht aufweisen. Als „falsch" bezeichnet man es auch, wenn in den Daten Eigenschaften kommuniziert werden, die überhaupt nicht enthalten sind

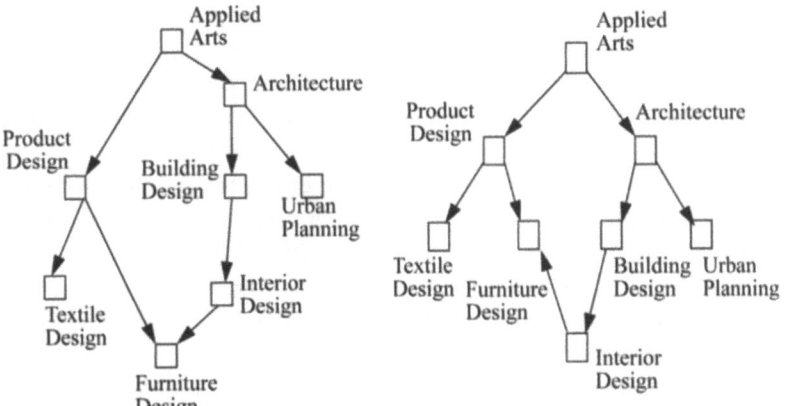

Abb. 22-6
Beispiel einer irreführenden Visualisierung.

Folgendes Beispiel [KR95] in Abb. 22-6 visualisiert die Zusammenhänge von Teilgebiet, -bereich und -disziplin. Dies bedeutet:
- „Furniture Design" erscheint als Oberbegriff von „Interior Design"
- Erst beim näheren Hinsehen stellt man fest, daß die beiden Abstraktionsleitern, die „Applied Arts" und „Furniture Design" verbinden, ungleich lang sind.

In der rechten Darstellung von Abb. 22-6 wird
- Die konsistente Richtung der Pfeile (von oben nach unten) nicht mehr eingehalten;
- Eine Symmetrie erzwungen, die (real) nicht vorhanden ist (Knoten in Ebenen als ausgewogener Baum);
- Die implizit zu visualisierende „Transitivität" bezüglich der Beziehungen zwischen den Knoten ist nur unvollständig visualisiert.

Eine weitere Quelle fehlerhafter Visualisierungen sind *Interferenzen*, die den rein formal-grafischen Vergleich von Größen, Längen oder Farben stören. Dies trifft vor allem bei Diagrammen zu. Relativ häufig finden sich Darstellungen, in denen das Hinzufügen von Perspektive oder Volumen die Größenwahrnehmung der grafischen Objekte beeinflußt [Har96] und damit fehlerhafte Assoziationen suggeriert. Ein Beispiel hierzu ist in Abb. 22-7 dargestellt.

Abb. 22-7
Die perspektivische Verzerrung erschwert den exakten Größenvergleich zwischen den Balken eines Balkendiagramms.

22.3 Zeichen: Logos, Icons und Piktogramme

Visuelles Etikett

Logos, Icons und Piktogramme sollen den Gegenstand nicht erklären, sondern lediglich identifizieren, ihm sozusagen ein visuelles Etikett verpassen. Nur bei Piktogrammen funktioniert die Identifikation in der Regel über eine schematische gegenständliche Darstellung.

Logos

Bei *Logos* bekommt die Abbildung eines realen Gegenstandes, wenn sie denn überhaupt benutzt wird, einen völlig anderen Charakter: Der abgebildete Gegenstand wird zum *Zeichen* für einen anderen Gegenstand. Beispielsweise kann das Bild eines Globus stellvertretend für eine ganze Produktpalette an Landkarten und damit für eine Firma stehen. Die Abbildung des Globus ist hierbei also gar nicht Ziel der Darstellung, sondern lediglich Mittel zum Zweck, also im weiter oben eingeführten Sinn eine *indirekte Abbildung*.

Besonders wenn der zu identifizierende Gegenstand einen gewissen Grad an Abstraktheit besitzt, wird die Assoziation statt über einen weiteren Gegenstand oft über rein formale grafische Eigenschaften des Bildes hergestellt. So könnte z. B. eine Organisation über eine Punktmenge (viele Punkte, viele Mitarbeiter) dargestellt werden oder eine Dienstleistung eine offene Hand als Logo erhalten. Das Ineinandergreifen von Formen kann z. B. das Zusammenspiel von Komponenten verdeutlichen; grafische Formeln für Bewegung können einen dynamischen Prozeß andeuten. Führt man dieses Prinzip weiter, so kommt man zur Verwendung von rein konventionalisierten grafischen Zeichen (wie etwa Pfeilen). Man kommt dann in der Grafik auch zu rein typografischen Zeichen.

Die Qualität eines Zeichens hängt in erster Linie von der Unverwechselbarkeit, Originalität, Eindeutigkeit und Einfachheit der grafischen Form ab. Hinzu kommen Gestalt- oder Anmutungsqualitäten, die oft in Gegensatzpaaren erfaßt werden [Kur94], wie dynamisch/statisch, streng/locker, weich/hart, traditionell/modern.

Icons

Icons verhalten sich in vielen Eigenschaften wie Logos – eine allzu naturalistische, detailgetreue Darstellung läuft dem eigentlichen Zweck zuwider: Das Drucker-Icon in der Symbolleiste eines Programms muß z. B. für einen generischen Drucker stehen: Visuelle Eigenheiten eines bestimmten Druckertyps oder -modells haben im Icon nichts zu suchen. An Icons kann man gut beobachten, wie reduzierte Abbildungen zu konventionalisierten Formen „gerinnen"; so kommt es, wie in diesem Beispiel, daß vielfach immer noch von Matrix-Druckern abgeleitete Zeichen als Drucker-Icons Verwendung finden. Das Zeichen hat im Laufe der Zeit eine gewisse Eigenständigkeit gewonnen.

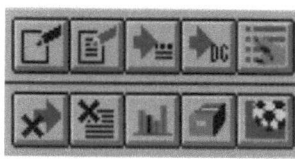

Abb. 22-8 Serie von Icons für den Redakteursarbeitsplatz der dpa (Deutsche Presseagentur).

Fast immer werden nicht einzelne Icons benötigt, sondern eine ganze Serie, wie in Abb. 22-8 dargestellt. Die größte Schwierigkeit liegt hier in der Entwicklung einer kohärenten Formensprache, die gleichzeitig reich genug ist, für jede Operation ein Zeichen bereitzuhalten.

22.4 Illustrationen

Illustrationen wollen Aufmerksamkeit auf einen Text lenken, ihn dekorieren oder auflockern, aber sie stehen immer in starkem Bezug zu einem schriftlichen Text. Meist ist die Illustration *gegenständlich* und hat sehr oft *indirekten Charakter*, wobei die Beziehung zwischen dem abgebildeten Gegenstand und den Inhalten nicht metaphorisch sein muß. Die Illustration nutzt das gesamte Spektrum rhetorischer Figuren, die sich in den schriftlich fixierten Strategien zur Ideenfindung für Designer gut beobachten läßt.

Die Illustration überschreitet oft die Grenze der reinen Darstellung: Sie kann eine Analogie zu einem anderen Gebiet sichtbar machen, einen neuen Aspekt herausarbeiten oder „einen ironischen Kommentar abgeben".

Stärker als Visualisierungen oder Zeichen ist die Illustration subjektiv geprägt und immer auf der Suche nach originellen Bildwelten. Dies führt zu einer großen stilistischen Vielfalt, die durch die Verwendung aller im folgenden beschriebenen Techniken zur Bilderzeugung entsteht. Die *ästhetische Ausrichtung* ist hier besonders wichtig: Illustrationen wirken in erster Linie dadurch, daß sie eine Stimmung erzeugen oder bestimmte Assoziationen wecken. Die *Individualität* der verschiedenen Illustrationsstile spiegelt sich auch darin wider, daß die Illustration meist vom *Art Director* in Auftrag gegeben wird. Die Abstimmung des Illustrationsstils mit der ästhetischen Strategie des Multimedia-Produkts geschieht also schon durch Auswahl des Illustrators; nicht dadurch, daß dieser sich flexibel den stilistischen Erfordernissen des jeweiligen Auftrags anpassen würde.

*Abb. 22-9
Ankündigung einer Konferenz zum Thema „Einführung elektronischer Medien in der Verwaltung". Die Illustration wählt eine technische Verbindung als Metapher für diese Einführung und deutet an, wo die Herausforderung des POLIKOM Projektes liegt, nämlich in der Verschiedenheit der Welten „Verwaltung" und „Technik".*

22.5 Techniken zur Bilderzeugung

Bisher wurde hauptsächlich die *Gestaltung* als Produktion statischer oder bewegter Bilder beschrieben bzw., welche unterschiedlichen Funktionen die verschieden Arten von Bildern erfüllen können. Welche gestalterischen Mittel hierbei zur Verfügung stehen, hängt eng mit der Technik zusammen, die zur Erzeugung der grafischen Darstellungen verwendet wird.

Charakteristische Mikrostruktur

Theoretisch kann mit jeder Technik jedes realisierbare Bild erzeugt werden. In der Praxis aber bringen die unterschiedlichen Techniken verschiedene Arten des Farbauftrags oder der Einfärbung ganzer Bildregionen mit sich, die zu einer *Mikrostruktur* führen, die für die jeweilige Technik *charakteristisch* ist. In Zeichnung und Malerei bestimmen Untergrund, Malmaterial, Lösungsmittel und nicht zuletzt die Motorik des Malers die Mikrostruktur (den sog. *Duktus*) des Bildes. Bei Zeichnungen, die mit Hilfe von Zeichenprogrammen hergestellt werden, sind es die zur Verfügung stehenden Operationen (bspw. Fläche gleichmäßig mit Farbe füllen oder Verlauf definieren), die die Mikrostruktur des Bildes bestimmen. Dies gilt genauso für die Animationen in Form von Zeichentrickfilmen.

Sowohl bei Fotografie, Film und Video als auch bei Grafik und Computeranimation beeinflußt der Gestalter das Ergebnis durch Manipulation einer realen oder virtuellen Szene, aus der durch einen *Projektionsvorgang* Bilder gewonnen werden. Somit erfolgt keine direkte Manipulation auf der Bildfläche. Die Einflußmöglichkeiten des Gestalters beschränken sich bei manchen Typen von Fotografien auf die reine Auswahl von *Sujet*, *Bildausschnitt* und *Zeitpunkt der Aufnahme*. Bei der *Studiofotografie* können zudem Aufnahmewinkel, Beleuchtung und Anordnung der abgebildeten Objekte verändert werden. Bei *Computergrafik* und *-animation* sind auch Objektform und Oberflächenbeschaffenheit beliebig manipulierbar. Häufig konzentriert sich die Arbeit des Fotografen darauf, unerwünschte, ablenkende Details, wie doppelte Schatten und Reflexe, Verunreinigungen oder Verzerrungen, zu unterdrücken und eine prototypisch zugespitzte Ansicht des Objekts zu erhalten. Bei Computergrafik und -animation sind dagegen ausdrückliche Anstrengungen nötig, um das Bild mit Details anzureichern.

Im allgemeinen haben Zeichnungen und Malerei einen subjektiv-expressiven Charakter, während Fotografien neutraler und objektiver wirken und Computergrafik und -animation immer etwas idealisierend-künstliches anhaftet [HR89].

Fast immer findet eine Spezialisierung auf eine der verschiedenen Techniken statt, da ihre Beherrschung jeweils sehr unterschiedliche Qualifikationen verlangt.

22.6 Typographie

Neben der Produktion von Bildern ist die zweite Aufgabe des Grafik-Design die visuelle Umsetzung des Textes, d. h., die typographische Gestaltung und die Aufteilung der Druck- bzw. Bildschirmseite.

Typographische Gestaltung

Die primäre Information, die mitgeteilt werden soll, stammt hier von einem Autor und nicht vom Gestalter selbst. Die Grundbausteine, mit denen der Gestalter arbeitet, der Text und die Zeichen des Alphabets, sind vorgegeben. Der Beitrag des Autors versteht sich immer „in Funktion" der primären textuellen Botschaft als Strukturierung dieser Botschaft oder als Kommentar zu ihr. Dieser Beitrag ist weiterhin an die Konventionen der lateinischen Schrift und an die Regeln der Lesbarkeit gebunden, auf die der Gestalter keinerlei Einfluß hat. Dies macht die Kommunikation zu einer sekundären und die Typographie zu einer *angewandten* statt *freien* Disziplin.

Dies soll nicht heißen, daß es für jedes typographische Problem nur genau eine Lösung gibt. Im weiteren Sinne umfaßt *Typographie* die Gesamtgestaltung einer Publikation oder eines Multimedia-Produktes als ästhetisches Objekt und damit Entscheidungen für eine bestimmte Schriftart, für oder gegen ein Gestaltungsraster oder eine bestimmte Seitenaufteilung. Dieser Bereich von Entscheidungen, die vergleichsweise frei ästhetisch sind, wird auch als *Makrotypographie* bezeichnet, im Gegensatz zur *Mikrotypographie*, die sich mit den Details von *Schrift* und *Schriftsatz* befaßt [Hoc87].

Typographie

Makrotypographie
Mikrotypographie

Vor allem die Detailtypographie kennt zwar feste Regeln, diese präsentieren sich jedoch als Insider-Wissen: Ein gutes Beispiel sind die Probleme der Orthotypographie, wie die Verwendung richtiger oder falscher Anführungszeichen oder Unterschiede zwischen Gedankenstrichen und Trennstrichen. Aber auch die Charakteristika von Druckschriften und die Unterscheidung zwischen echten und falschen Kursiven und Kapitälchen sind Uneingeweihten nicht ohne weiteres zugänglich.

Die Fragen der Zuordnung von Schriftattributen zu den verschiedenen Elementen und die Wahl der richtigen Abstände sind schwieriger zu beantworten, da hier meist viele mögliche Lösungen existieren. Die Abstände dienen dem Zweck, die natürliche hierarchische Gliederung des Textes – Buchstaben formen sich zu Wörtern, Absätzen und Abschnitten – visuell umzusetzen. Die Typographie nimmt dabei Konstruktionen, wie Zeilen und Spalten, zu Hilfe, um die zur Verfügung stehende Fläche nachvollziehbar zu füllen.

Abb. 22-10 stellt eine „typographisch korrekte" Darstellung in einem fiktiven Kochbuch dar.

Abb. 22-10 „Korrekte" Gestaltung.

Abb. 22-11 zeigt mögliche Fehler in der mikrotypographischen Gestaltung anhand eines multimedialen Kochbuchs. Aus Gründen der Klarheit wird hier eine Häufung drastischer detailtypographischer Fehler abgebildet, wie sie in der Praxis wohl (hoffentlich) nicht auftreten wird.

Abb. 22-11 Beispiel für mögliche Fehler in der mikrotypographischen Gestaltung.

22.6.1 Layout

Wichtigste Aufgabe der *Makrotypographie* (auch „Layout") ist es, den Aufbau von Dokumenten in der Verteilung ihrer Elemente (Textblöcke, Bilder, grafische Elemente) auf der Fläche und durch frei wählbare Textattribute und Formatierungsparameter festzulegen.

Die meisten Funktionen der Typographie, die über die reine Unterstützung linearen Lesens hinausgehen, bspw. die Ermöglichung eines selektiven Lesens oder Konsultierens, werden durch makrotypographische Mittel realisiert. Eine Übersicht findet sich bei [WF97]. Das kann bedeuten, einen Text als Fußnote oder Marginalie zu formatieren, um damit klarzumachen, daß er übersprungen werden kann, ohne daß dadurch die Kohärenz des Gesamttextes gefährdet wäre. Ein anderes Beispiel ist die deutliche Trennung von Abschnitten, verbunden mit einer Betonung ihrer Überschriften, wodurch diese als alternative Einstiegspunkte zum Lesen markiert werden.

Die Makrotypographie kann im Gegensatz zur Detailtypographie auch zur Interpretation des Textes beitragen: Die Information, daß zwei Texte aus unterschiedlichen Quellen kommen, daß ein Text den anderen kommentiert, einführt oder erweitert, wird üblicherweise durch eine Kombination sprachlicher und makrotypographischer Mittel ausgedrückt [RK97].

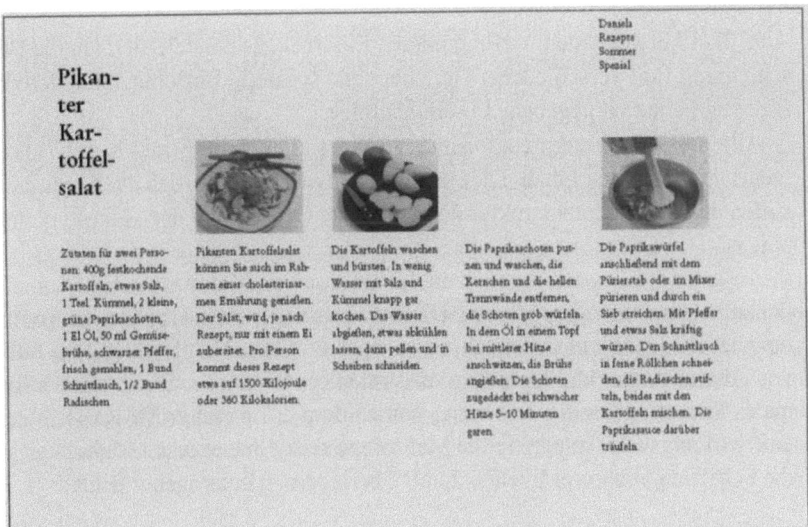

Abb. 22-12
Beispiel für Fehler in der makrotypographischen Gestaltung.

Abb. 22-12 und Abb. 22-13 auf Seite 788 zeigen zwei makrotypographisch fehlerhafte Versionen des schon bekannten „Kochbuch-Beispiels". Im Beispiel der Abb. 22-12 werden alle Elemente gleich behandelt – mit dem Resultat, daß diese Seite erscheint, als ob ein Rezept ohne Zutatenliste und Beschreibung abgebildet ist, das sich stattdessen in fünf Schritte gliedert. Darüber hinaus scheint das erste Foto sich nur auf den ersten Schritt des Rezeptes zu beziehen.

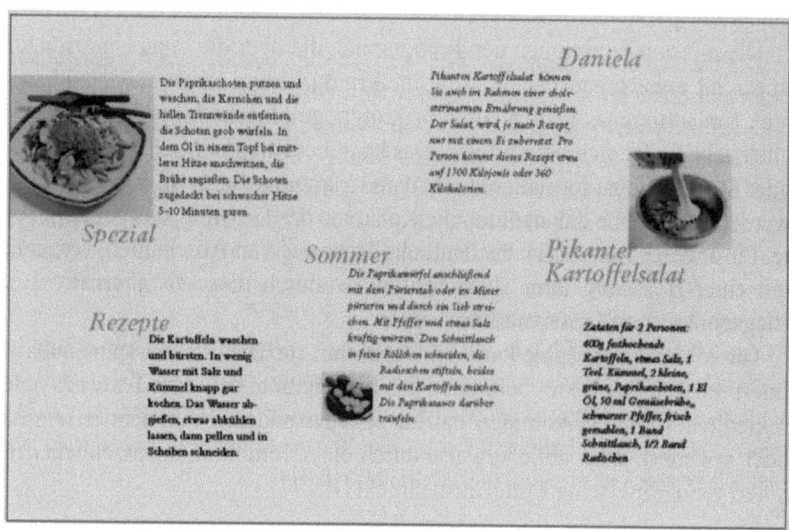

Abb. 22-13 Beispiel einer irreführenden Beschreibung.

Abb. 22-13 erweckt den irreführenden Eindruck, es handele sich um die Beschreibung fünf verschiedener Gerichte ohne spezielle Beziehungen untereinander und ohne vorgegebene Lesereihenfolge.

Kommunikation der Datenstruktur

Alle diese Fehlinterpretationen beziehen sich auf die Struktur des Dokuments, nicht auf den Inhalt. Dies unterstreicht die Tatsache, daß die Kommunikation der Dokumentenstruktur der wichtigste Gegenstand der Makrotypographie ist.

Integration von Bildmaterial

Aufgabe des Layouts ist auch die Integration von Material aus unterschiedlichen Bilderzeugungsprozessen. Dies ist wegen der unterschiedlichen Anmutung der Bilder oft ein ästhetisch schwieriges Problem. Hier existiert eine Fülle von Abgrenzungs- und Kombinationsstrategien. So kann z. B. ein starkes formales Korsett, etwa die Verteilung von Bildern auf gleichgroße Rasterfelder, eine wirkungsvolle integrierende Maßnahme sein. Eine andere Möglichkeit ist die Schaffung mehrerer Ebenen durch Überlagerung heterogener Bilder.

22.7 Ästhetik

Einordnung in Stilrichtungen

Die Ästhetik im Grafik-Design ist untrennbar verbunden mit der entsprechenden Stilgeschichte dieser Disziplin. Da in den angewandten Künsten, wie dem Grafik-Design, der Spielraum für die Entwicklung neuer ästhetischer Effekte begrenzt ist, lassen sich die meisten Arbeiten weitgehend in existierende ästhetische Prinzipien einordnen. [FOS98] ordnen in ihrem sehr vollständigen Überblick das typographische Schaffen dieses Jahrhunderts in 4 Gruppen; Leu identifiziert in dem 1993 vorgelegten Entwurf einer Stilkunde 12 verschiedene Stilrichtungen [Leu93] (ohne Anspruch auf Vollständigkeit zu erheben). Inwieweit eine Klassifikation der stilistischen Vielfalt der grafischen und typographischen Gestaltung gerecht werden kann, ist fraglich. Zur Beschreibung dieser Vielfalt werden zu Recht immer wieder ähnliche Kategorien verwendet, hinter denen konkurrierenden Grundhaltungen erkennbar sind: Die Bewahrung der Tradition, der Primat der Funktion oder das Bemühen um individuellen Ausdruck gestalterischer Stile.

Die *Tradition*, an der sich die heutige grafische Gestaltung orientieren kann, geht bis auf die Anfänge des Buchdrucks zurück. Eine Gestaltung, die diese Tradition in den Vordergrund stellt, richtet sich in ihrem Vokabular in der Regel nach historischen Reproduktionstechniken. Ganz typisch ist die Beschränkung bei der Schriftwahl auf Renaissance-, Barock- oder klassizistische Antiqua-Schriften. Ebenso sind dies die Arbeit mit einfarbigen Bildern auf weißem Grund, die oft, wie die Ornamente, die hier Verwendung finden, als Strichzeichnungen vorliegen. Eine an der Tradition orientierte Gestaltung will dieses beschränkte Vokabular nicht erweitern, sondern innerhalb seiner Grenzen eine vollkommene Ausgewogenheit herstellen (bspw. zwischen dem Gewicht der Schrift und dem der Illustration oder zwischen bedruckter und unbedruckter Fläche). Außerdem strebt man hier (statt einer Neuerung) eine perfekte Durchgestaltung im typographischen Detail an.

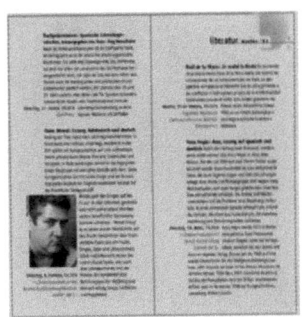

Abb. 22-14 Veranstaltungskatalog als Beispiel für funktionales Layout.

Die *funktionale Gestaltung* stellt die Strukturierung der Textbotschaft in den Vordergrund und strebt nach Klarheit und Neutralität. Gleichzeitig verbindet man mit funktionaler Gestaltung bestimmte Stilelemente, die sich aus der Entstehung der funktionalen Gestaltung, als Gegenbewegung zu einer bestimmten traditionsbestimmten Gestaltungspraxis, erklären lassen. So gehört zur funktionalen Gestaltung die Verwendung serifenloser (selten serifenbetonter) Schriften, die asymmetrische Ausrichtung des Materials (oft gesteuert durch ein Gestaltungsraster) und die Vorliebe für Fotografien, wenn es um illustrierende Bilder geht (siehe z. B. Abb. 22-14). Die funktionale Gestaltung ist einem gewissen Wandel unterworfen, bspw. waren bisher die „extrem kühlen", streng konstruierten Schriften, wie die Helvetica, lange typische Vertreter für einen funktionalen Stil. Inzwischen werden zunehmend andere serifenlose Schriften wie die Syntax, die Frutiger oder die Meta eingesetzt.

Funktionale Gestaltung

Abb. 22-15
Plakat eines literaturwissenschaftlichen Congresses als Beispiel expressiver Gestaltung.

Bei einer *Gestaltung*, die auf *Stärke des Ausdrucks* abzielt, spielen modische Strömungen die größte Rolle und sorgen für ein schnelles Entstehen und Verschwinden neuer Stilrichtungen. Visuelle Effekte haben hier eine viel stärkere Bedeutung als bspw. eine klare Darstellung der Dokumentenstruktur. Oft dient z. B. der Text nur als Basismaterial zur Konstruktion grafischer Formen oder Texturen. Texturen treten in einem formal-ästhetischen Kalkül auf [RKKB98].

expressive Gestaltung

Um dem vertrauten Zeichensystem der lateinischen Schrift neue Seiten abzugewinnen, benutzt die *expressive Gestaltung* verfremdende Mittel, wie Störung und Verzerrung von Schrift: Text mutiert zum grafischen oder sogar zum bildhaften Element. Vielfach ist nicht eine *Ausgewogenheit* das Ziel dieser Gestaltung, sondern im Gegenteil *Spannung* oder *Ungleichgewicht* (siehe Abb. 22-15). Mit diesen Zielen und Mitteln steht die expressive Gestaltung oft in Opposition zu den Gesetzen der Lesbarkeit. Ihr primäres Betätigungsfeld liegt daher auch im Bereich der Medienprodukte, bei denen das Erregen von Aufmerksamkeit und der ganzheitliche Eindruck wichtiger sind als die Strukturierung und verständliche Aufbereitung komplexer Inhalte.

Abschließend sei angemerkt, daß die Benutzung der verschiedenen Formeln der Expressivität, aber auch die traditionelle, funktionale oder expressive Grundhaltung von einer ideologischen Streitfrage zusehends zu einer Frage des zur Verfügung stehenden Repertoires wird (siehe hierzu auch [FOS98]).

Benutzungsoberflächen

Kapitel 23

Multimedia wäre ohne jegliche Bedeutung, wenn die Anwendungen nicht die zur Verfügung stehenden Medien an der Schnittstelle zur Ein- und Ausgabe ausnutzen würden. Medien bestimmen nicht nur *wie*, sondern auch wie gut die Mensch-Computer-Interaktion erfolgt. Bei den ersten Computern mußten Benutzer bspw. zum Starten der Computer noch über Schalterstellungen diverse Adressen und teilweise auch Befehle angeben. Interaktionen von Benutzern mit Computern erfolgten über das Medium „Text". Lochkarten waren die Eingabe und Papier die einzige Ausgabe. Auch bei den Bildschirmen wurde fast ausschließlich mit Text gearbeitet. Später wurden Anwendungen über Textmenüs gesteuert, was die Eingabe für die Benutzer zwar vereinfachte, aber diese mußten sich auf jeden Fall weiterhin an den Computer anpassen.

Geschichtliche Entwicklung

Die wichtigste Neuerung brachte die Entwicklung grafischer Benutzungsoberflächen mit sich. Technisch definiert sich eine grafische Benutzungsoberfläche durch die Möglichkeit, bei Anzeige und Interaktion jeden einzelnen Bildschirmpixel anzusteuern – im Gegensatz zum groben Zeichenraster bei ASCII-Terminals. Dies ist jedoch nur die Voraussetzung für die in diesem Zusammenhang relevantere Eigenschaft grafischer Benutzungsoberflächen, nämlich die Benutzung grafischer oder typographischer Mittel, um die Daten und die möglichen Operationen zu präsentieren. Visualisierung ist also die eine Seite einer grafischen Benutzungsoberfläche – die andere ist die grafische Interaktion (*point and click*).

Technik

Grafische Benutzungsoberflächen – mit der Maus als wesentliches Eingabegerät – erleichterten die Mensch-Computer-Interaktionen erheblich. Benutzerfreundlichkeit wurde von nun an groß geschrieben und ist weiterhin eine wesentliche Eigenschaft einer guten Benutzungsoberfläche. Was Benutzerfreundlichkeit jedoch bedeutet und wie sie erreicht werden kann, ist nicht unbedingt immer klar zu definieren. Dies kann man an vielen kommerziellen Anwendungen stets aufs neue feststellen. Eine Reihe von Maßnahmen tragen zu einer benutzerfreundlichen Benutzungsoberfläche bei, doch diese sind nicht problemlos miteinander kombinierbar. Immer wieder kommt es zu Zielen, die in Konflikt zueinander stehen. Einerseits soll die Benutzungsoberfläche intuitiv und leicht erlernbar sein, andererseits sollen sowohl Gelegenheitsbenutzer als auch Profis effizient mit ihr umgehen können. Oft scheitert die Gestaltung

Benutzerfreundlichkeit

einer Benutzungsoberfläche bereits an einer unklaren Definition ihrer Zielgruppe.

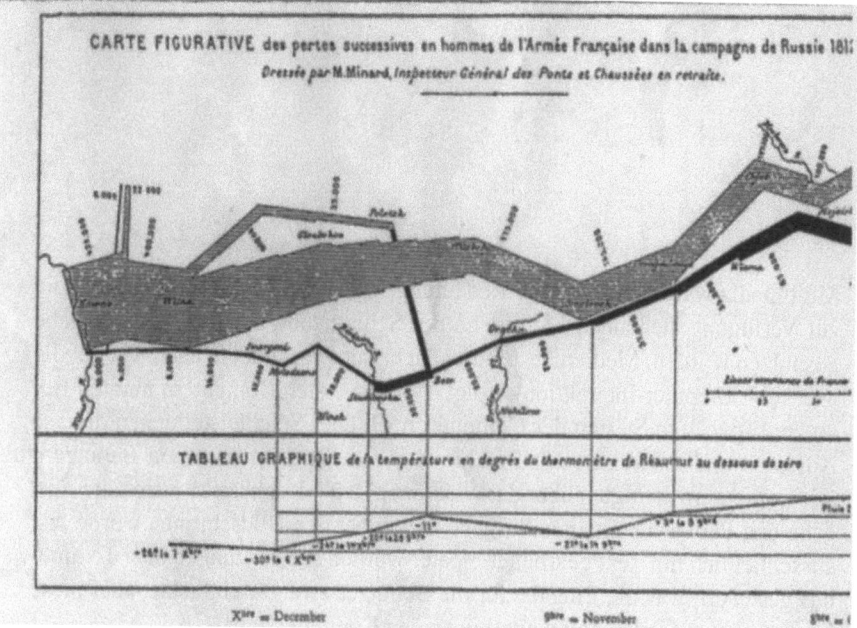

Abb. 23-1 Marsch von Napoleon.

Ein Beispiel einer sehr übersichtlichen (nicht neuen) Darstellung in Abb. 23-1 zeigt den Marsch von Napoleon nach Moskau und zurück. Hier werden Truppenstärken, Temperaturen und der Weg dargestellt.

Im vorliegenden Kapitel werden eine Reihe allgemeingültiger Aspekte zur Konzeption von Multimedia-Benutzungsoberflächen vorgestellt (siehe auch [Shn97] und http://www.aw.com/DTUI).

Anhand eines Beispiels wird das vorher diskutierte Spannungsfeld benutzerfreundlicher Benutzungsoberflächen verdeutlicht, wobei verschiedene Prinzipien sowie deren Vor- und Nachteile beschrieben werden. Eines der Prinzipien, welches sich mittlerweile als Quasi-Standard herausgebildet hat, die direkte Manipulation, wird anschließend noch detaillierter vorgestellt. Danach folgt eine Übersicht über existierende Komponenten moderner Benutzungsoberflächen, sog. *Widgets*. Das Kapitel endet mit einem Ausblick auf Nicht-Standard-Interaktionsformen, also solche Mensch-Computer-Interaktionen, die nicht auf Maus und Tastatur beruhen.

23.1 Beispiel: Ferngesteuerte Videokamera

Als Beispiel, anhand dessen man einige der für die Gestaltung von Benutzungsoberflächen wichtigen Fragen aufwerfen kann, wird zunächst eine Anwendung betrachtet, bei der ein Ingenieur einen CIM-Fertigungsprozeß an einem entfernten Ort mit Hilfe einer *fernsteuerbaren Videokamera* überwacht.

Die Kamera ist an einen Rechner angeschlossen, der als *Kamera-Server* arbeitet. Diese Verbindung zur Steuerung der Kamera erfolgt bspw. über eine vorhandene serielle RS-232-C-Schnittstelle. Der Kamera-Server sendet Kommandos wie *Fokus*, *Zoom* und *Positioniere* über diese serielle Schnittstelle an die Kamera. Die eigentliche Steuerung der Kamera erfolgt von der Anwendung aus, die von einem (an einem entfernten Ort stehenden) *Kamera-Klienten* ausgeführt wird. Auf diesem Rechner am Arbeitsplatz des Ingenieurs wird das von der Kamera aufgenommene Videobild angezeigt.

Kamera-Server

Kamera-Klient

Der am Kamera-Klient sitzende Benutzer möchte die Kamera neu positionieren, um bspw. andere Details einer fehlerhaften Produktionsstraße besser zu untersuchen. Er muß über die Benutzungsoberfläche an seinem Kamera-Klienten die Kommandos *Positioniere*, *Fokus* und *Zoom* absetzen. In seinem Videofenster kann er die ausgeführten Operationen verfolgen. Dies erfordert die Gestaltung einer geeigneten multimedialen *Benutzungsoberfläche zur Steuerung der Kamera*.

Benutzerschnittstelle

Die wichtigste Frage bei der Gestaltung der Oberfläche zur Kamerasteuerung gilt zunächst einmal den Zuständen, die der Benutzer in der Lage sein soll, herbeizuführen und den Operationen, die ihm das ermöglichen. Bleibt der Standpunkt der Kamera fest, so daß nur Schwenks nach oben/unten, rechts/links und Zooms ausgeführt werden müssen? Soll die Kamera auch um die Aufnahmeachse gekippt werden können? Oder ist die Kamera beliebig beweglich?

Gestaltung der Oberfläche

Im Anschluß kann entschieden werden, ob eine absolute oder eine relative Positionierung stattfinden soll. Entscheidet sich der Gestalter für die relative Positionierung, so stellt sich die Frage, ob die Verschiebungs- bzw. Drehbewegungen als abgeschlossene Bewegungseinheiten einer bestimmten Schrittlänge angeboten werden. Alternativ können Interaktionsmechanismen zur Initiierung einer kontinuierlichen Bewegung sowie zu ihrem Abbruch benutzt werden.

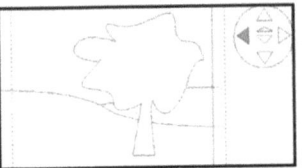 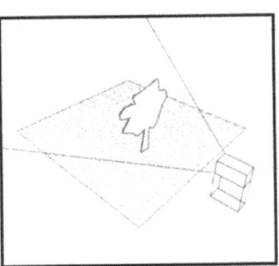

Abb. 23-2 Relative Positionierung der Kamera mit Hilfe von Buttons und absolute Positionierung mit Hilf einer Übersichtsdarstellung der Szene, die die Kamera selbst als Objekt enthält.

Wird das Prinzip der absoluten Positionierung gewählt, so werden zusätzliche Hilfsobjekte benötigt, etwa ein Übersichtsfenster, in dem die Kamera als ein grafisches Objekt repräsentiert wird, das der Benutzer greifen oder verschieben kann.

Eingabegeräte

Abhängig von relativer oder absoluter Positionierung und von technischen Randbedingungen kann dann das geeignete Eingabegerät (Maus, Tastatur oder Joystick) bestimmt werden. Oft gehört zu einem physischen Eingabegerät noch ein virtuelles. Buttons z. B., die auf dem Bildschirm dargestellt werden und mit der Maus zu drücken sind (vgl. Abschnitt 23.5). Ist die Präsentation des Kamerabildes gleichzeitig auch das Mittel zur Eingabe, so spricht man von einer (ar-

Direkte Manipulation

tikulatorisch) direkteren Manipulation (weiter unter wird der Begriff der direkten Manipulation noch ausführlich behandelt). Man stelle sich einen Baum in der oberen rechten Ecke des Videofensters vor. Der Anwender setzt den Zeiger (*Cursor*) auf dieses Objekt (der Baum in diesem Beispiel) und führt mit der Maus einen *Doppel-Klick* aus. Nun wird die Kamera so positioniert, daß der Baum den Mittelpunkt des Videofensters bildet. Der Algorithmus zur Kamerasteuerung muß aus der relativen Position des Zeigers beim Aktivieren des Objekts im Videofenster und der eingestellten Brennweite die Positionierkommandos automatisch ableiten.

Alternativ kann die relative Position des Zeigers die Richtung der Kamerabewegung gegenüber dem Mittelpunkt des Videofensters bestimmen. Befindet sich der Zeiger links vom Fenstermittelpunkt, dann wird die Kamera nach links geschwenkt. Sowie der Mausknopf losgelassen wird, hält die Kamera ebenfalls an. Eine Bewegung der Kamera kann mit unterschiedlicher Geschwindigkeit erfolgen. Über folgende Mechanismen lassen sich verschiedene Geschwindigkeiten an der Benutzungsoberfläche angeben: Falls an einer Maus mehrere Knöpfe vorhanden sind, dann können diese auch jeweils mit einer anderen Geschwindigkeit der Kamerabewegung gekoppelt sein. Der linke Mausknopf wäre für eine langsame, akkurate Bewegung zuständig, mit dem rechten Knopf könnte man ein schnelles Schwenken der Kamera durchführen.

Anstatt mit mehreren Mausknöpfen zu arbeiten, kann auch die Entfernung des Zeigers zum Fenstermittelpunkt die Geschwindigkeit bestimmen. Dabei gilt: Je weiter vom Mittelpunkt entfernt, desto schneller soll die Bewegung erfolgen.

Zur Frage der direkten Manipulation kommt die Frage der Übertragung von 3-D-Bewegungsmöglichkeiten auf die 2-D-Projektionsfläche des Bildschirmes hinzu. Wie kann man z. B. ein Vor- und Zurückfahren oder -zoomen der Kamera realisieren? Dies ist schwierig mit dem Paradigma der direkten Manipulation zu vereinbaren, da die dritte Dimension im Kamerabild nur implizit enthalten ist. Eine Vor- und Zurückbewegung kann also nur über weniger direkte, symbolischere Operationen auf Buttons oder unter Zuhilfenahme von verschiedenen Modi realisiert werden.

23.2 Benutzbarkeit

Ziele der Benutzbarkeit

Die Bedienung der Anwendung muß für verschiedene Arten von Benutzern *leicht erlernbar* sein, obwohl *Erlernbarkeit* nicht das wichtigste Element einer Benutzungsoberfläche darstellt. Schließlich legt der Begriff die Betonung auf Benutzung, sonst würde es Lernoberflächen heißen. In vielen Fällen ist eine ausführliche Einarbeitungsphase gerade für professionelle Benutzer, die bereit sind, für spätere Effizienz einen höheren Aufwand in Kauf zu nehmen, von Vorteil.

Der auf erfahrene Benutzer, die sowohl die Aufgabe als auch das System gut kennen, ausgerichtete Begriff der *Effektivität* kümmert sich – vereinfacht gesprochen – um die Anzahl der Operationen, die ausgeführt werden müssen, um ein bestimmtes Ziel zu erreichen.

Die auf den unerfahrenen, noch lernenden Benutzer zielenden Begriffe wie *Erlernbarkeit, Einfachheit* und *Konsistenz* basieren auf anderen Kriterien: Wie viele kognitive Operationen sind nötig, um ein Ziel zu erreichen? Wie gut kann der Benutzer die Effekte seiner Operationen voraussehen? Welche Hilfe bietet die Art, wie eine Operation realisiert ist, einem Benutzer, der diese Operation erst finden muß oder sich zwischen ähnlichen Operationen entscheiden muß, der vielleicht nicht weiß, wie er sie auf eines oder mehrere Objekte anwenden kann oder der sie parametrisieren will?

Um möglichst schnell aus unerfahrenen Benutzern erfahrene zu machen, ist es wichtig, daß die Bedienungsregeln leicht im Gedächtnis zu behalten sind. Dies wird durch die *intuitive Assoziation* mit bekanntem Wissen unterstützt. Entwickler einer Benutzungsoberfläche müssen sich in die Situation der Benutzer versetzen können.

Intuitive Assoziation

Problembewältigung der Benutzbarkeit

Eine der traditionellen Grundfragen der Gestaltung von grafischen Benutzungsoberflächen ist die, ob zuerst der Gegenstand einer Operation oder zuerst die Operation selbst ausgewählt werden soll (*Object-Action* oder *Action-Object*). In beiden Fällen schränkt die erste Wahl die zweite ein; die zweite Auswahl wird dadurch erleichtert (wenn das Objekt schon selektiert ist, muß nur noch aus den für dieses Objekt möglichen Aktionen gewählt werden und umgekehrt).

Entscheidet man sich für *Object-Action*, so wird die Aktion dabei oft sehr direkt, aber gleichzeitig auch sehr implizit – durch Einfach- oder Doppelklick oder durch „drag+drop" ausgewählt. Eine einzelne Funktion kann ohne weiteres auf diese Weise direkt ausgelöst werden, oft sind es aber mehrere Funktionen, die als grafische Operationen bereitstehen – dann ergibt sich das Problem, daß diese Operationen eindeutig sein müssen. Einige Möglichkeiten, dies zu erreichen, seien an dieser Stelle kurz genannt:

Auswahl des Objektes vor der Aktion (Object-Action)

- Eindeutigkeit herstellen über Nachfragen, oder über Control-Taste;
  Problem: Lästig, vor allem, da eine Operation ja erst eingeleitet wird.
- Eindeutigkeit herstellen über den Kontext;
  Problem: Entweder wird der Kontext vom System definiert, dies führt zur Einschränkung der Funktionalität. Oder aber das System muß versuchen, den Kontext aus den Benutzeraktionen zu schließen, d. h., es muß Annahmen treffen, die vielleicht nicht immer zutreffen.
- Objekt über einen speziellen *Anfasser* selektieren;
  Problem: Lenkt etwas vom eigentlichen Objekt ab, gerade wenn es sich um Text handelt. Der Anfasser wird sehr klein.
- Eindeutigkeit über verschiedene Modi, die im Gegensatz zu allen anderen Möglichkeiten persistent sind;
  Problem: Benutzer sind sich oft des gerade aktuellen Modus nicht bewußt, bei häufigem Moduswechsel lästig.
- Verschiedene Maustasten, Doppelklick;
  Problem: Die Taste, bzw. der Doppelklick kann nicht mehr anderweitig belegt werden.

Vorstrukturierung der Interaktion durch verschiedene Fenster

Ein weiteres klassisches Problem betrifft die *Vorstrukturierung* der Interaktion *durch verschiedene Fenster*: Selten können alle Daten und Funktionen auf einer Fläche untergebracht und damit immer sichtbar präsentiert werden. Meist wird man sie nach Aufgaben gruppiert auf verschiedene Fenster (oder vergleichbare Elemente der Benutzungsoberfläche) verteilen müssen. Welche Eigenschaften haben nun die verschiedenen Fenster und welche Beziehung haben sie untereinander? Sind sie statisch oder bleiben sie nur so lange offen, wie z. B. die Maustaste gedrückt bleibt? Überlagern sie einander oder teilen sie sich die Bildschirmfläche?

Das Problem wird dann noch sehr viel schwieriger, wenn man nicht nur eine feste Anzahl Fenster mit fester Beziehung untereinander bereitstellt, sondern es dem Benutzer ermöglicht, aus einem Fenster heraus weitere Fenster zu öffnen. Damit taucht sofort die Frage auf, ob das neue Fenster von dem alten, aus dem heraus es aufgerufen wurde, abhängen sollte oder nicht, d. h., ob es automatisch mit dem ersten Fenster geschlossen wird.

Das allgemeine Problem, das hinter diesen Detailfragen steht, ist: Wie erkennt das System eine *Verlagerung der Aufmerksamkeit*, woher weiß es, ob diese langfristig oder kurzfristig ist, und wie kann sie zurückgenommen werden? Wenn man sicher sein kann, daß z. B. das Anfordern einer neuen Information nur ein kurzer Ausflug ist, wird man am besten ein Pop-up-Window benutzen, das sofort wieder verschwindet. Was aber, wenn es nicht sicher ist, ob der Benutzer nicht bspw. doch von dieser Information aus weitergehen will? In diesem Fall wird man eher ein genauso persistentes Fenster wie das erste aufmachen wollen.

Das Fehlen fester Regeln, die Notwendigkeit in mehreren miteinander verknüpften Fragen zwischen einer Vielzahl von Alternativen abwägen zu müssen, ist charakteristisch für die Gestaltung von Benutzungsoberflächen. In dieser schwierigen Situation gibt es aber auch einige Grundsätze, die breite

Anerkennung gefunden haben und die im folgenden genannt werden. Ein Prinzip ist schon aus dem Beispiel der Kamerasteuerung bekannt: die *direkte Manipulation*.

23.3 Direkte Manipulation

Seit Anfang der 60er Jahre wurden in der grafischen Datenverarbeitung vermehrt interaktive Techniken für das Erzeugen und Manipulieren von zwei- und dreidimensionalen Grafikobjekten angewendet. Das *Sketchpad* von Sutherland [Sut63b] war eines der ersten Grafiksysteme, welches unter anderem mit einem Stift, einem sog. *Light Pen*, bedient wurde und mit dem auch das Erzeugte mit Hilfe von Reglern und Funktionstasten manipuliert werden konnte. Sketchpad war aber nicht nur Vorbild im Bereich interaktiver Computergrafik, sondern die Ideen des interaktiven Umgangs mit Computersystemen setzte sich auch in anderen Bereichen nach und nach durch. Durch die hohen Hardware-Anforderungen grafischer Systeme dauerte es allerdings fast zwanzig Jahre, bis diese Interaktionsform für eine breite Anwenderschicht zur Verfügung stand und bis sie mit einem Namen belegt wurde, der auch heute noch Verwendung findet: *direkte Manipulation*. Der Begriff wurde von Ben Shneiderman (1982, 1983) geprägt und beschreibt Benutzungsoberflächen, auf die folgende Anforderungen zutreffen:

Sketchpad

Light Pen

Direkte Manipulation

- Objekte, mit denen Benutzer interagieren können, sollen permanent sichtbar sein.
- Benutzeraktionen mit diesen Objekten sollen schnell, inkrementell und leicht umkehrbar sein.
- Reaktionen des Systems auf Benutzeraktionen sollen sofort sichtbar sein.
- Benutzerinteraktionen sollen komplexe Kommandos ersetzen.

Charakteristika der direkten Manipulation

Oberflächen, die auf diesen Prinzipien beruhen, würden sich laut Shneiderman durch eine hohe Akzeptanz bei Benutzern auszeichnen. Gerade Computereinsteiger seien enthusiastisch bei der Arbeit und spürten ein Verlangen, die gesamte Funktionalität der Systeme zu erkunden [Shn97]. Hierfür nennt Shneiderman mehrere Gründe – in der folgenden Auflistung kursiv dargestellt –, die u. a. in [HHN86] relativiert werden:

Prinzipien der direkten Manipulation

- *Die Grundfunktionalität solcher Systeme ist für Anfänger leicht erlernbar, oft schon durch eine Demonstration durch erfahrene Benutzer.*
  Funktionalität ist immer schnell erlernbar, wenn die Benutzungsoberfläche Bestandteil des Aufgabenbereichs wird und wenn Benutzern dieser Bereich vertraut ist. Außerdem stellt die Demonstration von Funktionalität in Form eines dynamischen Beispiels generell eine überlegene Methode der Vermittlung von Wissen dar und ist keinesfalls eine Besonderheit der direkten Manipulation. Allerdings sind Aktionen mit solchen Oberflächen von Zuschauern oft leichter verfolgbar als bspw. Kommandoeingaben per Tastatur.

- *Experten können in verschiedenen Aufgabenbereichen sehr schnell mit diesen Systemen arbeiten und sie sogar funktionell erweitern.*
  Eine Reihe von Studien haben jedoch gezeigt, daß gerade Experten eine Aufgabe mit Kommandosprachen wesentlich schneller erledigen können als mittels direkter Manipulation. Die Ausführungsgeschwindigkeit ist demnach nicht der einzige relevante Faktor für den Einsatz direkter Manipulation. Gleiches gilt für die Erweiterbarkeit: Makros existieren z. B. bereits seit geraumer Zeit.
- *Die Bedienungskonzepte sind leicht verständlich und können auch von Benutzern, die nur ab und zu mit den Systemen arbeiten, behalten werden.*
  Jede Aktion, die in einer engen semantischen Beziehung zur Aufgabe steht, wird langsamer vergessen. Diese Eigenschaft trifft für viele sorgfältig gestaltete Benutzungsoberflächen zu und ist ebenfalls nicht spezifisch für direkte Manipulation.
- *Fehlermeldungen werden selten benötigt.*
  Relativierend sollte dieser Aspekt so formuliert werden, daß durch die Tatsache, daß die Ergebnisse von Benutzeraktionen sofort sichtbar sind, bestimmte Fehlertypen nicht mehr möglich sind, stattdessen allerdings neue hinzukommen. Gerade semantisch fehlerhafte Aktionen im Aufgabenbereich sind schwer zu entdecken und können verheerende Auswirkungen haben, obwohl sie, rein von der operationalen Seite betrachtet, zulässig sind. Außerdem wird durch die häufig anzutreffende, sog. *Do-Nothing-Strategie* der direkten Manipulation eine Reihe von Fehlern unterschlagen; dies ist nicht erstrebenswert.
- *Benutzer können sofort erkennen, ob ihre Aktionen sie ihren Zielen näherbringen.*
  Ist dies nicht der Fall, so können sie sofort reagieren und ihre Vorgehensweise ändern.
- *Benutzer müssen sich weniger Sorgen bezüglich der Fehlbedienung machen, da die Systeme verständlich sind und sich Aktionen leicht rückgängig machen lassen.*
  Die Möglichkeit, eine Aktion rückgängig zu machen, ist oft wünschenswert. Außerdem sind augenblickliche Rückmeldungen sowie das Rückgängigmachen von Aktionen auch für andere Benutzungsoberflächen nützlich. Der direkten Manipulation kann in diesem Fall zugute gehalten werden, daß diese Funktionen in den Vordergrund gestellt wurden.
- *Die Systeme überlassen Benutzern das Gefühl der Kontrolle bei der Bewältigung ihrer Aufgaben, da die Vorgehensweise planbar und das Verhalten des Systems vorhersehbar ist.*
  Wie der vorige Punkt sind solche Äußerungen schwer nachweisbar und gründen sich auf subjektiven Aussagen von Benutzern. Diesbezügliche Untersuchungen weisen durchaus unterschiedliche Ergebnisse auf.

Formen der Direktheit

Man kann verschiedene Formen von Direktheit bei Benutzungsoberflächen unterscheiden [HHN86].
- Die *semantische Direktheit* beschreibt das Verhältnis zwischen den Zielen von Benutzern sowie der Bedeutung von Objekten und Funktionen, die ihnen eine Benutzungsoberfläche für das Erreichen dieser Ziele zur Verfügung stellt. In diesem Zusammenhang ist es nicht nur wichtig, daß Benutzungsoberflächen die Funktionalität zum Erreichen der Ziele zur Verfügung stellen, sondern vor allem, daß diese schnell und effektiv eingesetzt werden kann.

    Wenn es z. B. das Ziel ist, in einem Text ein Wort zu löschen, dann ist eine Oberfläche, die verlangt, daß das Wort erst selektiert wird, bevor die Löschoperation ausgeführt werden kann, weniger direkt als etwa eine Oberfläche, die das Durchstreichen des Worts mit einem Stift als Löschoperation interpretieren kann.

    Semantische Direktheit

- Unter *artikulatorischer Direktheit* wird das Verhältnis zwischen den Bedeutungen einzelner Komponenten einer Benutzungsoberfläche und den physikalischen Bewegungen verstanden, die Benutzer vollführen müssen, um diese Komponenten zu aktivieren, bzw. um mit ihnen zu interagieren. Komponenten sollten sich demnach bei der Manipulation durch Benutzer immer so verhalten, wie sie es durch ihr Erscheinungsbild implizieren.

    So kann bspw. das Verschieben einer Fläche, die nur einen Ausschnitt aus einer größeren Fläche darstellt, entweder durch das „Greifen" dieser Fläche und nachfolgender Bewegung, bspw. der Maus erfolgen. Man kann dies auch – weniger direkt – durch das Verschieben des Ausschnitts mittels sog. „Scroll Bars erreichen". Letzteres führt stets zu einer schlechten artikulatorischen Direktheit, weil die Form der Schieberichtung der Maus *entgegengesetzt* zur gewünschten Bewegung der Fläche führt.

    Artikulatorische Direktheit

In [ZF88] werden diese Überlegungen aufgenommen und in ihr allgemeines Schichtenmodell der Mensch-Computer-Interaktion integriert. Daraus resultierten zwei weitere Formen von Direktheit:
- Betrachtungen zeitlicher Steuerungsstrukturen der Interaktion sowie der Syntax von Eingaben sind Grundlage für die Einschätzung einer Benutzungsoberfläche bezüglich *operationaler Direktheit*. Systeme sollten sofort auf Benutzereingaben reagieren und keine Handlungsabläufe vorschreiben. Auch hier kann obiges Beispiel des Wortlöschens angeführt werden. Das Durchstreichen des Worts mit dem Stift ist auch operational direkter als die Aktivierung der Löschoperation auf einem zunächst zu selektierenden Wort.

    Operationale Direktheit

- *Formale Direktheit* bezieht sich einerseits auf verständliche Ausgaben der Benutzungsoberfläche, andererseits auf die vertraute Handhabbarkeit der Elemente, die die Benutzungsoberfläche zur Verfügung stellt. Als Beispiele können hier die Selektion durch Anklicken mit der Maus, das Verschieben eines Dokuments auf ein Drucker-Piktogramm oder aber das sog. WYSI-

    Formale Direktheit

WYG (*What You See Is What You Get*) bei der Dokumentenbearbeitung angeführt werden.

Zusammenfassend können diese Formen von Direktheit als ein Maß angesehen werden, welches den Unterschied angibt zwischen Zielen, Erwartungen und Vorgehensweisen von Benutzern und den Benutzungsoberflächen, mit denen sie arbeiten. Je kleiner die Distanz zwischen beiden jeweils ist, desto direkter kann die Benutzungsoberfläche genannt werden.

Diskussion der direkten Manipulation

Der überwiegende Teil heutiger Benutzungsoberflächen folgt dem Paradigma der *direkten Manipulation*. Diese Form hat sich am Markt seit dem STAR-System [SIK$^+$82] durchgesetzt und die Benutzer haben es angenommen. Zu der Frage, inwiefern die direkte Manipulation im Vergleich zu anderen Interaktionsformen objektiv Vorteile bietet, existieren verschiedene Studien [ZF88], die allerdings zu unterschiedlichen Ergebnissen kommen. Die Palette reicht von „ineffektiv" über „gleichwertig" bis hin zu „überlegen", je nach untersuchtem Aufgabenbereich und Benutzerkreis.

Probleme   Zu den größten Problemen der direkten Manipulation gehören die effiziente Realisierung von wiederholenden Operationen, die Unterscheidbarkeit von grafischen Darstellungen und die Notwendigkeit, präzise Eingaben zu tätigen (was mit hoher Konzentration auf seiten der Benutzer verbunden ist). Grundlegend problematisch ist auch der Ansatz, einerseits natürliche, den Benutzern vertraut wirkende Prozesse und Objekte als Komponenten der Oberfläche abzubilden, andererseits jedoch den Mehrwert der Technologie ebenso natürlich und vertraut zu kommunizieren. Metaphern brechen daher an vielen Stellen immer wieder zusammen. Direkte Manipulation ist keine Universallösung, es müssen vielmehr eine Reihe von Zugeständnissen gemacht werden, auch aufgrund motorischer Aspekte oder der Wahl des Eingabegeräts.

Vorteile   Die wichtigsten Vorteile der – richtig angewendeten – direkten Manipulation sind die relativ leichte Erlernbarkeit sowie die Konsistenz von Benutzeraktionen. Diese Interaktionen werden meist mit der Maus durchgeführt und beschränken sich somit auf das sog. „point-and-click" bzw. auf das „point-and-drag". Konsistenz darf nicht zum Selbstzweck erhoben werden, da dies zu Effizienzverlusten in der Interaktion führen kann [Gru89]. Wenn eine konsistente Benutzungsoberfläche die Einarbeitung und den Lernprozeß unterstützt, die Arbeit erfahrener Benutzer jedoch behindert, dann ist es keine sorgfältig gestaltete Oberfläche. Schließlich werden laut Grudin *Benutzungsoberflächen* entwickelt und keine *Lernoberflächen*.

Viele Entwickler von Benutzungsoberflächen halten sich weniger an die eher als Orientierungshilfe anzusehenden Aussagen von Shneiderman, sondern vielmehr an die konkreteren Qualitätskriterien für Interaktionsdesign [FWC84]. Diese umfassen Aspekte, die u. a. von der Erfahrung und dem Wissen der Benutzer sowie den Eigenschaften des physikalischen Eingabegeräts beeinflußt werden. Hierzu gehören etwa die benötigte Zeit für die Bewältigung einer Aufgabe, die Genauigkeit des Ergebnisses sowie subjektive Empfindungen bei der Arbeit mit einer Benutzungsoberfläche. Als weitere Kriterien gelten der Zeitaufwand für das Lernen sowie für das Erinnern von Funktionalität. Eine geringe Belastung des Kurzzeitgedächtnisses (für die notwendigen Einzelschritte), ein gutes Langzeitgedächtnis (für die Reihenfolge dieser Einzelschritte) und eine geringe Ermüdungsanfälligkeit (sowohl durch monotone Aufgaben als auch durch motorisch aufwendige Aktionen, die sich letztlich auch auf die Fehleranfälligkeit auswirken) sind wichtige Faktoren. Außerdem muß man noch die Begrenztheit der Funktionalität, d. h. ihre Überschaubarkeit und geringe versteckte Komplexität sowie die Natürlichkeit der Interaktion, also die Übertragbarkeit von Alltagswissen und Erfahrungen, beachten. Auch diese letzten Punkte sind nicht an Konsistenz gebunden, wie es die direkte Manipulation nahelegt. Auch inkonsistente Benutzungsoberflächen können auf Benutzer natürlich wirken [Gru89]. Ihre Inkonsistenz wird nicht erkannt, weil sich die Oberfläche so verhält, wie Benutzer es erwarten. Benutzer selbst handeln nicht immer konsistent. Da die totale Konsistenz sowieso nicht erreicht werden könnte, sollten Oberflächen Benutzern lieber verschiedene Formen partieller Konsistenz in unterschiedlichen Arbeitskontexten anbieten.

23.4 Richtlinien für benutzerfreundliche Benutzungsoberflächen

Die ausführliche Diskussion des Prinzip „direkte Manipulation" zeigt, daß für die Gestaltung von Benutzungsoberflächen schwer allgemeingültige Regeln aufgestellt werden können. Die im folgenden aufgeführten Gestaltungsrichtlinien sind daher im gleichen Maß zu relativieren.

- *Logisch zusammenhängende Funktionen* sollten gruppiert werden, und ihre Gestaltung sollte den Zusammenhang zwischen ihnen sichtbar machen. Die „Anrufumlenkung" und „Anrufweiterlenkung" sind zwei solcher Funktionen in einem Telefondienst. Beide Funktionen erfordern die Eingabe einer Rufnummer, bzw. eines Teilnehmers, und sie schließen sich gegenseitig aus. Es bietet sich also an, beiden Funktionen ein gemeinsames Rufnummernfeld zuzuordnen und bei Aktivierung einer Funktion den Button, der die jeweils andere Funktion repräsentiert, als inaktiv zu kennzeichnen (Buttons mit diesem Verhalten werden als „Radio Buttons" bezeichnet).
- Oftmals sind *grafische Symbole* oder kurze Bewegtbildsequenzen effektiver als eine textuelle Ein- und Ausgabe. Wenn sie mit Bedacht gestaltet werden, fördern sie das schnellere Erkennen.
- Die *Bedürfnisse* müssen sowohl für *sporadische* als auch für *professionelle Anwender* befriedigt werden. Eine einfache Lösung für das bereits angesprochene Problem der unterschiedlichen Anforderungen verschiedener Benutzertypen bietet eine anwenderspezifische Konfiguration. Auch können ohne weiteres alternative Operationen angeboten werden, die dasselbe Resultat haben. Das Auslösen einer Operation durch zeitintensives Aufrufen mehrerer Menüs wird daher oft zusätzlich durch „Tastaturkürzel" ergänzt.

- Der Rückgriff auf eine Bedienungsanleitung in Papierform sollte auch in der Lernphase nur in den seltensten Fällen erforderlich sein. Elektronisch geführte Übungen sowie eine *kontextsensitive Hilfefunktion* auf der Basis von Hypermedia-Techniken ist stets von Vorteil. Je nach Zustand der Anwendung können dann verschiedene vertiefende Beschreibungen zu Rate gezogen werden.

Cursor
- Ein wichtiger Gestaltungsgrundsatz ist es, dem Benutzer zu *jedem Zeitpunkt* den *Systemzustand mitzuteilen* und sofort auf seine Aktionen zu reagieren. Das Aussehen des Cursors kann zu diesem Zweck verändert werden: So verdeutlicht bspw. eine *Sanduhr* anstatt des *Pfeils* einen längerdauernden Vorgang. Nicht aktivierbare Aktionen sollen angezeigt, aber als deaktiviert gekennzeichnet werden – Interaktionen mit ihnen werden ignoriert. Oft werden in der Menüleiste, um ein anderes Beispiel zu nennen, alle nicht selektierbaren Einträge grau dargestellt, alle anwählbaren Funktionen werden schwarz gekennzeichnet.

Zeitintensive Vorgänge
Fallen zeitintensivere Arbeiten einer Applikation an, so sollte der Ablauf der Verarbeitung, auch in Relation zum gesamten Vorgang, angezeigt werden: Das Formatieren einer Diskette kann z. B. durch einen sich füllenden Balken und eine Rechnerkopplung durch das Fortschreiben der Anzahl der übertragenen Pakete symbolisiert werden. Der eigentliche Sinn dieser Maßnahme besteht darin, daß der Benutzer den Stand der Arbeit beurteilen kann. Somit kann er sich auf die noch abzuwartende Zeitspanne einstellen, und es ist klar ersichtlich, daß sich der Rechner oder die Anwendung nicht in einem undefinierten Zustand befinden. Eine vom Benutzer *selektierte Operation*

Sofortige Anzeige selektierter Operationen
soll an der Oberfläche sofort als „*in Arbeit*" quittiert werden, bevor sie wirklich begonnen wird. Somit wird gewährleistet, daß nicht unnötige weitere Eingaben dieser Funktion erfolgen.

23.5 Komponenten grafischer Benutzungsoberflächen

Die Funktionalität einer Anwendung zeigt sich Benutzern u. a. durch die Anzahl der Funktionen, die ihnen die Anwendung zur Aktivierung präsentiert. Die Art wie diese Funktionen dargestellt werden, bestimmt dabei die Art wie sie aufgerufen werden. Im Laufe der Entwicklung grafischer Benutzungsoberflächen wurden eine Reihe von Komponenten – sog. *Widgets* – entwickelt, die Benutzern Funktionalität präsentiert [Mye90]. In diesem Abschnitt werden die wichtigsten Vertreter vorgestellt.

Schaltflächen

Die sicherlich einfachste Art, Funktionen aufzurufen, stellen Schaltflächen, bzw. Buttons dar, die auch *Command Buttons*, *Action Buttons* oder *Push Buttons* genannt werden. Ein *Button* ist eine textuelle oder symbolhafte Repräsentation genau einer Funktion der Anwendung. Benutzer klicken etwa mit der Maus auf einen solchen Button und lösen damit diese Funktion aus. Sollten sie feststellen, daß sie die Funktion doch nicht auslösen möchten, obwohl sie bereits die Maustaste gedrückt haben, so können Benutzer den Vorgang bei vielen Benutzungsoberflächen abbrechen, indem sie den Maus-Cursor aus dem Bereich des Buttons bewegen und erst dann die Maustaste loslassen. Buttons werden oftmals plastisch und sich aus der Benutzungsoberfläche hervorhebend dargestellt, um Benutzern die Art der Interaktion ähnlich dem Drücken einer Taste, bzw. eines Knopfes nahezulegen. Entsprechend sieht die Rückmeldung auf aktivierte Buttons seitens der Benutzungsoberfläche aus. Sollten Buttons lediglich als umrahmte Bildschirmbereiche dargestellt werden, wird als Rückmeldung meist die Invertierung der Buttonfläche verwendet.

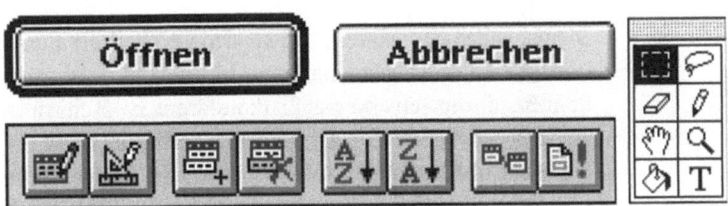

*Abb. 23-3
Verschiedene Darstellungen von Buttons.*

Buttons werden in heutigen Benutzungsoberflächen vorwiegend in speziellen, oft von Benutzern ein- und ausschaltbaren, Bereichen einer Anwendung eingesetzt, bspw. in sog. *Toolbars* oder Paletten. Letztere haben dabei den funktionellen Schwerpunkt, zwischen Modi umzuschalten. In Toolbars hingegen werden Funktionen zugänglich gemacht, die auch über andere Komponenten erreichbar wären, jedoch mit mehreren Arbeitsschritten. Buttons unterstützten somit eine effektivere Interaktion.

Menüs

Der überwiegende Teil der Funktionen einer Anwendung wird in heutigen Oberflächen meist in sog. *Menüs* untergebracht. Menüs sind lineare oder hierarchisch strukturierte Listen von Funktionen, die zunächst einmal nicht sichtbar sind. Lediglich ein meist textueller Kurzbezeichner eines Menüs, der Menü-Titel, dient als Verankerungspunkt für die Funktionen. Benutzer klicken etwa mit der Maus auf einen Menü-Titel, woraufhin die Funktionen als Menü-Einträge dargestellt werden. Dieser Vorgang wird als *Öffnen eines Menüs* bezeichnet. Aus den Menü-Einträgen können Benutzer dann einen Eintrag auswählen und das Menü wird wieder automatisch geschlossen, d. h., es bleibt lediglich der Menü-Titel sichtbar zurück (siehe Abb. 23-4).

*Abb. 23-4
Pull-Down-, Pull-up- und Pop-Up-Menüs.*

Je nach Position des Menü-Titels auf dem Bildschirm werden sog. *Pull-Down-* bzw. *Pull-Up-* und *Pop-Up-Menüs* unterschieden. Während bei den ersten beiden Varianten die Menü-Einträge unterhalb bzw. oberhalb des Menü-Titels erscheinen, wird der Menü-Titel bei Pop-Up-Menüs oft von den Einträgen verdeckt. *Pop-Up-Menüs* haben außerdem die Besonderheit, daß sie nicht notwendigerweise auf textuelle Beschreibungen eines Menü-Titels angewiesen sind. In einigen Benutzungsoberflächen ist es möglich, jedes Datenobjekt mit einem Pop-Up-Menü zu versehen. Das Datenobjekt selbst übernimmt dabei die Rolle des Menü-Titels. Dadurch kann die Interaktion effizienter gestaltet werden, weil die Funktionalität immer kontextspezifisch dort zur Verfügung steht, wo sie gebraucht wird. Es muß keine gesonderte sog. Menü-Zeile angesteuert werden, in der sich im Regelfall sämtliche Menü-Titel einer Anwendung befinden.

Abb. 23-5
Pull-up- und
Pop-Up-Menüs.

Menüs haben den Vorteil, daß sie den Großteil der Funktionalität einer Anwendung hinter Menü-Titeln verbergen können, die jeweils wenig Platz auf dem Bildschirm in Anspruch nehmen. Die Benutzungsoberfläche wirkt daher nicht überfrachtet, wie es bspw. der Fall wäre, wenn sämtliche Funktionen permanent sichtbar und eine Vielzahl Buttons verwendet worden wäre (siehe Abb. 23-5). Gerade unerfahrene Benutzer können durch wiederholtes Öffnen und Schließen der Menüs die Funktionalität einer Anwendung Schritt für Schritt lernen.

Genau dieser Sachverhalt wirkt sich jedoch auch nachteilig aus, denn in rein menübasierten Anwendungen müssen auch erfahrene Benutzer stets die Menüs öffnen, um eine Funktion auszulösen. In solchen Fällen sind Menüs nicht von Vorteil. Aus diesem Grund existiert eine Reihe von Methoden, um die Funktionen, die sich als Einträge hinter Menü-Titeln verbergen, auch ohne das Öffnen des Menüs aufrufen zu können. *Tastaturkürzel* und *Toolbars* sind hierfür zwei Beispiele. Erfahrene Benutzer greifen nach und nach auf diese Möglichkeiten zurück. Funktionen, die sie nicht häufig benutzen, werden weiterhin über Menüs aufgerufen, da Tastaturkürzel sowie die Bedeutung der meist als Symbol dargestellten Buttons in Toolbars explizit gelernt werden müssen.

Zwischenablage

Ebenfalls zu den Basisfunktionen grafischer Benutzungsoberflächen gehören das Bewegen, Duplizieren und Löschen von Datenobjekten. Im STAR-System [SIK+82] gibt es hierfür Funktionstasten, die Benutzer in einen entsprechenden Modus versetzen. Benutzungsoberflächen, wie die vom Macintosh der Firma Apple [Gui86] oder von Microsoft Windows verwenden für solche Zwecke das modusfreie, abstrakte Konzept der *Zwischenablage*. Die Bedienung der Zwischenablage erfolgt durch die drei Funktionen ‚Ausschneiden „Kopieren" und „Einsetzen":

- „*Ausschneiden*" bewegt ein selektiertes Datenobjekt in die Zwischenablage.

- *„Kopieren"* erzeugt in der Zwischenablage eine Kopie eines selektierten Datenobjekts.
- *„Einsetzen"* kopiert den Inhalt der Zwischenablage in den Datenbereich.

Letztendlich wird mit diesen Aktionen aber auch nur die Funktionalität erreicht, die bereits beim STAR-System angeboten wurde. Es sind sogar mehr Einzelaktionen dafür erforderlich: die Zwischenablage-Kombination „Kopieren & Einsetzen" entspricht im STAR-System dem Duplizieren, „Ausschneiden & Einsetzen" bewegt ein Objekt.

Navigation

Durch die Beschränkungen der Bildschirmfläche sind häufig umfangreiche Informationen nicht vollständig sichtbar, da nur ein Ausschnitt gezeigt werden kann. Anwendungen ermöglichen in solchen Fällen Benutzern, solche Ausschnitte zu bestimmen und diese in verschiedenen Detailgraden zu verändern. Letzteres wird *Scrolling* genannt. Scrolling ist die am häufigsten anzutreffende Navigationstätigkeit in Benutzungsoberflächen, obwohl es nicht der einzige Ansatz hierfür ist. Für einen detaillierteren Einblick in weitere Verfahren, wie etwa Übersichtskarten oder sog. *Fish-Eye Views*, wird auf die Taxonomie von Plaisant, Carr & Shneiderman [PCS95] verwiesen.

Die für das Scrolling meist benutzte Komponente grafischer Benutzungsoberflächen ist der sog. *Scroll Bar*. Scroll Bars existieren in verschiedenen Ausprägungen, die sich sowohl in ihren Komponenten als auch in ihren Auswirkungen auf den darzustellenden Informationsausschnitt unterscheiden [Mye90].

Scroll Bars

Ihren Ursprung haben Scroll Bars im Bravo-System, welches Mitte der siebziger Jahre eine Reihe weiterer, für die Entwicklung grafischer Benutzungsoberflächen bedeutender Komponenten, beinhaltete. Scroll Bars waren in Bravo nicht sichtbar, sondern zeigten sich Benutzern nur dadurch, daß sich das Aussehen des Maus-Cursors änderte, wenn sich dieser in einem scrollfähigen Bereich des Bildschirms befand. Die Scroll-Funktionalität, bspw. den sichtbaren Ausschnitt um eine Ausschnittshöhe nach oben oder unten zu verändern, war dabei noch auf die Maustasten gelegt. Als sichtbare Komponente wurden Scroll Bars erstmals in der Programmierumgebung Smalltalk-80 [Gol84] eingesetzt. Es zeigte am Rand des Ausschnitts einen Bereich an, der aus zwei Komponenten bestand: einem sog. *Container*, der die gesamte Informationsmenge symbolisierte, sowie einem Thumb, der den momentan sichtbaren Ausschnitt aus dieser Informationsmenge markierte. Benutzer konnten den Thumb innerhalb des Containers bewegen und somit den Ausschnitt verändern. Die Bewegung des Thumbs erfolgte entweder direkt mit der Maus oder durch das Klicken in einen Bereich des Containers, in dem der Thumb momentan nicht war. Letzteres ermöglichte blätternde oder sprungähnliche Bewegungen. Im Gegensatz zu Bravo und zu dessen Nachfolger STAR wurde dabei der Ausschnitt selbst, anstatt der im Ausschnitt sichtbaren Informationen bewegt d. h.,

Ursprung der Scroll Bar

Bezeichnungen die Bewegung des Thumbs in eine Richtung resultierte in einer Bewegung der im Ausschnitt dargestellten Informationen in die entgegengesetzte Richtung.

Sowohl die Aufteilung eines *Scroll Bars* in diese beiden Komponenten als auch die Auswirkung auf die Bewegung des Ausschnitts findet sich noch heute in fast allen Benutzungsoberflächen. Lediglich die Bezeichnungen sowie die Art der Darstellung der Komponenten variieren. So wird bspw. der Thumb auch „Elevator" oder „Knob" genannt und in manchen Benutzungsoberflächen stets in einer fixen Größe angezeigt, in anderen dynamisch dem Verhältnis von Ausschnitt zu Gesamtinformationsmenge angepaßt.

Abb. 23-6 Scroll Bars verschiedener Benutzungs- oberflächen.

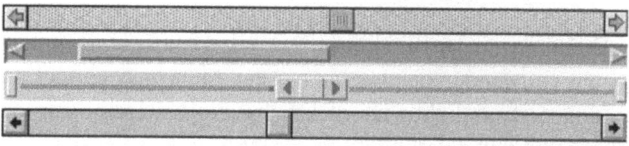

Scroll Buttons In der Macintosh-Benutzungsoberfläche wurden Scroll Bars noch durch sog. *Scroll Buttons* ergänzt. Scroll Buttons ermöglichten Benutzern, einen Ausschnitt auch in feineren Abstufungen zu verschieben, bei Textdarstellungen etwa zeilenweise. Dieses war vorher nur bedingt oder zumindest nur mit viel Geschick möglich. Scroll Buttons werden heute in fast allen Oberflächen unter dem Begriff *Scroll Bar* subsumiert und können an verschiedenen Stellen des Scroll Bars vorkommen, etwa an den Enden des Containers oder am Thumb selbst.

Kritikpunkte Obwohl sich Scroll Bars im Laufe der Jahre als Navigationskomponente bewährt und etabliert haben, existiert eine Reihe von Kritikpunkten. So sind sie beispielsweise nicht gut für Aufgaben geeignet, die die Navigation in zwei Dimensionen verlangen. Scroll Bars ermöglichen lediglich die *Bewegung in einer Dimension* – in der Regel horizontal oder vertikal. Bei der zweidimensionalen Navigation werden daher zwei Scroll Bars benötigt. Falls Benutzer also diagonal scrollen möchten, müssen sie diese Bewegung in ihren horizontalen und vertikalen Bestandteil auflösen und diese mit je einem Scroll Bar durchführen. Die Navigation wird dadurch nicht nur langsamer, sondern Benutzern fällt es auch schwerer, sich einen Überblick über die gesamte Informationsmenge zu verschaffen, wenn sie den Ausschnitt mittels zweier Scroll Bars bewegen müssen. In [Kap95] sind diesbezüglich mehrere Navigationstechniken miteinander verglichen und Scroll Bars schneiden in sämtlichen untersuchten Kriterien am schlechtesten ab. So wurde das Verschieben des Ausschnitts mittels Scroll Bars im Vergleich zum direkten Verschieben der im Ausschnitt dargestellten Informationen auch als artifiziell und gewöhnungsbedürftig empfunden. Die besten Resultate lieferten das direkte Verschieben der im Ausschnitt dargestellten Informationen sowie die Bestimmung eines Ausschnitts in einer Übersicht über die gesamte Informationsmenge. Letzteres ist besonders hilfreich, wenn Benutzer bereits die gesamte Informationsmenge kennen, d. h. sich ihre visuelle Struktur eingeprägt haben. Kaptelinins Beobachtungen wurden von [Joh95] bestätigt.

[FWC84] stellen u. a. die Anforderung an interaktive grafische Benutzungsoberflächen, daß die Bewegung des Eingabegeräts stets mit der Eingaberückmeldung des Systems auf dem Bildschirm übereinstimmen muß. Bei Scroll Bars geschieht dies lediglich auf abstrakte Weise. Der Thumb folgt zwar der Bewegung der Maus, die eigentliche Intention der Benutzer ist es jedoch nicht, diesen Thumb zu bewegen. Sobald sie diesen aktiviert haben, konzentrieren sie sich wieder auf die im Ausschnitt dargestellten Informationen und stellen fest, daß diese sich entgegen der Mausbewegung bewegen. Hinzu kommt, daß die Geschwindigkeit der Bewegung der im Ausschnitt dargestellten Informationen in der Regel nicht mit der Bewegung der Maus übereinstimmt. Vielmehr wird die Transformation von der Eingabe- zur Ausgabebewegung vom Verhältnis des Umfangs der Ausschnittsinformationen zum Umfang der Gesamtinformationen bestimmt. Benutzer können im voraus nicht erkennen, wie genau sich eine Bewegung des Thumbs auf die im Ausschnitt dargestellten Informationen auswirken wird. Dies hängt mit der hierfür immer noch viel zu geringen Leistungsfähigkeit der Rechner und Betriebssysteme zusammen.

Dialoge

Eine häufig benutzte Form der Interaktion zwischen Anwendung und Benutzern stellen sog. Dialoge dar. Sie machen Benutzer auf einen Systemzustand oder Vorgang aufmerksam, warnen vor möglichen Folgen oder erwarten einfache Entscheidungen, die den nachfolgenden Verarbeitungsprozeß beeinflussen.

Einfache Dialoge bestehen in der Regel nur aus zwei bis fünf Komponenten: einem erklärenden Text, eventuell einem Eingabefeld oder einer Liste sowie einigen Buttons, von denen die Benutzer am Ende des Dialogs genau einen aktivieren. Einfache Dialoge *haben* daher immer *genau ein Ergebnis*. Umfangreichere Eingaben ähneln einfachen Dialogen, kombinieren jedoch eine Reihe weiterer Komponenten und haben ein vielschichtiges Ergebnis. *Einfache Dialoge*

Die einfachste Form des Dialogs wird für *Mitteilungen* der Anwendung an die Benutzer verwendet. Sie besteht in der Regel aus einem Text, der bspw. den Abschluß eines Verarbeitungsprozesses mitteilt. Im Gegensatz zu passiven Mitteilungen, die in Statuszeilen untergebracht sind, verlangen Mitteilungen über Dialoge eine Bestätigung von Benutzern, bevor der Dialog beendet wird und Benutzer fortfahren können. Die Mitteilung erreicht also stets den Adressaten und kann nicht, wie bei Statuszeilen, etwa durch andere Komponenten der Benutzungsoberfläche überdeckt oder durch Unachtsamkeit übersehen werden. *Mitteilungen*

Eine besondere Form der Mitteilung ist die *Warnung* einer Anwendung vor einem vom Benutzer eventuell nicht gewollten Zustand. Ziel dieser Form des Dialogs ist jedoch, nicht nur zu warnen, sondern Benutzern außerdem die Möglichkeit zu bieten, den momentan aktiven Verarbeitungsprozeß entweder weiterzuführen oder ihn abzubrechen. Diese Möglichkeiten werden in herkömmlichen Warnungsdialogen üblicherweise mit zwei Buttons mit einem zustimmenden sowie einem ablehnenden Text realisiert. *Warnungen*

Einfache Fragen

Dialoge, in denen eine Anwendung Benutzern eine *einfache Frage* stellt, auf die diese mit einem „Ja" oder „Nein" antworten sollen, stellen – von der Art der Interaktion her betrachtet – keinen Unterschied zu Warnungen dar.

Komplexe Fragen

Eine Erweiterung der bisher vorgestellten Dialoge stellen solche dar, in denen Benutzer mehr als zwei Möglichkeiten haben, zu reagieren. Üblicherweise handelt es sich dabei um *komplexere Fragen*, zu denen mehrere Antwortmöglichkeiten existieren. Die Anzahl ist jedoch in der Regel auf drei bis fünf Möglichkeiten beschränkt. Komplexere Antwortmöglichkeiten werden eher in Listen dargestellt und so behandelt, wie es im kommenden Abschnitt beschrieben ist. Die übliche Art, Antwortmöglichkeiten in einem Fragedialog darzustellen, erfolgt ebenfalls über Buttons. Jeder Button stellt dabei genau eine Antwort dar, und Benutzer müssen zur Beantwortung der Frage einen solchen Button anklicken.

Dialoge, die Benutzern *mehrere Möglichkeiten* anbieten, aus denen sie eine oder mehrere wählen sollen, benötigen neben dem erklärenden Text, gerade wenn es sich um Größenordnungen handelt, die nicht vollständig im Dialog dargestellt werden können, üblicherweise eine Listenkomponente mit Scroll Bar. Zudem werden in der Regel zwei Buttons bereitgestellt, die zum einen die Auswahl für beendet erklären und zum anderen den Auswahlvorgang abbrechen.

Werteingaben

Häufig dienen Dialoge auch dazu, vom Benutzer *Werteingaben* in Form eines Textes oder eines Zahlenwertes zu verlangen. Herkömmliche Formen dieser Dialogs bestehen neben der Eingabeaufforderung aus einem editierbaren Feld sowie aus einem Buttons zum Bestätigen und einem Button zum Verwerfen der Eingabe.

Option und Property Sheets

Komplexere Einstellungen (als es mit den bisher vorgestellten einfachen Dialogen möglich ist), wie das *Einstellen mehrerer Parameter* oder die *Bestimmung von Objekteigenschaften*, erfolgen meist in sog. „Option Sheets" oder „Property Sheets". Dabei handelt es sich um Dialoge, die Komponenten enthalten können, die bereits in den vorhergehenden Absätzen vorgestellt wurden. In diesem Abschnitt werden daher lediglich die sog. „Check Boxes" und „Radio Buttons" vorgestellt.

Check Box

Mit einer *Check Box* können Benutzer einen Wert beeinflussen, der zwei Zustände haben kann und üblicherweise durch einen kurzen Text beschrieben wird. In grafischen Benutzungsoberflächen wird diesem Text häufig eine Kästchen vorangestellt. Benutzer können Kästchen oder Text anklicken, woraufhin im Kästchen ein Kreuz erscheint. Durch erneutes Anklicken wird dieses wieder entfernt. Auf diese Weise können Benutzer beide möglichen Zustände des Werts einstellen.

Radio Button

Eine Gruppe von Werten, die sich gegenseitig ausschließen und von denen immer einer ausgewählt sein muß, wird üblicherweise mit Hilfe von *Radio Buttons* visualisiert. Ihre Darstellung ähnelt der der Check Box, jedoch wird dem erklärenden Text kein Kästchen, sondern häufig ein Kreis oder eine Raute vorangestellt. Bei Anwahl füllt sich diese Figur, und es werden eventuell vorhandene Füllungen der anderen zu der Gruppe gehörenden Radio Buttons entfernt.

Fenster

Ein wichtiger Bestandteil herkömmlicher Benutzungsoberflächen sind sog. *Fenster*. Fenster sind in der Regel an Anwendungen gekoppelt und dienen diesen als Darstellungsbereich auf dem Bildschirm. Da sich Fenster potentiell überlappen können, kann die den Anwendungen zur Verfügung stehende Bildschirmfläche durch die Verwendung von Fenstern nahezu beliebig vergrößert werden [BR86].

Benutzer können Fenster auf verschiedene Art und Weise manipulieren. Die wichtigsten Funktionen sind das freie Skalieren, das Minimieren und Maximieren in horizontaler und vertikaler Richtung, das Ikonifizieren, die Veränderung der relativen Position in bezug auf andere Fenster und natürlich das Positionieren des Fensters auf dem Bildschirm und das Schließen des Fensters. Für jede Funktion bieten Benutzungsoberflächen Komponenten an. Dazu gehören Buttons, Menüs und sog. *Handles*. Indem Benutzer Handles verschieben, manipulieren sie bspw. die Größe oder Position eines Fensters.

Manipulation von Fenstern

Fenster bereiten jedoch eine Reihe von Problemen. So belegen Studien etwa, daß Benutzer bis zu 30% ihrer Arbeitszeit damit verbringen, Fenster auf ihrem Bildschirm zu organisieren, d. h., diese in Beziehung zu anderen Fenstern zu setzen und ihren Bedürfnissen entsprechend zu skalieren. Kritiker behaupten daher, daß Fenster sich nicht überlappen und vielmehr flexibel und dynamisch anpassen sollten. Fensteraktionen, wie das Ikonifizieren oder auch das freie Skalieren, sind darüber hinaus mit auf die Dauer ermüdenden Aktionen, wie die Bewegung der Maus mit gedrückter Maustaste oder das Anvisieren der Buttons zum Maximieren oder zum Schließen, verbunden.

Probleme mit Fenstern

23.6 Das Medium „Audio" an der Benutzerschnittstelle

Das Medium *Audio* läßt sich an der Benutzerschnittstelle eines Rechners zur Steuerung von Anwendungen einsetzen. Dabei ist eine Sprachanalyse erforderlich, die sprecherabhängig oder sprecherunabhängig erfolgen kann.

Bestehende Audioein- und Audioausgabegeräte (Kopfhörer, Mikrofone oder Lautsprecher) können an Rechner angeschlossen werden. Die Digitalisierung und eine eventuelle Kompression und Dekompression erfolgt oft mittels Signalprozessoren im Rechner selbst.

Bei der Ausgabe des Mediums *Audio* läßt sich durch die Verwendung von zwei oder mehreren Wandlern eine *räumliche Darstellungsdimension* einführen. Die bekannteste Technik ist die *Stereofonie*, Weiterentwicklungen stellen Kunstkopfstereofonie und Quadrofonie dar. Bei der Stereofonie werden Audioquellen räumliche Positionen zugeordnet; bspw. kann bei einer Konferenz mit vier Teilnehmern jedem Konferenzteilnehmer ein fester Ort zugeteilt werden: Das Bewegtbild des Teilnehmers L wird links auf dem Bildschirm angezeigt. Der zugehörige Ton wird nur über den linken Lautsprecher übertragen. Teilnehmer M_1 ist in der Mitte und wird nur über den linken Lautsprecher übertragen. Teilnehmer M_2 ist in der Mitte visuell und akustisch lokalisiert, Teilnehmer *R* ist rechts davon positioniert. Das Konferenzsystem aktiviert in diesem Beispiel immer das Videofenster mit dem am lautesten sprechenden Teilnehmer (die Ermittlung des stärksten akustischen Signals sei hier immer als Integral über eine Dauer von 5 s gemessen, damit lassen sich kurzzeitige, ungewollte laute Signale kompensieren). In den Fenstern der anderen Teilnehmer erscheint das letzte angezeigte Bewegtbild als Einzelbild. Weitere Details hierzu finden sich in Kapitel 3 zu Audio.

Monofonie

Bei der *Monofonie* haben alle Audioquellen denselben räumlichen Ort. Der Mensch kann hier immer nur das lauteste Audiosignal gut verstehen. Derselbe Effekt kann leicht durch das Zuhalten eines Ohres nachvollzogen werden. Die Stereofonie ermöglicht bei Menschen mit bilateralem Hörvermögen das Verstehen von einer leiseren Audioquelle, wenn diese sich an einem anderen Ort als die laute Quelle befindet. Hier sei angemerkt, daß nicht das bewußt räumliche Lokalisieren von Audioquellen der wesentliche Vorteil des bilateralen Hörens ist, sondern die Extraktion leiser Signale in einem lauten Umfeld.

Bei einem Windows-System ist es dem Anwender möglich, die Fenster individuell auf dem Bildschirm zu positionieren. In [LPC90] wurde dieses Paradigma auf das Medium Audio übertragen: Die Anwendung gibt eine Position verschiedener Quellen vor, der Anwender kann die Lokalisierung der Audiosignale (genannt *Audiofenster*) jedoch nach seinem Geschmack ändern. Die Anzahl der Audiofenster ist indessen sehr begrenzt. Man kann meistens nur aufeinander abgestimmte Quellen – wie bei dem Beispiel einer Konferenz – gleichzeitig geöffnet haben. Erste Erfahrungen haben gezeigt, daß sonst maximal zwei Audiofenster gleichzeitig geöffnet sein sollten. Hiermit kann bspw. eine Musikuntermalung realisiert werden.

Als Erweiterung zu [LPC90] kann man dem Anwender bei Realisierung eines Audiofensters neben der örtlichen Bestimmung auch eine Einstellung der relativen Lautstärke und der Klangfarbe anbieten. Damit ergibt sich eine weitere Möglichkeit der Differenzierung unterschiedlicher Audiofenster.

Das Konzept des Audiofensters ermöglich eine von der Anwendung unabhängige Steuerung der Audioparameter inklusive der örtlichen Positionierung. Heutige Multimedia-Anwendungen mit dem Medium *Audio* bestimmen meist selbst deren örtliche Positionierung und lassen dem Anwender oft keine Möglichkeit, diese zu ändern.

23.7 Innovative Interaktionsformen

Die Gestaltungsmöglichkeiten und -prinzipien, die in diesem Kapitel diskutiert werden, bauen alle auf dem Paradigma einer grafischen Benutzungsoberfläche auf. Diese Form der Ein- und Ausgabe ist aber nicht immer die ideale und nutzt nicht alle dem Menschen zur Verfügung stehenden Kommunikationskanäle. Innovative multimediale Benutzungsoberflächen gehen über die klassischen Ein- und Ausgabemöglichkeiten weit hinaus. Es ist nicht mehr nur allein möglich, mittels Tastatur und Maus Eingaben zu tätigen und über einen Bildschirm Ausgaben des Computers zu betrachten. In den letzten Jahren wurde eine Reihe von neuen Interaktionsformen und damit auch neue Komponenten von Benutzungsoberflächen entwickelt. An dieser Stelle sollen die wichtigsten Vertreter kurz vorstellt werden.

Virtuelle Realität - Virtual Reality

Eine alternative Form der Mensch-Computer-Interaktion stellt die sog. *Virtual Reality* dar. Wie der Begriff schon andeutet, wird für die Benutzer des Computersystems eine künstliche Realität erzeugt, in die diese dann mittels spezieller Peripherie „eintauchen" können.

Derzeit beschränken sich die Charakteristika dieser künstlichen Realität noch auf das Visuelle mit räumlich-akustischer Unterstützung. Die übrigen Sinne des Menschen werden nur vereinzelt angesprochen. Zu den bekanntesten Schnittstellen zu dieser Computerwelt gehören der *Datenhandschuh* (Data Glove) und *Spezialbrillen* (VR Goggles). Der Datenhandschuh, den sich Benutzer anziehen und der auch zum *Datenanzug* (Data Suit) erweitert werden kann, verfügt über Sensoren, die die Position und Orientierung der Hand, bzw. ihrer Finger erkennen. Aus diesen Daten können dann mittels Gesten Aktionen auf der Software-Seite abgeleitet werden, bspw. Anweisungen zur Positionsveränderung, Öffnen von Menüs oder das Greifen von virtuellen Gegenständen. Ein virtuelles Pendant der Benutzerhand mit Datenhandschuh sowie ein computergeneriertes aktuelles Bild der künstlichen Realität wird Benutzern über die Spezialbrille, die kleine Monitore enthält (einen für jedes Auge), permanent und in Echtzeit angezeigt. Auf diese Weise entsteht der Eindruck, daß sich Benutzer in der virtuellen Realität aufhalten und darin auch interagieren können.

Computer-Augmented Reality

Als Gegenbewegung zur Virtual Reality kann die sog. *Computer-Augmented Reality* angesehen werden. Hierbei bleiben Benutzer in ihrem realen physikalischen Umfeld, tauchen in keine zweite, künstliche Realität ein und ihre Interaktion mit dem Computer orientiert sich an alltäglichen Bewegungsabläufen. Die Informationstechnologie wird, soweit es geht, in den Hintergrund gedrängt, d. h., aus dem Bewußtsein der Benutzer, die sich auf ihre Aufgabe konzentrieren können. Sie ist allerdings allgegenwärtig, d. h. in vielen physikalischen Objekten eingebaut (*Ubiquitous Computing*). Sensorik und Gestenerkennung sind für diese Form der Mensch-Computer-Interaktion die Schlüsseltechnologien.

Ubiquitous Computing

Ein Bereich, der große Überschneidungen mit der Computer-Augmented Reality aufzeigt, nennt sich *Pen Computing*. Darunter wird die vorwiegende Bedienung eines Computer mittels eines Stifts verstanden. Sogenannte Stiftcomputer können dabei in verschiedenen Größen vorliegen, von handflächengroßen Geräten bis zu Geräten mit den Ausmaßen einer Wand. Ihnen gemeinsam ist die äußerliche Reduzierung auf eine interaktive Bildschirmfläche. Benutzer *schreiben mit* einem (speziellen) Stift auf dieser Fläche, die somit

Pen Computing

gleichzeitig Ein- und Ausgabemedium ist. Bestimmte Eingaben können als Geste erkannt werden und Aktionen auf der Software-Seite auslösen.

Ähnlich dem Pen Computing und als sinnvolle Ergänzung hierzu wird *natürliche Sprache* als Interaktionsbestandteil der Benutzungsoberfläche angesehen. Sprache kann mittels spezieller Software mittlerweile lebensnah synthetisiert werden und somit auch in Fällen, in denen Benutzer keinen Sichtkontakt zum Bildschirm besitzen, für Rückmeldungen des Systems eingesetzt werden. Auch auf der Eingabeseite ist die Erkennung von Sprache mittlerweile sehr weit fortgeschritten. So ist es bspw. nicht mehr notwendig, nach jedem gesprochenen Wort zu pausieren, wie es lange Zeit für die sog. *diskrete Spracherkennung* notwendig war. *Kontinuierliche Spracherkennung* hemmt den Redefluß des Menschen nicht mehr und ist sogar in der Lage, zügig gesprochene Texte, etwa für ein Diktat, zu analysieren und richtig zu interpretieren.

Spracherkennung

Erweiterung durch Multimedia

Sprechen ist mitunter adäquater als Schreiben: Änderungen und Kommentare zu einem in elektronischer Form vorliegenden Dokument können effektiver (d. h. schneller) verbal erfolgen als elektronisch unter Verwendung des Mediums Text. Lesen und Hören sind eigentlich keine Alternativen, sondern ergänzen sich gegenseitig (bspw. Sprachlehrbücher). Eine Beschreibung von Bewegungsvorgängen in Grafiken oder gar nur über Text ist oft wesentlich umständlicher als das Betrachten einer Bewegtbildsequenz. Man stelle sich hier ein Lehrbuch über Tennis vor: Die einzelnen Schläge und typischen Fehler lassen sich besser unter Verwendung des Mediums Video als mit Einzelgrafiken darstellen.

Dimension Zeit

Die *Darstellungsdimension Zeit* gilt als die wesentliche Erweiterung an der Benutzungsoberfläche. Die Anzeige von Daten erfolgt nicht statisch, sondern unterliegt einer Dynamik. Diese Dynamik besteht aus einer Folge statischer Elemente (Darstellungswerte), die aber beim Menschen die Illusion einer *Kontinuität* erzeugt.

Die Kontinuität der Daten wird bei *Audio* durch Rekonstruktion eines analogen Signals erreicht. Dieses Signal ist kontinuierlich, während die digitalen Werte sowohl zeit- als auch wertdiskret im Rechner vorliegen.

Mit Audio und Video wird die zwischen Mensch und Maschine fließende Informationsbandbreite erhöht [LM90]. In Abb. 23-7 auf Seite 813 wird der Prozeß einer Informationsübertragung nach [Wat87] dargestellt: Dafür wird eine *Idee*, ein Gedanke (als Repräsentant der Information) im menschlichen Gehirn, in ein *Ideenspektrum* umgewandelt. Der Mensch kommuniziert als *Sender* mit anderen Menschen (*Empfänger*) über dieses Ideenspektrum.

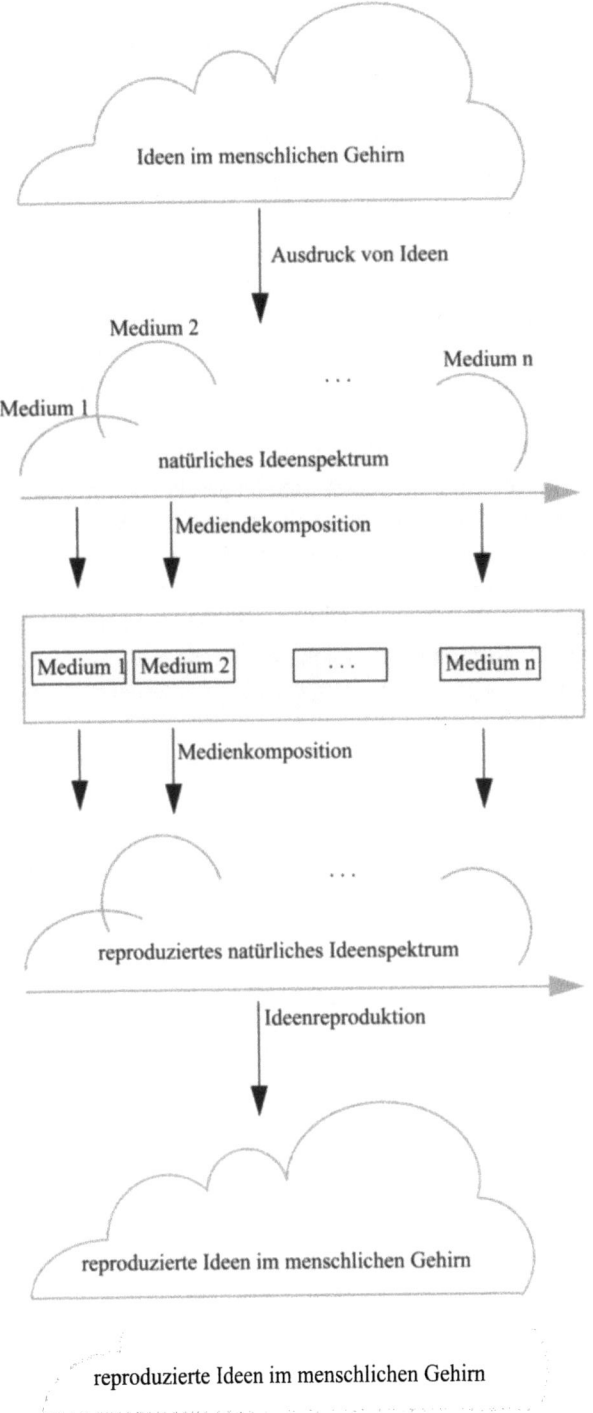

Abb. 23-7
Multimedia erhöht die Informationsbandbreite, in Anlehnung an [Wat87].

Ideenspektrum

Physikalisch erfolgt ein zwischenmenschlicher Informationsaustausch mit Hilfe verschiedener Medien. Dabei sind auch die *Gestik* und *Mimik* als wesentliche Informationsträger zu beachten. Das beim Empfänger rekonstruierte Ideenspektrum wird dann in die eigentliche Idee gewandelt. Der Prozeß des Ausdrückens mit Hilfe des Ideenspektrums ist dem Menschen angeboren und durch seine Erfahrungen mit der Umwelt geprägt. Die Umsetzung von *Idee zu Ideenspektrum zu Medien* und von *Medien zu Ideenspektrum zu Idee* erfolgt meist im Unterbewußten ohne intellektuellen Aufwand. Das Sprechen in einer fremden Sprache ist ein Beispiel für eine bewußte (De)Komposition in/von Medien.

Transformation und Übertragung von Ideen

Bei Verwendung weniger Medien muß bei der Wandlung vom Ideenspektrum zu den Medien eine virtuelle Medientransformation vorgenommen werden. Information, die in einem Medium vorliegt, muß mit Hilfe anderer Medien beschrieben und beim Empfänger entsprechend rekonstruiert werden. Stehen nur Text und Einzelbild zur Verfügung, so müßte bspw. eine Bewegtbildsequenz eines Tanzes mit Hilfe dieser Medien beschrieben werden. Der Mensch muß sich dann auf eine solche reduzierte Anzahl und Art von Medien einstellen. Die zu den im Rechner verfügbaren Medien zusätzliche Verwendung von Audio und Video erleichtert die Informationstransformation. Damit gehen auch weniger Informationen bei der Übertragung verloren, und der Anwender kann sich bei der Kommunikation mit dem Rechner die am besten geeigneten Medien aussuchen. Dies setzt voraus, daß die erforderlichen Anwendungen zur Verfügung stehen.

Multimediales Lernen

Der Einsatz von Technologie zu Lernzwecken hat eine lange Geschichte: Lehrmaschinen, „Programmierter Unterricht" in Buchform, zuerst umgesetzt auf Großrechnern und Lern-Software für den PC. Durch die Weiterentwicklung des PCs zum vernetzten Multimediasystem wird die Grundlage dafür gelegt, durch multimediale Lern-Software das Lernen zu verbessern. Dieses Kapitel skizziert einige Möglichkeiten und Rahmenbedingungen des multimedialen Lernens mit Hilfe des Computers [Has95, IK97, Sch97b]. Dabei wird das Lernen als Vorgang von Wissenserwerb betrachtet (siehe Abb. 24-1).

Lernen am Computer

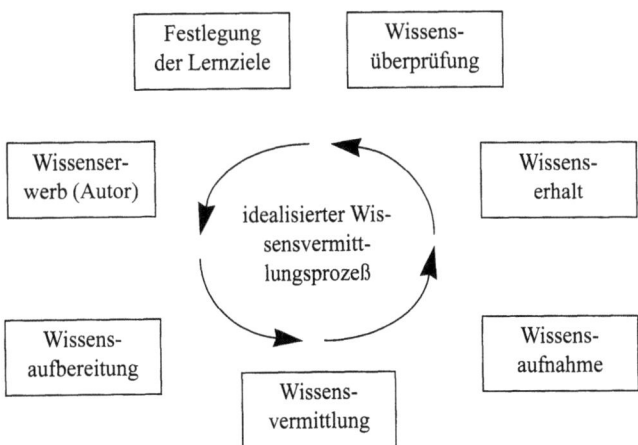

Abb. 24-1
Wissensvermittlung: Idealisierter Lern- und Lehrprozeß aus Sicht Autoren/Lehrenden.

24.1 Lern-Software

Der Oberbegriff *Lern-Software* kann differenziert werden in *Lernprogramm* (die Lern-Software steuert den Fortgang des Lernens) und *Lernumgebung* (die Lern-Software hat Angebotscharakter, der Lerner steuert das Lernen selbst).

Lern-Software
Lernprogramm
Lernumgebung

Computerunterstütztes Lernen umfaßt alle Einsatzformen der Lern-Software zur Steuerung oder Erleichterung des Lernens [OW98].

Multimediale Lern-Software kann auf mehrfache Weise das Lernen fördern:

Multicodalität
- *Multicodalität*
  Zur Informationspräsentation können verschiedene Symbolsysteme (Codes) verwendet werden. Die Darstellung des Inhalts kann z. B. als Bild, Piktogramm, Videosequenz, Zahl oder in verbaler Beschreibung erfolgen. Damit wird eine Vielzahl von Lernbereichen für die computerunterstützte Vermittlung erschlossen, Lerninhalte sollten immer inhaltsadäquat dargestellt werden.

Multimodalität
- *Multimodalität*
  Die dargebotene Information kann verschiedene Sinnesorgane adressieren. Eine Information kann bspw. nur visuell, nur akustisch oder über mehrere Sinnesorgane gleichzeitig wahrgenommen werden. Multimediale Lern-Software kann so z. B. auf die Medienpräferenzen des Lerners eingehen.

Dynamik
- *Dynamik*
  Informationen können in multimedialer Lern-Software sowohl statisch (diskretes Medium: Standbild oder Text) als auch dynamisch (kontinuierliches Medium: Video, Animation oder Audio) präsentiert werden. Beispielsweise kann Animations- und Simulations-Software Prozesse veranschaulichen, und per Video ist für viele Lernbereiche eine realitätsgetreuere Darstellung möglich.

Interaktivität
- *Interaktivität*
  Durch die Möglichkeit des Lerners, mit der Lern-Software zu interagieren, d. h., Aufgaben zu bearbeiten, Entscheidungen zu treffen und darauf individuelle Rückmeldung zu erhalten, hat multimediales Lernen Vorteile im Vergleich zum traditionellen Buch oder Film.

24.2 Rolle des Computers

Computer können verschiedene Rollen beim Lernen einnehmen [BHLM92]:

Computer als Lerngegenstand
- *Computer als Lerngegenstand*
  Es wird etwas über den Computer selbst gelernt. Themen sind z. B. Aufbau und Funktion des Computers, Bedienung, Programmierung, Anwendungsgebiete, wirtschaftliche oder soziale Auswirkungen des Computereinsatzes.

Computer als Lernwerkzeug
- *Computer als Lernwerkzeug*
  Ähnlich anderen Lernwerkzeugen, wie Geodreieck oder Taschenrechner, wird der Computer mit geeigneter Standard- oder selbst erzeugter Individual-Software (Zeichenprogramme, Datenbanken, Textverarbeitungsprogramme) vom Lehrenden oder Lernenden z. B. zur Erstellung von Lernmaterialien, zum Bearbeiten von Aufgabenstellungen, zur Informationsrecherche oder Kommunikation via Internet benutzt.

Computer als Lernmedium
- *Computer als Lernmedium*
  Der Computer dient als Träger des Lerninhalts, d. h., er übernimmt eine oder

mehrere Lehrfunktionen wie Präsentieren von Informationen, Motivieren, Steuern der Aktivität, Erfolgskontrolle, Rückmeldung.

Im folgenden wird der Computer vor allem in seiner Rolle als Lernmedium betrachtet, wobei allerdings – je nach Lern-Software – fließende Übergänge zu anderen Nutzungsarten existieren.

24.3 Arten von Lern-Software

Je nach Art der Lern-Software übernimmt der Computer unterschiedliche Lehrfunktionen. Die Arten der Lern-Software in der folgenden Übersicht kommen in der Praxis oft vermischt vor, z. B. kann eine Lernumgebung auch eine Testkomponente beinhalten.

24.3.1 Lernprogramme

- *Drill- und Übungsprogramme*
  Drill- und Übungsprogramme dienen dazu, (meist zuvor erworbenes) Wissen durch Wiederholung und Anwendung zu festigen und so den Lernerfolg zu sichern. Es existiert eine große Menge derartiger Programme aus fast allen Wissensbereichen und für alle Lernertypen, vom Vokabeltrainer über elektronische Aufgabensammlungen bis zu Übungsprogrammen für Mathematik.
- *Test-Software*
  Test-Software wird zur Durchführung und Auswertung von Lernkontrollen eingesetzt. Lerner bearbeiten die Aufgaben nicht mündlich oder auf dem Papier, sondern am Rechner. Derartige Software zur Leistungsüberprüfung und -bewertung eignet sich besonders für Wissensbereiche, die mit geschlossenen Fragen, wie z. B. Multiple-Choice-Aufgaben oder Lückentexten, abgefragt werden können (z. B. Führerscheinprüfung). Die computergestützte Prüfung kann den Lehrenden von der Routine der Leistungsüberprüfung entlasten oder der Kontrolle beim Selbststudium dienen. Besseres Testen ermöglichen adaptive Testsysteme, die die Art, die Schwierigkeitsstufe und die Anzahl der Testaufgaben dynamisch in Abhängigkeit des bisherigen Testverlaufs bestimmen.
- *Tutorielle Systeme*
  Tutorielle Systeme, oft auch als *Computer-Based Training (CBT)* bezeichnet, übernehmen sämtliche Lehrfunktionen: Die Lern-Software vermittelt dem Lernenden einen Wissensbereich, läßt ihn Aufgaben bearbeiten, gibt ihm Rückmeldung über Lernfortschritte und bestimmt den weiteren Lernweg in Abhängigkeit der gegebenen Antworten. *Intelligente Tutorielle Systeme* (ITS) versuchen durch getrennte Modellierung des Wissens, des Lerners und der didaktischen Strategien den Lernprozeß noch mehr zu individualisieren. Tutorielle Systeme sind weitverbreitet (z. B. Fremdspra-

chenkurse oder Produkttraining) und eignen sich vor allem zum Selbststudium.

24.3.2 Lernumgebungen

Animationen und Simulationen

- *Animationen und Simulationen*
  Animations- und Simulations-Software ermöglicht es, Sachverhalte und Vorgänge dynamisch zu veranschaulichen, die in der Realität zu groß, zu klein, zu schnell, zu langsam, zu gefährlich, zu kostspielig oder aus einem sonstigen Grund nicht verfügbar sind. Bei der Simulation kann der Lernende den Ablauf beeinflussen, die zugrundeliegenden Zusammenhänge und Wirkungsmechanismen erkennen und sein Verständnis überprüfen. Zur Erhöhung der Lernwirksamkeit sollte der Software-Einsatz in einem Lernkontext vorbereitet und anschließend ausgewertet werden. Simuliert werden entweder konkrete Systeme (z. B. eine bestimmte Maschine), oder es lassen sich mit Hilfe eines Simulationsbaukastens Systeme aus vorgegebenen Elementen beliebig konstruieren und simulieren (z. B. elektrische Schaltungen aus Batterien, Drähten und Lampen). Volks- und betriebswirtschaftliche Zusammenhänge eignen sich auch hervorragend zum Lernen anhand von Simulationen.

Problemlösungsumgebungen

- *Problemlösungsumgebungen*
  Problemlösungsumgebungen lassen dem Lernenden die größte Freiheit in der Gestaltung seines Lernprozesses. Er wird von der Software, vom Lehrenden oder auch mit einer selbstgewählten, eher komplexen Aufgabe konfrontiert, die er eigenständig lösen muß. Problemlösungsumgebungen basieren technisch auf Expertensystemen, Datenbanken, Hypertext- oder Hypermedia-Systemen. Generell dienen Lernumgebungen der Ausbildung von Handlungsstrategien und Problemlösefähigkeiten. Der Übergang zum Bereich *Computer als Lernwerkzeug* (z. B. bei der Informationsrecherche mit Hilfe des *World Wide Web*) ist für diese Systeme fließend.

Lernspiele und Edutainment

- *Lernspiele und Edutainment*
  Bei dieser Form von Lern-Software dient der Computer der spielerischen Wissensvermittlung. Lerninhalte werden z. B. unter Einbezug von Wettkampfelementen oder Zeichentrickfiguren motivierend und unterhaltend dargeboten. Je nach Gestaltung existieren fließende Übergänge zu allen anderen Arten der Lern-Software.

24.4 Lerntheorien

Lerntheorien: Behaviorismus, Kognitivismus, Konstruktivismus

Die oben vorgestellten Typen von Lern-Software sind sehr unterschiedlich, weil sie auf verschiedenen Lerntheorien aufgebaut sind. Drei grundlegende Paradigmen sind der *Behaviorismus* (ca. 1920-1960), der *Kognitivismus* (ca. 1960-1990) und der *Konstruktivismus* (ca. ab 1990). Die angegebenen Jahreszahlen bezeichnen nur die „Blütezeit" dieser Theorien, alle Ansätze existieren nebeneinander.

24.4.1 Behaviorismus

Behavioristen betrachten Lernen nur unter dem Aspekt des beobachtbaren Verhaltens, interne (Denk-)Prozesse gelten als der wissenschaftlichen Analyse nicht zugänglich. *Lernen ist das Bilden und Festigen von Reiz-Reaktions-Ketten*: Das geäußerte Verhalten besteht aus Reaktionen auf Reize. Dieses Verhalten wird eventuell durch seine Konsequenzen verstärkt. Ein Lernvorgang findet statt, wenn neue Reiz-Reaktions-Ketten aufgebaut werden. Als Vorläufer des Behaviorismus gilt *Ivan P. Pawlow* mit seinen Speichelfluß-Experimenten an Hunden (klassisches Konditionieren). Auf *Burrhus F. Skinner* geht das Konzept des operanten Konditionierens zurück, nach dem die Auftretenswahrscheinlichkeit einer Verhaltensweise durch Verstärkung und Bestrafung beeinflußt werden kann. Behavioristen erforschen die Formung des Verhaltens durch unterschiedliche zeitliche Anordnung der Verstärkung und das Aufteilen komplexer Verhaltensweisen in kleinste Elemente.

Iwan Pawlow

Operantes Konditionieren

Basierend auf dieser Theorie entstanden Unterrichtsprogramme, welche folgende Prinzipien enthalten [KFK96]:

Unterrichtsprogramm

- Die Lernziele sollen klar und objektiv formuliert werden, damit passende Rückmeldungen gezielt erzeugt werden können;
- Der Lernende soll das Lerntempo selbst bestimmen; dabei sollen die Aufgaben so gestellt werden, daß sie der Lernende mit hoher Wahrscheinlichkeit richtig lösen kann; auch soll der Lernpfad von leichten zu schwierigen Aufgaben führen;
- Auf jede Antwort des Lernenden soll sofort eine Rückmeldung erfolgen;
- Besonders gute Antworten sollen zusätzlich belohnt werden.

Die behavioristische Lerntheorie hat sich vor allem im programmierten Unterricht der 60er Jahre niedergeschlagen, aber auch heute werden noch tutorielle Systeme und Übungsprogramme entwickelt, die Wissen in kleine Einheiten zerlegt „eintrichtern" wollen. Die behavioristische Sichtweise eignet sich nicht für das Vermitteln komplexer Zusammenhänge, sondern für eher einfach strukturierte Wissensbereiche (z. B. Vokabeltests oder das Lernen körperlicher Bewegungsabläufe).

Eignung des Behaviorismus

Zusammenfassend beschäftigt sich der Behaviorismus mit der Steuerung von Verhalten und nicht mit den bewußten kognitiven Prozessen (aus dem lateinischen *cognitio = Erkennen*). Der Lernprozeß wird als einfacher konditionierter Reflex verstanden. Auf jede Aufgabe gibt es immer nur eine einzige richtige Antwort. Die Fehler werden nicht erkannt und behandelt, sondern durch die geeignete Rückmeldungen „wegtrainiert". Behavioristische Lernprogramme sind wenig geeignet für das Verstehen und Lernen von komplexen Zusammenhängen und Prozessen. Der Computer entscheidet in seiner Funktion als „Lehrer", was der Lernende zu lernen hat, in welcher Reihenfolge und auf welche Art. Er vergibt positive, bzw. negative Reize (Rückmeldungen), je nach Verhalten des Lernenden und verfestigt, bzw. verhindert damit bestimmte Verhaltensweisen [KFK96].

Zusammenfassung

24.4.2 Kognitivismus

Kognitivisten untersuchen psychische Prozesse, wie Wahrnehmung, Problemlösen durch Einsicht oder Informationsverarbeitung, die nicht direkt beobachtbar sind. Als Vorläufer gilt die Gestaltpsychologie; wichtige Ansätze zu einer kognitiven Theorie des Lernens lieferten *Jerome S. Bruner* und *Jean Piaget*.

Gestaltpsychologie

Kognitivisten entwickeln Modelle für die menschliche Informationsverarbeitung, untersuchen Formen der Repräsentation kognitiver Strukturen und beschreiben (Lern-)Prozesse, in denen diese Repräsentationen entwickelt und verändert werden.

Tutorielle Programme und Simulationen

Kognitivistisch begründet werden tutorielle Programme und Simulationen, die in der Art eines Tutors dem Lernenden Hilfestellung bei der Lösung gegebener Probleme leisten. Ziel ist der Aufbau einer dem Gegenstandsbereich adäquaten mentalen Repräsentation beim Lernenden [And93b].

Lernprogramme, die auf der kognitivistischen Theorie basieren, sind viel flexibler als „drill and practice"-Programme. Der Computer agiert als Tutor, der den Lernenden beobachtet und ihm dabei hilft, durch das Lernen und Anwenden der richtigen Methoden und Verfahren eine oder mehrere richtige Lösung für ein Problem zu finden. Es können zu Beginn oder im Laufe des Programms bestimmte Stufen (bspw. Anfänger oder Fortgeschrittener) eingestellt werden, an die der Programmablauf angepaßt wird. Anhand eines Lernmodells wählt der Computer die Abfolge der einzelnen Lerneinheiten und die Präsentationsformen der Information aus. Damit wird im Gegensatz zu den starren behavioristischen Programmabläufen ein flexibler, dynamischer Verlauf des Lernprozesses erreicht [KFK96]. Vorwiegend adaptive Lernsysteme und intelligente Tutorensysteme basieren auf dem Kognitivismus.

24.4.3 Konstruktivismus

Für Konstruktivisten ist *Wissen* keine absolute Beschreibung externer Wirklichkeit, sondern es *wird vom Lernenden aktiv in komplexen, realen Lebenssituationen konstruiert*. Lernen bezeichnet nach konstruktivistischer Sicht diesen Prozeß des Aufbaus von Erfahrungen. Wissen kann demnach weder abstrakt vermittelt, noch hinreichend symbolisch dargestellt werden, es läßt sich nur in komplexen, möglichst authentischen Lernsituationen erwerben. Die meisten Wissensbereiche sind nach konstruktivistischer Ansicht komplex und schlecht strukturiert, Lernprozesse müssen infolgedessen interaktiv sein und das gemeinsame Bilden und soziale Aushandeln von Begriffen beinhalten. Verschiedene Grundideen des Konstruktivismus sind in neuere Ansätze des Lernens wie, z. B. „situiertes Lernen", „Anchored Instruction", „Cognitive Apprenticeship" oder „kooperatives Lernen", eingeflossen [Kos96].

Interaktion

Situiertes Lernen kooperatives Lernen

Konstruktivismus und Hypermedia-Systeme

Konstruktivistische Gedanken dienen als lerntheoretische Begründung der Entwicklung von Hypermedia-Systemen, da Informationen dort nicht linear, sondern komplex verknüpft abrufbar sind. Die Einbindung realitätsgetreuer Darstellungen kann die Authentizität und Situationsbezogenheit des Lernens fördern [DJ91].

Programme, die auf dem Konstruktivismus beruhen, sind *Simulationen* und *Mikrowelten*. Bei diesen Programmen gibt es keine vorgegebene Problemstellung, der Benutzer muß also Problemlösungsstrategien für völlig neue Probleme entwickeln. Dabei wird der Ablauf der Programme nur vom Benutzer abhängig gemacht. Der Computer erfüllt die Aufgabe eines kooperierenden Beraters, der nicht unfehlbar oder perfekt ist, aber über viel Erfahrung und Übersicht verfügt und nur selten Fehler macht [KFK96].

Simulationen und Mikrowelten

Tab. 24-1 zeigt die Gegenüberstellung der drei Theorien.

Tab. 24-1 Vergleich der Lerntheorien.

	Behaviorismus	Kognitivismus	Konstruktivismus
Denken, bzw. menschliches Gehirn ist ein(e) ...	Black Box	informationsverarbeitender Prozeß	geschlossenes Informationssystem
Wissen wird ...	angeeignet und gespeichert	verarbeitet und gespeichert	konstruiert und gespeichert
Wissen ist ...	eine korrekte Ein-/Ausgabe-Relation	ein passender interner Verarbeitungsprozeß	mit einer Situation umgehen zu können
Lernen ist...	Bildung von Reiz-Reaktions-Ketten	Aufbau kognitiver Strukturen	Erwerb von Erfahrungen
Lernziel ist ...	eine (einzige) richtige Antwort zu finden	sich richtige Methoden zur Findung einer Lösung anzueignen	komplexe Situationen zu bewältigen
Der Computer ist ein ...	autoritärer Lehrer	Tutor, der beobachtet und hilft	Berater, der kooperiert
Programmablauf wird ...	starr vorgegeben	dynamisch, abhängig vom Lernmodell, erstellt	selbst bestimmt, autonom
Problemstellung und Lösung(en) sind ...	vorgegeben, nur eine richtige Antwort	vorgegeben, mehrere Lösungen möglich	zuerst wird Problem konstruiert, dann Lösung
Lernprogrammtyp	Computer Aided Instruction (CAI), „drill and practice"-Programme	Computer Based Training (CBT), (Intelligente) Tutorensysteme	Simulationen, Mikrowelten

24.4.4 Integration der Theorien

Welches Paradigma des Lernens „stimmt" denn nun? Die angeführten Theorien sind so vielfältig wie der Lernbegriff selbst: Man lernt Fakten, körperliche

Bewegungsabläufe (Fahrradfahren), die Anwendung von Regeln, man lernt jemanden kennen, man lernt, sich in komplexen Situationen zurechtzufinden. Lernen vollzieht sich auf verschiedenen Ebenen vom einfachen Signallernen und Reiz-Reaktions-Lernen über Begriffs- und Regellernen bis hin zum Problemlösen. Lernen vollzieht sich außerdem auf verschiedenen Stufen: Anfänger, Fortgeschrittene und Experten unterscheiden sich hinsichtlich ihres Lernstils beträchtlich.

Somit kann keine der vorgestellten Theorien Allgemeingültigkeit beanspruchen, und keine ist vollkommen „falsch". Eine Integration der verschiedenen Sichtweisen kann die Erkenntnisse und Empfehlungen der je nach Lernebene und -stufe geeigneten Lerntheorie aufgreifen.

Aufgrund der jeweilig relevanten Lernebenen ist eine grobe Zuordnung von Arten der Computerunterstützung bzw. Lern-Software zu den Lerntheorien, wie in Tab. 24-1 auf Seite 821 dargestellt, möglich [OW98].

24.5 Trends und aktuelle Entwicklungen

Auf der Basis langjähriger Erfahrungen mit dem Einsatz des Computers zu Lernzwecken vollzieht sich allmählich eine Schwerpunktverlagerung in Forschung und Entwicklung in mehrfacher Hinsicht:

- *Lerner und Lernprozeß als Mittelpunkt* — Lern-Software wird zunehmend weniger als Lehrerersatz angesehen, stattdessen rücken der Lerner und sein Lernprozeß in den Mittelpunkt. Die Software wird zum Informationslieferanten und Lernwerkzeug.
- *Kommunikation und Kooperation* — Lern-Software, insbesondere in Form von Lernumgebungen, bezieht die am Lernprozeß Beteiligten stärker mit ein, in den Mittelpunkt rückt die Kommunikation und Kooperation mit anderen Lernern, Tutoren, Lehrern und Experten.
- *Life-long-Learning* — Lern-Software wird zunehmend auch unter dem Blickwinkel des flexiblen und lebenslangen Lernens nach Bedarf und „on-the-job" betrachtet. Neben geschlossenen Kursen tritt das Vermitteln kleinerer Wissenseinheiten weiter in den Vordergrund.
- Es erfolgt eine Verlagerung von der Lern-Software hin zu deren Abstimmung mit anderen Elementen des Lernprozesses, wie Lernmethode und medialer Aufbereitung des Lerninhalts.

24.6 Lernen mit Hypermedia

Lernen mit Hypertext und Hypermedia — Ein *Hypertext* ist eine Struktur von (kleinen) Infomationseinheiten (sog. Knoten), bestehend aus Text und graphischen Elementen, die nicht in sequentieller Reihenfolge vorliegen, sondern netzwerkartig organisiert und durch Verweise (sog. Links) verknüpft sind (hierzu siehe auch Kapitel 20 zu Dokumenten). *Hypermedia* erweitert den Begriff *Hypertext*, indem der Text durch Medien ersetzt wird und andere Darstellungsformen, wie Bilder, Animationen, Ton oder Video, einschließt [OW98]. Das bekannteste und populärste Angebot von Hypertexten, bzw. Hypermedia ist das *World Wide Web*.

Der Zugriff auf die Knoten kann in beliebiger Reihenfolge erfolgen, durch die Auswahl eines der angebotenen Links. Dieser Vorgang wird als *Navigation* bezeichnet. Die Navigation in Hypermedia-Dokumenten kann mehrere Formen annehmen: *gerichtet* oder *ungerichtet, systematisch* oder *gesteuert*. *Browsing* ist die häufigste Navigationsmethode und entspricht einem (gerichteten oder ungerichteten) „Stöbern" durch die Dokumente. Der Leser nimmt den Inhalt eines Knotens zur Kenntnis und wählt einen der angebotenen Links aus. Bei einer systematischen Suche gibt der Leser bestimmte Suchbegriffe an und bekommt eine Menge von Knoten, die Informationen zu den angegebenen Begriffen enthalten. Das Folgen von vorgegebenen Pfaden (sog. „Guided Tours") entspricht einer gesteuerten Navigation [OW98].

Navigation

Das Lernen mit Hypermedia kann viele Vorteile mit sich bringen. Die nichtlineare Struktur dieser Medien erlaubt es, komplexe Zusammenhänge zwischen Wissensstrukturen verständlich darzustellen. Hypermediale Lernumgebungen ermöglichen dem Benutzer ein exploratives Lernen und fordern ihn, seine Fähigkeiten aktiv einzusetzen und nicht nur passiv auf externe Impulse zu reagieren. Der Benutzer kann das Wissensgebiet selbst erkunden und sich dabei an seinen eigenen Interessen, Vorkenntnissen und Schwächen orientieren – vorausgesetzt daß die Informationseinheiten sinnvoll organisiert sind. Unter den gleichen Voraussetzungen und mit einer gut durchdachten Gestaltung der Links zwischen den Einheiten kann man die inhaltliche Struktur des Wissensgebiets für den Benutzer leicht verständlich und nachvollziehbar machen. Die Einbettung von dynamischen (sprich multimedialen) Elementen (z. B. Animationen, Video oder Audio) kann dem Benutzer Inhalte, bzw. Abläufe anschaulich präsentieren, die sich mit statischen Mitteln, wie sie in herkömmlichen Lehrbüchern zu finden sind, nicht adäquat abbilden lassen. Auch sind Hypermedia-Systeme von großem Vorteil für einen Einsatz mit verteilter Informationsverarbeitung.

Vorteile von Hypermedia

Andererseits dürfen die Gefahren von Hypermedia nicht unterschätzt werden. Diese sind im allgemeinen im Kapitel 20 zu Dokumenten beschrieben; hier wird insbesondere der *Lernprozeß* betrachtet. Die Aufteilung eines zusammenhängenden Sachgebiets in kleine Informationseinheiten kann leicht dazu führen, daß der Leser den Überblick und damit den Gesamteindruck, der vermittelt werden soll, verliert. Die unbegrenzte Navigationsfreiheit führt oft zu undifferenziertem Browsen, zur Minderung der Konzentration und letztendlich zu ineffizientem Lernen. Auch müssen die Lehrinhalte speziell für dieses Medium aufbereitet werden, um eine optimale Präsentation zu erzielen. Die Kombination von statischen und dynamischen Medien muß didaktisch vertretbar sein und gut überlegt werden, um den Benutzer vor Reizüberflutung oder kognitiver Überlast zu schützen. Dabei muß gleichzeitig auf eine sinnvolle, gut durchdachte Verknüpfung der einzelnen Knoten geachtet werden, um dem Leser eine einfache und leicht verständliche Navigation zu ermöglichen. Die Gefahr, die Orientierung zu verlieren und sich im Datenstrom nicht mehr zurechtzufinden – das sog. „*Lost in Hyperspace*"-Problem – wächst mit steigender

Gefahren von Hypermedia

Lost in Hyperspace

Komplexität der Inhalte. Und schließlich erfordert selbstgesteuertes Lernen – unabhängig von den eingesetzten Systemen – Disziplin und Selbstkritik bezüglich eigenem Wissensstand, begangener Fehler und eigener Lernstrategien [Dan97, OW98, Has95].

Hypermedia stellt hohe Anforderungen sowohl an die Autoren als auch an die Leser solcher Systeme. Falls diese nicht beachtet werden, kann der Einsatz eines solchen Mediums sehr schnell eher hinderlich als nutzbringend werden. Bei multimedialen Systemen muß ganz besonders darauf geachtet werden, daß die verschiedenen Darstellungsformen (bspw. statische, wie Texte und Bilder sowie dynamische, wie Audio, Video oder Animationen) gut untereinander koordiniert sind und semantisch nicht auseinanderklaffen. Multimedia kann zwar die Motivation und den Spaß am Lernen steigern; jedoch führt das Überlappen von mehreren (statischen und dynamischen) Darstellungsformen nicht automatisch zum besseren Verstehen, sondern eventuell zur Reizüberflutung und kann damit die stabile Verarbeitung zur Bildung der inneren Repräsentation, die die Hauptbedingung für erfolgreiches Lernen ist, verhindern [Has95].

Zusammenfassung

Schlußfolgernd kann man feststellen, daß Hypermedia-Systeme trotz einiger Gefahren ein sehr großes Potential mit sich bringen. Falls sie so konzipiert werden, daß sie gezieltes, kreatives Lernen, bzw. konzentriertes Aneignen von Informationen unterstützen, kann man die genannten Probleme umgehen und einen großen Nutzen aus der Dynamik und Flexibilität dieser Systeme ziehen.

24.7 Adaptive Lernsysteme

Adaptive Lernsysteme sind Lernprogramme, die sich selbständig auf individuelle Eigenschaften des Lernenden, bzw. Benutzers einstellen. Solche Eigenschaften können Vorkenntnisse, Interessen, Schwächen oder Vorlieben bezüglich Darstellungsformen sein. Adaptive Lernprogramme haben keinen vorgegebenen Lernpfad und sind auch in der Auswahl der Art der Informationspräsentation flexibel. Eine Variante der *adaptiven* Lernsysteme sind die *adaptierbaren Systeme*, bei denen der Benutzer selbst bestimmte Einstellungen im System vornehmen und somit das Programm in gewissem Maße anpassen kann [KFK96, OW98].

Adaptierbare und adaptive Systeme

An dieser Stelle soll der Unterschied zwischen *Adaptivität* und *Adaptabilität* kurz erläutert werden.

- Ein *adaptierbares* (sprich: anpaßbares) System ist ein System, in dem der Benutzer explizit bestimmte Einstellungen nach seinen Vorlieben vornehmen kann. Ein klassisches Beispiel für ein adaptierbares System ist die Arbeitsumgebung auf einer UNIX-Maschine. Durch das Ändern bestimmter Konfigurationsdateien kann jeder Benutzer seine Arbeitsumgebung nach seinen eigenen Wünschen gestalten. So kann man bspw. die Hintergrundfarbe ändern, die Größe der angezeigten Fenster und die Anordnung von Icons.
- Im Gegensatz zu einem adaptierbaren ist ein *adaptives* System ein System, das sich automatisch, ohne direktes, bzw. explizites Einwirken des Benutzers, an bestimmte Vorlieben, bzw. Merkmale des Benutzers anpaßt. Um

dies zu erreichen, muß das System gewisse Informationen über den Benutzer in einem *Profil* (oder Benutzermodell) speichern. Aufgrund dieser Informationen und der Aktionen des Benutzers gestaltet das System die Benutzerinteraktion.

Profile

In den folgenden Abschnitten werden zwei Arten von (nicht adaptierbaren im obigen Sinne) adaptiven Systemen vorgestellt: *Intelligente Tutorielle Systeme* (ITS) und *Adaptive Hypermedia-Systeme* (AHS). ITS werden seit längerer Zeit in Bereichen eingesetzt, in denen das Wissensgebiet klar strukturiert ist (z. B. Programmiersprachen) [KFK96, OW98]. AHS sind erst vor einigen Jahren entstanden und werden nun verstärkt auch auf dem Gebiet des Lehrens und Lernens eingesetzt. Sie verbinden neue multimediale Techniken mit den Konzepten und Praktiken von ITS.

24.7.1 Intelligente Tutorielle Systeme (ITS)

Intelligente Tutorielle Systeme stützen sich auf Ergebnisse der Forschung im Bereich der Künstlichen Intelligenz (KI). ITS sind Programme, die aus dem Verhalten des Lernenden ein Studentenmodell aufbauen, anhand dessen der Programmablauf (bspw. die Auswahl der Lerneinheiten und der Darstellungsformen und die Art der Rückmeldungen bei Fehlern) für den betreffenden Benutzer gesteuert wird. Das System erstellt einen maßgeschneiderten Lernpfad, der vom Benutzer eingehalten werden muß, um ein bestimmtes Lernziel zu erreichen.

Lernpfade

Außer dem Studentenmodell enthalten ITS auch eine didaktische Komponente. Diese soll die gewählten pädagogischen Prinzipien, bzw. die gewählte Lerntheorie umsetzen und anwenden. Ähnlich einem Lehrer bestimmt sie die Lehr- bzw. Lernstrategie und die Art der Fehlerbehandlung, die für den Benutzer am besten sind. Dies kann z. B. bedeuten, daß Benutzer *A* beim Einschlagen eines falschen Lösungsweges sofort unterbrochen und korrigiert wird. Im Gegensatz dazu läßt man Benutzer *B* selbst zur Einsicht kommen, daß er einen falschen Ansatz hatte, da er daraus bestimmte Erkenntnisse gewinnen kann.

Didaktikkomponente

ITS sind also in der Lage, nicht nur ein individuelles Curriculum zu erzeugen und die Antworten bzw. Lösungen des Benutzers auf ihre Richtigkeit hin zu überprüfen, sondern können auch auf unvorhergesehene Reaktionen des Lerners oder auf „unerwartete" Fragen reagieren und antworten.

*Abb. 24-2
Aufbau eines Intelligenten Tutoriellen Systems.*

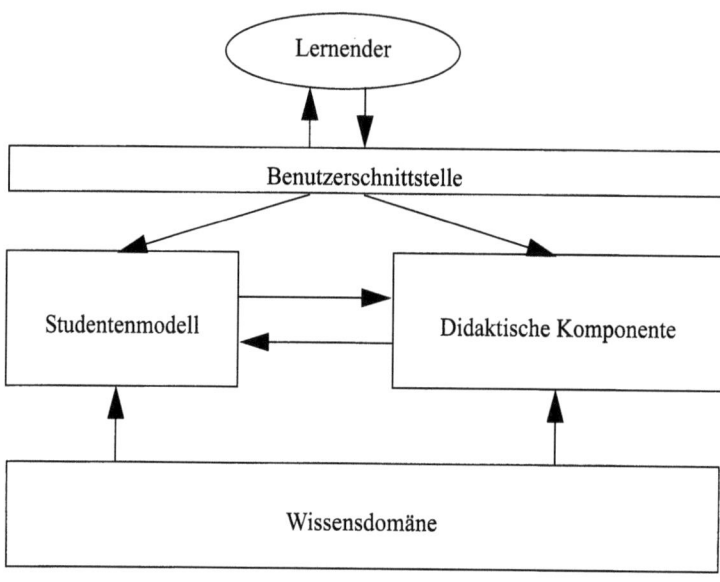

Systemaufbau

Abb. 24-2 zeigt den prinzipiellen Aufbau, der sich aus den genannten Charakteristika eines ITS ergibt. Dabei erfüllen die einzelnen Komponenten folgende Funktionen: die *Wissensdomäne* ist die fachliche Informationsquelle des Systems, die den zu vermittelnden Inhalt liefert, Aufgaben lösen kann und Lösungen überprüfen kann. Das *Studentenmodell* speichert den aktuellen Wissensstand des Lernenden. Die *didaktische Komponente* wählt eine passende Lehrstrategie, plant den Lernpfad und bestimmt die Art der Fehlerbehandlung. Schließlich ist die Benutzerschnittstelle zuständig für den Dialog mit dem Lernenden [OW98].

24.7.2 Adaptive Hypermedia-Systeme (AHS)

Adaptive Hypermedia-Systeme verbinden zwei verschiedenartige Ansätze:
- Zum einen adaptive Systeme, die sich mit Hilfe eines Modells über Ziele, Wünsche und Präferenzen an den Benutzer anpassen,
- Zum anderen Hypermedia-Systeme, die hauptsächlich als rein explorative Systeme eingesetzt werden und dem Benutzer lediglich die Werkzeuge zur Verfügung stellen, um in einem komplexen Netz von Informationen selbständig das zu finden, was er braucht oder sucht.

Das grundlegende Problem bei dem letzteren Ansatz ist schon im vorangegangenen Abschnitt angesprochen worden: der Informationsraum ist sehr umfangreich und oft nur wenig strukturiert. Systeme, die die Bedürfnisse einer bestimmten Gruppe von Benutzern berücksichtigen, sind oft nur sehr schwer von anderen Benutzergruppen zu verwenden [BKV98].

Adaptive Hypermedia-Systeme lösen dieses Problem, indem sie die Interaktion mit dem Benutzer adaptiv gestalten. Dies bedeutet, daß das System gewisse Informationen über den Benutzer und über seine Interaktion mit dem System in einem *Benutzerprofil* oder *Benutzermodell* speichert und diese Information dazu benutzt, um sich dem Benutzer in bestimmten Hinsichten anzupassen. So kann ein adaptives Hypermedia-System bspw. dem Benutzer Navigationshilfen anbieten oder die Information nach Kriterien aufbereiten, die vom Benutzer vorgegeben sind, oder entsprechend den Zielen des Benutzers Informationseinheiten auswählen und diese mit Kommentaren versehen.

Benutzerprofil oder Benutzermodell

Adaptive Hypermedia-Systeme sind nach [BKV98] solche Systeme, die folgende drei Kriterien erfüllen:
- Die Information wird als Hypertext, bzw. Hypermedia aufbereitet;
- Das System beinhaltet ein Benutzermodell, das bestimmte Merkmale des Benutzers widerspiegelt;
- Das System paßt die Interaktion mit dem Benutzer entsprechend den im Benutzermodell enthaltenen Merkmalen an.

Kritierien von AHS

Auch kann eine Einteilung von Adaptiven Hypermedia-Systemen nach folgenden Kriterien vorgenommen werden [BKV98]:
- *Anwendungsbereich des Systems:*
  Hier werden folgende Kategorien unterschieden: Lehrsysteme, On-line Informationssysteme, Online-Help-Systeme, Information-Retrieval-Systeme, Institutionsspezifische Systeme und Personalized-View-Systeme.
- *Anpassungsgrundlage des Systems*:
  Identifikation der Merkmale des Benutzers, die im Benutzermodell bzw. im Benutzerprofil als Grundlage für die Adaptivität gespeichert werden.
- *Anzupassende Komponenten*:
  Identifikation der Teile bzw. Funktionen des Systems, die an den Benutzer angepaßt werden (z. B. die Anpassung des Inhalts an die Kenntnisse des Benutzers oder die Steuerung der Navigation).
- *Identifikation der Ziele der Adaptivität*:
  Feststellung, was durch die Adaptivität erreicht werden soll und welche Probleme damit gelöst werden können.

Einteilung von AHS

AHS basieren zum Teil auf ITS und können auch – müssen aber nicht – eine tutorielle Komponente enthalten. Die Funktionalität des Systems kann ähnlich zu der von ITS sein, wie z. B. gesteuerte Navigation durch den Wissensraum, Aneignung von sog. „Problem-Solving Skills" (d. h. Fertigkeiten zum Lösen von bestimmten Problemen), ist aber im allgemeinen weniger restriktiv. In ITS wird immer „gelernt" (im Sinne der Aneignung von „Problem-Solving Skills"). AHS hingegen bieten auch die Möglichkeit, im Wissensraum lediglich zu „stöbern" oder zu „browsen" [OW98, KFK96]. Der Wissensraum kann viel umfangreicher sein als bei herkömmlichen tutoriellen Systemen (theoretisch sogar unbegrenzt, wenn man das World Wide Web betrachtet). Abb. 24-3 beschreibt in Anlehnung an Abb. 24-2 auf Seite 826 den prinzipiellen Aufbau eines AHS.

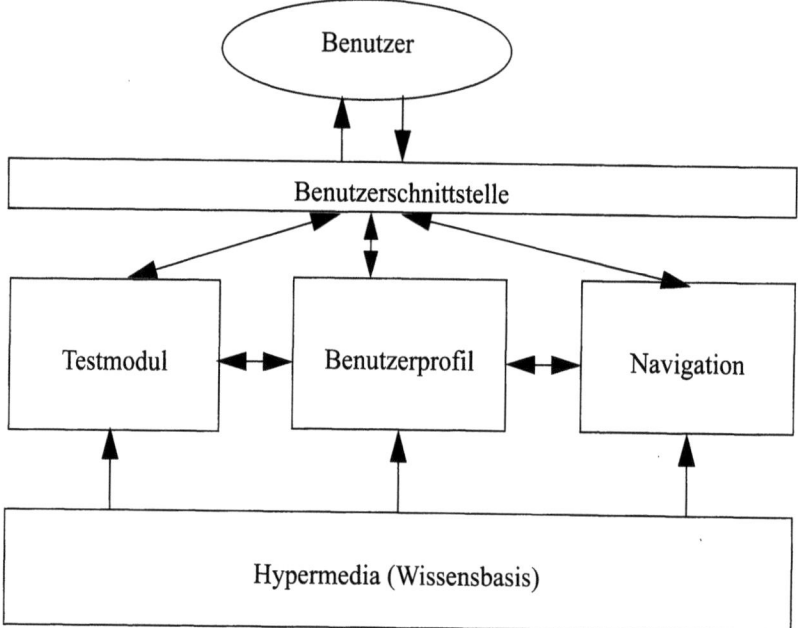

Abb. 24-3
*Adaptives
Hypermedia-System.*

24.8 Übersicht von AHS-Systemen

Dieser Abschnitt stellt einige existierende Systeme vor, die als adaptive Hypermedia-Systeme (AHS) bezeichnet werden können, wobei zuerst diejenigen aufgelistet werden, die als Lehr- bzw. Lernprogramme einzustufen sind. Anschließend wird noch eine Reihe von AHS erwähnt, die ähnliche oder andere Funktionen erfüllen.

24.8.1 Adaptive Lehr- und Lernsysteme

ELM-ART

Das System ELM-ART [SW96] ist ein WWW-basiertes Lernprogramm für die Programmiersprache Lisp. ELM-ART präsentiert dem Benutzer die Struktur seiner unmittelbaren Umgebung (die im aktuellen Unterkapitel enthaltenen Abschnitte) mit farbig annotierten Links, die den Status der betreffenden Abschnitte anzeigen (bspw. *grün* für schon bearbeitet und *rot* für nicht bereit für die Bearbeitung). Der Leser kann entweder die eingebaute „next"-Funktion benutzen oder selbst einen der angebotenen Links auswählen. Falls es sich um einen „nicht empfohlenen" Link handelt, gibt das System eine Warnung aus.

Wenn man die Testaufgaben zu der ausgewählten Einheit richtig beantwortet, so aktualisiert das System die Voraussetzungen, die es bis dahin als „nicht erfüllt" gespeichert hatte (weil der Leser sie noch nicht bearbeitet hatte) und markiert sie als „inferiert". Das System ist übersichtlich, sehr intuitiv und leicht zu bedienen. Der Benutzer kann jederzeit das Benutzermodell einsehen und ändern.

Hypadapter

Hypadapter [HBG98] ist ein System für exploratives Lernen und Programmieren in der Programmiersprache Lisp. Das System unterstützt den Benutzer durch adaptive Präsentation und Navigation. Persönliche Vorlieben (kurze oder lange Erklärungen, viele oder wenige Beispiele) von Benutzern werden bei der Präsentation auch berücksichtigt. Für die Initialisierung der Benutzermodelle werden Stereotypen benutzt. Bestimmte Teile des Modells können vom Benutzer verändert werden. Das System bietet eine *Bookmark-Funktionalität* an.

HBLE

Das Projekt HBLE (Hypermedia-Based Learning Environment) hat als Ziel die Entwicklung von Anwendungen und Technologien für die Erstellung, Verwaltung und Bewertung von WWW-basierten universitären Lehrveranstaltungen (speziell im Bereich Mathematik) [Nyk97]. Basierend auf einem Benutzermodell werden dem Lernenden mehrere Funktionen angeboten: gesteuertes Lernen (vorgegebenes Curriculum), Unterstützung der Navigation unter Berücksichtigung des Lernziels des Benutzers und personalisierte Ansichten des Materials (adaptive Präsentation). Das Benutzermodell reflektiert den Wissensstand des Lernenden und basiert auf sog. „Prerequisite Graphs".

SQL-Web-Tutor

Der SQL-Web-Tutor ist eine adaptive, WWW-basierte Lehrumgebung für das Erlernen der Datenbanksprache SQL [PB97]. Das System unterstützt mit Hilfe des Benutzermodells den Lernenden bei der Navigation, kann diese aber auch komplett steuern und damit den Lernpfad vorgeben. Für die vom Benutzer bearbeiteten Einheiten werden mehrere Zustände (bspw. gelernt oder gelöst) verwaltet und auch visuell annotiert. Der Inhalt der angezeigten Einheiten wird weiterhin an den Wissensstand des Benutzers angepaßt.

24.8.2 Weitere adaptive Hypermedia-Systeme

Dieser Abschnitt beschreibt einige weitere adaptive Hypermedia-Systeme, die verschiedenste Funktionen erfüllen, bspw. Hilfesysteme oder die adaptive Unterstützung von Navigation.

Metadoc

Metadoc [BE98] ist ein System, das die Präsentation von Hypertext-Inhalten an den Benutzer anpaßt. Zu diesem Zweck verwaltet das System ein Benutzermodell, das das Wissen des Benutzers widerspiegelt. Basierend auf den im Benutzermodell gespeicherten Informationen wird der Inhalt des Hypertexts gekürzt oder mit zusätzlichen Erklärungen dargestellt. Diese Art der adaptiven Präsentation ist auch unter dem Namen *Stretchtext* bekannt.

Stretchtext

Obwohl das System den Detailgrad des dargestellten Inhalts automatisch anpaßt, kann der Benutzer auch direkt eingreifen und die Darstellung selbst ändern. Dies wird mit Hilfe von im Text eingebauten, sog. „*Stretchtext Buttons*" erreicht. Falls der Benutzer einen anderen Detailgrad als dargestellt wünscht, kann er durch Anklicken dieser Buttons die Darstellung ändern. Dies bedeutet, daß der Benutzer damit zusätzliche Erklärungen bekommt oder auch einen weniger detaillierten Text (falls er mit dem Thema schon vertraut ist).

Stereotypen

Metadoc benutzt die vier für UNIX üblichen Stereotypen *Novice*, *Beginner*, *Intermediate* und *Expert*, da das System hauptsächlich für die Umsetzung technischer Dokumentationen eingesetzt wird [Chi86].

Benutzermodell

Die Benutzer von Metadoc müssen am Anfang bestimmte Informationen über ihre Erfahrung mit dem Computer eingeben (bzw. den Bekanntheitsgrad von bestimmten UNIX-Konzepten); alternativ verwendet das System ein *Default-Benutzermodell*. Der Benutzer kann das Benutzermodell jederzeit selbst ändern und angeben, zu welchen Themen er sich mehr/weniger Erklärungen bzw. mehr/weniger Details wünscht. Zusätzlich wird vom System eine implizite Modellierung vorgenommen: Wenn ein Benutzer Zusatzerklärungen über ein bestimmtes Thema anfordert, wird angenommen, daß er mit diesem Thema nicht vertraut ist.

Beurteilung

Metadoc verwendet eine adaptive Präsentation mit verschiedenen Detailgraden; das System verfügt weiterhin über Stereotypen. Nachteile von Metadoc sind, daß das System keine *Arbeitsmodi* und kein *Lernziel* kennt. Dies liegt aber an seinem Charakter als technische Dokumentation.

HYPERFLEX

HYPERFLEX [KFC98] ist ein Prototyp für ein adaptives Hypertext-System, das hauptsächlich Navigationsvorschläge auf Grund der Ziele und Präferenzen des Benutzers erstellt. Der Ansatz dieses Prototyps basiert auf der Feststellung, daß Assoziationen zwischen Wissenseinheiten eine wichtige Rolle für das menschliche Gedächtnis spielen. Die Einheiten (oder Knoten) des als Basis benutzten Hypertexts sind als *semantisches Netz* organisiert. Die semantischen Beziehungen zwischen Einheiten werden in *Assoziationsmatrizen* definiert. Die Werte, die in den Matrizen eingetragen werden, zeigen die Relevanz einer Einheit in bezug zu einer anderen Einheit an (je höher der Wert desto größer die Relevanz der Themen untereinander). In HYPERFLEX spezifiziert der Benutzer ein Thema, das ihn interessiert, ein Ziel, das er verfolgt, oder beides. Das System errechnet dann Vorschläge und präsentiert sie dem Benutzer in Form

Semantisches Netz

einer nach Prioritäten geordneten Liste. Der Benutzer wählt einen Eintrag aus dieser Liste aus, kann aber auch die vorgeschlagenen Themen in der Liste neu ordnen. Dann aktualisiert das System die Werte in der entsprechenden Assoziationsmatrix und paßt sich somit an den Benutzer an. Hyperflex kann auch als Authoring Tool eingesetzt werden.

HYPERFLEX verfügt über Lernziele und eine adaptive Navigation, unterstützt aber keine adaptive Präsentation, da unterschiedliche Detailgrade bzw. mehrere mögliche Darstellungen der gleichen Information nicht realisierbar sind. Weitere Nachteile von HYPERFLEX sind, daß keine Stereotypen, keine Arbeitsmodi und auch kein Text in einer hierarchischen Schwierigkeitsnotation angeboten werden. *Beurteilung*

ifWeb

ifWeb [AT97] ist ein Prototyp eines intelligenten Agenten, der auf der Basis eines Benutzermodells den Benutzer bei der Navigation durch Klassifizierung der Dokumente und Links nach Relevanz unterstützt.

UMIE

UMIE [BKS97] ist ein Prototyp für die adaptive Präsentation bzw. Aufbereitung und Filterung von verschiedenartigen Informationen, die in einer hierarchischen Wissensstruktur organisiert sind. UMIE verwendet ein Benutzermodell, das die Interessen des Benutzers für verschiedene Themen widerspiegelt. Das System benutzt weiterhin Stereotypen.

AVANTI

Das von der EU geförderte Projekt AVANTI (AdaptiVe and Adaptable INteractions for Multimedia Telecommunications AppIIcations) stellt für einen heterogenen Benutzerkreis individualisierte, multimediale Informationen über eine Region auf der Basis des WWW zur Verfügung. [FKS97]. Zu diesem Zweck wird ein Benutzermodell definiert, das Informationen über die Eigenschaften und Präferenzen der Benutzer enthält. Aufgrund dieser Informationen werden aus dem Datenbestand bestimmte Teile ausgewählt, für den Benutzer aufbereitet, zusammengestellt und letztlich präsentiert. Die Anpassung berücksichtigt auch vorhandene technische Möglichkeiten des Benutzers (d. h. schnelle/langsame Internet-Verbindung bzw. leistungsstarker oder weniger leistungsstarker Rechner).

Bemerkung

Die dargestellte Übersicht kann lediglich einen kleinen Ausschnitt aus der Vielfalt der verfügbaren Lernprogramme darstellen. In diesem Zusammenhang wurden Systeme ausgewählt, die in bezug auf multimediales Lernen interessante Eigenschaften aufweisen. Ein System, das alle wünschenswerten Eigenschaften vereint, ist allerdings noch nicht bekannt.

Im folgenden werden zwei Entwicklungen skizziert: Das Telelearning und das computerunterstützte kooperative Lernen sowie die Lernumgebung VITAL.

24.9 Telelearning

Fernunterricht

Multimediale Technologien ermöglichen eine entscheidende Weiterentwicklung traditioneller Formen des Fernunterrichts oder Fernstudiums. Telelearning ermöglicht Lernprozesse, bei denen Lehrende und Lernende weder am gleichen Ort noch gleichzeitig mit dem Lernen beschäftigt sein müssen. Dadurch haben auch Behinderte, Berufstätige und vom Bildungsort weit entfernt Wohnende einen Zugang zu Bildungsveranstaltungen. Anwendungsgebiete sind sowohl kursorientierte Lehrveranstaltungen in Schule, Hochschule und der Weiterbildung als auch flexible Wissensaneignung nach Bedarf am Arbeitsplatz.

Telelearning ist oft durch einen hohen Selbststudienanteil geprägt, bei dem sich der Lernende mit Hilfe von Lernmaterialien, z. B. über das World Wide Web Wissen aneignet. Je nach Konzeption des Telelearning wird dies durch Teletutoring oder Teleteaching ergänzt [OW98]:

Teletutoring

- *Teletutoring*
  Der Lerner wird bei Fragen zum Lernmaterial oder Lernprozeß nach Bedarf von einem Tutor betreut. Die Kommunikation mit dem Tutor kann asynchron, z. B. per E-Mail, oder synchron, z. B. per Audio- oder Videokonferenz, erfolgen.

Teleteaching

- *Teleteaching*
  Beim Teleteaching wird eine Veranstaltung (z. B. ein Vortrag oder eine Schulstunde) per Audio-/Videoverbindung an mehrere Orte übertragen. Es handelt sich überwiegend um eine Ein-Weg-Kommunikation, Rückmeldung an den Lehrenden erfolgt asynchron, z. B. per E-Mail oder elektronische Nachrichtenbretter, oder synchron, z. B. per Audio- oder Videokonferenz. Eines der weltweit bekanntesten und dabei seit mehreren Jahren im täglichen Betrieb operierendes Beispiele sind die an der Universität Mannheim seit Anfang der neunziger Jahre übertragenen Vorlesungen von Prof. W. Effelsberg [GEE97].

24.10 Computerunterstütztes kooperatives Lernen

Schwächen des computerunterstützten Lernens

Die Erfahrungen mit individuellem computerunterstütztem Lernen haben eine Reihe von Grenzen und Schwächen offenbart [BWPSW98, OW98], z. B.:
- Lern-Software bietet nur eine begrenzte Interaktivität.
- Die Individualisierung des Lernweges ist meist auf wenige, vom Autor vorgedachte Navigationspfade beschränkt.

- Lern-Software kann inhaltliches Feedback nur für relativ einfach strukturierte Wissensbereiche geben.

Kommunikation und Kooperation mit anderen Lernern im Team kann das nötige Maß an Interaktivität, Individualisierung und Feedback geben.

Daneben sprechen auch die Forderung nach Teamfähigkeit und Fähigkeit zu selbstorganisiertem Lernen für die Einführung kooperativer Lernmethoden. So ist in der heutigen dynamischen Arbeitswelt Wissen vielfach nicht in Büchern verfügbar, sondern entsteht im Prozeß der Arbeit und ist auf mehrere Personen in einer Organisation verteilt.

Dank seiner Fähigkeiten zur Kommunikationsunterstützung kann der Computer die Isoliertheit des einzelnen Lerners überwinden und ihn mit Mitlernern, Tutoren und Lehrern in Kontakt bringen.

Computerunterstütztes kooperatives Lernen (*Computer Supported Cooperative Learning*, CSCL) weist hierfür mehrere Dimensionen auf:

- *Synchrones und asynchrones kooperatives Lernen*
  Die am Lernprozeß Beteiligten nehmen gleichzeitig (Videokonferenz) oder zeitversetzt am Lernprozeß teil (Diskussion per Email).
- *Lernende vor Ort und weltweit verteilt*
  Die am Lernprozeß Beteiligten können sich an demselben Ort (Schulungsraum) befinden oder weltweit verteilt sein (Telelearning).
- *Individuelle Lernphasen und Gruppenlernphasen*
  Kooperatives Lernen kann aus individuellen Lernphasen sowie Lernen in Gruppen mit und ohne Lehrer/Trainer bestehen.

Effektives kooperatives Lernen setzt eine strukturierte Situation sowie die Bereitschaft und Fähigkeit zur Kooperation voraus. An technischen Hilfsmitteln benötigt man elektronische Konferenzräume oder Audio-/Video- und Datenkonferenzsysteme [SGHH94].

Insbesondere im verteilten Fall muß man versuchen, die Nachteile mangelnder realer Präsenz (soziale Protokolle, „Group Awareness") auszugleichen.

24.11 Beispiel: Die virtuelle Lernwelt VITAL

Die Lernumgebung VITAL wurde am Darmstädter GMD-Institut IPSI im Projekt CLear entwickelt [WBWP98]. Sie basiert auf der Metapher virtueller Räume und stellt eine Lernwelt bereit, in der verteilte Lernende Lernmaterialien in Form von Hypermedia-Dokumenten lesen und manipulieren sowie miteinander per Audio-/Videokonferenz kommunizieren können [PSBWW98].

*Abb. 24-4
Die Lernumgebung
VITAL.*

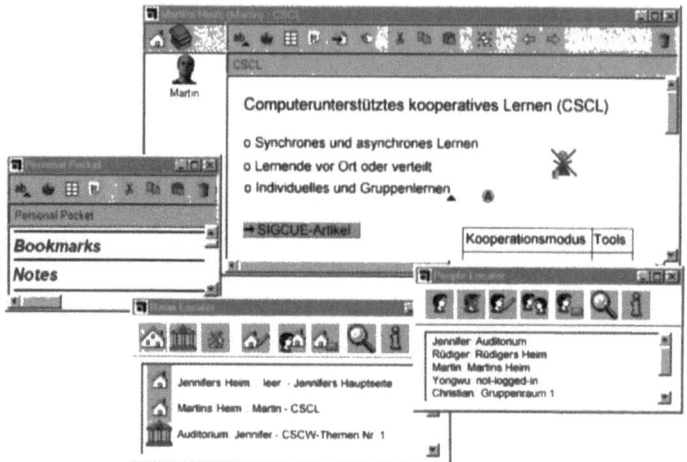

Abb. 24-4 zeigt eine Person, die alleine an einem Hypermedia-Dokument arbeitet. Mit der *Personal Pocket* können Hypermedia-Elemente oder Hypermedia-Dokumente zwischen verschiedenen virtuellen Räumen per Drag und Drop ausgetauscht werden. *People Locator* und *Room Locator* ermöglichen die Orientierung und Navigation in der Lernumgebung: sie stellen Informationen über vorhandene Räume und angemeldete Benutzer bereit, man kann andere Benutzer treffen und den Raum wechseln.

*Abb. 24-5
Kooperatives Lernen
mit VITAL.*

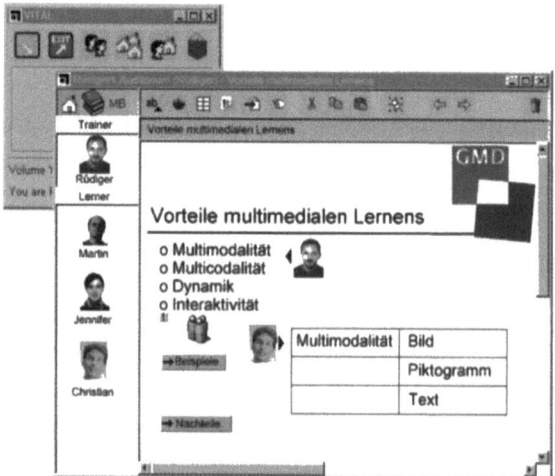

Die Übergänge zwischen synchronem und asynchronem, zwischen individuellem und kooperativem Lernen sind fließend: Die Art der Kooperationssituation wird durch den Aufenthaltsort in der virtuellen Lernwelt und die dort ebenfalls Anwesenden bestimmt.

Die Abb. 24-5 auf Seite 834 zeigt das virtuelle Auditorium, in dem eine Person für drei Lerner eine interaktive Übung vorträgt. Auf der linken Seite sieht man, wer sich im Moment im Raum aufhält. Zwei Personen benutzen Telepointer, um auf bestimmte Stellen im Hypermedia-Dokument zu zeigen.

24.12 Abschließende Bemerkungen

Zur Zeit findet eine große Euphorie in Schulen und Unternehmen über die Möglichkeiten des multimedialen Lernens mit Hilfe des Computers statt. Bildungsträger und Buchverlage, Software-Anbieter und Medienproduzenten werden in Zukunft verstärkt multimediale Lern-Software entwickeln und vertreiben.

Die didaktischen Möglichkeiten des Einsatzes multimedialer Systeme sind angesichts der Integration von Bild und Ton sowie ihrer Interaktivität groß. Multimediale Lernumgebungen ermöglichen bspw. die Darstellung des menschlichen Herzens als Live-Video aus dem Operationssaal ebenso wie als schwarzweiße Funktionszeichnung mit Linien. Je nach Kontext (bspw. Zielgruppe oder Lernziel) haben beide Darstellungsweisen ihre Berechtigung. Der mögliche pädagogische und didaktische Nutzen multimedialer Lernumgebungen liegt darin, dieses breite Spektrum an Darstellungsformen zu ermöglichen.

Didaktische Möglichkeiten von Multimedia

Allerdings handelt es sich nur um ein *Potential*, dessen Realisierung von zahlreichen Variablen des Lernprozesses abhängig ist. Auch ist Lernen immer mit Aufbau oder Umbau von Verhalten, kognitiven Strukturen, Handlungsschemata oder Erfahrungen verbunden. Dies erfordert eine gewisse zeitliche Dauer und ein Engagement des Lerners, z. B. im Nachdenken und Verfestigen durch Übung. Lernen kann nicht mühelos sein, auch mit „Selbstlernsystemen" lernt es sich nicht „von selbst" [OW98].

Multimedia-Anwendungen

Multimedia-Daten treten über Anwendungen mit den Benutzern in Kontakt/Interaktion. Daher sind Anwendungen für den Benutzer von Multimediasystemen von zentraler Bedeutung. Sei es jemand, der eine Information aus einem Kiosksystem haben möchte, sei es ein Künstler, der eine Präsentation mit Musik, Video und animierten Grafiken erzeugen möchte: dem Benutzer treten nie die Daten selbst gegenüber, sondern immer die Mittel, mit denen er diese erzeugen, verändern und betrachten kann. Trotzdem gibt es keinen allgemeingültigen Ansatz, um die Vielzahl der bisher existierenden Anwendungen eineindeutig zu klassifizieren. In diesem Kapitel wird ein zusammenfassender Überblick über die Vielzahl und Vielfalt der Multimedia-Anwendungen gegeben.

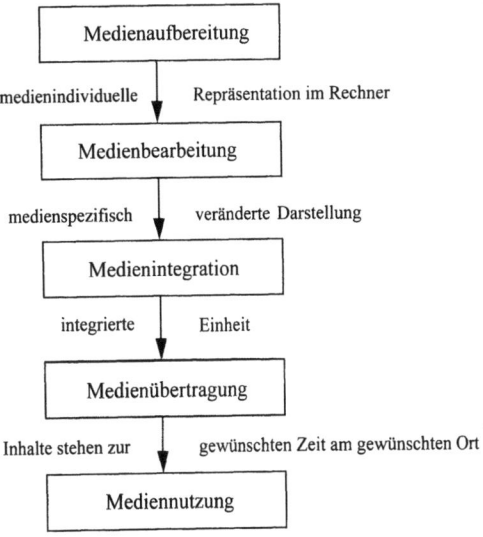

Abb. 25-1
Multimedia-Anwendungen als „Nahrungskette".

Klassifikation

Eine in der Lehre erfolgreich angewendete Möglichkeit, Anwendungen zu klassifizieren, verwendet die Analogie einer *„Nahrungskette"* als Strukturierungshilfe (siehe Abb. 25-1). Damit Multimedia-Daten mit dem Benutzer interagieren können, müssen sie eine Reihe von Transformationen durchlaufen, in denen bestimmte Typen von Anwendungen eingesetzt werden. Zunächst müssen die Elemente (Gegenstände, Objekte, Dateninhalte), sofern sie bereits eine Realisierung in der physikalischen „realen" Welt haben, in die elektronische „virtuelle" Welt der Daten gebracht werden (z. B. durch das Einscannen eines Fotos). Diese Stufe nennt man *Medienaufbereitung*. Sind die Elemente digitalisiert und damit in elektronisch zugreifbarer Form gespeichert, so können sie in der Stufe der *Medienbearbeitung* verändert werden. In dieser Stufe können auch neue Daten hinzugefügt werden, die kein Pedant in der physikalischen Welt haben (z. B. ein am Computer eingegebener Text). Die Bearbeitung findet hier separat für jedes Medium statt. Auf der Stufe der *Medienintegration* werden aus den vielen einzelnen Medien multimediale Daten, hier werden unterschiedliche Medienarten in eine Beziehung zueinander gesetzt (z. B. ein elektronisches Lexikon mit Video- und Audio-Informationen). Wenn die Multimedia-Daten erzeugt worden sind, kommt es darauf an, auf welche Weise sie zum Benutzer gebracht werden können; die Stufe der *Medienübertragung*. Letztendlich kann der Benutzer Multimedia-Daten auf viele Arten und Weisen konsumieren, hier wird die immer größer werdende Vielzahl von Möglichkeiten der *Mediennutzung* als Senke dargestellt.

Medienaufbereitung

Medienbearbeitung

Medienintegration

Medienübertragung

Mediennutzung

25.1 Medienaufbereitung

Der Übergang der Elemente, bzw. Informationen von der realen Welt der Physik in die elektronische Welt der Daten muß über eine physikalische „Brücke" vollzogen werden. Diese Brücke wird durch spezielle Geräte realisiert, die die Rolle der Vermittlung zwischen den Welten übernehmen. Dabei gehen die Informationen nicht nur in einer Richtung über die Brücke, sondern in beide Richtungen. Denn Hardware ist auch notwendig, um Multimedia-Informationen wieder in der realen Welt zu präsentieren. In den folgenden Abschnitten geht es also der Natur der Sache folgend um beides: den Transport von Informationen in den Computer hinein und wieder hinaus. So gibt es für jedes Medium spezielle Ein- und Ausgabegeräte, die, mit der entsprechenden Software gekoppelt, die Transformation der Medien übernehmen.

Audioinformationen

Für den Weg der hörbaren Informationen (Sprache, Musik, Geräusche) in den Rechner hinein gibt es die herkömmliche Möglichkeit, Mikrofone verschiedenster Art zu benutzen (siehe auch Kapitel 3 zu Audio). Dabei können auch *Mehrkanalsysteme* eingesetzt werden (Vorn-links, Mitte, Vorn-rechts, Hinten-links, Hinten-rechts und *Subwoofer*), die eine stärkere Repräsentation des Raumklangs als der herkömmliche Stereo-Sound ermöglichen. Besteht die Information aus Sprache, so können Systeme zur Spracherkennung diese Information ebenfalls erkennen und digitalisieren. Im Bereich von *Virtual Reality* (VR) wird die Klanginteraktion über eingebaute Mikrofone und Lautsprecher in einen VR-Helm erreicht.

Videoinformationen

Um visuelle Informationsströme zu digitalisieren, werden zunehmend digitale Kameras eingesetzt. Diese können sowohl Stand- als auch Bewegtbilder aufnehmen und sofort in digitaler Form abspeichern. Bei der Aufnahme und Wiedergabe von Bildern kommt es nicht nur auf die Auflösung des Bildes, also der Anzahl der Bildpunkte, und die Farbtiefe, sondern vor allem auch auf die Zahl der Einzelbilder pro Sekunde an. Für die Wiedergabe werden meistens Monitore in den verschiedensten Größen und mit den unterschiedlichsten Auflösungen verwendet. Zu den Standard-Desktop-Monitoren kommen dann noch die Möglichkeiten der Präsentation über *Medienwände* und *Beamer* hinzu. Im Bereich *Virtual Reality* gibt es die *Head Mounted Displays* (HMD), die in einen Helm eingebaut sind, den der Benutzer auf dem Kopf trägt. Anderseits gibt es sog. *Surround Displays*, die die Präsentationsfläche dem Benutzer nicht direkt vor die Augen legt, sondern in seine Umgebung. Um stereoskopische Effekte und eine adäquate Reaktion auf Kopfbewegungen zu ermöglichen, werden diese Systeme um spezielle Brillen und Kopfbewegungssensoren ergänzt.

Head Mounted Displays

Text, Grafik und Standbildinformationen

Die meisten Informationsobjekte des Alltags sind immer noch auf Papier, wie z. B. gedruckter Text oder handschriftliche Notizen und Zeichnungen. Um diese Informationen zu digitalisieren, benötigt man *Scanner*. Dies sind Geräte, die die Lichtpunkte eines Objektes abtasten und daraus ein digitales Bild erstellen. Durch die Rasterung des Scanners wird die Auflösung des realen Objektes immer ein wenig reduziert. Wenn die Informationen nicht nur Zeichnungen mit Bildcharakter sind, sondern als einen Informationsgehalt als Text haben, kann mit OCR-Programmen (*Optical Character Recognition*) der semantische Teil der Information erkannt und digital gespeichert werden.

Scanner

OCR

2-D- und 3-D- Bewegungsinformationen

Manchmal ist es notwendig, nicht das Abbild eines Objektes, sondern seine dynamischen Eigenschaften zu digitalisieren. Einerseits möchte man für die Animation eines künstlichen Menschen die Bewegungsmuster eines natürlichen Menschen aufzeichnen, anderseits möchte man die Darstellungen in einem Virtual-Reality-Raum durch die Bewegungen des Benutzers steuern. Für diese Zwecke gibt es sog. „*Tracker*", die die Bewegungen und das Verhalten von Objekten (Position, Orientierung, Beschleunigung) registrieren und aufzeichnen können. Diese Tracker können mit elektromagnetischen Markierungen auf den Objekten, mit Ultraschall oder mit optischen Verfahren arbeiten.

Tracker

25.2 Medienbearbeitung

Wenn der Benutzer die gewünschten Medien digitalisiert und gespeichert hat, möchte er sie meistens verändern und anpassen oder neue Medienobjekte erstellen. Es gibt für die unterschiedlichen Medientypen jeweils spezielle Anwendungen, die die Bearbeitung des Mediums ermöglichen.

Textverarbeitung

Textverarbeitungsprogramme erlauben das Schreiben und Verändern von Texten. Im Gegensatz zur Schreibmaschine hat der Benutzer eine Vielzahl von Möglichkeiten, auf die inhaltliche und optische Gestaltung seines Textes Einfluß zu nehmen. Der Inhalt kann ständig verändert werden, Textteile können beliebig gelöscht, kopiert und an anderen Stellen eingefügt werden. Das Arrangement und die Organisation des Dokumentes sind in kürzester Zeit veränderbar. Auch die Gestaltung ist frei wählbar. Der *Text-Font*, seine Größe und der Stil (bspw. fett oder kursiv), der Einsatz von Texteffekten (bspw. schattiert, hohl oder mit Mustern ausgefüllt), der Abstand zwischen den Zeilen und das Format der Seite sind frei einstellbar. Durch diese Freiheit der Wahl wird dem Benutzer allerdings auch die Verantwortung für das *Layout* übertragen. Die Vielzahl der Gestaltungsoptionen muß mit Vorsicht verwendet werden.

Fonts

Layout

Bildverarbeitung

Bildverarbeitungsprogramme bieten vielfältige Möglichkeiten, um den Inhalt von Bildern zu verändern. Die meisten Funktionen entsprechen den Möglichkeiten, die der Benutzer bereits von der Arbeit mit realen Bildern auf Papier kennt. Er kann z. B. Farben einsetzen, mit einem Pinsel oder verschiedenen Stiftformen arbeiten, Teilbereiche mit einer „Schere" ausschneiden und an anderer Stelle einkleben. Zusätzlich können jedoch weitere Eigenschaften modifiziert werden. So können Teilausschnitte beliebig oft kopiert und Teilbereiche des Bildes verzerrt werden. Ebenfalls ist es möglich, die Farbpalette zu verändern, um z. B. ein Farbbild in ein Schwarzweißbild zu verwandeln. Durch den Einsatz von Bildfiltern können weitere Effekte erzeugt werden, das Bild kann verschwommener werden oder auf eine Kugeloberfläche projiziert erscheinen. Ein Grundproblem bei der herkömmlichen Arbeit mit Bildern ist jedoch, daß für den Computer das Bild immer nur eine Tabelle von Bildelementen ist, die nur durch ihren Ort als xy-Koordinate und durch ihre Farbe bestimmt sind. Es stellt für das Bildverarbeitungsprogramm keinen Unterschied dar, ob ein bestimmter Punkt zum Hintergrund oder zu einem Text im Bild gehört; alle Punkte sind gleichwertig. Damit ist eine objektorientierte Bearbeitung, z. B. das Verschieben eines Textes in einem Bild, jedoch nicht möglich. Hier gibt es den Ansatz, mit verschiedenen Ebenen zu arbeiten, die wie Farbschichten übereinanderliegen und beliebig ein- und ausgeblendet werden können. Bilder einer Ebene können auf dieser frei verschoben werden und so ist ein quasi-objektorientiertes Arbeiten möglich.

Grafikverarbeitung

Grafiken sind im Gegensatz zu Bildern keine Flächen von Bildpunkten, sondern eine Gruppe von Objekten (siehe Kapitel 4 zu Bildern und Grafiken). Es gibt verschiedene Objekttypen, z. B. Kreise, Rechtecke und Linien, die unabhängig voneinander positioniert und verändert werden können. Natürlich können auch Bilder als Objekte eingebunden werden. Fortgeschrittene Grafikprogramme haben Erkennungsmodule, die in der Lage sind, die Strukturen in Bildern zu erkennen und sie in Objekte zu transformieren. Ein Kreis in einem Bild wird dann in ein Kreisobjekt umgewandelt. Der Vorteil von Grafiken ist, daß sich das Arrangement der Objekte sehr viel leichter verändern läßt als in Bildern. Dies ist möglich, weil sich die Eigenschaften der Objekte, wie z. B. die Koordinaten, eindeutig bestimmen und leicht verändern lassen.

Animationen

Animationen verwenden Bild und Grafik als grafische 2-D oder gar als 3-D-Objekte. Die zusätzliche Dimension in Animationen ist die Zeit, welche ebenfalls verändert werden kann (4-D-Bearbeitung). Objekte können über die Zeit erscheinen und verschwinden, auf verschiedenen, frei definierbaren Bahnen bewegt und um alle Achsen rotiert werden. Zusätzliche Funktionen ermöglichen die Veränderung der Gestalt, der Farbe und anderer Eigenschaften. Dabei ist es für den Benutzer nicht notwendig, alle Einzelbilder der Animation genau zu definieren. Start- und Endpunkte, Anfangszustand und Endzustand reichen aus, damit die Animationsanwendung die nötigen Zwischenschritte und deren Visualisierung selbst berechnen kann (*Tweening*). Animationsprogramme können somit auch die Übergänge und Überblendungen zwischen Bildern (*Transitionen*) als auch die Transformation eines Animationsobjektes in ein anderes (*Morphing*) erzeugen.

Tweening

Morphing

Audiobearbeitung

Bei der Bearbeitung von Audiodaten lassen sich zwei Unterkategorien von Anwendungen finden, die eine ähnliche Unterscheidung haben wie die Bild- und Grafikprogramme bei den Standbildern. *Klang- und Sound-Anwendungen* haben als Daten Klang, Geräusch oder Sprache, während *Musikanwendungen* die Komposition des Musikstückes und die Zuordnung von Instrumenten zu bestimmten Tönen zur Verfügung haben. Die Klangdaten stellen einen kontinuierlichen Datenstrom dar, aus dem der Benutzer Teile entfernen, kopieren und einfügen kann, deren innere Struktur jedoch nur sehr schwer veränderbar ist. So kann eine bestimmte Instrumentenstimme in einer Klangdatei nicht einfach leiser geregelt oder ganz stumm geschaltet werden. Im Falle eines Musik-Editors ist es, wie im Falle einer Grafik, sehr einfach, einzelne Strukturelemente zu modifizieren, da der Benutzer einen Zugriff auf die interne Struktur (bspw. Noten, Instrumente, Lautstärken oder Klangfarben) hat.

Videobearbeitung

Videobearbeitungsprogramme verwenden Bewegtbildszenen als Datenquelle. Der Benutzer kann Szenen ausschneiden, löschen und umsortieren, als ob er mit physikalischem Filmmaterial arbeiten würde. Zusätzlich kann er die Übergänge zwischen Szenen mit verschiedenen Überblendeffekten versehen oder Ton- und Videospur getrennt voneinander bearbeiten.

Nicht-lineares Editieren

Eine besondere Eigenschaft von fortgeschrittenen Videobearbeitungsprogrammen ist das *nicht-lineare Editieren*. Dabei kann der Benutzer Teilabschnitte von mehren Videoquellen bestimmen und mittels einer Art Zeittabelle zu einer Videosequenz zusammenfügen, ohne vorher Versionen des geplanten Ablaufes zusammenkopieren zu müssen. Das Abspielen der Videosequenz wird anhand der Eingaben aus der Tabelle gesteuert. Dies ermöglicht dem Anwender z. B. das einfache und Speicherplatz sparende Erstellen verschiedener Versionen einer Videosequenz.

25.3 Medienintegration

Das Ziel des Einsatzes der Multimedia-Technologie liegt in der Kombination verschiedener zeitabhängiger und zeitunabhängiger Medien. Für diese Kombination werden Anwendungen bereitgestellt, die diese Integration meist in Form eines Multimedia-Dokuments ermöglichen.

Multimedia-Editoren

Multimedia-Editoren stellen die Funktionalität bereit, die nötig ist, um Multimedia-Dokumente und ihre Bestandteile (bspw. strukturierter Text, Multi-Font-Text, Bilder, Grafiken, Video oder digitalisierter Klang) zu bearbeiten und zu integrieren. Die meisten Anwendungen dieses Typs arbeiten nach dem WYSIWYG-Prinzip (*What You See Is What You Get*) und erlauben damit ein schnelles und zuverlässiges Bearbeiten der Präsentation des Dokuments. Folgende Eigenschaften sind wichtig für Multimedia-Editoren:

WYSIWYG

Eigenschaften von Multimedia-Editoren

- *Standardisierte Dokumentenstrukur*:
  Die Funktionalität der Anwendung hängt in großem Maße von der Struktur des Multimedia-Dokuments ab. Um Dokumente austauschbar zu machen und damit computerunterstützte Zusammenarbeit (CSCW – *Computer Supported Cooperative Work*) zu ermöglichen, ist es wichtig, ein standardisiertes Format für die Speicherung des Dokuments zu wählen.
- *Integration von Medien-Editoren*:
  Jedes Medium hat seine eigene Struktur, deswegen enthalten Multimedia-Editoren eine Reihe von speziellen Einzelmedien-Editoren, die unter einer integrierten Oberfläche bereitgestellt werden. Dabei kommt es darauf an, daß die *Benutzungsoberfläche* (Menüs, Icons, Buttons, Texte) einheitlich und konsistent gehalten ist. Weiterhin sollte der Transfer der Daten eines Medientyps in einen anderen unterstützt werden.

- *Mehrfenster-Oberfläche*:
Häufig ist es erforderlich, mehrere Multimedia-Daten gleichzeitig zu bearbeiten. Für diesen Zweck wird für jedes zu bearbeitende Objekt ein Bearbeitungsfenster geöffnet, das die geeignete Oberfläche für den entsprechenden Medientyp bereitstellt.

Hypermedia-/Hypertext-Editoren

Hypermedia-/Hypertext-Dokumente bestehen aus Multimedia-Daten und nicht-linearen Verknüpfungen zwischen den Informationen. Die Daten werden in strukturierter Weise in einer Datenbank oder einem Standardformat gespeichert. Dabei ist es auch möglich, daß die Daten nicht nur an einem Ort vorhanden sind, sondern daß sich die Informationen über mehrere Orte verteilt befinden. Um diese Hypermedia-Dokumente betrachten zu können, ist es notwendig, einen Netzwerkdienst in die Verknüpfungen zu integrieren, wie es z. B. beim World Wide Web der Fall ist.

Netzwerkdienst

Autorenwerkzeuge

Man stelle sich eine Anwendung vor, die eine Multimedia-Präsentation steuert. Diese Anwendung benötigt ein dynamisches Verhalten und muß auf bestimmte Benutzereingaben reagieren können. Um solch eine Anwendung mit diesen dynamischen Anforderungen implementieren zu können, müssen mehrere Prozesse programmiert werden. Diese Art der Anwendung kann entweder in einer Programmiersprache geschrieben sein oder mit einem Autorensystem implementiert werden.

Anwendungsentwurf

Ein *Autorensystem* ist daher eine Menge von Software-Werkzeugen, die in eine Autorenumgebung eingebettet sind. Eine Person, die Anwendungen für Medienintegration, z. B. eine Präsentation, erstellt, wird *Autor* genannt.

Autorensystem

Wenn eine Multimedia-Anwendung mit einem Autorensystem erzeugt wird, durchläuft der hierzu notwendige Prozeß mehrere Stadien (siehe Abb. 25-2).

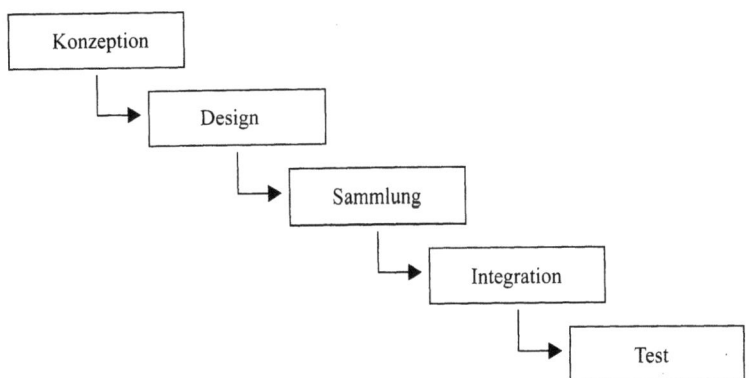

Abb. 25-2 Phasen des Design-Prozesses.

- *Konzeption*:
  In dieser Stufe werden die Zielgruppen, der Typ (bspw. Präsentation oder Interaktion), der Zweck (bspw. Informieren, Unterhalten oder Lehren) und der allgemeine Kontext der Anwendung festgelegt.
- *Design*:
  Der Stil und der genaue Inhalt der Anwendung müssen festgelegt werden. Die Zielvorgabe sollte genau beschrieben sein, damit in den folgenden Stadien der Sammlung und Zusammenfügung der Komponenten keine Unterbrechungen auftreten. Das Autorensystem kann die Designdokumentation unterstützen, indem es Informationen speichert, die für die nächsten Stufen der Bearbeitung, wie Gliederung der Anwendung, das Erstellen von *Storyboards* und *Flußdiagrammen*, Sortierung der Seiten und andere Beschreibungen, benötigt werden.
- *Inhaltssammlung*:
  Der Inhalt wird gesammelt und in das Autorensystem eingegeben. Im allgemeinen beinhaltet dies die Erstellung von Bildern, das Erzeugen von Videosequenzen und das Produzieren von Klangfolgen. Sind die Materialien bereits digitalisiert verfügbar, benötigt man keine Anwendungen zur Medienaufbereitung, sondern kann mit Hilfe eines Konvertierungswerkzeuges die Medien in das interne Format des Autorensystems importieren. Wenn der Autor den Inhalt neu erzeugen muß, so stellen die meisten Autorensysteme Werkzeuge für diese Zwecke (Textgenerierung, Bild- und Grafikbearbeitung, Audio- und Videobearbeitung) zur Verfügung. Diese Programme erreichen jedoch oft nur einen begrenzten Teil des Funktionsumfangs spezialisierter Anwendungen.
- *Integration*:
  Die Anwendung wird in dieser Phase als multimediale Präsentation zusammengestellt. Dabei ist es oft notwendig, über die Gestaltung der Seiten und der Benutzerführung hinaus Funktionen zu implementieren, die ein erweitertes Interaktionsverhalten der Anwendung ermöglichen. Zu diesem Zweck beinhalten Autorensysteme eigene Sprachen, die teilweise die Komplexität und Flexibilität von Programmiersprachen bereitstellen.
- *Test*:
  In dieser Phase wird die erzeugte Anwendung getestet. Fortgeschrittene Autorensysteme stellen erweiterte Funktionen bereit, die z. B. ein Schritt-für-Schritt-Testen oder ein Überprüfen der Verzweigungen innerhalb der Anwendung erlauben.

25.4 Medienübertragung

Medienübertragung bezieht sich auf Anwendungen, die unterschiedliche Medien über Netz mittels Tele-Diensten (z. B. Video-Konferenzen oder elektronische Post) zu Multimedia-Endbenutzern transportieren, bzw. zwischen ihnen austauschen (siehe auch die Kapitel 14, 15 und 17 zu Netzen, Kommunikation und Gruppenkommunikation).

Der Vorteil der Tele-Dienste in Multimedia-Anwendungen ist, daß sich die Benutzer an unterschiedlichen Orten befinden und trotzdem eng miteinander interagieren können und weiterhin mit weit entfernten Daten oder Geräten auf dieselbe Art interagieren können, wie mit lokal vorhandenen Daten oder Geräten. Der Nachteil ist (zur Zeit), daß die Antwortzeit eines Tele-Dienstes länger ist als die Bearbeitungszeit einer lokalen Multimedia-Anwendung. So dauert die Zeit von der Anforderung bis zum Start einer Videosequenz meistens länger, wenn sie von einem Video-Server angefordert wird, als wenn sie sich auf dem lokalen Sekundärspeicher des Rechners befindet. Daher muß immer ein Ausgleich zwischen der Beliebigkeit des Standortes und kurzen Bearbeitungszeiten gefunden werden.

Vorteile und Nachteile der Tele-Dienste

Tele-Dienste werden von Kommunikationssystemen bereitgestellt, die auf Audio- und Videodaten basieren und diese benutzen. Sie können in zwei Kategorien eingeteilt werden: interaktive Dienste und Verteildienste

Klassen von Tele-Diensten

25.4.1 Interaktive Dienste

Interaktive Dienste beinhalten einen Austausch von Steuerungsdaten zwischen den entfernten Stationen, um die Präsentation der kontinuierlichen Medienströme zu steuern. Die Kommunikation zwischen Sender und Empfänger kann einerseits *synchron* erfolgen, was bedeutet, daß die Daten innerhalb eines definierten Zeitraumes ausgetauscht werden müssen, oder *asynchron*, was bedeutet, daß die Daten zu einem beliebigen Zeitpunkt ankommen können. Zum Beispiel nutzen Videokonferenz-Anwendungen die synchrone Kommunikation, während elektronische Postsysteme asynchrone Kommunikation durchführen.

Synchrone und asynchrone Kommunikatio

Im Hinblick auf die zu leistenden Aufgaben werden interaktive Dienste grob in *Konversationsdienste* (z. B. in Videokonferenzen), *Benachrichtigungsdienste* (z. B. in elektronischen Postsystemen), *Anfragedienste* (z. B. in digitalen Bibliotheken) und *Tele-Aktionsdienste* (z. B. für Electronic Banking) eingeteilt. Im folgenden werden diese Dienste kurz beschrieben:

Klassen interaktiver Dienste

- *Konversationsdienste.*
  Ein Konversationsdienst unterstützt den Dialog zwischen entfernten Benutzern. Er ermöglicht dies über eine *Zwei-Wege-Kommunikation* zwischen Sender und Empfänger, deren Datenströme synchron ausgetauscht werden. Hierbei ist es wichtig, die Sendezeit der Daten zu minimieren, damit der natürliche Fluß des Dialogs nicht unterbrochen wird.
- *Nachrichtenübermittlungsdienste.*
  Ein Nachrichtenübermittlungsdienst führt den Austausch von Nachrichten zwischen Sendern und Empfängern durch, wobei die Endbenutzer menschliche Anwender sind. Der Austausch der Nachrichten findet in beide Richtungen asynchron statt, wobei die Zeit vorbestimmt sein kann. Da die Endbenutzer zu jedem Zeitpunkt Nachrichten schicken können, ist es nicht nötig, daß die Dauer des Nachrichtentransportes minimiert wird. Die Nachrichten können alle üblichen Arten von digitalen Medien enthalten.

- *Anfragedienste.*
Ein Anfragedienst ermöglicht den Austausch von Nachrichten zwischen einem Sender und einem Empfänger, wobei der Sender, in diesem Fall *Client* genannt, ein menschlicher Benutzer ist und der Empfänger, in diesem Fall *Server* genannt, ein Computer mit Datenbankzugriff ist. Der Client fordert Informationen von einem Server an, der die Informationen gespeichert hat, der Server besorgt die Informationen und schickt sie zurück an den Client.

Dies ist eine *Zwei-Wege-Kommunikation*, aber mit den folgenden Eigenschaften: Vom Client zum Server ist die Kommunikation asynchron, weil dort üblicherweise keine Zeiteinschränkungen vorgegeben sind. Die Kommunikation vom Server zum Client kann asynchron oder synchron sein, abhängig von den angeforderten Medien. Wird lediglich textuelle Information angefordert, kann die Kommunikation asynchron, d. h., innerhalb eines relativ beliebigen Zeitraums, erfolgen. Wenn die angeforderten Informationen kontinuierliche Medien enthalten, muß die Kommunikation synchron sein. Wird z. B. ein Videofilm angefordert, so müssen Audio- und Videoströme exakt synchron beim Endbenutzer ankommen. Generell sollten die Antwortzeiten im Interesse des Endbenutzers so kurz wie möglich sein.

- *Tele-Aktionsdienste.*
Tele-Aktion bedeutet „Handeln aus der Distanz". Solche Aktionen sind z. B. das Lesen und Schreiben von Informationen auf einem weit entfernten Computer. Statt eine Person dorthin zu schicken, kann der Benutzer aus der Ferne mit dem Computer interagieren. Einige Anwendungsgebiete von Tele-Aktionsdiensten sind z. B.:
  - Durchführung von Transaktionen: Kreditkartenbearbeitung, Geldautomaten, Eletronic Banking.
  - Geschäftsautomation: Zugriff auf medizinische und juristische Datenbanken, Immobiliendatenbanken.
  - Überwachung und Alarmierung: Feuermelder, Observation von Risiko-Patienten, Wetterbeobachtung, Zustands- und Verbrauchsanzeigen von Gas, Wasser und Elektrizität.
  - Kontrolle und Steuerung von: Lichtsteuerung, Thermostaten, Industrieanlagen, Krankenhausausrüstung.

25.4.2 Verteildienste

Verteildienste sind Dienste zur Verteilung von Informationen von einem Ort an verschiedene, entfernte Standorte. Sie sind gekennzeichnet durch eine Ein-Wege-Kommunikation von der sendenden Quelle zu den empfangenden Stationen. Fernsehen und Radio sind bekannte Beispiele für Verteildienste.

Die Weiterentwicklung dieser Dienste bewegt sich in eine Richtung, die mehr Interaktion zwischen dem Sender und den Empfängern ermöglicht und sich damit den Möglichkeiten der interaktiven Dienste annähert. Der Grund dafür ist, daß mit der Einführung der neuen Technologie *Video-on-Demand* mehr Steuerungsmöglichkeiten in die Hände des Benutzers gelegt werden können:

- *Pay-per-View.*
  Die Abonnenten des Kabelfernsehens können verschiedene Filme mit Hilfe eines Dekoders ansehen und dabei nur für die Filme bezahlen, die sie tatsächlich konsumiert haben. Der Benutzer hat jedoch keine Kontrolle über den gezeigten Film, außer der Entscheidung, ihn anzusehen oder nicht.
- *Near Video-on-Demand.*
  Dieser Dienst sendet ein und denselben Film zeitversetzt auf verschiedenen Kanälen. Durch Wechseln der Kanäle kann der Benutzer in groben Schritten im Film vor- und zurückspringen.
- *True Video-on-Demand.*
  Dieser Dienst gibt dem Benutzer die vollständige Kontrolle über das Abspielen des Film, als ob er einen Videorecorder bedienen würde. Weitere Schritte in diese Richtung sind interaktives Fernsehen und *CyberVision*, bei denen der Benutzer in den Ablauf eingreifen und selbst entscheiden kann, wie der Film weitergehen soll.

CyberVision

Die ersten beiden Arten der Dienste benötigen keine Anpassung der herkömmlichen Kabelfernsehnetze. Der dritte Dienst erfordert Möglichkeiten zum beidseitigen Austausch von Informationen.

25.5 Mediennutzung

Mediennutzung bezeichnet den Akt des Interagierens bzw. Sehens, Hörens und Fühlens von Multimedia-Informationen. Sehen und Hören sind sicherlich die am weitesten verbreiteten Arten der Mediennutzung. Fühlen von Multimedia-Information kann z. B. in bewegungsgesteuerten Unterhaltungsparks durch die Virtual-Reality-Technik erfahren werden.

Arten der Interaktion

Der Schwerpunkt dieses Abschnittes befaßt sich mit dem Sehen von multimedialen Informationen (z. B. Präsentation). Präsentationen von Multimedia-Informationen werden oft mit Autorensystemen erstellt, können jedoch auch auf anderen Anwendungen basieren. Die Hauptanforderungen der Mediennutzung, die eigentlich von jeder Multimedia-Anwendung berücksichtigt werden müssen, sind die *Benutzungsfreundlichkeit* und die *Einfachheit der Präsentation*. Damit ist gemeint, daß der leichten Erlern- und Bedienbarkeit der Anwendungen besondere Beachtung geschenkt werden sollte. Insbesondere bei der Einführung von Oberflächen mit neuen Medien muß dem Benutzer eine vertraute Interaktion ermöglicht werden, da dieser Interaktionsmöglichkeiten vorzieht, die der Art und Weise ihrer bisherigen Benutzungsweisen gleichen oder ähneln.

Multimedia-Dokumente werden üblicherweise auf zwei unterschiedliche Arten gelesen: oberflächlich oder detailliert (bspw. zur Suche).

Arten von Lesen

- Beim oberflächlichen Lesen versucht der Benutzer, durch schnelles Durchstöbern des Dokuments einen Überblick darüber zu bekommen, welche Informationen das Dokument enthält. Bei einer Zeitung würde er z. B. nur die Überschriften lesen, in einem Buch das Inhaltsverzeichnis durchsehen und

in einem wissenschaftlichen Artikel die Zusammenfassung lesen. Dieses Verhalten kann auch bei multimedialen Dokumenten durch entsprechende Funktionen (bspw. Inhaltsverzeichnisse, grafische Gliederungsansichten, verschiedene Detailgrade, Zusammenfassungen oder Kurzansichten) unterstützt werden.
- Bei der *detaillierten Suche* benötigt der Benutzer Funktionen, die ihm den Zugang zum gesamten Inhalt ermöglichen. Dies kann durch die Anzeige des kompletten Inhaltes und durch die Bereitstellung von Suchfunktionen, Indexlisten und Querverweisen geschehen.

Für eine weitere Diskussion der Gestaltungsfragen im Hinblick auf die Betrachtung multimedialer Dokumente sei auf Kapitel 22 zu Design verwiesen. Im weiteren werden die typischen Anwendungsfelder der Nutzung von Multimedia genauer betrachtet: Elektronische Bücher und Zeitschriften, Kiosk-Systeme, Tele-Shopping und der Bereich der Unterhaltung mit und durch Multimedia.

25.5.1 Elektronische Bücher und Zeitschriften

Benutzerprofil

Bücher und Zeitschriften können interaktive Multimedia-Dokumente sein, die auf elektronischem Wege ins Haus geliefert werden. Der Benutzer kann die Daten anschließend entweder auf Papier ausdrucken oder auf einem Rechner betrachten. Statt dieselbe Version der Zeitschrift an alle Leser zu verteilen, kann der elektronische Zugriff auf die Daten aber auch mit einem *Profil* des Benutzers verknüpft werden. So kann eine speziell auf die jeweiligen Bedürfnisse angepaßte Version erstellt werden, die Papier spart und eine persönliche Auswahl erlaubt. Weiterhin ist es möglich, immer Zugriff auf die aktuellsten Nachrichten zu erhalten, wenn die Daten auf dem Informations-Server laufend aktualisiert werden. Trotz der erwähnten Vorteile haben bisherige Experimente jedoch gezeigt, daß eine personenbezogene Anpassung der Inhalte nicht immer erwünscht ist, und daß die Leser oft der Papierversion den Vorzug geben.

25.5.2 Kioske

Kiosk-System

Ein *Kiosk-System* ist ein, im allgemeinen öffentlich zugängliches, rechnerbasiertes System, bei dem der – vorzugsweise anonyme – Anwender meistens für eine kurze Zeit Informationen abruft und Transaktionen veranlaßt [Hol97]. Für diese Anwendungen gibt es zwei grundsätzliche Anforderungen: Eine einfache Benutzungsoberfläche und eine schnelle Reaktions- und Antwortzeit auf Benutzeranfragen.

Da die typischen Kioskbenutzer eher unerfahrene Anwender sind, ist es wichtig, eine schnelle, intuitive und effektive Interaktion zu ermöglichen. Klar und einfach gestaltete Benutzungsoberflächen sind die Grundlage dafür (siehe die Kapitel 22 und 23 zu Design und Benutzungsoberflächen).

Die Ausstattung eines Kiosk-Systems kann je nach Anwendungszweck stark variieren. Die Grundausstattung besteht aus einem Multimedia-Rechner, inkl. Lautsprechern und einem berührungsempfindlichen Bildschirm. Eine erweiterte Konfiguration könnte eine Tastatur, Drucker und Kamera sowie Geräte für spezielle Anwendungszwecke, bspw. zum Einlesen von Check-Karten oder zum Geldwechseln, enthalten.

Typische Anwendungen von Kiosk-Systemen im Bereich der Informationsbereitstellung sind z. B. *Flughafen- oder Bahnhofskioske* mit Übersichtsplänen, Ankunft-/Abflugs-/Abfahrtszeiten und Gleis-/Flugsteignummern, *Museumskioske* mit Informationen über aktuelle und zukünftige Ausstellungen, *Bankkioske*, die neue Finanzdienstleistungen und Sparprogramme vorstellen, *Kino-Kioske* mit Informationen über Zeit und Spielort von Filmen, Filmausschnitten und Zusammenfassungen, *Kaufhauskioske* mit Informationen über neue Angebote und wo sie im Kaufhaus zu finden sind, *Immobilienkioske* mit Katalogen von Häusern und Grundstücken, inkl. Bilder und Videos.

Typische Anwendunge

Anwendungen für Kiosk-Systeme sind z. B. *Kartenreservierungssysteme*, welche die Reservierung von Fahr/Eintrittskarten und Sitzplätzen gestatten und *Banking-Systeme* für die Steuerung der finanziellen Transaktionen eines Kunden, z. B. Überweisungen. Oft wird heute eine WWW-basierte Realisierung gewählt, obwohl diese aus der Sicht der Gestaltung häufig nicht optimal ist.

25.5.3 Tele-Shopping

Tele-Shopping ermöglicht dem Benutzer das Einkaufen von zu Hause aus. So kann er bspw. mittels eines Computers und einer Verbindung via Modem die Verbindung zu einem Datenbank-Server mit einen Multimedia-Katalog herstellen. Danach ist es ihm möglich, in diesem Katalog nach Produkten seiner Wahl zu suchen. Die Produkte können als Video mit Ton oder als Bilder mit erläuterndem Text präsentiert werden. Ausgewählte Produkte können elektronisch bestellt und auch bezahlt werden. Tele-Shopping wird in den Bereichen Warenverkauf, Kartenverkauf (bspw. Theater, Kino, Konzerte oder Reisen) und Kleinanzeigen eingesetzt.

25.5.4 Unterhaltung

Der Anwendungsbereich *Unterhaltung* ist ein nicht zu unterschätzender Sektor für die Verwendung von Multimedia-Technologie. Viele Benutzer geben mehr Geld für Computerspiele als für Büroanwendungen aus, und der vermehrte Kauf und Einbau spezieller Erweiterungen, wie Stereo-Soundkarten und Grafikbeschleunigern, ist zu einem großen Teil durch die stetig steigenden Hardware-Anforderungen der Unterhaltungsanwendungen zu erklären. Die durch Multimedia möglichen Visualisierungseffekte resultieren in einer neuen Anwendungsqualität des Computers, die durch die zusätzlichen Interaktionsmöglichkeiten eine wesentliche Erweiterung zu traditionellen Unterhaltungsmedien, wie Kino oder Fernsehen, darstellt. Virtual Reality, Interaktives Video/Audio und Computerspiele sind die größten Anwendungsbereiche für Multimedia-Unterhaltung.

Virtual Reality

Der Begriff *Virtual Reality* (VR) verspricht oft mehr, als die heutige Technologie zu halten vermag. Er wurde bisher in unterschiedlichster Weise für eine bestimmte Art von Benutzungsoberflächen verwendet. Einerseits für künstliche Umgebungen, welche auf *Head Mounted Displays* (HMD) präsentiert werden, andererseits für traditionelle, animierte Computergrafiken auf herkömmlichen Bildschirmen und sogar für textbasierte Mehrbenutzerspiele.

Rechnerbasierte Virtual-Reality-Systeme sind im Kontext dieses Buchs dreidimensional, interaktiv (im Gegensatz zu passiv) und nutzen ein oder mehrere Geräte (sei es visuell, akustisch oder haptisch), um dem Benutzer ein Gefühl der Anwesenheit oder Gegenwärtigkeit zu geben. Weiterhin können Kopfbewegungssteuerung, Stereovideo und -audio, Steuerung per *Datenhandschuh* (*Data Glove*) und haptisches Feedback durch Geräte, die Druck und Gegendruck erzeugen, eingesetzt werden.

Die größten Probleme heutiger VR-Anwendungen sind zum einen die große Rechenleistung, die erforderlich ist, um komplexe Umgebungen und die darin enthaltenen Objekte in realistisch anmutender Qualität und Schnelligkeit zu berechnen. Andererseits ermöglichen herkömmliche Anzeigegeräte noch nicht die hohe Grafikauflösung, die nötig wäre, um einen fotorealistischen Eindruck der künstlich erzeugten Welten zu bekommen.

Interaktives Video

Die Forschung und Entwicklung im Bereich des Interaktiven Videos konzentriert sich auf Themen in den Bereichen *Interaktives Fernsehen* und *Video-on-Demand*. Interaktives Fernsehen bezieht sich auf Kabel- und Funkfernsehen, während sich Video-on-Demand auf Fernsehen am und durch den Computer konzentriert.

Interaktives Fernsehen bezeichnet einen wesentlich höheren Grad an Einfluß durch den Benutzer, als es heute der Fall ist. Im einfachsten Fall können die Benutzer das Programm, welches sie sehen möchten, selbst „produzieren". Zum Beispiel könnte ein Zuschauer die verschiedenen Kamerapositionen der Übertragung eines Sportereignisses selbst auswählen und zusätzliche Informationen über die Mannschaft oder ihre Spieler einblenden lassen. In einem anderen Fall könnte der Zuschauer eines Schulfernsehprogramms unterschiedliche Detailgrade von Lektionen oder Schwierigkeitsgrade von Testfragen bestimmen. Die Realisierung von Interaktivem Fernsehen erfordert unterschiedliche technische Lösungen, da das Funkfernsehen wegen der ausgelasteten Bandbreite keine Kapazitäten für die zusätzlich benötigten Kanäle besitzt. Hier müssen spezielle Kabelkanäle zur Verfügung gestellt und vom Benutzer abonniert werden, oder die Daten müssen über einen Telekommunikationsdienst bestellt werden. In beiden Fällen müßten ein Dekoder und Zusatzgeräte eingesetzt werden, um das Signal zu entschlüsseln und um mit dem Fernsehsender/Produzenten kommunizieren zu können.

Video-on-Demand (VoD) bezeichnet einen Dienst, der Videoinformationen über einen oder mehrere Video-Server anbietet. Der Benutzer kann einen Film aus einem Katalog wählen und hat danach die Kontrolle über den Film, als ob er einen Videorecorder bedienen würde. Er kann den Film starten, anhalten, vor- und zurückspulen. Die Unmittelbarkeit und Schnelligkeit der Interaktion ist ein wesentliches Qualitätskriterium. Die Kommunikationsstruktur einer VoD-Verbindung ist *asymmetrisch*, da der Hauptstrom vom Server zum Benutzer eine wesentlich höhere Bandbreite benötigt als die Steuerungsinformationen des Benutzers an den Server.

Video-on-Demand

Interaktives Audio

Interaktives Audio ist, wie VoD, ein Dienst, der dem Benutzer die Möglichkeit einer Auswahl von mehreren, auf einem Server angebotenen, Titeln gibt. Hier sind es Musikstücke oder auch Sprachtitel, die über einen Audio-Server abgerufen werden können. Die Stücke werden über ein Netzwerk zum Benutzer übertragen, der sie wiedergeben und steuern (starten, anhalten, vor- und zurückspielen) kann. Die Verbindung wird, wie bei VoD, durch die sog. „*Streaming Technology*" realisiert. Bei dieser Technologie ist es nicht notwendig, die Audio- oder Videodaten komplett zu empfangen, um danach das Abspielen der Daten kontrollieren zu können. Der Datenstrom kann bereits beim Senden so gesteuert werden, daß Vor- und Zurückspulen genau so möglich ist, als ob der Benutzer die kompletten Daten lokal verfügbar hätte (siehe Kapitel 12 und 15 zu Medienserver und Kommunikation).

Streaming Technology

Computerspiele

Moderne Computerspiele sind Programme mit audiovisueller Ausgabe, die in der Lage sind, Modelle dynamischer Systeme zu verwalten. Im Gegensatz zu normalen Anwendungen verbergen Spiele oft Teilinformationen über interne Zustände, um damit die Herausforderung für den Spieler zu erhöhen. Spiele basieren grundlegend auf der Interaktivität zwischen dem Rechner und dem Benutzer.

Computerspiele können nach dem Ort der Speicherung, dem Entwicklungsgrad der Umgebungsdarstellung und der Anzahl der Teilnehmer eingeteilt werden. Es gibt Spiele, die auf dem lokalen Rechner gespeichert und ausgeführt werden und weitere, die auf anderen Computern gespeichert und ausgeführt werden (Tele-Spiele). In bezug auf die Darstellung der Umgebung gibt es einerseits Spiele mit einer interaktiven Umgebung, die traditionelle audiovisuelle Komponenten einsetzen und Spiele, die hochentwickelte VR-Techniken (VR-Helme, Datenhandschuhe, Surround-Klang) in die Darstellung und Steuerung des Spiels integrieren. In bezug auf die Anzahl der Mitspieler gibt es Spiele mit nur einem Spieler und Spiele, bei denen zwei Teilnehmer mit unterschiedlichen Eingabegeräten den Computer gleichzeitig steuern können. Weiterhin gibt es Spiele, bei denen Netze benutzt werden, um viele Teilnehmer

Einteilung von Computerspielen

VR-Technik

synchron zu verbinden und ihnen damit das Gefühl zu geben, gemeinsam in einer künstlichen Welt zu agieren.

25.6 Fallstudie: i-LAND

i-LAND ist eine interaktive Kooperationslandschaft für kreatives, innovatives und multimediales Arbeiten.

Hierzu soll eine Fallstudie zur Rolle und Erscheinungsweise des Multimedia-Rechners in der Arbeitswelt der Zukunft dargestellt werden. Am Institut für Integrierte Publikations- und Informationssysteme (IPSI) des GMD-Forschungszentrums Informationstechnik in Darmstadt beschäftigt sich seit Anfang 1997 eine Forschergruppe mit der Entwicklung neuartiger Arbeitsumgebungen, die sich an unterschiedliche Arbeitssituationen dynamisch anpassen lassen.

25.6.1 Motivation

Zukünftige Rahmenbedingungen von Arbeit (und Zusammenarbeit) werden durch ein Maß an Flexibilität und Dynamik gekennzeichnet sein, das über aktuelle Entwicklungen weit hinausgeht. „On-Demand" und „ad hoc" zusammengestellte Teams, virtuelle Organisationen, räumlich verteilte und mobile Mitarbeiter sind Beispiele dafür. Inhalte und Beteiligte sowie Kontexte, Prozesse und Strukturen von Zusammenarbeit werden sich auf vielfältige Art und Weise ändern. Es ist deshalb an der Zeit, diese Entwicklungen in der Gestaltung von ebenso flexiblen und dynamisch konfigurierbaren Arbeitswelten aus technischer Sicht zu reflektieren.

Die Einführung von Informations- und Kommunikationstechnologie (IuK) hat bereits viele Arbeitsabläufe und -inhalte entscheidend verändert. Demgegenüber ist die Gestaltung der Arbeitswelten, insbesondere im Sinne der konkreten physischen Arbeitsumgebungen (z. B. Büros, Gebäude), fast unverändert geblieben und wenig auf die frühzeitige Integration von IuK-Technologie ausgerichtet. Damit sich die neuen Arbeitsformen in hoher Qualität entfalten können, ist ein aufgaben-, benutzer- und gruppenorientiertes Design von innovativer IuK-Technologie (Hardware, Software, Netze) und ein abgestimmtes Zusammenspiel mit entsprechend leistungsfähigen räumlichen und physischen Strukturen erforderlich. Diese Integration von IuK-Technologie in die physische, architektonische Umgebung wird als *Roomware* [SGH98] bezeichnet.

Roomware

Die i-LAND-Kooperationslandschaft ist ein Beispiel für eine mögliche Arbeitswelt der Zukunft. Dieses basiert auf einem integrierten Design realer Umgebungen und virtueller Informationsräume, die dynamisch konfigurierbare und flexibel verfügbare Ressourcen für Projektteams (z. B. On-Demand- und Ad-hoc-Teams) anbieten. Dabei gibt es zwei Schwerpunkte: die Entwicklung von sog. Roomware-Komponenten und von spezifischen Software-Werkzeugen zur Unterstützung von multimedialer Gruppenarbeit, insbesondere für kreative Teams. Abb. 25-3 zeigt eine Skizze, die die Ideen von i-LAND in der konzeptionellen Phase der Planung visualisiert.

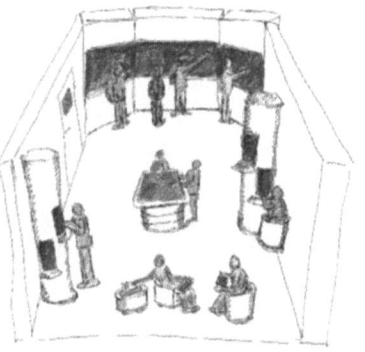

Abb. 25-3
Konzeptskizze der i-LAND-Umgebung mit parallel arbeitenden Teilgruppen und Einzelpersonen.

Eine zentrale Leitidee war dabei, daß die Arbeitsumgebung unterschiedliche Phasen der Teamarbeit unterstützt, wie z. B. Präsentation vor der Gesamtgruppe, parallele Arbeit in Teilgruppen, Recherchen von Einzelpersonen und das Zusammenführen und Diskutieren der Ergebnisse. Dazu sind modulare Elemente bereitzustellen, die eigenständig verwendet, aber auch dynamisch kombiniert werden können. Dies ist die Aufgabe des Roomware-Konzepts.

25.6.2 Das Roomware-Konzept

Unter *Roomware* werden „Raumobjekte" verstanden, wie bspw. Möbel, Türen oder Wände, die mit integrierten Computern versehen sind und – soweit möglich und sinnvoll – über drahtlose Netze miteinander kommunizieren. Die aktuelle Realisierung von i-LAND umfaßt eine interaktive, elektronische Wand (*DynaWall*), einen interaktiven Tisch (*InteracTable*) und zwei Sessel mit integrierten Rechnern (*CommChairs*).

Roomware

25.6.3 Die DynaWall

Die *DynaWall* ist eine interaktive, elektronische Wand, die auf einer berührungsempfindlichen Darstellungsfläche von 4,50 m Breite und 1,10 m Höhe basiert (siehe Abb. 25-4). Da die Verfügbarkeit von großen Darstellungsflächen für die meisten visuell orientierten Aufgaben von großer Wichtigkeit ist, ermöglicht die DynaWall, komplexe Informationsstrukturen nicht nur zu visualisieren, sondern

Abb. 25-4
DynaWall mit zwei CommChairs.

auch, daß mehrere Personen auf neue Art und Weise mit diesen Informationen interagieren können. Zwei oder mehr Personen können gleichzeitig entweder unabhängig voneinander an der Wand arbeiten, oder sie nutzen gemeinsam die gesamte Darstellungsfläche. Die Größe der DynaWall eröffnet eine neue Dimension in der Mensch-Computer-Interaktion. So können bspw. Informationsobjekte von einer Stelle der Wand „abgenommen" und an anderer Stelle wieder „abgelegt" werden (take and put); sie können von einer Seite zur anderen „geworfen" (shuffle) werden; Dialogfenster erscheinen stets direkt vor den Benutzern.

25.6.4 Der InteracTable

Abb. 25-5 InteracTable.

Der interaktive Tisch *InteracTable* ist der erste Prototyp einer Reihe von rechnerbasierten Komponenten, die über eine beliebig geformte Darstellungs- und Interaktionsfläche ohne definierte Orientierung verfügen (siehe Abb. 25-5). Der Tisch ist für Diskussionen und Annotationen von elektronischen Materialien konzipiert, bei denen die Personen um den Tisch herum stehen können. Informationsobjekte, die auf der Tischoberfläche angezeigt werden, können beliebig rotiert oder mit Schwung verschoben werden. Die Interaktion wird mit Gesten, z. B. mit dem Finger, durchgeführt. Annotationen erfolgen mit einem Stift, einer Infrarot-Tastatur und auch über Spracheingabe.

25.6.5 Der CommChair

Der CommChair stellt einen neuen Typ von Sitzmöbel dar. Von ihm existieren bisher zwei Varianten: eine mit integriertem Computer und eine mit Anschlußmöglichkeiten für Laptops in Form einer integrierten Docking Station (siehe Abb. 25-6 auf Seite 855).

Um eine hohe Mobilität der Sitzmöbel zu gewährleisten, verfügt jeder Sessel über Schnittstellen für drahtlose Netzwerke und eine netzunabhängige Stromversorgung. Mit Hilfe der CommChairs können sich Personen untereinander mit gemeinsam nutzbaren Arbeitsbereichen verbinden, ebenso aber auch mit der DynaWall oder dem InteracTable. Parallel dazu können sie in einem privaten Arbeitsbereich Notizen und Annotationen anfertigen. Die Lokalisierung der CommChairs im Raum, die Identifikation der Sitzenden durch den Sessel sowie der Aufbau einer Netzverbindung zwischen CommChairs, sobald diese zusammengeschoben werden, erfolgt automatisch auf der Basis von Sensoren.

Abb. 25-6
Die beiden Varianten
der CommChairs.

25.6.6 Software für Kreativität und Innovation

Während die Roomware-Komponenten eine Funktionalität besitzen, die auf verschiedene Situationen anwendbar ist, wurde für die Software ein spezielles Anwendungsszenario gewählt. Dieses Szenario ist die Arbeit sog. *kreativer Teams*, kleinen Gruppen von Mitgliedern eines Unternehmens, die kreative Aufgaben, z. B. die Planung neuer Produkte oder Marketingstrategien, zu bearbeiten haben. In einer Studie wurden mehrere dieser Teams befragt und deren Anforderungen an die Arbeitsumgebungen und an die Software erhoben [SRH98]. Um die Anforderungen, die anhand dieser Untersuchungsstudie identifiziert wurden, zu erfüllen, werden Software-Werkzeuge entwickelt, die die gewünschten Funktionen (Kreativitätstechniken, Projekt- und Zeitmanagement, Visualisierungs- und Präsentationsmöglichkeiten) enthalten. Diese Entwicklungen basieren auf den zuvor bei GMD-IPSI entwickelten Werkzeugen, wie z. B. DOLPHIN [SGHH94] und berücksichtigen die Ergebnisse der empirischen Evaluationen unterschiedlicher Versionen von DOLPHIN [MHS97, SRH97]. Diese Werkzeuge werden in Verbindung mit neuen Interaktionstechniken und Visualisierungsmetaphern die Möglichkeiten der innovativen Roomware-Komponenten nutzen. Diese Software wird auch die Nutzung von Wissensbasen unterstützen, sowohl firmeneigener *Organizational Group Memories* als auch von externen Datenbanken.

Kreative Teams

DOLPHIN

25.6.7 Dynamic Offices

In früheren experimentellen Untersuchungen zur Unterstützung von Gruppenarbeit in sog. *elektronischen Besprechungszimmern* [MHS97, SRH97] wurde festgestellt, daß die Möglichkeit zum flexiblen Wechsel zwischen Einzelarbeit, Teilgruppenarbeit und Plenumssituationen bessere Ergebnisse der Gruppenarbeit zur Folge hat. Diese sollte daher nicht nur durch die Funktionalität der Software, sondern auch durch das Design der Arbeitsumgebungen unterstützt werden.

Elektronische Besprechungszimm

Im Konzept „Dynamic Offices" wird nun die Modularität und Mobilität der Roomware-Komponenten ausgenutzt. Diese ermöglichen es innerhalb eines Raumes für wechselnde Gruppensituationen eines Teams, aber auch für verschiedene Teams, die Zusammenstellung der Komponenten dynamisch zu konfigurieren. Die Konfigurierbarkeit besteht dabei nicht nur in bezug auf die Zusammenstellung der Roomware-Komponenten, sondern auch in bezug auf das Software-mäßige „Bespielen" dieser Komponenten zur Erzeugung unterschiedlicher Kooperationslandschaften, die den unterschiedlichen Inhalten und Aufgaben der Teams entsprechen. Damit kann ein Raum einerseits als quasipermanenter Projektraum von unterschiedlichen Teams und Projekten benutzt werden. Andererseits steht er aber auch für andere Zwecke, z. B. als multimedialer Präsentations- und Informationsraum für Kunden und Besucher, zur Verfügung.

25.6.8 Die Rolle von Rechnern in i-LAND

Mit der i-LAND-Umgebung wird ein neuartiger Ansatz verfolgt, der den Anforderungen der durchgeführten empirischen Untersuchungen entspricht. Im Rahmen des Roomware-Konzepts ist die Rechnerfunktionalität über integrierte „Information Devices" zwar überall im Team-Arbeitsraum (oder wie geplant, überall im Gebäude) verfügbar (*Ubiquitous Computing*). Gleichzeitig treten die Rechner aber als Geräte in den Hintergrund (*Invisible Computer*), da sie in die architektonische Umgebung des Raumes integriert sind und damit die physikalische Realität um Funktionalität ergänzen (*Augmented Reality*). Die Modularität und – außer bei der DynaWall – auch die Mobilität der Komponenten, verbunden mit der über drahtlose Netzwerke kommunizierenden kooperativen Software, ermöglicht flexibel modifizierbare Konfigurationen, die nach Wunsch für die unterschiedlichen Phasen von Aktivitäten der Teamarbeit zusammengestellt werden können.

Damit stellt i-LAND eine bisher nicht gekannte Flexibilität und verbunden mit den auf die Charakteristika der Roomware-Komponenten abgestimmten innovativen Formen der Mensch-Computer-Interaktion eine neue Qualität der „Mensch-Team-Information"-Interaktion zur Verfügung.

25.7 Abschließende Bemerkungen

Im Bereich Multimedia-Anwendungen können momentan folgende Trends beobachtet werden:
- Multimedia-Anwendungen werden in Zukunft immer stärker auf verteilte Umgebungen ausgerichtet und mehrbenutzerfähig sein.
- Multimedia-Anwendungen sind bisher stark plattformspezifisch und systemabhängig. Der Trend geht hin zu offenen Lösungen, so daß Anwendungen über verschiedene Plattformen hinweg portierbar sind.

- Die Mediennutzung wird im Gegensatz zu der bisherigen, eher passiven Nutzung immer aktiver, d. h., der Benutzer kann und muß mehr bestimmen, welche Medien er wo, wie und wann konsumieren will.
- Die Medienkommunikation wird sich vom *unidirektionalen* zum *bidirektionalen* Informationsfluß orientieren. Spiele und Interaktives Fernsehen sind dafür Beispiele.

Zu guter Letzt muß man als Multimedia-Begeisterter in Forschung und Entwicklung immer im Auge behalten, daß auch die besten und fortgeschrittensten Systemeigenschaften nur durch nützliche und aufregende Anwendungen für den Benutzer erfahrbar werden. Ein Blick in die Vergangenheit läßt bspw. erkennen, daß, als Alexander Graham Bell das Telefon erfand, die Hauptanwendung – mit der geworben wurde – das Hören eines Konzertes war (und nicht die heutige Verwendung als synchrones Kommunikationssystem). Deshalb wurde die Fülle der Anwendungen hier nur kurz dargestellt und kategorisiert, ohne eine persönliche Meinung über die „beste" Multimedia-Anwendung geben zu wollen.

Wem gebührt Dank?

Das vorliegende Buch entstand im Zusammenhang mit meiner äußerst spannenden und fordernden Tätigkeit als
- Inhaber des Lehrstuhls für „Industrielle Prozeß- und Systemkommunikation" an der Technischen Universität Darmstadt
(siehe http://www.kom.e-technik.tu-darmstadt.de; seit 1996, als Stiftungslehrstuhl gefördert z. T. von der Volkswagenstiftung, Hannover) und als
- Leiter des Instituts für Integrierte Publikations- und Informationssysteme (IPSI) der GMD Forschungszentrum Informationstechnik GmbH in Darmstadt (siehe http://www.ipsi.gmd.de; seit 1997).

Viele aufmerksame Leser und Leserinnen der zweiten Auflage haben mir eine Vielzahl allgemeiner Anmerkungen, Verbesserungsvorschläge und Korrekturhinweise über die letzten Jahre gegeben, die in die vorliegende dritte Auflage eingeflossen sind. Besonderer Dank gilt dabei Herrn Dipl.-Ing. Ivica Rimac: Er hat sehr viele Verbesserungsvorschläge ausgearbeitet und mir in allen Phasen der Entstehung dieser dritten Auflage mit außerordentlichem Einsatz zur Seite gestanden. Vielen Dank! Zusätzlich wurden im Vergleich zu der zweiten Auflage über 100 Abbildung Dank der tatkräftigen Hilfe von Frau Schork-Jakobi neu gestaltet.

Insgesamt hat die zweite Auflage und damit auch die erste Auflage (1993, korrigierter Nachdruck 1995) zusammen mit dem englischen Buch [StNa95] als Grundlage gedient; wobei jedoch weit über die Hälfte des ursprünglichen Buches ersetzt wurde und in der zweiten Auflage zusätzlich viele neue Kapitel hinzugekommen sind.

Die inhaltliche Gestaltung beim Aufbau der Vorlesungen *Kommunikationsnetze I + II* und die Aktualisierung und Erweiterungen der Vorlesungen *Multimedia Technologie: Grundlagen* und *Multimedia Technologie: Ausgewählte Kapitel* für die Studenten der TU Darmstadt bilden meine eigentliche Motivation für das Schreiben des vorliegenden Buches.

Außerdem arbeiten wir zusammen mit dem Springer-Verlag (Herrn Dr. Engesser), Herrn Prof. Dr. B. Krämer der Fernuniversität Hagen, Frau Prof. Dr. K. Nahrstedt der Universität Illinois in Urbana-Champaign, USA, und Herrn Prof. Dr. N. Georganas der Universität Ottawa in Kanada, sowie der Firma Intelligent Views an einem multimedialen Multimedia-Buch, das auch in der Lehre eingesetzt wird. Diese multimedialen Inhalte ergänzen und vertiefen das vorliegende Buch.

Maßgeblich (und mit außergewöhnlichem Engagement) daran beteiligt waren und sind Herr Dipl.-Ing. A. El Saddik, Herr Dipl-Math. A. Faatz, Herr Dipl.-Ing. A. Ghavam, Herr Dipl.-Ing. I. Rimac, Frau Dipl.-Math C. Seeberg und Herr Dipl. Wirt.-Inform. A. Steinacker. Mein Dank gilt hier auch Herrn Dr. S. Fischer und Herrn Dr. T. Kamps insbesondere für die ersten Phasen des Projekts.

Zur zweiten Auflage

Hinsichtlich der zweiten Auflage des Buches schrieb ich 1998/99 folgende Worte des Dankes:

Besonderer Dank gebührt Herrn Dr. Stephan Fischer und Herrn Dipl.-Ing. Ivica Rimac: Herr Dr. S. Fischer hat eine Vielzahl (eigentlich Unzahl) von Verbesserungsvorschlägen ausgearbeitet und mir in allen Phasen der Entstehung der zweiten Auflage mit außerordentlichem Einsatz zur Seite gestanden. Herr I. Rimac hat im Rahmen seiner Einarbeitung in die Thematik eine Vielzahl von Ideen und konkreten Hilfestellungen zu allen Aufgabengebieten mit enormen Arbeitseinsatz eingebracht.

Herr Dr. S. Fischer hat außerdem maßgebliche Hinweise und Ideen zur Strukturierung bzw. Einleitung und zu den Kapiteln Bilder/Grafiken (zusammen mit Herrn A. Meissner), Dokumente (zusammen mit Herrn A. El-Saddik) und Inhaltsverarbeitung (zusammen mit Herrn A. Meissner) eingebracht. Herr Ch. Müller-Tomfelde hat mir viele Hinweise zur digitalen Audiotechnik gegeben. Herr A. Steinmetz hat in dieses Buch seine Erfahrungen zur Videodatenverarbeitung eingebracht. Herr M. Liepert machte mich auf viele Details der Kompressionsverfahren aufmerksam. Herr L. Müller hat eine Übersicht zu DVD erstellt, die ich als Grundlage des Kapitels über Erneuerung der CD-Technologie verwendet habe. Herr I. Rimac hat mir Hinweise zur Umstrukturierung der Hardware-Architekturen gegeben. Auf der Basis einiger Arbeiten und Gespräche mit Frau Prof. K. Nahrstedt und Herrn Prof. Dr. L. Wolf habe ich die Kapitel zu Dienstgüte und Betriebssysteme umgestellt. Die Expertise von Herrn C. Griwodz im Bereich der Video-Server dient als Basis für dieses neue Kapitel. Herr Dr. Thimm hat zusammen mit Frau C. Seeberg viele wertvolle Beiträge zu Datenbanken geliefert. Herr J. Schmitt und Herr R. Ackermann haben mit ihrem profunden Wissen maßgeblich zur Neustrukturierung der Kapitel Netze, Kommunikation und Gruppenkommunikation beigetragen. Die extrem innovativen Arbeiten von Frau J. Dittmann und Herrn Dr. T. Kunkelmann bilden eine der Grundlagen zum Thema Sicherheit in diesem Buch. Herr A. Steinakker und Herr P. Seitz haben mir einige wesentliche Anmerkungen zur Programmierung gegeben. Herr M. Bräuer hat zur Umgestaltung des Kapitels über Synchronisation beigetragen. Herr K. Reichenberger und Herr Dr. T. Kamps haben maßgebliche Anregungen zu Design und zusammen mit Herrn J. Geißler zu Benutzungsoberflächen gegeben. Herr T. Holmer hat viele Stunden mit mir in Diskussionen zum Kapitel Anwendungen verbracht, sowie Herr M. Wessner und Frau D. Dimitriu in bezug auf Multimedia in der Lehre. Frau S. Matthäus hat mit großen Engagement und Erfolg – mit meiner oft leider etwas schwer lesbaren Schrift – bei der Erstellung geholfen. Frau A. Wirsig-Wolf und Frau I. Oppermann haben als Lektorinnen das Buch hervorragend in eine geeignete Form gebracht. Frau I. Oppermann hat zusätzlich mit viel Engagement das endgültige Layout gestaltet. Herr Engesser war und ist von seiten des Springer-Verlags stets mit extrem hilfreichen Ideen und Verbesserungsvorschlägen aktiv. Vielen Dank!

Zur ersten Auflage

Hinsichtlich der ersten Auflage des Buches schrieb ich 1993, bzw. 1995 folgende Worte des Dankes, die sich auf das ursprüngliche Werk beziehen:

Mein besonderer Dank gilt dem Management des European Networking Center Heidelberg der Firma IBM. Erst der Freiraum und die Arbeitsumgebung einer solchen Einrichtung in der Industrie machten dieses Buch möglich. Dank gilt hier Herrn Dr. H. Stüttgen, Herrn Dr. L. Mackert, Herrn Dr. R. Herrtwich und Herrn Dr. R. Janßen sowie meinen Kollegen und den ursprünglichen Initiatoren der Multimedia-Aktivitäten in Heidelberg, Herrn Dr. H. Schmutz und Herrn Prof. Dr. G. Müller der Universität Freiburg.

Dieses Buch basierte auf meiner Habilitation, zu deren Thema mich Herr Prof. Dr. Waldschmidt zusammen mit Herrn Prof. Dr. Drobnik an der Johann-Wolfgang-Goethe-Universität, Frankfurt, in mehrfachen Gesprächen angeregt haben. Herr Prof. Dr. Drobnik trug in vielen Gesprächen und mit kritischen Anmerkungen wesentlich zur Qualität der vorliegenden Fassung bei.

Herr Dr. T. Meyer legte mit seiner Diplomarbeit und der darauffolgenden Zusammenarbeit den Grundstein zu einer differenzierten Betrachtung und Modellierung der Anwendungen sowie zu vielen Diskussionen über Synchronisation.

Herr A. Wepner trug über mehrere Jahre mit vielen kritischen Hinweisen zu einer abgewogenen Darstellung der optischen Speichermedien bei. Außerdem kommentierte er die verschiedensten Bereiche sehr kritisch. Mit Herrn Dr. C. Fritzsche diskutierte ich oft über die Ideen der Abstraktion multimedialer Daten und vertiefte speziell die objektorientierten Gedanken. Herr Dr. A. Mauthe erarbeitete sehr detailliert in seiner Diplomarbeit und gemeinsam mit Herrn W. Schulz und mir einige betriebssystemrelevante Aspekte, die u. a. in dieses Buch eingeflossen sind. Herr S. Dyroff untersuchte im Bereich der Kompression in enger Zusammenarbeit mit mir Details der verschiedenen Verfahren. Ei-

nige der Ergebnisse flossen unter anderem auch in dieses Buch ein. Herr Dr. R. Herrtwich und Herr S. Mengler haben diese Ergebnisse im Bereich der Kompressiontechniken kritisch kommentiert. Herr Dr. J. Johann diskutierte mit seinen Beiträgen und Hinweisen zur Signalverarbeitung und Fernsehtechnik als HDTV-Spezialist diese Bereiche. Mit Herrn Dr. G. Fries erarbeitete ich schon vor seiner Diplomarbeit und anschließenden Promotion an der T.U. Darmstadt intensiv Aspekte der digitalen Signalverarbeitung und der Sprachverarbeitung. Als Experte für Sprachverarbeitung beim damaligen Forschungsinstitut der Deutschen Bundespost-Telekom, Darmstadt, konnte ich mit ihm weitere Diskussionen bezüglich der digitalen Signalverarbeitung führen. Herr Prof. Dr. R. Öchsle hat als ATM-Experte mit wertvollen Anmerkungen zum Kommunikations-Kapitel beigetragen

Herr C. Engler, Frau D. Meschzan, Frau I. Link, Herr A. Patzer und Frau C. Jungius halfen mir bei der Erstellung und den oft zeitintensiven Änderungen der Abbildungen für das ursprüngliche Manuskript und bei der Zusammenstellung der Literatur. Herr Dr. D. Hehmann hat mit unzähligen Korrekturanmerkungen wesentlich geholfen. Frau A. Obermayr hat mit viel Liebe und Geschick den Text und das Layout des Buchs in die vorliegende Form gebracht. Frau L. Steinmetz, Frau E. Dill und Herr F. Dill haben als Fachfremde zahlreiche wertvolle Kommentare und detaillierte Verbesserungsvorschläge zum Buchmanuskript geliefert. Dank des Springer-Verlags und dort insbesondere durch zahlreiche Ideen und Änderungshinweise von Herrn G. Rossbach wurde aus meiner Habilitationsschrift das vorliegende Buch.

Hier zuletzt, aber eigentlich an erster Stelle, möchte ich meiner Frau danken, die seit der Erarbeitung der ersten Auflage für mich in den letzten Jahren zahllose Tätigkeiten für die Familie an meiner Stelle übernommen hat. Dies ermöglichte mir das Erarbeiten der vorliegenden Ergebnisse in Urlauben, Wochenenden und weiteren unzähligen Tag- und insbesondere Nachtstunden.

Literaturverzeichnis

[AA93] G. J. Armitage und K. M. Adams. Using the Common LAN to Introduce ATM Connectivity. In *Proceedings of 18th Conference on Local Computer Networks*, S. 34–43, Minneapolis, Minnesota, September 1993.

[Aal96] T. Aalto. *IPv6 Authentication Header und Encapsulated Security Payload.* http:// www.tcm.hut.fi/Oppinot/Tik-110.551/1996/ahesp.html, 1996.

[Abi97] S. Abiteboul. Querying semi-structured data. *ICDT*, S. 1–18, 1997.

[AC91] D. Anderson und P. Chan. Toolkit Support for Multiuser Audio/Video Applications. In R.G. Herrtwich, Hrsg., *Proceedings of 2nd International Workshop on Network and Operating System Support for Digital Audio and Video*, S. 230–241, Heidelberg, Germany, November 1991. Springer-Verlag.

[AC97] A. Analyti und S. Christodoulakis. *Multimedia Databases in Perspective*, Kapitel Content-Based Querying. Springer-Verlag, London, 1997.

[ACC+97] O. Angin, A. Campbell, L.T. Cheok, R. Liao, K.S. Lim und K. Nahrstedt. Report on the 5th ifip international workshop on quality of service. *ACM SIGCOMM Computer Communication Review*, Juli 1997.

[Ace93] A. Acero. *Acoustical and Environmental Robustness in Automatic Speech Recognition.* Kluwer Academic Publishers, Boston, 1993.

[ACF+96] M. Arya, W. Cody, C. Faloutsos, J. Richardson und A. Toga. *Issues and Research Directions*, Kapitel The QBISM Medical Image DBMS MMDBMSs. Springer-Verlag, Berlin-Heidelberg, 1996.

[ACG93] B. S. Atal, V. Cuperman und A. Gersho, Hrsg. *Speech and Audio Coding for Wireless and Network Applications.* Kluwer Academic Publisher, Dortrecht, 1993.

[ACM89] Communications of the ACM, Special section on interactive technology, Juli 1989.

[ADHC94]　F. Arman, R. Depommier, A. Hsu und M.-Y. Chiu. Content-based browsing of video sequences. In *Proceedings of Second ACM International Conference on Multimedia*, S. 97–103, Anaheim, CA, Oktober 1994.

[Adi96]　M. Adiba. *Design and Implementation Strategies*, Kapitel STORM: An Object-Oriented Multimedia DBMS, MMDB-MSs. Kluwer Academic Publishers, Dortrecht/London, 1996.

[AFB98]　W. Almesberger, T. Ferrari und J. Y. Le Boudec. SRP: a scalable resource reservation protocol for the internet. Technical Report Tech. Rep. SSC/1998/009, EPFL, Lausanne, Switzerland, März 1998.

[AFN90]　Y. Ashikaga, K. Fukuoka und M. Naitoh. CD-ROM Premastering System Using CD-Write Once. *Fujitsu Scientific Technical Journal*, 26(3):214–223, Oktober 1990.

[AG96]　I. Agi und L. Gong. An Empirical Study of Secure MPEG Video Transmissions. In *ISOC Symposium on Network and Distributed System Security*, San Diego, CA, 1996.

[AGH90]　D.P. Anderson, R. Govindan und G. Homsy. Abstractions for Continuous Media in a Network Window System. Technical Report UCB/CSD 90/596, Computer Science Division, UC Berkeley, Berkeley, CA, September 1990.

[AH91]　D.P. Anderson und G. Homsy. A Continuous Media I/O Server and its Synchronization Mechanism. *IEEE Computer*, 24(10):51–57, Oktober 1991.

[AHC93]　Farshid Arman, Arding Hsu und Ming-Yee Chiu. Image processing on compressed data for large video databases. *ACM Multimedia*, S. 267–272, Juni 1993.

[AHS90]　D. P. Anderson, R. G. Herrtwich und C. Schaefer. A Resource Reservation Protocol for Guaranteed Performance Communication in the Internet. Technical Report 90/006, International Computer Science Institute, Berkeley, CA, Februar 1990.

[AJ94]　P. Aigrain und P. Joly. The automatic real-time analysis of film editing and transition effects and its applications. *Computers & Graphics*, 18(1):93–103, Januar-Februar 1994.

[AK94]　K. Aberer und Klas. Supporting temporal multimedia operations in object-oriented database systems. In *IEEE International Conference on Multimedia Computing Systems*, Boston, USA, Mai 1994.

[All83]　J. F. Allen. Maintaining Knowledge about Temporal Intervals. *Communications of the ACM*, 26(11):832–843, November 1983.

[All85]　J. B. Allen. Cochlear Modelling. *IEEE ASSP Magazine*, S. 3–29, 1985.

[Ana87]   P. Anandan. *Measuring visual motion from image sequences.* Doktorarbeit, Dept. of computer science, University of Massachussetts, Amherst, MA, 1987.

[Ana89]   P. Anandan. A computational framework and an algorithm for the measurement of visual motion. *Int. Journal Comp. Vision*, 2:283–310, 1989.

[And88]   H.G. Anderson. *Video editing and post production: a professional guide.* Knowledge Industry Publications, 1988.

[And90]   D. P. Anderson. Meta-Scheduling for Distributed Continuous Media. Technical Report UCB/CSD 90/599, Computer Science Division, (EECS), Berkeley, CA, Oktober 1990.

[And93a] D. P. Anderson. Meta-scheduling for distributed continuous media. *ACM Transactions on Computer Systems*, 11(3), August 1993.

[And93b] J. R. Anderson. *Rules of the Mind.* Lawrence Erlbaum, Hillsdale, NJ, 1993.

[ANM96]   Ames, Nadeau und Moreland. *VRML 2.0 Sourcebook.* Wiley und Sons Inc., NY, 1996.

[Ann94a] Announcement. 3D Digitizing Systems. *Computer Graphics World*, page 59, April 1994.

[Ann94b] Announcement. Kodak Expands Photo CD System. *Computer Graphics World*, page 59, April 1994.

[Ann94c] Announcement. Video Accelerator Boards. *Computer Graphics World*, page 53, Mai 1994.

[ANR74]   N. Ahmed, T. Natarajan und K. R. Rao. Discrete Cosine Transform. *IEEE Transactions on Computers*, 23:90–93, Januar 1974.

[App89]   W. Appelt. HyperODA. ISO/IEC/JTC1/SC18/WG3, 1989.

[App90]   W. Appelt. *Dokumentenaustausch in Offenen Systemen.* Springer-Verlag, Berlin, Heidelberg, New York, 1990.

[AS83]   G.B. Andrews und F.B. Schneider. Concepts and Notations for Concurrent Programming. *ACM Computing Surveys*, 15(1):3–43, März 1983.

[As90]   H. van As. Performance Evaluation of the Bandwidth Balancing in the DQDB MAC Protocol. In *Proceedings of 8th Annual EFOC/LAN Conference*, S. 231–239, Munich, Germany, Juni 1990.

[AT97]   F. Asnicar und C. Tasso. ifWeb: a Prototype of User Model-Based Intelligent Agent for Document Filtering and Navigation in the World Wide Web in Adaptive Systems and User Modeling on the World Wide Web. In *Workshop Proceedings, 6th International Conference on User Modeling*, Cagliari, Italien, Juni 1997.

[ATW+90] D. P. Anderson, S. Tzou, R. Wahbe, R. Govindan und M. Andrews. Support for Continuous Media in the DASH

System. In *Proceedings of the 10th ICDCS*, Paris, France, Mai 1990.

[AZP96] P. Aigrain, H. Zhang und D. Petkovic. Content-based representation and retrieval of visual media: A state-of-the-art review. *Multimedia Tools and Applications*, 3:179–202, 1996.

[BA94] K. Böhm und K. Aberer. An Object-Oriented Database Application for HyTime Document Structure. In *Proceedings of Third International Conference on Information and Knowledge Management*, Gaithersburg, MD, USA, Nov. 29 - Dec. 1 1994.

[Bae69] R. M. Baecker. Picture Driven Animation. In *SJCC*, S. 273–288, Montvale, NJ, 1969. AFIPS Press.

[BAK97] K. Böhm, K. Aberer und W. Klas. Building a hybrid database application for structured documents. *Multimedia - Tools and Applications*, 1997.

[Bal] V. Balabanian. An Introduction to Digital Sotrage Media-Command and Control (DSM-CC). http://www.cselt.stet.it/ufv/leonardo/mpeg/documents/dsmcc.htm.

[BAN95] K. Böhm, K. Aberer und E.J. Neuhold. *Administering Structured Documents in Digital Libraries Advances in Digital Libraries*, volume 916 of *Lecture Notes in Computer Science*. Springer-Verlag, 1995.

[BANY97] K. Böhm, K. Aberer, E.J. Neuhold und X. Yang. Structured Document Storage and Refined Declarative and Navigational Access Mechanisms in HyperStorM. *VLDB Journal*, 6, 1997.

[Bas90] G. A. J. Bastiaens. Compact Disc Interactive. *Computer Education*, S. 2–5, Februar 1990.

[Bau84] R. Baumann. Datenverarbeitung unter Zeitbedingungen. *Informatik Spektrum*, 7(2):62–65, April 1984.

[BB91] U. Bormann und C. Bormann. Offene Bearbeitung multimedialer Dokumente. *Informatik-Spektrum*, 14:249–260, Oktober 1991.

[BBI93] S. A. Bly, S. A. Bly und S. Irwin. Media Space: Bringing People Together in a Video, Audio and Computing Environment. *Communications of the ACM*, 36(1):28–45, Januar 1993.

[BC94] G.J. Brown und M. Cooke. Computational auditory scene analysis. *Computer Speech and Language*, 8:297–336, August 1994.

[BCD+89] G. Blakowski, K. Coyle, J. Dirnberger, M. Dür, M. Mühlhäuser, B. Neidecker-Lutz, M. Richartz, T. Rüdebusch, J. Schaper, F. Spanachi, P. Tallet und I. Varsek. NESTOR Requirements and Architecture. Technical Report 13/89, University of Karlsruhe, Fakultät Informatik, Karlsruhe, Germany, August 1989.

[BCS93] B. Braden, D. Clark und S. Shenker. Integrated Services in the Internet Architecture: an Overview. Internet Draft, Oktober 1993.

[BD97] L. Brun und J.P. Domenger. A new split and merge algorithm based on discrete map. In N.M. Thalmann und V. Skala, Hrsg., *WSCG '97*, S. 21–30, 1997.

[BE98] C. Boyle und A. O. Encarnacion. *Adaptive Hypertext and Hypermedia*, Kapitel Metadoc: An Adaptive Hypertext Reading System. Kluwer Academic Publishers, 1998.

[Beg94] D. R. Begault. *3-D Sound for Virtual Reality and Multimedia*. Academic Press, London, 1994.

[BF91] K. B. Benson und D. G. Fink. *HDTV - Advanced Television for the 1990s*. Intertext Publications, McGraw-Hill Publishing Company, Inc., 1991.

[BFB94] J.L. Barron, D.J. Fleet und S.S. Beauchemin. Performance of optical flow techniques. *International Journal of Computer Vision*, 12(1):43–77, Januar 1994.

[BG87] D. Bersekas und R. Gallager. *Data Networks*. Prentice Hall, 1987.

[BGW97] Michael Bär, Carsten Griwodz und Lars C. Wolf. Long-term Movie Popularity Models in Video-on-Demand Systems or The Life of an on-Demand Movie. In *Proceedings of the Fifth ACM International Multimedia Conference, Seattle, USA*, November 9–13 1997.

[BH93] M. F. Barnsley und L. P. Hurd. *Fractal Image Compression*. AK Peters, Ltd., Wellesley, Massachusetts, 1993.

[BHL91] G. Blakowski, Hübel und Langrehr. Tools for specifying and executing synchronized multimedia presentations. In *2 International Workshop on Network and Operating System Support for Digital Audio and Video*, Heidelberg, Nov 1991.

[BHLM92] P. Binstadt, W. Henhapl, J. Löffler und U.A. Michelsen. *Informations- und kommunikationstechnische Grundbildung: Konzeptionen - Konkretionen - Gestaltungsvorschläge*. Leuchtturm, Alsbach/Bergstraße, 1992.

[BHS91] G. Blair, D. Hutchison und D. Shepard. Multimedia Systems. In *Tutorial Proceedings of 3 IFIP Conference on High-Speed Networking*, Berlin, Germany, März 18–22, 1991.

[Bie93] E. W. Biersack. Performance Evaluation of Forward Error Correction in an ATM Environment. *IEEE JSAC*, 11(4):631–640, Mai 1993.

[Bir95] Y. Birk. Track Pairing: A Novel Data Layout for VOD Servers with Multi-Zone Reocrding Disks. In *In Proceedings of the International Conference on Multimedia Computing and Systems (ICMCS) 95*, Washington D.C., Mai 1995.

[BKS97] E. Benaki, V.A. Karkaletsis und C.D. Spyropoulos. User Modeling in WWW: the UMIE Prototype in Adaptive Systems and User Modeling on the World Wide Web. In *Workshop Proceedings, 6th International Conference on User Modeling*, Cagliari, Italien, Juni 1997.

[BKV98]   P. Brusilovsky, A. Kobsa und J. Vassileva. *Methods and Techniques of Adaptive Hypermedia*. Kluwer Academic Publishers, 1998.

[Bla71]   J. Blauert. Localization and the law of the first wavefront in the median plane. *Journal of the Acoustical Society of America*, 50:466–470, 1971.

[Bla74]   J. Blauert. *Räumliches Hören*. S. Hirzel Verlag, Stuttgart, 1974.

[Bla91a]   G. Blakowski. Concept of a Language for the Description of Transport and (Re-)presentation properties of Multimedia Objects. *(in German) Informatik Fachberichte*, 293:465–474, 1991. Springer-Verlag.

[Bla91b]   G. Blakowski. The MODE-FLOW-GRAPH: A Processing Model for Objects of Distributed Multimedia Applications. In *Proceedings of International Symposium on Communication*, S. 646–649, Dezember 1991.

[Bla92]   G. Blakowski. High Level Services for Distributed Multimedia Applications based on Application Media and Environment Descriptions. *Australian Computer Science Communications*, 14:93–109, Januar 1992.

[Bla93]   G. Blakowski. *Development and Runtime Support for Distributed Multimedia Applications*. Shaker Verlag, German. Auflage, 1993.

[Ble78]   B. Blesser. Digitization of Audio: A Comprehensive Examination of Theory, Implementation and Current Practice. *Journal of the Audio Engineering Society*, 26:739–771, Oktober 1978.

[BM91]   A. Banerjea und B. Mah. The Real-Time Channel Administration Protocol. In *2 International Workshop on Network and Operating System for Digital Audio and Video*, Heidelberg, Germany, November 1991.

[BMBLY97]   D. Benham, N. Memon, B.-L. Yeo B.-L. und M. Yeung. Fast Watermarking of DCT-based Compressed Images. In *CISST '97 International Conference*, 1997.

[BN93]   Ch. Baber und J. M. Noyes, Hrsg. *Interactive Speech Technology: Human Factors Issues in the Application of Speech Input/Output to Computers*. Taylor & Francis, Bristol, PA, 1993.

[Böh97]   K. Böhm. *Managing Multimedia Data: Using Metadata to Integrate and Apply Digital Data*, Kapitel Metadata Handling in HyperStorM. 1997.

[Boo87]   M. Boom. *Music Through MIDI*. Microsoft Press, 1987.

[Bor79]   A. Borning. Thinglab - A Constraint-Oriented Simulation Laboratory. Technical Report SSI-79-3, Xerox Palo Alto Research Center, Palo Alto, CA, Juli 1979.

[Bor92]   N. S. Borenstein. Computational Mail as Network Infrastructure for Computer-Supported Cooperative Work. In *Proceedings of ACM Conference on Computer-Supported Cooperative Work, CSCW'92*, S. 67–73, Toronto, Canada, Oktober 1992.

[Bow92]   Sing-Tze Bow. *Pattern Recognition and Image Preprocessing*. Marcel Dekker, Inc., New York, NY, 1992.

[BPSWL93]   C. C. Bisdikian, B. Patel, F. Schaffa und M. Willebeek-LeMair. On the Effectiveness of Priorities in Token Ring for Multimedia Traffic. In *Proceedings of 18th Conference on Local Computer Networks*, S. 25–31, Minneapolis, Minnesota, September 1993.

[BR86]   S. Bly und J.K. Rosenberg. A comparison of tiled and overlapping windows. In *Proceedings CHI 1986*, S. 101–106, 1986.

[BR94]   K. Böhm und T. C. Rakow. Metadata for multimedia documents. *ACM SIGMOD Record Special Issue on Metadata for Digital Media*, 23(4):21–26, Dec 1994.

[Bra87]   S. Brand. *The Media Lab, Inventing the Future at MIT*. Viking Penguin, 1987.

[Bra93]   R. Braudes. *Requirements for multicast protocols*, Mai 1993. Request for Comments (Informational) 1458, Internet Engineering Task Force.

[Bra96]   E. Brauer. Akzeptierbare Sicherheit. *UNIX open*, Januar 1996.

[BRD91]   BRD. Bundesdatenschutzgesetz, 1991.

[Bri86]   G. Bristow, Hrsg. *Electronic Speech Recognition: Techniques, Technology and Applications*. New York: McGraw-Hill Publishing Company, Inc., 1986.

[BRRK94]   J. Budford, L. Rutledge, J. Rutledge und C. Kestin. HyOctane: A HyTime Engine for a MMIS. *Multimedia Systems*, 1(4):173–185, 1994.

[BS83]   W. Becker und N. Schöll. *Methoden und Praxis der Filmanalyse*. Leske und Budrich Verlag, Opladen, 1983.

[BS97]   Reinhard Bertram und Ralf Steinmetz. Varying Audio Quality for Networked Multimedia Services and Tools. *SMPTE Journal*, 106(12):872–880, Dezember 1997.

[BSW95]   Beutelspacher, Schwenk und Wolfenstetter. *Moderne Verfahren der Kryptographie*. Vieweg-Verlag, 1995.

[BTH96]   L. Boney, A. H. Tewfik und K.N. Hamdy. Digital Watermarks for Audio Signals. In *Proc. of IEEE Multimedia*, S. 473–480, 1996.

[Bul77] T.H. Bullock. *Recognition of complex acoustic signals*, volume 5 of *Life sciences research report*. Abakon Verlagsgesellschaft, Berlin, 1977.

[Bul93] D.C.A. Bulterman. Specification and Support of Adaptable Networked Multimedia. *Multimedia Systems*, 1(2):68–76, 1993.

[B.V89] Philips International B.V. *Compact Disc-Interactive - A Designers Overview*. Kluwen, Technische Boeken B.V., Deventer, Netherlands, 1989.

[BW76] N. Burtnyk und M. Wein. Interactive Skeleton Techniques for Enhancing Motion Dynamics in Key Frame Animation. *CACM*, 19(10):564–569, Oktober 1976.

[BW90a] C. Biaesch-Wiebke. *Compact Disc Interactive*. Vogel Buchverlag Würzburg, Vogelfachbuch: Kommunikationstechnik, 1990.

[BW90b] C. Biaschk-Wiebke. *Compact Disc Interactive*. Vogel-Verlag, Würzburg, 1990.

[BWPSW98] J. Beck-Wilson, H.-R. Pfister, C. Schuckmann und M. Wessner. Bridging the gap: Incorporating work and learning using cooperative learning environments. In *Proceedings of the BITE 98*, S. 443 – 450, Maastricht, Netherlands, März 25-27 1998.

[BZ93a] C. Buchanan und P. T. Zellweger. Automatic Temporal Layout Mechanisms. In *Proceedings of the 1st ACM International Conference on Multimedia*, Anaheim, CA, August 1993.

[BZ93b] M. C. Buchanan und P. T. Zellweger. Automatically Generating Consistent Schedules for Multimedia Applications. *Multimedia Systems*, 1(2):55–67, 1993.

[Can86] J. Canny. A computational approach to edge detection. In *IEEE Trans. on Pattern Anal. and Mach. Intell., Vol. PAMI-VIII, No. 6*, November 1986.

[Car95] G. Caronni. Assuring Ownership Rights for Digital Images. In *Verläßliche IT-Systeme, Proceedings der GI-Fachtagung VIS'95*, 1995.

[CB88] J. Conklin und M. L. Begeman. gIBIS: A Hypertext Tool for Exploratory Policy Discussion. *ACM Transaction on Office Information Systems*, 6(4):303–331, Oktober 1988.

[CB97] R. Carey und G. Bell. *The annotated VRML 2.0 Reference Manual*. Addison-Wesley, 1997.

[CBE97] S. Casner, C. Bormann und M. Engan. *IP header compression over PPP*, Dec 1997. Internet Draft, Internet Engineering Task Force.

[CC96] H.J. Chang und S. K. Chang. *Multimedia Information Storage and Management*, Kapitel Temporal Modelling and Intermedia Synchronization for Presentation of Multimedia Streams. Kluwer Academic Publishers, 1996.

[CCH93]   A. Campbell, G. Coulson und D. Hutchison. A Multimedia Enhanced Transport Service in a Quality of Service Architecture. In *Workshop on Network and Operating System Support for Digital Audio and Video '93*, Lancaster, England, November 1993.

[CCH+93]   J. Crowcroft, S. Chuang, S. Hailes, M. Handley, N. Ismail, D. Lewis und I. Wakeman. Multimedia Application Requirements for Multicast Communications Services. In *Proceedings of INET 93*, San Francisco, CA, August 1993.

[CCI82]   CCIR. *Recommendation 601: Encoding Parameters of Digital Television for Studios, vol. 11, Teil 1, S. 271-273*. CCIR Genf, 1982.

[CG85]   W.J. Croft und J. Gilmore. *0951 Bootstrap Protocol*, September 1985. Updated by RFC1395, RFC1497, RFC1532, RFC1542.

[CG87]   B. Campbell und M. Goodman. HAM: A General Purpose Hypertext Abstract Machine. In *Hypertext '87*, November 1987.

[CGCH92]   G. Coulson, F. Garcia, A. Campbell und D. Hutchison. Orchestration Services for Distributed Multimedia Synchronization. In *Proceedings of the 4th IFIP International Conference on High Performance Networking (HPN)*, Liege, Belgium, Dezember 1992.

[CGR90]   G. Champine, D. Geer und W. Ruh. Project Athena as a Distributed Computer System. *IEEE Computer*, 23(9):40–51, September 1990.

[Che95]   C.Y.R. Chen. Design of a Multimedia Object-Oriented DBMS. *Multimedia Systems*, 3(5-6):217–227, 1995.

[Chi86]   D. Chin. User Modelling in UC: the UNIX Consultant. In *Proceedings of the CHI-86 Conference*, Boston, 1986.

[Cho71]   J. Chowning. The simulation of moving sound source. *Journal of the Audio Engineering Society*, 41(11), 1971.

[CHT86]   S. Christodoulakis, F. Ho und M. Theodoridou. The Multimedia Object Presentation Manager of MINOS: A Symmetric Approach. In *Proc. Int. Conf. on Management of Data*, S. 295–310, Washington, 1986.

[CJRS89]   D. D. Clark, V. Jacobson, J. Romkey und H. Salwen. An Analysis of TCP Processing Overhead. *IEEE Communications Magazine*, S. 23–29, Juni 1989.

[CJT96]   S.-K. Chang, E. Jungert und S.-K. Tortora. Intelligent image database systems. *World Scientific*, 1996.

[CKLS97]   I.J. Cox, J. Kilian, T. Leighton und T. Shamoon. Secure Spread Spectrum Watermarking for Multimedia. *IEEE Trans. on Image Processing*, 6(12):1673–1687, 1997.

[CKY93]   M.-S. Chen, D. D. Kandlur und P. S. Yu. Optimization of the Grouped Sweeping Scheduling (GSS) with Heterogeneous

[CL88]   Multimedia Streams. In *Proceedings of ACM MM 1993*, S. 235–242, Anaheim, CA, 1993. ACM.

[CL88]   J. Y. Chung und J. W. S. Liu. Algorithms for Scheduling Periodic Jobs to Minimize Average Error. In *IEEE Real-Time Systems Symposium*, S. 142–151, Huntsville, Alabama, 1988.

[CL89]   J. Y. Chung und J. W. S. Liu. Performance of Algorithms for Scheduling Periodic Jobs to Avoid Timing Faults. In *Proceedings of 22 Hawaii International Conference on System Sciences*, S. 683–692, Hawaii, 1989.

[CL97]   I.J. Cox und J-P Linnartz. Some general methods for tampering with watermarks. *IEEE Journal Selected Areas of Communications (JSAC)*, 1997.

[CLP94]   T.-S. Chua, S.-K. Lim und H.-K. Pung. Content-based retrieval of segmented images. In *ACMM94*, S. 211–218, Anaheim, CA, oct 1994.

[Cly85]   M. Clynes. Secrets of Life in Music: Musicality Realized by Computer. In *Proceedings of the 1984 International Computer Music Conference*, San Francisco, CA, 1985. International Computer Music Association.

[CMVM86]   F. Cheevasuvut, H. Maitre und D. Vidal-Madjar. A robust method for picture segmentation based on a split and merge procedure. *CVGIP*, 34:268–281, 1986.

[CN97a]   S. Chen und K. Nahrstedt. Distributed QoS Routing. Technical Report UIUCDCS-R-97-2017, University of Illinois at Urbana-Champaign, Urbana, Illinois, Juli 1997. Technical Report, accepted to International Conference on Local Computer Networks.

[CN97b]   H. Chu und K. Nahrstedt. A soft real time server in UNIX operating system. In *IDMS'97(European Workshop on Interactive Distributed Multimedia Systems)*, September 1997.

[Com95]   D.E. Comer. *Internetworking with TCP/IP*. Prentice Hall, Englewood Cliffs, 1995.

[Con]   Hermes Consortium. Esprit long term research project no. 9141.

[Cor92]   Aldus Corporation. *TIFF - Tagged Image File Format - Revision 6.0 Final*. Aldus Corporation, 1992.

[CP79]   P. Chen und T. Pavlidis. Segmentation by texture using a co-occurence matrix and a split und merge algorithm. *CGIP*, S. 172–182, 1979.

[Cru97]   R. Cruz. SCED+:efficient management of quality of service guarantees. Technical Report 9713, Center for Wireless Communications, UCSD, 1997.

[CSA+89]   D. Corey, J. Schmidt, M. Abel, S. Bulick und S. Coffin. Multimedia Communications: The US West Advanced Technologies Prototype Telecollaboration System. In *5th IEEE*

	International Workshop on Telematics, Denver, Colorado, September 1989.
[CSR88]	S. C. Cheng, J. A. Stankovic und K. Ramamritham. Scheduling Algorithms for Hard Real-Time Systems – A Brief Survey. In J.A. Stankovic und K. Ramamritham, Hrsg., *Hard Real-Time Systems*, S. 150–178, Washington, DC, 1988. IEEE Computer Society Press.
[CSZ92]	D.D. Clark, S. Shenker und L. Zhang. Supporting Real-Time Applications in an Integrated Services Packet Network: Architecture and Mechanism. In *SIGCOMM'92*, S. 14–22, Baltimore, MD, August 1992.
[CT90]	D. D. Clark und D. L. Tennenhouse. Architectural considerations for a new generation of protocols. *Computer Communications Review*, 20(4):200–208, Sept 1990.
[CW90]	D. W. Craig und C. M. Woodside. The Rejection Rate for Tasks with Random Arrivals, Deadlines and Preemptive Scheduling. *IEEE Transactions on Software Engineering*, 16(10):1198–1208, Oktober 1990.
[DAM97]	N. Dimitrova und M. Abdel-Mottaleb. Content-based video retrieval by example video clip. In *Storage and Retrieval for Image and Video Databases (SPIE), SPIE Proceedings Vol. 3022*, S. 59–70, San Jose, CA, 1997.
[Dan97]	R. L. Danielson. Work in Progress: Learning Styles, Media Preferences and Adaptive Education in Adaptive Systems and User Modeling on the World Wide Web. In *Workshop Proceedings, 6th International Conference on User Modeling*, Cagliari, Italien, Juni 1997.
[DB81]	U. Dehm und G. Bentele, Hrsg. *Thesen zum Vergleich elektronischer und konventioneller Inhaltsanalyse*, Kapitel Semiotik und Massenmedien. Ölschläger Verlag, München, 1981.
[DB98]	A. Durand und B. Buclin. IPv6 routing issues. Internet Draft, Internet Engineering Task Force, Apr 1998. Work in progress.
[DBB+93]	A. Danthine, O. Bonaventure, Y. Baguette, G. Leduc und L. Leonard. QoS Enhancements and the New Transport Services. In *Local Networks Interconnection*, S. 1–22, Raleigh, NC, Oktober 1993. eds.: R.O. Onvural, A.A. Nilsson, Plenum Press, NY (1993).
[deC98]	L. deCarmo. A new architecture for multimedia. *PC Magazine*, 6, 98.
[Dee89]	S. Deering. Host Extensions for I{P Multicasting. RF{C 1112, August 1989.
[Dep89]	Marketing Department. Brochure. Showscan Film Corporation, 1989.

[Der74]   M. L. Dertouzos. *Control Robotics: The Procedural Control of Physical Processing*, volume 74 of *Information Processing*. North Holland Publishing Company, 1974.

[DG82]   B.I. Slikvood D. Goedhart, R. J. van de Plassche. Digital to Analog Conversion in Playing a Compact Disc. *Philips Technical Review*, 40(6), August 1982.

[DG90]   P. Duhamel und C. Guillemot. Polynomial Transform Computation of the 2-D DCT. In *Proceedings of IEEE ICASSP-90*, S. 1515–1518, Albuquerque, New Mexico, 1990.

[DH95]   S. Deering und R. Hinden. *Internet Protocol, Version 6 (IPv6) Specification*, 1995. RFC 1883.

[DH98]   J. Dittmann und M. Haberhauer. working paper. Technical report, GMD, 1998.

[DHH+93]   L. Delgrossi, Ch. Halstrick, D. Hehmann, R. G. Herrtwich, O. Krone, J. Sandvoss und C. Vogt. Media scaling for audio-visual communication with the heidelberg transport system. Technical Report 43.9305, IBM ENC Heidelberg, Heidelberg, Germany, 1993.

[DJ91]   T.M. Duffy und D.H. Jonassen. Constructivism: New implications for instructional technology? *Educational Technology*, 31:7–12, 1991.

[DKS95]   A. Dan, M. Kienzle und D. Sitaram. A dynamic policy of segment replication for load-balancing in video-on-demand servers. *Multimedia Systems*, 3:93–103, 1995.

[DLW93]   B. J. Dempsey, J. Liebeherr und A. C. Weaver. A New Error Control Scheme for Packetized Voice over High-Speed Local Area Networks. In *Proceedings of 18th Conference on Local Computer Networks*, Minneapolis, Minnesota, September 1993.

[DM92]   D. L. Drucker und M. D. Murie. *QuickTime Handbook*. Hayden, Carmel, CA, 1992.

[DNN+93]   R. D. Dannenberg, T. Neuemdorffer, J. M. Newcomer, D. Rubine und D. A. Anderson. Tactus: Toolkit-Level Support for Synchronized Interactive Multimedia. *Multimedia Systems*, S. 77–86, 1993.

[DNSS98]   J. Dittmann, F. Nack, A. Steinmetz und R. Steinmetz. Interactive Watermarking Environments. In *IEEE Multimedia Systems Conference (ICMS'98)*, Austin Texas, June/Juli 1998.

[DPA91]   R. Govindan D. P. Anderson, Y. Osawa. Real-time disk storage and retrieval of digital audio/video data. Technical Report TR UCB/CSB 91/646, University of California, Berkeley, September 1991.

[Dro97]   R. Droms. *2131 Dynamic Host Configuration Protocol*, März 1997. Status: DRAFT STANDARD.

[DS93a] A. Dan und D. Sitaram. Buffer Management Policy for an On-Demand Video Server. Technical Report RC 19347, IBM Research Division, 1993.

[DS93b] R. Dannenberg und R. Stern. Experiments Concerning the Allowable Skew of Two Audio Channels Operating in the Stereo Mode. Personal Communication, 1993.

[DS95a] A. Dan und D. Sitaram. An online video placement policy based on bandwidth to space ratio (bsr). In *In Proceedings of the 1995 SIGMOD*, S. 376–385, San Jose, California, Mai 22-25 1995.

[DS95b] A. Dan und D. Sitaram. A Generalized Interval Caching Policy for Mixed Interactive and Long Video Workloads. Technical Report RC 20206 (89404), IBM Research Division, September 1995.

[DS97a] J. Dittmann und A. Steinmetz. Konzeption von Sicherheitsmechanismen für das Projekt DiVidEd. *D-Studie Nr. 312*, 1997.

[DS97b] J. Dittmann und A. Steinmetz. Sicherheitsproblematik in verteilten, digitalen Videoanwendungen und Präsentation eines technischen Lösungsansatzes zur transparenten Verschlüsselung von MPEG-2 Video. *Verläßliche IT-Systeme: Zwischen Key Escrow und elektronischem Geld, DuD Fachbeiträge, Vieweg-Verlag*, S. 157–170, 1997.

[DSS94] A. Dan, D. Sitaram und P. Shahabuddin. Dynamic Batching Policies for an On-Demand Video Server. *Multimedia Systems*, 1994.

[DSS98] J. Dittmann, M. Stabenau und R. Steinmetz. Robust MPEG Video Copyright Protection Technology. In *submitted to the SEC'98 14th International Information Security Conference*, August-September 1998.

[DSST94] A. Dan, P. Shahabuddin, D. Sitaram und D. Towsley. Channel Allocation under Batching and VCR Control in Video-On-Demand Systems. Technical Report RC 19588, IBM Research Division, September 1994.

[ECM88] ECMA. *Data Interchange on Read-Only 120mm Optical Data Disks (CD-ROM)*. European Computer Manufacturers Association Standard ECMA-130, 1988.

[EDP92] J. Escobar, D. Deutsch und C. Patridge. Flow Synchronization Protocol. In *Proceedings of IEEE Globecom*, S. 1381–1387, 1992. vol. 3.

[EF94] J.J. Encarnacao und J.D. Foley. *Multimedia*. Springer-Verlag, 1994.

[EFI94] L. Ehley, B. Furth und M. Ilyas. Evaluation of Multimedia Synchronization Techniques. In *Proceedings of the International Conference on Multimedia Computing and Systems*, S.

110–119, Boston, MA, Mai 1994. IEEE Computer Society Press.

[End84] W. Endres. Verfahren zur Sprachsynthese - Ein geschichtlicherÜberblick. *Der Fernmelde-Ingenieur*, S. 2–40, September 1984.

[ES98] W. Effelsberg und R. Steinmetz. *Video Compression Techniques*. dpunkt-Verlag, Heidelberg, 1998.

[Est93] D. Estrin. Routing in large internets. In *Proceedings of the International Networking Conference (INET)*, S. BCA–1, San Francisco, California, Aug 1993. Internet Society.

[et 89] R. Levin et al. Operating systems review. *Operating Systems Review*, 23(3), Juli 1989.

[Eur94] European Telecommunications Standards Institute. *Digital broadcasting systems for television, sound and data services;Specification for service information (SI) in digital video broadcasting systems*. ETSI, ETSI 300 468, November 1994.

[Eur96] European Telecommunications Standards Institute. *Digital broadcasting systems for television, sound and data services; Framing, structure, channel coding and modulation for digital terrestrial television*. ETSI, ETSI 300 744, April 1996.

[Fal85] F. Fallside. *Computer Speech Processing*. Englewood Cliffs, NJ: Prentice-Hall International, 1985.

[FDFH92] J. D. Foley, A. van Dam, S. K. Feiner und J. F. Hughes. *Computer Graphics – Principles and Practice*. Addison-Wesley Publishing Company, Inc., 2. Auflage, 1992.

[FE88] E. A. Fox und M. E. Williams (Hrsg.). *Optical disks and CD-ROM: Publishing and Access*. Elsevier Science Publishers, 1988.

[Fei90] E. Feig. A Fast Scaled DCT Algorithm. In K. S. Pennington und R. J. Moorhead II, Hrsg., *Image Processing Algorithms and Techniques*, volume 1244, S. 2–13, Santa Clara, CA, Februar 11–16, 1990. Proc. SPIE.

[Fel85] K. Fellbaum. *Sprachverarbeitung und Sprachsynthese*. Springer-Verlag, 1985.

[Fen97] W. Fenner. *2236 Internet Group Management Protocol, Version 2*, November 1997. Status: PROPOSED STANDARD.

[Fer91] D. Ferrari. Design and Application of a Delay Jitter Control Scheme for Packet-switching Internetworks. In *Proceedings of 2 International Workshop on Network and Operating System Support for Digital Audio and Video*, Heidelberg, Germany, November 1991. Also published in Vol. 614 of Lecture Notes in Computer Science, S. 72–83, Springer-Verlag.

[fGD95] Frauenhofer-Institut für Graphische Datenverarbeitung. *Informationsblatt TIE*, 1995. http:// www.igd.fhg.de/www/igd-a8/projects/tie/tie.htm.

[Fin91] G. G. Finn. An Integration of Network Communication with Workstation Architecture. *ACM Computer Communication Review*, 21(5):18–29, Oktober 1991.

[Fis94] Alon Fishbach. Primary segmentation of auditory scenes. In *Intl. Conf. on Pattern Recognition ICPR*, S. 113–117, 1994.

[Fis97a] S. Fischer. Image segmentation by water-inflow. *in Proceedings of WSCG97, The Fifth International Conference in Central Europe on Computer Graphics and Visualization*, S. 134–143, 1997.

[Fis97b] S. Fischer. *Indikatorenkombination zur Inhaltsanalyse digitaler Filme*. Doktorarbeit, Universität Mannheim, 1997.

[FJ90] D.J. Fleet und A.D. Jepson. Computation of component image velocity from local phase information. *Int. Journal Comp. Vision*, 5:77–104, 1990.

[FJP97] E. Franz, A. Jerichow und A. Pfitzmann. Systematisierung undModellierung von Mixen. *Verläßliche IT-Systeme: Zwischen Key Escrow und elektronischem Geld, DuD Fachbeiträge, Vieweg-Verlag*, S. 171–190, 1997.

[FKRR93] R. S. Fish, R. E. Kraut, R. W. Root und R. E. Rice. Video as a Technology for Informal Communication. *Communications of the ACM*, 36(1):48–61, Januar 1993.

[FKS97] J. Fink, A. Kobsa und J. Schreck. Personalized Hypermedia Information Provision through Adaptive and Adaptable System Features: User Modeling, Privacy and Security Issues in Adaptive Systems and User Modeling on the World Wide Web. In *Workshop Proceedings, 6th International Conference on User Modeling*, Cagliari, Italien, Juni 1997.

[FKT96] FKT, Fachzeitschrift für Fernsehen, Film und Elektronische Medien. Schwerpunkt: Digital Video Broadcasting, April 1996.

[Fla72] J. L. Flanagan. *Speech Analysis, Synthesis and Perception*. Springer-Verlag, 1972.

[Fla92] J. L. Flanagan. Speech technology and computing: A unique partnership. *IEEE Communications Magazine*, S. 84–89, Mai 1992.

[FLE95] S. Fischer, R. Lienhart und W. Effelsberg. Automatic recognition of film genres. In *Proceedings of Third ACM International Conference on Multimedia*, S. 295–304, San Francisco, CA, November 1995.

[Flu95] F. Fluckinger. *Understanding networked multimedia applications and technology*. Prentice Hall, 1995.

[FMMT84] R. Finlayson, T. Mann, J.C. Mogul und M. Theimer. *0903 Reverse Address Resolution Protocol*, Jun-01 1984. Status: STANDARD.

[For79] J. Forgie. ST - A Proposed Internet Strem Protocol. IEN 119, MIT Lincoln Laboratory, September 1979.

[For97]　　　ATM Forum. *Phase 1 ATM Security Specification (3 Draft),*. ATM Forum, 1997. BTD-SEC-01.03.

[FOS98]　　F. Friedl, N. Ott und B. Stein. *Typography - when who how.* Könemann, Köln, 1998.

[Fre82]　　　S. French. Sequencing und Scheduling: An Introduction to the Mathematics of the Job Shop. Ellis Horwood Limited, Chichester, 1982.

[Fri92a]　　 J. R. Frick. Compact Disc Technology. Internal Publication, 1992. Disc Manufacturing, Inc.

[Fri92b]　　 G. Fries. Lautspezifische Synthese von Sprache im Zeit- un dim Frequenzbereich. *VDI Fortschritts-Berichte,* 10(213), 1992. VDI Verlag.

[Fri93]　　　G. L. Friedmann. The Trustworthy Digital Camera: Restoring Credibility to the Photographic Image. *IEEE Transactions on Consumer Electronics,* 39(4):905 – 910, November 1993.

[Fri97]　　　J. Fridrich. Methods for data hiding. *Center for Intelligent Systems & Department for System Science and Industrial Engineering, SUNY Binghamton,* 1997.

[FS92]　　　S. Furui und M. M. Sondhi, Hrsg. *Advances in Speech Signal Processing.* Marcel Dekker Inc., New York, Hong Kong, 1992.

[FSB82]　　 S. Feiner, D. Salesin und T. Banchoff. DIAL: A Diagrammatic Animation Language. *CG&A,* 2(7):43–54, September 1982.

[FSBS98]　 S. Fischer, A. Steinacker, R. Bertram und R. Steinmetz. *Open Security.* Springer-Verlag, Heidelberg, 1998.

[FT88]　　　E. Fiume und D. Tsichritzis. Multimedia Objects. In D. Tsichritzis, Hrsg., *Active Object Environment,* S. 121–128. Juni 1988.

[FV90]　　　D. Ferrari und D. C. Verma. A Scheme for Real-Time Channel Establishment in Wide-Area Networks. *IEEE JSAC,* 8(3):368–379, April 1990.

[FWC84]　 J. D. Foley, V.L. Wallace und P. Chan. The human factors of computer graphics interaction techniques. *IEEE Computer Graphics & Applications,* S. 13–48, November 1984.

[GBD+91]　S. Gibbs, Ch. Breiteneder, L. Dami, V. de Mai und D. Tscichritzis. A Programming Environment for Multimedia Applications. In *2 International Workshop on Network and Operating System Support for Digital Audio and Video,* Heidelberg, Germany, November 1991.

[GBT93]　　S. Gibbs, C. Breiteneder und D. Tsichritzis. Data Modeling of Time-based Media. In *Visual Objects,* S. 1–21, Geneve: Universite de Geneve, Centre Universitaire d'Informatique, Juni 1993.

[GC89] P. Ghislandi und A. Campana. In Touch with XA. Some Considerations on Earlier Experiences of CD-ROM XA Production. In *Proceedings of 13th International Online Information Meeting*, S. 211–226, 1989.

[GEE97] W. Geyer, A. Eckert und W. Effelsberg. Multimedia-Technologie zur Unterstützung der Lehre an Hochschulen: Das Projekt TeleTeaching der Universitäten Mannheim und Heidelberg. *Multimediales Lernen in der Beruflichen Bildung*, 1997.

[Ger85] German national standardization body, Berlin–Köln. *Terminology in Computing*, DIN 4300. Auflage, 1985.

[GGV96] P. Goyal, X. Guo und H. Vin. A Hierarchical CPU Scheduler for Multimedia Operating System. In *Second USENIX Symposiun on Operating System Design and Implementation*, Oktober 1996.

[GH94] D. J Gemmell und J. Han. Multimedia network file servers: Multi-channel delay sensitive data retrieval. *Multimedia Systems*, 1(6):240–252, 1994.

[GK96] S. Ghandeharizadeh und D. Kim. On-line reorganization of data in scalable continous media servers. In *In Proceedings of Database and Expert Systems Applications 1996*, S. 751–768, Zurich, Switzerland, 1996.

[GKS95] S. Ghandeharizadeh, S. H. Kim und C. Shahabi. Continuous display of video objects using multi-zone disks. Technical Report TR 94-592, USC, April 1995.

[GLCS95] A. Ghias, J. Logan, D. Chamberlain und B.C. Smith. Query by humming: Musical information retrieval in an audio database. In *Proceedings of Third ACM International Conference on Multimedia*, S. 231–236, San Francisco, CA, November 1995.

[GLM96] L. Golubchik, J. C. S. Lui und R. R. Muntz. Adaptive piggybacking: A novel technique for data sharing in video-on-demand storage servers. *Multimedia Systems*, 4:140–155, 1996.

[GM94] W. G. Gradner und K. Martin. HRTF Measurements of a KEMAR Dummy. Technical Report 280, MIT Media Lab Perceptual Computing, 1994.

[Gol84] A. Goldberg. *Smalltalk-80. The Interactive Programming Environment*. Addison-Wesley, Reading, 1984.

[Gol90] S. Golestani. A Stop-and-Go Queueing Framework for Congestion Management. In *ACM SIGCOMM'90*, S. 8–18, September 1990.

[Gol91] Ch. F. Goldfarb. HyTime: A Standard for Structured Hypermedia Exchange. *IEEE Computer*, 24(8):81–84, August 1991.

[Goo73] N. Goodman. *Sprachen der Kunst. Ein Ansatz zu einer Symboltheorie* . Suhrkamp, Frankfurt am Main, 1973. Original: Languages of Art. An approach to a Theory of Symbols. The Bobbs-Merrill Company Inc. 1968.

[Gop96] R. Gopalakrishnan. *Efficient Quality of Service Support Within Endsystems for High-Speed Multimedia Networking*. Doktorarbeit, Department of Computer Science, Washington University, St. Louis, MI, 1996.

[Gra84] R. M. Gray. Vector Quantization. *IEEE ASSP Magazine*, 1(2):4–29, April 1984.

[Gra94] G. Grassel. Object-oriented Design and Implementation of a MHEG Runtime Environment for the Interactive Presentation of Multimedia Documents in a Distributed Environment. Master's thesis, University of Mannheim, März 1994. Master thesis in German.

[GRG95] M. Ghandi, E. Robertson und D. Gucht. Modelling and querying primitives for digital media. In *IEEE Int. WS on MMDBMSs*, S. 82–89, Los Alamitos, CA, April 1995. IEEE Computer Society Press.

[Gro89] AFNOR Expert Group. *Multimedia Synchronization: Definitions and Model, Input Contribution on Time Variant Aspects and Synchronization in ODA-Extensions*. ISO IE JTC 1/SC 18/WG3, Februar 1989.

[Gro96] Bloor Research Group. Illustra and Informix. Bloor Research Group, 1996.

[Gru89] J. Grudin. The case against user interface consistency. *Communications of the ACM*, 32(10):1164–1173, Oktober 1989.

[GS90] P. Gloor und N. Streitz. *Hypertext und Hypermedia*. Springer-Verlag, 1990. Informatik Fachberichte 249.

[Gui86] Apple Human Interface Guidelines. *The Apple Desktop Interface*. Reading, MA, 1986.

[Gup94] A. Gupta. Design scheme 2 - A Multicast Realtime Protocol Scheme. Talk at the XUNET'94 Meeting, Februar 1994.

[GV92] C. Gonzales und E. Viscito. Flexible Digital Video Coding. Personal Communication, 1992.

[GW93] R. C. Gonzales und R. E. Woods. *Digital Image Processing*. Addison Wesley Publishing Company, Inc., 1993.

[GWJ91] A. Gupta, T. Weymouth und R. Jain. Semantic queries with pictures: the VIMSYS model. In G. M. Lohman, A. Sernadas und R. Camps, Hrsg., *Proceedings of Int. Conf. Very Large Data Bases*, S. 69–79, Barcelona, Spain, 1991. Morgan Kaufmann.

[GWJ92] A. Gupta, T. Weymouth und R. Jain. Semantic queries in image databases. In E. Knuth und L.M.Wegner, Hrsg., *IFIP Transactions A: Computer Science and Technologies*, volume A-7, S. 201–215, Amsterdam, Netherlands, 1992.

[GZ96] S. Gollapudi und A. Zhang. Buffer management in MMDB-MSs. In *Proc. IEEE Int. Conf. Multimedia Computing and Systems*, Hiroshima, Japan, 1996. IEEE Computer Society Press.

[Hab95] P. Haberäcker. *Praxis der digitalen Bildverarbeitung und Mustererkennung*. Hanser Studienbücher, Carl Hanser Verlag München Wien, 1995.

[Ham72] C. Hamblin. Instants and Intervals. In *Proceedings of the 1st Conference of the International Society for the Study of Time*, S. 324–331, 1972.

[Ham94] A. Hampapur. *Designing video data management systems*. Doktorarbeit, University of Michigan, 1994.

[Ham95] V. Hammer. *Sicherheitsinfrastrukturen - Gestaltungsvorschläge für Technik, Organisation und Recht*. Springer-Verlag, Berlin Heidelberg, 1995.

[Han98] M. Handley. SAP - Session Announcement Protocol, 1998. Work in Progress.

[Har89] L. Hardman. Evaluating the Usability of the Glasgow Online Hypertext. *Hypermedia*, 1(1):34–63, 1989.

[Har96] R. L. Harris. *Information graphics: a comprehensive illustrated reference*. Management Graphics, Atlanta, 1996.

[Has95] J. Hasebrook. *Multimedia-Psychologie*. Spektrum Akademischer Verlag, Heidelberg, Berlin, Oxford, 1995.

[Hat82] Hatada. Psychophysical experiments on a widefield display. Technical Report 276, NHK, Juli 1982.

[Haw93] M.J. Hawley. *Structure out of sound*. Doktorarbeit, MIT, Massachussetts, September 1993.

[HB90] J.F. Haddon und J.F. Boyce. Image segmentation by unifying region and boundary information. *IEEE Transactions on Pattern Analysis and Machine Intelligence*, PAMI-12(10):929–948, Oktober 1990.

[HBG98] H. Hohl, H.-D. Böcker und R. Gunzenhäuser. *Adaptive Hypertext and Hypermedia*, Kapitel Hypadapter: An Adaptive Hypertext System for Exploratory Learning and Programming. Kluwer Academic Publishers, 1998.

[HBP+93] R. D. Hill, T. Brinck, J. F. Patterson, S. L. Rohall und W. T. Wilner. The Rendezvous Language and Architecture. *Communications of the ACM*, 36(1):62–67, Januar 1993.

[HD90] R. G. Herrtwich und L. Delgrossi. ODA-based data modeling in multimedia systems. Technical Report Technical Report 90-043, International Computer Science Institute, Berkeley, 1990.

[Hee87] D.J. Heeger. Model for the extraction of image flow. *Journal Opt. Soc. Am.*, Am A4:1455–1471, 1987.

[Hee88] D.J. Heeger. Optical flow using spatiotemporal filters. *Int. Journal Comp. Vision*, 1:279–302, 1988.

[HEG98] F. Hartung, P. Eisert und B. Girod. Digital Watermarking of MPEG-4 Facial Animation Parameters. *Computers & Graphics (Special issue on "Data Security in Image Communication and Networks")*, 22(3), 1998.

[Hen75] R. Henn. *Deterministische Modelle für die Prozessorzuteilung in einer harten Realzeit-Umgebung*. Doktorarbeit, Dissertation am Fachbereich Mathematik der Technischen Universität München, 1975.

[Hen95] R.D. Henkel. Segmentation in scale space. In *6th Int. Conf. on Computer Analysis of Images and Pattern(CAIP)*, 1995.

[Her90] R. G. Herrtwich. Time Capsules: An Abstraction for Access to Continuous-Media Data. In *IEEE Real-Time Systems Symposium*, S. 11–20, Orlando, Florida, Dezember 1990.

[Her91] R. G. Herrtwich. Betriebsmittelvergabe unter Echtzeitgesichtspunkten. *Informatik-Spektrum*, Juni 1991.

[Her92] R. G. Herrtwich. An Architecture for Multimedia Data Stream Handling and its Implication for Multimedia Transport Service Interface. In *3 IEEE Workshop on Future Trends of Distributed Computing Systems*, Taipei, Taiwan, April 1992.

[Hes83] W. Hess. *Pitch detertmination of speech signals*. Springer-Verlag, Berlin, Heidelberg, 1983.

[HG97a] F. Hartung und B. Girod. Digital Watermarking of MPEG-2 Coded Video in the Bitstream Domain. In *Proceedings ICASSP 97, Volume 4*, number April, S. 2621–2624, Munich, Germany, 1997.

[HG97b] F. Hartung und B. Girod. Einbettung digitaler Wasserzeichen in MPEG-2 codierte Videosequenzen. In *Proceedings 7. Dortmunder Fernsehseminar*, Dortmund, Germany, Oktober 1997.

[HH89] R. G. Herrtwich und G. Hommel. *Kooperation und Konkurrenz*. Springer-Verlag, 1989.

[HH91] R. Händel und M. Huber. *Integrated Broadband Networks*. Addison-Wesley Publishing Company, Inc., 1991.

[HHN86] E.L. Hutchins, J.D. Hollan und D.A. Norman. *User-Centered System Design: New Perspectives in Human-Machine Interaction*, Kapitel Direct manipulation interfaces, S. 87–124. Hillsdale: Lawrence Erlbaum, 1986.

[HHS96] T. Hong, J.J. Hull und S. N. Srihari. A unified approach towards text recognition. In *IS&T/SPIE's Symposium on Electronic Imaging: Science & Technology*, San Jose, CA, Januar 1996.

[HJ98] M. Handley und V. Jacobson. *SDP*. ISI/LBNL, April 1998. Request for Comments: 2327.

[HJW94a] A. Hampapur, R. Jain und T. Weymouth. Digital video indexing in multimedia systems. In *Proceedings of the Workshop*

[HJW94b]   *on Indexing and Reuse in Multimedia Systems*. American Association of Artificial Intelligence, Aug. 1994.

[HJW94b] A. Hampapur, R. Jain und T. Weymouth. Digital video segmentation. *Proceedings of Second ACM International Conference on Multimedia*, S. 357–364, Oktober 1994.

[HJW95] A. Hampapur, R. Jain und T.E. Weymouth. Production model based digital video segmentation. *Multimedia Tools and Applications*, 1:9–46, März 1995.

[HKL+91] K. Harney, M. Keith, G. Lavelle, L. D. Ryan und D. J. Stark. The i750 Video Processor: A Total Multimedia Solution. *Communications of the ACM*, 34(4):64–78, April 1991.

[HL88] K. S. Hong und J. Y. T. Leung. On–Line Scheduling of Real-Time of Tasks. In *IEEE Real-Time Systems Symposium*, S. 244–258, Huntsville, Alabama, 1988.

[HL90] C. Hemrick und L. Lang. Introduction to Switched Multi-Megabit Data Services (SMDS), an Early Broadband Service. In *ISS 90*, Stockholm, Sweden, Juni 1990.

[HLG93] J. M. Hyman, A.A. Lazar und G.Pacifici. A Separation Principle between Scheduling and Admission Control for Broadband Switching. *IEEE JSAC*, 11(4):605–616, Mai 1993.

[HM91] M. Hayter und D. McAuley. The Desk Area Network. *ACM Operating Systems Review*, 25(4):14–21, Oktober 1991.

[Hoc87] J. Hochuli. Das Detail in der Typografie. *Compugraphic*, 1987.

[Hof91] M. Hoffman. *Benutzerunterstützung in Hypertextsystemen durch privated Kontexte*. Doktorarbeit, Naturwissenschaftliche Fakultät der Technischen Universität Carolo-Wilhelmina, Braunschweig, Germany, 1991.

[Hoh93] S. Hohoff. Produkthaftung, Urheberrecht, Datenschutz in Industrie und EDV. Technical report, Roentgen Software GmbH, Freiburg im Breisgau, 1993.

[Hol88] F. Holtz. *CD-ROM: Breakthrough in Information Storage*. TAB Books, Inc., 1988. ISBN 0–8306–1426–5.

[Hol97] W. Holfelder. Interactive remote recording and playback of multicast videoconferences. In *Proceedings of 4th International Workshop on Interactive Distributed Multimedia Systems and Telecommunication Services (IDMS 1997)*, September 1997.

[Hou88] H. S. Hou. A Fast Recursive Algorithm for Computing the Discrete Cosine Transform. *IEEE Trans. Acoust. Speech and Signal Processing*, ASSP–35(10):1455–1461, 1988.

[HR89] G. Rainer Hofmann und K. Reichenberger. Realismus als eine Kategorie technischer Bildqualität? In Manfred Paul, Hrsg., *Proceedings des 19. Jahrestages der GI, Bd I*, S. 486–496, Heidelberg, 1989. Springer.

[HR93] M. Hamdaoui und P. Ramanathan. Improved Non-Real-Time Communication in FDDI Networks with Real-Time Traffic. In *Proceedings of 18th Conference on Local Computer Networks*, S. 157–166, Minneapolis, Minnesota, September 1993.

[HS81] B. Horn und B. Schunck. Determining optical flow. *Artificial Intelligence*, 17:185–203, 1981.

[HS82] J. P. J. Heemskerk und K. A. Schouhamer Immink. Compact Disc: System Aspects and Modulation. *Philips Technical Review*, 40(6), August 1982.

[HS89] D. Haban und K. G. Shin. Application of Real-time Monitoring to Scheduling Tasks with Random Execution Times. In *IEEE-Real-Time Systems Symposium*, S. 172–180, Santa Monica, 1989.

[HS91] R. G. Herrtwich und R. Steinmetz. Towards Integrated Multimedia Systems: Why and How. *Informatik-Fachberichte*, 293:327–342, 1991. Springer-Verlag.

[HS92] R. M. Haralick und L. G. Shapiro. *Computer and Robot Vision*, volume 1. Addison-Wesley Publishing Company, Inc., 1992.

[HSA89] M. E. Hodges, R. M. Sasnett und M. S. Ackerman. Athena Muse: A Construction Set for Multimedia Applications. *IEEE Software*, S. 37–43, Januar 1989.

[HSF97] R. Housley, D. Solo und W. Ford. *509 Certificate and CRL Profile, Internet Public Key Infrstructure Part I*. IETF PKI Working Group (PXIX), Jan 1997.

[HSSR98] Handley, Schulzrinne, Schooler und Rosenberg. SIP: Session Initiation Protocol, 1998. MMUSIC WG, Internet Engineering Task Force, Internet Draft, Work in Progress.

[HT89] C. W. Mercer H. Tokuda. ARTS: A Distributed Real-Time Kernel. *ACM Press, Operating Systems Review*, 23(3):29–53, Juli 1989.

[HTM92] T. Hoshi, Y. Takahashi und K. Mori. An Integrated Multimedia Desktop Communication and Collaboration Platform for Broadband ISDN: The Broadband ISDN Group Tele-Working System. In *Proceedings of Multimedia'92*, S. 28–37, April 1992.

[HTV82] H. Hoeve, J. Timmermas und L. B. Vries. Error Correction and Concealment in the Compact Disc System. *Philips Technical Review*, 40(6), August 1982.

[Huf52] D. A. Huffman. A Method for the Construction of Minimum Redundancy Codes. In *Proceedings of IRE 40*, S. 1098–1101, September 1952.

[HVWW94] R. G. Herrtwich, C. Vogt, H. Wittig und L. Wolf. Resource Management for Distributed Multimedia Systems. Technical

	Report 43.9403, IBM European Networking Center, IBM Heidelberg, Heidelberg, Germany, 1994.
[HW94]	M. J. Handley und I. Wakeman. *CCCP: Conference Control Channel Protocol: A Scalable Base of Building Conference Control Applications*. Technical report, Department of Computer Science, University College London, London, England, März 1994.
[HYS88]	G. Hudson, H. Yasuda und I. Sebestyen. The International Standardization of a Still Picture Compression Technique. In *Proceedings of IEEE Global Telecommunications Conference*, S. 1016–1021, November 1988.
[IBM90]	Corporation IBM. *Audio Visual Connection User's Guide and Authoring Language Reference*. IBM Corporation, Version 1.05, IBM Form S15f-7134-02. Auflage, August 1990.
[IBM91]	Corporation IBM. *AIX Version 3.1: RISC System/6000 as a Real-Time System*. IBM International Technical Support Center, Austin, März 1991.
[IBM92]	Corporation IBM. *IBM Multimedia Presentation Manager Programming Reference and Propgramming Guide 1.0*. IBM Corporation, IBM Form: S41G-2919 und S41G-2920. Auflage, März 1992.
[IET94]	IETF. Minutes of the multipart multimedia session control working group (mmusic). Proceedings of 29th Internet Engineering Task Force, März 1994.
[IK97]	L. Issing und P. Klimsa, Hrsg. *Information und Lernen mit Multimedia*. Psychologie Verlags Union, Weinheim, 2. Auflage, 1997.
[Inc85]	Symbolics Inc. *S-Dynamics*. Symbolics, Inc., Cambridge, MA, 1985.
[Inc90]	Philips International B.V.Adobe Systems Incorporated. *Adobe Type 1 Format*. Adobe Systems Incorporated, 1990.
[Ins94]	European Telecommunications Standards Institute. *Digital Broadcasting Systems for Television; Implementation Guidelines for the Use of MPEG-2 Systems, Video and Audio in Satellite and Cable Broadcasting Applications*. ETSI, ETSI Technical Report 154. Auflage, November 1994.
[Ins95]	European Telecommunications Standards Institute. *Digital broadcasting systems for television, sound and data services; Framing, structure, channel coding and modulation for CATV cable and SMATV distribution*. ETSI, ETSI 300 473. Auflage, April 1995.
[ISO93a]	ISO. Information Technology – Coding of Moving Pictures and Associated Audio for Digital Storage Media up to about 1.5 Mbit/s, 1993. ISO IEC JTC1/SC29.

[ISO93b]   ISO. Information technology – coding of moving pictures and associated audio for digital storage media, test model 4. Draft, MPEG 93/255b, Februar 1993. ISO IEC JTC 1.

[ITUC85a] The International Telegraph International Telecommunication Union and Telephone Consultative Committee. Standardization of group 3 facsimile apparatus for document transmission. CCITT Recommendation T.4, Volume VII, Fascicle VII.3, Terminal Equipment and Protocols for Telematic Services, 1985.

[ITUC85b] The International Telegraph International Telecommunication Union and Telephone Consultative Committee. Standardization of group 3 facsimile apparatus for document transmission. CCITT Recommendation T.6, Volume VII, Fascicle VII.3, Terminal Equipment and Protocols for Telematic Services, 1985.

[ITUC90]   The International Telegraph International Telecommunication Union and Telephone Consultative Committee. Line Transmission on non-Telephone Signals: Video Codec for Audiovisual Services at p x 64 kbit/s. CCITT Recommendation H.261, 1990.

[Jäh97]   B. Jähne. *Digitale Bildverarbeitung*. Springer-Verlag, Berlin, 4. Auflage, 1997.

[Jai89]   A. K. Jain. *Fundamentals of Digital Image Processing*. Prentice Hall, Inc., Englewood Cliffs, New Jersey, 1989.

[Jef90]   K. Jeffay. Scheduling Sporadic Tasks with Shared Resources in Hard-Real-Time Systems. Technical Report TR90-039, University of North Carolina at Chapel Hill, Department of Computer Science, Chapel Hill, North Carolina, November 1990.

[JLW95]   J. M. Jot, V. Lachner und O. Warusfel. *Digital Signal Processing Issues in the Context of Binaural and Transaural Stereophony*. Audio Engineering Society, 1995. Reprint 3980.

[JMF93]   V. Jacobson, S. McCanne und S. Floyd. A Conferencing Architecture for Light-Weight Sessions. MICE Seminar Series, University College London, UK, 1993.

[JN84]   N. S. Jayant und Peter Noll. *Digital Coding of Waveforms*. Prentice-Hall, 1984.

[Joh92]   J. Johann. *Modulationsverfahren*. Springer-Verlag, 1992. Reihe Nachrichtentechnik.

[Joh95]   J.A. Johnson. A comparison of user interfaces for panning on a touch-controlled display. In *Proceedings CHI'95*, S. 218–225, 1995.

[JSP91]   K. Jeffay, D.L. Stone und D.E. Poirier. YARTOS: Kernel Support for Efficient, Predictable Real-Time Systems. In *Proceedings of IFAC, Workshop on Real-Time Programming*, Atlanta, Georgia, Mai 1991. Pergamon Press.

[Kam97] T. Kamps. *A Constructive Theory of Diagram Design and its Algorithmic Implementation*. Doktorarbeit, Dissertation am Fachbereich Informatik der TU-Darmstadt, Darmstadt, Germany, 1997.

[Kap95] V. Kaptelinin. A comparison of four navigation techniques in a 2d browsing task. In *Proceedings CHI'95*, S. 282–283, 1995.

[KDS95] M. Kleiner, B. Dalenbäck und P. Svenson. Auralization - an overview. *Journal of the Audio Engineering Society*, 41(11), 1995.

[KdVB97] W. Klas, A. de Vries und C. Breiteneder. *Multimedia Databases in Perspective*, Kapitel Current and Emerging Applications. Springer-Verlag, London, 1997.

[Ken95] G. S. Kendall. A 3-D sound primer: Directional hearing and stereo reproduction. *Computer Music*, 19(4), 1995.

[Ken97] J. Kenney. Intermediate traffic management. CSE Seminar at University of Illinois at Urban-Champaign, November 1997.

[Kes92] S. Keshav. Report on Workshop on QoS Issues in High-Speed Networks. *Computer Communication Review*, 22(5):74–85, Oktober 1992.

[KFC98] C. Kaplan, J. Fenwick und J. Chen. *Adaptive Hypertext and Hypermedia*, Kapitel Adaptive Hypertext Navigation Based On User Goals and Context . Kluwer Academic Publishers, 1998.

[KFK96] M. Kuhn, F. Findeiß und N. Klinnert. *Jugend und Neue Medien*, Kapitel Formen des Lernens am Computer. A-L-F Verlag, Nürnberg, 1996.

[KG89] A. Karmouch und N. D. Georganas. Multimedia Document Architecture and Database Design for Medical Applications. In *2 IEEE COMSOC International Multimedia Communications Workshop*, Montebello, Quebec, Canada, April 1989.

[KGTM90] P.H. Kao, W. A. Gates, B. A. Thompson und D. K. McCluskey. Support for the ISO 9669/HSG CD-ROM File System Standard in the HP-UX Operating System. *Hewlett-Packard Journal*, S. 54–59, Dezember 1990.

[KJ91] R. Kasturi und R. Jain, Hrsg. *Dynamic vision*. IEEE Computer Society Press, 1991.

[KJ97] M. Kutter und F. Jordan. Digital Signatures of Color Images using Amplitude Modulation. In *SPIE-EI97 Proceedings*, 1997.

[KJB96] K. Karu, A. K. Jain und R. M. Bolle. Is there any texture in the image? *Pattern Recognition*, 29(9):1437–1446, 1996.

[KKS96] V. Kashyap, K.Shah und A. Sheth. *Issues and Research Directions*, Kapitel Metadata for Building the Multimedia Patch Quilt MMDBMSs. Springer-Verlag, Berlin-Heidelberg, 1996.

[KL91] C. M. Krishna und Y. H. Lee. Real-Time Systems. *IEEE Computer*, S. 10–11, Mai 1991.

[KLC97] J. Kim, Y. Lho und K. Chung. An effective video block placement scheme on vod server based on multi-zone reocrding disks. In *In Proceedings of the International Conference on Multimedia Computing and Systems (ICMCS) 97*, S. 29–36, Ottawa, Juni 3-6 1997.

[Kle92] B. Klee. CD-ROM/WO also Kompatibles Publishing Medium. In *Proceedings of DGB-Online Tagung*, Frankfurt, Germany, April 1992.

[KMR93] H. Kanakia, P. P. Mishra und A. Reibman. An Adaptive Congestion Control Scheme for Real-Time Packet Video Transport. In *Proceedings of SIGCOMM '93*, Baltimore, MD, August 1993.

[KN97a] S. Narayan K. Nahrstedt, H. Chu. Qos-aware Resource Management for Distributed Multimedia Applications. Technical Report UIUCDCS-R-97-2030, CS, UIUC, Oktober 1997. Technical Report, accepted to IOS Journal on High-Speed Networking.

[KN97b] K. Kim und K. Nahrstedt. QoS Translation and Admission Control for MPEG Video. In *5th IFIP International Workshop on Quality of Service*, Mai 1997.

[KN98] S. Narayan K. Nahrstedt, H. Chu. Qos-aware Resource Management for Distributed Multimedia Applications. *accepted to IOS Journal on High-Speed Networking*, 1998. Technical Report, UIUCDCS-R-97-2030, CS Department, UIUC, Oktober 1997.

[Köh84] M. Köhlmann. *Rhythmic segmentation of sound signals and their application to the analysis of speech and music (Rhythmische Segmentierung von Schallsignalen und ihre Anwendung auf die Analyse von Sprache und Musik)*. Doktorarbeit, Technische Universität München, 1984. (in German).

[Kor97] J. Korst. Random duplicated assignment: An alternative to striping in video servers. In *In Proceedings of the 5th ACM International Multimedia Conference*, S. 219–226, Seattle, November 1997.

[Kos96] T. Koschmann. *CSCL: Theory and practice of an emerging paradigm*. Lawrence Erlbaum, Mahwah, NJ, 1996.

[KR82] A. C. Kak und A. Rosenfeld. *Digital Picture Processing*, volume 1. Academic Press, 2. Auflage, 1982.

[KR95] T. Kamps und K. Reichenberger. *Designing Interfaces for Hypermedia*, Kapitel A Dialogue Approach to Graphical Information Access, S. 141–155. Springer-Verlag, Berlin, 1995.

[Kra88] S. Krakowiak. *Principles of Operating Systems*. MIT Press, Cambridge, 1988.

[KS95] S. Keshav und H. Saran. Semantics and Implementation of a Native-Mode ATM Protocol Stack. Internal technical memo, AT&T Bell Laboratories, Murray Hill, NJ, Januar 1995.

[KSN+87] S. Komatsu, T. Sampel, T. Nishihara, T. Furuuya und Y. Yamada. The Multimedia CD-ROM System for Educational Use. *IEEE Transactions on Consumer Electronics*, 33(4):531–539, November 1987.

[Kuc87] T. Kuchenbuch. *Filmanalyse*. Prometh Verlag, Köln, 1987.

[Kur94] R. Kuron. Prototypische Implementierung eines wissensbasierten Systems zur Unterstützung der Dokumentgestaltung. In *FOGRA Forschungsbericht Nr. 64.004*, München, 1994.

[KVL97] R. Krishnan, D. Venkatesh und T. D. C. Little. A failure and overload tolerance mechanism for continuous media servers. In *Proceedings of the ACM MM 97 Conference*, S. 131–142. ACM, 1997.

[KVMW98] T. Kunkelmann, H. Vogler, M.L. Moschgath und L. Wolf. Scalable Security Mechanisms in Transport Systems for Enhanced Multimedia Services. In *Proc. 3 European Conference on Multimedia Applications, Services and Techniques (ECMAST'98)*, Berlin, Germany, 1998.

[KW93] B. Klauer und K. Waldschmidt. An Object-Oriented Character Recognition Engine. In *Proceedings of European Informatik Congress, Euro-ARCH'93*. Springer-Verlag, Oktober 1993.

[KYO96] J. Kamada, M. Yuhara und E. Ono. User-level Realtime Scheduler Exploiting Kernel-level Fixed Priority Scheduler. Technical report, Toshiba, Inc., Tokyo, Japan, Juni 1996.

[KZ95] E. Koch und J. Zhao. Towards Robust and Hidden Image Copyright Labeling. In *Proceedings of 1995 IEEE Workshop on nonlinear signal and image processing*, S. 452–455, Neos Marmaras, Halkidiki, Greece, Juni 20-22 1995.

[Lab93] Bellcore Information Networking Research Laboratory. The Touring Machine System. *Communications of the ACM*, 36(1):68–77, Januar 1993.

[Lan84] G. Langdon. An Introduction to Arithmetic Coding. *IBM Journal of Research and Development*, 28:135–149, März 1984.

[Lau94] M. Laubach. *1577 Classical IP and ARP over ATM*, Januar 1994. PROPOSED STANDARD.

[LBH+90] W. H. Leung, T. J. Baumgartner, Y. H. Hwang, M. J. Morgan und S. C. Tu. A Software Architecture for Workstation Supporting Multimedia Conferencing in Packet Switching Networks. *IEEE JSAC*, 8(3):380–390, April 1990.

[LCP90] S. Lee, S. Chung und R. Park. A comparative performance study of several global thresholding techniques for segmen-

[LD87] L. F. Ludwig und D. F. Dunn. Laboratory for Emulation and Study of Integrated and Coordinated Media Communication. In *Frontier in Computer Technology, Proceedings of the ACM SIGCOMM '87*, August 1987.

[Le 91] D. Le Gall. MPEG: A Video Compression Standard for Multimedia Applications. *Communications of the ACM*, 34(4):46–58, April 1991.

[LE91] B. Lamparter und W. Effelsberg. X-MOVIE: Transmission and Presentation of Digital Movies under X. In *Proceedings of 2 International Workshop on Network and Operating System Support for Digital Audio and Video*, S. 18–19, Heidelberg, Germany, November 1991.

[Lee84] B. G. Lee. A New Algorithm to Compute the Discrete Cosine Transform. *IEEE Transactions on Acoustic Speech and Signal Processing*, ASSP–32(6):1243–1245, Dezember 1984.

[Lee90] E. A. Lee. Programmable DSPs: A Brief Overview. *IEEE Micro*, 10(5):14–16, Oktober 1990.

[LEJ98] R. Lienhart, W. Effelsberg und R. Jain. Towards a visual grep: A systematic analysis of various methods to compare video sequences. In K. Sethi und Ramesh C. Jain, Hrsg., *Storage and Retrieval for Image and Video Databases VI, Proc. SPIE 3312*, S. 271–282, 1998.

[LEM92] B. Lamparter, W. Effelsberg und N. Michl. MTP: A Movie Transmission Protocol for Multimedia Applications. In *Proceedings of the 4th IEEE ComSoc International Workshop on Multimedia Communications*, S. 260–270, Monterey, CA, April 1992.

[Leu93] O. Leu. *Kleine Stilkunde der Typographie*. Bruckmann, München, 1993.

[LF91] E. N. Linzer und E. Feig. New DCT and Scaled DCT Algorithms for Fused Multiply/Add Architectures. In *Proceedings of IEEE ICASSP*, S. 2201–2204, Toronto, Canada, Mai 1991.

[LG90] T.D.C. Little und A. Ghafoor. Synchronization and storage models for multimedia objects. *IEEE J. on Selected Areas in Comm*, 8(3):413–427, 1990.

[LG91] T. D. C. Little und A. Ghafoor. Spatio-temporal Composition of Distributed Multimedia Objects for Value Added Networks. *IEEE Computer*, 24:42–50, Oktober 1991.

[LG92] T.D.C. Little und A. Ghafoor. Scheduling of bandwidth constrained multimedia traffic. *Computer Communications*, 15(6):381–387, 1992.

[LGKP94] P. M. Chen and E. K. Lee, E. A. Gibson, R. H. Katz und D. A. Patterson. Raid: High-performance, reliable secondary storage. *ACM Computing Surveys*, 26(2):145–185, Juni 1994.

[Lic51] J. Licklider. Basic Correlates of the Auditory Stimulus. In S. S. Stevens, Hrsg., *Handbook of Experimental Psychology*. Wiley, 1951.

[Lio91] Ming Liou. An overview of the px64 kbit/s video coding standard. *Communications of the ACM*, 34(4):59–63, April 1991.

[Lip91] A. Lippman. Feature sets for interactive images. *Communications of the ACM*, 34(4):92–101, April 1991.

[Lit91] T. D. C. Little. *Synchronization for Distributed Multimedia Database Systems*. Doktorarbeit, Syracuse University, August 1991.

[Lit92] T. D. C. Little. Protocols for Bandwidth-constrained Multimedia-traffic. In *Proceedings of the 4th IEEE ComSoc International Workshop on Multimedia Communications*, S. 150–159, April 1992.

[Lit93] T. D. C. Little. A Framework for Synchronous Delivery of Time-Dependent Multimedia Data. *Multimedia Systems*, 1(2):87–94, 1993.

[LK81] B. Lucas und T. Kanade. An iterative image registration technique with an application to stereo vision. In *DARPA IU Workshop*, S. 121–130, 1981.

[LK91] E. K. Lee und R. H. Katz. Performance consequences of parity placement in disk arrays. In *In Proceedings of the 4th International Conference on Architectural Support for Programming Languages and Operating Systems (ASPLOS-IV)*, S. 190–199, New York, 1991. IEEE.

[LKG94] L. Li, A. Karmouch und N. Georganas. Multimedia Teleorchestra with Independent Sources: Part 1 - Temporal Modeling of Collaborative Multimedia Scenarios. *Multimedia Systems*, 1(4):143–153, 1994.

[LL73] C. L. Liu und J. W. Layland. Scheduling Algorithms for Multiprogramming in a Hard Real-Time Environment. *Journal of the ACM*, 20(1):46–61, Januar 1973.

[LL89] W. F. Leung und G. W. R. Luderer. The Network Operating System Concept for Future Services. *AT&T Technical Journal*, 68(2):23–35, April 1989.

[LLG98] P. W. K. Lie, J. C. S. Lui und L. Golubchik. Threshold-based dynamic replication in large-scale video-on-demand systems. In *Proceedings of RIDE 98*, 1998.

[LLKG93] L. Li, L. Lamont, A. Karmouch und N. Georganas. A Distributed Synchronization Control Scheme in a Group-oriented Conferencing Systems. In *Proceedings of the 2 International*

[LLN87]   *Conference on Broadband Islands*, Athens, Greece, Juni 1993.

[LLN87] J. W. S. Liu, K.-J. Lin und S. Naturajan. Scheduling Real-Time, Periodic Jobs Using Imprecise Results. In *IEEE Real-Time Systems Symposium*, S. 252–260, San Jose, CA, 1987.

[LLSY91] J. W. S. Liu, K.-J. Lin, W.-K. Shin und A. C. Yu. Algorithms for Scheduling Imprecise Computations. *IEEE Computer*, S. 58–68, Mai 1991.

[LM80] J. Y. T Leung und M. L. Merrill. A Note on Preemptive Scheduling of Periodic Real-Time Tasks. *Information Processing Letters*, 11(3):115–118, November 1980.

[LM90] V. Y. Lum und K. Meyer–Wegener. An Architecture for a Multimedia Database Management System Supporting Content Search. In *Proceedings of Conference on Computing and Information*, Niagara Falls, Ontario, Canada, Mai 1990.

[LMY88] A. Leger, J. Mitchell und Y. Yamazaki. Still picture compression algorithm evaluated for international standardization. In *Proceedings of IEEE Global Telecommunications Conference*, S. 1028–1032, November 1988.

[LNH+97] J. Liu, K. Nahrstedt, D. Hull, S. Chen und B. Li. EPIQ QoS Characterization. ARPA Report, Quorum Meeting, Juli 1997, 1997.

[LÖD96] J. Z. Li, M. T. Özsu und D. Szafron. Spatial reasoning rules in multimedia management system. In *Proceedings of International Conference on Multimedia Modelling*, S. 119–133, Toulouse, France, November 1996.

[LOP94] A. Laursen, J. Olkin und M. Porter. Providing consumer based interactive access to multimedia data. In *Proc. ACM SIGMOD*, S. 470–477. Minneapolis, Mai 1994.

[LÖSO97] J. Z. Li, M. T. Özsu, D. Szafron und V. Oria. MOQL: A Multimedia Object Query Language. In *Proceedings of Third International Workshop on Multimedia Information Systems*, Como, Italy, September 1997.

[LOW91] A. Leger, T. Omachi und G. K. Wallace. JPEG Still Picture Compression Algorithm. *Optical Engineering*, 30(7):947–954, Juli 1991.

[Loy85] C. Loy. Musicians Make a Standard: The MIDI Phenomenon . *Computer Music Journal*, 9(4), 1985.

[LP96] John C. Lin und Sanjoy Paul. RMTP: a reliable multicast transport protocol. In *Proceedings of the Conference on Computer Communications (IEEE Infocom)*, San Fransisco, California, Mar 1996.

[LPC90] L. Ludwig, N. Pincever und M. Cohen. Extending the Notion of a Window System to Audio. *IEEE Computer*, 23(8):66–72, August 1990.

[LPE97] R. Lienhart, S. Pfeiffer und W. Effelsberg. Video abstracting. *Communications of the ACM*, 40(12):55–62, 1997.

[LR86] S. Lambert und S. Roplequet. *CD-ROM: The New Papyrus*. Redmond WA: Microsoft Press, 1986.

[LR95] M. Löhr und T.C. Rakow. Audio support for an object-oriented database management system. *Multimedia Systems*, 3, 1995. Special Issue on MMDBMSs.

[LRM96] Ch. Lee, R. Rajkumar und C. Mercer. Experiences with processor reservation and dynamic qos in real-time mach. In *IEEE Multimedia Systems '96*, Hiroshima, Japan, Juni 1996.

[LS86] J. P. Lehoczky und L. Sha. Performance of Real-Time Bus Scheduling Algorithms. *ACM Performance Evaluation Review*, 14(1):44–53, Mai 1986.

[LS93] P. Lougher und D. Shepherd. The design of a storage service for continuous media. *Computer Journal*, 36(1):32–42, 1993.

[LS96] R. Lienhart und F. Stuber. Automatic text recognition in digital videos. In *Image and Video Processing IV, Proc. SPIE 2666-20*, 1996.

[LSST91] J. P. Lehoczky, L. Sha, J. K. Strosnider und H. Tokuda. Fixed Priority Scheduling Theory for Hard Real-Time Systems. In *Foundations of Real-Time Computing, Scheduling and Resource Management*, S. 1–30. Kluwer Academic Publishers, Norwell, 1991.

[Luc84] B.D. Lucas. *Generalized Image Matching by the Method of Differences*. Doktorarbeit, Dept. of computer science, Carnegie-Mellon University, 1984.

[Lut91] A. C. Luther. *Digital Video in the PC Environment*. Intertext Publications McGraw-Hill Publishing Company, Inc., New York, 1991.

[Lut94] A. C. Luther. *Authoring Interactive Multimedia*. Academic Press, 1994.

[LW82] J. Y. T. Leung und J. Whitehead. On the Complexity of Fixed-Priority Scheduling of Periodic Real-Time Tasks. *Performance Evaluation (Netherland)*, 2(4):237–350, 1982.

[LWT94] C. J. Lindblad, D. J. Wetherall und D. L. Tennenhouse. The VuSystem: A Programming System for Visual Processing of Digital Video. In *Proceedings of Second ACM International Conference on Multimedia*, S. 307–314, Anaheim, CA, Oktober 1994.

[LZ77] A. Lempel und J. Ziv. A universal algorithm for sequential data compression. Mai 1977.

[Mam93] R. J. Mammone, Hrsg. *Artificial Neural Networks for Speech and Vision*. Chapman & Hall, London, New York, 1993.

[Mar91] B.D. Markey. Emerging Hypermedia Standards – Hypermedia Market Place Prepares for HyTime and MHEG. In *Proceedings of the USENIX Conference about Multimedia - For Now and The Future, S. 59–74, Juni 1991.

[Mas87] Y. Masunaga. Multimedia databases: A formal framework. In *Proc. IEEE CS Office Automation Symp.*, S. 36–45, Los Alamitos, CA, April 1987. IEEE Computer Society Press.

[MB94] M. Macedonia und D. Brutzman. MBONE, the Multicast Backbone. *IEEE Computer*, 27(4):30–36, April 1994.

[ME97] M. Müller und A. Everts. Interactive image retrieval by means of abductive inference. In *Proceedings of the 5th Conference: Computer-Assisted Information Searching on Internet (RIAO 1997)*, S. 450–466, Montreal, Canada: McGill University, Juni 25-27 1997.

[Mei83] B. Meier. BRIM. Technical report, Computer Graphics Group, Computer Science Department, Brown University, Providence, RI, 1983.

[Mel94] L. Melatti. Fast Ethernet: 100 Mbit/s Made Easy. *Data Communications*, S. 111–113, November 1994.

[MES93] Thomas Meyer, Wolfgang Effelsberg und Ralf Steinmetz. A Taxonomy on Multimedia Synchronization. In *4th IEEE Workshop on Future Trends of Distributed Computing Systems, Lisboa, Portugal*, S. 97–103, September 1993.

[Mey91] K. Meyer-Wegener. *Multimedia Datenbanken*. B. G. Teubner, Stuttgart, 1991.

[Mey97] B. Meyer. *Object-oriented software construction*. Prentice Hall, 2. Auflage, 1997.

[MG94] J. Meyer und F. Gadegast. Sicherheitsmechanismen für Multimediadaten am Beispiel MPEG-1 Video. Technical report, TU Berlin, 1994.

[MGC82] J. P. Sinjou M. G. Carasso, J. B. H. Peek. The Compact Disc Audio System. *Philips Technical Review*, 40(6), August 1982.

[MHE93] MHEG. *Information Technology – Coded Representation of Multimedia and Hypermedia Information (MHEG), Part 1: Base notation (ASN.1)*. Committee draft ISO/IEC CD 13522-1, Juni 1993. ISO/IEC JTC1/SC29/WG12.

[MHS97] G. Mark, J. Haake und N. Streitz. Hypermedia use in group work: Changing the product, process and strategy. *Computer Supported Cooperative Work: The Journal of Collaborative Computing*, 6:327–368, 1997.

[Mic91] Corporation Microsoft. *Microsoft Windows Multimedia Authoring and Tools Guide*. Microsoft Press, 1991.

[Mil91] D.L. Mills. Internet Time Synchronization. *IEEE Transactions on Communications*, 38(10):1482–1493, Oktober 1991.

[Mil93] David M. Mills. Precision Synchronization of Computer Network Clocks. *ACM Computer Communication Review*, 24(2):28–43, April 1993.

[MJV96] S. McCanne, V. Jacobson und M. Vetterli. Receiver-driven layered multicast. In *SIGCOMM Symposium on Communications Architectures and Protocols*, S. 117–130, Palo Alto, California, Aug 1996.

[MK93] S. Mirchandi und R. Khana. *FDDI Technology and Applications*. John Wiley & Sons, Inc., 1993.

[MKK95] F. Moser, A. Kraiss und W. Klas. L/MRP: A Buffer Management Strategy for Interactive Continuous Data Flows in a Multimedia Database Management System. In *Proc. of the VLDB 1995*, S. 275–286, Zurich, Switzerland, 1995.

[MMZ95] K. Mai, J. Miller und R. Zabih. A feature-based algorithm for detecting and classifying scene breaks. In *Proceedings of Third ACM International Conference on Multimedia*, S. 189–200, San Francisco, CA, November 1995.

[MNO+96] C. Martin, P. S. Narayanan, B. Ozden, R. Rastogi und A. Silberschatz. The Fellini Multimedia Storage Server. In [Chu96], 1996.

[Moo87] J.A. Moore. About this reverberation business. S. 605–639, 1987.

[Moo90] D. J. Moore. Multimedia Presentation Development using the Audio Visual Connection. *IBM Systems Journal*, 29(4):494–508, 1990.

[Moy93] J. Moy. Multicast Routing Extensions for OSPF. In *Proceedings of INET 93*, San Francisco, CA, August 1993.

[Moy94] J. Moy. *1584 Multicast Extensions to OSPF*, März 1994. Status: PROPOSED STANDARD.

[Moy97] J. Moy. *2178 OSPF Version 2*, Juli 1997. Status: DRAFT STANDARD.

[MP91] J. L. Mitchell und W. B. Pennebaker. Evolving JPEG Color Data Compression Standard. In M. Nier und M. E. Courtot, Hrsg., *Standards for Electronic Imaging Systems*, volume CR37, S. 68–97. SPIE, 1991.

[MR93] P. Martini und M. Rumekasten. MAN/WAN Integration – the ATM-to-DQDB Case. In *Proceedings of 18th Conference on Local Computer Networks*, S. 102–109, Minneapolis, Minnesota, September 1993.

[MR94] M. Mülhäuser und T. Rüdebusch. Context Embedding and Reuse in Cooperative-Software Development. In Jose L. Encarnacao, James D. Foley und Ralf Guido Herrtwich, Hrsg., *Perspectives of Multimedia Systems*, Juli 1994. Position Papers of the Dagstuhl Multimedia Seminar.

[MR97] U. Marder und G. Robbert. The KANGAROO Project. In *Proc. 3 Int. Workshop on Multimedia Information Systems*, S. 54–57, Como, Italy, 1997.

[MS95] T.B. Maples und G.A. Spanos. Performance Study of a Selective Encryption Scheme for the Security of Networked Realtime Video. In *Proc. 4th International Conference on Computer and Communications*, Las Vegas, NV, 1995.

[MS96] S. Marcus und V.S. Subrahmanian. *MMDBMSs, Issues and Research Directions*, Kapitel Towards a Theory of MMDBMSs MMDBMSs. Springer-Verlag, Berlin-Heidelberg, 1996.

[MS97a] Q. Ma und P. Steenkiste. Quality of service routing for traffic with performance guarantees. In *Proceedings of 5th IFIP IWQoS'97*, New York, NY, Mai 1997.

[MS97b] S. McCanne und B. Smith. Toward a common infrastructure for multimedia-networking middleware. In *Proceedings of NOSSDAV 97*, 1997.

[MSK+89] M. Muehlhäuser, A. Schill, J. Kienhöfer, H. Frank und L. Heuser. Software Engineering Environment for Distributed Applications. In *15th EUROMICRO Symposium on Microprocessing and Microprogramming*, S. 327–331, September 1989.

[MSS92] A. Mauthe, W. Schultz und R. Steinmetz. Inside the Heidelberg Multimedia Operating System Support: Real-Time Processing of Continuous Media in OS/2. Technical Report 43.9214, IBM European Networking Center, IBM Heidelberg, Germany, 1992.

[MT90] C. W. Mercer und H. Tokuda. The ARTS Real-Time Object Model. In *IEEE Real-Time System Symposium*, S. 2–10, Lake Buena Vista, Florida, 1990.

[MT94] C. W. Mercer und S. Savage H. Tokuda. Processor Capacity Reserves: Operating System Support for Multimedia Applications. In *IEEE International Conference on Multimedia Computing and Systems*, Mai 1994.

[MTA+89] W. E. Mackay, W. Treese, D. Applebaum, B. Gardner, B. Michon, E. Schlusselberg und D. Davis. Pygmalion: An Experiment in Multimedia Communication. In *Proceedings of SIGGRAPH '89*, Boston, MA, Juli 1989.

[Mue89a] M. Muehlhäuser. Issues of Integrated Authoring / Learning Envirnments. Technical report, Fachbereich Informatik, Uni Kaiserslautern, Kaiserslauten, Germany, 1989.

[Mue89b] M. Muehlhäuser. Requirements and Concepts for Networked Multimedia Courseware Engineering. In *International Conference on Computer Aided Learning 89*, Dallas, Texas, 1989.

[Mus90] H. G. Musmann. The ISO audio coding standard. In *IEEE Globecom 90*, S. 511–517, San Diego, CA, Dezember 1990.

[Mye90] B. Myers. All the widgets. *ACM SIGGRAPH Video Review*, 57, 1990.

[MZ93] N. Malcolm und W. Zhao. Guaranteeing Synchronous Messages with Arbitrary Deadline Constraints in an FDDI Network. In *Proceedings of 18th Conference on Local Computer Networks*, S. 186–195, Minneapolis, Minnesota, September 1993.

[Nag83] H.H. Nagel. Displacement vectors derived from second-order intensity variations in image sequences. *CGIP*, 21:85–117, 1983.

[Nag89] H.H. Nagel. On a constraint equation for the estimation of displacement rates in image sequences. *IEEE Transactions PAMI*, 11:13–30, 1989.

[Nar96] A. Narasimhalu. Multimedia databases. *Multimedia Systems*, 5(4):226–249, Oct 1996.

[NBH88] R. M. Newman, Z. L. Budrikis und J. L. Hullet. The DQDB MAN. *IEEE Communication Magazine*, 26(4):20–28, April 1988.

[Neh84] J. Nehmer. SysteMärzitektur von Realzeitsystemen. *Informatik Spektrum*, Juli 1984.

[Nev82] R. Nevatia. *Machine Perception*. Prentice-Hall, Inc., Englewood Cliffs, NJ, 1982.

[NH88] A. N. Netravali und B. G. Haskell. *Digital Pictures: Representation and Compression*. Plenum Press, New York, 1988.

[NHK96a] K. Nahrstedt, A. Hossain und S. Kang. A Probe-based Algorithm for QoS Specification and Adaptation. In *Proceedings of 4th IFIP Workshop on Quality of Service*, S. 89–100, Paris, France, März 1996.

[NHK96b] K. Nahrstedt, A. Hossain und S. Kang. A Probe-based Algorithm for QoS Specification and Adaptation. In *Proceedings of 4th IFIP Workshop on Quality of Service*, S. 89–100, Paris, France, März 1996.

[Nic90] C. Nicolau. An Architecture for Real-Time Multimedia Communication Systems. *IEEE JSAC*, 8:391–400, April 1990.

[Nie90a] J. Nielsen. The Art of Navigating through Hypertext. *Communications of the ACM*, 33(3):298–310, 1990.

[Nie90b] J. Nielsen. *Hypertext and Hypermedia*. Academic Press, 1990.

[NL97] J. Nieh und J. Lam. Smart UNIX SVR4 support for Multimedia Applications. In *Proceedings of the International Conference on Multimedia Computing and Systems*, Ottawa, Canada, 1997.

[NP78] N. J. Narasinha und A. M. Peterson. On the Computation of the Discrete Cosine Transform. *IEEE Trans. Communications*, COM-26(6):966–968, Oktober 1978.

[NS92] K. Nahrstedt und J. M. Smith. Integrated Multimedia Architecture for High-Speed Networks. In *Proceedings of Multimedia '92*, Monterey, CA, April 1992.

[NS95] K. Nahrstedt und J. M. Smith. The QoS Broker. *IEEE Multimedia*, 2(1):53–67, Spring 1995.

[NS96] K. Nahrstedt und J. M. Smith. Design, Implementation and Experiences of the OMEGA End-Point Architecture. *IEEE JSAC, Special Issue on Distributed Multimedia Systems and Technology*, 14(7):1263–1279, September 1996.

[NT91] A. Nagasaka und Y. Tanaka. Automatic video indexing and full-video search for object appearances. In *Proc. 2 working conference visual database systems*, S. 119–133, 1991.

[NV92] R. Nagarajan und C. Vogt. Guaranteed-Performance Transport of Multimedia Traffic over the Token Ring. Technical Report 43.9201, IBM European Networking Center, IBM Heidelberg, Germany, 1992.

[Nyk97] O. Nykänen. Work in Progress: User modeling in WWW with prerequisite graph model in Adaptive Systems and User Modeling on the World Wide Web. In *Workshop Proceedings, 6th International Conference on User Modeling*, Cagliari, Italien, Juni 1997.

[O'86] D. O'Shaughnessy. Speaker Recognition. *IEEE ASSP Magazine*, 3(4):4–17, Oktober 1986.

[OC89] S. Oberlin und J. Cox, Hrsg. *Microsoft CD-ROM Yearbook 1989–1990*. Microsoft Press, 1989.

[OD89] J. Ousterhout und F. Douglis. Beating the I/O Bottleneck: A case for Log-Structured File Systems. *Operating Systems Review*, 23(1):11–28, 1989.

[OF93] S. O'Shea und J. Finucane. Reactive DQDB. In *Proceedings of 18th Conference on Local Computer Networks*, Minneapolis, Minnesota, September 1993.

[ÖHK96] G. Özsoyoglu, V. Hakkoymaz und J. D. Kraft. Automating the assembly of presentations from multimedia databases. In *Proc. 12th IEEE Int. Conf. on Data Engineering*, S. 593–601, New Orleans, Lo, USA, 1996.

[ÖIS+97] M. T. Özsu, P. Iglinski, D. Szafron, S. El-Medani und M. Junghanns. An Object-Oriented SGML/HYTIME Compliant Multimedia Database Management System. In *Fifth ACM International Multimedia Conference (ACM Multimedia 1997*, S. 239–249, Seattle, WA, November 1997.

[OMA97] R. Ohbuchi, H. Masuda und M. Aono. Embedding Data in 3D Models. In *Interactive Distributed Multimedia Systems and Telecommunication Services, 4th International Work-*

[OMS+92]   *shop, IDMS'97*, Darmstadt, 1997. Springer-Verlag, Berlin-Heidelberg.

[OMS+92]   T. Ohmori, K. Maeno, S. Sakata, H. Fukuoka und K. Watabe. Distributed Cooperative Control for Application Sharing Based on Multiparty and Multimedia Desktop Conferencing System: MERMAID. In *Proceedings of Multimedia '92*, S. 112–131, April 1992.

[OO91]   M. Ohta und S. Ono. Super high definition image communication - application and technologies. In *Fourth Intl. Workshop on HDTV and Beyond*, September 1991.

[OÖL+95]   V. Oria, M.T. Özsu, L. Liu, X. Li, J.Z. Li, Y. Niu und P. Iglinski. Modelling Images for Content-Based Queries: The DISIMA Approach. In *Second International Conference on Visual Information Systems*, San Diego, CA, Dezember 1995.

[Org86]   International Standard Organization. *Information Processing – Standard Generalized Markup Language*. ISO, Genf, 1986.

[Org88]   International Standardization Organisation. *Information Processing Systems - Open Systems Interconnection - The Directory: Overview of Concepts, Models and Service*, 1988. ISO/IEC JTC 1/SC21, International Standard 9594-1.

[Org92]   International Standard Organization. *Hypermedia/Time-based Document Structuring Language (HyTime)*. ISO/IEC, IS10744. Auflage, 1992.

[Org93]   International Standards Organization. Information technology – digital compression and coding of continuous-tone still images. International Standard ISO/IEC IS 10918, 1993. ISO IEC JTC 1.

[Org96a]   International Standards Organization. Information technology- generic coding of moving pictures and associated audio information (mpeg2). International Standard ISO/IEC IS 13818, 1996. ISO IEC 1.

[Org96b]   International Standards Organization. Information technology- generic coding of moving pictures and associated audio information (mpeg2), part2: Video. International Standard ISO/IEC IS 13818, 1996. ISO IEC 1.

[Org97]   International Standard Organization. *Information Technology - Computer Graphics and Image Processing - Virtual Reality Modeling Language (VRML)*. ISO/IEC, Geneva, 1997. ISO 14772.

[ÖRS96]   B. Özden, R. Rastogi und A. Silberschatz. *Multimedia Information Storage and Management*, Kapitel Buffer Replacement Algorithms for Multimedia Databases, S. 162–182. Kluwer Academic Publishers, 1996.

[O'S90]   D. O'Shaughnessy. *Speech Communication*. Addison-Wesley Publishing Company, Inc., Reading Massachusetts, 1990.

[OT93] K. Otsuji und Y. Tonomura. Projection detection filter for video cut detection. In *Proceedings of ACM Multimedia 93 (Anaheim, CA, USA, August 1-6, 1993)*, S. 251–257. ACM, New York, 1993.

[OW98] T. Oberle und M. Wessner. *Der Nürnberger Trichter - Computer machen Lernen leicht!?* . Leuchtturm, Alsbach/Bergstraße, 1998.

[PA91] A. Puri und R. Aravind. Motion compensated video coding with adaptive perceptual quantization. *IEEE Trans. on Circuits and Systems for Video Technology*, 1:351, Dezember 1991.

[PAK98] F.A.P. Petitcolas, R. J. Anderson und M. G. Kuhn. Attacks on copyright marking systems. In *Second Workshop on Information Hiding*, Portland, Oregon, USA, 14-17 April 1998.

[Pal81] S. E. Palmer. *Computing and categorization* , Kapitel Aspects of Representation, S. 259–303. Hillsdale, New York: Earlbaum, 1981.

[Par87] Parallax Graphics. *The Parallax 1280 Series Videographics Processor*, 1987.

[Par94a] C. Partridge. *Gigabit Networking*. Addison-Wesley Publishing Company, Inc., 1994.

[Par94b] C. Partridge. *Gigabit Networking*. Addison-Wesley Publishing Company, Inc., 1994.

[PB97] L. Pesin und P. Brusilovsky. SQL Web-Tutor in Adaptive Systems and User Modeling on the World Wide Web. In *Workshop Proceedings, 6th International Conference on User Modeling*, Cagliari, Italien, Juni 1997.

[PCS95] C. Plaisant, D. Carr und B. Shneiderman. Image browser taxonomy and guidelines for designers. *IEEE Software*, S. 21–31, März 1995.

[Per97] J. Perl, Hrsg. *Informatik im Sport*. Verlag Karl Hofmann, Schorndorf, 1997.

[Pet96] H. Peterson. *Digitale Signaturverfahren auf der Basis des diskreten Logarithmusproblems und ihre Anwendung*. Berichte aus der Informatik, Shaker Verlag, Aachen, 1996.

[PFE96] S. Pfeiffer, S. Fischer und W. Effelsberg. Automatic audio content analysis. *Proceedings of Fourth ACM International Conference on Multimedia*, S. 21–30, November 1996.

[Pfi96] B. Pfitzmann. Information Hiding Terminilogy. In *Proc. of Information Hiding, First International Workshop*, Cambridge, U.K, 1996.

[PGK88] D. A. Patterson, G. Gibson und R. H. Katz. A Case for Redundant Arrays of Inexpensive Disks (RAID). In *Proceedings of the 1988 ACM Conference on Management of Data (SIGMOD)*, S. 109–116, Chicago, IL, Juni 1988.

[PGKK88]   J. B. Postel, G. G.Finn, A. R. Katz und J. K.Reynolds. An experimental multimedia mail system. *ACM Transactions on Office Information Systems*, 6(1):63–81, Januar 1988.

[Phi73]   Phillips. Laser vision. *Phillips Technical Review*, 33:187–193, 1973.

[Phi82]   Phillips und Sony Corporation. *System Description Compact Disc Digital Audio*, 1982. Red Book.

[Phi85]   Phillips und Sony Corporation. *System Description Compact Disc Read Only Memory*, 1985. Yellow Book.

[Phi88]   Phillips und Sony Corporation. *CD-I Full Functional Specification*, 1988. Green Book.

[Phi89]   Phillips und Sony Corporation. *System Description CD-ROM/XA*, 1989.

[Phi91]   Phillips und Sony Corporation. *System Description Recordable Compact Disc Systems*, 1991. Orange Book.

[PHR97]   A. Perrig, A. Herrigel und J. Ruanaidh. Copyright Protection Environment for Digital Images. *Verläßliche IT-Systeme: Zwischen Key Escrow und elektronischem Geld, DuD Fachbeiträge, Vieweg-Verlag*, S. 1–16, 1997.

[Pic96]   R. W. Picard. A society of models for video and image libraries. Technical Report 360, MIT Media Lab Perceptual Computing Section, 1996.

[PIM97]   *2117 Protocol Independent Multicast-Sparse Mode (PIM-SM): Protocol Specification*, Juni 1997. Status: EXPERIMENTAL.

[Pit96]   I. Pitas. A Method for Signature casting on Digital Images. In *Proc. of the IEEE Int. Conf. on Image Processing, ICIP-96*, Lausanne, Switzerland, 1996.

[PL90]   T. Pavlidis und Y.-T. Liow. Integrating region growing and edge detection. *IEEE Transactions on Pattern Analysis and Machine Intelligence*, PAMI-12(3):225–233, März 1990.

[Plu82]   D.C. Plummer. *0826 Ethernet Address Resolution Protocol: Or converting network protocol addresses to 48.bit Ethernet address for transmission on Ethernet hardware*, Nov-01 1982. Status: STANDARD.

[PM93]   W. B. Pennebaker und J. L. Mitchell. *JPEG Still Image Data Compression*. Van Nostrand Reinhold, New York, 1993.

[PM95]   R. W. Picard und T. P. Minka. Vision texture for annotation. *Multimedia Systems*, 3:3–14, 1995.

[PMJA88]   W. B. Pennbaker, J. L. Mitchell, G. Langdon Jr. und R. B. Arps. An Overview of the Basic Principles of the Q-Coder Binary Arithmetic Coder. *IBM Journal of Research Development*, 32(6):717–726, November 1988.

[Pre90]   L. Press. Computer or teleputer? *Communications of the ACM*, 33(9):29–36, September 1990.

[Pry89]   M. de Prycker. Impact of Data Communication on ATM. In *ICC 89*, Boston, MA, Juni 1989.

[Pry93]   M. de Prycker. *Asynchronous Transfer Mode – Solution for Broadband ISDN*. Ellis Horwood Limited and Market Cross House, 2. Auflage, 1993.

[PS86]   P. P-S. The compact disc ROM: how it works. *IEEE Spectrum*, 23(4):44–49, April 1986.

[PS97]   P. Pan und H. Schulzrinne. Yessir: A simple reservation mechanism for the internet. Technical Report Technical Report RC 20697, IBM Research, Hawthorne, New York, Sept 1997.

[PS98]   P. P. Pan und H. Schulzrinne. Yessir: A simple reservation mechanism for the internet. In *Proc. International Workshop on Network and Operating System Support for Digital Audio and Video (NOSSDAV)*, Cambridge, England, Juli 1998.

[PSBWW98] H.-R. Pfister, C. Schuckmann, J. Beck-Wilson und M. Wessner. The Metaphor of Virtual Rooms in the Cooperative Learning Environment CLear - In *Proc. of the First International Workshop on Cooperative Buildings (CoBuild '98)*, S. 107–113, Darmstadt, Germany, Februar 1998.

[PSR93]   K. Patel, B.C. Smith und L.A. Rowe. Performance of a Software MPEG Video Decoder. In *Proc. ACM Multimedia*, Anaheim, CA, 1993.

[PW72]   E. W. Peterson und E. J. Weldon. *Error-Correcting Codes*. MIT Press, Cambridge, Mass, 2. Auflage, 1972.

[PWP90]   B. Pfitzmann, M. Waidner und A. Pfitzmann. Rechtssicherheit trotz Anonymität in offenen digitalen Systemen. Technical report, Fakultät für Informatik der Universität Karlsruhe, Institut für Rechnerentwurf und Fehlertoleranz, 1990.

[PZF92]   C. Parris, H. Zhang und D. Ferrari. A Mechanism for Dynamic Re-routing of Real-Time Services on Packet Networks. Technical report, UC Berkeley, Berkeley, CA, 1992.

[PZM96]   G. Pass, R. Zabih und J. Miller. Comparing images using color coherence vectors. In *ACM Conference on Multimedia*, Boston, MA, 1996. ACM.

[QN97]   L. Qiao und K. Nahrstedt. A New Algorithm for MPEG Video Encryption. In *Proc. 1st International Conference on Imaging Science, Systems and Technology*, Las Vegas, NV, 1997.

[RB90]   I. Rubin und J. E. Baker. Media Access Control for High-Speed Local Area and Metropolitan Area Communication Networks. *Proc. of the IEEE*, 78(1), Januar 1990.

[RB93]   T. R. Reed und J. M. H. Du Buf. A review of recent texture segmentation and feature extraction techniques. *CVGIP: Image Understanding*, 57:359–372, Mai 1993.

[RBCD91] L. Ruston, G. Blair, G. Coulson und N. Davies. A Tale of Two Architectures. In *2 International Workshop on Network and Operating System Support for Digital Audio and Video*, Heidelberg, Germany, November 1991.

[RBE94] L. A. Rowe, J. S. Boreczky und C. A. Eads. Indexes for user access to large video databases. *Symp. on Elec. Imaging Sci. and Tech.*, Februar 1994.

[RDF97] K. Rothermel, G. Dermler und W. Fiederer. QoS Negotiation and Resource Reservation for Distributed Multimedia Applications. In *Proc. 4th IEEE Int. Conf. on Multimedia Computing and Systems*, IEEE Computer Society Press, S. 319–325. Ottawa, Ontario, Canada, 1997.

[RDS76] L.R. Rabiner, J.J. Dubnowski und R.W. Schafer. Realtime digital hardware pitch detector. *IEEE Trans. on Acoustics, Speech and Signal Processing*, 24(1):2–8, Feb 1976.

[Rei82] C.W. Reinholds. Computer animation with scripts and actors. In *SIGGRAPH 82*, S. 289–296, 1982.

[Rei95] U. Reimers. *Digitale Fernsehtechnik: Datenkompression und Übertragung für DVB*. Springer-Verlag, Heidelberg, 1995.

[RG96] M. Roseman und S. Greenberg. Building real time groupware with groupkit, a groupware toolkit. *Transactions on Computer Human Interaction (ToCHI)*, 3(1):66–106, März 1996.

[Ril89] M. D. Riley. *Speech Time-Frequency Representation*. Boston: Kluwer Academic Publishers, 1989.

[Rip89] G. D. Ripley. DVI – A Digital Multimedia Technology. *Communications of the ACM*, 32(7):811–822, Juli 1989.

[RJ85] J. W. Reedy und J. R. Jones. Methods of Collision Detection in Fiber Optic CSMA/CD Networks. *IEEE Journal on Selected Areas in Communication*, 3:890–896, November 1985.

[RJ91] M. Rabbani und P. Jones. Digital image compression techniques. In *Tutorial Texts in Optical Engineering*, volume TT7. SPIE Press, 1991.

[RJ93] L. Rabiner und B.-H. Juang. *Fundamentals of speech recognition*. Signal processing. Prentice Hall, Englewoode Cliffs, New Jersey, 1993.

[RK95] J.A. Rody und A. Karmouch. A remote presentation agent for multimedia datbases. In *Proc. of the IEEE Int. Conference on Multimedia Computing Systems 1995*, S. 223–230, Washington DC, VA, USA, 1995.

[RK97] K. Reichenberger und J. Kleinz. APALO - Ein Modell typographischer Gestaltung und seine Implementierung. In K. Eickemeyer, Hrsg., *Technische Information in Elektronischen Medien, Proceedings der Fachtagung 1997*, S. 239–250, Lübeck, 1997. Schmidt-Römhild.

[RKKB98] K. Reichenberger, T. Kamps, J. Kleinz und J. Bateman. Communicative goal-driven NL generation and data-driven graphics generation: an architectural synthesis for multimedia page generation. *Submitted to International Workshop on Natural Language Generation*, 1998.

[RKN96] T.C. Rakow, W. Klas und E. J. Neuhold. Research on MMDBMSs at GMD-IPSI. *IEEE Multimedia Newsletter*, 4(1):40–45, 1996.

[RL95] Y. Rekhter und T. Li. *1771 A Border Gateway Protocol 4 (BGP-4)*, März 1995. Status: DRAFT STANDARD.

[RLE97] Ch. Kuhmünch R. Lienhart und W. Effelsberg. On the detection and recognition of television commercials. In *Proc. IEEE Conf. on Multimedia Computing and Systems*, S. 509–516, Ottawa, Canada, Juni 1997.

[RM80] D. Rubinea und P. McAvinney. Programmable Finger-tracking Instrument Controllers. *Computer Music Journal*, 14(1):26–41, Frühjahr 1980.

[RM93] T. C. Rakow und P. Muth. The v3 video server-managing analog and digital video clips. In *Proceedings ACM SIGMOD'93*, S. 556–557, Washington DC, 1993.

[Ror93] M.E. Rorvig. A method for automatically abstracting visual documents. *Journal of the American Society for Information Science*, 44, 1993.

[RP97] J. J.K. O Ruanaidh und Th. Pun. Rotation, Scale and Translation Invariant Digital Image Watermarking. *Signal Processing*, Januar 1997.

[RR93] S. Ramanathan und V. Rangan. Feedback Technique for Intra-media Continuity and Intra-media Synchronization in Distributed Multimedia Systems. *Computer Journal*, 36(1):19–31, 1993.

[R.S89] R.Steinmetz. Synchronization of multimedia objects. In *5th International Workshop on Telematics*, Denver, CO, USA, September 1989.

[RS92] L.A. Rowe und B.C. Smith. A continuous media player. In *Proc. of the Third Int. Workshop on Network and Operating System Support for Digital Audio and Video*, S. 237–249, La Jolla, CA, USA, 1992. LNCS 712, Springer-Verlag.

[RSK92] L.Q. Ruan, S.W. Smoliar und A. Kankanhalli. An analysis of low-resolution segmentation techniques for animate video. In *Proc. ICARCV*, S. 16.3.1–16.3.5, Bordeaux France, 1992.

[RSSS90] Johannes Rückert, Bernd Schöner, Ralf Steinmetz und Hermann Schmutz. A Distributed Multimedia Environment for Advanced CSCW Applications. In *IEEE Multimedia '90*, Bordeaux, France, November 1990.

[RT98] S.V. Raghavan und S.T. Tripathi. *Networked Multimedia Systems*. Prentice Hall, Upper Saddle River, New Jersey, 1998.

[Rus94]   G. Ruske. *Automatische Spracherkennung*. Oldenbourg-Verlag, 1994.

[RVG+93]   K.K. Ramakrishnan, L. Vaitzblit, C. Gray, U. Vahalia, D. Ting, P. Tzelnic, S. Glaser und W. Duso. Operating System Support for Video-On-Demand File Services. In *Workshop on Network and Operating System Support for Digital Audio and Video '93*, Lancaster, England, November 3-5, 1993.

[RVT96]   S. Roa, H. Vin und A. Tarafdar. Comparative evaluation of server-push and client-pull architectures for multimedia servers. In *Proc. of the Fifth International Workshop on Network and Operating System Support of Digital Audio and Video (NOSSDAV'96)*, S. 45–48. Springer-Verlag, 1996.

[RW93]   A. L. N. Reddy und J. Wyllie. Disk scheduling in a multimedia I/O system. In *Proceedings of ACM MM 1993*, S. 215–223, Anaheim, CA, August 1993. ACM.

[RW94]   A. L. N. Reddy und J. Wyllie. I/O Issues in a Multimedia System. *COMPUTER*, 27(3):69–74, 1994.

[Sal89]   M. Salmony. *On OSI-Based Transport Systems for Future Applications over High-Speed Networks*. Doktorarbeit, Lancaster University, 1989.

[SC92]   E. M. Schooler und S. L. Casner. An Architecture for Multimedia Connection Management. In *Proceedings of Multimedia'92*, S. 271–274, April 1992.

[SC95]   M.A. Smith und M. Christel. Automating the creation of a digital video library. In *Proceedings of Third ACM International Conference on Multimedia*, S. 357–358, San Francisco, CA, November 1995.

[SC96]   Schneider und S.-F. Chang. A Robust Content Based Digital Signature For Image Authentication. In *Proc. of International Conference on Image Processing*, S. 1–4, Juni 1996.

[SCF89]   H. Schulzrinne, S. Casner und R. Frederick. *RTP: A Transport Protocol for Real-Time Applications*, 1989. Request for Comments: 1889.

[Sch92]   M. E. H. Schouten, Hrsg. *The Auditory Processing of Speech: from sounds to words*. Mounton de Gouyter, Berlin, New York, 1992.

[Sch93]   R. Schafer. Source Coding for Television - European Approaches. In *Digital Television - Digital Radio Technologies of Tommorrow*, Munich, Germany, November 1993. "Münchner Kreis" Congress.

[Sch94a]   H. Schulzrinne. Conferencing and collaborative computing. In Jose L. Encarnacao, James D. Foley und Ralf Guido Herrtwich, Hrsg., *Perspectives of Multimedia Systems*, Juli 1994. Position Papers of the Dagstuhl Multimedia Seminar.

[Sch94b]   J. Schwenk. Sicherheit von Pay-TV-Systemen. Technical report, Deutsche Telekom AG, Highlights aus der Forschung, 1994.

[Sch96]   B. Schneier. *Angewandte Kryptography: Protokolle, Algorithmen und Sourcecode in C*. Addison-Wesley, Bonn, 1996.

[Sch97a]   J. Schönhut. *Document Imaging*. Springer-Verlag, Heidelberg, 1997.

[Sch97b]   R. Schulmeister. *Grundlagen hypermedialer Lernsysteme*. 2. Auflage, Oldenbourg Verlag, München Wien, 1997.

[SDW92]   W.T. Strayer, B. Dempsey und A. Weaver. *XTP: The Xpress Transfer Protocol*. Addison-Wesley Publishing Company, Inc., Juli 1992.

[SE93]   R. Steinmetz und C. Engler. Human Perception of Media Synchronization. Technical Report 43.9310, IBM European Networking Center Heidelberg, Heidelberg, Germany, 1993.

[SF92]   R. Steinmetz und Ch. Fritzsche. Abstractions for Continuous Media Programming. *Computer Communication*, 15(4), Juli 1992.

[SG90]   L. Sha und J. B. Goodenough. Real-time Scheduling Theory and ADA. *IEEE Transactions on Computers*, 23(4):53–64, April 1990.

[SGC90]   S. Singhal, D. Le Gall und C.-T. Chen. Source coding of speech and video signals. *Proceedings of the IEEE*, 78(7), Juli 1990.

[SGC94]   W.T. Strayer, S. Gray und R.E. Cline,Jr. An Object-Oriented Implementation of the Xpress Transfer Protocol. In R. Steinmentz (Ed.), Hrsg., *Multimedia: Advanced Teleservices and High-Speed Communication Architectures, 2 International Workshop, IWACA'94*, S. 387–400, Heidelberg, Germany, September 1994. Lecture Notes in Computer Science, No. 868.

[SGH98]   N. Streitz, J. Geißler und T. Holmer. Roomware for cooperative buildings: Integrated design of architectural spaces and information spaces. In *Proceedings of the First International Workshop on Cooperative Buildings (CoBuild'98)*, S. 4–21, Darmstadt, Germany, Februar 1998.

[SGHH94]   N.A. Streitz, J. Geißler, J. M. Haake und J. Hol. Dolphin: Integrated meeting support across liveboards, local and remote desktop environments. In *Proceedings of the 1994 ACM Conference on Computer Supported Cooperative Work (CSCW '94)*, S. 345–358, Chapel Hill, N.C., Oktober 1994.

[SGRV98]   P. J. Shenoy, P. Goyal, S. S. Rao und H. M. Vin. Symphony: An integrated multimedia file system. In *In Proceedings of SPIE/ACM Conference on Multimedia Computing and Networking (MMCN 1998)*, S. 124–138, San Jose, CA, Jan 1998.

[SH86] N. Suehiro und M. Hatori. Fast Algorithms for the DFT and other Sinusoidal Transforms. *IEEE Transactions on Acoustics, Speech and Signal Processing*, ASSP-34(3):642–644, Juni 1986.

[SH91] R. Steinmetz und R. G. Herrtwich. Integrierte verteilte multimedia-systeme. *Informatik Spektrum*, 14(5):280–282, Oktober 1991.

[SHH92] J.B. Stefani, L. Hazard und F. Horn. Computational Model for Distributed Multimedia Applications Based on a Synchronous Programming Language. *Computer Communication*, 15:114–128, März 1992.

[Shn97] B. Shneiderman. *Designing the User Interface*. Addison Wesley, 3. Auflage, 1997.

[SHRS90] R. Steinmetz, R. Heite, J. Rückert und B. Schöner. Compound Multimedia Objects - Integration into Network and Operating Systems. In *International Workshop on Network and Operating System Support for Digital Audio and Video, International Computer Science Institute, Berkeley, CA, USA*, November 1990.

[SIK+82] D.C. Smith, C. Irby, R. Kimball, B. Verplank und E. Harslem. Designing the star user interface. *BYTE*, S. 242–282, April 1982.

[Sin90] A. Singh. An estimation-theoretic framework for image-flow computation. In *ICCV*, S. 168–177, 1990.

[Sin92] A. Singh. Optic flow computation: a unified perspective. *IEEE Computer Society Press*, 1992.

[SKG91] L. Sha, M. H. Klein und J. B. Goodenough. Rate monotonic analysis for real-time systems. In *Foundations of Real-Time Computing, Scheduling and Resource Management*, S. 129–156. Kluwer Academic Publisher, Norwell, 1991.

[SKSH96] C. Schuckmann, L. Kirchner, J. Schümmer und J.M. Haake. Designing object-oriented synchronous groupware with COAST. In M.S. Ackerman, Hrsg., *Proceedings of the ACM 1996 Conference on Computer Supported Cooperative Work (CSCW '96)*, S. 30–38, Boston, Massachusetts, November 1996.

[SL95] S. N. Srihari und S. W. Lam. Character recognition. Technical Report CEDAR-TR-95-1, State University of New York at Buffalo CEDAR, Januar 1995.

[SM92a] R. Steinmetz und T. Meyer. Modelling Distributed Multimedia Applications. In *IEEE International Workshop on Advanced Communications and Applications for High-Speed Networks*, München, Germany, März 1992.

[SM92b] R. Steinmetz und T. Meyer. Multimedia Synchronization Techniques: Experiences based on Different System Structures. In *Proceedings of 4th IEEE ComSoc International*

Workshop on Multimedia Communications, S. 305–314, Monterey, CA, April 1992.

[SM97] C. Shenze und T. Manu. A novel video layout strategy for near-video-on-demand servers. In *In Proceedings of the International Conference on Multimedia Computing and Systems (ICMCS) 97*, S. 37–45, Ottawa, Juni 3-6 1997.

[Smi89] J. M. Smith. Standard Generalized Markup Language and Related Standards. *Computer Communication*, 12:80–83, April 1989.

[SMW95] R. Staehli, D. Maier und J. Walpole. Device and data independence for multimedia presentations. *ACM Computing Surveys, Special Issue on Multimedia Systems - Symposium on Multimedia*, 27(4):640–642, 1995.

[SN95] R. Steinmetz und K. Nahrstedt. Resource management in networked multimedia systems. *IEEE Computer*, S. 52–63, 1995.

[SO95] K. Stenning und J. Oberlander. A cognitive theory of graphical and linguistic reasoning: Logic and implementation. *Cognitive Science*, 19(1):97–140, 1995.

[SPI94] SPIE. Symposium on Electronic Imaging. In *Conference on Digital Video Compression on Personal Computers: Algorithms and Technologies*, volume 2187, Februar 1994. SPIE/IS&T.

[Spr90] B. Sprunt. Implementing Sporadic Servers in ADA. Technical report, Carnegie-Mellon University, Pittsburgh, PA, Mai 1990.

[SR89] L. Sha und R. Rajkumar. Real-time systems. A Tutorial of the Rate-Monotonic Scheduling Framework with Bus-Related Issues P896.3, Draft 4.0, Futurebus+, 1989.

[SR97] Schulzrinne und Rosenberg. *SIP Call Control Services*, Dezember 1997. RFC 2251.

[SRB+92] K. Srinivas, R. Reddy, A. Babadi, S. Kamana, V. Kumar und Z. Dai. MONET: A Multi-media System for Conferencing and Application Sharing in Distributed Systems. CERC Technical Report Series CERC-TR-RN-91-009, Concurrent Engineering Research Center, West Virginia University, Morgantown, WV, Februar 1992.

[SRH97] N. Streitz, P. Rexroth und T. Holmer. Does roomware matter? Investigating the role of personal and public information devices and their combination in meeting room collaboration. In *Proceedings of the European Conference on Computer-Supported Cooperative Work (E-CSCW'97)*, S. 297–312, Lancaster, UK, September 1997.

[SRH98] N. Streitz, P. Rexroth und T. Holmer. *Groupware und organisatorische Innovation (D-CSCW'98)*. , Kapitel Anforderungen an interaktive Kooperationslandschaften für kreatives Arbeiten und erste Realisierungen. Teubner, Stuttgart, 1998.

[SRL98] H. Schulzrinne, A. Rao und R. Lanphier. *RTSP*, April 1998. Request for Comments: 2326.

[SRN+83] R. V. Schmidt, E. G. Rawson, R. E. Norton, S. B. Jackson und M. D. Bailey. Fibernet II - A Fiber Optic Ethernet. *IEEE Journal on Selected Areas in Communication*, 1:702–710, November 1983.

[SRR90] R. Steinmetz, J. Rückert und W. Racke. Multimedia-systeme. *Informatik Spektrum*, 13(5):280–282, 1990.

[SS90] M. Salmony und D. Shepherd. Extending OSI to Support Synchronization Required by Multimedia Applications. *Computer Communication*, 13:399–406, September 1990.

[SSL89] B. Sprunt, L. Sha und J. Lehoczky. Aperiodic Task Scheduling for Hard Real-Time Systems. *The Journal of Real-Time Systems*, 1:27–60, 1989.

[Stü94] H. J. Stüttgen. Network evolution and multimedia communication. Technical Report 43.9404, IBM European Networking Center Heidelberg, Heidelberg, Germany, 1994.

[Sta92] W. Stalling. *ISDN and Broadband ISDN*. Macmillan Publishing Company, 2. Auflage, 1992.

[Sta95] W. Stallings. *Sicherheit im Datennetz*. Prentice Hall Verlag GmbH, 1995.

[Ste83] G. Stern. Bbop – A System for 3D Keyframe Figure Animation. In *SIGGRAPH 83*, S. 240 –243, New York, Juli 1983. Introduction to Computer Animation, Course Notes 7.

[Ste87] M. Stewart. The Feel Factor: Music with Soul. *Electronic Musician*, 3(10):55–66, 1987.

[Ste90] R. Steinmetz. Analyse von Synchronisationsmechanismen mit Anwen- dung im Multimedia-Bereich. In *GI ITG Workshop Sprachen und Systeme zur Parallelverarbeitung*, S. 39–47, Arnoldshain, Januar 1990. PARS Mitteilungen Nr.7.

[Ste93] Ralf Steinmetz. Enabling Multimedia Communications over the Token Ring: A New Distributed Resource Management Protocol, Juli 1993.

[Ste94] G. A. Stephen. *String Search Algorithms*. World Scientific Publishing Co. Pte. Ltd., 1994.

[Sto72] T. Stockham. A/D and D/A Converters: Their Effect on Digital Audio Fidelity. In L. Rabiner und C. Rader, Hrsg., *Digital Signal Processing*, S. 55–66. IEEE Press, New York, 1972.

[Sto88] J. A. Storer. *Data Compression Methods and Theory*. Computer Science Press, 1988.

[Sto96] D. Storck. A new approach to integrity of digital images. In *Proc. of IFIP 1996 World Conference - Mobile Communication*, Canberra, 1996.

[Str88] P. Strauss. Bags: The Brown Animation Generation System. Ph.D. Thesis CS-88-22, Computer Science Department, Brown University, Providence, RI, Mai 1988.

[Str97] T. H. Strömer. *Gesetz zur digitalen Signatur (Signaturgesetz - SigG)*, 1997. http://www.netlaw.de/gesetze/sigg.htm, Gesetzessammlung Online-Recht netlaw.de.

[SU97] J. . Schwenk und J. Ueberberg. Tracing traitors using finite geometries. Technical report, Deutsche Telekom AG, 1997.

[Sut63a] I. E. Sutherland. Sketchpad: A Man-Machine Graphical Communication System. In *SJCC, Spartan Books*, Baltimore, MD, 1963.

[Sut63b] I.E. Sutherland. Sketchpad: a man-machine graphical communication system. Technical Report 296, MIT Technical Report, 1963.

[Sv91] F. Sijstermans und J. van der Meer. CD-I Full-Motion Video Encoding on a Parallel Computer. *Communications of the ACM*, 34(4):81–91, April 1991.

[SW94a] E. Schooler und A. Weinrib. Multiparty Multimedia Session Control WG. Minutes from the 29th IETG, Seattle, WA, posted on rem-conf, März 1994.

[SW94b] S. Shenker und A. Weinrib. Managing Shared Ephemeral Teleconferencing State: Policy and Mechanism. ftp site from thumper.bellcore.com:pub/abel/agree.ps, März 1994.

[SW96] M. Specht und G. Weber. Episodic adaptation in learning environments. In *Proceedings of the European Conference on Artificial Intelligence in Education*, Lisbon, Portugal, September 1996.

[Swi87] D. C. Swinehart. Telephone Management in the Etherphone System. In *IEEE Globecom '87*, S. 30.3.1–30.3.5, 1987.

[Syn88] CCETT. Multimedia Synchronization. *CCETT internal note: AFNOR adhoc group on AVI standardisation*. CCETT, 1988.

[Tan96a] Andrew S. Tanenbaum. *Computer Networks*. Prentice Hall, 3. Auflage, 1996.

[Tan96b] Andrew S. Tanenbaum. *Computer Networks*, Kapitel 6.4.6, S. 536–539. Prentice Hall, 3. Auflage, 1996.

[Tan96c] L. Tang. Methods for Encrypting and Decrypting MPEG Video Data Efficiently. In *Proc. 4th ACM International Multimedia Conference*, Boston, MA, 1996.

[TATS94] Y. Tonomura, A. Akutsu, Y. Taniguchi und G. Suzuki. Structured video computing. *IEEE Multimedia*, 1(3):34–43, 1994.

[TBR92] D. P. Tranchier, P. E. Boyer und Y. M. Rowand. Fast Bandwidth Allocation in ATM Networks. In *ISS 92*, Yokohama, Japan, Oktober 1992.

[TBR98] D. A. Tietze, A. Bapat und R. Reinema. Document-centric groupware for distributed governmental agencies. In B. Pernici und C. Thanos, Hrsg., *Proceedings of the 10th*

	Conference on Advanced Information Systems Engineering (CAiSE '98), S. 173–190, Pisa, Italy, Juni 1998.
[TEBM95]	H. L. Truon, W. W. Ellington, J. Y. L. Boudec und A. X. Meier. LAN emulation on an ATM network. *IEEE Communications Magazine*, 1995.
[Tec89]	Technical Manual, NeXT, Inc. *NeXT 0.9 Technical Documentation: Concepts*, 1989.
[TF95]	W. H. Tetzlaff und R. Flynn. Elements of scalable video servers. In *Proceedings of COMPCON 1995*, S. 239–248, 1995.
[TGD91]	D. Tsichritzis, S. Gibbs und L. Dami. Active Media. In *Object Composition (D. Tsichritzis, ed.)*, S. 115–132, Universite de Geneve, Centre Universitaire d'Informatique, Geneve, Juni 1991.
[Tin89]	M. Tinker. DVI Parallel Image Compression. *Communications of the ACM*, 32(7):844–851, Juli 1989.
[TK91]	A. M. Van Tilborg und G. M. Koob, Hrsg. *Foundations of Real-Time Computing, Scheduling and Resource Management*. Kluwer Academic Publisher, Norwell, 1991.
[TK96a]	H. Thimm und W. Klas. ?-sets for optimized reactive adaptive playout management in distributed MMDBMSs. In *Proc. 12th IEEE Int. Conf. on Data Engineering*, S. 584–592, New Orleans, LO, USA, 1996.
[TK96b]	H. Thimm und W. Klas. *MMDBMSs, Design and Implementation Strategies*, Kapitel Playout Management in MMDBMSs. Kluwer Academic Publishers, Dortrecht/London, 1996.
[TK96c]	H. Thimm und W. Klas. *Playout Management in MMDBMSs MMDBMSs, Design and Implementation Strategies*. Kluwer Academic Publishers, Boston/Dortrecht/London, 1996.
[TKW+96]	H. Thimm, W. Klas, J. Walpole, C. Pu und C. Cowan. Managing adaptive presentation executions in distributed MMDBMSs. In *Proc. IEEE Int. WS on MMDBMSs*, S. 152–159, Blue Mountain Lake, NY, USA, 1996. IEEE Computer Society Press.
[Ton91]	Y. Tonomura. Video handling based on structured information for hypermedia systems. In *Proc. Int. Conf. on Multimedia Information Systems*, S. 333–344. Singapore, 1991.
[Top90]	C. Topolocic. Experimental Internet Stream Protocol, Version 2 (ST II). Internet Network Working Group, RFC 1190, Oktober 1990.
[TP91]	R. Terek und J. Pasquale. Experiences with Audio Conferencing Using the X Window System, UNIX and TCP/IP. In *Proceedings of USENIX 91*, S. 405–418, Nashville, TN, Juni 1991.

[TTCM92] H. Tokuda, Y. Tobe, S. T. C. Chou und J. M. F. Moura. Continuous Media Communication with Dynamic QOS Control Using ARTS with an FDDI Network. In *ACM SIGCOMM 92*, S. 88–98, Baltimore, MD, 1992.

[Tur86] J.S. Turner. New directions in communications (or which way to the information age). *IEEE Communications*, 24(10):8–15, Oktober 1986.

[UGVT88] S. Uras, F. Girosi, F. Verri und V. Torre. A computational approach to motion perception. *Biol. Cybern.*, 60:79–97, 1988.

[VB96] M. Vazirgiannis und S. Boll. Events in interactive multimedia applications: Modelling and implementation design. In *IEEE International Conference on Multimedia Computing and Systems*, Ottawa, Ontario, Canada, Juni 3-6 1996.

[Ven98] V. Venkataramani. A reservation protocol for multimedia resource management system. Technical report, University of Illinois at Urbana-Champaign, Urbana, IL, Mai 1998. Master Thesis.

[Vet85] M. Vetterli. Fast 2-D Discrete Cosine Transform. In *Proceedings of IEEE ICASSP-85*, S. 1538 – 1541, Tampa, Florida, März 1985.

[VG91] E. Viscito und C. Gonzales. A Video Compression Algorithm with Adaptive Bit Allocation and Quantization. In *Proceedings of SPIE Visual Communications and Image Processing*, volume 1605 205, Boston, MA, November 1991.

[VHN92] C. Vogt, R. G. Herrtwich und R. Nagarajan. HeiRAT: The Heidelberg Resource Administration Technique, Design Philosophy and Goals. In *Proceedings of Conference on Communication in Distributed Systems*, München, Germany, 1992. Also published in Informatik Aktuell, Springer-Verlag.

[VKBG] A. Vogel, B. Kerherve, G. Bochmann und J. Gecsei. Distributed multimedia and QOS: A survey. *IEEE Multimedia Systems Journal*, S. 10–19.

[VL95] D. Venkatesh und T. D. C. Little. Dynamic service aggregation for efficient use of resources in interactive video delivery. In *Proceedings of the 5th NOSSDAV conference*, S. 113–116, Nov 1995.

[VN84] M. Vetterli und H.J. Nussbaumer. Simple FFT and DCT Algorithms with Reduced Number of Operations. *Signal Processing*, August 1984.

[VN97] N. Venkatasubriamanian und K. Nahrstedt. An integrated metric for video QoS. In *ACM Multimedia Conference*, S. 371–381, Seattle, WA, November 1997.

[Vor89] M. Vorländer. Simulation of transient and steady-state sound propagation in rooms using a new combined ray-tracing/image-source algorithm. *Journal of the Acoustical Society of America*, 86(7):172–178, 1989.

[VR96] H. Vin und V. Rangan. *Multimedia Systems and Techniques*, Kapitel Multimedia Storage Systems. Kluwer Academic Publishers, 1996.

[VS91] L. Vincent und P. Soille. Watersheds in digital spaces: An efficient algorithm based on immersion simulations. *IEEE Transactions on Pattern Analysis and Machine Intelligence*, PAMI-13(6):583–598, Juni 1991.

[VVVV96] N. G. Venkat, Raghavan V. Vijay und K. Vanapipat. *Applications MMDBMSs*, Kapitel A Unified Approach to Data Modelling and Retrieval for a Class of Image Database. Springer-Verlag, Berlin- Heidelberg, 1996.

[vZ89] B. A. G. van Luyt und L. E. Zegers. The Compact Disc Interactive System. *Phillips Technical review*, 44(11/12):326–333, November 1989.

[Wai88] A. Waibel. *Prosody and Speech Recognition*. London: Pitman, San Mateo, CA: Morgan Kaufmann Publishers, 1988.

[Wal91] G. K. Wallace. The JPEG Still Picture Compression Standard. *Communications of the ACM*, 34(4):30–44, April 1991.

[Wat87] H. Watanabe. Integrated Office Systems: 1995 and Beyond. *IEEE Communication Magazine*, 25(12):74–80, Dezember 1987.

[WBWP98] M. Wessner, J. Beck-Wilson und H.-R. Pfister. CLear - a cooperative distributed learning environment. In *Proceedings of the ED-MEDIA/ED-TELECOM 98*, Freiburg, Juni 1998.

[WC72] H.R. Wilson und J.D. Cowan. Excitatory and inhibitory interactions in localized populations of model neurons. *Biophysics Journal*, S. 1–24, 1972.

[WC87] C. M. Woodside und D. W. Craig. Local Non-Preemptive Scheduling Policies for Hard Real-Time Distributed Systems. In *IEEE-Real-Time Systems Symposium*, S. 12–17, San Jose, 1987.

[WD97] Y. Wang und D. H. C. Du. Weighted striping in multimedia servers. In *In Proceedings of the International Conference on Multimedia Computing and Systems (ICMCS) 97*, S. 102–109, Ottawa, Juni 3-6 1997.

[Web] http://www.fokus.gmd.de/ovma/tina-plattform/entry.html.

[Wel84] T. A. Welch. A technique for high performance data compression. *IEEE Computer*, 17(6), Juni 1984.

[Wep92] Artur Wepner. CD Software for the CD-WO Writer. *Personal Communication*, 1992.

[WF97] Wilberg und Forsmann. *Lesetypographie*. Mainzer Presse, 1997.

[WH94] L. Wolf und R. G. Herrtwich. The System Architecture of the Heidelberg Transport System. *ACM Operating Systems Review*, 28(2), April 1994.

[WHK98] M. Wahl, T. Howes und S. Kille. *Lightweight Directory Access Protocol (v3)*, August 1998. Internet Engineering Task Force, MMUSIC WG, Internet Draft.

[Wil89] C. J. Williams. Creating Multimedia CD-ROM. In *Proceedings of 7th Conference on Interactive Instructions Delivery*, S. 88–92, März 1989.

[Win91] Microsoft Windows. *Multimedia: Programmer's Workbook*. Microsoft Press, 1991.

[WK87] D. Woelk und W. Kim. Multimedia information management in an object oriented database system. In *Proc. of the 13th VLDB Conference*, S. 319–329, 1987.

[WKM94] B. Whetten, S. Kaplan und T. Montgomery. *A high performance totally ordered multicast protocol*, Aug 1994. Research Memorandum.

[Wol90] G. Wolberg. *Digital image warping*. IEEE Computer Society Press Monograph, 1990.

[Woo51] H. Woodrow. Time Perception. In Stevens S. S, Hrsg., *Handbook of Experimental Psychology*. Wiley, 1951.

[WPD88] D. Waitzman, C. Patridge und S. Deering. Distance Vector Multicasting Routing Protocol. FRC 1175, November 1988.

[WR94] T. Wahl und K. Rothermel. Representing Time in Multimedia Systems. In *Proceedings of International Conference on Multimedia Computing and Systems*, S. 538–543, Boston, MA, Mai 1994. IEEE Computer Society Press.

[WS97] Lars C. Wolf und Ralf Steinmetz. Concepts for resource reservation in advance. *Multimedia Tools and Applications, Special Issue on State of the Art in Multimedia Computing*, 4(3):255–278, Mai 1997.

[WSF92] H. E. Wolf, F. Strecker und G. Fries. Sprachliche Mensch-Maschine-Kommunikation. Kapitel Text-Sprache-Umsetzungen für Anwendungen bei automatischen Informations- und Transaktionssystemen. Oldenbourg, München Wien, 1992.

[WSM+91] K. Watabe, S. Sakata, K. Maeno, H. Fukuoka und T. Ohmori. Distributed Desktop Conferencing System with Multi-user Multimedia Interface. *IEEE JSAC*, 9(4):531–539, Mai 1991.

[WVP88] G. Wallace, R. Vivian und H. Poulsen. Subjective Testing Results for Still Picture Compression Algorithms for International Standardization. In *IEEE Global Telecommunications Conference*, S. 1022–1027, November 1988.

[WWB88] A.M. Waxman, J. Wu und F. Bergholm. Contour evolution, neighbourhood deformation and global image flow. In *Proc. IEEE CVPR*, S. 717–723, Ann Arbor, 1988.

[YCK92] P. S. Y, M.-S. Chen und D. D. Kandlur. Design and analysis of a grouped sweeping scheme for multimedia storage management. In *3 International Workshop on Network and Opera-*

[YL95] *ting System Support for Digitial Audio and Video (NOSSDAV92)*, San Diego, November 1992.

[YL95] M. Yeung und B. Liu. Efficient maching and clustering of video shots. In *IEEE International Conference on Image Processing, Special Session on Digital Libraries*, 1995.

[YL96] D. Yau und S.S. Lam. Adaptive Rate-controlled Scheduling for Multimedia Applications. In *ACM Multimedia Conference'96*, Boston, MA, November 1996.

[YLTC96] Z. Chen Y. Li, S. Tan und R.H. Campbell. Security Enhanced MPEG Player. In *Proc. IEEE 1st International Workshop on Multimedia Software Development (MMSD'96)*, Berlin, Germany, 1996.

[Zam89] P. Zamperoni. *Methoden der digitalen Bildverarbeitung*. Vieweg, Braunschweig, Wiesbaden, 1989.

[ZC97] D. Zhong und S.-F. Chang. Video Object Model and Segmentation for Content-Based Video Indexing. In *IEEE International Conf. on Circuits and Systems*, Hong Kong, Juni 1997.

[ZDE+93] L. Zhang, S. Deering, D. Estrin, S. Shenker und D. Zappala. RSVP: A new Resource ReSerVation Protocol. *IEEE Computer*, September 1993.

[ZF88] J.E. Ziegler und K.P. Fähnrich. *Handbook of Human-Computer Interaction*, Kapitel Direct manipulation, S. 123–133. Amsterdam: North-Holland, 1988.

[ZGST94] H.-J. Zhang, Y. Gong, S. W. Smoliar und S. Y. Tan. Automatic Parsing of News Video. In *Proceedings of IEEE Conf. on Multimedia Computing and Systems*. IEEE, Mai 1994.

[ZK91] H. Zhang und S. Keshav. Comparison of Rate-Based Service Disciplines. In *SIGCOMM'91*, S. 113–122, Zürich, Switzerland, September 1991. ACM Press, Computer Communication Review 21(4).

[ZK95] J. Zhao und E. Koch. Embedding Robust Labels Into Images For Copyright Protection. In *Proc. of the International Congress on Intellectual Property Rights for Specialized Information, Knowledge and New Technologies*, S. 242–251, Vienna, Munich, 1995. R. Oldenbourg.

[ZKS93] H.-J. Zhang, A. Kankanhalli und S. W. Smoliar. Automatic partitioning of full-motion video. *Multimedia Systems*, 1(1):10–28, Januar 1993.

[ZLB+87] T. Zimmerman, J. Lanier, C. Blanchard, S. Bryson und Y. Harvill. A Hand Gesture Interface Device. In *Proceedings of CHI + GI*, S. 189–192, New York, NY, 1987. ACM.

[ZLSW95] H. J. Zhang, C. Y. Low, S. W. Smoliar und J. H. Wu. Video parsing, retrieval and browsing: An integrated and content-based solution. In *Third ACM Conference on Multimedia*, S. 15–24, San Francisco, 1995.

[ZS94] H.-J. Zhang und S. W. Smoliar. Developing power tools for video indexing and retrieval. In *Proceedings SPIE Conf. on Storage and Retrieval for Image and Video Database*, San Jose, CA, 1994. SPIE.

[ZSW+95] H. Zhang, S. W. Smoliar, J. H. Wu, C. Yong Low und A. Kankanhalli. A video database system for digital libraries. *Advance in Digital Libraries, Leisure Note in Computer Science*, 1995.

[ZW94] R. Zabih und J. Woodfill. Non-parametric local transforms for computing visual correspondence. In Jan-Olof Eklundh, Hrsg., *3 European Conference on Computer Vision*, volume LNCS801, S. 151–158. Springer-Verlag, 1994.

[ZWLS95] H. Zhang, J.H. Wu, C.Y. Low und Stephen W. Smoliar. A video parsing, indexing and retrieval system. In *Proceedings of Third ACM International Conference on Multimedia*, S. 359–360, San Francisco, CA, November 1995.

Stichwortverzeichnis

Zahlen
100 Base-T 413
100VG
    AnyLAN 421
    Ethernet 422
    Token Ring 422
16CIF 146
3-D
    Digitalisierkarten 85
    Modelle 686
    Szenen 686
    Watermark 681
4-bit-zu-5-bit-Kodierung 427
4CIF 146
4x4 DCT 149
6Bone 475

A
AAL 436, 471
    AAL1 441
    AAL2 174, 441, 464
    AAL3/4 441, 448
    AAL5 172, 437, 441
    Klassen 436
Abfrage-Modus 116, 117
ABR 461
Abrechnung 558
Abrechnungsinformation 558
Absorptionsschicht 219
Abstractions for Continuous MEdia 650
Abstraktion 515, 516, 518, 519
Abstraktionsebenen 506
Abstraktionsleiter 781

Abtasten
    Frequenz 98
    interlaced 88
    progressives 88
    Rate 29, 90
    Theorem 4
Abtastung 28, 98
Abtastwert 28, 46
Access Unit Layer 172, 175, 177
Access Units 172
Achromatisches Licht 83
Acknowledgment 483
AC-Koeffizient 137, 138, 140
ACME 605, 650
Action-Object 795
Active
    Devices 192
    Networks 501
ActiveX 741
    Controls 741
Adaptabilität 824
Adaptation Layer 174
Adaptive Difference Pulse Code Modulation 211
Adaptive Differential Pulse Code Modulation 120, 128
Adaptive Hypermedia-Systeme 825, 826
adaptive Lernsysteme 824
Adaptive Pulse Code Modulation 43
Adaptivität 824
Address Resolution Protocols 471
Admission
    Control 264, 489
    Test 265

Adobe
    Acrobat 742
    Type 1 Format 51
ADPCM 43, 120, 128, 211, 229
Adressen
    Klassen 468
Adressierung 468
Adreßraum
    globaler 468
Advanced Real Time Technology Operating System 314
Aggregation 517, 520
Ahead of Schedule 248
Ähnlichkeit
    zwischen Bildern 745
AIX 322
Aktionsliste 634
aktives Betriebsmittel 245
Aktivität
    Steuerung 558
    Übergabe 552
Akustik
    physikalische 26
Algebra
    zeitliche 395
Algorithmus
    fristenmonotoner 311
    ratenmonotoner 304
Aliasing 178
Allophon 36, 37
    Übergang 37
American Standards Institute 423
AMOS 402
    System 400
Amplitude 25, 28
    Skalierung 161
Analog-to-Digital Conversion (ADC) 29
Anchored Instruction 820
Änderungsdynamik 103
Anforderungen an Lippensynchronisation 580
Anfragedienste 845
Angreifer 683
    einzelner 683

Animation 78, 103, 546, 818, 841
    Sequenz 107
    Steuerung 107
    Technik 103
Anker 701
Ankunftsprozeß
    linear beschränkt 248
Ankunftszeit
    logische 251
Annotation 747
Anonymität 661
Anpassungsdynamik 79
ANSI 423
Anwendungs
    Dienstgüte 316
    Generatoren 512
    Schicht 409, 551
Anycast-Adresse 472
Applets 326, 522, 737, 738
Application
    Gateways 451
    Layer 409
    Sharing 543
Application Level Framing 482, 496, 554
Application Programming Interface 297
Application Protocol Data Unit 332
AQUIRE 62
arithmetische Kodierung 125
ARP 471
ARPANET 485
Art Director 783
artikulatorische Direktheit 799
Arts 314
ASAS 106
ASCII 8, 727
Aspen Movie Map 711
Assoziationsmatrizen 830
Asynchronous Transfer Mode 189, 245, 408, 433, 452, 454
Athena 624
ATM 162, 163, 172, 174, 189, 245, 276, 408, 448, 467, 471, 476, 485, 565, 658

Sachverzeichnis

Adaptation Layer 436, 497
Adaptationsschicht 436
Adaption Layers 471
Available Bit Rate 245, 458
BC-Modell 458
Cell Error Ratio 460
Cell Loss Rate 460
Cell Misinsertion Ratio 460
Constant Bit Rate 245, 458
Control Plane 435
Dienstgüteparameter 459
Dienstkategorien 458
Dienstmodell 456
Host-Schnittstelle 464
Hubs 439
Layer 436
logischer Kanal 456
Management Plane 435
maximum Cell Transfer Delay 460
native 497
native mode 289
Peak Variable Bit Rate 462
Peak-to-Peak Cell Delay Variation 460
PHYsical Layer 435
Physical Medium 435
Queuing 456
Reassembly 448
Routing 441, 457
Segmentation 448
Severely Errored Cell Blocks Ratio 460
Signalisierung 438, 441
Signalisierungsprotokoll 258
Statistically Multiplexed Variable Bit Rate 462
Switch 433
Switching 441
Switching Fabric 456
Traffic Descriptor 459
Transmission Convergence 435
Unspecified Bit Rate 245, 458
User Plane 435
Variable Bit Rate 245
   non real-time 458
   real time 458
Verkehrsparameter 459
Vermittlungsarchitektur 456
virtuelle Verbindung 434
Zelle 433, 471
Zell-Header 437
Zellinformation 437
Attribute
   Beziehung 392
AU Layer 175
Audio 24, 702, 809, 812
   Access Units 157
   Audio-CD 334
   Audiokodierung
      Qualitätsstufen 155
   Audiotechnik 23
   Compact Disc 193
   Datenrate 200
   Device 603
   Fenster 810
   Indikatoren 744
   Kodierung 155
   Kommentar 588
   Konferenz 552
   Qualität 46
   Schnitt 767
   Schnitterkennung 766, 767
   Segmentierung 745
   Signal 115
   Strom 157
Audio/Video Support System 218
Audiobitstrom 203
Audiodatenstrom 203
Audiokodierung 155
audiovisuelle Objekte 164
Aufbauphase 254
Auflösung 94
Aufnahme
   Bildformat 50
   Geschwindigkeit 345
Auge
   Bewegtbildauflösung 89
Augment 710
Augmented Reality 856

Ausblende 744, 753, 756, 757, 758, 759
    nach Schwarz 759
Ausfallsicherheit 655, 656
Aussprache
    mehrdeutige 40
Austastlücken 100
Authentifikation 677
    Zertifikate 677
Authentifizierung 474, 660, 663, 673
Authentizität 658, 659, 662, 663, 687
    Prüfung 659
    von Daten 659
    von Teilnehmern 659
Authoring Tool 831
AutoCAD 60
Autofokus 336
Autokorrelationsmethode 767
Autonome Systeme 469
Autorensystem 512, 843
    Icon-basiertes 513
    skriptbasiert 512
    Timeline-basiertes 513
Autorenwerkzeuge 111, 843
Available Bit Rate 245, 463
Available Resource Table 419
AVANTI 831
AVO 167
AVSS 218

B

Backbone 411, 454
    Switch 438
Backtracking 716
Bandbreite 231, 244, 261, 407, 421, 454
    Manager 419
    synchrone 428
Bandpaß-Filter 751
Bandwidth to Space Ratio 375
Baseline Process 136
Basic Authentication 557

Basis
    Modul 637
    Objekte 643
Basis-Mode 130
Batching 387
Bay Network Routing Services 488
B-Bilder 153, 154
BBOP-System 107
BCH-Kodierung 439
Beamer 839
Bearbeitungszeit 294
Begrenzungsrechtecke
    minimale 395
Behaviorismus 818, 819
Benachrichtigungsdienste 845
Benutzerfreundlichkeit 795
Benutzermodell 825, 827, 829, 830, 831
    Default- 830
Benutzerprofil 827
Benutzungsoberfläche 842
Berechenbarkeit 399
Bereich 202
Bereichswachstum 69
Berkeley FFS 377
Best-Effort 316, 400, 485, 489
    Dienst 459, 467
    Service 485
    Transport 565
Betrachtungsabstand 88
Betriebsmittel 231, 235, 245, 291, 294, 295, 296, 310, 311, 314, 329, 406, 421, 591
    aktives 245
    Auslastung 294
    exklusive Nutzung 245
    gemeinsame Nutzung 245
    Kapazität 246
    passives 245
    Reservierung 291, 418, 467
    Tabelle 268
    Verwalter 419
    Verwaltung 231, 244, 246, 252, 292, 311, 600
Betriebssysteme 291

Bewegtbild 701
   Auflösung 89
Bewegung 749
   Analyse 773
   Dynamik 79, 103
   Kompensation 97, 127, 146, 170, 180, 757, 758
   Kontinuität 89
   Vektoren 120, 148, 669, 744, 749
      blockorientierte 749
      pixelorientierte 749, 750
   Zustand 776
Beziehungen
   inhaltliche 568
   Layout-Beziehungen 569
   örtlich 569
   zeitlich 569
B-Frame 263, 280, 666, 749
BGP 470
Bibliothek 507
Bidirectionally predictive coded pictures 153
Bild 47
   abstraktes 776
   Ähnlichkeit 769
   Analyse 60, 61
   Aufbereitung 120, 143, 147, 151
   Ausschnitt 784
   Datenbanken 395
   Erkennung
      Schritte 75
   Extraktion 77
   Format 50
   Formatierung 74
   gegenständlich 776
   Gruppierung 76
   indirektes 776
   Kanten 68
   Kompression 323
      fraktale 113
   Kompressor 324
   Konditionierung 75
   Markierung 76
   Matrix 50

Platte 197
Puffer 94
Rate 94
Rauschen 75
Segmentierung 67
Signatur 675
Speicherformat 50
Spur 759
   schwarze 759
Synthese 60, 77
Verarbeitung 60, 120, 136, 144, 152, 153, 840
Verbesserung 61, 746
Wechselfrequenz 90, 151
Wiederholfrequenz 117
Bildschirmgröße 117
Bildverbesserung 746
Binärbild 59
Binärisierung 66
B-ISDN 448, 450, 452
Bitfehlerrate 455, 456
Bit-interleaved-Parität 349
Bitlänge 421
Bitmap 50, 57, 59
Bitrate
   variable 420
Bit-Synchronisation 407
Bitübertragungsschicht 407
Blaupausen-Technik 185
Blendrate 759
Blickwinkel 776
Block 202, 205
   logischer 205
   physikalischer 205
Block Layer 158
Block-Caches 356
Blockchiffre 665, 669
Blöcke 147, 202, 205
Blockieren 590
   eingeschränktes 579
Blockieren von Prozessen 578
Blocking
   Restricted 579
Blockkantenfilter 149
Block-Matching 773
Blockvektoren 171

BMP 51, 57, 328
Bookmark-Funktionalität 829
Boot Protocol 471
Booten 659
BOOTP 471
Border Gateway Protocol 470
Bravo 805
Breitband-ISDN 411, 434, 450
Breite-zu-Höhe-Verhältnis 88
Brennweite 81
Bridge 439, 441, 473
BRIM 50
Broadband Integrated Services Digital Network (B-ISDN) 452
Broadcast 281, 340, 407, 408, 410, 427, 441, 442, 455, 469, 471, 611, 612, 688, 689, 692
Broadcast-Kanal 410
Broker 265, 285
Browser 716, 723
Buch A-E 223
Built-in-Functions 505
Bultermans framework 651
Burst 248, 249
Burst-Fehler 201
Bus 189, 319
    asynchroner 189
    Peripheriebus 189
    Systembus 189
Bush, Vannever 710
Busleistung 319
Busmaster-Verfahren 190
Bus-System 412
Button 808
Buttons 802
    Action 802
    Command 802
    Push 802
Bypass Switch 425
Byte-Stuffing 121

C

Cache 560, 688, 689
Caching 341, 726
CAD 32, 60
    Modell 32
CAI 821
Canny-Operator 68
CAPTAIN 8
Carrier Extension 413, 414
Carrier Sense Multiple Access Collision Detection 411
Carrier Sense Multiple Access with Collision Detection 407
Cascading Style Sheets 730
CAT 61
CATV 101
CAV 198
CBL 383
CBR 436, 460
CBR-Dienste 436
CBT 817, 821
CCIR 98
CCIR-601 8, 115, 147, 159, 161, 407
CCITT 145, 434
CCV 63
CD 196
CD Bridge Disc 216, 217
CD-DA 117, 155, 190, 194, 200, 201, 205, 211, 246, 328
    Kapazität 200
CD-I 194, 210, 212, 213
    Audio-Kodierung 214
CD-MO 194, 195, 221, 222, 229
CD-Publishing-Bereich 221
CD-Qualität 46, 115
CD-R 219
CD-R/W 229
CD-ROM 193, 194, 204, 211, 228, 320, 323, 344
CD-ROM/XA 194, 210, 211, 214, 229, 246, 247, 292, 328
CD-ROM-Mode 1 206, 210, 211, 217, 218, 228
    Datenrate 207
    Kapazität 207

CD-ROM-Mode 2 207, 210, 211, 217, 228
　　Datenrate 207
　　Kapazität 207
CD-ROM-Technologien 213
CD-RTOS 214
CD-RW 195, 222
CD-Spur 199
CD-Technologie 43, 113
CDTV 218
CD-WO 194, 195, 217
Cell Loss Rate 463
Census-Transformation 758
Center-Clipping 767
Cepstrum-Verfahren 767
CEPT 8
CGA 94
CGEG 129
CGI 735
CGI-Skripte 734
CGM 60, 722
Chalk Passing 552
Channel Switching 271
Check Box 808
Chiffrat 662
Chiffrierverfahren 662
Chipkarten 690
Chrominanz 21, 89, 91, 92, 95, 115, 151, 170, 215, 218, 572, 671
Chrominanzdifferenzsignal 147
Chrominanzsignal 99
CIE 54
CIF 146, 147, 161
Cipher 662
Circuit-Switched-Dienst 432
Classical IP over ATM 471
CLear 833
Client 846
Client/Server-Architektur 723
Client-Pull-Architektur 400
CLIP 471
Clipping-Region 323
Clock 201
CLP-Bit 438
Cluster 770

CLUT 94, 105, 215
CLV 199
CMFS 368
CMFS disk scheduling 368
CMTP 289, 483, 484
CMYK 54
CMYK-Farbmodell 54
COAST 546
Cochlea 25, 27
CoDec 145
Coded-Block-Pattern 669
Cognitive Apprenticeship 820
Collaboration Awareness 539
collaboration-aware 540, 543
collaboration-transparent 539
Collaborative Computing 450, 538, 558
Color Coherence Vector 63
Color Graphics Adapter 94
Color Look-Up Table 105, 215
Color-Subsampling 151
Comb Filter 91
CommChairs 853
Commodore Dynamic Total Vision 218
Common Facilities 527
Common Gateway Interface 735
Common Intermediate Format 147
Common Object Services Specification 527
Compact Disc 183, 196, 249, 282
　　Bridge Disc 216
　　Digital Audio 155, 190, 194, 199
　　Interactive 194, 210, 213
　　Interactive Ready Format 216
　　Magneto Optical 195, 221
　　Read Only Memory 194, 204
　　Read Only Memory Extended Architecture 194
　　Recordable 219
　　Write Once 195
Compile-Time Scheduler 640

Component Object Model 509, 741
Computer Aided Instruction 821
Computer Based Training 817, 821
Computer Graphics Metafile 60, 722
Computer Supported Collaborative Work 537
Computer Supported Cooperative Learning 833
Computer Supported Cooperative Work 842
Computer Vision 61, 62
Computer-Augmented Reality 811
Computergrafik 60, 396
Computerspiele 851
Computertomographie 79
Conference Control Channel Protocol 549
Congestion 482
Congestion Control 408
Connected Component Analysis 746
Connectionless Broadband Data Services 449
Connectors 192
Constant Angular Velocity 198
Constant Bit Rate 245, 258, 436, 460, 464
Constant Linear Velocity 199
Content Insertion 387
Content Relations 568
Continous Media Transport Protocol 483
Continuous Media File System 368
Control-Byte 202
Convergence Sublayer 436
Cooperative Document Repository 538
Coordinate Location Schema 637
Copyright 662, 677, 678
Copyright Offices 686
CORBA 509, 525, 526

Core-Based Tree Routing 480
Core-Router 480
Correspondence 764
CPU 234, 247
    Auslastung 318
CPU-Bandbreite 297
    Einplanung 297
    Reservierung 297
CPU-Makler 301
CPU-Maklereinheit 297
CPU-Maklerprozeß 298
CPU-Reservierung 297
CPU-Scheduler 297, 300
    hierarchischer 316
CPU-Server 317
Critical Instant 306
Critical Time Zone 306
Cross Interleaved Reed Solomon Code 202, 204
Cross-Connector 438
Crosstalk 225
CRT 87
CRT-Display 84
Cruiser 546
Cruiser Environment 412
C-SCAN 361, 385
CSCL 833
CSCW 584, 842
    Anwendungen 546
CSMA/CD 407, 411, 422
Current-Buffer-Liste 383
CyberVision 847

D

DAB 687
Dämon 298, 560
DARPA 451
Darstellungsschicht 409
DAT 155, 193
Data Definition Language 395
Data Link Layer 407
Data Pump 339
Data Suit 811
Data Type Definition 636
Database Management System 389

DataBlades 402
Datacast 503
Datagramm 468
Datagramme
    Fragmentierung 475
Dateiformat
    logisches 208
Dateistruktur 347, 357
Dateisystem 246, 247, 341, 375
    log-strukturiertes 377
Dateitransfer 452, 461
Daten
    Aufbereitung 120
    diskrete 291, 293, 393
    kontinuierliche 291, 293, 393
Datenanzug 811
Datenbank
    objektorientierte 402
    relationale 392
Datenbankebene 712
Datenbanken 818
Datenbankentwurf 391
Datenbearbeitungssprache 395
Datenbitstrom 203
Datendurchsatz 236
Dateneinheit
    logische 20
Datenflußgraph 524
Datenhandschuh 57, 107, 108, 811, 850, 851
Datenkompression 113
Datenmanipulation 697
Datenmodell 390
    halbstrukturiertes 397
Datenrate
    maximale durchschnittliche 250
Datenschutz
    organisatorischer 657
    rechtlicher 657
    technischer 657
Datensicherheit 390
Datenstrom 149, 157
Datenströme 16
Datentablett 57

Datenübertragung
    asynchrone 443
    isochrone 445
Datenverarbeitung 120
Datenverwaltung 292, 392
DAVIC 528
DB2 402
D-Bilder 153, 155
DBMS 389, 392
    relationales 390
DC Coded Picture 153
DCA 696
DC-Koeffizient 137, 139
DCT 118, 120, 126, 130, 131, 134, 136, 137, 141, 154, 155, 156, 170, 180, 679, 761
    formadaptive 170
DCT-Koeffizienten 667, 754
DC-Werte 675
Declustering 352
Decryption 226
Definition der synthetischen Synchronisation 598
Definitionsphase 597
Dekoder 214
Delivery Multimedia Integration Framework 176
Delta-Funktion 80
Delta-Modulation 120, 127
Demand Paging 327
Demand Priority 422
    Schema 422, 423
Demultiplexing 172, 174, 436
Dependency Detection 544
DES 668, 669, 670
Descriptive Markup 720
Desktop-Publishing 78
Deterministic Bit Rate 459
Deutsches Forschungsnetz 450
Device Driver 506
Dezibel 27
DFT 137
DHCP 471

Diagramm
  Balken- 778
  Linien- 778
  Netzwerk- 778
  Torten- 778
Diagramme 778
DIAL 106
Dialoge 807
  einfache 807
Dialog-Modus 116, 117
Diatomic Encoding 123
Dienst 405
  vorhersagbarer 244
Dienstanbieter 255
Dienste
  Best-Effort 242, 244
  garantierte 242, 243
  vorhersagbare 242
Dienstgüte 4, 172, 231, 238, 408, 414, 566
  Berechnung 297
  Bereich 301
  Garantien 473
  Klassen 484
  Management 241
  Neuverhandlung 285
  Parameter 239, 398, 408, 409, 463
    verhandelbare 460
  Profil 299
  Spezifikation 239
  Typ 242
  Übersetzung 241, 259
  verbundene Medienobjekte 615, 617
  Verhandlung 254
  Wahrnehmungs- 239
Dienstklassen 494
Dienstkurve 242, 252
Dienstnutzer 255
Dienstobjekte 239
Diensttyp 242
Differential Pulse Code Modulation 43, 127
Differentiated Services 494, 566

DiffServ
  Working Group 494
Digest Authentication 557
Digital Audio Broadcast 687
Digital Audio Tape 155, 193
Digital Audio Video Council 528
Digital Signature Standard 663
Digital TeleVision 101
Digital Versatile Disc 190, 223
Digital Video Broadcast 687
Digital Video Broadcasting 95
Digital Video Interactive 192, 194, 210, 218
digitale Signatur 659
digitale Unterschrift 659
Digitalisierung 98
Digital-to-Analog Converter 29
DiME 185, 605
Diphon 37, 38
Direct3D 508
DirectDraw 508
DirectInput 509
Directional Coupling 411
Directory Service 542
Directory-Baum 208
DirectSound 508
DirectX 508, 519
  Foundation 508
  Media Layer 508, 509
direkte Manipulation 797, 800, 801
Direktheit
  artikulatorische 799
  formale 799
  operationale 799
  semantische 799
Discrambeling 226
DISIMA 402
Disk-Controller 349, 352
Diskrete Kosinus-Transformation 126, 130, 136
Disk-Scheduling 357, 380
Dispatcher 293, 297, 300, 317
Dispatch-Tabelle 297, 298, 317
Display Controller 82
Display-Byte 202

Distance Vector 479
Distance Vector Multicast Routing Protocol 480
Distanz
 euklidische 63
Distanzfunktion 761
Distanzmaß 771
 euklidisches 771
Distributed Messaging 547
Distributed Queue Dual Bus 442, 443
Distributed Queueing Algorithmus 443
Distributed Queuing 443
Dithering 83
 monochromes 84
Dithermatrix 84
DM 118
DMIF 174, 176
Document Content Architecture 696
Document Style Semantics and Specification Language 722
Document Type Definition 722
Dokument 695
 lineares 698
Dokumente 393
Dokumentenarchitektur 696, 697, 719, 721
Dokumentenbearbeitung 564
Dokumentenstruktur
 primäre 397
 sekundäre 397
Dokumententyp 394
DOLPHIN 537, 855
Do-Nothing-Strategie 798
Doppelpufferung 109
Doppler-Effekt 26
Double Buffering 105
Double-Layer-DVD 225
DPCM 43, 118, 127, 128, 149, 153, 154, 171
 adaptive 128
DQDB 442, 443
 Access Units 443
 Bandwidth Balancing 446

Erreichbarkeit 446
Guaranteed Bandwidth Protocol 443
Guaranteed-Bandwidth-Protokoll 445
Pre Arbitrated Function 445
Request-Feld 444
Slot Type SLT 445
Traffic Shaper 445
Dreiklassen-Scheduler 315
Drei-Schichten-Klassifikationsschema 601
DSM-CC 530, 531, 532
 Normal Play Time 533
 Session 532
DSS 663
DSSSL 722
DTD 636
DTVB 101
Dual Attachment Station 424
Dual Channel 157
Dual Homing 425
Dual-Stack-Host 475
Duktus 784
Duplex-Betrieb 413
Duplex-Modus 414
Durchsatz 239, 240, 247, 261, 266, 278, 288, 294, 315, 319, 333, 408, 455
DVB 95, 101, 687, 690
 Guidelines Document 101
DVB-TXT 101
DVD 190, 193
 Audio 224
 Konsortium 195, 223
 ROM 223
 Standard 223
 Technologie 113
 Video 224
DVD-RAM 229
DVI 192, 194, 210, 218
DVMRP 480
DXF 60
Dynamic Host Configuration Protocol 471
Dynamic Offices 855

Dynamic-Filter 271
Dynamik 108, 775
DynaWall 853

E

Earliest-Deadline-First 295, 302, 363
    Scheduling 300
Early Token Release 420, 421
Echo
    Prozessoren 32
    Unterdrückung 547
Echtzeit 231, 232, 281, 292, 316, 330, 389, 400, 403, 409, 459, 552
    Anforderungen 514, 515
    Bedingung 411
    Betrieb 177, 232
    Daten 482
    Monitor 311
    Planer 314
    Planung 235, 293
    Planungsverfahren 294
    Umgebung 604
    Verarbeitung 291
ECMA 118, 194
ECMA-Standard 204
EDF 302, 363
Edge Router 495
Editierbilder 759
Editiereffekte 744, 753, 759
    Farbwertskalierung 754
    Histogrammänderungen 754
    Kantenextraktion 754
Editieroperation 323, 557
Edutainment 818
EGA 94
Eight-to-Fourteen+ 227
Eight-to-Fourteen-Modulation 200, 201, 204, 227
Einblende 758, 759
    von Schwarz 759
Einblenden 753
Einfachbetriebsmittel 245, 310
Eingeschränktes Blockieren 579
Einplanbarkeit 233, 266

Einplanbarkeitstest 311, 312
Einplanung 246
Einstellung 749
Einzelbild 701
Einzelbildspeicher 104
Einzelworterkennung 41
Einzelworterkennungsrate 41
El Torito Erweiterung 209
Electronic Mail 451, 537, 559
elektronische Post 409, 452, 461
Elementary Stream
    Schnittstelle 175
Elementary Streams 172
ElGamal 677
ELM-ART 828
Email 437
Encapsulated Postscript 52
Ende-zu-Ende
    Protokoll 434
    Schwankungen 235
    Verzögerung 15, 117, 162, 163, 237, 248, 251, 262, 280, 283, 287, 405, 408, 409, 412, 432, 448, 453, 455, 457, 460, 488, 501, 599
End-of-File-Marke 377
End-to-End Jitter 235
Englebart, Doug 710
Enhanced Graphic Adapter 94
Entity Reference 720
Entropiekodierung 118, 120, 139, 142, 144, 153
Entschlüsselung 691
Entschlüsselungsfunktion 662
Ephemeral Teleconferencing State 549
EPROM 190
EPS 52
Ereignis
    zeitkritisches 233
Erlernbarkeit 795
Ertragsprofils 242
erweiterter, verlustbehafteter DCT-basierter Mode 141

Ethernet 314, 411, 476
  Adresse 476
  Bus 412
Etherphone-Projekt 192
Euler-Lagrange-Gleichungen 108
Event 106
Event Handler 317
Exception Handler 284
Exclusion Group-Source Reports 478
Expertensystemen 818
Explosivlaute 39
Extended Markup Language 733
External Data Representation 526
Extraktion von Objekten 74

F
Fächerstrahl-Projektion 80
Fairneß 236, 291
  Prinzip 406
  Schema 446
Faltung 65
  Maske 65
Farbabbildungstabelle 94
Farbauftrag 784
Farbdifferenzsignal 89, 96
Farbe 62, 745
Farbhelligkeit 771
Farbhistogrammtechniken 674
Farbinformation 89, 91, 92
Farbkodierung 50
Farbkohärenzvektor 63
Farbmodell 54
Farbsättigung 56
Farbtabelle 53, 57
  globale 53
Farbtabellen 129
Farbtiefe 57
Farbübersprechen 91
Farbwahrnehmung 748
Farbwerte 750
Farbwertskalierung 754, 759
Fast Ethernet 411, 413
Fast Offset 768
Fast Onset 768
Fast Reservation Protocol 449

Fast-Onset-Filter 768
FAT 376
  Dateisystem 376
Fat Pipes 451
FBAS-Signal 96
FCFS 301
FCS 637
FDCT 136
FDDI 423, 424, 427, 431, 442, 448, 467
  asynchroner Modus 424
  kreative Topologien 426
  Paketgröße 431
  synchroner Modus 424
FDDI II 432, 443, 445
FEC 282
Fehler
  Behandlung 201, 279
  Behebung 237, 281
  Behebungsstrategie 483
  Entdeckung 280
  Erkennung 280, 503
  Korrektur 280, 562
  Korrekturkode 120
  Sicherung 481
  Toleranz 2
Feinstufungstiefe 571
Fellini 383
Fenster 809
Fernsehen 246
  Datenrate 115
  hochauflösendes 115
  Synchronisation 575
Festplatten 343
  Controller 341
  Fehler 349
  hot-pluggable 354
  hot-swappable 354
  Layoutstrategien 340
  Management 356
FFT 118, 126, 156
Fiber Distributed Data Interface 423
Fibernet II 411
FIFO 277
File Allocation Table 376

File Retrieval and Editing System 710
File Transfer Protocol 409
File-Server 472
Film-Controller 324
Filmgenre 744
Filmgenres 769
Filter 270, 501
    Kern 65
    Mechanismen 501
    Spezifikation 491
Fingerabdruck 686
    digitaler 663
Fingerprint 686
Fingerprinting 662
Fingerprints 686
Finite Coordinate Spaces 637
Firefly-System 639
Firewall 475, 497, 658, 662
First-Come-First-Serve 301, 387
First-Come-First-Served 358
Fish-Eye Views 805
FIXB 346
Fixed Block Size 346
Fixed-Filter 271
Flachbildschirme 190
Flash-Effekt 588
Flat-Rate-Modell 558
Fletcher-Munson-Grafik 27
FlexMux-Schicht 172, 175
Flimmereffekt 90, 91, 94
Flooding 478
Floor 545
Floor Control 547, 551, 558
Floor Holder 545
Floor Passing 544, 552
Flow Label 473, 490
Flows 490
Flußkontrolle 278, 281, 436, 463, 482, 484
    fensterbasierter 278
    ratenbasierte 279, 463
Flußspezifikation 269, 488
Flußsteuerung 481

Font
    Rasterung 51
    skalierbare 51
Forking 298
Form 1 210, 211
Form 2 210, 211
formale Direktheit 799
Formant 38
Formanten 45, 119
    Tracking 119
Formantsynthese 38
Formkodierung 170
Forms 735
Fortran 505
Forward Error Correction 248, 282, 436, 437, 455, 503
Forward-DCT 136
Fourier
    Transformation 126, 766
        schnelle 126
    Transformierte 80
Fragment-Header 475
Fragmentierung 357
Frame 89, 202, 420, 427, 443, 680
Frame-Relay 450
Frames 103, 157, 453, 569, 570, 572, 749
Framework 507, 509, 523
Freezing 645
Frequenz 24
    Bänder 126, 156
    Raum 119
    Transformation 156
    Transitionen 766
    Verteilung 744, 766
FRESS 710
Fridrichs-Algorithmus 684
Frikativlaute 39
Frist 233, 302
    harte 233
    weiche 233
Fristen 576
fristenmonotoner Algorithmus 311
Frutiger 789
ftp 724

Füllbit 203
fundamentale Frequenz 766
Funktionale Adresse 420
Funktionale Adressen 419
Fuzzy Scenario 646

G
G.700 129
G.721 129
G.728 129
Gap Problem 578
Garantieverhältnis 296
Gateway 439, 468, 473
Gavel Passing 552
General Markup Language 636
Generic Presentation Service 635
Generic Space Units 634
Generic Time Unit 634
GENESYS 106
Gerätebereitstellung 334
Gerätetreiber 321, 326, 334, 506, 507
Geräteverwaltung 247, 334
Geräusch 25
Geräuschspannungsabstand 200
Gesetz der ersten Wellenfront 27
Gesichtsfeldwinkel 88
Gestaltpsychologie 820
Gestik 814
Gewichtetes Striping 352
GIF 51, 52, 59
    GIF87a 52
    GIF89a 52
    Logical Screen Descriptor 53
Gigabit Ethernet 411, 413
GKS 8, 336
Glasfaser 413
    Multimode 414
    Singlemode 414
Go-back-N Retransmission 281
Go-back-N-Algorithmus 483
GOP 241
Gradient 66
    Orientierung 67

Grafik
    Attribute 47, 59
    Bibliothek 82
    Design 788
    dynamische 78
    Primitive 58, 59
    statische 78
    Synthese 60
    Verarbeitung 841
Grafik-Design 775
Grafiksystem 58
    Anwendungsmodell 58
    Anwendungsprogramm 58
    Grafik-Hardware 58
    interaktive 58
    System 59
grafische Primitive 47
Granularität 571
Graphics Interchange Format 52
Grauwerte 744, 750
Grauwert-Übergangsmatrizen 64
Grauwertvarianz 63
Greedy Regel 369
Greedy-Strategie 367, 369
Green Book 194, 213
Group Awareness 833
Group Membership Queries 566
Group of Pictures 241, 319
    Layer 158
Group Sweeping Scheduling 366
GroupKit 546
Grundfrequenz 768
Grundton 766
Gruppe
    dynamische 539
    statische 539
Gruppen 539
Gruppenkommunikation 451, 541
    Agenten 541
    Interface-Modell 541
    Konferenzkomponente 541
    Kooperationskomponente 541
    Rendez-Vous 541
    Support-Modell 541
    Systemmodell 541

Gruppen-Rendez-Vous 548
Gruppierung 74
GSM 164, 180
GSU 634
GTU 634
Guided Tours 823
Gütemaße 770
    Effizienz 771
    Inter- und Intraklassenabstand 770
    Interklassenabstand 770
    Nächster Nachbar 770

H

H.223 149, 174
H.261 116, 145, 150, 180, 229, 288, 665, 684, 749
    Bewegungsvektoren 148
    Group of Blocks 147
    Interframe 148
    Intraframe 147, 148
    Loop-Filter 146
    Makroblock 147
    Quantisierer 149
    Time-Out 149
H.263 113, 116, 146, 180, 181, 288, 684, 749
    Advanced Prediction-Modus 148
    arithmetische Kodierung 148
    Overlapped Block Motion Compensation 148
H.263+ 149, 684
H.263L 150
H.320 146
Haar-Transformation 126
Haas-Effekt 27
Hadamard-Transformation 126
Halbbilder 90
Halbsilben 38
Halbtonapproximation 83
Halbtonverfahren 83
HAM 712
Hamming-Codes 349
Hamming-Kodierung 439
Handles 809

Hard-State 487, 488
Hardware Abstraction Layer 509
Hardware-Unabhängigkeit 506
harte Frist 233
Harte Synchronisationsanforderungen 576
Hash-Funktion 674
Hash-Funktionen 663
Hash-Wert 663, 674
    einweg- 673
Hauptprozessor 293
Hauptspeicher 190
Hauptspeicherverwaltung 341
Hausdorff-Distanz 758
HBLE 829
HDTV 96, 101, 151, 160, 163
    High 1440 Level 97
    High Level 97
    Standard 97
Head Mounted Displays 839, 850
Head Related Transfer Function 32
Heidelberg Continuous Media Realm 484
Heidelberg Resource Administration Technique 484
Heidelberg Transport System 288, 484
HeiRAT 268, 288
HeiTS 288, 484
Helper-Anwendungen 728
Helvetica 789
Hermes-Referenz-Modell 399
hierarchischer Mode 144
HiFi 465
High Definition Television 96
High Level Language 510
High Sierra Proposal 194
Hilbert-Kurve 395
Histogramm 674
    bimodales 67
History Files 708
HLL 510
Host Interfacing 450
Host Membership Query Message 477

Host Membership Reports 477
Hot-Spot 55
Hough-Transformation 68
HPGL 60
HSLAN 432
HTML 394, 724
HTML 4.0
    Frameset DTD 733
    Strict DTD 733
    Transitional DTD 733
HTTP 557, 723
HTTP/1.0 726
HTTP/1.1 726
Hub 413, 422
    Multiport 422
    Root 422
Huffman 156
Huffman-Kodierung 123, 141
Hybrid CD-R 220
hybride Kodierung 118
HyOctane 638
Hypadapter 829
HyperCard 512, 711
HYPERFLEX 830
Hyperlink 110
Hyperlink Module 637
Hypermedia 695, 698, 699, 700, 702, 822
    Gefahren von 823
    System 702
    Systeme 818
HyperODA 652
Hyperspace 718
Hypertext 397, 695, 698, 699, 700, 702, 822
    Abstract Machine 712
    Editing System 710
    Maschine 712
    System 702
Hypertext Markup Language 724
Hypertext Transfer Protocol 723, 724
HyTime 394, 398, 570, 624, 631, 636, 722
    Engine 638

I

I/O-Prozeß 328
I-Bilder 152, 153
IBM Multimedia Presentation Manager/2 651
IBM Ultimedia-Server 651
ICMP 475, 478
Icons 54, 782
IDCT 138
IDLInet 289
IDRP 470
IEEE 802.5 423
IEEE-Format 505
IETF 471, 488, 494, 554
I-Frame 263, 280, 666
ifWeb 831
IGES 60
IGMP 566
    IGMPv1 477
    IGMPv2 477, 478
    IGMPv3 478
IGMPv2 478
i-Land 852
Illustration 783
ImagePac 218
IMAL 185
Imitation 32
Impulsantwort 31
In-band-Logging 378
Inband-Signalisierung 500, 566
Inclusion Group-Source Reports 478
Index Point 204, 205, 216
Indikatoren 744
    semantische 744, 766, 768
    syntaktische 744, 766, 768
Infografik 776
Information Retrieval 392
Informationsbandbreite 813
Informationseinheiten 701
Informationsfilterung 743
Informationsmetaspur 743
Informationsverkettung
    nicht-lineare 700
Inhaltsanalyse 769
Injected Parallel Replication 374

Injected Sequential Replication 373
Integrated Services 244
Integrated Services Internet 488
Integrität 658, 659, 662, 668, 687
Intellectual Property Rights 168
Intelligente Tutorielle Systeme 817, 825
Intensitätshistogramm 674
Inter- und Intraklassenabstand 770
InteracTable 853
Interactive Video Disc 198
Interaktion 391, 775
Interaktives Audio 851
Interaktives Fernsehen 850
Interaktives Video 850
Interaural Intensity Difference 26
Interaural Time Difference 26
Inter-Domain Routing Protocol 470
Interface 517
Interferenz 93
    Eliminierung 93
Interferenzen 781
Interframe 147
Inter-Frame-Kompression 572
Interior Gateway Protocols 469
Interklassenabstand 770
Interlaced Video 160
Interleaving 134, 211
International Standard Organization 238
Internet 449, 450
    Router 451
    Services Provider 495
Internet Assigned Numbers Authority 476
Internet Control Message Protocol 475, 478
Internet Inter ORB Protocols 527
Internet Protocol 452, 467, 468
Internet-2 450
Internetworking 448
    Cell-to-Slot 448
    Frame 448

Interobjekt-Synchronisation 570, 580, 592
Interpolation 81, 107, 121, 580
    lineare 104
Interprozeß-Kommunikation 292, 329
Interprozeßkommunikation 234, 578, 591
Interprozeß-Synchronisation 329
Interprozeßsynchronisation 578, 591
Interrupt 234
Interrupthandler 234
Interval Caching Policy 386
Intervallen 646
Intra Coded Pictures 152
Intraframe 147, 409
Intraobjekt-Synchronisation 570, 592
IntServ 488
Inverse DCT 138
Invisible Computer 856
IP 172, 174
    Datagramme 470
    IP-in-IP-Pakete 481
    IP-Telefonie 554, 556
IPnG 471
IPR 168
IPv4 468, 471
    TOS 494
    Type of Service 494
IPv5 487
IPv6 289, 471, 658
    Adressen 473
    Congestion Controled Traffic 474
    Extension Header 473
    Flow Label 473
    Flows 473
    Next Header Values 473
    Non-Congestion Controled Traffic 474
    Priority Field 474
IPX 497
IRIX 322
IS 130

ISDN 145, 163, 180, 450, 452
   B-Kanäle 145
   Breitband- 434
   D-Kanal 145
ISO 118, 130
ISO 11172 159
ISO 9660 208, 215
ISO Intermediate Symbol Sequence 141
ISO-11172-Datenstrom 159
Isochronität 315
ISO-Norm 9660 194
ISO-OSI-Referenzmodell 407
ITS 817, 825
ITU 98, 118, 129
ITU-T 434
ivs 562

J
Java 520, 522, 563, 734, 737
   Interpreter 522
   native Code 740
   Remote Methode Invocation 738
Java Media Framework 524
JavaScript 734, 740
JBIG 129
Jitter 15, 240, 248, 266, 288, 315, 409, 436, 442, 460, 463, 496, 562, 587, 592, 601, 645
Joint Photographic Experts Group 130
Joint Stereo 156, 157
Joliet Filesystem 209
Joystick 214, 325, 327, 509, 593, 794
   Kalibrierung 326
JPEG 51, 59, 113, 129, 130, 150, 179, 180, 181, 229, 323, 665, 667, 679
   abbreviated Format 131
   Anforderungen 130
   arithmetische Kodierung 140
   Baseline Process 131, 132
   Basis-Modus 131
   Bildaufbereitung 132
   erweiterter verlustbehafteter DCT-basierter Modus 131
   gemeinsamer Kontext 131
   hierarchischer Modus 132
   Huffman-Kodierung 140
   Minimal Coding Unit 132
   Modi 131
   Modus 131
   nicht-zahnte Bildaufbereitung 134
   verlustbehafteter sequentieller DCT-basierter Modus 131
   verlustfreier Modus 131, 180
Jumbogramme 475

K
Kamera 73
Kamerabewegung 744, 754, 755, 757, 758
Kameraeffekte 744
Kameraparameter 171
Kanal
   Broadcast 410
   Multi-Access 410
Kanalbits 201, 202
Kanalbitstrom 203
Kanäle
   Multi-Access 407
   Random Access 407
Kanalumschaltung 271
Kanalvocoder 44, 45
Kante
   Richtung 68
Kanten 62, 66, 68, 701, 714, 744
   Bilder 745, 757
   Erkennung 76
   Extraktion 66, 757
   Pixel 757
   Segmente 68
Kapselung 509, 515, 516, 517, 518, 519
Karaoke 588
Kathodenstrahlröhre 87, 190
Kellfaktor 88
Kerberos 659

Kernel 293, 331
Kernel-Raum 319, 322, 332
Kernel-Scheduler 316
Key Frames 760
kibitz 537
Kilohertz 24
Kinematik 108
Kiosk-System 848
Klang
    Druck 27
    Effekte
        räumliche 30
    Pfad
        direkter 31
    Projektion
        3D 30
    Qualität 30
    Stimulus 31
    Wellen 26
Klasse 516
Klassen 519
Klassenbibliothek 523
Klassifikation 746
    strukturelle 746
Klassifikationsschema
    Dreischichten-Klassifikationsschema 601
Klassifizierung 769
Klassifizierungsproblem 769
klassisches Konditionieren 819
Klick 587
Knoten 701, 713
Koartikulation 38, 39, 40
Kodierung 33, 98, 152, 394
    4-bit-zu-5-bit 427
    als Vektor 127
    Anforderung 114
    Arithmetische 118, 123, 125
    arithmetische 125, 140, 142
    asymmetrische 121, 178
    Bi-Level- 129
    differenz- 126
    DPCM 154
    Entropie- 118
    Form- 170
    gemeinsame 99, 101
    hierarchische 130, 288, 465
    Huffman- 118, 123, 140
    Hybride 118
    hybride 118, 166
    inMPEG-4 168
    Interframe- 120
    Intraframe- 120, 152
    Komponenten- 99
    Lauflängen- 118, 121
    MIDI 33
    mit Metadaten 178
    PCM 37
    Progressive 142
    Quellen- 118, 119
    relative 126
    skalierbare 412
    statistische 123
    Subband- 118, 126
    symmetrische 121
    Transformations- 126
    verlustbehaftete 118
    verlustfreie 118, 130
    von P-Bildern 154
    YUV- 132
Kodierungseffizienz 167
Kodierungshierarchie 572
Kodierungsstabelle 128
Kognitivismus 818, 820
Kollisionsdomäne 413
Kollisionserkennung 411
Kollisionsüberwachung 414
Kommunikation 292
    Anforderungen 405
    Ein-Wege- 846
Kompatibilität 406
Komponente 427
Komponentenbeziehung 392
Komponentenkodierung 99, 101
Kompression
    asymmetrische 150
    fraktale 178
    symmetrische 116, 150
    verlustbehaftete 675
Kompressionsverfahren
    adaptive 127

Konditionieren
　klassisches 819
　operantes 819
Konditionierung 74
Konferenzkontext 558
Konferenzsteuerung 547
Konferenzsystem 692
Konferenzsysteme
　textbasierte 537
Konfigurationssteuerung 553
Konsistenz 544, 568
Konsonanten
　affrikative 37
　explosive 37
　frikative stimmhafte 37
　frikative stimmlose 37
　stimmhafte 37
Konstruktivismus 818, 820
Kontextwechsel 234, 310, 315, 318
Kontraktionseigenschaft 179
Kontraktionsfaktor 179
Kontrast 56
Konturen 68
Konversationsdienste 845
Konzentrator 425
Konzentratorbaum 426
　mit Loopback 426
kooperatives Lernen 820
Koordinatensystem
　kartesisches 68
Kopplungsfähigkeit 450
Korrelationskoeffizient 682
Kosinus-Transformation 119
Kostenfunktion 266
kritische Nachricht 252
kritische Zeitzone 306
Kritischer Moment 306
kritischer Moment 306
Kryptoanalyse 662
Kryptographie 662, 673
Kryptologie 662
Kunstkopfstereofonie 809
Künstliche Intelligenz 825

L

L*a*b*-Raum 63
Label 196
Label Code 679
LAN 408, 410, 411
　Emulation 471
　Typen 439
Land 195, 199
Lands 219, 221
　Länge 201
LANE 471
LAP 649
Larynx 37
LaserVision 197
Lattice-Filter 39
Lauflängen-Kodierung 140
Lauflängenkodierung 54, 57, 121, 122, 215
Laufpriorität 300
Lauschangriffe 688
Laut
　stimmhafter 36
　stimmloser 36
Laute
　stimmhafte 36, 38, 44
　stimmlose 39, 44
Lautmuster 42
Lautschrift 39
Lautsprecher 30
Lautstärke 25, 27, 744, 766
Lautverkettung 37
　im Frequenzbereich 38
　im Zeitbereich 37
Layered Coding 142, 161
Layered Multicast 566
Layered Transmission 502
Layout 775, 786, 840
LBAP 248, 302
　Modell 248
LBAP-Modell 315
LDAP 556
LDU 235, 248, 394, 511, 567, 571, 700, 713, 749

LDUs
　Abstufungen von 571
　geschlossene 21, 572
　offene 21, 572
Lead-in-Bereich 203, 220
Lead-out-Bereich 203, 220
Leaky Bucket 275
Least Laxity First 310
Least Significant Bit 587
Lempel-Ziv-Welch-Algorithmus 53
Lernen
　situiertes 820
Lernmodell 820
Lernpfad 819, 825, 829
Lern-Software 815
Lernspiele 818
Lernsystem 593
Lernsysteme
　adaptive 820
Lernziel 830
Lerping 104
Lesepfad 700
Leuchtdichte 89, 99
Leuchtdichtesignal 89
Lichtqualität 83
Life-long-Learning 822
Light Pen 797
Lightweight Sessions 549
Likelihood-Ratio 754
Limited A Priori Scheduling 649
linear beschränkter Ankunftsprozeß 248
Linear Bounded Arrival Process 248
lineares Dokument 698
Linear-Predictive-Coding 39
Line-Fitting 76
LINGO 513
Linienverbindung 76
Link 598, 701
Link Processor 635
Link Sharing 244
Link-Local-Adresse 472
Links 397
Link-State 470

Lippensynchronisation 465, 576, 580, 585, 587
　Anforderungen 580
Lippensynchronität 393, 592
Lisp 829
Little's Framework 648
Live3D 742
Live-Connect 741
LiveConnect 742
Live-Synchronisation 567, 593, 594, 597
LLC 415
LLF 310
Local Area Network 410
Location Address Module 637
Logical Data Unit 235, 524
Logical Data Units 571
Logical Link Control 415, 447
Logical Time System 650
logische Ankunftszeit 251
logische Dateneinheit 7, 20
logische Spur 346
logische Verzögerung 251
Logischer Rückstau 250
Logos 782
Logpartition 378
Log-Protokoll 378
Lokale Netze 410
Lokaler Synchronisierer 643, 644
Long Play Disc 193
Look-Up Table 105
LP 193
LTS 650
Lückenproblem 578
Luminanz 21, 89, 91, 92, 95, 115, 151, 170, 215, 217, 572, 671, 675
　Signal 99, 147
　Übersprechen 91
LUT 94, 105

M

MAC 407, 427
MAC-Komponente 427
Macroblock Layer 158
Macromedia Director 513
Macromedia Shockwave 742
Mahalanobis-Distanz 748
Main Profile 160
Makroblock 147, 148, 151, 170
Makrotypographie 785, 786, 787, 788
MAN 410
Manipulation
    direkte 797
Markierung von Objekten 74
Markup
    Befehle 636
    Declarations 721
    Sprache 733
MASH 535
Maske 65
Maskierungseffekt 28
Materialisierung 395
MATV 101
Maus 57, 794, 800
    Cursor 803
Maximum Burst Rate 463
Maximum Burst Size 459
Maximum Transfer Unit 475
Maximum-Buffering-Strategie 333
Maximum-Likelihood-Verfahren 767
MBone 451, 480, 537, 542, 549, 563, 688
    Anwendungen 558
    Net Video 451
    Session 565
    Sessions 563
    Visual Audio Tool 451
    Whiteboard 451
MCI 325, 334
MCI Devices 334
MCU 132, 135, 152
Measurement Module 637
Media Access Control 427
Media Control Interface 334
Media Control Interface (MCI) 328
Media Overflow 198
Media Spaces 412
MediaSpace 546
Medien 184
    als Datentypen 511
    diskrete 184, 291, 405, 605
    kontinuierliche 11, 115, 184, 291, 405, 605
    zeitabhängige 10
    zeitunabhängige 10
Medienagenten 551
Medienaufbereitung 838
Medienbearbeitung 838
Mediendaten 291, 393, 394, 397, 402, 403
Mediengegenstand 640
Medienintegration 838
Mediennutzung 838
Medienobjekte 734
    Duplikate 400
    hierarchische 396
    strukturelle 398
    Unterobjekt 399
Medienschicht 603
Mediensegment 323
Medien-Server 339, 370, 400, 402, 557
Medienskalierung 262
Mediensteuerung 553
Medienströme
    Gruppe 604
Mediensynchronisation
    Elementare 587
Medientreiber 328
Medienübertragung 844
Medienwände 839
Medium 7
    Darstellungs-Dimensionen 10
    Darstellungs-Räume 9
    Darstellungs-Werte 9
    diskretes 695
    Informationsaustausch 9

kontinuierliches 695
Perzeption 8
Präsentation 8
Medium Access Control 407, 441
Mehrfachbetriebsmittel 245, 296, 310
Mehrfach-RAID 351
Mehrkanalsysteme 838
Mehrpunktkommunikation 483
Memex 710
Memory Extender 710
Mensch-Computer-Interaktion 792
Menü 803
    Einträge 803
    Pop-Up 804
    Pull-Down 804
    Pull-Up 804
    Titel 803
Menüs
    Öffnen eines 803
Merkmalsvektor 747, 769
Merkmalsvektoren 763
MERMAID 545
Mermaid 538
Mesh 168
Meta 789
Metadaten 178, 395, 397, 398, 687
    anwendungsgebietgesteuerte 399
    mediengesteuerte 399
Metadoc 830
Metainformation 743
Metainformationen 727, 728
Meta-Planer 314, 318
Metasprache 733
Metrik
    L1 748
    L2 748
Metroplitan Area Networks 410
Metropolitan Area Network 410, 441
METS 239, 288, 484

MHEG 396, 570, 606, 718
    Engine 606
    Synchronisation 634
MHEG Engine 634, 635
Micon 701
Microsoft Multimedia Extensions 651
Microsoft Windows 322, 334
MIDI 23, 33, 325, 327, 328
    Aktion 33
    Clock 34
    Datenformat 33
    Gerät 34
    Kabel 33
    Nachrichten 33
    Port 33
    Schnittstelle 33
    Time Code 34
MIDI-Mapper 326
MIDI-Patch 326
MIDI-Synthesizer 326
Mikrostruktur 784
Mikrotypographie 785
Mikrowellen 102
Mikrowelten 821
MIME 555
MIME-Version 725
Mimik 814
Minimum Cell Rate 459
Minimum Coded Unit 135
Minimum Coded Units 135
Minimum-Buffering-Strategie 333
MIPS 718
MIT-Muse 185
Mixed Mode Disc 205, 211, 213, 216
Mixed Object Document Content Architecture 696
MMDBMS 389, 390, 393, 395, 402
    Best-Effort 400
    strukturelle Modelle 394
MMDS 102
MMPM/2 328
    logisches Gerät 328

MMSYSTEM 326
MMusic 542, 554
MO
    DCA 696
MODE 607, 642
    Flußgraph 645
Mode
    hierarchischer 144
Modularisierung 516
Modularisierungskonzept 515
Modularität 518, 519
Modulationsverfahren 407
Modus
    verlustbehafteter 324
    verlustfreier 324
Moment
    kritischer 306
Monitorapplikation 497
Monitoring 284
Monofonie 810
Monomode-Faser 427
MOQL 401
Morphem 36
Morphing 841
MOSPF 480
Motion JPEG 180
Motion-JPEG 264, 761
Moving Icon 701
Moving Worlds 110
MPEG 113, 116, 129, 150, 180, 181, 215, 226, 229, 260, 666, 668, 684
    Audio Access Unit 157
    B-Bild 153, 154
    Bewegungsvektor 154
    Bildaufbereitung 151
    Bildverarbeitung 152
    Bildwechselfrequenz 151
    D-Bild 153, 155
    Frequenzbänder 156
    Group of Pictures 155
    I-Bild 152, 153
    Kanäle 156
    Kodierung 152
    Layer 155
    Makroblock 151

Multiplex 159
P-Bild 153, 154
Prädiktion 151
psychoakustisches Modell 156
Quantisierung 155
Quantisierungskennlinie 153
Sequence Layer 157
Slot 157
Stereoton 156
Suchumgebung 154
Systemdefinition 150, 159
MPEG-1 116, 379, 418, 665, 749, 761, 773
MPEG-2 159, 181, 665, 670, 749, 761, 773
    Audiokodierung 162
    Basis-Multiplexing 162
    High Profile 160
    Main Profile 160
    Programmstrom 163
    Skalierung 161
    System 162
    Transportstrom 163
MPEG-3 163
MPEG-4 163, 181, 503, 684
    Access Unit Layer 174, 175
    AL-PDU-Header 177
    audiovisuelle Objekte 164
    Echtzeit-Daten 177
    elementare Ströme 172
    Fehlerrobustheit 167
    Fehlerschutz 169
    inhaltsbasierte Skalierbarkeit 166
    inhaltsbasierten Zugriff 166
    Kameraparameter 171
    Kompositionseinheiten 177
    Kompressionseffizienz 167
    Makroblock 170
    Multiplexing-Subschicht 174
    Pred 1 - Pred 3 171
    Schichten 169
    Schutz-Subschicht 174
    Session 177
    Ströme 172

TransMux 172
Zeitbasen 178
Zugriffseinheit 172
MPEG4 150
MPEG-7 178
   Anzeigestrategien 178
   Konsistenzüberprüfungen 178
   Suchverfahren 178
MPEG-Audio 212
MPEG-Systemdecoder 227
MPOA 471
MRouter 451
MTU 475
MTU Discovery Protocol 475
Multi-Access-Kanal 410
Multi-Access-Kanäle 407
Multicast 281, 288, 340, 408, 409, 427, 441, 442, 450, 451, 455, 457, 458, 469, 501, 503, 537, 542, 548, 554, 555, 559, 565, 596, 611, 612
  Adresse 469
  Gruppen 477
  Layered 566
  Router 477
  Routing 566
Multicast Backbone 451
Multicast Group Management 483
Multicast Open Shortest Path First 480
Multicast-Adresse 476
Multicast-Bit 476
Multicasting 467
Multicastverbindung 406
Multicodalität 816
Multidrop 409
Multi-Font-Text 842
Multilingualität 162
Multimedia 7, 699, 702
  Definition 13
  Dokument 695
  Editoren 842
  System 12, 702
  Systeme 12

Tele-Orchestra 646
Workstation 188
Multimedia and Hypermedia Information Coding Expert Group 718
Multimedia Database Management System 389
Multimedia Enhanced Transport Service 288, 484
Multimedia Enhanced Transport System 239
Multimedia Objects in a Distributed Environment 642
Multimedia Presentation Manager/2 327
Multimedia-Synchronisation 619
Multimedia-Systeme
  Eigenschaften 12, 656
  lokale 184
Multimodalität 816
Multimode-Faser 427
Multiplex
  Rahmenstruktur 435
  Verfahren 115
Multiplexing 172, 434, 436, 461
  statistisches 461, 462
Multipoint Control Units 556
Multiport-Hub 422
Multiprogramming 576
Multiprotocol over ATM 471
Multi-stage Interconnection Network 456
Multi-Step-Synchronisation 611
Multitasking 234, 293, 325
  preemptive 327
Multiview Video 164
Muse 605
Music Information Processing Standard 718
Musik 25
Muster
  Entdeckung 61
  Erkennung 61
Mustererkennung
  dynamische 61
  statische 61

N

Nachricht
  kritische 252
Nachrichten 248
Nachrichtenübermittlungsdienst 845
Nachrichtenwarteschlange 234
Nächster Nachbar 770, 772
Nachweisbarkeit 658, 660, 662
Name Space Addressing Schema 637
Nameserver 542
Nameserver Query 542
National Science Foundation 450
National Television Systems Committee 95
Native ATM 497
Navigation 392, 598, 716, 805, 823
  gerichtete 823
  gesteuerte 823
  systematische 823
  ungerichtete 823
Nebenläufigkeit 514, 518, 521, 576
Nelson, Ted 710
NETBLT 319
Netwerk Voice Terminal 561
Network Access Point 450
Network Layer 408, 467
Network Service Provider 450
Network Time Protocol 280, 610
Netzdurchmesser 413
Netzwerkkopplung 341
Netzwerk-Management 486
Netzwerk-Texteditor 564
NeVoT 561
News-on-Demand 370
Nichtechtzeitumgebung 604
nichtlineare Informationsverkettung 700
NLS 710
Node 444
non overlay mode 588
Non Real-Time Environment 604
Non Return to Zero Inverted 427
Non-Core-Router 480
non-real-time environment (NRTE) 320
NoteCards 711
Nowy's Insertial Navigation System 308
NRTE 322, 604
nrt-VBR 461
nte 564
NTP 280
NTSC 91, 95
  Standard 90
Nullunterdrückung 122
nv 562
NVoD 688
Nyquist-Abtasttheorem 29
Nyquist-Theorem 98

O

Object Linking and Embedding 741
Object Management Architecture 526
Object Request Broker 526
Object Services 527
Object-Action 795
Objekt 73, 516
  Ausrichtung 73
  Bewegung 755
  Bus 526
  Kategorie 73
  Klasse 73
  Manager 635
  Modell 516
  Orientierung 696
  Position 73
  Schicht 605, 611
Objekte 745
OBMC 148
OC-3-Link 451
OCR 61, 773
  Programme 839
  Systeme 745
ODA 652
Offline-Resampling 579
Offset 766, 767, 768

OLE-Controls 741
OMEGA-Architektur 289
OMG 525
On Line System 710
On-Demand 387
Online-Planer 311
Online-Resampling 580
Onset 766, 767, 768
   Fast Onset 768
Ontologien 399
Open Document Architecture (ODA) 652
Open Shortest Path First 470
Open Software Foundation 525
OpenDoc 527
operanten Konditionieren 819
operationale Direktheit 799
Optical Character Recognition 61, 745
Optical Flow 750, 751
   Blendenproblem 752
   deformierbare Körper 752
   Differentielle Techniken 751
   Energiebasierte Verfahren 751
   Korrelation zwischen Regionen 751
   Korrelationsbasierte Techniken 751
   Phasenbasierte Verfahren 751
   physikalische Korrespondenz 752
   Verfahren 751
Optimierer 643, 644
Option Sheets 808
optischer Tiefpaß 149
Orange Book 195, 219, 221
Orchestration Service 605
Orthotypographie 785
Ortsfrequenzraum 63
Ortsraum 63
Orwell 442, 447, 449
   Destination Releasing 447
   Dienstklassen 448
   Reset-Intervalle 447
   Slotted Ring 447
   Source Releasing 447
OS/2 327, 334
OSI 405, 470
OSI-Architektur 288
OSI-Referenzmodell 452
OSPF 470
Overlapped Block Motion Compensation 148
Overlay-Modus 588
Overlay-Netz 475
Over-Provisioning 266

P

P+Q-Redundanz 350
Packaging 198
PackBits-Kompression 54
Packet Classifier 489, 490
Packet Scheduler 489
Packetized Elementary Stream (PES) 162
Padding 175
Paging 329
Pakete 408
Paketfilter 658
Paket-Scheduling 252
Paketverluste 282
Paketvermittlung 452
PAL 91, 96, 99
   Norm 115
   Standard 90
Parallelstrahl-Projektion 80
parametrisches System 44
Paritätsplatte 349
Parsing 397
passives Betriebsmittel 245
Paßwortkontrolle 659
PATH Messages 491
Path Table 208
Pattern Substitution 123
Payload Type Identifier 566
Pay-TV 689, 690, 692
   Dienste 102
P-Bilder 153, 154
   Kodierung 154
PBM 51, 56

PBMplus 56
    Filterprogramme 56
PCM 8, 37, 99, 127, 156, 200, 228
PCM-Kodierung 43
PDA 745
PDF 52
Peak Cell Rate 258, 259, 459, 460, 461, 463
Peano-Kurve 395
Peer-to-Peer-Verhandlung 254
Pen Computing 811
Pencil Test 104
Periode 24
Periodentransformation 362
Peripherie 189
    Bus 189
    Komponente 189
Permutation 667
Persistenz 389, 518, 521
Personal Digital Assistant 745
Persönlichkeitsschutz 661
PES 677
Petri-Netze 598, 629
P-Frame 263, 280, 749
PGM 56
Phase Alternating Line 96
Phasenfehler 96
Phonem 36, 37, 39
    Übergang 37
Photo Compact Disc 217
Photo Image Pac Dateiformat 85
Photo-CD 85, 194, 288, 335
PHY 426, 427
Physical Layer 407, 435
Physical Layer Medium Dependent 426
Physical Layer Protocol 426
Physical Time Unit 634
PICT 60
Picture Layer 158
Piggybacked and Injected Parallel Replication 374
Piggybacked Parallel Replication 374
Piggybacked Sequential Replication 373

Piggybacking 387
Piktogramme 782
PIM 480
Pinna 25
pinned Memory 239
Pinning 330
Pit 195, 199
Pitch 766
Pits 219, 221, 225
    Länge 201
Pixel 47, 88, 120, 133
    Saat- 70
Pixelbild 115
Pixelmap 59
Pixmap 59
PK-Schlüssel 690
Planungspunkt 310
Planungsverfahren
    Raten-monotones 304
Planungsziel 295, 296
Platten-Controller 347
Plattenlayout 343
Platten-Scheduling 358, 362
Playout Management 391
Plug-Ins 741
PMD 426, 427
PNM 56
Pointer 584
Pointer-Synchronisation 584
Policies 549
    Consistency 549
    Initiator of 549
    Voting 549
Policy Control 490
Polling 423
Polygonmodelle 686
Polymorphismus 518
Port 422, 481
Portabilität 522
Portable Anymap 56
Portable Bitmap 56
Portable Bitmap plus 56
Portable Document Format 52
Portable Graymap 56
Portable Pixmap 56
Ports 440

PostScript 51
Postscript 51, 722
    Encapsulated 52
    Kompressionsmethoden 52
    Level-1 51
    Level-2 51
Power Sensing 411
PPM 56
Prädiktion 126, 153
    bidirektionale 154
Prädiktoren 144
Präsentation
    Manipulation 612
Präsentationsebene 712
Präsentationseinheiten
    zeitabhängige 571
Präsentationsniveau-Synchronisation 616
Präsentationsphase 597
Predictive Coded Pictures 153
Preemption Windows 315
Premastered Area 222
Prerequisite Graphs 829
Presentation Layer 409
Presenter 638
Priorität 296, 415, 423
    Drop 495
    Interface-based 495
    mehrfache 415
Prioritäten
    Scheduling 327
    Umkehrung 314
    Vererbung 314
    von Objekten 644
Prioritätskodierung 282
Prioritätsumkehr 312
Prioritätsumkehrung 314
Priority
    Delay 495
Private-Key-Verfahren 663
Probedienst 318
Processing Instruction 721
Produktionsniveau-Synchronisation 616
Profil 771, 825, 848
Profilverarbeitung 318

Programmbereich 203
Programmiersprache 505, 514, 515
Programmierung 512
Programmstrom 101, 162
Projektion 73, 79, 751
    Fächerstrahl 80
    Parallelstrahl 80
Projektionsbilder 79
Projektionsscheiben-Theorem 80
PROM 190
Property Sheets 808
Prosodie 38, 39, 40
Protocol Data Unit 405
Protocol Independent Multicast 480
Protokoll 405
    Dateneinheiten 237
    Format 405
    Stack 470
    Syntax 405
Proximity-Sensor 112
Proxy 556, 557, 560, 689
Prozeß 295
    isochroner 315
    nicht-unterbrechbarer 296
    Scheduling 252
    Synchronisation 576
    unterbrechbarer 296
    Verwaltung 246, 247, 291, 292, 293
        blockiert 293
Prozesse
    aperiodische 309
    Nicht-Blockieren 590
    nicht-unterbrechbare 311
    sporadische 309
    unterbrechbare 311
    zeitkritische 294, 309
Prozessor 190, 235, 293
    Auslastung 294, 296
    Kapazitätsreserve 297, 300, 316
    Leistung 231, 293
Prune-Nachrichten 480
Pruning 503

Psychoakustik 25
PTU 634
Public-Key-Infrastruktur 686
Public-Key-Verfahren 663, 673
Puffer 331
    Größe 428
    Management 237
    Verwaltung 319, 332
    Zeiger 332
Pull-Server 339
Pulse Code Modulation 4, 464
Punkt-zu-Punkt 542, 596
    Kommunikation 281, 427
    Verbindung 442, 449, 455
    Verbindungen 414
Push-Server 339
Pygmalion 185, 605

Q
QBISM 396, 402
QCIF 146, 147
QoS 174, 301, 316, 398, 400, 403
    Broker 253, 259, 289
    Routing 272
    Übersetzung 272
QoS-A 288
QoS-Ausgabeparameter 252
QoS-Parameter 254
    Anwendungs- 240
    der Netzwerkschicht 239
    der Transportschicht 239
    deterministische 243
    Geräte- 241
    Kommunikations- 240
    System- 240
QPSX 443
Quadraturamplitudenmodulation 96
Quadrofonie 809
Quadrophonie 9
Quality of Service 172, 231, 238, 398
QualMan 268, 289
Qualman 317
Quanitisierung
    3 Bit 30

Quantisierer 142
Quantisierung 30, 56, 94, 98, 120, 138, 144, 153, 249, 770
    16 Bit 30
    16-bit-lineare 200
    8 Bit 30
    Stufen 98
Quantisierungskennlinie 127, 153
Quantisierungsvektoren 179
Quarter- CIF 147
Quelle 14, 321
Quellen 185
Quellenkodierung 44, 118, 119, 693
Query by Example 392
Queued Packet Synchronous Exchange 443
Queuing 456
QuickTime 113, 322
    Architektur 323
    Custom Tracks 323
    Filmdokument 323
    Film-Toolbox 323
    Komponentenmanager 324
    Kompressionsmanager 323
    Poster-Frame 323
    Spur 323
    System-Clipboard 323
Quittung
    positive 482
Quittungen
    selektive 483

R
Radio Button 801, 808
Radon-Transformation 79
Radon-Transformierte 80
Rahmen 443
RAID-0 349
RAID-1 349
RAID-2 349
RAID-3 349
RAID-4 349
RAID-5 350
RAID-6 350
RAMP 504
Random Early Discard 485

Random-Access-Kanäle 407
Randomly Sequenced Pulse
   Position Modulated Code 679
Rapport 537
RARP 471
Raster 82
   Bilder 670
   Bildschirm 82, 94
   Grafik 60
   Zeilen 82
Rate Monotonic Scheduling 268, 295
Ratenanpassung 317
Rateninformation 287
Ratenkontrolle 266
ratenmonotoner Algorithmus 304, 308, 309
   Prozessorauslastung 307
Raten-monotones
   Planungsverfahren 304
ratenmonotones Scheduling 298, 300
Raumakustik 42
Raum-Zeit-Modelle 395
Rauscheffekte 34
Rauschgenerator 39, 44
RC4 669
RCAP 259, 289, 484
RCAP-Protokoll 268
RDBMS 390, 401
R-DQDB 446
Reactive DQDB 446
Read Only Memory 198
Read-Only-Medium 194
Real Time Streaming Protocol 557
Real-Time Channel Administration Protocol 484
Real-Time Environment 320, 604
Real-Time Internet Protocols 483
Real-Time Message Transport Protocol 483
Real-Time Protocol 451, 658
Real-Time Streaming Protocol 557, 563

Real-Time Traffic Flow
   Measurement Protocol 558
Real-Time Transport Protocol 482, 495
Realtime Transport Protocol 554
Real-Time Upcall 317
Reassemblierung 475, 484
Reassembly 237
Receiver Reports 566
Receiver-driven Layered Multicast 502
Red Book 194, 204, 210, 213
Redirektionsmodus 556
Redirektionsmöglichkeit 557
Reed-Solomon 202
Reed-Solomon-Kodierung 350
Referenzmodell 410
Referenzpunkte 627
Reflexion 26
Refresh Buffer 82
Refresh-Zyklus 83
Region Growing 69, 72
Regular CD-WO 220
Reiz-Reaktions-Ketten 819
Reiz-Reaktions-Lernen 822
Relation 598
relationale Algebra 390
relative Kodierung 126
Reliable Adaptive Multicast Protocol 504
Reliable Audio Tool 561
Reliable Multicast Protocol 504
Reliable Multicast Transport Protocol 504
Remote DataPump Control Protocol 563
Remote Procedure Call 525
Rendez-Vous 543
Rendition Module 638
Renegotiation 262, 265
Reorganisation 354
   Eager 355
   Lazy 354
Repeater 414

Replikation 370, 543
    dynamische 372
    statische 370
Replikationsarchitektur 544
Request for Comments 471
Request Specification 491
Re-Routing 286
Resampling 579, 623
    offline 579
    Online 579, 580
Re-Sequencing 764
Reservierung 267, 408, 434, 486
    empfängerorientierte 486
    senderorientierte 486
Reservierungsfunktion 268
Reservierungsmechanismus 417
Reservierungsmodus 301
Reservierungsnachricht 272
Reservierungsreihenfolge 301
Reservierungsrichtlinie 301
Reservierungsrichtung
    empfängerorientiert 269
    senderorientiert 269
Reservierungstabelle 268, 273, 297, 298, 331
Resilience 239
Resonanz 26
Resource Interchange File Format 325
Resource Management 231
Resource Management Protocol 478
Resource Reservation 467
Resource Reservation in Advance 493
Resource Reservation Protocol 239, 488, 489, 490
Ressourcen 231, 267
    Belegung von 267
    Broker 268
    Konflikte 268
    Makler 302
    Management 247
    Manager 253, 272, 273, 285
    Pool 301
    Reservierung 231, 246, 272

Tabelle 268
Überwachung
    Endbenutzermodus 284
    Netzmodus 284
    Verwaltung 254, 324
    Zuweisung 403
Restfehlerrate 239
Restricted Blocking 579
Restricted Token 428, 432
Restriping 353
RESV-Nachricht 491
Resynchronisation 622
Retransmission 248
Reverse Path Broadcasting 479
Reverse Path Multicasting 479
Revision 199
Reward Profile 242
RFC 471
RGB 54, 62, 67, 89, 121, 132
    Farbe 744, 769
    Farbmodell 57
    Farbwerte 682
    Modus 215
    Signal 92
    Tripel 50
RIFF 50, 328
Ring 415
    logischer 415
RISC-Architektur 505
RMI 738
RMP 504
RMTP 289, 483, 484, 504
Rockridge Erweiterungen 209
ROM 190
Roomware 852, 853
Root Hub 422
Rope 380
Rope Server 382
Rotation 107, 171
Rotationsanimation 109
Rotationsverzögerung 209
Rotoscoping 108
Round-Robin 287, 315, 346, 362, 366
    Polling-Schema 422

Route
    statische 470
Router 422, 468, 473, 476
    Interface 478
    Konfigurationen 658
Routing 286, 469
    Dämon 480
    Protokoll 469
    Tabellen 457
    Tags 457
Roxane 458
RSA 673, 677
RSpec 491
RSPPMC 679
RSVP 239, 259, 269, 272, 289, 478, 489, 566
    Protokoll 269
    Reservierungsmodi 492
RT-Anwendungsproben 299
RTCP 497, 500
    Receiver-Reports 497
    Sender-Reports 497
RTCP-Bye 500
RTE 322, 325, 329, 604
RTIP 289, 483
RTP 172, 482, 495, 497, 558, 566, 658
    Mixer 498
    Payload Type Identifier 496
    Ports 497
    Profile 497
    Receiver Reports 496
RTP-Header-Compression 500
RT-Profile 299
rt-VBR 461
Rückkopplung
    explizite 287
    implizite 287
Rückkopplungskontrolle 287
Rücklauf 117
Rückstau
    logischer 250
Run-Time Scheduler 640

S

Saatpixel 69, 72
SA-DCT-Algorithmus 170
Sample 28
Sampling-Rate 29, 579
SAR 436
S-ARQ 283
Scalable Resource Reservation Protocol 494
SCAN 346, 361, 363
SCAN-Earliest-Deadline-First 363
SCAN-EDF 346, 363, 385
Scanner 84, 839
Scefo 106
Schablonenvergleich 746
Schattenkanal 286
Schedulability 233, 266
Schedule 612
Scheduler 293, 300, 314, 315, 318
    echtzeitfähiger 314
    in UNIX 300
Schedules 605
Scheduling 234, 247, 252, 253, 260, 263, 268, 274, 291, 297, 300, 312, 600, 638
    dynamisches 649
    Frame-basiertes 260
    GOP-basiert 260
    Limited A Priori 649
    ratenmonotones 300
    Statisches 648
    Strategien 358
Scheduling Module 637
Schicht 405
    reflektierende 196
Schiebefensterprotokoll 482, 483, 503
Schlüssel 663, 689
    kryptografische 556
    öffentliche 676
    persönlicher 690
    unabhängige 690
Schlüsselbilder 103, 107, 760, 761
Schlüsselraum 670

Schlüsselszenen 743
Schnitt 744, 753, 756, 758
Schnitte 753
Schnitterkennung 743, 754
    Audio 767
    auf Pixelbasis 754
Schnittgrenzen 759
Schrift 785, 789
Schriftsatz 785
Schutzschicht 196
Schwellwertbildung 76
Scientific Visualisation 779
SCMC 647
Scope 472
Scrambling 689, 690
Screen Sharing 537, 543
Screenshots 48
Scroll Bar 805
Scroll Bars 799
Scroll Buttons 806
Scrolling 805
SDH 436
S-Dynamics System 106
SECAM 95
SEC-MPEG 666, 668
Security 655
Seek-Zeit 209
Segmentation 237
Segmentation And Reassembly 436
Segmentgruppenpaare 346
Segmentierung 67, 744
    kantenorientierte 68
    punktorientierte 67
    regionenorientierte 69
    Verfahren 67
    Water-Inflow 71
Sehstrahlen 81
Seitenfehler 329
Sekundärspeicher 190
Sekundärspeicherverwaltung 341
Selbstähnlichkeit 179
Selektive Neuübertragung 281
Semantic Location Schema 637
semantische Direktheit 799
semantisches Netz 830

Semaphore 234
Sender Reports 566
Senke 14, 321
Senken 185
Sensor
    akustischer 594
    optischer 594
Sequence Layer 157
Sequencer 328
Sequential Couleur avec Memoire 95
Sequential Forward Selection 771
sequentielle Speicherung 347
Sequenzer 34
Sequenz-Grabber 324
Sequenznummer 482
Server 846
Server-Manager 643, 646
Server-Push-Architekt 400
Service Data Unit 405
Service Level Agreements 495
Session 220, 321, 532
Session Description Protocol 554
Session Directory 559
Session Initiation Protocol 542, 556
Session Layer 409
Session Management 547, 550
    Architektur 550
Session Manager 550, 551, 552
    Conferene Control Management 551
    Configuration Management 551
    Media Control Management 551
    Membership Control Management 551
Session Scheduler 649
Session Tools 559
SFQ 316
SGML 396, 397, 636, 696, 698, 718, 719, 721
Shadow Channel 286
Shared Applications 541
Shared Explicit Modus 492

Shared Memory 234, 298, 319, 331
Shared Workspace 545
Shortest Job First 311
Shortest-Seek-Time-First 359
Shot 749, 753
ShowMe 537
Showscan-Technologie 89
Sicherheit 655, 656
Sicherheitskonzeption 658
Sicherungsschicht 407
SIF 101
Signale
    akustische 25
Signal-Feedback-Algorithmen 32
Signalformkodierung 43
Signalisierung 442
Signalprozessoren 191
Signalsierungsprotokolle 272
Signal-to-Noise-Ratio 671
Signatur 662, 675, 677
Signaturen 673
    inhaltsbasierte 674
Simplex-Betrieb 267
Simplex-Verbindung 482
Simulation 32, 78, 818
Simulationen 821
Simultanübersetzung 588
Single Attachment Station 424
Single-Track-Technik 344
Sitzungsschicht 409, 551
Sitzungszustand 552
SJF 311
Skalierbarkeit 166, 670
Skalierung 107, 231, 262, 284
    Amplituden- 264
    Farbraum- 264
    Frequenz- 264
    nicht-transparente 263
    räumliche 264
    temporale 264
    transparente 263
Sketchpad 107, 797
Skew 465, 580
Skip/Pause-Algorithmus 605
Skript 632
    Sprachen 507, 512
SK-Systemschlüssel 690
Slack-Time 368, 369
Slant-Transformation 126
Slice 158
    Layer 158
Slope Overload 128
Slot 443, 453
Slots 157
Slow Start 482
Smalltalk-80 805
SMART 317
SMDL 718, 722
SMIL 734
SMPTE 34, 160
SMT 426, 427
SNR-Skalierbarkeit 671
Sobel-Operator 66
Soft-State 487, 490, 491, 500
SONET 436
Sound Pressure Level 27
Source Filtering 478
Source Input Format 101
Spaceball 57
Spanning Tree 479
Spatial Relations 569
SPDL 722
Spectral Selection 142
Speicher
    Allokator 331
    Makler 331
    Verwaltung 234, 247, 292, 329
    virtueller 329
Speicherkapazität 113
Speichermedium 347
Speicherplatz 231, 329
    maximal benötigter 250
Speichersubsysteme 343
Speicherungsebene 712
Speicherverwaltung 329
Sperrmechanismen 544
Spezialbrillen 811

Spezifikation
    durch Petri-Netze 629
    Grundlegende hierarchische 625
    Intervallbasierte 619
    Kontrollflußbasierte 625
Spezifikationsschicht 607
Spielraum 310
Spielraumplanung 310
Splines 104
Split Level Scheduler 315
Split-and-Merge 773
    Algorithmus 70
Split-Stripe 353
Sporadic Server 309
Sprachanalyse 809
Sprachausgabe 36, 37
Sprache 23, 25, 115, 767
    Erkennung 23
    Erkennung von 745
    Semantik 42
    Synthese 23
    Übertragung 23
Spracheingabe 40
Spracheingabesystem
    sprechergebundenes 43
    sprecherungebundenes 43
Spracherkennung 41, 186
    diskrete 812
    kontinuierliche 812
Sprachgrundfrequenz 36, 38, 44, 119, 744, 766, 767
Sprachsignale 35
Sprachsynthese 39, 41, 45
Sprachübertragung 43
Sprachwiedergabe 37
Spur 197, 323
SQCIF 146
SQL 390
SQL-Web-Tutor 829
SRP 494
SSA-Speichersystem 374
ST Control Message Protocol 488
ST-2+ 488
Stack
    Tiefe 70

Stackbereich 70
Staffel 414
Standard
    De-facto 205, 228, 406
    deFacto 53, 60
    De-jure 406
Standard Generalized Markup Language 696, 719
Standard Music Descrioption Language 718
Standard Page Description Language 722
Standards
    De-facto 118
    De-jure 118
STAR 805
STAR-System 800, 804
Start Time Fair Queuing 316
State Agreement 549
Static Playout Schedule Computation Algorithm 648
Station
    der Klasse A 424
    der Klasse B 424
Station Management 426
Statistical Bit Rate 459
statistische Kodierung 123
Steganographie 678
    konstruktive 678
    substitutionale 678
Stereo 30, 157, 547
Stereofonie 809
    Kunstkopf- 809
Stereophonie 9
    binaurale 32
Stereosignal 587
Stereoskopie 79, 81
stereoskopische Parallaxe 81
Stereoton 156
Stereovision 82
Stern 411, 440, 449
    aktiver 411
ST-II 288, 487, 497
ST-II-Protokoll 258, 268
stimmhafter Laut 36
Stimmlippen 36

Stop-and-Go-Scheduling 276
Storage Manager 382
STORM 402
Storyboards 844
ST-Protokoll 488
Strand 380
Strang 380
Stream Handler 321, 328
Stream Multiplex Interface 174
Stream Programming Interface (SPI) 328
STream Protocol 487
Streaming Technology 851
Stream-Modell 488
Stretchtext 830
    Buttons 830
Strict DTD 733
Stripe
    Gruppe 352
    Split 353
Striping 348
    gewichtetes 352
Striping-Einheiten 350
Stromchiffre 669
Stromschicht 604, 611
Studentenmodell 826
Studiofotografie 784
Stummschaltung 129
Subband-Kodierung 44, 126
Subchannel 202
Subchannel-Bit 202
Subheader 210
Subnetzmaske 469
Subsampling 100
Substitutionsbeziehung 392
Substrat 196
Substratschicht 195
Subwoofer 838
Successive Approximation 142
Suche
    inhaltsbasierte 398
    inhaltsorientierte 403
Suchwerkzeug 716
Suchzeit 356
Sujet 784
SunOS 322

Super Video Graphics Array 94
Surrogate Travel 593
Surround 162
Surround Displays 839
Surround-Klang 851
Surround-Sound-Technik 32
Sustainable Cell Rate 259
Sustained Cell Rate 459, 463
SVGA 94
Switch 412, 413
    Multiport 422
Switched Multimegabit Data Service 449
Switching Fabric 456
Symbolics Document Examiner 711
Symphony 385
synchrone Allokation 429
synchrone Kapazität 427
Synchronisation 234, 292, 329, 389, 391, 406, 431, 514, 515, 567, 695
    Achsenbasierte 622
    Anforderungen an die Präsentation 592
    auf Basis eines globalen Timers 622
    auf virtuellen Achsen 624
    Betroffene Systemkomponenten 599
    Bezugselemente 592
    Ereignisbasierte 631
    explizite 597
    Fernsehen 575
    implizite 597
    Interobjekt 570
    Intraobjekt 570
    Lippensynchronisation 580
    Live- 593, 594
    Multi-Step- 611
    parallele 625
    Pointer 584
    Präsentationsniveau- 616
    Produktionsniveau- 616
    Referenzmodell 601
    serielle 625

Skripte 632
Spezifikationsmethoden 619
Synthetische 596
synthetische 593
über Referenzpunkte 627
Uhr- 610
verteilte Umgebung 607, 612
von Audio und Video 117
von Strömen 322
Zeigersynchronisation 584
Synchronisationsanforderungen
  harte 576
  weiche 576
Synchronisationsbeziehung 393
Synchronisationsbit 203
Synchronisationseditor 643
Synchronisationselement 644
Synchronisationsfehler
  Wahrnehmung 583
Synchronisationsgüte 578
Synchronisationsmechanismus 590
Synchronisationsmuster 203
Synchronisationspunkt 627
Synchronisationsreferenzmodell 602
  Medienschicht 603
  Objektschicht 605
  Spezifikationsschicht 607
  Stromschicht 604
  Vierschichten-Synchronisationsreferenzmodell 602
Synchronisationsspezifikation 614
  Transport 608
Synchronisationszeit 209
Synchronization Controller for Multimedia Communication 647
Synchronized Multimedia Integration Language 734
Synchronous Digital Hierarchy 436
Synchronous Optical NETwork 436

Synchronous Transfer Mode (SMT) 452
syntaktischen 768
Syntax 789
Syntaxbaum 397
Synthesizer 34
Synthetische Synchronisation 593, 596
  Definition 598
System
  Area 208
  Bus 187, 189, 192
  Decoder 174
  Definition 150, 159
  parametrisches 44
  Schlüssel 690
  Software 507
Szene 749
Szenenanalyse 61, 62
Szenenlänge 768
Szenensegmentierung 171

T

Table of Content 217, 220
Tablettstift 61
Tactus-System 652
Tagged Image File Format 53
Tags 719, 720, 727
TANGRAM 535
Tarifierung 494, 552, 558
Task 234, 239
Tastatur 794
Tastaturkürzel 804
TCP 281, 481
TCP/IP 451, 723
Teilnehmerauthentifikation 659
Teilszene 759
Tele
  Aktion 846
  Aktionsdienste 845
  Learning 832
  Pointer 551
  Pointing 541
  Shopping 849
  Tutoring 832

Telefon
    Konferenzen 537
    Qualität 43, 46
Telekooperation 539
    synchrone 546
Teletext 101
Telnet 239
Template 77
Template Matching 77, 746
Temporal Presentation Controller 647
Temporal-Interval-Base 648
Tenet Protocol Suite 289, 483
Terminalsymbole 123
Text 114, 701
    Erkennung 772
    Font 840
    Verarbeitung 840
Textur 62, 63, 745
Texturalgorithmen 171
Texturen 57
    Grobkörnigkeit 63
    Homogenität 65
    Kontrast 63, 65
    Orientierung 63
    statistische Analyse 63
    strukturelle Analyse 63
Texturinformation 170
TFG 646
ThingLab 107
Thread 295, 316, 318, 319
    Real-Time 316
Threads 738
    System- 316
Thresholding 76
Thumb 807
TIB 648
TIE 670
Tiefeninformation 72
Tiefenwahrnehmung 89
Tiefpaß
    optischer 149
Tiefpaßfilterung 680, 684

TIFF 51, 53
    baseline 53
    Extensions 53
    Generik 54
    Tags 54
Time Capsule 524
Time Division Multiplexing 442
Time Driven Scheduler 303, 314
Time Flow Graph 646
Time to Live 480
Timed Token Rotation Protocol 407, 427, 430
Timeout 482
Time-Sharing 300
Time-Spezifikationen 627
Time-to-Live 559
TIVOLI 527
Token 414, 422, 472, 552, 558, 629
Token Bucket 277, 316, 489
Token Holding Time 417
Token Ring 314, 411, 414, 467
Token Rotation Time 428
Ton 23
Tonhöhe 28
Tonspur 842
Toolbars 804
Topologie 424
Touring Machine 551
TPC 647
Track 202, 203, 205
Track Pregap 204, 216
Track Pregaps 216
Trackball 57
Track-Dichte 225
Tracker 839
Traffic Controller 272
Traffic Descriptor 459, 463
Traffic Envelope 241, 275
Traffic Shaping 253, 274, 446, 485
Traffic Specification 491
Trailer-Film 104
Transaktionskonzept 390
Transaktionsverwaltung 403
Transceiver 413

Transcoding 166
Transfer Syntax 409
Transformation 74
Transformationskodierung 126
Transformationsmatrix 323
transitional DTD 733
Transitionen 841
Transkription 39
Translation 107, 171
Translator 498
Transmission Control Protocol 481
Transmission Control Protocol (TCP) 452
TransMux
    Kanäle 175
TransMux-Schicht 172, 174
Transparenz
    semantische 454
    zeitliche 454
Transport Layer 408
Transport Layer Security 557
Transportschicht 408
Transportstrom 101, 162
Transputersystem 245
TRT 428, 430, 443
TrueType-Format 51
Truncated Reverse Path Broadcast 480
Truncated Reverse Path Broadcasting 479
Trunk Ring 424
Trust Center 662, 677
Trusted Third Party 676
Try&Buy-Transaktion 660
T-SCAN 362
TSpec 491
TTRT 427, 430
Tuning 260
Tunnel 566
Tunneling 480
Tunnelung 475
Tupel 392
Tutorensysteme 820
Tutorielle Systeme 817
Tweening 841

Typisierung 518, 521
Typographie 775, 782, 785
    Makro- 785
    Mikro- 785

U

Überblendeffekte 842
Überblenden 744
Überblendung 744, 753, 757, 758, 759
Überlast 233
Überlastsituation 311
Übersetzung
    bidirektionale 262
Übersprechen 99, 197, 225
Übertragungsmodus
    asynchroner 15
    isochroner 15
    synchroner 15
Übertragungssicherung 484
Ubiquitous Computing 811, 856
UBR 460, 461
UDP 172, 174, 482
Uhr-Synchronisation 610
Ultimedia-Server 322
UMIE 831
Unicast 556
    Datenverkehr 481
    Routing 479
    Topologie 480
UNICODE 737
Unicode-Format 737
Uniform Resource Identifier 741
Union-Find 641
UNIX 319, 322, 508, 558, 659, 824, 830
Unleugbarkeit 658
Unshielded Twisted Pair 414, 422
Unspecified Bit Rate 245, 461
Unterabtastung 147
Unterbrechbarkeit 312
Unterbrechungsverzögerung 234
Untertitel 323, 588, 746
Urhebergesetz 657
Urheberrecht 657, 659, 660, 662

Urheberschaft 674
Urheberschutz 691
URsched 317
User Datagram Protocol 451, 482
User Network Interface 440

V

van Dam, Andries 710
VARB 346
Variable Bit Rate 245, 436
Variable Bit Rate (VBR) 464
Variable Block Size Scheme 346
Varianz-Kovarianz-Matrix 749
vat 561
VBR 436
VBScript 741
VCI 434, 437
VCR-on-Demand 563
Vektor
    Bilder 114
    Feld 751
    Grafik 60
    Grafiksystem 60
    Quantisierung 122, 179
    Raum 68
Verbindlichkeit 659
Verbindungen
    Punkt-zu-Punkt 407, 414
Verbindungsmanagement 484
Verbundkodierung 99
Vererbung 517
Verfügbarkeitsprüfung 264, 272
Verkehr
    asynchroner 428, 430
    synchroner 430
Verkehrsbeschreibung 241, 275, 483
Verkehrsglättung 253, 274, 275
Verkehrskontrakt 459
Verkehrsmodell 241, 280
Verkehrsspezifikation 491
Verkettung 699
verlustbehafteter, sequentieller DCT-basierter Mode 136
verlustfreier Mode 143
Verlustrate 278

Vermittlungsschicht 408, 467
Vermittlungsverzögerung 455
Versatz 574, 580, 615, 649
    örtlicher 594
Verschlüsselung 561, 688, 689, 691
    asymmetrische 556, 663, 676
    partielle 664
    symmetrische 556, 663
    transparente 660, 664
Verschlüsselungsfunktion 662
Verschlüsselungsmethoden 102
Verstopfung 482
Verteildienste
    unidirektionale 687
Verteilte Umgebung
    Synchronisation 612
Verteilung 518, 521
Vertragswert 243
Vertrauensinstanz 677
Vertraulichkeit 474, 658, 659, 662, 667, 668, 687
Verweis 701, 714, 715, 716
Verweise 598
very High-Speed Backbone Network Service 450
Verzeichnisdienst 323, 324, 341, 342
Verzeichnisstruktur 379
Verzögerung 240, 247, 278, 288, 315, 333, 463
    am Betriebsmittel 247
    globale 247
    logische 251
    lokale 247
Verzögerungsschwankung 240, 278
VGA 94
Vibration 24
vic 562
Video 87, 812
    Accelerator Chips 95
    Archive 691
    Bearbeitung 842
    Buffer-Verifier 157
    Controller 82, 94

Datenbank 687
Digitalisieren von 98
Digitalisierung 324
Disc Manager 382
File Server 380
Indexing-Systeme 753
Indikatoren 744
Kamera 793
Kodierung 151
Konferenzsystem 537, 692
Sequenz 115
Server 401, 409
skalierbares 236
Telefonie 180
Videobeschleunigerkarten 95
Videospur 842
Videostrom 157
Video Codec for Audiovisual Services at p × 64 Kbits/s 145
Video Disc Player 328
Video for Windows 113
Video Graphics Array 94
Video Long Play 194, 198
Video Planes 684
Video-7 326
Videofon 159
Video-on-Demand 315, 333, 387, 409, 485, 557, 846, 850, 851
   Near 847
   True 847
Video-Server 342, 387
Videotelefonie 437
VideoWindow 537
Vierschichten-Synchronisationsreferenzmodell 602
VIMSYS 399, 402
VIRAGE 402
Virtual Channel Identifier 434, 437
Virtual Circuits 239
Virtual Network 438
Virtual Path 438
Virtual Path Identifier 434, 437
Virtual Reality 110, 811, 839, 847, 849, 850

Virtual Reality Modeling Language 110
Virtual-Clock-Algorithmus 316
Virtuelle Maschine 737
virtuelle Realität 167
virtueller Speicher 325
Visualisation
   Scientific 779
Visualisierung 78
   abstrakte 778
   gegenständliche 777
VITAL 833
VLP 194
VLSI 483
VMTP 319
VoD 851
Vokale 37, 767
Vollbild 90
Voll-Duplex 481, 482, 547
Voll-Duplex-Modus 414
Volume Descriptor 208
   Primary 208
   Supplementary 208
Vorausreservierung 272
Vorlauf 117
Vorwärtsfehlerkontrolle 248
Vorwärtsfehlerkorrektur 167, 282
Voting Rules 549
VPI 434, 437
VR-Helm 839, 851
VRML 110, 169, 396
   Datenmodell 396
VR-Technik 851

W

W3C 728
Wahrnehmung von Synchronisationsfehlern 583
Walsh-Transformation 126
WAN 410, 411, 476
Warping 758
Wartepriorität 300
Warteschlangen 252
Wasserzeichen 662, 678, 684
Water-Inflow
   Hierarchiegraph 72

Water-Inflow-Algorithmus 71
Watershed-Verfahren 72
Waveform 325
Waveform-Audio 325, 327
Wavelet-Kompression 169
Wavelets 750
wb 564
Web-Server 724
Wegewahl 450
weiche Frist 233
Weiche Synchronisationsanforderungen 576
weiche Zeitanforderung 576
Weighted Fair Queueing 485
Weitverkehrsnetze 410
Wellendigitalfilter 39
Wellenform 24
    Periode 24
    Periodizität 24
Wellenmodell 26
Weltkoordinaten 81
Weltzeit 622, 651
Werkzeug 716
Whiteboard 564
Wide Area Network 411, 449
Widgets 792, 802
Wiederverwendbarkeit 515
Wildcard-Filter 271, 492
Window Sharing 543
Windows 569, 804
Windows Metafile 60
Windows Multimedia Extension (WME) 325
Winkelgeschwindigkeit 190
Wipe 744, 745, 757, 758
Wipes 753
Wissensraum 827
WMF 60
Workahead
    Grenze 252
    Nachricht 252
    Prozeß 252, 315
    Zeit 252
Workstation 187
World Wide Web 452, 542, 723, 818, 823, 827, 832
WORM 194, 198, 219
Wort 38
Wortgrenze 42
Wortmodell 42
Write Once Read Many 198
WWW 525, 667
    Konsortium 723
WYSIWYG 799, 842

X

X.25 450
X.500 542, 556
X.509 677
X11-Bitmap 54
X11-Pixmap 54
Xanadu-System 710
XBM 51, 54
x-Kernel 320
XML 733
XPM 54
Xpress Transport Protocol 483
XTP 319, 483

Y

Yartos 314
Yellow Book 194, 213
YESSIR 494
Yet Another Real Time Operating System 314
YIQ-Signal 92, 132
YUV 121
    Farbbilder 133
    Format 151
    Kodierung 132
    Modus 215
    Signal 92, 132

Z

Zahnfilter 91
Zeichenerkennung 746
Zeichenkettensuche 763
Zeichensegmentierung 746
Zeigersynchronisation 584, 585, 587
Zeilensprungverfahren 90, 147

Zeitachsen
  Virtuelle 624
Zeitanforderungen
  Weiche 576
Zeitfluß-Graph 646
Zeitgeber 234, 280, 318, 322, 324, 325, 327, 622
Zeitkapseln 524
zeitkritisches Ereignis 233
Zeitliche Beziehungen 569
Zeitmarken 322
Zeitmultiplex 436
Zeitnormierung 43
Zeitschranken 576
Zeitstempel 483, 650
  digitale 663
Zeitsystem
  logisches 650
Zeitzone
  kritische 306
Zellenverlustwahrscheinlichkeit 455
Zellverlustrate 434, 456, 463
Zellverzögerung 456
Zentralprojektionsgleichung 81
Zertifikat 677
Zertifizierung 676
Zertifizierungsinstanz 677
Zick-Zack-Sequenz 139
Zielknoten 701
Zittern 587
Zone Bit Recording 345
Zoom 104, 171, 218, 335, 744
  Zentrum 744
Zugangskontrolle 268, 279, 298, 301, 317, 318, 331
Zugangssteuerung 275
Zugangstest 265
Zugriffseinheiten 172
Zugriffseinheitsschicht 172
Zugriffsschutz 658, 659, 662, 687
Zusammenarbeit
  asynchrone 538
  synchrone 538
Zusammenhangsanalyse 746
Zuverlässigkeit 248, 266, 288

Zweikanalton 30
Zwei-Wege-Kommunikation 845, 846
Zwischenablage 804
Zwischenprozeß 104

Abkürzungen

AAL	ATM Adaption Layer
ABR	Available Bit Rate
ADPCM	Adaptive Differential Pulse Code Modulation
ANSI	American Standards Institute
API	Application Programming Interface
APDU	Application Protocol Data Unit
ARP	Address Resolution Protocol
ATM	Asynchronous Transfer Mode
AVO	Audiovisuelles Objekt
BCH	Kodierung nach Bose-Chadhuri-Hocquenghem
BGP	Border Gateway Protocol
B-ISDN	Broadband Integrated Services Digital Network
BOOTP	Boot Protocol
CAI	Computer Aided Instruction
CBDS	Connectionless Broadband Data Services
CBR	Constant Bit Rate
CBT	Computer-Based Training
CCCP	Conference Control Channel Protocol
CCIR	Committé International de la Radio
CCITT	Comité Consultatif Internationale de Telegraphique et Telephonique
CD	Compact Disc
CD-DA	Compact Disc - Digital Audio
CGA	Color Graphics Adapter
CGEG	Computer Graphics Expert Group
CGI	Common Gateway Interface
CIF	Common Intermediate Format
CLIP	Classical IP over ATM
CLP	Cell Loss Priority
CLUT	Color Lookup Table
CLV	Constant Linear Velocity
CMTP	Continous Media Transport Protocol
COM	Component Object Model
COSS	Common Object Services Specification

CPU	Central Processing Unit
CRT	Cathode Ray Tube
CSCL	Computer Supported Cooperative Learning
CSCW	Computer-Supported Collaborative Work
CSMA/CD	Carrier Sense Multiple Access with Collision Detection
DAB	Digital Audio Broadcast
DARPA	Defense Advanced Research Projects Agency
DAVIC	Digital Audio Video Council
DBMS	Database Management System
DCA	Document Content Architecture
DCT	Discrete Cosine Transform
DDL	Data Definition Language
DDS	Digital Signature Standard
DES	Digital Encryption Standard
DFN	Deutsches Forschungsnetz
DFT	Discrete Fourier Transform
DHCP	Dynamic Host Configuration Protocol
DiffServ	Differentiated Services
DM	Delta Modulation
DMIF	Delivery Multimedia Integration Framework
DML	Data Manipulation Language
DPCM	Differential Pulse Code Modulation
DQDB	Distributed Queue Dual Bus
DSM-CC	Digital Store Management Command & Control
DTD	Document Type Definition
DVB	Digital Video Broadcasting
DVD	Digital Video Disc
DVMRP	Distance Vector Multicast Routing Protocol
ECMA	Standardization Organization for Information and Communication Systems
EDF	Earliest Deadline First
EGA	Enhanced Graphic Adapter
EGP	Exterior Gateway Protocols
FCFS	First Come First Serve
FDDI	Fiber Distributed Data Interface
FEC	Forward Error Correction
FFT	Fast Fourier Transformation
FIFO	First in first out
FTP	File Transfer Protocol
HDTV	High Definition Television
HeiCoRe	Heidelberg Continuous Media Realm
HeiTS	Heidelberg Transport System
HTML	Hypertext Markup Language
HTTP	Hypertext Transfer Protocol
IANA	Internet Assigned Numbers Authority
ICMP	Internet Control Message Protocol

IDL	Interface Definition Language
IDLInet	IIT Delhi Low-cost Integrated Network
IDRP	Inter-Domain Routing Protocol
IETF	Internet Engineering Task Force
IID	Interaural Intensity Difference
IIOP	Internet Inter ORB Protocol
IGMP	Internet Group Management Protocol
IGP	Interior Gateway Protocols
IntServ	Integrated Services
IP	Internet Protocol
IPnG	IP next Generation
IPR	Intellectual Property Rights
IS	International Standard
ISDN	Integrated Services Digital Network
ISO	International Standardization Organization
ITD	Interaural Time Difference
ITS	Intelligente Tutorielle Systeme
ITU	International Telegraphy Union
JBIG	Joint Bi-Level Expert Group
JPEG	Joint Pictures Expert Group
kHz	Kilohertz
LAN	Local Area Network
LANE	LAN Emulation
LBAP	Linear Bounded Arrival Processes
LDAP	Lightweight Directory Access Protocol
LDU	Logical Data Unit
LLC	Logical Link Control
LUT	Lookup Table
MAC	Medium Access Control
MAN	Metropolitan Area Network
MATV	Master Antenna TV
MBONE	Multicast Backbone
MCI	Media Control Interface
MCU	Minimum Coded Unit
MERMAID	Multimedia Environment for Remote Multiple Attendee Interactive Decision-making
METS	Multimedia Enhanced Transport System
MGM	Multicast Group Management
MHEG	Multimedia and Hypermedia Information Coding Expert Group
MIB	Management Information Base
MIDI	Music Instrument Digital Interface
MIME	Multimedia Internet Mail Extension Format
MMDS	Multichannel Microwave Distribution System
MMDBMS	Multimedia Database Management System
MMusic	Multiparty MUltimedia Session Control
MOSPF	Multicast Open Shortest Path First

MPEG	Motion Pictures Expert Group
MPOA	Multiprotocol over ATM
MSDL	MPEG-4 Syntactic Description Language
NAP	Network Access Point
NeVoT	Network Voice Terminal
NSF	National Science Foundation
NSP	Network Service Provider
NTP	Network Time Protocol
NTSC	National Television Systems Committee
OBMC	Overlapped Block Motion Compensation
ODA	Open Document Architecture
OLE	Object Linking and Embedding
OMA	Object Management Architecture
OMG	Object Management Group
ORB	Object Request Broker
OSF	Open Software Foundation
OSI	Open Systems Interconnection
OSPF	Open Shortest Path First
PAL	Phase Alternating Line
PCM	Pulse Code Modulation
PDU	Protocol Data Unit
PES	Protocol Elementary Stream
PIM	Protocol Independent Multicast
Pixel	Picture Element
PTI	Payload Type Identification
PVBR	Peak Variable Bit Rate
QCIF	Quarter Common Intermediate Format
QoS	Quality of Service
QPSX	Queued Packet Synchronous Exchange
RAMP	Reliable Adaptive Multicast Protocol
RARP	Reverse Address Resolution Protocol
RAT	Reliable Audio Tool
RCAP	Real-time Channel Administration Protocol
RDCP	Remote DataPump Control Protocol
RFC	Request for Comment
RGB	Rot – Grün – Blau
RMI	Java Remote Methode Invocation
RMP	Reliable Multicast Protocol
RMTP	Reliable Multicast Transport Protocol
RMTP	Real-Time Message Transport Protocol
RPC	Remote Procedure Call
RSA	Rivest Shamir Algorithm
RSpec	Request Specification
RSPPMC	Randomly Sequenced Pulse Position Modulated Code
RSVP	Recource Reservation Protocol
RTCP	Real-Time Control Protocol

RTE	Real-Time Environment
RTFM	Real-Time Traffic Flow Measurement Protocol
RTIP	Real-Time Internet Protocol
RTSP	Real-Time Streaming Protocol
RTP	Real Time Protocol
SAP	Session Announcement Protocol
SAR	Segmentation And Reassembly
S-ARQ	Slack Automatic Repeat ReQuest
SCCP	Simple Conference Control Protocol
SCMP	ST Control Message Protocol
SDP	Session Description Protocol
SDH	Synchronous Digital Hierarchy
SDML	Standard Music Description Language
SDU	Service Data Unit
SECAM	Sequential Coleur avec Memoire
SFQ	Start-Time Fair Queuing
SGML	Standardized General Markup Language
SIF	Source Input Format
SIP	Session Initiation Protocol
SJF	Shortest Job First
SMATV	Small Master Antenna TV
SMDS	Switched Multimegabit Data Service
SMIL	Synchronized Multimedia Integration Language
SMTP	Society of Motion Picture and Television Engineers
SMVBR	Statistically Multiplexed Variable Bit Rate
SONET	Synchronous Optical NETwork
SPI	Stream Programming Interface
SRP	Scalable Resource Reservation Protocol
ST-II	STream Protocol, Version 2
STM	Synchronous Transfer Mode
STP	Shielded Twisted Pair
SVGA	Super Video Graphics Array
TCP	Transmission Control Protocol
TPDU	Transport Protocol Data Unit
TSpec	Traffic Specification
TTL	Time to Live
TTRT	Target Token Rotation Time
UBR	Unspecified Bit Rate
UDP	User Datagram Protocol
UNI	User Network Interface
URI	Uniform Resource Identificator
URL	Uniform Resource Locator
UTP	Unshielded Twisted Pair
vBNS	very High-Speed Backbone Network Service
VBR	Variable Bit Rate
VC	Virtual Circuit

VCI	Virtual Channel Identifier
VGA	Video Graphics Array
VPI	Virtual Path Identifier
VRML	Virtual Reality Manipulation Language
WAN	Wide Area Network
WME	Windows Multimedia Extensions
WWW	World Wide Web
WYSIWYG	What You See Is What You Get
XML	Extended Markup Language
XDR	External Data Representation
XTP	Express Transfer Protocol